Comitê Brasileiro de Arbitragem e a Arbitragem no Brasil

Comitê Brasileiro de Arbitragem e a Arbitragem no Brasil

OBRA COMEMORATIVA AO 20º ANIVERSÁRIO DO CBAr

2022

Coordenadores

Giovanni Ettore Nanni

Karina Riccio

Lucas de Medeiros Diniz

ALMEDINA

COMITÊ BRASILEIRO DE ARBITRAGEM E A ARBITRAGEM NO BRASIL
OBRA COMEMORATIVA AO 20º ANIVERSÁRIO DO CBAR

AUTOR: Giovanni Ettore Nanni, Karina Riccio, Lucas de Medeiros Diniz

DIRETOR ALMEDINA BRASIL: Rodrigo Mentz
EDITORA JURÍDICA: Manuella Santos de Castro
EDITOR DE DESENVOLVIMENTO: Aurélio Cesar Nogueira
ASSISTENTES EDITORIAIS: Isabela Leite e Larissa Nogueira
ESTAGIÁRIA DE PRODUÇÃO: Laura Roberti

DIAGRAMAÇÃO: Almedina
DESIGN DE CAPA: Roberta Bassanetto

ISBN: 9786556275772
julho, 2022

Dados Internacionais de Catalogação na Publicação (CIP)
(Câmara Brasileira do Livro, SP, Brasil)

Comitê Brasileiro de Arbitragem e a Arbitragem no Brasil : obra comemorativa ao 20º aniversário do CBAr / coordenadores Giovanni Ettore Nanni, Karina Riccio, Lucas de Medeiros Diniz. – São Paulo : Almedina, 2022.

Vários autores.
Bibliografia.
ISBN 978-65-5627-574-1

1. Arbitragem (Direito) 2. Arbitragem internacional 3. Artigos – Coletâneas 4. Comitê Brasileiro de Arbitragem – CBAr 5. Direito processual civil 6. Sentenças (Direito) I. Nanni, Giovanni Ettore. II. Riccio, Karina. III. Diniz, Lucas de Medeiros.

22-109855 CDU-347.918

Índices para catálogo sistemático:

1. Arbitragem : Direito processual civil 347.918

Cibele Maria Dias – Bibliotecária – CRB-8/9427

Este livro segue as regras do novo Acordo Ortográfico da Língua Portuguesa (1990).

EDITORA: Almedina Brasil
Rua José Maria Lisboa, 860, Conj.131 e 132, Jardim Paulista | 01423-001 São Paulo | Brasil
editora@almedina.com.br
www.almedina.com.br

SOBRE OS COORDENADORES

GIOVANNI ETTORE NANNI

Livre-Docente, Doutor e Mestre em Direito Civil pela PUC-SP. Professor de Direito Civil nos Cursos de Graduação e de Pós-Graduação Stricto Sensu na PUC-SP, na qual também atua em atividades ligadas à Arbitragem e à Mediação. Foi Presidente do Comitê Brasileiro de Arbitragem – CBAr (2018-2021) e do Instituto de Direito Privado – IDiP (2010-2017).
Advogado e Consultor Jurídico em São Paulo.

KARINA RICCIO

FCIArb. Pós-Graduada em Direito dos Contratos pela PUC-Rio. Advogada em Lauro Gama Advogados Associados. Assessora da Diretoria do CBAr. Fundadora do CBAr Jovem.

LUCAS DE MEDEIROS DINIZ

Mestre em Direito Internacional Público pela FD-USP. Graduado em Direito e Relações Internacionais pela PUC-MG. Advogado em Rodrigo Mendes Advogados. Assessor da Diretoria do Comitê Brasileiro de Arbitragem. Fundador do CBAr Jovem. Pesquisador do Centro Ibero-Americano da Universidade de São Paulo.

SOBRE OS AUTORES

ADRIANA BRAGHETTA
Bacharel, Mestre e Doutora em Direito pela Universidade de São Paulo. Sócia de Adriana Braghetta Advogados. Ex-Presidente do CBAr.

ADRIANA NOEMI PUCCI
Advogada em São Paulo. Sócia de Adriana Noemi Pucci Sociedade de Advogados. Doutora em Direito Econômico e Financeiro pela USP. Atua como árbitra e advogada de parte em processos arbitrais. É membro do Conselho Diretor do CBAr.

ANA JÚLIA PAIVA PINCELI
Advogada associada em Adriana Braghetta Advogados. Graduada em Direito pela Universidade Estadual de Londrina. LL.M em Direito Internacional Comercial e Resolução de Disputas pela Pepperdine University.

ANA PAULA RIBEIRO NANI
Mestranda em Direito na FGV-SP.

ANDRÉ CHATEAUBRIAND MARTINS
Mestre em Direito (LL.M) pela Columbia Law School, Nova Iorque, EUA. Professor de Arbitragem da Pontifícia Universidade Católica do Rio de Janeiro (PUC-Rio). Advogado.

ANDRÉ DE ALBUQUERQUE CAVALCANTI ABBUD
Doutor, Mestre e Bacharel em Direito pela USP. LL.M. pela Harvard Law School. Professor da Escola de Direito da Fundação Getúlio Vargas (FGV Direito SP). Presidente do Comitê Brasileiro de Arbitragem (CBAr). Diretor do Comitê de Arbitragem da International Bar Association (IBA). Diretor do Latin Ameri-

can and Caribbean Users Council da London Court of International Arbitration (LCIA). Sócio de BMA Advogados.

ANDRÉ GOMMA DE AZEVEDO
Senior Research Fellow na Universidade de Harvard (2019-2020). Professor Adjunto no Strauss Institute for Dispute Resolution – Pepperdine University. Doutor em Direito pela Universidade de Brasília. Mestre em Administração Pública pela Harvard Kennedy School. Mestre em Direito pela Universidade de Columbia, New York. Visiting Researcher na Faculdade de Direito da Universidade de Harvard (2016-2017).

CARLOS SUPLICY DE FIGUEIREDO FORBES
Ex-Presidente do Centro de Arbitragem e Mediação da Câmara de Comércio Brasil-Canadá (CAM-CCBC). Participou da Diretoria do Comitê Brasileiro de Arbitragem (CBAr). Sócio de Forbes, Kozan e Gasparetti Advogados.

CARLOS THOMPSON-FLORES
Advogado. Associado de Ferro, Castro Neves, Daltro & Gomide Advogados.

CAROLINA NORONHA
Mestre em Direito Internacional pela Universidade do Estado do Rio de Janeiro. Sócia de Nadia de Araujo Advogados.

CLÁVIO DE MELO VALENÇA FILHO
Sócio de Valença Arbitragem. Doutor em Direito Internacional pela Universidade de São Paulo (USP). Mestre em Direito pela PUC-SP; D.E.A em Direito do Comércio Internacional pela Universidade de Paris II (Panthéon-Assas). D.E.S.S em Direito Internacional pela Universidade Católica de Louvain (UCL). Atua como árbitro e advogado.

DEBORA VISCONTE
LL.M. em International Business Transactions (London School of Economics and Political Science). Doutorado e Mestrado em Direito Internacional (USP). Advogada em São Paulo.

EDUARDO DAMIÃO GONÇALVES
Advogado sócio de Mattos Filho, Veiga Filho, Marrey Jr. e Quiroga Advogados. Doutor em Direito pela Universidade de São Paulo. Vice-Presidente da Corte Internacional de Arbitragem da Câmara de Comércio Internacional.

EDUARDO DE ALBUQUERQUE PARENTE

Doutor e Mestre em Direito Processual pela Faculdade de Direito da USP. Bacharel em Direito pela Universidade Presbiteriana Mackenzie. Professor de cursos de pós-graduação em Processo Civil e Arbitragem pelo país. Ex-Diretor do CBAr. Sócio responsável pelas áreas de contencioso e arbitragem empresarial do escritório Salusse, Marangoni, Parente e Jabur Advogados.

EDUARDO GREBLER

Professor de Direito Internacional Privado da Faculdade de Direito da PUC-Minas. Advogado. Árbitro. Membro da Corte Permanente de Arbitragem e das listas de árbitros do Mercosul, da CAMARB, do CAM-CCBC, do CMA-CIESP, da Câmara FGV, da ARBITAC, do CAM-FIEP e do ICDR.

ELEONORA COELHO

Advogada em São Paulo. Sócia fundadora do escritório Eleonora Coelho Advogados. Mestre em Arbitragem, Contencioso e Modos Alternativos de Solução de Conflitos pela Universidade Paris II – Panthéon-Assas.

FABIANA LEITE

Bacharel em Direito pela PUC-SP. Pós-graduada em Intervenções Sistêmicas para Resolução de Conflitos e Disputas em Diferentes Contextos pela PUC-SP. Sócia de Eleonora Coelho Advogados.

FABIANO ROBALINHO CAVALCANTI

Sócio de Advocacia Sergio Bermudes, no Rio de Janeiro, com experiência em litígios sobre questões de direito comercial, societário, civil, administrativo, construção, energia elétrica, telefonia e internacional. É bacharel pela Pontifícia Universidade Católica do Rio de Janeiro e possui LL.M. (Master of Laws) pela Harvard Law School. Professor de Arbitragem e Direito Internacional Privado da Escola de Direito da Fundação Getúlio Vargas do Rio de Janeiro.

FELIPE MORAES

Sócio de Azevedo Sette Advogados. Diretor do CBAr – Comitê Brasileiro de Arbitragem. Doutorando em Direito Comercial pela Universidade de São Paulo (USP). Mestre em Direito Privado pela PUC-MG. Ex-vice-presidente da CAMARB. Professor do IBMEC.

FLÁVIA BITTAR NEVES

Sócia-fundadora do escritório Flávia Bittar Advocacia. Graduada pela Faculdade de Direito Milton Campos. Especializada em Direito Arbitral e Direito Comercial Internacional pela Università degli Studi di Milano (Itália). Pós-graduada em Gestão de Negócios pela Fundação Dom Cabral. Vice-Presidente CAMARB Minas Gerais. Presidente da Seccional de Minas Gerais do CESA – Centro de Estudos de Sociedades de Advogados. Ex-presidente do Comitê Brasileiro de Arbitragem (CBAr).

FLÁVIO PEREIRA LIMA

Bacharel em Direito pela Universidade de São Paulo. Foi presidente da Câmara de Mediação, Conciliação e Arbitragem da Comissão de Sociedade de Advogados da Ordem dos Advogados do Brasil – Seção São Paulo e membro do Conselho Secional da Ordem dos Advogados do Brasil – São Paulo (2013-2015), além de Secretário-Geral do Comitê Especial de Ética Pública da Ordem dos Advogados do Brasil – São Paulo. Membro do Conselho do Comitê Brasileiro de Arbitragem (CBAR) e sócio de Mattos Filho, Veiga Filho, Marrey Jr. e Quiroga Advogados.

GILBERTO GIUSTI

Sócio de Pinheiro Neto Advogados, em São Paulo, dirige um dos grupos especializados em métodos alternativo-eficientes de prevenção e resolução de conflitos, notadamente arbitragem e mediação. É bacharel pela Faculdade de Direito da Universidade de São Paulo e possui LL.M. (Master of Laws) pela Universidade da Califórnia – Berkeley. Foi dirigente de diversas instituições arbitrais nacionais e estrangeiras.

GIOVANNI ETTORE NANNI

Livre-Docente, Doutor e Mestre em Direito Civil pela PUC-SP. Professor de Direito Civil nos Cursos de Graduação e de Pós-Graduação Stricto Sensu na PUC-SP, na qual também atua em atividades ligadas à Arbitragem e à Mediação. Foi Presidente do Comitê Brasileiro de Arbitragem – CBAr (2018-2021) e do Instituto de Direito Privado – IDiP (2010-2017). Advogado e Consultor Jurídico em São Paulo.

GUILHERME CARNEIRO MONTEIRO NITSCHKE

Doutor em Direito Civil pela USP. Mestre em Direito pela UFRGS. Diretor do CBAr. Secretário Executivo da Comissão de Arbitragem e Mediação da ICC Brasil. Diretor da CAF e do CAM/OAB-RS. Sócio de Contencioso e Arbitragem de TozziniFreire Advogados.

HERMES MARCELO HUCK
Professor Titular Sênior da Faculdade de Direito da Universidade de São Paulo. Advogado. Sócio de Huck Otranto Camargo, Advogados. Árbitro. Mediador.

ISABEL CANTIDIANO
Advogada no Rio de Janeiro e em São Paulo. Bacharel em Direito pela PUC-Rio. Possui LLM pela Universidade de Cambridge, Reino Unido, e Pós-Graduação pela Universidade Nova de Lisboa.

JOÃO BOSCO LEE
Advogado sócio de Lee, Taube e Gabardo Sociedade de Advogados. Doutor em Direito pela Universidade Panthéon-Assas (Paris II). 1º Presidente do CBAr.

JOSÉ EMILIO NUNES PINTO
Advogado em Sao Paulo. Atua como árbitro em procedimentos domésticos e internacionais, de natureza comercial e de investimentos.

JULIA DE MENEZES NOGUEIRA
Sócia de Themudo Lessa Advogados. Conselheira do IBATT – Instituto Brasileiro de Arbitragem e Transação Tributárias. Mestre e Doutora em Direito Tributário pela PUC-SP. Professora dos cursos de especialização em Direito Tributário do IBET – Instituto Brasileiro de Estudos Tributários, da PUC/Cogeae e da EPD – Escola Paulista de Direito.

KARINA RICCIO
FCIArb. Pós-Graduada em Direito dos Contratos pela PUC-Rio. Advogada em Lauro Gama Advogados Associados. Assessora da Diretoria do CBAr. Fundadora do CBAr Jovem.

LAURO GAMA JR.
Ex-Presidente do CBAr (2013-2015). Professor do Departamento de Direito da Pontifícia Universidade Católica do Rio de Janeiro. Membro do Conselho Consultivo da CISG (CISG-AC). Ex-Membro da Corte Internacional de Arbitragem da CCI (2015-2021). Professor. Advogado.

LOUISE MAIA DE OLIVEIRA
Advogada em São Paulo. Associada ao escritório Eleonora Coelho Advogados. Bacharela em Direito pela Universidade de São Paulo.

LUCAS DE MEDEIROS DINIZ
Mestre em Direito Internacional Público pela FD-USP. Graduado em Direito e Relações Internacionais pela PUC-MG. Advogado em Rodrigo Mendes Advogados. Assessor da Diretoria do Comitê Brasileiro de Arbitragem. Fundador do CBAr Jovem. Pesquisador do Centro Ibero-Americano da Universidade de São Paulo.

LUCIANO BENETTI TIMM
Professor de Direito e Economia da FGV-SP.

MARCELO ROBERTO FERRO
Advogado. Professor da PUC/RJ. Sócio de Ferro, Castro Neves, Daltro & Gomide Advogados.

MARCO VANIN GASPARETTI
Mestre e Doutorando em Direito Processual Civil pela PUC-SP. Sócio de Forbes, Kozan e Gasparetti Advogados.

MARINA COUTO FALCONE DE MELO
Advogada, graduada pela Universidade de São Paulo-USP. Advogada associada de Forbes, Kozan e Gasparetti Advogados.

MAURÍCIO GOMM F. DOS SANTOS
Sócio-fundador do escritório GST LLP. Árbitro, Fellow CIArb e mediador credenciado pelo CEDR.

NADIA DE ARAUJO
Professora Associada de Direito Internacional Privado da Pontifícia Universidade Católica do Rio de Janeiro (PUC-Rio). Doutora em Direito Internacional pela Universidade de São Paulo (USP). Mestre em Direito Comparado pela George Washington University (GWU). Sócia de Nadia de Araujo Advogados.

NATÁLIA MIZRAHI LAMAS
Sócia de Ferro, Castro Neves, Daltro & Gomide Advogados. Mestre em Direito Internacional e da Integração Econômica pela UERJ. Mestre em Direito do Comércio Internacional pela Université Paris 1 – Panthéon-Sorbonne. Diretora do CBAr para o exercício 2021-2024.

PAULO M. R. BRANCHER

Prof. Livre Docente pela Faculdade de Direito da Pontifícia Universidade Católica de São Paulo (PUC/SP). Sócio de Mattos Filho, Veiga Filho, Marrey Jr. e Quiroga Advogados.

PEDRO A. BATISTA MARTINS

Sócio de Batista Martins Advogados.

RAFAEL FRANCISCO ALVES

Diretor Tesoureiro do CBAr (gestão 2021-2024). Sócio de MAMG Advogados. Professor do FGVLAW.

ROBERTO PASQUALIN

Advogado em SP, atuante em arbitragem como árbitro e advogado de parte nas principais câmaras no Brasil e no exterior. Presidente do IBATT – Instituto Brasileiro de Arbitragem e Transação Tributárias. Ex-Presidente e Membro do Conselho do CONIMA – Conselho Nacional de Instituições de Mediação e Arbitragem. Conselheiro do CBAr – Comitê Brasileiro de Arbitragem. Integrante do NUPET – Núcleo Paulista de Estudos Tributários.

SELMA FERREIRA LEMES

Advogada e Professora de Arbitragem. Mestre e Doutora pela Universidade de São Paulo (USP). Integrou a Comissão Relatora da Lei de Arbitragem.

SIDNEI BENETI

Ministro do Superior Tribunal de Justiça Aposentado. Livre-Docente em Direito Processual Civil pela Faculdade de Direito da USP. Conselheiro do CBAr, Árbitro da CAM-CCBC. Ex-Presidente e Presidente Honorário da União Internacional de Magistrados (Roma).

VERA CECÍLIA MONTEIRO DE BARROS

Advogada. Sócia de Selma Lemes Advogados. Mestre e Doutora em Direito Internacional pela Faculdade de Direito da Universidade de São Paulo (USP). Professora de Técnicas de Negociação, Mediação e Arbitragem na Fundação Álvares Penteado (FAAP). Autora das obras "Exceção de Ordem Pública na Homologação de Sentença Arbitral Estrangeira no Brasil" e da "Previsibilidade do Dano Contratual no Direito do Comércio Internacional" e de diversos artigos jurídicos na área de arbitragem e mediação.

NOTA DOS COORDENADORES

Em março de 2001, época em que o Brasil nem sequer havia ratificado a Convenção de Nova Iorque e que a constitucionalidade de alguns dispositivos da Lei de Arbitragem era questionada perante o Supremo Tribunal Federal, o Comitê Brasileiro de Arbitragem ("CBAr") foi fundado.

Nesses 20 anos de existência, o CBAr, por meio da realização de inúmeras ações, eventos e projetos, foi responsável por possibilitar o desenvolvimento e a consolidação da arbitragem como um dos principais mecanismos de solução de disputas em nosso país e por garantir a segurança jurídica desse sistema jurisdicional. Em 2021, ano em que a Lei de Arbitragem comemora 25 anos, o CBAr celebra seu 20º aniversário e, para comemorar essa data tão especial, organizamos uma obra coletiva ("Obra") sobre *Arbitragem no Brasil: entre o passado e o futuro*, com a participação de algumas das pessoas que fizeram parte da história do CBAr.

Embora a lista daqueles e daquelas que fizeram parte da – exitosa – história do CBAr seja bastante expressiva, para a participação na presente Obra adotou-se critérios objetivos, tendo sido convidados para contribuir os Diretores do CBAr, atuais e de gestões passadas, membros atuais do Conselho Diretor, bem como os autores da Lei nº 9.307/1996, além, obviamente dos seus coordenadores.

Para retratar o cenário da arbitragem brasileira no curso da história, tanto no aspecto teórico quanto no prático, as contribuições foram divididas em sete temas gerais, os quais foram propostos à luz da ordem que a própria Lei de Arbitragem traz em seu texto.

A título de introdução e contextualização, a Obra contou com contribuições de José Emilio Nunes Pinto e Marcelo Huck, expoentes da arbitragem brasileira que foram convidados como *representantes* de nossa grande comunidade, os quais brindaram o CBAr com o Prefácio e a Introdução deste livro comemorativo.

O *primeiro* capítulo da Obra, como não poderia deixar de ser, traz um pouco da trajetória dos 20 anos do CBAr e do seu papel para o desenvolvimento da arbitragem no cenário jurídico nacional. Foram reunidas memórias valiosas do CBAr e de alguns dos seus projetos, as quais foram narradas pelas palavras daqueles e daquelas que efetivamente as vivenciaram e fizeram parte da sua história, como João Bosco Lee, Eduardo Damião Gonçalves e Adriana Braghetta – os três primeiros presidentes do CBAr –, assim como Selma Ferreira Lemes, Rafael Francisco Alves e André de Albuquerque Cavalcanti Abbud.

No *segundo* capítulo da Obra, Eduardo de Albuquerque Parente, André Gomma de Azevedo, Eleonora Coelho e Louise Maia de Oliveira tratam de temas essenciais à Teoria Geral de Arbitragem.

Na sequência, Guilherme Carneiro Monteiro Nitschke, Maurício Gomm F. dos Santos, Ana Júlia Paiva Pinceli, Nadia de Araújo e Carolina Noronha compartilham com a comunidade arbitral suas percepções sobre assuntos correlatos à convenção de arbitragem e seus efeitos na prática.

Já o *quarto* capítulo traz artigos de autoria de Giovanni Ettore Nanni, Debora Visconte, Eduardo Grebler, Vera Cecília Monteiro de Barros, Lucas de Medeiros Diniz e Karina Riccio, em que são compartilhadas proposições acerca de temas relacionados aos árbitros propriamente dito.

O *quinto* capítulo foi formado por artigos que tangenciaram subtemas de uma das mais longas e desafiadoras empreitadas do CBAr ao longo dos últimos 20 anos, que corresponde ao diálogo e à convivência pacífica da arbitragem com o Poder Judiciário. Este capítulo contou com textos de autoria de Carlos Suplicy de Figueiredo Forbes, Marco Vanin Gasparetti, Marina Couto Falcone de Melo, Marcelo Roberto Ferro, Carlos Thompson-Flores, Luciano Benetti Timm, Ana Paula Ribeiro Nani e Clávio de Melo Valença Filho.

No *sexto* capítulo, Sidnei Beneti, Flávio Pereira Lima, Natália Mizrahi Lamas e Adriana Noemi Pucci tratam de aspectos essenciais da sentença arbitral. Na sequência, o *sétimo* capítulo agrupou os artigos daqueles que buscaram trazer a intercessão da arbitragem com outros temas do Direito Brasileiro, contando com artigos de Fabiano Robalinho Cavalcanti, Isabel Cantidiano, Gilberto Giusti, Felipe Moraes, Pedro A. Batista Martins, André Chateaubriand Martins, Fabiana Leite, Roberto Pasqualin e Júlia de Menezes Nogueira.

No *oitavo* e último capítulo, como não poderia deixar de ser, em alusão ao subtítulo da Obra, tendo já versado a respeito de seu passado e de seu presente, encerramos o livro com as perspectivas dos desafios futuros da arbitragem, sob os olhares de Flávia Bittar Neves, Paulo M. Brancher e Lauro Gama Jr., desafios estes que, sem dúvidas, serão objetos de projetos do CBAr, que farão com que superações ocorram de maneira dinâmica e tranquila.

Não hesitamos em afirmar que a Obra faz jus às credenciais acadêmicas do CBAr. São contribuições de qualificado gabarito, apresentando reflexões relevantes aos interessados na área, tanto no aspecto teórico quanto no prático.

Por fim, aproveitamos o ensejo para agradecer a todos e a todas que, de forma tão inspiradora e altruísta, têm se dedicado ao CBAr, e, especialmente àqueles e àquelas que, a despeito de suas ocupadas agendas e de todo o contexto de pandemia, aceitaram o nosso convite para contribuir para a presente Obra. Sem dúvidas, é uma honra imensa contar com pessoas tão importantes nessa Obra destinada a brindar os 20 anos do CBAr, cuja trajetória se imiscui com a própria história da Lei Brasileira de Arbitragem: Vida longa ao CBAr!

Desejamos a todos e todas uma excelente leitura!

Coordenadores:

GIOVANNI ETTORE NANNI

KARINA RICCIO

LUCAS DE MEDEIROS DINIZ

PREFÁCIO

Devo começar por ressaltar que recebi com muita honra o convite que me fizeram Giovanni Ettore Nanni, Karina Riccio e Lucas de Medeiros Diniz para escrever este prefácio para o livro por eles organizado e editado pelo Comitê Brasileiro de Arbitragem para comemoração de seu 20º aniversário.

Devo ressaltar, ainda, que não sou um bom prefaciador de livros. Fiz alguns poucos, é verdade, e que me disseram que assumiram mais a feição de apresentações. Devo esclarecer, ademais, que não consigo distinguir com precisão o que diferencia o prefácio da apresentação e o que deve conter cada um deles.

Para mim, isso pouco importa. Chega-se a um momento na vida em que os jogos de palavras são incapazes de nos motivar para a sua prática, caso em que, como reação legítima, o conteúdo sufoca e faz esmaecer o continente. Portanto, se o leitor entender que o prefácio que escrevi teria a aparência de uma apresentação, peço que aceite as minhas desculpas, mas que nem por isso deixe de dar-me a chance de ser lido, mais pelas ideias transmitidas do que pela roupagem que ostentam.

Devo deixar bastante claro que os trabalhos coligidos pelos organizadores desta obra tratam de temas palpitantes e atuais, ainda que se refiram ao passado da arbitragem. Enganam-se os que pensam que somente será palpitante o que seja moderno. Há de lembrá-los de que o moderno só vale se for sólido e capaz de perdurar e, para tanto, depende de fundações bastante bem formadas que o sustentem. Do contrário, não passará de um pseudomodernismo oportunista que nada mais será do que um castelo de areia que se vê erigido na orla marítima por artesãos. E o castelo de areia é levantado para ter uma duração efêmera.

Assim sendo, o passado tem um papel fundamental no esforço de conformação do futuro, haja vista que é ele que haverá de sustentar os passos que se seguirão.

Os trabalhos coligidos são de qualidade irrefutável, representam ideias efervescentes e se lhes apõem a assinatura de reputados arbitralistas como chancela indiscutível de qualidade. O cuidado com que os organizadores prepararam esta obra permitiu que ela fornecesse um panorama completo e atual da arbitragem em sua trajetória entre o passado e o futuro.

Em outra ordem de ideias, chamou-me enorme atenção que Karina Riccio e Lucas de Medeiros Diniz figurassem entre os organizadores desta obra. Giovanni Nanni, árbitro consagrado e civilista de reputação incontestável, dividiu com os jovens do CBAr a organização desta obra de que eles participaram desde a sua concepção.

Essa atitude evoca um tema da maior relevância no contexto da arbitragem – o aspecto de perenidade do instituto e a ele voltarei mais adiante.

O desenvolvimento da arbitragem na fase mais recente é digno de admiração e respeito. Depois de décadas em que repousou inerte e incapaz de despertar, a entrada em vigor da Lei nº 9.307, em 1996, chegou como uma rajada de vento que fez com que a arbitragem enfim acordasse. E esse despertar coincidiu, no Brasil, com o auge do processo de implantação de projetos de infraestrutura de grande porte financiados por operações estruturadas em que a receita da operacionalização do projeto deveria ser capaz de assegurar a liquidação do financiamento, fazendo com que esse projeto fosse, no jargão dos estruturadores, "bancável", ou seja, capaz de merecer o suporte dos financiadores.

Essa circunstância contribuiu de forma definitiva para o desenvolvimento da arbitragem doméstica e internacional, já que a arbitragem assumia papel relevante no conjunto de elementos utilizados para a determinação dos custos de transação, destinada a contribuir para torná-los mais competitivos. Mas o mais notável foi o desenvolvimento do papel desempenhado pelos advogados brasileiros na arbitragem, representando, a um só tempo, seus clientes no nascente mercado doméstico e no mercado internacional, este último bastante maduro e contando com o elenco de profissionais extremamente experimentados. Em ambos, os profissionais se destacaram de forma impecável, o mesmo ocorrendo com os árbitros brasileiros, citados que são em rankings nacionais e internacionais.

Este é o passado de que tanto nos orgulhamos. No entanto, não podemos agora nos deitar no sucesso, quedando-nos inertes e incapazes de tomar as atitudes que são esperadas. Ou nos engajamos, de imediato, nessa batalha ou não mais teremos o benefício de rajadas de vento que nos façam despertar.

Essa batalha se refere à incorporação ao mercado da arbitragem da denominada Próxima Geração. Deve ela ser motivo de preocupação, pois a perenidade da arbitragem estará nas mãos dessa Próxima Geração e de tantas quantas forem as Próximas Gerações no futuro.

O processo de substituição dos arbitralistas é um evento natural e inexorável. Esse processo contempla duas fases: a incorporação e atuação conjunta de integrantes da Próxima Geração com os de Gerações Atuantes, seguida da passagem do bastão, em caráter definitivo, caso em que a Próxima Geração perde essa condição por sua atuação tornar-se definitiva e efetiva, sendo que aquela denominação restará em modo de espera e aguardará os seus novos integrantes. Por suposto, esse processo é contínuo e deve ser milimetricamente planejado.

Logo, diante desse quadro, o que importa é criar um ambiente no qual se possa treinar e capacitar a Próxima Geração. Esse processo deve reunir árbitros, advogados e instituições acadêmicas e arbitrais com o fito de dar o chute inicial e assegurar que esse processo culmine com a capacitação de profissionais que atuem na área.

É indubitável que muitas podem ser as formas de lograr a capacitação da Próxima Geração, e essas formas deverão ser avaliadas a seu tempo. Não há, no plano teórico, uma receita infalível capaz de suprir todos os requerimentos. Os perfis individuais hão de variar, assim como os pendores de cada pretendente da Próxima Geração.

Neste passo, o que importa é que se tenha em mente essa preocupação com o binômio perenidade e Próxima Geração. A mescla desses dois conceitos haverá de permitir que a arbitragem se perpetue como um sistema independente e extrajudicial de solução de controvérsias que, embora sendo adversarial, não é e nem nuca foi alternativa ao processo judicial. São dois meios de solução de controvérsias, com suas regras próprias e com diferentes graus de flexibilidade. No funcionamento de cada qual deles, o que haverá em comum serão princípios gerais. Ademais, a avaliação da arbitragem, tantas vezes injustamente criticada por desconhecimento, há de se proceder com a lente arbitral e fiel aos contornos do instituto. Do contrário, as conclusões serão enganosas e inadequadas.

Agradeço aos jovens organizadores desta obra, Karina e Lucas, me haver inspirado para abordar, ainda que de forma sucinta, este tema que há de se converter em um dos mais importantes aspectos da arbitragem, seja ela doméstica ou internacional, desempenhando a Próxima Geração o papel de ponte entre o passado e o futuro, como produto de um movimento contínuo.

São Paulo, Primavera de 2021

JOSÉ EMILIO NUNES PINTO

SUMÁRIO

PARTE 2 – TEORIA GERAL DE ARBITRAGEM

PARTE 3 – CONVENÇÃO DE ARBITRAGEM E SEUS EFEITOS

PARTE 4 – O ÁRBITRO

PARTE 8 – NOVOS DESAFIOS DA ARBITRAGEM

INTRODUÇÃO
ARBITRAGEM NO BRASIL: UMA REVISÃO NECESSÁRIA

HERMES MARCELO HUCK

Passadas mais de duas décadas da efetiva experiência arbitral no Brasil, vale dizer pós Lei de Arbitragem e ratificação de sua constitucionalidade pelo Supremo Tribunal Federal, não hesito em constatar o (até inesperado) sucesso que, em período relativamente curto, o instituto alcançou por aqui, seja analisado sob a perspectiva acadêmica, seja pela consagrada e reiterada prática.

Esse sucesso, entretanto, não ficou imune aos percalços. Nesta obra comemorativa, em tão oportuna e boa hora organizada pelo CBAr, prenhe de excepcionais colaborações teóricas e práticas, elaboradas por notáveis arbitralistas, ouso ser uma voz de alerta (não discordante, ressalto), pois venho trazer à reflexão da comunidade arbitral algumas mazelas de percurso que, caso não enfrentadas e bem resolvidas, poderão dificultar a crescente utilização da arbitragem brasileira, como forma privada e eficiente de solução de controvérsias.

Para esse roteiro crítico, colhi alguns temas, dentre um universo bem maior que, em minha percepção, vêm sendo controvertidos pela comunidade arbitral e carecem de uma revisão para que deixem de servir como empecilhos ou barreiras à normal fluidez das arbitragens. Sem critério de prioridade, permito-me iniciar pelo espinhoso tema do rito processual na arbitragem.

Bem a propósito, recordo-me das primeiras audiências arbitrais em que o advogado que trouxesse para a sala um exemplar do Código de Processo Civil era firmemente advertido pela ousadia e convidado a guardar bem guardado o tal livro, considerado texto inútil e até pernicioso para a boa condução do procedimento arbitral.

Se é verdade que, ao processo arbitral, não se aplicam as regras do Processo Civil, é não menos verdade que, à míngua de um regramento definido e concreto, em determinados momentos, o processo corre o risco de derivar. Como regra de base para a boa ordem na sequência do procedimento no tempo, o rito processual, nas arbitragens institucionais, é definido segundo as normas ditadas pela Câmara que as hospeda. As arbitragens *ad hoc*, menos frequentes, acabam sendo conduzidas pelas regras processuais que as partes escolhem ou, não raro, por aquelas em que os árbitros mais confiam ou melhor conhecem.

Seja nas arbitragens institucionais ou naquelas *ad hoc*, o processo, influenciado pela criatividade dos advogados e impulsionado pela complexidade inerente aos contratos empresariais, não raro, surpreende partes e árbitros ao trazer situações não previstas em regras adrede adotadas. Ante o vazio criado pela ausência de regra processual específica, abre-se um espaço livre apto a ser preenchido pela inventiva processual. O Tribunal perplexo ante a possibilidade de desordem no procedimento, por vezes acaba recorrendo a soluções nascidas na imaginação dos árbitros, da utilização de modelos processuais estranhos à cultura jurídica local ou mesmo do intuitivo bom senso processual, que – por vezes – pode não ser tão bom quanto se espera.

Busco como exemplo concreto desses episódios de incerteza processual a controversa temática da produção de provas. Se é assente que provas são produzidas para o Tribunal, é igualmente óbvio que não podem depender do arbítrio dos árbitros. Senão vejamos. É certo que a ordem das provas, prevista no CPC ou na prática consagrada em audiências, pode ser alterada pelo Tribunal. Não tenho, entretanto, a mesma convicção, quando o Tribunal inopinadamente decide impor às Partes determinada fórmula processual que, na experiência dos árbitros, pode ter se revelado eficaz nalgum processo regido por sistema jurídico estrangeiro. Nessa linha e de forma exemplificativa, resisto em admitir como prova confiável os conhecidos *witness statements*, por meio dos quais, a testemunha escreve e assina seu depoimento sobre fatos que conhece ou alega conhecer. Redigido e assinado longe dos olhos dos árbitros, tal prova é juntada ao processo.

É inegável a insegurança probatória que decorre desse testemunho antecipadamente preparado, sem a supervisão do Tribunal. É razoável admitir-se a possibilidade de que tal testemunha foi acompanhada, presencialmente ou à distância, na redação de seu depoimento pelo advogado da parte que irá juntá-lo, como prova, ao processo. Não se fale de falso testemunho, mas de testemunho conveniente. Em bom juízo, nenhum patrono irá candidamente submeter ao processo um depoimento de testemunha – por ele arrolada – que contradiga ou abale suas teses ou argumentos. De outro lado, parece-me muito pobre, como instrumento de convencimento do julgador, a inquirição oral dessa testemunha em audiência. Tal como na sistemática da *cross examination*, adotada pela Common Law, a parte contrária – e mesmo os árbitros – ficam circunscritos ao que a testemunha escreveu e não ao que ela sabe. No sistema da oralidade, a experiência demonstra que não há nada mais eficiente para se ter um depoimento testemunhal veraz e útil do que a surpresa das perguntas feitas ao depoente.

Para que não me acusem de verdugo das experiências processuais estrangeiras, como um todo, lembro aqui a utilidade da testemunha técnica como meio de prova. Na leitura ortodoxa da tradição processual brasileira, seria inaceitável falarmos de uma testemunha depondo em audiência, sem conhecer os fatos, discorrendo sobre argumentos em tese e, acima de tudo, remunerada pela parte. Enfrentando essa aparente contradição, a testemunha técnica ganhou importância no processo arbitral brasileiro, sendo aceito seu depoimento sobre aspectos técnicos da pendência, com a mesma naturalidade com que sempre se aceitaram os pareceres jurídicos.

Caberia um compêndio para discutir e analisar o tema da prova nas arbitragens e, de fato, sobre ele muito se tem escrito. Antes, porém, de seguir para a próxima crítica, valem duas palavras, ainda em matéria probatória, sobre as incertezas e contradições da produção de documentos que uma parte exige da parte contrária. Essa prova vem amparada no Código de Processo Civil Brasileiro, rotulada como "exibição de documento ou coisa" e, desde logo, traz à baila o conflito essencial entre, de um lado, a obrigação da parte de levar ao processo os documentos que o Tribunal lhe determina e, de outro, o direito constitucional de não produzir prova contra si mesmo. Na mesma ordem de ideias, não seria corpo estranho inserimos um debate sobre a utilidade das Redfern Schedules. Deixo esse formato de prova à reflexão dos leitores e sigo para analisar outra pedra no caminho da arbitragem brasileira.

Refiro-me ao delicado, espinhoso e contraditório tema do sigilo e da confidencialidade nos processos arbitrais. Se a Lei de Arbitragem não impõe sigilo ao procedimento, a maioria dos regulamentos divulgados pelas Câmaras Arbitrais consideram-no como regra somente derrogável pela vontade das partes devidamente expressa no Termo de Arbitragem ou na Cláusula Compromissória.

Inquestionável fator de marketing, o sigilo do litígio posto em arbitragem pode servir como atrativo ao empresário contratante. Não é boa publicidade, na perspectiva de qualquer empresa, que sejam expostos ao mercado seus litígios em processos arbitrais ou judiciais. Para clientes e fornecedores, o conhecimento de determinada pendência pode ser sinal de comportamento inadequado ou agressivo. Não me parece, neste particular, que o eventualmente bom para a parte seja necessariamente bom para a arbitragem.

Não por outros motivos, o sigilo na arbitragem tem sido alvo de reiterada discussão estampada em artigos e livros especializados, bem como tema de palestras em reuniões e simpósios. Na mesma linha, várias Câmaras, em cujos regulamentos está inserida a confidencialidade do processo arbitral, têm suscitado debates sobre a conveniência de deles suprimir o sigilo automático, deixando às partes a decisão para sua adoção.

O sigilo imposto à sentença, desde logo, inviabiliza a criação da jurisprudência arbitral, fonte essencial do direito. Como advogado ou como árbitro, não consigo imaginar algo mais tentador do que um bom e confiável repertório de jurisprudência arbitral. Para a publicação de sentenças, não há necessidade de se abrir detalhes técnicos ou de se expor minúcias ou informações sensíveis, cuja divulgação possa comprometer as partes em suas atividades operacionais ou concorrenciais. A publicação de decisões arbitrais, guardando sigilo de informações delicadas e peculiares ao caso, seria forma de incentivar e aperfeiçoar o uso dessa jurisdição. Bem sabemos da utilidade teórica e prática decorrente do fácil acesso a decisões prolatadas em procedimentos administrados pela Corte Arbitral da CCI. Não vislumbro boas razões que nos impeçam a disseminação desse bom exemplo.

O sigilo pode proteger as partes e o litígio. Esse mesmo sigilo, porém, mantém a sentença arbitral escondida. No Brasil, como usual, somente tomamos conhecimento de sentenças arbitrais, quando são postas em discussão judicial, pois o segredo de Justiça, para o bem ou para o mal, quase sempre falha. Assim, o que vem a público acaba sendo a arbitragem em que ao menos uma das partes considerou defeituosa e passível de anulação. A exceção, quase sempre desabonadora, transforma-se no alto-falante das sentenças arbitrais, chamando a atenção para situações patológicas e deixando de lado o grande universo de sentença prolatadas e devidamente cumpridas.

Ademais, sentença escondida implica risco nada desprezível para o desenvolvimento e consagração da jurisdição arbitral no tempo. O árbitro, por vezes entulhado com mais processos do que seria capaz de conduzir, ainda que inconscientemente, vale-se do sigilo da sentença para caprichar um pouco menos em sua elaboração. Não temo em afirmar que, não houvesse sigilo, várias sentenças pouco elogiáveis corriam o risco de serem melhores.

Antes de passar ao próximo empecilho arbitral, permito-me aqui um rápido parêntese. Muitas sentenças, com sigilo ou sem ele, poderiam ganhar em qualidade, houvesse maior colaboração dos coárbitros nos procedimentos com tribunais tripartites. Acabamos por importar o mau hábito vigente em alguns centros arbitrais do mundo, onde o presidente do tribunal age como imperador. Sua palavra, não raro, é a primeira e a última. Os coárbitros contentam-se com o papel de assistentes qualificados, o que certamente é menos trabalhoso. Em inúmeros casos, o presidente traz a sentença pronta, esperando não mais que aprovação ou divergência. A discussão aberta e ampla de um caso, entre os três árbitros, com contribuições de todos, é premissa quase absoluta para uma boa sentença. Não hesito em afirmar que, da perspectiva do árbitro, momento gratificante na história de qualquer processo arbitral ocorre quando os árbitros desfrutam da possibilidade de confrontar seus julgamentos com as opiniões de seus pares, detentores das mesmas informações e conhecedores dos mesmos argumentos. Em um Tribunal com três árbitros atuantes, ao final, ganha a sentença em qualidade e ganham os árbitros com experiências únicas.

Isto posto, passo a refletir sobre outro mal que, a meu ver, acomete a arbitragem brasileira. Essa prática, que como um vírus letal, rapidamente proliferou, espalhando-se pelos processos arbitrais, é conhecida como impugnação de árbitro, ou mais realisticamente, como impugnação fútil de árbitro. Impugnar a indicação de árbitro ou presidente do tribunal é direito inerente à parte, posto que, pressuposto da arbitragem é a confiança objetiva que as partes devem ter nos julgadores. Ainda que a Lei de Arbitragem remeta os casos de imparcialidade e independência do árbitro às hipóteses expressas na Lei Processual Civil, a prática tem sido mais exigente e vem alargando as hipóteses de impugnação fundamentada para além dos limites do Código de Processo Civil. Relacionamentos, de toda a natureza, entre árbitros com partes (ou mesmo advogados de partes) são ponderados com muito rigor, sendo acolhidos aqueles que – mesmo sem estar abrigados pela lei processual – de alguma forma podem afetar a confiança objetiva que as partes devem ter nos árbitros que decidem suas pendências.

Consagrou-se no procedimento administrativo prévio de revelações realizado pelo árbitro indicado, no momento de sua indicação, e como referência na avalição e decisão sobre e recusa de árbitro interposta pela parte, o recurso às IBA Guidelines on Conflict of Interest que, mesmo não passando de "sugestões", são reverenciadas como *Soft Law* e acabam sendo aplicadas como se fossem os mandamentos de Moisés. Podemos admitir que o enquadramento de uma determinada impugnação – que tenha guarida nas IBA Rules – ganhe foro de viabilidade, e possa servir como fundamento para a recusa de árbitro indicado. Não é, exatamente, esse o vírus a que me referi. Com efeito, considero mal mortal para a arbitragem o uso abusivo da recusa de árbitro que, infelizmente, vem se tornando evento cada vez mais frequente.

A impugnação fútil de árbitro atinge a espinha dorsal da arbitragem. Recusar a indicação de um árbitro sem fundamento, seja na lei processual, nas IBA Rules ou mesmo no bom senso, é prática a ser reprimida com energia, para proteger-se a saúde e a higidez da jurisdição arbitral. Não poucas vezes foram vistas impugnações fundamentadas em amizade pela Internet, por colaboração conjunta num livro de artigos jurídicos, pela convivência num mesmo Departamento de Faculdade ou ainda por uma alegada amizade íntima entre pessoas que apenas se cumprimentam no corredor.

A recusa abusiva de árbitro, com nítida intenção de protelar o processo, confundir seu normal andamento, implantar a guerrilha no cenário de solução pacífica de litígio, tem o inconfundível aroma da litigância de má fé. E assim deve ser tratada e reprimida. De um lado, os árbitros não precisam se intimidar (ou sentir-se ofendidos) ante uma recusa que sabem, desde logo, ser fútil. Não se intimidando, não devem puramente renunciar à indicação, dando assim combustível à estratégia corrosiva da parte impugnante. Se o motivo é fútil, o árbitro deve seguir em sua convicção de imparcialidade e independência e sujeitar-se à decisão de terceiros sobre os fundamentos da impugnação. As Câmaras Arbitrais, em tais situações, recorrem a comitês designados especialmente para a solução desses incidentes. Decidindo o comitê pela procedência da recusa, troca-se o árbitro. Entretanto, não havendo motivo legal ou razoável para a impugnação, esta poderá ser julgada improcedente e rotulada como fútil pelo comitê. Nessa hipótese, há que se punir pesadamente a parte impugnante por ter agido com má fé processual.

A lista de percalços poderia ser alargada. Não é tal, entretanto, o objetivo primordial desta apresentação. Ao ensejo do lançamento da obra comemorativa pelo CBAr, contando com a felicidade de reunir artigos importantes para a academia arbitral, redigidos por autores de inconteste bagagem teórica e consagrada experiência prática, tenho em mente apenas a finalidade de comemorar o sucesso da arbitragem no Brasil, a qualidade de suas decisões, o preparo dos advogados e saudar as novas gerações de competentes arbitralistas que já se vão formando. Ao lado desse objetivo, entretanto, minha intenção foi a de expor, de forma crítica (ainda que sintética), algumas dificuldades que a prática de sucesso nos trouxe; determinados defeitos que se aguçaram e que podem, perfeitamente, ser corrigidos. É o exercício de poda de alguns galhos secos para preservar a sobrevivência da árvore.

PARTE 1

A IMPORTÂNCIA DO CBAR PARA O DESENVOLVIMENTO DA ARBITRAGEM

1.
CBAr E SEU PROPÓSITO

EDUARDO DAMIÃO GONÇALVES
JOÃO BOSCO LEE

O Comitê Brasileiro de Arbitragem, também conhecido como CBAr, cumpre desde a sua criação há vinte anos a sua função primordial: promover e difundir a arbitragem e outros meios de solução de controvérsias no Brasil.

Esta foi a intenção dos seus fundadores desde a concepção do CBAr: congregar todo aquele e toda aquela que tivesse legítimo interesse no tema e estivesse disposto a discutir o tema de modo desinteressado, com o objetivo de contribuir para a construção de uma cultura e de uma prática dos meios alternativos (ou adequados) de solução de disputa, até então praticamente inexistentes no País que era visto como última ilha de resistência ao desenvolvimento da arbitragem no mundo dentre as maiores economias ocidentais.

Em 2001, a arbitragem no Brasil vivia momentos de incertezas quanto ao seu efetivo desenvolvimento. Passados quase cinco de anos da promulgação da Lei nº 9.307/1996, o cenário da arbitragem no país era marcado pela expectativa de uma decisão do Supremo Tribunal Federal quanto à inconstitucionalidade da cláusula compromissória[1] e a tão esperada ratificação da Convenção de Nova York de 1958 sobre reconhecimento e execução de sentenças arbitrais estrangeiras[2]. Neste cenário, um grupo de jovens advogados conceberam o CBAr.

Em meados dos anos 90, Clávio Valença de Mello Filho, Eduardo Damião Gonçalves e João Bosco Lee se conheceram nos corredores da Universidade Panthéon-Assas (Paris II), onde cursavam os seus estudos de pós-graduação em

[1] Conforme STF, SE 5.206, de 12.12.2001.
[2] Convenção de Nova Iorque de 10.06.1958, Decreto nº 4.311/2002.

Direito Internacional Privado e do Comércio Internacional. Os três tiveram a singular oportunidade de ter como mestre Philippe Fouchard, uma das maiores autoridades acadêmicas em matéria de arbitragem internacional. O Prof. Fouchard não só os ensinou o rigor acadêmico da escola francesa de Direito, mas lhes transmitiu a paixão que tinha pela arbitragem, sempre moldado nos seus ideais de autonomia da arbitragem comercial internacional.

Ao retornar ao Brasil, este grupo se somou a outros jovens arbitralistas e constataram que as iniciativas em prol da difusão da arbitragem eram dispersas, individualizadas ou provenientes de centros de arbitragem ou câmaras de comércio. Influenciados pela experiência acadêmica francesa, idealizaram a criação de uma associação independente, não vinculada a uma entidade. Nessa toada, decidiram criar uma instituição nos moldes do Comité Français de l'Arbitrage (CFA)[3].

Mas como um grupo de jovens juristas desconhecidos poderiam iniciar um projeto tão ambicioso? Mais uma vez se socorreram dos conselhos do Mestre Fouchard, que os recomendou buscar agregar pessoas que confiassem neste projeto. E a acolhida da ideia da criação desta associação foi das melhores. Consultaram os Professores Luiz Olavo Baptista, José Carlos Magalhães, José Alexandre Tavares Guerreiro, Selma Lemes, Pedro Batista Martins, Luiz Fernando Teixeira Pinto, Antonio Pena, José Maria Rossani Garcez, Carlos de Mafra Laet, Carlos Henrique Fróes, Maurício Gomm, entre outros, que lhes deram não somente o seu acordo, mas muito mais que isso, o seu apoio. Convidaram jovens arbitralistas da época que tinham o mesmo ideal: Adriana Braghetta, Adriana Pucci, Eleonora Coelho, Joaquim Muniz, Julia Dinamarco, Marina Mendes Costa, entre outros.

Contando com o apoio da pequena comunidade arbitral brasileira, faltava escolher o nome desta associação de arbitragem. E os seus idealizadores não foram muito originais: influenciados pelo citados trabalho desenvolvido pelo Comité Français de l'Arbitrage (CFA), adotaram o nome Comitê Brasileiro de Arbitragem (CBAr) para esta nova associação.

Em 21 de março de 2001, realizou-se a reunião de constituição do CBAr com a participação dos seus 39 membros fundadores, tendo sido João Bosco Lee eleito o seu Presidente e Eduardo Damião o seu Secretário.

No estatuto de constituição do Comitê restou estabelecido que a sua finalidade seria "o fomento aos estudos jurídicos e interdisciplinares pertinentes à

[3] O Comité Français de l'Arbitrage foi criado em 1953 com o objetivo de estudo, desenvolvimento e aperfeiçoamento da arbitragem (www.cfa-arbitrage.com).

arbitragem e aos outros métodos de resolução alternativa de controvérsias, sua divulgação e aprimoramento".[4]

Nesses 20 anos de existência, o CBAr tem mantido a sua essência na promoção da arbitragem no Brasil, e do Brasil no mundo arbitral, e o faz de modo independente de instituições de arbitragem, empresas e escritórios de advocacia nacionais e estrangeiros, fazendo parcerias pontuais, mas mantendo-se fiel ao ideal de fomentar o desenvolvimento da arbitragem e outros métodos. Para isso, o CBAr tem trabalhado para a difusão dos estudos acadêmicos da arbitragem (I). Além disso, visando ao saudável e crítico desenvolvimento de legislação e jurisprudência atinadas com a lógica da arbitragem e seu propósito de servir os jurisdicionados de modo coerente com as necessidades do comércio doméstico e internacional, o CBAr tornou-se um ator importante no desenvolvimento de políticas públicas da arbitragem (II).

1.1 CBAr e seu propósito acadêmico

No início de suas atividades, com menos de 100 membros, o CBAr precisava organizar-se para chegar aos operadores do direito, advogados, magistrados, professores e estudantes que se interessavam pelo tema e viam nele um caminho que traria benefícios à solução de controvérsias patrimoniais disponíveis. Mas restava definir como fazê-lo. Em 2001, as mídias sociais eram praticamente inexistentes. A primeira iniciativa do grupo, portanto, foi criar um grupo de discussão via e-mail que, desde a sua origem, foi muito ativo. Era um início, mas ainda era necessário fazer mais para atingir um universo maior de interessados no tema em diferentes partes do Brasil e, ao mesmo tempo, mostrar à comunidade internacional que, para além da lei de arbitragem recém aprovada, havia de

[4] Artigo 2 do Estatuto do CBAr de 2001. Ainda, o artigo 4 do Estatuto originário estabelece que atingir a sua finalidade, deve o CBAr buscar: "I – incentivar e patrocinar os estudos jurídicos da arbitragem, através da pesquisa, do debate, do ensino e de outras formas de socialização do conhecimento; II – incentivar pesquisas jurídicas na especialidade referida no inciso anterior, nas dimensões sociológica e filosófica, respeitando-se, sempre de forma incondicional, a autonomia do pesquisador; III – divulgar a arbitragem, difundindo sua finalidade social, sua técnica normativa e os direitos das partes e agentes envolvidos; IV – promover a cooperação e intercâmbio entre os estudiosos da arbitragem no Brasil, entre si e com estudiosos estrangeiros; V – participar do desenvolvimento das políticas públicas nacionais, regionais e internacionais da arbitragem, respeitados os termos preconizados neste Estatuto; VI – promover a defesa dos interesses ou direitos de qualquer modo concernentes a relações de arbitragem, e VII – propugnar pelo desenvolvimento da legislação e da jurisprudência relativas à arbitragem". CBAr. Estatuto do Comitê Brasileiro de Arbitragem, de 2019. Disponível em: https://cbar.org.br/site/wp-content/uploads/2020/12/estatuto-cbar_2019.pdf. Acesso em: 28 jun. 2021.

fato um interesse da comunidade jurídica e empresarial brasileira que a arbitragem vingasse por aqui.

Mesmo com poucos recursos, era necessário implementar os objetivos que norteariam as bases do Comitê. Nessa toada, nos primeiros anos de existência, realizou-se o Congresso do Comitê Brasileiro de Arbitragem (A), publicou-se a Revista Brasileira de Arbitragem (B) e concretizaram-se parcerias que deram notoriedade internacional ao CBAr (C)[5].

1.2 Congresso do Comitê Brasileiro de Arbitragem

A realização de um Congresso era o principal objetivo do CBAr no seu primeiro ano de existência. Mas como realizar um Congresso num cenário pouco positivo: poucos recursos financeiros em caixa, falta de patrocinadores e público limitado. Nesse contexto, o Comitê recebeu um convite do Instituto Arbiter, na pessoa do Dr. Petrônio Muniz, em conjunto com o Conima, então presidido pelo Dr. Mauricio Gomm, para organizar um dia no âmbito do Congresso Internacional sobre "As formas privadas de resolução de litígios no contexto sócio-econômico do século XXI", que seria realizado em novembro de 2001 em Recife. Este seria o I Congresso do CBAr, cujo tema escolhido foi "Desafios e Perspectivas da Arbitragem Internacional".

Para viabilizar a realização deste Congresso, tivemos como parceiros de primeira hora o Comité Français de l'Arbitrage e a Corte Internacional de Arbitragem da Câmara de Comércio Internacional, a CCI. Estas parcerias – que se mostraram essenciais para legitimar o CBAr como uma instituição séria e comprometida com os seus objetivos – franquearam a vinda de ilustres palestrantes estrangeiros, de renome internacional no mundo da arbitragem, para compor o quadro de expositores deste primeiro evento do Comitê Brasileiro de Arbitragem. Recorde-se que, naquela época, não era comum organizar eventos internacionais de arbitragem com a vinda de palestrantes estrangeiros, algo muito diferente da realidade atual em que o Brasil é objeto de grande interesse da comunidade internacional e praticamente não passe mês sem que haja evento, quase sempre com palestrantes de renome. Em 2001 a realidade era outra e o Brasil não era percebido pela comunidade internacional de arbitragem como um destino de congressos e conferências, dada a sua irrelevância como player neste tema.

[5] Além dessas iniciativas, o CBAr multiplicou os projetos acadêmicos tais como a criação de grupo de estudos (12 grupos em atividade), sete bibliotecas físicas de arbitragem do CBAr, banco de teses e de sentenças, pesquisa de jurisprudência, publicação de dissertações e teses pela Editora Almedina, entre outras iniciativas.

Assim, o CBAr foi pioneiro para esta abertura do Brasil ao mundo internacional da arbitragem. Neste primeiro evento, em 27 de novembro de 2001, o Professor Philippe Fouchard proferiu a Conferência Magna: "Desafios da Arbitragem Internacional" no auditório do Tribunal Regional Federal da 5ª Região em Recife[6]. Mesmo com um reduzido público (não mais que 40 pessoas estavam presentes para ouvir o Mestre), o Prof. Fouchard advertiu que: "Os organizadores deste primeiro Congresso do Comitê Brasileiro da Arbitragem subestimaram um pouco o tema e me honraram com o convite para falar sobre "Os desafios da Arbitragem Internacional". Vocês rapidamente os perdoarão, pois é maior o desafio deles: concentrar todas as energias deste grande país para que ele acolha e desenvolva, em proveito próprio, esta maneira incontornável de resolução de controvérsias próprio do comércio internacional, que é a arbitragem"[7].

Em sua palestra de encerramento, Horacio Grigera Naón, então Secretário Geral da Corte Internacional de Arbitragem da CCI, discorreu sobre as perspectivas da arbitragem internacional, o que nos trouxe a convicção de que tal visão da arbitragem seria um dia a realidade da arbitragem no Brasil[8].

O I Congresso do CBAr pavimentou o caminho de sucesso dos eventos do Comitê. Desde a sua primeira edição, os congressos do Comitê sempre foram idealizados para discutir e pensar arbitragem, visando a criação de massa crítica sobre a arbitragem na comunidade arbitral brasileira. E nessa visão retrospectiva de 20 anos, pode se concluir que o CBAr logrou êxito, tendo realizado Congressos em praticamente todas as regiões do País, do Rio Grande do Sul à Bahia, de Brasília a Foz do Iguaçú, passando por São Paulo, Rio de Janeiro e Santa Catarina! Mesmo durante este terrível período da pandemia da Covid-19 o CBAr realizou seu congresso, ainda que de modo virtual.

1.3 Revista Brasileira de Arbitragem

Após a realização do I Congresso do CBAr, a diretoria do Comitê se concentrou no segundo pilar do seu propósito acadêmico: a Revista Brasileira de Arbitragem.

[6] Esta palestra foi publicada na Revista Brasileira de Arbitragem, nº 1, 2008, p. 57.

[7] Philippe Fouchard, Desafios e Perspectivas da Arbitragem Internacional, *In*: **Revista Brasileira de Arbitragem**, nº 1, 2008, p. 57.

[8] No I Congresso do CBar, foram palestrantes (pela ordem de intervenção): João Bosco Lee, Philippe Fouchard, Carlos Mafra de Laet, José Maria Rossani Garcez, José Carlos de Magalhães, Pedro Batista Martins, Nigel Blackaby, Luiz Fernando Teixeira Pinto, Eduardo Silva Romero, Paulo Borba Casella, Kazuo Watanabe, Theophilo Azeredo dos Santos, Eduardo Damião Gonçalves, Adriana Pucci, José Alexandre Tavares Guerreiro, Arnoldo Wald e Horacio Grigera Naón.

Em 2001, não havia no Brasil uma publicação dedicada exclusivamente aos métodos privados de soluções de controvérsias[9]. Era entendimento comum que uma revista especializada em arbitragem, mediação e outros meios seria o meio mais eficaz para difundir e aprofundar os debates sobre temas essenciais da arbitragem.

Nesse contexto, iniciou-se contatos com diversas editoras, mas a resposta negativa vinha justificada na falta de público interessado na matéria o que inviabilizaria a sua comercialização.

Mas no início de 2003, o CBAr firmou uma parceria com a Editora Síntese, que fazia parte do Grupo Editorial IOB. Era o nascimento da Revista Brasileira de Arbitragem, a primeira publicação no Brasil destinada exclusivamente aos métodos extrajudiciais de solução de controvérsias.

E como no Comitê tudo era diferente, a primeira edição da revista foi o número zero, que foram os anais do II Congresso do CBAr realizado em Florianópolis em 22 a 24 de setembro de 2002 (Edição Especial de Lançamento). E como mencionou a *Revue de l'arbitrage*, "este segundo Congresso do Comitê Brasileiro de Arbitragem e este primeiro número de sua Revista revelam a diversidade e a modernidade das ideias discutidas no Brasil, e justificam as ambições de seus organizadores e fundadores"[10].

Mas como continuar a publicar trimestralmente uma revista, quando a produção acadêmica nacional ainda era muito incipiente? Nesse momento, contamos com a colaboração de renomados autores e professores que contribuíram para que a revista se tornasse a referência nacional e acadêmica na matéria.

A partir do número 45 (janeiro-março de 2015), a Revista Brasileira de Arbitragem passou a ser publicada pela Wolters Kluwer, passando o seu conteúdo a ser disponibilizado na prestigiosa Kluwer Arbitration.

Além disso, vários foram os colaboradores que participaram ativamente no curso destes anos na elaboração, organização, revisão e redação da revista, o que permitiu manter o rigor científico e a qualidade dos trabalhos publicados. Por tal motivo, a Revista Brasileira de Arbitragem tem a nota B3 no Qualis da CAPES

[9] A Revista de Direito Bancário e do Mercado de Capitais, publicada pela Revista dos Tribunais e dirigida pelo Professor Arnoldo Wald, incluiu a partir de do volume de janeiro-março de 2000 uma seção sobre arbitragem, tornando-se a Revista de Direito Bancário, do Mercado de Capitais e da Arbitragem. Em janeiro-abril de 2004, foi lançada a Revista de Arbitragem e Mediação.

[10] "*ce deuxième Congrès du Comité brésilien de l'arbitrage et ce premier numéro de sa Revue révèlent la diversité et la modernité des idées agitées au Brésil, et justifient les ambitions de ses organisateurs et fondateurs*" (Revista Brasileira de Arbitragem – Os Novos Rumos da Arbitragem no Brasil, Revue de l'arbitrage, 2003, p. 1416).

e é um dos principais vetores da discussão acadêmica dos meios privados de solução controvérsias no Brasil. Não poderíamos deixar de citar nominalmente todos os que colaboraram na edição da RBA:

Redatores-Chefes/Editor-Chefe[11]

- Adriana Noemi Pucci – de julho-outubro de 2003 até outubro-dezembro de 2013;
- Daniel de Andrade Levy – de janeiro-março de 2014 até janeiro-março de 2018;
- Flávia Foz Mange – de abril-junho de 2018 até outubro-dezembro de 2020;
- Fabiane Verçosa – de janeiro-março de 2021 até o presente momento;

Secretários/Redator-Chefe Adjunto[12]**/Editor-Chefe Adjunta**[13]

- Clávio Valença Filho – de julho-outubro de 2003 até janeiro-março de 2014;
- Ricardo de Carvalho Aprigliano – de abril-junho de 2014 até janeiro-março de 2019;
- Fabiane Verçosa – de abril-junho de 2019 até outubro-dezembro de 2020;
- Giovana Benetti – de janeiro-março de 2021 até o presente momento;

Assistentes de Redação[14]**/Conselheiro de Redação**[15]**/Editores Assistentes**[16]

- Ana Paula Montans – de julho-setembro de 2009 até o momento;
- Ana Carolina Dall'Agnol – de janeiro-março de 2018 até o presente momento;
- Ana Clara Viola Ladeira – de julho-setembro de 2015 até o presente momento;
- Ana Paula Montans – de janeiro-março de 2013 até o presente momento;
- Berardino di Vecchia Neto – de janeiro-março de 2021 até o presente momento;
- Daniel de Andrade Levy – de janeiro-março de 2013 até outubro-dezembro de 2013;
- Fabiane Verçosa – de abril-junho de 2014 até janeiro-março de 2019;

[11] A partir de abril-junho de 2019, passou a ser designado como Editor-Chefe.

[12] A partir de abril-junho de 2018, passou a ser designado como Redator-Chefe Adjunto.

[13] A partir de abril-junho de 2019, passou a ser designado como Editor-Chefe Adjunto.

[14] De abril-junho de 2007 até outubro-dezembro de 2012.

[15] De janeiro-março de 2013 até janeiro-março de 2018.

[16] De abril-junho de 2018 até o momento.

- Fernando Breda Pessoa – de abril-junho de 2007 até abril-junho de 2009;
- Flávia Foz Mange – de janeiro-março de 2013 até outubro-dezembro de 2017;
- Giovana Benetti – de janeiro-março de 2018 até outubro-dezembro de 2020;
- Gustavo Scheffer da Silveira – de abril-junho de 2019 até o presente momento;
- João Luiz Lessa Neto – de abril-junho de 2019 até o presente momento;
- Leonardo Furtado – de janeiro-março de 2014 até o presente momento;
- Octavio Fragata Martins de Barros – de janeiro-março de 2013 até outubro-dezembro de 2017;
- Rafael Francisco Alves – de abril-junho de 2007 até julho-setembro de 2010 e julho-setembro de 2011 até outubro-dezembro de 2012;
- Ricardo de Carvalho Aprigliano – de janeiro-março de 2013 até janeiro-março de 2014;
- Sabrina Ribas Bolfer – de abril-junho de 2007 até outubro-dezembro de 2012.

Estagiários
- Fernanda Beirão – 2011;
- Alex Antonio Rosa Costa – de julho de 2017 a janeiro de 2020;
- Larissa Sad Coelho – de fevereiro de 2020 até o presente momento.

1.4 CBAr e suas parcerias internacionais

O terceiro pilar do seu propósito acadêmico era firmar parcerias internacionais para que o CBAr pudesse ter um intercâmbio com instituições com objetivos semelhantes do Comitê. E nada mais natural que a primeira aproximação se desse com o Comité Français de l'Arbitrage (CFA), que serviu como inspiração para o nascimento do CBAr.

Como já mencionado, o CFA foi o primeiro parceiro na realização dos primeiros Congressos do CBAr. Após o I Congresso do Comitê em 2001, o CFA convidou o CBAr a coorganizar um Seminário em conjunto com a Société de Législation Comparée e a Cour de Cassation francesa. Em 23 de junho de 2003, realizou-se o Seminário "L'arbitrage en Amérique Latine", no Plenário da *Cour de Cassation* em Paris, com a participação do Prof. Arnoldo Wald, Clávio Valença Filho, Eduardo Damião Gonçalves e João Bosco Lee representando o CBAr. Além deste primeiro evento, foram organizadas Jornadas Franco-Brasileiras de Arbitargem CBAr-CFA, com eventos no Brasil e na França.

Além disso, a CCI coorganizou os primeiros Congressos do CBAr, realizando por diversas vezes seminários YAF, tendo ainda organizado congressos com o Comitê Colombiano de Arbitragem, com o Institute for Transnational Arbiration (ITA) e apoiado inúmeros outros eventos no Brasil e no exterior. No âmbito interno, o CBAr teve congressos organizados também com a CAMARB, e tem no Centro de Mediação e Arbitragem da Câmara de Comércio Brasil-Canadá uma das instituições que mais apoiou os Congressos do CBAr.

O CBAr também se associou ao Institute for Transnational Arbiration (ITA) e à Associación Latinoamericana de Arbitraje (ALARB) para criar o ITA Latin America Arbitration Forum (ITAFOR)[17], um grupo de discussão voltado a temas de ADR na América Latina, algo que ainda não existia no âmbito regional.

Ainda, o CBAr foi o parceiro do International Council for Commercial Arbitration (ICCA) para organizar o XX Congresso do ICCA Rio de Janeiro de 2010 (23 a 26 de maio de 2020), evento que reuniu mais de 800 participantes, tendo sido a primeira vez que o Congresso do ICCA ocorreu no hemisfério sul.

O CBAr atualmente apoia diversos eventos internacionais em parcerias com universidades, centros de arbitragem e instituições internacionais para a difusão da arbitragem no Brasil e no exterior, o que demonstra a influência e a atuação internacional do CBAr.

1.5 CBAr e seu propósito institucional

Pensado e desenvolvido para promover a divulgação e difusão da arbitragem, da mediação e dos demais meios adequados de solução de controvérsias no país, garantindo seu emprego e disseminação de forma adequada e afirmativa, o CBAr nasceu como um projeto ambicioso, cujo propósito institucional sempre foi assegurar "a defesa, a manutenção e o aprofundamento da ordem democrática".

De modo a alcançar esse propósito, definido por meio do artigo 3º de seu Estatuto[18], o CBAr se consolidou desde seu início como agente interlocutor pela defesa e estudo da arbitragem no Brasil, atuando perante os Poderes Judiciário e Legislativo brasileiros na busca pelo desenvolvimento, consolidação e propulsão da prática arbitral no país – pode-se dizer, hoje, que o CBAr vem desempenhando sua missão de forma exemplar e (muito) bem-sucedida!

[17] www.cailaw.org/Institute-for-Transnational-Arbitration/publications/itafor-listserv.html

[18] "Art. 3. O CBAr considera a defesa, a manutenção e o aprofundamento da ordem democrática pressupostos da produção científica e tecnológica comprometida com a qualidade acadêmica e a compreensão crítica da realidade". CBAr. Estatuto do Comitê Brasileiro de Arbitragem, de 2019. Disponível em: https://cbar.org.br/site/wp-content/uploads/2020/12/estatuto-cbar_2019.pdf. Acesso em: 18 nov. 2021.

Atualmente, para além da produção acadêmica de excelência que realiza de forma independente, como já visto, o CBAr também atua em cooperação com diversos órgãos e entes governamentais e não-governamentais, incentivando o estudo e o debate do tema inclusive junto aos Poderes Legislativo e Judiciário, de modo a permitir não apenas a devida aplicação da lei específica, mas também buscando de exercer papel legítimo e transparente nos processos legislativos envolvendo o tema nos últimos anos, buscando assegurar a manutenção dos enormes benefícios que a arbitragem trouxe para a solução de disputas no Brasil.

1.6 Acompanhamento legislativo

Desde sua constituição, o CBAr vem se consolidando como importante ator na defesa e promoção da arbitragem justo ao Poder Legislativo brasileiro. A interlocução estabelecida pelo Comitê ao longo dos anos é relevantíssima e contribui para um grau mais elevado de rigor técnico às normas editadas e promulgadas pelo Legislativo, ao partilhar os estudos e pesquisas realizadas através de um grupo especializado e qualificado de membros voluntários, organizado e coordenado para o acompanhamento de medidas legislativas (Comissão de Assuntos Legislativos).

A missão do CBAr de promover a discussão e garantir as bases para a consolidação da arbitragem no âmbito nacional, por meio do incentivo à edição de normas benéficas e afirmativas ao seu desenvolvimento, é de tamanha importância para o cumprimento de suas atribuições que foi especificamente gravada no artigo 4º de seu Estatuto[19], que determina: "Art. 4. O CBAr, para atingir suas finalidades, deve buscar: [...] VII – propugnar pelo desenvolvimento da legislação e da jurisprudência relativas à arbitragem e outros meios extrajudiciais de resolução de controvérsias".

A Comissão de Assuntos Legislativos, formada por 21 membros capacitados e atuantes tanto em arbitragem como nos demais métodos privados de solução de litígios, participa e acompanha todos os debates, projetos de lei, medidas provisórias, dentre outros, que digam respeito a novas políticas e normas ou atinjam de alguma forma a comunidade e o instituto da arbitragem, da mediação, da conciliação, dos dispute boards etc.

Mas muito além do mero acompanhamento de projetos, o CBAr desempenha verdadeira participação nos debates legislativos, atuando como interlocutor técnico, qualificado e independente, sem vínculo com interesses particulares de

[19] CBAr. Estatuto do Comitê Brasileiro de Arbitragem, de 2019. Disponível em: https://cbar.org.br/site/wp-content/uploads/2020/12/estatuto-cbar_2019.pdf. Acesso em: 18 nov. 2021.

instituições ou empresas. Nesse sentido, a Comissão de Assuntos Legislativos é também encarregada e responsável pela elaboração de pareceres técnico-científicos que embasam o posicionamento do CBAr perante cada projeto de lei e nova proposta apresentada. Esses posicionamentos são apresentados em forma de notas técnicas, disponibilizadas em sua integralidade no *website* do Comitê[20], e constituídos por uma fundamentada exposição de motivos, seguida por considerações assertivas e substanciais sobre o tema. Aqui, vale especial menção ao excelente trabalho desempenhado pela Comissão na elaboração da Nota Técnica em atenção à decisão administrativa proferida pela Delegacia de Julgamento nos autos do processo administrativo nº 12448.730776/2014-91, sobre a tributação do exercício da atividade de árbitro por pessoas físicas de profissão regulamentada.

Outrossim, a atuação do CBAr em matéria legislativa é pautada por diversos princípios que garantem não apenas sua autonomia e independência em relação a qualquer das propostas, projetos e assuntos comentados, sendo o exclusivo propósito do Comitê a solução adequada de temas relativos ao campo da arbitragem, como também o exercício fundamentado, com interferência mínima, integridade, seriedade, credibilidade e independência intelectual.

Cumpre ressaltar que o acompanhamento do CBAr no âmbito legislativo é feito, em sua maioria, de modo passivo e reativo, na tentativa de guiar propostas já iniciadas. O trabalho do CBAr, nesses casos, é garantir que eventuais projetos de lei possam culminar em uma norma adequada, compatível com os pressupostos básicos da arbitragem e benéficos para o seu desenvolvimento, tornando o solo fértil para a preservação do status do país como um dos grandes responsáveis pela disseminação dos ADR.

Nesse sentido, vale ainda exibir uma rápida listagem, não exaustiva, de alguns dos excepcionais trabalhos desenvolvidos pelo CBAr junto ao Poder Legislativo brasileiro, através da manifestação por meio dos referidos pareceres técnico-científicos:[21]

Nota técnica referente ao PLS nº 261/2018: contrária às disposições sobre arbitragem previstas no Substitutivo do PLS nº 261/2018, que dispõe sobre a exploração indireta, pela União, do transporte ferroviário em infraestruturas de

[20] https://cbar.org.br/site/notas-tecnicas-em-relacao-a-projetos-de-lei-em-tramitacao-no-congresso-federal/

[21] Uma lista com mais comentários sobre algumas propostas legislativas em que o CBAr apresentou nota técnica pode ser verificada no artigo elaborado por Rafael Alves, denominado "O papel do CBAr no processo legislativo brasileiro".

propriedade privada; autoriza a autorregulação ferroviária; disciplina o trânsito e o transporte ferroviário.

Nota técnica referente ao PL nº 5.823/2019: contrária à delimitação do uso dos dispute boards como método consensual de resolução de disputas originadas entre devedor e credor no âmbito da Lei nº 11.101/05.

Nota técnica referente ao PL nº 1.917/2015: sugestão de alteração da redação dada aos artigos 27, parágrafo 2º e 29 previstos na Emenda Substitutiva 3 ao PL nº 1.917/2015, para eliminar ambiguidades entre os termos "arbitragem" e "arbitramento".

Nota técnica referente ao PL nº 4.019/2008: contrária ao projeto que altera a Lei de Arbitragem, para permitir a separação litigiosa e o divórcio litigioso por meio de convenção de arbitragem, salvo quando houver interesse de incapazes.

Nota técnica referente à PEC nº 519/2010: contrária às alterações sobre mediação, conciliação e arbitragem propostas pela PEC, que pretende a modificação das disposições do Capítulo III, do Título III, da Constituição Federal.

Nota técnica referente à MPV nº 881/2019: sugestão de alteração da redação dada ao inciso XI, do artigo 3º da MPV 881/2019, que institui a Declaração de Direitos de Liberdade Econômica, para prever a utilização preferencial dos métodos alternativos de solução de litígio como forma de resolução de disputas.

Nota técnica referente ao PL nº 9.883/2018: sugestão de alteração aos artigos 9º e 10º do PL 9.883/2018, que dispõe sobre o uso dos Comitês de Resolução de Disputas (Dispute Boards) em contratos administrativos, de modo a esclarecer a natureza contratual da decisão adjudicativa.

Nota técnica referente ao PL nº 5.243/2009: contrária à aprovação do PL 5.243/2009, que dispõe sobre alterações à Lei de Arbitragem para que conste de forma expressa a possibilidade de que titulares de delegação do Poder Público atuem como árbitros, vedados os casos em que o litígio interesse à Administração Pública.

1.7 Pesquisa de mercado

O desenho pensado e aplicado para a constituição e atuação do CBAr no cenário brasileiro foi essencial, desde seu início, para permitir que o Comitê estivesse na vanguarda de diversas iniciativas e trabalhos. Possuindo como propósito único e exclusivo o aprimoramento e consolidação do instituto da arbitragem no Brasil, o CBAr encontra-se em posição vantajosa para lançar iniciativas diversas, que visem promover o fluxo do debate e fomento dos estudos dentro e fora da comunidade arbitral.

Foi com esse intuito, de modo a contribuir para a sedimentação do instituto, visando "colocar a arbitragem no espelho", que o CBAr desenvolveu e realizou, ainda em 2012, "ampla pesquisa de opinião com árbitros, advogados, membros de departamentos jurídicos de empresas e câmaras arbitrais"[22].

Passando pela cuidadosa elaboração do questionário a ser respondido até a coleta e processamento de dados obtidos junto a 158 participantes, a pesquisa, coordenada e sintetizada por André de Albuquerque Cavalcanti Abbud, teve como objetivo lançar um olhar analítico ao sistema arbitral na prática brasileira, decorridos mais de quinze anos após a promulgação da Lei Brasileira de Arbitragem (Lei nº 9.307/96), a partir das experiências e opiniões de diversos profissionais que atuam no ramo. A partir da pesquisa, foi possível pela primeira vez refletir quanto aos avanços do instituto no país ao longo desses anos, mas, sobretudo, visualizar os intensos desafios ainda por vir.

Em setembro de 2021, oito anos após a divulgação da primeira pesquisa, o CBAr concluiu e divulgou sua 2ª edição, igualmente coordenada por André de Albuquerque Cavalcanti Abbud[23]. Nessa oportunidade, em linha com o crescente protagonismo da arbitragem no Brasil e a excelência das produções acadêmicas sobre o tema, foram refeitas e atualizadas as questões anteriormente formuladas aos participantes, assim como elaborados novos quesitos sobre temas mais atuais em debate no cenário arbitral.

Dessa vez contando com a participação de 225 profissionais, a pesquisa destacou aspectos relevantíssimos como as diferenças e preferência dos respondentes no que se refere às medidas de urgência proferidas por árbitros ou por juízes togados, o nível de regulação e autorregulação da arbitragem no Brasil, o grau de satisfação dos atores com os serviços prestados pelas instituições arbitrais e a transparência dos procedimentos.

Ao tratar das vantagens e desvantagens da arbitragem no ano de 2021, em comparação com os resultados obtidos em 2012, a pesquisa demonstrou que os custos de um procedimento arbitral ainda são de grande preocupação para

[22] Disponível em: <https://www.cbar.org.br/PDF/Pesquisa_CBAr-Ipsos-final.pdf>. Acesso em: 18 nov. 2021.

[23] Disponível em: <https://cbar.org.br/site/wp-content/uploads/2021/09/pesquisa-cbar-ipsos-2021--arbitragem-no-brasil.pdf>. Acesso em: 18 nov. 2021.

a maioria dos entrevistados, enquanto "o caráter técnico e qualidade das decisões" proferidas em sede arbitral superou o quesito do "tempo necessário para visão atrativo número um do procedimento arbitral".

A pesquisa de mercado realizada pelo CBAr é de extrema importância para a avaliação e evolução da arbitragem, permitindo identificar novos desafios – como é o caso da queda do interesse pela confidencialidade dos procedimentos, em prol da transparência e possibilidade de formação de uma jurisprudência arbitral – e tornar esse método de resolução de disputas ainda mais adequado e apropriado às necessidades e especificidades de cada caso e cada parte que a ele recorrem. Se a missão do CBAr é acadêmica, ela também é pragmática e conhecer a visão dos usuários é de fundamental importância para orientar a atuação do Comitê.

1.8 A jurisprudência

Por fim, mas não menos importante, o CBAr desempenha um papel relevantíssimo próximo ao Poder Judiciário brasileiro na busca pela conscientização acerca da arbitragem, seus impactos e implicações para o processo civil e a necessidade de adequação e uniformização da jurisprudência pátria sobre o tema, inspirada, sempre que aplicável, também na experiência internacional.

Este é, aliás, um dos trabalhos extrínsecos mais fundamentais do Comitê, sendo certo que para o sucesso da arbitragem é também necessária a cooperação e apoio de um judiciário acessível e competente em matéria arbitral. Não existe arbitragem em lugar algum do mundo sem um diálogo profícuo e respeito com o Poder Judiciário. Se a justiça estatal existe sem arbitragem, o contrário não ocorre: a arbitragem apenas se consolidou no Brasil porque as diversas instâncias da Justiça Brasileira vêm interpretando a lei de modo coerente e adequado. Sem o papel desempenhado pelo Judiciário o Brasil não teria passado a ocupar a posição de proeminência que vem ocupando como um dos maiores usuários da arbitragem para solução de disputas.

E a atuação do Comitê nas pesquisas (1) e também de modo pontual como amicus curiae (2) se faz cada dia mais essencial para que o diagnóstico de como a arbitragem vem sendo interpretada pelos tribunais seja feito de modo isento e completo, e principalmente para que as intervenções do Judiciário em matéria de arbitragem sigam sendo minimalistas, nos estritos limites da Lei de Arbitragem e das convenções internacionais em vigor no Brasil – mormente a Convenção de Nova York de 1958 sobre Reconhecimento e Execução de Sentença Arbitrais Estrangeiras. O papel do Judiciário será sempre o pilar sobre o qual se apoiará o uso da arbitragem no Brasil (e em qualquer lugar do mundo).

1.9 Pesquisa

O CBAr idealizou um projeto de pesquisa empírica de jurisprudência, a partir do qual realiza rodadas de revisão e indexação de decisões judiciais para formação de um banco de dados de precedentes que envolvam e percorram o tema da arbitragem, o qual se destina "a investigar a relação entre a arbitragem e o Poder Judiciário no Brasil, com o objetivo de compreender como os juízes brasileiros aplicam os dispositivos da lei 9.307/96"[24].

A base de dados criada pelo Comitê não apenas contém uma seleção de decisões proferidas por tribunais estaduais e pelos tribunais superiores acerca do tema da arbitragem, como coloca à disposição de todos os interessados análises aprofundadas de casos destacados, considerados paradigmáticos para a avaliação da aplicação da Lei de Arbitragem pelo Judiciário. As pesquisas, a primeira desenvolvida em 2007[25] e a segunda em 2016[26], podem ser acessadas de forma simples através do *website* do Comitê e se encontram à disposição para que sejam exploradas e aproveitadas por estudantes, profissionais do direito, árbitros e todos aqueles usuários da arbitragem.

A pesquisa de jurisprudência e a elaboração de análises fundamentadas e explicativas de dezenas de julgados que lidam sobre o tema da arbitragem, proferidos anualmente pelo Poder Judiciário, é não só um serviço em favor de todos os usuários da arbitragem, como permite ao próprio CBAr traçar um paralelo ao longo dos anos e fixar parâmetros para sua atuação em prol do desenvolvimento da arbitragem e evolução dos debates e temas em voga.

2. *Amicus Curiae*

Na qualidade de entidade sem fins lucrativos, criada com o escopo de fomentar o estudo e evolução da prática arbitral no país e sendo constituído por profissionais renomados e de destaque no campo da arbitragem, o CBAr consolidou-se como um vetor na defesa da via arbitral e da correta aplicação da Lei de Arbitragem.

Não por outro motivo, o Comitê vem fortalecendo, nos últimos anos, sua participação ativa, mas absolutamente pontual, transparente e independente perante o Poder Judiciário, através do ingresso em casos de relevância para a comunidade e a manutenção da ordem arbitral, na qualidade de *amicus curiae*. A experiência do CBAr e sua especialidade técnico-jurídica permitem garantir maior acuidade e adequação ao julgamento da causa, contribuindo, assim,

24 Disponível em: <https://cbar.org.br/site/pesquisa-cbar-abearb-2016/>. Acesso em: 18 nov. 2021.
25 Disponível em: <https://cbar.org.br/site/pesquisa-cbar-fgv-2007/>. Acesso em: 18 nov. 2021.
26 Disponível em: <https://cbar.org.br/site/pesquisa-cbar-abearb-2016/>. Acesso em: 18 nov. 2021.

para polir a discussão e auxiliar na promoção de seu avanço junto ao Judiciário brasileiro.

A título de exemplo pode ser destacada a intervenção do CBAr como *amicus curiae* em mandado de segurança impetrado pela Companhia de Saneamento Básico do Estado de São Paulo contra decisão proferida por Árbitra Única nomeada em procedimento arbitral instaurado perante a Câmara de Conciliação, Mediação e Arbitragem CIESP/FIESP, que se mostrou vital para delinear os limites legais da atuação do Poder Judiciário quanto a matéria submetida à arbitragem, com a consequente impossibilidade de ataque de decisão proferida por árbitro competente pela via do mandado de segurança.

Menciona-se, igualmente, o ingresso do Comitê enquanto *amicus curiae* em caso semelhante, em que pedido liminar formulado pela Companhia Metropolitano de São Paulo – Metrô nos autos de mandado de segurança impetrado contra sentença parcial proferida por tribunal arbitral constituído perante a Corte Internacional de Arbitragem da CCI, foi indevidamente deferido com base em suposto interesse público na demanda, que alegadamente tornaria o direito em questão indisponível, impedindo a solução do litígio pela via arbitral.

Nesse caso, a participação do CBAr foi essencial não somente para que se verificasse o descabimento da tentativa de anulação da sentença arbitral por meio de mandado de segurança, como também para demonstrar a evidente natureza patrimonial e disponível do direito em debate, plenamente passível de submissão à via arbitral através da livre declaração de vontade das partes, nos termos do artigo 1º da Lei de Arbitragem.

É esse, portanto, mais um dos propósitos do Comitê: assegurar e contribuir para a boa aplicação da Lei de Arbitragem e normas conexas (como a Convenção de Nova York sobre o Reconhecimento e a Execução de Sentenças Arbitrais Estrangeiras) pelo Poder Judiciário e, assim, fomentando e disseminando ainda mais a utilização e respeito à arbitragem como método adequado de solução de controvérsias no Brasil – hoje o 2º país com o maior número de partes envolvidas em procedimentos arbitrais no mundo, segundo estatísticas da Corte Internacional de Arbitragem da Câmara de Comércio Internacional - CCI[27].

[27] Disponível em: <https://file-eu.clickdimensions.com/iccwboorg-avxnt/files/2020statistics_icc_disputeresolution_895.pdf?m=8/30/2021%209:47:51%20AM&_cldee=bHVpemEubWF0dG9zQ-G1hdHRvc2ZpbGhvLmNvbS5icg%3d%3d&recipientid=contact-cc5969adf0eeeb11bacb0022489c5884-68776503fc9d4234adbcd5ada11d9168&esid=ff0eeed5-98e7-424c-a91f-9d9a17b67354>. Acesso em: 19 nov. 2021.

3. Conclusões – O Futuro do CBAr e da arbitragem no Brasil

O CBAr se confunde com a história da arbitragem no Brasil. Se não esteve presente na gênese da Lei Brasileira de Arbitragem, o comitê vem desempenhando papel fundamental no fortalecimento das bases acadêmicas da arbitragem, em âmbito doméstico e internacional. E, talvez ainda mais importante, o CBAr vem atuando para fomentar as boas práticas em matéria de arbitragem, além de influenciar no processo legislativo, contribuindo, ainda, na formação da jurisprudência nacional.

Se a atuação do CBAr vem sendo importante para o crescimento da arbitragem no Brasil, bem como para a consolidação do Brasil como um dos países com maior número de arbitragens no mundo, sua atuação no futuro será ainda mais importante.

Com o crescimento do número de casos, surgem igualmente algumas frustrações com o sistema. Nada diferente do que ocorre em outras partes do mundo. Todo instituto jurídico passa por revisões e críticas ao amadurecer. O desafio será que o amadurecimento da arbitragem no Brasil se dê de modo a consolidar as conquistas que trouxe para os empresários, seus principais usuários. Ganhar e perder processos judiciais e arbitrais é parte do sistema. Importante que, mesmo em situações desfavoráveis, as críticas sejam traduzidas em uma visão madura e sistêmica do instituto em que prevaleçam os conceitos que fazem da arbitragem um sucesso no mundo todo, imperfeito como sempre serão os institutos, mas voltados para os seus reais valores de um método adequado de solução de controvérsias domésticas e internacionais. O sistema deve evoluir dentro do caráter genérico e abstrato, em detrimento de interesses particulares de partes ou pessoas. Seguindo na realização de sua missão, o CBAr seguirá sendo o foro desinteressado e legítimo de discussões visando à melhora contínua do instituto, como conceberam seus fundadores. O único compromisso do CBAr deverá ser sempre com o fomento e o desenvolvimento de uma prática arbitral hígida que mantenha o País como uma referência na arbitragem internacional.

2.
CBAr: 20 ANOS DE UMA HISTÓRIA DE SUCESSO

ADRIANA BRAGHETTA

1. Introdução

Um dos traços da felicidade é o contentamento pelas experiências vividas. O Comitê Brasileiro de Arbitragem (CBAr), para mim, é isso (entre tantas outras coisas que relatarei aqui). Tenho imensa satisfação de ter participado desde o seu nascedouro até os dias atuais. Tenho imensa satisfação de ter acompanhado o surgimento de diversas gerações de arbitralistas e mediadores, de acompanhar a formação de uma grande comunidade que se formou ao seu redor.

Tenho orgulho do olhar profundo, acadêmico e sério com que a entidade se propôs a tratar dos temas de solução alternativa de litígios, especialmente a arbitragem e a mediação; tenho orgulho dos voos que a entidade já alçou e do que se tornou nos cenários brasileiro e mundial, especialmente da forma como contribuiu para que o Brasil alcançasse um merecido destaque internacional.

1.1 O início – 2001

A ideia foi trazida por João Bosco Lee, juntamente com Eduardo Damião Gonçalves e Clávio Valença. João estava fazendo seu doutoramento orientado pelo Prof. Philippe Fouchard na Universidade Pantheon-Assas (Paris II), e Eduardo e Clávio também haviam lá estudado (como Eleonora Coelho). Eu fazia o meu mestrado na Universidade de São Paulo (USP) sobre arbitragem, quando então conheci Selma Ferreira Lemes.

Fui passar um período em Paris, na International Chamber of Commerce (ICC), e aprofundar minhas pesquisas, quando, então, tive a oportunidade de ver a belíssima banca de defesa de tese de doutorado do João Bosco.

Pouco tempo depois, João me contou sobre a ideia de criar a associação e me convidou. O ano era 2001, e éramos poucos. A ata da primeira reunião consta no *site* do CBAr[1]. O nome da entidade foi propositadamente uma homenagem à influência francesa e ao seu Comité Français de l'Arbitrage.

João Bosco foi, naturalmente, o primeiro presidente; depois, Eduardo e eu, sucessivamente. É digno de nota o espírito empreendedor de ambos (João e Eduardo). As dificuldades iniciais eram muitas, já que a entidade era desprovida de fundos e também não havia ainda interesse pela matéria (ainda estávamos no momento anterior ao julgamento da SEC 5.206/Espanha e à ratificação da Convenção de Nova Iorque).

Eu reputo o sucesso inicial ao trabalho de um pequeno grupo que verdadeiramente tinha uma paixão desinteressada. Selma Ferreira Lemes, Carlos Alberto Carmona e Pedro Batista Martins já haviam contribuído muito com o projeto de lei e os entraves para a sua aprovação (na exitosa empreitada liderada pelo inesquecível Petrônio Muniz e com o imenso apoio do Senador Marco Maciel). No CBAr, eles manifestaram um apoio irrestrito, ao lado de outros grandes nomes que graciosamente nos apoiaram e que constam no nosso quadro de membros honorários[2]. Não imaginávamos – pelo menos eu não imaginava – que, 10 ou 20 anos depois, a arbitragem teria se difundido tanto. Éramos entusiasmados, sobretudo pelo estudo do tema.

As metas de congresso anual e revista periódica eram ousadas. Se não havia interesse pelo tema, como trazer palestrantes estrangeiros? Como atrair o público? Sobre palestrantes, novamente devemos muito aos membros honorários, especialmente a Philippe Fouchard, que, com sua reputação internacional, dispunha-se a vir e disseminar a arbitragem, bem como a estimular outros estrangeiros a virem ao Brasil. Também é louvável o trabalho que a ICC já fazia de disseminação da arbitragem na América Latina (como continua a fazer atualmente aqui em nossa região e no mundo todo), na época, sob o comando de Horário Grigera Naón na Secretaria da Corte, sucedido por Eduardo Silva Romeiro, além dos conselheiros que tantas vezes nos agraciaram com sua frequência ao Brasil (Fernando Mantilla-Serrano, Katherine Gonzales Arrocha e Dyalá Jimenez).

[1] CBAR. Ata da 1ª Reunião do Comitê Brasileiro de Arbitragem – CBAR, de 21 de março de 2001. Disponível em: https://cbar.org.br/site/documentos-historicos/. Acesso em: 20 jun. 2021.

[2] Alexandre Antônio F.F. Câmara, Antônio Urbino Penna Jr., Arnoldo Wald, Carlos Henrique de Carvalho Fróes (*in memoriam*), Charles Jarrosson, Cláudio Vianna de Lima (*in memoriam*), Emmanuel Gaillard (*in memoriam*), Eric Bergsten, Guido Fernando da Silva Soares (*in memoriam*), Humberto Theodoro Jr., Jan Paulsson, Jacob Dolinger (*in memoriam*), José Alexandre Tavares Guerreiro, José Carlos de Magalhães, Luiz Olavo Baptista (*in memoriam*), Martin Hunter, Mauro Rubino-Sammartano, Petrônio Raymundo Gonçalves Muniz (*in memoriam*), Philippe Fouchard (*in memoriam*), Sidnei Agostinho Beneti, Theophilo de Azeredo Santos (*in memoriam*), Yves Derains.

Já no primeiro Congresso do CBAr (que era um dia de um congresso do Conselho Nacional das Instituições de Mediação e Arbitragem (CONIMA) em 2001), tanto o Prof. Philippe Fouchard, como Horácio Grigera Naón e Eduardo Silva Romeiro, então Secretário e Secretário Adjunto da ICC, vieram, o que representou uma enorme validação para a atividade que embrionariamente estava ali começando. João Bosco e Eduardo Damião contam, inclusive, que, como o CBAr ainda não tinha fundos, dividiram a conta do jantar dos palestrantes nesse primeiro momento.

No início, havia a sensação de que os Congressos do CBAr, já com excelente programação, eram uma joia desperdiçada pelo público (felizmente, é possível acessar parte desse material antigo no *site* do CBAr). O público ainda era escasso, mas isso haveria de mudar.

No Brasil, além dos autores da Lei de Arbitragem, José Emilio Nunes Pinto, Luiz Olavo Baptista, José Carlos de Magalhães, Hermes Marcelo Huck e tantos outros incansavelmente abrilhantavam os Congressos com suas presenças e apoio. Menciono, aqui, alguns nomes: Nadia de Araujo, Adriana Pucci, Maurício Gomm, Guido Soares, José Alexandre Tavares Guerreiro, entre tantos outros.

Sobre a Revista Brasileira de Arbitragem, o desafio inicial era encontrar uma editora disposta a tratar de um tema até então muito específico, sobretudo considerando que já havia uma revista no mercado. Mas havia espaço, sim, para uma revista com produção internacional e nacional a se tornar um referencial no estudo da arbitragem em língua portuguesa. A primeira edição, chamada "n.º 0 – edição especial de lançamento", contendo os anais do II Congresso do CBAr, foi publicada em outubro de 2003. Hoje, a revista faz parte da principal plataforma mundial de acesso a conteúdo de arbitragem, o portal Kluwer Arbitration, mais uma vez mostrando a excelência do trabalho feito ao longo dos 20 anos.

1.2 Os anos que se seguiram

Passada a decisão do Supremo Tribunal Federal (STF), que incidentalmente decidiu pela constitucionalidade da Lei de Arbitragem em dezembro de 2001, e a ratificação da Convenção de Nova Iorque pelo Brasil, em julho de 2002, a segurança jurídica para a utilização da arbitragem mudou consideravelmente. O processo no qual se discutia a constitucionalidade (pedido de homologação de sentença arbitral estrangeira vinda da Espanha) durou aproximadamente quatro anos. A discussão sobre a constitucionalidade, surgida logo após a edição da Lei nº 9.307/1996, criou um hiato, um longo período de suspense na comunidade empresarial e arbitral sobre se o método seria admitido no Brasil. Pode-se dizer que, até aquele momento, não tínhamos um ambiente seguro para utilização da arbitragem.

O fato de a Corte Suprema brasileira entender que a Lei Brasileira de Arbitragem era constitucional teve um efeito cascata imediato. Em todas as instâncias, os juízes locais e os tribunais passaram a adotar o posicionamento do STF. O limão havia se tornado uma refrescante limonada. A partir de julho de 2002, o interesse pela arbitragem passou a surgir, inicialmente impulsionado pelos contratos internacionais que, naturalmente, preferem a arbitragem aos judiciários nacionais.

A partir de então, ano a ano, víamos o crescimento do interesse pela associação ao CBAr.

Tristemente, depois de três anos vindo anualmente ao Brasil, o Prof. Philippe Fouchard faleceu, e o Congresso de 2004 foi a ele dedicado, dada a sua contribuição incomensurável. Reproduzo as palavras que anunciaram o Congresso:

> O IV Congresso Internacional do Comitê Brasileiro de Arbitragem (CBAr) será em homenagem ao Professor Philippe Fouchard, falecido em janeiro de 2004. Philippe Fouchard foi certamente um dos principais incentivadores na criação deste Comitê e trouxe todo o seu apoio e prestígio na realização dos Congressos desta instituição, tendo inclusive participado de todas as suas edições. Assim, o tema escolhido para este ano não poderia representar melhor as preocupações do Professor Fouchard para a evolução da arbitragem no Brasil: Arbitragem e Poder Judiciário. A necessária colaboração entre o Árbitro e o Juiz é o principal desafio para o efetivo desenvolvimento da arbitragem do Brasil[3].

Ele sempre colocou o CBAr no trilho correto. A lição do necessário e contínuo diálogo com o Poder Judiciário sempre foi dita e repetida, e nós sempre procuramos segui-la.

Convém destacar outras grandes lições deixadas pelo Prof. Fouchard. O cuidado e seriedade com que tratava cada um dos Congressos e cada uma das palestras. Lembro-me, como se fosse hoje, de que o Prof. Fouchard assistia a grande parte do Congresso – se não por inteiro –, ainda que os temas que ali eram tratados (sobretudo no início) provavelmente não lhe acrescentassem nada. Creio que era o olhar de professor a tudo avaliando para identificar potencialidades de contribuição. Além disso, preparava sua palestra com esmero e fazia questão de previamente mostrar pessoalmente ao tradutor para que nada se perdesse. Essas cenas gravadas na minha memória me tocam até hoje: o que para ele poderia ser

[3] CBAR. 2004 – IV Congresso CBAR e I Jornada ICC. Disponível em: https://cbar.org.br/site/2004-iv-congresso-cbar-e-i-jornada-icc/>. Acesso em: 20 jun. 2021.

apenas mais uma palestra de um tema sobre o qual já havia discursado dezenas de vezes, ele tratava com rigor e cuidado. Fouchard dava enorme importância a um público de um país ainda desimportante para a arbitragem. Novamente, a atitude do professor apaixonado pelo ofício e pela arte de disseminar conhecimento. E ele estava certo, o público estava atento, e o mercado brasileiro, promissor.

Ainda outro momento marcante que me vem à memória é o duelo de titãs a que assistimos no Congresso do CBAr em 2004, a batalha travada por Emmanuel Gaillard – que, lamentavelmente, também faleceu há pouco – e Albert Jan van den Berg sobre o tema "Controle Judicial da Sentença Arbitral". Não foi à toa que tratei da sede da arbitragem como tema do meu doutorado. Esse duelo voltou a se repetir numa conferência do International Council for Commercial Arbitration (ICCA) em 2011[4], na memorável comemoração dos 50 anos da Convenção de Nova Iorque. Quem poderia imaginar o CBAr como precursor dos melhores embates acadêmicos do mundo? E ambos, Emmanuel Gaillard e Albert Jan van den Berg voltaram várias vezes a nos brindar com suas palestras em terras tupiniquins.

A reputação da excelência dos Congressos logo começou a se espalhar na comunidade internacional. Num momento difícil de precisar, mas creio que a partir de 2005, vimos uma nítida mudança do olhar da comunidade internacional no interesse de vir palestrar no Brasil. Enquanto nos primeiros anos era muito difícil atrair nomes conhecidos, começamos a ver um interesse cada vez mais crescente no mercado brasileiro. Adicionalmente, pouco a pouco, fomos vendo os grandes escritórios fomentarem o desenvolvimento de um grupo de advogados focados em arbitragem; pouco a pouco, fomos vendo que, nos casos complexos domésticos, a arbitragem começou a ser escolhida e, naturalmente, o volume de casos aumentou. Creio que, nesse momento, houve a primeira grande onda de crescimento do número de casos e disseminação da prática.

1.3 Os anos de 2009 a 2013

Eu havia participado da segunda diretoria sob a presidência de João Bosco Lee e havia sido vice-presidente nos mandatos de Eduardo Damião Gonçalves. Portanto, quando ascendi à presidência do CBAr (2009-2013), eu conhecia muito bem a instituição, desde o seu nascedouro. Essa prática (de que o presidente

[4] ICCA. Geneva 2011: ICCA Conference – Detailed Program. Disponível em: https://cdn.arbitration-icca.org/s3fs-public/document/media_document/Geneva%202011%20-%20programme.pdf. Acesso em: 20 jun. 2021.

seguinte saia da diretoria) tem se mantido até hoje e tem se mostrado adequada para a manutenção dos princípios norteadores da instituição.

Antes mesmo de relatar alguns eventos marcantes no período dos meus dois mandatos, é importante registrar especial agradecimento aos demais membros das diretorias que me acompanharam. O trabalho naquele momento já era de grande monta, e era necessária uma diretoria ativa e participativa. Na formação da diretoria, sempre procuramos atender à diversidade de gênero e região. Sendo assim, fica registrado meu agradecimento à Eleonora Coelho (vice-presidente), Carlos Forbes (tesoureiro e vice-presidente), Luciano Timm, Lauro Gama Jr. (que me sucedeu na presidência), Rafael Francisco Alves, Clávio de Melo Valença Filho, Flávia Bittar (que, por sua vez, sucedeu Lauro Gama), André de Albuquerque Cavalcanti Abbud (presidente eleito em 2021) e Eduardo Parente. Todos contribuíram marcadamente para as atividades realizadas no período.

Ainda na gestão de Eduardo Damião Gonçalves, havíamos sido estimulados a concorrer como país sede na organização do melhor e mais tradicional congresso mundial de arbitragem, o Congresso do ICCA[5]. O Congresso ICCA nunca havia ocorrido no Brasil. Como celeiro de notáveis arbitralistas que tem como função justamente desenvolver a arbitragem em nível mundial para melhorar o ambiente de negócios, o ICCA já começava a ter informação do estágio do desenvolvimento da arbitragem em nosso país (decorrente da nossa lei, da assinatura de tratados e de decisões judiciais). Carlos Nehring era membro do Governing Board do ICCA e foi quem procurou o CBAr. Nossa candidatura foi vencedora, e haveríamos de sediar o Congresso ICCA em 2010. Carlos Nehring, Eduardo Damião Gonçalves e eu lideramos o *host committe*.

Foram quatro anos (de 2006 a 2010) de incessante trabalho (para além do trabalho da organização dos Congressos anuais e das demais atividades da instituição) para nos prepararmos para a vinda maciça da comunidade arbitral internacional ao Brasil. O apoio da comunidade brasileira – sobretudo do Centro de Arbitragem e Mediação da Câmara de Comércio Brasil-Canadá (CAM-CCBC), naquele momento liderado por Frederico Straube e Antonio Luiz Sampaio Carvalho – foi fundamental. Também foi essencial o apoio dos escritórios brasileiros no patrocínio do evento.

Continua sendo motivo de grande disputa a candidatura como país sede, dado o prestígio do Congresso do ICCA. Portanto, o ano de 2010 foi um momento de inflexão. Dos quase mil participantes – até então, o maior Con-

[5] Cujo *site* é: www.arbitration-icca.org.

gresso do ICCA –, 60% (sessenta por cento) eram estrangeiros que, evidentemente, levariam as suas impressões do Brasil ao restante da comunidade internacional. O brilho do Brasil e do Rio de Janeiro não decepcionaram e foram todos agraciados, na abertura dos trabalhos, com o inesquecível pôr do sol visto do Morro do Pão de Açúcar. Foram quatro dias intensos, de 23 a 26 de maio de 2010: os estrangeiros ficaram impressionados com a vibrante comunidade brasileira – jovem, diversa e preparada – e nós brasileiros, por outro lado, fomos brindados com a vinda da elite da comunidade internacional e com todos os seus ensinamentos. A partir do Congresso do ICCA, a arbitragem caminhou em largos passos, e o Brasil ascendeu como um dos grandes *players* do mercado mundial.

1.4 Diálogo com o poder judiciário

O Professor Fouchard já havia nos ensinado, desde os primórdios, sobre a importância do diálogo franco e aberto com o Judiciário.

Em 2009, decidimos realizar o Congresso anual do CBAr em Brasília, já para discutir a arbitragem envolvendo as entidades públicas. O intuito também era dialogar com magistrados e ministros da região.

Em 2010, o Congresso do ICCA acabou por proporcionar reuniões específicas com o Poder Judiciário. Comitivas do ICCA e do CBAr foram recebidas tanto no Superior Tribunal de Justiça como no STF.

Posteriormente, o CBAr foi chamado pelo STF para participar da organização de um evento fechado para juízes em Brasília, o que muito nos honrou. E a partir daí, outras tantas iniciativas foram possíveis.

2. Acompanhamento legislativo

Outra atividade importantíssima que o CBAr mantém, há tempos, é o acompanhamento legislativo. O CBAr consistentemente analisa cada projeto legislativo e fornece uma opinião técnica.

Nessa mesma linha, em 2009, o CBAr celebrou um protocolo com o Ministério da Justiça para que a instituição emitisse opiniões técnicas sobre os projetos de lei relativos aos temas afeitos às suas atividades, o que, evidentemente, representou um reconhecimento da capacidade da análise crítica da instituição.

3. Pesquisas

O CBAr, em conjunto com a Fundação Getulio Vargas (FGV), fez uma pesquisa precursora sobre como o Judiciário está lidando com temas ligados à arbitragem. Os trabalhos começaram na gestão de Eduardo Damião e terminaram na minha.

Naquele momento, a pesquisa envolveu a integralidade dos acórdãos proferidos desde a edição da Lei de Arbitragem até março de 2008. Os grupos de trabalho trataram de analisar a existência, validade e eficácia da convenção arbitral; medidas de urgência e coercitivas; invalidade da sentença arbitral; execução e cumprimento da sentença arbitral; execução específica da cláusula arbitral e homologação de sentenças estrangeiras.

A pesquisa comprovou as percepções de que a arbitragem estava crescendo e estava sendo interpretada, em geral, adequadamente pelo Poder Judiciário, bem como serviu para detectar pontos que ainda eram sensíveis e que precisavam de aprimoramento (como, naquele momento, o princípio da competência-competência).

No final da minha gestão, fizemos uma segunda pesquisa (Pesquisa IPSOS), que avaliou a percepção dos diversos *players* da arbitragem: árbitros, clientes, câmaras e advogados.

4. Outras atividades

Ainda vale o registro de várias ideias que foram sendo implementadas, a começar pelas coordenadorias regionais (para que a arbitragem também avançasse em todas as regiões brasileiras), bem como, ainda que embrionariamente, alguns poucos grupos específicos de trabalho (por exemplo, arbitragem e administração pública). Atualmente, os grupos de trabalho multiplicaram, e os excelentes trabalhos acabam por engajar centenas de profissionais em cada uma das diversas vertentes da arbitragem. Lembro-me, também, de que pudemos inaugurar bibliotecas físicas em diversos locais do país.

5. Conclusões

Os ex-presidentes têm assento no Conselho Diretor do CBAr, o que nos permite acompanhar, ainda que de longe, o contínuo trabalho da diretoria. As novas diretorias, a partir de 2013, fizeram um trabalho exemplar. O CBAr continuou a crescer, a ser a instituição que congrega toda a comunidade arbitral brasileira e parte da comunidade internacional, e inspirou o surgimento de outras instituições (como o Instituto Brasileiro de Direito da Construção – IBDIC), bem como continua a manter um alto nível de profissionalismo em todas as atividades que se propõe a fazer, como se viu na revisão da Lei de Arbitragem (que culminou com a sua reforma em 2015), nas novas pesquisas, novas bibliotecas físicas, na criação de diversos grupos específicos, nas "comunicações", na atividade de *amicus curiae*, no concurso de monografias etc.

Tenho para mim que o mais especial é a capacidade de atrair jovens talentos e estimulá-los a participar ativamente. Para aqueles que têm tempo e vocação, não faltam iniciativas dentro do CBAr. Parabenizo o agora ex-presidente Giovanni Ettore Nanni pelo término de uma excelente gestão e pela bela comemoração dos 20 anos, desejando muito boa sorte à nova diretoria presidida por André Abbud. Que venham os próximos 20 anos!

3. NOTA HISTÓRICA SOBRE O COMITÊ BRASILEIRO DE ARBITRAGEM – CBAr E SUA CONTRIBUIÇÃO PARA A CONSTRUÇÃO DA ARBITRAGEM NO BRASIL

SELMA FERREIRA LEMES

Foi em 2001, por iniciativa de jovens advogados brasileiros recém regressados de Paris onde foram estudar arbitragem internacional, que recebemos o convite para uma reunião para tratar da instituição de uma associação em prol do estudo científico da arbitragem no Brasil.

Foi num salão de um prédio na Av. Angélica em São Paulo que nos reunimos para debater a respeito. Provavelmente havia trinta pessoas presentes. Lembro-me de João Bosco Lee, Eduardo Damião, Clávio Valença, Eleonora Coelho e tantos outros, que se depararam com a importância da arbitragem no cenário internacional e o despertar do Brasil na área com a Lei de Arbitragem (Lei) há pouco publicada. Ela, a Lei, tinha o frescor da modernidade e todos que entendiam um pouco sobre a matéria vislumbravam seu vigor e a necessidade de que fincasse raízes sólidas.

Naquele encontro recordo Clávio Valença indagar-me porque quando Carlos Alberto Carmona, Pedro Batista Martins e eu elaborarmos o anteprojeto da Lei de Arbitragem em 1992, havíamos mantido a cláusula compromissória e o compromisso arbitral como elementos instituidores da arbitragem, em vez de dispor unicamente da convenção de arbitragem. Argumentamos que a dicotomia era uma tradição do instituto no Brasil e era melhor sermos conservadores em algumas questões e audaciosos em outras, bem como que no futuro, com a maturidade do instituto, essas questões poderiam ser revistas.

Saímos da reunião com o objetivo de instituir o Comitê Brasileiro de Arbitragem, uma associação sem fins lucrativos e com o objetivo de difundir o estudo acadêmico da arbitragem, elaborar uma Revista especializada, organizar congressos etc. Tudo soou como bálsamo para nossos ouvidos. Era de suma importância congregarmos os iniciados e especialistas na área para que o instituto jurídico da arbitragem tivesse rumo certo e adequado, bem como contarmos com uma entidade técnica de alto nível para desempenhar papel difusor do instituto e agregador da comunidade jurídica brasileira.

O momento não poderia ser mais oportuno, pois naquele ano tivemos a finalização do julgamento do incidente de inconstitucionalidade da Lei, que tramitava no Supremo Tribunal Federal – STF desde sua *vacatio legis* em 1996. Finalmente, por maioria a Corte Suprema declarou que todos os dispositivos da Lei nº 9.307/96 eram hígidos.

O CBAr veio a contribuir do ponto de vista acadêmico de forma excepcional para que desenvolvêssemos a cultura arbitral no Brasil e avançássemos a passos largos rumo ao reconhecimento internacional.

Já no ano seguinte de sua constituição, em 2002, no Congresso do CBAR em Florianópolis contamos com palestrantes de escol como os professores Charles Jarrosson, José Alexandre Tavares Guerreiro e tantos outros. Em 2003, em Salvador, tivemos a oportunidade de ter como palestrante nada mais, nada menos, do que o Professor Philippe Fouchard, o ícone da arbitragem internacional, que com sua simplicidade e generosidade nos brindou com uma palestra memorável. Infelizmente, alguns meses depois o Professor Fouchard veio a falecer num acidente aéreo.

Hoje os Congressos do CBAr reúnem celebridades mundiais da arbitragem, mas naquela época em que ainda estávamos dando os primeiros passos na área, a presença destes eruditos da arbitragem nacional e internacional, que partilharam seu saber com a comunidade jurídica brasileira foi de fundamental importância para incentivar o estudo acadêmico da arbitragem.

O que dizer também da Revista Brasileira de Arbitragem? Seu rigor científico, o zelo dos integrantes de seu conselho editorial e a qualidade dos trabalhos publicados são dignos dos maiores elogios e reconhecimentos nacional e internacional. A Revista alcançou divulgação mundial pela editora *Kluwer*, ao lado das mais respeitadas publicações internacionais.

A Lei de Arbitragem está a caminho de comemorar 25 anos de vigência. Ao Judiciário brasileiro coube fincar as balizas de sustentação que lhe outorgam segurança jurídica. A sociedade organizada soube exercer a cidadania produtiva e transformadora e nela se insere o CBAr, que em 20 anos de existência pode ser considerado um dos baluartes da arbitragem brasileira.

Parabéns a todos que contribuíram para isso. Desde os entusiasmados estudantes de direito, secretaria do CBAr, membros da diretoria, editores da Revista

Brasileira de Arbitragem e toda a comunidade jurídica brasileira e internacional que a ele se associou.

O CBAR se ombreia às mais respeitadas entidades de arbitragem mundial.

Nestes 20 anos de existência do CBAR, temos muito o que comemorar. Seu legado é imenso!

Finalizo recordando as palavras do saudoso Petrônio Muniz proferidas no dia 23 de setembro de 1996, no Palácio do Planalto em Brasília, no ato de sanção da Lei nº 9.307/1996 pelo Presidente da República Fernando Henrique Cardoso. Petrônio salientou que competia a todos trabalhar pelo desenvolvimento da arbitragem no Brasil. No seu breve discurso pontuou:

> A democracia participativa venceu. A Justiça cidadã renasceu. A nação brasileira agora por inteiro terminará o trabalho. Transformar o Direito sancionado em justiça aceita neste grande mutirão nacional de que todos e cada um participamos para a construção de um Brasil poderoso, igualitário e justo (informação verbal)[1].

[1] Fala de Petrônio Muniz no ato de sanção da Lei nº 9.307/1996, em 23 de set. 1996.

4.
O PAPEL DO CBAr NO PROCESSO LEGISLATIVO BRASILEIRO

RAFAEL FRANCISCO ALVES

> Espaço da palavra, aqui se exercita no perpassar de sua densa história a artesania da liberdade, através da qual se busca entre o que separa aquilo que nos pode unir, porque se queremos viver juntos na divergência, que é princípio vital da democracia, estamos condenados ao entendimento, sob pena de transformar idéias antagônicas em soluções agônicas. Apreciar a firmeza das convicções, mesmo quando não são as nossas convicções, pressupõe acreditar no poder das idéias que, antes de ser um empecilho, devem concorrer para melhorar o convívio humano (informação verbal).[1]

Introdução

O propósito deste artigo é apresentar um breve panorama histórico da atuação do Comitê Brasileiro de Arbitragem (CBAr) no processo legislativo brasileiro e, particularmente, na defesa incansável da Lei de Arbitragem (Lei nº 9.307/1996). Muito embora o CBAr esteja completando 20 anos e sua atuação legislativa remonte, de fato, à sua fundação, em todos os níveis federativos (municipal, estadual e federal), o foco deste artigo será o papel do CBAr em sua interlocução com o Poder Legislativo federal nos últimos dez anos. Isso porque a atuação legislativa do CBAr no Congresso Nacional aumentou significativamente nesses últimos anos, tanto em termos qualitativos, quanto quantitativos.

[1] Marco Maciel, no discurso de posse na Academia Brasileira de Letras, em 3 de maio de 2004 (uma singela homenagem ao autor do Projeto de Lei da Arbitragem, falecido em junho de 2021, reproduzindo suas palavras tão necessárias nos dias de hoje).

Hoje, o CBAr acompanha com atenção mais de 100 propostas legislativas que estão em tramitação no Congresso Nacional em matéria de arbitragem, mediação, conciliação e outros meios extrajudiciais de solução de conflitos. Tem sido motivo de muito orgulho para o CBAr e seus associados presenciar a crescente relevância do CBAr como protagonista técnico e qualificado no processo legislativo brasileiro em âmbito federal nos temas indicados anteriormente. Essa conquista não é apenas do CBAr e de seus associados. Essa é uma conquista de toda a sociedade brasileira e, em última instância, da própria democracia.

A verdade é que, até pouco tempo atrás, o CBAr ainda era um ente desconhecido em Brasília. Hoje, o CBAr é respeitado na Capital Federal como uma entidade séria e íntegra, que se pauta sempre por análises técnicas e científicas, defendendo o instituto da arbitragem e dos demais meios extrajudiciais de solução de conflitos com isenção e profissionalismo. Foram esses atributos que construíram, pouco a pouco, a credibilidade e a reputação exemplar do CBAr entre os representantes eleitos e seus assessores. Tudo isso só foi possível graças ao trabalho de diversos associados do CBAr e, particularmente, da sua Comissão de Assuntos Legislativos, que era coordenada em gestões anteriores por Adriana Pucci e, depois, por Francisco Maia e Silvia Rodrigues Pachikoski, sendo hoje capitaneada, com muita competência e brilhantismo, por Silvia Rodrigues Pachikoski e Rafael Machado, em nome de quem saudamos todos aqueles associados que integram ou integraram essa importante frente de atuação do CBAr, dedicando valioso tempo a esse incansável trabalho. Certamente, toda a comunidade da arbitragem brasileira tem muito a agradecer a esse grupo de pessoas dedicadas que não poupam esforços para atuar na defesa dos conceitos técnicos do instituto.

Este artigo está dividido da seguinte forma: primeiro, serão apresentadas algumas regras do Estatuto do CBAr que balizam sua atuação em matéria legislativa, particularmente em vista do respaldo técnico-científico que rege tal atuação (**item 1**); depois, serão discutidos alguns princípios que, embora não estejam postos, igualmente norteiam a atuação legislativa do CBAr, tendo sido objeto de constante evolução e revisão pela coletividade dos associados que, ano após ano, integram a Comissão de Assuntos Legislativos, assumindo as orientações também discutidas com a Diretoria e o Conselho Diretor do CBAr (**item 2**); em seguida, serão apresentadas algumas posições já manifestadas pelo CBAr em proposições legislativas do Congresso Nacional, de modo a dar concretude ao panorama histórico da atuação do CBAr nesta seara (**item 3**); para então, ao final, apresentarmos uma breve conclusão (**item 4**).

1. Regras estatutárias balizadoras da atuação do CBAr em matéria legislativa e o imprescindível respaldo técnico-científico dessa atuação

Estabelece o artigo 3º do Estatuto do CBAr[2]: "O CBAr considera a defesa, a manutenção e o aprofundamento da ordem democrática pressupostos da produção científica e tecnológica comprometida com a qualidade acadêmica e a compreensão crítica da realidade."

Ao assumir o compromisso público de dialogar com o Congresso Nacional nos temas que são afetos à sua missão institucional, respeitando "ideias antagônicas", como bem disse o ex-Senador Marco Maciel na epígrafe deste artigo, o CBAr nada mais fez senão dar cumprimento ao seu objeto social, buscando "a defesa, a manutenção e o aprofundamento da ordem democrática" como pressuposto de uma "produção científica e tecnológica comprometida com a qualidade acadêmica e a compreensão crítica da realidade", conforme estabelece o citado dispositivo.

Por sua vez, o artigo 4º do Estatuto do CBAr[3] determina que: "Art. 4. O CBAr, para atingir suas finalidades, deve buscar: [...] VII – propugnar pelo desenvolvimento da legislação e da jurisprudência relativas à arbitragem e outros meios extrajudiciais de resolução de controvérsias."

Assim, uma das atribuições estatutárias do CBAr consiste justamente em "propugnar pelo desenvolvimento da legislação" relativa "à arbitragem e outros meios extrajudiciais de resolução de controvérsias", exatamente como vem sendo feito pelo CBAr há duas décadas.

Como se percebe, desempenhando esse papel de interlocutor técnico e qualificado nos temas que lhe são afetos no processo legislativo brasileiro em âmbito federal, o CBAr cumpre aquilo que lhe determina o seu Estatuto.

Ao fazê-lo, o CBAr apoia-se em extensas pesquisas e produções acadêmico-científicas, que estão, inclusive, disponíveis em domínio público em sua biblioteca virtual[4].

Esse trabalho de intermediar as pesquisas científicas com o acompanhamento legislativo é organizado há anos pela já mencionada Comissão de Assuntos Legislativos, que reúne alguns dos mais capacitados e qualificados associa-

[2] CBAr. Estatuto do Comitê Brasileiro de Arbitragem, de 2019. Disponível em: https://cbar.org.br/site/wp-content/uploads/2020/12/estatuto-cbar_2019.pdf. Acesso em: 28 jun. 2021.

[3] *Ibid.*

[4] CBAr. Disponível em: https://cbar.org.br/site/#. Acesso em: 30 jun. de 2021.

dos do CBAr[5] – sendo hoje coordenada por Silvia Rodrigues Pachikoski e Rafael Machado, como visto acima.

Daí porque se diz que o CBAr é ator técnico e qualificado no debate que ocorre no âmbito do processo legislativo federal: suas posições têm respaldo técnico-científico.

Esses posicionamentos técnico-científicos do CBAr em projetos de lei são veiculados por meio de "Notas Técnicas", que também estão disponibilizadas no site do CBAr, contribuindo, assim, para um debate público de qualidade, com toda a transparência[6]. E o CBAr conta, ainda, com uma assessoria externa especializada, a FOCO Assessoria[7], que ajuda no acompanhamento da agenda legislativa do Congresso Nacional e na interlocução do CBAr com os representantes eleitos, além de conferir maior profissionalismo, tecnicidade e transparência à atuação do CBAr.

Nesta interlocução do CBAr com os representantes eleitos, não raras vezes as assessorias desses representantes indagam – com toda a razão – se o CBAr possui estudos, pesquisas, dados, números, estatísticas etc. sobre determinado tema que está em tramitação no Congresso Nacional. Percebe-se, assim, que existe uma demanda, no âmbito do próprio Legislativo, por estudos e pesquisas científicas de qualidade. Como visto, o CBAr contribui decisivamente neste ponto, sendo este um dos principais aspectos de sua missão institucional, como o artigo 2º do seu Estatuto[8]: "Art. 2. O CBAr tem como finalidade o fomento aos estudos jurídicos e interdisciplinares pertinentes à arbitragem e aos outros métodos extrajudiciais de resolução de controvérsias, sua divulgação e aprimoramento."

Portanto, a atuação do CBAr no processo legislativo brasileiro em âmbito federal representa o atendimento simultâneo de diversos imperativos colocados

[5] CBAr. Comissão de Assuntos Legislativos. Disponível em: https://cbar.org.br/site/comissao-de-assuntos-legislativos/. Acesso em: 30 jun. 2021. Hoje, a Comissão é composta pelos seguintes associados do CBAr, conforme consta no website indicado anteriormente: Ana Luiza Isoldi, Ana Marcato, Bruno Guandalini, Carlos Eduardo Stefen Elias, Daniel Tavela Luis, Fabiana de Cerqueira Leite, Fabiane Verçosa, Flávia Bittar Neves, Giovana Benetti, Gustavo Milaré, José Victor Zakia, Julia Guimarães Rossetto, Juliana Brotto, Luis Fernando Guerrero, Luiz Périssé, Rafael Machado, Ricardo Ramalho Almeida, Silvia Brega, Silvia Rodrigues Pachikoski, Vera Monteiro de Barros.

[6] CBAr. Notas técnicas em relação a Projetos de Lei em tramitação no Congresso Federal. Disponível em: https://cbar.org.br/site/notas-tecnicas-em-relacao-a-projetos-de-lei-em-tramitacao-no-congresso-federal/. Acesso em: 30 jun. 2021.

[7] FOCO Assessoria e Consultoria Ltda. Apresentação. Disponível em: https://foco-legislativo.com.br/. Acesso em: 30 jun. 2021.

[8] CBAr. Estatuto do Comitê Brasileiro de Arbitragem, de 2019. Disponível em: https://cbar.org.br/site/wp-content/uploads/2020/12/estatuto-cbar_2019.pdf. Acesso em: 28 jun. 2021.

em seu Estatuto, notadamente aqueles previstos nos artigos 2º, 3º e 4º, acima reproduzidos, sendo sempre respaldada pelo necessário caráter técnico-científico de seus posicionamentos.

Esse papel desempenhado pelo CBAr no processo legislativo não é comum em nossa sociedade, infelizmente[9]. Ainda não temos uma tradição consolidada de aliar pesquisa acadêmica de qualidade e produção legislativa, embora esse *déficit*[10] tenha diminuído mais recentemente, com boas iniciativas de maior diálogo e interlocução entre a Academia (sobretudo as Universidades e o ensino superior em geral) e o Congresso Nacional[11].

Espera-se que esse papel desempenhado pelo CBAr possa também servir de inspiração para que outras entidades sérias e íntegras da sociedade civil cola-

[9] Como já se expôs em outras oportunidades: "[...]o próprio processo legislativo é ainda, em grande medida, um 'desconhecido' da Academia jurídica brasileira. Assim como o processo de negociação é muitas vezes ignorado na interpretação de um contrato, também a lei é tomada como algo 'dado', permanecendo invisível todo o processo que deu origem a ela. É sintomática, neste sentido, a escassez de obras jurídicas tendo por tema o próprio processo legislativo que, a rigor, é conformado estritamente por regras jurídicas" (Alves, Rafael Francisco. **O necessário diálogo entre a Academia e o Governo:** o binômio autonomia-utilidade do Projeto Pensando o Direito. *In*: **O Papel da Pesquisa na Política Legislativa:** metodologia e relato de experiências do Projeto Pensando o Direito, Série Pensando o Direito no. 50. Brasília: Ministério da Justiça, 2013, p. 43).

[10] Esse *déficit* é bem apontado e explicado por Felipe de Paula e Guilherme Almeida de Almeida, Avaliação Legislativa e Projeto Pensando o Direito: uma afortunada aproximação, *in*: **O Papel da Pesquisa na Política Legislativa:** metodologia e relato de experiências do Projeto Pensando o Direito, Série Pensando o Direito no. 50. Brasília: Ministério da Justiça, 2013, p. 26-28.

[11] Por exemplo, sobre o Projeto "Pensando o Direito", organizado e conduzido pela extinta Secretaria de Assuntos Legislativos do Ministério da Justiça (com a qual o CBAr celebrou convênio de cooperação técnico-científica em 2011, sem ônus financeiros de lado a lado) e também sobre a importância da aproximação entre Academia e processo legislativo brasileiro, escreveram Fernanda Vargas Terrazas e Pedro Abramovay em 2013: "tradicionalmente, a pesquisa jurídica no Brasil dedica-se ao estudo do Direito Positivo, declinando da análise do processo legislativo. Os artigos, as pesquisas e livros publicados na área do Direito costumam olhar para a lei como algo pronto, dado, desconsiderando o seu processo de formação. [...] Essa cultura demonstra uma falta de reconhecimento do Parlamento como instância legítima para o debate jurídico e transfere todo o debate público sobre a formação legislativa para o momento no qual a norma é analisada pelo Judiciário. [...] Nesse contexto, é fundamental que a Academia deixe de olhar apenas para a norma vigente e perceba a importância, para que o processo legislativo possa ser reconhecido como um espaço argumentativo de construção democrática, de uma pesquisa jurídica voltada também para o Legislativo, fornecendo argumentos sólidos sobre os quais o diálogo constitucional entre os poderes possa realmente se estabelecer" (Terrazas, Fernanda Vargas; Abramovay Pedro. **Alguns Apontamentos sobre a Pesquisa no âmbito do Projeto Pensando o Direito.** *In*: **O Papel da Pesquisa na Política Legislativa:** metodologia e relato de experiências do Projeto Pensando o Direito, Série Pensando o Direito no. 50. Brasília: Ministério da Justiça, 2013, p. 17-20).

borem para ampliar o diálogo de qualidade com o Congresso Nacional em suas respectivas áreas de atuação, sempre com correção e transparência. Todos só têm a ganhar, sobretudo a sociedade brasileira, ao aprimorar o debate público de qualidade na produção legislativa.

2. Princípios norteadores da atuação do CBAr em matéria legislativa

Ao longo dos anos, a atuação do CBAr em matéria legislativa foi sendo construída a partir de determinados princípios. Tais princípios não estão postos em nenhum documento, nem foram ditados por uma ou outra pessoa, por uma ou outra gestão, por uma determinada Diretoria ou Conselho. São princípios que estão sendo construídos gradativamente pela coletividade dos associados que participaram e/ou participam da Comissão de Assuntos Legislativos e estão sujeitos a constante evolução e revisão pela mesma coletividade. Por isso mesmo, não são regras rígidas, mas princípios orientadores, que sempre comportam alguma ponderação quando se chocam com outros princípios, e mudam de tempos em tempos, servindo apenas para balizar a atuação da Comissão nas notas técnicas que elabora e na interlocução com o Congresso Nacional, bem como para integrar novos membros na Comissão, quando há uma troca em sua composição.

Abaixo, há uma tentativa de delinear alguns desses princípios considerando a atuação do CBAr nesses últimos 10 anos, mas sem qualquer pretensão de esgotá-los ou de criar uma lista exaustiva. Mesmo a formulação desses princípios abaixo pode estar sujeita a algum ajuste conceitual ou redacional. O exercício de escrevê-los aqui é apenas uma tentativa de ilustrar o que acabou balizando a atuação do CBAr em matéria legislativa nos últimos anos.

Apartidarismo. De todos os princípios, talvez este seja um que dificilmente sofreria qualquer tipo de ponderação ou relativização, podendo até mesmo ser considerado um "meta-princípio" que deve ser sempre observado, à luz do que determina o Estatuto da entidade. O CBAr é uma associação civil sem fins lucrativos, cuja missão institucional está relacionada com a promoção, divulgação e difusão da arbitragem, da mediação, da conciliação e dos demais meios extrajudiciais de solução de conflitos. Como tal, o CBAr não participa, de modo algum, de quaisquer atividades político-partidárias.

A única política que o CBAr faz é aquela da defesa incansável do instituto da arbitragem e demais meios extrajudiciais, cumprindo o que determina, inclusive, o seu Estatuto. Em razão disso, em sua atuação no Congresso Nacional, o CBAr é autônomo e não possui nenhum compromisso com as orientações ou diretrizes programáticas de qualquer partido político. O compromisso do CBAr é apenas com os seus associados, com a arbitragem e os demais meios extrajudiciais de composição, e sempre do ponto de vista estritamente técnico-científico.

Respeito e deferência ao Parlamento e ao processo legislativo. O Congresso Nacional tem a prerrogativa constitucional de legislar. É sua função precípua editar novas leis e reformular as existentes, de modo a adequá-las e adaptá-las às novas demandas sociais. Por isso, é preciso, antes de tudo, respeitar tal prerrogativa do Poder Legislativo. Tal respeito estende-se a todos os representantes democraticamente eleitos, com os quais o CBAr sempre teve diálogos muito produtivos, transparentes e corretos, como deve acontecer. Esse respeito é concretizado quando o CBAr não atua para criar qualquer entrave ou obstáculo para a proposição ou tramitação de novos projetos de lei sobre os temas afetos à sua missão institucional. O CBAr não interfere no trâmite legislativo, nem seria correto fazê-lo. A preocupação do CBAr não é impedir ou dificultar que determinado representante eleito democraticamente apresente uma proposta legislativa sobre a arbitragem ou os demais meios de solução de conflitos, muito pelo contrário, e isso mesmo considerando-se que a Lei de Arbitragem (Lei nº 9.307/1996) possui uma qualidade técnica excepcional, que prescindiria de revisões, sobretudo depois da reforma de 2015[12].

Ainda assim, o CBAr atua sempre com base no respeito, no diálogo e no esclarecimento, pois, muitas vezes, existe desconhecimento sobre o conceito da arbitragem, sua função e seu propósito. Com o diálogo e o esclarecimento dos conceitos técnicos, muitas das dúvidas se dissipam, e as propostas legislativas costumam ser encaminhadas adequadamente. A rigor, não haveria a necessidade para existir mais de 100 propostas legislativas relacionadas, de algum modo, com a arbitragem e/ou os demais meios extrajudiciais de solução de conflitos em tramitação atualmente, como indicado acima. Ainda assim, é preciso respeitar o trâmite dessas propostas e a liberdade dos representantes democraticamente eleitos em propô-las ao debate público. O papel do CBAr é contribuir para esse debate, e não o impedir de ocorrer.

Interferência mínima. Intimamente relacionado com o anterior, o princípio da interferência mínima significa que, como regra, o CBAr apresentará, em suas notas técnicas, sugestões de aprimoramento ou ajustes somente quando constatar que a proposta legislativa, tal como concebida, poderia trazer algum prejuízo para o instituto da arbitragem ou dos demais meios extrajudiciais de solução de conflitos, novamente à luz dos estudos técnicos-científicos disponíveis. Nesse sentido, o CBAr não manifesta "preferências", mas apresenta sugestões técnicas

[12] Conforme Lei nº 13.129/2015.

com o intuito de evitar problemas práticos concretos que poderiam prejudicar a função da arbitragem na sociedade.

A interferência mínima significa que as sugestões do CBAr tendem a ser feitas na exata medida do que for necessário para evitar tais problemas ou prejuízos e nada além disso. No fundo, é um exercício de autocontenção, para não se ir além do estritamente necessário. E, novamente, muitas vezes é uma questão simples de esclarecimento: esclarecido o conceito técnico e o problema que a proposta legislativa em questão pode criar, com base em estudos científicos, é muito comum que as proposições sejam encaminhadas e endereçadas adequadamente.

Atuação científica com integridade, seriedade e credibilidade. Como visto anteriormente, a atuação do CBAr em matéria legislativa não representa a "opinião" de um ou outro integrante da sua Comissão de Assuntos Legislativos, mas a visão científica do instituto da arbitragem e dos demais meios extrajudiciais de composição. É justamente esta visão técnico-científica que confere ao CBAr uma atuação com integridade, seriedade e credibilidade. Daí a reputação positiva que tem desenvolvido e nutrido com os representantes eleitos e suas respectivas assessorias, sobretudo nos últimos 10 anos.

Autonomia acadêmica e independência intelectual. O CBAr não segue determinada doutrina, não adota esta ou aquela corrente de pensamento, não se filia a uma teoria ou outra. Em seus posicionamentos via notas técnicas, o CBAr procura encontrar o caminho do consenso mínimo que possa existir na comunidade arbitral à luz das pesquisas e estudos já realizados dentro do CBAr ou pelos associados do CBAr que voluntariamente se engajam no debate público de determinada proposta legislativa. Para tanto, a Comissão busca atuar com autonomia acadêmica e independência intelectual. Tanto que, na maior parte dos casos, as notas técnicas passam pela Diretoria apenas no momento da formalização, para que o Presidente possa assiná-la em nome do CBAr, mas sem que haja, necessariamente, um crivo prévio dos Diretores sobre a linha adotada na nota técnica.

Como a Comissão reúne membros altamente qualificados e comprometidos com o CBAr, que gozam da confiança das Diretorias que se sucedem e ainda capitaneados de forma muito competente e diligente pela Silvia Rodrigues Pachikoski e pelo Rafael Machado, não há maiores dificuldades de ordem prática ou operacional: o exercício concreto da autonomia acadêmica e independência intelectual pelos membros da Comissão de Assuntos Legislativos tendem a coincidir com o que também pensam e esperam Diretores e Conselheiros, até mesmo porque, a imensa maioria dos temas debatidos no Congresso Nacional, já foi objeto de consenso construído há tempos dentro da comunidade arbitral.

Raras vezes há algum tema mais sensível que requer um debate maior ou mais profundo envolvendo a Diretoria e o Conselho Diretor. E quando há um assunto altamente controverso na comunidade – o que, mais uma vez, não é muito frequente – o cuidado que se tem é adotar uma postura de respeito às diferentes orientações da doutrina, às diferentes correntes de pensamento, mas sempre com um encaminhamento muito claro à luz da missão institucional do CBAr, o que às vezes requer o envolvimento da Diretoria (e eventualmente do Conselho Diretor) para uma tomada de decisão mais assertiva sobre temas polêmicos. Tudo isso costuma ocorrer sem desgastes e com muito respeito e transparência.

Pertinência temática e relevância institucional. O CBAr não se manifesta em todas as proposições legislativas que mencionem arbitragem, mediação, conciliação ou outros meios extrajudiciais de solução de conflitos. O CBAr atua na intersecção entre a *pertinência temática* (relação do projeto de lei com o instituto da arbitragem ou com os outros meios extrajudiciais de solução de conflitos) e a *relevância institucional*, isto é, o impacto concreto que será causado ao instituto da arbitragem se a proposição legislativa for aprovada tal como se encontra (o efetivo prejuízo ao instituto, como mencionado acima). Sem a presença desses dois requisitos cumulativos, não há razão para o CBAr se posicionar. Aqui entraria em cena, novamente, o princípio da interferência mínima mencionado acima.

Acompanhamento reativo. Em princípio, o CBAr não atua de forma proativa e propositiva em matéria legislativa, ou seja, o próprio CBAr não sugere a edição de novos projetos de lei (sempre dentro do que seria admitido pela legislação aplicável), em qualquer âmbito normativo (leis, decretos, portarias etc) e em qualquer âmbito federativo, e sobretudo no âmbito nacional. Quando o Estatuto do CBAr estabelece que se deva "propugnar pelo desenvolvimento da legislação" isso não significa, necessariamente, a participação na proposição de projetos de lei, dentro dos limites admitidos para tal participação na legislação aplicável. O CBAr, ao revés, prefere o *acompanhamento passivo e reativo*, ou seja, apenas se manifesta quando (e se) há alguma proposta legislativa em tramitação que possa trazer algum prejuízo efetivo ao instituto da arbitragem e demais meios extrajudiciais e *somente na medida* desse potencial prejuízo (o que se conecta com diversos outros princípios já expostos, como o de interferência mínima, pertinência temática e relevância institucional etc.).

Aprendizado constante. O Congresso Nacional está sempre evoluindo. A cada início de uma nova Legislatura, com os novos representantes eleitos pelo povo, incluindo-se os temas que fizeram parte de suas campanhas, é preciso respeitar novas proposições legislativas e, eventualmente, retomar aquele trabalho de esclarecimento técnico sobre os conceitos aplicáveis ao instituto da arbitragem e dos demais meios extrajudiciais. Nesse movimento dialético, a própria Comissão de Assuntos Legislativos também evolui e está constantemente aprendendo.

Aliás, um dos maiores aprendizados que os membros da Comissão costumam ter é descobrir que existe um grande espaço para o debate público de qualidade dentro do Congresso Nacional, que existem representantes eleitos democraticamente que estão, de fato, interessados em compreender as questões técnicas envolvidas na regulação da arbitragem e os problemas que determinada proposição legislativa possa criar. Com isso, os membros da Comissão aprendem que vale a pena participar do debate legislativo brasileiro e que esse papel desempenhado pelo CBAr é essencial, dentro da sua missão institucional. Do outro lado, parece que o mesmo se aplica: a cada dia que passa, há mais sinais de que os representantes eleitos estão prestando atenção ao que diz e sugere o CBAr e estão genuinamente interessados em aprender com esse diálogo, o que se nota, inclusive, pelo aumento das referências nominais ao CBAr e às suas sugestões nos votos dos parlamentares.

Impessoalidade. Por fim, ressaltamos o *caráter impessoal e institucional* das manifestações e posicionamentos feitos em nome do CBAr, o que significa que as notas técnicas são impessoais, assinadas sempre pelo(a) Presidente do CBAr na ocasião – ou, na sua ausência, pelo(a) Vice-Presidente – ainda que um ou mais membros da Comissão de Assuntos Legislativos assumam a responsabilidade pela relatoria e redação da referida nota.

Na sequência, apresentamos algumas notas técnicas já emitidas pelo CBAr, para dar maior concretude, na prática, às regras estatutárias, caráter técnico-científico e princípios norteadores da atuação do CBAr em matéria legislativa delineados acima.

3. Algumas propostas legislativas em que o CBAr apresentou nota técnica

3.1 Projeto de Lei nº 4.891/2005, de autoria do Deputado Nelson Marquezelli

Uma das propostas legislativas que mais despertou a mobilização da comunidade arbitral ao longo dos anos certamente foi o Projeto de Lei nº 4.891/2005[13], de autoria do Deputado Nelson Marquezelli, pretendendo instituir e regulamentar a profissão de árbitro e mediador, criando conselhos e entidades destinadas a tal regulamentação.

[13] BRASIL. Câmara dos Deputados. Projeto de Lei nº 4.891/2005. Regula o exercício das profissões de Árbitro e Mediador e dá outras providências. Disponível em: https://www.camara.leg.br/proposicoesWeb/prop_mostrarintegra;jsessionid=node0pzjvukzsh28qkjl7tlflkvns7926.node0?codteor=283043&filename=PL+4891/2005. Acesso em: 30 jun. 2021.

Em sua nota técnica[14], redigida por Silvia Pachikoski, o CBAr esclareceu que: É muito importante ressaltar que ser árbitro não é profissão, o cidadão será escolhido como árbitro por conta de suas referências éticas e profissionais. Não há necessidade de ser advogado ou ter nível superior para tanto. A profissão de árbitro levaria ao enfraquecimento da qualidade das arbitragens, sendo certo que seria repetido o modelo do Poder Judiciário, transformando os árbitros em juízes. Uma das características mais importantes da arbitragem está na livre indicação de árbitros de confiança das partes, sem nenhuma espécie de exigência ou obrigação. A parte escolhe a pessoa que deseja que julgue seu caso, lastreado na honradez e capacidade de conhecer da matéria em discussão, e de sua capacidade de julgar com imparcialidade e independência. O melhor controle é o que é exercido pelas partes na arbitragem. A Lei concedeu a elas o poder de impugnar, rejeitar e afastar os que não se enquadrem nos parâmetros de comportamento ético [...].

Esses conceitos sobre a atuação do árbitro já estão sedimentados e consolidados na comunidade arbitral brasileira há muito tempo, com amplo respaldo técnico e científico. Neste sentido, já escrevia Flávia Bittar, ex-Presidente do CBAr (2015-2018), ainda em 2007[15]:

> Não existe a "profissão de árbitro", ou seja, um indivíduo não é árbitro, mas está árbitro em um determinado litígio. As partes depositam a necessária confiança nas habilidades daquele indivíduo que escolheram para resolver a questão. Finalizado o procedimento arbitral ou a mediação, aquele que funcionara como árbitro ou mediador deixa de sê-lo, até que seja novamente indicado para outro procedimento. A função de árbitro é transitória, assim como o poder jurisdicional conferido ao árbitro, que termina com a prolação da sentença arbitral.

[14] Pachikoski, Silvia Rodrigues. Nota técnica sobre o Projeto de Lei nº 4.891/2005. Disponível em: https://cbar.org.br/site/wp-content/uploads/2018/04/Projeto-de-Lei-n.-4.891-2005-Silvia.pdf. Acesso em: 30 jun. 2021.

[15] Neves, Flávia Bittar. O dilema da regulamentação da função de árbitros, mediadores e das atividades das instituições arbitrais no Brasil. *In*: Revista de Arbitragem e Mediação, n. 7, 2005, p. 101-108. Nesse mesmo sentido, ver também Rafael Francisco Alves e Octávio Orzari, Habeas Corpus. Crimes de quadrilha, falsidade ideológica, usurpação de função pública e contravenção penal de exercício ilegal de profissão de árbitro ou mediador. Pedido de trancamento da ação penal. Deferimento parcial. *In*: Revista Brasileira de Arbitragem, n. 19, 2008, p. 159; Alves, Rafael Francisco. Árbitro e Direito: o julgamento do mérito na arbitragem. São Paulo: Almedina, 2018, p. 25-26.

No final de 2013, o referido projeto de lei foi rejeitado no âmbito da Comissão de Trabalho, de Administração e Serviço Público da Câmara dos Deputados[16].

Desde 31 de janeiro de 2019, a proposta consta como "arquivada" no sistema da Câmara dos Deputados[17].

3.2 Projeto de Lei nº 5.243/2009, de autoria do Deputado Alex Canziani

Outra proposição legislativa que também mereceu mobilização intensa da comunidade arbitral brasileira foi o projeto de Lei nº 5.243/2009, de autoria do Deputado Alex Canziani[18], que pretende alterar o artigo 13 da Lei de Arbitragem (Lei nº 9.307/1996). Na Justificativa do referido projeto, consta o seguinte:

> Buscando incentivar, ainda mais, a utilização do juízo arbitral pelas partes, creio ser oportuno e conveniente mudar-se a atual redação do *caput* do art. 13 da Lei 9.307/96 para fazer constar, expressamente, que titulares de delegação do Poder Público também poderão ser designados como árbitros.
>
> A propósito, posicionou-se o CBAr por meio de Nota Técnica ainda em 2009:
>
> A alteração é desnecessária porque o referido artigo 13 não impede o exercício da função de árbitro por tabeliães, notários ou qualquer detentor de função pública; basta que seja "a pessoa capaz e que tenha a confiança das partes". Se houver, no ordenamento brasileiro, empecilho ao exercício da função de árbitro por detentores de função pública, tais impedimentos devem ser procurados nos estatutos que regulamentam as respectivas carreiras e profissões. Para os impedimentos relacionados à atividade de tabeliães e notários, enumera-os a Lei 8.935/94, que "Regulamenta o artigo 236 da Constituição Federal, dispondo sobre serviços notariais e de registro". A alteração é inoportuna porque a segurança jurídica e a estabilidade adquiridas pelo instituto arbitral nos últimos 13 (treze) anos constituem uma das razões de sua popularidade entre operadores e juristas, como do seu reconhecimento pelos órgãos judiciários brasileiros. Casuísmos como o veiculado pelo Projeto destoam das modernas leis de arbitragem de outros países e podem afetar a credibilidade do instituto [...].

[16] CONJUR. Rejeitada regulamentação de profissões de mediador e árbitro. Revista Consultor Jurídico, 9 de novembro de 2013, 13h22. Disponível em: https://www.conjur.com.br/2013-nov-09/comissao-rejeita-regulamentacao-profissoes-conciliador-arbitro. Acesso em: 30 jun 2021.

[17] BRASIL. Câmara dos Deputados. Ficha de tramitação do Projeto de Lei nº 4.891/2005. Disponível em: https://www.camara.leg.br/proposicoesWeb/fichadetramitacao?idProposicao=278025. Acesso em: 30 jun. 2021.

[18] BRASIL. Câmara dos Deputados. Projeto de Lei nº 5.243/2005. Altera o art. 13 da Lei nº 9.307, de 23 de setembro de 1996, que "Dispõe sobre a arbitragem". Disponível em: https://www.camara.leg.br/proposicoesWeb/prop_mostrarintegra?codteor=657312&filename=PL+5243/2009. Acesso em: 30 jun. 2021.

Atualmente, consta que a matéria aguarda "Deliberação do Recurso na Mesa Diretora da Câmara dos Deputados"[19].

Esses são apenas dois exemplos de matérias legislativas que mereceram atenção e manifestação do CBAr, dentro daquelas regras e princípios expostos acima. No entanto, como antecipado na Introdução, hoje, existem mais de 100 propostas em tramitação no Congresso Nacional em matéria de arbitragem, mediação, conciliação e outros meios extrajudiciais de solução de conflitos, o que requer acompanhamento constante do CBAr, sempre preocupado com a defesa técnica e científica do instituto, como delineado neste artigo.

Conclusões

O CBAr é, de fato, uma comunidade. Uma comunidade séria, ética, responsável, genuinamente preocupada com a integridade, a preservação e a difusão do instituto da arbitragem e dos demais meios extrajudiciais de solução de conflitos, dentro das melhores práticas nacionais e internacionais. Muito mais do que uma soma de indivíduos, o que torna grande o CBAr é o senso de coletividade que possuem seus associados. Aspirações individuais cedem espaço ao coletivo e, nele, encontram a defesa incansável dos referidos meios extrajudiciais de solução de conflitos, o que tem sido feito há 20 anos.

Certamente, não é trivial o fato de termos chegado em 2021 com uma legislação que é referência mundial em matéria de arbitragem, sendo uma das leis de arbitragem mais elogiadas mundo afora, mantendo-se praticamente intacta a vontade do legislador de 1996 (Lei nº 9.307/1996) e ainda avançando e aprimorando certos conceitos em 2015 (Lei nº 13.129/2015).

A arbitragem é o Brasil que dá certo. É o Brasil que deu certo. Em larga medida, a história da Lei de Arbitragem, desde 1996, e a história do CBAr, desde 2001, confundem-se. E só chegamos até aqui graças ao trabalho contínuo de centenas de brasileiros sérios e dedicados, dentre os quais, além dos próprios associados do CBAr e dos membros da sua Comissão de Assuntos Legislativos, merecem destaque também os três coautores do anteprojeto que veio a se tornar a Lei de Arbitragem (Lei nº 9.307/1996) – os Professores Carlos Alberto Carmona, Selma Ferreira Lemes e Pedro Batista Martins – os membros escolhidos para formar a Comissão de Juristas do Senado Federal em 2013, que foi presidida pelo Ministro Luis Felipe Salomão, do Superior Tribunal de Justiça, sendo a Comissão responsável pelo projeto que resultou

[19] BRASIL. Câmara dos Deputados. Ficha de tramitação do Projeto de Lei nº 5.243/2009. Disponível em: https://www.camara.leg.br/proposicoesWeb/fichadetramitacao?idProposicao=434916. Acesso em: 30 jun. 2021.

na reforma da Lei de Arbitragem em 2015 (Lei nº 13.129/2015) e, por fim, os árduos defensores do instituto da arbitragem do ponto de vista estritamente técnico-jurídico no âmbito do Poder Legislativo, do Poder Judiciário e do Poder Executivo, sobretudo na esfera federal, cada qual na esfera de sua competência, cumprindo com as atribuições que lhes foram conferidas pela Constituição Federal.

Em todos esses anos, o CBAr teve a grata satisfação de encontrar membros do Poder Legislativo, do Poder Judiciário e do Poder Executivo em âmbito federal cuja preocupação genuína era a defesa técnica e científica do instituto da arbitragem e dos demais meios extrajudiciais de solução de conflitos à luz das legislações aplicáveis aos respectivos institutos. No caso específico da arbitragem, o resultado está aí: passados 25 anos da Lei de Arbitragem e 20 anos do CBAr, percebe-se que ambos envelheceram muito bem.

Referências

ALVES, Rafael Francisco e ORZARI, Octávio. **Habeas Corpus. Crimes de quadrilha, falsidade ideológica, usurpação de função pública e contravenção penal de exercício ilegal de profissão de árbitro ou mediador. Pedido de trancamento da ação penal. Deferimento parcial.** *In*: **Revista Brasileira de Arbitragem**, n. 19, 2008, p. 159.

ALVES, Rafael Francisco. **Árbitro e Direito:** o julgamento do mérito na arbitragem. São Paulo: Almedina, 2018, p. 25-26.

ALVES, Rafael Francisco. **O necessário diálogo entre a Academia e o Governo:** o binômio autonomia-utilidade do Projeto Pensando o Direito. *In*: **O Papel da Pesquisa na Política Legislativa:** metodologia e relato de experiências do Projeto Pensando o Direito, Série Pensando o Direito no. 50. Brasília: Ministério da Justiça, 2013, p. 43.

NEVES, Flávia Bittar. **O dilema da regulamentação da função de árbitros, mediadores e das atividades das instituições arbitrais no Brasil.** *In*: **Revista de Arbitragem e Mediação**, n. 7, 2005, p. 101-108.

PAULA, Felipe de e ALMEIDA, Guilherme de. Avaliação Legislativa e Projeto Pensando o Direito: uma afortunada aproximação, *in*: **O Papel da Pesquisa na Política Legislativa:** metodologia e relato de experiências do Projeto Pensando o Direito, Série Pensando o Direito no. 50. Brasília: Ministério da Justiça, 2013, p. 26-28.

TERRAZAS, Fernanda Vargas; ABRAMOVAY Pedro. **Alguns Apontamentos sobre a Pesquisa no âmbito do Projeto Pensando o Direito.** *In*: **O Papel da Pesquisa na Política Legislativa:** metodologia e relato de experiências do Projeto Pensando o Direito, Série Pensando o Direito no. 50. Brasília: Ministério da Justiça, 2013, p. 17-20.

5.
A ARBITRAGEM BRASILEIRA SEGUNDO SEUS OPERADORES: NOTAS SOBRE A PESQUISA CBAR-IPSOS 2021

ANDRÉ DE ALBUQUERQUE CAVALCANTI ABBUD

Introdução

Entre as principais funções do Comitê Brasileiro de Arbitragem (CBAr) estão as de promover, incentivar e patrocinar pesquisas e estudos jurídicos e interdisciplinares em matéria de arbitragem e outros meios extrajudiciais de solução de disputas, com o objetivo de aprimorar e difundir tais mecanismos (estatuto do CBAr, arts. 2º e 4º).

Para esse fim, sempre tiveram papel relevante as pesquisas jurisprudenciais e de opinião realizadas pelo CBAr ao longo de seus 20 anos.

Com relação à jurisprudência dos tribunais sobre arbitragem, além dos vários levantamentos feitos pelos Grupos de Estudos nos subtemas a eles pertinentes, o CBAr realizou duas pesquisas abrangentes: a primeira, entre 2007 e 2008, em parceria acadêmico-científica com a Escola de Direito de São Paulo da Fundação Getúlio Vargas (FGV Direito SP);[20] a segunda, entre 2014 e 2016, em parceria com a Associação Brasileira de Estudantes de Arbitragem (ABEArb).[21] Além de envolverem o levantamento e a triagem de milhares de decisões judiciais de todos os tribunais da Federação, ambas essas pesquisas produziram relatórios analíticos detalhados de centenas de acórdãos sobre arbitragem proferidos até 2015, divididos por grupos temáticos.

Quanto às pesquisas de opinião, o CBAr fez e publicou em 2012, com o apoio institucional e metodológico do Instituto IPSOS, amplo levantamento com os

[20] Disponível em: https://cbar.org.br/site/pesquisa-cbar-fgv-2007/

[21] Disponível em: https://cbar.org.br/site/pesquisa-cbar-abearb-2016/

usuários da arbitragem no Brasil. O objetivo foi conhecer e divulgar, pela voz dos próprios profissionais que atuam na área, a percepção sobre o funcionamento desse instituto, a fim de que a comunidade possa pensar, discutir e implementar medidas para o aperfeiçoamento da arbitragem no Brasil.[22]

Oito anos depois, os profissionais da arbitragem manifestaram a necessidade de se fazer uma nova pesquisa de opinião, que refletisse não apenas os efeitos do tempo sobre as questões objeto do primeiro levantamento, como também as novas questões surgidas nesse ínterim. Nesse contexto é que o CBAr renovou a parceria com o Instituto IPSOS, para fazer a pesquisa que se conclui e divulga à comunidade arbitral em 2021.

Em todas essas pesquisas jurisprudenciais e de opinião, o papel dos associados do CBAr e da comunidade de profissionais que atuam com arbitragem no Brasil sempre foi fundamental. Seja integrando os grupos de pesquisadores que se dedicaram a coletar, filtrar e analisar tecnicamente inúmeras decisões judiciais, seja participando das entrevistas para a realização das pesquisas de opinião, centenas de advogados, árbitros, secretários de tribunais arbitrais, estudantes de direito, advogados de departamentos jurídicos de empresas e representantes das câmaras arbitrais são parte fundamental da construção do conhecimento refletido nas pesquisas.

Este artigo tem por objetivo fazer breves comentários a alguns dos principais resultados da Pesquisa CBAr-IPSOS 2021, cujo relatório integral é colocado à disposição de todos no site do CBAr.

1. Principais resultados da pesquisa CBAR-IPSOS 2021

1.1 Perfil dos entrevistados

A Pesquisa CBAr-IPSOS 2021 entrevistou 225 profissionais que atuam com arbitragem no Brasil: árbitros, advogados de escritórios, advogados internos e representantes de câmaras de arbitragem nacionais. Dentro desse grupo alvo, a amostra de entrevistados foi composta aleatoriamente dentre filiados do CBAr, integrantes das listas de árbitros e representantes das principais câmaras de arbitragem brasileiras, além de membros dos departamentos jurídicos de grandes e médias empresas. As entrevistas foram feitas por telefone (*computer-assisted telefone interviewing* – CATI) e conduzidas pelo Instituto IPSOS entre junho e agosto de 2020.

[22] Disponível em: https://www.cbar.org.br/PDF/Pesquisa_CBAr-Ipsos-final.pdf

Os dados abaixo resumem a demografia dos respondentes e sua experiência média com a arbitragem, tanto em relação ao tempo quanto ao número de processos. Em matéria de gênero, é de se destacar a desproporção entre homens (68%) e mulheres (32%).

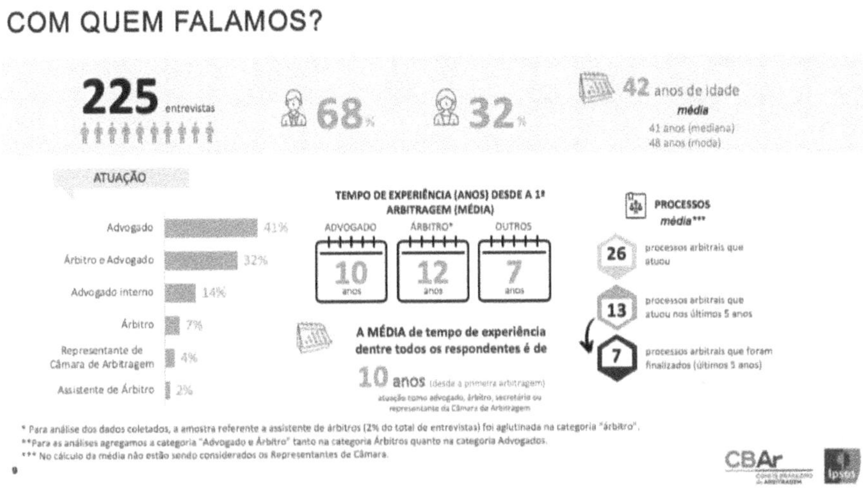

Quanto às categorias profissionais, algumas observações são relevantes: os profissionais que afirmaram atuar tanto como árbitros quanto como advogados (32%) foram aglutinados em ambas essas categorias (árbitros e advogados) na análise das respostas por grupo de profissionais. O mesmo foi feito com os assistentes de árbitros, aglutinados na categoria árbitros. Por fim, o grupo dos representantes das câmaras de arbitragem foi excluído da base de algumas respostas, nas quais sua inclusão poderia distorcer os resultados. Nos casos em que isso foi feito, a indicação consta abaixo da imagem.

Retornando ao tema da diversidade, ao se analisarem separadamente as categorias profissionais, nota-se um equilíbrio maior entre gêneros no grupo dos advogados internos e dos representantes das câmaras arbitrais, como mostra a imagem abaixo. No que diz respeito à diversidade etária, os árbitros são o grupo com maior média de idade, ao passo que os advogados internos possuem a menor. De modo correspondente, os árbitros são o grupo com menor número de representantes com menos de 40 anos, enquanto os advogados internos têm o maior percentual de membros dessa faixa etária.

DISTRIBUIÇÃO DE IDADE E GÊNERO NA AMOSTRA

Perfis agrupados

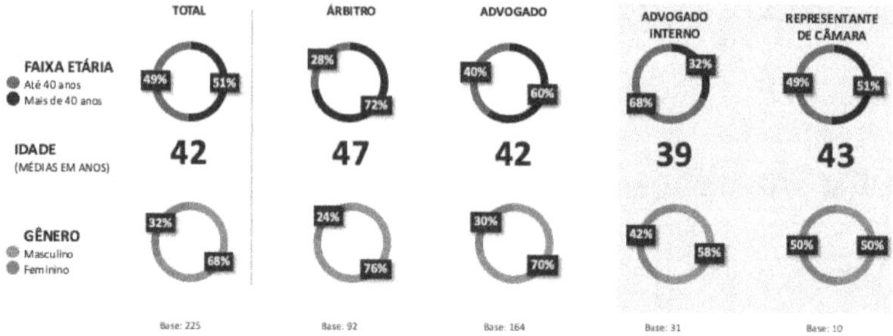

Base (Total da Amostra): 225 Entrevistas – Fonte: A1. Qual a sua idade? | P1. Sexo:

11

Os entrevistados foram também indagados sobre o número aproximado de arbitragens de que participaram nos últimos 5 anos e nas quais atuaram como árbitro(a)s (i) mulheres ou (ii) pessoas com menos de 45 anos de idade. Os resultados indicam que, em média, cerca de (i) 41% das arbitragens nesse período contam com mulheres na posição de árbitras e (ii) 26% com profissionais com menos de 45 anos.

DIVERSIDADE ENTRE ÁRBITROS

	TOTAL*	Árbitro	Advogado	Advogado Interno	Representante de Câmara
Base Total	*225*	*92*	*164*	*31*	*10*
Processos arbitrais - ÚLTIMOS 5 ANOS (médias)	17	19	14	6	101
Mulheres como árbitras (médias)	7,1	7,9	6,1	2,3	39,7
Mulheres como árbitras (percentuais)	*41%*	*42%*	*44%*	*39%*	*39%*
Pessoas com menos de 45 anos de idade como árbitros (médias)	4,5	6,1	3,6	1,5	20,5
Pessoas com menos de 45 anos de idade como árbitros (percentuais)	*26%*	*32%*	*26%*	*25%*	*20%*

Base (Total da Amostra): 225 Entrevistas – Fonte: D3. Nos últimos 5 anos, nas [PROG: trazer total da A5] arbitragens de que o(a) Senhor(a) participou, qual o número aproximado de vezes que atuaram:

* Os números totais diferem dos constantes dos slides 11 e 17 pois incluem os Representantes de Câmara.

45

1.2 Satisfação e conhecimento dos operadores

A grande maioria dos entrevistados (93%) demonstra satisfação com a arbitragem. No entanto, enquanto 33% deles afirmam estar *muito* satisfeitos, 60% dizem estar *razoavelmente* satisfeitos. Isso indica haver pontos no instituto que merecem atenção e aperfeiçoamento.

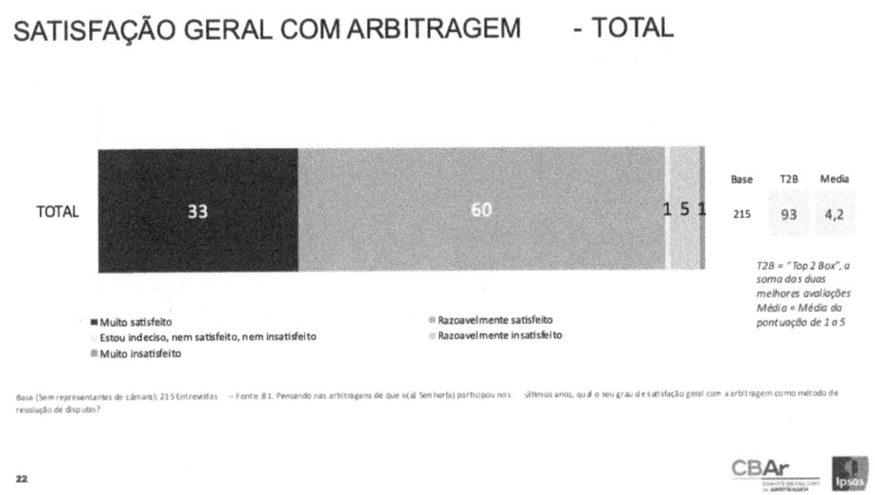

Olhando-se esse resultado de satisfação por cada grupo de profissionais (excluídos os representantes de câmaras), nota-se, por um lado, que os árbitros são os mais satisfeitos – quase a metade deles diz estar muito satisfeita. Por outro lado, os advogados internos são o grupo com a menor média de satisfação,[23] mas ainda assim apontam alto nível de satisfação com a arbitragem (87% afirmam estar razoavelmente ou muito satisfeitos).

[23] A média de satisfação foi obtida a partir da atribuição das notas 1 a 5 a cada uma das respostas possíveis à pergunta: muito insatisfeito (1), razoavelmente insatisfeito (2), estou indeciso (nem insatisfeito, nem satisfeito) (3), razoavelmente satisfeito (4) e muito satisfeito (5).

SATISFAÇÃO GERAL COM ARBITRAGEM

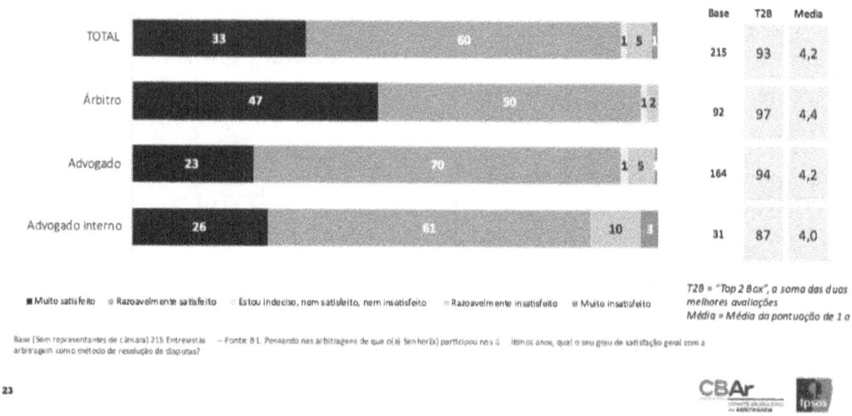

Com relação ao conhecimento dos diversos grupos profissionais sobre arbitragem, os resultados indicados no gráfico abaixo mostram nítido contraste. Na visão da grande maioria dos entrevistados, os representantes das câmaras arbitrais, árbitros, secretários de tribunais e advogados responsáveis por processos arbitrais têm bom nível de conhecimento sobre arbitragem. Em todos esses grupos, os resultados ficaram acima de 90%, como mostra a tabela à direita do gráfico (T2B ou "*top two box*").

Em contrapartida, esse resultado é inferior a 40% para todos os grupos situados na metade de baixo do gráfico: membros de departamentos jurídicos de empresas, juízes, advogados em geral, estudantes de direito e empresários.

CONHECIMENTO DOS ATORES SOBRE ARBITRAGEM - TOTAL

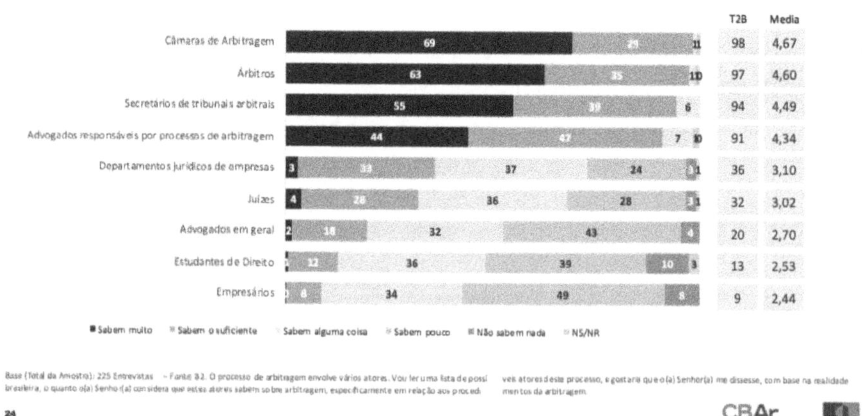

Os entrevistados também foram chamados a opinar sobre o conhecimento em direito material de três grupos de profissionais: os advogados que atuam com arbitragem, os árbitros nomeados pelas partes e os árbitros não nomeados pelas partes. O nível de conhecimento é alto para todos os atores testados (acima de 87% – T2B), ainda que se note um juízo mais positivo a esse respeito quanto aos árbitros nomeados pelas partes (93%), quando comparados àqueles não nomeados por elas (87%).

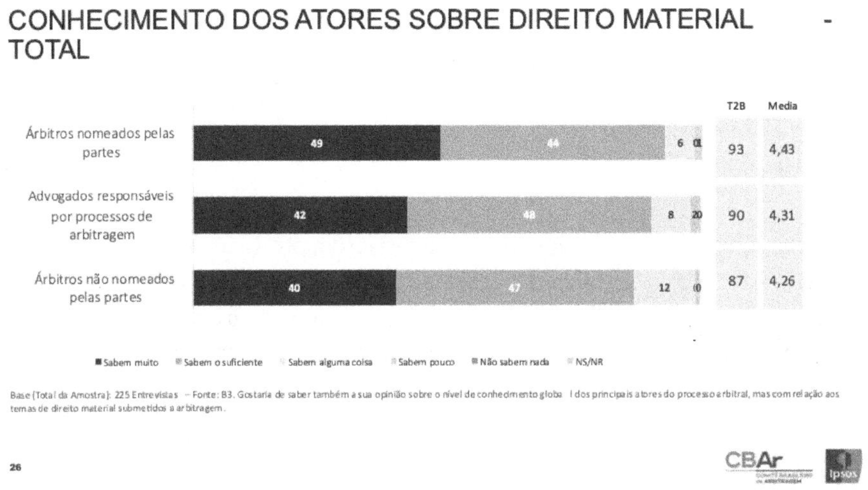

1.3 Vantagens e desvantagens da arbitragem

Perguntados sobre as vantagens da arbitragem, quando comparada ao processo judicial, os entrevistados apontaram nos três primeiros lugares (1) o caráter técnico e a qualidade das decisões, (2) o tempo necessário para a solução definitiva da disputa e (3) a possibilidade de indicar ou participar da escolha dos árbitros. De modo consistente, essas características foram as três mais mencionadas pelos entrevistados tanto como a principal vantagem da arbitragem (barra superior), quanto como uma das três principais vantagens (barra inferior). Com uma pequena variação: enquanto o caráter técnico das decisões é a vantagem mais mencionada em primeiro lugar, o tempo é a vantagem com o maior número total de menções.

Além desses benefícios, também aparecem em destaque a confidencialidade e a flexibilidade/informalidade do procedimento arbitral.

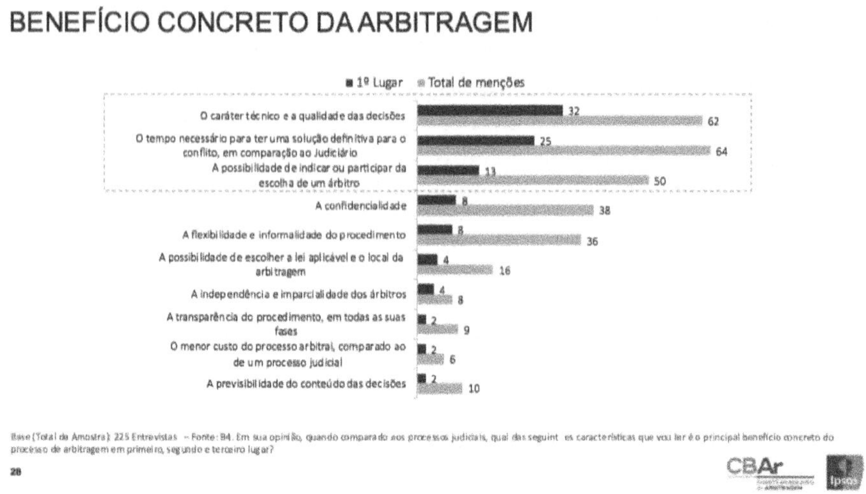

Ao se abrir esse resultado por categorias de profissionais, um indicador chama a atenção: o significativo destaque que a confidencialidade tem para os advogados internos, quando comparados aos demais grupos. Para eles, essa característica figura entre as três principais vantagens da arbitragem no total de menções.

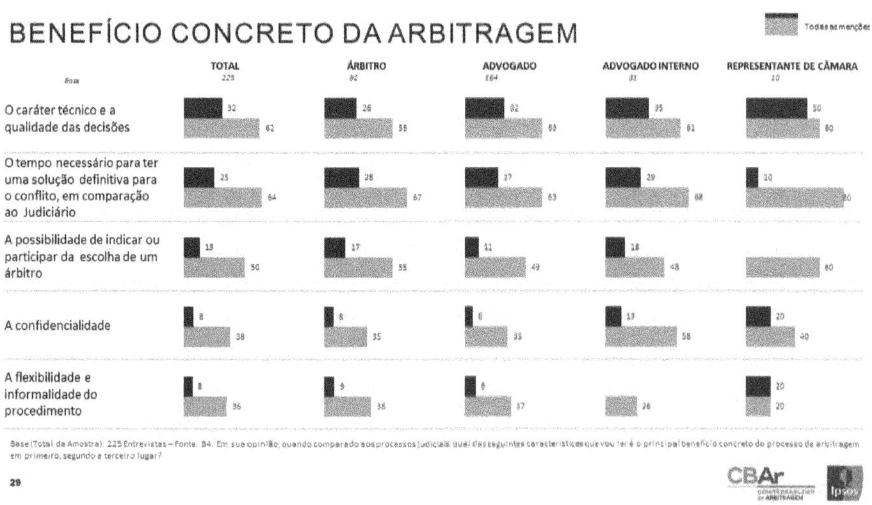

A relevância que a possibilidade de participar da escolha dos árbitros recebeu na pergunta sobre os benefícios da arbitragem foi confirmada em outra questão, sobre eventual alteração do modo de escolha dos árbitros, de forma que não pudessem mais ser indicados diretamente pelas partes. A virtual unanimidade dos entrevistados rejeita essa alteração.

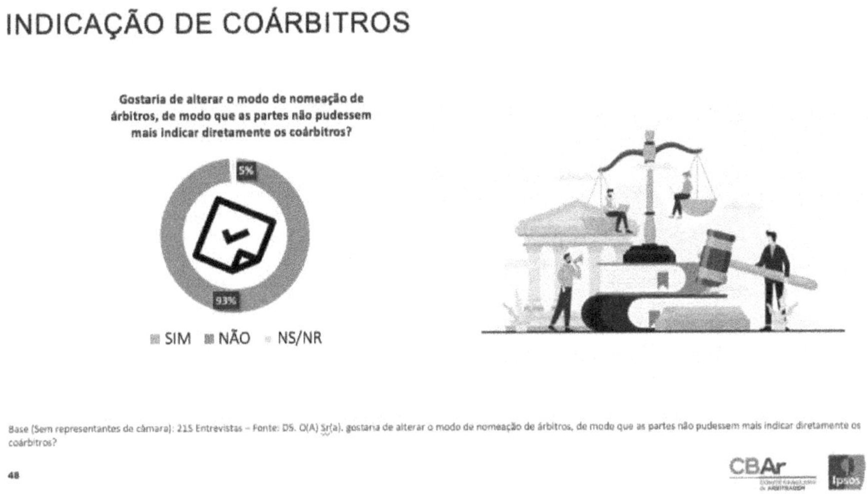

A maioria dos entrevistados (79%) também vê desvantagens na arbitragem quando comparada ao processo judicial. Dentre elas, a principal desvantagem é o custo da arbitragem, seguida pela ausência de publicidade das decisões.

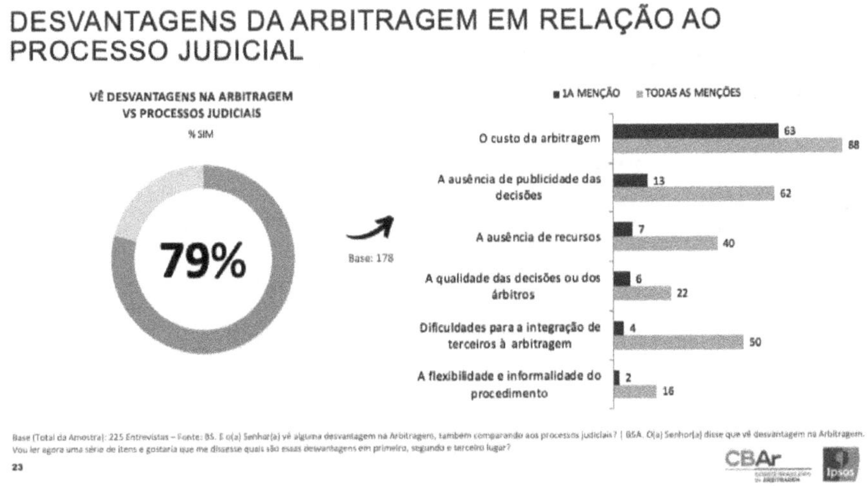

A análise desse resultado por grupo de profissionais também contém dados interessantes. Primeiro, os advogados externos são mais críticos à arbitragem que os demais grupos. Segundo, para os advogados internos, a dificuldade para a integração de terceiros é a segunda maior desvantagem da arbitragem em total de menções. Terceiro, os árbitros aparentam ser o grupo que mais se ressente da ausência de publicidade das decisões arbitrais, ao mencionar esta como a principal desvantagem da arbitragem mais vezes que os demais profissionais.

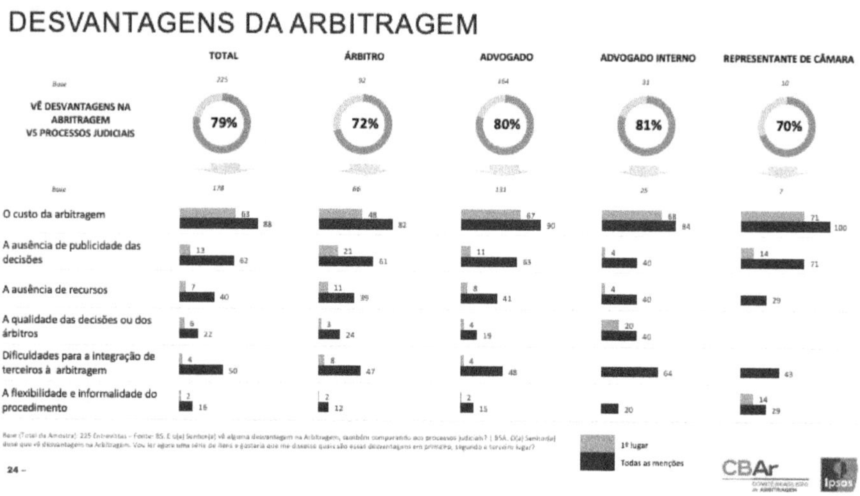

1.4 Medidas de urgência: arbitragem x judiciário

Na comparação entre a arbitragem e o processo judicial, a pesquisa também perguntou aos entrevistados se viam alguma diferença entre as decisões sobre tutelas de urgência proferidas pelos árbitros e pelos juízes togados. A maioria dos entrevistados respondeu que sim, e que o processo judicial é melhor para medidas de urgência.

MEDIDAS DE URGÊNCIA: ÁRBITROS VS. JUÍZES

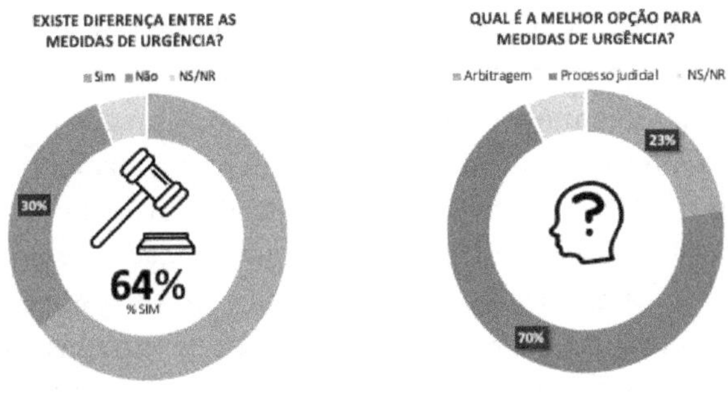

Base (Sem representantes de câmara) 215 Entrevistas – Fonte: B6. Ainda sobre a comparação entre arbitragem e processos judiciais, na sua experiência, existe alguma diferença entre as decisões relativas a medidas de urgência proferidas por árbitros e aquelas proferidas pelos juízes? | B6a. Qual das duas opções o(a) Sr(a). considera melhor para medidas de urgência?

25 CBAr Ipsos

Aqueles que apontaram existir diferença entre a arbitragem e o processo judicial para a apreciação de medidas de urgência foram então perguntados sobre quais seriam as vantagens de um e de outro: a qualidade técnica, a maior eficácia/exequibilidade da decisão, a oitiva prévia da contraparte ou outros. Os resultados foram taxativos: enquanto a qualidade técnica é a principal vantagem das tutelas de urgência proferidas pelos árbitros, a maior eficácia ou exequibilidade das decisões é a principal vantagem das decisões urgentes proferidas pelo Judiciário.

DIFERENÇAS NAS MEDIDAS DE URGÊNCIA

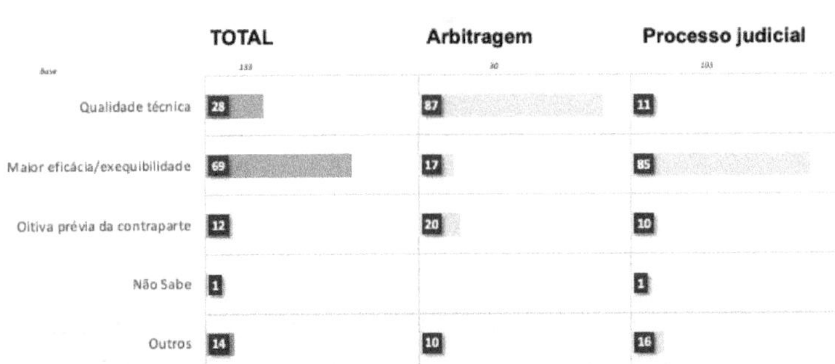

Base (B6 = SIM E B6A = Arbitragem / Processo judicial) 133 Entrevistas – Fonte: B6. Ainda sobre a comparação entre arbitragem e processos judiciais, na sua experiência, existe alguma diferença entre as decisões relativas a medidas de urgência proferidas por árbitros e aquelas proferidas pelos juízes? | B6a. Qual das duas opções o(a) Sr(a). considera melhor para medidas de urgência? | B6B. Quais seriam as vantagens?

27 CBAr Ipsos

1.5 Sigilo e publicação das sentenças arbitrais

Em tema correlato ao da confidencialidade, apontada como uma das vantagens da arbitragem, os entrevistados foram também perguntados se autorizariam a publicação das sentenças proferidas nas arbitragens em que atuam, caso fossem suprimidas informações confidenciais do documento. A grande maioria dos respondentes (73%) informou que autorizaria a publicação. Este grupo foi então questionado sobre quais informações confidenciais deveriam ser suprimidas para essa divulgação, ao que praticamente a unanimidade respondeu: segredos de negócio e informações financeiras e confidenciais sensíveis. A maioria dos entrevistados entende também que devam ser suprimidos os nomes das partes, enquanto cerca de metade deles mencionou ainda os depoimentos das testemunhas.

Em contrapartida, a maior parte dos 25% de respondentes que disseram não autorizar a publicação das sentenças justificaram sua resposta com base em razões de confidencialidade.

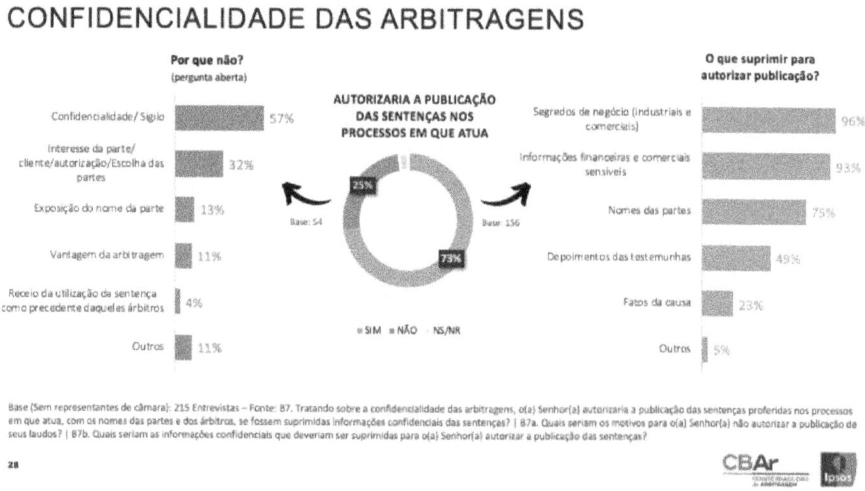

Analisando-se esse mesmo resultado por cada grupo de operadores da arbitragem, nota-se que os advogados internos são ligeiramente mais favoráveis à publicação que árbitros e advogados externos. Ao mesmo tempo, são mais ciosos da preservação dos nomes das partes que os demais grupos.

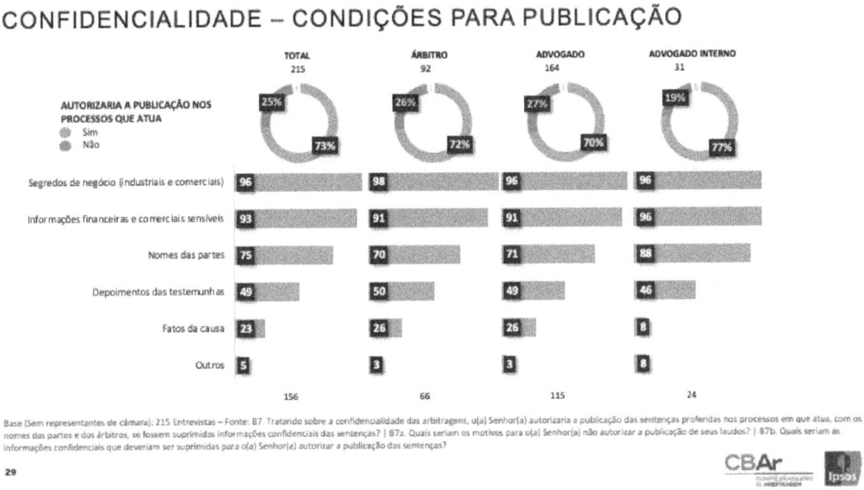

1.6 Regulação da arbitragem

Os entrevistados foram perguntados também se consideram adequado ou inadequado o nível de regulação e autorregulação da arbitragem no Brasil. A grande maioria deles (84%) entende o nível adequado. Os 16% de respondentes que afirmaram ser inadequado o nível de regulação foram então questionados (abertamente) sobre quais aspectos da arbitragem mereceriam ser melhor regulados. Agrupadas as manifestações espontâneas, as respostas mais frequentes apontaram os temas da imparcialidade dos árbitros/conflitos de interesses e a publicidade das decisões arbitrais.

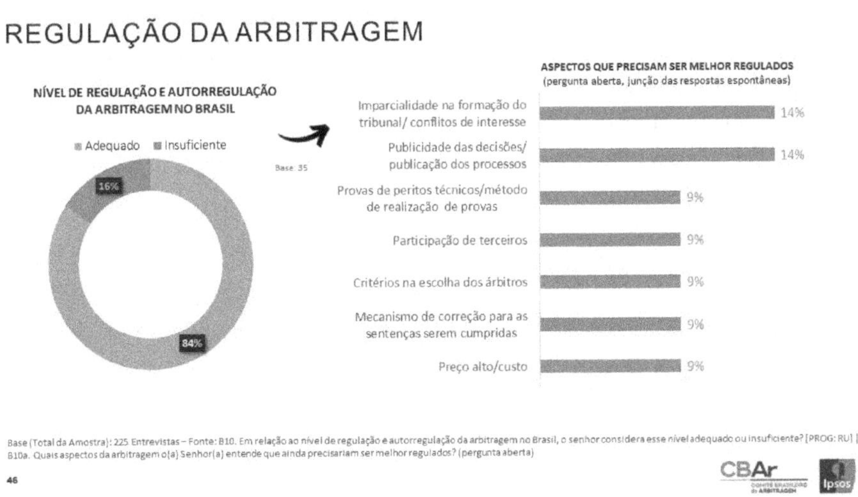

Observando-se cada uma das classes de profissionais entrevistados, nota-se que a opinião majoritária pela adequação do nível regulatório atual é consistente entre elas. Essa maioria parece menos marcada para os representantes das câmaras arbitrais, mas a diferença pode se dever à pequena base de entrevistados nessa categoria.

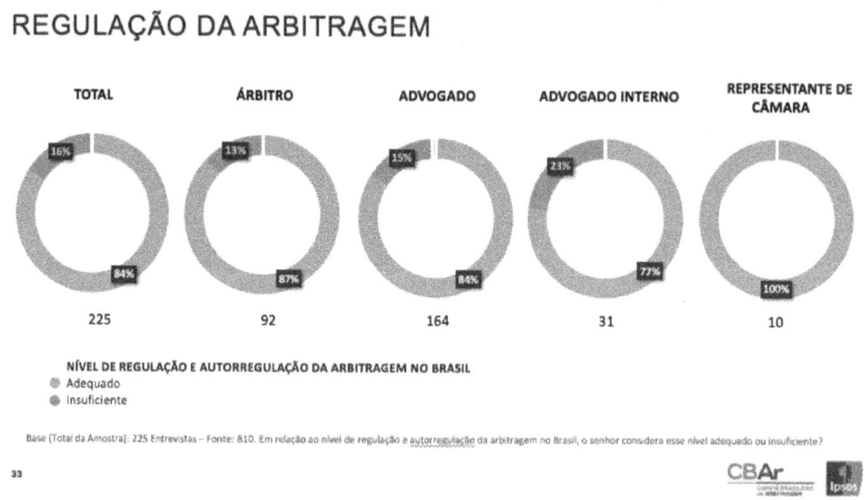

Ainda sobre o tema da regulação, os entrevistados foram em seguida perguntados especificamente se entendem necessária regulação adicional sobre ética para árbitros. A maioria (60%) entende que não, ainda que 40% dos respondentes tenham dito que sim.

Questionados também se têm visto a regulação de honorários advocatícios de sucumbência na cláusula arbitral ou no termo de arbitragem, a maioria das pessoas (70%) respondeu que sim.

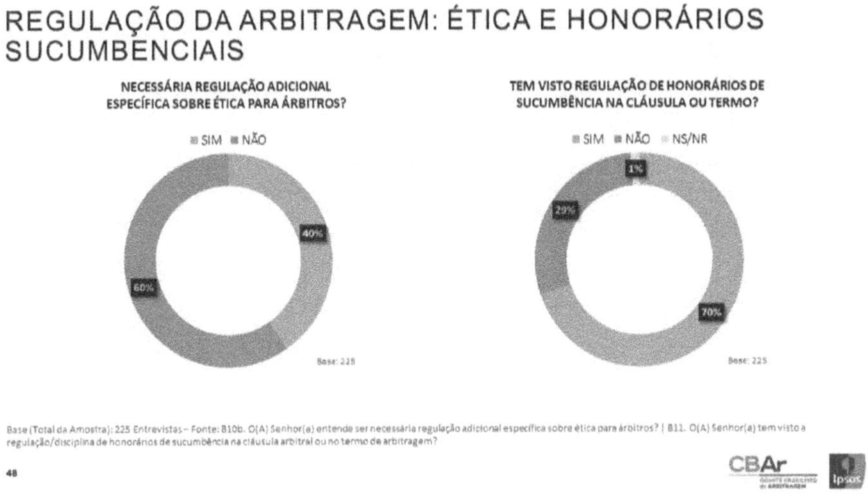

1.7 Critérios para a escolha de árbitros

As respostas à questão sobre os critérios adotados para a escolha de árbitros também oferecem resultados interessantes. Para os entrevistados, a variável mais importante (citada mais vezes tanto em primeiro lugar quando no total de menções) é o grau de especialidade no direito ou na matéria submetida à arbitragem (1), seguida pela (2) experiência do profissional, por (3) sua reputação no mercado e pelo (4) nível de conhecimento do ramo de negócios ou da indústria da parte.

No entanto, quando se comparam as respostas dadas pelos diferentes grupos de profissionais, nota-se uma diferença relevante: enquanto, na opinião de árbitros e advogados, ser especialista ou professor no direito ou na matéria submetida à arbitragem é o primeiro critério, para os membros dos departamentos jurídicos das empresas a variável mais importante para a escolha de um árbitro é o conhecimento do ramo de negócios ou da indústria da parte. Essa diferença de opinião entre prestadores e usuários da arbitragem sugere que o mercado se beneficiaria de debate sobre o maior acesso a informações sobre a experiência de árbitros por setores da economia.

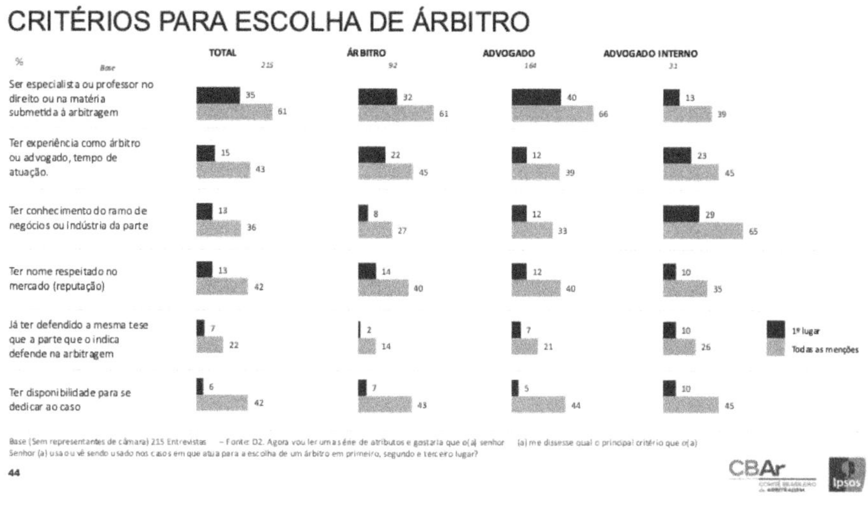

1.8 Cumprimento voluntário de sentenças e acordos

A pesquisa também procurou obter dos profissionais informações sobre o grau de cumprimento voluntário das sentenças arbitrais e dos acordos celebrados nas arbitragens (i.e., sem a necessidade de recorrer a processos de execução). Para isso, tomou como base a média de arbitragens concluídas nos últimos 5 anos, dentre todos os profissionais que afirmaram ter tido ao menos uma arbitragem concluída nesse período. As respostam mostram que, no geral, 64% das sentenças e dos acordos (36% + 28% dos casos concluídos) são cumpridos espontaneamente.

CONCLUSÕES DOS PROCESSOS ARBITRAIS DOS ÚLTIMOS 5 ANOS

	TOTAL	Árbitro	Advogado	Advogado Interno
Base Total	*162*	*71*	*119*	*28*
Processos dos últimos 5 anos FINALIZADOS (média)	8,91	12,52	9,89	3,46
Sentenças foram cumpridas voluntariamente, sem a necessidade de execução (médias)	**3,19**	**4,06**	**3,76**	**2,00**
Sentenças foram cumpridas voluntariamente, sem a necessidade de execução percentuais)	*36%*	*32%*	*38%*	*58%*
Acordos foram cumpridos sem a necessidade de execução (médias)	**2,46**	**2,86**	**2,90**	**1,25**
Acordos foram cumpridos sem a necessidade de execução (percentuais)	*28%*	*23%*	*29%*	*36%*

Base (Sem representantes de câmara- Somente quem declarou ter finalizado algum processo nos últimos 5 anos): 162 Entrevistas – Fonte: B9. Ainda em relação as [PROG: trazer total da A5.1] arbitragens em que o(a) Senhor(a) participou nos últimos 5 anos: Quantas sentenças foram cumpridas voluntariamente, sem a necessidade de execução e quantos acordos foram cumpridos sem a necessidade de execução? [A.5.1. E em quantos processos arbitrais o(a) Senhor(a) atuou nos últimos 5 anos que já foram finalizados?]

24,7% dos profissionais declararam não ter finalizado nenhum processo nos últimos 5 anos

43

CBAr Comitê Brasileiro de Arbitragem

Ipsos

1.9 Votos divergentes

Nessa breve exposição de alguns dos principais resultados da pesquisa, indica-se, por fim, aquele atinente a votos divergentes. Diante de questão sobre o número de arbitragens dos últimos 5 anos nas quais houve votos divergentes, as respostas apontam o percentual médio de 13%.

VOTOS DIVERGENTES

	TOTAL*	Árbitro	Advogado	Advogado Interno	Representante de Câmara
Base Total	*225*	*92*	*164*	*31*	*10*
Processos arbitrais - ÚLTIMOS 5 ANOS (médias)	17	19	14	6	101
Processos dos últimos 5 anos FINALIZADOS (médias)	9	10	7	3	68
Processos finalizados com voto divergente (médias)	**1,2**	**1,4**	**1,1**	**0,7**	**4,2**
Processos finalizados com voto divergente (percentuais)	*13%*	*14%*	*15%*	*22%*	*6%*

Base (Total da Amostra): 225 Entrevistas – Fonte: D6. Das [A5.1] arbitragens que já foram encerradas e que o(a) Senhor(a) atuou nos últimos 5 anos e que já foram encerradas, em quantas se lembra de ter havido voto divergente? [A.5.1 E em quantos processos arbitrais o(a) Senhor(a) atuou nos últimos 5 anos que já foram finalizados?]

* Os números totais diferem dos constantes dos slides 11 e 17 pois incluem os Representantes de Câmara.

49

CBAr Comitê Brasileiro de Arbitragem

Ipsos

Tendo em vista tradicional discussão, na doutrina e na prática, a respeito de votos dissidentes, foi perguntada, então, a opinião dos entrevistados sobre essa espécie de voto. A maioria das pessoas considera a divergência positiva, ao passo que apenas 7% delas entendem que votos divergentes são algo negativo. A significativa parcela de 35% dos respondentes têm visão neutra a respeito de votos divergentes.

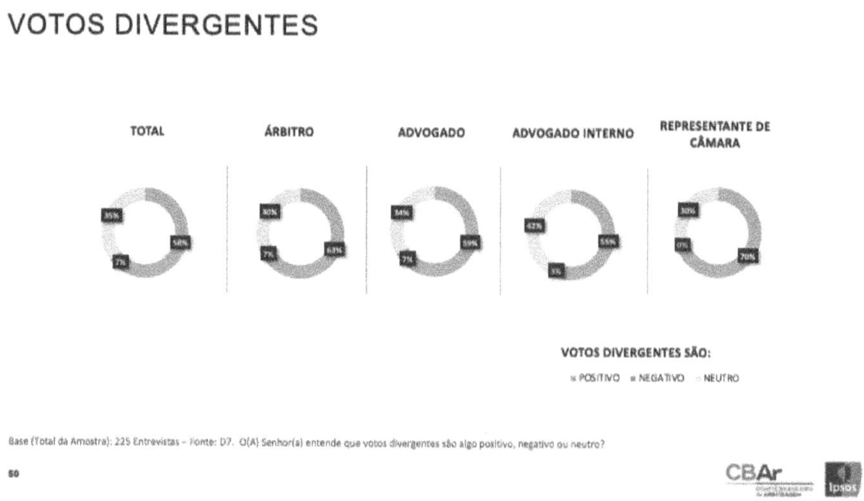

Conclusões

A Pesquisa CBAr-IPSOS 2021 oferece um diagnóstico da arbitragem no Brasil, a partir da opinião de seus operadores e usuários. Os resultados desse levantamento contêm informações que apontam caminhos para potenciais ações e pesquisas adicionais, envolvendo temas como diversidade, a relação entre confidencialidade e a publicação de sentenças arbitrais, a uniformização do conhecimento sobre arbitragem, a indicação de árbitro(a)s, as razões da escolha pela arbitragem, o grau de cumprimento espontâneo de sentenças e acordos, medidas de urgência e a regulação do procedimento arbitral, dentre outros. Este artigo buscou apresentar alguns dos resultados da pesquisa, cuja relatório completo está sendo disponibilizado à comunidade arbitral.

Com isso, no ano em que completa 20 anos de sua fundação, o CBAr dá mais um passo para pavimentar sua missão institucional de gerar pesquisa e conhecimento em matéria de arbitragem, com vistas a difundir e desenvolver a prática desse método de resolução de disputas no Brasil.

PARTE 2

TEORIA GERAL DE ARBITRAGEM

6.
TEORIA GERAL DO PROCESSO ARBITRAL

EDUARDO DE ALBUQUERQUE PARENTE

Introdução

Diferentes concepções de mundo alcançam o fenômeno jurídico promovendo inúmeras teorias que destas diferentes concepções se seguem. Uma destas teorias observa o direito pela ótica finalística, como fenômeno ligado à capacidade do sistema jurídico de cumprir com sua atividade-função de "processamento de expectativas normativas mediante sua estabilização contrafática"[1]. O destaque da ótica finalística decorre da contemporânea concepção de mundo resultante da complexificação do meio social[2] e da crise na perspectiva positivista clássica do direito.

A teoria dos sistemas volta-se para a funcionalidade dos sistemas sociais, dentre os quais se insere o direito, sendo o "processo"[3] um de seus meios de

[1] Filho, Orlando Villas Bôas. **Teoria dos sistemas e o direito brasileiro**. São Paulo: Saraiva, 2009, p. 145.

[2] Confira: "A concepção sistêmica da positividade do direito moderno é indissociável do modelo de evolução social como ampliação da complexidade, que conduz, na sociedade moderna, à diferenciação funcional [...]. De acordo com o modelo sistêmico luhmanniano, a evolução manifesta-se com a transformação do improvável em provável. Ela implica 'o paradoxo da probabilidade do improvável'. Em outra formulação, sustenta-se que a evolução 'normaliza improbabilidades, compreendidas como grau de desvio em relação a uma situação inicial'. Ocorre evolução, portanto, quando aquilo que é desviante passa a integrar a estrutura do respectivo sistema.". (Neves, Marcelo. **Entre têmis e leviatã:** uma relação difícil. São Paulo: Martins Fontes, 2016, p. 1.)

[3] Confira: "Como é que essa diferenciação e autonomização funcional do direito positivo é alcançada e mantida através de longas cadeias decisórias? Em princípio, esta é a resposta: pela instauração de processos em um sistema jurídico diferenciado. Como já foi exposto anteriormente, os processos

resolução e estabilização de conflitos[4]. A arbitragem, enquanto processo, difere do modelo processual estatal do qual aprendemos durante a vida acadêmica e estamos acostumados na prática corrente. Alguns conceitos clássicos processuais do método estatal se comportam de maneira peculiar quando ingressam na realidade arbitral. O modo através do qual o processo arbitral se desenrola demonstra que ele não pode ser identificado com o processo estatal[5]. Ainda que o processo arbitral apresente estruturas semelhantes à do estatal, ele possui um funcionamento e uma estrutura própria.

A partir de um modelo de teoria geral do processo, associado à análise contemporânea do direito mediante a teoria dos sistemas de Niklas Luhmann, este artigo explora a forma pela qual uma teoria geral do processo arbitral toma forma enquanto modelo processual teórico específico do sistema arbitral.

Para tanto, identificaremos o sistema arbitral como inserido em um amplo modelo de macrossistema processual. A partir de mecanismos próprios da teoria dos sistemas, a identificação delimitará as formas pelas quais os sistemas processuais se comunicam a fim de permitir a elaboração de uma teoria geral do processo. Mediante a teoria geral, será possível extrair características próprias do processo arbitral, o que promoverá a resposta a nossa pergunta: existe uma teoria geral do processo arbitral?

são sistemas sociais de tipo especial, institucionalizados de forma tipológica, sendo realizados de modo único para a seleção de decisões coletivamente vinculativas.". (Luhmann, Niklas. **Sociologia do direito II**. Rio de Janeiro: Tempo Brasileiro, 1983, p. 18.)

[4] Confira: "Toda atividade jurisdicional exercida em uma sociedade legitima-se e é indispensável porque existem conflitos entre pessoas ou grupos e para que tais conflitos tenham solução, com a pacificação das pessoas e consequente benefício à própria vida em sociedade – sabendo-se que todo conflito é causa de infelicidade pessoal dos sujeitos envolvidos e, em uma perspectiva metaindividual, a proliferação de conflitos constitui fator de instabilidade e desorganização na própria sociedade. O porquê representa a causa da necessidade da jurisdição e o para quê indica o principal dos escopos pelos quais ela é exercida, com vista aos resultados desejados.". (Cintra, Antonio C. de Araújo; Grinover, A da P.; Dinamarco, Cândido R. **Teoria Geral do Processo**. São Paulo: Malheiros, 31. ed., 2015, p. 32.)

[5] Ensina Carmona que: "A arbitragem tende a uma finalidade bastante específica: resolver problemas decorrentes do comércio, especialmente do comércio internacional, onde há necessidade de conhecimentos específicos tanto de direito internacional e comercial como de costumes e praxes do comércio. O custo, nestas hipóteses, é bem mais suportável, e as vantagens decorrentes da solução arbitral são mais visíveis.". (Carmona, Carlos Alberto. **Arbitragem e Jurisdição**. *In*: **Doutrinas Essenciais de Arbitragem e Mediação**. São Paulo: RT, v. 1, 2014, p. 839.)

1. Teoria dos sistemas e teoria geral do processo

A sociedade é um sistema autopoiético[6] específico de comunicação[7] que possui como mecanismo gerador abstrato a autorreferência sistêmica capaz de produzir e reproduzir sua própria estrutura e unidades básicas elementares. A partir de um processo de autonomização do sistema social geral, pela emergência de um código próprio, são originados subsistemas sociais autopoiéticos de segundo grau[8]. Dentre eles, o sistema jurídico, funcionalmente diferenciado por seu código: "lícito/ilícito"[9].

A teoria dos sistemas descreve esse sistema jurídico em uma perspectiva voltada à função que ele e seus subsistemas exercem no meio social. Enquanto na maior parte das abordagens clássicas/positivistas o enfoque é o ambiente interno (normativo do sistema), a teoria dos sistemas rompe com essa prática e traz, além da ordem instrumental interna, uma outra voltada à comunicação e às interferências que um sistema produz no outro.

O próprio sistema jurídico é também repartido em subsistemas de características peculiares em termos de funcionalidade, vinculados pelo aspecto básico

[6] A autopoiese se refere a um sistema autorreferencial no qual seus elementos são produzidos e reproduzidos pelo próprio sistema em razão de suas interações circulares. Isso significa que os sistemas geram suas próprias ordens internas, sendo capazes de produzir e reproduzir seus próprios elementos, tornando-se, por conta disso, independentes do meio externo.

[7] A especificidade do sistema social ocorre a partir de sua base reprodutiva que é o sentido, isto é, seus elementos constitutivos próprios são os atos comunicativos: toda interação simbólica capaz de gerar um padrão de conduta.

[8] Confira: "O direito e a sociedade utilizam a mesma 'matéria-prima' em sua autopoiese, qual seja: a comunicação. Desse modo, para que as comunicações que estão na base do subsistema jurídico se diferenciem das comunicações gerais que circulam pela sociedade é preciso que elas adquiram um sentido próprio que as distingam das formas gerais de comunicação social. O direito obtém essa diferenciação em relação à sociedade justamente por meio de seu fechamento autopoiético, que consiste na autoprodução, pelo subsistema jurídico, de todos os seus componentes (estruturas, elementos etc.) a partir de operações recursivamente fechadas.". (Filho, Orlando Villas Bôas. **Teoria dos sistemas e o direito brasileiro**. São Paulo: Saraiva, 2009, p. 142.)

[9] Confira: "O Código assegura a unidade operacional do sistema, pois é a partir de sua especificidade que o sistema se distingue do ambiente. Contudo, o código por si só não permite que o sistema se feche, mas sim apenas que ele crie os enlaces de suas operações. É assim que o código precisa ser complementado pelos programas (leis, regramentos e demais premissas de decisão do direito), os quais, ao estabelecerem as regras de adjudicação dos valores do código, fixam as condições concretas de correção na atribuição de tais valores, permitindo, por exemplo, que num dado litígio se indique quem ostenta expectativas conforme o direito e quem não as ostenta. É por isso que Luhmann ressalta que código e programa são momentos da autopoiese do sistema e não entidades existentes por si mesmas.". (Filho, Orlando Villas Bôas. **Teoria dos sistemas e o direito brasileiro**. São Paulo: Saraiva, 2009, p. 148.)

da comunicação. A comunicação é garantida pelo mecanismo sistêmico da abertura cognitiva[10], que nada mais é do que a condição de comunicação destes subsistemas ao respetivo meio envolvente, permitindo trocas comunicativas a partir de estímulos externos que promovem processos evolutivos internos mediante o fechamento operacional do subsistema[11].

Já tivemos a oportunidade de descrever o modelo arbitral como um destes subsistemas jurídicos autopoiéticos[12]. Em específico, defendemos que o sistema arbitral é um microssistema processual inserido em um macrossistema processual geral. Neste macrossistema, encontramos, além do processo arbitral, o processo constitucional, o processo administrativo, o processo legislativo, o processo judicial, dentre outros, cada qual com sua idiossincrasia própria.

A maior ou menor comunicação entre estes microssistemas processuais pressupõe a maturidade de seus instrumentos regulatórios[13]. O instrumento

[10] Confira: "*The legal system is a normatively closed system. It is at the same time a cognitively open system. Following recent developments in system theory we see closure and openness no longer as contradictions but as reciprocal conditions. The openness of a system bases itself upon self-referential closure, and closed 'autopoietic' reproduction refers to the environment. To paraphrase the famous definition of cybernetics by Ashby: the legal system is open to cognitive information but closed to normative control.*". (Luhmann, Niklas. **The self-reproduction of law and its limits**. p. 229. *In*: Essays on self-reference. New York: Columbia University Press, 1990.)

[11] Como simples exemplos desta abertura cognitiva, pode-se observar o subsistema processual dos juizados especiais. Nele, fica clara a proporção em que se comunica com o sistema processual como um todo. Os juizados fazem verdadeiro acoplamento estrutural entre os sistemas jurídico e social, na medida em que o próprio dispositivo legal que autoriza o julgamento por equidade no seu âmbito assim o faz "atendendo os fins sociais da lei e às exigências do bem comum" – o que marca sua incontestável característica sociológica. Enquanto sistema autônomo, os juizados especiais promoveram, através de seu fechamento operacional, princípios de contornos específicos, como a "oralidade, simplicidade, informalidade, economia processual e celeridade" (art. 2º da Lei nº 9.099/1995). A estes princípios, somam-se os princípios gerais do processo, produzidos a partir de seu acoplamento estrutural com o sistema processual geral, embora também recebendo contornos específicos quando produzidos em seu meio interno.

[12] Para tanto, confira o capítulo 2 do nosso: Parente, Eduardo de Albuquerque. **Processo Arbitral e Sistema**. São Paulo: Atlas, 2012.

[13] Ao sistema arbitral, essa maturidade também é evidenciada no Brasil pelo reconhecimento pragmático, cada vez maior, dos Tribunais brasileiros da autonomia da arbitragem enquanto método de resolução de conflitos. Confira: "Ao finalizar, quero dizer que esta apresentação não contém, nem pretende conter, uma análise completa e exaustiva de todas as decisões judiciais proferidas pelo Judiciário brasileiro em questões de arbitragem. Tampouco se cuida aqui de estabelecer tendências definitivas ou posicionamentos sedimentados e imutáveis. Ao contrário, as decisões que eu comentei acima só demonstram que já superamos o primeiro estágio na jurisprudência, em que a questão da constitucionalidade da Lei de Arbitragem era discutida em paralelo à controvérsia sobre o poder vinculativo da cláusula compromissória. A jurisprudência evoluiu e passou a se

regulatório gera a necessária autorreferencia sistêmica que consagra o fechamento operacional e promove a consequente autonomia. Fechamento operacional, por outro lado, não significa isolamento, já que também é permitido, por mecanismos estruturantes do sistema, a comunicação com o meio externo a fim de manter contínua a evolução do meio interno, sem que, com isso, se percam as características básicas de formação e identidade dos respectivos microssistemas.

Isso significa dizer que os microssistemas processuais, cada qual com seu modo de ser, são capazes de se compor mediante instrumentos próprios sem perder contato com o ambiente que os cercam. A autonomia surge como consequência de um fechamento de tal ordem que promove a autorreferência e a possibilidade de comunicação com outros sistemas, sem que o próprio sistema que se comunica seja regulado ou pautado por fora.

Sendo o sistema arbitral um destes subsistemas jurídicos autopoiéticos, seu instrumento regulatório no sistema jurídico brasileiro é a Lei de Arbitragem. A partir dela, princípios únicos ao sistema arbitral[14] e princípios informativos próprios decorrentes da influência do macrossistema processual podem ser observados. Os princípios próprios pertencem a um panorama complexo e evolutivo do processo arbitral, o que alcança seu desenvolvimento ao longo do tempo[15] e

debruçar sobre temas mais específicos, como a irretroatividade da Lei de Arbitragem a contratos anteriores à sua vigência, como a natureza jurisdicional da arbitragem e como se define e interpreta a abrangência da controvérsia contida na jurisdição arbitral.". (Muriel, Marcelo A. **A Arbitragem frente ao judiciário brasileiro.** *In*: **Revista Brasileira de Arbitragem**. Kluwer Law, 2004, v. I/1, p. 37.) Igualmente: "Nesse sentido, o STJ tem mostrado energia ao adotar, na esteira dos sistemas judiciários mais modernos e vanguardeiros, posição francamente favorável à escolha da arbitragem. Foram vencidos os velhos preconceitos contra a arbitragem. O STJ compreendeu rapidamente que o Brasil superou com galhardia a fase histórica dos meios alternativos de solução de controvérsias para subir um grau na escalada cívica da segurança jurídica e passar a tratar a arbitragem, a mediação e a conciliação como meios adequados de solução de conflitos. Não se trata de academicismo ou de jogo de palavras: a arbitragem é hoje entendida pelo empresariado brasileiro como o meio mais adequado para a solução de controvérsias de médio ou grande porte, de caráter civil, comercial ou societário. Não se concebe mais celebrar um acordo de acionistas sem a inserção de uma cláusula compromissória, da mesma forma que vão se tornando raros os contratos de construção civil de maior complexidade (pequenas centrais hidroelétricas, plantas industriais, centros de compras) sem que os contratantes prevejam a solução de eventuais e futuros litígios com o emprego de juízes privados.". (Carmona, Carlos Alberto. **Superior Tribunal de Justiça, Segurança Jurídica e Arbitragem.** *In*: **Revista de Arbitragem e Mediação**, v. 34, 2012, p. 99.)

[14] Sinteticamente resumidos na autonomia da vontade e na característica inerente do sistema arbitral de não ser regulado por nenhum outro sistema que não pelas suas próprias fontes.

[15] Confira: "*the effort to reduce differences among national legal systems is commonly referred to as 'harmonization'. Another method for reducing differences is 'approximation', meaning the process of reforming the rules of various legal systems so that they approximate each other. Most endeavors at harmonization and approximation*

a influência de anos de uma especializada doutrina internacional[16]. Já os princípios informativos, ao menos do ponto de vista metodológico e não exaustivo[17], decorrem de uma complexa teoria geral do processo[18], a qual influi sobre o sistema arbitral de maneira a provocar o próprio sistema arbitral a produzir e reproduzir estes princípios mediante sua própria racionalidade, o que os confere de características únicas.

Por princípios, adotamos a posição clássica de Humberto Ávila, no sentido de que são:

> normas imediatamente finalísticas, primariamente prospectivas e com pretensão de complementaridade e de parcialidade, para cuja aplicação demandam

have addressed substantive law, particularly the law governing commercial and financial transactions [...]. Harmonization of procedural law has made much less progress. Some conventions on civil and human rights contain fundamental procedural guaranties, such as equality before courts and the right to a fair, effective, public, and oral hearing or trial before an independent court. These guaranties are common international standards and a universally recognized basis of procedural harmonization". (Ali/Unidroit. **Principles of Transnational Civil Procedure**. Rome: Cambridge University Press, 2004, p. 1-2).

16 Confira Gaillard, a quem fazemos a singela homenagem como um dos principais, senão essenciais teóricos da arbitragem, e por quem ainda temos muito a aprender: "Atualmente, parece-nos que há três representações estruturantes da arbitragem comercial internacional. A primeira reduz a arbitragem a um componente de uma ordem jurídica determinada; a segunda encontra o seu fundamento em uma pluralidade de ordens jurídicas estatais, e a terceira, que é aquela esposada pelo autor do presente curso, é a da ordem jurídica arbitral.". (Gaillard, Emmanuel. **Teoria jurídica da arbitragem internacional**. São Paulo: Atlas, 2013, p. 12.)

17 O que não impede, contudo, que o sistema arbitral estabeleça outras relações de troca, além de princípios, com os demais sistemas. Em termos práticos, isso significa que o árbitro pode buscar respaldo no sistema geral do processo quando não contraditório com o conteúdo do sistema arbitral. É natural que os sistemas se cruzem em determinados momentos, como, por exemplo, no ato processual da audiência. A Lei de Arbitragem não conceitua este ato processual, apenas consagra que o árbitro poderá tomar depoimentos e qual a consequência da recusa do depoente (art. 22 da Lei de Arbitragem). Qualquer regulação específica a partir disso virá a ser disciplinada pelos regulamentos internos (quando institucional) ou pelo próprio procedimento construído pelas partes e pelo árbitro. Nesta hipótese, em que não há conceituação específica e não há conflito interno com o sistema arbitral propriamente dito, alguns conceitos gerais dos processos acabam sendo produzidos pelo sistema arbitral, como os conceitos de suspeição e impedimento de testemunhas, ou o procedimento da contradita durante a audiência.

18 Confira: "a teoria geral do processo é uma disciplina problematizante, construída a partir das conquistas já consolidadas nos diversos ramos do direito processual (inclusive, não-jurisdicional); problematizante, no sentido em que Celso Lafer se refere ao direito internacional público e filosofia do direito, a saber: disciplinas cuja função é o convite à dúvida e à reflexão". (Dinamarco, Cândido Rangel. **A instrumentalidade do processo.** São Paulo: Malheiros, 14. ed., 2009, p. 68.)

uma avaliação da correlação entre o estado de coisas a ser promovido e os efeitos decorrentes da conduta havida como necessária à sua promoção[19].

Princípios, assim, têm destinação finalística, procurando justamente, com um efeito complementar e parcial, ligar o estado de coisas (regras) com os efeitos buscados (uma estrutura escalonada de normas válidas, com uma finalidade).

A despeito das inúmeras variações, princípios se estruturam e são formados no âmago dos subsistemas jurídicos com o qual se relacionam e são concretizados. O conceito de sistema para o direito[20] foi concebido e desenvolvido na doutrina clássica sob o amparo de uma visão de ordem interna de regras ordenadas coerentemente. É uma visão interna do fenômeno: o sistema jurídico visto por ele. Mesmo quando se aborda a questão da abertura do sistema, a doutrina comumente o faz à luz do benefício que tal movimento trará para o próprio funcionamento interno do sistema.

Desta perspectiva clássica de sistema, a doutrina processual brasileira construiu uma teoria geral do processo, reunindo, do amplo fenômeno processual, conceitos, institutos e princípios:

> condensados indutivamente a partir do confronto dos diversos ramos do direito processual. É também, por outro aspecto, a condensação metodológica dos princípios, conceitos e estruturas desenvolvidos setorialmente com vista a cada um desses ramos, considerados aqueles em seus respectivos núcleos essenciais e comuns a todos eles, sem descer às peculiaridades de cada um. Ela transcende a dogmática processual, não lhe sendo própria a indagação ou formulação de regras ou normas de direito positivo. Por isso mesmo tende à universalização, superando as limitações espaço-temporais do direito positivo. O estudo da teoria geral do processo enfoca preponderantemente o plano puramente abstrato das

[19] ÁVILA, Humberto. **Teoria dos princípios:** da definição à aplicação dos princípios jurídicos. 6. ed. São Paulo: Malheiros, 2006, p. 167.

[20] Confira: "[...] o sistema jurídico não se confunde com o sistema normativo ou das normas. A estrutura complexa da própria norma nos obriga a falar em encadeamento de 'significações normativas', expressão esta que bem resume as múltiplas camadas dimensionais que compõem o fenômeno jurídico. Nelas se compreendem não só as normas como 'formas' válidas para o 'comportamento finalístico', mas também 'formas' categoriais, válidas para as 'formas' anteriores. Este sistema se 'significações normativas' constitui uma estrutura gradualmente escalonada conforme dois princípios sistematizadores, o da validade emanente e o da diferenciação material, que me impedem uma visão quer 'formalista' à moda de Kelsen, quer 'dedutivista' à moda de Puchta, quer 'fática' à moda do Realismo Escandinavo de Olivecrona, por exemplo". (FERRAZ JR., Tércio Sampaio. **Conceito de sistema no direito**. São Paulo: RT, 1976, p. 173-174.)

construções sistemáticas, com referências ao direito positivo, mas sem postular uma imaginária, utópica e por certo inconveniente uniformização legislativa[21].

A descrição histórica da teoria geral do processo no sistema jurídico brasileiro e de seus desmembramentos doutrinários escapa em muito ao escopo deste artigo. No entanto, devemos ter em consideração a preciosa lição de Cândido Dinamarco, no sentido de que:

> pretende-se, através da teoria geral do processo, organizar a realidade abrangente do processo segundo a perspectiva instrumentalista, ou seja, a partir de uma visão externa, dando realce, pois, à relação dialética de complementariedade existente entre ela e a ordem sócio-política e jurídico-substancial da sociedade. Aqui, como preconizado naquele precioso estudo, há o empenho em coordenar duas perspectivas do sistema processual, a interna e a externa: do conhecimento da mecânica do sistema e dos seus variados institutos, passa-se ao do mundo em que ele vive e do contexto axiológico a que deve servir, para depois então, já com a visão nítida do telos que lhe traz legitimidade, voltar aos institutos e compreendê-los melhor e saber como aprimorá-los. É uma postura crítica[22].

A construção ao longo do tempo desta teoria geral do processo teve grande influência teórica na seara do processo arbitral aplicado no país, sobretudo ao redor do chamado *devido processo legal*. Essa influência teórica, e os mecanismos sistêmicos pelos quais ocorre essa influência, serão estudados brevemente no tópico seguinte, a fim de juntar as peças para o que chamamos de teoria geral do processo arbitral.

2. Processo arbitral e sua relação com a teoria geral do processo

Neste contexto de teoria geral do processo, insere-se o processo arbitral[23]. Embora clara a relação entre o processo arbitral e o processo judicial, não existe propriamente um conceito legal de processo arbitral. Soube o legislador

[21] CINTRA, Antonio C. de Araújo; GRINOVER, Ada P.; DINAMARCO, Cândido R. *Teoria Geral do Processo*. São Paulo: Malheiros, 31. ed., 2015, p. 29.

[22] DINAMARCO, Cândido Rangel. *A instrumentalidade do processo*. São Paulo: Malheiros, 14. ed., 2009, p. 68.

[23] Para tanto, faz-se necessário reconhecer desde já a "inclusão da arbitragem na teoria geral do processo, considerando que ela contém em si um autêntico processo civil no qual se exerce um verdadeiro poder, a jurisdição, e que as atividades inerentes a esse exercício têm natureza inegavelmente processual". (DINAMARCO, Cândido Rangel. *A arbitragem na teoria geral do processo*. São Paulo: Malheiros, 2013, p. 23.)

da Lei de Arbitragem reconhecer que os institutos processo e procedimento já estavam identificados e solidificados na teoria geral. Falar de processo arbitral significa equivaler as esferas estatal e arbitral como mecanismos jurisdicionais nos quais juiz e árbitro exercem mesmas funções: serem julgadores de fato e de direito, dizerem o direito, em movimento alinhado com a própria natureza jurídica da arbitragem. Haver processo arbitral redunda em pensar em quais seriam os elementos primordiais desse instituto que o caracterizam e, em certo sentido, o diferenciam do modelo judicial (além da ausência de *executio* e *coertio*)[24].

Da perspectiva instrumental, o processo arbitral possui um método de trabalho altamente maleável, o que significa que possui um rito fixado, mas não fixo, com regras flexíveis que fogem do formalismo estatal e que são orientadas primordialmente pelos princípios informativos que compõem seu sistema[25]. A maleabilidade procedimental não significa flexibilização de regras. Deve restar claro que o processo arbitral é inerentemente flexível. Sua flexibilidade é

[24] Confira: "Está presente na arbitragem o caráter substitutivo da jurisdição, que consiste na interferência de uma terceira pessoa, estranha à lide, que não participa do conflito de interesses, terceiro esse que dirigirá imparcialmente a busca da verdade para a aplicação do direito objetivo ao caso concreto. Entretanto, não poderá o árbitro invadir a esfera jurídica do devedor resistente para fazer cumprir, forçadamente, a decisão arbitral. Ainda assim, sendo inegável o caráter jurisdicional da execução quando encarada do ponto de vista da substitutividade, não se afasta a jurisdicionalidade encontrável na arbitragem: vê-se apenas que o árbitro não tem, à diferença do juiz togado, competência funcional para executar suas próprias decisões. O cuidado dos códigos de processo civil em disciplinar a arbitragem (e também o procedimento arbitral) revela a preocupação dos legisladores ao regrar a participação popular na administração da justiça. Não se encara mais o processo como coisa entre as partes, mas sim como atividade pública, de interesse estatal. E ainda que as partes renunciem à tutela jurisdicional estatal, não estão livres para resolver seus litígios de qualquer maneira: a liberdade de dispor sobre o juízo arbitral, desde sua composição até a prolação do laudo, encontra alguns limites fixados na lei.". (Carmona, Carlos Alberto. *Arbitragem e Jurisdição. In: Doutrinas Essenciais de Arbitragem e Mediação.* São Paulo: RT, v. 1, 2014, p. 840.)

[25] Confira: "É preciso dizer que a preocupação com os princípios atinge o processo arbitral, e não apenas o procedimento, pois é claro o intuito de tutelar a relação jurídica que se instaura entre partes e árbitro, e não apenas a forma e a sequência dos atos que serão praticados por uns e outros. A atenção do legislador brasileiro não se fixou na forma dos atos do procedimento arbitral capazes de gerar a pretendida garantia: de um lado, a liberdade de forma dos atos do procedimento arbitral é coerente com a escolha de plena liberdade conferida às partes quanto à gestão do mecanismo de solução de controvérsias que elegeram, e revela apreciável concessão à autonomia da vontade dos litigantes; de outro, esta mesma liberdade cobrará seu preço, pois caberá aos tribunais estatais, em sua tarefa interpretativa, controlar as escolhas das partes (e dos árbitros), detectando caso a caso os excessos cometidos [...].". (Carmona, Carlos Alberto. *Arbitragem e Processo.* Um Comentário à Lei nº 9.307/96. São Paulo: Atlas, 2009, 3. ed., p. 295.)

conduzida e graduada pelas partes e árbitros, respeitados os princípios gerais que informam o processo arbitral. É também por força desta flexibilidade inerente que o processo arbitral se distingue do estatal, o que aponta mais uma vez para sua autonomia e para a desnecessidade de conceitos como *flexibilização do processo*.

Dentre os princípios processuais gerais produzidos pelo sistema arbitral, podemos citar o contraditório, a igualdade das Partes, a imparcialidade do árbitro e o livre convencimento[26] (Lei de Arbitragem, arts. 13, §6º, e 21, §2º)[27]. Estes são praticamente os mesmos decorrentes do *devido processo legal* que a Consti-

[26] Confira: "Pinçou o legislador, dentre os princípios gerais do processo, aqueles capazes de prestar às partes razoável garantia de um julgamento justo. Exigiu, assim, que fosse respeitado, seja qual for o procedimento que as partes (ou o árbitro) criarem ou escolherem, o princípio do contraditório, o da igualdade, o da imparcialidade do árbitro e o do livre convencimento.". (Carmona, Carlos Alberto. *Arbitragem e Processo*. Um Comentário à Lei nº 9.307/96. São Paulo: Atlas, 2009, 3. ed., p. 293.) Igualmente: "Em face da teoria da garantia do procedimento arbitral que acolhe os princípios da tutela jurisdicional e do devido processo legal, exsurgem seus corolários, que devem estar presentes para que se obtenha a tutela jurídica efetiva. Portanto, para que isso ocorra mister é que se atenha, entre outros, a três princípios fundamentais: (i) o da imparcialidade do árbitro; (ii) o do contraditório e igualdade das partes; (iii) e o da livre convicção do árbitro.". (Lemes, Selma M. Ferreira. **Arbitragem.** Princípios Fundamentais. Direito Brasileiro e Comparado. In: **Revista dos Tribunais**, v. 686, 1992, p. 80.) Igualmente: "Tal liberdade encontra fundamento genérico não só naquele mesmo princípio da autonomia da vontade, mas também em disposições legais específicas que asseguram às partes e aos árbitros a possibilidade de determinar a produção probatória nos moldes mais adequados ao caso concreto. Os limites a esta liberdade são definidos pela regra, igualmente generalizada, de observância do contraditório, da igualdade das partes, da imparcialidade dos árbitros e, como regra de fechamento, do devido processo legal.". (Apprigliano, Ricardo de Carvalho. **O Controle Judicial sobre a Limitação à Produção Probatória Determinada pelos Árbitros**. Violação ao Devido Processo Legal ou Revisão Indevida do Mérito?. *In*: **Revista Brasileira de Arbitragem**, V. XII, Issue 45, p. 58-81.)

[27] De forma semelhante, os arts. 18 e 19 da UNCITRAL Model Law de 2013 determinam: "Article 18. Equal treatment of parties. The parties shall be treated with equality and each party shall be given a full opportunity of presenting his case. Article 19. Determination of rules of procedure. (1) Subject to the provisions of this Law, the parties are free to agree on the procedure to be followed by the arbitral tribunal in conducting the proceedings. (2) Failing such agreement, the arbitral tribunal may, subject to the provisions of this Law, conduct the arbitration in such manner as it considers appropriate. The power conferred upon the arbitral tribunal includes the power to determine the admissibility, relevance, materiality and weight of any evidence," Neste contexto, confira: "*Indeed, art. 18 can be regarded as one of the 'pillars' of the Model Law or even as one of the pillars of any modern judicial system: its essence of guaranteeing the parties equal treatment and an opportunity to present their cases is the basis of a fair trial.*". (Binder, Peter. International Commercial Arbitration and Mediation in UNCITRAL Model Law Jurisdictions. 4. ed. Kluwer Law International, 2019, p. 330.)

tuição impõe ao processo judicial, o que indica uma abertura cognitiva entre o sistema arbitral e o sistema constitucional[28].

A influência dos princípios decorrentes do *devido processo legal* no sistema arbitral não ocorre isoladamente, mas segundo a racionalidade própria do sistema arbitral, o que promove um comportamento peculiar quando produzidos a partir dele. É em razão disso que defendemos a existência de um verdadeiro *devido processo legal arbitral*[29], que se consolida no plano teórico/didático a partir da elaboração de uma teoria geral do processo arbitral.

Nesta elaboração nota-se o quão presente é o princípio da autonomia da vontade[30], ao se expandir ao procedimento, ditando e integralizando o próprio conceito do *devido processo legal arbitral*, especialmente a partir da concretização

[28] Esta é inclusive a crítica que faz Dinamarco: "Chega a ser dispensável, além de incompleta, a disposição contida no art. 21, § 2º, da Lei de Arbitragem, segundo a qual 'serão sempre respeitados no procedimento arbitral os princípios do contraditório, da igualdade das partes, da imparcialidade do árbitro e de seu livre convencimento'. Com ou sem essa disposição, todos os princípios e garantias do processo, contidos na Constituição Federal, aplicam-se inexoravelmente ao juízo arbitral por força própria, sendo inócua uma disposição infraconstitucional como essa. O Código de Processo Civil não contém essa explícita remissão ao plano constitucional e a ninguém ocorre sustentar que ele não seja comandado pelos princípios e normas inerentes à tutela constitucional do processo. Por outro lado, e pela mesma razão, é de total irrelevância a não inclusão da garantia do *due process* naquele dispositivo, porque essa cláusula constitucional se impõe por si própria ao processo arbitral tanto quanto ao estatal e quanto a todas as atividades daqueles que exercem algum poder sobre esferas jurídicas alheias. A garantia constitucional do devido processo legal constitui um polo de convergência de todos os demais princípios e garantias enunciados pela Constituição Federal.". (Dinamarco, Cândido Rangel. **A arbitragem na teoria geral do processo**. São Paulo: Malheiros, 2013, p. 25-26.)

[29] Confira: "Alguns desses princípios básicos são comuns a todos os sistemas; outros vigem somente em determinados ordenamentos. Assim, cada sistema processual se calca em alguns princípios que se estendem a todos os ordenamentos e em outros que lhe são próprios e específicos. É do exame dos princípios gerais informadores de cada sistema que resultará qualificá-lo naquilo que tem de particular e de comum com os demais, do presente e do passado.". (Cintra, Antonio Carlos de Araújo; Grinover, Ada Pellegrini; Dinamarco, Cândido Rangel. **Teoria Geral do Processo**. 3. ed. São Paulo: Malheiros, 2015, p. 74.)

[30] Confira: "O primeiro requisito de um bom sistema arbitral é que as partes venham a submeter-se à arbitragem em uma manifestação de vontade absolutamente livre, plenamente conscientes dos riscos em que incorrem, pela concreta avaliação dos benefícios que a arbitragem lhes oferece: livre escolha do julgador, informalidade do procedimento, confidencialidade, melhor qualidade da decisão decorrente da qualificação, competência e reputação do julgador escolhido, rápida solução da controvérsia com a prévia aceitação do seu resultado, mesmo que desvantajoso, para a preservação de boas relações com o adversário e com o mercado.". (Greco, Leonardo. *Controle jurisdicional da arbitragem. In: Revista Brasileira de Arbitragem*. Kluwer Law, 2018, v. 15/57, p. 11.)

em regras que conferem sentido objetivo aos princípios decorrentes do devido processo no desenrolar do procedimento[31].

É evidente, portanto, que o legislador se omitiu de maneira consciente quanto a institutos processuais específicos na Lei de Arbitragem[32]. A omissão é coerente com a racionalidade do sistema arbitral que, ao mesmo tempo em que foge das engessadas regras do processo estatal e de discussões inócuas sobre conceitos ou institutos processuais, consagra, em termos principiológicos, as garantias fundamentais do processo[33]. Isso permite o desenvolvimento da téc-

[31] De forma semelhante, afirma Carmona que "há quem sustente que a fonte natural para a integração das regras lacunosas será a lei processual. Não creio nisto. Deve o árbitro orientar-se pelos princípios do direito processual, não por qualquer lei processual. Se isto vale para a arbitragem doméstica, com maior razão serve para a arbitragem internacional, onde muitas vezes não há lei processual alguma a consultar, já que a 'sede' da arbitragem por vezes não tem qualquer elemento de conexão com as partes ou com a questão em disputa ('sede' neutra). A flexibilização do procedimento arbitral é ferramenta poderosa para instrumentalizar até mesmo procedimentos razoavelmente completos. Quero, com isso, dizer que, independentemente de autorização das partes, não há nada que impeça os árbitros de alterar o modelo legal conhecido pelos contendentes (ou contemplado nas regras institucionais adotadas) substituindo-o por regras mais elásticas e adequadas ao caso concreto, aptas a auxiliar os julgadores a melhor decidir (princípio da adequação das formas). Dito de outro modo, o árbitro deverá (por conta de seu dever de diligência) remover e superar obstáculos processuais que entravem a tramitação do processo arbitral, adaptando a sequência de atos às necessidades da causa, determinando a prática de ato não previsto (ou dispensando a prática de ato inútil), reordenando, se necessário, o procedimento". (CARMONA, Carlos Alberto. **Flexibilização do Procedimento Arbitral**. *In*: **Revista Brasileira de Arbitragem**. Kluwer Law, v. 6/24, p. 14-15.)

[32] Confira: "Em termos finais, para deixar ainda mais clara essa relação de contribuição entre o direito processual formal estatal e a arbitragem, podemos verificar que mesmo a Lei de Arbitragem, aqui homenageada, tem natureza preponderantemente processual. O capítulo I da lei trata de pressupostos típicos do processo arbitral (arbitrabilidade), o capítulo II versa sobre outro pressuposto, com a variedade de questões envolvendo a convenção de arbitragem, o capítulo III trata do árbitro à semelhança do que o ordenamento processual estatal faz como o juiz. Por fim, os capítulos IV, IV-A, IV-B e V são puramente processuais, cuidando de procedimento, de tutela de urgência, de carta arbitral e de sentença, enquanto o capítulo VI disciplina como se comportam decisões arbitrais estrangeiras no País, no processo de homologação. Finalmente, de forma emblemática à nossa visão, o capítulo VII traz clara interação legislativa entre com o ordenamento processual estatal.". (PARENTE, Eduardo de Albuquerque. **Existiria uma ordem jurídica arbitral?**, p. 57-79. *In*: CARMONA, Carlos Alberto; LEMES, Selma Ferreira, MARTINS, Pedro Batista (coord.). **20 anos da Lei de Arbitragem**. Homenagem a Petrônio R. Muniz. São Paulo: Atlas, 2017.)

[33] O próprio poder jurisdicional conferido aos árbitros também exige a observância às garantias mínimas processuais. Ensinam Matti Kurkela e Santtu Turunen que, "*If the arbitral tribunal wants to issue an enforceable award, the process has to meet certain quality standards. These minimum quality standards are, of course, procedural. They can be called due process requirements just like the minimum standards in ordinary court procedure. In the same way, they establish the minimum procedural safeguards necessary for someone to be deprived of his property or other rights. As such, they can be considered aspects of such elements*

nica arbitral em termos de efetividade e autonomia[34], ao mesmo tempo em que permite, do ponto de vista teórico/didático, a construção de uma teoria geral do processo arbitral.

Diante disso, não se está afirmando que institutos/conceitos/mecanismos inspirados por outro microssistema processual não possam, em determinadas situações, serem boas alternativas para a condução do procedimento[35]. Há possibilidades expressas da lei de arbitragem de comunicação entre os microssistemas arbitral e processual civil – a exemplo de seu art. 14, que pede a aplicação específica de deveres e responsabilidades inscritos no CPC. A questão central é a própria dinâmica intersistêmica que estimula a raridade destes casos e inibe a aplicação imediata de institutos/conceitos/mecanismos transportados de sistemas alheios.

Ao processo arbitral, portanto, o que preencherá os princípios gerais tecidos pela Lei de Arbitragem e informados pelo macrossistema processual será o seu próprio sistema[36]. O conjunto de elementos/regras que conferem operaciona-

as procedural fairness, opportunity to be heard, and equal treatment as well as access to justice.". (Kurkela, Matti S.; Turunen, Santtu. **Due Process in International Commercial Arbitration**. 2. ed. New York: Oxford University Press, 2010, p. 2.)

[34] Confira: "Verifica-se por vezes uma inadequada processualização do rito, o que põe por terra as vantagens da celeridade e acrescenta custos indesejáveis.". (GRACIE, Ellen. **A importância da arbitragem**. *In*: Revista de Arbitragem e Mediação, São Paulo: RT, n. 12, p. 17.) No mesmo sentido, Verçosa aponta que "jogar o Código de Processo Civil no colo dos árbitros e exigir deles uma plena obediência àquele diploma legal significaria reduzir enormemente a utilidade da arbitragem, tornando-a excessivamente rígida, demorada e quase tão onerosa para os interessados quanto o recurso ao Judiciário". (Verçosa, Haroldo Malheiros Duclerc. **Doze anos da lei de arbitragem:** alguns aspectos ainda relevantes. *In*: **Aspectos da arbitragem institucional:** 12 anos da Lei 9.307/96. São Paulo: Malheiros, 2008, p. 26.) Igualmente, José Emilio alerta que: "é importante que se esclareça que os árbitros se valem em muitas das vezes dos princípios gerais do processo civil que servem de base para a condução do procedimento arbitral, mas não das regras processuais contidas no Código de Processo Civil. Princípios e regras são realidades distintas e a inexata compreensão dessa questão pode levar, como já tem levado, a equívocos que somente servem para desnaturar a arbitragem e militar em detrimento dela". (Nunes Pinto, José Emilio. **A escolha pela arbitragem e a garantia de sua instituição**. *In*: **Revista do Advogado**, São Paulo: AASP, n. 87, p. 72.)

[35] Confira: "A utilização de um prisma processual não significa, em absoluto, uma visão processualizante da arbitragem. Ao contrário, o uso propositado de categorias processuais, de doutrinadores afetos ao processo pretende facilitar o diálogo entre a arbitragem e o processo estatal. Cremos firmemente que a mútua compreensão terá como efeito a maior autonomia da arbitragem, pois sua especificidade fica mais evidente mesmo quando se utilizam categorias comuns ao processo.". (Valle, Martim Della. **Considerações sobre os pressupostos processuais em arbitragens**. *In*: **Revista Brasileira de Arbitragem**. Kluwer Law, 2006, v. 3/12, p. 28.)

[36] Vincenzo Vigoriti analisou o caráter peculiar do devido processo legal na arbitragem, em texto traduzido e comentado por Carmona, afirmando que "em todos os países, o procedimento arbitral

lidade ao processo arbitral e, portanto, garantem seu fechamento operacional, será composto pela legislação arbitral, pelo regulamento de arbitragem (caso aplicável), e pela ampla possibilidade de que o procedimento seja balizado pelas partes e pelos árbitros[37].

Este balizamento, na falta (ou não) de previsão na convenção arbitral, pode ocorrer no termo de arbitragem ou durante o procedimento, com relação aos mais diversos atos processuais. Pode-se definir o lugar e o calendário em que serão praticados os atos, as provas que poderão ser produzidas e a forma de sua produção, o modo de distribuição da sucumbência, a possibilidade ou não de um mecanismo recursal, dentre diversos outros. Todas as estipulações, contudo, restringem-se à luz destes princípios informativos que são produzidos pelo e para o próprio sistema arbitral mediante a influência de sua abertura cognitiva à teoria geral do processo do macrossistema processual.

Em outros termos, no plano teórico/didático, os princípios gerais decorrentes do *devido processo legal arbitral* ganham forma quando preenchidos por regras procedimentais, seja advindas da Lei de Arbitragem, seja de regulamentos, seja do rito criado pelas partes e árbitros[38]. O campo no qual integra o conceito de

é caracterizado pela liberdade de formas e pelo direito das partes e dos árbitros de organizar o desenvolvimento da arbitragem com o limite do respeito das regras fundamentais dos juízos cíveis, tradicionalmente resumidas na fórmula do procedural *due process* (ou seja, o princípio do contraditório em suas variadas implicações)". (Vigoriti, Vicenzo. **Em busca de um direito comum arbitral:** notas sobre o laudo arbitral e a sua impugnação. Tradução e anotação de Carlos Alberto Carmona. *In*: **Revista de Processo**, São Paulo: RT, 1998, n. 91, p. 13.)

[37] Confira: "Falarei sobre um aspecto da arbitragem que me parece muito interessante, lembrando-me daquele velho ditado de que "na prática a teoria é outra" ou, como alguns costumam dizer, "na teoria a prática é outra". Esse paradoxo, de saber se a prática e/ou teoria tem precedência, essa relação dialética entre a prática e a teoria, na arbitragem, se reduz às escolhas táticas. Estas são feitas pelas partes no processo arbitral e pelos árbitros. Tais escolhas – que são feitas por todos – encontram-se ligadas à existência de uma dialética própria desse relacionamento entre as partes e os árbitros. É uma dialética que, na arbitragem internacional, resulta de alguns fatores importantes, como a existência de uma tendência nítida a uma grande para a harmonização das regras arbitrais. No passado elas eram muito diferentes de um lugar para outro, enquanto que hoje se aproximam cada vez mais.". (Baptista, Luiz Olavo. **Arbitragem:** aspectos práticos. *In*: **Revista Brasileira de Arbitragem**. Kluwer Law, 2003, v. 0, p. 215.)

[38] Neste sentido, Carmona: "Tenho insistido – para espanto de muitos, especialmente daqueles que não estudam o Direito Processual com a necessária profundidade – que o Código de Processo Civil não se aplica à arbitragem. Parece heresia. Não é. Se os princípios do processo civil orientam e permeiam o processo arbitral (como também permeiam o processo constitucional, o processo administrativo, o processo tributário) o Código de Processo Civil tem utilização bem mais restrita e deve ser consultado no âmbito dos tribunais estatais. Princípio é uma coisa, lei é outra, de modo que os princípios gerais do processo são aplicáveis, é claro, a todos os processos, entre eles o arbitral, sem

devido processo legal, no processo arbitral, é diverso do que no processo judicial. Isso torna possíveis arranjos procedimentais mais sofisticados, únicos e adaptados às circunstânicas concretas exigidas, o que também possibilita um processo mais efetivo diante de situações que fogem aos padrões tradicionalmente encontrados no processo judicial.

A título de exemplo, no subsistema processual dos juizados especiais cíveis, a concretização, a nível instrumental, do devido processo legal, se dá nos juizados a partir da concatenação dos atos procedimentais praticados dentro do processo, atos idiossincráticos a seu microssistema processual[39] e regidos por sua lógica interna.

Em função da autonomia, a construção de uma suposta teoria geral do processo arbitral pressupõe outra característica essencial do sistema arbitral: sua ordem jurídica transnacional. Ordem jurídica não é apenas o arcabouço de textos legais mais ou menos organizados e hierarquizados. A ordem jurídica vai além, abrangendo não com o que se julga, mas também com o que se aparenta julgar a partir do sentido que conferíamos à ordem pública[40].

Ao mesmo tempo em que diferem no modo de ser e de se comportar inclusive para a sociedade como forma de resolução de conflitos, a arbitragem e o

que haja necessidade de recorrer às normas processuais codificadas que regem o processo estatal.". (Carmona, Carlos Alberto. **Em torno do árbitro**. *In*: **Revista de Arbitragem e Mediação**. São Paulo: RT, 2011, v. 28, p. 47.)

39 "Desse modo, a garantia do acesso à Justiça passa pela aceitação da alteridade e das fórmulas de solução que se busca, ao mesmo tempo em que o próprio Poder Judiciário reconstrói e diversifica suas portas de ingresso e suas soluções procedimentais, possibilitando a igualdade. Por outro lado, é exatamente no curso dessas novas soluções procedimentais que não se pode descuidar da ampla defesa e do contraditório, que se articulam com o princípio da igualdade, na medida em que revelam dois aspectos ao mesmo tempo essenciais: um relativo ao repasse das informações de tudo que ocorre no caminho processual a ambas as partes envolvidas, e o outro referente à oportunização às partes da reação adequada e proporcional aos atos praticados pela parte contrária que lhes sejam desfavoráveis, inclusive, proporcionando o Estado a chamada igualdade de armar. A seguir, demanda o devido processo legal, ainda, a obediência a três outros princípios: a publicidade dos atos processuais, o princípio da necessária fundamentação das decisões judiciais e a proibição do uso de provas ilícitas." (Gaulia, Cristina Tereza. **Juizados Especiais Cíveis**. O espaço do cidadão no poder judiciário. São Paulo: Renovar, 2005, p. 77.)

40 "Ordem jurídica, para nós, abrange o ambiente no qual haverá um julgamento, o aparato instrumental para este julgamento (nisso incluídos direito processual e material) e o resultado deste julgamento, porque é por meio dele que se obtêm os escopos (jurídicos, políticos e sociais) do exercício de poder ao implementar jurisdição arbitral." (Parente, Eduardo de Albuquerque. **Existiria uma ordem jurídica arbitral?**, p. 57-79. *In*: Carmona, Carlos Alberto; Lemes, Selma Ferreira, Martins, Pedro Batista (coord.). **20 anos da Lei de Arbitragem**. Homenagem a Petrônio R. Muniz. São Paulo: Atlas, 2017.)

processo judicial apresentam uma mesma origem que preza por um procedimento com respeito às garantias processuais mínimas. Ambos legitimam-se mediante sua aplicação (através do procedimento) com amparo em princípios constitucionais – esta é, grosso modo, a fundamental relação entre a arbitragem, a teoria geral do processo e o devido processo legal.

É nítida a influência que a arbitragem recebe do macrossistema processual e de decisões judiciais. Quanto ao primeiro, trata-se de influência nitidamente principiológica e voltada a preencher conceitos propositalmente abertos trazidos na Lei de Arbitragem e conceituados a partir da teoria geral do processo arbitral. Quanto ao segundo, trata-se de momentos de interface necessária entre arbitragem e Judiciário (por exemplo, medidas de urgência coercitivas em carta arbitral e cumprimento ou anulação da sentença arbitral[41]). Soma-se a isso o ingresso cada vez maior de elementos da chamada *soft law*[42] que, por escolha das partes, influenciam nos rumos da prática arbitral e constituem um feixe de regras ainda mais específicas que fogem à prática judicial.

[41] Confira: "Em 16 de março de 2015, foi promulgada a Lei 13.105. O Novo Código de Processo Civil inclui entre os atos de cooperação jurisdicional a carta arbitral, fazendo constar que será expedida [...] para que órgão do Poder Judiciário pratique ou determine o cumprimento, na área de sua competência territorial, de ato objeto de pedido de cooperação judiciária formulado por juízo arbitral, inclusive os que importem efetivação de tutela provisória. Ainda antes da vigência do NCPC, em 26.05.2015, foi promulgada a Lei 13.129 aprovada com o objetivo de ampliar o âmbito de aplicação da arbitragem. A revisão, em consonância com o NCPC, incluiu a figura da carta arbitral. [...] Com a entrada em vigor do NCPC, a comunicação entre árbitros e juízes, que até então prescindia de forma específica, passa a ter como requisitos para o seu recebimento as disposições aplicadas às cartas de ordem, precatória e rogatória, acrescidas dos documentos que comprovam a escolha da arbitragem e a constituição do Tribunal Arbitral.". (Forbes, Carlos Suplicy de Figueiredo; Kobayashi, Patrícia Shiguemi. **Carta arbitral:** Instrumento de cooperação jurisdicional, p. 510. *In*: Carmona, Carlos Alberto; LEMES, Selma Ferreira, Martins, Pedro Batista (coord.). **20 anos da Lei de Arbitragem**. Homenagem a Petrônio R. Muniz. São Paulo: Atlas, 2017.)

[42] Confira: "A expressão soft law é usada há tempos para se referir a gama bastante ampla e variada de atos do direito internacional. Para os presentes fins, quer-se designar apenas o conjunto de atos não obrigatórios como diretrizes, protocolos, guias, standards, práticas, códigos de conduta e recomendações, elaborados por órgãos não estatais como associações profissionais, câmaras de comércio, instituições arbitrais e organismos supranacionais, destinados a regular questões atinentes ao processo arbitral, se e na medida em que as partes e os árbitros queiram [...]. A *soft law* tornou-se, assim, importante instrumento de que se tem valido a comunidade arbitral para a autorregulação dinâmica da arbitragem, em resposta àquelas pressões derivadas da transformação do instituto em 'indústria global'. Mais que isso, essas diretrizes têm tido papel fundamental para o desenvolvimento da arbitragem contemporânea.". (Abbud, André de Albuquerque Cavalcanti. *O papel da soft law processual no desenvolvimento da arbitragem*, p. 2. *In*: Carmona, Carlos Alberto; Lemes, Selma Ferreira, Martins, Pedro Batista (coord.). **20 anos da Lei de Arbitragem**. Homenagem a Petrônio R. Muniz. São Paulo: Atlas, 2017.)

Essa ampla relação que o sistema arbitral trava com *o macrossistema processual* bem ilustra a complexidade que a teoria geral do processo arbitral alcança em termos práticos, variando no âmbito de regras procedimentais específicas de diferentes sistemas jurídicos nacionais e dos diferentes conjuntos de regras que podem ser eleitas ou construídas pelas partes e árbitros a fim de ditar os rumos concretos do procedimento.

A complexidade do ato de julgar no modelo arbitral, com todos os ingredientes mencionados, apontam para um feixe típico, descrito a partir da doutrina de teoria geral do processo arbitral existente nacionalmente e internacionalmente, com relação às mais diversas legislações arbitrais e regulamentos específicos. A concatenação da vontade (como pressuposto) de arbitrar com a vontade para direcionar o procedimento (partes e árbitros), junto à influência da teoria geral do processo, leva à conclusão da especificidade e complexidade de uma teoria geral do processo arbitral.

Passaremos então à análise descritiva de alguns elementos centrais que comporiam uma teoria geral do processo arbitral, mediante a perspectiva de princípios gerais e suas correspondentes regras. Devemos considerar, contudo, que a análise desses elementos se volta somente a exemplificar a forma pela qual a teoria gera do processo arbitral se desenrola no âmbito da Lei de Arbitragem brasileira. A complexidade que cada um dos princípios pode atingir, considerando os mais sofisticados arranjos procedimentais e as mais diversas legislações/regramentos arbitrais existentes, levaria a monografias próprias, o que escapa em muito ao escopo deste artigo.

3. Teoria geral do processo arbitral

Conforme afirmado, com a diferenciação processual, o sistema arbitral consagra sua autonomia sistêmica com relação aos demais sistemas processuais[43]. Com isso, é capaz de produzir e reproduzir seus elementos a partir de sua rede instrumental interna, mediante processos endógenos. Seu fechamento operacional corresponde ao seu método procedimental inerentemente flexível, do qual

[43] Confira: "É importante deixar claro que, para a teoria dos sistemas, toda regulação deve ser autorregulação. Logo, está excluída a possibilidade de regulação direta de um sistema pelo outro, o que redundaria impor a referência de um à autorreferência de outro. Isso significa, em termos de exemplo, que da mesma forma que os sistemas político ou econômico não podem controlar o sistema jurídico, também este não pode controlá-los. Assim, a autopoieses sistêmica é incompatível com a sobreposição do código de determinado sistema [...] sobre o de outro, pois isso acabaria com o chamado fechamento operacional.". (Teubner, Gunther. **O Direito como Sistema Autopoiético**. Lisboa: Calouste Gulbenkian, 1989, p. 18.)

poucas são as regras cogentes e que, em sua maioria, voltam-se aos princípios informativos, marcados pela autonomia da vontade das partes e pela disposição diretiva do árbitro. É nessa perspectiva que uma teoria geral do processo arbitral poderia ser traçada.

Esses princípios informativos foram apontados no tópico III e remetem à existência de um verdadeiro *devido processo legal arbitral*. A razão disso é que os princípios e institutos processuais conceituados a partir de uma ampla teoria geral do processo se comportam de maneira peculiar quando compreendidos a partir da realidade arbitral[44], uma vez que produzidos e reproduzidos pelo próprio sistema arbitral[45]. Em outras palavras, a despeito de formalmente ser informado por princípios gerais do processo, é o próprio sistema arbitral que os gera no seu âmbito interno, o que resulta na peculiar maneira pela qual eles agem e se desenrolam durante o procedimento e interagem com as demais regras/elementos que podem vir a compor seu fechamento operacional.

A especificidade pela qual os princípios gerais atuam no sistema arbitral possui sérias consequências ao processo. A primeira delas é que o fechamento operacional do sistema arbitral veda a remissão, a utilização, ou a transposição imediata de regras advindas de outros microssistemas processuais. A própria lei de arbitragem deixa claro que na ausência de acordo prévio das partes quanto às regras processuais aplicáveis, a escolha cabe ao próprio árbitro[46] – inexistindo

[44] Como bem aponta Carmona: "A arbitragem tende a uma finalidade bastante específica: resolver problemas decorrentes do comércio, especialmente do comércio internacional, onde há necessidade de conhecimentos específicos tanto de direito internacional e comercial como de costumes e praxes do comércio. O custo, nestas hipóteses, é bem mais suportável, e as vantagens decorrentes da solução arbitral são mais visíveis.". (Carmona, Carlos Alberto. **Arbitragem e Jurisdição**. *In*: **Doutrinas Essenciais de Arbitragem e Mediação**. São Paulo: RT, v. 1, 2014, p. 839.)

[45] Confira: "Além disso, deve ficar claro que é errado concluir que, na omissão das regras eleitas pelas partes, aplicam-se as regras do Código de Processo Civil. A doutrina tem defendido, com razão, que o CPC não se aplica em caso de omissão das partes. Veja-se que a Lei de Arbitragem brasileira não tem regra estabelecendo que, na ausência de regra específica (da mesma lei e/ou escolhida pelas partes) aplica-se o previsto no CPC brasileiro. Não existe regra expressa nesse sentido, e nem há qualquer dispositivo do qual se possa, implicitamente, afirmar a aplicação subsidiária do CPC na arbitragem. [...] A Lei 9.307/96 – optando por técnica também aplicada em diversas outras nações – estabeleceu quais são as 'fontes subjetivas' que criam as regras procedimentais: as partes, o árbitro, o órgão institucional arbitral, o juiz estatal. E quando trata das 'fontes objetivas', não menciona a lei processual.". (Montoro, Marcos A. F. **Flexibilidade do Procedimento Arbitral**. Tese (Doutorado) – Faculdade de Direito, Universidade de São Paulo, São Paulo, 2010, p. 115.)

[46] Lei de arbitragem. "Art. 21. A arbitragem obedecerá ao procedimento estabelecido pelas partes na convenção de arbitragem, que poderá reportar-se às regras de um órgão arbitral institucional ou entidade especializada, facultando-se, ainda, às partes delegar ao próprio árbitro, ou ao tribunal arbitral, regular o procedimento. § 1º Não havendo estipulação acerca do procedimento, caberá ao

qualquer referência que seja a conjunto normativo de microssistema processual paralelo, seja o civil, o criminal, ou o administrativo.

É preciso que se desmistifique a ideia de uma "fórmula" de transposição ou de equivalência entre institutos e regras de sistemas distintos[47]. Cada sistema consiste em sua própria *província finita de significado*[48], que nada mais são do que o conjunto de regras identificadas não só como a ele pertencentes, mas em referência ao qual fazem sentido regras individuais e à luz do qual se analisam novas regras individuais para identificar coerência e pertencimento ao seu respectivo sistema[49].

Diante disso, é fácil observar, com relação ao sistema arbitral, que os princípios decorrentes do *devido processo legal arbitral* pouco dizem isoladamente, já que dependem de inúmeros fatores/regras complementares que irão compor seu fechamento operacional – diferentemente de outros microssistemas processuais que já são, em maior ou menor medida, estritamente regulados por seus instrumentos legislativos correspondentes.

Esses fatores/regras complementares, que compõem a estrutura dos princípios decorrentes do *devido processo legal arbitral* variam das mais diversas formas e graus, a depender precisamente do "esqueleto" procedimental elegido pelas partes. Ensina Carmona que:

> quando as partes decidem que não querem ver resolvida controvérsia presente (compromisso arbitral) ou futura (cláusula compromissória) pelo juiz estatal, podem desde logo estabelecer o procedimento que os árbitros empregarão para a tutela jurisdicional. Podem, portanto, criar um procedimento, reportar-se a um procedimento de órgão arbitral institucional, adotar um procedimento legal estrangeiro ou até mesmo deixar ao alvedrio do árbitro regular o procedimento

árbitro ou ao tribunal arbitral discipliná-lo." (BRASIL, Lei nº 9.307/1996. Dispõe sobre a arbitragem. Disponível em: http://www.planalto.gov.br/ccivil_03/leis/l9307.htm. Acesso em: 11 ago. 2021.)

[47] TEUBNER, Gunther. **O Direito como Sistema Autopoiético**. Lisboa: Calouste Gulbenkian, 1989, p. 198.

[48] Referência direta ao conceito elaborado por SCHÜTZ, Alfred. **On Multiple Realities**. Philosophy and Phenomenological Research, v. 5, n. 4, 1945, p. 551-555.

[49] Por exemplo, não faz qualquer sentido que no processo civil se rejeite apelação com base na Lei de Arbitragem, afirmando-se que a sentença deve ser final e definitiva. A regra só faz sentido no contexto de uma arbitragem (que já possui como pressuposto a finalidade da sentença), em conjunto com as outras normas e práticas desenvolvidas para garantir a finalidade da sentença e dirimir seus potenciais efeitos colaterais.

mais adequado ao caso em espécie. Tudo orbita, portanto, ao redor da autonomia da vontade dos litigantes[50].

Essa ampla autonomia de determinação pelas partes dos fatores que complementarão o fechamento operacional do sistema vai ao encontro do conceito de princípios defendido anteriormente, *i.e.*, princípios como normas de destinação finalística, procurando justamente, com um efeito complementar e parcial, ligar regras com os efeitos práticos buscados pelas partes e árbitros no decorrer do procedimento[51].

Como exemplo, ao contraditório, entendemos a previsão de regras que tenham por efeito prático consagrar a participação[52]:

> tudo quanto for feito com vista a flexibilizar o procedimento arbitral, tornando-o aderente às peculiaridades do caso e promovendo a celeridade, deve ser feito de modo a não tolher às partes a efetiva oportunidade para participar do processo – participar pedindo, participar provando, participar alegando[53].

A participação está atrelada ao pressuposto básico de ciência de todos os atos procedimentais praticados no processo. Através da ciência pelas partes destes atos, o contraditório se consagra pela oportunidade conferida de contrariá-los ou de requerer determinadas medidas[54].

[50] Carmona, Carlos Alberto. **Flexibilização do Procedimento Arbitral**. *In*: **Revista Brasileira de Arbitragem**, v. 6/24, p. 12.

[51] Comentando sobre esta perspectiva de princípios exposta por Humberto Ávila, Judith Martins-Costa explica que "o caráter finalista está em que 'estabelecem o dever de realizar ou preservar um estado de coisas pela adoção de comportamentos a ele necessários'. No seu modo de ver, o que os distingue, relativamente às regras, não é a linguagem, nem o fato de conterem elevada carga axiológica, mas o fato de não determinarem imediatamente o comportamento devido, razão pela qual são dotados da pretensão de complementaridade e parcialidade. São imediatamente finalistas. Já as regras são mediatamente finalistas, estabelecendo fins apenas indiretamente, mas determinando com maior exatidão qual o comportamento devido para a concretização do fim estabelecido, pois são normas imediatamente descritivas, primariamente retrospectivas e com pretensão de decidibilidade e abrangência". (Martins-Costa, Judith. **A boa fé no direito privado**. São Paulo: Saraiva, 2018, p. 105.)

[52] Muitas vezes associado ao "*right to be heard*" ou ao "*opportunity to presente one's case*", o contraditório consagra, grosso modo, a oportunidade da parte de participar ativamente do procedimento através da razoável oportunidade de apresentar seu caso e requerer providências ao árbitro.

[53] Dinamarco, Cândido Rangel. **A arbitragem na teoria geral do processo**. São Paulo: Malheiros, 2013, p. 26.

[54] Confira: "por contraditório deve entender-se, de um lado, a necessidade de dar conhecimento da existência da ação e de todos os atos do processo às partes, e, de outro, a possibilidade de as partes reagirem aos atos que lhes sejam desfavoráveis. Garantir-se o contraditório significa, ainda, a realiza-

Esse é um traço básico, elementar, da definição de contraditório. Contudo, não se trata, como vem sendo (infelizmente) utilizado na prática, de acatar todo e qualquer pedido procedimental que a parte faça (de extensão de prazo, de produção de provas adicionais ou sem relevância, de envio de documentos adicionais fora do prazo estipulado etc.); mas sim de oportunizar (especialmente no decorrer do procedimento) que a parte efetivamente realize tais pedidos e que a outra parte a eles responda.

O contraditório decorrente do *devido processo legal arbitral* não assume, portanto, a feição de um "direito subjetivo de provar todo e qualquer fato"[55]. Se assim o fosse, seria o mesmo que tornar letra morta o art. 22 da Lei de Arbitragem e a grande maioria das disposições dos regulamentos de arbitragem das câmaras nacionais[56]. É claro, contudo, que o ato procedimental da prova é muito mais complexo e envolve regras que passam pela construção do procedimento pelas partes e árbitros (logo, pelo princípio basilar do sistema arbitral, a autonomia). Se por um lado deve a parte ter a oportunidade de apresentar seu caso e requerer aos árbitros a produção das provas relevantes que provem seu direito[57]; por outro, deve-se ter em consideração o livre convencimento motivado do árbitro para que adote os procedimentos adequados às circunstâncias

ção da obrigação de noticiar (Mitteilungspflicht) e da obrigação de informar (Informationspflicht) que o órgão julgador tem, a fim de que o litigante possa exteriorizar suas manifestações". (Nery Jr., Nelson. **Princípios do Processo na Constituição Federal**. São Paulo: RT, 2015, p. 245.)

[55] Ao contrário, por exemplo, de posições referentes ao processo estatal. Neste sentido, "não deve haver dúvida de que o direito a produzir prova no processo constitui um direito constitucional, apoiado tanto na garantia de acesso à Justiça (art. 5º, XXXV, da CF) como nos direitos ao contraditório e à ampla defesa (art. 5º, LV, da CF). Em termos mais gerais, pode-se dizer que esse direito constitui elemento indissociável do direito ao processo justo, que constitui toda a estrutura do nosso direito processual civil". (Marinoni, Luiz Guilherme; Arenhart, Sérgio Cruz; Mitidiero, Daniel. **Curso de Processo Civil**. V. 2. São Paulo: RT, 2020, p. 297.)

[56] Confira, apenas a título exemplificativo, os Regulamentos de Arbitragem referentes ao ano de 2021: CAM-CCBC (arts. 7.4, 7.4.1, 7.6 e 7.8); AMCHAM (arts. 15.1, 15.2, 15.3, 15.4 e 15.5); CIESP/FIESP (arts. 10.1, 10.2 e 10.4); FGV Câmara (arts. 32, 33 e 34); CAM B3 (arts. 4.6 e 4.7); ICC (arts. 22, 23, 24 e 25).

[57] Confira: "A garantia do contraditório significa, antes de mais nada, que a ambas as partes se hão de conceder iguais oportunidades de pleitear a produção de provas: seria manifestamente inadmissível a estruturação do procedimento por forma tal que qualquer dos litigantes ficasse impossibilitado de submeter ao juiz a indicação dos meios de prova de que pretende valer-se. Significa, a seguir, que não deve haver disparidade de critérios no deferimento ou indeferimento dessas provas pelo órgão judicial. Também significa que as partes terão as mesmas possibilidades de participar dos atos probatórios e de pronunciar-se sobre os seus resultados.". (Moreira, José Carlos Barbosa. **A Garantia do Contraditório na Atividade de Instrução**. *In*: **Doutrinas Essenciais de Processo**. São Paulo: RT, 2011, v. 4, p. 1113.)

do caso concreto, considerando todo o instrumental de regras construído pelo e para o processo em discussão (seu fechamento operacional), evitando assim atrasos ou gastos desnecessários[58].

Nesse sentido, somente a partir da racionalidade própria do sistema arbitral que o princípio do contraditório pode ser traçado. O racional está calcado em uma estrutura peculiar e moldável do fechamento operacional. Ainda que o sistema judicial se refira ao mesmo objeto e utilize de uma mesma linguagem (contraditório), a estrutura que o princípio assume quando produzido no âmbito do processo arbitral é diversa do judicial, o que torna parcelas relevantes de sua definição à luz da teoria geral do processo incompatíveis com a delimitação que recebe mediante a teoria geral do processo arbitral – o que aponta mais uma vez para seu aspecto diferencial e peculiar.

O mesmo se aplica, por exemplo, ao princípio da igualdade, enquanto paridade entre os litigantes. Diferentemente do processo civil, a intervenção judicial ou legislativa no equilíbrio de partes supostamente desiguais não se aplica ao sistema arbitral. Ao processo arbitral, a concretização do princípio da igualdade das partes se consagra nas regras que garantem a chamada paridade de armas[59]. Em outros termos, a igualdade visa que durante todo o procedimento as partes tenham as mesmas possibilidades de expor seus argumentos, de produzir provas

[58] Confira: "De notar desde logo que o devido processo legal, apesar de sua efetiva relevância, não concede às partes um direito irrefreável à produção de provas. O árbitro pode e deve, de acordo com seu juízo de conveniência, determinar a produção daquelas provas úteis e necessárias para a 'busca da verdade', rejeitando aquelas que considerar desnecessárias ou inúteis. Caso assim não fosse, o procedimento arbitral, concebido para ser célere e eficaz, estaria sujeito ao risco da lentidão, desperdiçando-se tempo e dinheiro das partes, o que se traduz, por óbvio, em ineficiência. Não é rara a constatação de sentimento de frustração daqueles que, à espera da propagandeada celeridade da arbitragem, vivenciam atrasos injustificados ao longo do procedimento. No cumprimento de sua função jurisdicional, deve o árbitro buscar os elementos de convicção necessários ao entendimento dos fatos controvertidos. Em outras palavras, deve 'buscar a verdade', ou o mais próximo que se possa chegar dela, ainda que as próprias partes não tenham requerido a produção de determinadas provas, ou mesmo que tenham formulado oposição à sua produção.". (Muriel, Marcelo A. **Produção de provas em arbitragem**. p. 311. *In*: Carmona, Carlos Alberto; Lemes, Selma Ferreira, MARTINS, Pedro Batista (coord.). **20 anos da Lei de Arbitragem**. Homenagem a Petrônio R. Muniz. São Paulo: Atlas, 2017.)

[59] Confira: "*The concept of equality of treatment is essentially a requirement of non-discrimination. All parties to the arbitration must be subject to the same procedural rules and afforded the same procedural rights and opportunities. These requirements are reflected in adages such as "a level playing field," "equality of arms" and "equality of treatment," all of which embody a core principle of equality and non-discrimination.*". (Born, Gary B. **International Commercial Arbitration**. 3. ed. Kluwer Law International, 2020, Chapter 15, p. 2283-2492.)

e de fazer valer suas prerrogativas[60]. Elas são vistas como aptas a exercer as mesmas faculdades e ônus processuais, em igualdade de posições. Essa igualdade de tratamento, contudo, deve ser observada com cuidado. A igualdade aqui não implica tratamento idêntico às partes, mas tratamento igualitário no que diz respeito às circunstâncias concretas em discussão e às regras aplicáveis, de modo que uma parte não seja "discriminada" em detrimento da outra.

Como se sabe, as provas são produzidas mediante e para o processo, em favor do convencimento dos árbitros. São dirigidas a eles, pois é somente mediante as provas que o julgador tem acesso aos fatos. Na instrução arbitral, há um movimento claro e inerentemente flexível pela "desformalização"[61] da produção de provas – não possui um *script* pronto e varia de acordo com a vontade das partes e a atividade instrutória do árbitro[62]. A formação da convicção decorre do poder diretivo do árbitro sobre as provas – não das partes sobre as provas[63]. Se ao árbitro cabe o dever de julgar, é o de bem julgar e, portanto, a ele caberá determinar, a partir da manifestação das partes, os elementos probatórios relevantes para seu livre (e motivado) convencimento. Em outras palavras, toda vez em que os desejos das partes não forem considerados adequados ou convenientes, serão controlados pelos árbitros[64]. Afinal, foram os árbitros os escolhidos pelas partes

[60] Embora considerando como equivalentes os princípios do contraditório e da igualdade das partes, Selma Lemes afirma que a igualdade "se desenvolve em atos de ataques e defesa, mas também de ataques e contra-ataques, donde resultará imperioso o tratamento paritário das partes, a fim de que possam em igualdade de condições exercer seus direitos e cumprir seus deveres processuais". (Lemes, Selma M. Ferreira. **Arbitragem. Princípios Fundamentais**. Direito Brasileiro e Comparado. *In*: **Revista dos Tribunais**, v. 686, 1992, p. 80.)

[61] Confira: "um dos critérios orientadores das partes na escolha da solução arbitral repousa exatamente na celeridade proporcionada pela desformalização do processo, ou seja, pelo abandono de formas rígidas, que seriam destinadas a salvaguardar o devido processo legal, mas muitas vezes funcionam como fatores de emperramento do processo. De fato, o binômio segurança e celeridade é de difícil equacionamento, sendo certo que, em sede de arbitragem, é sempre mais fácil conciliar os dois valores". (Carmona, Carlos Alberto. **Arbitragem e Processo**. Um Comentário à Lei nº 9.307/96. São Paulo: Atlas, 2009, 3. ed., p. 208.)

[62] Confira: "nada impedirá as partes de acertarem previamente a possibilidade de produção de depoimentos testemunhais escritos, que serão avaliados livre e motivadamente pelos árbitros. Havendo consenso, desaparece qualquer possibilidade série de posterior alegação de violação do devido processo legal". (Carmona, Carlos Alberto. **Arbitragem e Processo**. Um Comentário à Lei nº 9.307/96. São Paulo: Atlas, 2009, 3. ed., p. 321-322.)

[63] Confira o art. 9(1) da IBA Rules on the Taking of Evidence de 2010: "The Arbitral Tribunal shall determine the admissibility, relevance, materiality and weight of evidence".

[64] Confira: "Vige, pois, a grande liberdade do árbitro para a condução das atividades probatórias, sempre com atenção à maior praticidade possível e com vista à maior eficiência na busca da verdade

e que aceitaram o encargo de bem julgar, o que implica racionalidade de recursos e de tempo.

É a partir disso que a produção da prova, bem como sua valoração, entram em contato com o princípio livre convencimento motivado do árbitro. O princípio se concretiza mediante o fechamento operacional do processo arbitral em questão e pode variar de inúmeras maneiras, a depender das regras concretas que o disciplinem (regras sobre valoração das provas, ônus da prova, limites probatórios, dentre outros). Conforme explica Carmona:

> haverá de ser respeitado o livre convencimento do árbitro quanto à valoração da prova. A natureza das coisas e a moderna ciência processual, de fato, impõem a livre convicção do juiz, livrando-o das limitações e mistérios da prova legal, tarifada, que transforma o julgador num mero autômato. Mas livre convencimento não se confunde com arbítrio, de forma que deve o julgador fundamentar a sentença, explicando os motivos de seu convencimento, como forma de possibilitar às partes o controle da decisão[65].

Como exemplo, o princípio do livre convencimento do julgador, em especial no tocante à apreciação das provas, assume a feição no processo civil tradicional de não desvincular o julgador das provas e dos elementos existentes no processo (art. 371 do CPC), embora tenha que apreciar estes elementos segundo critérios críticos e racionais[66]. No microssistema dos juizados especiais, o livre convencimento ganha outra feição, mais ampla e regida por sua lógica interna, na qual

dos fatos, e sempre também respeitado o contraditório.". (Dinamarco, Cândido Rangel. **A arbitragem na teoria geral do processo.** São Paulo: Malheiros, 2013, p. 158.)

[65] Carmona, Carlos Alberto. **Arbitragem e Processo.** Um Comentário à Lei nº 9.307/96. São Paulo: Atlas, 2009, 3. ed., p. 298.

[66] Confira: "O art. 371 do CPC expõe a ideia de que, como regra geral, o processo civil brasileiro adota, como sistema de valoração da prova, o modelo da persuasão racional, também chamado de convicção motivada. Por esse regime, o juiz não tem sua convicção presa, a priori, a nenhuma valoração imposta por lei. O juiz é livre para formar sua convicção a partir de qualquer das provas dos autos. Como contrapartida, porém, impõe-se-lhe o dever de motivar especificamente as razões que formaram sua convicção, expondo de forma precisa as razões pelas quais entendeu por dar valor a certas provas (e qual valor dado) e por negar valor a outras. Põe-se, por isso, ênfase no dever de fundamentação da decisão judicial, já que ela é a única válvula de controle da convicção judicial. A rigor, como pondera Taruffo, dificilmente, para o Direito, tem-se como saber os verdadeiros motivos (íntimos, psicológicos) que levam um magistrado a chegar a certa conclusão. Porém, é necessário que ele consiga, de forma racional, expor motivação suficiente e adequada que apoie essa conclusão. Nesse sentido é que o dever de motivação é essencial.". (Marinoni, Luiz Guilherme; Arenhart, Sergio C. **Comentários ao CPC.** Arts. 369-380. São Paulo: RT, 2016, p. 149.)

o julgador, ao apreciar as provas, deve também dar "especial valor às regras de experiência comum ou técnica", de maneira a adotar, em cada caso, "a decisão que reputar mais justa e equânime, atendendo aos fins sociais da lei e às exigências do bem comum" (arts. 5º e 6º da Lei nº 9.099/1995)[67].

Os critérios de avaliação da prova, no processo arbitral, são conduzidos pelos juízos feitos por cada julgador diante dos elementos probatórios, mediante uma cognição objetiva e motivada à luz dos fatos do processo[68]. É por isso que também defendemos que o livre convencimento, aplicado ao processo arbitral, abre-se cognitivamente ao conceito de convencimento racional do julgador da teoria geral do processo[69]. O convencimento racional se revela mediante a fundamentação da decisão[70]: diz-se racional, pois deve se basear em aspectos concretos e impessoais, não por impressões e subjetivismos, embora inevitavelmente o julgador sempre carregue suas experiências, convicções e visões de mundo que, de alguma forma, influenciam em seu julgamento (o que destaca o caráter essencial da correta escolha dos árbitros pelas partes)[71].

[67] BRASIL. Lei nº 9.099/1995. Dispõe sobre os Juizados Especiais Cíveis e Criminais e dá outras providências. Disponível em: http://www.planalto.gov.br/ccivil_03/leis/l9099.htm. Acesso em: 11 ago. 2021.

[68] Confira: "o árbitro formará seu próprio convencimento externando no laudo sua decisão. Porém, há de se observar que quando é permitido pelas partes, o árbitro poderá decidir a questão por equidade. Nestes casos há legislações que dispensam a motivação da decisão, como por exemplo, a espanhola 55, e outras, como a brasileira, que não obstante permitir o julgamento por equidade, determina que a decisão seja motivada". (Lemes, Selma M. Ferreira. **Arbitragem. Princípios Fundamentais. Direito Brasileiro e Comparado.** *In*: **Revista dos Tribunais**, v. 686, 1992, p. 82.)

[69] Confira: "O livre convencimento, em todo sistema regido pela cláusula *due process*, não pode porém chegar ao ponto de permitir ao juiz ou árbitro a consideração de elementos não constantes dos autos, valendo-se daquilo que se denomina ciência privada do juiz (ideia diferente das máximas de experiência). Por imposição da garantia constitucional da motivação, o livre convencimento deve ser invariavelmente um livre convencimento motivado à luz dos autos.". (Dinamarco, Cândido Rangel. **A arbitragem na teoria geral do processo**. São Paulo: Malheiros, 2013, p. 166.)

[70] Deve-se considerar que o efeito prático de uma sentença arbitral não motivada ou insuficientemente motivada é a possibilidade da ação anulatória ou da impugnação ao cumprimento de sentença (Lei de Arbitragem, art. 32, inciso III, art. 26, inciso II, e art. 33, § 3º).

[71] Esse convencimento racional mediante fundamentação, contudo, não chega ao ponto de exigir do árbitro um exame de todas as minúcias dos fundamentos (diretos ou indiretos) trazidos pelas partes em suas alegações. Ensina Dinamarco, por exemplo, que para a satisfação da fundamentação é indispensável que o árbitro "(a) examine todos os pontos fundamentais da causa, desenvolvendo corretos raciocínios dedutivos a partir da fattispecie legal e conduzindo-os logicamente às conclusões e (b) apoie suas decisões nos elementos instrutórios constantes dos autos e faça alusão a eles, em raciocínios críticos interligados logicamente e construídos sobre os elementos de convicção examinados e comentados". (Dinamarco, Cândido Rangel. **A arbitragem na teoria geral do processo**. São Paulo: Malheiros, 2013, p. 166.)

A breve (e nem de perto exaustiva) análise dos princípios gerais do processo demonstram as diferenças pelas quais esses princípios podem ser traçados em microssistemas processuais diversos. Suas diferentes construções teóricas, a partir de racionalidades próprias inerentes a cada sistema, são justificadas pela diferenciação processual destes sistemas à luz da teoria dos sistemas de Luhmann.

Essas diferenças não surgem somente com relação aos princípios. Questões aparentemente simples como "quem são as partes em uma arbitragem?"[72], também uma das mais complexas e delicadas. Complexa ao exigir critérios mais sofisticados do que "aquele que assina uma cláusula de arbitragem"; e delicada ao revelar conceitos com os quais estamos desacostumados, como consenso/ consentimento, os quais influenciarão (seja para limitar ou para expandir) a manifestação do princípio da autonomia das partes.

A interpretação desta questão relativamente simples utilizando-se de conceitos provenientes de outros microssistemas processuais (como, por exemplo, o litisconsórcio), pode conduzir a resultados drásticos e heterodoxos quando observados a partir da prática arbitral transnacional. A simples questão de "extensão subjetiva da cláusula arbitral" para se definir *quem são as partes em uma arbitragem* já fornece uma complexidade enorme de respostas e abordagens possíveis.

Ainda que o sistema arbitral seja influenciado por princípios abstratamente descritos por uma teoria geral do processo, todos eles possuem propósitos e aplicações distintos, dificilmente sendo adequados os institutos de um outro sistema para responder aos dilemas deste. Há séculos de boa prática arbitral transnacional sempre pronta para ser posta em ação e em geral desenvolvida justamente para ser agnóstica em relação aos sistemas processuais nacionais[73].

Desse modo, a sistematização mediante o confronto das diversas práticas arbitrais existentes (comercial, investimento, esportes, com a administração

[72] Situação simular pode ser observada com relação à "desconsideração da personalidade jurídica" no contexto de uma arbitragem. Apesar do incidente ser instituto de direito processual civil, o abuso da personalidade jurídica em si é tema de direito material previsto no art. 50 do Código Civil. O recurso a este instituto por um árbitro raramente se baseia na prática arbitral ou se foca no aspecto material, sendo preferida a referência à jurisprudência judicial e/ou à doutrina especializada do sistema processual civil.

[73] Confira: "*That reason is the emergence of a worldwide arbitration culture, which runs parallel to the normalization of arbitral proceedings and – if this writer can be forgiven the term – the "standardization" of the international arbitrator.*". (KAUFMANN-KOHLER, Gabrielle. **Identifying and applying the law governing the arbitration procedure:** the role of the law of the place of arbitration. *In*: VAN DEN BERG, Albert (Ed.). Improving the efficiency of arbitration and awards: 40 years of application of the New York Convention. Paris: Kluwer Law International, 1999. p. 364.)

pública etc.) possibilita, para cada uma das práticas, a descrição sólida de uma teoria geral do processo arbitral, especialmente voltado ao ponto de vista teórico/didático. A descrição metodológica dos princípios, conceitos e estruturas desenvolvidos setorialmente em cada uma das práticas arbitrais, sem descer às peculiaridades de cada um, vai ao encontro da visão transnacional da ordem arbitral. Conforme o alerta com relação à teoria geral do processo, seu estudo "enfoca preponderantemente o plano puramente abstrato das construções sistemáticas, com referências ao direito positivo mas sem postular uma imaginária, utópica e por certo inconveniente uniformização legislativa"[74].

Conclusões

O modelo defendido de teoria geral do processo, da perspectiva teórica/didática, permite uma relação de troca de conceitos/institutos com o processo arbitral. Essa relação, contudo, é estritamente delimitada em face do fechamento operacional e da característica transnacional do sistema arbitral, especialmente quando observado sob o enfoque da teoria dos sistemas de Niklas Luhmann.

A identificação do sistema arbitral como inserido em um amplo modelo de macrossistema processual é o que permite a demarcação de trocas, mediante mecanismos sistêmicos próprios (abertura cognitiva), entre os microssistemas, ao mesmo tempo em que permite defender suas respectivas autonomias e identidades, o que é essencial para a construção de uma teoria geral do processo arbitral.

São essas trocas que apontam, para *mais* ou para *menos*, as maneiras pelas quais os princípios gerais estruturantes dos sistemas processuais variam de acordo com a racionalidade própria de cada um. Ao sistema arbitral, é possível observar peculiaridades próprias que promovem graves mudanças na forma do desenrolar do procedimento. É em razão disso que percebemos, desde logo, a existência de um *devido processo legal arbitral* que baliza a formação da teoria geral do processo arbitral.

A existência dessa teoria geral do processo arbitral é essencial para se evitar erros de transposição (ou mesmo aplicação direta) de institutos de um sistema processual a outro. O sistema arbitral consiste em sua própria *província finita de significado*, que nada mais é do que o conjunto de regras identificadas não só como a ele pertencentes (e por ele produzidas e reproduzidas em cada procedimento), mas em referência ao qual fazem sentido regras individuais e à luz do

[74] Cintra, Antonio C. de Araújo; Grinover, Ada P.; Dinamarco, Cândido R. **Teoria Geral do Processo.** São Paulo: Malheiros, 31. ed., 2015, p. 29.

qual se analisam novas regras individuais para identificar coerência e pertencimento ao seu respectivo sistema.

A sistematização mediante o confronto das diversas práticas arbitrais existentes é o que possibilita, para cada uma das práticas, a descrição sólida de uma teoria geral do processo arbitral. Ao sistema arbitral regido pela Lei de Arbitragem brasileira, a troca cognitiva mediante a utilização da descrição metodológica dos princípios, conceitos e estruturas desenvolvidas pela teoria geral do processo brasileiro, é o que permite a elaboração de uma teoria geral do processo arbitral brasileiro.

Referências

ABBUD, André de Albuquerque Cavalcanti. *O papel da soft law processual no desenvolvimento da arbitragem*, p. 2-21. *In*: CARMONA, Carlos Alberto; LEMES, Selma Ferreira, MARTINS, Pedro Batista (coord.). **20 anos da Lei de Arbitragem. Homenagem a Petrônio R. Muniz**. São Paulo: Atlas, 2017.

ALI/UNIDROIT. **Principles of Transnational Civil Procedure**. Rome: Cambridge University Press, 2004.

APRIGLIANO, Ricardo de Carvalho. **O Controle Judicial sobre a Limitação à Produção Probatória Determinada pelos Árbitros**. Violação ao Devido Processo Legal ou Revisão Indevida do Mérito? *In*: **Revista Brasileira de Arbitragem**, v. XII, Issue 45.

ÁVILA, Humberto. **Teoria dos princípios:** da definição à aplicação dos princípios jurídicos. 6. ed. São Paulo: Malheiros, 2006.

BAPTISTA, Luiz Olavo. **Arbitragem:** aspectos práticos. *In*: **Revista Brasileira de Arbitragem**. Kluwer Law, 2003, v. 0.

BINDER, Peter. **International Commercial Arbitration and Mediation in UNCITRAL Model Law Jurisdictions**. 4. ed. Kluwer Law International, 2019.

BORN, Gary B. **International Commercial Arbitration**. 3. ed. Kluwer Law International, 2020.

BRASIL. Lei nº 9.099/1995. Dispõe sobre os Juizados Especiais Cíveis e Criminais e dá outras providências. Disponível em: http://www.planalto.gov.br/ccivil_03/leis/l9099.htm. Acesso em: 11 ago. 2021.

—. Lei nº 9.307/1996. Dispõe sobre a arbitragem. Disponível em: http://www.planalto.gov.br/ccivil_03/leis/l9307.htm. Acesso em: 11 ago. 2021.

CARMONA, Carlos Alberto. **Arbitragem e Jurisdição**. *In*: **Doutrinas Essenciais de Arbitragem e Mediação**, São Paulo: RT, v. 1, 2014.

—. **Arbitragem e Processo. Um Comentário à Lei nº 9.307/96**. 3. ed. São Paulo: Atlas, 2009.

—. **Em torno do árbitro**. *In*: **Revista de Arbitragem e Mediação**. São Paulo: RT, 2011, v. 28.

—. **Flexibilização do Procedimento Arbitral**. *In*: **Revista Brasileira de Arbitragem**, v. VI, Issue 24.

—. **Superior Tribunal de Justiça, Segurança Jurídica e Arbitragem**. *In*: **Revista de Arbitragem e Mediação**, v. 34, 2012, p. 97-106.

CINTRA, Antonio Carlos de Araújo; GRINOVER, Ada Pellegrini; DINAMARCO, Cândido Rangel. **Teoria Geral do Processo**. 3. ed. São Paulo: Malheiros, 2015.

DINAMARCO, Cândido Rangel. **A arbitragem na teoria geral do processo**. São Paulo: Malheiros, 2013.

—. **A instrumentalidade do processo**. São Paulo: Malheiros, 14. ed., 2009.

FERRAZ JR., Tércio Sampaio. **Conceito de sistema no direito**. São Paulo: RT, 1976.

FILHO, Orlando Villas Bôas. **Teoria dos sistemas e o direito brasileiro**. São Paulo: Saraiva, 2009.

FORBES, Carlos Suplicy de Figueiredo; KOBAYASHI, Patrícia Shiguemi. **Carta arbitral: Instrumento de cooperação jurisdicional**, p. 508-524. *In*: CARMONA, Carlos Alberto; LEMES, Selma Ferreira, MARTINS, Pedro Batista (coord.). **20 anos da Lei de Arbitragem**. Homenagem a Petrônio R. Muniz. São Paulo: Atlas, 2017.

GAILLARD, Emmanuel. **Teoria jurídica da arbitragem internacional**. São Paulo: Atlas, 2013.

GAULIA, Cristina Tereza. **Juizados Especiais Cíveis. O espaço do cidadão no poder judiciário**. São Paulo: Renovar, 2005.

GRACIE, Ellen. **A importância da arbitragem**. *In*: Revista de Arbitragem e Mediação, São Paulo: RT, n. 12.

GRECO, Leonardo. **Controle jurisdicional da arbitragem**. *In*: **Revista Brasileira de Arbitragem**. Kluwer Law, 2018, v. 15/57.

KAUFMANN-KOHLER, Gabrielle. **Identifying and applying the law governing the arbitration procedure: *the role of the law of the place of arbitration***. *In*: VAN DEN BERG, Albert (Ed.). **Improving the efficiency of arbitration and awards:** 40 years of application of the New York Convention. Paris: Kluwer Law International, 1999.

KURKELA, Matti S.; TURUNEN, Santtu. **Due Process in International Commercial Arbitration**. 2. ed. New York: Oxford University Press, 2010.

LEMES, Selma M. Ferreira. **Arbitragem. Princípios Fundamentais. Direito Brasileiro e Comparado**. *In*: Revista dos Tribunais, v. 686, 1992.

LUHMANN, Niklas. **Sociologia do direito II**. Rio de Janeiro: Tempo Brasileiro, 1983.

LUHMANN, Niklas. **The self-reproduction of law and its limits**. *In*: Essays on self-reference. New York: Columbia University Press, 1990.

MARINONI, Luiz Guilherme; ARENHART, Sergio C. **Comentários ao CPC**. Arts. 369-380. São Paulo: RT, 2016.

MARINONI, Luiz Guilherme; ARENHART, Sérgio Cruz; MITIDIERO, Daniel. **Curso de Processo Civil**, v. 2. São Paulo: RT, 2020.

MARTINS-COSTA, Judith. **A boa fé no direito privado**. São Paulo: Saraiva, 2018.

MONTORO, Marcos A. F. **Flexibilidade do Procedimento Arbitral**. Tese (Doutorado) – Faculdade de Direito, Universidade de São Paulo, São Paulo, 2010.

MOREIRA, José Carlos Barbosa. **A Garantia do Contraditório na Atividade de Instrução.** *In*: **Doutrinas Essenciais de Processo**, São Paulo: RT, 2011, v. 4.

MURIEL, Marcelo A. **A Arbitragem frente ao judiciário brasileiro.** *In*: **Revista Brasileira de Arbitragem**. Kluwer Law, 2004, v. I/1.

MURIEL, Marcelo A. **Produção de provas em arbitragem**, p. 311-323. *In*: CARMONA, Carlos Alberto; LEMES, Selma Ferreira, MARTINS, Pedro Batista (coord.). **20 anos da Lei de Arbitragem**. Homenagem a Petrônio R. Muniz. São Paulo: Atlas, 2017.

NERY JR., Nelson. **Princípios do Processo na Constituição Federal**. São Paulo: RT, 2015.

NEVES, Marcelo. **Entre têmis e leviatã: uma relação difícil**. São Paulo: Martins Fontes, 2016.

NUNES PINTO, José Emilio. **A escolha pela arbitragem e a garantia de sua instituição.** *In*: **Revista do Advogado**, São Paulo: AASP, n. 87.

PARENTE, Eduardo de Albuquerque. **Existiria uma ordem jurídica arbitral?** *In*: CARMONA, Carlos Alberto; LEMES, Selma Ferreira, MARTINS, Pedro Batista (coord.). **20 anos da Lei de Arbitragem**. Homenagem a Petrônio R. Muniz. São Paulo: Atlas, 2017.

PARENTE, Eduardo de Albuquerque. **Processo Arbitral e Sistema**. São Paulo: Atlas, 2012.

VALLE, Martim Della. **Considerações sobre os pressupostos processuais em arbitragens.** *In*: **Revista Brasileira de Arbitragem**. Kluwer Law, 2006, v. 3/12.

VERÇOSA, Haroldo Malheiros Duclerc. **Doze anos da lei de arbitragem: alguns aspectos ainda relevantes.** *In*: **Aspectos da arbitragem institucional:** 12 anos da Lei 9.307/96. São Paulo: Malheiros, 2008.

VIGORITI, Vicenzo. **Em busca de um direito comum arbitral: notas sobre o laudo arbitral e a sua impugnação**. Tradução e anotação de Carlos Alberto Carmona. *In*: **Revista de Processo**, São Paulo: RT, 1998, n. 91.

7. LIÇÕES DA ARBITRAGEM PARA NOSSO SISTEMA DE JUSTIÇA: UMA PERSPECTIVA EM GESTÃO ESTRATÉGICA E ACESSO À JUSTIÇA

ANDRÉ GOMMA DE AZEVEDO

Introdução

> "The dissatisfaction with the administration of justice is as old as the law"
>
> ROSCOE POUND (1906)[1]

Alexandre Fortes olhava para a sua entrevistadora, uma das mais destacadas apresentadoras de programas matinais da TV brasileira. Seus olhos brilharam com lágrimas quando ele foi questionado sobre sua reação depois de ter vencido o primeiro processo de indenização por danos morais daquele gênero. Lamentavelmente, o réu era seu pai e a causa de pedir: abandono afetivo. As primeiras lágrimas começaram a cair: "não era isso que eu queria, agora meu pai disse que nem atende meus telefonemas". Embora o pai tenha honrado compromissos financeiros com seu filho e até mesmo percorrido longas distâncias para estar com ele, o Tribunal de Justiça de Minas Gerais proferiu uma decisão a favor do

[1] POUND, Nathan Roscoe. The Causes of Popular Dissatisfaction with the Administration of Justice, 14 Am. L. Rev, p. 445 e 451, 1906. Tradução Livre: "A insatisfação com a administração da justiça é tão antiga quanto a lei".

jovem de 24 anos, que semanas depois chorava copiosamente na televisão nacional brasileira. Naquele ponto, ele ganhou, em valores atuais, aproximadamente R$ 300.000,00 em indenização por danos morais, mas, sem dúvida, se sentiu derrotado em seu propósito de buscar justiça. Justiça, para ele – e muitos outros usuários de um sistema moderno de justiça – está menos correlacionado com "receber o que é devido a cada um" e mais vinculado a uma função de satisfação do usuário com o processo e seu resultado. O presente artigo apresenta como nosso sistema de justiça apreendeu e continua apreendendo com meios adequados de resolução de disputas, entre os quais a arbitragem, a emprestar ao conceito polissêmico de justiça uma função de satisfação de usuário quanto a componentes instrumentais e materiais.

O Poder Judiciário brasileiro é atualmente composto por 18.168 juízes e 239.085 servidores públicos[2]. Seu orçamento é de aproximadamente R$ 25 bilhões. Todos os anos, aproximadamente 25 milhões de novos processos são registrados. Ao mesmo tempo, quase 22 milhões de casos são encerrados. Esse déficit de produtividade gerou nos últimos dois anos a atual sobrecarga de 80 milhões de processos pendentes. Esses números são provenientes do Conselho Nacional de Justiça, órgão administrativo que tem por objetivo aprimorar as práticas de gestão do judiciário brasileiro e atuar como corregedor nacional. Apesar de seu orçamento de R$ 55 milhões, o Conselho Nacional de Justiça não avalia a satisfação do usuário com os serviços prestados nos tribunais brasileiros. Por outro lado, este órgão administrativo entende o Acesso à Justiça a partir da quantificação de pessoas da população brasileira que podem entrar ou efetivamente entraram com uma ação judicial. Em 2017, 12.519 de cada cem mil cidadãos entraram com ações judiciais no Brasil. Os indicadores de produtividade referem-se ao número de casos resolvidos em comparação com os casos pendentes a cada ano. Nessa perspectiva, parece que o Conselho Nacional de Justiça acredita que a insatisfação com a administração da justiça decorre da demora no encerramento dos processos e do atraso do sistema. Analogamente, como será aprofundado mais adiante neste artigo, se o Conselho Nacional de Justiça gerenciasse um restaurante, estaria mais preocupado em quantas refeições são servidas e o tempo de entrega dos pratos a partir dos pedidos do que se os usuários estão saindo nutridos e satisfeitos. Assim, pode-se argumentar que uma questão central para o Judiciário brasileiro é a estrutura gerencial pela qual seus serviços são prestados. Paralelamente, componentes privados do sistema de justiça,

[2] BRASIL, Conselho Nacional de Justiça. A Justiça em Números, (2018) Disponível em: http://www.cnj.jus.br/files/conteudo/arquivo/2018/08/44b7368ec6f888b383f6c3de40c32167.pdf. Acesso em: 20 jun. 2021.

como a Arbitragem Comercial, tem como mola propulsora do seu crescimento a satisfação dos seus usuários. Quanto à Arbitragem, pode-se argumentar que a sua expansão no Brasil nessas últimas décadas decorre da satisfação crescente de usuários com aspectos processuais e materiais desse processo de resolução de disputas.

Dos primeiros debates sobre Acesso à Justiça[3], na década de 1970, às modernas e variadas comissões de Ordens de Advogados, comitês, conferências e colóquios[4], este tema tem sido constantemente debatido, muitas vezes classificado como um problema crítico[5], mas também é percebido que esta não é "uma preocupação central nas decisões políticas [...] na jurisprudência constitucional ou nos currículos das faculdades de direito[6]".

Este artigo argumenta que a afirmação de Pound quanto "a insatisfação popular com a administração da justiça[7]" decorre da falta de práticas de gestão estratégica no Judiciário, e é indiscutivelmente mais eficiente tratar a crise de Acesso à Justiça concentrando-se na avaliação dos usuários sobre quais seriam suas expectativas do Sistema Judiciário. A crise, como sugerida pela ex-reitora da Faculdade de Direito da Universidade de Harvard, Martha Minow[8], tem menos correlação com uma estrutura jurídica deficiente e mais com "nossa organização e procedimento judiciário [que estão] atrasados"[9]. Roscoe Pound foi o primeiro a sugerir que "muito da insatisfação atual tem uma origem justa em nossa organização e procedimento judicial"[10]. Mesmo assim, depois de mais de um século do primeiro evento para entender as causas da insatisfação popular com a administração da justiça, pouco foi feito para melhorar a gestão dos tribunais. Além disso, a legitimidade e o apoio dos usuários ao sistema judicial não foram administrados ou foram de forma imperceptível, a ponto de permitir a formação de um "legalismo adversarial [que] muitas vezes transforma o sistema de justiça civil em um motor de injustiças"[11].

Uma estrutura gerencial que pode muito bem ser aplicada para obter uma compreensão mais clara dos problemas com a administração da justiça é o

[3] GARTH, Bryant G. and CAPPELLETTI, Mauro. **Access to Justice:** The Newest Wave in the Worldwide Movement to Make Rights Effective. 27 Buffalo L. Rev. 181, p. 197-227, 1978.

[4] RHODE, Deborah L. **Access to Justice**. Fordham L. Rev., v. 69, p. 1786, 1788, 2000.

[5] MINOW, Martha. **We Must Ensure Everyone Has Access to Equal Justice**. Boston: Globe, 2014.

[6] RHODE, *op. cit.*

[7] *Vide* nota 2 acima.

[8] *Vide* nota 3 acima.

[9] POUND, *op. cit.*

[10] *id.ibidem*

[11] *Vide* KAGAN, Robert A. **Adversarial Legalism:** The American Way of Law, p. 117, 2003.

"Triângulo Estratégico"[12]. Essa estrutura sugere que não há um único direcionador para resultados satisfatórios ao público, mas sim uma composição de vários elementos: valor público, que engloba o benefício público essencial que o produto ou serviço deve fornecer; legitimidade e apoio, que compreende a autoridade, legitimidade e recursos que a organização precisa coordenar para produzir os resultados desejados; e, capacidade operacional, que se baseia em quais habilidades ou competências são necessárias para criar um valor perceptível e durável dentro de uma organização para fins públicos.

No cerne do debate, é necessário primeiro definir o que se entende por "Acesso à Justiça". Além disso, deve-se também considerar que "[a] solução para o 'problema' depende de como o problema é definido e quais objetivos políticos se deseja alcançar"[13]. Do exemplo de Alexandre Fortes acima, parece que a participação (ou seja, um mero "dia no tribunal") não é o único e nem mesmo o principal problema a ser abordado. A falta de um entendimento claro – derivado diretamente dos usuários – de quais são as finalidades públicas institucionais que impulsionam os tribunais dificulta o estabelecimento de objetivos gerenciais claros. Assim, deve-se avaliar o que deixaria os usuários satisfeitos com os serviços públicos prestados de resolução de conflitos. Atualmente, existem estudos que indicam que a maioria dos usuários ainda está insatisfeita com a administração da justiça[14], e não foram encontrados estudos sobre o que seria esperado do ponto de vista do usuário de nossos tribunais[15]. Na verdade, essas

[12] *Vide* Moore, Mark H. **Creating Public Value:** Strategic Management in Government. Cambridge, Massachusetts: Harvard University Press, 1995.

[13] *Vide* Friedman, Lawrence M. **Access to Justice:** Some Historical Comments, 37 Fordham Urb. L.J. 3, 15. 2010 (stating also that "access to justice is a complex issue").

[14] ABA **Consortium on legal services and the public, legal needs and civil justice:** a survey of americans; major findings from the comprehensive legal needs study, p. 7-19, 1994 *apud* Deborah L. Rhode. **Access to Justice:** A Roadmap for Reform, 41 Fordham Urb. L.J., p. 1227, 1231, 2014 [hereinafter Rhode, Roadmap] (describing the legal system as "unduly lawyer-centric").

[15] *Vide* Shestowsky, Donna. **Disputants' Preferences for Court-Connected Dispute Resolution Procedures:** Why We Should Care and Why We Know So Little, 23 Ohio St. J. on Disp. Resol. 549, 601 n. 185, 2008; Shestowsky, Also Donna. **The Psychology of Procedural Preference:** How Litigants Evaluate Legal Procedures Ex Ante, 99 Iowa L. Rev. 637, 2014; Hensler, Deborah R. **Our Courts, Ourselves:** How the Alternative Dispute Resolution Movement Is Re-Shaping Our Legal System, 108 Penn St. L. Rev. 165, 167, 2003; Kuriloff, Peter J.; Goldberg, Steven S. **Is Mediation a Fair Way to Resolve Special Education Disputes?** First Empirical Findings, 2 Harv. Negot. L. Rev. 35, 60, 1997; Pearson, Jessica; Thoennes, Nancy. **Mediating and Litigating Custody Disputes,** 17 Family Law Quarterly 497, p. 500-503, 1984.

perspectivas tendem a ser "indevidamente centradas no advogado"[16]. Na história de Alexandre, seu advogado afirma que foi uma grande vitória contra pais indiferentes[17]. Em contraste, na sua entrevista para a TV, parece que Alexandre não se sente vitorioso. Com um olhar centrado no usuário sobre essa questão, este artigo propõe uma nova perspectiva para o problema do Acesso à Justiça ao adotar um arcabouço de gestão estratégica que irá, entre outras práticas relevantes, avaliar a expectativa do usuário sobre o que significa estar satisfeito com um sistema judicial.

No desenvolvimento desta estrutura, este artigo baseia-se na abordagem[18] recente de Rory Van Loo, Coorporations as Courthouses, em que o "acesso à reparação"[19] foi tratado como um componente central para a resolução de disputas de consumo. Para este fim, o presente artigo argumenta que, a aplicação do Triângulo Estratégico para apoiar a melhoria das métricas de Acesso à Justiça exige uma definição básica de "Justiça" compatível com esse quadro. Assim, para efeito e como introduzido acima, a Justiça está sendo tratada como uma função da satisfação do usuário com o processo e seu resultado final[20].

A contribuição deste artigo pode ser considerada com base em dois níveis de aplicabilidade. Em primeiro lugar, apresenta uma perspectiva de Gestão Estratégica para a questão do Acesso à Justiça, ao mesmo tempo que examina o desenho de um sistema que tem sido percebido como excessivamente adversarial, mesmo por aqueles que se beneficiam financeiramente com este modelo – advogados contenciosos[21]. Em segundo lugar, desafia a lacuna crescente entre esse modelo e a resolução de disputas por meio de ambientes online, onde empresas como Ebay ou Amazon incorporaram em seus modelos de negócios uma abordagem de resolução de conflitos[22] não destrutiva ou até mesmo, construtiva.

[16] Rhode, Deborah L., Access to Justice: A Roadmap for Reform, 41 Fordham Urb. L.J. 1227, 1231, 2014.

[17] *Vide* http://www.rodrigodacunha.adv.br/alienacao-parental-uma-inversao-da-relacao-sujeito--objeto/ Acesso em: 21 jun. 2019.

[18] *Vide* Loo, Rory Van. The Corporation as Courthouse, 33 Yale J. on Reg. 547, p. 582-83, 2016.

[19] *Id.* no 571.

[20] Essa definição foi apresentada e utilizada com finalidade semelhante em Gomma de Azevedo, André. **A pedagogia das competências como paradigma da formação em negociação:** uma proposta a partir da experiência da oficina de negociação da Faculdade de Direito da Universidade de Brasília, p. 305, 2018. Tese (Doutorado) – Faculdade de Direito, Programa de Pós-Graduação em Direito da Universidade de Brasília, Brasília: DF, 2018.

[21] *Vide* Rhode, Deborah L. **In the Interests of Justice:** Reforming the Legal Profession (2000) [doravante Rhode].

[22] *Vide* Deutsch, Morton. **The Resolution of Conflict** (New Haven: Yale University Press, 1973).

Este artigo se desdobra em quatro seções. A primeira apresenta uma visão geral da literatura sobre Acesso à Justiça e seus desafios de gestão. A segunda descreve uma visão geral da aplicabilidade da literatura sobre Gestão Estratégica à questão do Acesso à Justiça. A seção final deste artigo apresenta revisões específicas em nossa estrutura da Justiça em Números para contribuir para a melhoria contínua dos sistemas de resolução de disputas judiciais.

1. Os desafios históricos de acesso à justiça

Conta-se, no judaísmo, a história[23] de um juiz na Idade Média que estava ansioso para condenar um réu. No início do julgamento criminal, ele disse ao pobre réu: "Vou escrever 'culpado' em um papel e 'inocente' em outro. Se você for inocente, o destino o guiará para escolher a folha de papel correta". O camponês, certo de que estava recebendo dois papeis iguais, com "culpado" escrito neles, sentiu que esse poderia ser o seu fim. Ele concordou relutantemente, pegou o pedaço de papel dobrado e rapidamente o colocou na boca e o comeu! Depois de engolir o pedaço de papel, ele disse: "Meritíssimo, estes papéis comprovam a minha inocência, porque o único que me resta tem 'culpado' escrito nele". Segue o conto indicando que ele foi então libertado.

Esta narrativa ilustra o papel fundamental de longa data da estratégia nos tribunais – e, em grande medida, demonstra também como por muito tempo se esperava dos usuários que exercessem a criatividade necessária para lidar com a administração da justiça ou, como diria Roscoe Pound, que ficassem insatisfeitos com ela.

O discurso de 1906 feito por Roscoe Pound na Conferência intitulada "As Causas da Insatisfação Popular com a Administração da Justiça" apresentou indiscutivelmente a primeira perspectiva sobre o Acesso à Justiça em função da satisfação do usuário[24]. Nesta oportunidade, o professor Roscoe Pound alertou que "muito da insatisfação atual tem justa origem em nossa organização e procedimento judiciário. As causas que estão aqui devem ser atendidas. Nossa administração de justiça não é decadente. Simplesmente está atrasada". Pound chamou a atenção para a morosidade, custo e ineficiência do Judiciário.

Em 1906, Roscoe Pound referiu-se à "teoria esportiva da justiça" como uma premissa fundamental do sistema público de resolução de disputas[25]. Pound

[23] Bonder, Nilton. **Yiddishe Kop:** Creative Problem Solving in Jewish Learning, Lore and Humor. Shambala, 1999.

[24] Pound, Roscoe. *The Causes of Popular Dissatisfaction with the Administration of Justice.* 14 AM. LAW. 445, 1906.

[25] Pound, *id.*

chamou a atenção para o procedimento excessivamente adversarial da *common law*. Para Pound: "Uma fonte não menos potente de irritação reside em nosso procedimento exageradamente contencioso de *common law*."

Além disso, há uma suposição comum de que no sistema judicial (adversarial) são "as partes, e não o juiz, [que] têm a maior responsabilidade e controle sobre a definição da disputa"[26]. Há um entendimento comum sobre o judiciário como reativo às expectativas dos participantes sobre seu papel. Assim, se Alexandre pedir indenização em dinheiro para compensar os danos do abandono parental, o sistema não deve buscar entender o que é que efetivamente geraria a satisfação do usuário com o sistema judicial. Em outras palavras, a estratégia atualmente adotada para atender às expectativas dos usuários quanto à satisfação com a administração da justiça é fornecer literalmente o que está sendo perseguido – sem questionar posições ou interesses. Paralelamente, na Arbitragem Comercial, se partes, câmaras de arbitragem e árbitros não estivessem conjuntamente zelando pelo uso racional e satisfatório desse processo, dificilmente o Brasil teria a explosão de demandas arbitrais que teve nessas últimas décadas.

2. Uma moldura teórica de gestão estratégica para o nosso sistema de justiça

"if you don't know where you are going any road will take you there[27]*"*

A estratégia pode ser definida como a criação de uma perspectiva, posição, plano e padrão envolvendo um conjunto diferente de atividades, com objetivos claros pré-determinados, enquanto requer a criação de um "ajuste" entre as atividades da instituição à demanda do público ou do usuário[28]. Seja em ambientes compe-

[26] *Vide, e.g.*, Judith Resnik, Managerial Judges, 96 Harv. L. Rev. 374, 382 (1982); Also, Ellen E. Sward, Values, Ideology and the Evolution of the AdVidesary System, 64 Ind. L.J. 301, p. 301-02, 1988 ("The adversary system is characterized by party control of the investigation and presentation of the evidence and argument. . . .").

[27] Esta citação é uma paráfrase de CAROLL, Lewis, Alice's Adventures In Wonderland, Collonial Press Inc. Clinton, MA, (sem data) p. 75. A tradução livre do diálogo original apresentado por Caroll foi:
"Você poderia me dizer, por favor, que caminho devo seguir a partir daqui?"
"Isso depende muito de onde você quer chegar", disse o Gato.
"Eu não me importo muito onde" disse Alice.
"Então não importa para que lado você vá", disse o Gato.
"- contanto que eu chegue a algum lugar," Alice acrescentou como uma explicação.
"Oh, com certeza você fará isso", disse o Gato, "se você caminhar o tempo suficiente".

[28] PORTER, Michael. **What is Strategy**. Harvard Business Review, November-December, p. 1, 1996; Henry Mintzberg, The Rise and Fall of Strategic Planning, 1994. Basic Books.

titivos, como a captura de participação de mercado em um ambiente corporativo ou mesmo numa guerra; ou em ambientes colaborativos, como a fundação de um hospital sem fins lucrativos para fornecer cuidados oftalmológicos para os que precisam[29], ou nos serviços públicos de resolução de disputas, a estratégia deve ter objetivos claros e pré-estabelecidos.

Em alguns casos, os problemas que dificultam o interesse público são evidentes por si mesmos. Uma cidade na qual os estudantes estão entre as notas mais baixas nos Testes de Aptidão Escolar do país, ou uma região na Índia rural na qual um segmento significativo da população não tem acesso a cuidados oftalmológicos, apresenta problemas claros que requerem um "ajuste" de atividades, práticas ou projetos de desenvolvimento. Essas atividades, práticas ou projetos de desenvolvimento devem enfrentar os problemas em mãos: melhorar as notas de forma consistente e contínua ou atender à necessidade de serviços médicos ou especificamente oftalmológicos em um segmento específico da Índia.

Por outro lado, em muitos outros casos, geralmente é difícil estabelecer uma formulação definitiva do problema[30]. Encontrar a estratégia "adequada" à questão pode ser especialmente desafiador quando, entre outros fatores[31], o problema é difícil de compreender em suas múltiplas facetas. Ou ainda muda com diferentes abordagens ou porque há poucas oportunidades de aprender com tentativas e erros para compreender melhor suas questões centrais. Infelizmente, não definir precisamente o problema pode muito bem colocar uma organização no reino de Lewis Carroll, no qual caminhar o suficiente levará Alice a algum lugar e a lugar nenhum ao mesmo tempo.

Os planos estratégicos para muitos sistemas de justiça são indiscutivelmente um bom exemplo de problemas institucionais não muito bem definidos: os tribunais devem se concentrar em proferir um grande número de decisões para reduzir a lacuna de produtividade/acumulação ou os eles devem tentar entender o que seus usuários buscam quando buscam justiça a partir das suas estrutu-

[29] KARMALI, Naazneem. **Aravind Eye Care's Vision for India.** Forbes, March 5, 2000. Disponível em: https://www.forbes.com/global/2010/0315/companies-india-madurai-blindness-nam-familys-vision.html#7ad44ab35c7e. Acesso em: 30 nov. 2018. RANGAN, V. Kasturi. **The Aravind Eye Hospital, Mandurai, India:** In Service for Sight in Case Study. Boston: Harvard Business Publishing, 2009.

[30] CAMILLUS, John. **Strategy as a Wicked Problem.** Harvard Business Review, 86, p. 98-101, 2008.; MCMILLAN, Charles. **Wicked problems:** turning strategic management upside down, Journal of Business Strategy, January, 2016.

[31] RITTEL, Horst; WEBBER, Melvin M. **Dilemmas in a General Theory of Planning.** Policy Sciences, v. 4, n. 2, p. 155-169, jun., 1973. Disponível em: https://www.jstor.org/stable/4531523. Acesso em: 13 dez. 2018.

ras? Ou, como afirmou Roscoe Pound: como entender as causas da insatisfação popular com a administração da justiça?

O problema é agravado por uma provável falta de capacidade do usuário final de contribuir com indicações dos serviços necessários ou desejados. No exemplo de Alexandre acima, se ele tivesse sido questionado ao iniciar o processo contra seu pai, ele teria indicado que queria um sistema de justiça capaz de entender seu desejo interior de se conectar verdadeiramente com seu pai? Parece improvável.

Por um lado, pode-se argumentar que muitas vezes os usuários de determinados serviços (ou produtos) não conseguem articular de forma eficaz suas necessidades ou desejos. Nesse caso, pode-se argumentar que um usuário do sistema judicial dificilmente daria uma resposta correta ou precisa à pergunta sobre qual a sua finalidade ao buscar uma ação judicial. Não é raro um gerente, diante de expectativas pouco claras dos usuários argumentar que muitas vezes eles não entendem seus próprios interesses. Uma citação frequentemente atribuída[32] a Henry Ford é a de que, se antes de construir o primeiro automóvel, ele perguntasse aos consumidores o que queriam, elas teriam dito "cavalos mais rápidos"[33]. De fato, Henry Ford entendeu "os problemas que as pessoas realmente tinham, e chegou a novas soluções que elas não conseguiam articular ou conceber"[34].

Por outro lado, ao abordar a compreensão adequada dos usuários dos sistemas judiciais, os estudos anteriores – tanto por escrito quanto em conferências[35] – que buscaram compreender as causas da insatisfação pública com a administração da justiça não indicam nenhuma evidência do uso de uma estrutura estratégica para definir adequadamente o problema ou o engajamento de profissionais ou estudiosos com conhecimento em Gestão Estratégica ou Administração Pública. No caso da Arbitragem, tivemos um chamado crescimento orgânico decorrente do trabalho empírico de progressivamente prestar serviços melhores de resolução de disputas.

[32] Vlaskovits, Patrick. **Henry Ford, Innovation, and That "Faster Horse" Quote**. Harvard Business Review, August 29, 2011.

[33] Vlaskovits, *id.*

[34] Flowers, Erik. **No one said they wanted faster horses, they wanted less horseshit**, june 1, 2014. Disponível em: http://www.helloerik.com/no-one-said-they-wanted-faster-horses-they-wanted-less-horseshit. Acesso em: 30 nov. 2018.

[35] *Vide e.g.* National Conference on the Causes of Popular Dissatisfaction with the Administration of Justice (1976: St. Paul, Minn.); Johnson, Earl. "The pound conference remembered." Dispute Resolution Magazine, Fall, p. 6, 2012.

Ao definir um método para compreender o problema, uma estrutura de gestão estratégica não apresentaria um plano rígido a ser seguido mecanicamente ou de forma fixa, mas apresentaria uma hipótese que seria testada para permitir uma melhor compreensão do que causa insatisfação com a administração da justiça. Planos estratégicos são frequentemente hipóteses de gestão, dentro das capacidades organizacionais, com metas definidas considerando a imprevisibilidade do futuro. Os planos de Gestão Estratégica são também um esforço para fechar as lacunas inevitáveis entre planejamento e implementação, meios e fins, gestão e organização, ordem e desordem[36].

2.1 Estratégia nos setores público e privado

A falta de avaliação e de gestão eficazes do desempenho não é uma característica única dos sistemas judiciais, mas sim da maior parte do setor público[37]. O que é percebido por muitos como a falta de prestação de contas do setor público, muitas vezes enfrenta o contra-argumento, no caso do Judiciário, de que os dados nunca foram tão abundantes sobre tantas características distintas do Judiciário como hoje[38]. Pelos dados apresentados pelo Conselho Nacional de Justiça[39], parece que os atuais indicadores de produtividade do judiciário brasileiro se relacionam com o número de casos finalizados comparados com os casos pendentes a cada ano. Nessa perspectiva, como indicado acima, parece que o Conselho Nacional de Justiça interpreta a insatisfação com a administração da justiça como uma função da demora no encerramento dos processos e do atraso do sistema. Certamente, nessa perspectiva pode-se argumentar que a questão central para o Judiciário brasileiro é a da produtividade com a qual os seus serviços são prestados.

Para ilustrar melhor isso, considere a seguinte analogia: imagine uma fábrica que produz alimentos congelados. Além disso, considere que a demanda por refeições congeladas em um determinado país é da ordem de 25 milhões de unidades por ano. O chefe desta organização é um dos cozinheiros mais brilhantes da área. Em contrapartida, a estratégia atual da organização é "entregar refeições". Se os pratos satisfazem o consumidor, se são uma alimentação saudável e adequada, ou mesmo se são venenosos, isso não é questionado por quem entrega essas refeições aos famintos. Acrescentando complexidade ao problema,

[36] Freedman, Lawrence. **Strategy:** A History, 319, 2013.

[37] Moore Mark H. **Creating Public Value:** Strategic Management in Government. Cambridge: Harvard University Press, p. 84, 1995.

[38] BRASIL, *op. cit.*

[39] BRASIL, *id.*

embora ninguém pergunte se essas refeições estão realmente reduzindo a fome de seus usuários, as filas crescem a cada ano – o que poderia sugerir aprovação do que está sendo produzido ou ausência de atendimento desta demanda por outros caminhos para alimentação satisfatória.

A Resolução nº 198 do Conselho Nacional de Justiça, publicada no ano de 2014 (Res. 198/2014), reflete o planejamento estratégico para todo o Judiciário brasileiro. Em sua declaração de missão, o Conselho Nacional de Justiça estabelece como missão "fazer justiça fortalecendo a democracia e fomentando a construção de uma sociedade livre e solidária, por meio de uma atividade judiciária efetiva"[40]. Além disso, a Res. 198/2014 estabelece como visão para o Poder Judiciário "ser considerado pela sociedade um instrumento efetivo de justiça, igualdade e paz social"[41]. Ao contrário de outros sistemas de justiça[42], o plano estratégico para o judiciário brasileiro não inclui qualquer avaliação feita pelos usuários.

No setor privado, um plano de gestão estratégica que não está intimamente correlacionado com a expectativa do cliente sobre os produtos ou serviços geralmente resulta em uma mudança no plano de negócios[43] ou no fracasso da empresa. Atender a demanda real do mercado é essencial para a construção da identidade das empresas do setor privado – certamente foi isso o que ocorreu com a Arbitragem no Brasil nestas últimas décadas. Em contraste, o setor público tem menos incentivos para evoluir. Inicialmente, não há efeito negativo, como o fracasso da empresa. Na metáfora alimentar apresentada acima, as linhas de produção estão crescendo independentemente do controle de qualidade. Além disso, existem alternativas limitadas e muitas vezes caras aos produtos e serviços fornecidos. Essa diferença essencial entre os setores público e privado impulsiona a necessidade de criar uma estrutura distinta para criar valor nas organizações públicas.

Conforme afirmado acima, uma estrutura gerencial que pode muito bem ser aplicada ao setor público para obter uma compreensão mais clara dos proble-

[40] *Vide* BRASIL. Conselho Nacional de Justiça. **Resolução nº 198, de 1º de julho de 2014**. Dispõe sobre o Planejamento e a Gestão Estratégica no âmbito do Poder Judiciário e dá outras providências. Disponível em: http://images/atos_normativos/resolucao/resolucao_198_01072014_17082018135728.pdf. Acesso em: 21 ago. 2019.

[41] *Id.*

[42] *Vide, e.g.* Massachusetts Trial Court Strategic Plan. Disponível em: https://www.mass.gov/info-details/trial-court-strategic-plan. Acesso em: 21 ago. 2019.

[43] Greenwald, T., 2014. Eric Ries's Lean Startup Movement Is Reshaping Startup Decision Making | MIT Technology Review. [online] MIT Technology Review. Disponível em: http://www.technologyreview.com/news/523651/startups-embrace-a-way-to-fail-fast/. Acesso em: 18 dez. 2019.

mas com a administração da justiça é o "Triângulo Estratégico"[44]. Conforme detalhado abaixo, esta estrutura sugere que vários fatores são necessários para resultados de valor público satisfatórios e sua medição e gestão eficazes. Esses motivadores (Valor Público, Legitimidade e Suporte e Capacidade Operacional) são discutidos mais detalhadamente a seguir.

2.2 Valor público

O conceito de valor público foi projetado para auxiliar os administradores governamentais no uso dos ativos de suas organizações de forma mais eficiente e eficaz na criação desse valor[45]. A principal marca conceitual dessa estrutura de valor público é o seu triângulo estratégico, que chama a atenção para três aspectos distintos do serviço público que os gestores devem estar atentos no desenvolvimento de uma visão de estratégia pública.

Conforme declarado na introdução, o primeiro componente desse triângulo é o valor público que a organização busca. O segundo são as fontes de legitimidade e apoio em que a organização pode dispor para fornecer os recursos necessários para buscar a visão de valor público. O terceiro é a capacidade operacional disponível para atingir tais objetivos.

Figura 1: Triângulo Estratégico

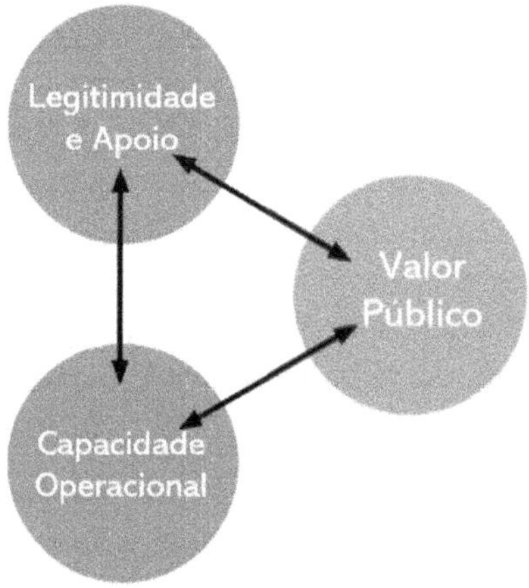

[44] *Vide* Moore, Mark H. **Creating Public Value:** Strategic Management in Government. Cambridge, Massachusetts, Harvard University Press, 1995.

[45] Moore, Mark H. **Creating Public Value Through State Arts Agencies.** Disponível em: https://www.wallacefoundation.org/knowledge-center/Documents/Creating-Public-Value-Through-State--Arts-Agencies.pdf, p. 15. Acesso em: 21 dez. 2019.

O triângulo estratégico é projetado de forma a direcionar os administradores públicos para a solução integrada de um problema maior (criação de valor público), por meio da solução de cada uma das três partes da estrutura. O desenvolvimento de uma estratégia para o Poder Judiciário depende inicialmente da compreensão e da delimitação de sua finalidade. Na verdade, a estratégia pode ser considerada "um propósito, junto com algumas medidas para sua realização"[46]. A elaboração de uma estratégia para um Poder Judiciário em que a finalidade dos tribunais seja definida como "um local para a tomada de decisões da forma mais eficiente" pode resultar em um plano estratégico bastante diferente ao definir seu objetivo como "um local em que os cidadãos estarão capazes de discutir suas queixas e, quando possível, chegar a soluções mutuamente aceitáveis voltadas para atender da melhor forma possível seus interesses"[47].

Com o devido respeito aos tribunais e às fábricas de alimentos, no exemplo apresentado acima, em que uma fábrica entregava 25 milhões de refeições por ano, mas não avaliava as expectativas e necessidades de seus usuários, é muito difícil elaborar adequadamente um plano estratégico de gestão. Para o propósito deste artigo, estamos presumindo que o caso de abandono parental de Alexandre, narrado na introdução, seria resolvido no primeiro momento em que ele apresentou a sua causa ao tribunal se a ele fosse perguntado quais eram as suas expectativas em relação ao processo de resolução de disputas. A partir de sua manifestação chorosa no programa de TV, é possível argumentar que ele tem interesse em ter um relacionamento melhor com seu pai. Supondo que esta seja uma avaliação correta: alguém poderia ter ligado ou enviado algum tipo de comunicação escrita positiva ao pai de Alexandre, indicando que ele procurou a assistência da justiça porque admira certas características do seu genitor, que gostaria de manter uma relação mais significativa e forte com ele e que esse interesse é de tamanha importância que o levou a buscar atendimento no TJMG.

Por outro lado, é evidente que os sistemas judiciários não se dedicaram ativamente a práticas inovadoras de avaliação das necessidades e interesses dos usuários. Se a inovação exige a compreensão do cliente e de seus problemas por meio

[46] FRIEDMAN, Lawrence M. **Access to Justice:** Some Historical Comments, 37 Fordham Urb. L.J. 3, 15. 2010, p. 196.

[47] Registre-se apenas a título de ilustração, que a posição deste autor é de que o objetivo do Sistema de Justiça consiste em estimular cidadãos a aprenderem a resolver de forma mais construtiva suas disputas podendo, para tanto, impulsionar as partes para que construam soluções mutuamente aceitáveis ou em razão de um procedimento dialógico legitimem um terceiro para que solucione tais disputas.

de métodos empíricos, observacionais e até mesmo de intuição[48], é claro que esta avaliação deve ocorrer considerando a vasta diversidade de tipos de casos apresentados perante os tribunais. Dito isto, o desenvolvimento de uma estratégia depende, em primeiro lugar, da compreensão dos propósitos fundamentais da organização pública.

Para superar provisoriamente essa falta de avaliação do usuário sobre as finalidades do sistema judiciário, pode-se recorrer à evolução das varas de família como uma indicação, a longo prazo, do que se espera dos tribunais modernos[49]. Inicialmente, quando implementados pela primeira vez, as varas de família focavam em abordagens binárias, nas quais a culpa do divórcio era examinada e atribuída a uma das partes. Naturalmente, essa série de acusações e contra-acusações levavam a ressentimentos e desacordos de longo prazo, que persistiram muito depois do término dos processos. Em contraste, com os divórcios sem culpa, as varas tornaram-se progressivamente centros para a busca de harmonia entre as famílias em transição. Se aplicasse esta mudança de propósito a outras searas do Direito, poder-se-ia argumentar que o propósito do judiciário é, quando possível, ajudar as pessoas a encontrar soluções construtivas e mais harmoniosas para seus conflitos.

2.3 Legitimidade e suporte

Depois de ter identificado o valor público a ser buscado por uma determinada organização, a questão seguinte é: quais "fontes de legitimidade e apoio" devem ser buscadas para autorizar a organização a "tomar medidas e fornecer os recursos necessários para sustentar o esforço de criação desse valor"[50]? Pode-se questionar se essas fontes de legitimidade e apoio se atentam às partes interessadas para as quais o sistema judicial público foi projetado (advogados e partes) ou se são voltadas para a estrutura de governança do sistema. Na seara pública no Brasil, pelos 15 membros do Conselho Nacional de Justiça e sua instância revisora – o Supremo Tribunal Federal. No âmbito privado, essa fonte de legitimidade decorreu em grande parte de profissionais estabelecidos que emprestaram ao

[48] VLASKOVITS, Patrick; FORD, Henry. **Innovation, and That "Faster Horse" Quote**. Harvard Business Review, 29 de agosto de 2011.

[49] *Vide e.g.* MNOOKIN, Robert H.; KORNHAUSER, Lewis. **Bargaining in the Shadow of the Law:** The Case of Divorce, 88 Yale L. J. 950, 968, 1979.

[50] *Vide* MOORE, Mark; KHAGRAM, Sanjeev. **On Creating Public Value:** What Business Might Learn from Government about Strategic Management. Corporate Social Responsibility Initiative Working Paper, n. 3. Cambridge, MA: John F. Kennedy School of Government, Harvard University, 2004.

Comitê Brasileiro de Arbitragem – CBAr uma influência incomum na crescente adoção da heterocomposição privada no Brasil.

No âmbito público, esta é uma questão altamente sensível, pois, por um lado, como mencionado acima, nem sempre as partes têm uma compreensão completa de quais opções de valor público estão disponíveis para elas. Além disso, em grande parte, os comitês gestores do Judiciário podem não estar dispostos a buscar essa revolução na gestão pública para aumentar a satisfação dos jurisdicionados, sem indicações claras de como essas mudanças irão gerar impactos positivos. Ou seja, atualmente, no cenário da gestão estratégica brasileira, as partes não estão sendo questionadas sobre o valor do serviço público que lhes é disponibilizado. Sem esses dados, no âmbito público, há ainda menos incentivos para mudar a forma como os serviços são prestados.

2.4 Capacidades operacionais

Para entender as capacidades operacionais, deve-se primeiro fazer um balanço dos ativos de habilidades e competências disponíveis (ou capazes de serem disponibilizados) para a organização. Com relação ao Judiciário brasileiro, isso se refere a cerca de mais de 250.000 servidores públicos e 19.000 juízes, ou um orçamento de R$ 25 bilhões. Por capacidade operacional, deve-se considerar também as capacidades (incluindo novos investimentos e inovações[51]) com as quais a organização contaria para produzir os resultados desejados. Em um contexto em que o governo digital está sendo constantemente debatido, deve-se também considerar a inovação das estruturas digitais para entregar de forma adequada o valor público esperado. Isso é especialmente importante se as boas práticas na resolução de disputas forem levadas em consideração.

A partir da experiência das empresas que estão conseguindo evitar conflitos de consumo ao fornecer um planejamento positivo de atendimento ao cliente[52], uma experiência digital substancialmente e processualmente distinta do atual modelo de judiciário é fundamental para o desenvolvimento de capacidades operacionais adequadas. Atualmente, essas empresas estão conseguindo atender às expectativas de resolução de disputas dos seus consumidores a partir de uma antecipação eficiente de solução para variados casos, predominantemente em favor dos clientes, que têm uma experiência positiva de relação com a empresa[53].

[51] *Id.* no 2.

[52] *Vide* Loo, Rory Van. **The Corporation as Courthouse**, 33 Yale J. on Reg. 547, p. 582-83, 2016.

[53] Idem. p. 582.

Além disso, há indícios nos setores público[54] e privado[55] que sugerem que há uma preocupação crescente dos usuários das plataformas de resolução de disputas – sejam públicas, como no Judiciário, ou privadas, como nas empresas, evitando que disputas evoluam para ações judiciais por meio de resoluções amigáveis – sobre a sensibilidade temporal das respostas. Conforme exposto por um relatório sobre Resolução de Disputas Online, "obter uma decisão por escrito, uma resolução rápida para o problema, compensa em grande parte pelo fato de você não ter realmente conhecido o juiz"[56].

Portanto, como parte relevante do segmento[57] de capacidade operacional do triângulo estratégico, pode-se argumentar que o judiciário tem controle sobre um conjunto de ativos, tem o potencial para inovar com esta estrutura e a responsabilidade por seu uso efetivo. Esta é a premissa básica[58] de uma estratégia organizacional: manter o controle e ser responsável pelo uso efetivo dos ativos é essencial[59].

Conclusões

Parte da doutrina tem sugerido que os tribunais não podem atender à demanda que enfrentam[60]. Por outro lado, há relatórios de tribunais afirmando uma maior eficiência na capacidade operacional[61]. São muitos os chamados para reavaliar o processo judicial ou o sistema público de resolução de disputas excessivamente adversarial[62]. Em contraste, há poucas avaliações sobre a preferência

[54] *Vide* nota 47.

[55] Schmitz, Amy; Rule, Colin. **The New Handshake:** Online Dispute Resolution And The Future Of Consumer Protection, Chapter 3, Lessons Learned on EBay, p. 33-46 American Bar Association Section on Dispute Resolution, 2017.

[56] Reuters, Thomson. **The Impact of ODR Technology on Dispute Resolution in the UK.** Spring 2016 at. Disponível em: https://blogs.thomsonreuters.com/legal-uk/wp-content/uploads/sites/14/2016/10/BLC_ODRwhitepaper.pdf. Acesso em: 14 dez. 2018.

[57] Moore, Mark H. **Creating Public Value:** Strategic Management in Government 70. Cambridge: Harvard University Press, 1995.

[58] Moore, Mark H. **Creating Public Value Through State Arts Agencies.** Disponível em: https://www.wallacefoundation.org/knowledge-center/Documents/Creating-Public-Value-Through-State-Arts-Agencies.pdf. Acesso em: 14 dez. 2018.

[59] Moore, *id.*

[60] *Vide e.g.*, Rifkind, Simon H. *Are we asking too much from our courts?*, 70 F.R.D. 83, 1976 (speech to the National Conference on the Causes of Popular Dissatisfaction with the Administration of Justice (the Pound Conference); Judith Resnik, Managerial Judges, 96 Harv. L. Rev. 374, 444, 1982.

[61] *Vide* nota 13.

[62] *Vide e.g.* Galanter, Marc. *Why the "Haves" Come out Ahead.* Wis. L. Rev. 1974; Chayes, Abram. **The Role of the Judge in Public Law Litigation**, 89 Harv. L. Rev. 1281, 1976; Priest, George L.; Klein, Benjamin. *The Selection of Disputes for Litigation*, 13 J. Legal. Stud. 1, 1984.

do público pelos processos de resolução de disputas[63]. Há poucas alegações de que os tribunais não exigem uma melhor gestão, mas não há indicações sobre as estruturas gerenciais para orientar mudanças importantes na forma como nossos tribunais são administrados[64]. Além disso, muitas mudanças recentes e bem-sucedidas na forma como as partes resolvem nossos conflitos derivaram de uma necessidade comercial de estabelecer relações positivas ou construtivas com os clientes[65]. Nesta pedra angular, a Arbitragem Brasileira, apoiou-se para sustentar o contínuo crescimento constatado nas últimas décadas (e celebrado na presente coletânea de artigos).

Entre essas contradições, perguntas prementes sobre o propósito (com que intenção o processo é planejado?), ritmo (quanta celeridade ou rapidez é necessária?), processo de resolução de controvérsias (como podemos planejar pra ter menos processos adversariais desnecessários?), não foram suficientemente discutidas nem foram submetidas à iteração apropriada necessária para melhorias[66]. Debates anteriores sobre a gestão dos tribunais resultaram em conclusões de que essas discussões "deveriam ser submetidas a um debate público mais amplo e livre"[67]. Embora seja certo que a administração judiciária se beneficiará muito desse debate público, existe uma estrutura gerencial muito necessária que deve ser aplicada e da qual resultará um entendimento mais claro sobre quais são os valores públicos que estão sendo buscados em nosso sistema judicial. Após esta melhor compreensão da questão fundamental sobre o valor público, um debate mais amplo sobre a capacidade operacional de nossos tribunais e a legitimidade e o apoio necessários para implementar estas mudanças também deve ser abordado.

[63] Shestowsky, Donna. *Disputants' Preferences for Court-Connected Dispute Resolution Procedures:* Why We Should Care and Why We Know So Little, 23 Ohio St. J. on Disp. Resol. 549, 601 n. 185, 2008; Pearson, Jessica; Thoennes, Nancy. **Mediating and Litigating Custody Disputes:** A Longitudinal Evaluation, 17 Fam. L.Q. 497, 500-03, 1984; Vidmar, Neil *An Assessment of Mediation in a Small Claims Court,* 41 J. Soc. Issues 127, 133, 1985. See also WELSH, Nancy A. **Stepping Back Through the Looking Glass:** Real Conversations with Real Disputants About Institutionalized Mediation and Its Value, 19 Ohio St. J. on Disp. Resol. 573, 607-09, 2004.

[64] *Vide e.g.* Brown, Winifred R. *Federal Rulemaking Problems and Possibilities,* ch. 4, 1981.

[65] Loo, Rory Van. **The Corporation as Courthouse,** 33 Yale J. on Reg. 547, 582-83 (2016).

[66] Kruchten, Phellipe. *From Waterfall to Iterative Development* – A Challenging Transition for Project Managers. The Rational Edge, 2000. Disponível em: http://www-128.ibm.com/developerworks/rational/library/content/RationalEdge/dec00/FromWaterfalltoIterativeDevelopmentDec00.pdf. Acesso em: 17 dez. 2018.

[67] Resnik, Judith. *Managerial Judges,* 96 Harv. L. Rev. 374, 445, 1982.

Nossa sociedade nunca descartará deliberadamente e integralmente o modelo adversarial tradicional, a menos que alternativas estáveis e consistentes que produzam melhores resultados sejam comprovadamente eficazes. Ao que parece, ao menos em parte, a Arbitragem tem se consolidado como uma prática de resolução de disputas que atende às expectativas do mercado. Atinge, desta forma, o que denominamos de "Process-Market Fit": a recepção pelo mercado de processos que atende minimamente suas expectativas quanto à justiça processual e justiça material.

Por outro lado, há muito a crescer. Mesmo com a Arbitragem, mostram-se necessárias pesquisas que tenham a capacidade de identificar os indicadores de qualidade desejados pelos usuários. A administração da justiça só gerará uma satisfação pública consistente quando as causas de tal satisfação forem compreendidas. A venda da justiça está relacionada à sua esperada "imparcialidade planejada" – não uma indiferença deliberada em relação às necessidades e interesses populares de um sistema judicial para o século XXI. Os juízes devem equilibrar as escalas, não "na imprensa para dispor dos casos rapidamente"[68], mas com a preocupação de que os litigantes tenham experiências de aprendizado na resolução de disputas que se correlacionam estreitamente com seu senso de justiça: satisfação com o processo e com o seu resultado. Até lá, pode haver um número crescente de partes, como Alexandre Fortes, chorando por causa das suas vitórias.

Referências

ABA **Consortium on legal services and the public, legal needs and civil justice:** a survey of americans; major findings from the comprehensive legal needs study, p. 7-19, 1994 *apud* Deborah L. Rhode. **Access to Justice:** A Roadmap for Reform, 41 Fordham Urb. L.J., p. 1227, 1231, 2014.

BONDER, Nilton. **Yiddishe Kop:** Creative Problem Solving in Jewish Learning, Lore and Humor. Shambala, 1999.

BROWN, Winifred R. **Federal Rulemaking Problems and Possibilities**, ch. 4, 1981.

CAMILLUS, John. **Strategy as a Wicked Problem**. Harvard Business Review, 86, p. 98-101, 2008.

CAROLL, Lewis, **Alice's Adventures In Wonderland**, Collonial Press Inc. Clinton, MA, (sem data).

CHAYES, Abram. **The Role of the Judge in Public Law Litigation**, 89 Harv. L. Rev. 1281, 1976.

[68] *Id.*

DEUTSCH, Morton. **The Resolution of Conflict**, New Haven: Yale University Press, 1973.

FLOWERS, Erik. **No one said they wanted faster horses, they wanted less horseshit**, june 1, 2014. Disponível em: http://www.helloerik.com/no-one-said-they-wanted--faster-horses-they-wanted-less-horseshit. Acesso em: 30 nov. 2018.

FREEDMAN, Lawrence. **Strategy:** A History, 319, 2013.

FRIEDMAN, Lawrence M. **Access to Justice:** Some Historical Comments, 37 Fordham Urb. L.J. 3, 15. 2010.

GALANTER, Marc. **Why the "Haves" Come out Ahead**. Wis. L. Rev. 1974.

GARTH, Bryant G. and CAPPELLETTI, Mauro. **Access to Justice:** The Newest Wave in the Worldwide Movement to Make Rights Effective. 27 Buffalo L. Rev. 181, p. 197-227, 1978.

GOMMA DE AZEVEDO, André. **A pedagogia das competências como paradigma da formação em negociação:** uma proposta a partir da experiência da oficina de negociação da Faculdade de Direito da Universidade de Brasília, p. 305, 2018. Tese (Doutorado) – Faculdade de Direito, Programa de Pós-Graduação em Direito da Universidade de Brasília, Brasília: DF, 2018.

GREENWALD, T., 2014. **Eric Ries's Lean Startup Movement Is Reshaping Startup Decision Making** | MIT Technology Review. [online] MIT Technology Review. Disponível em: http://www.technologyreview.com/news/523651/startups-embrace-a--way-to-fail-fast/. Acesso em: 18 dez. 2019.

HENSLER, Deborah R. **Our Courts, Ourselves:** How the Alternative Dispute Resolution Movement Is Re-Shaping Our Legal System, 108 Penn St. L. Rev. 165, 167, 2003

KAGAN, Robert A. **Adversarial Legalism:** The American Way of Law, p. 117, 2003.

KARMALI, Naazneem. **Aravind Eye Care's Vision for India**. Forbes, March 5, 2000. Disponível em: https://www.forbes.com/global/2010/0315/companies-india-madurai-blindness-nam-familys-vision.html#7ad44ab35c7e. Acesso em: 30 nov. 2018.

KRUCHTEN, Phellipe. **From Waterfall to Iterative Development** – A Challenging Transition for Project Managers. The Rational Edge, 2000. Disponível em: http://www-128.ibm.com/developerworks/rational/library/content/RationalEdge/dec00/FromWaterfalltoIterativeDevelopmentDec00.pdf. Acesso em: 17 dez. 2018.

KURILOFF, Peter J.; GOLDBERG, Steven S. **Is Mediation a Fair Way to Resolve Special Education Disputes?** First Empirical Findings, 2 Harv. Negot. L. Rev. 35, 60, 1997.

LOO, Rory Van. **The Corporation as Courthouse**, 33 Yale J. on Reg. 547, p. 582-83, 2016.

MCMILLAN, Charles. **Wicked problems:** turning strategic management upside down, Journal of Business Strategy, January, 2016.

MINOW, Martha. **We Must Ensure Everyone Has Access to Equal Justice**. Boston: Globe, 2014.

MNOOKIN, Robert H.; KORNHAUSER, Lewis. **Bargaining in the Shadow of the Law:** The Case of Divorce, 88 Yale L. J. 950, 968, 1979.

MOORE, Mark H. **Creating Public Value:** Strategic Management in Government. Cambridge, Massachusetts: Harvard University Press, 1995.

MOORE, Mark; KHAGRAM, Sanjeev. **On Creating Public Value:** What Business Might Learn from Government about Strategic Management. Corporate Social Responsibility Initiative Working Paper, n. 3. Cambridge, MA: John F. Kennedy School of Government, Harvard University, 2004.

PEARSON, Jessica; THOENNES, Nancy. **Mediating and Litigating Custody Disputes:** A Longitudinal Evaluation, 17 Fam. L.Q. 497, 500-03, 1984.

PORTER, Michael. **What is Strategy**. Harvard Business Review, November-December, p. 1, 1996; Henry Mintzberg, The Rise and Fall of Strategic Planning, 1994. Basic Books.

POUND, Nathan Roscoe. **The Causes of Popular Dissatisfaction with the Administration of Justice**, 14 Am. L. Rev, p. 445 e 451, 1906.

POUND, Roscoe. **The Causes of Popular Dissatisfaction with the Administration of Justice**. 14 AM. LAW. 445, 1906.

PRIEST, George L.; KLEIN, Benjamin. **The Selection of Disputes for Litigation**, 13 J. Legal. Stud. 1, 1984.

RANGAN, V. Kasturi. **The Aravind Eye Hospital, Mandurai, India:** In Service for Sight in Case Study. Boston: Harvard Business Publishing, 2009.

RESNIK, Judith. **Managerial Judges**, 96 Harv. L. Rev. 374, 382, 1982.

REUTERS, Thomson. **The Impact of ODR Technology on Dispute Resolution in the UK**. Spring 2016 at. Disponível em: https://blogs.thomsonreuters.com/legal-uk/wp-content/uploads/sites/14/2016/10/BLC_ODRwhitepaper.pdf. Acesso em: 14 dez. 2018.

RHODE, Deborah L. **Access to Justice**. Fordham L. Rev., v. 69, p. 1786, 1788, 2000.

RHODE, Deborah L. **In the Interests of Justice:** Reforming the Legal Profession, 2000.

RIFKIND, Simon H. **Are we asking too much from our courts?**, 70 F.R.D. 83, 1976 (speech to the National Conference on the Causes of Popular Dissatisfaction with the Administration of Justice (the Pound Conference); Judith Resnik, Managerial Judges, 96 Harv. L. Rev. 374, 444, 1982.

RITTEL, Horst; WEBBER, Melvin M. **Dilemmas in a General Theory of Planning**. Policy Sciences, v. 4, n. 2, p. 155-169, jun., 1973. Disponível em: https://www.jstor.org/stable/4531523. Acesso em: 13 dez. 2018.

SCHMITZ, Amy; RULE, Colin. **The New Handshake:** Online Dispute Resolution and The Future Of Consumer Protection, Chapter 3, Lessons Learned on EBay, p. 33-46 American Bar Association Section on Dispute Resolution, 2017.

SHESTOWSKY, Also Donna. **The Psychology of Procedural Preference:** How Litigants Evaluate Legal Procedures Ex Ante, 99 Iowa L. Rev. 637, 2014.

SHESTOWSKY, Donna. **Disputants' Preferences for Court-Connected Dispute Resolution Procedures:** Why We Should Care and Why We Know So Little, 23 Ohio St. J. on Disp. Resol. 549, 601 n. 185, 2008.

SWARD, Ellen E. **Values, Ideology and the Evolution of the AdVidesary System**, 64 Ind. L.J. 301, p. 301-02, 1988.

VIDMAR, Neil. **An Assessment of Mediation in a Small Claims Court**, 41 J. Soc. Issues 127, 133, 1985.

VLASKOVITS, Patrick; FORD, Henry**. Innovation, and That "Faster Horse" Quote**. Harvard Business Review, 29 de agosto de 2011.

WELSH, Nancy A. **Stepping Back Through the Looking Glass:** Real Conversations with Real Disputants About Institutionalized Mediation and Its Value, 19 Ohio St. J. on Disp. Resol. 573, 607-09, 2004.

8.
ARBITRAGEM E PRESCRIÇÃO

ELEONORA COELHO
LOUISE MAIA DE OLIVEIRA

Introdução

O objetivo deste artigo é delinear as peculiaridades da aplicação da prescrição em sede arbitral, especialmente quanto a dois aspectos: (i) sua interrupção e (ii) a possibilidade de seu reconhecimento de ofício.

Inicialmente serão feitos breves apontamentos a respeito do instituto da prescrição (1), seguido por noções acerca de sua interrupção e reconhecimento no processo civil estatal brasileiro (2). Em seguida, adentrar-se-á à análise do tema na seara arbitral, avaliando como tais questões eram tratadas antes e depois da reforma da Lei nº 9.307 de 1996 (Lei de Arbitragem), ocorrida em 2015 (3). Por fim, serão abordadas as questões que permanecem controversas, mesmo após a alteração da Lei de Arbitragem (4), quais sejam: se a celebração de compromisso arbitral interrompe o prazo prescricional (4.1); se a propositura de ação judicial interrompe a prescrição quando há convenção arbitral (4.2); e se o árbitro pode declarar a ocorrência de prescrição *ex officio* (4.3). Finalmente, serão apresentadas breves conclusões sobre o tema (5).

1. O instituto da prescrição

Violado um direito subjetivo, nasce para o seu titular uma pretensão, que se traduz na "exigência de prevalecimento do interesse próprio sobre o de outrem"[1]

[1] Theodoro Júnior, Humberto. **Curso de Direito Processual Civil**. v. 1. 51. ed. Rio de Janeiro: Forense, 2010, p. 78.

ou, em outras palavras, no "poder de exigir de outrem uma ação ou omissão"[2]. Todavia, a concretização da pretensão, que ocorre por meio do exercício do direito de ação[3], se submete a um limite temporal: os prazos prescricionais.

Assim, no Direito Brasileiro, a prescrição é definida como o instituto que extingue a pretensão, diante da inércia do titular do direito lesado, conforme ditames do art. 189 do Código Civil (CC)[4], entendimentos doutrinário[5] e jurisprudencial.[6] Ressalta-se que, tendo em vista a concepção atual de que a ação é direito público subjetivo[7], a prescrição não mais pode ser entendida como apta

[2] Amaral, Francisco. **Direito civil:** Introdução. 7. ed. Rio de Janeiro: Renovar, 2008, p. 593.

[3] "Ação, portanto, é o direito ao exercício da atividade jurisdicional (ou o poder de exigir esse exercício). [...] Trata-se de direito ao provimento jurisdicional, qualquer que seja a natureza deste – favorável ou desfavorável, justo ou injusto – e, portanto, direito de natureza abstrata. É, ainda, um direito autônomo (que independe da existência do direito subjetivo material) e instrumental, porque sua finalidade é dar solução a uma pretensão de direito material." (Araújo Cintra, Antônio Carlos de; Grinover, Ada Pellegrini; Dinamarco, Cândido Rangel. **Teoria Geral do Processo**. 26. ed. São Paulo: Malheiros, 2010, p. 273; 277-278.)

[4] "Art. 189. Violado o direito, nasce para o titular a pretensão, a qual se extingue, pela prescrição, nos prazos a que aludem os arts. 205 e 206." (BRASIL, Lei nº 10.406, de 10 de janeiro de 2002. Institui o Código Civil. Disponível em: http://www.planalto.gov.br/ccivil_03/leis/2002/l10406compilada.htm. Acesso em: 29 mar. 2021.)

[5] Pereira, Caio Mário da Silva. *Instituições de Direito Civil*. 28. ed. Rio de Janeiro: Forense, 2015, v. 1, p. 572; Amaral, Francisco. **Direito civil:** Introdução. 7. ed. Rio de Janeiro: Renovar, 2008, p. 596; e Tepedino, Gustavo; Barboza, Heloisa Helena; Moraes, Maria Celina Bodin. *Código Civil Interpretado conforme a Constituição da República*. 3. ed. Rio de Janeiro: Renovar, 2014, v. 1, p. 354-357. Nota-se que já se chegou a afirmar que a prescrição extinguiria o direito de ação (a esse respeito, ver Pontes de Miranda. **Tratado de Direito Privado.** Tomo VI. Atualizado por Tilman Quarch, Jefferson Carús Guedes e Otavio Luiz Rodrigues Júnior. São Paulo: Editora RT, 2013, p. 221 e Clovis Bevilaqua. **Theoria Geral do Direito Civil.** 6. ed. atualizada por Achilles Bevilaqua. Rio de Janeiro: Francisco Alves, 1953, p. 370 apud Peluso, Cezar (coord.). **Código Civil Comentado:** doutrina e jurisprudência. 8. ed. Barueri: Manole, 2014, p. 118.).

[6] "No sistema jurídico brasileiro, que se espelhou no sistema jurídico germânico, é sabido que a prescrição, ou seja, o falecimento da pretensão ante a inércia do credor, que, por isso, sucumbe em face da oposição da exceção." (STJ, 1ª Seção, Embargos de Divergência em Recurso Especial nº 435.835/SC, Rel. Min. José Delgado, j. 24/03/2004.); e "deve-se lembrar que a prescrição tem início na data do nascimento da pretensão e da ação, que ocorre como a lesão ao direito. É a consagração do princípio da *actio nata*, consagrado também pelo art. 189 do CC/2002, onde, violado o direito, nasce para o titular a pretensão, a qual se extingue, pela prescrição, nos prazos a que aludem os arts. 205 e 206". (STJ, 1ª Turma, Agravo Interno no Recurso Especial nº 1615087/PR, Rel. Min. Napoleão Nunes Maia Filho, j. 31/08/2020.)

[7] Araújo Cinta, Antônio Carlos de; Grinover, Ada Pellegrini; Dinamarco, Cândido Rangel. Op. Cit. p. 276-277.

a extinguir o direito de ação. Assim, a prescrição extingue tão somente a pretensão, que não se confunde com o direito de ação, nem com o direito subjetivo[8].

Todavia, o que se pune não é qualquer inércia do titular da pretensão, mas sim o que Judith Martins-Costa[9] denomina como "inércia qualificada", ou seja, a inércia diante da possibilidade de exercê-la. Portanto, a inércia somente tem relevância em termos jurídicos quando se traduz em um comportamento concludente, com significado declarativo, qual seja: o desinteresse do titular da pretensão em exercê-la.

Com suas raízes na Antiguidade, a prescrição é instrumento utilizado em todos os ordenamentos jurídicos existentes[10]-[11], denotando seu intrínseco valor social como garantidor da estabilidade das relações sociais, pois, caso não fosse prevista, o devedor estaria submetido a uma situação de insegurança permanente, na qual nunca saberia se, ou quando, o credor poderia voltar-se contra ele.[12] Para Pontes de Miranda, porém, o fundamento da prescrição não seria proteger aquele que é devedor, mas sim "o que não é devedor e pode não mais ter prova da inexistência da dívida"[13]. Entende-se, todavia, que uma situação não exclui a outra e que, em qualquer hipótese, o valor maior que a prescrição visa proteger é a segurança jurídica[14].

Assim sendo, a prescrição é instituto que integra a ordem pública brasileira, ou seja, faz parte do conjunto de regras fundamentais desenvolvidas por um determinado Estado e que não podem ser derrogadas. Em consonância com sua natureza de ordem pública, não é permitido às partes renunciar à prescrição antes de decorrido o prazo legal (art. 191, CC[15]) e tampouco podem elas con-

[8] v. Martins-Costa, Judith. *Notas sobre o dies a quo do prazo prescricional. In: Revista Eletrônica Ad Judicia*, ano I, v. I, 2013, p. 17-18.

[9] *Ibid.* p. 4.

[10] Armelin, Donaldo. Prescrição e arbitragem. *Revista de Arbitragem e Mediação.* São Paulo: RT, 2007, n. 15, p. 66.

[11] Ainda que de maneiras distintas, cf. Menezes Cordeiro, António Manuel da Rocha e. Tratado do Direito Civil Português. Parte Geral. Tomo IV. Coimbra: Almedina, 2005, p. 115-172 *apud* Martins-Costa, Judith. *Op. Cit.* p. 5.

[12] Venosa, Silvio de Salvo. *Direito Civil – Parte Geral.* 15. ed. São Paulo: Atlas, 2015, p. 595.

[13] Pontes de Miranda. Op. Cit. p. 219-220. Destaque acrescentado.

[14] "É, então, na segurança da ordem jurídica que se deve buscar o seu verdadeiro fundamento. [...] Há, pois, um interesse de ordem pública no afastamento das incertezas em torno da existência e eficácia dos direitos, e este interesse justifica o instituto da prescrição, em sentido genérico." (Pereira, Caio Mário da Silva. *Op. Cit.* p. 573.)

[15] "Art. 191. A renúncia da prescrição pode ser expressa ou tácita, e só valerá, sendo feita, sem prejuízo de terceiro, depois que a prescrição se consumar; tácita é a renúncia quando se presume de fatos do interessado, incompatíveis com a prescrição."

vencionar sobre a extensão ou diminuição dos prazos legalmente estabelecidos (art. 192, CC[16]).[17]

A prescrição é instituto afeto ao direito material, no entanto, a sua arguição e o seu reconhecimento causam reflexos no direito processual. Isso se dá tanto em razão da instrumentalidade do processo, que o torna indissociável do direito material, como em razão de "ação" e "pretensão" serem intimamente conectadas, já que esta é o conteúdo daquela[18].

Ainda que o mais frequente seja o titular de um direito lesado buscar a satisfação da sua pretensão por meio do Poder Judiciário, pode ele também socorrer-se ao processo arbitral[19]. Assim, o instituto da prescrição também se aplica à via arbitral, tendo em vista a natureza jurisdicional da arbitragem[20], que a legitima como meio de solução de litígios e a sujeita à ordem pública[21].

A aplicação da prescrição na arbitragem, porém, não dispensa compatibilizações. A arbitragem, ainda que de natureza jurisdicional, é método privado de resolução de controvérsias, e sua coordenação com o instituto da prescrição não é feita sem desafios.

2. A interrupção e o reconhecimento da prescrição no processo civil estatal

A prescrição extingue a pretensão daquele que, durante certo tempo, se manteve inerte diante de uma violação ao seu direito subjetivo. Uma vez que o titular sai de sua inércia e toma a iniciativa de satisfazer sua pretensão, interrompe-se o prazo prescricional, caso este não tenha ainda se encerrado.

Uma vez interrompida a prescrição, o prazo já iniciado é desconsiderado e começará a fluir por inteiro novamente, embora ela somente possa ocorrer uma vez, como determina o art. 202, CC[22]. Este artigo também prevê as hipó-

[16] "Art. 192. Os prazos de prescrição não podem ser alterados por acordo das partes."

[17] "[...] apesar de ser possível a renúncia da prescrição em determinadas situações, isso não afasta a sua característica de ordem pública. O que configura a prescrição como instituto de ordem pública é justamente o fato de que as partes estão vinculadas ao que estabelece a lei quanto aos prazos prescricionais, não estando imunes aos seus efeitos". (Egashira, Fábio de Possídio. Arbitragem e prescrição. **Revista de Arbitragem e Mediação.** São Paulo: RT, 2006, n. 8, p. 40-41.)

[18] "Ação e pretensão apresentam-se, destarte, como duas realidades, intimamente coligadas mas distintas e inconfundíveis, tal como continente e conteúdo, visto que a pretensão se situa, com propriedade, como o objeto da atividade processual, que o direito de ação força o Estado a apreciar, manipular e remediar." (Theodoro Junior, Humberto. *Op. Cit.* p. 77.)

[19] Caso preenchidos os requisitos de arbitrabilidade (artigo 1º da Lei de Arbitragem).

[20] Carmona, Carlos Alberto. *Op. Cit.* p. 276.

[21] Lemes, Selma. *Op. Cit.* p. 88.

[22] "Art. 202. A interrupção da prescrição, que somente poderá ocorrer uma vez, dar-se-á: I – Por despacho do juiz, mesmo incompetente, que ordenar a citação, se o interessado a promover no

teses – extrajudiciais e judiciais – em que a prescrição é interrompida, cujo rol é taxativo, embora algumas delas digam respeito a conceitos abertos, como por exemplo "qualquer ato inequívoco, ainda que extrajudicial, que importe reconhecimento do direito pelo devedor".

Uma das formas de romper a inércia é mediante o ajuizamento de ação judicial. Dessa forma, no âmbito do Processo Civil Brasileiro, a prescrição é interrompida com o despacho do juiz que ordena a citação e retroage à data da propositura da ação, conforme previsto no parágrafo 1º ao art. 240 do Código de Processo Civil (doravante, CPC/15)[23], em conjunto com o art. 202, I, CC.

Referida disposição já era prevista no parágrafo 1º do art. 219 do Código de Processo Civil de 1973 (doravante, CPC/73)[24]. O CPC/15, porém, resolveu a incongruência então existente entre a redação dos artigos 202, I, CC e 219, §1º, CPC/73, e do *caput* do art. 219 do CPC/73. Isso, porque enquanto os primeiros estabeleciam que o ato que interrompia a prescrição era o despacho do juiz ordenando a citação; o último previa que a prescrição seria interrompida com a "citação válida" – atos que ocorrem em momentos distintos do processo (entre o despacho do juiz ordenamento a citação e a citação válida podem decorrer inúmeros meses ou, às vezes, anos).

Com o novo diploma processual, excluiu-se a previsão de que a citação válida interromperia a prescrição. Portanto, atualmente é pacífico que é o despacho

prazo e na forma da lei processual; II – Por protesto, nas condições do inciso antecedente; III – Por protesto cambial; IV – Pela apresentação do título de crédito em juízo de inventário ou em concurso de credores; V – Por qualquer ato judicial que constitua em mora o devedor; VI – Por qualquer ato inequívoco, ainda que extrajudicial, que importe reconhecimento do direito pelo devedor.
Parágrafo único. A prescrição interrompida recomeça a correr da data do ato que a interrompeu, ou do último ato do processo para a interromper."

[23] "Art. 240.A citação válida, ainda quando ordenada por juízo incompetente, induz litispendência, torna litigiosa a coisa e constitui em mora o devedor, ressalvado o disposto nos arts. 397 e 398 da Lei no 10.406, de 10 de janeiro de 2002 (Código Civil).
§ 1º – A interrupção da prescrição, operada pelo despacho que ordena a citação, ainda que proferido por juízo incompetente, retroagirá à data de propositura da ação.
§ 2º – Incumbe ao autor adotar, no prazo de 10 (dez) dias, as providências necessárias para viabilizar a citação, sob pena de não se aplicar o disposto no § 1º.
§ 3º – A parte não será prejudicada pela demora imputável exclusivamente ao serviço judiciário.
§ 4º – O efeito retroativo a que se refere o § 1º aplica-se à decadência e aos demais prazos extintivos previstos em lei." (BRASIL)

[24] "Art. 219. A citação válida torna prevento o juízo, induz litispendência e faz litigiosa a coisa; e, ainda quando ordenada por juiz incompetente, constitui em mora o devedor e interrompe a prescrição.
§ 1º A prescrição considerar-se-á interrompida na data do despacho que ordenar a citação.".

determinando a citação que a interrompe, em linha com o entendimento já havia se consolidado na doutrina[25].

O reconhecimento da ocorrência da prescrição, por sua vez, pode decorrer de alegação das partes ou ser realizado de ofício pelo juiz.

Em respeito ao princípio do contraditório, o CPC/15 determina que, embora possa o juiz averiguar de ofício a ocorrência de prescrição, antes de julgar a causa com base nela, deverá dar às partes oportunidade de se manifestar. Esse é o teor do art. 10 do CPC/15, que impede o juiz de decidir "com base em fundamento a respeito do qual não se tenha dado às partes oportunidade de se manifestar, ainda que se trate de matéria sobre a qual deva decidir de ofício".

Todavia, nem sempre o contraditório será prévio, podendo ser diferido em alguns casos, como nas hipóteses de tutela de urgência ou, ainda, de improcedência liminar do pedido. Nesse último caso, o art. 332, §1º, do CPC/15[26] autoriza a declaração de ofício da prescrição pelo juiz, mesmo sem manifestação prévia das partes a seu respeito (art. 487, par. un.[27]), relegando o exercício do contraditório caso haja a interposição de recurso.

O reconhecimento da prescrição de ofício pelo juiz nem sempre foi autorizado no processo civil estatal. Pelo contrário, o art. 194 do CC expressamente o vedava, exceto se fosse para favorecer o absolutamente incapaz[28]. Em 2006, referido dispositivo foi revogado pela Lei nº 11.280, a qual também alterou o art. 219, §5º, do CPC/73, para determinar que o juiz "pronunciará, de ofício, a prescrição" – impondo ao magistrado um dever de averiguar *sponte propria* a sua ocorrência.

A inserção do art. 219, §5º, no CPC/73 se deu com o objetivo expresso de acelerar a prestação jurisdicional e desafogar as instâncias judiciárias[29]. Com o

[25] v. Martins-Costa, Judith. Direito restitutório. Pagamento indevido e enriquecimento sem causa. Erro invalidante e erro elemento do pagamento indevido. Prescrição. Interrupção e dies a *quo in* **Revista dos Tribunais**, v. 956/2015, 2015, p. 269-270.

[26] "Art. 332. Nas causas que dispensem a fase instrutória, o juiz, independentemente da citação do réu, julgará liminarmente improcedente o pedido que contrariar [...] §1º O juiz também poderá julgar liminarmente improcedente o pedido se verificar, desde logo, a ocorrência de decadência ou de prescrição."

[27] "Art. 487. Haverá resolução de mérito quando o juiz: [...] Parágrafo único. Ressalvada a hipótese do § 1º do art. 332, a prescrição e a decadência não serão reconhecidas sem que antes seja dada às partes oportunidade de manifestar-se."

[28] "Art. 194. O juiz não pode suprir, de ofício, a alegação de prescrição, salvo se favorecer a absolutamente incapaz."

[29] Conforme constou na Exposição de Motivos nº 184 do Projeto de Lei nº 4.726/2004 que deu origem à referida alteração legal. Disponível em: http://www.planalto.gov.br/ccivil_03/Projetos/EXPMOTIV/MJ/2004/184.htm. Acesso em: 29 mar. 2021.

CPC/15, porém, o respeito ao contraditório se sobrepôs à celeridade da prestação jurisdicional, de forma que o magistrado passou a ter – em regra – o dever de provocar o contraditório antes de declarar a prescrição *ex officio*.

3. A interrupção e o reconhecimento da prescrição na arbitragem: regime jurídico e divergências doutrinárias antes e depois da alteração da Lei de Arbitragem

A arbitragem tem como uma de suas principais premissas a autonomia da vontade das partes. Um dos reflexos dessa autonomia é a flexibilização do tempo dos atos processuais – possibilitando a prorrogação ou o encurtamento de prazos, além de reduzidas hipóteses de preclusão no curso do processo[30].

Todavia, é o tempo que impõe parâmetros rígidos e sanções processuais no âmbito da prescrição, instituto que funciona como um "regulamentador jurídico dos efeitos do decurso do tempo"[31].

A Lei de Arbitragem, em sua redação original, não continha dispositivo sobre a aplicação da prescrição no procedimento arbitral. Na visão de Thiago Marinho Nunes[32], isso se deu, dentre outros motivos, porque a Lei tratou de direito processual, enquanto a prescrição é instituto de direito material.

[30] "O procedimento arbitral é porém muito menos preclusivo que o judicial, o que constitui uma das características básicas dos procedimentos flexíveis. A Lei de Arbitragem só alude à preclusão uma vez (art. 20) [...]. Isso não significa porém que inexistam outras preclusões no processo arbitral [...]. A grande liberdade confiada ao árbitro e às partes para o estabelecimento de normas a serem observadas na arbitragem e para o desenvolvimento dos atos de seu procedimento não pode chegar ao ponto de permitir à parte a prática de atos incompatíveis com atos por ela própria já praticados (preclusão lógica) nem de deixar portas ilimitadamente abertas à repetição do exercício de uma faculdade processual já exercida (preclusão consumativa). Mesmo as preclusões temporais poderão em alguns casos ocorrer, quando a parte deixar de realizar algum ato no prazo fixado pelo árbitro. Sem preclusão alguma nenhum procedimento é viável." (Dinamarco, Cândido Rangel. **A arbitragem na teoria geral do processo.** São Paulo: Malheiros, 2013, p. 58-60.) Vale observar que a flexibilidade do tempo no procedimento arbitral está consagrada nos regulamentos nacionais e internacionais de arbitragem, como, por exemplo, no Regulamento de 2012 da Câmara de Comércio Brasil-Canadá (CAM-CCBC), artigos 1.2 e 7.1.1; no Regulamento de 2012 da Câmara de Comércio Internacional (CCI), artigos 19, 22(2) e 24; no Regulamento vigente desde 2013 na Câmara de Conciliação, Mediação e Arbitragem CIESP/FIESP, artigo 10.2; no Regulamento de 2019 da Câmara de Mediação e Arbitragem Empresarial (CAMARB), artigos 2.6 e 2.7; e no Regulamento de 2016 da Câmara de Mediação e Arbitragem da FGV, artigo 45.

[31] Marinho Nunes, Thiago. **Arbitragem e Prescrição.** São Paulo: Atlas, 2014, p. 104.

[32] Idem. **A prescrição e a arbitragem internacional.** Migalhas, 26/03/2019. Disponível em: https://www.migalhas.com.br/coluna/arbitragem-legal/298823/a-prescricao-e-a-arbitragem-internacional. Acesso em: 29 mar. 2021.

Donaldo Armelin[33], por sua vez, justificou o silêncio da Lei em função da autonomia que as partes têm para escolher o direito processual e material aplicável ao procedimento.

Ademais, os dispositivos do Código Civil e do Código de Processo Civil não faziam menção expressa à prescrição no âmbito do procedimento arbitral – ambos utilizavam o termo "juiz" –, tornando incerta sua aplicação à jurisdição do árbitro.

Diante disso, delimitaram-se parcas correntes doutrinárias a respeito de como se daria a interrupção da prescrição na arbitragem, como se verá a seguir.

3.1 A interrupção da prescrição na arbitragem antes da alteração da Lei de Arbitragem

Uma das correntes doutrinárias entendia que o prazo prescricional se interrompia quando instituída a arbitragem, isto é, "quando aceita a nomeação pelo árbitro, se for único, ou por todos, se forem vários" (art. 19, Lei de Arbitragem)[34].

Nesta esteira, Selma Ferreira Lemes[35] indica precedente histórico envolvendo arbitragem em contrato de concessão de construção e exploração de estrada de ferro em que foram partes a União e a The São Paulo Railway Co. Ltd.. Após o proferimento da sentença arbitral, a União alegou, perante o Judiciário, estarem prescritos os direitos objeto da arbitragem. O Tribunal Federal de Recursos afirmou então que a instituição do juízo arbitral importaria na interrupção da prescrição, pois o art. 172 do Código Civil de 1916[36], ao afirmar que a prescrição se interrompia por "ato judicial", englobava o "ato de julgar", como ocorrido na arbitragem.

[33] ARMELIN, Donaldo. *Op. Cit.* p. 65.

[34] "[o art. 19 da Lei de Arbitragem é] norma extremamente relevante, equiparável em importância à norma contida no art. 263 do Código de Processo Civil, que determina o momento em que se considera proposta a demanda. Tal regra é essencial por evitar dúvidas quanto a temas como interrupção da prescrição." (CÂMARA, Alexandre Freitas. **Arbitragem:** Lei n.º 9.307/96. 5. ed. Rio de Janeiro: Lumen Juris, 2009, p. 68.)

[35] LEMES, Selma Ferreira. Prescrição, sentença parcial, prazos e árbitros. **Jornal Valor Econômico**, São Paulo, 16 de junho de 2015. Disponível em: https://valor.globo.com/legislacao/noticia/2015/06/16/prescricao-sentenca-parcial-prazos-e-arbitros.ghtml. Acesso em: 29 mar. 2021.

[36] "Art. 172. A prescrição interrompe-se: I. Pela citação pessoal feita ao devedor, ainda que ordenada por juiz incompetente. II. Pelo protesto, nas condições do número anterior. III. Pela apresentação do título de crédito em juízo de inventário, ou em concurso de credores. IV. Por qualquer ato judicial que constitua em mora o devedor. V. Por qualquer ato inequívoco, ainda que extra-judicial, que importe reconhecimento do direito pelo devedor."

Entretanto, tal entendimento foi recebido com críticas. Isso porque, entre o requerimento de início da arbitragem e a sua instituição, podem ocorrer diversos atos burocráticos, inclusive atos que dependem das próprias partes[37].

Assim, eventual demora na instituição – o que poderia inclusive ser ocasionado por má-fé de uma das partes –, poderia prejudicar o credor, que correria o risco de ter seu prazo prescricional encerrado antes de a arbitragem ser instituída, não obstante tenha solicitado o início do procedimento antes.

Visando evitar tais situações injustas, autores como Carreira Alvim[38] defendiam que a prescrição seria interrompida com a notificação da parte contrária a respeito da instituição da arbitragem (ato equivalente à citação no Judiciário) – ou seja, anteriormente à instituição da arbitragem. Contudo, ainda nessa hipótese, entre o início da arbitragem e a intimação da parte contrária poderiam transcorrer meses (é só considerar, por exemplo, a parte que se oculta para não receber a notificação, ou cujo endereço não é conhecido), gerando o mesmo efeito adverso ao suposto credor.

Diante disso, outra corrente doutrinária passou a defender que a interrupção da prescrição – independentemente de se considerar que ela ocorra com a instituição da arbitragem ou com a notificação da parte contrária – deveria ter seus efeitos retroagidos ao momento do pedido de início da arbitragem, aos moldes do que ocorre no processo civil[39].

Ao lado da discussão sobre o momento de interrupção da prescrição na arbitragem, também se questionava se a interrupção ocorreria da mesma forma às hipóteses de cláusula compromissória e de compromisso arbitral.

Como é cediço, a cláusula compromissória é inserida em um contrato ou em documento apartado e é necessariamente anterior ao surgimento do litígio (art. 4º, §1º, Lei de Arbitragem[40]). Diante disso, a sua contratação não é apta a interromper o prazo prescricional, pois, naquele momento, sequer existe pretensão.

[37] Tais como cientificação da(s) parte(s) contrária(s), apresentação de resposta(s) ao requerimento de arbitragem, objeções processuais em fase administrativa, decisões administrativas, indicação de árbitros, aceitação do encargo pelo(s) árbitro(s) com eventuais revelações, manifestações das partes às indicações e revelações, etc.

[38] Para o autor, a prescrição seria interrompida "por meio de qualquer ato, comunicado à parte contrária, que importe em diligência no sentido de submeter a controvérsia à arbitragem, o que, em última análise, significa fazer valer o direito material no juízo arbitral". (Carreira Alvim, J.E. **Direito arbitral.** 3. ed. Rio de Janeiro: Forense, 2007, p. 101. No mesmo sentido, Cahali, Yussef Said. **Prescrição e decadência.** São Paulo: RT, 2008, p. 131.)

[39] Nesse sentido: Parente, Eduardo. **Processo arbitral e sistema.** Atlas: São Paulo, 2012, p. 144.

[40] "Art. 4º A cláusula compromissória é a convenção através da qual as partes em um contrato comprometem-se a submeter à arbitragem os litígios que possam vir a surgir, relativamente a tal contrato.

Situação distinta é aquela do compromisso arbitral, em que inexiste acordo prévio de submeter eventual disputa à arbitragem, mas que, uma vez surgido o litígio, as partes optam por solucioná-lo por meio da arbitragem e não do Poder Judiciário.

Diante disso, Pedro Antônio Batista Martins defendia que o mero ato de celebração de compromisso arbitral importaria na interrupção da prescrição. Isto porque as partes, ao firmarem um compromisso arbitral, saem de sua inércia e reconhecem a existência de um conflito concreto, de forma que o potencial devedor admite, no mínimo, "ocorrer dúvida quanto ao direito em disputa"[41]. Assim, na visão do autor, o compromisso corresponderia ao "ato inequívoco, ainda que extrajudicial, que importe reconhecimento do direito pelo devedor", conforme a letra do art. 202, VI, do CC[42] e, portanto, interromperia a prescrição.

Nesse mesmo sentido, Câmara Leal afirmava que o compromisso arbitral era medida preliminar de preparo para a ação, e que seria hábil para obstar o prazo prescricional[43].

Enquanto parte da doutrina debatia em qual momento exato se daria a interrupção da prescrição, outra parte entendia que sequer seria possível admitir uma interrupção "automática" da prescrição na arbitragem, tendo em vista (i) a falta de disposição expressa na Lei de Arbitragem sobre o tema, (ii) a impossibilidade de se importar o sistema do processo civil à arbitragem e (iii) o fato de a constituição do tribunal arbitral poder ser lenta e até mesmo obstada pelas partes. Assim, a única forma segura de se garantir a interrupção seria a propositura de ação ante à jurisdição estatal[44] – a chamada Ação de Protesto Interruptivo de

§ 1º A cláusula compromissória deve ser estipulada por escrito, podendo estar inserta no próprio contrato ou em documento apartado que a ele se refira."

41 "Se não reconhece a dívida ou obrigação, o potencial devedor admite, ao menos, ao firmar com outra pessoa documento que dá azo a instauração do processo arbitral, ocorrer dúvida quanto ao direito em disputa." (Martins, Pedro Batista. Aspectos jurídicos do compromisso. In: Martins, Pedro A. Batista; Lemes, Selma Ferreira; Carmona, Carlos Alberto. *Aspectos fundamentais da lei de arbitragem.* Forense: Rio de Janeiro, 1999, p. 232.)

42 Pedro Batista Martins se referia, em verdade, ao art. 172, V do Código Civil de 1916, cuja redação, porém, é idêntica ao art. 202, VI do Código Civil de 2002.

43 Câmara Leal, Antônio Luís da. *Da prescrição e da decadência.* 2. ed. atualizada por José de Aguiar Dias. Rio de Janeiro: Forense, 1959, p. 192, apud Marinho Nunes, Thiago. **Arbitragem e Prescrição.** São Paulo: Atlas, 2014, p. 207.

44 LEE, João Bosco. *A internacionalidade da arbitragem* – A lei aplicável à prescrição – A interrupção do prazo prescricional em procedimento arbitral (Parecer). *In*: Valença Filho, Cláudio de Mello e LEE, João Bosco. **Estudos de arbitragem.** Curitiba: Juruá, 2008, p. 372.

Prescrição, conforme previa o art. 867, CPC/73 e atualmente prevê o art. 726, §2º, do CPC/15[45].

Em oposição ao entendimento acima, Ricardo Ranzolin[46] observa que seria "teratológico" as partes buscarem a solução de um conflito por meio da arbitragem, procedimento prestigiado tanto pelo legislativo, quanto pela doutrina e jurisprudência –, mas esta não possuir a capacidade de deter o fluxo do prazo prescricional. Também no mesmo sentido, Donaldo Armelin manifestou que considerar a arbitragem inapta a interromper o prazo prescricional seria uma contradição do próprio sistema[47].

No entanto, conforme exposto nesse capítulo, diante da então inexistência de dispositivo legal a respeito da prescrição aplicada na arbitragem – anteriormente à alteração da Lei de Arbitragem em 2015 –, tampouco existia posição doutrinária unânime se a arbitragem seria apta a interromper a prescrição ou, em caso positivo, do momento em que isso ocorreria.

3.2 O reconhecimento da ocorrência da prescrição na arbitragem antes da alteração da Lei de Arbitragem

A Lei de Arbitragem, em sua redação original, também foi silente no que toca ao reconhecimento da ocorrência da prescrição pelo árbitro. Assim, questionava-se se o árbitro poderia, ou ainda, se ele deveria declarar a prescrição de ofício; ou se somente poderia fazê-lo caso houvesse alegação das partes nesse sentido.

Alguns autores defendiam que, por ser o árbitro juiz de fato e direito[48], deveria julgar à semelhança do que faz o magistrado estatal[49], podendo declarar a prescrição de ofício ainda que as partes não tenham aduzido alegações nesse

[45] "Art. 867 [CPC/73]. Todo aquele que desejar prevenir responsabilidade, prover a conservação e ressalva de seus direitos ou manifestar qualquer intenção de modo formal, poderá fazer por escrito o seu protesto, em petição dirigida ao juiz, e requerer que do mesmo se intime a quem de direito." "Art. 726 [CPC/15] Quem tiver interesse em manifestar formalmente sua vontade a outrem sobre assunto juridicamente relevante poderá notificar pessoas participantes da mesma relação jurídica para dar-lhes ciência de seu propósito. [...] § 2º Aplica-se o disposto nesta Seção, no que couber, ao protesto judicial."

[46] RANZOLIN, Ricardo. Capítulo IV – Do procedimento arbitral. *In*: MOTTA JÚNIOR, Aldemar *et al* (Org.). **Reforma da Lei de Arbitragem.** Belo Horizonte: Francisco Maia e Associados, 2015, p. 96-98.

[47] "Seria uma contradição do próprio sistema jurídico autorizar a utilização da arbitragem como instituto hábil à prestação da tutela jurisdicional e, ao mesmo tempo permitir que, por falta de previsão legal quanto à interrupção da prescrição referente ao direito material nela questionado, venha ocorrer o falecimento da pretensão de uma das partes." (ARMELIN, Donaldo. *Op. Cit.* p. 76.)

[48] Artigo 18 da Lei de Arbitragem.

[49] "Quando a arbitragem é de direito, a atividade do árbitro se equipara à atividade do juiz togado, com a única diferença de ser um julgamento convencional, nos limites do que houverem as partes

sentido[50]. Por outro lado, havia quem defendesse a incompatibilidade entre a declaração de ofício e o processo arbitral[51].

Todavia, ao contrário do tema relacionado à interrupção do prazo prescricional, referida questão não suscitou maiores debates na doutrina, inobstante a sua relevância.

Portanto, antes da alteração da Lei de Arbitragem, inexistia dispositivo legal específico, tampouco consenso na doutrina a respeito da possibilidade de o árbitro declarar ou não a ocorrência da prescrição de ofício.

3.3 A alteração da Lei da Arbitragem

Em 2012, foi criada uma Comissão de Juristas no Senado Federal, da qual uma das autoras teve a honra de participar, para propor alterações à Lei de Arbitragem.[52] A Comissão elaborou o Projeto de Lei nº 406/2013, o qual foi discutido e aprovado pelo Congresso Nacional e culminou na edição da Lei nº 13.129 de 26 de maio de 2015, que trouxe alterações pontuais à Lei de Arbitragem.

Como visto, inexistia consenso doutrinário a respeito da forma de aplicação do instituto da prescrição na arbitragem, somado ao fato de não existir no Brasil cultura de divulgação de sentenças arbitrais, para que se avaliasse qual o posicionamento predominante[53]. Por fim, à época não havia tendência jurispruden-

disposto na convenção arbitral." (Carreira Alvim, José Eduardo. **Comentários à Lei de Arbitragem.** 2. ed. Rio de Janeiro: Lumen Juris, 2004, p. 35.)

[50] "É importante seja mencionado, neste tópico, o fato de a prescrição não ter tratamento diferenciado somente porque a lide está tramitando em um juízo arbitral. Deve ser apreciada, destarte, da mesma maneira que na jurisdição estatal. Em outro giro verbal, não é pelo fato de a demanda estar sendo julgada por arbitragem que deverá ser vista e aplicada de maneira distinta pelo julgador." (Beraldo, Leonardo de Faria. **Curso de Arbitragem:** nos termos da Lei nº 9.307/96. São Paulo: Atlas, 2014, p. 406.)

[51] "Por isso, a decretação *ex officio* da prescrição é descartada na arbitragem, por uma simples razão de incompatibilidade desse ato com a natureza jurídica da arbitragem, própria para dirimir litígios mais específicos e peculiares do que os que são submetidos ao juiz estatal." (Marinho Nunes, Thiago. *Op. Cit.* p. 110.) No mesmo sentido: Armelin, Donaldo. *Op. Cit.* p. 72.

[52] Comissão Especial Externa do Senado Federal, criada através do Requerimento nº 702 de 2012, do Senador Renan Calheiros, com finalidade de "elaborar anteprojeto de Lei de Arbitragem e Mediação, no prazo de 180 (cento e oitenta) dias". A Comissão foi presidida pelo Ministro Luís Felipe Salomão e formada pelos seguintes membros: Marco Maciel; José Antônio Fichtner; Caio Cesar Rocha; José Rogério Cruz e Tucci; Marcelo Rossi Nobre; Francisco Antunes Maciel Müssnich; Tatiana Lacerda Prazeres; Adriana Braghetta; Carlos Alberto Carmona; Eleonora Coelho; Pedro Paulo Guerra de Medeiros; Silvia Rodrigues Pereira Pachikoski; Francisco Maia Neto; Ellen Gracie Northfleet; André Chateaubriand Pereira Diniz Martins; José Roberto de Castro Neves; Marcelo Henrique Ribeiro de Oliveira; Walton Alencar Rodrigues; Roberta Maria Rangel; Eduardo Pellegrini de Arruda Alvim e Adacir Reis.

[53] Não se olvida que, a partir de 2018, a CAM B3 passou a publicar um ementário de sentenças

cial identificável[54]– o Superior Tribunal de Justiça (STJ) e o Supremo Tribunal Federal (STF) não chegaram a se pronunciar sobre a questão até a edição da Nova Lei de Arbitragem[55]. Como consequência, pairava uma grande insegurança jurídica sobre ao tema.

Diante dessa constatação, a Comissão de Juristas discutiu o tema e propôs a adição do parágrafo 2º ao já existente art. 19 da Lei de Arbitragem, determinando que a prescrição seria interrompida com a instituição da arbitragem, retroagindo à data do pedido de instituição, ainda que a arbitragem fosse extinta por ausência de jurisdição. A despeito do dissenso doutrinário sobre o tema, no Congresso Nacional a previsão teve aceitação pacífica e não sofreu alterações durante o processo legislativo.

Em 2015, foi promulgada a Lei nº 13.129, consolidando a inclusão do §2º ao art. 19 com a seguinte redação:

> Art. 19. Considera-se instituída a arbitragem quando aceita a nomeação pelo árbitro, se for único, ou por todos, se forem vários.
> [...] § 2º – A instituição da arbitragem interrompe a prescrição, retroagindo à data do requerimento de sua instauração, ainda que extinta a arbitragem por ausência de jurisdição.

A alteração da Lei, assim, imprimiu certeza e segurança jurídica à questão, além de proteger o instituto, uma vez que eventuais postergações entre o requerimento e a instituição do procedimento arbitral não impedem a justa interrupção do prazo prescricional quando a parte interessada tiver exercido tempestivamente sua pretensão.

arbitrais proferidas em procedimentos administrados pela instituição. No entanto, a prática não é generalizada – até o momento, não se conhece outra instituição no país que adote o expediente – e não ocorre a publicação da íntegra de qualquer *decisum*. Outrossim, também em 2018, o CAM-CCBC montou uma comissão interna de especialistas para realizar um estudo dogmático e empírico acerca da conveniência e necessidade de publicação de sentenças arbitrais no Brasil, bem como elaborar sugestões de métodos para tanto. Não obstante os resultados desse estudo não tenham, por ora, sido divulgados, a sua realização indica uma mobilização da Câmara para analisar a viabilidade de divulgação de sentenças arbitrais no país.

[54] Tem-se conhecimento de decisão proferida pela 17ª Câmara Cível do Tribunal de Justiça do Rio Grande do Sul, no julgamento da Apelação nº 70045060670 (j. 20/10/2011, Des. Rel. Elaine Harzheim Macedo), segundo a qual a interrupção da prescrição se daria quando do "ajuizamento de pleito junto à Corte Arbitral".

[55] Em pesquisa de jurisprudência realizada em 05.04.2021 nos *sites* do STJ e do STF, com os termos de busca "arbitragem e prescrição" e "arbitragem e prazo prescricional", não foi encontrado resultado pertinente para o período anterior a maio de 2015.

Embora a Lei de Arbitragem, em sua redação atual, tenha dissipado parte das dúvidas existentes acerca da interrupção da prescrição na arbitragem, é certo que ela não eliminou todas as controvérsias acerca do tema.

4. Questões ainda controversas sobre prescrição e arbitragem

4.1 A celebração de compromisso arbitral também interrompe a prescrição?

Conforme se viu, antes da reforma da Lei de Arbitragem, havia entendimento, do qual se destaca Pedro Antônio Batista Martins, no sentido de que a celebração de compromisso arbitral interromperia a prescrição, antes mesmo de ser dado início ao processo arbitral, pois seria equiparável à hipótese prevista no art. 202, V, do CC.

Mesmo após a edição da nova Lei de Arbitragem, não há entendimento pacífico quanto à questão de se a formalização do compromisso arbitral tem o condão de interromper a prescrição.

Por um lado, é possível argumentar que tal entendimento não é compatível com o novo dispositivo legal, eis que o momento expressamente adotado é o da instituição da arbitragem, notadamente posterior à assinatura do compromisso.

Por outro lado, a situação prevista na Lei de Arbitragem não é a única hipótese de interrupção do prazo prescricional. As demais situações de interrupção dispostas no Código Civil permanecem válidas, vigentes e aplicáveis caso a disputa deva ser resolvida de acordo com o Direito Brasileiro.

Assim, caso se verifique a ocorrência de algum dos casos previstos no Código Civil antes de instituída a arbitragem, aquela ocorrência que marcará a interrupção da prescrição, e não a posterior instituição da arbitragem.

Nesse sentido, caso se adote o entendimento de que o compromisso arbitral é um "ato inequívoco, ainda que extrajudicial, que importe reconhecimento do direito pelo devedor", nos termos do art. 202, V, CC; a sua celebração poderia importar na interrupção da prescrição, independentemente de posterior instituição da arbitragem.

Contudo, permite-se discordar de referido entendimento.

Segundo a doutrina especializada, ao referir-se a:

> "ato inequívoco [...] que importe reconhecimento do direito pelo devedor", o artigo 202 diz respeito a "uma manifestação fora de dúvida, que dispense a adjunção de qualquer outra circunstância interpretativa, visto que tudo se pode deduzir diretamente do próprio conteúdo do ato"[56]

[56] SERPA LOPES, Miguel Maria de. **Curso de Direito Civil.** 7. ed. Rio de Janeiro: Freitas Bastos,

O devedor "mostra estar convicto de que deve, e é obrigado".[57] Ressalta Pontes de Miranda: "na dúvida, não se entende ter havido interrupção".[58]

Silvio Rodrigues[59] esclarece que a função do art. 202, V do CC é não punir o credor que deixa de ajuizar ação para efetivar direito que, em virtude do comportamento do devedor, já julgava ser seguro e reconhecido. Nessa esteira, o autor indica, como exemplos de atos que configurariam a hipótese legal em comento: o pagamento parcial feito pelo devedor por conta da dívida; a solicitação de ampliação de prazo para adimplir a obrigação; o pagamento de juros vencidos, e a outorga de novas garantias.

Disso, conclui-se que é elemento intrínseco e indispensável da hipótese do art. 202, V que o reconhecimento do direito pelo devedor seja **inequívoco**, isto é, que não se vislumbre dúvida ou necessidade de interpretação para notá-lo. Ademais, o ato precisa ensejar no credor segurança e confiança de que seu direito não está sob discussão e não será impugnado pelo devedor.

Todavia, ao firmar compromisso arbitral, não existe tamanho grau de certeza sobre o direito em discussão.

Com efeito, entende-se que o compromisso arbitral não traduz qualquer reconhecimento do direito por parte do devedor, seja ele implícito ou explícito.

Os efeitos do compromisso arbitral são pacíficos na doutrina: por meio dele, as partes reconhecem a existência da disputa, e manifestam sua vontade de resolvê-la por meio do juízo arbitral, operando-se assim os efeitos positivo e negativo da convenção de arbitragem.[60] Todavia, inexiste reconhecimento dos direitos objeto do litígio.

Dessa forma, não é possível afirmar que, ao celebrar compromisso arbitral, sempre haveria reconhecimento, ainda que implícito, do direito do credor por parte do devedor, não sendo ato capaz, assim, de interromper a prescrição nos termos do art. 202, V, CC.

1989, v. I, p. 522 *apud* Tepedino, Gustavo; Barbosa, Heloisa Helena; Moraes, Maria Celina Bodin de. **Código Civil interpretado conforme a Constituição da República.** 3. ed. Rio de Janeiro: Renovar, 2014, v. I, p. 390.

[57] Pontes de Miranda. *Op. Cit.* p. 379.

[58] Ibidem, p. 350.

[59] Rodrigues, Silvio. **Direito civil:** parte geral. 33. ed. São Paulo: Saraiva, 2003, v. I, p. 343 *apud* Pontes de Miranda. *Op. Cit.* p. 388.

[60] "O compromisso é o negócio jurídico processual por meio do qual os interessados em resolver um litígio, que verse sobre direitos disponíveis, deferem a sua solução a terceiros, com caráter vinculativo, afastando a jurisdição estatal, organizando o modo através do qual deverá se processar o juízo arbitral." (Carmona, Carlos Alberto. *Op. Cit.* p. 189-190.)

Ademais, o fundamento da prescrição é a inércia do titular de um direito lesado. Dessa forma, para interrompê-la, são necessárias manifestações do titular no sentido de efetivamente defender o seu suposto direito.[61] Isto é, para interromper a prescrição é necessário um "ato inequívoco [do credor] quanto a intenção de receber".[62]

Por essa ótica, a celebração de compromisso arbitral não consubstancia um ato defensivo do direito supostamente lesado, mas apenas o reconhecimento de uma controvérsia e a intenção de eventualmente resolvê-la por arbitragem, sendo certo ainda que, mesmo tendo firmado compromisso, as partes podem optar por não dar início ao procedimento arbitral.

Como consequência, entende-se que o compromisso arbitral não é necessariamente apto a interromper o prazo prescricional, pois (i) inexiste previsão expressa nesse sentido na Lei de Arbitragem; (ii) nem sempre é hipótese dos demais casos de interrupção previstos no artigo 202 do Código Civil; e (iii) não pode ser considerado um ato defensivo do direito capaz de caracterizar uma quebra da inércia do credor.

4.2 A propositura de ação judicial interrompe a prescrição quando há convenção arbitral celebrada entre as partes?

a) Ação judicial extinta sem julgamento de mérito

Um dos efeitos da celebração de convenção de arbitragem é o afastamento da jurisdição estatal para apreciação do mérito do litígio (efeito negativo da convenção arbitral).[63] Entretanto, não é incomum um dos contratantes, mesmo tendo expressamente optado pela arbitragem como forma de solução de litígio, recorrer ao Poder Judiciário para decidir a disputa, seja por inexperiência, arrependimento ou intuito protelatório.

Felizmente, o Poder Judiciário Brasileiro tem reiteradamente rechaçado tais pretensões, tendo firmado sólido entendimento acerca da força vinculativa da

[61] "Como corolário de fundar-se a prescrição na inércia do credor por tempo predeterminado, considera-se toda manifestação dele, defensiva de seu direito, como razão de se inutilizar a prescrição." (Pereira, Caio Mário da Silva. *Op. Cit.* p. 584.)

[62] Dinamarco, Cândido Rangel. *Op. Cit.* p. 85.

[63] "Em síntese apertada, a convenção de arbitragem tem um duplo caráter: como acordo de vontades, vincula as partes no que se refere a litígios atuais ou futuros, obrigando-as reciprocamente à submissão ao juízo arbitral; como pacto processual, seus objetivos são os de derrogar a jurisdição estatal, submetendo as partes à jurisdição dos árbitros." (Carmona, Carlos Alberto. Op. Cit. p. 79.)

convenção de arbitragem.[64] Nesses casos, cabe ao Poder Judiciário extinguir a ação judicial sem julgamento de mérito (art. 485, VII, do CPC/15[65]).

Essa situação, porém, traz à tona o seguinte questionamento: a prescrição considerar-se-á interrompida com o ajuizamento da ação judicial, ainda que extinta sem julgamento de mérito, ou apenas com a regular instituição da arbitragem?

Em defesa da impossibilidade de ação judicial interromper a prescrição, alega-se que, não sendo o Poder Judiciário a jurisdição escolhida para solucionar o litígio em questão, seus atos não produziriam o efeito jurídico válido de interromper a prescrição.

Sustenta-se também que considerar válida a interrupção por meio de ação judicial violaria a eficácia negativa da convenção arbitral. Isto é, a manifestação da parte supostamente credora perante o Judiciário não deveria ser considerada uma intenção válida de receber a prestação supostamente devida, posto que feita pela via processual incorreta, devendo a parte, portanto, buscar a via adequada para que se opere a prescrição.

Entretanto, o artigo 240, §1º, do CPC/15[66] (anteriormente, art. 219 CPC/73) determina que mesmo o despacho proferido por juiz incompetente interrompe a prescrição.

Assim, é possível fazer uma analogia entre a hipótese de ausência de competência e a hipótese de ausência de jurisdição, já que ambas geram efeitos semelhantes. De fato, visto que somente o árbitro ou o juiz competente poderão apreciar as causas que lhes cabem, deve ser obstado o seguimento do processo em que inexiste jurisdição ou competência, sendo o feito remetido ao juízo competente (art. 64, §4º, CPC/15[67]) ou extinto sem resolução de mérito (art. 267, VII, do CPC/15[68]), conforme o caso.

64 Cita-se, como exemplos: STJ, 4ª Turma, Agravo Interno no Agravo Interno no Agravo em Recurso Especial nº 1096912, j. 27/02/2018; e STJ, 3ª Turma, Recurso Especial nº 1694826, j. 13/11/2017; STJ, 3ª Turma, Recurso Especial nº 1569422, j. 20/05/2016; STJ, 3ª Turma Recurso Especial nº 1389763, j. 12/11/2013.

65 "Art. 485. O juiz não resolverá o mérito quando: [...] VII – acolher a alegação de existência de convenção de arbitragem ou quando o juízo arbitral reconhecer sua competência."

66 "Art. 240. A citação válida, ainda quando ordenada por juízo incompetente, induz litispendência, torna litigiosa a coisa e constitui em mora o devedor, ressalvado o disposto nos arts. 397 e 398 da Lei no 10.406, de 10 de janeiro de 2002 (Código Civil).

§ 1º – A interrupção da prescrição, operada pelo despacho que ordena a citação, ainda que proferido por juízo incompetente, retroagirá à data de propositura da ação."

67 "Art. 64. A incompetência, absoluta ou relativa, será alegada como questão preliminar de contestação.

Dessa forma, se o despacho proferido por juízo incompetente interrompe a prescrição, também esse efeito é produzido na hipótese de juízo sem jurisdição.

Esse entendimento é reforçado em razão do previsto no §2º do art. 19 da Lei de Arbitragem. De acordo com referido artigo, a instituição da arbitragem interrompe a prescrição "ainda que extinta a arbitragem por ausência de jurisdição".

Nesse sentido, mesmo sem jurisdição, a instituição da arbitragem interrompe a prescrição de pretensão a ser exercida perante a jurisdição estatal. Portanto, logicamente, o contrário também é verdadeiro, isto é, a ação ajuizada perante o Poder Judiciário sem jurisdição importa na interrupção da prescrição de pretensão a ser exercida por meio de arbitragem.

Ademais, conforme visto, o fundamento da consumação da prescrição é a inércia do titular de um direito lesado. Porém, o ajuizamento do feito judicial reflete claramente a intenção do demandante em obter a prestação de tutela jurisdicional e quebrar sua "inatividade"[69] e, portanto, é apto a interromper o prazo prescricional.

Assim sendo, a propositura de ação judicial, mesmo quando extinta sem julgamento do mérito em razão da existência de convenção de arbitragem, interrompe o decurso do prazo prescricional.

b) Ação de Protesto Interruptivo de Prescrição

Questiona-se, ainda, se continua sendo possível interromper a prescrição por meio de Ação de Protesto Interruptivo de Prescrição perante o Poder Judiciário (art. 726, §2º, CPC/15[70]), após a inserção do §2º ao art. 19 da Lei de Arbitragem.

Como explicitado acima, a hipótese de interrupção da prescrição disposta na Lei de Arbitragem não impede a configuração das demais hipóteses de inter-

[...] § 4º Salvo decisão judicial em sentido contrário, conservar-se-ão os efeitos de decisão proferida pelo juízo incompetente até que outra seja proferida, se for o caso, pelo juízo competente."

[68] "Art. 267. Extingue-se o processo, sem julgamento do mérito:
[...] VII – pelo compromisso arbitral."

[69] "A opção de quem propõe a ação na via judicial para discutir a sua pretensão, mesmo desrespeitando a estipulação da cláusula compromissória, pode interromper o prazo prescricional. Isso porque a interrupção da prescrição ocorre por despacho do juiz que determinar a citação, ainda que incompetente, se promovido o ato citatório no prazo e na forma da Lei Processual." (Esgashira, Fábio de Possídio. *Op. Cit.* p. 38-39.)

[70] "Art. 726. Quem tiver interesse em manifestar formalmente sua vontade a outrem sobre assunto juridicamente relevante poderá notificar pessoas participantes da mesma relação jurídica para dar-lhes ciência de seu propósito. [...] § 2º Aplica-se o disposto nesta Seção, no que couber, ao protesto judicial."

rupção de prescrição previstas na lei material, como aquelas do art. 202 do CC. De modo semelhante, portanto, o disposto na Lei de Arbitragem não exclui também outras hipóteses de interrupção previstas no Código de Processo Civil. Frise-se, a esse respeito, que a jurisdição arbitral e a jurisdição estatal não têm relação hierárquica entre si, mas atuam em caráter de cooperação.

Negar qualquer comunicação entre a jurisdição arbitral e a estatal poderia inclusive impedir o acesso à justiça. Assim, por exemplo, uma parte pode não ter condições financeiras de instaurar e arcar com o procedimento arbitral em determinado momento, mas ter a intenção de exercer sua pretensão posteriormente e, portanto, não deseja que ocorra a prescrição. Nesse contexto, pode a parte lançar mão da Ação Judicial de Protesto para interromper o prazo prescricional e, posteriormente, dar início à demanda arbitral.

Ademais, o objeto da Ação Judicial de Protesto é a pretensão à interrupção da prescrição,[71] a qual não se confunde com a pretensão ao exercício de direito subjetivo por meio da arbitragem. Tratar-se-iam de objetos distintos, sendo que a interrupção da prescrição não está sujeita unicamente à convenção de arbitragem.

Diante do exposto, entende-se que a Ação de Protesto é meio legítimo para a interrupção da prescrição, ainda que exista convenção de arbitragem.

c) Medidas cautelares preparatórias à arbitragem

A última questão a se analisar quanto à interrupção da prescrição e a arbitragem é se as medidas cautelares preparatórias previstas no artigo 22-A da Lei de Arbitragem são aptas a gerar a interrupção da prescrição, ou se somente a instituição da arbitragem seria apta a interrompê-la.

A Lei de Arbitragem não prevê que referidas ações cautelares interrompem a prescrição. Contudo, há permissão legal para a propositura de tais ações perante o Poder Judiciário, as quais se submetem às regras processuais do CPC.

Como o CPC/15 determina que o prazo prescricional é interrompido com o despacho que ordena a citação (artigo 240, §1º, CPC), o que também se aplica

[71] "É o protesto, portanto, ato judicial de comprovação ou documentação de intenção do promovente. Revela-se, por meio dele, o propósito do agente de fazer atuar no mundo jurídico uma pretensão, geralmente, de ordem substancial ou material. Sua finalidade pode ser: [...] (b) prover a conservação de seu direito, como no caso de protesto interruptivo de prescrição; [...] O protesto não acrescenta nem diminui direitos ao promovente. Apenas conserva ou preserva direitos porventura preexistentes." (THEODORO JÚNIOR, Humberto. *Op. Cit.* p. 450.)

às ações cautelares,[72] conclui-se que a interrupção também ocorre nos casos de ações cautelares judiciais preparatórias do processo arbitral.

Ademais, como afirmado acima, entender que o disposto na Lei de Arbitragem resulta na existência de somente uma única hipótese de interrupção da prescrição aplicável a pretensões objeto de convenção arbitral é negar qualquer comunicação entre a jurisdição arbitral e a estatal. Ou seja, tal interpretação poderia obstar o efetivo exercício de direito das partes, o que não se pode admitir.

4.3 Pode o árbitro declarar a prescrição de ofício?

Inicialmente, a favor da possibilidade de reconhecimento de ofício pelo árbitro, aponta-se o caráter de ordem pública do instituto da prescrição que, *a priori*, a tornaria inafastável.

Entretanto, há que se distinguir entre a ordem pública material e a ordem pública processual.[73]

É certo que o instituto da prescrição integra a ordem pública de direito material brasileiro. Assim, é vedado ao árbitro, em litígios cujo direito aplicável é o brasileiro e no qual as partes se debruçaram sobre a ocorrência da prescrição, reconhecer a consumação do prazo prescricional, mas optar por não aplicar os efeitos daí decorrentes. Em outras palavras: não pode o árbitro deliberadamente não aplicar regra do direito material aplicável à disputa, na hipótese em que as partes tenham alegado e discutido a questão no procedimento.[74]

[72] Conforme Humberto Teodoro Júnior: "[...] não apenas a citação inicial da causa principal tem esse efeito [interromper a prescrição]. Pode ser ele alcançado, também, em citações das tutelas cautelares requeridas em caráter antecedente, que visem a conversão em posterior ação principal (NCPC, arts. 303 a 308)". Theodoro Júnior, Humberto. *Op. Cit.* p. 569. Na jurisprudência do STJ: "[...] Nos termos do art. 219 do CPC, a citação válida, ainda que realizada em processo cautelar preparatório extinto sem julgamento do mérito, interrompe a prescrição." (STJ, 2ª Turma, Recurso Especial nº 1067911/SP 2008/0135472-5, j. 18/08/2009) e "O ajuizamento de ação cautelar vinculada à controvérsia mantida na ação principal, enquanto durar a demanda, importa em interrupção do prazo prescricional, nos termos do art. 219, § 1º, do CPC." (STJ, 5ª Turma, Embargos de Declaração no Recurso Especial nº 949204/RJ, Rel. Min. Arnaldo Esteves Lima, j. 17/03/2009).

[73] "De tudo o que foi visto conclui-se que as questões de ordem pública [processual] têm uma função específica no sistema, de proporcionar o controle da regularidade do processo, eliminando situações em que a tutela jurisdicional não poderá ser prestada. O objetivo da ordem pública processual é permitir que os escopos do processo sejam atingidos, com rapidez, economia e racionalidade." (Aprigliano, Ricardo de Carvalho. *Ordem pública e processo:* o tratamento das questões de ordem pública no direito processual civil. São Paulo: Atlas, 2011, p. 75.)

[74] "Ela [a prescrição], assim, existe independentemente da vontade daqueles a quem possa prejudicar ou favorecer. A lei que cria é rigorosamente obrigatória." (Cahali, Yussef Said. Op. Cit. p. 19-20.)

Evidentemente que a situação a que se alude acima não é aquela em que o árbitro entende não ser aplicável o prazo alegado pela parte, nem tampouco aquela em que o árbitro entende não ter transcorrido o prazo prescricional.

Todavia, para se apreciar a possibilidade de declaração de ofício, há que se considerar que o poder-dever do árbitro de reconhecer questões de ofício não diz respeito ao direito material, mas sim ao direito processual. Assim, é essencial delinear quais são os poderes e os limites da atuação do árbitro no que toca à aplicação do direito, ou seja, de que forma se dá a aplicação do princípio *iura novit curia* na arbitragem.

O princípio *iura novit curia* significa "o juiz (ou a corte) conhece o Direito".[75] Sua aplicação autorizaria o julgador a aplicar o direito *ex officio*, independentemente das alegações das partes. Portanto, o princípio relaciona-se à outra máxima: *da mihi factum dabo tibi jus*, isto é, "dê-me os fatos que eu lhe dou o Direito".

No que toca à arbitragem internacional, Rafael Alves defende que a diversidade de regimes jurídicos possivelmente aplicáveis impediria a imposição de um modelo único quanto à aplicação do princípio *iura novit curia* em processos arbitrais.[76]

Com relação a arbitragens domésticas, a inexistência de regra processual específica na Lei de Arbitragem faz com que seja necessário recorrer-se à teoria geral do processo brasileiro, já que o processo arbitral é subsistema autônomo, mas integrante do sistema processual brasileiro.[77]

A doutrina[78] e a jurisprudência pátrias,[79] até a edição do CPC/15, eram pacíficas em afirmar que o *iura novit curia* era aplicável ao processo civil estatal

[75] Dinamarco, Cândido Rangel. **Vocábulos de Processo Civil.** São Paulo: Malheiros, 2009, p. 352.

[76] Alves, Rafael Francisco. **Árbitro e Direito:** o julgamento do mérito na arbitragem. São Paulo: Almedina, 2018.

[77] Sobre a arbitragem como um sistema autônomo, mas que integra a teoria geral do processo, ver Parente, Eduardo. **Processo arbitral e sistema.** São Paulo: Atlas, 2012 e Dinamarco, Cândido Rangel. *A Arbitragem na Teoria Geral do Processo.* São Paulo: Malheiros, 2013.

[78] Dinamarco, Cândido Rangel. *Op. Cit.* p. 127/128; Cruz e Tucci, José Rogério. Regra da eventualidade como pressuposto da denominada teoria da substanciação. In **Revista do Advogado.** São Paulo, 1993, n. 49, p. 39. Em seu artigo, Cruz e Tucci cita ainda os seguintes autores que também defendem a aplicação do princípio *iura novit curia* no processo civil brasileiro: Araken de Assis, Pontes de Miranda, Moacyr Amaral Santos, José Frederico Marques, Arruda Alvim, Calmon de Passos e Vicente Greco Filho.

[79] STF, Agravo Regimental no Agravo de Instrumento 794759, Rel. Min. Luiz Fux, Primeira Turma, j. 13/04/2011; STJ, Agravo Regimental no Recurso Especial 1565055/SC, Rel. Min. Mauro Campbell Marques, Segunda Turma, j. 15/12/2015; e STJ, Agravo Regimental no Recurso Especial 174.856/RS, Rel. Min. Nancy Andrighi, Segunda Seção, j. 23/05/2001, p. 142.

brasileiro. Todavia, frente à redação do art. 10 do CPC/15,[80] tem-se questionado se tal princípio ainda assim encontraria guarida no direito brasileiro.[81]

Ademais, no que toca especificamente à possibilidade de declaração de ofício da prescrição, viu-se acima que as regras processuais estatais se alteraram substancialmente nos últimos tempos, ora vedando, ora exigindo que o magistrado declarasse a prescrição de ofício.

Diante disso, entende-se não ser possível afirmar que o reconhecimento de ofício da prescrição é princípio estável que integre a teoria geral do processo ou a ordem pública processual brasileira[82] de modo a ser princípio aplicável também à arbitragem.

[80] "Art. 10. O juiz não pode decidir, em grau algum de jurisdição, com base em fundamento a respeito do qual não se tenha dado às partes oportunidade de se manifestar, ainda que se trate de matéria sobre a qual deva decidir de ofício."

[81] "O Novo CPC traz encampado, assim, a escolha por um processo civil comparticipativo, no qual não há espaço para velharias como o adágio *iura novit curia*, incentivador de uma prática judicial que suplementa o papel do juiz, fazendo dele responsável supremo pelos rumos da decisão judicial. Contraditório substancial e *iura novit curia* são incompatíveis, cada qual situado em paradigmas filosóficos destoantes, o primeiro compromissado com a intersubjetividade, enquanto o segundo afeto à filosofia da consciência." (Nunes, Dierle; Delfino, Lúcio. **Enunciado da Enfam mostra juízes contra o contraditório no Novo CPC**. Publicado em Consultor Jurídico. *In*: **Conjur,** 03.09.2015. Disponível em: http://www.conjur.com.br/2015-set-03/enunciado-enfam-mostra-juizes-contraditorio-cpc. Acesso em: 29 mar. 2021.)
Outros autores entendem que, embora ainda aplicável, o princípio seria limitado pelo artigo em exame: [d]entre outras repercussões que o teor do art. 10 do NCPC pode trazer, cabe mencionar em apertadíssimas linhas: i) a releitura da aplicação do aforismo *iura novit curia*: o brocardo, que confere ao magistrado a possibilidade de se valer de norma não invocada pelas partes para aplicá-la ao caso concreto, deve ser redimensionado, a ele se acrescentando a noção de que tal possibilidade não dispensa a prévia manifestação das partes sobre a qualificação jurídica que pretende dar aos fatos e fundamentos do pedido – e tudo como forma de concretizar o contraditório e evitar surpresas ao jurisdicionado. Laspro, Oreste Nestor de Souza. Da expressa proibição à "decisão-surpresa" no Novo CPC. In **Revista do Advogado**, 126, São Paulo: AASP, 2015, p. 166. Em igual sentido: STJ, 4ª turma, Recurso Especial 1.755.266, Rel. Min. Luis Felipe Salomão, j. 18/10/2018.

[82] "Pode-se asseverar que a mudança de regime da prescrição, elevando-a à questão de ordem pública processual, é absolutamente incompatível (com o processo civil) e inaplicável à arbitragem. [...] Assim sendo, resta claro que a prescrição, em matéria de arbitragem interna, não ostenta caráter de ordem pública processual, como ocorre no processo civil judicial, após o advento da Lei n.º 11.280/2006. Sua natureza jurídica é, para a arbitragem, de ordem pública material." (Marinho Nunes, Thiago. **Arbitragem e Prescrição.** São Paulo: Atlas, 2014, p. 109-110.) Em sentido contrário, Donaldo Armelin entende que o reconhecimento de ofício da prescrição integraria a ordem pública processual brasileira: "[A] invocação da prescrição de pretensões de natureza patrimonial, até então adstrita ao alvedrio da parte por ela beneficiada, deixou de ser opção desta, passando a se constituir matéria de ordem pública processual, submetendo-se ao exame oficioso do juiz, que não poderá furtar-se

Não bastasse, há autores que afirmam que os princípios de caráter de ordem pública processual aplicáveis à arbitragem são somente aqueles previstos na Constituição Federal, além daqueles já enumerados na Lei de Arbitragem.[83] Por essa ótica, como nem o *iura novit curia*, nem o reconhecimento de ofício da prescrição estão previstos em tais diplomas legais, não são automaticamente aplicáveis ao procedimento arbitral.

Assim, tendo em vista especialmente as alterações na legislação processual e a oscilação doutrinária sobre o tema, acredita-se não ser possível extrair-se da teoria geral do processo brasileiro uma resposta para a questão ora em análise: pode o árbitro declarar a prescrição de ofício quando as partes não a alegarem?

Por outro lado, *parte* do problema é resolvido a partir do máximo respeito ao princípio do contraditório. Assim, caso o árbitro entenda ter ocorrido a prescrição, sendo que nenhuma das partes a tenha alegado, deve-se submeter referida questão às partes para que estas possam exercer o contraditório sobre o tema.

Agindo assim, o árbitro blinda a sentença arbitral contra eventual anulação, evitando-se a chamada decisão surpresa. De fato, a aplicação do princípio *iura novit curia* sem a introdução prévia da questão para debate entre as partes já foi motivo para anulação de sentenças arbitrais em outras jurisdições.[84]

No Brasil, os dois casos de anulação de sentença arbitral levados até o momento ao Judiciário em que se alegou violação ao contraditório em razão da aplicação do *iura novit curia* foram julgados improcedentes, sob o entendimento de que referido princípio autorizaria o julgador a decidir sem antes provocar o contraditório entre as partes.[85]-[86]

ao seu reconhecimento.". (Armelin, Donaldo. Prescrição e arbitragem. *In*: **Revista de Arbitragem e Mediação**. São Paulo: RT, 2007, n. 15, p. 66.)

[83] Lemes, Selma. Os princípios jurídicos da lei de arbitragem. *In*: Martins, Pedro A. Batista; Lemes, Selma Ferreira; Carmona, Carlos Alberto. *Aspectos fundamentais da lei de arbitragem*. Forense: Rio de Janeiro, 1999, p. 88.

[84] A esse respeito, ver: Furtado, Leonardo Mader. Iura Novit Curia em Arbitragem e as Cortes Europeias. In **Revista Brasileira de Arbitragem.** Curitiba: IOB, 2012, n. 36, p. 27-55 e Borja, Ana Gerdau de. Alguns Aspectos do Princípio do Contraditório na Arbitragem. In Pinto, Ana Luiza Baccarat da Motta, Skitnevsky, Karin Hlavnicka (Coord.) **Arbitragem Nacional e Internacional:** os novos debates e a visão dos jovens arbitralistas. Rio de Janeiro, Elsevier, 2012, p. 39-48.

[85] Caso MatlinPatterson Global Opportunities *vs.* VRG Linhas Aéreas (TJSP, Apelação nº 0214068-16.2010.8.26.0100, 2ª Câmara Reservada de Direito Empresarial, Rel. Des. Roberto Mac Cracken, j. 16/10/2012) e Caso Tec Incorporações Empreendimentos Imobiliários *vs.* Patri Sete Empreendimentos Imobiliários (TJSP, Apelação nº 0133123-71.2012.8.26.0100, 1ª Câmara Reservada de Direito Empresarial, Rel. Des. Fortes Barbosa, j. 07/11/2013).

[86] Também se tem conhecimento do caso Cebel – Centrais Elétricas de Belém *vs.* Schahin Engenharia (TJCE, Ação Anulatória de Sentença Arbitral nº 0003665-61.2014.8.06.0108), na qual houve

Frise-se que o respeito ao contraditório é ainda mais relevante na arbitragem diante da inexistência de recurso à sentença arbitral, não dispondo as Partes de outras instâncias em que possam debater a questão. Nesse sentido, o CPC/15 somente permite a declaração da prescrição de ofício pelo juiz sem contraditório em razão da possibilidade de exercício do contraditório em momento recursal (art. 332, §1º, do CPC/15), o que não existe na arbitragem.[87]

Conclusões

A prescrição, como mecanismo que transporta para o processo os efeitos do tempo, é, sem dúvidas, central ao ordenamento jurídico brasileiro. Seu caráter de norma de ordem pública material é indispensável à estabilidade e segurança jurídicas.

O presente artigo buscou apresentar as aplicações da prescrição ao âmbito do processo arbitral, dando especial atenção aos efeitos da reforma da Lei de Arbitragem, bem como aos vácuos ainda existentes sobre o tema.

Ainda persistem algumas incertezas sobre o assunto que exigem um esforço interpretativo e de suplementação por parte de juristas, árbitros e magistrados. Recomenda-se que tais esforços sejam feitos com atenção às especificidades da arbitragem e à segurança jurídica, que é valor primordial do instituto da prescrição.

Referências

ALVES, Rafael Francisco. **Árbitro e Direito:** o julgamento do mérito na arbitragem. São Paulo: Almedina, 2018.

AMARAL, Francisco. **Direito civil:** Introdução. 7. ed. Rio de Janeiro: Renovar, 2008.

decisão monocrática anulando sentença arbitral sob o seguinte fundamento: "qualquer Sentença (arbitral ou judicial) deve sempre se ater não só aos pedidos das Partes, mas também às causas de pedir por elas suscitadas. Se decidir com base em *causa petendi* ou fundamento de defesa alheios à discussão, a Decisão será *extra petita* [...] [A] Sentença, ao adotar fundamento não levantado pelas Partes, representou surpresa para os Litigantes, o que viola os princípios do devido processo legal e do contraditório". Ressalta-se que a decisão restou anulada por ter-se reconhecido o Juízo como incompetente, tendo os autos sido remetidos ao Juízo da Comarca da São Paulo/SP, que ainda não havia apreciado o litígio à época de elaboração deste artigo.

[87] O respeito ao contraditório resolve apenas **parte** do problema, pois ainda assim permanecem diversas questões controversas a respeito da aplicação do princípio *iura novit curia* na arbitragem – as quais não serão objeto deste artigo –, como por exemplo: o árbitro tem o dever ou meramente um poder de introduzir a questão da prescrição? Como lidar com partes e árbitros provenientes de diferentes sistemas jurídicos e que, portanto, tenham expectativas distintas quanto à possibilidade ou não de introdução de questões *ex officio* pelos árbitros? Podem as partes convencionar a não aplicação do princípio *iura novit curia*? E se os árbitros não tiverem formação em direito?

APRIGLIANO, Ricardo de Carvalho. **Ordem pública e processo:** o tratamento das questões de ordem pública no direito processual civil. São Paulo: Atlas, 2011.

ARAÚJO CINTRA, Antônio Carlos de; GRINOVER, Ada Pellegrini; DINAMARCO, Cândido Rangel. **Teoria Geral do Processo**. 26. ed. São Paulo: Malheiros, 2010.

ARMELIN, Donaldo. Prescrição e arbitragem. **Revista de Arbitragem e Mediação**. São Paulo: RT, 2007, n. 15.

BERALDO, Leonardo de Faria. **Curso de Arbitragem:** nos termos da Lei nº 9.307/96. São Paulo: Atlas, 2014.

CAHALI, Yussef Said. **Prescrição e decadência**. São Paulo: RT, 2008.

CÂMARA LEAL, Antônio Luís da. **Da prescrição e da decadência**. 2. ed. atualizada por José de Aguiar Dias. Rio de Janeiro: Forense, 1959, p. 192, *apud* MARINHO NUNES, Thiago. Arbitragem e Prescrição. São Paulo: Atlas, 2014.

CÂMARA, Alexandre Freitas. **Arbitragem:** Lei nº 9.307/96. 5. ed. Rio de Janeiro: Lumen Juris, 2009.

CARMONA, Carlos Alberto. **Arbitragem e processo:** um comentário à Lei 9.307/96. 3. ed. São Paulo: Atlas, 2009.

CARREIRA ALVIM, José Eduardo. **Comentários à Lei de Arbitragem**. 2. ed. Rio de Janeiro: Lumen Juris, 2004.

—. **Direito arbitral**. 3. ed. Rio de Janeiro: Forense, 2007.

CLOVIS BEVILAQUA. Theoria Geral do Direito Civil. 6. ed. atualizada por Achilles Bevilaqua. Rio de Janeiro: Francisco Alves, 1953, p. 370 apud PELUSO, Cezar (coord.). Código Civil Comentado: doutrina e jurisprudência. 8. ed. Barueri: Manole, 2014.

DINAMARCO, Cândido Rangel. A Arbitragem na Teoria Geral do Processo. São Paulo: Malheiros, 2013.

—. Instituições de Direito Processual Civil. 6. ed. São Paulo: Malheiros, 2009, v. II.

—. Vocábulos de Processo Civil. São Paulo: Malheiros, 2009.

EGASHIRA, Fábio de Possídio. **Arbitragem e prescrição**. Revista de Arbitragem e Mediação. São Paulo: RT, 2006, n. 8.

Exposição de Motivos nº 184 do Projeto de Lei nº 4.726/2004. Disponível em: http://www.planalto.gov.br/ccivil_03/Projetos/EXPMOTIV/MJ/2004/184.htm. Acesso em: 15 jul. 2016.

LASPRO, Oreste Nestor de Souza. **Da expressa proibição à "decisão-surpresa" no Novo CPC**. *In*: **Revista do Advogado**, 126, São Paulo: AASP, 2015.

LEE, João Bosco. **A internacionalidade da arbitragem** – A lei aplicável à prescrição – A interrupção do prazo prescricional em procedimento arbitral (Parecer). *In*: VALENÇA FILHO, Cláudio de Mello e LEE, João Bosco. **Estudos de arbitragem**. Curitiba: Juruá, 2008.

LEMES, Selma Ferreira. **Prescrição**, sentença parcial, prazos e árbitros. **Jornal Valor Econômico**, São Paulo, 16 de junho de 2015. Disponível em: http://www.valor.com.br/imprimir/noticia_impresso/4095244. Acesso em: 27 maio 2016.

LEMES, Selma. **Os princípios jurídicos da lei de arbitragem**. *In*: MARTINS, Pedro A. Batista; LEMES, Selma Ferreira; CARMONA, Carlos Alberto. **Aspectos fundamentais da lei de arbitragem**. Forense: Rio de Janeiro, 1999.

MARINHO NUNES, Thiago. **Arbitragem e Prescrição**. São Paulo: Atlas, 2014.

MARTINS, Pedro Batista. **Aspectos jurídicos do compromisso**. *In*: MARTINS, Pedro A. Batista; LEMES, Selma Ferreira; CARMONA, Carlos Alberto. **Aspectos fundamentais da lei de arbitragem**. Forense: Rio de Janeiro, 1999.

MARTINS-COSTA, Judith. **Direito restitutório**. Pagamento indevido e enriquecimento sem causa. Erro invalidante e erro elemento do pagamento indevido. Prescrição. Interrupção e *dies a quo*. *In*: **Revista dos Tribunais**, v. 956/2015, 2015.

MARTINS-COSTA, Judith. **Notas sobre o *dies a quo* do prazo prescricional.** *In*: **Revista Eletrônica Ad Judicia**, ano I, v. I, 2013.

MENEZES CORDEIRO, António Manuel da Rocha e. **Tratado do Direito Civil Português**. Parte Geral. Tomo IV. Coimbra: Almedina, 2005, p. 115-172 *apud* MARTINS-COSTA, Judith. **Notas sobre o *dies a quo* do prazo prescricional.** *In*: **Revista Eletrônica Ad Judicia**, ano I, v. I, 2013.

PARENTE, Eduardo. **Processo arbitral e sistema**. Atlas: São Paulo, 2012.

PEREIRA, Caio Mário da Silva. **Instituições de Direito Civil**. 28. ed. Rio de Janeiro: Forense, 2015, v. 1.

PONTES DE MIRANDA. **Tratado de Direito Privado**. Tomo VI. Atualizado por Tilman Quarch, Jefferson Carús Guedes e Otavio Luiz Rodrigues Júnior. São Paulo: Editora RT, 2013.

RANZOLIN, Ricardo. **Capítulo IV** – Do procedimento arbitral. In MOTTA JÚNIOR, Aldemar et al (Org.). Reforma da Lei de Arbitragem. Belo Horizonte: Francisco Maia e Associados, 2015.

RODRIGUES, Silvio. **Direito civil:** parte geral. 33. ed. São Paulo: Saraiva, 2003, v. I, p. 343 apud PONTES DE MIRANDA. Tratado de Direito Privado. Tomo VI. Atualizado por Tilman Quarch, Jefferson Carús Guedes e Otavio Luiz Rodrigues Júnior. São Paulo: Editora RT, 2013.

SERPA LOPES, Miguel Maria de. **Curso de Direito Civil**. 7. ed. Rio de Janeiro: Freitas Bastos, 1989, v. I, p. 522 *apud* TEPEDINO, Gustavo; BARBOSA, Heloisa Helena; MORAES, Maria Celina Bodin de. Código Civil interpretado conforme a Constituição da República. 3. ed. Rio de Janeiro: Renovar, 2014, v. I.

STF, 1ª Turma, Agravo Regimental no Agravo de Instrumento 794759, Rel. Min. Luiz Fux, j. 13/04/2011

STJ, 1ª Seção, Embargos de divergência em Recurso Especial nº 435.835/SC, Rel. Min. José Delgado, j. 24/03/2004.

STJ, 2ª Seção, Agravo Regimental no Recurso Especial 174.856/RS, Rel. Min. Nancy Andrighi, j. 23/05/2001.

STJ, 1ª Turma, Agravo Interno no Recurso Especial nº 1615087/PR, Rel. Min. Napoleão Nunes Maia Filho, j. 31/08/2020.

STJ, 2ª Turma, Recurso Especial nº 1067911/SP 2008/0135472-5, j. 18/08/2009.

STJ, 3ª Turma, Recurso Especial nº 1389763, Min. Rel. Nancy Andrighi, j. 12/11/2013.

STJ, 3ª Turma, Recurso Especial nº 1569422, Min. Rel. Marco Aurélio Bellizze, j. 20/05/2016.

STJ, 3ª Turma, Recurso Especial nº 1694826, Min. Rel. Nancy Andrighi, j. 13/11/2017.

STJ, 4ª Turma, Agravo Interno no Agravo Interno no Agravo em Recurso Especial nº 1096912, Min. Rel. Luis Felipe Salomão, j. 27/02/2018.

STJ, 4ª turma, Recurso Especial 1.755.266, Rel. Min. Luis Felipe Salomão, j. 18/10/2018.

STJ, 5ª Turma, Embargos de Declaração no Recurso Especial nº 949204, Rel. Min. Arnaldo Esteves Lima, j. 17/03/2009.

TEPEDINO, Gustavo; BARBOZA, Heloisa Helena; MORAES, Maria Celina Bodin. **Código Civil Interpretado conforme a Constituição da República**. 3. ed. Rio de Janeiro: Renovar, 2014, v. 1.

THEODORO JÚNIOR, Humberto. **Curso de Direito Processual Civil**. v. 1. 51. ed. Rio de Janeiro: Forense, 2010.

TJRS, 17ª Câmara Cível, Apelação Cível nº 70045060670, Rel Des. Elaine Harzheim Macedo, j. 20/10/2011.

TJSP, Apelação nº 0133123-71.2012.8.26.0100, 1ª Câmara Reservada de Direito Empresarial, Rel. Des. Fortes Barbosa, j. 07/11/2013.

TJSP, Apelação nº 0214068-16.2010.8.26.0100, 2ª Câmara Reservada de Direito Empresarial, Rel. Des. Roberto Mac Cracken, j. 16/10/2012.

VENOSA, Silvio de Salvo. **Direito Civil** – Parte Geral. 15. ed. São Paulo: Atlas, 2015.

PARTE 3

CONVENÇÃO DE ARBITRAGEM E SEUS EFEITOS

9.
CLÁUSULAS COMPROMISSÓRIAS LACUNOSAS[1]

GUILHERME CARNEIRO MONTEIRO NITSCHKE[2]

Introdução

Em texto de 1974, Frédéric Eisemann cunhou a expressão "cláusula arbitral patológica" para referir àquelas convenções que "não conseguem preencher suas funções essenciais", quais sejam: produzir efeitos obrigacionais às partes, afastar a intervenção estatal, conferir poder aos árbitros de solucionar litígios e permitir a condução de um procedimento capaz de culminar em uma sentença exequível[3]. Nada obstante algum artificialismo das funções organizadas por Eisemann – típico de qualquer exercício classificatório e que por ele próprio vem reconhecido –, permanece relevante a categorização das patologias que daí o autor faz derivar: patologias de primeiro grau, que não fazem inoperantes as funções listadas, mas que portam alguma dificuldade para seu pleno desempenho; e patologias de segundo grau, que impossibilitam o desempenho de uma, algumas ou todas as funções da cláusula compromissória[4].

[1] Muito agradeço o gentil convite dos organizadores Giovanni Ettore Nanni, Karina Riccio e Lucas Diniz, e registro minha gratidão a Rafaela Beck e Gabriela Scalco pelo auxílio na pesquisa jurisprudencial e na revisão deste texto.

[2] *E-mail*: gmn@tozzinifreire.com.br.

[3] Eisemann, Frédéric. La clause d'arbitrage pathologique. Originalmente publicado em: **Arbitrage Commercial:** Essais in memoriam Eugenio Minoli. Torino: UTET, 1974. Republicado em: *Revista Brasileira de Arbitragem*. São Paulo: Comitê Brasileiro de Arbitragem CBAr & IOB; Kluwer Law International, 2017, v. 14, p. 162-189.

[4] Idem, p. 164 e ss. É de destacar que o conceito de Eisemann quanto a cláusulas patológicas não foi o único elaborado, apesar de se ter tornado o mais perene. Bastante diverso era, e.g., o conceito de Philippe Fouchard, que entendia como "patológicas" apenas as convenções de arbitragem de que não

Abstraída a riqueza de casos que vem analisada pelo autor nas páginas subsequentes, a proposta classificatória geral pode ser transposta e adaptada à específica ambiência brasileira, a partir dos debates que estiveram cingidos em identificar à cura de quais patologias se presta a ação do art. 7º da Lei Brasileira de Arbitragem, e quais podem ser curadas sem a necessidade de intervenção judicial. Tem prevalecido a posição de que a atuação do Poder Judiciário encontra lugar para o conserto de uma das patologias mais graves da cláusula compromissória: quando nela houver lacunosidade que impeça a instauração da arbitragem – "cláusula vazia" ou "em branco", como também se costuma denominar –, posição que se ancora em razões de direito material e que encontra nesse mesmo direito material coordenadas para tal intervenção[5].

É de se questionar, contudo: (i) se todas as situações de aparente lacunosidade são casos de efetiva lacuna negocial, ou se o exame mais cuidadoso revela a presença de disciplina noutros recantos da declaração das partes ou em regras advindas de outras fontes do conteúdo negocial que não somente a autonomia privada; (ii) se todas as patologias encontradas na convenção de arbitragem são assimiladas a casos de lacuna do negócio jurídico, ou se há casos muito semelhantes mas de natureza distinta, a invocar intervenções de cura diversas; (iii) se todas as patologias e, em específico, todas as situações de lacunosidade dão ensejo à mesma consequência jurídica; (iv) e se todas as situações de lacunosidade da cláusula compromissória invocam a intervenção do juiz, ou se há lacunas contratuais que devem ser solvidas diretamente pelos árbitros.

se podia deduzir uma efetiva vontade das partes em submeter-se à arbitragem (FOUCHARD, Philippe. Note – Tribunal de grande instance de Paris (Ord. Réf.), 10 janvier 1996, 9 février 2000 et Cour d'appel de Paris, 29 mars 2001. **Revue de l'Arbitrage**. Paris: Comité Français de l'Arbitrage, 2002, n. 2, p. 449-450); conceito, este, que, conforme apontamentos críticos de Yves Derains, levava ao paradoxo de não se ter propriamente uma cláusula compromissória: "*Cuando falta una voluntad clara de las partes de someterse al arbitraje, no se trata de una cláusula compromisoria*" (DERAINS, Yves. **Cláusulas compromisorias patológicas y combinadas.** *In*: ROMERO, Eduardo Silva; ESPINOSA, Fabricio Mantilla (Coords.). **El Contrato de Arbitraje**. Bogotá: Universidad del Rosario/LEGIS, 2008, p. 192).

5 Perceba-se que o exercício de raciocinar a partir da classificação geral proposta por Eisemann é, de fato, adaptativo, uma vez que o autor, no estudo original, inseria na categoria das "patologias de segundo grau" outras hipóteses que não somente aquelas de cláusula compromissória em branco (que de fato estava lá, quando o autor tratava das cláusulas que necessitavam de complementos *a posteriori* pelas partes ou pelo Poder Judiciário), mas também casos de desnaturação grave da convenção de arbitragem por, e.g., limitar em demasia as hipóteses de escolha da solução arbitral (*ratione materiae ou ratione loci*) ou prever a possibilidade de grau recursal ao Poder Judiciário; tanto quanto casos chamados de "hiperpatológicos", nos quais todas as funções da cláusula se apresentam "gangrenadas" (EISEMANN, Frédéric. **La clause d'arbitrage pathologique**. *Op. cit.*, p. 180-189).

É na proposição de respostas a esses questionamentos que este trabalho estará centrado. Cumpre esclarecer, noutras palavras, o que é lacuna negocial, no que esta patologia se distingue de outras e quais são as gradações de sua gravidade, uma vez que, bem entendidas tais variações, se terá por cabível a excepcional intervenção judicial ou a persistência de espaço de competência para direta atuação dos árbitros. O remédio depende da exata compreensão da doença.

A ancoragem de tal análise no direito material – explicitemos de início uma de nossas premissas – decorre da natureza negocial que se reconhece à convenção de arbitragem, e que, mesmo sem se precisar adentrar na minúcia de sua qualificação[6], faz atrair, para o específico tema que aqui nos preocupa, a genérica disciplina da interpretação dos negócios jurídicos. Reflexões como esta, que ligam os fios do direito material e da arbitragem (ainda que a partir de uma posição que se situa no direito privado), têm encontrado no Comitê Brasileiro de Arbitragem, em seus mais de vinte anos de atuação, *locus* privilegiado de debate e aprofundamento[7], pelo que nossa intenção ao tratar das lacunas em convenções de arbitragem é, antes, homenagear esta instituição pela vocação interdisciplinar que sempre assumiu; depois, revisitar temática que vem versada lá e cá por alguns autores, preocupados e atentos aos fios que conectam temas de arbitragem ao direito material[8]; e, por fim, desdobrar, para a convenção de

[6] Qualificação, esta, que é algo intranquila, por não haver consenso se a convenção de arbitragem é contrato, negócio jurídico de organização, negócio jurídico processual, contrato preliminar quando se tratar de cláusula compromissória; ou até mesmo contrato legalmente típico, como prestação de serviços, mandato especial, etc. Não é o caso de adentrar nas minúcias do tema, sendo, apenas, de registrar que, em nosso sentir, razão repousa com aqueles que qualificam a convenção de arbitragem como negócio jurídico de organização, na linha de Clóvis do Couto e Silva (COUTO E SILVA, Clóvis V. do. **Comentários ao Código de Processo Civil**. São Paulo: RT, 1982, v. 11, t. 1, p. 561), a saber: BAPTISTA, Luiz Olavo. Cláusula compromissória e compromisso. *In*: MAGALHÃES, José Carlos de; BAPTISTA, Luiz Olavo. **Arbitragem comercial**. São Paulo: Freitas Bastos, 1986, p. 39-40; NANNI, Giovanni Ettore. **Cláusula compromissória como negócio jurídico:** análise de sua existência, validade e eficácia. *In*: **Direito Civil e Arbitragem**. São Paulo: Atlas, 2014, p. 9 e ss.

[7] Para além de valiosos trabalhos publicados na **Revista Brasileira de Arbitragem**, do CBAr, basta trazer à memória, como exemplo, o tema geral do XV Congresso Internacional de Arbitragem, de 2016, em Florianópolis, "Consentimento na Arbitragem Internacional".

[8] Muitos dos quais citados ao longo deste trabalho, valendo destacar sobre o tema, antecipadamente, o paradigmático texto de LEMES, Selma Maria Ferreira. *Cláusulas arbitrais ambíguas ou contraditórias e a interpretação da vontade das partes*. *In*: MARTINS, Pedro A. Batista; GARCEZ, José Maria Rossani (Coords.). **Reflexões sobre Arbitragem:** *in memoriam* do Desembargador Cláudio Vianna de Lima. São Paulo: LTr, 2002, p. 189 e ss., também disponível em: http://selmalemes.adv.br/artigos/artigo_juri32.pdf. Acesso em:

arbitragem, a proposição de modelo jurídico que tivemos a oportunidade de trabalhar quando estudamos a colmatação de lacunas em contratos[9], e que sirva, por igual, de "mecanismo de controle" à atuação do intérprete quando chamado a colmatar lacunas em cláusula arbitral[10].

Convém explicitar certos contornos de nosso trabalho, dentro dos quais o tema da colmatação de lacunas vem versado, e que, como as bordas de uma moldura, são em número de quatro: *primeiro,* que a disciplina da interpretação negocial é sempre localizada, circunstância que impõe ao intérprete dirigir seu olhar ao direito de base[11]; *segundo,* que, em nosso ordenamento jurídico, ela é constituída por postulados, princípios e regras de interpretação – nada obstante resquícios de entendimento oitocentista de proveniência francesa, hoje defasado, de que não há propriamente uma disciplina da interpretação negocial, e sim meras recomendações ao julgador, o que deu ensejo à avareza do legislador local e à timidez da doutrina no trato do tema[12]; *terceiro,* que este trabalho se preocupa com a interpretação negocial *no direito brasileiro,* independentemente do

[9] *In* NITSCHKE, Guilherme Carneiro Monteiro. *Lacunas Contratuais e Interpretação. História, conceito e método.* São Paulo: Quartier Latin, 2019.

[10] Apanhando-se aqui a expressão empregada por William Park quando incentivava, ao versar sobre o tema da *lex mercatoria,* que tais mecanismos atuassem para garantir que as "sentenças arbitrais ancoradas" nela "representem mais do que o senso de justiça pessoal dos árbitros". (PARK, William. **Control mechanisms in the development of a modern lex mercatoria.** *In*: CARBONNEAU, Thomas (org.). **Lex Mercatoria and arbitration:** a discussion of the new Law Merchant. The Hague: Kluwer Law International, 1992, p. 144).

[11] V.G. KARTON, Joshua. *The Culture of International Arbitration and the Evolution of Contract Law.* Oxford: University Press, 2013, p. 195 e ss., contrapondo as famílias de *common law* e de *civil law,* ainda que com algumas generalizações e *misinterpretations* quanto aos sistemas de *civil law* (como, por exemplo, o de entender que estes procuram a "*true intention*" das partes, conceito que é distinto, e.g., do de "intenção comum das partes" de nosso sistema jurídico). Semelhante é a advertência de Eduardo Silva Romero quando, ao tratar de cláusulas arbitrais patológicas, anota que estas "*no generan problemas 'procesales'. Tales cláusulas, al expressar de manera ambigua o imprecisa el consentimiento de las partes con respecto al arbitraje, necesitan una labor de interpretación contractual de conformidad, por ejemplo, con las normas de los artículos 1618 y siguientes del Código Civil. Vale la pena insistir: en materia arbitral, el derecho procesal está supeditado al derecho de las obligaciones y del contrato en general*" (ROMERO, Eduardo Silva. *Introducción. El arbitraje examinado a la luz del derecho de las obligaciones. In*: ROMERO, Eduardo Silva; ESPINOSA, Fabricio Mantilla (Coords.). **El Contrato de Arbitraje.** Bogotá: Universidad del Rosario/LEGIS, 2008, p. xxii). Não nos parece apropriada, por isso, a proposição de que as cláusulas patológicas se devam curar apenas com remissão a normas do direito transnacional, à revelia do direito de base, como defende MOLFA, Milo. Pathological arbitration clauses and the conflict of laws. **Hong Kong Law Journal.** London: Sweet & Maxwell Ltd., 2007, v. 37, p. 176 e ss.

[12] Abordamos tal tópico com mais vagar em NITSCHKE, Guilherme Carneiro Monteiro. *Colmatação de Lacunas Contratuais:* insuficiências do Código Civil, deficiências da Lei da Liberdade Econômica e o trabalho de doutrina. *In*: FERREIRA DA SILVA, Jorge Cesa; BARBOSA, Henrique (Orgs.). **Os 18**

critério que se adote para defini-lo como aplicável à convenção de arbitragem[13]; e *quarto*, que é disciplina consolidada em modelo jurídico que se narra, depura e refina a partir de nossas fontes jurídicas, no trabalho orientador de doutrina.

Dentro dessa moldura é que este texto terá de passar, *primeiro*, pela compreensão do que é uma lacuna negocial e como ela aparece em convenções de arbitragem (Cap. 1); *segundo*, por diferenciá-la de outras patologias que podem afetar o mesmo negócio de fundo (Cap. 2); *terceiro*, por situá-la nos planos do negócio jurídico, a partir de cujos quadrantes se poderá compreender se a lacunosidade faz decorrer inexistência, invalidade ou ineficácia da convenção de arbitragem (Cap. 3); *e quarto*, por tratar dos meios de colmatação de lacunas presentes em convenções de arbitragem, determinante para entender quais hipóteses poderão ser supridas diretamente pelos árbitros e quais hipóteses carecerão, necessariamente, da ação do art. 7º da Lei de Arbitragem (Cap. 4). Advirta-se que este trabalho consolidará uma primeira abordagem das lacunas em convenções de arbitragem, reservando-se o estudo dos critérios de seu suprimento para texto subsequente, em que, acercado e delimitado o conceito de lacuna tanto quanto os meios de supri-la, poder-se-á passar ao exame do método que deve o aplicador observar.

1. Conceito: conteúdo da convenção de arbitragem e lacunosidade

Há lacuna quando o conteúdo do negócio jurídico não for completo, quer-se dizer: quando faltar disciplina para a relação concreta. Portanto, para se ter clareza quanto ao exato conceito de lacuna no negócio jurídico e, assim, na convenção de arbitragem, é premissa entender o que é conteúdo, pois este vai além do que simplesmente declarado pelas partes e constante do texto-instrumento.

"Conteúdo" do negócio é sua disciplina total, queremos dizer: o complexo de regras informado por um conjunto de fontes, em autorregulação (fonte: declaração de vontade) e heterorregulação (fontes: lei, costumes e boa-fé)[14]. Formal-

anos do Código Civil: a evolução do Direito Empresarial e Obrigacional (Societário, Obrigações & Contratos). São Paulo: Quartier Latin, 2021 (no prelo).

[13] Para um balanço geral, veja-se a transcrição do painel em que se discutiu o tema do direito aplicável à convenção de arbitragem: Valença Filho, Clávio de Melo; Visconte, Débora; Nanni, Giovanni Ettore (Orgs.). **Trabalhos do XV Congresso Internacional de Arbitragem – 2016 do Comitê Brasileiro de Arbitragem – CBAr**. Consentimento na Arbitragem Internacional. São Paulo: CBAr, 2017, p. 23-46.

[14] Seja para a categoria do negócio, seja para a espécie contratual, esta é a definição partilhada por uma série de autores, dentre eles: ASCENSÃO, José de Oliveira. *Teoria Geral do Direito Civil. Volume III. Acções e Factos Jurídicos*. Lisboa: [s.n.], 1992, p. 66, apesar de não falar de *regras*, mas de *preceitos*; Cataudella, Antonino. **Sul Contenuto del Contratto**. Milano: Giuffrè, 1966, p. 18; Ferreira de

mente, o conteúdo é o "conjunto das cláusulas negociais" e das regras que se agregam por derivação de fontes heterônomas; substancialmente, é a própria auto e hétero "regulação de interesses", no sentido de ser uma combinação de "elementos normativos" e "elementos voluntários"[15].

São fontes do conteúdo negocial a autonomia privada, a lei, os costumes e a boa-fé[16], pois a disciplina da relação não deriva apenas do que o acordo das partes estipula, mas também daquilo que vem da incidência do direito objetivo. A autonomia privada, a um, manifestada enquanto liberdade negocial, permite às partes criar regras para sua relação. A incidência da lei, a dois, faz agregar tanto regras cogentes (i.e. inderrogáveis, situando-se a autonomia dentro da moldura que a lei cogente fixa) quanto regras dispositivas (i.e. derrogáveis, incidindo presuntivamente). Os costumes em sua função normativa[17], a três, ajuntam regras

Almeida, Carlos. **Contratos II. Conteúdo. Contratos de Troca.** 4. ed. Coimbra: Almedina, 2016, p. 9-10; Flume, Werner. **El Negócio Juridico** (trad. José María Miquel González e Esther Gómez Calle). Madri: Fundación Cultural del Notariato, 1998, p. 110; Gabrielli, Enrico. Il contratto e il suo oggetto nel diritto italiano. **Rivista Trimestrale di** *Diritto e Procedura Civile*. Milano: Giuffrè, 2012, n 1, p. 41; Galgano, Francesco. **Il Negozio Giuridico**. Milano: Giuffrè, 1988, p. 103; Telles, Inocêncio Galvão. **Manual dos Contratos em Geral**. 4. ed. Coimbra: Coimbra Editora, 2002, p. 253; Geri, Lina Bigliazzi. *L'interpretazione del contratto. Artt. 1362-1371*. Milano: Giuffrè, 2013, p. 196; Ibarbia, Francisco de Elizalde. *El Contenido del Contrato*. Navarra: Thomson Reuters Aranzadi, 2015, p. 37-38; Menezes Cordeiro, António. *Tratado de Direito Civil. II. Parte Geral. Negócio Jurídico. Formação. Conteúdo e Interpretação. Vícios da Vontade. Ineficácias e Invalidades*. 4. ed. Coimbra: Almedina, 2017, p. 537; Miranda, Custódio da Piedade Ubaldino. **Interpretação e integração dos negócios jurídicos**. São Paulo: RT, 1989, p. 78; ROPPO, Enzo. *O Contrato* (trad. Ana Coimbra e M. Januário C. Gomes). Coimbra: Almedina, 1988, p. 126. Sobre o negócio jurídico como regra, tanto quanto trazendo um aporte crítico aos autores que a negam, mas também àqueles que veem no negócio fonte de direito objetivo (crítica com a qual concordamos inteiramente), veja-se CASTRO Y BRAVO, Federico de. *El Negocio Juridico*. Madri: Instituto Nacional de Estudios Juridicos, 1971, p. 31-33.

[15] Menezes Cordeiro, António. *Tratado de Direito Civil. II. Parte Geral. Negócio Jurídico. Formação. Conteúdo e Interpretação. Vícios da Vontade. Ineficácias e Invalidades*, op. cit., p. 538-539, indicando que os primeiros correspondem ao derivado da heteronomia (sejam injuntivos, sejam supletivos) e os segundos, ao que vem da autonomia.

[16] Esse rol de fontes é situado, não se apresentando com o mesmo feitio em todos os ordenamentos, bastando trazer, como exemplo, a ordem jurídica italiana em que se reconhecem como fontes a autonomia privada, a lei, os usos e costumes, e a equidade (art. 1.374 do Codice Civile). Nosso direito possui feição diversa, pois, e.g., a equidade não é reconhecida como fonte do conteúdo contratual. Sobre isso, vejam-se nossas observações mais alentadas em Nitschke, Guilherme Carneiro Monteiro. **Lacunas Contratuais e Interpretação: história, conceito e método**. *op. cit.*, p. 556-563.

[17] Sobre a dupla funcionalidade dos costumes (normativa e hermenêutica), que resumem as demais e sob seu guarda-chuva se situam, remetemos ao nosso Nitschke, Guilherme Carneiro Monteiro. *Usos e costumes no direito contratual brasileiro (ou, sobre a precisão da doutrina face à imprecisão do legislador)*. *In*: Benetti, Giovana; Correa, André Rodrigues; Fernandes, Márcia Santana; Nitschke, Guilherme

dispositivas ao conteúdo negocial. E a boa-fé em sua "função nomogenética"[18], a quatro, adiciona regras dispositivas quando enriquece o conteúdo do negócio jurídico com deveres seja contemporaneamente à formação do contrato, seja *in executivis*.

Apanhemos o caso da convenção de arbitragem para clareza da sistemática recém exposta, pois é o que nos interessa para este trabalho.

A autonomia privada é a principal fonte de seu conteúdo, assim reconhecido pela Lei de Arbitragem, que permite às partes escolher livremente as regras aplicáveis (art. 2º e seus §§1º e 2º), o modo de nomeação dos árbitros (art. 13, §3º), as regras procedimentais (art. 21) e todo o mais que disser respeito à resolução de seus litígios. Não necessariamente na específica cláusula compromissória, contudo, pode estar a inteira declaração das partes. Caso esta venha com insuficientes previsões, tal não significa, de pronto, haver lacuna, uma vez que a disciplina pode estar situada, por exemplo, em "contrato-quadro", em contratos conexos ao negócio em tela[19] ou, ainda, por referência. Nessas hipóteses, como revisitaremos em frente, apenas é aparente a presença de lacuna, uma vez que a disciplina completa existe, ainda que esparramada[20]. Tal não é situação de lacuna e, a rigor, não abrirá ensejo à ação do art. 7º, sendo competência dos próprios árbitros, em exercício estritamente interpretativo (e não completativo), trazer à luz a inteira disciplina da convenção de arbitragem, situada noutros recantos em que manifestada a autonomia privada.

Mas a lei também estabelece certa moldura cogente, impondo regras injuntivas gerais e específicas[21]. Apanhemos alguns exemplos. Dentre as gerais, o

Carneiro Monteiro; Pargendler, Mariana; Varela, Laura Beck (Orgs.). **Direito, Cultura, Método. Leituras da Obra de Judith Martins-Costa.** Rio de Janeiro: GZ, 2019, em especial p. 637-652.

[18] Martins-Costa, Judith. **A Boa-Fé no Direito Privado:** critérios para sua aplicação. São Paulo: Marcial Pons, 2015, p. 219. Sobre isso, e também para a distinção dessa sua funcionalidade normativa (integrativa) daquela que é hermenêutica (dentro da qual se situa a colmatação de lacunas), remetemos a Nitschke, Guilherme Carneiro Monteiro. **Lacunas Contratuais e Interpretação:** história, conceito e método. *op. cit.*, p. 540-556.

[19] Como reconhecido, e.g., pelo STJ, REsp nº 1.639.035, Rel. Min. Paulo de Tarso Sanseverino, DJ. 15.10.2018. Conferimos de: Abbud, André de A. C.; Levy, Daniel; Alves, Rafael F. **Lei de Arbitragem Anotada. A jurisprudência do STF e do STJ**. São Paulo: Thomson Reuters Brasil, 2019, p. 56.

[20] Circunstância que, diga-se de passagem, é admissível e não plasma causa de invalidade, haja vista que a exigência legal é de que se tenha convenção de arbitragem por escrito (art. 4º §1º da Lei de Arbitragem), podendo vir no próprio contrato ou em documentos a ele vinculados.

[21] As regras legais cogentes plasmam os chamados "elementos categoriais naturais inderrogáveis" do negócio jurídico, regras de insuscetível derrogação pelas partes, em excepcional dirigismo, tanto que previstas apenas excepcionalmente (e.g. arts. 4º, 47 e 51 da Lei de Locações, art. 591 do Código Civil, o art. 26 da Lei Federal nº 6.766/1979, os arts. 59, 60, 61 e 63, e o art. 82 da Lei Federal nº

direito escolhido pelas partes não pode contrariar os bons costumes e a ordem pública (art. 2º, §1º), tal não significando que, em caso de contrariedade, a convenção inteira será tida por nula: a específica nulidade potencialmente faz com que surja lacuna quanto ao direito aplicável, suscetível de suprimento[22]. Dentre os específicos, há a imposição de que, quando é parte a administração pública, a arbitragem tenha de ser de direito e em observância à publicidade (art. 2º, §3º, a que se soma o art. 152 da nova Lei de Licitações[23]); de que, na arbitragem do setor portuário e de transportes rodoviário, ferroviário, aquaviário e aeroportuário, a arbitragem seja sempre de direito e com legislação brasileira aplicável, sediada no Brasil, em português e pública (Decreto nº 10.025, de 20 de setembro de 2019, art. 3º, incisos I, II, III e IV); de que, quando se tiver arbitragem envolvendo a administração pública municipal de São Paulo (para ficar-se com um exemplo localizado), a convenção de arbitragem deva ter a capital como sede, as leis brasileiras como escolhidas, o português como idioma e o Foro da Fazenda Pública como competente para demandas correlatas, dentre outras (art. 8º do Decreto Municipal nº 59.963, de 7 de dezembro de 2020). Para todas essas hipóteses, a parcela de conteúdo da convenção de arbitragem que contraria a lei é tida por nula, sendo sobreposta pela específica regra legal cogente, que vai inserta à disciplina como se houvesse sido prevista pelas próprias partes, no lugar da regra inválida.

9.610/1998, os arts. 95 e 96 do Estatuto da Terra (Lei Federal nº 4.504/1964), o art. 66 da Lei Federal nº 4.728/1965 (modificado pelo Decreto-Lei nº 911/1969), o art. 5º da Lei Federal nº 4.380/1964, o art. 10, § 1º, da Lei Federal nº 9.609/1998, Circulares editadas pela Superintendência de Seguros Privados (SUSEP) para os contratos de seguros, Instruções editadas pela Comissão de Valores Mobiliários (CVM) sobre contratos derivativos, dentre outros exemplos). Também sustentam a partição dos elementos naturais em derrogáveis e inderrogáveis, por respectivamente derivarem de normas dispositivas e cogentes, Flume, Werner. **El Negócio Juridico**, op. cit., p. 112-113 e 716-717; e entre nós, Marino, Francisco Paulo De Crescenzo. **Interpretação do Negócio Jurídico**. São Paulo: Saraiva, 2011, p. 35 e 39.

[22] Nesse sentido: Alves, Rafael Francisco. *Árbitro e Direito:* o julgamento do mérito na arbitragem. São Paulo: Almedina, 2018, p. 227-228; Carmona, Carlos Alberto. **Arbitragem e Processo. Um comentário à Lei 9.307/96.** 3. ed. São Paulo: Atlas, 2009, p. 70-71. Como bem sumariza o primeiro autor, "competirá ao árbitro reconhecer a **nulidade** da disposição contratual, deixando de aplicar o direito escolhido pelas partes naquela questão específica (se esta separação for possível) fazendo-o de modo fundamentado e respeitando o contraditório. Nesta hipótese, o árbitro ainda terá que determinar o direito aplicável em substituição ao direito estrangeiro violador da ordem pública" (Alves, Rafael Francisco. *Árbitro e Direito*: o julgamento do mérito na arbitragem, op. cit., p. 228).

[23] Lei Federal nº 14.133, de 1º de abril de 2021, art. 152: "A arbitragem será sempre de direito e observará o princípio da publicidade". (BRASIL, Lei Federal nº 14.133, de 1º de abril de 2021. Lei de Licitações e Contratos. Disponível em: https://www.in.gov.br/en/web/dou/-/lei-n-14.133-de-1-de-abril-de-2021-311876884. Acesso em: 17 ago. 2021.)

Há, por igual, certas regras dispositivas na legislação que se ajuntam presuntivamente à disciplina negocial, a compreender aquelas que incidem caso as partes não tenham disposto, especificamente, em sentido diverso. Tal é o caso do art. 5º da Lei de Arbitragem, verdadeira "regra interpretativa", porque atributiva de significado à manifestação das partes que não tenha sido inequívoca: entende-se que, se as partes se reportaram a certo órgão arbitral, a arbitragem será "instituída e processada de acordo com" as regras de tal instituição, salvo se "as partes" tiverem estabelecido "na própria cláusula, ou em outro documento, a forma convencionada para a instituição da arbitragem". Não é "regra de interpretação", pois estas se dirigem ao intérprete, estabelecendo o método de proceder (i.e. o caminho para que descubra o significado da disciplina negocial); é "regra interpretativa", entendidas estas como as que atribuem significado, colorindo o espaço cinzento que eventualmente exista (i.e. é regra que diz qual é o significado da disciplina negocial)[24]. A regra do art. 5º, por isso, é interpretativa, pois faz a escolha das partes por determinada câmara arbitral ser lida como optando pelas regras procedimentais desta, atribuindo significado à declaração que não for inequívoca. Esta, porém, é regra dispositiva, pois, ainda que em ocasiões infrequentes, as partes podem estabelecer regras procedimentais diversas daquelas da instituição indicada[25]. Aplica-se, portanto, se as partes nada tiverem previsto a respeito, tendo, assim, incidência presuntiva[26]. Quando

[24] Para a diferença entre "regras interpretativas" e "regras de interpretação", veja-se Pontes de Miranda, F. C. **Tratado de Direito Privado**. 4. ed. São Paulo: RT, 1983, t. 1, p. 64-65. "Onde a dúvida se revela, incide a regra jurídica interpretativa; onde manifestação de vontade não houve, mas o legislador entendeu que era indispensável, a regra jurídica dispositiva incide. A regra jurídica de interpretação, essa, não, incide cogentemente; não é dispositiva, nem se confunde com a regra jurídica interpretativa. [...] A regra jurídica interpretativa é subsidiária, completante, em **menos** do que a dispositiva, [...]; a regra jurídica de interpretação é cogente" (idem, p. 65).

[25] Como ocorre no cenário internacional, com alguma frequência, de se escolher a "Permanent Court of Arbitration" mas não o seu regulamento procedimental ("PCA Arbitration Rules 2012"), e sim as "UNCITRAL Arbitration Rules".

[26] Nas regras dispositivas, não há "vontade presumida", mas "incidência presumida", sendo, portanto, situação de suporte fático e incidência da regra. Relembrando as claras lições de Pontes de Miranda, "[o] direito dispositivo supre a falta da manifestação de vontade" (Pontes de Miranda, F. C. **Tratado de Direito Privado.** *Op. cit.*, t. 1, p. 62); "[a] regra jurídica dispositiva é para a *falta* de vontade" e "incide porque não houve a vontade" (Pontes de Miranda, F. C. **Tratado de Direito Privado**, op. cit., t. 3, p. 62), ou como melhor destaca: "falha **de manifestação, declarativa ou adeclarativa**" (idem, p. 9). "[A]s regras jurídicas dispositivas nada sofrem com ficarem sem incidência. Elas mesmas se marcaram esses limites. São normas para se encher o **vazio** de declaração ou de manifestação de vontade" (idem, p. 9). E em tomo anterior: "Dispositiva é a regra jurídica que somente incide, se os interessados não regraram os seus interesses, no tocante ao suporte fáctico; de modo que essa regra jurídica se pode definir como a regra jurídica que incide, se o seu suporte fáctico não foi colorido

incidente, porém, é regra legal que se agrega ao conteúdo da convenção de arbitragem, disciplinando a conduta das partes tal como tivesse sido por elas próprias redigida[27].

Por fim, também se podem encontrar regras dispositivas em certos diplomas de natureza transnacional, como se vê do Acordo sobre Arbitragem Comercial Internacional do Mercosul, concluído em Buenos Aires, em 23 de julho de 1998[28], que, no art. 13(2), dita que se as partes nada tiverem estabelecido acerca do idioma do procedimento, este será o da "sede do tribunal arbitral"[29].

Indo em frente, também podem ser fonte do conteúdo total da convenção de arbitragem os costumes, compreendidos estes como práticas habituais e coletivas com força jurígena de regras dispositivas[30]. É raro vê-los atuando como fonte de disciplina da cláusula compromissória, mas há registro de casos excepcionais em que tal ocorreu. Selma Ferreira Lemes, por exemplo, faz remissão a certos setores específicos da economia em que, devido à extremada especialidade, a resolução de controvérsias por certa instituição, ou de acordo com certas peculiaridades, vai pressuposta à convenção de arbitragem, ainda que as partes

pela vontade dos interessados: se houve essa vontade, o suporte fáctico tornou-se inadequado, por excesso" (Pontes de Miranda, F. C. **Tratado de Direito Privado**. *Op. cit.*, t. 1, p. 58-59). Assim também, mais recentemente: Canaris, Claus-Wilhelm; Grigoleit, Hans Christoph. Interpretation of contracts. *In*: Hartkamp, Arthur S.; Hesselink, Martijn W.; Hondius, Ewoud H.; et alii (eds.). **Towards a European Civil Code**. 4. ed. Alphen aan den Rijn: Kluwer Law International, 2011, p. 612; e Vasconcelos, Pedro Pais de. **Contratos Atípicos**. 2. ed. Coimbra: Almedina, 2009, p. 324.

[27] Sob uma perspectiva comparada, semelhante debate foi travado em uma série de litígios julgados pela Suprema Corte norte-americana: os casos Bazzle, Stolt-Nielsen e Oxford (respectivamente: Green Tree Financial Corp. *v.* Bazzle, 2003; Stolt-Nielsen S.A. *v.* Animalfeeds Int'l Corp., 2010; e Oxford Health Plans LLC *v.* Sutter, 2013). Em discussão, estava se, diante do silêncio da cláusula compromissória, a arbitragem coletiva estava ou não autorizada para o caso concreto. A Suprema Corte singrou, nos sucessivos casos, entre a opinião de que a disciplina supletiva do "Federal Arbitration Act" admitia arbitragem coletiva e, portanto, no silêncio das partes, era regra que vigia supletivamente (essa a interpretação esposada no caso Bazzle); e a opinião, de outro lado, que impunha manifestação expressa das partes em favor da arbitragem coletiva para se tê-la por admitida no caso concreto (conforme interpretação do caso Stolt-Nielsen). Resume e analisa os casos: RAU, Alan Scott. "Gap filling" by arbitrators. *In*: Van Den Berg, Albert Jan (Ed.). **Legitimacy:** myths, realities, challenges. ICCA Congress Series. The Hague: Kluwer Law International, 2015, v. 18, p. 955 e ss.

[28] Internalizado pelo Decreto nº 4.719, de 04.06.2003.

[29] "[...] 2 – Na falta de estipulação expressa das partes, o idioma será o da sede do tribunal arbitral".

[30] Para exame mais alentado do conceito, remetemos a Nitschke, Guilherme Carneiro Monteiro. *Usos e costumes no direito contratual brasileiro (ou, sobre a precisão da doutrina face à imprecisão do legislador)*. *Op. cit.*, p. 632-637.

não tenham sido explícitas[31]. Nessa exata linha, a prática internacional registra caso de cláusula só aparentemente lacunosa: "*Resolution of disputes: arbitration, **in the usual way***" (grifo nosso). Ainda que em certas situações este, de fato, seja exemplo de cláusula lacunosa, noutras, lacuna não existe, uma vez que a menção ao "modo costumeiro" ou "usual" (*usual way*) pode estar a invocar disciplina costumeira situada em específico setor do mercado, e, assim, que se agrega ao conteúdo da convenção como se prevista pelas próprias partes[32].

Por fim, igualmente a boa-fé pode atuar como fonte normativa à convenção de arbitragem, modificando o conteúdo *in executivis*. É o que ocorre no desdobramento da plenitude eficacial da convenção de arbitragem, que abarca a adesão dos árbitros ao negócio, por aceitação de sua investidura. Conquanto haja divergência doutrinária e "edifício em construção" sobre se tal plasma contrato apartado (de investidura) ou acréscimo de partes a negócio plurilateral, é inequívoco que a disciplina da atuação dos árbitros é dada, em boa medida, pela boa-fé objetiva, ao acréscimo de deveres anexos como os de revelação e de recato para os árbitros, e de lealdade e cooperação para as partes[33].

Comentário apartado merecem as chamadas "práticas", que a rigor não são fonte de conteúdo negocial, salvo quando incidente a CISG (art. 9(1)[34]). Como de outra feita tivemos a oportunidade de expor[35], "práticas" (ou "usos individuais") consistem em disciplina, total ou parcial, que é reiterada pelas mesmas partes em sucessivos negócios, e que, por decorrência dessa habitualidade, cria a mútua expectativa de que se repetirá em negócios vindouros de semelhante natureza, exceto se expressa e consensualmente afastada pelas partes. Noutras palavras, caso as partes tenham estabelecido certa prática com referência à convenção de arbitragem e caso tenham se omitido no terceiro ou quarto negócio

[31] LEMES, Selma Ferreira. **Cláusula compromissória por referência. Contratos comerciais internacionais e a Convenção de Nova Iorque.** *In*: LEMES, Selma Ferreira; LOPES, Christian Sahb Batista (Coords.). **Arbitragem Comercial Internacional e os 60 Anos da Convenção de Nova Iorque**. São Paulo: Quartier Latin, 2019, p. 399.

[32] MOLFA, Milo. **Pathological arbitration clauses and the conflict of laws**. *Op. cit.*, p. 180-181.

[33] Idem, p. 364-368.

[34] "Art. 9 (1) As partes se vincularão pelos usos e costumes em que tiverem consentido e pelas práticas que tiverem estabelecido entre si [...]". Sempre que referirmos à CISG, estamos a referir à Convenção de Viena para Compra e Venda Internacional de Mercadorias, de 1980, internalizada pelo Decreto nº 8.327/2014. Há debate em curso visando à redação de específica "Advisory Council Opinion" sobre a aplicabilidade da CISG a cláusulas de resolução de disputas, conforme link de acesso: http://www.cisgac.com/schedule-of-work/.

[35] NITSCHKE, Guilherme Carneiro Monteiro. **Usos e costumes no direito contratual brasileiro (ou, sobre a precisão da doutrina face à imprecisão do legislador)**. *Op. cit.*, p. 624-629.

celebrado[36], este não será tido por lacunoso, pois integrado pela idêntica disciplina que, em negócios anteriores, os negociantes estabeleceram para si[37]. A doutrina que estuda a CISG traz exemplos de práticas relacionadas direta ou indiretamente à convenção de arbitragem, como – para ficar-se com um exemplo – caso em que as partes, em reiterados contratos, escolheram o mesmo direito material de regência, mas no último celebrado omitiram a escolha, sendo de prevalecer a prática estabelecida em contratações anteriores nada obstante a resistência de um dos contratantes[38]. Trata-se de modelo jurídico em processo de aclimatação no direito brasileiro, ainda havendo de se debater e construir se, para os demais contratos que não os de compra e venda internacional, sua funcionalidade é igualmente dúplice ou apenas hermenêutica, pela janela do art. 113 do Código Civil[39]. Seja como for, caso se tenha contrato de compra e venda internacional que atraia a CISG e caso se parta da premissa (aqui não estudada) de que o direito do contrato de base rege a interpretação da cláusula, a inexorável conclusão é por ter nas práticas fonte do conteúdo negocial.

Autonomia privada, legislação cogente e dispositiva, costumes e boa-fé (mais práticas, para contratos que têm a CISG por aplicável): esse é o rol de fontes que informam regras ao conteúdo da convenção de arbitragem. Essa composição de regras (elementos), sob o ponto de vista analítico, faz com que se possam iden-

[36] Fala-se de "terceiro" ou "quarto" porque o requisito "habitualidade" tem sido considerado como preenchido quando as partes repetem uma mesma disciplina contratual em dois negócios pretéritos ou mais, tal como se teve no conhecido "caso da ureia branca", julgado pela Corte da Basileia em 1997 (Switzerland 3 December 1997 Civil Court Basel (White Urea Case), disponível em http://www.cisg.law.pace.edu/cases/971203s2.html), e no "caso das embalagens de pizza", julgado por um tribunal alemão em 2000 (Germany 13 April 2000 Lower Court Duisburg (Pizza cartons case), disponível em http://cisgw3.law.pace.edu/cases/000413g1.html).

[37] Com a óbvia ressalva de que as práticas sempre podem ser afastadas pelas partes, bastando que, nos negócios posteriores, prevejam cláusula de resolução de disputas diversa, a barrar, assim, que as dos negócios anteriores a ela se sobreponham. Sobre isso, endereçando especificamente o tema no campo arbitral, veja-se Mercereau, Ana Gerdau de Borja. Arbitragem e contrato. *In:* Levy, Daniel; Pereira, Guilherme Setoguti J. (Coord.). **Curso de Arbitragem**. São Paulo: Thomson Reuters Brasil, 2018, p. 665-666.

[38] Ferrari, Franco; Bischoff, Jan A. **Commentary to article 10**. *In*: Ferrari, Franco (Ed.). **Rome I regulation. Pocket commentary**. Munich: Sellier, 2015, p. 375. Entre nós, no mesmo sentido: Lemes, Selma Ferreira. **Cláusula compromissória por referência**. Contratos comerciais internacionais e a Convenção de Nova Iorque. *Op. cit.*, p. 399.

[39] Como proposto por Véra Maria Jacob de Fradera, ao redigir o Enunciado nº 409 aprovado pela V Jornada de Direito Civil: "Os negócios jurídicos devem ser interpretados conforme a boa-fé, os usos do lugar de sua celebração e as práticas estabelecidas entre as partes" (Fradera, Véra Maria Jacob de. Justificativa. *In*: Aguiar Júnior, Ruy Rosado de (Org.). **V Jornada de Direito Civil**. Brasília: CJF, 2012, p. 100).

tificar três dimensões do conteúdo negocial (repita-se: para fins analíticos, vez que, no caso concreto, o conteúdo se apresenta uno e um só[40]): um conteúdo expresso, manifestado pelas partes e derivado da declaração de vontade; um conteúdo implícito, derivado da cogência legal; e um conteúdo presumido, derivado da incidência presumida da lei dispositiva, dos costumes e da boa-fé objetiva. A interpretação que eventualmente se proceda e que terá por objeto esse mesmo conteúdo total do negócio (*rectius* da convenção de arbitragem) sempre haverá de reconhecer quais regras compuseram o conteúdo por declaração, por cogência ou por incidência presumida, e quais delas ficaram de fora, por derrogação expressa ou presumida das partes. Daí que a interpretação, quando se processa em reconhecer o que compôs o conteúdo, nessas suas três dimensões, nada agregue e nada tenha de completativa ou de colmatação de lacunas: trata-se de declarar o que lá já estava presente, disciplinando a relação em exame.

Em resumo, só haverá lacuna negocial quando não apenas a declaração expressa demonstrar omissão, mas quando essa aparente omissão não for suprível com recurso a outros recantos textuais em que manifestada a autonomia privada, ou com recurso à lei cogente e dispositiva, aos costumes e à boa-fé (e, em exceção, às práticas). Do contrário, lacunosidade não haverá, pois disciplina existirá – ainda que situada fora da declaração negocial consolidada na específica cláusula compromissória – e, assim, tratar-se-á de matéria de interpretação *stricto sensu* (extração do significado negocial), que não encontra espaço de ser procedida por atuação judicial: são os árbitros os competentes para proceder à interpretação negocial e desvelar qual a disciplina vigente.

Tanto por isso, insista-se com o conceito de lacuna, agora mais evidenciando depois de atacada a premissa: há lacuna quando ausente parcela da disciplina negocial, queremos dizer, quando o *conteúdo* do negócio se apresentar lacunoso, o que significa dizer, a um, que há lacuna quando falta regra jurídica necessária à relação subjacente; e a dois, que sendo o conteúdo negocial informado por um conjunto diverso de fontes (autonomia privada, lei, costumes e boa-fé objetiva, ao acréscimo excepcional das práticas), lacuna há quando o conteúdo *total* do negócio não apresenta disciplina.

Delimitado o conceito, há que se distinguir a lacuna de outras hipóteses patológicas, tanto quanto examinar a gradação que tal patologia pode apresentar.

[40] "O negócio jurídico constitui, no seu conteúdo como noutros aspectos, uma unidade que não se deve perder de vista", como bem observa Menezes Cordeiro, de modo que esses seus elementos "devem ser separados apenas para efeito de análise" (Menezes Cordeiro, António. **Tratado de Direito Civil. II. Parte Geral. Negócio Jurídico. Formação. Conteúdo e Interpretação. Vícios da Vontade. Ineficácias e Invalidades.** *Op. cit.*, p. 539).

2. Distinção: a lacunosidade no quadro das demais hipóteses patológicas

Uma cláusula patológica já foi bem definida pela doutrina como sendo a que contém "defeitos de forma ou conteúdo" que levam a um prolongamento do procedimento para o fito de sua interpretação e cura, podendo tais patologias se relacionar a "inconsistência, incerteza ou inoperabilidade"[41], que ocasionam inexistência, invalidade ou ineficácia da convenção de arbitragem. Dentro da moldura dessa muito sumária definição, a casuística das patologias é rica, de modo que, depois de conceituado o que se entende por lacuna – apenas uma das possíveis hipóteses patológicas, mas a que aqui nos interessa –, ocorre distingui-la de outras patologias. Tal se dá não apenas para necessidade de maior clareza quanto à doença, mas também porque a distinção tem repercussões imediatas para o remédio que se deve empregar, uma vez que certos casos algo semelhantes aos de lacunosidade negocial, mas sem com estes se assimilarem, convocam a direta atuação dos árbitros.

Há quem sustente no campo do direito privado que o conceito de lacuna negocial é compreensivo, também, de patologias identificadas como "ambiguidade" ou "contradição", por também nesses casos a ação do intérprete ser, em suposição, completante, eliminando o que está ambíguo ou contraditório[42]. Há quem diga, também, que em havendo "antinomia inconciliável" entre duas regras jurídicas de mesmo plano, "uma à outra, reciprocamente, se revogam", fazendo surgir uma lacuna[43].

Esses posicionamentos não nos parecem acertados, pois tomam como critério de enquadramento a atividade – o completamento –, e não a patologia. Uma lacuna não é lacuna porque o aplicador eventualmente opera de modo semelhante. Aqui há reincidência do problema de eclipsar o que é lacunoso à atuação do aplicador, como se a doença só existisse em função, ou por causa, da intervenção cirúrgica. Como bem resume Claudio Luzzati, "no caso das antinomias o direito não tanto cala, mas fala com várias vozes"[44]. O segundo problema desse

[41] Blackaby, Nigel; Partasides, Constantine; Redfern, Alan; Hunter, Martin. *Redfern And Hunter on International Arbitration*. 6. ed. Oxford: University Press, 2015, p. 135; Girsberger, Daniel; Ruch, Pascal. Pathological arbitration clauses: another lawyers' nightmare comes true. *In:* Kroll, Stefan Michael; Mistelis, Loukas A.; *et al.* (Eds). *International Arbitration and International Commercial Law: Synergy, Convergence and Evolution*. The Hague: Kluwer Law International, 2011, p. 134.

[42] É a posição, na doutrina portuguesa, de Domingues de Andrade, Manuel A. **Teoria Geral da Relação Jurídica**. Coimbra: Almedina, 1983, v. 2, p. 326.

[43] É o comentário de Cirne Lima, Ruy. **Lacunas e Conflitos de Leis**. Porto Alegre: Sulina, 1964, p. 19, ao tratar das lacunas do ordenamento jurídico, mas em situação que se repete no âmbito negocial.

[44] Luzzati, Claudio. **La Vaghezza delle Norme. Un'analisi del linguaggio giuridico**. Milano: Giuffrè, 1990, p. 412.

posicionamento está na própria atividade do intérprete quando diante de ambiguidades ou contradições, que é radicalmente distinta quando diante de lacunosidades. Estas não suscitam verdadeira atividade completativa do aplicador, mas interpretativa propriamente dita, por buscar dentro dos quadrantes expressos do negócio o que deve prevalecer. Se é bem verdade que, vez ou outra, a eliminação do que é ambíguo ou contraditório pode ocasionar o surgimento de lacuna, também é verdade que essa é situação incidental, raramente ocorrida, e que não mistura a patologia inicial com a que lhe é sucessiva (do mesmo modo que a nulidade de uma cláusula, com sua consequente extirpação, não transforma a nulidade em espécie de lacuna, só porque o ato subsequente do intérprete será por sua colmatação).

Alguns exemplos refinarão o *distinguo.*

A começar por casos em que presente ambiguidade, façamos remissão a julgado do STJ[45] em que a situação em apreço era de cláusula de resolução de disputas prevendo "três vias para a solução de litígios: a mediação ou arbitragem e a judicial", com o acréscimo de que certa cláusula do acordo de acionistas reservava ao Poder Judiciário certas pretensões ("suspender ou cancelar o registro de transferência de ações efetivado com violação das disposições deste acordo de acionista; suprir a vontade da parte que se recusar a cumprir qualquer das obrigações assumidas"). O voto divergente e vencedor do Ministro Raul Araújo partiu da premissa de que referida cláusula é escalonada, aduzindo que "o emprego da conjunção alternativa 'ou' na cláusula 11.8 do acordo de acionistas, e não da conjunção aditiva 'e', entre arbitragem e mediação" produz compatibilidade entre os métodos de resolução de controvérsias. De outro lado, a circunstância de haver reserva pelas partes, noutra cláusula, de matérias afeitas exclusivamente ao Judiciário não esvazia de eficácia a cláusula compromissória, no entendimento do Ministro[46]. Daí concluir, solvendo a ambiguidade – em nosso sentir, com acerto –, que nem o escalonamento de métodos de resolução de controvérsias, nem a reserva de certas questões ao juiz estatal malferia a higidez da convenção.

Outro exemplo de ambiguidade na cláusula, extraído do rol de decisões CCI, esteve na que previa arbitragem "segundo o regulamento de conciliação

[45] STJ, 4ª Turma, REsp nº 1.331.100/BA, Rel. Min. Maria Isabel Gallotti, Rel. p/ acórdão Min. Raul Araújo, j. em 17.12.2015.

[46] É trecho a destacar de seu voto: "Longe de subtrair a força vinculante da arbitragem, essa disposição do acordo elege a arbitragem como o principal meio de solução das controvérsias entre os acionistas, quando diz que as divergências deverão ser resolvidas por mediação ou arbitragem, ressalvados apenas os temas expressamente referidos na cláusula 8a, reservados para a tutela judicial".

e de interpretação da câmara de comércio por um árbitro designado em conformidade com este regulamento" (Caso CCI N. 5423, decisão de 1987). A seu ensejo, a questão debatida foi quanto à competência *ratione materiae*: estariam os árbitros autorizados a decidir qualquer conflito surgido entre as partes ou apenas litígios respeitantes à interpretação do contrato? Noutro caso CCI, foi necessário debater se a convenção arbitral possibilitava o reconhecimento de abatimentos (compensação) de notas promissórias face ao preço do contrato, ou se a cláusula era estrita para as prestações deste (Caso CCI N. 4367)[47]. Noutro caso, ainda, mas dessa vez apreciado pelo Tribunal de Grande Instance de Paris, a cláusula compromissória remetia à arbitragem da "official Chamber of Commerce in Paris, France", o que impôs à corte francesa declarar que a intenção comum das partes, ainda que manifestada em equívoco por deixar entender que se referia a uma câmara arbitral estatal (assim, "oficial"), era por escolher a CCI, deste modo oportunizando a sequência da arbitragem nesta instituição[48]. As ambiguidades foram decididas no sentido de se ter a matéria como suscetível de apreciação, o que plasmou interpretação de regra negocial existente – mas ambígua –, e não colmatação de disciplina ausente.

Quanto à contradição, convém lembrar do exemplo de cláusulas que tratam da resolução de litígios, contraditória e simultaneamente prevendo a arbitragem e o Poder Judiciário, sem expressa ordem de subsidiariedade ou delimitação de competência. A doutrina consolidou ser possível que ambas convivam harmonicamente, uma vez que, se não houver contradição direta, a arbitragem se prestará à apreciação das questões de fundo e o Poder Judiciário, às medidas de apoio (tais como as de urgência, os atos de execução, o auxílio com relação à instrução, etc.)[49].

[47] Jarvin, Sigvard; Derains, Yves; Arnaldez, Jean-Jacques. *Collection of ICC Arbitral Awards 1986-1990. Recueil des sentences arbitrales de la CCI.* Boston: Kluwer Law and Taxation Publishers, 1994, respectivamente p. 339 e 18.

[48] Assim narra Davis, Benjamin G. Pathological clauses: Frédéric Eisemann's still vital criteria. *Arbitration International.* London: LCIA, 1991, v. 7, n. 4, p. 369-370. O caso foi entre Société Asland c. Société European Energy Corporation, TGI de Paris, 1990.

[49] Sobre isso, veja-se: Carmona, Carlos Alberto. **Considerações sobre a cláusula de compromissória e a eleição de foro.** *In*: Lemes, Selma Ferreira; Carmona, Carlos Alberto; Martins, Pedro Batista (coords.). *Arbitragem. Estudos em homenagem ao prof. Guido Fernando Silva Soares In Memoriam.* São Paulo: Atlas, 2004, p. 33-46; e LEMES, Selma Ferreira. Cláusulas combinadas ou fracionadas: arbitragem e eleição de foro. **Revista do Advogado**. São Paulo: Associação dos Advogados de São Paulo – AASP, Edição Especial sobre Arbitragem, 2013, nº 119, p. 153-158. Assim se decidiu, e.g., nos casos: TJRJ, 11ª Câmara Cível, Apelação nº 0032395-18.2015.8.19.0001, Rel. Des. Otávio Rodrigues, j. em 04.02.2021; TJMG, 18ª Câmara Cível, Apelação nº 1.0000.20.505129-5/001, Rel. Des. Mota e Silva, j. em 10.11.2020; TJRS, Apelação Cível nº 70074091083, 6ª Câmara Cível, Rel. Des. Luís

Noutras situações, contudo, a convivência harmônica não é possível e assim se tem de declarar a prevalência de uma ou de outra cláusula de resolução de litígios. É o que ocorreu em caso apreciado pelo STJ, quando examinada coligação de negócios em que, em alguns dos contratos, tinha-se convenção de arbitragem e, noutros, tinha-se cláusula de eleição de foro. O STJ, apreciando-os, entendeu que a estrutura de coligações era composta por um contrato principal e outros acessórios, de modo que "o contrato reputado como principal determina as regras que deverão ser seguidas pelos demais instrumentos que a este se ajustam". Nesse sentido, tendo o contrato tido como "principal" uma cláusula compromissória, esta foi entendida como eficaz para os demais contratos conexos, assim se sobrepondo às específicas cláusulas de eleição de foro[50]. Perceba-se, portanto, que o exercício levado a cabo pela Corte foi de interpretação propriamente dita, e não de colmatação de lacunas, uma vez que sua decisão *declarou* o conteúdo (=a disciplina) que vigia entre as partes, reconhecendo-o como existente e eficaz.

A prática arbitral registra vários outros exemplos em que contraditória a disciplina da convenção de arbitragem: antinomia entre a regra negocial de constituição do tribunal e a regra da instituição de arbitragem sobre o mesmo tópico[51]; antinomia entre cláusulas que preveem, cada uma, diversa instituição

Augusto Coelho Braga, j. em 28.09.2017. Sob o ponto de vista comparativo, há *case law* no mesmo sentido (e.g. Molfa, Milo. **Pathological arbitration clauses and the conflict of laws**. *Op. cit.*, p. 177-178). Advirta-se, contudo, que nem todos os ordenamentos se posicionam por conciliar os dois dispositivos por via da preferência à cláusula compromissória, como se vê, e.g., de doutrina e jurisprudência francesa que, no mais das vezes, posiciona-se por considerar a neutralização mútua de "*clauses inconciliables et insusceptibles d'être hiérarchisées*", em detrimento daquilo que dizem ser a "*tentation [...] de concilier l'inconciliable*" (Billemont, Jean. **La Liberté Contractuelle à l'Épreuve de l'Arbitrage**. Paris: LGDJ, 2013, p. 346-347).

[50] STJ, REsp nº 1.639.035, Rel. Min. Paulo de Tarso Sanseverino, DJ. 15.10.2018. Conferiu-se de: Abbud, André de A. C.; Levy, Daniel; Alves, Rafael F. **Lei de Arbitragem Anotada. A jurisprudência do STF e do STJ**. *Op. cit.*, p. 56.

[51] Tal ocorreu em caso com sede em Zurique, em que a convenção de arbitragem previa que os árbitros seriam indicados um por cada parte, e os co-árbitros escolheriam o presidente, ao passo que as regras da Câmara de Comércio de Zurique, escolhidas pelas partes, previam que o árbitro-presidente deveria ser indicado pelo Presidente da Câmara (art. 11). A antinomia foi tida como insuperável, de modo que a parte interessada teve de ingressar com ação judicial para promover a instauração da arbitragem, o que, por sua vez, aportou ao Brasil por via da Carta Rogatória nº 11.444-3/SI (STF), que visava a citar a contraparte. Sumariza e analisa o caso e, em especial, o *exequatur* concedido: Aboim, Luiz Claudio Correa da Costa de. Comentário de Decisão do Supremo Tribunal Federal – Despacho do Ministro Nelson Jobim (Relator) na Carta Rogatória nº 11.444-3/SI. **Revista Brasileira de Arbitragem**. São Paulo: Comitê Brasileiro de Arbitragem CBAr & IOB; Kluwer Law International, 2005, v. 2, p. 146 e ss.

arbitral[52]; antinomia quando a cláusula prevê uma específica instituição arbitral e a observância de regras procedimentais de outra, não havendo compatibilidade entre uma e outra[53]; antinomia entre uma cláusula compromissória que prevê a possibilidade de recurso contra a sentença arbitral e dispositivo da instituição escolhida que parece ter implícita a impossibilidade de apelo[54]; antinomia entre a cláusula compromissória inserta em um contrato e a cláusula compromissória inserta no seu respectivo distrato[55]; além de variados casos em que há contradição entre condições gerais e condições especiais, contratos e anexos, convenções de arbitragem em contratos coligados, dentre tantos outros exemplos.

Bem se percebe de todos esses casos que não falta disciplina negocial quando há ambiguidade ou contradição, mas justamente *há* disciplina, que é ou duvidosa, ou excessiva. Havendo disciplina, não há lacuna; e havendo disciplina, o caso se resolve não pelo exercício completativo, mas com a interpretação propriamente dita, procedida, via de regra (salvo excepcionalíssimas situações), pelos próprios árbitros.

Nada diferente ocorre com os casos ditos de "vagueza" da previsão negocial, a que alguns chamam também de "obscuridade", e que não distam – no mais das vezes se sobrepondo – às situações de ambiguidade. Ao analisarem o tema das lacunas jurídicas em geral, Carlos E. Alchourrón e Eugenio Bulygin bem

[52] Caso julgado em 2003 pelo Oberlandesgericht Düsseldorf, em que se decidiu que, diante da dupla previsão, caberá ao requerente escolher a instituição que preferir, conforme analisado por Born, Gary B.; Angelini, Matteo; Llivina, Carina Alcoberro. **Rethinking "pathological" arbitration clauses:** validating imperfect arbitration agreements. *In:* Tung, Sherlin; Fortese, Fabricio; *et al.* (Eds). **Finances in International Arbitration:** Liber Amicorum Patricia Shaughnessy. The Hague: Kluwer Law International; Kluwer Law International, 2019, p. 48.

[53] Assim ocorreu entre a AAA (instituição escolhida) e a as regras da CCI em caso de 2008 que envolveu a própria AAA e o poder judiciário de Nova Iorque e da Suíça (Girsberger, Daniel; Ruch, Pascal. **Pathological arbitration clauses:** another lawyers' nightmare comes true. *Op. cit.*, p. 123 e ss.).

[54] Tal ocorreu em arbitragem do Centro de Arbitragem Comercial da Câmara de Comércio e Indústria Portuguesa, e que acabou, depois da arbitragem, no Tribunal de Lisboa, este decidindo, em 2013, que a previsão de recurso era eficaz porque seu afastamento não fora ressalvado nem pela instituição arbitral, nem pelo tribunal arbitral e nem pelas partes durante a instauração e o procedimento. Aplicando o princípio da boa-fé na interpretação da convenção de arbitragem (art. 236(1) do Código Civil português), portanto, a corte destacou ser necessário proteger a situação de confiança em que as partes legitimamente se ancoraram, assim permitindo que se pudesse interpor recurso face à sentença arbitral. Analisou o caso à luz do direito português Henriques, Duarte G. Pathological arbitration clauses, good faith and the protection of legitimate expectations. **Arbitration International.** Oxford: University Press, 2014, v. 31, p. 349 e ss.

[55] Caso este tornado conflituoso perante a CCI em 2007 e analisado, com minúcias, por LEE, João Bosco. Parecer: conflito cláusula compromissória. **Revista Brasileira de Arbitragem.** São Paulo: Comitê Brasileiro de Arbitragem & IOB, 2011, v. 8, n. 30, p. 7 e ss.

esclarecem que não se pode confundir as situações de vagueza com as de "lacunosidade normativa". A vagueza, em verdade, apenas impropriamente pode ser assimilada à situação de lacunosidade, a que os referidos autores chamam de "lacuna de reconhecimento" (*gap of recognition*), e que consiste na "indeterminação semântica dos conceitos que caracterizam um certo caso geral"[56]. São aquelas situações a que H. L. A. Hart estudou como de "penumbra"[57], mas que "nada têm a ver com o problema tradicional das lacunas no direito, i.e. o problema da incompletude normativa"[58]. Lacunosidade é, portanto, falta de disciplina, falta de norma, e não oposição entre normas existentes, ou dúvida sobre seu sentido.

As hipóteses de vagueza, portanto, levam o árbitro à interpretação da convenção, no sentido de precisar os limites de abrangência da sua disciplina, e não à colmatação de lacuna que inexiste. Tal ocorre, por exemplo, nas situações em que a cláusula é tão genérica que não esmiúça a que litígios a arbitragem prevista pelas partes se presta, como se teve, a título de exemplo, em dois casos de tribunais estrangeiros: um, apreciado por uma corte inglesa, em que a cláusula apenas dizia que os litígios seriam resolvidos "por arbitragem com sede em Londres", vagueza que levou os juízes ingleses a interpretá-la de modo amplo, a abarcar todos e quaisquer litígios derivados do contrato de base, rejeitando, assim, a alegação de nulidade apresentada por uma das partes; e outro, apreciado por um tribunal norte-americano, cuja vagueza, apesar de reconhecida, foi

[56] Alchourrón, Carlos E.; Bulygin, Eugenio. **Normative Systems**. Wien/NewYork: Springer-Verlag, 1971, p. 33.

[57] Hart, H. L. A. **The Concept of Law**. 2. ed. Oxford: University Press, 1997, p. 124-136.

[58] Alchourrón, Carlos E.; Bulygin, Eugenio. **Normative Systems**. *Op. cit.*, p. 34. Ainda que atinente ao problema da lacunosidade no direito como um todo, as distinções relatadas por Juliano Maranhão, a partir da obra de Carlos E. Alchourrón e Eugenio Bulygin, ajudam a marcar ainda mais a diferença entre lacunas e outras patologias. Segundo o autor, os chamados "casos subdeterminados" (isto é, aqueles em que o sistema normativo não determina uma solução deôntica) subdividem-se em "casos indeterminados" e em "casos incoerentes". Entre os "indeterminados" há os casos de penumbra "nos quais a indeterminação da instanciação decorre da vagueza ou da ambiguidade dos termos presentes na formulação normativa"; e há os casos de lacuna, em que não há solução a ser extraída do sistema jurídico. Já entre os "casos incoerentes" há as situações de inconsistência, em que "normas distintas do ordenamento indicam soluções opostas"; e casos difíceis, em que "há conflito entre a norma e o princípio subjacente" (Maranhão, Juliano. **Positivismo Lógico-Inclusivo**. São Paulo: Marcial Pons, 2012, p. 111-112). É de se destacar, ainda, que divisão como essa (ainda que não exatamente coincidente) remonta ao entendimento de Friedrich Carl von Savigny entre problemas das leis consideradas singularmente (penumbra e casos difíceis) e problemas das leis consideradas em relação ao sistema jurídico (lacunas e conflitos) (idem, p. 112).

tida como suficiente para o fito de se reconhecer contratada a solução arbitral, ainda que omnicompreensiva[59].

Também são exemplos frequentes de vagueza as chamadas "cláusulas flutuantes" (*floating arbitration agreements*), que alguns estudiosos incluem em categoria apartada de patologia[60], e assim não o fazem sem razão: é variável o grau de "flutuação" da cláusula e, portanto, de sua vagueza, tanto quanto são variáveis os critérios a serem manejados para seu conserto. Sob o ponto de vista de seu descritivo (pois os critérios de solução não são objeto de exame neste trabalho), "cláusulas flutuantes" são as que não encontram de início escolha específica da sede, fazendo-a depender de acontecimento futuro, e.g.: "*Arbitration in the country of defendant*", ou "*Disputes shall be settled by means of arbitration at the Defendant's site*"[61], dentre outras hipóteses. Há outros casos tidos como "flutuantes" mas que não contêm vagueza propriamente dita, como, por exemplo, quando há duas possíveis sedes indicadas e a escolha específica é delegada a quem instaurar possível arbitragem. Esta hipótese não causa maior apreensão, pois a disciplina supre com atribuição de "potestatividade simples"[62], ao passo que as efetivamente vagas costumam apresentar ao menos dois elementos indeterminados: o papel que cada parte assumirá no eventual litígio (requerente ou requerido) e o país ou *site* do contratante em questão. Essa vagueza dá ensejo a uma série de problemas registrados pela prática – mas que aqui não vão especificamente analisados –, como nos casos em que ambas as partes demandam a condição de requerente ou de requerido (em havendo pedidos e contrapedi-

[59] Estamos aludindo, respectivamente, aos casos Tritonia Shipping Inc. *v.* S. Nelson Forest Prods. Corp. (1966) e Allianz Life Ins. Co. *v.* Phoenix Life & Reass. Co. (2000), ambos citados e analisados por BORN, Gary B.; ANGELINI, Matteo; LLIVINA, Carina Alcoberro. **Rethinking "pathological" arbitration clauses:** validating imperfect arbitration agreements. *Op. cit.*, p. 43.

[60] FRANK, Morten. Where to go: the floating arbitration agreement. **Arbitration International**. Oxford: University Press, 2019, v. 35, n. 2, p. 171-194.

[61] Idem, p. 171.

[62] Aqui referindo à dicotomia entre "potestatividade simples" e "potestatividade pura" desenvolvida por Agostinho Alvim, e que tem apenas a segunda como proibida pelo ordenamento jurídico (art. 122 *in fine* do Código Civil), uma vez que, se pura, uma parte fica inteiramente e sem critério ao arbítrio da outra; mas se simples, ainda que a posição de uma das partes fique sujeita à escolha da outra, essa escolha se exerce necessariamente dentro de critérios especificados previamente, sendo por isso admitida pela ordem jurídica (ALVIM, Agostinho. **Da Compra e Venda e da Troca**. Rio de Janeiro: Forense, 1961, p. 45-46 e 160 e ss.). A atribuição de potestatividade simples, via cláusula contratual – portanto, originada na autonomia privada –, faz surgir ao titular do poder um "direito formativo modificativo", na dicção de PONTES DE MIRANDA, F. C. **Tratado de Direito Privado**. 4. ed. São Paulo: RT, 1983, t. 5, p. 206 e ss. Tanto por isso, a potestatividade simples é o poder que está contido dentro de direito formativo modificativo, atribuído a uma das partes.

dos), instaurando verdadeira "battle of roles"; ou, ainda, nas situações em que uma das partes muda sua sede de país, à distinção do *site* pressuposto quando da celebração da convenção de arbitragem[63]. São casos de vagueza, e não de lacuna, pois dependem não do suprimento de regra, e sim do esclarecimento acerca de qual disciplina há de prevalecer.

Há alguns casos desdobrados destes, contudo, que, tamanha a vagueza da cláusula, o que se tem é lacuna, por faltar efetivamente disciplina. A linha que divide uma hipótese da outra é às vezes sutil e borrada. Tal é a situação de cláusula que previa, apenas: "*Tout litige decoulant de l'interpretation du present contrat sera tranche par un Tribunal arbitral siegeant dans un pays autre que celui dont ressort chacune des parties*"[64]. A convenção criava grande incerteza quanto à disciplina para indicação da sede, que, pela *littera* da cláusula, poderia ser qualquer uma exceto em países da nacionalidade das partes; e em relação a que, por igual, não se tinha disciplina específica para a escolha: esta incumbiria à parte que desejasse instaurar o procedimento ou deveria haver acordo prévio, no momento do surgimento do litígio, quanto ao local? E se não houvesse acordo? Mais do que isso, a cláusula mencionava que o conflito seria solvido por tribunal arbitral, mas, haja vista que silente quanto à instituição, nada referia ao modo de escolha dos árbitros e composição do colegiado julgador. Nem se fale, outrossim, que referida cláusula também é exemplo de ambiguidade, quando refere que a arbitragem só servirá para questões que atinem à interpretação contratual, sendo de duvidar, assim, se pretensões indenizatórias estariam abarcadas por seu espectro[65]. De todo modo, no que diz respeito à suposta vagueza, a linha

63 FRANK, Morten. Where to go: the floating arbitration agreement. *Op. cit.*, p. 175.

64 DAVIS, Benjamin G. Pathological clauses: Frédéric Eisemann's still vital criteria. *Op. cit.*, p. 385. Tal ocorreu, também, no caso Lucky-Goldstar International (HK) Ltd *v.* Ng Moo Kee Engineering Ltd. (1993, Hong Kong Court of First Instance), em que as partes previram que a arbitragem estaria sediada "*in the 3RD COUNTRY, under the rule of the 3RD COUNTRY and in accordance with the rules of [a non-existing association]*", sem clareza na *littera*, portanto, quanto ao que as partes queriam dizer com "3RD COUNTRY". Durante o trâmite da ação judicial, chegou-se à conclusão de que tal seria outro local que não Hong Kong e Coréia, a que as partes estavam conectadas de algum modo (FRANK, Morten. Where to go: the floating arbitration agreement. *Op. cit.*, p. 184-185).

65 Situação semelhante foi apreciada pela Cour de Cassation francesa, em 1978, ao ensejo de uma cláusula compromissória que previa a solução arbitral para todos os litígios "*survenant pendant l'éxecution du contrat*", o que levou a indagar se pleitos indenizatórios decorrentes da resilição abusiva estariam abarcados pela cláusula. A decisão da Corte foi no sentido positivo, solucionando a ambiguidade por defender interpretação que levasse em conta o sentido **lógico** e não o *cronológico* da convenção de arbitragem (cf. examinado por SCALBERT, Hugues; MARVILLE, Laurent. Les clauses compromissoires pathologiques. **Revue de l'Arbitrage**. Paris: Comité Français de l'Arbitrage, 1988, p. 123-124).

se borrou, e esta, no caso – e em alguns outros –, convoca a que não somente se desvele o significado da disciplina vaga, mas propriamente se preencha a falta de conteúdo negocial.

A abordagem de outras hipóteses semelhantes às de lacuna, mas diversas destas, provoca o estranhamento necessário para que a distinção fique bem marcada. Se há lacuna, há falta de disciplina, e não ambiguidade, contradição ou vagueza, pois só pode ser ambígua, contraditória ou vaga disciplina que existe.

3. Consequência: a lacunosidade nos planos do negócio jurídico

A questão subsequente que se põe é quanto à consequência jurídica da patologia, i.e.: o que ocorre caso se tenha, de fato, lacuna negocial: nulidade? Ineficácia? E, para qualquer dessas hipóteses, de que grau de nulidade ou ineficácia se está a tratar?

A questão não é sem importância, pois há quem, em posicionamento mais extremo, sustente que a lacuna em convenção de arbitragem promove a requalificação do negócio, convertendo-o de "contrato definitivo" para "contrato preliminar" (*pactum de contrahendo*)[66]. Com essa posição – resumamos – não se pode concordar, uma vez que as partes de um contrato preliminar *querem* celebrar o pré-contrato, o que não ocorre caso se tenha convenção de arbitragem lacunosa: ainda que as partes deliberadamente redijam cláusula compromissória incompleta, não é sua intenção celebrar um contrato preliminar[67]. A isso acresce que as hipóteses de conversão do negócio jurídico são, em regra, situações de inexistência do negócio primitivamente querido (nada obstante haver projeções dessa inexistência nos planos da validade e da eficácia), que é convertido para salvar-se seu conteúdo mínimo e, assim, sua própria existência, mas com outra qualificação[68]. Lacuna não é sinônimo de inexistência do negócio jurídico. Lacuna se

[66] Sustentando que há contrato preliminar se a cláusula compromissória for "vazia", veja-se, e.g., GUERRERO, Luis Fernando. **Convenção de arbitragem e processo arbitral**. São Paulo: Atlas, 2009, p. 29.

[67] No mesmo sentido: CARMONA, Carlos Alberto. *Arbitragem e Processo. Um comentário à Lei nº 9.307/96*, op. cit., p. 100-104; LEMES, Selma Maria Ferreira. Cláusulas arbitrais ambíguas ou contraditórias e a interpretação da vontade das partes. *Op. cit.*, p. 5; NANNI, Giovanni Ettore. Cláusula compromissória como negócio jurídico: análise de sua existência, validade e eficácia. *Op. cit.*, p. 21-22.

[68] Sobre isso: JUNQUEIRA DE AZEVEDO, Antônio. **Negócio Jurídico. Existência, validade e eficácia**. 4. ed. São Paulo: Saraiva, 2002, p. 67; JUNQUEIRA DE AZEVEDO, Antônio. A conversão dos negócios jurídicos: seu interesse teórico e prático. *Revista da Faculdade de Direito da Universidade de São Paulo*. São Paulo: USP, 1974, v. 69, n. 1, p. 183; MELLO, Marcos Bernardes de. **Teoria do Fato Jurídico:** plano da validade. 9. ed. São Paulo: Saraiva, 2009, p. 257-260; ZANETTI, Cristiano de Sousa. **A Conservação dos Contratos Nulos por Defeito de Forma**. São Paulo: Quartier Latin, 2013, p. 65.

cura colmatando-a, e não requalificando o inteiro negócio, o que seria intervenção extrema a patologia localizada.

De outro lado, nulidade também não se tem, pois esta se configura quando o negócio *in concreto* contraria regras legais cogentes de conteúdo[69]. Quer-se dizer, a falta de elementos categoriais naturais inderrogáveis (i.e. de atendimento a regras legais cogentes de conteúdo) afeta o negócio sob o ponto de vista da validade, consequência que deriva tanto do art. 166, inc. VII, do Código Civil[70], quanto de disposições específicas que, de antemão, digam ser nula disposição em sentido diverso. Tal é o exemplo de se ter previsão de arbitragem por equidade em convenção que tenha a administração pública como parte, em direta contrariedade aos ditames dos arts. 2º, §3º, da Lei de Arbitragem e 152 da nova Lei de Licitações. Essas são situações que não plasmam lacuna, e sim nulidade de cláusula, que é tida por substituída pela disciplina legal cogente.

A falta de disciplina, por isso, não acarreta a nulidade da cláusula compromissória, pois ou a ausência de previsão é tão considerável que não se tem, sequer, indicativo de que as partes optaram pela arbitragem, o que faria concluir pela inexistência de convenção de arbitragem (situações a que Eisemann chamava de "hiperpatológicas"); ou a ausência de disciplina, em maior ou menor grau, mantém incólume o consentimento que for inequívoco quanto ao método de resolução de controvérsias, o que faria por concluir pela presença de lacuna, que equivale – insista-se – à ausência de elemento do conteúdo do negócio jurídico, a produzir ineficácia em algum grau. Não por acaso, ainda que por veredas diversas que não as da teoria geral do negócio jurídico, firmou-se entendimento de que, mesmo nos casos de "cláusula em branco" – e que plasmam, assim, hipótese mais extrema de lacunosidade –, esta mantém-se existente e válida, desde que presente a inequívoca escolha das partes pela arbitragem[71]. Equivocadas, por

[69] Abstraídas, por evidente, as situações de nulidade por defeito de forma, mas que não são as que nos interessam aqui, uma vez que é quanto ao conteúdo que se podem ter lacunas negociais e eventual sobreposição com as situações de nulidade por conteúdo descompassado à lei cogente.

[70] "Art. 166. É nulo o negócio jurídico quando: [...] VII – a lei taxativamente o declarar nulo, ou proibir-lhe a prática, sem cominar sanção." (BRASIL. Lei nº 10.406, de 10 de janeiro de 2002. Institui o Código Civil. Disponível em: http://www.planalto.gov.br/ccivil_03/leis/2002/l10406compilada.htm Acesso em: 01 jul. 2021.)

[71] Sobre a tradição desse reconhecimento por tribunais estrangeiros, consulte-se: Born, Gary B.; Angelini, Matteo; Llivina, Carina Alcoberro. Rethinking "pathological" arbitration clauses: validating imperfect arbitration agreements. *Op. cit.*, p. 39-42; Frank, Morten. Interpretation of pathological arbitration agreements: non-existing and inaccessible elements. **Pepperdine Dispute Resolution Law Journal**. Malibu: Pepperdine University, 2020, v. 20, n. 2, p. 338; e Frignani, Aldo. Libertà delle parti e clausole patologiche nell'arbitrato Internazionale. **Arbitraje: Revista de Arbitraje Comercial**

isso, as decisões que da lacunosidade, em excepcionais ocasiões, destilaram a nulidade como consequência[72].

Se as lacunas não são suscetíveis de gerar afetações nem sob o ponto de vista da qualificação da convenção de arbitragem, nem sob o ponto de vista de sua validade, elas inegavelmente produzem consequências no plano da eficácia do negócio jurídico, uma vez que impossibilitam a plena geração de seus efeitos[73]. Há gradações para essa ineficácia, porquanto casos menos graves não impossibilitam sua operação, apesar de dificultarem seu pleno desempenho, tal ocorrendo, por exemplo, quando as partes deixam de indicar o direito material aplicável, a sede ou o idioma do procedimento; ao passo que casos mais graves tornam a convenção de arbitragem inteiramente inexequível, como, por exemplo, nas situações em que não há escolha de câmara, a indicação é de instituição inexistente (não sendo possível identificar a que câmara quiseram fazer menção as partes[74]), ou quando, em arbitragens *ad hoc*, não se tem disciplina da instauração, indicação de autoridade nomeadora ou, minimamente, alusão às Regras de

y de Inversiones. Madrid: Centro Internacional de Arbitraje, Mediación y Negociación (Ciamen)/ IproLex, 2008, v. 1, n. 3, p. 777. Ainda em perspectiva comparada, exemplo marcante a respeito é o francês, que, para a disciplina legal da arbitragem interna, antes da reforma ao Code de procédure civil (de 13 de janeiro de 2011), sancionava de nulidade as "cláusulas em branco", ao passo que, depois da modificação legislativa, passou a considerá-las válidas e suscetíveis de cura, na hipótese extrema, por um *"juge d'appui"*, conforme arts. 1451-1454 (Seraglini, Christophe; Ortscheidt, Jérôme. *Droit de l'Arbitrage Interne et International.* Paris: Montchrestien, 2013, p. 173). A casuística nacional a esse respeito vai endereçada com maior especificidade nos parágrafos seguintes.

[72] Exemplo dessa excepcionalidade se viu em julgado do Tribunal de Justiça do Estado do Paraná, em caso que a câmara escolhida pelas partes na convenção de arbitragem não estava mais ativa à época do litígio. O órgão julgador, diante da lacuna de instituição arbitral, entendeu haver nulidade na cláusula, assim possibilitando que o Poder Judiciário apreciasse diretamente o fundo do litígio (TJPR, 17ª Câmara Cível, Apelação nº 0008653-33.2016.8.16.0026, Rel. Des. Lauri Caetano da Silva, j. em 29.11.2018).

[73] Nesse sentido: Fichtner, José Antonio; Mannheimer, Sergio Nelson; Monteiro, André Luís. Convenção de Nova Iorque e pacto arbitral nulo, sem efeitos, inoperante ou inexequível: convenção de arbitragem, princípio da competência-competência (Kompetenz-Kompetenz) e *more-favourable--right provision. In:* Lemes, Selma Ferreira; Lopes, Christian Sahb Batista (Coords.). **Arbitragem Comercial Internacional e os 60 Anos da Convenção de Nova Iorque**. São Paulo: Quartier Latin, 2019, p. 268-270.

[74] Do contrário, sendo possível identificar a que instituição as partes fizeram menção, ainda que com palavras equivocadas, não se tem cláusula inexequível, porque não há lacuna quanto à instituição eleita, bastando que se processe à interpretação propriamente dita, com aplicação da regra da ultraliteralidade prevista no art. 112 do Código Civil: "Nas declarações de vontade se atenderá mais à intenção nelas consubstanciada do que ao sentido literal da linguagem".

Arbitragem da UNCITRAL[75]. Nesses casos mais graves, há apenas resquício de operabilidade a que se pode chamar – na denominação de Pontes de Miranda – de "efeito mínimo"[76].

As lições de Frédéric Eisemann caem como uma luva: há lacunas que plasmam "patologias de primeiro grau", pois dificultam o desempenho de algumas das funções da convenção de arbitragem[77]; e há lacunas que plasmam "patologias de segundo grau", que impossibilitam o desempenho de algumas ou todas as funcionalidades da convenção[78], a que se convencionou chamar de "cláusulas vazias" ou "em branco"[79], ou, ainda, "incapazes de serem executadas", conforme dicção da Convenção de Nova Iorque (art. II(3))[80]. Esse "efeito mínimo", que persiste mesmo em situações patológicas mais extremas, abrange e garante a manutenção dos chamados efeitos *positivo* e *negativo* da convenção de arbitragem, assim entendidos, respectivamente, o direito de se exigir a instauração da

[75] Indica Yves Derains que há duas categorias de convenções de arbitragem *ad hoc*, sendo que só uma delas – a segunda – apresenta, com frequência, patologias obstativas da instauração: um primeiro grupo de cláusulas, que apesar de optar por arbitragem *ad hoc*, faz referência às Regras de Arbitragem da UNCITRAL ("UNCITRAL Arbitration Rules", com edições em 1976, 2010 e 2013), que, por sua vez, têm mecanismo próprio de instauração (via Secretaria-Geral da PCA, que indicará uma autoridade nomeadora, conforme art. 6.2), assim evitando a consolidação da patologia; e um segundo grupo de cláusulas, este sim apresentando com frequência patologias impedidoras da instauração, por prever arbitragem *ad hoc stricto sensu*, i.e. sem referência a qualquer regulamento ou instituição, de modo que, se não disciplinada com minúcias o processo de instauração, tem-se potencial risco de patologia (DERAINS, Yves. Cláusulas compromisorias patológicas y combinadas. *Op. cit.*, p. 193-194).

[76] PONTES DE MIRANDA, F. C. **Tratado de Direito Privado**. *Op. cit.*, t. 5, p. 7; e, em específico, ao tratar do preço determinável na compra e venda, também em PONTES DE MIRANDA, F. C. **Tratado de Direito Privado**. 3. ed. São Paulo: RT, 1984, t. 39, p. 36.

[77] Recorde-se que as funções são quatro: produzir efeitos obrigacionais às partes, afastar a intervenção estatal, conferir poder aos árbitros de solucionar litígios e permitir a condução de um procedimento capaz de culminar em uma sentença exequível (EISEMANN, Frédéric. La clause d'arbitrage pathologique. *Op. cit.* p. 162-189).

[78] EISEMANN, Frédéric. La clause d'arbitrage pathologique. *Op. cit.*, p. 188-189.

[79] Inclusive com recepção e referendo judicial, e.g. STJ, 3ª Turma, REsp nº 1.602.696, Rel. Min. Moura Ribeiro, DJ 23.09.2016: "Já a cláusula compromissória vazia é aquela que, sem especificar o tribunal arbitral, se limita a afirmar que qualquer desavença decorrente do negócio jurídico será solucionado pela arbitragem. Como ela traz uma lacuna quanto à forma de instauração do procedimento arbitral, é necessário a formalização de um compromisso arbitral, nos termos dos arts. 6º e 7º da Lei de Arbitragem".

[80] Menção que vai sem a intenção de tratar de todas as particularidades derivadas da leitura do art. II(3) da Convenção de Nova Iorque, nada obstante tal sobreposição de conceitos vir reconhecida por doutrina e *case law*. Sobre isso, **UNCITRAL Secretariat Guide on the Convention on the Recognition and Enforcement of Foreign Arbitral Awards (New York, 1958)**. New York: United Nations, 2016, p. 72-74.

arbitragem em caso de resistência, e que vai plasmado no art. 7º *caput* da Lei de Arbitragem, e a concentração da resolução de controvérsias no bojo do juízo arbitral, subtraindo-a do Poder Judiciário, conforme art. 485, inc. VII, do Código de Processo Civil. São esses os efeitos que persistem, pelo que todos os demais, que derivariam da plena operação da convenção de arbitragem, dependerão da intervenção de apoio do Poder Judiciário, via ação do art. 7º.

A casuística costuma salvaguardar esse resto de eficácia, considerando-o suficiente para possibilitar a colmatação da lacuna. Bem decidiu o Tribunal de Justiça de São Paulo, em caso de consórcio de frigoríficos, que "[a] cláusula compromissória vazia não é motivo para considerá-la ineficaz" (ou ao menos, como seria mais acertado, *plenamente* ineficaz). Tinha-se ação de dissolução de consórcio constituído para a edificação de matadouros e frigoríficos em municípios da Venezuela, cujo instrumento de constituição continha cláusula compromissória. Um dos contratantes ajuizou perante o Poder Judiciário ação de dissolução do consórcio, sustentando poder ignorar a convenção de arbitragem porque esta era lacunosa e, assim, parcialmente ineficaz. O juízo de primeira instância, contudo, extinguiu a ação reconhecendo a eficácia da cláusula compromissória, sentença mantida pela segunda instância, que ainda consignou que, em caso de lacuna no dispositivo contratual, "[b]asta instigar a parte contrária para firmar o compromisso arbitral pela via extrajudicial"; e, "se a intenção for frustrada, resta pleitear ao Poder Judiciário para que sejam estabelecidas as disposições da cláusula compromissória, nos termos dos arts. 6º e 7º da Lei nº 9.307/1996"[81].

Decisão semelhante foi proferida pelo Tribunal de Justiça do Rio Grande do Sul, quando apreciando apelação derivada de ação de apuração de haveres, em que a sentença foi pela extinção com fulcro no art. 487, inc. VII, do Código de Processo Civil. A parte sucumbente recorreu sob o argumento de que a cláusula compromissória era vazia, por não haver câmara escolhida, assim possibilitando o ingresso direto em juízo. Referida convenção de arbitragem, inserta em contrato social, tinha o seguinte teor: "as dúvidas que se suscitarem entre os sócios serão resolvidas por dois árbitros, os quais não conciliando interesses em litígio, nomearão um terceiro para servir de desempatador, podendo funcionar ainda para os efeitos do capítulo V deste instrumento". Nada obstante outras patologias que se podiam detectar no dispositivo, a principal, sem dúvida, era a omissão quanto à escolha da instituição arbitral, tornando inviável, assim, a

[81] BRASIL. Tribunal Regional Federal (5. Região). Apelação cível nº 42.441-PE (94.05.01629-6). Apelante: Edilemos Mamede dos Santos e outros. Apelada: Escola Técnica Federal de Pernambuco. Relator: Juiz Nereu Santos. Recife, 4 de março de 1997. Lex: jurisprudência do STJ e Tribunais Regionais Federais, São Paulo, v. 10, n. 103, p. 558-562, mar. 1998.

direta instauração da arbitragem. Tal foi reconhecido pela Câmara julgadora, ao declarar que patologia grave da cláusula não afastava a competência do juízo arbitral para apreciar o litígio de fundo, e que os meios apropriados para curá-la eram, respectivamente, a tentativa de acordo supletivo (*rectius* negócio de completamento) e, caso não fosse possível, o ajuizamento de ação de instauração[82].

São vários os exemplos encontrados na jurisprudência estatal nesse mesmo sentido, todos a denotar o inequívoco reconhecimento de eficácia, ainda que mínima, em cláusulas arbitrais patológicas, apta o suficiente, porém, para, nos casos mais graves, impor que a parte interessada siga o ritual dos arts. 6º e 7º da Lei de Arbitragem[83].

O questionamento que se coloca e que se deixará em suspenso para resposta no Cap. 4 infra é quanto às situações de menor gravidade. Queremos dizer: se para as circunstâncias em que a cláusula apresenta "patologia de segundo grau" resta a ação do art. 7º (evidentemente, caso não haja acordo entre as partes, como também em frente abordaremos), para as situações de menor gravidade, que não impedem a instauração do procedimento arbitral e a constituição do tribunal, é de se duvidar se o remédio há de ser o mesmo só porque se tem lacuna. Questiona-se: é possível cogitar, então, que casos de lacunosidade menos grave (algo que se situe entre os padrões da "cláusula vazia" e da "cláusula cheia") sejam solvidos pela intervenção direta dos árbitros, sem necessidade do apoio judicial? É o que veremos em frente.

4. Os meios de colmatação: as partes, os árbitros, a instituição, o juiz

Quando referimos aos *meios* de colmatação, não queremos aludir aos *critérios* para o preenchimento de lacunas: trata-se dos sujeitos a que se incumbe a tarefa de colmatar. Os critérios, de outro turno, são os instrumentos substantivos por estes manejados (e.g. os usos do tráfico, a legislação em atuação analógica para contratos mistos, a boa-fé objetiva, a equidade em excepcional atuação, etc.), que, de sua vez, terão tratamento em estudo subsequente, mas não aqui. Preocupam-nos, neste estudo, os meios para o preenchimento de cláusulas compro-

[82] TJRS, Apelação Cível nº 70074091083, 6ª Câmara Cível, Rel. Des. Luís Augusto Coelho Braga, j. em 28.09.2017.

[83] TJSP, 1ª Câmara Reservada de Direito Empresarial, Apelação Cível nº 4009497-53.2013.8.26.0506, Rel. Des. Maia da Cunha, j. em 03.02.2015; TJSP, 23ª Câmara de Direito Privado, Apelação Cível nº 0175123-57.2010.8.26.0100, Rel. Des. J. B. Franco de Godoi, j. em 05.09.2012; TJSP, 5ª Câmara de Direito Privado, Apelação Cível nº 994.07.11270-0, Rel. Des. Sang Duk Kim, j. em 09.09.2011; TJSP, 14ª Câmara de Direito Privado, Apelação Cível nº 990.10.090526-0, Rel. Des. Melo Colombi, j. em 12.05.2010; TJMG, 18ª Câmara Cível, Apelação nº 1.0000.20.505129-5/001, Rel. Des. Mota e Silva, j. em 10.11.2020.

missórias lacunosas, partindo este capítulo da premissa, já tratada alhures[84], de que os árbitros dispõem de poder para tanto.

Já vimos que nem todas as potenciais situações de lacunosidade são iguais, havendo casos menos e mais graves, suscetíveis de enquadramento na clássica categorização de Eisemann como "patologias de primeiro grau" e "patologias de segundo grau", uma vez que, em algumas situações, elas não paralisam a funcionalidade da cláusula compromissória, apesar de trazerem alguma dificuldade para seu pleno desempenho; ao passo que, noutros casos, uma ou algumas das funções vêm bloqueadas, fazendo sobrar efeito em grau mínimo. A questão é identificar quais meios são aderentes a que espécies de lacunas, tudo sob a premissa do princípio da competência-competência, que concentra nos árbitros, o mais que possível, a resolução de problemas que afetem a existência, a validade ou a eficácia da cláusula (art. 8º, Parágrafo Único, da Lei de Arbitragem)[85].

Ainda que não seja a pretensão deste estudo tratar de todos os aspectos procedimentais suscitados pelos arts. 6º, 7º e 8º da Lei de Arbitragem, é neles que

[84] Nitschke, Guilherme Carneiro Monteiro. **Lacunas Contratuais e Interpretação. História, conceito e método**. *Op. cit.*, p. 405-427.

[85] Nessa linha, lembra Felipe Sperandio que "breves noções do direito comparado clarificam a intenção do legislador brasileiro de não dar espaço algum ao Poder Judiciário para saltar a ordem de exame da convenção de arbitragem" (Sperandio, Felipe Vollbrecht. **Convenção de Arbitragem**. *In*: LEVY, Daniel; Pereira, Guilherme Setoguti J. (Coord.). **Curso de Arbitragem**. São Paulo: Thomson Reuters Brasil, 2018, p. 85) – salvo, reitere-se, nas específicas e raras situações em que a cláusula arbitral é lacunosa ao ponto de ser inoperante: não se consegue sequer instituir a arbitragem. É do STJ, por igual, uma das recentes e contundentes defesas da excepcionalidade da intervenção judicial e, assim, da preservação do princípio da competência-competência: STJ, CC nº 139.519, Rel. para acórdão Min. Regina Helena Costa, DJ 10.11.2017. Não se deixa de levar em conta, aqui, certos julgados dos últimos anos que passaram a flexibilizar o princípio da competência-competência em determinadas situações e, nestas, admitir a direta apreciação do Poder Judiciário, contornando o art. 8º, Parágrafo Único, da Lei de Arbitragem. Tais foram os casos, por exemplo, em que se permitiu a intervenção direta do Judiciário quando "*prima facie* é identificado um compromisso arbitral 'patológico', *i.e.*, claramente ilegal" em contrato de adesão; ou, ainda, quando alegada falsidade nas assinaturas do contrato-base ou quando claramente inválido este, por se entender que, nessas hipóteses, a matéria de ordem pública justifica a intervenção judicial (STJ, 3ª Turma, REsp nº 1.602.076, Rel. Min. Nancy Andrighi, DJ 30.09.2016; e os votos vencidos em STJ, 3ª Turma, REsp. nº 1.550.260, Rel. Min. Paulo de Tarso Sanseverino, Rel. para acórdão Min. Ricardo Villas Bôas Cueva, DJ 20.03.2018. Referem a essa sequência de julgados: Abbud, André de A. C.; LEVY, Daniel; Alves, Rafael F. *Lei de Arbitragem Anotada. A jurisprudência do STF e do STJ. Op. cit.*, p. 81-84). Ainda que tal tema não seja objeto específico deste trabalho, mas porque em parte se está a tratar daquilo que justifica, materialmente, a ação do art. 7º, a elasticidade com que às vezes se admite flexibilizar o art. 8º, Parágrafo Único, merece reservas. A lógica estabelecida nos arts. 6º, 7º e 8º da Lei de Arbitragem não se pode diluir com a criação de um "museu de exceções", capaz, no limite, de dissolver o que é regra e o que é exceção.

estão as pistas para identificar os meios de preenchimento de cláusulas compromissórias lacunosas. Explícita e implicitamente, ali está alusão às partes, aos árbitros, à instituição arbitral (quando arbitragem institucional) e ao juiz. Tracemos alguns comentários apartados sobre cada um.

O primeiro e prioritário dos meios é o que se consolida por iniciativa dos próprios contratantes, em "negócio jurídico de completamento" que vai, assim, preencher o que estava lacunoso, aditando o conteúdo em comum consenso[86], o que, se para os contratos em geral costuma ganhar os contornos de um aditivo, para a convenção de arbitragem vai formalizada pelo compromisso a que faz alusão o art. 6º, *caput*, da Lei de Arbitragem.

Mais do que dizer que tal é possível, referido dispositivo e seu Parágrafo Único alçam a tentativa de preenchimento da lacuna pelas partes a verdadeira *condição* para que se possa seguir à ação do art. 7º, à igual maneira que se sustenta quando diante de cláusula multi-etapas de resolução de controvérsias[87], queremos dizer: a presença da patologia não é suficiente para autorizar a intervenção judicial (quando se tratar de lacunosidade que dá ensejo à atuação do juiz, como abaixo veremos), só se podendo seguir com a demanda se, cumulativamente, não tiver havido acordo das partes quanto à instauração da arbitragem (art. 6º) e se houver resistência de uma delas em ter o procedimento iniciado (art. 6º, Parágrafo Único)[88]. A tal faceta de direito material corresponde à de direito processual, que é a de admitir-se ação judicial apenas quando presente o binômio "necessidade-utilidade": "não tendo o autor demonstrado que concitou o réu, sem resultado, a estabelecer os parâmetros para a arbitragem, não estará caracterizada a necessidade de invocar-se tutela jurisdicional estatal"[89]. Interesse processual, noutras palavras, não restará demonstrado.

[86] Pontes de Miranda, F. C. Parecer nº 42. *Sôbre compromisso e juízo arbitral, em que são partes a Companhia Vale do Rio Doce S.A. e a Companhia de Melhoramentos Ferroviários. In: Questões Forenses.* Rio de Janeiro: Borsoi, 1957, t. 1, p. 397.

[87] Sobre a cláusula multi-etapas e o condicionamento da eficácia processual plena dos métodos subsequentes se, e desde que, cumpridas as etapas anteriores, veja-se: Lemes, Selma Ferreira. **Cláusula escalonada ou combinada:** mediação, conciliação e arbitragem. *In*: Finkelstein, Cláudio, Vita, Jonathan B., Casado Filho, Napoleão (Coords.). **Arbitragem Internacional, UNIDROIT, CISG e Direito Brasileiro**. São Paulo: Quartier Latin, 2010, p. 172-173; Pinto, José Emilio Nunes. *O mecanismo multietapas de solução de controvérsias*. Página JUS.COM.BR, 2004. Disponível em: https://jus.com.br/artigos/6024/o-mecanismo-multi-etapas-de-solucao-de-controversias. Acesso em:

[88] Assim lembram Webber, Pietro Benedetti Teixeira; Scalco, Gabriela Barcellos. Cláusulas compromissórias patológicas no direito brasileiro: eficácia e exequibilidade. **Revista Jurídica Luso-Brasileira**, 2021, ano 7, n. 2, p. 1246.

[89] Carmona, Carlos Alberto. **Arbitragem e Processo. Um comentário à Lei 9.307/96**, op. cit., p. 113.

A jurisprudência tem reconhecido, vez ou outra, que a tentativa de negociação prévia, ainda que infrutífera, é obrigação de meio derivada do art. 6º da Lei de Arbitragem e, assim, condição a que se vá ao Poder Judiciário, em caso de frustração das tratativas. Assim entendeu, por exemplo, o Tribunal de Justiça do Rio Grande do Sul, cujo relator afirmou:

> [...] as partes devem pelo menos tentar chegar a termo para nomeação do arbitro e critério de julgamento, conforme preceitua o artigo 6º da lei nº 9.307/96. Frustrada a tentativa de composição do juízo arbitral, surge a possibilidade de a parte recorrer ao Poder Judiciário, demandando, ainda, imperiosamente, recusa da parte provocada a tomar as providências à instauração da arbitragem – a tomada de compromisso –, aos quais resumem-se à ausência manifesta no encontro ou negativa de assinatura do compromisso[90].

Ainda dentro do cenário em que as próprias partes são os agentes do possível preenchimento, é de se questionar: é admissível colmatação unilateral da lacuna, deixando-se à vontade da parte que primeiro instaurar a arbitragem? Queremos dizer: é permitido a uma das partes "tomar a frente" e, ela própria, suprir a lacunosidade unilateralmente, no ato de instauração de arbitragem, seja em intenção de colmatar "cláusula em branco" (escolhendo, por exemplo, a instituição arbitral omitida), seja suprindo lacunosidade de menor gravidade (indicando, por exemplo, o direito aplicável que entende apropriado)? A resposta é negativa, pois, sob o ponto de vista processual, estariam infringidos tanto o princípio da competência-competência, que relega ao árbitro solucionar patologias não resolvidas pelas partes, quanto o ritual dos arts. 6º e 7º, quando se tratar de "cláusula vazia", e que outorgam ao juiz o suprimento; e, sob o ponto de vista do direito material, tal infringiria o art. 122 *in fine* do Código Civil que veda condições (explícitas ou implícitas) que sujeitarem alguém ao "puro arbítrio de uma das partes".

[90] TJRS, Apelação Cível nº 70074091083, 6ª Câmara Cível, Rel. Des. Luís Augusto Coelho Braga, j. em 28.09.2017. No mesmo sentido, STJ, 3ª Turma, REsp nº 450.881/DF, Rel. Min. Castro Filho, j. em 11.04.2003, conforme analisado por TOLENTINO, Augusto; BARBOSA, Daniel Machado Coelho; *et al.* Relatório do 5º Tema: ação de execução específica da cláusula compromissória ("ação do art. 7º"). *In*: **2ª Fase da Pesquisa "Arbitragem e Poder Judiciário"**. Direito FGV e CBAr, 2007. Disponível em: http://www.cbar.org.br, p. 36. Acesso em:

Exemplo disso ocorreu em caso apreciado pelo Tribunal de Justiça de São Paulo em sede de Agravo de Instrumento[91], por sua vez interposto contra decisão de primeira instância que concedera pleito antecipatório em ação de instauração de arbitragem e deferira o prosseguimento da arbitragem já instaurada, referendando a câmara unilateralmente escolhida pelo requerente. A disputa era entre sócios-irmãos e o contrato social continha cláusula compromissória lacunosa, sem indicação de instituição arbitral[92]. O recurso era, então, interposto pelos requeridos para ver afastada a imposição unilateral da câmara e, dentre as tantas pretensões – que transitavam até mesmo por tentar afastar a eficácia da cláusula –, pretendiam bilateralizar o procedimento e só ter a arbitragem por autorizada depois da procedência da ação de instauração, nos termos da sentença que a decidisse. A Câmara julgadora começou por reconhecer a situação patológica da convenção arbitral, que se explicitava não apenas na ausência de escolha quanto à instituição, mas a variados outros aspectos procedimentais. Daí não destilou, contudo, uma das consequências pretendidas pelos agravantes, que era a declaração de ineficácia insuperável da cláusula, bem declarando o Tribunal que "[a]inda que vazia ou patológica, a cláusula arbitral é declaração de vontade válida e eficaz e obriga as partes". Contudo, reconheceu a presença de potestatividade pura na tentativa do agravado de impor certa instituição, rechaçando-a sob o fundamento de que:

> [n]ão cabe à parte interessada na instauração da arbitragem escolher unilateralmente qualquer daqueles elementos, entre eles a instituição que administrará o procedimento arbitral, a despeito das justificativas apresentadas, e iniciá-lo desde logo, como sugere o juízo de origem na decisão agravada

E declarou, ao final, como necessários os prévios trâmite e decisão da ação de instauração.

Mas ande-se em frente e fale-se dos árbitros. É nestes que se concentra a competência para, em heterocomposição, proceder à solução das patologias que a cláusula compromissória apresentar, salvo nas situações extremas de "cláusula vazia". Noutras palavras, quando a patologia não for grave ao ponto de impedir a instauração da arbitragem e a nomeação dos árbitros, é a estes que incumbirá

[91] TJSP, 2ª Câmara Reservada de Direito Empresarial, Agravo de Instrumento nº 2019701-15.2020.8.26.0000, Rel. Des. Grava Brazil, j. 10.03.2020.

[92] A cláusula tinha o seguinte e singelo texto: "Dúvidas e divergências que surgirem entre os sócios, serão dirimidas por juízo arbitral, cabendo a cada sócio a designação de um árbitro e, se necessário, a designação de um terceiro árbitro para desempate".

se pronunciar sobre problemas que afetem a existência, a validade ou a eficácia da cláusula compromissória (art. 6º, Parágrafo Único, da Lei de Arbitragem), seja para as patologias que têm apenas a aparência de lacunosidade, seja para as situações de lacuna propriamente ditas.

Já se viu acima, quando distinguimos as situações de lacunosidade de outras que com elas se aproximam, que, no mais das vezes, a intervenção do árbitro se esgota na interpretação propriamente dita: esta revela a disciplina concreta que, apesar de não evidente, é acessada pelo emprego dos critérios de interpretação (a saber: *littera*, contexto verbal, contexto situacional e fim do negócio jurídico). As situações de efetiva lacunosidade e, assim, de interpretação completativa são as subsidiárias, porque a disciplina pode não estar no texto específico da cláusula, mas noutros recantos em que manifestada a autonomia privada ou, mesmo, advinda de outras fontes do conteúdo negocial. Não andaremos a explorar neste estudo as peculiaridades atreladas ao manejo dos critérios de interpretação e, ato seguinte, de preenchimento de lacunas, bastando trazer exemplo que resume a importância de se dar máxima preservação ao princípio da competência-competência, por haver casos de fronteira que justificam concentrar no árbitro, o mais que possível, a resolução de situações de pretensa lacunosidade.

Tal é a situação algo comum de imprecisão da cláusula compromissória quanto à instituição escolhida[93]. Como bem distingue Carlos Alberto Carmona, "uma coisa é a nomeação de um órgão arbitral inexistente; coisa diversa é a nomeação imprecisa de um órgão arbitral existente"[94]. Essa imprecisão pode ser resolvida no terreno da simples interpretação em dois casos.

O primeiro é daquelas hipóteses em que a própria *littera* da cláusula é suficiente, apesar do erro material que apresenta. Falamos das situações de impre-

[93] Selma Ferreira Lemes, em texto de quase 20 anos, trazia exemplos detectados à época, "em especial as referentes à Corte Internacional de Arbitragem da Câmara de Comércio Internacional – CCI, em que as partes em vez de dispor que a arbitragem observará as regras da Corte Internacional de Arbitragem da CCI, redigem cláusulas indicando a Câmara de Comércio de Genebra, a Câmara de Comércio internacional de Londres, a Câmara de Comércio de Paris, ou Corte Internacional de Arbitragem em Paris, Arbitragem em Genebra conforme as regras CCI, Corte de Arbitragem Internacional de Genebra, etc." (LEMES, Selma Maria Ferreira. Cláusulas arbitrais ambíguas ou contraditórias e a interpretação da vontade das partes. *Op. cit.*, p. 6). Veja-se, também com apanhado de casos CCI: BLACKABY, Nigel; PARTASIDES, Constantine; REDFERN, Alan; HUNTER, Martin. *Redfern And Hunter on International Arbitration. Op. cit.*, p. 136; DERAINS, Yves. **Cláusulas compromisorias patológicas y combinadas**. Op. *cit.*, p. 196-197; FRANK, Morten. *Interpretation of pathological arbitration agreements:* non-existing and inaccessible elements. *Op. cit.*, p. 298 e ss.

[94] CARMONA, Carlos Alberto. **Arbitragem e Processo. Um comentário à Lei 9.307/96**. *Op. cit.*, p. 144.

cisão que mal encobrem a intenção comum das partes, haja vista que evidente a escolha, apesar da redação que não corresponde, com precisão, ao nome da instituição eleita. Tais são os casos, por exemplo, de cláusula que se refere à Câmara da Federação das Indústrias de São Paulo, ao invés do correto Câmara de Conciliação, Mediação e Arbitragem Ciesp/Fiesp; ou à Câmara Brasil-Canadá, ao invés de Centro de Arbitragem e Mediação da Câmara de Comércio Brasil-Canadá; ou, ainda como exemplo, as situações algo correntes em que a cláusula faz remissão à ICC que sediada em cidade onde não há sede ou subsede[95]. Quando o equívoco meramente material for identificável e, assim, a intenção comum das partes foi por igual suscetível de desvelamento, a literalidade é suficiente, ainda que imprecisa, pois "[o] que foi manifestado é a forma do que se quis, ainda que incompleta ou imperfeita"[96].

O segundo caso suscetível de solução pela simples interpretação é o que não se resolve pela própria literalidade, tendo em vista a obscuridade da disposição que não permite entrever com clareza, por detrás de seu véu, a intenção comum das partes. Ainda que tal ocorra, e caso essa intenção comum possa ser desvelada com recurso a outros critérios de interpretação que não apenas a literalidade, está-se ainda no terreno da simples interpretação, pois atendendo à regra do art. 112 do Código Civil: "Nas declarações de vontade se atenderá mais à intenção nelas consubstanciada do que ao sentido literal da linguagem.". Para encontrá-la, o guia que se tem é composto pelos critérios de interpretação negocial consagrados por nossa tradição, quais sejam: o contexto verbal, o contexto situacional e o fim do negócio jurídico.

Convém aludir, por exemplo, a decisão em arbitragem CCI estudada por Selma Ferreira Lemes, em que, diante da alusão obscura à instituição arbitral, os árbitros procederam à interpretação acessando elementos do contexto situacional, em específico à fase das negociações e às minutas então trocadas, de que

[95] Davis, Benjamin G. *Pathological clauses*: Frédéric Eisemann's still vital criteria. *Op. cit.*, p. 368. Em alguns desses casos, como comenta Davis, há a "*practice of interpreting a reference to a place other than the location of the ICC to mean that the parties have agreed for the place of arbitration to be in Zurich or London or Geneva or New York as the case may be*", porém sob as regras de arbitragem da CCI (idem ibidem).

[96] Pontes de Miranda, F. C. *Tratado de Direito Privado*, op. cit., t. 3, p. 333. Primariamente, "[é] a manifestação externa da vontade que fornece os elementos pelos quais pode ser compreendida a intenção do declarante; por isso deve-se atender à forma por que é feita a declaração, bem como à acepção em que pelo seu autor foram empregados os têrmos de que se serviu". (Espínola, Eduardo. **Sistema do Direito Civil Brasileiro**. 4. ed. Rio de Janeiro: Conquista, 1961, v. 2, p. 287). Sobre a literalidade como critério de interpretação, veja-se também: Marino, Francisco Paulo De Crescenzo. **Interpretação do Negócio Jurídico**. *Op. cit.*, p. 253; Martins-Costa, Judith. **A Boa-Fé no Direito Privado:** critérios para a sua aplicação. São Paulo: Marcial Pons, 2015, p. 453.

puderam verificar a original redação que trazia correta referência ao Regulamento de Arbitragem da CCI[97]. Outro exemplo a que se pode fazer alusão foi apreciado pela Cour d'Appel de Paris em 2012, e dizia respeito a cláusula compromissória que havia escolhido, como instituição arbitral, a Deutschen Ausschusses für Schiedsgerichtswesen (DAS). Tal instituição foi extinta e substituída pela Deutsche Institution fur Schiedsgerichtsbarkeit (DIS), o que levou uma das partes a sustentar em juízo que o consentimento pela solução arbitral tinha a atuação da DAS como pressuposto essencial. A corte francesa, contudo, chegou à conclusão de que a intenção comum das partes estaria preservada com a atuação da nova entidade, uma vez que a DIS possuía exatamente as mesmas características que a antecessora[98]. Noutras palavras – e o complemento é nosso –, o fim negocial serviu de lente interpretativa para fazer concluir que a disciplina da convenção restava preservada, não se tendo esvaziado e, assim, tornado nula a convenção arbitral (pois, na França, tais questões costumam ser debatidas no plano da validade, e não no da existência).

Há diversos outros exemplos de inexatidão quanto à escolha da instituição arbitral, tanto quanto casos de efetiva *ausência* de indicação, ou de escolha de instituição inexistente, fazendo incompleta a disciplina negocial[99]. Nesse último caso, quando o exercício de interpretação propriamente dita não consegue encontrar qual fora a intenção comum das partes, o que se tem é lacuna, restando, assim, proceder à sua colmatação – e, no caso da falta de escolha da instituição arbitral, quando não se adotar a presunção de que o silêncio é opção por arbitragem *ad hoc*, só restará o apoio judicial de preenchimento da lacuna para resguardo da plenitude eficacial da cláusula compromissória.

Deixando em suspenso, porém, o aprofundamento nas peculiaridades desse exercício de colmatação, há um terceiro *player* que, excepcionalmente, pode ser chamado a resolver pontuais e excepcionais situações de lacunosidade contratual. Tal é o papel das instituições arbitrais, com três premissas limitadoras: a um, quando a questão em tela não puder aguardar decisão dos árbitros; a dois, quando suas regras procedimentais, escolhidas pelas partes, assim o permitirem; e a três, tendo a decisão proferida eficácia precária, suscetível de revisão, para revogá-la ou alterá-la, pelos árbitros, depois de nomeados.

[97] A decisão foi tomada no caso nº 6.709 (1991) da CCI. Cf. Lemes, Selma Maria Ferreira. Cláusulas arbitrais ambíguas ou contraditórias e a interpretação da vontade das partes. *Op. cit.*, p. 16-17.

[98] Cita e analisa o caso: Billemont, Jean. *La Liberté Contractuelle à l'Épreuve de l'Arbitrage. Op. cit.*, p. 350-351.

[99] Para uma lista de outros casos a tal respeito, remetemos a Frignani, Aldo. *Libertà delle parti e clausole patologiche nell'arbitrato Internazionale. Op. cit.*, p. 775-777.

Apanhemos um exemplo: os arts. 6(3) a 6(7) do Regulamento de Arbitragem da Corte Internacional de Arbitragem da CCI (com redação última de 01.01.2021)[100]. O art. 6(3) *in fine* abre a excepcional possibilidade de que o Secretário-Geral da câmara submeta objeções quanto a existência, validade, escopo e consolidação de procedimentos à Corte antes de constituído o tribunal arbitral[101]. A Corte, por sua vez, decidirá que a "arbitragem deverá prosseguir se, e na medida em que, a Corte esteja *prima facie* convencida da possível existência de uma convenção de arbitragem de acordo com o Regulamento" (art. 6(4)). A previsão excepciona a regra geral, que é de concentrar no tribunal arbitral a decisão quanto a objeções preliminares (art. 6(5)), e por isso se diz que apenas em casos extremos tal possibilidade é admitida, dentre estas compreendidos alguns casos de aparente lacunosidade, e.g. quando a cláusula compromissória não fizer qualquer referência à CCI[102]. Por ser decisão *prima facie* e a ela se reconhecer natureza administrativa, qualquer das partes terá o direito de voltar a submeter suas objeções seja aos árbitros depois de nomeados, seja a cortes estatais, quando for o caso de fazê-lo[103].

Via de regra, porém, não incumbe às câmaras remediar cláusulas patológicas, senão apenas as que não puderem ser solvidas depois de nomeados os árbitros, desde que autorizadas expressamente pelos respectivos regulamentos de arbitragem e resultando, sempre, em decisão precária, que pode ser, portanto, revisada pelos próprios árbitros.

Por derradeiro, há o juiz. Ao ensejo da ação do art. 7º da Lei de Arbitragem, pode ele ser chamado a solucionar lacunas de extremidade, a que se acostumou chamar de "cláusulas vazias" ou "em branco", e que, na classificação de Eisemann, se situam dentre as "patologias de segundo grau". Nesses casos mais graves, em que a lacunosidade impede a arbitragem de ser instaurada e os árbitros

[100] Disponível em: https://iccwbo.org/content/uploads/sites/3/2021/03/icc-2021-arbitration-rules-2014-mediation-rules-portuguese-version.pdf. Acesso em: 01 jul. 2021.

[101] Redação que foi alterada pela modificação do Regulamento em 2012, uma vez que a versão anterior, de 1998, previa que a Corte deveria decidir *prima facie* em todas as ocasiões em que houvesse objeção à jurisdição arbitral (GRIERSON, Jacob; VAN HOOFT, Annet. **Arbitrating under the 2012 ICC Rules**. The Hague: Kluwer Law International, 2012, p. 107). A alteração se deveu, fundamentalmente, ao alto número de objeções que eram apresentadas, demandando em 2011, por exemplo, que em 40% dos casos a Corte decidisse *prima facie*, como informam VERBIST, Herman; SCHÄFER, Erik; IMHOOS, Christophe. **ICC Arbitration in Practice**. 2. ed. The Hague: Kluwer Law International, 2015, p. 49.

[102] SCHWARTZ, Eric; DERAINS, Yves. **Guide to the ICC Rules of Arbitration**. 2. ed. The Hague: Kluwer Law International, 2005, p. 86-89; GRIERSON, Jacob; VAN HOOFT, Annet. **Arbitrating under the 2012 ICC Rules**, op. cit., p. 107.

[103] SCHWARTZ, Eric; DERAINS, Yves. **Guide to the ICC Rules of Arbitration**. *Op. cit.*, p. 79.

de serem nomeados, a inoperância é tamanha que só remanesce a chamada "eficácia mínima" do negócio jurídico: "só há arbitragem quando há árbitro"[104], de modo que o grau eficacial mínimo opera justamente para resguardar a nomeação dos árbitros, assim garantindo e promovendo a instauração do procedimento arbitral. No direito brasileiro tal vem instrumentalizado pelo que preveem os arts. 6º e 7º da Lei de Arbitragem, i.e. a intervenção judicial na extrema situação em que não houver eficácia negocial suficiente para que se possa instaurar a arbitragem, e desde que atendidas as condições prévias que o art. 6º estipula, conforme acima já aludido.

É uma das hipóteses que, na Convenção de Nova Iorque, se excepciona da competência dos árbitros: convenções de arbitragem "inoperantes ou inexequíveis" (art. II(3)), como mais ou menos já se tinha na Convenção de Genebra de 1923 (art. 4[105]) e como se vê em certa legislação comparada[106]. Não é o caso de se entrar nas minúcias do debate que a disciplina da Convenção de Nova Iorque suscita[107], nem na polêmica sobre se o art. II(3), por ser mais concessivo que a Lei de Arbitragem, produz ou não efeitos no Brasil, em decorrência do art. VII(1) do diploma transnacional[108]. Independentemente da visão que se adote quanto à nulidade e ineficácia mencionadas na Convenção de Nova Iorque, parece-nos haver paralelismo e, por isso, afinação quando esse mesmo art. II(3) refere às situações de inoperância e inexequibilidade da convenção de arbitragem: são essas, justamente, as que abrem ensejo à ação do art. 7º da Lei de Arbitragem; com a adição de que, em decorrência da disciplina presente na lei local,

[104] Como bem pontua Alves, Rafael Francisco. **Árbitro e Direito:** o julgamento do mérito na arbitragem. *Op. cit.*, p. 50.

[105] "4. [...] Essa transferência não prejudicará, a competência dos tribunais, no caso de, por qualquer motivo, o compromisso, a cláusula compromissória ou a arbitragem haverem caducado ou deixado de produzir efeito". A Convenção de Genebra foi internalizada pelo Decreto nº 21.187, de 22.03.1932.

[106] E.g.: Código Alemão de processo civil (Zivilprozessordnung), art. 1032(1), que admite, em exceção, a atuação do Judiciário quando diante de cláusula "*null and void, invalid, or impossible to implement*", conforme tradução oficial (https://www.gesetze-im-internet.de/englisch_zpo/englisch_zpo.html).

[107] E que deriva, fundamentalmente, de saber que significados se devem extrair das expressões "*null and void*", "*inoperative*" e "*incapable of being performed*", dúvida, esta, que tem como causa mais remota o fato de os trabalhos preparatórios ao texto da Convenção não terem endereçado qualquer indicação do *standard* objetivo a considerar nessas ocasiões, tanto quanto como causas persistentes as diferenças semânticas de referidos termos de uma ordem jurídica para outra, a menor ou maior concessividade à mitigação do princípio da competência-competência que também varia ao sabor das experiências locais, etc. Sobre o silêncio dos *travaux préparatoires*: *UNCITRAL Secretariat Guide on the Convention on the Recognition and Enforcement of Foreign Arbitral Awards (New York, 1958)*. *Op. cit.*, p. 61.

[108] Para tanto, veja-se e.g. Sperandio, Felipe Vollbrecht. **Convenção de Arbitragem**. *Op. cit.*, p. 87-88.

o Brasil se alinha aos países que adotam postura restritiva quanto à possibilidade do exame judicial das patologias que a cláusula compromissória apresenta, só autorizando-a em exceção para aqueles casos em que o problema é tão evidente que *prima facie* identificável[109].

A jurisprudência é algo consolidada no sentido de reconhecer espaço para a intervenção judicial quando a lacuna for grave, impedindo que sequer se possa dar início ao procedimento arbitral. As Cortes Superiores já disseram tal ser o caso da "cláusula compromissória 'vazia', em que há previsão de solução por árbitro da solução de conflitos oriundo da relação contratual subjacente, sem especificar o método ou critério para a sua nomeação", também chamada de "cláusulas compromissórias 'em branco', ou seja, aquelas em que não houve acordo prévio sobre a forma de instituir a arbitragem (L. 9.307/96, art. 6º)"[110].

Preservada a competência judicial para casos de "cláusula vazia", uma dúvida remanesce: pode o juiz não apenas suprir a lacuna que impede a instauração da arbitragem, mas igualmente adentrar no preenchimento de outras lacunas que a cláusula em hipótese apresente, como, por exemplo, omissão quanto ao direito aplicável, ao idioma ou à sede?

Parece-nos que a resposta é negativa, queremos dizer: o juiz deve reservar ao árbitro o suprimento de eventuais outras lacunas que a cláusula apresentar, cingindo-se, apenas, a solucionar a patologia referente à instituição da arbitragem[111]. Obviamente que tal pressupõe não haver acordo total das partes, i.e. sobre todos os termos eventualmente omitidos pelas partes, ocasião em que a autonomia se sobrepõe e o compromisso firmado em juízo, agora completo, estabelece a disciplina integral da convenção de arbitragem. Quando, porém, o juiz tiver de *decidir*, uma vez que diante de divergência das partes, o objeto de sua decisão deve se restringir àquilo que permite a instauração da arbitragem,

[109] Análise comparativa, arrolando os países mais e menos concessivos, encontra-se *em UNCITRAL Secretariat Guide on the Convention on the Recognition and Enforcement of Foreign Arbitral Awards (New York, 1958). Op. cit.*, p. 62-69.

[110] Respectivamente, STJ, 3ª Turma, REsp nº 1.569.422, Rel. Min. Marco Aurélio Bellize, DJ 20.05.2016, e STF, SE nº 5.206 AgRg, Rel. Min. Sepúlveda Pertence, Rel. para acórdão Min. Nelson Jobim, DJ 30.04.2004. Conferiu-se em: ABBUD, André de A. C.; LEVY, Daniel; ALVES, Rafael F. **Lei de Arbitragem Anotada. A jurisprudência do STF e do STJ**. *Op. cit.*, p. 70-71. Outros julgados nesse exato sentido: STJ, 3ª Turma, REsp nº 1.602.696, Rel. Min. Moura Ribeiro, DJ 23.09.2016; STJ, 4ª Turma, REsp nº 1.331.100, Rel. Min. Raul Araújo, DJ 22.02.2016.

[111] Em sentido contrário e, ao nosso ver, incorreto, veja-se JORGE, Marco Antônio Rodrigues. *A integração da convenção de arbitragem pelo Poder Judiciário:* uma análise sob o enfoque da autonomia privada. *In*: FINKELSTEIN, Cláudio; VITA, Jonathan B.; CASADO FILHO, Napoleão (Coords.). **Arbitragem Internacional. UNIDROIT, CISG e direito brasileiro**. São Paulo: Quartier Latin, 2010, p. 133-136.

não adentrando no exame das supostas outras lacunas que não impedem a execução da cláusula compromissória. Tal é atitude que preserva formal e materialmente a intenção comum das partes, seja porque resguarda o princípio da competência-competência, relegando à arbitragem a decisão sobre as matérias que pode decidir[112]; seja porque evita nós interpretativos, concentrando nos árbitros todas as questões atinentes à interpretação negocial e que se podem relacionar, inclusive, com a controvérsia de fundo, como e.g. saber se há ou não contratos coligados, se há ou não práticas pretéritas, se há ou não disciplina da cláusula compromissória noutros recantos textuais – dentre outros fatores que, se apreciados pelo juiz estatal, podem vir a gerar paradoxos *a posteriori*.

Tal casa com a acurada e pragmática observação de ser parte da missão do árbitro, em muitos casos – e aqui se apanha como exemplo uma das situações hipotéticas recém aludidas –, "justamente, encontrar o direito aplicável", sendo esta "realidade comum em conflitos cada vez mais complexos, que envolvem múltiplas jurisdições"[113]. Em tais litígios, a descoberta do direito incidente vem com a análise de fundo – da fase das negociações, da conduta posterior das partes, dos negócios eventualmente conexos, etc. –, de modo que seria não somente uma temeridade esperar que o juiz extreme sua interpretação a esses aspectos de fundo, dentro da estreita moldura da ação do art. 7º, mas também – e para além do já aludido desrespeito à competência-competência e à intenção comum das partes – abrir espaço a que o juiz aprecie e decida sobre parte do mérito da controvérsia, muitas vezes casada ao direito que se declara como aplicável.

Isso também desvela que não necessariamente o exercício interpretativo do árbitro, nesses casos, será de colmatação de lacuna, pois muitas vezes a disciplina que falta no instrumento negocial está situada ou noutros recantos da declaração das partes (e.g. negócios conexos, contrato-quadro, cláusula *per relationem*, etc.), ou na disciplina informada por fontes heterônomas (i.e. lei, costumes e boa-fé, e excepcionalmente as práticas, quando se tratar de contrato com aplicação da CISG). A observação aqui traçada se amarra ao que abordamos no Cap. 1 deste trabalho, e que faz estender, portanto, o exercício interpretativo a outros

[112] Essa tem sido a tônica geral de STF e STJ desde a vigência da Lei de Arbitragem, em preservação ao princípio da competência-competência, como mostraram dois estudos conduzidos no bojo do CBAr, com FGV e ABEArb: GABBAY, Daniela Monteiro; NANNI, Giovanni Ettore (Coords.). Relatório do Tema: validade, eficácia e existência da convenção de arbitragem. *In: 2ª Fase da Pesquisa "Arbitragem e Poder Judiciário"*. Direito FGV e CBAr, 2007. Disponível em: http://www.cbar.org.br. Acesso em: ...; e TIMPONI, Ana Letícia; ZAKIA, José Victor Palazzi; *et al.* 3. **Relatório do Tema – Existência, validade e eficácia da convenção de arbitragem.** *In*: **Arbitragem e Poder Judiciário:** Pesquisa CBAr-ABEArb 2016. São Paulo: Comitê Brasileiro de Arbitragem & IOB, 2017, p. 21-62.

[113] ALVES, Rafael Francisco. **Árbitro e Direito:** o julgamento do mérito na arbitragem. *Op. cit.*, p. 56.

quadrantes do conteúdo total do negócio que não, apenas, ao que se consolida como declaração expressa das partes. Apenas se ausente a disciplina, em considerando todas as fontes de que deriva, é que se terá efetiva lacuna e, assim, se deverá acessar os conseguintes critérios de colmatação.

Ainda que o mergulho em tais temas não plasme o objeto deste ensaio, a observação é importante, pois justifica duplamente a necessidade de concentrar no juízo arbitral a apreciação de supostas lacunas que não as que impedem a instituição da arbitragem. Quereremos dizer: para saber se há ou não lacuna, o julgador terá de interpretar o conteúdo contratual e, como resultado dessa interpretação, poderá detectar que, de fato, tem-se aqui lacunosidade. Caso se cogite da intervenção judicial para o suprimento dessas supostas lacunas, o paradoxo que se pode criar é ter juiz estatal interpretando disciplina existente, ao pretexto de colmatar lacuna.

Apenas para exemplo, tal ocorreu em caso julgado pelo Tribunal de Justiça do Rio de Janeiro em 2007, em que a empresa Das Três e o Drago Ltda. ajuizou a ação do art. 7º em face de Pão de Açúcar, haja vista a negativa deste quando convocado para firmar compromisso com o fito sanar "cláusula vazia". A sentença julgou a demanda procedente e nomeou árbitro único, mas deixou de indicar (em nosso sentir, apropriadamente) local onde a sentença arbitral deveria ser prolatada e prazo para que fosse proferida. Essas foram as razões suscitadas por Pão de Açúcar para a nulidade da sentença, por sua vez rechaçadas pelo Tribunal de Justiça, sob os fundamentos de que, a um, a lacuna de lugar da sentença pode (e deve, acrescentaríamos) ser sanada pelo próprio árbitro; e, a dois, de que o prazo para proferimento da sentença, na ausência de disposição expressa, deriva da regra legal dispositiva do art. 23 da Lei de Arbitragem, i.e. seis meses[114].

A moldura de atuação do juiz, portanto, é bastante apertada e se deve cingir ao necessário que garanta a instauração da arbitragem, esta a arena em que se decidirão todas as demais questões, de procedimento e de mérito.

Conclusões

Passaram-se quase 50 anos desde que publicado o texto de Eisemann e, mesmo com um sem-número de cláusulas-modelo e *guidelines* de toda sorte voltados a orientar a elaboração de cláusulas compromissória, a realidade insiste em teimar, tornando ainda atual o tema de 1974, porque frequentes os problemas ocasio-

[114] TJRJ, 7ª Câmara Cível, Agravo de Instrumento nº 11.285/2007, Rel. Des. Caetano E. da Fonseca Costa, j. em 14.5.2007. O caso vai citado e analisado por TOLENTINO, Augusto; BARBOSA, Daniel Machado Coelho; et al. **Relatório do 5º Tema:** ação de execução específica da cláusula compromissória ("ação do art. 7º"), *op. cit.*

nados por cláusulas patológicas[115]. O cenário, porém, não é de se lamentar, pois o "museu sombrio da arbitragem" é repleto de "pérolas" que, trazidas à luz, nos permitem construir o estável sobre o instável (ou, ao menos, pretender alguma *estabilidade na instabilidade*)[116], e que vai representado no trabalho de doutrina, especializada na proposição de modelos jurídicos, via narrativa e norma, e vocacionada, como de resto o direito inteiro, a assegurar expectativas[117].

É o que tentamos levar a cabo no desenvolvimento deste texto, sendo a hora de sumarizar o percurso que se norteou por *conceituar* e *distinguir*, deixando para ocasião vindoura, a partir do que aqui iniciado, a *proposição de método*. Adotando como lente analítica a ainda atual classificação proposta por Eisemann – dentre outras que se podem estabelecer quando se deitam os olhos sobre o "museu sombrio" da convenção de arbitragem[118] –, nosso caminho passou por prestar resposta a quatro indagações, em resumo também agora atendidas:

1. Todas as situações de aparente lacunosidade são casos de efetiva lacuna negocial?

Não, o exame mais cuidadoso pode vir a revelar a presença de disciplina da cláusula compromissória noutros recantos da declaração das partes (e.g. contrato-quadro, contratos conexos, cláusula por referência etc.) ou em regras advindas

[115] Confiram-se a esse respeito os balanços de: Born, Gary B.; Angelini, Matteo; Llivina, Carina Alcoberro. **Rethinking "pathological" arbitration clauses:** validating imperfect arbitration agreements. *Op. cit.*, p. 36-37; e Frank, Morten. *Interpretation of pathological arbitration agreements*: non-existing and inaccessible elements. *Op. cit.*, p. 303-308.

[116] A metáfora do "*musée noir de l'arbitrage*" é empregada por Eisemann, Frédéric. *La clause d'arbitrage pathologique. Op. cit.*, p. 162-163.

[117] Essas as lições de Martins-Costa, Judith. *Os dilemas da incoerência. In*: Neves, José Roberto de Castro (Org.). *Ele, Shakespeare, visto por nós, os advogados.* Rio de Janeiro: Edições de Janeiro, 2017, p. 156-157.

[118] Para mencionar apenas três outros exemplos de ensaios classificatórios: há que distinga entre patologias *extrínsecas* e patologias *intrínsecas*, para separar, respectivamente, entre aquelas que plasmam contradição entre a cláusula compromissória e outros dispositivos negociais, e aquelas que afetam a convenção de arbitragem *per se* (Billemont, Jean. *La Liberté Contractuelle à l'Épreuve de l'Arbitrage. Op. cit.*, p. 344-345); há quem divida entre cláusulas patológicas *curáveis*, em que a patologia afeta a primeira ou a segunda funções da convenção de arbitragem (conforme descritivo de Eisemann, adotado pelos autores), e cláusulas patológicas *incuráveis*, de sua vez afetando a primeira ou terceira funções da convenção de arbitragem (Scalbert, Hugues; Marville, Laurent. *Les clauses compromissoires pathologiques. Op. cit.*, p. 117-136); e há quem bem distinga entre patologias por *omissão* e patologias por *ação* dos contratantes, para distinguir entre as situações de falta de disciplina (lacunosidade) e aquelas em que há defeito na cláusula completa (cf. Webber, Pietro Benedetti Teixeira; Scalco, Gabriela Barcellos. *Cláusulas compromissórias patológicas no direito brasileiro:* eficácia e exequibilidade. *Op. cit.*, p. 1236 e ss.).

de outras fontes do conteúdo negocial que não somente a autonomia privada, a saber: a lei cogente e a lei dispositiva, os costumes, a boa-fé em sua funcionalidade nomogenética e, nos casos em que aplicável a CISG, as práticas. Daí que a interpretação da convenção de arbitragem se tenha de debruçar não apenas no seu texto específico, mas em seu conteúdo total, que pode estar presente noutros instrumentos textuais produzidos ou referidos pelas partes, ou em regras derivadas de fontes heterônomas.

2. Todas as patologias encontradas na convenção de arbitragem são assimiladas a casos de lacuna do negócio jurídico?
Não, pois há casos que se assemelham aos de lacunosidade, mas destes se distinguem, a invocar, por conta de suas diferenças, intervenções de cura diversas. Os mais próximos são os casos de ambiguidade, contradição e vagueza da cláusula compromissória, em regra suscetíveis de resolução pelos próprios árbitros, e não pela janela do art. 7º da Lei de Arbitragem. Esses casos convocam o exercício meramente interpretativo do aplicador, por via do manejo dos critérios de interpretação reconhecidos pela ordem jurídica brasileira (a saber: *littera*, contexto verbal, contexto situacional e fim do negócio jurídico).

3. Todas as situações de lacunosidade dão ensejo à mesma consequência jurídica?
Não, pois há casos de menor ou maior gravidade da lacunosidade que se enquadram, respectivamente, como "patologias de primeiro grau" e "patologias de segundo grau". É certo, porém, que essa gravidade passa pela dimensão da ineficácia que a lacuna gera, sendo fora de questão as hoje abandonadas compreensões que faziam derivar das situações de lacunosidade contratual ou a requalificação da convenção de arbitragem em "contrato preliminar", ou a sanção de nulidade. A ineficácia, por seu turno, pode ser em menor grau e, assim, ser solvida diretamente pelos próprios árbitros. Quando, porém, ela for em dimensão que impossibilite a instauração da arbitragem, tem-se o que se conhece por "cláusula vazia" ou "em branco", só restando, para essa hipótese, o apoio do Poder Judiciário, via ação do art. 7º.

4. Todas as situações de lacunosidade da cláusula compromissória invocam a intervenção do juiz, ou se há lacunas contratuais que devem ser solvidas diretamente pelos árbitros?
As lacunas de menor gravidade, mais que podem, *devem* ser solvidas diretamente pelos árbitros, o que é não somente obediência ao princípio da competência-competência, mas preservação da intenção comum das partes, manifestada

na escolha da arbitragem como método de resolução de controvérsias para o específico contrato, ainda que formalizada de modo imperfeito. Dessa premissa decorrem os meios de preenchimento da lacuna: as partes, que sempre poderão fazê-lo via negócio de completamento, no exercício de sua autonomia; os árbitros, nos quais está concentrada a competência de decidir mérito e procedimento; a instituição arbitral, nas raras hipóteses em que seus regulamentos admitirem, e sempre de modo precário; e o juiz, na estreita janela do art. 7º da Lei de Arbitragem que para ele resta.

Não se pode finalizar este trabalho sem duas observações.

A primeira é de cautela, pois o conserto de cláusulas patológicas pode levar a certas "audácias de interpretação", uma vez que "fonte de dificuldades [...] mesmo para um juiz animado pelas melhores intenções"[119], a exemplo da pregação de que as regras de interpretação são deslocalizadas, porque universais, tanto quanto que, por (supostamente) não serem regras, se as podem extrair livremente de fontes transnacionais[120] (como, por exemplo, os Princípios UNIDROIT, a CISG, os PECL ou mesmo a VCLT[121]). Por isso, a necessidade de contínua revisitação desse "museu sombrio da arbitragem", repleto de dificuldades mas, também, de inexploradas potencialidades; e, por isso – e sobretudo –, a necessidade de método, o que nos leva à nossa segunda observação conclusiva.

Este trabalho acaba com uma promessa, que é a de, estabelecidos os conceitos e traçadas as distinções, fazê-lo prosseguir com a abordagem metodológica que falta: o que deve fazer o aplicador quando diante de uma cláusula compromissória lacunosa? As soluções mais fáceis convocariam o abracadabra da equidade, tão ao gosto das "audácias interpretativas" acima já aludidas, quanto mais desconectadas (e, assim, violadoras) do direito de base, que apresenta sutis, mas existentes, coordenadas – regras de colmatação de lacunas – ao aplicador. Como bem observa uma jurista italiana, "a incerteza (a dúvida) constitui a *ocasião* da atividade hermenêutica", mas não uma atividade que é solta: é essa mesma

[119] São as observações de Seraglini, Christophe; Ortscheidt, Jérôme. **Droit de l'Arbitrage Interne et International**. *Op. cit.*, p. 630.

[120] Karton, Joshua. **The Culture of International Arbitration and the Evolution of Contract Law**. *Op. cit.*, p. 214-234.

[121] Respectivamente, "UNIDROIT Principles of International Commercial Contracts" (1994, 2004, 2010, 2016); "Convenção de Viena sobre Compra e Venda Internacional de Mercadorias" (1980); "Principles of European Contract Law" (1995, 1999, 2002); e "Vienna Convention on the Law of Treaties" (1969), aplicável a tratados mas, em algumas ocasiões, por escolha das partes, utilizada também na interpretação de contratos, como ocorreu em arbitragem envolvendo operações no Eurotúnel (PCA Case nº 2003-06, Partial Award, 30 January 2002. Disponível em: https://pcacases.com/web/sendAttach/487.).

incerteza "(e, portanto, a sua superação) que constitui também a *ratio* de *todas* as normas de interpretação e assim o fundamento da interpretação *tout court*"[122]. É sobre essa incerteza e sua superação que haveremos de tratar em ocasião futura.

Referências

ABBUD, André de A. C.; LEVY, Daniel; ALVES, Rafael F. **Lei de Arbitragem Anotada. A jurisprudência do STF e do STJ**. São Paulo: Thomson Reuters Brasil, 2019.

ABOIM, Luiz Claudio Correa da Costa de. Comentário de Decisão do Supremo Tribunal Federal - Despacho do Ministro Nelson Jobim (Relator) na Carta Rogatória no 11.444-3/SI. **Revista Brasileira de Arbitragem**. São Paulo: Comitê Brasileiro de Arbitragem CBAr & IOB; Kluwer Law International, 2005, v. 2.

ALCHOURRÓN, Carlos E.; BULYGIN, Eugenio. **Normative Systems**. Wien/NewYork: Springer-Verlag, 1971.

ALVES, Rafael Francisco. **Árbitro e Direito:** o julgamento do mérito na arbitragem. São Paulo: Almedina, 2018.

ALVIM, Agostinho. **Da Compra e Venda e da Troca**. Rio de Janeiro: Forense, 1961.

ASCENSÃO, José de Oliveira. **Teoria Geral do Direito Civil. Volume III. Acções e Factos Jurídicos**. Lisboa: [s.n.], 1992.

BAPTISTA, Luiz Olavo. **Cláusula compromissória e compromisso**. *In*: MAGALHÃES, José Carlos de; BAPTISTA, Luiz Olavo. **Arbitragem comercial**. São Paulo: Freitas Bastos, 1986.

BILLEMONT, Jean. **La Liberté Contractuelle à l'Épreuve de l'Arbitrage**. Paris: LGDJ, 2013.

BLACKABY, Nigel; PARTASIDES, Constantine; REDFERN, Alan; HUNTER, Martin. **Redfern And Hunter on International Arbitration**. 6. ed. Oxford: University Press, 2015.

BORN, Gary B.; ANGELINI, Matteo; LLIVINA, Carina Alcoberro. **Rethinking "pathological" arbitration clauses:** validating imperfect arbitration agreements. *In*: TUNG, Sherlin; FORTESE, Fabricio; et al. (Eds). **Finances in International Arbitration:** Liber Amicorum Patricia Shaughnessy. The Hague: Kluwer Law International; Kluwer Law International, 2019.

CANARIS, Claus-Wilhelm; GRIGOLEIT, Hans Christoph. **Interpretation of contracts.** *In*: HARTKAMP, Arthur S.; HESSELINK, Martijn W.; HONDIUS, Ewoud H.; et alii (eds.). **Towards a European Civil Code**. 4. ed. Alphen aan den Rijn: Kluwer Law International, 2011.

[122] Geri, Lina Bigliazzi. **L'Interpretazione del contratto. Artt. 1362-1371**, op. cit., p. 40-41.

CARMONA, Carlos Alberto. **Arbitragem e Processo**. Um comentário à Lei 9.307/96. 3. ed. São Paulo: Atlas, 2009.

—. **Considerações sobre a cláusula de compromissória e a eleição de foro**. *In*: LEMES, Selma Ferreira; CARMONA, Carlos Alberto; MARTINS, Pedro Batista (coords.). **Arbitragem.** Estudos em homenagem ao prof. Guido Fernando Silva Soares In Memoriam. São Paulo: Atlas, 2004.

CASTRO Y BRAVO, Federico de. **El Negocio Juridico**. Madri: Instituto Nacional de Estudios Juridicos, 1971.

CATAUDELLA, Antonino. **Sul Contenuto del Contratto**. Milano: Giuffrè, 1966.

CIRNE LIMA, Ruy. **Lacunas e Conflitos de Leis**. Porto Alegre: Sulina, 1964.

COUTO E SILVA, Clóvis V. do. **Comentários ao Código de Processo Civil**. São Paulo: RT, 1982, v. 11, t. 1.

DAVIS, Benjamin G. Pathological clauses: Frédéric Eisemann's still vital criteria. **Arbitration International**. London: LCIA, 1991, v. 7, n. 4.

DERAINS, Yves. **Cláusulas compromisorias patológicas y combinadas.** *In*: ROMERO, Eduardo Silva; ESPINOSA, Fabricio Mantilla (Coords.). **El Contrato de Arbitraje**. Bogotá: Universidad del Rosario/LEGIS, 2008.

DOMINGUES DE ANDRADE, Manuel A. **Teoria Geral da Relação Jurídica**. Coimbra: Almedina, 1983, v. 2.

EISEMANN, Frédéric. La clause d'arbitrage pathologique. Originalmente publicado em: **Arbitrage Commercial:** Essais in memoriam Eugenio Minoli. Torino: UTET, 1974. Republicado em: **Revista Brasileira de Arbitragem**. São Paulo: Comitê Brasileiro de Arbitragem CBAr & IOB; Kluwer Law International, 2017, v. 14.

ESPÍNOLA, Eduardo. **Sistema do Direito Civil Brasileiro**. 4. ed. Rio de Janeiro: Conquista, 1961, v. 2.

FERRARI, Franco; BISCHOFF, Jan A. Commentary to article 10. *In*: FERRARI, Franco (Ed.). **Rome I regulation. Pocket commentary**. Munich: Sellier, 2015.

FERREIRA DE ALMEIDA, Carlos. **Contratos II**. Conteúdo. Contratos de Troca. 4. ed. Coimbra: Almedina, 2016.

FICHTNER, José Antonio; MANNHEIMER, Sergio Nelson; MONTEIRO, André Luís. Convenção de Nova Iorque e pacto arbitral nulo, sem efeitos, inoperante ou inexequível: convenção de arbitragem, princípio da competência-competência (Kompetenz-Kompetenz) e *more-favourable-right provision*. *In*: LEMES, Selma Ferreira; LOPES, Christian Sahb Batista (Coords.). **Arbitragem Comercial Internacional e os 60 Anos da Convenção de Nova Iorque**. São Paulo: Quartier Latin, 2019.

FLUME, Werner. **El Negócio Juridico** (trad. José María Miquel González e Esther Gómez Calle). Madri: Fundación Cultural del Notariato, 1998.

FOUCHARD, Philippe. Note – Tribunal de grande instance de Paris (Ord. Réf.), 10 janvier 1996, 9 février 2000 et Cour d'appel de Paris, 29 mars 2001. **Revue de l'Arbitrage**. Paris: Comité Français de l'Arbitrage, 2002, n. 2.

FRADERA, Véra Maria Jacob de. Justificativa. *In*: AGUIAR JÚNIOR, Ruy Rosado de (Org.). **V Jornada de Direito Civil**. Brasília: CJF, 2012.

FRANK, Morten. Interpretation of pathological arbitration agreements: non-existing and inaccessible elements. **Pepperdine Dispute Resolution Law Journal**. Malibu: Pepperdine University, 2020, v. 20.

—. Where to go: the floating arbitration agreement. **Arbitration International**. Oxford: University Press, 2019, v. 35, n. 2.

FRIGNANI, Aldo. Libertà delle parti e clausole patologiche nell'arbitrato Internazionale. **Arbitraje: Revista de Arbitraje Comercial y de Inversiones**. Madrid: Centro Internacional de Arbitraje, Mediación y Negociación (CIAMEN)/IproLex, 2008, v. 1, n. 3.

GABBAY, Daniela Monteiro; NANNI, Giovanni Ettore (Coords.). Relatório do Tema: validade, eficácia e existência da convenção de arbitragem. *In*: **2ª Fase da Pesquisa "Arbitragem e Poder Judiciário"**. Direito FGV e CBAr, 2007. Disponível em: http://www.cbar.org.br. Acesso em: 01 jul. 2021.

GABRIELLI, Enrico. Il contratto e il suo oggetto nel diritto italiano. **Rivista Trimestrale di Diritto e Procedura Civile**. Milano: Giuffrè, 2012, n 1.

GALGANO, Francesco. **Il Negozio Giuridico**. Milano: Giuffrè, 1988.

GERI, Lina Bigliazzi. **L'interpretazione del contratto. Artt. 1362-1371**. Milano: Giuffrè, 2013.

GIRSBERGER, Daniel; RUCH, Pascal. Pathological arbitration clauses: another lawyers' nightmare comes true. *In*: KROLL, Stefan Michael; MISTELIS, Loukas A.; et al. (Eds). **International Arbitration and International Commercial Law:** Synergy, Convergence and Evolution. The Hague: Kluwer Law International, 2011.

GRIERSON, Jacob; VAN HOOFT, Annet. **Arbitrating under the 2012 ICC Rules**. The Hague: Kluwer Law International, 2012.

GUERRERO, Luis Fernando. **Convenção de arbitragem e processo arbitral**. São Paulo: Atlas, 2009.

HART, H. L. A. **The Concept of Law**. 2. ed. Oxford: University Press, 1997.

HENRIQUES, Duarte G. Pathological arbitration clauses, good faith and the protection of legitimate expectations. **Arbitration International**. Oxford: University Press, 2014, v. 31.

IBARBIA, Francisco de Elizalde. **El Contenido del Contrato**. Navarra: Thomson Reuters Aranzadi, 2015.

JARVIN, Sigvard; DERAINS, Yves; ARNALDEZ, Jean-Jacques. **Collection of ICC Arbitral Awards 1986-1990.** Recueil des sentences arbitrales de la CCI. Boston: Kluwer Law and Taxation Publishers, 1994.

JORGE, Marco Antônio Rodrigues. A integração da convenção de arbitragem pelo Poder Judiciário: uma análise sob o enfoque da autonomia privada. *In*: FINKELSTEIN, Cláudio; VITA, Jonathan B.; CASADO FILHO, Napoleão (Coords.). **Arbitragem Internacional**. UNIDROIT, CISG e direito brasileiro. São Paulo: Quartier Latin, 2010.

JUNQUEIRA DE AZEVEDO, Antônio. **Negócio Jurídico**. Existência, validade e eficácia. 4. ed. São Paulo: Saraiva, 2002.

—. A conversão dos negócios jurídicos: seu interesse teórico e prático. **Revista da Faculdade de Direito da Universidade de São Paulo**. São Paulo: USP, 1974, v. 69, n. 1.

KARTON, Joshua. **The Culture of International Arbitration and the Evolution of Contract Law**. Oxford: University Press, 2013.

LEE, João Bosco. Parecer: conflito cláusula compromissória. **Revista Brasileira de Arbitragem**. São Paulo: Comitê Brasileiro de Arbitragem & IOB, 2011, v. 8, n. 30.

LEMES, Selma Ferreira. Cláusula compromissória por referência. Contratos comerciais internacionais e a Convenção de Nova Iorque. *In*: LEMES, Selma Ferreira; LOPES, Christian Sahb Batista (Coords.). **Arbitragem Comercial Internacional e os 60 Anos da Convenção de Nova Iorque**. São Paulo: Quartier Latin, 2019.

—. Cláusulas combinadas ou fracionadas: arbitragem e eleição de foro. **Revista do Advogado**. São Paulo: Associação dos Advogados de São Paulo – AASP, Edição Especial sobre Arbitragem, 2013, n. 119.

—. Cláusula escalonada ou combinada: mediação, conciliação e arbitragem. *In*: FINKELSTEIN, Cláudio, VITA, Jonathan B., CASADO FILHO, Napoleão (Coords.). **Arbitragem Internacional, UNIDROIT, CISG e Direito Brasileiro**. São Paulo: Quartier Latin, 2010.

—. Cláusulas arbitrais ambíguas ou contraditórias e a interpretação da vontade das partes. *In*: MARTINS, Pedro A. Batista; GARCEZ, José Maria Rossani (Coords.). **Reflexões sobre Arbitragem:** *in memoriam* do Desembargador Cláudio Vianna de Lima. São Paulo: LTr, 2002, p. 189 e ss., também disponível em: http://selmalemes.adv.br/artigos/artigo_juri32.pdf. Acesso em:

LUZZATI, Claudio. **La Vaghezza delle Norme**. Un'analisi del linguaggio giuridico. Milano: Giuffrè, 1990.

MARANHÃO, Juliano. **Positivismo Lógico-Inclusivo**. São Paulo: Marcial Pons, 2012.

MARINO, Francisco Paulo De Crescenzo. **Interpretação do Negócio Jurídico**. São Paulo: Saraiva, 2011.

MARTINS-COSTA, Judith. **A Boa-Fé no Direito Privado. Critérios para a sua aplicação**. 2. ed. São Paulo: Saraiva, 2018.

—. Os dilemas da incoerência. *In*: NEVES, José Roberto de Castro (Org.). **Ele, Shakespeare, visto por nós, os advogados.** Rio de Janeiro: Edições de Janeiro, 2017.

—. **A Boa-Fé no Direito Privado:** critérios para sua aplicação. São Paulo: Marcial Pons, 2015.

MELLO, Marcos Bernardes de. **Teoria do Fato Jurídico: plano da validade**. 9. ed. São Paulo: Saraiva, 2009.

MENEZES CORDEIRO, António. **Tratado de Direito Civil**. II. Parte Geral. Negócio Jurídico. Formação. Conteúdo e Interpretação. Vícios da Vontade. Ineficácias e Invalidades. 4. ed. Coimbra: Almedina, 2017.

MERCEREAU, Ana Gerdau de Borja. Arbitragem e contrato. *In*: LEVY, Daniel; PEREIRA, Guilherme Setoguti J. (Coord.). **Curso de Arbitragem**. São Paulo: Thomson Reuters Brasil, 2018.

MIRANDA, Custódio da Piedade Ubaldino. **Interpretação e integração dos negócios jurídicos**. São Paulo: RT, 1989.

MOLFA, Milo. Pathological arbitration clauses and the conflict of laws. **Hong Kong Law Journal**. London: Sweet & Maxwell Ltd., 2007, v. 37.

NANNI, Giovanni Ettore. Cláusula compromissória como negócio jurídico: análise de sua existência, validade e eficácia. *In*: **Direito Civil e Arbitragem**. São Paulo: Atlas, 2014.

NITSCHKE, Guilherme Carneiro Monteiro. Colmatação de Lacunas Contratuais: insuficiências do Código Civil, deficiências da Lei da Liberdade Econômica e o trabalho de doutrina. *In*: FERREIRA DA SILVA, Jorge Cesa; BARBOSA, Henrique (Orgs.). **Os 18 anos do Código Civil:** a evolução do Direito Empresarial e Obrigacional (Societário, Obrigações & Contratos). São Paulo: Quartier Latin, 2021 (no prelo).

—. **Lacunas Contratuais e Interpretação. História, conceito e método**. São Paulo: Quartier Latin, 2019.

—. Usos e costumes no direito contratual brasileiro (ou, sobre a precisão da doutrina face à imprecisão do legislador). *In*: BENETTI, Giovana; CORREA, André Rodrigues; FERNANDES, Márcia Santana; NITSCHKE, Guilherme Carneiro Monteiro; PARGENDLER, Mariana; VARELA, Laura Beck (Orgs.). **Direito, Cultura, Método. Leituras da Obra de Judith Martins-Costa**. Rio de Janeiro: GZ, 2019.

PARK, William. Control mechanisms in the development of a modern *lex mercatoria*. *In*: CARBONNEAU, Thomas (org.). **Lex Mercatoria and arbitration:** a discussion of the new Law Merchant. The Hague: Kluwer Law International, 1992.

PINTO, José Emilio Nunes. **O mecanismo multietapas de solução de controvérsias**. Página JUS.COM.BR, 2004. Disponível em: https://jus.com.br/artigos/6024/o-mecanismo-multi-etapas-de-solucao-de-controversias. Acesso em: 01 jul. 2021.

PONTES DE MIRANDA, F. C. **Tratado de Direito Privado**. 4. ed. São Paulo: RT, 1983, t. 1, 3, 5 e 39.

—. Parecer N. 42. Sôbre compromisso e juízo arbitral, em que são partes a Companhia Vale do Rio Doce S.A. e a Companhia de Melhoramentos Ferroviários. *In*: **Questões Forenses**. Rio de Janeiro: Borsoi, 1957, t. 1.

RAU, Alan Scott. "Gap filling" by arbitrators. *In*: VAN DEN BERG, Albert Jan (Ed.). **Legitimacy:** myths, realities, challenges. ICCA Congress Series. The Hague: Kluwer Law International, 2015, v. 18.

ROMERO, Eduardo Silva. Introducción. El arbitraje examinado a la luz del derecho de las obligaciones. *In*: ROMERO, Eduardo Silva; ESPINOSA, Fabricio Mantilla (Coords.). **El Contrato de Arbitraje**. Bogotá: Universidad del Rosario/LEGIS, 2008.

ROPPO, Enzo. **O Contrato** (trad. Ana Coimbra e M. Januário C. Gomes). Coimbra: Almedina, 1988.

SCALBERT, Hugues; MARVILLE, Laurent. Les clauses compromissoires pathologiques. **Revue de l'Arbitrage**. Paris: Comité Français de l'Arbitrage, 1988.

SCHWARTZ, Eric; DERAINS, Yves. **Guide to the ICC Rules of Arbitration**. 2. ed. The Hague: Kluwer Law International, 2005.

SERAGLINI, Christophe; ORTSCHEIDT, Jérôme. **Droit de l'Arbitrage Interne et International**. Paris: Montchrestien, 2013.

SPERANDIO, Felipe Vollbrecht. Convenção de Arbitragem. *In*: LEVY, Daniel; PEREIRA, Guilherme Setoguti J. (Coord.). **Curso de Arbitragem**. São Paulo: Thomson Reuters Brasil, 2018.

TELLES, Inocêncio Galvão. **Manual dos Contratos em Geral**. 4. ed. Coimbra: Coimbra Editora, 2002.

TIMPONI, Ana Letícia; ZAKIA, José Victor Palazzi; et al. 3. Relatório do Tema – Existência, validade e eficácia da convenção de arbitragem. *In*: **Arbitragem e Poder Judiciário: Pesquisa CBAr-ABEArb 2016**. São Paulo: Comitê Brasileiro de Arbitragem & IOB, 2017.

TOLENTINO, Augusto; BARBOSA, Daniel Machado Coelho; et al. Relatório do 5º Tema: ação de execução específica da cláusula compromissória ("ação do art. 7º"). *In*: **2ª Fase da Pesquisa "Arbitragem e Poder Judiciário"**. Direito FGV e CBAr, 2007. Disponível em: http://www.cbar.org.br. Acesso em:

UNCITRAL Secretariat Guide on the Convention on the Recognition and Enforcement of Foreign Arbitral Awards (New York, 1958). New York: United Nations, 2016.

VALENÇA FILHO, Clávio de Melo; VISCONTE, Débora; NANNI, Giovanni Ettore (Orgs.). **Trabalhos do XV Congresso Internacional de Arbitragem – 2016 do Comitê Brasileiro de Arbitragem – CBAr. Consentimento na Arbitragem Internacional**. São Paulo: CBAr, 2017.

VASCONCELOS, Pedro Pais de. **Contratos Atípicos**. 2. ed. Coimbra: Almedina, 2009.

WEBBER, Pietro Benedetti Teixeira; SCALCO, Gabriela Barcellos. Cláusulas compromissórias patológicas no direito brasileiro: eficácia e exequibilidade. **Revista Jurídica Luso-Brasileira**, 2021, ano 7, n. 2.

ZANETTI, Cristiano de Sousa. **A Conservação dos Contratos Nulos por Defeito de Forma**. São Paulo: Quartier Latin, 2013.

10.
CLÁUSULA ESCALONADA: UM BREVE ACENO SOBRE SUAS CARACTERÍSTICAS E DESAFIOS

MAURÍCIO GOMM F. DOS SANTOS[1]
ANA JÚLIA PAIVA PINCELI[2]

Introdução

A cláusula escalonada concede às partes contratantes, a partir do surgimento da controvérsia, o recurso a uma etapa preliminar à arbitragem, normalmente via métodos amigáveis, autocompositivos de solução de conflitos, a exemplo da negociação direta e mediação. Se resolvido o conflito na fase preliminar, não se faz necessário dar o segundo passo; isto é, *escalonar* à etapa arbitral. A utilização de um método prévio para solução do conflito, decorre, pois, da opção das partes, normalmente na cláusula compromissória, podendo ainda ser prevista via compromisso, após surgido o conflito.

Câmaras arbitrais, cuja função é de oferecer tanto serviços de mediação quanto de arbitragem (ou outros métodos alternativos de solução de conflitos), costumam oferecer às partes interessadas, na adoção de seus serviços, cláusulas-padrão com vistas a evitar problemas decorrentes de redação customizada das partes, sem o devido conhecimento ou experiência, ou, o que é pior, muitas vezes, extraídas de processo *copiar/colar*. Dentre as referidas cláusulas, provenientes do "*multidoor settlement system*"[3] encontra-se a cláusula escalonada,

[1] *E-mail*: mauricio.gomm@gstllp.com.
[2] *E-mail*: ajp@braghetta.com.br.
[3] "*The name 'multi-Door' comes from the multi-door courthouse concept, which envisions one courthouse with multiple dispute resolution doors or programs. Cases are referred through the appropriate door for resolution. The goals of a multi-door approach are to provide citizens with easy access to justice, reduce delay, and provide links to related services, making more options available through which disputes can be resolved.*" ABA (American Bar

também conhecida como *multi-tiered clause* ou, mais especificamente, a cláusula "*med-arb*"[4]. E é sobre esta que envolve a possibilidade de mediação prévia à arbitragem que este artigo se concentrará.

Embora com lugar e espaço em uma plêiade de situações, o natural habitat da cláusula escalonada está normalmente atrelada a contratos que as partes prezam pela continuidade da relação, a exemplo de conflitos societários ou envolvendo contratos de longa duração e complexidade, tais como contratos de obras de engenharia e contratos nas áreas de energia, gás e petróleo.[5] Isso ocorre porque, mesmo diante do surgimento de uma controvérsia durante a execução do contrato, as partes poderão ter de conviver, por um período considerável, uma(s) com a(s) outra(s), o que justifica a busca por soluções consensuais[6]. Aliás, a presença de métodos prévios de solução de conflitos, na própria cláusula, se adequadamente bem redigida, pode servir de incentivo a que as partes encontrem soluções autocompositivas, além de ser profilática à relação conflituosa proporcionando uma melhor alocação de custos e tempo.

Outro benefício de usar a mediação é o aumento do controle que as partes exercem sobre o resultado da disputa, ao mesmo tempo que promove a solução criativa de conflitos os quais, de outra forma, seriam normalmente restritos a um ambiente arbitral[7].

Portanto, a cláusula escalonada tem se mostrado como uma válida opção às partes, sobretudo em tempos pandêmicos onde a busca pela solução consensual para eventuais conflitos ganha maior destaque. Porém, se a referida cláusula apresenta vantagens, ela pode também oferecer problemas e/ou desafios.

O objetivo do artigo é apresentar um singelo estudo comparado de casos quanto aos principais desafios que podem envolver a cláusula escalonada, a exemplo de precária, ambígua (ou ampla demais) redação da cláusula, o que acaba por ocasionar efeito contrário ao inicialmente desejado; isto é, pode levar a uma discussão judicial sobre os contornos, objetivo e escopo da real intenção

Association). *Multi-Door Program*. Disponível em: https://www.americanbar.org/groups/dispute_resolution/resources/DisputeResolutionProcesses/multi-door_program/. Acesso em: 12 jul. 2021.

4 GARCEZ, José Maria Rossani. **Técnicas de Negociação. Resolução Alternativa de Conflitos: ADRS, Mediação, Conciliação e Arbitragem.** Rio de Janeiro, Editora Lumen Juris, 2002, p. 75, 81.

5 LEMES, Selma Ferreira. **Cláusula escalonada: mediação e arbitragem.** *In*: **Arbitragem Internacional, UNIDROIT, CISG, e Direito Brasileiro.** FINKELSTEIN, Cláudio; VITA, Jonathan B.; CASADO FILHO, Napoleão. São Paulo: Quartier Latin, 2010, p. 163-178, p. 164.

6 CAHALI, Francisco José. *Curso de Arbitragem*. São Paulo: Revista dos Tribunais, 2011, p. 124.

7 GOMM-SANTOS, Mauricio. **The Role of Mediation in Arbitration: The Use and the Challenges of Multi-tiered Clauses in International Agreements.** *In*: Revista Brasileira de Arbitragem, nº 38, 2013, p. 9.

das partes diante do conflito surgido, com indesejável aumento do cenário litigioso, além de custos e tempo.

1. Da importância da assertiva redação da cláusula escalonada

Considerando que, pela convenção de arbitragem, as partes renunciam o recurso ao juiz estatal para submeter ao árbitro eventual conflito, decorrente da relação jurídica onde esteja presente tal convenção, pensar antecipadamente na sua redação é fundamental. Igualmente fundamental é redigi-la de forma a evitar que o contido na convenção arbitral seja, por si, objeto de dúvidas, ambiguidades que podem levar a questionamentos judiciais. Neste cenário emergem as cláusulas patológicas quando presentes inconsistência, contradição ou mesmo dificuldade de interpretação da vontade das partes. Também consistem nas chamadas cláusulas que a doutrina brasileira alcunhou de "vazias"[8]; isto é, aquelas em que as partes preveem o uso da arbitragem, mas silenciam sobre a forma e modo de instituí-la. Tais inconsistências ou omissões redacionais podem exponencializar o problema quando pactuadas as cláusulas escalonadas.

Por exemplo, inexistente clareza redacional quanto à faculdade ou obrigatoriedade da submissão à negociação direta ou a mediação previamente à arbitragem pode dificultar – ou mesmo impedir – o início desta com pleitos judiciais (e eventual obtenção de liminares) contrários ao que inicialmente era o desejo das partes; qual seja, a de submeter eventual controvérsia a outro *decision-maker* que não o juiz estatal. Portanto, clareza redacional, assertividade temporal quanto ao início e término das etapas prévias, revelam-se fundamentais.

A experiência tem observado descuido das partes (às vezes jurídica e economicamente sofisticadas) na redação das cláusulas escalonadas. Isso decorre, de um lado, na – de certa forma natural – ênfase às cláusulas substantivas do contrato, direitos e obrigações das partes; e, de outro, da ausência de atenção a aspectos procedimentais, sobretudo aqueles que disciplinam caminhos de solução de conflitos.

A doutrina brasileira tem se preocupado com o assunto e revela-se uníssona quanto à necessidade de uma redação criteriosa da cláusula escalonada, devendo ser estipulado como: "[...] processos de mediação ou conciliação deve iniciar, transcorrer e finalizar, como prazos bem definidos, [...] pois em vez de facilitar a solução da controvérsia, restando expedita a via arbitral, pode a ela representar um embaraço"[9].

[8] CAHALI, Francisco José. *Curso de Arbitragem*. São Paulo: Revista dos Tribunais, 2017, p. 164.
[9] LEMES, Selma Ferreira. Op. Cit., p. 170.

De fato, as partes devem ocupar-se em definir – na cláusula escalonada que prevê a mediação – os respectivos prazos de início e fim, afastando, com isso, o surgimento de vozes futuras, não raro estereofônicas, questionando o momento pactuado para seu começo e término, o que impacta no bom (ou mau) início da arbitragem. Essa preocupação não é supérflua para o fluído desencadeamento do(s) procedimento(s) livremente pactuado(s) pelas partes. É recomendável, portanto, uma cláusula bem elaborada, detalhada, clara e que represente a vontade comum das partes[10].

A discussão está longe de ser teórica ou meramente acadêmica. No caso Sulamerica CIA Nacional de Seguros v. Enesa Engenharia[11], também conhecido como "caso Jirau", o Tribunal de Apelação inglês considerou que a mediação não tinha sido estipulada como uma condição precedente vinculativa à arbitragem, face à ausência de uma linguagem clara, tampouco definia a obrigação de mediar com certeza suficiente. O Tribunal considerou que a cláusula "[...] contém apenas o compromisso de procurar que o litígio seja resolvido amigavelmente por meio de mediação. Nenhuma provisão é feita para o processo pelo qual isso deve ser realizado"[12] (tradução livre).

Dessa forma, o judiciário inglês decidiu pela inexistência de comprometimento à mediação, não estando as partes vinculadas à previsão da cláusula que buscava a resolução da disputa amigavelmente[13].

No caso Tang Chung Wah (Aka Alan Tang) and anor *v.* Grant Thornton International Limited and ors[14], a Requerente impugnou a jurisdição do tribunal arbitral. Em sua decisão, o tribunal arbitral determinou que as etapas prescritas no acordo não constituíam um processo detalhado que fosse suficiente para ser exequível, portanto, confirmou sua jurisdição. Diante de tal premissa, a Requerente buscou a anulação da sentença arbitral. A corte inglesa apontou,

[10] Ferreira, Daniel Brantes; Giovannin Cristiane Junqueira. **As Cláusulas Multi-Etapas e Híbridas de Solução de Conflitos como Solução para Tempos de Incertezas:** Algumas Experiências do Direito Comparado. Revista Eletrônica de Direito do Centro Universitário Newton Paiva, Belo Horizonte, n. 42, p. 366-376, set/dez, 2020, p. 369.

[11] Sulamerica CIA Nactional de Seguros v. Enesa Engenharia [2012] EWCA Civ 638; [2013] 1 WLR 102.

[12] *Ibidem.* No original: "*[..] contains merely an undertaking to seek to have the dispute resolved amicably by mediation. No provision is made for the process by which that is to be undertaken*".

[13] Santos, Mauricio Gomm, Beirão, Fernanda Giorgio. **O Caso Jirau.** Revista de arbitragem e mediação. v. 11, n. 40, p. 233–250, jan./mar. São Paulo, **Revista dos Tribunais**, 2014, 238-239. Referência: v. 11, n. 40, p. 233–250, jan./mar., 2014.

[14] Tang Chung Wah (Aka Alan Tang) and anor v Grant Thornton International Limited and ors [2012] EWHC 3198 (Ch).

em sua decisão, que as disposições contidas na cláusula careciam de definição e certeza suficientes para constituir condições executórias pré-arbitragem, concluindo, consequentemente, pela jurisdição do tribunal arbitral[15].

Por sua vez, no caso Emirates Trading Agency LLC *v.* Prime Mineral Exports Private Limited[16], a cláusula de resolução de disputas no contrato exigia que as partes negociassem por quatro semanas antes do início da arbitragem. A Emirates Trading Agency, quando chamada à arbitragem, alegou falta de jurisdição do tribunal arbitral em decorrência da inobservância da etapa prévia, cujo cumprimento representava condição precedente à arbitragem. O Juiz acolheu a premissa segundo a qual a negociação revestia-se de uma "condição precedente ao direito de submeter um pleito à arbitragem". Todavia, considerando que ficou demonstrado que as partes haviam tentado chegar a um acordo anteriormente, o juiz entendeu satisfeito o atendimento à condição precedente e concluiu que o tribunal arbitral tinha jurisdição[17].

Na mesma direção foi o entendimento da Corte de Apelação Federal do Primeiro Circuito nos Estados Unidos no caso HIM Portland, LLC *v.* DeVito Builders, Inc.[18]. Na decisão, a justiça americana reconheceu que a cláusula de resolução de disputas estipulava diferentes etapas e que as disputas "devem [...] estar sujeitas à mediação como uma condição precedente à arbitragem". Após o surgimento de conflito e da iniciativa de uma das partes em tentar dar início à arbitragem, o tribunal federal recursal americano entendeu que "quando há linguagem clara no contrato, a cláusula de arbitragem não deve ser acionada

[15] Os três pontos feitos pela Corte Inglesa foram: "*(i) The provisions of clause 14.3 lacked sufficient definition and certainty to constitute enforceable conditions prior to the arbitration. There was no detail as to what form the process of conciliation should take, who would be involved or what their obligations would be; (ii) Clause 14.3(d) did not prevent any party to the agreement from commencing arbitration two months or more after the first reference of a request for conciliation. Neither (if the arbitration commenced earlier) did it disallow the failure of the conciliation process whether because it was not possible to establish a panel – if no members of the board were willing to serve – or because the members of the board took the view that the dispute could not be resolved by such a panel. The arbitration in this case had been commenced well after any such time frame had expired and after it was clear that no panel could be established; and.(iii) On either approach, the tribunal, as it itself concluded, did have jurisdiction.*". (Norton Rose Fulbright. **Escalation clauses.** Disponível em: https://www.nortonrosefulbright.com/en/knowledge/publications/b3e0c031/escalation-clauses. Acesso em: 12 jul. 2021.)

[16] Emirates Trading Agency LLC *v* Prime Mineral Exports Private Ltd [2014] EWHC 2014 (Comm), Mr Justice Teare.

[17] Cucos, Stefan. *Emirates Trading Agency LLC v Prime Mineral Exports Private Ltd.* Disponível em: https://www.fenwickelliott.com/research-insight/newsletters/legal-briefing/2014/18. Acesso em: 12 jul. 2021.

[18] HIM Portland, LLC v. DeVito Builders, Inc., 317 F.3d 41, 42 (1st Cir. 2003).

até que uma das partes solicite a mediação". Considerando que, neste caso, nenhuma das partes solicitara o uso da mediação, faltou requisito essencial para colocar em marcha o início da arbitragem[19].

Nesta mesma linha, foi o decidido no caso SBS Logistics Singapore Pte Ltd *v.* SBS Transpole Logistics Private Limited[20]. O Supremo Tribunal de Delhi entendeu que o não cumprimento de uma etapa anterior poderia invalidar a decisão de um tribunal arbitral quando claramente presentes, na cláusula escalonada, as etapas pré-arbitragem. Tal decisão trouxe um *shift* na jurisprudência indiana haja vista que, até então, o Supremo Tribunal indiano mantinha um posicionamento segundo o qual etapas autocompositivas prévias à arbitragem não eram obrigatórias[21].

Em suma, os tribunais judiciais, quando acionados para apreciar questões relacionadas ao (des)cumprimento de cláusulas escalonadas levam em consideração o conteúdo da cláusula, sobretudo a clareza de linguagem. Quando as cláusulas de resolução de disputas estabelecem claramente que as negociações ou outras etapas processuais anteriores à arbitragem são uma exigência, observa-se uma tendência dos tribunais judiciais nacionais em decidir pelo necessário cumprimento de tais etapas prévias, sem o qual abre-se espaço para questionar o início da arbitragem, ou mesmo a validade da sentença arbitral[22].

Gustavo Kulesza, Luiza Pedroso e Thais Vieira, em artigo publicado sobre o tema, buscaram, através de soluções práticas, mostrar como o impasse por ser resolvido se as partes se atentarem à redação da cláusula escalonada:

> Essas dificuldades podem ser evitadas se as partes se atentarem à redação da cláusula escalonada, seja para tornar o método pré-arbitral vinculante, seja para esclarecer que ele não o é. Alguns elementos úteis para reforçar o caráter vinculante do mecanismo pré-arbitral: (i) registrar expressamente que a etapa prévia negociação é obrigatória; (ii) estabelecer um procedimento específico (p. ex., envio de notificação) que sirva de gatilho ao início das negociações; (iii) prever prazo específico para o fim das negociações; e (iv) se as partes desejarem se valer de mediação, prever a aplicação de um regulamento de mediação que

[19] Born, Gary B. *International Commercial Arbitration*. 3. ed. Kluwer Law International, 2021, p. 989.

[20] SBS Logistics Singapore Pte Ltd *v.* SBS Transpole Logistics Private Limited, Delhi High Court, 16 September 2019.

[21] Lal, Hamish Lal, Casey, Brendan, et al. *Multi-Tiered Dispute Resolution Clauses in International Arbitration – The Need for Coherence*, em Matthias Scherer (ed), ASA Bulletin, Kluwer Law International 2020, v. 38, Issue 4, p. 802.

[22] Born, Gary B. *Op. cit.*, p. 983.

discipline o procedimento. Diante desses elementos, as chances de um tribunal arbitral respeitar (rectius: impor) a etapa prévia de negociação aumentam significativamente.[23]

Frisa-se, contudo, que embora uma parte possa ser obrigada a participar, ela não pode ser obrigada a resolver a disputa na fase de mediação ou negociação. Quando uma parte não está disposta a negociar, tampouco mediar, há o risco de que as respectivas etapas iniciais de negociação ou mediação acabem como simples formalidades a atrasar ainda mais a resolução da disputa[24].

2. Da obrigatoriedade da fase de mediação antes da instauração do procedimento arbitral

Outro impasse é referente à eficácia contratual e processual da cláusula escalonada. A legislação não é pródiga sobre o tema, o que sempre acaba gerando preocupações quanto a possíveis abordagens divergentes pelas cortes estatais. Além de justificar a cautela na sua redação, sua desatenção pode levar a disputas pré-arbitragem, enquanto, em outras circunstâncias, o descumprimento dos requisitos processuais pré-arbitrais pode resultar na anulação ou no não reconhecimento de sentenças arbitrais; em um ou outro caso, em potencial desperdício de tempo e recursos.

Quando a cláusula escalonada apresenta eficácia contratual, esta conduz a duas situações: a primeira, de instituir o procedimento de mediação, com a escolha do mediador, regras do procedimento, e, dentre outros, o fornecimento de documentos necessários[25]. A segunda, após a instituição da mediação, as partes, debaixo da boa-fé, comprometem-se a buscar uma solução para o conflito. Os americanos usam a expressão que soa pleonástica: *mediation in good-faith*, como se pudesse ocorrer, de forma exitosa, uma mediação desprovida de boa-fé. De qualquer sorte, a não observância em se submeter a mediação ou conciliação

[23] Kulesza, Gustavo Santos; Pedroso, Luiza; Vieira, Thais. *Cláusula escalonada: Tribunal de Justiça do Paraná anula sentença arbitral por desrespeito à etapa de negociação pré-arbitral.* Comitê Brasileiro de Arbitragem, 17 out. 2017. Disponível em: https://cbar.org.br/site/clausula-escalonada-TRIBUNAL--DE-justica-DO-PARANA-anula-sentenca-arbitral-por-desrespeito-a-etapa-DE-negociacao-pre--arbitral/. Acesso em: 14 jul. 2021.

[24] Santos, Mauricio Gomm. *The Role of Mediation in Arbitration: The Use and the Challenges of Multi-tiered Clauses in International Agreements.* Revista Brasileira de Arbitragem. nº 38. Abr-Jun/2013, p. 13-14.

[25] Lemes, Selma Ferreira. *Op. cit.*, p. 172.

prévias pode ser considerado inadimplemento contratual, abrindo espaço para apuração dos danos na esfera da responsabilidade civil[26].

Na órbita processual, a cláusula escalonada torna a mediação um pressuposto para a arbitragem, de forma que, admitido tal pressuposto, a submissão da demanda ao árbitro, sem ter sido devidamente comprovada a ocorrência da etapa pretérita, pode não prosperar[27].

A renúncia ao processo de mediação somente seria possível se as duas partes expressamente renunciassem-na. Caso contrário, a inobservância da fase de mediação seria sancionada como inadimplemento contratual, podendo abrir caminho para ressarcimento equivalente, ou a aplicação de cláusula penal estipulada no contrato[28].

Nas decisões proferidas pela Corte de Cassação Francesa nos casos Clinique Du Morvan *v.* Vermuseau[29] SNEP e/os *v.* SNAM et SPEDIAM[30], o entendimento dos tribunais foi no sentido de que a inobservância da cláusula de conciliação não acarretaria violação à ordem pública e não impediria o recebimento e a instauração de procedimento judicial[31].

Na mesma linha, o julgamento dos casos ingleses Paul Smith Ltd *v.* H&S Int. Holding Inc. (1991) e Fairbairn *v.* Tolaini (1975). Os julgadores entenderam que a cláusula que estipulava métodos alternativos de solução de conflitos não criava uma obrigação jurídica suscetível de ser sancionada pela Corte[32].

Por sua vez, no julgamento do caso ICC caso nº 6276, Sentença Parcial de 29 de janeiro de 1990, as partes concordaram com um procedimento de resolução de disputas em três estágios: negociação; em seguida, submissão da controvérsia à decisão de um engenheiro; e, por fim, à arbitragem. Iniciaram a negociação que restou inexitosa, e, em seguida, uma das partes deu início imediato à

[26] *Ibidem.*

[27] *Ibidem*, p. 174.

[28] *Ibidem.*

[29] "*Deuxième Décision (Cass. civ. 1re, 23 janvier 2001). La Cour, sur le premier moyen, pris en ses deux branches des pourvois principal et incident: Attendu que la clause du contrat d'exercice professionnel subordonnant une action judiciaire à une conciliation des parties par l'autorité ordinale, qui ne constitute pas une fin de non-recevoir, n'est pas d'ordre public et ne se trouve assortie d'aucune sanction ; que le moyen, inopérant, ne peut donc être accueilli ; Sur le second moyen des pourvois principal et incident: (...) Par ces motifs: Rejette le pourvoi.*" (Clinique du Morvan *v.* Vermuseau, Cour de cassation (1 re Ch. civ.), 23 January 2001, **Revue de l'Arbitrage**. Comité Français de l'Arbitrage 2001, Issue 4, p. 751, 2001.)

[30] SNEP et autres *v.* SNEM et SPEDIDAM Cour de cassation (1re Ch. civ.), 6 March 2001', **Revue de l'Arbitrage**. Comité Français de l'Arbitrage 2001, Issue 4, p. 751-752, 2001.

[31] Reis, Yuri Brizon. **A Obrigatoriedade da Cláusula Escalonada Med/Arb**. Revista Jurídica Luso Brasileira, Ano 5 (2019), n. 3, p. 1913.

[32] *Ibidem.*

arbitragem, sem submeter a controvérsia à fase de engenharia. O tribunal arbitral reconheceu a ocorrência de descumprimento contratual por não ter sido observado o pré-requisito estipulado (submissão do litígio a um engenheiro), tirando-lhe, por consequência, a jurisdição para decidir a causa[33]. Em outras palavras, concluiu que o pedido de arbitragem não poderia ser considerado, a menos que o Requerente tivesse observado a formalidade prévia relativa à submissão da disputa à fase técnica de engenharia.

No Brasil, recentemente o Tribunal de Justiça do Paraná[34] concluiu pela anulação da sentença arbitral devido à inobservância de disposição contratual expressa que previa a resolução amigável do conflito antes de dar início aos procedimentos formais de solução de controvérsias.

A disputa tinha como objeto contrato de operação portuária entre Interportos Ltda. (Interportos) e Terminais Portuários da Ponta do Félix S.A. (Ponta do Félix). A cláusula arbitral previa que "antes de dar início a procedimentos formais de solução de controvérsias" as partes deveriam tentar resolvê-la amigavelmente dentro do prazo de 30 (trinta) dias. Não sendo solucionada a controvérsia "por acordo mútuo", as partes poderiam submeter a disputa à arbitragem.

Durante o curso do procedimento arbitral, os árbitros consideraram que a etapa de negociações pré-arbitragem tinha sido devidamente cumprida, acolhendo o argumento da *Interportos*, segundo o qual a *Ponta do Félix* fora notificada sobre o descumprimento do contrato a quem, na ocasião, fora proposta solução amigável para o conflito. Ademais, segundo o entendimento do tribunal arbitral, as partes se reuniram para tratativas de acordo dando por cumprida a etapa preliminar pactuada.

Tendo em vista sentença arbitral que lhe fora desfavorável, a *Ponta do Félix* promoveu ação judicial buscando a anulação da referida decisão diante de suposto desrespeito à etapa prévia de negociação, inobservada pelo painel arbitral.

A demanda anulatória foi, em primeiro grau, julgada improcedente. Todavia, em sede recursal, o Tribunal de Justiça do Paraná entendeu, por maioria de votos, que a fase de solução amigável da controvérsia era obrigatória e que a *Interportos* não comprovara o envio de notificação à Ponta do Félix convocando-a para a negociação. Desta forma, deu provimento ao recurso para reformar a decisão judicial monocrática.

[33] ICC case nº 6276, Partial Award of January 29, 1990.

[34] Tribunal de Justiça do Paraná. **Apelação Cível nº 1668801-0 (Acórdão)**. Relator: Desembargador Ramon de Medeiros Nogueira. Data do Julgamento: 22/08/2017. 7ª Câmara Cível. Data da Publicação: DJ: 2107 06/09/2017.

A corte de apelação paranaense inverteu o ônus da prova e concluiu que a sentença arbitral não teria respeitado a autonomia da vontade, pois a *Ponta Felix* foi obrigada a provar que não recebeu a notificação com a proposta de solução amigável, tratando-se de obrigação de produzir prova impossível.

A decisão do TJPR enfrentou o tema trazendo mais dúvidas do que certezas. Ao que se tem notícia, a discussão judicial não prosseguiu, tampouco subiu a instâncias superiores, em face do possível acordo entre as partes. Há que se reconhecer que a lei de mediação brasileira[35] anuncia uma direção ao tema, embora a sua correta interpretação advirá do tempo, se bem que a redação da cláusula e as circunstâncias fático-processuais continuarão a ser determinantes para uma decisão a uma direção ou outra. Mas, fica o alerta do julgado ter determinado, como sanção ao descumprimento da fase de solução amigável, a possibilidade de ser anulada a sentença arbitral. Além disso, a decisão não esclareceu se o mecanismo pré-arbitral deve ser entendido como vinculante ou facultativo[36].

2.1 Da convenção de Singapura sobre mediação internacional

Em 4 de junho de 2021, o Brasil assinou a Convenção das Nações Unidas sobre Acordos Comerciais Internacionais resultantes de Mediação, mais conhecida como Convenção de Singapura. Até a data de publicação deste artigo, a Convenção se encontrava no Congresso Nacional aguardando sua ratificação[37].

[35] A Lei de Mediação (Lei nº 13.140) prevê, em seu art. 23, que o procedimento arbitral deverá ser suspenso para dar início à fase de mediação – "Art. 23. Se, em previsão contratual de cláusula de mediação, as partes se comprometerem a não iniciar procedimento arbitral ou processo judicial durante certo prazo ou até o implemento de determinada condição, o árbitro ou o juiz suspenderá o curso da arbitragem ou da ação pelo prazo previamente acordado ou até o implemento dessa condição." (BRASIL, Lei nº 13.140, de 26 de junho de 2015. Dispõe sobre a mediação entre particulares como meio de solução de controvérsias e sobre a autocomposição de conflitos no âmbito da administração pública; altera a Lei nº 9.469, de 10 de julho de 1997, e o Decreto nº 70.235, de 6 de março de 1972; e revoga o § 2º do art. 6º da Lei nº 9.469, de 10 de julho de 1997. Disponível em: http://www.planalto.gov.br/ccivil_03/_ato2015-2018/2015/lei/l13140.htm. Acesso em: 17 jun. 2021). Frisa-se, contudo, que a Lei de Mediação não era aplicável no julgado do TJPR, pois a fase preliminar prevista era a de negociação.

[36] Kulesza, Gustavo Santos; PEDROSO, Luiza; VIEIRA, Thais. *Op. cit.*

[37] NAÇÕES UNIDAS BRASIL. **Brasil assina a Convenção de Singapura sobre Mediação das Nações Unidas.** Disponível em: https://brasil.un.org/pt-br/130591-brasil-assina-convencao-de-singapura-sobre-mediacao-das-nacoes-unidas. Acesso em: 19 de jun. 2021.

A Convenção de Singapura é aplicada para dar guarida a um acordo resultante de mediação e concluída por escrito pelas partes para resolver uma disputa comercial internacional[38].

Na prática, a parte que pretender executar um acordo, fruto de uma mediação exitosa, em outro(s) país(es) membros da citada Convenção, diante do descumprimento voluntário, ou da necessidade de cumprir com formalidades locais, poderá requerer a sua execução perante os tribunais estatais locais[39]. A ideia dos idealizadores da Convenção de Singapura é de atribuir-lhe, *mutatis mutandis*, os mesmos efeitos da Convenção de Nova York sobre o Reconhecimento e Execução de Sentenças Arbitrais Estrangeiras na arbitragem internacional.

Se antes um dos maiores impedimentos para um uso mais amplo da mediação como um método autônomo de resolução de disputas comerciais era a falta de um mecanismo comum internacional de execução dos acordos alcançados na mediação frutífera,[40] a Convenção de Singapura vem para suprir esta lacuna. A Convenção fornece uma estrutura para a execução de acordos mediados em qualquer um dos Estados Contratantes, sem ter que envolver processo arbitral.[41]

A expectativa reside no fato de que, por meio da Convenção de Singapura, a mediação ganhe musculatura internacional (da mesma forma como ocorreu com a arbitragem após a Convenção de Nova York) contribuindo para um incre-

[38] *"Article 1. Scope of application. 1. This Convention applies to an agreement resulting from mediation and concluded in writing by parties to resolve a commercial dispute ('settlement agreement') which, at the time of its conclusion, is international in that: (...)."* (UNITED NATIONS. **United Nations Convention on International Settlement Agreements Resulting from Mediation.** Disponível em: https://uncitral.un.org/sites/uncitral.un.org/files/singapore_convention_eng.pdf. Acesso em: 19 de jun. 2021.)

[39] O artigo 4º da Convenção de Singapura traz os requisitos para a parte interessada executar o acordo: "*Art. 4 (1): A party relying on a settlement agreement under this Convention shall supply to the competent authority of the Party to the Convention where relief is sought: (a) The settlement agreement signed by the parties; (b) Evidence that the settlement agreement resulted from mediation, such as: (i) The mediator's signature on the settlement agreement; (ii) A document signed by the mediator indicating that the mediation was carried out; (iii) An attestation by the institution that administered the mediation; or (iv) In the absence of (i), (ii) or (iii), any other evidence acceptable to the competent authority.*"

[40] NIGMATULLINA, Dilyara. **The Combined Use of Mediation and Arbitration in Commercial Dispute Resolution: Results from an International Study.** Journal of International Arbitration. Kluwer Law International 2016, v. 33, Issue 1, p. 37-82, p. 39.

[41] SANTOS, Mauricio Gomm, SANOJA, Katherine Alena. **The Singapore Convention on Mediation: Facilitating The Cross-Border Enforcement Of Mediated Settlement Agreements In International Commercial Disputes.** Disponível em: https://gstllp.com/publications/the-singapore-convention-on-mediation-facilitating-the-cross-border-enforcement-of-mediated-settlement-agreements-in-international-commercial-disputes/. Acesso em: 15 jul. 2021.

mento no uso deste método de solução de conflitos. A possibilidade, certeza e previsibilidade que um acordo alcançado por meio de mediação possa ser reconhecido e executado perante o judiciário no país da parte que o descumpre (ou outro no qual a parte tenha bens) encorajará o uso da mediação na seara transnacional.[42]

3. Da cumulação da função de mediador e árbitro

A cumulação de funções (*double hat*) traz problemas e deve ser, por diversas razões, evitada, afinal a função do mediador é bem diferente da do árbitro. Ademais, o mediador, via processo de escuta ativa e diálogo separado com as partes (*caucus*) tem acesso a inúmeras informações, sendo que muitas vezes é instruído a não dividir com a outra parte. Consequentemente, grandes são os riscos de ocorrer uma consciente ou inconsciente predisposição a uma das partes se vier a ser chamado a arbitrar o que não funcionou na mediação.[43]

A Comissão das Nações Unidas sobre o Direito do Comércio Internacional (UNCITRAL) prevê no Regulamento de Conciliação da Comissão das Nações Unidas em seu artigo 13 que:

> Artigo 13. Mediador atuando como árbitro
> A menos que acordado de outra forma pelas partes, o mediador não deve atuar como árbitro em relação a uma disputa que foi ou é objeto do processo de mediação ou em relação a outra disputa que surgiu do mesmo contrato ou relação jurídica ou qualquer contrato relacionado ou relação jurídica. (tradução livre)

A posição seguida pela Lei de Mediação brasileira (Lei nº 13.140/2015) é ainda mais assertiva, pois, em seu art. 7º[44], silencia sobre a possibilidade do mediador atuar como árbitro mediante acordo das partes. O Regulamento de

[42] *Ibidem.*

[43] Apesar disso, a autora portuguesa Paula Costa e Silva defende que a verdadeira "Med-Arb" é aquela que a mesma pessoa, que contém poderes jurisdicionais concedida pelas partes, atue como mediador e posteriormente, caso necessário, atue como árbitro. Isso porque a Med-Arb pressupõe que a instância de auto e heterocomposição seja a mesma. "[...] a *med-arb* pressupõe exatamente que a instância de auto e heterocomposição seja a mesma. O que significa que, na verdadeira med-arb será a mesma pessoa a assumir as funções de mediador e árbitro." (Silva, Paula Costa, p. 128 *apud* Levy, p. 219.)

[44] "Art. 7º O mediador não poderá atuar como árbitro nem funcionar como testemunha em processos judiciais ou arbitrais pertinentes a conflito em que tenha atuado como mediador." (BRASIL, Lei nº 13.140, de 26 de junho de 2015, *Op. cit.*)

câmaras arbitrais internacionais e nacionais seguem a linha adotada pelo Regulamento da UNCITRAL.[45]

Porém, a análise da questão deve ser vista levando-se em consideração questões históricas e culturais. Singapura e Hong Kong, por exemplo, trazem em suas legislações a possibilidade da cumulação de funções.

Em sentido oposto, e até certa forma exótico, um árbitro que se tornou mediador – com o consentimento das partes – está expressamente autorizado a se envolver em *caucuses* privados sendo obrigado a manter confidenciais as informações que lhe são divulgadas, a menos que a parte que as divulgou consinta quanto à revelação à outra parte. No entanto, se a mediação falhar, antes de retomar o processo de arbitragem, o árbitro deve divulgar às partes do processo todas as informações confidenciais obtidas.[46]

Aspectos culturais são sempre interessantes em temas de resolução de conflitos. Na China, por exemplo, é costume esperar que os árbitros facilitem as discussões de acordo adentram na seara do mediador. Se as discussões não resolverem todas as questões em disputa por meio de um acordo amigável, retoma-se a arbitragem. Este processo de função *mista* está refletido nas regras das principais instituições de arbitragem chinesas[47].

Nos países ocidentais, o *locus* do poder está com as partes (e advogados). São eles que escolhem a forma e a estrutura do processo. Em países orientais como a China, o poder está em grande parte nas mãos da figura de autoridade – o árbitro ou juiz[48].

[45] Como exemplos: artigo 10 (3) do Regulamento de Mediação da Corte Internacional de Arbitragem da Câmara de Comércio Internacional (CCI) – "Art. 10 (3). Salvo acordo escrito em contrário de todas as partes, um Mediador não deverá atuar ou ter atuado em qualquer processo judicial, arbitral ou similar relacionado com a disputa que seja ou tenha sido objeto do Procedimento previsto no Regulamento, na qualidade de juiz, árbitro, perito, representante ou consultor de uma das partes." e artigo 6.3 do Regulamento da Câmara de Mediação e Arbitragem de São Paulo do Centro das Indústrias do Estado de São Paulo (CIESP) – "Art. 6.3. Salvo convenção em contrário das partes, qualquer pessoa que tiver funcionado como mediador ficará impedida de atuar como árbitro, caso o litígio venha a ser submetido à arbitragem." (CÂMARA DE MEDIAÇÃO E ARBITRAGEM CIESP/FIESP. **Regulamento de Mediação**. Disponível em: https://www.camaradearbitragemsp.com.br/pt/mediacao/regulamento.html. Acesso em: 17 jun. 2021.).

[46] Hwang, Michael, *Op. cit.*, p. 574.

[47] Stipanowich, Thomas J. **Arbitration, Mediation and Mixed Modes:** Seeking Workable Solutions And Common Ground On Med-Arb, Arb-Med And Settlement-Oriented Activities By Arbitrators. Harvard Negotiation Law Review, v. 26, Spring 2021. p. 32.

[48] *Ibidem*, p. 34.

Conclusões

Embora as cláusulas escalonadas recepcionem a ideia de que podem oferecer uma estrutura econômica e temporalmente eficiente no sistema multiportas de solução de conflitos, as partes, sobretudo no contexto internacional, devem estar *en garde* na adequada redação, bem como na análise da lei aplicável e de eventuais idiosincracias nas potenciais jurisdições onde poderão ser executadas. O crescimento e complexidade do comércio faz com que as partes, nos contratos internacionais, aumentem seus anseios por procedimentos mais céleres e eficazes de solução de conflitos. Embora não estejam imunes a problemas e desafios jurídicos (contratuais ou processuais), econômicos ou culturais, as cláusulas escalonadas oferecem uma plataforma caracterizada por maior flexibilidade e aumento de controle das partes na administração das disputas que eventualmente possam surgir. Se bem redigidas e suas características e contornos bem definidos, as cláusulas escalonadas podem revertir-se não só de um relevante instrumento de solução de conflitos, mas também de um *conduite* na preservação de relacionamentos contratuais na seara internacional.

Referências

ABA (American Bar Association). **Multi-Door Program.** Disponível em: https://www.americanbar.org/groups/dispute_resolution/resources/DisputeResolutionProcesses/multi-door_program/. Acesso em: 12 de jul. 2021.

BORN, Gary B. **International Commercial Arbitration.** 3. ed. Kluwer Law International, 2021, p. 675-1026.

BRASIL. **Lei de Mediação.** Lei nº 13.140, de 26 de Junho de 2015. Disponível em: http://www.planalto.gov.br/ccivil_03/_ato2015-2018/2015/lei/l13140.htm. Acesso em: 17 de jun. 2021.

CAHALI, Francisco José. Curso de Arbitragem. São Paulo: **Revista dos Tribunais**, 2011.

—. Curso de Arbitragem. São Paulo: **Revista dos Tribunais**, 2017.

CÂMARA DE MEDIAÇÃO E ARBITRAGEM CIESP/FIESP. **Regulamento de Mediação.** Disponível em: https://www.camaradearbitragemsp.com.br/pt/mediacao/regulamento.html. Acesso em: 17 jun. 2021.

Clinique du Morvan *v.* Vermuseau, Cour de cassation (1 re Ch. civ.), 23 January 2001, **Revue de l'Arbitrage.** Comité Français de l'Arbitrage 2001, Issue 4, p. 751, 2001.

CUCOS, Stefan. **Emirates Trading Agency LLC *v* Prime Mineral Exports Private Ltd.** Disponível em: https://www.fenwickelliott.com/research-insight/newsletters/legal-briefing/2014/18. Acesso em: 12 de jul. 2021.

Emirates Trading Agency LLC *v* Prime Mineral Exports Private Ltd [2014] EWHC 2014 (Comm), Mr Justice Teare.

FERREIRA, Daniel Brantes; GIOVANNIN Cristiane Junqueira. As Cláusulas Multi-Etapas e Híbridas de Solução de Conflitos como Solução para Tempos de Incertezas: Algumas Experiências do Direito Comparado. **Revista Eletrônica de Direito do Centro Universitário Newton Paiva**, Belo Horizonte, n. 42, p. 366-376, set/dez, 2020.

GARCEZ, José Maria Rossani. **Técnicas de Negociação**. Resolução Alternativa de Conflitos: ADRS, Mediação, Conciliação e Arbitragem. Rio de Janeiro: Editora Lumen Juris, 2002.

GONÇALVES, Raphael Magno Vianna. **Arbitragem:** teoria e prática. Rio de Janeiro: Lumen Juris, 2018.

HIM Portland, LLC v. DeVito Builders, Inc., 317 F.3d 41, 42 (1st Cir. 2003).

HWANG, Michael. **The Role of Arbitratorts as Settlement Facilitators – Commentary**, em Albert Jan Van den Berg (ed), New Horizons in International Commercial Arbitration and Beyond, ICCA Congress Series, v. 12, Kluwer Law International, 2005, p. 571-581.

ICC *case* N. 6276, Partial Award of January 29, 1990.

INTERNATIONAL CHAMBER OF COMMERCE. **2014 Mediation Rules**. Disponível em: https://iccwbo.org/content/uploads/sites/3/2021/03/icc-2021-arbitration-rules-2014-mediation-rules-portuguese-version.pdf. Acesso em: 17 de jun. 2021.

KULESZA, Gustavo Santos; PEDROSO, Luiza; VIEIRA, Thais. **Cláusula escalonada:** TRIBUNAL DE JUSTIÇA DO Paraná anula sentença arbitral por desrespeito à etapa DE negociação pré-arbitral. Comitê Brasileiro DE Arbitragem, 17 out. 2017. Disponível em: https://cbar.org.br/site/clausula-escalonada-TRIBUNAL-DE-justica-DO-PARANA-anula-sentenca-arbitral-por-desrespeito-a-etapa-DE-negociacao-pre-arbitral/. Acesso em: 14 jul. 2021.

LAL, Hamish Lal; CASEY, Brendan, *et al.* **Multi-Tiered Dispute Resolution Clauses in International Arbitration – The Need for Coherence**, em Matthias Scherer (ed), ASA Bulletin, Kluwer Law International 2020, v. 38, Issue 4, p. 796-820.

LEMES, Selma Ferreira. **Cláusula escalonada:** mediação e arbitragem. *In*: FINKELSTEIN, Cláudio; VITA, Jonathan B.; CASADO FILHO, Napoleão. **Arbitragem Internacional, UNIDROIT CISG e Direito Brasileiro**. São Paulo: Quartier Latin, 2010.

LEVY, Fernanda Rocha Lourenço. **Cláusulas escalonadas:** a mediação comercial no contexto da arbitragem. São Paulo: Saraiva, 2013.

NAÇÕES UNIDAS BRASIL. **Brasil assina a Convenção de Singapura sobre Mediação das Nações Unidas.** Disponível em: https://brasil.un.org/pt-br/130591-brasil-assina-convencao-de-singapura-sobre-mediacao-das-nacoes-unidas. Acesso em: 19 de jun. 2021.

NIGMATULLINA, Dilyara. **The Combined Use of Mediation and Arbitration in Commercial Dispute Resolution:** Results from an International Study. Journal of International Arbitration. Kluwer Law International 2016, v. 33, Issue 1, p. 37-82.

NORTON ROSE FULBRIGHT. **Escalation clauses.** Disponível em: https://www.nortonrosefulbright.com/en/knowledge/publications/b3e0c031/escalation-clauses. Acesso em: 12 de jul. 2021.

REIS, Yuri Brizon. A Obrigatoriedade da Cláusula Escalonada Med/Arb. **Revista Jurídica Luso-Brasileira**, Ano 5 (2019), n. 3, p. 1897-1945.

ROSOFF, Jacob. Hybrid Efficiency in Arbitration: Waiving Potential Conflicts for Dual Role Arbitrators in Med-Arb and Arb-Med Proceedings, **Journal of International Arbitration**, Kluwer Law International 2009, v. 26, Issue 1, p. 89-100.

GOMM-SANTOS, Mauricio. The Role of Mediation in Arbitration: The Use and the Challenges of Multi-tiered Clauses in International Agreements. *In*: **Revista Brasileira de Arbitragem**, nº 38, 2013.

SANTOS, Mauricio Gomm, BEIRÃO, Fernanda Giorgio. O Caso Jirau. **Revista de arbitragem e mediação**, v. 11, n. 40, p. 233-250, jan./mar. São Paulo, Revista dos Tribunais, 2014.

SANTOS, Mauricio Gomm, SANOJA, Katherine Alena. **The Singapore Convention On Mediation:** Facilitating The Cross-Border Enforcement Of Mediated Settlement Agreements In International Commercial Disputes. Disponível em: https://gstllp.com/publications/the-singapore-convention-on-mediation-facilitating-the-cross-border-enforcement-of-mediated-settlement-agreements-in-international-commercial-disputes/. Acesso em: 15 jul. 2021.

SBS Logistics Singapore Pte Ltd v. SBS Transpole Logistics Private Limited, Delhi High Court, 16 September 2019.

SILVA, Paula Costa. **A nova fase da Justiça:** os meios extrajudicias de resolução de controvérsias. Relatório sobre conteúdo, programa e método de ensino. Lisboa: Coimbra Ed., 2009.

SNEP et autres v. SNEM et SPEDIDAM Cour de cassation (1re Ch. civ.), 6 March 2001', Revue de l'Arbitrage. Comité Français de l'Arbitrage 2001, Issue 4, p. 751-752, 2001.

STIPANOWICH, Thomas J. **Arbitration, Mediation and Mixed Modes:** Seeking Workable Solutions And Common Ground On Med-Arb, Arb-Med And Settlement-Oriented Activities By Arbitrators. Harvard Negotiation Law Review, v. 26, Spring 2021.

Sulamerica CIA Nactional de Seguros *v*. Enesa Engenharia [2012] EWCA Civ 638; [2013] 1 WLR 102.

Tang Chung Wah (Aka Alan Tang) and anor *v*. Grant Thornton International Limited and ors [2012] EWHC 3198 (Ch).

TRIBUNAL DE JUSTIÇA DO PARANÁ. Apelação Cível nº 1668801-0 (Acórdão). Relator: Desembargador Ramon de Medeiros Nogueira. Data do Julgamento: 22/08/2017. 7ª Câmara Cível. Data da Publicação: DJ: 2107 06/09/2017.

UNITED NATIONS. **United Nations Convention on International Settlement Agreements Resulting Mediation**. Disponível em: https://uncitral.un.org/sites/uncitral.un.org/files/singapore_convention_eng.pdf. Acesso em: 19 de jun. 2021.

11. REFLEXÕES SOBRE A LEI APLICÁVEL À CONVENÇÃO DE ARBITRAGEM

NADIA DE ARAUJO
CAROLINA NORONHA

Introdução

A sofisticação do comércio internacional introduziu a necessidade de estruturas negociais complexas, dispersas em diversas jurisdições. Em muitos casos, essas estruturas atendem não só à finalidade legítima de viabilizar a persecução eficiente dos negócios corporativos, mas também à finalidade ilegítima de evadir a responsabilização por atos ilícitos ou por descumprimentos contratuais. Essa circunstância de descolamento entre o sujeito formalmente responsável e aqueles que, ao fim e ao cabo, efetivamente direcionam o ato de descumprimento, fez surgir nos últimos anos movimento voltado à vinculação de partes não signatárias às convenções de arbitragem.[1] A possibilidade de se proceder a essa vinculação, contudo, suscita uma análise prévia acerca da existência, validade e eficácia da convenção de arbitragem. Em se tratando de negócio jurídico autônomo, a análise é informada pela perspectiva da lei que se repute aplicável à convenção de arbitragem, a qual não necessariamente se confunde com aquela aplicável ao contrato principal em si.

Este artigo tem por objetivo tecer algumas reflexões quanto à problemática da definição da lei aplicável à convenção de arbitragem. A exposição de ideias

[1] Foram desenvolvidas internacionalmente diversas teorias voltadas a apurar (e a legitimar) quando uma parte não signatária do contrato principal deve ser reputada parte da cláusula compromissória nele inserta, podendo-se dar notícias das teorias do grupo de sociedades, grupo de contratos, incorporação por referência, representação, cessão, desconsideração da personalidade jurídica e *estoppel*.

está organizada em três partes. Na primeira delas, expomos, ainda que brevemente, as diferentes metodologias empregadas para fins de determinação da lei aplicável à existência, validade e eficácia da convenção de arbitragem. Na segunda parte, abordamos a problemática do fracionamento da convenção de arbitragem, quando incidentes leis diversas sobre a validade de seus elementos constitutivos. Por fim, na última parte, endereçamos, sob a perspectiva do direito nacional, os aspectos subjetivos da convenção de arbitragem, diretamente afetados pela lei aplicável.

1. A problematização do tema

Como se sabe, a arbitragem é um meio de solução de controvérsias calcado essencialmente na liberdade de escolha das partes, liberdade esta apreendida em amplíssima latitude. Árbitros, sede, procedimento, lei aplicável, todas as opções das partes em relação à arbitragem respiram autonomia[2].

Em sua essência, a escolha das partes em arbitrar constitui negócio jurídico próprio, ao qual se aplica "o regime geral dos negócios jurídicos, com as especialidades ditadas pela sua natureza e pela existência de uma regulamentação legal especial, de origem nacional ou internacional"[3]. Significa, em outras palavras, que a convenção de arbitragem[4] deve ser ela própria existente, válida e eficaz, a despeito da existência, validade e eficácia do contrato principal.

A autonomia da convenção de arbitragem visa precipuamente imprimir força ao acordo das partes contratantes, salvaguardando o recurso à via arbitral como meio legítimo de solução de controvérsias e a jurisdição dos árbitros para conhecer e decidir questões atinentes à sua existência, validade e eficácia.[5] Por

[2] Gaillard, Emmanuel. **Aspects philosophiques du droit de l'arbitrage international.** Leiden/Boston: Martinus Nijhoff Publishers, 2008. Veja-se sua exortação logo ao início da obra: "*Les notions, essentiellment philosophiques, de volonté et liberte sont au coeurs de la matière*", p. 18. Outros autores no mesmo sentido, em especial o completo estudo de Steingruber, Andrea Marco. **Consent in International Arbitration**. Oxford: Oxford University Press, 2012. No Brasil, prescreve o artigo 2º da Lei de Arbitragem (Lei nº 9.307/1996) que "[a] arbitragem poderá ser de direito ou de equidade, a critério das partes.". (BRASIL. Lei nº 9.307, de 23 de setembro de 1996. Dispõe sobre a arbitragem. Disponível em: http://www.planalto.gov.br/ccivil_03/leis/l9307.htm. Acesso em: 2 jun.2021.)

[3] Barrocas, Manuel Pereira. **Manual de Arbitragem**. Coimbra: Almedina, 2013, p. 144.

[4] Gênero do qual são espécies a cláusula compromissória, quanto o compromisso arbitral. Para efeitos de padronização de referências, será priorizada no curso deste artigo a referência à expressão genérica "convenção de arbitragem", muito embora a problemática ora endereçada reverbere, usualmente, na espécie "cláusula compromissória".

[5] Registre-se a previsão do Artigo 6(9) do Regulamento de Arbitragem CCI, versão de 2021, de acordo com o qual "[s]alvo estipulação em contrário, a pretensa nulidade ou alegada inexistência do contrato não implicará a incompetência do tribunal arbitral, caso este entenda que a convenção

conseguinte, a convenção de arbitragem poderá ficar imune a eventuais vícios que maculem o pacto principal, posto que sua existência, validade e eficácia é alvo de escrutínio apartado.

No plano da existência, é aferida simplesmente a *presença* dos seguintes elementos constitutivos essenciais ao negócio jurídico consubstanciado na submissão de determinada controvérsia de direito patrimonial à arbitragem: (i) manifestação de vontade, (ii) partes contratantes, (iii) objeto, (iv) forma (verbal, escrito). No plano da validade, passa-se a cogitar da *conformidade* destes mesmos elementos cuja presença é apurada no plano da existência aos termos e condições previstos no ordenamento jurídico sob o qual o negócio jurídico está sendo avaliado. Assim é que (ao menos da perspectiva do ordenamento brasileiro) uma manifestação de vontade subjacente a um negócio jurídico não deve ser imbuída de vício. Nesse sentido, as partes contratantes devem ser dotadas de capacidade civil para manifestar sua vontade em contratar, o objeto contratado deve ser lícito, possível e determinável e a manifestação de vontade deve ter sido exteriorizada em conformidade com os requisitos de forma eventualmente aplicáveis (e.g. instrumento público). Por fim, no plano da eficácia, interessa confirmar se a manifestação de vontade das partes contratantes tem o condão de **repercutir** no plano social, afetando sua esfera jurídica e, potencialmente, a de terceiros e, ainda, se esta repercussão se sujeita a alguma condição, termo, modo ou encargo.

Um elemento constitutivo desponta, nos três planos de aferição do negócio jurídico, como de curial relevância na convenção de arbitragem: a manifestação de vontade, posto que a jurisdição dos árbitros dela deflui. É de suma importância que o elemento da manifestação de vontade subjacente a este negócio jurídico, isto é, que o consentimento em arbitrar, exista, seja válido e eficaz, sob pena de comprometer a integridade de todo o procedimento e do provimento por meio dele alcançado. Afinal, arbitrar implica em abdicar do recurso à jurisdição estatal.

de arbitragem é válida. O tribunal arbitral continuará sendo competente para determinar os respectivos direitos das partes e para decidir as suas demandas e pleitos, mesmo em caso de inexistência ou nulidade do contrato". (...) Semelhante disposição é encontrada na Lei Modelo da UNCITRAL, mais precisamente no Artigo 16(1). O parágrafo único do art. 8º da Lei de Arbitragem introduziu formalmente o princípio no Brasil, determinando que as questões relativas à existência, validade e eficácia das convenções de arbitragem e dos contratos em que insertas são de competência do árbitro, e não do poder judiciário. Passados vinte anos de vigência da Lei de Arbitragem, é possível notar a deferência com que os tribunais brasileiros têm respeitado esse princípio.

Por óbvio, o princípio da autonomia não põe a convenção de arbitragem acima de toda e qualquer suspeita, sob pena de se atribuir, onde não se deva, jurisdição substitutiva à autoridade judiciária competente[6]. Assegura-se, antes, que a aferição dos contornos da existência, validade e eficácia da convenção de arbitragem passe pelo crivo da autoridade a que se direciona: os próprios árbitros[7].

Assim, identificada a existência de uma convenção de arbitragem, caberá aos árbitros apurar se a vontade nela manifestada é válida e eficaz. Em especial, essa apuração perpassa pela determinação da capacidade das partes em consentir com a arbitragem e pela confirmação da adequação da forma em que esse consentimento é emanado. O resultado, contudo, será influenciado sobremaneira pela lente jurídica a partir das qual os árbitros realizarão seu exame.

Por exemplo, pode-se dar notícia, no plano internacional, da abordagem restritiva do direito inglês sobre o tema, exigindo, para fins de determinação da validade da manifestação de vontade subjacente à convenção de arbitragem, um comportamento que evidencie claramente o consentimento da parte em arbitrar[8]. O direito francês, ao revés, se apresenta mais flexível, permitindo com maior

[6] "É de se ressaltar sempre que a justiça desempenhada pela arbitragem é originariamente uma justiça privada instituída pelos contratantes para excluir seus litígios da jurisdição pública. São eles, os contratantes, que afastam, nos termos do contrato, a função estatal e a substituem pela *jurisdictio* de particulares que, nas circunstâncias negociais, assumem a missão de julgar." (Theodoro Junior, Humberto. Arbitragem e terceiros – litisconsórcio fora do pacto arbitral – outras intervenções de terceiros. **Revista de Direito Bancário, do Mercado de Capitais e da Arbitragem**. São Paulo. v. 4, n. 14, p. 303, out/dez.2001.)

[7] Veja-se o alerta feito pela doutrina brasileira sobre esse tema: "Importante crítica deve ser feita à forma de aplicação e, principalmente, à extensão que a jurisprudência arbitral vem dando à questão da autonomia da cláusula: os tribunais arbitrais vêm desvirtuando o princípio, como se ele conferisse poderes supremos e absolutos aos árbitros, os quais não podem ser abalados em nenhuma hipótese. O princípio da autonomia da convenção de arbitragem não significa que toda cláusula compromissória é válida, mesmo na hipótese de invalidade do contrato principal, mas sim que a invalidade deste não acarreta necessariamente a invalidade daquela. Dessa forma, o princípio que nasceu 'relativo' (*sauf circonstances exceptionelles* – Caso CCI nº 1526), evoluiu para 'absoluto', e vem atualmente tendo uma aplicação suprema, irrestrita, incontestável. Ou seja, com base nesse princípio, os árbitros se julgam competentes para decidirem sobre a validade da convenção de arbitragem e a prática tem demonstrado que esse julgamento é sempre a favor da validade da cláusula. Isso significa levar o princípio do *favor arbitratis* às últimas consequências, extrapolando os seus limites". (Dolinger, Jacob; Tiburcio, Carmen. **Direito internacional privado:** arbitragem comercial internacional. Rio de Janeiro: Renovar, 2003, p. 179.)

[8] Mayer, Pierre. The Extension of the Arbitration Clause to Non-Signatories – The Irreconcilable Positions of French and English Courts. **American University International Law Review** 27, n. 4, 2012, p. 832.

tranquilidade a extensão da convenção de arbitragem a partes não signatárias a despeito de ajuste por escrito, quando se possa extrair sua vontade do comportamento mantido durante as negociações e execução do contrato, ou durante as tratativas para a resolução de disputas.[9] As autoridades judiciárias francesas, sob o fundamento do consentimento implícito (base das teorias desenvolvidas para se estender a convenção de arbitragem a partes não signatárias)[10] tem seguidamente sustentado a validade das convenções de arbitragem, a partir do exame menos formalista de seus elementos constitutivos[11].

A tarefa de se identificar a lei aplicável é particularmente desafiadora no ambiente arbitral, posto que, "diferentemente do juiz, o árbitro não tem *lex fori*"[12]. A inexistência de foro dos árbitros cria um obstáculo à identificação da lei aplicável à convenção de arbitragem (isto é, quando as partes não declaram sua opção) na medida em que os árbitros não se vinculam a um conjunto natural de regras de conexão por meio do qual possam encontrá-la. A determinação da lei aplicável em si suscitará, então, uma tomada de posição dos árbitros, posição esta que poderá ser determinante para o próprio exercício de jurisdição[13].

2. A determinação da lei aplicável à convenção de arbitragem

Caberá à lei aplicável à convenção de arbitragem informar as condições de sua existência, validade e eficácia, isto é, que partes podem consentir em arbitrar,

[9] "*Consent inferred from one's conduct rather than from one's direct expression.*" (Garner, Bryan A. (editor in chief). **Black's law dictionary**. 18. ed. Dallas: Thomson West, 2004, p. 323.)

[10] Assim: "*In international arbitration law, the effects of the arbitration clause extend to parties directly involved in the performance of the contract, provided that their respective situations and activities raise the presumption that they were aware of the existence and scope of the arbitration clause, so that the arbitrator can consider all economic and legal aspects of the dispute.*". (*Apud*. Fouchard, Philippe et al. **Fouchard, Gaillard Goldman in International Commercial arbitration.** The Hague: Kluwer International, 1999, p. 282.)

[11] *Vide*, a título exemplificativo, C A Paris, 07.12.1994, Société V2000 v. Société Project XJ 220 ITD et autre, Rev. Arb. 1996.245.

[12] Von Mehren, Arthur Taylor. Limitations on Party Choice of the Governing Law: Do They Exist for International Commercial Arbitration? **The Mortimer and Raymond Sackler Institute of Advanced Studies.** Tel Aviv University, 1986, pp. 19-20. Gaillard, E. L'Ordre Juridique Arbitral: Réalité, Utilité et Spécificité. Conférence Commémorative John E. C. Brierley. **McGill Law Journal,** v. 55, 2010, p. 4.

[13] "*While conflict of laws issues are often perceived by business people as a mere academic exercise, conventional wisdom suggests that their resolution often becomes crucial to determine the outcome of a dispute over the validity of the arbitration clause.*" (Graffi, Leonardo. The law applicable to the validity of the arbitration agreement: A practitioner's view. *In*: Ferrari, Franco; Kroll, Stefan (ed.). **Conflict of Laws in International Arbitration**. Munique: European Law Publishers GmbH, 2011, p. 22.)

as condições em que essa sua vontade é manifestada, o que pode ser arbitrado e que forma deve assumir o ajuste[14].

Quatro são as metodologias usualmente empregadas para fins de determinação da lei aplicável, não só ao mérito da controvérsia instaurada entre as partes, mas à sua própria submissão à via arbitral: (i) deferência à autonomia da vontade (escolha expressa ou implícita das partes)[15]; (ii) recurso às regras de conexão, em especial do local da sede da arbitragem[16]; (iii) determinação direta (*voie directe*) do direito mais apropriado, sem fazer uso das regras de conexão[17] e (iv) aplicação de regras transnacionais (e.g. *lex mercatória*; lei modelo UNCITRAL, princípios UNDROIT).

Por óbvio, a autonomia da vontade, verdadeiro alicerce sobre o qual se ergue o instituto da arbitragem, prevalece sobre qualquer outra metodologia, cuja apli-

[14] BERGER, Klaus Peter. Re-examining the Arbitration Agreement: Applicable Law – Consensus or Confusion? *In*: VAN DEN BERG, Albert Jan (ed.). International Arbitration 2006: Back to Basics? **ICCA Congress Series**, v. 13. Montreal: Kluwer Law International, 2007, p. 322.

[15] A prática demonstra não ser comum que as partes definam a lei aplicável à cláusula compromissória. Nem mesmo as cláusulas-modelo das instituições arbitrais dispõem sobre tal previsão. Excepcionalmente, veja-se o modelo fornecido pela HKIAC (Hong Kong International Arbitration Centre), que prevê, de modo opcional, a escolha de lei para reger a existência, validade e eficácia da convenção de arbitragem. De acordo com a página da instituição, *"[t]his provision should be included particularly where the law of the substantive contract and the law of the seat are different. The law of the arbitration clause potentially governs matters including the formation, existence, scope, validity, legality, interpretation, termination, effects and enforceability of the arbitration clause and identities of the parties to the arbitration clause. It does not replace the law governing the substantive contract"*. Disponível em: https://www.hkiac.org/content/model-clause. Acesso em: 2 jun. 2021. No caso Enka, a Suprema Corte Inglesa afirmou que expressa é a autonomia que se manifesta por cláusula de eleição de lei. No entanto, a Corte também destacou que a escolha de lei para o contrato principal indicaria uma presunção (mesmo que relativa) de que as partes teriam pretendido que essa lei também regesse a cláusula compromissória, configurando uma manifestação tácita ou implícita da vontade.

[16] Veja-se que a doutrina destaca que, em regra, as partes não se atentam para as particularidades que envolvem o contrato em geral, e a convenção de arbitragem em específico. Não é incomum que as partes negligenciem os efeitos jurídicos relevantes que resultam da escolha de uma sede para a arbitragem: *"I am convinced that many parties to international commercial transactions do not completely understand the intricacies of their contracts – many of which contain 'boilerplate' clauses the parties perceive to be not worthy of negotiation – when negotiating in the absence of sophisticated counsel. In particular, it is not at all clear that parties understand the distinction between the venue of the arbitration and the law applicable on the merits."*. (CUNIBERTI, Gilles. The international market for contracts: the most attractive contract laws. **Northwestern Journal of International law & Business**, 34:455, 2014, p. 477-478.)

[17] *"Particularly in the context of international commercial arbitration, parties' freedom of choice is not limited by a requirement that the chosen law be connected to the transaction or, for that matter, to the parties themselves."* (CUNIBERTI, Gilles. The international market for contracts: the most attractive contract laws. **Northwestern Journal of International law & Business**, 34:455, 2014, p. 457.)

cabilidade a um determinado caso seria necessariamente artificial, resultante de mera preferência pessoal dos árbitros, informada por sua formação acadêmica, experiência profissional ou mesmo convicção principiológica. Assim, havendo escolha, haverá a mesma de ser privilegiada.

Em pesquisa conduzida sobre os procedimentos iniciados junto à Câmara de Comércio Internacional no ano de 2019, sobreveio o positivo resultado de que em 88% destes as partes expressamente indicaram o direito aplicável ao **mérito** da arbitragem[18]. A lei aplicável ao mérito, contudo, não se estende automaticamente à cláusula compromissória, negócio jurídico autônomo, posto que destinado a fim diverso[19]. Não obstante, é possível e por vezes razoável de se interpretar, se inominada lei própria à convenção de arbitragem, que a escolha manifesta da lei de regência do **mérito** representaria uma escolha implícita da lei de regência da convenção de arbitragem. Esse foi o posicionamento recentemente defendido, por exemplo, pela Suprema Corte Inglesa no notório caso Enka[20].

Inexistindo escolha (manifesta ou implícita) quanto à lei aplicável à convenção de arbitragem, alternativa não resta senão adotar uma metodologia fictícia, que não extraia seu fundamento da autonomia das partes. Dentre as metodologias acima apresentadas, desponta em segundo lugar o recurso às regras de conexão vigentes na **sede** da arbitragem[21]. A razão, pondera Lew, parece advir

[18] CCI. *2019 ICC Dispute Resolution Statistics*, p. 15. Disponível em: https://iccwbo.org/publication/iccdispute-resolution-statistics/. Acesso em 21 maio 2021. O estudo também revelou que em apenas 1% dos contratos submetidos à arbitragem no âmbito da CCI afastaram a aplicação de leis nacionais, recorrendo à CISG, aos princípios do UNIDROIT, Incoterms e alusões abstratas a "direito comercial internacional".

[19] A respeito, veja-se o esclarecimento da Corte Suprema Inglesa, no caso Enka: "*An arbitration clause may, however, more readily than other clauses be governed by a different law. One reason for this is that an arbitration clause has a different subject matter and purpose from the rest of the contract. It is concerned not with the establishing of substantive rights and obligation of the parties but with providing a mechanism by which a dispute about such rights and obligations will be resolved.*". (*Enka Insaat Ve Sanayi AS v OOO Insurance Company* [2020] UKSC 38, parágrafo 40. Disponível em: https://www.supremecourt.uk/cases/uksc-2020-0091.html. Acesso em: 21 jan. 2021.)

[20] Enka Insaat Ve Sanayi AS *v* OOO Insurance Company [2020] UKSC 38, parágrafo 43: "*Where the contract also contains an arbitration clause, it is natural to interpret such a governing law clause, in the absence of good reason to the contrary, as applying to the arbitration clause for the simple reason that the arbitration clause is part of the contract which the parties have agreed is to be governed by the specified system of law*". (Disponível em: https://www.supremecourt.uk/cases/uksc-2020-0091.html. Acesso em: 21 jan. 2021.)

[21] Veja-se que, no caso Enka Insaat Ve Sanayi AS *v* OOO Insurance Company, a Suprema Corte do Reino Unido recorreu às regras de conexão da sede (Londres), uma vez ausente a escolha de leis pelas partes. Nesta oportunidade, aquela Corte reafirmou o teste para verificação da lei aplicável à convenção de arbitragem, anteriormente definido no notório caso Sulamérica Cia Nacional de

da concepção histórica da arbitragem enquanto um negócio jurídico de natureza *processual*, o que teria contribuído para uma apropriação quase que automática das regras de conexão presentes no ordenamento jurídico da sede da arbitragem, percebida como foro do procedimento[22].

Em terceiro lugar, socorrem-se os árbitros ao direito que reputem *mais apropriado* à questão jurídica[23], metodologia esta que se convencionou chamar de "*voie directe*". É possível que a *voie directe* resulte, por exemplo, na aplicação da *lei material* da sede da arbitragem (o que não se confunde com a aplicação das *regras de conexão* da sede), na lei de nacionalidade das partes ou, ainda, na lei do local em que cumprida (ou devesse ser cumprida) a obrigação que suscitou a controvérsia. Enfim, a utilização da lei de onde emane o fator que mais sobressaia no negócio jurídico entabulado, seja este o principal, seja o acessório (convenção de arbitragem).

A metodologia não é isenta de críticas, visto que a discricionariedade atribuída aos árbitros na *voie directe* importa necessariamente em perda da previsibilidade, tão cara às partes. Ao revés, as regras de conexão nacionais, embora de complexa utilização e engessado resultado, não frustram a expectativa das partes[24]. Não obstante, fato é que ao menos o recurso à lei da sede da arbitragem

Seguros SA *v* Enesa Engenharia SA [2012] EWCA Civ 638. Para um comentário em detalhe do caso, v. ARAUJO, Nadia de; FREITAS, Caio Gomes de. O caso Enka Insaat *v*. Insurance Company Chubb e a questão relativa à lei aplicável à cláusula arbitral: entre a *lex contractus* e a lei da sede. **Revista Brasileira de Alternative Dispute Resolution – RBADR** (prelo).

[22] LEW, Julian D. M. The Law Applicable to the Form and Substance of the Arbitration Clause. *In*: VAN DEN BERG, Albert Jan (ed). **Improving the Efficiency of Arbitration Agreements and Awards:** 40 Years of Application of the New York Convention, ICCA Congress Series, v. 9. Paris: Kluwer Law International, 1999, p. 117.

[23] Veja-se que alguns regulamentos institucionais já preveem o emprego da metodologia da *voie directe* na definição da lei aplicável. A título exemplificativo, a LCIA prevê que, na ausência de escolha pelas partes, ao tribunal arbitral cabe definir a lei que considere apropriada ao *mérito* da disputa: "*[...] 22.3 The Arbitral Tribunal shall decide the parties' dispute in accordance with the law(s) or rules of law chosen by the parties as applicable to the merits of their dispute. If and to the extent that the Arbitral Tribunal decides that the parties have made no such choice, the Arbitral Tribunal shall apply the law(s) or rules of law which it considers appropriate.*". (LCIA. Arbitration Rules (2020). Disponível em: https://www.lcia.org/Dispute_Resolution_Services/lcia-arbitration-rules-2020.aspx#Article%2016. Acesso em: 02 jun. 2021.) Referido regulamento prevê, em específico para a convenção de arbitragem, a aplicação da lei escolhida pelas partes ou, em sua ausência, a lei da sede da arbitragem (*Article* 16.5).

[24] "*La principale critique adressée à la méthode de la voie directe est qu'elle rend impossible pour les parties la prévisibilité de la loi que l'arbitre jugera applicable au fond du litige. Il semble qu'une discrétion aussi étendue entraîne une incertitude par opposition à la méthode des conflits de lois, qui offre un certain degré de prévisibilité.*" (RADIC, Ivana. Étude de faisabilité sur le choix de la loi applicable dans les contrats internationaux : le contexte de l'arbitrage International. **Doc. prél. Nº 22C**. Bureau Permanent, Conférence de la

(a partir da concepção da sede como fator preponderante do negócio) encontra respaldo, tanto em âmbito doméstico, mais precisamente no artigo 38, inciso II, da Lei de Arbitragem[25], quanto em âmbito internacional, no artigo V(1)(a) da Convenção de Nova York que dispõe de idêntica previsão[26].

Em quarto lugar, sob forte influência francesa (tal qual a *voie directe*), aplica-se à convenção de arbitragem regras e princípios do comércio internacional. A metodologia repousa sob a autonomia do sistema arbitral. Não havendo qualquer vinculação do sistema arbitral aos ordenamentos jurídicos nacionais, aos árbitros não seria imposto qualquer direito material ou regra de conexão de origem estatal. Para essa parcela da doutrina, a sede possui pouca ou nenhuma conexão com a arbitragem, de modo que tampouco deveria servir de norte à regulamentação das questões de lei aplicável[27].

A depender da metodologia empregada pelos árbitros, diferentes podem vir a ser os resultados alcançados. Deste modo, a escolha de um dos caminhos acima descritos impacta sobremaneira na apuração da existência, validade e eficácia da convenção de arbitragem.

Haye de Droit International Privé, Mars/2007, p. 10.) A aplicação prática desta metodologia tem demonstrado que, em geral, os árbitros recorrem ao direito mais próximo à questão jurídica subjacente ou, de outro modo, a lei que possui com ela pontos de contato mais relevantes. Nesse sentido: "*Resorting to the voie directe along those lines would limit the application of national legal rules and principles only to those showing some relevant contact with the dispute [...].*". (GRIGERA NAÓN, Horacio. A. Choice-of-law problems in International Commercial Arbitration. **Recueil des Cours**, Hague Academy of International Law, v. 289. The Hague: Martinus Nijhoff Publishers, 2001, p. 198.)

25 "Art. 38. Somente poderá ser negada a homologação para o reconhecimento ou execução de sentença arbitral estrangeira, quando o réu demonstrar que: [...] II – a convenção de arbitragem não era válida segundo a lei à qual as partes a submeteram, ou, na falta de indicação, em virtude da lei do país onde a sentença arbitral foi proferida." (BRASIL. Lei nº 9.307, de 23 de setembro de 1996. Dispõe sobre a arbitragem. Disponível em: http://www.planalto.gov.br/ccivil_03/leis/l9307.htm. Acesso em: 2 jun.2021.)

26 Artigo V(1)(a).

27 Veja-se, por todos, Lacreta: "Entendemos que a aplicação de regras anacionais para reger a tricotomia da convenção da arbitragem – apesar de muitos entenderem que princípios internacionais não são um corpo de regras organizado e consolidado (podendo, inclusive, ser muito vagos), com o que discordamos – é consistente com a natureza transnacional do sistema arbitral e a forma de reconhecimento amplo da autonomia da vontade outorgada às partes no exercício de suas relações privadas.". (LACRETA, Isabela Pessoa. **A Determinação do Direito Aplicável à Arbitragem**. Tese (Doutorado). Universidade de São Paulo, Faculdade de Direito (2021), p. 221.)

3. O consentimento em arbitrar: o possível fracionamento entre a capacidade em consentir e a forma de consentir

Caberá a lei aplicável à convenção de arbitragem, identificada a partir de uma das metodologias acima elencadas, apurar a existência, validade e eficácia do negócio jurídico entabulado quanto à solução de controvérsias emanadas do contrato principal. A partir dessa lei é que será examinado o elemento da manifestação de vontade, isto é, o consentimento das partes em arbitrar (e em renunciar à jurisdição estatal). É possível, contudo, que nem todas as facetas desse exame sejam respondidas por essa lei, ensejando o manejo da técnica do *dépéçage* ou fracionamento[28]. Explicamos.

Como visto acima, a lei aplicável à convenção de arbitragem determina a sua existência, validade e eficácia. Na presença de uma convenção de arbitragem (constatada, portanto, a sua *existência*), seus elementos constitutivos deverão ser analisados, no plano da *validade*, a fim de que se conclua, essencialmente, se as partes contratantes (e.g. pessoa física, pessoa jurídica, entidade da administração pública) são autorizadas a arbitrar e se dispunham de capacidade para tanto, se o consentimento em arbitrar observou a forma prescrita ou não defesa em lei (e.g. acordo verbal ou escrito, instrumento público ou privado, conjugado ao contrato principal o dele apartado), e se o mérito do contrato principal constitui matéria passível de ser submetida à arbitragem (e.g. direito patrimonial disponível). Já no que concerne à *eficácia*, caberá a lei aplicável informar os parâmetros interpretativos das matérias cuja resolução será passível de conhecimento pelos árbitros.

Especificamente quanto à *capacidade para consentir*, objeto de exame no campo da validade, é possível que à mesma incida lei diversa daquela aplicável à convenção da arbitragem. Aspecto muitas vezes negligenciado no caso concreto, a capacidade das partes contratantes, ainda que inerente a um elemento constitutivo da convenção de arbitragem, pode regido por lei diversa, posto que de rigor submetida ao seu estatuto pessoal. É possível, a bem da verdade, que a lei de regência do estatuto pessoal da parte se confunda, *in casu*, com a lei aplicável à existência, validade e eficácia da convenção de arbitragem, mas a confusão se dará por eventualidade do destino e não por exigência principiológica. E aqui exsurge, novamente, a questão: como determinar a lei aplicável à capacidade da parte para contratar a arbitragem?

[28] Para maiores informações a respeito da aplicação da técnica no Brasil e no exterior, *vide* ARAUJO, Nadia de. **Direito Internacional Privado**: teoria e prática brasileira. 9. ed. São Paulo: Thomson Reuters Brasil, 2020, p. 397-399. Veja-se também RIQUIER, Eric; WANG, Xiano-Yan. **Glossaire de Droit International Privé.** Bruxelas: Bruylant, 1992, p. 123.

A resposta repousa, uma vez mais, nas metodologias elencadas no item 2 acima. É preciso ressaltar que o resultado deste exame não necessariamente se confunde com o resultado obtido quando da perquirição da lei aplicável à convenção de arbitragem, sobretudo se os árbitros houverem por bem recorrer não a uma lei material direta, mas às regras de conexão da sede.

Cumpre observar que a Convenção de Nova York[29] prevê como hipótese de negativa do reconhecimento e execução de uma sentença arbitral estrangeira o fato de uma das partes carecer de capacidade legal para se vincular à convenção de arbitragem. Essa questão assume capital importância tanto para as arbitragens internacionais que ocorram no Brasil, consideradas locais de acordo com a lei brasileira[30], quanto para aquelas realizadas no exterior e que serão objeto de um procedimento de homologação perante o STJ, o que implicará na verificação da validade do consentimento[31].

4. A perspectiva brasileira quanto aos limites subjetivos à arbitragem

No ordenamento jurídico brasileiro, a validade de um negócio jurídico é condicionada à reunião de três fatores: agente capaz, objeto lícito, possível, determinado ou indeterminável, forma prescrita ou não defesa em lei[32]. Quanto à forma, não se sujeita a validade da declaração de vontade a qualquer configuração especial, a menos que a lei especificamente o exija[33].

Como regra geral, o direito contratual opera de acordo com o princípio da relatividade dos efeitos dos contratos[34], o que implica na conclusão de que uma

[29] Artigo V.1: "O reconhecimento e a execução de uma sentença poderão ser indeferidos, a pedido da parte contra a qual ela é invocada, unicamente se esta parte fornecer, à autoridade competente onde se tenciona o reconhecimento e a execução, prova de que: a) as partes do acordo a que se refere o Artigo II estavam, em conformidade com a lei a elas aplicável, de algum modo incapacitadas, ou que tal acordo não é válido nos termos da lei à qual as partes o submeteram, ou, na ausência de indicação sobre a matéria, nos termos da lei do país onde a sentença foi proferida [...].".

[30] Art. 34, § único, da Lei de Arbitragem.

[31] *Vide*, a respeito, os seguintes exemplos de negativa de homologação por inexistência de convenção de arbitragem e/ou de vinculação das partes à convenção de arbitragem: SEC 866 (STJ, Rel. Min. Felix Fischer, DJ 17.05.2006), SEC 885 (STJ, Rel. Min. Eliana Calmon, DJ 18.04.2012), SEC 967 (STJ, Rel. Min. José Delgado, DJ 15/02/006), SEC 978 (STJ, Rel. Min. Hamilton Carvalhido, DJ 17.12.2008), SEC 11593 (STJ, Rel. Min. Benedito Gonçalves, DJ 16.12.2015).

[32] Art. 104 do Código Civil.

[33] Art. 107 do Código Civil.

[34] Essa é a prescrição do artigo 1.3 dos Princípios do UNIDROIT: "*A contract validly entered into is binding upon the parties. It can only be modified or terminated in accordance with its terms or by agreement or as otherwise provided in these Principles.*" E ainda: BORN, Gary. **International commercial arbitration**. v. I, Alphen aan den Rijn: Kluwer Law International, 2009.

parte não signatária não se vincula aos termos e condições da obrigação pactuada[35], exceto se a ele adere formalmente, por meio de cessão[36], sucessão[37] ou adesão[38]. No direito comparado, o princípio, conhecido por *privity of contracts*, recebe a mesma acolhida[39].

Estabelecidas as bases da disciplina contratual, temos que, por previsão normativa expressa, poderão valer-se da arbitragem as pessoas capazes de contratar[40], sendo objeto do procedimento litígios relativos a direitos patrimoniais disponíveis[41]. Especificamente no que concerne à capacidade para consentir em arbitrar, o Decreto-lei nº 4.657/1942 (atualmente denominado Lei de Introdução às Normas do Direito Brasileiro – LINDB), prescreve a aplicação da lei do domicílio para fins de determinação da capacidade das pessoas físicas[42]. Quanto

[35] Diz-se em regra, porque a doutrina e jurisprudência brasileira já reconhecem a possibilidade de oponibilidade dos efeitos do contrato a terceiros, em situações excepcionais, com fundamento na função social do contrato e na boa-fé objetiva. Para um completo estudo do tema, veja-se, por todos, TEPEDINO, Gustavo; KONDER, Carlos Nelson; BANDEIRA, Paula Greco. **Fundamentos do Direito Civil.** Contratos, v. 3. Rio de Janeiro: Forense, 2020, p. 39-40.

[36] "Chama-se cessão de contrato, ou cessão de situações contratuais ou de posição contratual, aquela em que há a transferência da inteira posição ativa e passiva do conjunto de direitos e obrigações de que é titular uma pessoa, decorrentes de um contrato bilateral celebrado, mas de execução ainda não concluída. [...] Trata-se de negócio jurídico bilateral e independente, que permite a transferência da posição contratual, inserida no contrato base, do cedente para o cessionário. [...] Na doutrina brasileira, os seguintes requisitos da cessão de contrato são exigidos: a) a celebração de um negócio jurídico entre um dos contratantes (cedente) e o terceiro (cessionário); b) a integralidade da cessão (cessão global); c) a anuência da outra parte contratante (cedido), como regra." (PEREIRA, Caio Mario da Silva. **Instituições de direito civil.** Introdução ao direito civil: teoria geral do direito civil, v. 2. 25. ed. Rio de Janeiro: Forense, 2012, p. 377.)

[37] "Na incorporação, uma ou mais sociedades (incorporadas), de tipos iguais ou diferentes, são absorvidas por outra (incorporadora), que lhes sucede em todos os direitos e obrigações, devendo todas aprová-las, consoante as regras próprias dos seus respectivos tipos." (CAMPINHO, Sergio. **O direito de empresa à luz do Código Civil**. 12. ed. Rio de Janeiro: Renovar, 2011, p. 324.)

[38] Por exemplo, por meio da celebração de um aditamento ao contrato original, incorporando por referência todos os seus termos, celebrado por todas as partes, incluindo as que não haviam previamente celebrado o contrato original.

[39] A título exemplificativo, destaque-se que essa é a prescrição do artigo 1.3 dos Princípios do UNIDROIT: "*A contract validly entered into is binding upon the parties. It can only be modified or terminated in accordance with its terms or by agreement or as otherwise provided in these Principles.*"

[40] Art. 1º da Lei de Arbitragem. O ordenamento brasileiro reconhece expressamente que as sociedades detêm personalidade jurídica (Art. 44, II do Código Civil), sendo a sua capacidade uma decorrência natural do reconhecimento de sua personalidade.

[41] Art. 1º da Lei de Arbitragem.

[42] Art. 7 da LINDB: "A lei do país em que domiciliada a pessoa determina as regras sobre o começo e o fim da personalidade, o nome, a capacidade e os direitos de família".

às pessoas jurídicas, determina o artigo 11 do mesmo diploma "as organizações destinadas a fins de interesse coletivo, como as sociedades e as fundações, obedecem à lei do Estado em que se constituírem". Portanto, temos hoje no Brasil que a capacidade da pessoa jurídica nacional é aferida de acordo com a lei brasileira, ao passo que a capacidade da pessoa jurídica estrangeira o é pela lei do Estado em que constituída[43].

Com relação à forma em que o consentimento em arbitrar é exteriorizado, a lei prescreve sua estipulação por escrito, seja no contrato, seja em documento apartado que a ele se refira. Configurados, portanto, os requisitos de validade de uma convenção de arbitragem, sob a perspectiva da lei brasileira: pessoa capaz, direito patrimonial disponível e forma escrita[44].

A Lei de Arbitragem dispõe em seu art. 3º que "as partes interessadas podem submeter seus litígios ao juízo arbitral mediante convenção de arbitragem, assim entendida a cláusula compromissória e o compromisso arbitral". Outrossim, o art. 4º complementa que "a cláusula compromissória é a convenção através da qual as partes em um contrato comprometem-se a submeter à arbitragem os litígios que possam vir a surgir, relativamente a tal contrato".

Conquanto o art. 111 do Código Civil[45] estabeleça a presunção de que o silêncio importa anuência, a Lei de Arbitragem não deixa margem a que o silêncio prevaleça[46], ao exigir como requisito de validade da convenção de arbitragem a forma escrita.

Decerto, pondera a doutrina especializada nacional que a imprescindibilidade da forma escrita não se estende à assinatura da convenção de arbitragem,

[43] A antiga Introdução ao Código Civil Brasileiro dispunha em seu art. 19 que "são reconhecidas as pessoas jurídicas estrangeiras" e em seu art. 21 que "a lei nacional das pessoas jurídicas lhes determina a capacidade". Por conseguinte, a capacidade das pessoas jurídicas estrangeiras era determinada a partir de sua nacionalidade. No entanto, não havia um critério para identificação da nacionalidade da pessoa jurídica.
Essa dúvida veio a ser afinal esclarecida com a LINDB.

[44] Art. 4º, § 1º, da Lei de Arbitragem.

[45] Art. 111 do Código Civil: "O silêncio importa anuência, quando as circunstâncias ou os usos o autorizarem, e não for necessária a declaração de vontade expressa.". (BRASIL. Lei nº 10.406, de 10 de janeiro de 2002. Institui o Código Civil. Disponível em: http://www.planalto.gov.br/ccivil_03/leis/2002/l10406compilada.htm Acesso em: 01 jul. 2021.)

[46] "A convenção arbitral, que produz efeitos contundentes, tem como contrapartida que demonstrar cabal, clara e inequívoca vontade dos contratantes de entregar a solução de litígios (atual ou futuro, não importa) à solução de árbitros. O efeito severo de afastar a jurisdição do estado não pode ser deduzido, imaginado, intuído ou estendido. O consentimento dos interessados é essencial." (Carmona, Carlos Alberto. **Arbitragem e Processo**. Um comentário à Lei nº 9.307/96. 3. ed. São Paulo: Atlas, p. 83.)

sendo perfeitamente possível que se reconheça sua existência, validade e eficácia mesmo em sua falta, contanto que a concordância de todos os envolvidos com a via arbitral possa ser instrumentalizada de alguma forma[47]. Ainda assim, se não há manifestação de vontade em arbitrar, inexiste jurisdição de que o árbitro possa se investir e tampouco fundamento para se afastar a autoridade judiciária[48].

Já que o silêncio não implica consentimento e a arbitragem dele não prescinde[49], a questão que resta averiguar é como as partes validamente manifestam sua vontade, para os fins da lei brasileira. A Lei de Arbitragem nada dispõe acerca da forma de emanação da vontade das partes, exigindo apenas que a convenção de arbitragem seja por escrito, inserida no contrato principal (caso da cláusula compromissória) ou em documento apartado (caso do compromisso arbitral)[50]. A exigência não é particularidade da lei brasileira, apresentando envergadura quase que universal, se a referência encontrada nos artigos II.1 e II.2 da Convenção de Nova York[51] puder servir de indicativo.

[47] Batista Martins, Pedro. **Apontamentos sobre a lei de arbitragem.** Rio de Janeiro: Forense, 2008, p. 78.

[48] Na opinião de Gustavo Tepedino, em comentário a uma sentença estrangeira cuja homologação foi negada pelo então competente Supremo Tribunal Federal por falta de prova quanto à manifestação declaração autônoma de vontade de uma das partes de renunciar à jurisdição estatal, "[n]o plano da existência, como se sabe, o elemento fundamental para a formação do negócio jurídico é a vontade dos contratantes. Sem vontade, inexiste negócio e, portanto, sequer se deve adentrar a discussão de sua validade ou eficácia. [...] A propósito, a inexistência de declaração volitiva inequívoca quanto à arbitragem já foi considerada suficiente para inviabilizar a homologação da sentença arbitral pelo Supremo Tribunal Federal". (Tepedino, Gustavo. Invalidade da cláusula compromissória e seu controle (também) pela jurisdição estatal. *In*: JOBIM, Eduardo; Machado, Rafael Bicca (coord). **Arbitragem no Brasil.** Aspectos Jurídicos Relevantes. São Paulo: Quartier Latin, 2008, p. 162-163.

[49] Hanotiau, Bernard. **Complex arbitrations**: multiparty, multicontract, multi-issue and class actions. The Hague: Kluwer Law International, 2005, p. 52.)

[50] Art. 4º, § 1º, da Lei de Arbitragem: "cláusula compromissória deve ser estipulada por escrito, podendo estar inserta no próprio contrato ou em documento apartado que a ele se refira". (BRASIL. Lei nº 9.307, de 23 de setembro de 1996. Dispõe sobre a arbitragem. Disponível em: http://www.planalto.gov.br/ccivil_03/leis/l9307.htm. Acesso em: 2 jun.2021.)

[51] Artigo II.1 da Convenção de Nova York: "Cada Estado signatário deverá reconhecer o acordo escrito pelo qual as partes se comprometem a submeter à arbitragem todas as divergências que tenham surgido ou que possam vir a surgir entre si no que diz respeito a um relacionamento jurídico definido, seja ele contratual ou não, com relação a uma matéria passível de solução mediante arbitragem.". Artigo II.2: "Entender-se-á por 'acordo escrito' uma convenção de arbitragem inserida em contrato ou acordo de arbitragem, firmado pelas partes ou contido em troca de cartas ou telegramas.". O art. 37, II, da Lei de Arbitragem dispõe de forma idêntica.

No plano internacional, a exigência de acordo por escrito tem sido objeto de reconhecida relativização. Em 2006, por exemplo, a Comissão das Nações Unidas para o Direito Internacional do Comércio – UNCITRAL aprovou resolução a respeito do artigo II da Convenção de Nova York pela, recomendando-se sua interpretação não exaustiva. De maneira ainda mais contundente, a UNCITRAL nesse mesmo ano alterou sua Lei Modelo para Arbitragem Comercial Internacional, justamente com o propósito de reputar preenchido o requisito do pacto por escrito mediante o registro do conteúdo da convenção de arbitragem por qualquer meio, incluindo-se pela conduta *a posteriori* das partes, quando já instaurado o procedimento[52].

Boa parte da doutrina brasileira tem compartilhado dessa interpretação ampliada das maneiras pelas quais a forma do consentimento em arbitrar se manifesta[53], o que não significa dizer, contudo, que sua aplicação prática seja livre de desafios. Tanto assim o é que por diversas vezes os tribunais brasileiros reforçaram o aspecto voluntário da arbitragem, exigindo, portanto, o consentimento inequívoco da parte[54]. Nas poucas ocasiões em que o exame da validade

[52] Na forma do artigo 7º da Lei Modelo, tal qual alterada em 2006: "*(1) 'Arbitration agreement' is an agreement by the parties to submit to arbitration all or certain disputes which have arisen, or which may arise between them in respect of a defined legal relationship, whether contractual or not. An arbitration agreement may be in the form of an arbitration clause in a contract or in the form of a separate agreement. (2) The arbitration agreement shall be in writing. (3) An arbitration agreement is in writing if its content is recorded in any form, whether or not the arbitration agreement or contract has been concluded orally, by conduct, or by other means. (4) The requirement that an arbitration agreement be in writing is met by an electronic communication if the information contained therein is accessible so as to be useable for subsequent reference; 'electronic communication' means any communication that the parties make by means of data messages; 'data message' means information generated, sent, received or stored by electronic, magnetic, optical or similar means, including, but not limited to, electronic data interchange (EDI), electronic mail, telegram, telex or telecopy. (5) Furthermore, an arbitration agreement is in writing if it is contained in an exchange of statements of claim and defense in which the existence of an agreement is alleged by one party and not denied by the other. (6) The reference in a contract to any document containing an arbitration clause constitutes an arbitration agreement in writing, provided that the reference is such as to make that clause part of the contract.*"

[53] "A cláusula arbitral, obrigatoriamente escrita, pode abranger quem não foi signatário. Isso ocorre em virtude de um consentimento tácito da pessoa em questão, o qual indica sua inequívoca adesão à cláusula. Esse tipo de consentimento (tácito) decorre de atos do sujeito os quais indicam a sua adesão ao contrato que contém a cláusula, ou que indicam a aceitação da obrigação de arbitrar. É um exemplo alguém intervir espontaneamente num procedimento arbitral." (BAPTISTA, Luis Olavo. **Arbitragem comercial e internacional**. São Paulo: Lex Magister, 2011, p. 118.)

[54] "Não há nos autos elementos seguros de que a empresa requerida acordou com a cláusula compromissória, renunciando à jurisdição estatal, o que impõe o reconhecimento da incompetência do juízo arbitral." (STJ – SEC: 866 GB 2005/0034926-5, Relator: Ministro Felix Fischer, Data de Julgamento: 17/05/2006, CE – CORTE ESPECIAL, Data de Publicação: DJ 16/10/2006 p. 273).

da convenção de arbitragem foi "relativizado" a fim de estender a convenção de arbitragem a partes não signatárias, as decisões se fundamentaram menos em um suposto consentimento implícito prévio à instituição do procedimento e mais na própria conduta das partes depois de instaurado[55].

Conclusões

Negócio jurídico por excelência, a convenção de arbitragem é submetida, tal qual o contrato principal, à necessária confirmação de sua existência, validade e eficácia. Sua autonomia face ao contrato principal exige do árbitro, todavia, que conduza esta análise em apartado, em conformidade com o princípio *kompetenz-kompetenz*.

Daí resulta não apenas que a inexistência, invalidade ou ineficácia do contrato principal não macula a convenção de arbitragem, mas, sobretudo, que o exame dos elementos constitutivos da convenção de arbitragem se realiza a partir de uma perspectiva jurídica própria. Isso, porque a regência da convenção de arbitragem não acompanha, necessariamente, a regência do contrato principal. É essencial, portanto, que se identifique previamente a lei aplicável à convenção de arbitragem, a fim de que se conheça os parâmetros a que sua existência, validade e eficácia está submetida. Esta tarefa é especialmente desafiadora para o árbitro, que, diferente do juiz, não se vincula, propriamente, a um foro. A ausência de uma vinculação direta entre a convenção de arbitragem e um corpo de regras de conexão resulta no necessário recurso a metodologias próprias, concebidas em auxílio à identificação da lei aplicável.

A depender da metodologia de que ser sirva o árbitro, diferentes poderão ser os resultados alcançados. Esta circunstância reflete a complexidade do tema,

E também: "Ora, se a requerida não pactuou nenhuma cláusula compromissória, dando-lhe a sua adesão de modo formal e acabado, não pode ela prevalecer se instituída apenas por uma das partes, sobretudo pelas consequências que dela resultam, em especial a renúncia da jurisdição natural do estado. Em que pese não se exija, ao menos segundo a lei nacional, uma forma solene rígida para a cláusula compromissória, é essencial que o ajuste, além de escrito, surja de uma comunhão de vontades." (SEC 6753, STF, Rel. Min. Maurício Corrêa, j. 04.10.2002).

[55] Entendeu o STJ na SEC 856: "Tem-se como satisfeito o requisito da aceitação da convenção de arbitragem quando a parte requerida, de acordo com a prova dos autos, manifestou defesa no juízo arbitral, sem impugnar em nenhum momento a existência da cláusula compromissória. [...] Sr. Presidente, o eminente Ministro Relator afirmou, a meu ver, aquilo que a doutrina da arbitragem já vem determinando, a possibilidade da cláusula compromissária tácita, **desde que a parte compareça ao processo de arbitragem e não impugne a sua existência**". STJ, SEC nº 856 GB 2005/0031430-2, Rel. Min. Carlos Alberto Menezes Direito, julg. 18.05.2005 CE, Data de Publicação: DJ 27.06.2005, p. 203. *Vide*, ainda, STJ, SEC nº 978 GB 2006/0173771-1, Rel. Min. Hamilton Carvalhido, julg. 17.12.2008, CE, Data de Publicação: DJe 05.03.2009 RIOBDCPC v. 58, p. 160.

posto que a aplicação de determinada lei pode afetar, por evidência, a capacidade das partes para arbitrar ou mesmo a validade ou forma de expressão do seu consentimento.

A insegurança jurídica criada pela diversidade de resultados a que se pode chegar quanto à existência, validade e eficácia da convenção de arbitragem conforme se adote uma ou outra metodologia para fins de determinação da lei a ela aplicável torna premente que se reflita sobre o tema e se procure, sempre que possível, torná-lo uma escolha consciente das partes. Para se evitar as incertezas relatadas, é fundamental que no momento da negociação do contrato internacional seja feita uma cuidadosa análise acerca da necessidade da inserção de uma lei aplicável específica especialmente designada para a cláusula, e não apenas àquela do contrato.

Referências

ARAUJO, Nadia de. **Direito internacional privado**: teoria e prática brasileira. 9. ed. São Paulo: Thomson Reuters Brasil, 2020.

ARAUJO, Nadia de; FREITAS, Caio Gomes de. O caso Enka Insaat *v.* Insurance Company Chubb e a questão relativa à lei aplicável à cláusula arbitral: entre a *lex contractus* e a lei da sede. **Revista Brasileira de Alternative Dispute Resolution – RBADR** (prelo), 2021.

BAPTISTA, Luiz Olavo. **Arbitragem comercial e internacional**. São Paulo: Lex Editora, 2011.

BARROCAS, Manuel Pereira. **Manual de arbitragem**. Coimbra: Almedina, 2010.

BERGER, Klaus Peter. Re-examining the Arbitration Agreement: Applicable Law – Consensus or Confusion? In: VAN DEN BERG, Albert Jan (ed.). International Arbitration 2006: Back to Basics? **ICCA Congress Series**, v. 13. Montreal: Kluwer Law International, 2007.

BERMANN, George A. International Arbitration and Private International Law – General Course on Private International Law. **Recueil des cours**. The Hague Academy of International Law, 2016.

BLACKABY, Nigel; PARTASIDES, Constantine & REDFERN, Alan; HUNTER, Martin. **Redfern and Hunter on International Arbitration**. 6. ed. Oxford: Oxford University Press, 2015.

BORN, Gary B. **International commercial arbitration**, vol. I, Alphen aan den Rijn: Kluwer Law International, 2009.

BRAGHETTA, Adriana, A importância da sede. In: LEMES, Selma Ferreira; CARMONA, Carlos Alberto; MARTINS, Pedro Batista (org.). **Arbitragem** – estudos em homenagem ao Prof. Guido Fernando da Silva Soares. São Paulo: Atlas: 2007.

CAMPINHO, Sergio. **O direito de empresa à luz do Código Civil.** 12. ed. Rio de Janeiro: Renovar, 2011.

CARAVACA, Alfonso-Luis Calvo. Fundamentos Teóricos de la Autonomía de la Voluntad en los Contratos Internacionales. **Revista Jurídica del Notariado**, nº 11, julio-diciembre/2020.

CARBONNEAU, Thomas E. **Cases and Materials on the Law and Practice of Arbitration**. 2. ed. Juris Publishing, 2000.

CARMONA, Carlos Alberto. **Arbitragem e processo** – um comentário à Lei n. 9.307/96. 3ª ed. São Paulo: Atlas, 2009.

CATO, Mark. **Arbitration Practice and Procedure**. 2. ed. London: LLP, 1997.

CHAN, Darius; YANG, Teo Jim. Ascertaining the Proper Law of an Arbitration Agreement: the Artificiality of Inferring Intention When There is None. In: SCHERER, Maxi (ed.). **Journal of International Arbitration**. The Hague: Kluwer Law International, 2020, v. 37, nº 5.

CUNIBERTI, Gilles. The international market for contracts: the most attractive contract laws. **Northwestern Journal of International law & Business**, 34:455, 2014.

DE BOER, TH. M. Choice of Law in Arbitration Proceedings. **Recueil des cours**. The Hague Academy of International Law, 2015.

DOLINGER, Jacob; TIBURCIO, Carmen. **Direito internacional privado:** arbitragem comercial internacional. Rio de Janeiro: Renovar, 2003.

DOLINGER, Jacob. Evolution of Principles for Resolving Conflicts in the Field of Contracts and Torts. **Recueil des cours**. The Hague: Martinus Nijhoff Publishers, 2000, tomo 283.

FENTIMAN, Richard. Anti-suit injunctions. In: BASEDOW, Jürgen; RÜHL, Gisela; FERRARI, Franco; ASENSIO, Pedro de Miguel (ed.). **Encyclopedia of Private International Law**. Cheltenham: Edward Elgar Publishing, 2017.

FOUCHARD, GAILLARD e GOLDMAN. **International Commercial Arbitration**. Netherlands, Kluwer, 1999.

GAILLARD, Emmanuel, **Aspects philosophiques du droit de l'arbitrage international.** Leiden/Boston: Martinus Nijhoff Publishers, 2008.

GAILLARD, E.mmanuel L'Ordre Juridique Arbitral: Réalité, Utilité et Spécificité. Conférence Commémorative John E. C. Brierley. **McGill Law Journal**, v. 55, 2010.

GARNER, Bryan A. (editor in chief). **Black's law dictionary**. 18. ed. Dallas: Thomson West, 2004.

GRAFFI, Leonardo. The law applicable to the validity of the arbitration agreement: A practitioner's view. In: FERRARI, Franco; KROLL, Stefan (ed.). **Conflict of Laws in International Arbitration**. Munique: European Law Publishers GmbH, 2011.

GREBLER, Eduardo. Artigo V (inciso 1 "A" e "B"). A recusa de reconhecimento à sentença arbitral estrangeira com base no Artigo V, (1) alíneas "A" e "B" da Convenção de Nova Iorque. *In*: WALD, Arnoldo; LEMES, Selma Ferreira (coord.). **Arbitragem Comercial Internacional:** a convenção de Nova Iorque e o direito brasileiro. São Paulo: Saraiva, 2011.

GRIGERA NAÓN, Horacio. A. Choice-of-law problems in International Commercial Arbitration. **Recueil des Cours**, Hague Academy of International Law. The Hague: Martinus Nijhoff Publishers, 2001.

HANOTIAU, Bernard. Groups of companies in international arbitration. **Pervasive problems in international arbitration**. MISTELIS, Loukas; LEW, Julian (eds.). Kluwer Law Int, 2006.

HANOTIAU, Bernard. **Complex arbitrations:** multiparty, multicontract, multi-issue and class actions. The Hague: Kluwer Law International, 2005.

JACQUET, Jean-Michel. **Le Contrat International**. Paris: Dalloz, 1992.

JAGUSH, Stephen; SINCLAIR, Anthony. The impact of third parties on international arbitration – issues of assignment. *In*: **Pervasive problems in international arbitration.** MISTELIS, Loukas; LEW, Julian (eds.). Kluwer Law Int, 2006.

LACRETA, Isabela Pessoa. **A Determinação do Direito Aplicável à Arbitragem**. Tese (Doutorado). Universidade de São Paulo, Faculdade de Direito, 2021.

LEMES, Selma M. Ferreira. Cláusulas Arbitrais Ambíguas ou Contraditórias e a Interpretação da Vontade das Partes. In: MARTINS, Pedro Batista; GARCEZ, José M. Rossani (org.). **Reflexões sobre Arbitragem**, *In Memoriam* do Desembargador Cláudio Vianna de Lima. São Paulo: LTr, 2002.

LEW, Julian David Mathew; MISTELIS, Loukas A.; KRÖLL, Stefan. **Comparative International Commercial Arbitration**. The Hague: Kluwer Law International, 2003.

LEW, Julian D. M. The Law Applicable to the Form and Substance of the Arbitration Clause. In: VAN DEN BERG, Albert Jan (ed). **Improving the Efficiency of Arbitration Agreements and Awards:** 40 Years of Application of the New York Convention, ICCA Congress Series, v. 9. Paris: Kluwer Law International, 1999.

MAGALHÃES, Rodrigo Almeida. **Arbitragem e Convenção Arbitral**. Belo Horizonte: Mandamentos, 2006.

MAYER, Pierre. Extension of the arbitration clause to non-signatories under French law. *In:* HOUT, Tjaco T. van den (org). **Multiple party actions in international arbitration**. Oxford: Oxford University Press, 2008.

MAYER, Pierre. The Extension of the Arbitration Clause to Non-Signatories – The Irreconcilable Positions of French and English Courts. **American University International Law Review** 27, nº 4, 2012.

MELO, Leonardo de Campos. **Extensão da cláusula compromissória e grupos de sociedades.** A prática arbitral CCI e sua compatibilidade com o direito brasileiro. Rio de Janeiro: Forense, 2013.

MOSES, Margaret L. **The Principles and Practice of International Commercial Arbitration**. Cambridge: Cambridge University Press, 2008.

NAZZINI, Renato. The Law Applicable to the Arbitration Agreement: Towards Transnational Principles. **International and Comparative Law Quarterly**, v. 65, n. 3, July/2016.

PEDREIRA, José Luiz Bulhões. Acordo de acionistas sobre controle de grupo de sociedades. **Revista de Direito Bancário, do Mercado de Capitais e da Arbitragem 15/226**, São Paulo, 2002.

PEREIRA, Caio Mario da Silva. **Instituições de direito civil**, v. 1 Introdução ao direito civil: teoria geral do direito civil. 25. ed. Rio de Janeiro: Forense, 2012.

RADIC, Ivana. **Étude de faisabilité sur le choix de la loi applicable dans les contrats internationaux:** le contexte de l'arbitrage International. Doc. prél. N. 22C. Bureau Permanent, Conférence de la Haye de Droit International Privé, Mars/2007.

STEINGRUBER, Andrea Marco. **Consent in international arbitration**. Oxford: Oxford University Press, 2011.

SERPA LOPES, Miguel Maria. **Comentários à lei de introdução ao código civil**, vol. II. Rio de Janeiro: Freitas Bastos, 1959.

STUCKI, Blaise. **Extension of Arbitration Agreements to Non-Signatory Parties**. ASA Below 40 – Conference of September 29, 2006.

TENÓRIO, Oscar Accioly. **Lei de introdução ao código civil brasileiro:** decreto-lei n. 4.657, de 4 de setembro de 1942. Rio de Janeiro: Borsoi, 1944.

TEPEDINO, Gustavo. Consensualismo na arbitragem e a teoria do grupo de sociedades. **Revista dos Tribunais**, v. 903, jan/2011.

TEPEDINO, Gustavo; KONDER, Carlos Nelson; BANDEIRA, Paula Greco. **Fundamentos do Direito Civil.** Contratos, v. 3. Rio de Janeiro: Forense, 2020.

TEPEDINO, Gustavo. Invalidade da cláusula compromissória e seu controle (também) pela jurisdição estatal *In*: JOBIM, Eduardo; MACHADO, Rafael Bicca (coord.). **Arbitragem no Brasil – aspectos jurídicos relevantes**. São Paulo: Quartier Latin, 2008.

TIBURCIO, Carmen; ALBUQUERQUE, Felipe. Convenção de Nova York e a Lei de Arbitragem: algumas considerações sobre a lei aplicável ao consentimento das partes. In: CARMONA, Carlos Alberto; LEMES, Selma Ferreira; MARTINS, Pedro Batista (org.). **20 anos da lei de arbitragem:** homenagem a Petrônio R. Muniz. São Paulo: Atlas, 2017.

TIBURCIO, Carmen. Disciplina legal da pessoa jurídica à luz do direito internacional brasileiro. **Revista de Direito Bancário e do Mercado de Capitais**. São Paulo: Revista dos Tribunais, v. 53, 2011.

VON MEHREN, Arthur Taylor. Limitations on Party Choice of the Governing Law: Do They Exist for International Commercial Arbitration? **The Mortimer and Raymond Sackler Institute of Advanced Studies.** Tel Aviv University, 1986.

PARTE 4

O ÁRBITRO

12.
CONFIANÇA NA ARBITRAGEM: O SEU PAPEL NO CONTRATO INTUITU PERSONAE DE ÁRBITRO

GIOVANNI ETTORE NANNI

Introdução

A arbitragem é estruturada em um pilar fundamental, que é a confiança. Não se cuida do único arrimo do instituto, porém, certamente, é de indiscutível relevância.

A confiança na arbitragem encontra seu ápice na figura do árbitro, visto que, pela letra da lei, pode ser árbitro quem tem a confiança das partes (art. 13, *caput*, Lei nº 9.307/1996).

É preciso, então, refletir a respeito da confiabilidade na arbitragem. Haja vista a definitividade que a sentença arbitral proferida adquire, calcada na garantia do devido processo legal, implicando categóricos efeitos jurídicos, não é cabível circunscrever a fidúcia à palavra afiançada pela mera assunção da missão de cumprir o seu mister na disputa arbitral específica.

Nesse cenário, subjaz o contrato de árbitro, celebrado entre as partes e o árbitro, inerente à sua investidura na função de julgar o caso concreto, embora não seja formalizado, no mais das vezes, por instrumento escrito. O objetivo do texto é suscitar o debate quanto ao emprego da confiança nessa atribuição, que é personalíssima, somente executável por aquela pessoa, nomeada naquele procedimento arbitral. É o que se propõe, sem o intuito de apresentar soluções nem de findar a discussão.

Principia-se com a exposição sobre a confiança, em diversas acepções, dissertando acerca de categoria contratual que detém particularidade essencial, justamente a confiança.

Os pactos de confiança guardam impartível vínculo com os ajustes *intuitu personae*. Tais figuras, jungidas e aplicadas no contrato de árbitro, que respalda a atribuição da tarefa de decidir a controvérsia submetida à sua jurisdição, autorizam refletir relativamente ao emprego da fidúcia na conjuntura.

Demonstra-se, em seguida, no que consiste a confiança no contrato de árbitro, expondo a sua utilização no domínio da arbitragem.

1. Confiança: seu papel como atributo humano

O estudo requer, de início, mostrar as primordiais significações quanto à confiança e seu emprego no contexto de atividades profissionais, para, em seguida, explicar sua atuação na arbitragem.

A confiança suscita diversas acepções, sendo a mais corriqueira, encontrada nos dicionários[1], como segurança íntima de procedimento; crédito, fé; boa fama; segurança e bom conceito que inspiram as pessoas de probidade, talento, discrição; esperança firme.

Traz ínsita, portanto, a noção de crença, de fé, de fiar, de fiança, de fidúcia, de lealdade, de acreditar na honradez de outrem. A confiança, em seu sentido mais amplo, expõe Niklas Luhmann[2], representa a fé nas expectativas de alguém, sendo um fato básico da vida social.

Em acepção lata, tudo isto vem a querer dizer que, dentro da comunidade das pessoas responsáveis (ou imputáveis), a toda conduta (conduta significativa, comunicativa) é inerente uma *responsabilidade* – no sentido de um *responder* pelas pretensões de verdade, de retidão ou de autenticidade inerentes à mensagem que essa conduta transmite. Dir-se-ia que é este desde logo o imposto que se tem de pagar por pertencer ao universo de pessoas de juízo, das pessoas com credibilidade. Dessa *autovinculação* inerente à conduta comunicativa derivam ao mesmo tempo regras de conduta básicas, também postuladas pelas exigências elementares de uma ordem de convivência e de interação, que o próprio Direito não pode deixar de tutelar, já que sem a sua observância nem essa ordem de convivência nem o Direito seriam possíveis[3].

[1] LIMA, Hildebrando de; BARROSO, Gustavo (Org.). *Pequeno dicionário brasileiro da língua portuguesa.* Revisto na parte geral por Manuel Bandeira e José Baptista da Luz. 9. ed. inteiramente revista e consideravelmente aumentada – sobretudo na parte de brasileirismos – por Aurelio Buarque de Hollanda Ferreira. Rio de Janeiro: Editora Civilização Brasileira; São Paulo: Companhia Editora Nacional, 1957, p. 317; FERREIRA, Aurélio Buarque de Holanda. **Novo dicionário da língua portuguesa.** Rio de Janeiro: Editora Nova Fronteira, 1975, p. 362.

[2] LUHMANN, Niklas. *Confianza.* Tradução de Amada Flores. Rubí (Barcelona): Anthropos Editorial; México: Universidad Iberoamericana; Santiago de Chile: Instituto de Sociología. Pontificia Universidad Católica de Chile, 2005, p. 5.

[3] MACHADO, João Baptista. Tutela da confiança e "venire contra factum proprium". *In:* ______. **Obra dispersa.** Braga: Scientia Ivridica, 1991, v. 1, p. 351.

Remete, em suma, à fidúcia, cuja etimologia indica a palavra latina *fiducia, ae*, que advém de *fides, ei*, que significa confiança, fé, lealdade, boa-fé, que, por sua vez, formou-se do radical do verbo *fido, is, fisus, sum, ere* (acreditar), da raiz do verbo grego *peitho* (convenço, persuado)[4].

Percebe-se que confiança alcança ampla sinonímia, incluindo fé e fidúcia, as quais, por sua vez, consubstanciam figuras jurídicas abraçadas no Direito Romano, a saber, a *fides* e a *fiducia*. Conquanto não se ingresse no seu exame, *fides* e a *fidúcia*, vale frisar, não se confundem[5].

Mostra Giuseppe Grosso[6] que, em qualquer ordenamento jurídico, o elemento fiduciário assume, além do Direito, uma vasta tarefa; e, por outro lado, nessa sua função social, ele importa o desenvolvimento do próprio Direito, com a introdução de novos institutos. O avanço do Direito Romano se apresenta como grandiosa explicação do aspecto fiduciário e o acolhimento de explicações específicas na sanção jurídica, por meio da operatividade da *fides*, expressão típica nos romanos, cuja vicissitude semântica revela fluxo complexo de conceitos.

Em outra sorte de consideração, a título de ilustração, o tema tem recebido, ao longo do tempo, além do Direito, diversas abordagens, como a obra de Alain Peyrefitte[7], que analisa variadas vertentes sociológicas de desenvolvimento, no âmbito da economia, tendo a confiança, e a desconfiança, como fio condutor. Parte, assim, do que chama *ethos* da confiança, concebendo a conjuntura de hábitos, valores e costumes, comportamentais e culturais, com o fito de extrair traços características para suas conclusões.

4 Azevedo, Álvaro Villaça. "Fiducia" (direito romano). **Enciclopédia Saraiva do Direito**. São Paulo: Saraiva, 1977, v. 37, p. 193.

5 A respeito, entre inúmeros outros: Nicoletti, Adele. "Fides". *In:* Azara, Antonio; Eula, Ernesto (Dir.). **Novissimo Digesto Italiano**. Torino: UTET, 1961, v. 7, p. 293-294; Burdese, Alberto. "Fiducia" (diritto romano). *In:* AZARA, Antonio; Eula, Ernesto (Dir.). **Novissimo Digesto Italiano**. Torino: UTET, 1961, v. 7, p. 294-296; Grosso, Giuseppe. Fiducia (diritto romano). *Enciclopedia del Diritto*. Milano: Giuffrè, 1968, v. 17, p. 384-388; Azevedo, Álvaro Villaça. "Fiducia" (direito romano). *Enciclopédia Saraiva do Direito*. São Paulo: Saraiva, 1977, v. 37, p. 193-196. Ver também: Martins-Costa, Judith. *A boa-fé no direito privado:* critérios para a sua aplicação. 2. ed. São Paulo: Saraiva, 2018, p. 53-62; Machado, João Baptista. Oração laudatória. *In:* ______. **Obra dispersa**. Braga: Scientia Ivridica, 1993, v. 2, p. 481-488.

6 GROSSO, Giuseppe. Fiducia (diritto romano). **Enciclopedia del Diritto**. Milano: Giuffrè, 1968, v. 17, p. 384-385.

7 Peyrefitte, Alain. **A sociedade de confiança:** ensaio sobre as origens e a natureza do desenvolvimento. Rio de Janeiro: Topbooks, 1999, p. 395.

Francis Fukuyama[8] também descortina a questão sociocultural e econômica a partir do comportamento, dos hábitos e das relações sociais, influenciada em níveis de confiança. Consoante o autor, as comunidades dependem de confiança mútua e não despontarão espontaneamente sem ela. Logo, haja vista que a confiança é determinada culturalmente, segue-se que a comunidade espontânea emergirá em graus diferentes em diversas culturas, o que dependerá, enfim, do grau de confiança e do capital social presentes na sociedade mais ampla.

Por conseguinte, uma sociedade de alta confiança, detalha Fukuyama[9], tem melhores perspectivas do que uma sociedade de baixa confiança. Confiança, que é a expectativa que nasce no seio de uma comunidade de comportamento estável, honesto e cooperativo, baseado em normas compartilhadas pelos membros dessa comunidade, é conjugada com a importância do capital social, que é uma capacidade que decorre da prevalência de confiança numa sociedade ou em certas partes dessa sociedade.

Cite-se, por fim, a leitura sociológica de Niklas Luhmann[10], que investiga a complexidade social tendo a confiança, analisada funcionalmente e comparada com outros mecanismos sociais funcionalmente equivalentes, como ponto de partida. Conforme retrata o autor[11], onde há confiança há aumento de possibilidades para a experiência e a ação, há o aumento da complexidade do sistema social e do número de possibilidades que podem reconciliar-se com sua estrutura, porque a confiança constitui uma forma mais efetiva de redução da complexidade.

Também indaga a função do Direito, sob duas perspectivas, uma abstrata, ligada com os custos sociais da vinculação temporal de expectativas, e outra concreta, no tocante à estabilização de expectativas normativas pela regulação de suas generalizações temporais, objetivas e sociais. O Direito torna possível

[8] Fukuyama, Francis. *Confiança:* as virtudes sociais e a criação da prosperidade. Tradução de Alberto Lopes. Rio de Janeiro: Rocco, 1996, p. 40.

[9] *Ibidem*, p. 40-41.

[10] Luhmann, Niklas. *Confianza*. Tradução de Amada Flores. Rubí (Barcelona): Anthropos Editorial; México: Universidad Iberoamericana; Santiago de Chile: Instituto de Sociología. Pontificia Universidad Católica de Chile, 2005, p. 13-14. No tocante a tal visão: Cordeiro, António Menezes. **Da boa fé no direito civil**. Coimbra: Almedina, 1997, p. 1242-1243; Ferreira, Patrícia Cândido Alves. O princípio da confiança: proteção e tópica jurisprudencial dos contratos de saúde suplementar. **Revista de Direito Civil Contemporâneo**. São Paulo: Revista dos Tribunais, v. 2, p. 83-107, jan./mar. 2015, p. 87.

[11] Luhmann, Niklas. *Confianza*. Tradução de Amada Flores. Rubí (Barcelona): Anthropos Editorial; México: Universidad Iberoamericana; Santiago de Chile: Instituto de Sociología. Pontificia Universidad Católica de Chile, 2005, p. 14.

saber quais expectativas encontrarão aprovação social e quais não. Havendo essa certeza de expectativas, podem-se encarar as decepções da vida cotidiana com maior serenidade, ou ao menos se tem a segurança de não cair em descrédito em relação a suas expectativas. O indivíduo pode se permitir maior grau de confiança, chegando a correr riscos, ou também de desconfiança, quando se pode confiar no Direito. E isso significa que é possível viver em uma sociedade mais complexa, na qual não bastam os mecanismos personalizados ou de interação para obter a segurança da confiança, mas assim o Direito tem também propensão a crises de confiança que não se deixam transmitir simbolicamente. Quando o Direito não é mais respeitado, ou quando, até onde seria possível, ele já não se impõe, as consequências transcendem muito o que de imediato se apresenta como violação da lei, e, nesse caso, o sistema tem de recorrer a formas bastante imediatas de recuperação da confiança[12].

A indicação de tais pontos de vista, longe de ingressar no estudo de seus respectivos enfoques, tem o mero intento de mostrar a dimensão que a confiança proporciona na arena da reflexão.

A despeito da polissemia que a expressão confiança comporta, bem como das diversas ponderações, em especial sociológicas, levadas a efeito, para fins do presente trabalho, a confiança é compreendida como atributo humano capaz de transmitir idoneidade no trato, digno de crença, implicando lealdade a ponto de respaldar o engajamento pessoal, social ou negocial.

Confia-se na honestidade de outrem, pois inspira padrão de conduta proba, respaldando a atribuição de alguma incumbência, no que se inclui a celebração de um contrato, dado que merecedora de fidúcia, de fé.

2. Confiança e contratos de confiança

Tendo em mente a compreensão de confiança aqui adotada, é lícito apurar o seu emprego na conjuntura contratual.

Em princípio, a celebração de qualquer contrato pressupõe confiança. A liberdade de contratar, que inclui, entre suas vertentes, a escolha de com quem contratar ou não, abrange, em certa medida, o aspecto fiducial. Define-se o parceiro na avença porque, entre outros fatores, se crê na sua honradez, na sua idoneidade patrimonial, na sua solvabilidade.

Sempre partindo de análise generalizante, desconsiderando peculiaridades que os interesses concretos no evento real podem apresentar, é presumível que

[12] LUHMANN, Niklas. **O direito da sociedade**. Tradução Saulo Krieger; tradução das citações em latim Alexandre Agnolon. São Paulo: Martins Fontes, 2016, p. 175-176.

a celebração do pacto – de qualquer pacto, na verdade – se efetiva porque os contraentes acreditam mutuamente que a contraparte é capaz de adimplir exatamente o que for ajustado e vice-versa, ou seja, de satisfazer o seu crédito. Isso porque a avença é permeada pela confiança.

A saber, o direito do crédito é aquele da confiança, que governa os mecanismos jurídicos que permitem ao credor se fiar sem demasiado risco ao devedor. Tais palimpsestos, que são as palavras, são reveladores: essas de credores, de crédito trazem o estigma de sua raiz comum latina, *credere*, "ter confiança"[13].

Tal aspecto, ínsito a cada celebrante, representa não só a fé na palavra dada, mas o atributo que fundamenta a própria contratação.

Outrossim, é indispensável realçar que tais características detêm também feição jurídica, visto que as partes são obrigadas a agir de acordo com a boa-fé objetiva (art. 422 CC), como norma de conduta, incluindo os deveres laterais, desde o momento em que se iniciam os contatos tendentes à celebração do contrato, marcados ou não por período de maior extensão de negociações preliminares.

Quer isso esclarecer que os deveres decorrentes da boa-fé objetiva não se confundem com a confiança objeto do presente item, sem embargo de se entrecruzarem. Mesmo porque – nunca olvidando-se dos vários sentidos que o vocábulo confiança assume – autores unem as acepções. Renan Lotufo escreve que a boa-fé negocial se traduz no dever de cada parte agir de forma a não defraudar a confiança da outra parte, alcançando todos os participantes da relação jurídica, não importando o ponto de vista psicológico de uma das partes, servindo como norte e padrão de conduta a ser seguido[14]. Consoante Capelo de Sousa[15] ao introduzir o princípio da boa-fé, a convivência sociojurídica, na tomada de decisões responsáveis e na conformação de relações jurídicas autorresponsáveis, tem de alicerçar-se na confiança recíproca, no comportamento e na reta intenção de uns relativamente aos outros. A relação fundamental de respeito e o princípio da responsabilização conduzem à tutela da confiança e ao princípio de não defraudar a confiança dispensada e exigida. Também Karl Larenz[16], para quem

[13] Houtcieff, Dimitri. Le nouveau droit des sûretés, un outil de protection de la confiance? *In:* Bénabou, Valérie-Laure; Chagny, Muriel (Dir.). *La confiance en droit privé des contrats.* Paris: Dalloz, 2008, p. 79.

[14] Lotufo, Renan. *Código civil comentado*: parte geral (arts. 1º a 232), v. 1. 3. ed. São Paulo: Saraiva, 2016, p. 378.

[15] Sousa, Rabindranath Capelo de. **Teoria geral do direito civil.** Coimbra: Coimbra Editora, 2003, v. 1, p. 82-83.

[16] Larenz, Karl. **Derecho civil:** parte general. Tradução de Miguel Izquierdo e Macías-Picavea. Madrid: Editorial Revista de Derecho Privado, 1978, p. 58-59. Do mesmo modo: Rezzónico, Juan Carlos. *Principios fundamentales de los contratos.* Buenos Aires: Astrea, 1999, p. 376-377.

o personalismo ético, que parte da base da capacidade da pessoa para a auto decisão e a responsabilidade por si mesmo e que eleva o respeito à dignidade pessoal de cada ser humano à categoria de imperativo moral supremo, não seria, de todo modo, suficiente para fundamentar uma ordem jurídica, e nem sequer uma ordem jurídica-privada, a não ser que também intervenha um elemento ético-social. Este elemento é, no Código Civil, o princípio da boa-fé. É baseado na consideração de que uma convivência pacífica e próspera de pessoas em uma comunidade ainda tão carente de coesão não é possível sem que a confiança dispensada, ao menos em geral, não seja defraudada, mas sim confirmada, e que por ela a boa-fé permaneça como possível enquanto fundamento das relações humanas. Todavia, a questão está distante de ser simples[17], observando-se, até mesmo, entendimentos contrários à existência de um instituto jurídico autônomo de responsabilidade pela confiança[18], não obstante, seja reconhecido[19].

Tercio Sampaio Ferraz Júnior[20] discorre que o ordenamento jurídico é um sistema capaz de criar condições especiais para o desenvolvimento de um mecanismo de confiança *sui generis*. Para distingui-la (confiança jurídica) da confiança na normalidade é possível usar o termo *fidúcia: confiança fiducial*. Nesse caso, a

[17] Quanto ao tema, ver: FRADA, Manuel António de Castro Portugal Carneiro da. **Teoria da confiança e responsabilidade civil**. Coimbra: Almedina, 2004, p. 452-466; CORDEIRO, António Menezes. **Da boa fé no direito civil**. Coimbra: Almedina, 1997, p. 1240-1243; ASCENSÃO, José de Oliveira. **Direito civil:** teoria geral, v. 2: acções e factos jurídicos. 2. ed. Coimbra: Coimbra Editora, 2003, p. 395-399. Idem, sobre a confluência e a diferenciação: MARTINS-COSTA, Judith. *A boa-fé no direito privado*: critérios para a sua aplicação. 2. ed. São Paulo: Saraiva, 2018, p. 250-257; LARENZ, Karl. *Metodologia da ciência do direito*. Tradução de José Lamego. 3. ed. Lisboa: Fundação Calouste Gulbenkian, 1997, p. 678-679; REZZÓNICO, Juan Carlos. *Principios fundamentales de los contratos*. Buenos Aires: Astrea, 1999, p. 378-379; FERREIRA, Patrícia Cândido Alves. O princípio da confiança: proteção e tópica jurisprudencial dos contratos de saúde suplementar. **Revista de Direito Civil Contemporâneo**. São Paulo: Revista dos Tribunais, v. 2, p. 83-107, jan./mar. 2015, p. 84-86.

[18] FLUME, Werner. *El negocio jurídico:* parte general del derecho civil. Tradução de José María Miquel González e Esther Gómez Calle. Madrid: Fundación Cultural del Notariado, 1998, tomo 2, p. 170-171; ASCENSÃO, José de Oliveira. **Direito civil:** teoria geral, v. 2: acções e factos jurídicos. 2. ed. Coimbra: Coimbra Editora, 2003, p. 398. Noticiando dissenso a respeito: CORDEIRO, António Menezes. **Da boa fé no direito civil**. Coimbra: Almedina, 1997, p. 1236-1237.

[19] LARENZ, Karl. **Metodologia da ciência do direito**. Tradução de José Lamego. 3. ed. Lisboa: Fundação Calouste Gulbenkian, 1997, p. 603; LARENZ, Karl. **Derecho justo:** fundamentos de etica juridica. Tradução de Luis Díez-Picazo. Madrid: Civitas, 2001, p. 90-98; PINTO, Paulo Mota. A proteção da confiança na "jurisprudência da crise". *In:* ______. *Direitos de personalidade e direitos fundamentais:* estudos. Coimbra: Gestlegal, 2018, p. 224-231, 256-262.

[20] FERRAZ JÚNIOR, Tercio Sampaio. Suspeição e impedimento em arbitragem: sobre o dever de revelar na Lei 9.307/1996. *In:* WALD, Arnoldo (Org.). *Doutrinas essenciais:* arbitragem e mediação: v. 2: elementos da arbitragem e medidas de urgência. São Paulo: Revista dos Tribunais, 2014, p. 973-974.

confiança (fiducial) tem a ver com uma espécie de encargo que alguém assume perante alguém e vice-versa, isto é, perante o outro de quem se espera um comportamento correspondente, posto que é um mecanismo de convivência. Por isso, de boa-fé, de um lado, lealdade, de outro, formam verdadeiro corpo de regras e princípios que atingem as próprias consciências como objeto jurídico.

Esclareça-se que é necessário evitar toda forma de confusão que a ampla significação que a expressão *confiança* abarca. Como escrito acima, as partes pactuam o contrato, concedendo crédito de lado a lado porque há *confiança*; não se deve olvidar que a *confiança* merece tutela em variados aspectos no contexto do Direito Civil, notadamente no papel exercido pela confiança legítima na teoria do negócio jurídico, que apresenta ramificado emprego, com destaque ao estudo de Manuel Carneiro da Frada[21].

Conforme define João Baptista Machado[22], o princípio da confiança é um princípio ético-jurídico fundamentalíssimo e que a ordem jurídica não pode deixar de tutelar a confiança legítima baseada na conduta de outrem. Assim tem de ser, pois, *poder confiar* é uma condição básica de toda a convivência pacífica e da cooperação entre os seres. Mais ainda, esse *poder confiar* é, logo, condição básica da própria possibilidade da comunicação dirigida ao entendimento, ao consenso e à cooperação (portanto, da paz jurídica).

[21] Frada, Manuel António de Castro Portugal Carneiro da. **Teoria da confiança e responsabilidade civil**. Coimbra: Almedina, 2004, p. 345-579. Consultar igualmente: Cordeiro, António Menezes. *Da boa fé no direito civil.* Coimbra: Almedina, 1997, p. 1231-1251; Cordeiro, António Menezes. **Tratado de direito civil:** parte geral: negócio jurídico. 4. ed. com a colaboração de A. Barreto Menezes Cordeiro. Coimbra: Almedina, 2017, v. 2, p. 127-131; Almeida, Carlos Ferreira de. *Contratos I:* conceito; fontes; formação. 4. ed. Coimbra: Almedina, 2008, p. 219-221; Vasconcelos, Pedro Pais de. **Teoria geral do direito civil**. 8. ed. Coimbra: Almedina, 2017, p. 18-20; Oliveira, Nuno Manuel Pinto. *Princípios de direito dos contratos.* Coimbra: Coimbra Editora, 2011, p. 176-182; Gomes, Orlando. *Transformações gerais do direito das obrigações.* 2. ed. São Paulo: Revista dos Tribunais, 1980, p. 14-16; Martins-Costa, Judith. Princípio da confiança legítima e princípio da boa-fé objetiva. Termo de Compromisso de Cessação (TCC) ajustado com o CADE. Critérios da interpretação contratual: os "sistemas de referência extracontratuais" ("circunstâncias do caso") e sua função no quadro semântico da conduta devida. Princípio da unidade ou coerência hermenêutica e "usos do tráfego". Adimplemento Contratual. Separata de: **Revista dos Tribunais**. São Paulo: Revista dos Tribunais, v. 852, p. 85-126, out. 2006, p. 94-102; LISBOA, Roberto Senise. *Confiança contratual.* São Paulo: Atlas, 2012, p. 143-176. No âmbito da arbitragem: Silva, Eduardo Silva da. Arbitragem, confiança e boa-fé: a autoridade do pacto ético entre os sujeitos da arbitragem. *In:* Martins-Costa, Judith. **Modelos de direito privado**. São Paulo: Marcial Pons, 2014, p. 195.

[22] Machado, João Baptista. Tutela da confiança e "venire contra factum proprium". *In:* ______. *Obra dispersa.* Braga: Scientia Ivridica, 1991, v. 1, p. 352.

O princípio da confiança, explana Karl Larenz[23], contempla dois elementos que não podem ser separados, sendo um componente de ética jurídica e outro que se orienta pela exigência da segurança do tráfego.

Agregue-se que a confiança é igualmente identificada como princípio constitucional[24].

Repita-se que, no seu quadro polissêmico, a configuração da confiança como princípio ilustra multiplicidade de visões, cujo exame é incompatível com o presente estudo. Mesmo assim, é ajustado sublinhar a visão de Claus Wilhelm Canaris[25], costumeiramente referida, segundo quem não se pode determinar, de antemão, quando deva um princípio valer como geral. Para o conjunto da ordem jurídica, não se poderiam considerar todos os princípios como *portadores de unidade* e, com isso, como sistematizadores; e no que, quanto a essa função, respeita ao Direito Privado, nesse, nem todos os princípios são, por seu turno, relevantes para o sistema, como o são, por exemplo, para o Direito das Obrigações, os Direitos Reais, o Direito das Sucessões etc.; dentro desses âmbitos, formam-se subsistemas menores, com princípios gerais autônomos, como, por exemplo, o sistema dos atos ilícitos, do enriquecimento sem causa, das perturbações na prestação ou da responsabilidade pela confiança. Em qualquer caso, parte dos princípios constituintes do sistema menor penetra, como geral, no mais largo e, inversamente, o sistema menor só em parte se deixa, normalmente, retirar dos princípios maiores.

Por conseguinte, adiciona Canaris[26], para o Direito Civil vigente seriam, por exemplo, de reconhecer como constitutivos do sistema – sem pretensão de exaustividade – os princípios da autodeterminação, da autorresponsabilidade, da proteção do tráfego e de confiança, da consideração pelas esferas de personalidade e de liberdade dos outros e da restituição do enriquecimento injusto.

[23] LARENZ, Karl. **Derecho justo:** fundamentos de etica juridica. Tradução de Luis Díez-Picazo. Madrid: Civitas, 2001, p. 95-96.

[24] CANOTILHO, José Joaquim Gomes. **Direito constitucional**. 6. ed. Coimbra: Almedina, 1993, p. 371-380; LARENZ, Karl. *Metodologia da ciência do direito*. Tradução de José Lamego. 3. ed. Lisboa: Fundação Calouste Gulbenkian, 1997, p. 603; PINTO, Paulo Mota. A proteção da confiança na "jurisprudência da crise". *In*: ______. **Direitos de personalidade e direitos fundamentais:** estudos. Coimbra: Gestlegal, 2018, p. 225-226, 256-262; SILVA, Almiro do Couto e. O princípio da proteção da confiança e a teoria da invalidade dos atos administrativos no direito brasileiro. *In:* ______. **Conceitos fundamentais do direito no estado constitucional**. São Paulo: Malheiros, 2015, p. 99-103.

[25] CANARIS, Claus Wilhelm. *Pensamento sistemático e conceito de sistema na ciência do direito*. Tradução de A. Menezes Cordeiro. 2. ed. Lisboa: Fundação Calouste Gulbenkian, 1996, p. 79.

[26] CANARIS, Claus Wilhelm. *Pensamento sistemático e conceito de sistema na ciência do direito*. Tradução de A. Menezes Cordeiro. 2. ed. Lisboa: Fundação Calouste Gulbenkian, 1996, p. 80.

Escorado na posição de Canaris, Karl Larenz[27] afirma que o princípio da confiança alcança com isto significado independente como base de responsabilidade que surge ao lado da responsabilidade por negócios jurídicos e a complementa.

É assente também a amplitude de figuras que margeiam a fidúcia. Francesco Galgano[28], *exempli gratia*, cita duas espécies: a propriedade fiduciária, caracterizada pela peculiaridade que a faculdade de gozar e dispor de dado bem são atribuídas ao proprietário não para satisfazer um interesse próprio, mas um interesse alheio; o negócio fiduciário, por força do qual a propriedade de um bem é transferida de um sujeito ao outro por meio de pacto, *pactum fiduciae*, em que o segundo o usa para dada finalidade, que, uma vez alcançada, deve o bem ser restituído ao primeiro. Relembre-se, ainda, do *trust*, instituto concebido na *Common Law*. Ainda que não se identifique cada qual, são estruturadas no assunto em tela[29].

Ademais, observa-se no Direito do Comércio Internacional a importância primordial que reveste o contrato com a instauração de uma relação de confiança entre os parceiros econômicos[30], por meio do desenvolvimento de instrumentos jurídicos aptos a instaurar ou a reforçar tal sentimento entre os operadores[31]. Além disso, analisar a confiança no contexto da perenidade da relação individual leva a considerá-la em sua dimensão temporal. O engajamento da relação supõe seguramente certa dose de confiança no futuro, especialmente se a relação enseja investimentos específicos ou especialização da atividade. Por-

[27] Larenz, Karl. *Metodologia da ciência do direito*. Tradução de José Lamego. 3. ed. Lisboa: Fundação Calouste Gulbenkian, 1997, p. 678. Idem: Machado, João Baptista. Tutela da confiança e "venire contra factum proprium". *In:* ______. *Obra dispersa*. Braga: Scientia Ivridica, 1991, v. 1, p. 367-376.

[28] Galgano, Francesco. *Trattato di diritto civile*. 2. ed. Padova: Cedam, 2010, v. 2, p. 465.

[29] A título meramente exemplificativo, consultar: Cariota-Ferrara, Luigi. **I negozi fiduciari:** trasferimento cessione e girata a scopo di mandato e di garanzia. Processo fiduciario. Napoli: Cedam, 1933; Lipari, Nicolò. **Il negozio fiduciario.** Milano: Giuffrè, 1964; Fabian, Christoph. **Fidúcia:** negócios fiduciários e relações externas. Porto Alegre: Sergio Antonio Fabris, 2007; OLIVA, Milena Donato. *Do negócio fiduciário à fidúcia*. São Paulo: Atlas, 2014; Miranda, Pontes de. **Tratado de direito privado**. 3. ed. Rio de Janeiro: Borsoi, 1970, v. 3, p. 115-136; Martins-Costa, Judith. O *trust* e o direito brasileiro. **Revista de Direito Civil Contemporâneo**. São Paulo: Revista dos Tribunais, v. 12, p. 165-209, jul./set. 2017.

[30] Clavel, Sandrine. La confiance dans les instruments internationaux et européens de droit uniforme. *In*: Bénabou, Valérie-Laure; Chagny, Muriel (Dir.). *La confiance en droit privé des contrats*. Paris: Dalloz, 2008, p. 33.

[31] *Ibidem*, p. 24.

tanto, a duração da relação e as condições sob as quais ela pode ser encerrada são cruciais para as partes envolvidas[32].

Percebe-se, desse modo, que o emprego da noção de confiança em tais vertentes é plenamente propício. Contudo, o que se anuncia no presente segmento é o papel nuclear que ela desempenha. Mesmo que relevante em qualquer ajuste, não se trata aqui, exclusivamente, da confiança recíproca, que ensejou a concessão de crédito, viabilizando o acordo entre as partes na concepção do contrato de duração, nem da boa-fé, nas suas variadas funções, que se entrelaçam.

Qualquer contrato, por exemplo, compra e venda de zíperes para costura, distribuição de produtos de limpeza, prestação de serviços de manutenção de aparelhos de ar-condicionado etc., tem a confiança como elemento que integra seu aperfeiçoamento e seu cumprimento, da mesma maneira que a boa-fé objetiva, como regra que impõe comportamento probo às partes, incorporando os deveres anexos.

Não obstante o basilar relato efetuado nesse segmento – que propositalmente não aprofunda os contornos teóricos das figuras citadas –, é conveniente mirar que alguns contratos apresentam característica adicional, porquanto existe componente subjacente ao escopo a ser realizado no bojo da avença, que é justamente a confiança.

Isso em razão de que há contratos em que a confiança consiste no traço essencial do pacto. Malgrado ela desponte intuitivamente em qualquer convenção, nesses, particularmente, a fidúcia materializa o elo fundamental entre os contraentes, desde a sua formação, passando pela sua execução, até a sua extinção pelo cumprimento.

Em tais ajustes, a confiança aflora com maior intensidade, sendo ingrediente indissociável do programa contratual, sobretudo naqueles de duração, que não se extinguem de forma instantânea, na medida em que o trato perdura enquanto ela igualmente permanece. Por isso, vislumbra-se oportuno ensejar a categoria de contratos de confiança.

Segundo propõe Grégoire Loiseau[33], após os contratos relacionais, os contratos de aliança ou os contratos-organização, seria pertinente agora considerar os contratos de confiança com a ideia de que a fé que uma parte coloca em seu cocontratante pode ser um critério eletivo de uma categoria de convenções. Os

[32] Chagny, Muriel. La confiance dans les relations d'affaires. *In*: Bénabou, Valérie-Laure; Chagny, Muriel (Dir.). *La confiance en droit privé des contrats*. Paris: Dalloz, 2008, p. 40.

[33] Loiseau, Grégoire. Contrats de confiance et contrats conclus *intuitu personae*. *In*: Bénabou, Valérie-Laure; Chagny, Muriel (Dir.). **La confiance en droit privé des contrats**. Paris: Dalloz, 2008, p. 97.

contratos de confiança sugerem que, concluídos em contemplação da pessoa do contratante, são estreitamente associados à realização da operação contratual desde que ele participe a bom termo de sua execução.

São contratos de confiança porque a satisfação de uma das partes depende das qualidades da outra e que, por isso, ela tende a confiar nelas[34].

A confiança advém nessas circunstâncias da crença de que, em razão das qualidades pessoais que o fizeram ser escolhido, o contratante é capaz de corresponder às expectativas de seu cocontratante[35].

O presente estudo não tem o propósito de aprofundar as características dos contratos de confiança nem de seus contornos e eventuais objeções. A intenção é somente chamar a atenção para suas particularidades no caso concreto em relação à conveniência de seu emprego ao pacto que decorre do compromisso das partes com o árbitro para que resolva, de forma imparcial e independente, definitivamente a disputa instaurada entre elas.

Mais do que isso, a confiança consiste no atributo inseparável da moldura contratual, imanente à realização do objeto da avença. É fator capital na sua gênese, na escolha acerca de quem contratar, sendo também ligada à sua etapa de concretização pelo adimplemento. Deve subsistir em todo percurso, uma vez que, caso defraudada, deflagra eficácia jurídica, conforme o caso, voltada à extinção do ligame que vinculou as partes.

Similarmente, Judith Martins-Costa[36] observa espécies contratuais marcadas pela fidúcia, pois caracterizadas, latíssimo senso, por posição de poder conferida por uma das partes sobre o interesse de outrem e a confiança depositada sobre o fiduciário de que perseguirá o interesse do fiduciante. São, pois, negócios fiduciários, em que o fiduciário age em favor do fiduciante em razão de dever jurídico constituído pelo contrato ou pela lei. Passa, assim, a ter o controle, a administração, ou mesmo o dever de garantir, ou o poder de decisão sobre o interesse patrimonial alheio, com a finalidade de garantir, ou administrar os interesses do fiduciante, ou de terceiro por ele nomeado, ou solver litígio em que envolvidos tais interesses. Portanto, nesse grupo de figuras negociais, o dever de agir em benefício alheio é o dever jurídico estruturante da espécie, muito embora possam ser diversas as causas e as manifestações de tal dever.

[34] *Ibidem*, p. 97.

[35] *Ibidem*, p. 98.

[36] Martins-Costa, Judith. **A boa-fé no direito privado:** critérios para a sua aplicação. 2. ed. São Paulo: Saraiva, 2018, p. 351.

Exemplifica a autora[37], indicando as peculiaridades desse grupo em quatro distintas espécies contratuais em tudo diversas entre si, mas que guardam, como traço comum, o dever de levar em conta o interesse alheio: os contratos de mandato, de seguro, o contrato de investidura do árbitro e as relações jurídicas de administração.

É o que Juan Carlos Rezzónico[38] qualifica como contratos que exigem especial confiança, os quais supõem a criação, em virtude disso, de crença particular, distinta daquela que inspira todo contrato como promessa. Tal confiança deriva da própria natureza do contrato, como o mandato e a sociedade, ou da intenção das partes de lhe outorgar tal caráter.

Percebe-se, destarte, que a doutrina alberga categorias diferenciadas em que a confiança e a fidúcia apresentam atribuição intensa, de tal saliência a ponto de justificar regime jurídico dotado de peculiaridades.

Assentadas tais premissas, propriamente ao que interessa ao presente estudo, é de se examinar o contrato de árbitro que se encaixa como contrato de confiança, dotado da característica de pacto *intuitu personae* ou personalíssimo. É o que se expõe nos próximos dois itens.

3. Contratos *intuitu personae*

Em matéria de Direito Civil, são tradicionais as classificações doutrinárias, em diferentes aspectos, no que concerne aos contratos. Embora apresentem, a depender do entendimento do respectivo autor, diversos alcances, referidas classificações não se prestam unicamente ao caráter didático, mas também são úteis para definir o regime jurídico aplicável, para tipificar consoante a figura em exame.

Entre as várias espécies de classificação, merece realce, para o presente estudo, aquela que leva em consideração a identidade do contratante como aspecto primordial. No contexto de a parte definir *com quem contratar, a pessoalidade* é a essência, o tópico substancial.

Na maioria dos contratos, é irrelevante a pessoa com quem se celebra o pacto. No comércio em geral, *verbi gratia*, o lojista busca vender (contrato de compra e venda) o maior número de produtos aos consumidores, pouco importando quem sejam os compradores. Contudo, no contrato de sociedade, é determinante bem conhecer quem será o sócio, justificando a crença comum com a

[37] *Ibidem*, p. 351.

[38] Rezzónico, Juan Carlos. **Principios fundamentales de los contratos**. Buenos Aires: Astrea, 1999, p. 403.

finalidade de investimento e desenvolvimento de empreendimento empresarial conjunto.

Se no primeiro caso é desimportante se o contraente é a pessoa A, B ou C, no segundo, A, B ou C é o tema central, indeclinável. Nessa hipótese, a questão categórica no que tange a *com quem contratar*, definidora entre os sujeitos, é a fidúcia que neles se deposita, que assume caráter personalíssimo.

Isto posto, os contratos *intuitu personae* se qualificam e se agrupam pelo fato de que a pessoa (em concreto) de um dos dois contraentes (e, de vez em quando, de ambos os contraentes) é elemento essencial (*intuitus* da pessoa da contraparte), no sentido que um interesse qualquer induziu um dos contraentes a escolher, como contraparte, determinada pessoa, porque dotada de particulares qualidades ou atitudes, ou de particular perícia técnica etc.[39] Trata-se de classificação afeita à formação do contrato[40].

Nesse cenário, não se cuida, em outras palavras, do contrato *enquanto tal* que interessa a quem o subscreve, mas o contrato *executado por tal pessoa* e não por outra, em razão de suas aptidões ou de suas capacidades[41].

Geralmente, originam obrigação de fazer, cujo objeto é serviço infungível, isto é, que não pode ser executado por outra pessoa, ou porque só aquela é capaz de prestá-lo, ou porque à outra parte interessa que seja executado tão somente por ela[42]. É o que dispõe o artigo 247 do Código Civil[43].

Explique-se, como expressa referido artigo, a obrigação "só imposta" ao devedor é diferente daquela "só por ele exequível". Na primeira, as partes convencionam que só o devedor pode cumprir a prestação, ainda que seja, em tese, passível de execução por terceiro. É o exemplo de se contratar um arquiteto para realizar projeto, o qual poderia ser efetuado por outrem. Na segunda, a habilidade pessoal do devedor prepondera, de sorte que apenas ele tem aptidão para tanto, como na contratação de um escritor para elaborar a continuação de primeiro livro, de muito sucesso[44].

[39] Messineo, Francesco. Il contratto in genere. *In*: CICU, Antonio; ______ (Dir.). *Trattato di diritto civile e commerciale*. Milano: Giuffrè, 1968, v. 21, t. 1, p. 794.

[40] Ghestin, Jacques. *Traité de droit civil:* la formation du contrat. 3. ed. Paris: LGDJ, 1993, p. 26.

[41] De Page, Henri. *Traité élémentaire de droit civil belge:* principes, doctrine, jurisprudence: v. 2: les incapables. Les obligations (première partie). 2. ed. Bruxelles: Émile Bruylant, 1948, p. 422.

[42] Gomes, Orlando. **Contratos.** 23. ed. Rio de Janeiro: Forense, 2001, p. 82.

[43] "Art. 247. Incorre na obrigação de indenizar perdas e danos o devedor que recusar a prestação a ele só imposta, ou só por ele exeqüível." (BRASIL. Lei nº 10.406, de 10 de janeiro de 2002. Institui o Código Civil. Diário Oficial da União, Brasília, DF, 11 jan. 2002.)

[44] Nanni, Giovanni Ettore. *In*: ______ (Coord.). **Comentários ao Código Civil:** direito privado contemporâneo. 2. ed. São Paulo: Saraiva Educação, 2021, p. 735-736.

Como esmiuça Orlando Gomes[45], a necessidade de considerar a pessoa do outro contraente apresenta-se nessas condições quando, para a execução do contrato, entra o fator subjetivo de confiança ou a habilidade particular da pessoa que deve cumprir a obrigação de fazer.

É justamente em tal ponto que a fisionomia da confiança se entrelaça com os contratos *intuitu personae*, que se traduz na escolha da pessoa e na fé em relação à pessoa[46]. Há que se desenvolver a interpretação da confiança. Nesse sentido, um contrato *intuitu personae* não deve receber a mesma solução que um comum[47].

Quanto à escolha da pessoa com quem contratar, constata-se que, quando se destina a estabelecer relação de confiança, a liberdade de vinculação é mais prontamente exaltada pelo Direito, como se tratasse de fazer reconhecer a importância dessa escolha e de sua extrema latitude segundo critérios que podem ser subjetivos[48].

A importância da escolha da pessoa justifica, em todo o caso, regras de proteção cujo objetivo específico é garantir a plenitude da característica *intuitu personae* em que se deve basear a confiança[49].

Além disso, uma vez concluído o contrato com a pessoa que deveria apresentar as qualidades requeridas para sua execução, a confiança depositada nessa pessoa imprime exigências, a começar por aquela da execução pessoal das obrigações assumidas. A fé na pessoa resulta numa expectativa e numa exigência, nomeadamente de que é a pessoa escolhida, e ela própria, quem leva a cabo a operação contratual até ao seu fim[50].

Ressalte-se, ainda, que a correlação entre a feição *intuitu personae* e a confiança necessária à adequada execução do contrato explica duas coisas: de uma parte, a liberdade de romper o elo é mais facilmente reconhecida nas relações contratuais de confiança e, de outra parte, ela pode, em princípio, ser exercida por motivos relacionados com a pessoa do contratante. O princípio da livre revogabilidade é particularmente aceito, pelo Código Civil, no depósito e, principal-

[45] Gomes, Orlando. *Op cit.*, p. 82.

[46] Loiseau, Grégoire. Contrats de confiance et contrats conclus **intuitu personae**. *In*: Bénabou, Valérie-Laure; Chagny, Muriel (Dir.). **La confiance en droit privé des contrats**. Paris: Dalloz, 2008, p. 99.

[47] Rezzónico, Juan Carlos. **Principios fundamentales de los contratos**. Buenos Aires: Astrea, 1999, p. 403.

[48] Loiseau, Grégoire. Contrats de confiance et contrats conclus *intuitu personae*. *In*: Bénabou, Valérie-Laure; Chagny, Muriel (Dir.). **La confiance en droit privé des contrats**. Paris: Dalloz, 2008, p. 100.

[49] *Ibidem*, p. 100.

[50] *Ibidem*, p. 101.

mente, no mandato, que pode ser unilateralmente extinto quando a confiança desaparece[51].

Em tais termos, apesar de não se discorrer sobre as consequências lógicas dos contratos *intuitu personae*, é apropriado registrar que a doutrina se ocupa da temática, indicando seus efeitos singulares[52].

Por fim, com o fito de pavimentar a significação do feitio personalíssimo *vis-à-vis* a confiança no ambiente de atuação do árbitro, é congruente anotar, à guisa de comentário, quanto ao exercício de ofícios que exigem formação, regulamentação e registro perante órgão de classe privativo, como é, *verbi gratia*, a advocacia, a medicina, a engenharia etc. São as conhecidas categorias de profissionais liberais.

René Savatier[53], ao escrever sobre as profissões liberais no âmbito do Direito, aduz que, como ponto de partida para compreender a sua questão jurídica, a origem, a concepção e o futuro de tais profissões estão primeiramente ligadas a um dado psicológico que é a confiança.

Mostra que as profissões liberais têm traço comum, que repousa na confiança de sua clientela. E, quanto a esta confiança, os juristas construíram a análise do Direito própria a tais profissões[54].

Destarte, reputando-se que, via de regra, o pacto *intuitu personae* tem como objeto obrigação de fazer, que corriqueiramente compreende sua realização por profissionais liberais que se inserem nesse segmento, no que, em inegável maioria, também se inclui o árbitro, tais ponderações são proveitosas para respaldar a assimilação do contrato de árbitro como convenção de confiança, de natureza *intuitu personae*.

[51] *Ibidem*, p. 103.

[52] Gomes, Orlando. **Contratos**. 23. ed. Rio de Janeiro: Forense, 2001, p. 82-83; Messineo, Francesco. Il contratto in genere. *In*: Cicu, Antonio; ______. **Trattato di diritto civile e commerciale**. Milano: Giuffrè, 1968, v. 21, t. 1, p. 794-795; Bianca, C. Massimo. **Diritto civile:** il contratto. Milano: Giuffrè, 1998, v. 3, p. 60-61; De Page, Henri. **Traité élémentaire de droit civil belge:** principes, doctrine, jurisprudence: v. 2: les incapables. Les obligations (première partie). 2. ed. Bruxelles: Émile Bruylant, 1948, p. 422-424; Almeida, Carlos Ferreira de. **Contratos II:** conteúdo; contratos de troca. Coimbra: Almedina, 2007, p. 36-38.

[53] Savatier, René. L'origine et le développement du droit des professions libérales. *In*: Roubier, Paul; Maspetiol, Roland (Dir.). Déontologie et discipline professionnelle. *Archives de philosophie du droit:* nouvelle série. Paris: Sirey, 1953-1954, p. 46.

[54] *Ibidem*, p. 46.

4. Contrato de confiança e contrato de árbitro: sua natureza *intuitu personae*

Feitas tais considerações, é preciso examinar o papel do contrato de confiança na arbitragem, com especial atenção ao contrato de árbitro, que é ajuste *intuitu personae*.

A noção intuitiva da arbitragem, aquela que primeiro vem à mente quando nela se pensa, é do procedimento em si, da lide instaurada. Por isso, suscita preocupações próprias do litígio, sendo às vezes menosprezado o caminho percorrido e exigido até então, que é eminentemente negocial, fundado no Direito Civil. Isso porque para se atingir o estágio da instauração do procedimento arbitral, são necessários, como regra geral, diversos negócios jurídicos, desde a cláusula compromissória até o pacto celebrado com os árbitros para que assumam a obrigação de decidir as controvérsias submetidas ao seu julgamento[55]. Revela-se, assim, forte dimensão contratual na justiça arbitral, mediante superposição de contratos[56], que não se confundem entre si[57].

Nesse cenário, entre os vários negócios jurídicos intrínsecos à arbitragem, cite-se a figura inicial, que é a convenção de arbitragem, a qual engloba as espécies cláusula compromissória e compromisso arbitral, sendo a primeira de maior uso. Caso deflagrada a controvérsia, tratando-se de arbitragem institucional, em que as partes elegem um centro de arbitragem para administrar o procedimento, é celebrado outro pacto, desta feita com a respectiva câmara de arbitragem, a fim de prestar o respectivo serviço. Ademais, com a indicação pelas partes e a aceitação do árbitro único, ou dos árbitros, se prevista a composição de painel, dá-se a celebração de contrato com os árbitros. Ainda que não mandatório, é comum subscrever o termo de arbitragem, que usualmente envolve as partes, os árbitros e a instituição arbitral.

Conquanto não se pretenda abordar as características de cada figura acima relatada[58], são marcadas por elemento comum, que é a confiança – em que se impõe verdadeiro diálogo em confiança[59] –, no qual o contrato avençado entre as partes e os árbitros, o *negócio jurídico arbitral*, segundo denomina Pontes de

[55] Nanni, Giovanni Ettore. Notas sobre os negócios jurídicos da arbitragem e a liberdade de escolha do árbitro à luz da autonomia privada. **Revista de Arbitragem e Mediação**. São Paulo: Revista dos Tribunais, v. 49, p. 263-284, abr./jun. 2016, p. 264.

[56] Seraglini, Christophe; Ortscheidt, Jérôme. *Droit de l'arbitrage interne et international*. Paris: Montchrestien, 2013, p. 713.

[57] Racine, Jean-Baptiste. *Droit de l'arbitrage*. Paris: Presses Universitaires de France, 2016, p. 359.

[58] Para sucinta identificação de tais figuras: Nanni, Giovanni Ettore. Notas sobre os negócios jurídicos da arbitragem e a liberdade de escolha do árbitro à luz da autonomia privada. **Revista de Arbitragem e Mediação**. São Paulo: Revista dos Tribunais, v. 49, p. 263-284, abr./jun. 2016, p. 266-269.

[59] Consoante expressa: Silva, Eduardo Silva da. Arbitragem, confiança e boa-fé: a autoridade do

Miranda[60], ou, mais simplesmente, *contrato de investidura* ou *contrato de árbitro*[61], consoante é designado na França (*contrat d'arbitre*) e na Itália (*contratto di arbitrato*)[62], exemplificativamente, apresenta a confiança com maior ênfase. Afinal, o destino do litígio é submetido ao árbitro pelas partes.

pacto ético entre os sujeitos da arbitragem. *In*: Martins-Costa, Judith. **Modelos de direito privado**. São Paulo: Marcial Pons, 2014, p. 184-188, 194.

60 Miranda, Pontes de. **Tratado de direito privado**. 3. ed. Rio de Janeiro: Borsoi, 1971, v. 26, p. 326.

61 Quanto a esta denominação, que aparenta ser a mais adequada, consultar: Clay, Thomas. *L'arbitre*. Paris: Dalloz, 2001, p. 493-498.

62 Acerca das características do contrato de árbitro: Riberti, Anna. Il contratto di arbitrato. **Revista Brasileira de Arbitragem**. Porto Alegre: Síntese; Curitiba: Comitê Brasileiro de Arbitragem, v. 18, p. 123-153, abr./jun. 2008; Clay, Thomas. *L'arbitre*. Paris: Dalloz, 2001, p. 473-738; Gaillard, Emmanuel; Savage, John (Ed.). *Fouchard, Gaillard, Goldman on international commercial arbitration*. The Hague: Kluwer Law International, 1999, p. 599-628; Lew, Julian D. M.; Mistelis, Loukas A.; Kröll, Stefan M. *Comparative international commercial arbitration*. The Hague: Kluwer Law International, 2003, p. 276-288; Born, Gary B. *International commercial arbitration:* v. 2: international arbitral procedures. 2. ed. Alphen aan den Rijn: Wolters Kluwer, 2014, p. 1975-1984; Cordeiro, António Menezes. **Tratado da arbitragem:** comentário à Lei 63/2011, de 14 de dezembro. Coimbra: Almedina, 2015, p. 128-130; Barrocas, Manuel Pereira. **Manual de arbitragem**. 2. ed. Coimbra: Almedina, 2013, p. 324-365; Lemes, Selma M. Ferreira. Dos árbitros. *In:* Martins, Pedro A. Batista; ______; Carmona, Carlos Alberto. **Aspectos fundamentais da lei de arbitragem**. Rio de Janeiro: Forense, 1999, p. 257-277; Lemes, Selma M. Ferreira. **Árbitro:** princípios da independência e da imparcialidade: abordagem no direito internacional, nacional e comparado. São Paulo: LTr, 2001, p. 48-51; Lemes, Selma M. Ferreira. Árbitro, conflito de interesses e o contrato de investidura. *In*: Carmona, Carlos Alberto; ______; Martins, Pedro Batista (Coord.). *20 anos da Lei de Arbitragem*: homenagem a Petrônio R. Muniz. São Paulo: Atlas, 2017, p. 273-277; Henry, Marc. Do contrato do árbitro: o árbitro, um prestador de serviços. **Revista Brasileira de Arbitragem**. Porto Alegre: Síntese; Curitiba: Comitê Brasileiro de Arbitragem, v. 6, p. 65-74, abr./jun. 2005; Pereira, Mariana Gofferjé. O contrato entre o árbitro e as partes no direito brasileiro. **Revista de Arbitragem e Mediação**. São Paulo: Thomson Reuters Brasil, v. 65, p. 227-274, abr./jun. 2020; Guerrero, Luis Fernando. Reflexão sobre a relação entre árbitros e partes: natureza jurídica e necessário afastamento de propostas de regulamentação no direito brasileiro. **Revista Brasileira de Arbitragem**. Porto Alegre: Síntese; Curitiba: Comitê Brasileiro de Arbitragem, v. 15, p. 43-53, jul./set. 2007; Baptista, Luiz Olavo. **Arbitragem comercial e internacional**. São Paulo: Lex Editora, 2011, p. 171-172; Marques, Ricardo Dalmaso. *O dever de revelação do árbitro*. São Paulo: Almedina, 2018, p. 69-104; Martins-Costa, Judith. **A boa-fé no direito privado:** critérios para a sua aplicação. 2. ed. São Paulo: Saraiva, 2018, p. 360-368; Nanni, Giovanni Ettore. Notas sobre os negócios jurídicos da arbitragem e a liberdade de escolha do árbitro à luz da autonomia privada. **Revista de Arbitragem e Mediação**. São Paulo: Revista dos Tribunais, v. 49, p. 263-284, abr./jun. 2016, p. 270-284.
No que diz respeito às controvérsias decorrentes do contrato de árbitro: Mourre, Alexis. ¿Quien tiene competencia sobre los árbitros? Reflexiones sobre el contrato de árbitro. *In:* Celli Junior, Umberto; Basso, Maristela; Amaral Júnior, Alberto do (Coord.). **Arbitragem e comércio internacional:** estudos em homenagem a Luiz Olavo Baptista. São Paulo: Quartier Latin, 2013, p. 703-716.

É largamente conhecida a expressão, que, segundo Thomas Clay[63], governa e consiste na regra de ouro da arbitragem: A arbitragem vale tanto quanto vale o árbitro ("*Tant vaut l'arbitre, tant vaut l'arbitrage*", mas a formulação, às vezes, é diferente: "*L'arbitrage vaut ce que vaut l'arbitre*"). Thomas Clay[64] diz que a sua origem é desconhecida. Se o primeiro registro escrito, localizado na pesquisa do autor, se encontra em artigo de René David publicado em 1967, ela já era apresentada como *slogan* repetido continuamente em todos os meios. A fórmula foi usada com tanta frequência que se tornou o único adágio real da arbitragem.

Esta regra universal provoca a averiguação de aspectos que iluminam o âmago do papel do árbitro, porque atribuir *valor* é, em última avaliação, atribuir *confiança* ou *desconfiança*. A afirmação dá azo à apreciação de muitos dados, sendo, como ponto de partida, oportuno o exame da pesquisa levada a efeito por Yves Dezalay e Bryant Garth[65], que, embora não seja atual, bem demonstra a consolidação do instituto no plano internacional.

Realce-se que os árbitros designados não têm dever de julgar, porque não se submeteram a isso, de modo que é preciso existir relação jurídica entre os compromitentes e os árbitros ou árbitro. Daí a necessidade do contrato de árbitro[66].

De mais a mais, o contrato que vincula as partes e o árbitro é tradicionalmente intitulado *receptum arbitrii*[67]. Encontra origem no Direito Romano, sendo a convenção por meio da qual o árbitro, escolhido de comum acordo entre as partes mediante *compromissum*, se obriga a pronunciar a decisão[68].

63 Clay, Thomas. *L'arbitre*. Paris: Dalloz, 2001, p. 10.

64 Clay, Thomas. *L'arbitre*. Paris: Dalloz, 2001, p. 10-11.

65 Dezalay, Yves; Garth, Bryant G. *Dealing in virtue*: international commercial arbitration and the construction of a transnational legal order. Chicago: The University of Chicago Press, 1996, *passim*.

66 Miranda, Pontes de. **Tratado de direito privado**. 3. ed. Rio de Janeiro: Borsoi, 1971, v. 26, p. 325-326.

67 David, René. *L'arbitrage dans le commerce international*. Paris: Economica, 1982, p. 371; Gaillard, Emmanuel; Savage, John (Ed.). *Fouchard, Gaillard, Goldman on international commercial arbitration*. The Hague: Kluwer Law International, 1999, p. 608; CLAY, Thomas. *L'arbitre*. Paris: Dalloz, 2001, p. 488-489; Racine, Jean-Baptiste. *Droit de l'arbitrage*. Paris: Presses Universitaires de France, 2016, p. 359; Commission de l'Arbitrage International de la CCI. *Rapport final sur le statut de l'arbitre*. Bulletin de la Cour internationale d'arbitrage de la CCI, v. 7, n. 1, Mai 1996. Disponível em: https://library.iccwbo.org/content/dr/COMMISSION_REPORTS/CR_0010.htm?l1=Bulletins&l2=ICC+International+Court+of+Arbitration+Bulletin+Vol.+7%2FNo.1+-+Fr#TOC_BKL1_2_1. Acesso em 2 julho 2021, p. 5; Miranda, Pontes de. **Tratado de direito privado**. 3. ed. Rio de Janeiro: Borsoi, 1971, v. 26, p. 345.

68 Arangio-Ruiz, Vincenzo. *Istituzioni di diritto romano*. 14. ed. Napoli: Jovene, 1993, p. 335. Idem: Zimmermann, Reinhard. *The law of obligations:* roman foundations of the civilian tradition. Oxford: Oxford University Press, 1996, p. 513-514.

4.1 Contrato de árbitro e sua feição como pacto *intuitu personae*

O termo árbitro é aqui entendido em seu sentido mais amplo, quer seja sozinho ou em um órgão colegiado, quer ocupe a função de presidente do tribunal arbitral ou de coárbitro, quer tenha sido nomeado diretamente pelas partes ou por uma instituição arbitral ou pela autoridade judiciária competente, por fim, seja a arbitragem *ad hoc* ou institucional[69].

Alude-se ao estatuto ou *status* do árbitro, que se entende como o conjunto de regras e costumes que governam a situação do ou dos árbitros que compõem um tribunal arbitral. Mais precisamente, no exercício de sua missão, ele tem o benefício de certo número de direitos ou garantias, e está sujeito a certo número de obrigações, cujo desrespeito estará sujeito a sanções diretas ou indiretas[70].

O alcance da expressão estatuto do árbitro merece ser precisado. Não é cabível se falar propriamente do estatuto do árbitro comparável ao estatuto do juiz. Isso porque o árbitro está vinculado a direitos e a obrigações determinadas por meio do contrato celebrado com as partes[71]. Pode, ainda, estar subordinado a regras éticas de sua própria profissão, bem assim de associações de que é integrante, além, obviamente, das diretrizes deontológicas e de conduta a que se sujeita o árbitro em procedimentos arbitrais de determinadas instituições – são regras de conduta estatuídas pelas próprias câmaras arbitrais.

O árbitro, demonstra Jean-Baptiste Racine[72], não é somente um juiz, visto que ele é igualmente um contratante.

É indicado com a finalidade de funcionar em determinada disputa porque se crê na sua aptidão, na qualidade de profissional, para bem exercer a sua missão como juiz de fato e de direito (art. 18, Lei nº 9.307/1996), julgando com retidão, preparo e diligência a lide submetida à sua apreciação. Mas, atente-se, ele é o decisor, investido no caso concreto. Mesmo que atue em variadas arbitragens, não é inserido em carreira, como o juízo togado.

Para tanto, a Lei de Arbitragem, como adiante descrito, impõe deveres ao árbitro, os quais são intimamente ligados ao encargo que lhe é outorgado. São indeclináveis, de fiel obediência e cumprimento a quem se delega jurisdição,

69 Commission de l'Arbitrage International de la CCI. **Rapport final sur le statut de l'arbitre**. Bulletin de la Cour internationale d'arbitrage de la CCI, v. 7, n. 1, Mai 1996. Disponível em: https://library.iccwbo.org/content/dr/COMMISSION_REPORTS/CR_0010.htm?l1=Bulletins&l2=ICC+International+Court+of+Arbitration+Bulletin+Vol.+7%2FNo.1+-+Fr#TOC_BKL1_2_1. Acesso em 2 julho 2021, p. 2.

70 *Ibidem*, p. 3.

71 David, René. **L'arbitrage dans le commerce international**. Paris: Economica, 1982, p. 371.

72 Racine, Jean-Baptiste. **Droit de l'arbitrage**. Paris: Presses Universitaires de France, 2016, p. 358.

dotado da importante tarefa de resolver definitivamente a controvérsia. Quando não, é cabível mister mais restrito, com o intuito de analisar medida de urgência, em que o comumente chamado árbitro de emergência é apontado tão só para decidir a questão que reclama rápida deliberação.

A partir do momento em que aceita a sua nomeação – cujo ato é de se reputar declaração negocial –, evento em que se considera instituída a arbitragem (art. 19, *caput*, Lei nº 9.307/1996), o árbitro é considerado investido na incumbência de decidir o conflito. Assume a obrigação de fazer consistente na prolação de sentença final de mérito, de acordo com o que dispõe a lei.

Desde logo, portanto, se aperfeiçoa o contrato de árbitro. Conquanto subjacente a tal atribuição, na realidade, não se verifica o ato concreto de assinatura de instrumento contratual, impresso em papel ou subscrito digitalmente – providência cada vez mais comum atualmente –, com cláusulas que estipulem direitos e obrigações das partes, a saber, os sujeitos da lide [requerente(s) e requerida(s)] e o árbitro.

É diverso do que costumeiramente se procede no acordo negocial, por exemplo, da locação de um apartamento. Nesse, com amparo na autonomia privada, os celebrantes estipulam o conteúdo da avença por escrito, tão comum na prática. Naquele, também com fulcro na autonomia privada, a convenção sucede *ex lege*, ao definir os direitos e as obrigações dos contraentes, eventualmente complementados por disposições prescritas em regulamentos de câmaras de arbitragem, a que todos aderiram, que preveem, *verbi gratia*, o montante da remuneração a ser paga ao árbitro. Eventualmente, pactuam as partes, na convenção de arbitragem, previsões ligadas à etapa de formação do ajuste, que representam limitações ou exigências de quem pode ser árbitro no contexto daquele contrato, como o requisito de certa qualidade ou especialidade[73], a saber, exemplificativamente, a expertise no mercado securitário.

De todo modo, a formação do contrato de árbitro, sem prejuízo das regras gerais inerentes a tal etapa, com liberdade às partes, segue suas particularidades capituladas legalmente[74], sobretudo, nesse estágio, há variado procedimento de escolha dos decisores – *e. g.*, indicação individual de uma parte ou conjunta

[73] Nesse sentido: Nanni, Giovanni Ettore. Notas sobre os negócios jurídicos da arbitragem e a liberdade de escolha do árbitro à luz da autonomia privada. **Revista de Arbitragem e Mediação**. São Paulo: Revista dos Tribunais, v. 49, p. 263-284, abr./jun. 2016, p. 283-284.

[74] Art. 13, § 3º, Lei nº 9.307/1996: "§ 3º. As partes poderão, de comum acordo, estabelecer o processo de escolha dos árbitros, ou adotar as regras de um órgão arbitral institucional ou entidade especializada.". (BRASIL. Lei nº 9.307, de 23 de setembro de 1996. Dispõe sobre a arbitragem. Diário Oficial da União, Brasília, DF, 24 set. 1996.)

por elas, nomeação pelos coárbitros, seleção por terceiro ou pelo centro de arbitragem –, assegurado a todos, justamente a fim de proporcionar às partes a firmeza para que depositem crença na pessoa a ser instituída na missão de julgar o litígio[75]. Com isso, propicia-se o consenso, a declaração negocial das partes e do árbitro com o fito de ultimar sua celebração.

Ninguém pode ser árbitro sem ter dado o seu assentimento. Por outro lado, perante um tribunal arbitral, as partes terão assentido, por uma ou por outra via, na escolha daqueles árbitros. Logo, haverá um contrato de árbitro, com ambas

[75] Sobre a escolha do árbitro: MARTINS, Pedro A. Batista. Normas e princípios aplicáveis aos árbitros. *In:* ______; LEMES, Selma M. Ferreira; CARMONA, Carlos Alberto. *Aspectos fundamentais da lei de arbitragem*. Rio de Janeiro: Forense, 1999, p. 289-292; CARMONA, Carlos Alberto. **Arbitragem e processo:** um comentário à Lei n. 9.307/96. 3. ed. São Paulo: Atlas, 2009, p. 234-237; BAPTISTA, Luiz Olavo. **Arbitragem comercial e internacional**. São Paulo: Lex Editora, 2011, p. 183-190; CAHALI, Francisco José. *Curso de arbitragem:* mediação: conciliação: tribunal multiportas. 8. ed. São Paulo: Thomson Reuters Brasil, 2020, p. 219-229; MAGALHÃES, José Carlos de; VISCONTE, Debora. A nomeação de árbitros em arbitragens com mais de uma parte no mesmo polo processual. *In:* LEMES, Selma Ferreira; BALBINO, Inez (Coord.). **Arbitragem:** temas contemporâneos. São Paulo: Quartier Latin, 2012, p. 283-296; ABDALLA, Letícia Barbosa e Silva. Processo de escolha e nomeação de árbitro. *In:* CARMONA, Carlos Alberto; LEMES, Selma Ferreira; MARTINS, Pedro Batista (Coord.). *20 anos da Lei de Arbitragem***:** homenagem a Petrônio R. Muniz. São Paulo: Atlas, 2017, p. 239-270; GREBLER, Eduardo. Nomeação de árbitros em arbitragens multiparte: questão resolvida? *In:* CARMONA, Carlos Alberto; LEMES, Selma Ferreira; MARTINS, Pedro Batista (Coord.). *20 anos da Lei de Arbitragem:* homenagem a Petrônio R. Muniz. São Paulo: Atlas, 2017, p. 211-225; VERÇOSA, Fabiane. A liberdade das partes na escolha e indicação de árbitros em arbitragens internacionais: limites e possibilidades. *In:* WALD, Arnoldo (Org.). **Doutrinas essenciais:** arbitragem e mediação: v. 2: elementos da arbitragem e medidas de urgência. São Paulo: Revista dos Tribunais, 2014, p. 711-732; BRODSKY, Jerry P.; MADEIRA FILHO, Victor. A seleção de árbitros nos procedimentos arbitrais: uma abordagem prática. *In:* WALD, Arnoldo (Org.). **Doutrinas essenciais:** arbitragem e mediação: v. 2: elementos da arbitragem e medidas de urgência. São Paulo: Revista dos Tribunais, 2014, p. 791-804; NANNI, Giovanni Ettore. Notas sobre os negócios jurídicos da arbitragem e a liberdade de escolha do árbitro à luz da autonomia privada. **Revista de Arbitragem e Mediação**. São Paulo: Revista dos Tribunais, v. 49, p. 263-284, abr./jun. 2016, p. 274-284.
Também: GAILLARD, Emmanuel; SAVAGE, John (Ed.). *Fouchard, Gaillard, Goldman on international commercial arbitration*. The Hague: Kluwer Law International, 1999, p. 452-484; BLACKABY, Nigel; PARTASIDES, Constantine; REDFERN, Alan; HUNTER, Martin. *Redfern and Hunter on international arbitration*. 5. ed. Oxford: Oxford University Press, 2009, p. 251-258; BORN, Gary B. *International commercial arbitration:* v. 2: international arbitral procedures. 2. ed. Alphen aan den Rijn: Wolters Kluwer, 2014, p. 1636-1759; LEW, Julian D. M.; MISTELIS, Loukas A.; KRÖLL, Stefan M. *Comparative international commercial arbitration*. The Hague: Kluwer Law International, 2003, p. 223-253; SERAGLINI, Christophe; ORTSCHEIDT, Jérôme. *Droit de l'arbitrage interne et international*. Paris: Montchrestien, 2013, p. 682-711; FIGUERES, Dyalá Jiménez. Nombramiento y recusación de árbitros. *In:* WALD, Arnoldo (Org.). **Doutrinas essenciais**: arbitragem e mediação: v. 2: elementos da arbitragem e medidas de urgência. São Paulo: Revista dos Tribunais, 2014, p. 699-709.

as partes. A esse contrato aplicam-se as regras gerais, quanto à formação[76]. Tal assertiva é evidente, visto que, como qualquer contrato, requer consentimento. E ao árbitro é conferida a liberdade de contratar ou não, dado que, frequentemente, é inquirido com antecedência à sua nomeação, sendo assegurado, de qualquer maneira, mesmo depois de indicado – já que, em certas ocasiões, não é consultado previamente –, declinar do convite se assim entender.

Não se ingressará no exame dos direitos e deveres próprios do contrato de árbitro, uma vez que o objetivo do presente estudo é apenas expor a sua feição *intuitu personae*, lastreada na confiança. Para tanto, recomenda-se compulsar as referências, não exaustivas, citadas na nota de rodapé nº 63.

Haja vista as particularidades envolvidas na investidura, mormente a confiança, a atribuição conferida ao árbitro deve ser cumprida só por ele, por mais ninguém, denotando pessoalidade, consubstanciando, por isso, contrato *intuitu personae*, cujo enquadramento, assinale-se, parece não haver discrepância na doutrina[77].

Em outros termos, a relação contratual é fortemente marcada pela confiança: se as partes escolhem determinada pessoa como árbitro, é porque estimam que

[76] Cordeiro, António Menezes. **Tratado da arbitragem:** comentário à Lei 63/2011, de 14 de dezembro. Coimbra: Almedina, 2015, p. 129. Verificar igualmente sobre a necessidade de aceitação do árbitro: David, René. *L'arbitrage dans le commerce international.* Paris: Economica, 1982, p. 337; Clay, Thomas. *L'arbitre.* Paris: Dalloz, 2001, p. 501-548; Seraglini, Christophe; Ortscheidt, Jérôme. *Droit de l'arbitrage interne et international.* Paris: Montchrestien, 2013, p. 711-712; Baptista, Luiz Olavo. **Arbitragem comercial e internacional**. São Paulo: Lex Editora, 2011, p. 150-151; Pereira, Mariana Gofferjé. O contrato entre o árbitro e as partes no direito brasileiro. **Revista de Arbitragem e Mediação**. São Paulo: Thomson Reuters Brasil, v. 65, p. 227-274, abr./jun. 2020, p. 236-238, 243-249.

[77] Commission de l'Arbitrage International de la CCI. *Rapport final sur le statut de l'arbitre.* Bulletin de la Cour internationale d'arbitrage de la CCI, v. 7, n. 1, Mai 1996. Disponível em: https://library.iccwbo.org/content/dr/COMMISSION_REPORTS/CR_0010.htm?l1=Bulletins&l2=ICC+International+Court+of+Arbitration+Bulletin+Vol.+7%2FNo.1+-+Fr#TOC_BKL1_2_1. Acesso em 2 julho 2021, p. 12, 54; Clay, Thomas. *L'arbitre.* Paris: Dalloz, 2001, p. 505-507; Racine, Jean-Baptiste. *Droit de l'arbitrage.* Paris: Presses Universitaires de France, 2016, p. 376; Lemes, Selma M. Ferreira. Dos árbitros. *In:* Martins, Pedro A. Batista; ______; Carmona, Carlos Alberto. **Aspectos fundamentais da lei de arbitragem**. Rio de Janeiro: Forense, 1999, p. 266; Baptista, Luiz Olavo. **Arbitragem comercial e internacional**. São Paulo: Lex Editora, 2011, p. 172, 175-182; Cahali, Francisco José. **Curso de arbitragem:** mediação: conciliação: tribunal multiportas. 8. ed. São Paulo: Thomson Reuters Brasil, 2020, p. 214-215; ALVES, Rafael Francisco. **Arbitro e direito:** o julgamento do mérito na arbitragem. São Paulo: Almedina, 2018, p. 64; Martins-Costa, Judith. **A boa-fé no direito privado:** critérios para a sua aplicação. 2. ed. São Paulo: Saraiva, 2018, p. 361; Beraldo, Leonardo de Faria. **Curso de arbitragem:** nos termos da Lei nº 9.307/96. São Paulo: Atlas, 2014, p. 228; Pereira, Mariana Gofferjé. O contrato entre o árbitro e as partes no direito brasileiro. **Revista de Arbitragem e Mediação**. São Paulo: Thomson Reuters Brasil, v. 65, p. 227-274, abr./jun. 2020, p. 240, 242.

ele detém as qualidades para ser um bom árbitro, independente, imparcial, competente, justo etc[78].

Consoante intitula Racine[79], a característica *intuitu personae* da missão do árbitro deflui de um traço vital, pois é "*humain, trop humain*".

Tendo em conta tal aspecto da avença, a função confiada ao árbitro é personalíssima, pelo que não pode ser objeto de transmissão nem de delegação[80]. Assim sendo, o assunto suscita debate quanto à possibilidade de nomeação de secretário do tribunal arbitral para auxiliar na execução do contrato[81].

No sistema pátrio tal possibilidade é admitida legalmente[82], pelo que não há restrição quanto à sua adoção, sendo, na verdade, vantajosa em aspectos de organização do procedimento[83]. Não se ingressará, neste segmento, na apreciação da matéria, ressaltando, porém, que, se bem aplicada, é inegavelmente benéfica do ponto de vista de eficaz condução do procedimento arbitral.

No final das contas, o mais relevante é que os papeis não sejam confundidos, devendo ser observadas as atribuições de cada um, em especial, a posição do secretário que, a despeito das várias tarefas que é hábil a desempenhar[84], não é árbitro, não julga. Consoante averba Gary Born[85], existe, em arbitragem inter-

[78] Racine, Jean-Baptiste. *Droit de l'arbitrage*. Paris: Presses Universitaires de France, 2016, p. 376.

[79] *Ibidem*.

[80] Commission de l'Arbitrage International de la CCI. *Rapport final sur le statut de l'arbitre*. Bulletin de la Cour internationale d'arbitrage de la CCI, v. 7, n. 1, Mai 1996. Disponível em: https://library.iccwbo.org/content/dr/COMMISSION_REPORTS/CR_0010.htm?l1=Bulletins&l2=ICC+International+Court+of+Arbitration+Bulletin+Vol.+7%2FNo.1+-+Fr#TOC_BKL1_2_1. Acesso em: 2 julho 2021, p. 54.

[81] Racine, Jean-Baptiste. *Droit de l'arbitrage*. Paris: Presses Universitaires de France, 2016, p. 376.

[82] Art. 13, § 5º, Lei nº 9.307/1996: "§ 5º O árbitro ou o presidente do tribunal designará, se julgar conveniente, um secretário, que poderá ser um dos árbitros.". (BRASIL. Lei nº 9.307, de 23 de setembro de 1996. Dispõe sobre a arbitragem. Diário Oficial da União, Brasília, DF, 24 set. 1996.)

[83] Barros, Vera Cecília Monteiro de. A importância do secretário na arbitragem. *In:* Carmona, Carlos Alberto; Lemes, Selma Ferreira; Martins, Pedro Batista (Coord.). **20 anos da Lei de Arbitragem:** homenagem a Petrônio R. Muniz. São Paulo: Atlas, 2017, p. 364-383. Carmona, Carlos Alberto. **Arbitragem e processo:** um comentário à Lei n. 9.307/96. 3. ed. São Paulo: Atlas, 2009, p. 237-239; Cahali, Francisco José. **Curso de arbitragem:** mediação: conciliação: tribunal multiportas. 8. ed. São Paulo: Thomson Reuters Brasil, 2020, p. 228-229.

[84] *Ibidem*, p. 364-365. Consultar também: Clay, Thomas. *L'arbitre*. Paris: Dalloz, 2001, p. 354-359; Gaillard, Emmanuel; Savage, John (Ed.). *Fouchard, Gaillard, Goldman on international commercial arbitration*. The Hague: Kluwer Law International, 1999, p. 683-684; Blackaby, Nigel; Partasides, Constantine; Redfern, Alan; Hunter, Martin. *Redfern and Hunter on international arbitration*. 5. ed. Oxford: Oxford University Press, 2009, p. 301-303; Born, Gary B. *International commercial arbitration:* v. 2: international arbitral procedures. 2. ed. Alphen aan den Rijn: Wolters Kluwer, 2014, p. 2043-2045.

[85] Born, Gary B. *International commercial arbitration:* v. 2: international arbitral procedures. 2. ed. Alphen aan den Rijn: Wolters Kluwer, 2014, p. 1999.

nacional, a obrigação de o árbitro não delegar suas atribuições (*"International arbitrator's obligation not to delegate duties"*).

Caso a atuação do secretário não desdobre no aspecto puramente jurisdicional, inexiste violação à atribuição personalíssima confiada ao árbitro.

4.2 Confiança no contrato de árbitro

Com base no quanto exposto, o cerne da atuação do árbitro resta esclarecido, uma vez que respaldado na fisionomia fiducial, centrada na pessoalidade daquele que foi indicado para atuar em determinada disputa. Convergem, nesse fator, as assertivas de que o contrato de árbitro representa pacto de confiança, de natureza *intuitu personae*.

É instintivo, assim, que a verdadeira natureza, a essência da convenção subjacente ao mister do árbitro seja a confiança. Mas não se trata de mera aspiração, sendo, na verdade, imperativo legal.

O artigo 13, *caput*, da Lei de Arbitragem estipula que pode ser árbitro qualquer pessoa capaz e que tenha a confiança das partes. Vê-se, portanto, que há dois requisitos: capacidade e confiança.

Conforme Luiz Fernando Teixeira Pinto[86], tais menções legais visam à preservação do interesse público, uma vez que o juízo arbitral é veículo de distribuição de justiça, que é uma das funções primordiais do Estado. Embora o compromisso assumido pelo árbitro pareça, em primeiro momento, residir na esfera do Direito Privado, ao atender ao valor supremo da justiça o instituto da arbitragem transcende aquela esfera, o que evidencia seu caráter público.

A capacidade civil é inerente à aptidão de firmar negócio jurídico. Somente quem pode, por si, contratar, é idôneo a atuar como árbitro, em que lhe é conferido poder jurisdicional para decidir a sorte advinda de conflito instaurado entre as partes litigantes. Mesmo porque, no exercício do *munus*, ele fica equiparado aos funcionários públicos, para os efeitos da legislação penal (art. 17, Lei nº 9.307/1996), razão por que, motivada por normas de Direito Público, é indispensável sua capacidade.

Nada mais natural, visto que a atribuição implica a celebração do contrato de árbitro, decorrendo direitos e obrigações a serem exercidos pessoalmente por ele, com uma série de efeitos legais. É pressuposto, destarte, que apresente plena capacidade, no que se inclui o discernimento, independentemente de

[86] PINTO, Luiz Fernando Teixeira. Reflexões sobre os deveres e atribuições dos árbitros. *In:* FERRAZ, Rafaella; MUNIZ, Joaquim de Paiva (Coord.). **Arbitragem doméstica e internacional:** estudos em homenagem ao Prof. Theóphilo de Azeredo Santos. Rio de Janeiro: Forense, 2008, p. 263.

representação ou assistência, para exercer a judicatura privada *in casu*, aquilatar os termos da controvérsia e decidir de maneira definitiva quanto ao seu mérito.

Relativamente à confiança, reitere-se, é a pedra angular do instituto. Exige a lei que, como traço indispensável da função, o árbitro desfrute de credibilidade, transmita a crença necessária de que dispõe de predicado para julgar o caso concreto.

No que consiste tal predicado? É a credibilidade que a pessoa transmite, no âmbito de sua atuação profissional, sendo merecedora de fidúcia.

Como escrito linhas acima, a confiança consiste no atributo humano capaz de transmitir idoneidade no trato, digno de crença, implicando lealdade a ponto de respaldar o engajamento pessoal, social ou negocial.

Considerando-se a missão *intuitu personae* que advém da investidura do árbitro, há de inspirar confiabilidade. É designado para cumprir encargo muito específico, dotado de grande relevância para os interesses dos envolvidos. Por isso, as partes têm de acreditar que o indicado contempla o quanto necessário a fim de julgar o caso concreto, respaldando a celebração do contrato de árbitro.

Em relação ao escopo de sua investidura, o árbitro se compromete a fornecer e executar para as partes, com o benefício de seu conhecimento e habilidade, o desempenho de determinadas tarefas: investigar o caso, ouvir as partes e testemunhas, analisar as provas, aplicar os princípios do devido processo legal, ser diligente, discreto e, no prazo fixado, ditar a sentença arbitral, sendo, para isso, remunerado[87]. E, como bem enfatiza Judith Martins-Costa[88] no que se refere à principal prestação do árbitro, não se trata apenas de julgar, mas de julgar com independência e imparcialidade. Só assim a obrigação principal do contrato de investidura estará adimplida e os requisitos legais do artigo 13, *caput*, da Lei de Arbitragem estarão preenchidos.

Trata-se, desse modo, de *padrão objetivo de conduta* e está relacionado com a possibilidade de *poder influenciar o árbitro com seus argumentos*, isto é, participar e colaborar para a formação da convicção do árbitro, respeitado o devido processo legal, e sempre à luz das *circunstâncias objetivas* que envolvem a relação entre partes, árbitros e o conflito em questão. As partes *confiam* que o árbitro, sendo independente e imparcial à luz dessas *circunstâncias objetivas*, estará aberto a ouvir os seus argumentos e convencer-se de que têm razão no mérito da disputa (pelo

[87] LEMES, Selma M. Ferreira. Árbitro, conflito de interesses e o contrato de investidura. *In:* CARMONA, Carlos Alberto; ______; MARTINS, Pedro Batista (Coord.). *20 anos da Lei de Arbitragem*: homenagem a Petrônio R. Muniz. São Paulo: Atlas, 2017, p. 273-274.

[88] MARTINS-COSTA, Judith. **A boa-fé no direito privado:** critérios para a sua aplicação. 2. ed. São Paulo: Saraiva, 2018, p. 362-363.

menos, cada parte assim entende)[89]. Para tanto, a fim de ilustrar a situação, é preciso que o árbitro apresente dedicação à função, evitando-se que transgrida regras mandamentais e cometa, aponta Carlos Alberto Carmona[90], o pecado da preguiça, sendo desinteressado, omitindo-se nas discussões e abrindo mão do poder de influir nas decisões proferidas pelo tribunal arbitral, ou, ainda, revelando má administração do procedimento arbitral. São símbolos próprios do dever de diligência – adiante citado –, pois o decisor tem o dever de cumprir sua missão, delineia Luiz Olavo Baptista[91], nos prazos estabelecidos pelas partes ou pela lei, e o de ser diligente. O dever de diligência não se manifesta somente no estudo cuidadoso do dossiê, mas também na participação nas deliberações, conferências e audiências de modo ativo. Nos casos de tribunais arbitrais, o árbitro tem o dever de atuar concertada e lealmente com seus coárbitros.

Com o objetivo de melhor detalhar o quanto exposto, explica Selma Lemes[92] que o conceito de confiança da parte no árbitro, na dicção da lei, tem duas óticas de análise. A primeira, intrínseca, significa que o árbitro deve ser pessoa de bem, honesta e proba. É o que se denomina probidade arbitral. A honorabilidade de uma pessoa para ser indicada como árbitro representa a sua idoneidade legal para o exercício da função. A segunda, extrínseca, representa a certeza de ser pessoa capaz de exarar decisão sem se deixar influenciar por elementos estranhos e que não tenha interesse no litígio. O árbitro deve ser e permanecer independente e imparcial, antes e durante todo o procedimento arbitral, até ditar a sentença, quando se põe fim ao seu mister de árbitro, pois este, o árbitro, é investido de uma competência de atribuição e decorrente do consensualismo das partes.

À vista disso, embora ela possa ser baseada na experiência profissional passada em determinada área do Direito e na prévia atuação arbitral[93], a confiança repousa na habilitação do árbitro de resolver a disputa, conforme a sua convicção, com empenho e gabarito. Não se traduz na crença da parte de que seus inte-

[89] ALVES, Rafael Francisco. **Arbitro e direito:** o julgamento do mérito na arbitragem. São Paulo: Almedina, 2018, p. 70.

[90] CARMONA, Carlos Alberto. Os sete pecados capitais do árbitro. **Revista de Arbitragem e Mediação.** São Paulo: Revista dos Tribunais, v. 52, p. 391-406, jan./mar. 2017, p. 401-402.

[91] BAPTISTA, Luiz Olavo. **Arbitragem comercial e internacional.** São Paulo: Lex Editora, 2011, p. 180.

[92] LEMES, Selma Ferreira. O dever de revelação do árbitro e a ação de anulação da sentença arbitral. *In:* ______; BALBINO, Inez (Coord.). **Arbitragem:** temas contemporâneos. São Paulo: Quartier Latin, 2012, p. 452-453.

[93] SESTER, Peter. Comments of the Brazilian arbitration law. *In:* ______ (Ed.). **International arbitration:** law and practice in Brazil. Oxford: Oxford University Press, 2020, p. 80.

resses serão acolhidos, que a incumbência a ser cumprida, por intermédio da prolação da sentença arbitral final, atenderá aos seus pleitos, que serão, assim, julgados procedentes. Ela não representa, em instância alguma, qualquer certeza quanto à convicção do decisor.

A confiança respalda aqui, acima de tudo, a postura, a retidão e a indicação, por parte do árbitro, de que desfruta de índole para cumprir seus deveres de independência e de imparcialidade. Ou melhor, para adimplir seus deveres legais de proceder com imparcialidade, independência, competência, diligência e discrição (art. 13, §6º, Lei nº 9.307/1996).

Em suma, tendo origem contratual, a arbitragem é atrelada à confiança fiducial, o que tem papel de relevância peculiar para a configuração de sua estrutura jurisdicional[94].

Particular atenção acerca da confiança merece a figura do coárbitro[95]. Não obstante nem sempre se pense assim[96], ele é selecionado pela parte para formação do painel – salvo a hipótese de árbitro único –, porém não é compromissado a deliberar em proveito daquela que o indicou.

Nesse cenário, consoante escreve Pedro Batista Martins[97], a confiança diz respeito às partes que conformam a relação processual, ou seja, ela não se resume ao conforto natural da parte que o indicou. A lei determina que o árbitro deve gerar confiança a ambas as partes, demandante e demandada.

Em outros termos, é lícito afirmar que o coárbitro indicado pela parte deve igualmente apresentar competência, independência e imparcialidade, axiomas que exprimem em que se funda a confiança[98].

Mesmo porque, no sistema brasileiro, o coárbitro nomeado por uma parte, o indicado pela outra e o presidente, escolhido conjuntamente por ambos – no formato que tradicionalmente se adota para formação do painel arbitral –, têm

[94] Ferraz Júnior, Tercio Sampaio. Suspeição e impedimento em arbitragem: sobre o dever de revelar na Lei 9.307/1996. *In:* Wald, Arnoldo (Org.). **Doutrinas essenciais:** arbitragem e mediação: v. 2: elementos da arbitragem e medidas de urgência. São Paulo: Revista dos Tribunais, 2014, p. 973-974.

[95] Quanto ao tema: Clay, Thomas. Le coarbitre. **Revista de Arbitragem e Mediação**. São Paulo: Revista dos Tribunais, v. 50, p. 625-652, jul./set. 2016.

[96] Relatando a ideia sobre o árbitro partidário da parte: Dolinger, Jacob. O árbitro da parte: considerações éticas e práticas. **Revista Brasileira de Arbitragem**. Porto Alegre: Síntese; Curitiba: Comitê Brasileiro de Arbitragem, v. 6, p. 29-45, abr./jun. 2005, p 29-32.

[97] Martins, Pedro A. Batista. **Apontamentos sobre a lei de arbitragem:** [comentários à lei 9.307/96]. Rio de Janeiro: Forense, 2008, p. 186.

[98] Martins, Pedro A. Batista. **Apontamentos sobre a lei de arbitragem:** [comentários à lei 9.307/96]. Rio de Janeiro: Forense, 2008, p. 186.

os mesmos deveres legais acima citados, não estando isentos de imperiosa independência e imparcialidade.

É vedada, assim, na conjuntura legal pátria, a figura do coárbitro parcial ou *partisan arbitrator*[99]. A despeito disso, há discussões sobre o árbitro indicado pela parte, já que paira no segmento arbitral dubiedade quanto à sua real atuação independente e imparcial[100].

Sob outro ângulo de observação, é da dinâmica arbitral que, no formato tradicional de seleção de árbitros, em que cada parte nomeia um deles, elas procurem indicar, na sua legítima estratégia, o tanto quanto possível, o coárbitro sob medida – evidentemente que se refere a toda sorte de planejamento leal e positivo –, considerando o que se recomenda mais acertado naquela disputa. Isso quer dizer que julgam adequado determinado perfil, consoante sua formação profissional – nem sempre jurídica, sendo pertinente, às vezes, a nomeação de engenheiro, contador, economista etc. –, sua área de expertise etc., apontando o respectivo julgador no evento real. Não deslegitima a indicação tática do árbitro pelas partes, a partir dos conhecimentos públicos disponíveis, quanto ao seu entendimento da lei.

Merece atenção, nesse ponto, a assertiva de Horacio A. Grigera Naón[101] ao se referir ao campo da arbitragem comercial internacional, em que, tendo a autonomia das partes como diretriz, elas têm o direito de optar por um tribunal arbitral e de designar um de seus membros. Ao exercer tal direito, cada parte tem assegurado que ao menos um membro do colegiado que vai resolver a disputa é alguém que ela confia por causa de sua integridade moral, experiência, bagagem cultural, domínio do idioma e qualidades profissionais. Tal circunstância se revela mais importante caso se considere a complexidade quase invariável que se apresenta em procedimentos arbitrais internacionais, assim como o fato de que as decisões arbitrais ou determinações não são normalmente sujeitas a qualquer tipo de apelação ou revisão em seu mérito, pelo que cada parte do pro-

[99] A respeito da matéria: David, René. *L'arbitrage dans le commerce international.* Paris: Economica, 1982, p. 348-352; Naón, Horacio A. Grigera. Party-appointed arbitrators: a latin america perspective. *In:* Wald, Arnoldo (Org.). **Doutrinas essenciais:** arbitragem e mediação: v. 2: elementos da arbitragem e medidas de urgência. São Paulo: Revista dos Tribunais, 2014, p. 786.

[100] Analisam a questão: Weber, Ana Carolina; Lamas, Natália Mizrahi. *Party-appointed arbitrators:* breves notas sobre o atual estágio do debate na doutrina estrangeira. *In:* Muniz, Joaquim de Paiva; Verçosa, Fabiane; Pantoja, Fernanda Medina; Almeida, Diogo de Assumpção Rezende de (Coord.). **Arbitragem e mediação:** temas controvertidos. Rio de Janeiro: Forense, 2014, p. 20-29.

[101] Naón, Horacio A. Grigera. Party-appointed arbitrators: a latin america perspective. *In:* WALD, Arnoldo (Org.). **Doutrinas essenciais:** arbitragem e mediação: v. 2: elementos da arbitragem e medidas de urgência. São Paulo: Revista dos Tribunais, 2014, p. 787.

cedimento é igualmente hábil a influenciar na composição do tribunal arbitral a fim de minimizar a possibilidade de os decisores negligenciarem ou falharem na apropriada compreensão de qualquer ângulo – argumentativo ou factual – dos pleitos formulados. Tal propósito pode ser promovido pela escolha de mecanismo de integração do tribunal arbitral, assegurando a cada parte que ao menos um dos árbitros é alguém que confie e se sinta confortável com sua atuação.

Essa conjuntura, por si só, não autoriza a contraparte alegar *falta de confiança* no coárbitro indicado pela outra, em especial tão apenas pelo motivo de não ter lhe agradado a nomeação. *Descontentamento* não é sinônimo de *desconfiança*. Por isso, não é passível de impugnação. Se inexiste qualquer evento real que desabone a credibilidade do profissional selecionado, ela não tem cabimento; além de tudo, se assim não fosse, suprimiria o direito legítimo de a contraparte apontar o decisor que entender mais adequado na disputa.

Não basta a simples alegação de falta de confiança no árbitro como motivo para afastar ou impedir a sua atuação. Há que ser séria e fundada em fato concreto que a justifique[102].

Conforme expressa Carlos Alberto Carmona[103], a *confiança das partes*, expressão utilizada pela Lei de Arbitragem, precisa ser bem compreendida, pois se trata de via de mão dupla: de um lado, a parte nomeia efetivamente pessoa que merece sua confiança (ou que aparenta merecer tal atributo) para integrar o painel de julgadores (quando colegiado); de outro, aceita que participe do órgão julgador (quando colegiado) pessoa que mereça confiança da parte oposta, e de quem não tenha razão para desconfiar. Esta via de mão dupla que qualifica a confiança fica ainda mais clara quando se trata de nomear o presidente de um painel de árbitros: normalmente nenhuma das duas o escolhe (é comum que os árbitros nomeados pelas partes escolham o presidente do painel, ou que ele seja indicado por um órgão administrativo da câmara arbitral). Nesse caso, as partes não indicaram uma pessoa em que confiam (eventualmente nem conhecem o presidente indicado), mas *toleram* a indicação de uma pessoa que apresente os atributos necessários para

[102] MAGALHÃES, José Carlos de. Os deveres do árbitro. *In:* CARMONA, Carlos Alberto; LEMES, Selma Ferreira; MARTINS, Pedro Batista (Coord.). **20 anos da Lei de Arbitragem:** homenagem a Petrônio R. Muniz. São Paulo: Atlas, 2017, p. 236.

[103] CARMONA, Carlos Alberto. **Parecer**. Arbitragem – homologação de sentença arbitral estrangeira – impossibilidade – nulidade da sentença arbitral proferida por árbitro impedido – independência e imparcialidade comprometidas – árbitro cujo escritório de advocacia envolveu-se em negociação com empresa do grupo de uma das partes durante o desenvolvimento da arbitragem – recebimento de honorários pelo escritório diretamente da empresa do grupo da parte litigante – outros fatos não revelados – dever de revelação contínuo – obrigatoriedade – violação da ordem púbica. Não publicado, p. 10.

bem julgar e que não provoque a desconfiança dos litigantes. A pedra de toque nesse jogo de confiança-desconfiança é o dever de revelação.

Quer dizer, para garantir a verificação dos atributos da independência e da imparcialidade, indispensáveis à expedição de um julgamento justo, a Lei nº 9.307/1996 criou sistema de aferição desses princípios, por meio do dever de revelação do árbitro[104]. É previsto, no §1º do artigo 14 da Lei de Arbitragem[105], o qual não será objeto de apreciação, posto que matéria de vasta digressão[106].

Representa dever de escrupulosa revelação sobre todas as circunstâncias que possam aranhar o vínculo de independência e imparcialidade e prejudicar a relação de *qualificada confiança* que une os figurantes desse contrato[107].

Embora o dispositivo legal imponha o dever de revelar *antes de aceitação* da função de árbitro, é sabido que se cuida de incumbência duradoura, que acompanha a atuação do julgador durante a execução do contrato de investidura, desde o princípio até a sua conclusão. Cabe-lhe trazer ao conhecimento das partes os fatos que possam colocar em xeque, ou, na terminologia da lei, denotar *dúvida justificada* quanto à sua imparcialidade de independência, cuja ciência possa provocar o esgarçamento da fidúcia.

É, portanto, instrumento hábil a *conquistar* e a *preservar* a confiança, inseparável do contrato de árbitro.

Mesmo porque, segundo José Carlos de Magalhães[108], o árbitro tem o *dever de manter a confiança das partes*, o que acarreta, para fins de preservá-la, o contínuo dever legal de revelação de qualquer ato ou fato que possa afetar essa confiança.

[104] Lemes, Selma Ferreira. O dever de revelação do árbitro e a ação de anulação da sentença arbitral. *In:* ______; Balbino, Inez (Coord.). **Arbitragem:** temas contemporâneos. São Paulo: Quartier Latin, 2012, p. 453. Ver também: Marques, Ricardo Dalmaso. **O dever de revelação do árbitro**. São Paulo: Almedina, 2018, p. 101-104.

[105] Art. 14, § 1º, Lei nº 9.307/1996: "§ 1º As pessoas indicadas para funcionar como árbitro têm o dever de revelar, antes da aceitação da função, qualquer fato que denote dúvida justificada quanto à sua imparcialidade e independência.". (BRASIL. Lei nº 9.307, de 23 de setembro de 1996. Dispõe sobre a arbitragem. Diário Oficial da União, Brasília, DF, 24 set. 1996.)

[106] Para tanto, recomenda-se, incluindo as referências ali citadas: Marques, Ricardo Dalmaso. **O dever de revelação do árbitro**. São Paulo: Almedina, 2018. Idem: Clay, Thomas. *L'arbitre*. Paris: Dalloz, 2001, p. 318-343; Seraglini, Christophe; Ortscheidt, Jérôme. *Droit de l'arbitrage interne et international*. Paris: Montchrestien, 2013, p. 240-243, 664-669; Racine, Jean-Baptiste. *Droit de l'arbitrage*. Paris: Presses Universitaires de France, 2016, p. 337-346.

[107] Martins-Costa, Judith. **A boa-fé no direito privado:** critérios para a sua aplicação. 2. ed. São Paulo: Saraiva, 2018, p. 364.

[108] Magalhães, José Carlos de. Os deveres do árbitro. *In:* Carmona, Carlos Alberto; Lemes, Selma Ferreira; Martins, Pedro Batista (Coord.). **20 anos da Lei de Arbitragem:** homenagem a Petrônio R. Muniz. São Paulo: Atlas, 2017, p. 234-235.

A apreensão de tais anotações imbrica a noção do contrato de árbitro como convenção *intuitu persoane*, de cariz marcada pela confiança, que alberga todas as partes integrantes do procedimento arbitral levado a efeito.

Tais constatações reforçam outro ponto importante nem sempre lembrado, qual seja, a de que todos os litigantes ou polos em disputa celebram o contrato de árbitro com as partes e não unicamente com quem o nomeou. O coárbitro não é representante, mandatário para gerir interesses nem advogado daquele que o indicou. Ele atua, no caso concreto, a serviço das partes, a bem de resolver, de forma isenta, a disputa.

Segundo Manuel Barrocas[109], na definição da titularidade das posições contratuais na convenção entre as partes e o árbitro único ou árbitros, existe único contrato plural – sem ingressar na discussão que o tema possa suscitar[110] –, de um lado constituído por ambas as partes (demandante e demandado) e do outro o árbitro único ou coletivamente todos os outros árbitros que constituirão o tribunal arbitral. Assim, o fato de cada uma das partes nomear um árbitro, obviamente no caso de tribunal arbitral constituído por mais de um árbitro, não significa que a parte que não nomear esse árbitro não seja com ele cocontratante. Do mesmo modo, o terceiro árbitro, nomeado por comum acordo das partes ou pelos árbitros de parte por delegação das partes ou nomeado por um juiz ou por uma instituição de arbitragem, igualmente por determinação legal ou delegação daquelas, é também parte do mesmo e único contrato de árbitro.

Conclusões

A confiança desempenha papel primordial na arbitragem.

A conceituação de confiança admite várias acepções, em diversas áreas de estudo. Embora seja expressão polissêmica, é compreendida como atributo humano capaz de transmitir idoneidade no trato, digno de crença, implicando lealdade a ponto de respaldar o engajamento pessoal, social ou negocial.

Confia-se na honestidade de outrem, pois inspira padrão de conduta proba, respaldando a atribuição de alguma incumbência, no que se inclui a celebração de um contrato, dado que merecedora de fidúcia, de fé.

No contexto negocial, a decisão de contratar com certa pessoa pressupõe confiança. É a partir dela que se crê na idoneidade e na solvabilidade da contraparte para celebrar a avença e conceder, mutuamente, crédito. Tornam-se credores e devedores de prestação e contraprestação, respectivamente. Isso porque

[109] Barrocas, Manuel Pereira. **Manual de arbitragem**. 2. ed. Coimbra: Almedina, 2013, p. 328-329.

[110] Em sentido contrário: Clay, Thomas. **L'arbitre**. Paris: Dalloz, 2001, p. 503.

há fidúcia no trato, de tal sorte que se acredita que o preceito do exato adimplemento será satisfeito.

Independentemente disso, observe-se que alguns contratos ostentam perfil complementar, porém indispensável, uma vez que contam com a confiança como traço subjacente, inerente ao programa a ser executado.

Nessas figuras, a fidúcia é fundamental, particularmente nos contratos de duração. Por isso, são capitulados como contratos de confiança. É o que ocorre, por exemplo, no mandato, na sociedade e no próprio contrato de árbitro, visto que timbrados pela pessoalidade na sua formação e na sua execução.

O aspecto personalíssimo que contorna a definição de com quem contratar, assim como, em seguida, a própria realização do escopo contratual, igualmente contempla a confiança como elemento formante. São os contratos *intuitu personae*, nos quais resplandece a sua harmonização com os ditames dos contratos de confiança.

A missão do árbitro é sempre definida individualmente, em cada disputa, na qual é nomeado para atuar como julgador privado, independente e imparcial. Sua indicação é baseada na sua credibilidade pessoal e profissional, que abona a confiança das partes. Tendo em vista que inexiste prévia obrigação constituída, o aperfeiçoamento, *in casu*, de sua função jurisdicional é subordinado à celebração de convenção com as partes litigantes, qual seja, o contrato de árbitro.

Trata-se de pacto de confiança, de feição *intuitu personae*, cujo cumprimento há de ser levado a efeito pelo próprio árbitro, de forma proba. A confiança espelha a postura, a retidão e a indicação, por parte dele, de que desfruta de índole para solver seus deveres legais de proceder com imparcialidade, independência, competência, diligência e discrição.

Independentemente de quem tenha indicado o decisor, os deveres são os mesmos. Por isso, o coárbitro não está a serviço da parte que o indicou. De toda forma, a mera desconfiança do julgador indicado pela contraparte, sem qualquer elemento concreto, não autoriza a sua impugnação. Se inexiste evento real que desabone a credibilidade do profissional selecionado, ela não tem cabimento.

Nessa conjuntura, é imposto ao árbitro o dever legal de revelação de qualquer fato que possa representar dúvida justificada acerca de sua imparcialidade e de sua independência. É incumbência inseparável do contrato de investidura, perpassando sua formação e sua execução. Consubstancia instrumento hábil a conquistar e a preservar a confiança.

Referências

ABDALLA, Letícia Barbosa e Silva. **Processo de escolha e nomeação de árbitro**. *In*: CARMONA, Carlos Alberto; LEMES, Selma Ferreira; MARTINS, Pedro Batista

(Coord.). **20 anos da Lei de Arbitragem:** homenagem a Petrônio R. Muniz. São Paulo: Atlas, 2017.

ALMEIDA, Carlos Ferreira de. **Contratos I:** conceito; fontes; formação. 4. ed. Coimbra: Almedina, 2008.

—. **Contratos II:** conteúdo; contratos de troca. Coimbra: Almedina, 2007.

ALVES, Rafael Francisco. **Árbitro e direito:** o julgamento do mérito na arbitragem. São Paulo: Almedina, 2018.

ARANGIO-RUIZ, Vincenzo. **Istituzioni di diritto romano.** 14. ed. Napoli: Jovene, 1993.

ASCENSÃO, José de Oliveira. **Direito civil:** teoria geral, v. 2: acções e factos jurídicos. 2. ed. Coimbra: Coimbra Editora, 2003.

AZEVEDO, Álvaro Villaça. "Fiducia" (direito romano). **Enciclopédia Saraiva do Direito.** São Paulo: Saraiva, 1977, v. 37, p. 191-198.

BAPTISTA, Luiz Olavo. **Arbitragem comercial e internacional.** São Paulo: Lex Editora, 2011.

BARROCAS, Manuel Pereira. **Manual de arbitragem.** 2. ed. Coimbra: Almedina, 2013.

BARROS, Vera Cecília Monteiro de. A importância do secretário na arbitragem. In: CARMONA, Carlos Alberto; LEMES, Selma Ferreira; MARTINS, Pedro Batista (Coord.). **20 anos da Lei de Arbitragem:** homenagem a Petrônio R. Muniz. São Paulo: Atlas, 2017.

BERALDO, Leonardo de Faria. **Curso de arbitragem:** nos termos da Lei nº 9.307/96. São Paulo: Atlas, 2014.

BIANCA, C. Massimo. **Diritto civile:** il contratto. Milano: Giuffrè, 1998, v. 3.

BLACKABY, Nigel; PARTASIDES, Constantine; REDFERN, Alan; HUNTER, Martin. **Redfern and Hunter on international arbitration.** 5. ed. Oxford: Oxford University Press, 2009.

BORN, Gary B. **International commercial arbitration:** v. 2: international arbitral procedures. 2. ed. Alphen aan den Rijn: Wolters Kluwer, 2014.

BRODSKY, Jerry P.; MADEIRA FILHO, Victor. **A seleção de árbitros nos procedimentos arbitrais:** uma abordagem prática. *In*: WALD, Arnoldo (Org.). **Doutrinas essenciais:** arbitragem e mediação: v. 2: elementos da arbitragem e medidas de urgência. São Paulo: Revista dos Tribunais, 2014.

BURDESE, Alberto. "Fiducia" (diritto romano). *In*: AZARA, Antonio; EULA, Ernesto (Dir.). **Novissimo Digesto Italiano.** Torino: UTET, 1961, v. 7.

CAHALI, Francisco José. **Curso de arbitragem:** mediação: conciliação: tribunal multiportas. 8. ed. São Paulo: Thomson Reuters Brasil, 2020.

CANARIS, Claus Wilhelm. **Pensamento sistemático e conceito de sistema na ciência do direito.** Tradução de A. Menezes Cordeiro. 2. ed. Lisboa: Fundação Calouste Gulbenkian, 1996.

CANOTILHO, José Joaquim Gomes. **Direito constitucional**. 6. ed. Coimbra: Almedina, 1993.

CARIOTA-FERRARA, Luigi. **I negozi fiduciari:** trasferimento cessione e girata a scopo di mandato e di garanzia. Processo fiduciario. Napoli: Cedam, 1933.

CARMONA, Carlos Alberto. **Arbitragem e processo:** um comentário à Lei n. 9.307/96. 3. ed. São Paulo: Atlas, 2009.

—. Os sete pecados capitais do árbitro. **Revista de Arbitragem e Mediação**. São Paulo: Revista dos Tribunais, v. 52, p. 391-406, jan./mar. 2017.

—. **Parecer**. Arbitragem – homologação de sentença arbitral estrangeira – impossibilidade – nulidade da sentença arbitral proferida por árbitro impedido – independência e imparcialidade comprometidas – árbitro cujo escritório de advocacia envolveu-se em negociação com empresa do grupo de uma das partes durante o desenvolvimento da arbitragem – recebimento de honorários pelo escritório diretamente da empresa do grupo da parte litigante – outros fatos não revelados – dever de revelação contínuo – obrigatoriedade – violação da ordem púbica. Não publicado.

CHAGNY, Muriel. La confiance dans les relations d'affaires. In: BÉNABOU, Valérie-Laure; CHAGNY, Muriel (Dir.). **La confiance en droit privé des contrats**. Paris: Dalloz, 2008.

CLAVEL, Sandrine. La confiance dans les instruments internationaux et européens de droit uniforme. In: BÉNABOU, Valérie-Laure; CHAGNY, Muriel (Dir.). **La confiance en droit privé des contrats**. Paris: Dalloz, 2008.

CLAY, Thomas. **L'arbitre**. Paris: Dalloz, 2001.

—. Le coarbitre. **Revista de Arbitragem e Mediação**. São Paulo: Revista dos Tribunais, v. 50, p. 625-652, jul./set. 2016.

Commission de l'Arbitrage International de la CCI. **Rapport final sur le statut de l'arbitre**. Bulletin de la Cour internationale d'arbitrage de la CCI, v. 7, n. 1, Mai 1996. Disponível em: https://library.iccwbo.org/content/dr/COMMISSION_REPORTS/CR_0010.htm?l1=Bulletins&l2=ICC+International+Court+of+Arbitration+Bulletin+Vol.+7%2FNo.1+-+Fr#TOC_BKL1_2_1. Acesso em 2 julho 2021.

CORDEIRO, António Menezes. **Da boa fé no direito civil**. Coimbra: Almedina, 1997.

—. **Tratado da arbitragem:** comentário à Lei 63/2011, de 14 de dezembro. Coimbra: Almedina, 2015.

—. **Tratado de direito civil:** parte geral: negócio jurídico. 4. ed. com a colaboração de A. Barreto Menezes Cordeiro. Coimbra: Almedina, 2017, v. 2.

DAVID, René. **L'arbitrage dans le commerce international**. Paris: Economica, 1982.

DE PAGE, Henri. **Traité élémentaire de droit civil belge:** principes, doctrine, jurisprudence: v. 2: les incapables. Les obligations (première partie). 2. ed. Bruxelles: Émile Bruylant, 1948.

DEZALAY, Yves; GARTH, Bryant G. **Dealing in virtue:** international commercial arbitration and the construction of a transnational legal order. Chicago: The University of Chicago Press, 1996.

DOLINGER, Jacob. O árbitro da parte: considerações éticas e práticas. **Revista Brasileira de Arbitragem**. Porto Alegre: Síntese; Curitiba: Comitê Brasileiro de Arbitragem, v. 6, p. 29-45, abr./jun. 2005.

FABIAN, Christoph. **Fidúcia:** negócios fiduciários e relações externas. Porto Alegre: Sergio Antonio Fabris, 2007.

FERRAZ JÚNIOR, Tercio Sampaio. **Suspeição e impedimento em arbitragem:** sobre o dever de revelar na Lei 9.307/1996. *In:* WALD, Arnoldo (Org.). **Doutrinas essenciais:** arbitragem e mediação: v. 2: elementos da arbitragem e medidas de urgência. São Paulo: Revista dos Tribunais, 2014, p. 969-986.

FERREIRA, Aurélio Buarque de Holanda. **Novo dicionário da língua portuguesa.** Rio de Janeiro: Editora Nova Fronteira, 1975.

FERREIRA, Patrícia Cândido Alves. O princípio da confiança: proteção e tópica jurisprudencial dos contratos de saúde suplementar. **Revista de Direito Civil Contemporâneo**. São Paulo: Revista dos Tribunais, v. 2, jan./mar. 2015.

FIGUERES, Dyalá Jiménez. Nombramiento y recusación de árbitros. In: WALD, Arnoldo (Org.). **Doutrinas essenciais:** arbitragem e mediação: v. 2: elementos da arbitragem e medidas de urgência. São Paulo: Revista dos Tribunais, 2014.

FLUME, Werner. **El negocio jurídico:** parte general del derecho civil. Tradução de José María Miquel González e Esther Gómez Calle. Madrid: Fundación Cultural del Notariado, 1998.

FRADA, Manuel António de Castro Portugal Carneiro da. **Teoria da confiança e responsabilidade civil**. Coimbra: Almedina, 2004.

FUKUYAMA, Francis. **Confiança:** as virtudes sociais e a criação da prosperidade. Tradução de Alberto Lopes. Rio de Janeiro: Rocco, 1996.

GAILLARD, Emmanuel; SAVAGE, John (Ed.). **Fouchard, Gaillard, Goldman on international commercial arbitration**. The Hague: Kluwer Law International, 1999.

GALGANO, Francesco. **Trattato di diritto civile**. 2. ed. Padova: Cedam, 2010, v. 2.

GHESTIN, Jacques. **Traité de droit civil:** la formation du contrat. 3. ed. Paris: LGDJ, 1993.

GOMES, Orlando. **Contratos**. 23. ed. Rio de Janeiro: Forense, 2001.

—. **Transformações gerais do direito das obrigações**. 2. ed. São Paulo: Revista dos Tribunais, 1980.

GREBLER, Eduardo. Nomeação de árbitros em arbitragens multiparte: questão resolvida? In: CARMONA, Carlos Alberto; LEMES, Selma Ferreira; MARTINS, Pedro Batista (Coord.). **20 anos da Lei de Arbitragem:** homenagem a Petrônio R. Muniz. São Paulo: Atlas, 2017, p. 211-225.

GROSSO, Giuseppe. Fiducia (diritto romano). **Enciclopedia del Diritto**. Milano: Giuffrè, 1968, v. 17.

GUERRERO, Luis Fernando. Reflexão sobre a relação entre árbitros e partes: natureza jurídica e necessário afastamento de propostas de regulamentação no direito brasileiro. **Revista Brasileira de Arbitragem**. Porto Alegre: Síntese; Curitiba: Comitê Brasileiro de Arbitragem, v. 15, p. 43-53, jul./set. 2007.

HENRY, Marc. Do contrato do árbitro: o árbitro, um prestador de serviços. **Revista Brasileira de Arbitragem**. Porto Alegre: Síntese; Curitiba: Comitê Brasileiro de Arbitragem, v. 6, abr./jun. 2005.

HOUTCIEFF, Dimitri. Le nouveau droit des sûretés, un outil de protection de la confiance? In: BÉNABOU, Valérie-Laure; CHAGNY, Muriel (Dir.). **La confiance en droit privé des contrats**. Paris: Dalloz, 2008.

LARENZ, Karl. **Derecho civil:** parte general. Tradução de Miguel Izquierdo e Macías-Picavea. Madrid: Editorial Revista de Derecho Privado, 1978.

—. **Derecho justo**: fundamentos de etica juridica. Tradução de Luis Díez-Picazo. Madrid: Civitas, 2001.

—. **Metodologia da ciência do direito**. Tradução de José Lamego. 3. ed. Lisboa: Fundação Calouste Gulbenkian, 1997.

LEMES, Selma M. Ferreira. Árbitro, conflito de interesses e o contrato de investidura. *In*: CARMONA, Carlos Alberto; ______; MARTINS, Pedro Batista (Coord.). **20 anos da Lei de Arbitragem:** homenagem a Petrônio R. Muniz. São Paulo: Atlas, 2017.

—. **Árbitro:** princípios da independência e da imparcialidade: abordagem no direito internacional, nacional e comparado. São Paulo: LTr, 2001.

—. **Dos árbitros**. *In*: MARTINS, Pedro A. Batista; ______; CARMONA, Carlos Alberto. **Aspectos fundamentais da lei de arbitragem**. Rio de Janeiro: Forense, 1999, p. 245-287.

—. O dever de revelação do árbitro e a ação de anulação da sentença arbitral. In: ______; BALBINO, Inez (Coord.). **Arbitragem:** temas contemporâneos. São Paulo: Quartier Latin, 2012.

LEW, Julian D. M.; MISTELIS, Loukas A.; KRÖLL, Stefan M. **Comparative international commercial arbitration**. The Hague: Kluwer Law International, 2003.

LIMA, Hildebrando de; BARROSO, Gustavo (Org.). **Pequeno dicionário brasileiro da língua portuguesa**. Revisto na parte geral por Manuel Bandeira e José Baptista da Luz. 9. ed. inteiramente revista e consideravelmente aumentada – sobretudo na parte de brasileirismos – por Aurélio Buarque de Hollanda Ferreira. Rio de Janeiro: Editora Civilização Brasileira; São Paulo: Companhia Editora Nacional, 1957.

LIPARI, Nicolò. **Il negozio fiduciario**. Milano: Giuffrè, 1964.

LISBOA, Roberto Senise. **Confiança contratual**. São Paulo: Atlas, 2012.

LOISEAU, Grégoire. Contrats de confiance et contrats conclus *intuitu personae*. In: BÉNABOU, Valérie-Laure; CHAGNY, Muriel (Dir.). **La confiance en droit privé des contrats**. Paris: Dalloz, 2008.

LOTUFO, Renan. **Código civil comentado:** parte geral (arts. 1º a 232), v. 1. 3. ed. São Paulo: Saraiva, 2016.

LUHMANN, Niklas. **Confianza**. Tradução de Amada Flores. Rubí (Barcelona): Anthropos Editorial; México: Universidad Iberoamericana; Santiago de Chile: Instituto de Sociología. Pontificia Universidad Católica de Chile, 2005.

—. **O direito da sociedade**. Tradução Saulo Krieger; tradução das citações em latim Alexandre Agnolon. São Paulo: Martins Fontes, 2016.

MACHADO, João Baptista. **Oração laudatória**. *In*: ______. **Obra dispersa**. Braga: Scientia Ivridica, 1993, v. 2.

—. **Tutela da confiança e "venire contra factum proprium"**. *In*: ______. **Obra dispersa**. Braga: Scientia Ivridica, 1991, v. 1.

MAGALHÃES, José Carlos de. **Os deveres do árbitro**. *In*: CARMONA, Carlos Alberto; LEMES, Selma Ferreira; MARTINS, Pedro Batista (Coord.). **20 anos da Lei de Arbitragem:** homenagem a Petrônio R. Muniz. São Paulo: Atlas, 2017.

—; VISCONTE, Debora. **A nomeação de árbitros em arbitragens com mais de uma parte no mesmo polo processual**. *In*: LEMES, Selma Ferreira; BALBINO, Inez (Coord.). **Arbitragem:** temas contemporâneos. São Paulo: Quartier Latin, 2012.

MARQUES, Ricardo Dalmaso. **O dever de revelação do árbitro**. São Paulo: Almedina, 2018.

MARTINS, Pedro A. Batista. **Apontamentos sobre a lei de arbitragem:** [comentários à lei 9.307/96]. Rio de Janeiro: Forense, 2008.

—. **Normas e princípios aplicáveis aos árbitros**. In: ______; LEMES, Selma M. Ferreira; CARMONA, Carlos Alberto. **Aspectos fundamentais da lei de arbitragem**. Rio de Janeiro: Forense, 1999.

MARTINS-COSTA, Judith. **A boa-fé no direito privado:** critérios para a sua aplicação. 2. ed. São Paulo: Saraiva, 2018.

—. O *trust* e o direito brasileiro. **Revista de Direito Civil Contemporâneo**. São Paulo: Revista dos Tribunais, v. 12, jul./set. 2017.

—. Princípio da confiança legítima e princípio da boa-fé objetiva. Termo de Compromisso de Cessação (TCC) ajustado com o CADE. Critérios da interpretação contratual: os "sistemas de referência extracontratuais" ("circunstâncias do caso") e sua função no quadro semântico da conduta devida. Princípio da unidade ou coerência hermenêutica e "usos do tráfego". Adimplemento Contratual. Separata de: **Revista dos Tribunais**. São Paulo: Revista dos Tribunais, v. 852, out. 2006.

MESSINEO, Francesco. **Il contratto in genere**. *In*: CICU, Antonio; ______ (Dir.). **Trattato di diritto civile e commerciale**. Milano: Giuffrè, 1968, v. 21, t. 1.

MIRANDA, Pontes de. **Tratado de direito privado**. 3. ed. Rio de Janeiro: Borsoi, 1970, v. 3.

—. **Tratado de direito privado**. 3. ed. Rio de Janeiro: Borsoi, 1971, v. 26.

MOURRE, Alexis. **¿Quien tiene competencia sobre los árbitros?** Reflexiones sobre el contrato de árbitro. *In*: CELLI JUNIOR, Umberto; BASSO, Maristela; AMARAL JÚNIOR, Alberto do (Coord.). **Arbitragem e comércio internacional:** estudos em homenagem a Luiz Olavo Baptista. São Paulo: Quartier Latin, 2013.

NANNI, Giovanni Ettore. *In*: ______ (Coord.). **Comentários ao Código Civil:** direito privado contemporâneo. 2. ed. São Paulo: Saraiva Educação, 2021.

—. Notas sobre os negócios jurídicos da arbitragem e a liberdade de escolha do árbitro à luz da autonomia privada. **Revista de Arbitragem e Mediação**. São Paulo: Revista dos Tribunais, v. 49, abr./jun. 2016.

NAÓN, Horacio A. Grigera. **Party-appointed arbitrators:** a latin america perspective. In: WALD, Arnoldo (Org.). **Doutrinas essenciais:** arbitragem e mediação: v. 2: elementos da arbitragem e medidas de urgência. São Paulo: Revista dos Tribunais, 2014.

NICOLETTI, Adele. **"Fides"**. *In*: AZARA, Antonio; EULA, Ernesto (Dir.). **Novissimo Digesto Italiano**. Torino: UTET, 1961, v. 7.

OLIVA, Milena Donato. **Do negócio fiduciário à fidúcia**. São Paulo: Atlas, 2014.

OLIVEIRA, Nuno Manuel Pinto. **Princípios de direito dos contratos**. Coimbra: Coimbra Editora, 2011.

PEREIRA, Mariana Gofferjé. O contrato entre o árbitro e as partes no direito brasileiro. **Revista de Arbitragem e Mediação**. São Paulo: Thomson Reuters Brasil, v. 65, abr./jun. 2020.

PEYREFITTE, Alain. **A sociedade de confiança:** ensaio sobre as origens e a natureza do desenvolvimento. Rio de Janeiro: Topbooks, 1999.

PINTO, Luiz Fernando Teixeira. **Reflexões sobre os deveres e atribuições dos árbitros**. *In*: FERRAZ, Rafaella; MUNIZ, Joaquim de Paiva (Coord.). **Arbitragem doméstica e internacional:** estudos em homenagem ao Prof. Theóphilo de Azeredo Santos. Rio de Janeiro: Forense, 2008.

PINTO, Paulo Mota. **A proteção da confiança na "jurisprudência da crise"**. *In*: ______. **Direitos de personalidade e direitos fundamentais:** estudos. Coimbra: Gestlegal, 2018.

RACINE, Jean-Baptiste. **Droit de l'arbitrage**. Paris: Presses Universitaires de France, 2016.

REZZÓNICO, Juan Carlos. **Principios fundamentales de los contratos**. Buenos Aires: Astrea, 1999.

RIBERTI, Anna. Il contratto di arbitrato. **Revista Brasileira de Arbitragem**. Porto Alegre: Síntese; Curitiba: Comitê Brasileiro de Arbitragem, v. 18, abr./jun. 2008.

SAVATIER, René. **L'origine et le développement du droit des professions libérales.** *In*: ROUBIER, Paul; MASPETIOL, Roland (Dir.). Déontologie et discipline professionnelle. **Archives de philosophie du droit:** nouvelle série. Paris: Sirey, 1953-1954.

SERAGLINI, Christophe; ORTSCHEIDT, Jérôme. **Droit de l'arbitrage interne et international.** Paris: Montchrestien, 2013.

SESTER, Peter. **Comments of the Brazilian arbitration law.** *In*: ______ (Ed.). **International arbitration:** law and practice in Brazil. Oxford: Oxford University Press, 2020.

SILVA, Almiro do Couto e. O princípio da proteção da confiança e a teoria da invalidade dos atos administrativos no direito brasileiro. *In*: ______. **Conceitos fundamentais do direito no estado constitucional.** São Paulo: Malheiros, 2015.

SILVA, Eduardo Silva da. **Arbitragem, confiança e boa-fé:** a autoridade do pacto ético entre os sujeitos da arbitragem. *In*: MARTINS-COSTA, Judith. **Modelos de direito privado.** São Paulo: Marcial Pons, 2014.

SOUSA, Rabindranath Capelo de. **Teoria geral do direito civil.** Coimbra: Coimbra Editora, 2003, v. 1.

VASCONCELOS, Pedro Pais de. **Teoria geral do direito civil.** 8. ed. Coimbra: Almedina, 2017.

VERÇOSA, Fabiane. **A liberdade das partes na escolha e indicação de árbitros em arbitragens internacionais:** limites e possibilidades. *In*: WALD, Arnoldo (Org.). **Doutrinas essenciais:** arbitragem e mediação: v. 2: elementos da arbitragem e medidas de urgência. São Paulo: Revista dos Tribunais, 2014.

WEBER, Ana Carolina; LAMAS, Natália Mizrahi. **Party-appointed arbitrators:** breves notas sobre o atual estágio do debate na doutrina estrangeira. *In*: MUNIZ, Joaquim de Paiva; VERÇOSA, Fabiane; PANTOJA, Fernanda Medina; ALMEIDA, Diogo de Assumpção Rezende de (Coord.). **Arbitragem e mediação:** temas controvertidos. Rio de Janeiro: Forense, 2014.

ZIMMERMANN, Reinhard. **The law of obligations:** roman foundations of the civilian tradition. Oxford: Oxford University Press, 1996.

13.
NOTAS SOBRE A INTERPRETAÇÃO DE CONTRATOS NA ARBITRAGEM

DEBORA VISCONTE*

> Uma sentença nunca está fora de um contexto. Nós nunca estamos fora de uma situação. Uma lei nunca é lida sem um propósito. Um conjunto de assunções interpretativas está sempre em vigor. Uma frase que parece não precisar de interpretação já é o produto de uma.[1]-[2]

Introdução

Interpretar à luz do Direito é não se limitar apenas ao "[...] texto, mas, por igual, condutas, intenções, fatos e indícios e também o silêncio [...]".[3] Interpretar é, portanto, sintetizar esses elementos utilizados no processo cognitivo dos juristas, compatibilizando a realidade com os textos normativos.[4]

* Publicado em 2018, na Estudos de Direito, em Homenagem ao Prof. José Carlos de Magalhães, coordenado por Luiz Olavo Baptista, Debora Visconte; Mariana Cattel Alves, Atelier Jurídico: São Paulo, 2018, p. 775.

[1] No original: "*A sentence is never not in a context. We are never not in a situation. A statute is never not read in the light of some purpose. A set of interpretative assumptions is always in force. A sentence that seems to need no interpretation is already the product of one.*". (FISCH, Stanley. **Is there a text in this class?** Cambridge: Harvard UP, 1980, p. 284)

[2] Todas as traduções neste trabalho foram feitas livremente pela autora. Queira o leitor desculpar por eventuais falhas.

[3] MARTINS-COSTA, Judith. **A boa-fé no direito privado: critérios para a sua avaliação**. 2. ed. São Paulo: Saraiva Educação, 2018, p. 486.

[4] TEPEDINO, Gustavo; OLIVA, Milena Donato. **Teoria Geral do Direito Civil**. Rio de Janeiro: Forense, 2020, p. 55.

À vista disso, tem-se ainda que pertence à essência do idioma, enquanto um meio de expressão evolutivo e capaz de se adaptar, que o significado de uma palavra possa ser diferente de acordo com o contexto em que é empregada; a situação a que se refere; e a forma de se expressar do meio social a que o locutor pertence. Contudo, é possível que o interlocutor dê à palavra um sentido diverso daquele pretendido pelo locutor.[5] Nesses casos, a declaração de vontade deve também ser interpretada.

Por um lado, a interpretação da manifestação de um pensamento é a determinação do seu significado. Já a interpretação da declaração de vontade é a busca do sentido dado à declaração pelo locutor e da compreensão objetiva da declaração, independentemente do entendimento do interlocutor.

Ocorre que, a rigor, verifica-se que as declarações de vontade, visando à obtenção de certo efeito jurídico, compõem o chamado negócio jurídico[6], cuja definição pode se resumir, de acordo com Antônio de Junqueira de Azevedo, como:

> *In concreto*, negócio jurídico é todo o fato jurídico consistente em declaração de vontade, a que o ordenamento jurídico atribui os efeitos designados como queridos, respeitados os pressupostos de existência validade e eficácia impostos pela norma jurídica que sobre ele incide.[7]

[5] Larenz, Karl. **Derecho Civil. Parte General**. Izquierdo, Miguel Izquierdo Y Macias Picavea (trad.). Ed. Revista de Derecho Privado. Madrid, 1978. Allgemeiner Teil des deutschen Bürgerlichen Rechts. 3. ed., 1975. C. H. Beck'sche de Munich, p. 453.

[6] O Código de 1916 não se referia ao negócio jurídico. Isso se deve à importância que se atribuiu a essa espécie de ato jurídico datar de depois do final do século XIX, época em que o liberalismo e, por conseguinte, a autonomia da vontade atingiram seu auge. Oliveira, Eduardo Ribeiro. *Comentários ao Novo Código Civil:* dos bens, dos fatos jurídicos, do negócio jurídico, disposições gerais, da representação, da condição, do termo e do encargo. V. II: (arts. 79 a 137). Teixeira, Sálvio de Figueiredo (coord.). 1. ed. Rio de Janeiro: Forense, 2008, p. 185.

[7] Azevedo, Antônio de Junqueira de. **Negócio jurídico. Existência, validade e eficácia**. 4. ed. São Paulo: Saraiva, 2010, p. 16. "O negócio jurídico, estruturalmente, pode ser definido como categoria, isto é, como fato jurídico abstrato, ou como fato, isto é, como fato jurídico concreto. Como categoria, ele é, pois, a hipótese, normativa consistente na manifestação de vontade cercada de certas circunstâncias (as circunstâncias negociais) que fazem com que socialmente essa manifestação seja vista como dirigida à produção de efeitos jurídicos; negócio jurídico, como categoria, é, pois a hipótese normativa consistente em declaração de vontade (entendida esta expressão em sentido preciso, e não comum, isto é entendida como manifestação de vontade, que, pelas suas circunstâncias, é vista socialmente como destinada à produção de efeitos jurídicos)" (Azevedo, 2010, p. 16) e "O negócio jurídico não o é, por outras palavras, uma simples manifestação de vontade, mas uma manifestação de vontade qualificada, ou uma declaração de vontade." (Azevedo, 2010, p. 17).

Um negócio jurídico, então, nada mais é do que os efeitos jurídicos das ações humanas; são as consequências no mundo jurídico do exercício de declarações de vontade.[8]

Interpretar o negócio jurídico equivale a determinar o sentido que há de prevalecer em relação àquela declaração de vontade.[9] Assim, o negócio jurídico supõe uma declaração de vontade apta a gerar efeitos reconhecidos pelo ordenamento.[10]

Miguel Reale sustenta que no negócio jurídico o que se sobreleva é o encontro das vontades, dando nascimento a um conjunto de direitos e obrigações. Nesse passo, ao comentar a norma prevista no art. 113 do Código Civil Brasileiro[11]-[12], aponta que "ela consagra a eleição específica dos negócios jurídicos como disciplina preferida para regulação genérica das relações sociais, sendo fixadas, desde logo, a *eticidade* de sua hermenêutica, em função da *boa-fé*, bem como a sua *socialidade*, ao se fazer alusão aos *usos do lugar de sua celebração*".[13]

O contrato, como uma espécie de negócio jurídico, pode ser classificado como bilateral ou plurilateral,[14] ou seja, uma espécie de negócio jurídico que se distingue na sua formação por exigir pelo menos a presença de duas partes[15], voltado para "criação, resguardo, modificação ou extinção de relações jurídicas

[8] Tepedino; Oliva, *op. cit.*, p. 234

[9] Andrade, Manuel Domingos de. **Teoria geral da relação jurídica. Facto jurídico, em especial negócio jurídico**. Coimbra: Almedina, 1983, p. 305.

[10] Conforme arts. 104-114 do CCB.

[11] Artigo 113: "Os negócios jurídicos devem ser interpretados de acordo com a boa-fé e os usos e lugar de sua celebração." (BRASIL. Lei nº 10.406, de 10 de janeiro de 2002. Institui o Código Civil. Diário Oficial da União, Brasília, DF, 11 jan. 2002.).

[12] Insta frisar que este artigo é considerado por alguns como "artigo-chave" do regime civilista brasileiro, e estabelece como padrão interpretativo dos negócios jurídicos a boa-fé, isto é: conduta pautada na "lealdade e respeito contratual". Cf. Menke, Fabiano. Comentário aos artigos 104 a 185 do Código Civil. In: NANNI, Giovanni Ettore (org.). **Comentários ao Código Civil**: direito privado contemporâneo. 2. ed. São Paulo: Saraiva, 2021, p. 123.

[13] Reale, Miguel. *Artigo chave do Código Civil.* Disponível em: http://www.miguelreale.com.br/artigos/artchave.htm. Acesso em: 06 jun. 2017.

[14] "O negócio jurídico pode ser unilateral, bilateral ou plurilateral; oneroso ou gratuito; comutativo e aleatório; intervivos e causa mortis; solene e não solene; principal e acessório." Ver Oliveira, Eduardo Ribeiro. **Comentários ao Novo Código Civil:** dos bens, dos fatos jurídicos, do negócio jurídico, disposições gerais, da representação, da condição, do termo e do encargo. vol II: (arts. 79 a 137). Teixeira, Sálvio de Figueiredo. Rio de Janeiro: Forense, 2008, p. 185-192.

[15] GOMES, Orlando. *Contratos.* 26. ed. Rio de Janeiro: Forense, 2009, p. 4.

obrigacionais" [16]. Os efeitos jurídicos dos negócios bilaterais, portanto, provêm do acordo entre as declarações de vontade dessas duas partes.

Conceitua-se contrato como uma "uma convenção pela qual duas ou mais pessoas prometem e se obrigam a dar, fazer ou não fazer alguma coisa"[17]; resumidamente, contrato é "manifestação da autonomia [...] [e] autorregulação de interesses".[18]

Mediante o contrato as partes se vinculam reciprocamente e estabelecem para sua relação uma norma, a *lex contractus*. Para Karl Larenz, "o contrato é um ato bilateral que gera validade jurídica em relação aos sujeitos de direito que dela participam". Essa norma é válida, a princípio, somente entre essas partes e para que seja válida perante o Direito Positivo, requer-se que a relação seja considerada válida perante o ordenamento jurídico.[19]

No momento da celebração do contrato as partes emitem uma declaração de vontade capaz de criar direitos e obrigações. Segundo Caio Mario da Silva Pereira, "mesmo quando não guardam reservas e reticências, a vontade contratual é uma entidade que se desprende do mundo psíquico de cada um dos contratantes. Se estes se desentendem, caberá a um terceiro o encargo de perquirir o que constitui veramente a vontade dos contratantes".[20]

A interpretação de um contrato é um fenômeno onipresente nos contratos empresariais.[21] Até mesmo um contrato bem redigido e aparentemente preciso pode precisar de interpretação. Nesse passo, caberá ao intérprete, o árbitro ou o juiz, encontrar o verdadeiro contrato pretendido entre as partes, por meio da interpretação subjetiva e objetiva, da boa-fé, dos usos do lugar da sua celebra-

[16] Zanetti, Cristiano de Sousa. Comentário aos artigos 421 a 480 do Código Civil. In: Nanni, Giovanni Ettore (org.). **Comentários ao Código Civil**: direito privado contemporâneo. 2. ed. São Paulo: Saraiva, 2021, p. 431.

[17] Andrade, Darcy Bessone de Oliveira. **Do Contrato – teoria geral**. Rio de Janeiro: Forense, 1987, p. 7. Ainda, na definição de Karl Larenz, "as declarações concordantes de várias pessoas que se obrigam conjuntamente ao que declararam é o contrato". Designa-se como negócio jurídico não a declaração das partes de forma isolada mas sim a atuação conjunta de ambas as partes. Larenz, Karl. Derecho Civil. Parte General. Izquierdo, Miguel Izquierdo Y Macias Picavea (trad.). Edersa. 1978. Allgemeiner Teil des deutschen Bürgerlichen Rechts. 3. ed., 1975. C. H. Beck'sche de Munich, p. 423.

[18] Tepedino, Gustavo; Konder, Carlos Nelson; Bandeira, Paula Greco . **Fundamentos do Direito Civil: Contratos**. 1. ed. Rio de Janeiro: Forense, 2020., p. 5.

[19] Larenz, *op. cit.*, p. 705.

[20] Pereira, Caio Mario da Silva. *Instituições de Direito Civil. Fontes das Obrigações. Contratos – Declarações Unilaterais de Vontade – Responsabilidade Civil.* Rio de Janeiro: Forense, 1963, p. 36. v. III.

[21] Contrato deve ser aqui entendido como contrato empresarial. Contratos de consumo estão fora do escopo do presente trabalho.

ção, analisando o contexto em que foi celebrado, e o comportamento das partes após a sua celebração, a execução do contrato propriamente dita.

1. A interpretação dos contratos

Conforme formulado acima, o contrato consiste em duas ou mais distintas declarações de vontade que se integram e, como tal, podem requerer interpretação, especialmente quando as declarações são obscuras, ambíguas ou duvidosas. Nas palavras de Orlando Gomes: "Interpretar um contrato é, afinal, esclarecer o sentido dessas declarações e determinar o significado de acordo com o consenso".[22]

Silvio Venosa resume:

> O sentido de interpretação, portanto, está intimamente ligado ao de aplicação do Direito. Interpreta-se para aplicar. Ao aplicar o direito, interpreta-se. As duas atividades são indissociáveis. Não há sentido na interpretação senão para aplicar a norma ao caso concreto, ainda que isto não seja feito pelo julgador, em última análise, porque os intérpretes e aplicadores primeiros das normas contratuais ou legais são as próprias partes interessadas.[23]

É necessário, primeiramente, que o intérprete faça a análise jurídica do contrato a fim de enquadrá-lo, pelo seu conteúdo, a uma das categorias contratuais previstas em lei, levando em conta apenas os elementos essenciais, sem dar importância ao nome que as partes lhe atribuíram.[24] O enquadramento é necessário para a determinação dos efeitos específicos próprios de cada tipo de contrato, muito embora alguns contratos não se ajustem aos esquemas traçados na lei – os contratos atípicos – e outros, embora se enquadrem, deixem de incorporar cláusulas relevantes que o particularizam.[25]

Na interpretação contratual, o intérprete deve iniciar a sua missão averiguando o sentido da declaração da vontade. A vontade é a fonte da obrigação e com base na vontade é que foram formulados os princípios contratuais clássicos

[22] GOMES, Orlando. **Contratos**. 26. ed. Rio de Janeiro: Forense, 2009, p. 238.

[23] VENOSA, Sílvio de Salvo. **Direito Civil: Contratos**. 21. ed. São Paulo: Atlas, 2021, p. 108.

[24] A interpretação deve ser distinguida da declaração de juridicidade do contrato (existência, validade e eficácia). "Quando se interpreta o negócio jurídico, necessariamente se declara o ato volitivo e se procura seu limite e seu conteúdo." MIRANDA, Pontes de. **Tratado de Direito Privado. Parte Especial**. Tomo XXXVIII. 2. ed. Rio de Janeiro: Borsoi, 1962, p. 70. Para a análise da juridicidade do negócio jurídico, ver AZEVEDO, Antônio Junqueira de. **Negócio Jurídico:** existência, validade e eficácia. 4. ed. atualizada de acordo com o Novo Código Civil (Lei n. 10.406, de 10.01.2002). São Paulo: Saraiva, 2002.

[25] GOMES, Orlando. **Contratos**. 26. ed. Rio de Janeiro: Forense, 2009, p. 239.

da autonomia da vontade, do consensualismo e do *pacta sunt servanda*. O respeito à palavra dada e o dever da veracidade justificam, de outra parte, a necessidade de cumprir as obrigações pactuadas, tornando necessária a adoção de regras jurídicas que assegurassem a força obrigatória dos contratos.[26]

Nessa sequência de ideias, o contrato, como negócio jurídico bilateral, deve ser observado por aquele que o interpretará de maneira orgânica, isto é: considerar como parâmetros interpretativos a vontade das partes, bem como seus reflexos em relação aos demais contratantes.[27]

Assim, a função da interpretação do contrato é determinar os efeitos que ele visa produzir. O intérprete não pode se afastar da regra que manda interpretar as declarações de vontade, atendendo-se mais à sua intenção do que ao sentido literal da linguagem, a fim de determinar com precisão a efetiva vontade das artes.[28] Para Orlando Gomes, "o intérprete deve verificar o *espírito do contrato*, isto é, o seu significado genuíno".[29]

No entanto, a intenção a ser procurada pelo intérprete deve estar consubstanciada na declaração contratual, isto é, deve ter sido exteriorizada, transmitida

[26] *Ibid.*, p. 240.

[27] Venosa, *op. cit.*, p. 115.

[28] Arts. 112 a 114 do Código Civil. "Art. 112. Nas declarações de vontade se atenderá mais à intenção nelas consubstanciada do que ao sentido literal da linguagem.
Art. 113. Os negócios jurídicos devem ser interpretados conforme a boa-fé e os usos do lugar de sua celebração.
[...]
Art. 114. Os negócios jurídicos benéficos e a renúncia interpretam-se estritamente." (BRASIL. Lei nº 10.406, de 10 de janeiro de 2002. Institui o Código Civil. Diário Oficial da União, Brasília, DF, 11 jan. 2002.)
Art. 131 do antigo Código Comercial – "Sendo necessário interpretar as cláusulas do contrato, a interpretação, além das regras sobreditas, será regulada sobre as seguintes bases:
1 – a inteligência simples e adequada, que for mais conforme à boa-fé, e ao verdadeiro espírito e natureza do contrato, deverá sempre prevalecer à rigorosa e restrita significação das palavras;
2 – as cláusulas duvidosas serão entendidas pelas que o não forem, e que as partes tiverem admitido; e as antecedentes e subsequentes, que estiverem em harmonia, explicarão as ambíguas;
3 – o fato dos contraentes posterior ao contrato, que tiver relação com o objeto principal, será a melhor explicação da vontade que as partes tiverem no ato da celebração do mesmo contrato;
4 – o uso e prática geralmente observada no comércio nos casos da mesma natureza, e especialmente o costume do lugar onde o contrato deva ter execução, prevalecerá a qualquer inteligência em contrário que se pretenda dar às palavras;
5 – nos casos duvidosos, que não possam resolver-se segundo as bases estabelecidas, decidir-se-á em favor do devedor." (BRASIL. Lei nº 556, de 25 de junho de 1850. Código Comercial. Disponível em: http://www.planalto.gov.br/ccivil_03/leis/lim/LIM556compilado.htm. Acesso em: 06 jun. 2017.

[29] Grifos do autor. Gomes, Orlando. **Contratos**. 26. ed. Rio de Janeiro: Forense, 2009, p. 240.

aos destinatários da declaração.[30] A vontade meramente interna não tem relevância para fins de interpretação contratual.[31]

Antônio Junqueira de Azevedo defende que a vontade não é elemento do negócio jurídico: "cronologicamente ele [o negócio jurídico] surge, nasce, por ocasião da declaração; sua existência começa nesse momento; todo processo volitivo anterior não faz parte dele; o negócio todo consiste na declaração".[32] A vontade deve resultar de um processo volitivo sob pena de não valer ou não produzir efeitos.[33]

Emilio Betti salienta que o negócio jurídico é um fato social e que sendo assim há uma exigência de reconhecimento. A vontade como fato psicológico interno é impossível de se reconhecer.[34] Pertence unicamente ao foro interno

[30] "[...] vontade houve, porque o intérprete, com sua imparcialidade apenas tem a missão de revelar o que não foi manifestado, conforme o sentido e conforme extensão do conteúdo negocial que se manifestou". MIRANDA, Pontes de. **Tratado de Direito Privado. Parte Especial**. Tomo XXXVIII. 2. ed. Rio de Janeiro: Borsoi, 1962, p. 71.

[31] Eduardo Ribeiro de Oliveira coloca a questão com muita propriedade ao afirmar que "O negócio jurídico supõe uma vontade dirigida à produção de efeitos jurídicos. O elemento volitivo é ínsito em seu próprio conceito: só existe onde houver vontade. Não menos exato igualmente que, para assumir relevo jurídico, a vontade deverá ser de algum modo manifestada.". Defende, ainda, que pode haver um descompasso do agente entre o seu querer e a sua manifestação e que quando isso ocorre a dificuldade é saber qual deve prevalecer. O descompasso pode ocorrer de duas maneiras: pela falta de vontade de declarar ou pelo conteúdo da declaração. O declarante tem vontade de declarar mas com conteúdo diverso, que é o que ocorre nos casos de simulação e reserva mental. Na simulação o Direito Brasileiro valoriza a vontade real (arts. 167 e 154). Na reserva mental o dissenso entre a declaração e o querer do agente é proposital. Nesse caso a vontade que não se exterioriza não produzirá efeitos jurídicos. "Desse modo aquilo que o Autor da declaração guardou para si, que figurou apenas no seu íntimo, não repercute no mundo do direito." Diz o art. 110 do Código Civil que a manifestação da vontade subsiste, malgrado a reserva, o que evidencia sua relevância jurídica. Ocorre que a situação se afigura de modo diverso quando o destinatário da declaração tem conhecimento da reserva (conhecimento esse que preceda ao negócio). Nesse caso o declarado não subsiste. É caso de inexistência do negócio jurídico. TEIXEIRA, Sálvio de Figueiredo. (coord.) **Comentários ao Novo Código Civil:** dos bens, dos fatos jurídicos, do negócio jurídico, disposições gerais, da representação, da condição, do termo e do encargo. v. II (arts. 79 a 137). Rio de Janeiro: Forense, 2008, p. 229.

[32] AZEVEDO, Antônio Junqueira de. **Negócio Jurídico**: existência, validade e eficácia. 4. ed. atualizada de acordo com o Novo Código Civil (Lei n. 10.406, de 10.01.2002). São Paulo: Saraiva, 2002.

[33] Ainda, segundo Antônio Junqueira Azevedo, o processo volitivo funciona sobre a validade ou eficácia do negócio jurídico mas não constitui um elemento desse. A vontade age sobre o negócio corrigindo-o no plano da validade, às vezes porque ela, *in concreto*, não existiu (coação) ou resultou de erro ou dolo, motivos ilícitos.

[34] BETTI, Emilio. Teoria generale del negozio giuridico. 3 ed. *In*: VASSALLI, Filippo (coord.). **Trattato di diritto civile italiano.** Torino: UTET, 1960, p. 51. *Apud* AZEVEDO, Antônio Junqueira de. **Negócio**

da consciência individual. Somente na medida em que se torna reconhecível no ambiente externo, seja como declaração, seja como comportamento, é que se torna um fato social suscetível de interpretação e avaliação pelas partes.[35]

Outrossim, documento clássico na interpretação de contratos são as 12 regras de Robert Joseph Pothier. Nesta obra de 1761, traduzida para o inglês em 1806,[36] o autor aconselha que se atenda mais à vontade das partes do que ao sentido literal da linguagem, procurando-se uma interpretação das cláusulas que dê sentido ao contrato, assegurando sua execução, de acordo com usos do país, esclarecendo ambiguidades, contrária aos interesses de quem as redigiu e a favor de quem as contratou.[37]

2. Tipos de interpretação contratual

A interpretação do contrato consiste na atribuição de um significado à linguagem com o que se manifestou a vontade contratual, devendo-se entendê-la como a vontade comum de determinado regulamento contratual.[38]

2.1 Interpretações subjetiva e objetiva

A interpretação dos contratos pode ser classificada em dois tipos: subjetiva e objetiva. Na interpretação subjetiva, mais complexa em relação à corrente objetivista, a "vontade negocial pode e deve ser investigada por meio de todos os elementos ou circunstâncias que possam elucidar o intérprete".[39] Cuida-se de descobrir o sentido da declaração negocial, correspondente à intenção comum das partes. Sendo o negócio jurídico instrumento e expressão da autonomia privada, seus efeitos devem corresponder ao consenso das partes.[40]

Jurídico: existência, validade e eficácia. 4. ed. atualizada de acordo com o Novo Código Civil (Lei n. 10.406, de 10.01.2002). São Paulo: Saraiva, 2002.

[35] Karl Larenz preceitua que o ato pelo qual se realiza a vontade de produzir determinada consequência jurídica, a manifestação dessa vontade é a declaração de vontade. A declaração pode ser oral ou escrita. Larenz, Karl. **Derecho Civil. Parte General**. Izquierdo, Miguel Izquierdo Y Macias Picavea (trad.). Edersa, 1978. Allgemeiner Teil des deutschen Bürgerlichen Rechts. 3. ed., 1975. C. H. Beck'sche de Munich, p. 423.

[36] Pothier, Joseph Robert. **A treatise on the law of obligations, or contracts**. Evans, William David (trad.). Londres, A. Strahan para J. Butterworth, 1806.

[37] Wald, Arnoldo. **Obrigações e contratos**. 17. ed. Rev. ampl. e atual. de acordo com o Código Civil de 2002, com a colaboração de Semy Glanz. São Paulo: Saraiva, 2006, p. 221.

[38] Theodoro Jr., Humberto; Faria, Juliana Cordeiro de. Contrato. Interpretação. Princípio da boa-fé. Teoria do ato próprio ou da vedação ao comportamento contraditório. *In*: Nery Jr. Nelson; Nery. Rosa Maria Andrade de. (coord.). **Revista de Direito Privado**, v. 38, São Paulo, RT, 2009, p. 152.

[39] Venosa, *op. cit.*, p. 110.

[40] Amaral, Francisco. **Direito Civil:** introdução. 5. ed. Rio de Janeiro: Renovar, 2003, p. 420.

Já a interpretação objetiva tem aplicação subsidiária à interpretação subjetiva e visa esclarecer o sentido das declarações que continuam dúbias ou ambíguas por não ter sido possível precisar a efetiva intenção das partes.[41] É "procurar os sentidos das palavras por intermédio de circunstâncias exclusivamente materiais".[42]

A divergência entre a vontade e a declaração evidencia-se na execução do contrato quando as partes descobrem que não estão de acordo acerca de seu alcance, refletindo esse fato nas obrigações e nos deveres assumidos, o que leva à exigência de que o contrato seja interpretado por quem não seja parte.[43]

As interpretações subjetiva e objetiva atendem às seguintes regras: subjetiva: a) na interpretação do contrato deve-se indagar a vontade comum das partes; b) o intérprete não deve limitar-se ao sentido literal da linguagem, mas averiguar o espírito do contrato; c) tal como a lei, o contrato deve ser analisado sistematicamente, interpretando-se suas cláusulas uma por meio das outras e atribuindo-se a cada qual o sentido que emerge da totalidade; d) as cláusulas de um contrato de adesão ou predeterminadas por um dos contratantes em fórmula expressa interpretam-se, na dúvida, em favor do outro (*interpretatio contra stipulatorem*).[44]

As regras de interpretação objetiva são: a) o contrato deve ser interpretado segundo a boa-fé; b) deve conduzir à conservação do contrato, de modo que produza efeitos, como também deve produzi-los suas cláusulas; c) no caso de permanecer obscuro depois de observadas as regras de hermenêutica estabelecidas, deve o contrato gratuito ser interpretado no sentido menos gravoso para a parte devedora, enquanto no contrato oneroso a interpretação deve conduzir ao maior equilíbrio das prestações.[45]

O Código Civil Brasileiro de 2002 fixa princípios de hermenêutica contratual nos seus arts. 112, 113, 114 e 819, bem como os princípios da função social do contrato, da probidade e da boa-fé, previstos nos arts. 421 e 422.[46]

Na esfera internacional, os Princípios para os Contratos Internacionais do UNIDROIT ("Princípios UNIDROIT"), os Princípios do Direito Europeu dos Contratos ("PECL") e a Convenção das Nações Unidas sobre Contratos de

[41] Gomes, Orlando. **Contratos**. 26. ed. Rio de Janeiro: Forense, 2009, p. 243.

[42] Venosa, *op. cit.*,p. 110.

[43] Gomes, Fernando de Paula. **Do contrato:** interpretação e boa-fé. *In*: Nery Jr., Nelson; Nery, Rosa Maria Andrade de. (coord.). **Revista de Direito Privado**, v. 27, São Paulo, RT, 2006, p. 113.

[44] Gomes, Orlando. *Op. cit*, p. 243.

[45] *Ibid*, p. 244. Art. 114 do Código Civil Brasileiro.

[46] Wald, Arnoldo. **Obrigações e contratos**. 17. ed. Rev. ampl. e atual. de acordo com o Código Civil de 2002, com a colaboração de Semy Glanz. São Paulo: Saraiva, 2006, p. 221.

Compra e Venda Internacional de Mercadorias ("CISG") fixam também fixam regras de interpretação subjetiva e objetiva.

Os Princípios UNIDROIT dispõem que: o contrato deve ser interpretado de acordo com a intenção comum das partes e que, se essa intenção não puder ser estabelecida, deve ser interpretado de acordo com o entendimento que pessoas razoáveis atribuiriam ao contrato.[47] O artigo 4.3 dispõe que ao interpretar o contrato devem ser levadas em consideração todas as circunstâncias, incluindo: (a) as negociações preliminares entre as partes; (b) as práticas estabelecidas entre as partes; (c) a conduta das partes subsequentes à formação do contrato; (d) a natureza e o escopo do contrato; (e) o significado comumente atribuído a termos e expressões peculiares no meio comercial envolvido; (f) os usos e os costumes.[48]

Os PECL seguem as mesmas linhas do UNIDROIT. O artigo 5:101 prevê que o contrato deve ser interpretado de acordo com a intenção comum das partes se essa diferir do sentido literal da linguagem.[49]

A CISG em seu art. 8.3 estabelece uma regra geral de interpretação baseada na intenção das partes e no conhecimento dessa intenção pela outra parte (conhecimento esse que a outra parte tinha ou deveria ter)[50]. Esse artigo determina que quando não for possível, ao intérprete, aferir a intenção das partes, essa deve ser interpretada segundo o sentido que lhe teria dado uma pessoa

[47] Lauro Gama e Souza Júnior bem propõe que: "A 'regra de ouro' sobre a matéria, expressa no art. 4.1, determina que o contrato se interpreta segundo a intenção comum das partes. Se tal intenção não puder ser estabelecida, o contrato deverá ser interpretado conforme o significado que lhe dariam, nas mesmas circunstâncias, pessoas razoáveis da mesma qualidade, situadas na mesma posição das partes." GAMA JR, Lauro. Os Princípios do UNIDROIT relativos aos Contratos do Comércio Internacional 2004 e o Direito Brasileiro: Convergências e Possibilidades. **Revista de Arbitragem e Mediação**, v. 8, p. 48-100, 2006.

[48] Arts. 4.1 e 4.3 dos Princípios para os Contratos Internacionais do UNIDROIT (https://www.unidroit.org/instruments/commercial-contracts/unidroit-principles-2016/)

[49] https://www.jus.uio.no/lm/eu.contract.principles.parts.1.to.3.2002/portrait.pdf

[50] Destaca-se: "A jurisprudência é farta de exemplos em que o art. 8 da CISG auxilia na interpretação da vontade contratual das partes, por exemplo, ao extrair consequências jurídicas a partir da conduta das partes em negociações pré-contratuais (art. 8(3) da CISG), ou o art. 8(1) da CISG, que auxilia no exame da real intenção das partes, seja pela troca de comunicações, teor do contrato e documentos transmitidos, ou o art. 8(2) da CISG, quando as declarações e a conduta de uma parte devem ser interpretadas segundo o sentido que lhes teria dado uma pessoa razoável, com a mesma qualificação e nas mesmas circunstâncias da outra parte." Cf. PIGNATTA, Francisco Augusto; MOSER, Luiz Gustavo Meira. Campo de Aplicação e Disposições Gerais (arts. 1 a 13). In: MOSER, Luiz Gustavo Meira; PIGNATTA, Francisco Augusto (org.). **Comentários à Convenção de Viena sobre contratos de compra e venda internacional de mercadorias (CISG): visão geral e aspectos pontuais**. São Paulo: Atlas, 2015. p. 23.

razoável[51], com qualificação idêntica à da contraparte e colocada na mesma situação. Por fim, o art. 8.3 traz os parâmetros que devem ser usados pelo intérprete para determinar a intenção de uma parte ou aquilo que teria compreendido uma pessoa razoável, que são: todas as circunstâncias pertinentes, nomeadamente as negociações que possam ter havido entre as partes, as práticas que se tenham estabelecido entre elas, os usos e todo e qualquer comportamento ulterior dessas.[52]

2.2 Interpretação contextual

No Direito Inglês, entende-se que não se deve buscar a intenção das partes, mas o entendimento do documento (ou contrato) para uma pessoa sensata, com o conhecimento e experiência que era razoável supor estivessem disponíveis para os contratantes à época da celebração do contrato.[53]

Os princípios de interpretação contratual delimitados por Lord Hoffmann na decisão do caso Investors Compensation Scheme de 1998 podem ser assim resumidos: (1) interpretar é aferir o entendimento que o documento tem para uma pessoa sensata, com o conhecimento e experiência que era razoável supor estivessem disponíveis para as partes à época da celebração do contrato; (2) as circunstâncias relevantes incluem qualquer fato que pode ter afetado a forma na qual o contrato foi redigido; (3) a lei exclui das circunstâncias relevantes as negociações prévias ao contrato;[54] (4) o significado que tem um documento

[51] Emana do Art. 8 da CISG o princípio da razoabilidade, oriundo do sistema norte-americano, senão vejamos: "Esse princípio, emanado do art. 8 da CISG, traduz o *standard* do *reasonable person*, contribuição do direito norte-americano. Embora não venha expressamente consagrado na CISG, está implícito em diversas regras da Lei Uniforme. Trata-se de uma criação dos tribunais norte-americanos, a ideia de irrazoabilidade, permitindo-se através dela considerar-se não escrita ou reduzirem-se os efeitos de uma disposição contratual que ferisse a consciência." Cf. Pignatta, Francisco Augusto; Moser, Luiz Gustavo Meira. Campo de Aplicação e Disposições Gerais (arts. 1 a 13). In: Moser, Luiz Gustavo Meira; Pignatta, Francisco Augusto (org.). **Comentários à Convenção de Viena sobre contratos de compra e venda internacional de mercadorias (CISG): visão geral e aspectos pontuais.** São Paulo: Atlas, 2015. p. 23.

[52] Disponível em <https://uncitral.un.org/sites/uncitral.un.org/files/media-documents/uncitral/en/19-09951_e_ebook.pdf>. Acesso em 12 jan 2022.

[53] Lord Hoffman, ICS Ltd *v* West Bromwich Building Society [1998] 1 WLR 896. Para a compreensão dos fatos envolvidos na disputa, confira Worthington, Sarah. *Commercial law & Commercial Practice.* Oregon: Hart Publishing, 2003, p. 141-146.

[54] No caso Chartbook Ltd *v*. Persimmon Homes Ltd [2009] 3 WLR 267, em que Chartbook, proprietário de imóvel em Londres, havia contratado com Persimmon para que ele construísse um empreendimento comercial e residencial em seu imóvel. Persimmon faria a divulgação comercial do empreendimento e receberia pela venda das unidades mas teria que pagar um adicional a Chart-

para o homem médio não necessariamente é o significado literal das palavras. O significado literal pode ser aferido pelo uso de dicionários e gramáticas, já o do documento é o que as partes, com base na sua experiência, quiseram dizer com aquela linguagem; (5) a interpretação do contrato deve ir de encontro ao senso comum da atividade comercial.[55]

Esse método de interpretação de contratos é chamado pela doutrina inglesa de interpretação contextual, que, segundo Catherine Mitchell, se distancia da busca da intenção das partes em função dos inúmeros problemas que essa investigação pode trazer: (a) as partes podem não ser as autoras do documento; (b) podem existir vários autores; (c) as partes podiam não ter nenhuma intenção específica em relação ao problema surgido.[56]

A interpretação contextual segue a teoria objetiva. A intenção das partes, no entanto, não é totalmente abandonada[57], já que o ponto central da interpretação é justamente estabelecer qual seria a intenção das partes ao celebrar o contrato;

book com base em fórmula contratualmente prevista. A controvérsia se deu em relação à fórmula. Persimmon defendia que o seu entendimento da cláusula estava correto com base em provas e documentos da fase pré-contratual. Chartbook defendia que o contrato era claro e que não precisava de interpretação que fosse além da análise literal da linguagem. A análise literal foi considerada a mais correta pela primeira instância e Court of Appeal. A House of Lords reverteu a decisão de segunda instância por considerar que a Corte de Apelação deixou de levar em consideração o contexto do contrato. A proibição da análise dos documentos da fase pré-contratual na interpretação dos contratos foi mantida. Esses só devem ser considerados quando a parte precisar demonstrar que todas as partes buscaram atribuir a uma palavra ou expressão o sentido não convencional. No entanto, a Câmara dos Lordes admitiu que os referidos documentos podem ser utilizados para se aferir o contexto ou em ação rescisória.

[55] Mitchell, Catherine. **Interpretation of Contracts. Current controversies in law**. Taylor & Francis e-Library, 2007, p. 40/41.

[56] Mitchell, op. cit., p. 34.

[57] No caso Mangistaumunaigaz Oil Prod. (sociedade estatal da República do Cazaquistão) *v.* United World Trade Inc., o Queen's Bench Division do Reino Unido considerou que uma cláusula inserida em um contrato de compra e venda de óleo bruto, estabelecendo "*arbitration, if any, by ICC rules in London*", era uma cláusula arbitral válida e vinculante. A sociedade do Colorado contestou a validade da cláusula, argumentando que não continha um acordo de arbitragem vinculante e que, portanto, era necessária a celebração de uma cláusula específica, prevendo uma arbitragem CCI em Londres. O juiz Porter, do Queen's Bench Division, declarou que a cláusula refletia a intenção das partes de dirimir quaisquer disputas por meio de arbitragem de acordo com o regulamento da CCI, em Londres, e que qualquer outra interpretação seria contrária ao bom senso. Visconte, Debora. **A jurisdição dos árbitros e seus efeitos**. 2009. 141f. Dissertação (Mestrado em Direito) – Faculdade de Direito da Universidade São Paulo, São Paulo, 2009, p. 54.

é, então, parte do processo interpretativo, de acordo com a teoria utilizada pela doutrina inglesa em questão, balizá-lo pela manifestação objetiva da vontade.[58]

Lord Hoffman, no caso mencionado, diz que "o objeto a ser alcançado na interpretação dos contratos é a intenção comum das partes por meio da linguagem do contrato".[59]

Hugh Collins, doutrinador inglês, sugere que o intérprete deve buscar o "verdadeiro contrato". Ao fazê-lo, coloca a questão da seguinte maneira: "se as Cortes pretendem fazer justiça entre as partes no lugar de aferir a qualidade de seus advogados ao alocar riscos, não devem dar tanto valor aos documentos propriamente ditos, mas concentrar suas energias em investigar o contexto, as convenções do mercado e o entendimento das partes ao delimitar o negócio principal".[60]

2.3 Interpretação complementar

Tem-se, ainda, a interpretação complementar do contrato, em que, segundo Karl Larenz,[61] não se interpreta a declaração de vontade, mas sim o ato como um todo, sistema normativo criado pelas partes para aquele fim específico. Essa interpretação complementar do contrato é feita de acordo com a boa-fé e os usos e costumes.

3. A interpretação dos contratos de acordo com a boa-fé

A boa-fé afasta a ideia de concorrência que marcou a concepção individualista do direito privado, na qual o contrato representava o equilíbrio momentâneo entre forças antagônicas, e passa a implicar a vedação do abuso e a afirmação do dever de cooperação entre os contraentes.[62]

[58] YILDIRIM, Ahmet Cemil. **Interpretation of Contracts in Comparative and Uniform Law**. The Netherlands: Kluwer Law International, 2019, pp. 100-101.

[59] VOGENAUER, Stefan. Interpretation of Contracts: Concluding Comparative Observations. *In*: BURROWS, Andrew; PEEL, Edwin. (coord.). *Contract Terms*. Oxford: Oxford University Press, 2007, p. 128. Disponível em: Oxford University Press, July 2007; Oxford Legal Studies Research Paper No. 7/2007. SSRN: http://ssrn.com/abstract=984074. Acesso em: 06 jun. 2017.

[60] COLLINS, Hugh. *Regulating Contracts*. Oxford: Oxford University Press, 1998, p. 165.

[61] LARENZ, Karl. *Derecho Civil. Parte General*. IZQUIERDO, Miguel Izquierdo Y Macias Picavea (trad.). Edersa. 1978. Allgemeiner Teil des deutschen Bürgerlichen Rechts. 3. ed., 1975. C. H. Beck'sche de Munich, p. 744.

[62] MARTINS, Amanda Athayde Linhares; LOPES, Luiz Felipe Calábria. A interpretação de Contratos Internacionais segundo a CISG: uma análise comparativa com o Código Brasileiro, à luz dos princípios UNIDROIT. **Centro de Estudo de Direito Internacional**. Revista eletrônica. Disponível em: www.cedin.com.br. Acesso em: 06 jun. 2017.

O *status* da boa-fé nos ordenamentos jurídicos é de princípio geral do direito, ou seja, é princípio norteador e onipresente das relações jurídicas, estabelecendo o liame indissolúvel entre a moral e o Direito.[63]

Isto posto, tem-se que a boa-fé pode ser dividida em subjetiva e objetiva, sendo que por boa-fé subjetiva entende-se aquele estado de consciência da parte de agir em conformidade com o Direito posto, ou seja, o estado psicológico do agente diante da relação jurídica.[64] António Manuel da Rocha e Menezes Cordeiro a define como sendo uma "qualidade reportada ao sujeito".[65]

Já a boa-fé objetiva é um modelo de conduta social a que cada pessoa deve ajustar sua própria conduta, segundo a lealdade, honestidade e probidade. A boa-fé objetiva tem três funções fundamentais: (i) interpretativa dos contratos; (ii) restritiva do exercício do abuso de direitos contratuais (art. 187 do CC); e (iii) criadora de deveres anexos ou acessórios à prestação principal como o dever de informação ou o dever de lealdade (art. 422 do CC).[66]

A primeira função se refere à boa-fé como critério hermenêutico, exigindo que a interpretação das cláusulas privilegie o sentido mais conforme à lealdade e honestidade em relação aos propósitos comuns, a busca do sentido de acordo com os objetivos perseguidos pelo negócio.[67]

No que se refere à segunda função, a boa-fé exerce o papel de fonte criadora de deveres anexos ou acessórios à prestação principal, impondo às partes deveres que não aqueles previstos no contrato, como o dever de informação, o dever de segurança, o dever de sigilo, e assim por diante.[68] Em suma é a: "[...] função de controle (marca os limites dos direitos subjetivos da parte em relação aos destinatários de seu comando)".[69]

[63] Theodoro Jr.; Faria, *op. cit.*, p. 153.

[64] Gomes, Fernando de Paula. Do contrato: interpretação e boa-fé. Nery Jr. Nelson; Nery, Rosa Maria Andrade de. (coord.). **Revista de Direito Privado**, v. 27, São Paulo, RT, 2006, p. 129.

[65] Menezes Cordeiro, Antonio Manuel da Rocha e. **Da boa fé no Direito Civil**. Coimbra: Almedina, 2001, p. 407. (Coleção Teses.)

[66] Tepedino, Gustavo; Barboza, Heloísa Helena; Moraes, Maria Helena Bodin de. **Código Civil interpretação conforme a Constituição da República**. v. I, Parte Geral e Obrigações (art. 1° ao 420). Rio de Janeiro: Renovar, 2004, p. 226-228.

[67] Exemplos: art. 113 do CCB e art. 7(1) CISG.

[68] Schreiber, Anderson. **A proibição de comportamento contraditório. Tutela da confiança e venire contra factum proprium**. 2. ed., ver. e atual. Rio de Janeiro: Renovar, 2007, p. 87.

[69] Melo, Diogo Leonardo Machado de. Comentário aos artigos 186 a 188 do Código Civil. In: Nanni, Giovanni Ettore (org.). **Comentários ao Código Civil**: direito privado contemporâneo. 2. ed. São Paulo: Saraiva, 2021, p. 201.

Os deveres acessórios podem ser de proteção, de esclarecimento e de lealdade. Os de proteção determinam que as partes, enquanto perdurar o contrato, evitem impingir danos mútuos. Já os de esclarecimento determinam que as partes informem todos os aspectos atinentes ao vínculo contratual.

De outro lado, os de lealdade obrigam as partes a absterem-se de comportamentos que possam alterar o objetivo do negócio ou desequilibrar as prestações por ele consignadas. Nesse sentido, existem deveres de atuação positiva, como os deveres de não concorrência, de não celebração de contratos incompatíveis com o primeiro, de sigilo em face de elementos obtidos por força do contrato e cuja divulgação possa prejudicar a outra parte e, por fim, de manter o objetivo e economia contratuais.[70]

Além disso, a boa-fé objetiva tem outros papéis fundamentais.[71] Tem a função de imputar responsabilidade extracontratual diante da ruptura imotivada de negociações, de vedar o exercício inadmissível de posições jurídicas, de impedir a quebra da base do negócio jurídico, determinando, quando esta se romper, um reequilíbrio das prestações negociais de acordo com a alteração das circunstâncias advindas.[72]

Verifica-se, assim, que no Brasil, a regra de interpretação do contrato segundo a boa-fé deve ser utilizada pelo intérprete no processo de fixação do conteúdo e sentido da declaração de vontade (art. 113 do CC). Mais ainda, pela boa-fé objetiva exprime-se a primazia do comportamento ético que deve ser observado pelas partes durante toda a vida do contrato, desde as negociações pré-contratuais, conclusão do negócio e sua execução (art. 422 do CCB).

Já os Princípios do UNIDROIT, em seu artigo 1.7,[73] conferem ao princípio da boa-fé e da lealdade negocial um caráter imperativo determinado pela tutela objetiva da confiança, "diretriz indispensável para a concretização, entre outros,

[70] Menezes Cordeiro, Antonio Manuel da Rocha e. **Da boa fé no Direito Civil.** Coimbra: Almedina, 2001, p. 604-607. (Coleção Teses.)

[71] O Código Comercial de 1850 reservava à boa-fé papel central dispondo que "a inteligência simples e adequada, que for mais conforme à boa-fé, e ao verdadeiro espírito e natureza do contrato deverá prevalecer à rigorosa e restrita significação das palavras.

[72] Penteado, Luciano de Camargo. Figuras Parcelares da Boa-Fé Objetiva e Venire Contra Factum Proprium. Nery Jr. Nelson; Nery. Rosa Maria Andrade de. (coord.). **Revista de Direito Privado**, v. 27, São Paulo, RT, 2006, p. 258.

[73] Artigo 1.7 – Boa-fé e lealdade negocial – "(1) As partes devem proceder em conformidade com as exigências da boa-fé no comércio internacional. (2) As partes não podem excluir nem limitar o alcance desta obrigação". ()

dos princípios de superioridade do interesse comum sobre o particular, da igualdade (em sua face positiva) e da boa-fé, em sua feição objetiva".[74]

Ademais, na CISG[75], a boa-fé objetiva é também princípio geral no âmbito do comércio internacional, consagrada como regra geral no art. 7(1)[76], e, atuando também com a função controladora nas relações comerciais internacionais em demais disposições do diploma legal.[77]

3.1 A proibição do comportamento contraditório (nemo potest venire contra factum proprium)

O fundamento normativo do *nemo potest venire contra factum proprium* é a própria cláusula geral de boa-fé objetiva. Esse brocado latino pode ser conceituado como: "É a deslealdade, além da contrariedade com a própria conduta, que está no núcleo da figura conhecida como *venire contra factum proprium non valet* [...]"[78]; é a concretização da tutela da confiança entre as partes.[79]

Segundo Anderson Schreiber, a proibição de comportamento contraditório "não tem por fim a manutenção da coerência por si só mas afigura-se razoável apenas quando e na medida em que a incoerência, a contradição aos pró-

[74] Martins, Amanda Athayde Linhares; Lopes, Luiz Felipe Calábria. A interpretação de Contratos Internacionais segundo a CISG: uma análise comparativa com o Código Brasileiro, à luz dos princípios UNIDROIT. **Centro de Estudo de Direito Internacional**. Revista eletrônica. Disponível em: www.cedin.com.br. Acesso em: 06 jun. 2017.

[75] Brevemente sore oi histórico da boa-fé e a CISG: "Enquanto que algumas delegações apoiavam a inclusão do respeito à boa-fé de maneira substancial (aplicável à conduta das partes quando da conclusão e execução do contrato), ou pelo menos no tratamento da formação do contrato, outras resistiam a esta inclusão tendo em vista a ausência de um significado preciso acerca da boa-fé, o que poderia causar certa insegurança jurídica. Assim, a decisão final entre os elaboradores da Convenção foi a de que o respeito à boa-fé não poderia, em princípio ser imposto de maneira ampla como uma regra suprema à conduta dos operadores do comércio internacional. Optou-se, pelo menos no texto expresso da Convenção, que a [o]bservância da boa-fé deveria permanecer como um princípio de interpretação de suas disposições, e, portanto, ser aplicável apenas no processo de busca do significado do que é estabelecido por esta." Cf. Veronese, Lígia Espolaor. **A Convenção de Viena e seus reflexos no direito contratual brasileiro**. São Paulo: Almedina, 2019, pp. 42-43.

[76] Art. 7(1): Na interpretação desta Convenção ter-se-ão em conta seu caráter internacional e a necessidade de promover a uniformidade de sua aplicação, bem como de assegurar o respeito à boa fé no comércio internacional.

[77] Pignatta; Moser, *op. cit,*, p. 20.

[78] Martins-Costa, *op. cit.*, p. 674.

[79] Theodoro Jr.; Faria, *op. cit.*, p. 156.

prios atos, possa violar expectativas despertadas em outrem e assim causar-lhe prejuízo".[80]

A teoria dos atos próprios é simples. Ninguém está autorizado a contrariar um comportamento praticado anteriormente na medida em que essa mudança de comportamento quebre a expectativa de terceiros, gerando prejuízos. O ato próprio é a informação relevante e necessária para o agir, esse não pode ser contrariado sob pena dessa mudança de orientação quebrar a lealdade.[81]

Há uma eficácia vinculativa de atos, ainda que não sejam jurídicos em sentido estrito. A parte que os pratica gerando confiança na outra de que aquela orientação de conduta seria mantida, ao alterar o comportamento, imprimindo-lhe direção oposta à original, frustra a expectativa de confiança e viola a boa-fé objetiva. As consequências desse comportamento são agravadas quando há um legítimo investimento econômico pautado por aquela expectativa.[82]

Segundo Antonio Manuel da Rocha e Menezes Cordeiro, a locução *venire contra factum proprium* "traduz o exercício de uma posição jurídica em contradição com o comportamento assumido anteriormente".[83] São dois comportamentos de uma mesma pessoa, lícitos em si e deferidos no tempo. Considera comportamento contraditório quando houver uma contradição direta entre a situação jurídica originada pelo *factum proprium* e o segundo comportamento do autor.[84]

Coibir o comportamento contraditório da parte pressupõe: "(i) uma conduta inicial; (ii) a legítima confiança de outrem na conservação do sentido objetivo desta conduta; (iii) um comportamento contraditório com este sentido objetivo; (iv) um dano ou, no mínimo, um potencial de dano a partir dessa contradição".[85]

[80] SCHREIBER, Anderson. **A proibição de comportamento contraditório. Tutela da confiança e venire contra factum proprium**. 2. ed., ver. e atual. Rio de Janeiro: Renovar, 2007, p. 96.

[81] PENTEADO, Luciano de Camargo. Figuras parcelares da boa-fé objetiva e *venire contra factum proprium*. NERY Jr., Nelson; NERY, Rosa Maria Andrade de. (coord.). **Revista de Direito Privado**, v. 27, São Paulo, RT, 2006, p. 259.

[82] Idem, p. 260.

[83] MENEZES CORDEIRO, Antonio Manuel da Rocha e. **Da boa fé no Direito Civil**. Coimbra: Almedina, 2001, p. 742. (Coleção Teses.)

[84] A proibição de comportamento contraditório na esfera internacional encontra-se prevista no art. 1.8 dos Princípios do UNIDROIT: "uma parte não pode agir em contradição com uma expectativa que suscitou na outra parte quando esta última tenha razoavelmente confiado em tal expectativa e, em consequência, agido em seu próprio detrimento". ()

[85] SCHREIBER, Anderson. **A proibição de comportamento contraditório. Tutela da confiança e venire contra factum proprium**. 2. ed., ver. e atual. Rio de Janeiro: Renovar, 2007, p. 133.

Como consequência do princípio tem-se que há: o impedimento do comportamento contraditório e a reparação dos danos derivados da conduta contraditória.

Como "princípio implícito", o *venire* se faz presente nos mais variados direitos nacionais,[86] tanto nos de origem romano-germânica quanto nos de tradição anglo-saxã, em que é normalmente associado à figura do *stoppel*. Em termos gerais, diante da aplicação do *stoppel*, "um indivíduo fica impedido de negar ou alegar um determinado fato em função de sua conduta, alegação ou negativa anterior".[87]

Deve o intérprete, árbitro ou juiz, portanto, vedar esse tipo de comportamento, aplicando a teoria dos atos próprios.

4. A interpretação dos contratos de acordo com usos do lugar de sua celebração

O art. 113 do Código Civil Brasileiro dispõe, na segunda parte, que os negócios jurídicos devem ser interpretados de acordo com os usos do lugar de sua celebração.

Necessário esclarecer a diferença entre usos e costumes. Os costumes constituem fonte de direito, conforme o art. 4° da Lei de Introdução às Normas do Direito Brasileiro, revestindo-se de força obrigatória. O referido artigo prevê que o juiz deve decidir com base nos costumes,[88] se omissa a lei e o recurso à analogia não propiciar a solução adequada.[89] Já os usos são reiterações de atos na prática de determinado Estado ou comércio.

[86] Para uma análise da proibição do comportamento contraditório à luz do direito brasileiro, *vide*: SCHREIBER, Anderson. **A proibição de comportamento contraditório**. Tutela da confiança e venire contra factum proprium. Rio de Janeiro: Renovar, 2007.

[87] BLACK'S LAW DICTIONARY. 6. ed. *St. Paul:* West Publishing, 1991, p. 551. No original: "*an individual is barred from denying or alleging a certain fact or state facts because of that individual's previous conduct, allegation, or denial.*"

[88] Prevê o art. 38 da Corte Internacional de Justiça que a Corte aplicará o costume internacional, como prova de uma prática aceita, como sendo direito. O Costume internacional é o conjunto de normas consagradas pelo longo uso e observadas na norma internacional como obrigatórias. Destaca Roberto Luiz Silva que o costume é norma jurídica obrigatória. Se não for cumprido acarreta uma sanção. Já o uso não tem essa característica, pois é prática não obrigatória para os sujeitos internacionais e que, quando violada, não acarreta sanções. Além da expressão normativa do costume, tem-se a expressão da consciência coletiva da sociedade internacional, aceitando o costume como um novo direito. Ver: **Direito Internacional Público**. 3. ed. ver., atual. e ampl. Belo Horizonte: Del Rey, 2008, p. 132.

[89] OLIVEIRA, Eduardo Ribeiro. **Comentários ao Novo Código Civil:** dos bens, dos fatos jurídicos, do negócio jurídico, disposições gerais, da representação, da condição, do termo e do encargo. v. II: (arts. 79 a 137). TEIXEIRA, Sálvio de Figueiredo. Rio de Janeiro: Forense, 2008, p. 255.

O costume, como fonte de direito, compõe-se de dois elementos.[90] O elemento externo, que corresponde a uma prática reiterada, e o outro interno[91], consistente "na convicção de que a observância da norma costumeira corresponde a uma necessidade jurídica, disso resultando a sua obrigatoriedade". [92]

Os usos como auxiliares interpretativos dos contratos podem ter duas funções distintas:

> uma estritamente hermenêutica e outra nitidamente supletória; ao uso supletivo recorre-se para integrar lacuna do contrato, podendo ser excluído por vontade expressa das partes, enquanto ao uso interpretativo *stricto sensu* deve o intérprete reportar-se para investigar se há efeitos jurídicos não declarados, mas correspondente ao que é usual em tais contratos.[93]

Os usos e costumes são fontes do direito comercial, ou seja, capazes de emanar normas de respeito obrigatório para os mercadores. Para Paula Forgioni a prática mercantil impõe-se como direito, que deve ser observado pelos agentes econômicos.[94] Os usos e os costumes surgem da prática mercantil e sofrem uma seleção natural, as mais adequadas impõem-se sobre aquelas menos aptas à resolução dos problemas, prevalecendo os padrões de conduta melhor adaptados ao funcionamento do mercado. Nesse quadro, a jurisprudência atua como fator de seleção. O uso não aceito pelos tribunais, por eles considerado violador de norma jurídica, acaba desautorizado e simplesmente não se consolida como

[90] Rafael Hernández Marín entende que não há dois elementos na norma porque não fazem parte dessa norma. São, na verdade, condições ou fatores cuja presença é necessária para que nasça uma norma consuetudinária. Ver: **Introducción a la teoria de la norma jurídica.** 2. ed. Madrid: Marcial Pons, Ediciones Juridicas y Sociales S.A., 2002, p. 95.

[91] Oliveira, Eduardo Ribeiro. **Comentários ao Novo Código Civil:** dos bens, dos fatos jurídicos, do negócio jurídico, disposições gerais, da representação, da condição, do termo e do encargo. v. II: (arts. 79 a 137). Teixeira, Sálvio de Figueiredo (coord.). 1. ed. Rio de Janeiro: Forense, 2008, p. 255.

[92] Rafael Hernández Marín, em sua obra Introducción a La Teoria de la Norma Jurídica, explica que as normas consuetudinárias surgem de forma natural, espontânea, sem necessidade de formação de enunciado. Exige-se apenas a existência de uma regularidade de comportamento e o sentimento ou convicção da parte que segue esse costume de que devem se comportar da maneira como fazem. Ver: **Introducción a la teoria de la norma jurídica.** 2. ed. Madrid: Marcial Pons, Ediciones Juridicas y Sociales S.A., 2002, p. 95.

[93] Gomes, Orlando. **Contratos**. 26. ed. Rio de Janeiro: Forense, 2009, p. 248.

[94] Forgioni, Paula A. **Teoria Geral dos Contratos Empresariais**. São Paulo: Revista dos Tribunais, 2009, p. 116, citando lição de Machado, Brasilio. **O Código Commercial do Brasil em sua formação histórica**.

costume.[95] A norma do art. 1.9 dos Princípios do UNIDROIT[96] reforça a força vinculante dos usos consentidos e práticas adotadas pelas partes.

Por fim, o uso pode se revelar dentro da relação contratual existente se durante o curso da relação comercial as partes observaram uma conduta uniforme, ter-se-á um uso entre essas partes que poderá ser sopesado pelo intérprete ao analisar as divergências surgidas quando da interpretação de um contrato.

5. O papel do árbitro na interpretação dos contratos

O papel do árbitro ao interpretar contratos não se resume na mera aplicação da norma ao caso concreto[97], afinal, como julgadores, os árbitros devem chegar o mais próximo possível de uma visão correta dos eventos que deram origem à controvérsia.[98] Acentua Orlando Gomes que, por maior que seja o poder atribuído ao intérprete, na medida em que se acentua a inclinação para encontrar a vontade, não se consente que imponha às partes um contrato diverso do que realizaram ainda que preferível do ponto de vista do interesse público. Não deve o árbitro ajustar o contrato por meio de sua interpretação. [99]

A função tradicional do árbitro é perquirir e aclarar a vontade dos contratantes, manifestada no contrato mediante declaração destinada a provocar efeitos jurídicos.[100] O árbitro não deve impor seus próprios modelos, mas decidir o conflito considerando a finalidade almejada pelas partes, os princípios jurídicos e os modelos de interpretação de contratos. É particularmente relevante a forma como as partes buscaram harmonizar seus interesses, o que se pode infe-

[95] Forgioni, Paula A. **Teoria Geral dos Contratos Empresariais**. São Paulo: Revista dos Tribunais, 2009, p. 116/117.

[96] Artigo 1.9 – Usos e práticas: "(1) As partes vinculam-se pelos usos aos quais tenham consentido e pelas práticas que tenham estabelecido entre si. (2) As partes vinculam-se aos usos que, no comércio internacional, sejam amplamente conhecidos e regularmente observados pelos contratantes no ramo comercial concernente, salvo quando a aplicação de tais usos não seja razoável.".

[97] Rosengren, Jonas. Contract Interpretation in International Arbitration. *Journal Of International Arbitration*, Kluwer Law International: The Netherlands, v. 30, n. 1, fev. 2018, p. 11

[98] Defende Catherine Mitchell, no capítulo "*Controlling interpretation*", que a arbitragem oferece várias vantagens sobre o Judiciário na questão da interpretação dos contratos, uma vez que as partes escolhem os árbitros e o fazem dentre aqueles que têm experiência na área objeto da controvérsia. Além disso, o árbitro tem o poder de fazer as perguntas que entender necessárias, verificar os documentos que entender relevantes e definir as regras probatórias que serão aplicadas. MITCHELL, Catherine. *Interpretation of Contracts. Current controversies in law.* Taylor & Francis e-Library, 2007, p. 130.

[99] Gomes, Orlando. **Contratos**. 26. ed. Rio de Janeiro: Forense, 2009, p. 241.

[100] Idem, p. 239.

rir por meio da estrutura do contrato e pelas circunstâncias determinantes à sua formação.[101]

O comportamento dos contratantes na execução dos contratos poderá servir como peça fundamental para perquirir o seu entendimento do quanto acordado. É necessário que se determine a vontade real, a vontade comum, ao que objetivamente pretenderam fazer, devendo o árbitro decidir o caso de acordo com o comportamento das partes, examinando a conduta das partes até a eclosão do litígio.

Conclusões

As cláusulas do contrato devem ser interpretadas de acordo com a norma do comércio, de acordo com o que é usual e compatível com a época, com as circunstâncias e com a natureza do contrato. Há que se atentar para o bom senso, e, principalmente, para o princípio da boa-fé, segundo o qual o contrato deve ser cumprido e executado de acordo com as justas expectativas das partes contratantes.

Além disso, deve o intérprete atentar para as regras acessórias da boa-fé contratual. Seja como diretiva de interpretação ou como critério de comportamento, a boa-fé não se esgota na simples execução da prestação, norteia a conduta dos contratantes desde as tratativas que precedem a sua formação até, e em especial, o período pós-contratual.

O contexto global do contrato, o seu escopo reconhecido por ambas as partes (seja por meio de declarações, seja por meio do seu comportamento na execução do contrato) e a situação de interesses configuradas por essas devem ser utilizados para alcançar um justo equilíbrio de interesses e desvendar a verdadeira intenção das partes.

O intérprete não deve ignorar, por óbvio, a letra do contrato. O documento será o ponto de partida para aferir a intenção comum que o preside. Parte-se da declaração (objetiva) para encontrar a vontade real (subjetiva). Na investigação da intenção subjacente deve o intérprete buscar a medida da justiça contratual, cuidando para não alterar o sentido do contrato impingindo fórmula que lhe pareça mais justa. A vontade negocial (declarada) é que vai nortear o processo de interpretação.

[101] LARENZ, Karl. **Derecho Civil. Parte General**. IZQUIERDO, Miguel Izquierdo Y Macias Picavea (trad.). Edersa. 1978. Allgemeiner Teil des deutschen Bürgerlichen Rechts. 3. ed., 1975. C. H. Beck'sche de Munich., p. 746.

Referências

AMARAL, Francisco. **Direito Civil:** introdução. 5. ed. Rio de Janeiro: Renovar, 2003.

ANDRADE Manuel Domingos de. **Teoria Geral da Relação Jurídica. Facto Jurídico, em especial Negócio Jurídico**. Coimbra: Almedina, 1983.

ANDRADE, Darcy Bessone de Oliveira. **Do Contrato – teoria geral**. Rio de Janeiro: Forense, 1987.

AZEVEDO, Antônio Junqueira de. **Negócio Jurídico:** existência, validade e eficácia. 4. ed. atualizada de acordo com o Novo Código Civil (Lei n. 10.406, de 10.01.2002). São Paulo: Saraiva, 2002.

BETTI, Emilio. Teoria generale del negozio giuridico. 3 ed. *In*: VASSALLI, Filippo (coord.). **Trattato di diritto civile italiano**. Torino: UTET, 1960.

BLACK'S LAW DICTIONARY. 6. ed. St. Paul: West Publishing, 1991.

COLLINS, Hugh. **Regulating Contracts**. Oxford: Oxford University Press, 1998.

FISCH, Stanley. **Is there a text in this class?** Cambridge: Harvard UP, 1980.

FORGIONI, Paula A. **Teoria Geral dos Contratos Empresariais**. São Paulo: Revista dos Tribunais, 2009.

GAMA Jr, Lauro. Os Princípios do UNIDROIT relativos aos Contratos do Comércio Internacional 2004 e o Direito Brasileiro: Convergências e Possibilidades. **Revista de Arbitragem e Mediação**, v. 8, p. 48-100. São Paulo; RT, 2006.

GOMES, Fernando de Paula. Do contrato: interpretação e boa-fé. NERY Jr., Nelson; NERY, Rosa Maria Andrade de. (coord.). **Revista de Direito Privado**, v. 27, São Paulo, RT, 2006.

GOMES, Orlando. **Contratos**. 26. ed. Rio de Janeiro: Forense, 2009.

LARENZ, Karl. **Derecho Civil. Parte General**. Tradução de Miguel Izquierdo e Macias Picavea. 3. ed. Edersa. 1978. Allgemeiner Teil des deutschen Bürgerlichen Rechts. 1975. C. H. Beck'sche de Munich.

LÔBO, Paulo. **Direito Civil: volume 3: contratos**. 4. ed. São Paulo: Saraiva Educação, 2018.

MENKE, Fabiano. Comentário aos artigos 104 a 185 do Código Civil. In: NANNI, Giovanni Ettore (org.). **Comentários ao Código Civil**: direito privado contemporâneo. 2. ed. São Paulo: Saraiva, 2021. p. 118-193.

MARÍN, Rafael Hernández. **Introducción a la teoria de la norma jurídica**. 2. ed. Madrid: Marcial Pons, Ediciones Juridicas y Sociales S.A., 2002.

MARTINS, Amanda Athayde Linhares; LOPES, Luiz Felipe Calábria. **A interpretação de Contratos Internacionais segundo a CISG:** uma análise comparativa com o Código Brasileiro, à luz dos princípios UNIDROIT. Centro de Estudo de Direito Internacional. Revista eletrônica. Disponível em: www.cedin.com.br. Acesso em: 06 jun. 2017.

MARTINS-COSTA, Judith. **A boa-fé no direito privado: critérios para a sua avaliação**. 2. ed. São Paulo: Saraiva Educação, 2018.

MELO, Diogo Leonardo Machado de. Comentário aos artigos 186 a 188 do Código Civil. In: NANNI, Giovanni Ettore (org.). **Comentários ao Código Civil**: direito privado contemporâneo. 2. ed. São Paulo: Saraiva, 2021, p. 194-204.

MENEZES CORDEIRO, Antonio Manuel da Rocha e. **Da Boa-Fé no Direito Civil**. Coimbra: Almedina, 2001. (Coleção Teses.)

MIRANDA, Pontes de. **Tratado de Direito Privado. Parte Especial**. Tomo XXXVIII. 2. ed. Rio de Janeiro: Borsoi, 1962.

MITCHELL, Catherine. **Interpretation of Contracts. Current controversies in law**. Taylor & Francis e-Library, 2007.

OLIVEIRA, Eduardo Ribeiro de. **Comentários ao Novo Código Civil:** dos bens, dos fatos jurídicos, do negócio jurídico, disposições gerais, da representação, da condição, do termo e do encargo, v. II (arts. 79 a 137). Coordenação de Sálvio de Figueiredo Teixeira v. III.. Rio de Janeiro: Forense, 2008.

PENTEADO, Luciano de Camargo. Figuras Parcelares da Boa-Fé Objetiva e Venire Contra Factum Proprium. *In*: NERY Jr., Nelson; NERY, Rosa Maria Andrade de. (coord.). **Revista de Direito Privado**, v. 27, São Paulo, RT, 2006.

PEREIRA, Caio Mario da Silva. **Instituições de Direito Civil. Fontes das Obrigações. Contratos – Declarações Unilaterais de Vontade – Responsabilidade Civil.** Rio de Janeiro: Forense, 1963.

PIGNATTA, Francisco Augusto; MOSER, Luiz Gustavo Meira. Campo de Aplicação e Disposições Gerais (arts. 1 a 13). In: MOSER, Luiz Gustavo Meira; PIGNATTA, Francisco Augusto (org.). **Comentários à Convenção de Viena sobre contratos de compra e venda internacional de mercadorias (CISG): visão geral e aspectos pontuais**. São Paulo: Atlas, 2015. p. 3-33.

POTHIER, Joseph Robert. **A treatise on the law of obligations, or contracts.** Tradução de William David Evans. Londres, A. Strahan para J. Butterworth, 1806. www.books.google.com.br. Acesso em: 06 jun. 2017. Visualização Completa.

REALE, Miguel. **Artigo chave do Código Civil**. Disponível em: http://www.miguelreale.com.br/artigos/artchave.htm. Acesso em: 06 jun. 2017.

ROSENGREN, Jonas. Contract Interpretation in International Arbitration. **Journal Of International Arbitration**, Kluwer Law International: The Netherlands, v. 30, n. 1, p. 1-16, fev. 2018.

SCHREIBER, Anderson. A proibição de comportamento contraditório. **Tutela da confiança e venire contra factum proprium.** 2 ed., ver. e atual. Rio de Janeiro: Renovar, 2007. 308p.

SILVA, Roberto Luiz. **Direito Internacional Público**. 3. ed. ver., atual. e ampl. Belo Horizonte: Del Rey, 2008.

TEPEDINO, Gustavo; BARBOZA, Heloísa Helena; MORAES, Maria Helena Bodin de. **Código Civil Interpretação conforme a Constituição da República**. v. I, Parte Geral e Obrigações (art. 1º ao 420). Rio de Janeiro: Renovar, 2004.

—; KONDER, Carlos Nelson; BANDEIRA, Paula Greco. Fundamentos do Direito Civil: **Contratos**. 1. ed. Rio de Janeiro: Forense, 2020.

—; OLIVA, Milena Donato. Fundamentos do Direito Civil: **Teoria Geral do Direito Civil**. 1. ed. Rio de Janeiro: Forense, 2020.

THEODORO Jr., Humberto; FARIA, Juliana Cordeiro de. Contrato. Interpretação. Princípio da boa-fé. Teoria do ato próprio ou da vedação ao comportamento contraditório. *In*: NERY Jr., Nelson; NERY, Rosa Maria Andrade de. (coord.). **Revista de Direito Privado**, v. 38, São Paulo, RT, 2009.

VENOSA, Sílvio de Salvo. **Direito Civil: Contratos**. 21. ed. São Paulo: Atlas, 2021.

VERONESE, Lígia Espolaor. **A Convenção de Viena e seus reflexos no direito contratual brasileiro**. São Paulo: Almedina, 2019.

VISCONTE, Debora. **A Jurisdição dos Árbitros e seus Efeitos**. 2009. 141f. Dissertação (Mestrado em Direito) – Faculdade de Direito da Universidade São Paulo, São Paulo, 2009.

VOGENAUER, Stefan. Interpretation of Contracts: Concluding Comparative Observations. *In*: BURROWS, Andrew; PEEL, Edwin. (coord.) **Contract Terms**. Oxford: Oxford University Press, 2007. p. 128. Disponível em: http://ssrn.com/abstract=984074. Acesso em: 06 jun. 2017.

WALD, Arnoldo. **Obrigações e Contratos**. 17. ed. Rev. ampl. e atual. de acordo com o Código Civil de 2002, com a colaboração de Semy Glanz. São Paulo: Saraiva, 2006.

WORTHINGTON, Sarah. **Commercial law & Commercial Practice**. Oregon: Hart Publishing, 2003.

YILDIRIM, Ahmet Cemil. **Interpretation of Contracts in Comparative and Uniform Law**. The Netherlands: Kluwer Law International, 2019.

ZANETTI, Cristiano de Sousa. Comentário aos artigos 421 a 480 do Código Civil. In: NANNI, Giovanni Ettore (org.). **Comentários ao Código Civil**: direito privado contemporâneo. 2. ed. São Paulo: Saraiva, 2021, p. 431-479.

Jurisprudência

HOUSE OF LORDS. **Chartbook Ltd v Persimmon Homes Ltd** [2009] 3 WLR 267. Disponível em: http://www.publications.parliament.uk/pa/ld200809/ldjudgmt/jd090701/chart-1.htm. Acesso em: 06 jun. 2017.

HOUSE OF LORDS. **ICS Ltd v West Bromwich Building Society** [1998] 1 WLR 896. Disponível em: http://www.publications.parliament.uk/pa/ld199798/ldjudgmt/jd970619/invest01.htm. Último acesso em: 06 jun. 2017.

14.
O DEVER DE REVELAÇÃO DOS ÁRBITROS E O FINANCIAMENTO DE TERCEIROS NA ARBITRAGEM INTERNACIONAL

EDUARDO GREBLER

1. O Dever de revelação dos árbitros

Desde os primórdios da arbitragem, vigora a regra universal de que os árbitros estão obrigados a revelar eventuais conflitos de interesse que possam ter com qualquer das partes, antes de assumirem suas funções (ou mesmo após, caso o conflito derive de fato superveniente). A razão de ser desse postulado está em que, na seara da arbitragem internacional[1], a imparcialidade e a independência são pré-requisitos da confiabilidade dos árbitros para julgar o litígio. Nas palavras de Dalmaso e Carmona, "a revelação consiste em um dos atos mais significantes do processo arbitral, pois, se exercido de forma adequada e mediante razoável reflexão, mostra-se decisivo para certificar a validade da constituição daquele árbitro e de todo o tribunal arbitral"[2].

[1] Em arbitragens domésticas nos Estados Unidos admite-se o árbitro *non-neutral*, vinculado à parte que o nomeia, desde que a convenção de arbitragem assim autorize e que o terceiro árbitro atenda aos requisitos de independência e imparcialidade.

[2] MARQUES, Ricardo Dalmaso e CARMONA, C. Alberto. "O dever de revelação do árbitro: extensão e consequência de sua violação". Universidade de São Paulo, São Paulo, 2017, p. 107. No mesmo sentido, cf. BERALDO, Leonardo de Faria. Curso de Arbitragem: Nos termos da Lei 9.307/96. São Paulo: Atlas, 2014, p. 252; MARTINS, Pedro A. Batista. "O Dever de Revelar do Árbitro", Revista dos Tribunais: Revista de Arbitragem e Mediação, 2014, p. 2; LEMES, Selma M. F. "O dever de revelação

Os requisitos de independência e imparcialidade foram consagrados na Lei Modelo da *UNCITRAL* sobre Arbitragem Comercial Internacional[3], em sua edição original de 1985 e na subsequente revisão de 2006, e estão presentes nas legislações nacionais sobre arbitragem calcadas na referida Lei-Modelo. Além de previstas em lei, ditas exigências estão presentes nas regras de arbitragem das instituições arbitrais mundo afora, assim como em instrumentos de *soft law* desenvolvidos por instituições que se dedicam ao aperfeiçoamento da prática arbitral. O mais conhecido exemplo dessa norma de comportamento está nas Diretrizes da *International Bar Association* sobre Conflitos de Interesse em Arbitragem Internacional[4], acolhidas em grande número de países como paradigma para a aferição de eventuais conflitos de interesses de árbitros perante as partes. A necessidade de independência e imparcialidade dos árbitros frente às partes (e a seus advogados) está de tal forma enraizada na moderna cultura arbitral internacional que se pode dizer lugar comum, imune a questionamentos *in abstrato*.[5] Como corolário dessa realidade, legislações nacionais e regulamentos arbitrais geralmente impõem à pessoa indicada para funcionar como árbitro que revele, antes de sua investidura, qualquer circunstância que, aos olhos das partes, possa comprometer a independência e a imparcialidade dela exigidas. Esta obrigação, que também está prevista nas Diretrizes da *IBA* sobre Conflitos de Interesse em Arbitragem Internacional[6], *implicaum* dever inafastável do futuro

do árbitro, o conceito de dúvida justificada". Revista de Arbitragem e Mediação, bol. 36, São Paulo: Revista dos Tribunais, 2013, p. 231.

3 *"Artigo 12(1) – Quando uma pessoa for indicada com vistas à sua eventual nomeação como árbitro, fará notar todas as circunstâncias que possam suscitar dúvidas fundamentadas sobre sua imparcialidade ou independência. A partir da data da sua nomeação e durante todo o procedimento arbitral, o árbitro fará notar sem demora às partes as referidas circunstâncias, a menos que já o tenha feito."* (NAÇÕES UNIDAS. Lei Modelo da UNCITRAL sobre Arbitragem Comercial Internacional, Registros oficiais da Assembleia Geral, 40.ª sessão, Suplemento n.º 17 (A/40/17), Anexo I).

4 "Todo o árbitro deve ser imparcial e independente em relação às partes no momento da aceitação da sua nomeação, e assim deve permanecer durante todo o processo arbitral até que seja proferida a sentença arbitral final ou o processo termine definitivamente de outra forma." (IBA. Diretrizes da IBA sobre Conflito de Interesses em Arbitragem Internacional, 2014, Princípios Gerais, n. 1. Disponível em: www.ibanet.org/IBAGuidelinesonConflictsofInterest-Portuguese.pdf. Acesso em: 21 ago. 2021.)

5 *"Having an impartial and neutral judge resolve disputes has been a fundamental goal in the American justice system. But in some arbitrations, party-appointed arbitrators on a tripartite panel are expected to act as "non-neutrals" and may be predisposed to decide in favor of the party who appointed them, while the third arbitrator is neutral."* (*In*: Byrne, Olga K. **A New Code of Ethics for Commercial Arbitrators:** The Neutrality of Party-Appointed Arbitrators on a Tripartite Panel, 30 Fordham Urb. L.J. 1815 (2003). Disponível em: https://ir.lawnet.fordham.edu/ulj/vol30/iss6/. Acesso em: 01 jul. 2021.)

6 "Revelação pelo Árbitro (a) Se existirem factos ou circunstâncias que possam, aos olhos das partes, suscitar dúvidas quanto à imparcialidade ou independência do árbitro, cumpre ao árbitro revelá-

árbitro, cujo não cumprimento poderá ter graves consequências sobre o resultado da arbitragem.

A revelação de potenciais conflitos de interesse dos árbitros adquiriu relevância crescente em tempos recentes diante de pronunciamentos de tribunais judiciais, em diferentes países, que anularam sentenças arbitrais com base na presumida quebra do dever de revelação pelos árbitros. É perceptível a ampliação do espectro de fatos e circunstâncias cuja revelação é esperada, o que tem sido referendado por tribunais judiciais ao anular sentenças proferidas por árbitros que deixaram de revelar fatos que, até recentemente, não eram tidos como comprometedores de sua independência ou d sua imparcialidade. Ademais, a distinção entre o dever de revelação e a falta de independência ou de imparcialidade – significando que a primeira não implica necessariamente a segunda – deixou de ser observada em algumas importantes decisões judiciais, abrindo uma nova frente de riscos para a sentença arbitral cuja anulação for intentada pela parte insatisfeita com o resultado da demanda[7-8].

Assim posta a questão da independência e imparcialidade dos árbitros e seu consequente dever de revelação como premissas gerais do procedimento arbitral, cabe analisar sua interrelação com o financiamento de terceiro na arbitragem internacional.

2. Financiamento de terceiros na arbitragem internacional

O financiamento de terceiros na arbitragem internacional (designado pelo acrônimo *TPF*, do inglês *Third-Party Funding*) constitui um acordo pelo qual uma parte na arbitragem obtém recursos financeiros de terceiros para cobrir as despesas de sua participação no processo. O suporte financeiro de terceiro em apoio à parte litigante não é coisa nova, existindo de modo não ostensivo desde tempos remotos, diante de duas circunstâncias econômicas reais: de um lado, a necessidade de recursos financeiros pelo titular do direito vindicado, muitas

-los às partes, à instituição arbitral ou a outra autoridade responsável pela nomeação (se existir, e se assim for requerido pelas regras institucionais aplicáveis) e aos coárbitros, se os houver, antes de aceitar a sua nomeação ou, se já tiver ocorrido a aceitação, assim que deles tiver conhecimento." (IBA. **Diretrizes da IBA sobre Conflito de Interesses em Arbitragem Internacional**, 2014, Princípios Gerais, n. 3. Disponível em: www.ibanet.org/IBAGuidelinesonConflictsofInterest-Portuguese.pdf. Acesso em: 01 jul. 2021.)

[7] Halliburton Company *v.* Chubb Bermuda Insurance Ltd. [2020] UKSC 4. Disponível em: https://www.supremecourt.uk/cases/docs/uksc-2018-0100-judgment.pdf. Acesso em: 29 mar. 2021.

[8] TJSP, **L. H. de S. F x B. I. P. e A. S/A**, Apel. Cível n. 1056400-47.2019.8.26.0100, rel. Des. Fortes Barbosa, 1ª Câmara Reservada de Direito Empresarial, j. 25/8/2020. Disponível em: https://esaj.tjsp.jus.br/getArquivo.do?cdacordao=13894815&cdforo=0. Acesso em: 29 mar. 2021.

vezes incapaz de arcar com o custo da demanda durante o tempo necessário para buscar seu recebimento; de outro lado, o interesse de agentes econômicos capazes de arcar com tais custos até a conclusão da demanda, em contrapartida a uma participação no proveito que dela resultar, trazendo-lhe uma remuneração que compense o risco tomado e o investimento realizado.

A presença longeva desta modalidade de negócio sobre direitos patrimoniais no mundo dos litígios fica evidenciada por ter sido proibida na Inglaterra já em 1275, pelo Statute of Westminster. Sob o rótulo de *maintenance and champerty*[9], foi banida diante de abusos cometidos por nobres corruptos e funcionários da Coroa que se associavam a pleitos judiciais fraudulentos em troca de uma parcela do proveito obtido, levando à condenação criminal de quem a praticasse[10]. Até 1967, perdurou a vedação ao financiamento de terceiros no Reino Unido e em países como Índia, Paquistão, Malásia, Hong Kong e Austrália, dentre outros, nos quais o direito anglo-saxônico lançou raízes.

Nas últimas décadas, contudo, a conotação negativa do financiamento de terceiros sofreu rápida transformação, passando a ser admitido como forma válida para permitir acesso à justiça por uma parte desprovida de recursos para arcar com os custos da prestação jurisdicional necessária para preservar ou reparar seu direito, violado por uma contraparte de maior poderio econômico[11]. A atividade experimentou notável crescimento em todo o mundo, possibilitando maior acesso à jurisdição judicial ou arbitral e melhor alocação de riscos, considerando o custo e a duração do litígio a ser enfrentado.

3. Interação entre o dever de revelação e o financiamento de terceiro

À medida que o financiamento de terceiros se tornou gradualmente mais frequente, cresceu também a possibilidade de surgirem conflitos de interesse não apenas entre o árbitro e as partes, mas, igualmente, entre o árbitro e o financiador. A preocupação se justifica em face do interesse econômico do financiador no resultado da arbitragem, tornando a possível relação entre ele e o árbitro

[9] *"[A] bargain by a stranger with a party to a suit, by which such third person undertakes to carry on the litigation at his own cost and risk, in consideration of receiving, if successful, a part of the proceeds or subject to be recovered."* (Clark v Cambria County Board of Assessment Appeals, 742 A.2d 1242 (Pa Cmwlth. 2000).)

[10] Neuberger, David E. **From Barretry, Maintenance and Champerty to Litigation Funding**, Harbour Litigation Funding First Annual Lecture, Gray's Inn, 8 May 2013. Disponível em: adamlcor.files.wordpress.com/2013/05/lord-neuberger-harbour-litigation-lecture-8-may-2013.pdf. Acesso em: 01 jul. 2021.

[11] Dos Santos, Caroline. **Third-party funding in international commercial arbitration:** a wolf in sheep's clothing? In ASA Bulletin 4/2017 (December), p. 936. *"Third-party funding undoubtedly increases access to justice and therefore levels the playing field for international arbitration."*

equivalente àquela entre a própria parte e o árbitro, eis que, ulteriormente, a sentença proferida pode trazer proveito não só para a parte financiada, que participa ostensivamente do procedimento, como para seu financiador. Portanto, entende-se que o dever de revelar qualquer fato ou circunstância que, aos olhos das partes, possa implicar comprometimento da independência ou da imparcialidade do árbitro deva se estender ao financiador, ademais de às partes no procedimento arbitral.

Entretanto, importa considerar que o árbitro só pode cumprir seu dever de revelação quanto àqueles cuja presença na arbitragem chegue a seu conhecimento. Este é o primeiro cuidado que tomam os árbitros, independentemente de quem o tenha nomeado para a função: verificar a possível existência de conflito, real ou potencial, com as entidades ou com os indivíduos cujas identidades lhe tenham sido informadas. O que dizer, entretanto, em relação a entidades que, embora interessadas no resultado da arbitragem, não tenham presença visível para os árbitros? Certamente, não se poderá esperar que os árbitros revelem conflito de interesse com alguém que não saibam ser relacionado com alguma das partes no litígio que estará sob seu julgamento. Portanto, será necessário que chegue ao conhecimento dos árbitros que a parte esteja sendo financiada, para que possam eles verificar a existência ou não de conflito também quanto ao terceiro financiador.

Neste ponto, é preciso lembrar que o financiador não está obrigado a divulgar a existência de seu ajuste com a parte financiada, já que não é signatário da convenção de arbitragem. Assim, a informação sobre a existência de financiamento de terceiro somente poderá ser obtida mediante informação da parte financiada, que está sujeita à jurisdição arbitral. Este é o fundamento pelo qual os usos e costumes da arbitragem internacional impõem à parte financiada o dever de divulgar a existência do financiamento de terceiro.

4. Extensão da divulgação sobre o financiamento de terceiro

Ainda se mostra instável a extensão da informação que a parte financiada deve prestar a respeito do financiamento de terceiro, ao tribunal arbitral e à parte contrária. É certo que a verificação de eventual conflito de interesses do árbitro somente será alcançável mediante a informação sobre a existência do financiamento e a identidade do financiador, tornando possível averiguar se existe alguma situação que comprometa a independência ou da imparcialidade do árbitro. Há, contudo, entendimento segundo o qual a divulgação deva também alcançar os termos e condições do ajuste entre o financiador e a parte financiada, possibilitando uma análise completa pelo tribunal e pela parte contrária sobre as obrigações de cada um.

Argumenta-se que o conhecimento desses termos é essencial para que o tribunal arbitral possa decidir sobre a necessidade ou conveniência de impor à parte financiada a prestação de caução aos custos da arbitragem, na hipótese de o financiador não ter assumido a responsabilidade por tais custos ou que se desvincule de suas obrigações no curso do procedimento, deixando a parte impecuniosa sem meios para solver eventual condenação desses valores caso resulte vencida na arbitragem.

Para a verificação de eventual conflito de interesses entre o árbitro e o financiador, não se justifica que os termos e condições do acordo de financiamento sejam submetidos ao conhecimento do tribunal arbitral e da outra parte. Com efeito, a ciência dos termos e condições do acordo de financiamento não servem ao propósito de aferir o potencial conflito de interesses de um árbitro em relação a um financiador, para o qual importa apenas a presença de vínculos ou interesses comuns entre esses protagonistas da arbitragem. Divulgar as condições contratuais do financiamento não melhora nem piora essa finalidade, assim como divulgar outras operações financeiras da parte financiada – como empréstimos bancários, alterações de seu capital social, contratos ou outras transações realizadas no curso de seus negócios regulares – tampouco afetariam a verificação de potencial conflito de interesses.

A possibilidade de o tribunal arbitral impor à parte financiada a prestação de garantia aos custos da arbitragem é questão de natureza distinta. Decorre do risco de que, resultando vencida na arbitragem, a parte financiada fosse incapaz de solver os custos do procedimento a que fosse condenada pela futura sentença arbitral. Este é, contudo, um risco inerente à resolução contenciosa de litígios; precaver-se contra ele mediante uma espécie de *cautio judicatum solvi* seria o mesmo que exigir das partes garantia para o exercício do direito de ação. Notadamente, em procedimento arbitral que ainda não teve início, presumir que a parte impecuniosa será vencida e deixará de pagar o valor a que for condenada, implicaria obstar-lhe o acesso à justiça.

Portanto, salvo diante de demonstração de exercício abusivo do direito de ação, por parte insolvente e em conivência com o financiador, impor a prestação de caução em garantia dos custos da arbitragem nessas circunstâncias implicaria violação ao princípio da isonomia, em detrimento da parte desprovida de recursos.

Não há, pois, fundamento para se impor a obrigação de divulgar os termos de condições acordados pela parte financiada e seu financiador, no contexto do financiamento de terceiro. Essa conclusão se concilia com o fato de que, geralmente, tal exigência não se encontra prevista nos regulamentos de arbitragem que tratam do financiamento de terceiros.

5. Regramento da divulgação do financiamento de terceiros na arbitragem

A maioria das leis nacionais sobre arbitragem não dispõe sobre o dever da parte financiada de divulgar ao tribunal arbitral a existência de um acordo de financiamento. Segundo levantamento organizado por Woodsford Litigation Funding[12], em países como Alemanha, Áustria, Canadá, Coréia do Sul, França, Inglaterra, Israel, Itália, Suíça, Rússia e Tailândia, dentre outros, não há norma legal que obrigue a parte financiada a fazer tal divulgação. Nos Estados Unidos, a questão se rege por lei federal e por leis estaduais, conforme seja a jurisdição competente em cada caso; na esfera federal, há proposta de lei, até o momento não aprovada pelo Congresso americano, no sentido de tornar obrigatória a divulgação do financiamento de terceiro quando se tratar de *class action* federal. Em boa parte dos estados americanos[13], não se restringe o financiamento de terceiro nem se obriga a parte financiada a divulgar sua existência; contudo, em alguns deles, o financiamento de terceiros é inteiramente vedado, enquanto em outros, se impõe a divulgação sob sigilo de suas condições[14].

Há, também, um certo número de países que vedam o financiamento de terceiro na arbitragem internacional, ou restringem sobremaneira sua utilização. É o caso da Irlanda do Norte, cuja lei não admite essa modalidade de operação, e da Austrália, em que eventualmente pode ser declarado inválido pelo judiciário em virtude de violação da ordem pública. Também na Nova Zelândia, há condições estritas que exigem a divulgação dos termos e condições do acordo entre a parte financiada e o financiador.

Até o momento em que este artigo foi redigido, somente Cingapura[15] e Hong Kong[16] editaram normas escritas que autorizam expressamente o financiamento de terceiro na arbitragem internacional, determinando, todavia, a divulgação de sua existência e da identidade do financiador ao tribunal arbitral.

A questão relativa ao regramento da divulgação do financiamento de terceiro tem sido intensamente debatida desde que esta modalidade de operação se tornou mais frequente em arbitragem. De um lado, afirma-se a necessidade de uma

[12] Friel, Steven, Barnes Jonathan et al. **Litigation Funding 2021**, Law Business Research, 2020, passim. Disponível em: www.lexology.com/gtdt. Acesso em: 01 jul. 2021.

[13] California, Delaware, Texas, New Jersey, Illinois, Wisconsin, Pennsylvania, Minnesota. Cf. Friel, Barnes et al., *op. cit.*., p. 101-104.

[14] Kentucky, Utah, North Carolina, Ohio. Cf. Friel, Barnes et al., *op. cit.*., p. 101-104.

[15] Cingapura. *Civil Law (Amendment) Act 2017 (1 March 2017).*

[16] Hong Kong. **Arbitration and Mediation Legislation (Third Party Funding) (Amendment) Ordinance (2017)**. *"98U. Disclosure about third party funding of arbitration. (1) If a funding agreement is made, the funded party must give written notice of (a) the fact that a funding agreement has been made, and (b) the name of the third party funder."*

disciplina expressa que obrigue a parte financiada a divulgar tanto a existência do acordo de financiamento quanto seus termos e condições. Segundo esse entendimento, a divulgação completa e compulsória evitaria conflitos de interesse não divulgados pelo árbitro, bem como pleitos exagerados ou fúteis ao permitir que o tribunal arbitral imponha à parte financiada a obrigação de prestar caução aos custos da arbitragem, para desencorajar arbitragens aventureiras[17].

Em sentido contrário, argumenta-se que a matéria deve ser deixada à discrição do tribunal arbitral, evitando normas expressas que implicariam intrusão do tribunal arbitral na liberdade da parte de organizar suas atividades financeiras. Segundo esta visão, obter financiamento de terceiro destinado à arbitragem não difere de levantar empréstimos, emitir títulos de dívida ou captar investidores para um projeto empresarial. A divulgação obrigatória e completa do financiamento de terceiros poderia também levar a que os financiadores se afastassem, diante da publicidade sobre as negociações. Por fim, alegam que a divulgação, ao tribunal arbitral, de que a parte esteja sendo financiada por terceiros, poderia criar uma presunção de que seus pleitos não tivessem bons fundamentos[18].

Há quem veja na divulgação obrigatória do financiamento de terceiro pela parte financiada o dever de agir com boa-fé[19], previsto no Código Civil brasileiro e no preâmbulo das Regras da IBA sobre Produção de Provas em Arbitragem Internacional[20]. Esse argumento não parece consistente, pois o financiamento de terceiros não constitui atividade ilegal nem conduta enganosa, cuja omissão pudesse alterar fatos relevantes para a decisão a ser proferida pelo tribunal arbitral. Assim fosse, o simples fato de contratar um seguro poderia ser entendido como ato de má-fé, já que a cobertura de seguro representa uma das diversas facetas do financiamento de terceiros[21].

[17] Darwazeh, Nadia and Leleu, Adrien. **Disclosure and Security for /costs or How to Address Imbalances Creatred by Third-Party Funding.** Journal of International Arbitration, Kluwer Law International 2016, v. 33, Issue 2, p. 125-150.

[18] Von Goeler, Jonas. **Disclosure of Thirtd-Prty Funding in International Arbitration Proceedings, in Third-Party Funding in International Arbitration and its Impact on Procedure.** International Arbitration Law Library, v. 35, Kluwer Law International 2016, p. 125-162.

[19] Ferro, Marcelo. **O financiamento de arbitragem por terceiro e a independência do árbitro.** *In*: Monteiro de Castro, Rodrigo Rocha et al. (orgs.) **Direito Empresarial e outros Estudos de Direito em Homenagem ao Professor José Alexandre Tavares Guerreiro.** São Paulo: Quartier Latin, 2013, p. 631.

[20] INTERNATIONAL BAR ASSOCIATION, Regras da IBA sobre Produção de Provas em Arbitragem International, 2010. Preâmbulo, n. 3 (versão em português).

[21] Livschitz, Tamir. **Third Party Funding in Arbitration.** *In*: Arroyo, Manoel (ed.), **Arbitration in Switzerland:** The Practitioner's Guide (2d. Edition), Kluwer Law International, 2018, p. 2615-2632.

No contexto da *soft law*, a IBA foi pioneira ao regulamentar, ainda em 2014, o dever de divulgar "qualquer relação, direta ou indireta, entre o árbitro e [...] pessoa com influência de controle sobre a parte no litígio, ou entre o árbitro e qualquer pessoa ou entidade com interesse econômico direto, ou dever de indenizar a parte em consequência da sentença arbitral que venha a ser proferida"[22]. A partir de então, normas de teor semelhante foram inseridas em diversos regulamentos de arbitragem de instituições nacionais e internacionais, que são, atualmente, a verdadeira fonte do dever de divulgar a existência de financiamento de terceiros. Dentre os regulamentos de arbitragem que passaram a prever a obrigatoriedade de tal divulgação ao início do processo, estão os do Centro de Arbitragem e Mediação da Câmara de Comércio Brasil-Canadá (CAM-CCBC)[23], da Court of Arbitration of the International Chamber of Commerce (ICC)[24], do International Center for Dispute Resolution (ICDR)[25], do Hong Kong Arbitra-

[22] *"(7)(a) A party shall inform an arbitrator, the Arbitral Tribunal, the other parties and the arbitration institution or other appointing authority (if any) of any relationship, direct or indirect, between the arbitrator and the party (or another company of the same group of companies, or an individual having a controlling influence on the party in the arbitration), or between the arbitrator and any person or entity with a direct economic interest in, or a duty to indemnify a party for, the award to be rendered in the arbitration. The party shall do so on its own initiative at the earliest opportunity."* (Article 7(a), 2014. Disponível em: www.ibanet.org/Publications/publications_IBA_guides_and_free_materials.aspx. Acesso em: 29 mar. 2021.)

[23] "Para evitar potenciais conflitos de interesse, o CAM-CCBC recomenda que as partes informem a existência de financiamento de terceiros ao CAM-CCBC na primeira oportunidade. A qualificação completa do financiador deve ser incluída nesta comunicação." (CAM-CCBC. Regra Administrativa 18/2016, Artigo 4º. Disponível em: www.ccbc.org.br/cam-ccbc-centro-arbitragem-mediacao/en/administrative-resolutions/ar-18-2016-recommendations-regarding-the-existence-of-third-party-funding-in-arbitrations-administered-by-cam-ccbc/. Acesso em: 29 mar. 2021.).

[24] "Para auxiliar os potenciais árbitros e árbitros no cumprimento de suas funções nos termos dos artigos 11º(2) e 11(3), cada parte deve informar prontamente à Secretaria, a arbitragem Tribunal e as outras partes, da existência e identidade de qualquer não-parte que tenha firmado um acordo para o financiamento de reivindicações ou Defesas e sob o qual tem interesse econômico no resultado da arbitragem." (ICC. Regras de Arbitragem, Artigo 11(7), 2021. Disponível em: www.iccwbo.org/dispute-resolution-services/arbitration/rules-of-arbitration/. Acesso em: 29 mar. 2021.).

[25] *"On the application of a party, or on its own initiative after consulting the parties, the tribunal may require the parties to disclose: a) Whether any non-party (such as a third-party funder or an insurer) has undertaken to pay or to contribute to the cost of a party's participation in the arbitration, and if so, to identify the person or entity concerned and to describe the nature of the undertaking. b) Whether any non-party (such as a funder, insurer, parent company, or ultimate beneficial owner) has an economic interest in the outcome of the arbitration, and if so, to identify the person or entity concerned and to describe the nature of the interest."* (ICDR International Rules Arbitration Procedure, *Article 14(7)*, 2021. Disponível em: www.adr.org/sites/default/files/ICDR_Rules_0.pdf. Acesso em: 29 mar. 2021.).

tion Center (HKAC)[26], do Singapore International Arbitration Center (SIAC) (para arbitragens de investimento)[27], do China International Economic and Trade Arbitration Commission (CIETAC) (para arbitragens de investimento)[28].

Chama a atenção o fato de que as regras da London Court of International Arbitration (LCIA), da Stockholm Chamber of Commerce (SCC), da Permanent Court of Arbitration (PCA) e do Korean Commercial Arbitration Board (KCAB) não fizeram, até o momento, referência ao financiamento de terceiros na arbitragem internacional. Igualmente, é de notar que, tanto no caso da SIAC como no da CIETAC, a divulgação obrigatória da existência – e, eventualmente, das condições – do acordo de financiamento ficou limitada à arbitragem de investimento, não tendo sido incluída nas regras sobre arbitragem comercial. Pode-se inferir desse fato que ainda pendem dúvidas sobre a conveniência de se exigir a divulgação obrigatória do financiamento de terceiro mediante norma regulamentar.

A importância do tema na arbitragem contemporânea levou a que ele fosse objeto de estudo específico da *Task Force* do International Council for Commercial Arbitration (ICCA) e da Queen Mary University (QMUL), iniciado em 2013 e concluído em 2018, com a apresentação do Report of the ICCA-Queen Mary Task Force on Third-Party Funding in International Arbitration[29]. O ICCA-QMUL Report, apresentado pela Task Force, estabeleceu certos princípios

[26] "*If a funding agreement is made, the funded party shall communicate a written notice to all other parties, the arbitral tribunal, any emergency arbitrator and HKIAC of: (a) the fact that a funding agreement has been made, and (b) the identity of the third party funder.*" (HKAC Administered Arbitration Rules, Article 44.1, 2018. Disponível em: www.hkiac.org/sites/default/files/ck_filebrowser/PDF/arbitration/HKIAC. Acesso em: 29 mar. 2021.)

[27] "*Order the disclosure of the existence of a Party's third-party funding arrangement and/or th identity of the third-party funder and, where appropriate, details of the third-party funder's interest in the outcome of the proceedings, and/or whether or not the third-party funder has committed to undertake adverse costs liability.*" (SIAC Investment Arbitration Rules, Article 24(l), 2017. Disponível em: www.siac.org.sg/images/stories/articles/rules/IA/SIAC%20Investment%20Rules%202017.pdf. Acesso em: 29 mar. 2021.)

[28] "*2. As soon as the third party funding agreement is concluded, the party accepting the funding shall notify in writing, without delay, to the other party or parties, the arbitral tribunal, and the IDSC or the CIETAC Hong Kong Arbitration Center that administers the case, of the existence and nature of the third party funding arrangement, and the name and address of the third party funder. The arbitral tribunal shall have the power to order the disclosure by the party accepting the funding of any relevant information of the third party funding arrangement.*" (CIETAC International Investment Arbitration Rules, Article 27(2), 2017. Disponível em: www.cietac.org.cn/index.php?m=Page&a=index&id=390&l=en. Acesso em: 29 mar. 2021.)

[29] INTERNATIONAL COUNCIL FOR COMMERCIAL ARBITRATION. **Report of the ICCA-Queen Mary Task Force on Third-Party Funding in International Arbitration**, 2018. Disponível em: https://cdn.arbitration-icca.org/s3fs-public/document/media_document/Third-Party-Funding-Report%20.pdf. Acesso em: 29 mar. 2021.)

aplicáveis ao financiamento de terceiros em arbitragem, dentre os quais o contido na letra "A", segundo o qual a parte deve, por iniciativa própria, divulgar aos árbitros e à instituição arbitral a existência do acordo de financiamento de terceiros e a identidade do financiador, na primeira oportunidade em que se manifestar ou assim que feito o financiamento ou o acordo para o financiamento da arbitragem for celebrado[30].

Nota-se que, embora reconhecendo o dever de divulgar a existência do financiamento e a identificação do financiador, os Princípios contidos no ICCA-QMUL Report demonstraram cautela quanto à divulgação das condições contratuais acordadas entre a parte financiada e o financiador. Com efeito, os Princípios contidos na letra "B" distinguiram claramente entre a informação concernente aos primeiros, considerando-a não sujeita a confidencialidade, mas criaram salvaguardas para a divulgação das últimas, reservando-a somente para "circunstâncias excepcionais", deixando ao prudente critério do tribunal arbitral a obliteração de partes dos documentos ou outras medidas apropriadas, assim como a limitação do uso das informações divulgadas[31].

No domínio da resolução de litígios entre investidores e Estados (ISDS), importantes debates tiveram lugar em anos recentes, principalmente motivados pela percepção de possíveis distorções do sistema envolvendo a conduta de árbitros, de investidores e de financiadores, em detrimento das partes estatais. Causaram grande impacto no sistema ISDS posições adotadas por alguns Estados e pela União Europeia[32], no sentido de criar certas limitações para o funcio-

[30] "*A.1 – A party and/or its representative should, on their own initiative, disclose the existence of a third-party funding arrangement and the identity of the funder to the arbitrators and the arbitral institution or appointing authority (if any), either as part of a first appearance or submission, or as soon as practicable after funding is provided or an arrangement to provide funding for the arbitration is entered into.*" (ICCA-QMUL Report, Principle A.1).

[31] *B. Principles Regarding Privilege and Professional Secrecy B.1. The existence of funding and the identity of a third-party funder is not subject to any legal privilege. B.2. The specific provisions of a funding agreement may be subject to confidentiality obligations as between the parties and may include information that is subject to a legal privilege; as a consequence, production of such provisions should only be ordered in exceptional circumstances. B.3. For information that is determined to be privileged under applicable laws or rules, tribunals should not treat that privilege as waived solely because it was provided by parties or their counsel to a third-party funder for the purpose of obtaining funding or supporting the funding relationship. B.4. If the funding agreement or information provided to a third-party funder is deemed to be disclosable, the tribunal should permit appropriate redaction, or take other appropriate measures, and limit the purposes for which such information may be used.* (ICCA-QMUL Report, Principle B).

[32] No tratamento das disputas relativas a investimentos, o Acordo celebrado em 2017 entre a União Européia e o Canadá (CANADA. European Union Comprehensive Economic and Trade Agreement – CETA), incluiu, em seu art. 8.26, a divulgação mandatória da presença e da identificação do

namento da arbitragem entre investidores e Estados nos moldes preconizados pela Convenção de Washington de 1965, que criou o Centro Internacional para a Resolução de Conflitos sobre Investimentos (CIRCI – ICSID)[33], e por tratados bilaterais de investimentos celebrados no modelo da Organização para a Cooperação e Desenvolvimento Econômico (OCDE)[34].

No contexto desses debates, em sua sessão de 2017, a UNCITRAL decidiu criar um Grupo de Trabalho, com a finalidade de analisar e propor soluções para a reforma do sistema de solução de controvérsias entre investidores e Estados[35]. Entre os tópicos objeto de suas considerações, o Grupo de Trabalho identificou o financiamento de terceiros como um fenômeno de "grande preocupação", concluindo pela necessidade de desenvolver reformas nessa área, particularmente à luz da atual "falta de transparência e de regulação do financiamento de terceiros". Em razão disto, foram analisadas possíveis formas de resolver essas preocupações, com a introdução de mecanismos voltados a garantir maior transparência, dentre eles a limitação do financiamento de terceiros a casos de impecuniosidade do requerente, a obrigatoriedade de divulgação de seus termos e condições, a recuperabilidade dos custos incorridos, a influência na decisão sobre caução em garantia dos custos da arbitragem, apoio financeiro a partes necessitadas ou a pequenas e médias empresas e, até mesmo, um código de ética para financiadores. Como forma de implementar as novas regras, o Grupo de Trabalho chegou a considerar, além de sua inclusão nas regras de arbitragem institucionais, também a possibilidade de sua inserção em tratados de investimentos, bem como de criar uma lei-modelo cujas disposições seriam incorporadas às legislações nacionais dos diferentes países[36].

terceiro financiador. Disponível em: https://ec.europa.eu/trade/policy/in-focus/ceta/ceta-chapter-by-chapter/. Acesso em: 29 mar. 2021.

[33] Convention on the Settlement of Investment Disputes between States and Nationals of Other States, celebrada em Washington, em 18 de março de 1965, U.N.T.S. Reg. N. 8359, V. 575 (p. 159).

[34] ORGANISATION FOR ECONOMIC CO-OPERATION AND DEVELOPMENT. **Dispute settlement provisions in international investment agreements:** A large sample survey. Investment Division, Directorate for Financial and Enterprise Affairs, Paris, 2012. Disponível em: https://www.oecd-ilibrary.org/finance-and-investment/dispute-settlement-provisions-in-international-investment-agreements_5k8xb71nf628-en. Acesso em: 29 mar. 2021.

[35] ORGANIZAÇÃO DAS NAÇÕES UNIDAS. **UNCITRAL Working Group III (Investor-State Dispute Settlement Reform)**. Thirty-fourth session. Documento A/CN.9/WG.III/WP.142, 18 de setembro de 2017. Disponível em: https://undocs.org/en/A/CN.9/WG.III/WP.142. Acesso em: 29 mar. 2021.

[36] ORGANIZAÇÃO DAS NAÇÕES UNIDAS. **UNCITRAL, Working Group III (Investor-State Dispute Settlement Reform)**, thirty-eighth session, 14-18 October 2019. Documento A/CN.9/

Ainda prosseguem os trabalhos do Working Group III da UNCITRAL sobre a reforma do sistema de resolução de disputas entre investidores e Estados, cuja conclusão está prevista para o ano 2025[37]. Embora não haja, até o momento, decisão definitiva a respeito do relatório final do Grupo de Trabalho, as manifestações dos Estados-membros ao longo das sessões da UNCITRAL demonstram a tendência de se adotar uma regulamentação expressa, tornando obrigatório divulgar a existência do financiamento de terceiro e identificar o financiador, podendo também incluir, sob certas condições, os termos do acordo de financiamento.

A regulação do financiamento de terceiros também despertou preocupações no International Center for the Settlement of Investment Disputes (ICSID), principal organização administradora de procedimentos arbitrais do sistema *ISDS*. Iniciados os estudos para a revisão das regras do ICSID sobre solução de controvérsias entre Estados e investidores em 2016, foi publicado em fevereiro de 2020 o Working Paper n. 4, em que foi proposto tornar obrigatório que as partes informem ao tribunal arbitral, às outras partes e à Secretaria do ICSID, ao início do procedimento arbitral, a existência do financiamento de terceiro e a identidade do financiador. Segundo a mesma regra, o tribunal arbitral deteria o poder de, a seu critério, ordenar a divulgação de informações adicionais relativas ao acordo de financiamento e ao financiador, em qualquer momento do procedimento[38].

WG.III/WP.172, 2 de agosto de 2019. Disponível em: www.undocs.org/A/CN.9/WG.172. Acesso em: 01 jul. 2021.

[37] *Id.*, Documento A/CN.9/WG.III/WP.206, 17 de março de 2021. Disponível em: https://uncitral.un.org/sites/uncitral.un.org/files/wg_iii_wp_206_adavace_copy.pdf. Acesso em:

[38] ICSID. Proposals for Amendment of the Icsid Rules: *"Rule 14. Notice of Third-Party Funding. (1) A party shall file a written notice disclosing the name and address of any non-party from which the party, directly or indirectly, has received funds for the pursuit or defense of the proceeding through a donation or grant, or in return for remuneration dependent on the outcome of the proceeding ("third-party funding"). (2) A non-party referred to in paragraph (1) does not include a representative of a party. (3) A party shall file the notice referred to in paragraph (1) with the Secretary-General upon registration of the Request for arbitration, or immediately upon concluding a third-party funding arrangement after registration. The party shall immediately notify the Secretary-General of any changes to the information in the notice. (4) The Secretary-General shall transmit the notice of third-party funding and any notification of changes to the information in such notice to the parties and to any arbitrator proposed for appointment or appointed in a proceeding for purposes of completing the arbitrator declaration required by Rule 19(3)(b). (5) The Tribunal may order disclosure of further information regarding the funding agreement and the non-party providing funding pursuant to Rule 36(3) if it deems it necessary at any stage of the proceeding."*. (ICSID. Working Paper #4, Volume 1, February 2020. Disponível em: https://icsid.worldbank.org/sites/default/files/amendments/WP_4_Vol_1_En.pdf. Acesso em: 01 jul. 2021.)

Essa proposta de emenda foi submetida aos Estados-membros do ICSID, tendo sido recebidos comentários de trinta e seis deles propondo alterar a Regra 14 para torná-la mais rigorosa quanto ao conteúdo da divulgação sobre o financiamento de terceiro. Segundo essas proposições, passariam a ser também exigidas informações sobre o *beneficial owner* e a estrutura corporativa do financiador, bem como os termos e condições do acordo de financiamento entre o financiador e a parte financiada, além dos documentos a ele relacionados[39].

Sendo o ICSID o principal organismo de resolução de disputas sobre investimentos, a versão da Regra 14 que vier a prevalecer será determinante para regular a divulgação do financiamento de terceiros na arbitragem internacional entre Estados e investidores, com provável efeito sobre a arbitragem comercial internacional.

6. Estado atual do problema

No atual estágio da normatividade e das práticas da arbitragem internacional, o dever da parte de divulgar que é financiada por terceiros e de identificar do financiador está amplamente aceito. A inserção de disposições a esse respeito em diferentes regulamentos de arbitragens revela a aceitação da prática e sua adoção como conduta obrigatória em arbitragens sujeitas a tais regulamentos. Os próprios financiadores assimilaram essa conduta, visando neutralizar a possibilidade de invalidação da sentença arbitral por iniciativa da parte vencida, fundada na presença de conflito de interesses entre o árbitro e o financiador.

Contudo, tanto em regulamentos de arbitragem como em estudos doutrinários sobre o tema, nota-se resistência à obrigatoriedade de divulgação dos termos e condições do ajuste celebrado entre a parte financiada e o financiador. O principal argumento suscitado para justificar essa divulgação – permitir que o tribunal arbitral estabeleça a eventual necessidade de caução em garantia das custas da arbitragem – não parece suficiente para suplantar a confidencialidade desse ajuste; ao contrário, prevalece o entendimento de que os termos e condições do financiamento não repercutem sobre o dever dos árbitros de revelar algum conflito de interesse perante o financiador. Portanto, somente devem ser

[39] ICSID. Compendium of Comments for Working Paper # 4, updated as of March 23, 2021, Comments on Rule 14 – Notice of Third-Party Funding. Disponível em: https://icsid.worldbank.org/sites/default/files/amendments/Compendium%20of%20State%20Comments%20on%20Proposed%20Amendments%20to%20the%20ICSID%20Rules%20-WP%20%23%204%20-%20As%20of%202021.03.23.pdf. Acesso em: 01 jul. 2021.

divulgadas as informações essenciais para verificar a potencial influência sobre o tribunal arbitral[40].

Em razão disto, a regra sobre obrigatoriedade de tal divulgação, considerada nos estudos em curso no âmbito do ICSID, bem como o tratamento que será dado ao tema na reforma do sistema ISDS sugerida pela UNCITRAL, é questão não resolvida e sujeita a controvérsia.

Conclusões

O financiamento de terceiros faz parte da realidade atual da arbitragem internacional, tanto comercial quanto de investimento. Sua crescente aceitação como facilitador do acesso à justiça, proporcionando recursos para partes financeiramente incapazes de conduzirem processos demorados e dispendiosos, evidencia o reconhecimento de sua legitimidade para neutralizar a assimetria de capacidade econômica entre as partes no litígio – mormente em disputas entre investidor e Estado, nas quais este último tem, geralmente, melhores condições de suportar o tempo e o custo do procedimento.

Apesar de reconhecido como mecanismo válido, o financiamento de terceiros passa por intensa crítica quanto à possibilidade de encorajar demandas aventureiras e, por isto, desviar-se da finalidade de facilitar o acesso à justiça. Nesse sentido, a disciplina do financiamento de terceiros está ainda em evolução, mediante o desenvolvimento das normas do direito internacional que devam a ele se aplicar.

A rápida evolução dessa ferramenta de apoio financeiro à arbitragem internacional tem levado à sua disciplina por instrumentos de *soft law* e por regulamentos das instituições arbitrais, que têm se mostrado adequados para alcançar seus objetivos. Entretanto, a abordagem que vier a prevalecer nos trabalhos em curso no âmbito da UNCITRAL e do ICSID poderá determinar o futuro dessa prática, seja para inibir seu desenvolvimento, seja para a reconhecer como ferramenta legítima para o acesso à justiça por quem dela necessitar.

Referências

BERALDO, Leonardo de Faria. **Curso de Arbitragem**: Nos termos da Lei 9.307/96. São Paulo: Atlas, 2014.

BYRNE, Olga K. **A New Code of Ethics for Commercial Arbitrators:** The Neutrality of Party-Appointed Arbitrators on a Tripartite Panel, 30 Fordham Urb. L.J. 1815

[40] Casado Filho, Napoleão. **Arbitragem Comercial Internacional e Acesso à Justiça:** O Novo Paradigma do Third-Party Funding. Tese de Doutorado em Direito, Pontifícia Universidade Católica de São Paulo. São Paulo, 2014, p. 166.

(2003). Disponível em: https://ir.lawnet.fordham.edu/ulj/vol30/iss6/. Acesso em: 01 jul. 2021.

CASADO FILHO, Napoleão. **Arbitragem Comercial Internacional e Acesso à Justiça:** O Novo Paradigma do Third-Party Funding. Tese de Doutorado em Direito, Pontifícia Universidade Católica de São Paulo. São Paulo, 2014.

DARWAZEH, Nadia and LELEU, Adrien. **Disclosure and Security for /costs or How to Address Imbalances Creatred by Third-Party Funding**. Journal of International Arbitration, Kluwer Law International 2016, v. 33, Issue 2.

DOS SANTOS, Caroline. **Third-party funding in international commercial arbitration:** a wolf in sheep's clothing? In ASA Bulletin 4/2017 (December).

FERRO, Marcelo. **O financiamento de arbitragem por terceiro e a independência do árbitro.** *In*: MONTEIRO DE CASTRO, Rodrigo Rocha et al. (orgs.) **Direito Empresarial e outros Estudos de Direito em Homenagem ao Professor José Alexandre Tavares Guerreiro**. São Paulo: Quartier Latin, 2013.

FRIEL, Steven, BARNES Jonathan et al. **Litigation Funding 2021**, Law Business Research, 2020, passim. Disponível em: www.lexology.com/gtdt. Acesso em: 01 jul. 2021.

LEMES, Selma M. F. **O dever de revelação do árbitro, o conceito de dúvida justificada**. Revista de Arbitragem e Mediação, bol. 36, São Paulo: Revista dos Tribunais, 2013.

LIVSCHITZ, Tamir. **Third Party Funding in Arbitration**. *In*: ARROYO, Manoel (ed.), **Arbitration in Switzerland:** The Practitioner's Guide (2d. Edition), Kluwer Law International, 2018.

MARQUES, Ricardo Dalmaso e CARMONA, C. Alberto. **O dever de revelação do árbitro: extensão e consequência de sua violação**. Universidade de São Paulo, São Paulo, 2017.

MARTINS, Pedro A. Batista. **O Dever de Revelar do Árbitro**, Revista dos Tribunais: Revista de Arbitragem e Mediação, 2014.

NEUBERGER, David E. **From Barretry, Maintenance and Champerty to Litigation Funding**, Harbour Litigation Funding First Annual Lecture, Gray's Inn, 8 May 2013. Disponível em: adamlcor.files.wordpress.com/2013/05/lord-neuberger-harbour-litigation-lecture-8-may-2013.pdf.

VON GOELER, Jonas. **Disclosure of Thirtd-Party Funding in International Arbitration Proceedings, in Third-Party Funding in International Arbitration and its Impact on Procedure**. International Arbitration Law Library, v. 35, Kluwer Law International 2016.

15. O DESCUMPRIMENTO DO DEVER DE REVELAÇÃO PELO ÁRBITRO

VERA CECÍLIA MONTEIRO DE BARROS

1. Os 20 anos do CBAr

O Comitê Brasileiro de Arbitragem – CBAr foi criado em março de 2001, tendo como principal finalidade o estudo acadêmico da arbitragem e demais métodos extrajudiciais de solução de controvérsias. Esse ano o CBAr comemora 20 anos e por certo este é motivo de enorme celebração, já que ao longo desses anos a instituição cresceu bastante, contando hoje com mais de mil e quinhentos associados, e tem cumprido seu objetivo de forma muito focada e qualificada, trabalhando arduamente para difundir, aperfeiçoar e consolidar a arbitragem e os outros métodos extrajudiciais de solução de litígios no ordenamento jurídico brasileiro.

Além de organizar e apoiar diversos congressos, seminários e comunicações de altíssima qualidade, o CBAr publica a Revista Brasileira de Arbitragem, maior periódico de arbitragem do Brasil, publicada pela Editora Kluwer, e realiza o acompanhamento da tramitação de projetos de lei que tratam, direta ou indiretamente dos métodos extrajudiciais de solução de conflitos, especialmente a arbitragem e a mediação, apresentando pareceres e reunindo-se com deputados e senadores quando necessário.

O CBAr também conta com diversos grupos de estudo, coordenadorias regionais, atua como *amicus curiae* em processos onde há risco de se comprometer a solidez do instituto da arbitragem e realiza diversas pesquisas de extrema relevância para a comunidade arbitral, entre outras atividades.

Tenho uma honra enorme de atualmente fazer parte da Diretoria dessa instituição e de poder participar dessa obra comemorativa, idealizada pelos coordenadores de nosso grupo CBAr Jovem, Karina Riccio e Lucas de Medeiros Diniz, com artigos daqueles que fazem e fizeram parte da história do CBAr.

2. Introdução

O Dever de Revelação do árbitro é um dos atos mais importantes do procedimento arbitral, mas a expressão "dúvida justificada" adotada pela Lei Brasileira de Arbitragem ao se referir aos fatos que devem ser revelados possui grau de subjetividade, devendo levar à verificação da possibilidade de o árbitro ser, de alguma forma, influenciado em sua decisão por fatos alheios ao mérito da causa, ou pela existência de algum vínculo com as partes ou seus advogados, que possam abalar os binômios *confiança-independência* e *confiança-imparcialidade.*

Em que pese não nos pareça possível definir objetivamente critérios sobre o que deve ou não ser revelado, para que o Dever de Revelação cumpra seu papel, ele deve ser exercido em extensão que imprima às partes a confiança necessária a viabilizar a resolução do conflito fora da égide estatal.

Não há na Lei Brasileira de Arbitragem sanção expressa para o descumprimento do Dever de Revelação, no entanto, a Sentença Arbitral pode ser anulada caso seja proferida por quem não poderia ser árbitro ou caso se verifique a *parcialidade* ou falta de independência do árbitro.

Algumas decisões judiciais recentes trouxeram à tona forte debate sobre o descumprimento do Dever de Revelação e suas consequências, especialmente se qualquer fato não revelado pelo árbitro deve levar, consequentemente, à anulação da Sentença Arbitral por ele proferida. Foram essas decisões que nos motivaram a refletir sobre o tema e escrever o presente artigo.

3. O árbitro e a confiança

Pode ser árbitro qualquer pessoa capaz e que tenha a confiança das partes, tal como disposto no art. 13 da Lei Brasileira de Arbitragem. Ninguém **é** ou **se torna** árbitro. Atua-se como árbitro em determinado procedimento arbitral, quando investido pelas partes. Trata-se de um encargo provisório, que se encerra com a prolação da Sentença Arbitral, que pode ser complementada quando da eventual apresentação de Pedido de Esclarecimentos.

O primeiro e mais importante princípio jurídico em que se estrutura a Lei de Arbitragem é o princípio da autonomia privada das partes. Tal princípio é a razão de ser da arbitragem, sua mola propulsora. Além de escolherem a arbitragem como método de solução de eventuais controvérsias, os árbitros também são escolhidos de acordo com a vontade das partes, sendo natural e esperável que existam critérios para esta delicada seleção, para que não se comprometa a qualidade e a validade de todo o procedimento arbitral.

Nas precisas palavras de Pedro Batista Martins, "arbitragem, de seus primórdios aos dias de hoje, sustenta-se em dois pilares: liberdade e confiança"[1]. A confiança está no núcleo do contrato de investidura[2]. É ela que pauta a escolha do julgador[3].

A confiança das partes no árbitro possui uma ótica intrínseca, que está relacionada à idoneidade, reputação e capacidade para o exercício da função, e uma extrínseca, que representa a certeza de que o árbitro não tem vínculo com as partes, não tem interesse no litígio e é capaz de julgar sem se deixar influenciar por elementos estranhos, ou seja, é independente e imparcial[4].

A confiança em seu aspecto extrínseco deve ser interpretada à luz do binômio "confiança-imparcialidade" e "confiança-independência", já que não é a falta de confiança subjetiva no árbitro que a lei protege, mas a falta de indepen-

[1] Martins, Pedro A. Batista. **Dever de Revelar do Árbitro**. Revista de Arbitragem e Mediação, v. 36, 2013, p. 220.

[2] Lemes, Selma Ferreira. Árbitro, conflito de interesses e o contrato de investidura. *In*: ***20 anos da lei de arbitragem:*** homenagem a Petrônio R. Muniz. Carmona, Carlos Alberto, Lemes, Selma Ferreira, Martins, Pedro Batista (Coords.). São Paulo: Atlas, 2017, p. 277.

[3] Como bem pontuado por Judith Martins-Costa, "[o] árbitro é a pessoa que conta com a confiança das partes, tratando-se de uma confiança fiducial que estrutura o contrato e imanta toda a relação". (Martins-Costa, Judith. **A boa-fé no direito privado: critérios para a sua aplicação**. São Paulo: Marcial Pons, 2015, p. 339.)

[4] A imparcialidade e a independência constituem atributos do árbitro, tal como previsto no art. 13, § 6º da Lei Brasileira de Arbitragem. A menção à imparcialidade também está reproduzida no art. 21, § 2º, que prevê que "serão, sempre, respeitados no procedimento arbitral os princípios do contraditório, da igualdade das partes, da imparcialidade do árbitro e de seu livre convencimento" que representa a base fundamental de todo o procedimento. Imparcialidade e independência do árbitro também são abordadas no art. 14, § 1º, da Lei de Arbitragem, que trata do Dever de Revelação do árbitro, de fato que possa representar dúvida justificada quanto à sua independência e imparcialidade. O árbitro deve ser independente e imparcial, isto é, não deve ter vínculo com as partes (independência) e interesse na solução do conflito (imparcialidade). A independência e a imparcialidade representam *standards* de comportamento. A independência é definida como a manutenção pelo árbitro, num plano de objetividade tal, que no cumprimento de seu mister não ceda a pressões nem de terceiros nem das partes. Como dito acima, o árbitro deve decidir a controvérsia exclusivamente com base nas provas produzidas nos autos e no Direito (ou equidade se assim estiver autorizado pelas partes). A independência do árbitro está vinculada a critérios objetivos de verificação. Já a imparcialidade vincula-se a critérios subjetivos e de difícil aferição, pois externa um estado de espírito (*state of mind*). (Lemes, Selma Maria Ferreira. **O Procedimento de Impugnação e Recusa de Árbitro, como sistema de controle quanto à independência e a imparcialidade do julgador**. Disponível em: http://genjuridico.com.br/2017/12/25/procedimento-de-impugnacao-recusa-arbitro-sistema-de-controle-independencia-imparcialidade-do-julgador/#_ftn4. Acesso em: 01 jun. 2021)

dência e imparcialidade a ela vinculada (art. 13, §6º, e 21, §2º)[5]. A independência e a imparcialidade estão na base da confiança depositada no árbitro[6], não se podendo invocar o conceito subjetivo da confiança da parte no árbitro para impugná-lo[7].

[5] "Independência e imparcialidade são as garantias essenciais de um processo justo e equitável. Essa dupla exigência concerne toda instância que exerce função jurisdicional; ela é, portanto, inerente à função de julgar. Se tais exigências são as garantias de um processo equitável, num processo arbitral não há de ser diferente. Assim, admite-se universalmente que o árbitro também está sujeito às exigências de independência e imparcialidade. No entanto, o dever de independência difere da obrigação de imparcialidade do árbitro. A diferença estaria no grau de objetividade e subjetividade dessas obrigações. A independência seria um critério objetivo que proibiria as relações entre o árbitro e uma das partes no procedimento arbitral. Assim como em todas as missões jurisdicionais, a do árbitro também implica que ele *'ne soit pás lié à l'une des parties et n'ait aucun intérêt au sort de la cause'*. Dessa forma, a independência do árbitro se analisa em relação aos participantes do procedimento, sejam as partes, os advogados, os demais árbitros, os peritos ou as testemunhas. A imparcialidade, por sua vez, é uma noção subjetiva, *'une disposition d'esprit, un état psychologique par nature subjectif'*, centrada na ausência de interesse pessoal por parte do árbitro com o objeto da ação a ser julgada, ou ainda na inexistência de conhecimentos anteriores ou de um pré-julgamento por parte do árbitro com relação à matéria litigiosa." (LEE, João Bosco; PROCOPIAK, Maria Claudia de Assis. **A obrigação de revelação do árbitro:** está influenciada por aspectos culturais ou existe um verdadeiro standard universal? Revista Brasileira de Arbitragem, v. 14, 2007, p. 9-22.)

[6] Nas palavras de Carlos Stefen Elias, "(e)nquanto a independência do árbitro estaria ligada à ausência de conexões próximas com as partes (ou até mesmo com seus advogados), a imparcialidade relacionar-se-ia com o prejulgamento do litígio, ou seja, com uma inclinação ou tendenciosidade inadmissível do árbitro em relação a uma das partes ou à matéria em disputa. Essa inclinação ou tendenciosidade do árbitro para o favorecimento de uma das partes (tratada, na língua inglesa, pelo termo 'bias') teria outras origens que não a conexão ou relacionamento entre ambos, podendo ser fruto de preconcepções do árbitro a respeito das partes (preconcepções ligadas, por exemplo, à honestidade, etnia, nacionalidade ou orientação política destas) ou a respeito da matéria envolvida (preconcepções ligadas à predeterminação sincera do árbitro quanto à tese vencedora, sem a análise dos argumentos jurídicos ou dos fundamentos fáticos da pretensão, ou mesmo derivada de corrupção)". (ELIAS, Carlos Stefen. **Imparcialidade dos árbitros**. 2014. Tese (Doutorado) – orientada pelo Professor Carlos Alberto Carmona, apresentada na Faculdade de Direito da Universidade de São Paulo, p. 20-21).

[7] Nesse sentido, confira-se: "Pode-se afirmar que o princípio básico é a confiança das partes no árbitro. Todavia, a ausência de confiança per se não é fundamento suficiente para impugnar um árbitro ou potencial árbitro. Deverá provar a existência de alguma situação de fato que provoque dúvidas justificadas quanto a sua imparcialidade e independência. A dúvida quanto à imparcialidade ou à ausência de independência do árbitro deve ser justificada e assentada de adequada prova. A análise da impugnação deverá processar-se buscando um meio-termo entre o elemento subjetivo [confiança] e o elemento objetivo [dúvida justificada], levando-se em consideração se, aos olhos de um terceiro imparcial, a dúvida quanto à independência e imparcialidade do árbitro possui fundamento. Nesse sentido, desde a perspectiva de quem está analisando a impugnação de um árbitro ou potencial árbitro, o parâmetro que guiará essa avaliação será 'a opinião que um terceiro imparcial' teria em

4. O Dever de Revelação

De acordo com o art. 14 da Lei Brasileira de Arbitragem, estão impedidos de funcionar como árbitros as pessoas que tenham com as partes ou com o litígio, alguma das relações que caracterizam os casos de impedimento ou suspeição dos juízes. O §1º do referido artigo estabelece que as pessoas indicadas para funcionar como árbitros têm o dever de revelar, antes da aceitação da função, qualquer fato que denote "dúvida justificada" quanto à sua imparcialidade e independência. O Dever de Revelação subsiste enquanto durar o procedimento arbitral, de modo que surgindo o fato no curso do procedimento, este deve ser imediatamente revelado às partes.

Como bem pontuado por Thomas Clay, o Dever de Revelação "é a pedra angular do regime jurídico da independência do árbitro, graças a sua dupla função: a de representar um critério de avaliação da independência e a de ser meio de proteção dessa garantia"[8].

A revelação é um dos atos mais significativos do procedimento arbitral, mas a expressão "dúvida justificada" adotada pela Lei Brasileira de Arbitragem ao se referir aos fatos que devem ser revelados possui grau de subjetividade. Segundo as diretrizes da IBA, que podem ser usadas como referência, "Dúvidas são consideradas justificáveis se um terceiro informado e razoável puder concluir que existe a possibilidade de o árbitro ser influenciado, em sua decisão, por fatos alheios ao mérito da causa nos termos em que apresentada pelas partes.".

O conceito de dúvida justificada leva à verificação da possibilidade de o árbitro ser, de alguma forma, influenciado em sua decisão por fatos alheios ao mérito da causa, ou pela existência de algum vínculo com as partes ou seus advogados, que possam abalar os binômios confiança-independência e confiança-imparcialidade.

O fato a causar dúvidas em relação à independência e imparcialidade do árbitro deve ser importante a ponto de suscitar questionamentos e insegurança no espírito da parte. Nas palavras de Tom Phillippe Heintz e Gustavo Vieira da Costa Cerqueira, "[o] dever de revelação nada mais é do que a consagração

relação às dúvidas levantadas pela parte quanto à independência e imparcialidade do árbitro.". (Pucci, Adriana Noemi. Impugnação de Árbitros. *In*: **20 anos da lei de arbitragem:** homenagem a Petrônio R. Muniz. Carmona, Carlos Alberto, Lemes, Selma Ferreira, Martins, Pedro Batista (Coords.). São Paulo: Atlas, 2017, p. 175).

[8] Clay, Thomas. L'Indépendance et l' impartialité de l'arbitre et lesrèglesduprocèsèquitable. *In*: **La impartialitédujuge et de l'arbitre**. Bruxelles: Bruylant, 2006, p. 235. Tradução Livre.

material da obrigação moral de independência, o parâmetro de avaliação de independência e da imparcialidade do árbitro"[9].

Embora não nos pareça possível definir objetivamente critérios sobre o que deve ou não ser revelado, existem longas discussões na doutrina sobre a extensão do Dever de Revelação do árbitro[10]. Como bem pondera Adriana PUCCI, o Dever de Revelação deve ser visto e aplicado com razoabilidade e bom senso, encontrando seus limites na própria consciência do árbitro[11].

Nas esclarecedoras palavras de Ricardo Dalmaso Marques

> para que o dever de revelação surta os efeitos desejados, deve ele ser exercido em extensão que transmita às partes a confiança necessária. É recorrente, na doutrina, a menção ao exemplo da mulher de César, que não somente deveria ser honesta, mas, sobretudo, parecer sê-lo. O exercício do dever de revelação pelo árbitro é, pois, uma forma de demonstração objetiva de honestidade (mais que ser imparcial e independente, o árbitro deve parecer ser imparcial e independente). E, para isso, a revelação dos fatos e circunstâncias se deve dar na extensão que confira às partes (ou nelas mantenha) a confiança inicialmente posta. Eis o maior problema nos dias de hoje[12].

[9] Heintz, Tom Phillippe e Cerqueira, Gustavo Vieira da Costa. **Racionalização do Dever de Revelação no direito francês da arbitragem.** Revista de Arbitragem e Mediação, v. 36, 2013, p. 411-431.

[10] "Embora já esteja bem disseminada a ideia da existência de um dever de revelar fatos que possam comprometer, de alguma forma, o atendimento à imparcialidade, independência e/ou neutralidade (dependendo da lei aplicável) de um indivíduo como árbitro, análises mais aprofundadas no que diz respeito à extensão de seu exercício devem e estão sendo feitas. A existência de *soft law* que trata da matéria parece trazer alguma orientação aos aplicadores, mas, por outro lado, tem inevitavelmente levado a alguns paradoxos, incertezas e variações no que tange ao bom emprego (razoável e com propriedade) dessas padronizações conforme as peculiaridades dos diferentes ordenamentos jurídicos. No Brasil, a problemática pode ser considerada maior, não só em razão de um desconhecimento (cada vez menor, mas ainda evidente) das nuances características da arbitragem – o que cria disparidades relevantes no momento de exercício do dever de revelação caso a caso, e mesmo na interpretação feita por advogados a esse respeito –, mas, também, por uma suposta existência de um grupo muito reduzido de profissionais que atuam na área, o que tem implicado fatalmente discussões a respeito do que deve e do que não deve ser revelado. As alegações de que a sociedade brasileira difere das demais que se costumam analisar na área arbitral acabam por dar um toque ainda mais intrincado à questão". (Marques, Ricardo Dalmaso. **Breves apontamentos sobre a extensão do dever de revelação do árbitro.** Revista Brasileira de Arbitragem, v. 31, 2011, p. 60)

[11] Pucci, Adriana Noemi. Impugnação de Árbitros. *In: 20 anos da lei de arbitragem:* homenagem a Petrônio R. Muniz. Carlos Alberto Carmona, Selma Ferreira Lemes, Pedro Batista Martins (Coords.). São Paulo: Atlas, 2017, p. 176-177.

[12] Marques, Ricardo Dalmaso. Breves apontamentos sobre a extensão do dever de revelação do árbitro. Revista Brasileira de Arbitragem, v. 31, 2011, p. 67.

Com o fim de trazer alguma luz ao que deve ou não ser revelado, ou seja, para melhor identificar as situações que põem em dúvida a imparcialidade ou independência de um árbitro, a Comissão de Arbitragem e Mecanismos Alternativos de Solução de Controvérsias da International Bar Association ("IBA"), por meio de um Grupo de Trabalho composto por 19 especialistas em arbitragem internacional de 14 países, criou diretrizes sobre o tema, por meio das IBA Guidelines on Conflicts of Interest in International Arbitration ("Diretrizes" ou "Diretrizes da IBA")[13].

Tais Diretrizes, cuja última versão é de 2014, refletem as melhores práticas internacionais atualmente adotadas. Ao elaborá-las, o Grupo de Trabalho se baseou na experiência individual de seus integrantes, assim como nas leis e jurisprudências emanadas das jurisdições em que atuam os próprios membros do Grupo de Trabalho e outras partes envolvidas em arbitragem comercial internacional.

Note-se que, conforme a própria introdução das Diretrizes esclarece, estas não possuem força de lei. No entanto, seu objetivo é auxiliar todas as partes envolvidas em procedimentos arbitrais na solução de questões relacionadas a imparcialidade, independência, divulgação, objeções e impugnações de árbitros.

As Diretrizes são divididas em duas partes: (i) Princípios Gerais; e (ii) Listas de Aplicação. As Listas de Aplicação são listas de situações específicas que, na opinião do Grupo de Trabalho, justificam ou não a necessidade de sua divulgação ou o reconhecimento da incompetência de um árbitro. Há três Listas de Aplicação: (i) a Lista Vermelha; (ii) a Lista Laranja; e (iii) a Lista Verde.

A Lista Vermelha contém situações que geram dúvidas acerca da independência ou imparcialidade do árbitro, ou seja, situações de conflitos de interesse. Por esse motivo, tais situações devem ser sempre reveladas. A Lista Vermelha é subdividida em Lista Vermelha não Renunciável e Lista Vermelha Renunciável. As situações elencadas na Lista Vermelha não Renunciável impedem o árbitro de aceitar o encargo[14]. Já as situações elencadas na Lista Vermelha Renunciável representam situações que, apesar de terem de ser reveladas pelo árbitro,

[13] Disponível em: http://cbar.org.br/site/wp-content/uploads/2012/05/IBA-Guidelines-on-Conflict--of-Interest-English.pdf. Acesso em: 01 jun. 2021.

[14] São quatro as situações previstas na Lista Vermelha de Eventos Irrenunciáveis: (i) quando há identidade entre uma parte e o árbitro, ou o árbitro é representante legal de pessoa jurídica que é parte no procedimento arbitral; (ii) quando o árbitro é administrador, conselheiro ou membro de órgão supervisor, ou possui influência de controle semelhante sobre uma das partes; (iii) quando o árbitro possui interesse financeiro significativo em uma das partes ou no resultado da arbitragem; (iv) quando o árbitro presta assessoria regular à parte que o indicou, ou a coligada de tal parte, e o árbitro ou sua empresa deles obtém receita financeira significativa.

podem ser objeto de renúncia pelas partes, permitindo o aceite do encargo pelo árbitro[15].

Já a Lista Laranja contém situações que podem gerar dúvidas, aos olhos das partes, acerca da independência e imparcialidade do árbitro, de modo que devem ser reveladas. Por fim, a Lista Verde elenca situações que não configuram nem aparentam conflito de interesse, seja do ponto de vista objetivo ou subjetivo.

O Dever de Revelação do árbitro se fundamenta nos princípios que decorrem da cláusula geral da boa-fé, os princípios da confiança, da lealdade e da informação, impondo ao árbitro, com o auxílio de informações complementares prestadas pelas partes, a verificação da inexistência de conflitos de interesses que possa gerar a falta de independência e imparcialidade da pessoa indicada para a missão. "O dever de revelar é um instrumento, um meio e não um fim em si mesmo."[16]

Como bem ponderado por Ricardo Dalmaso Marques,

> [o] dever de revelação é utilizado como instrumento que previne que fatos ligados à pessoa do árbitro comprometam a regularidade e a validade da arbitragem, de modo que possibilita às partes que, conhecedoras dos fatos relevantes relacionados ao árbitro, (i) pugnem por sua substituição, quando devida, ou (ii) não possam suscitar tal questão novamente ("calem-se para sempre"). A confiança é a base e é o que assegura que fatos atinentes à pessoa do árbitro não comprometam a intenção das partes de se submeterem a um julgador privado, em detrimento ao juiz estatal[17].

Os fatos a serem revelados devem ter o condão de impactar a equidistância do árbitro, capazes de interferir nos binômios "confiança-independência" ou "confiança-imparcialidade".

Não há na Lei de Arbitragem sanção expressa para o descumprimento do Dever de Revelação, no entanto, a Sentença Arbitral pode ser anulada caso seja

[15] A Lista Vermelha de Eventos Renunciáveis pode ser subdividida em eventos de três categorias: (i) relacionamento do árbitro com a controvérsia; (ii) interesse direto ou indireto do árbitro na controvérsia; e (iii) relacionamento do árbitro com as partes ou advogados.

[16] Lemes, Selma Ferreira. Árbitro, conflito de interesses e o contrato de investidura. *In*: **20 anos da lei de arbitragem:** homenagem a Petrônio R. Muniz. Carlos Alberto Carmona, Selma Ferreira Lemes, Pedro Batista Martins (Coords.). São Paulo: Atlas, 2017, p. 277.

[17] Marques, Ricardo Dalmaso. **Breves apontamentos sobre a extensão do dever de revelação do árbitro**. Revista Brasileira de Arbitragem, v. 31, 2011, p. 66.

proferida por quem não poderia ser árbitro (art. 32, II) ou caso se verifique a *parcialidade* ou falta de independência do árbitro, como preveem os artigos 32, VIII, c/c 21, §2º.

5. A jurisprudência recente

Recentemente, alguns casos trouxeram o tema do descumprimento do Dever de Revelação pelo árbitro e suas consequências ao debate e grande reflexão. Alguns desses casos serão brevemente descritos abaixo para que, em seguida, possamos adentrar no objeto central desse artigo.

5.1 Caso Alper

O Caso Alper se trata de apelação cível onde se discutem os efeitos de alegado descumprimento do Dever de Revelação por parte do Presidente de um Tribunal Arbitral[18]. Segundo consta do relatório da decisão que houve por bem decretar a nulidade da Sentença Arbitral, bem como de todos os demais atos e decisões pertinentes à arbitragem, em votação unânime, o apelante defendeu que houve falha no cumprimento do Dever de Revelação por parte do árbitro fazendo "ruir a inequívoca confiança das partes"[19].

De acordo com o defendido pelo apelante, ao ser nomeado pela parte apelada em arbitragem relacionada, envolvendo a mesma discussão travada com ele (apelante), o árbitro "passou a ter uma nova relação contratual com apenas uma das partes do procedimento", ou seja, "esteve exposto a argumentos fáticos lançados por apenas uma das partes na Arbitragem Relacionada, sobre os quais sequer terá havido contraditório apropriado"[20]. Ainda de acordo com o apelante, foi criada uma disparidade de tratamento entre as partes, na medida em que somente referido árbitro e a apelada tiveram ciência do conteúdo de argumentos e documentos relevantes discutidos na arbitragem relacionada.

A apelada, por sua vez, defendeu a ausência de similitude fática e jurídica entre as arbitragens e que o Dever de Revelação incide sobre dúvida justificada quanto à imparcialidade e independência do árbitro, e não quanto à percepção subjetiva da parte sobre um fato.

Ao dar provimento ao Recurso de Apelação, o Relator Fortes Barbosa pontuou que:

[18] TJSP. Apelação Cível 1056400-47.2019.8.26.0100, Relator: Des. Fortes Barbosa. Data de Julgamento: 11/08/2020. 1ª Câmara Reservada de Direito Empresarial, Data de Publicação: 25/08/2020.
[19] *Ibid.*
[20] *Ibid.*

> [a] confiança das partes, tal qual previsto no artigo 13, "caput" da Lei 9.307/1996, constitui um dos requisitos primordiais para a nomeação de um árbitro, o que se conjuga com o chamado dever de revelação, que proíbe, de início, a omissão e retenção de qualquer dado tido como concretamente relevante para o exercício da escolha (artigo 14, § 1º da mesma Lei 9.307), mas, também, impõe total transparência mesmo no curso do trâmite do procedimento arbitral, forçando seja trazida a notícia imediata de qualquer fato com o potencial de abalar a crença na imparcialidade e independência daquele incumbido de solucionar o litígio posto pelas partes[21].

E acrescentou que:

> [o] árbitro é um particular e o vínculo derivado do contrato de investidura ostenta um caráter "intuitu personae", de maneira que a suspeição pode e deve ser avaliada subjetivamente, como resultado da perda de confiança ensejada pela violação de um dos deveres de conduta peculiares à função. A exigência de estrito cumprimento desse dever de revelação deve ser máxima. Toda e qualquer informação de caráter pessoal ou profissional capaz de gerar dúvida na parte quanto à imparcialidade e integridade do árbitro deve ser comunicada imediatamente, sem que persista direta correlação da suspeição gerada pela omissão com as hipóteses previstas na legislação processual comum[22].

O Relator também anotou que o Dever de Revelação "está diretamente vinculado ao resguardo da natural e imprescindível confiança que as partes devem depositar no árbitro, desde a instauração e até o final do procedimento arbitral, no sentido de se manter isento e imparcial". E que:

> [a] atuação concreta dos árbitros ostenta origem contratual, ficando estes vinculados às partes por via de um contrato de investidura, o que, a partir da aceitação do encargo, torna necessária uma estrita observância de uma conduta atenta à preservação da confiança como requisito primordial ao exercício das funções conferidas por via do exercício de uma declaração de vontade específica[23].

Ainda segundo o Relator, foi anunciada "uma quebra de confiança caracterizadora de suspeição", com a não divulgação imediata pelo árbitro de um fato

[21] *Ibid.*
[22] *Ibid.*
[23] *Ibid.*

tido como grave, correspondente à indicação pela parte contrária num procedimento separado e relativo a uma relação jurídica familiar.

O Relator ponderou que somente depois de ser proferida a Sentença Arbitral e depois de o apelante ter formulado um Pedido de Esclarecimento, o árbitro confirmou ter aceitado a indicação da apelada para atuar também como árbitro em litígio não relacionado àquele objeto da Sentença Arbitral impugnada.

No entender do Relator, "[a] conjuntura estabelecida não pode ser tida como normal e corriqueira", não havendo "como negar o desrespeito ao dever de revelação, não tendo ocorrido, repita-se, imediata e oportuna divulgação da indicação feita pela apelada para a composição do corpo de árbitros em outra e posterior arbitragem instaurada", sobrevindo "uma falha de comportamento, que é apta a caracterizar a quebra de confiança proposta pelo apelante e atinge a validade da sentença arbitral"[24].

5.2 Caso Halliburton v. Chubb

A empresa norte-americana Halliburton Company ("Halliburton") iniciou uma arbitragem *ad hoc*, com sede em Londres e sujeita ao direito do Estado de Nova Iorque, contra a Chubb Bermuda Insurance Ltd. ("Chubb"), diante de uma explosão ocorrida em 20 de abril de 2010 na plataforma *Deepwater Horizon*, no Golfo do México, de propriedade da empresa Transocean Holdings LLC ("Transocean")[25].

Diversos processos judiciais foram iniciados contra as empresas que operavam a plataforma, entre elas a Halliburton, que prestava serviços de vedação e monitoramento do poço[26]. A empresa fez acordo nesses processos judiciais e depois iniciou a arbitragem para buscar ressarcimento contra a seguradora Chubb, que se recusou a indenizá-la dos valores correspondentes aos acordos firmados, no valor aproximado de US$ 1,1 bilhão.

No procedimento arbitral, cada parte nomeou um árbitro e o Poder Judiciário inglês nomeou o presidente do Tribunal Arbitral, já que os co-árbitros não chegaram a um consenso acerca da nomeação. Em junho de 2015, o árbitro presidente revelou ter atuado como árbitro em outros casos nos quais Chubb era parte, inclusive indicado pela Chubb.

[24] *Ibid.*

[25] UKSC. Halliburton Company (Appellant) *v* Chubb Bermuda Insurance Ltd (Formerly known as Ace Bermuda Insurance Ltd). Respondent. UKSC 2018/0100.

[26] A plataforma era de propriedade da empresa Transocean Holdings LLC, sendo operada pela British Petroleum Exploration and Production Inc. e mantida pela norte-americana **Halliburton**.

Ao ser indicado, contudo, meses depois, pelo mesmo escritório que representava Chubb na arbitragem Halliburton, em procedimento arbitral envolvendo o mesmo incidente no Golfo do México com outra parte requerente (Transocean), e ao ter aceitado nomeação como árbitro substituto em outro procedimento envolvendo o mesmo incidente, no qual eram partes a empresa Transocean e outra seguradora, o árbitro não revelou essas nomeações na arbitragem Halliburton.

Halliburton tomou conhecimento dessas nomeações e impugnou o árbitro perante o Poder Judiciário inglês, por entender que a ausência de revelação de sua nomeação, pela contraparte Chubb, em outra arbitragem relacionada ao mesmo assunto, constituía uma possibilidade real de viés inconsciente do árbitro em favor da seguradora, comprometendo a sua independência e imparcialidade, de conformidade com o artigo 24 (1) (a) da Lei de Arbitragem inglesa[27].

O pedido foi negado pela High Court em fevereiro de 2017, tendo Halliburton apelado da decisão.

A Corte de Apelações não se limitou à verificação da violação do Dever de Revelação, tendo avaliado (i) como e em que medida pode um árbitro aceitar nomeações em múltiplos procedimentos concernentes ao mesmo assunto ou a assuntos correlatos com apenas uma das partes envolvidas sem que isso dê ensejo à aparência de parcialidade; (ii) quando um árbitro deve revelar circunstâncias que possam dar ensejo a dúvidas sobre sua imparcialidade; e (iii) quais são as consequências da violação do Dever de Revelação[28].

Sobre o primeiro ponto, a Corte concluiu que a mera a aceitação da nomeação não gera, necessariamente, aparência de parcialidade, já que milita a favor do árbitro uma presunção de confiabilidade, independência e de capacidade de analisar os casos com uma mente aberta e com base exclusivamente nas provas produzidas em cada procedimento arbitral, sendo necessário algo mais substancial do que as múltiplas nomeações para que se possa concluir pela aparência de parcialidade.

[27] "24 Power of court to remove arbitrator. (1) A party to arbitral proceedings may (upon notice to the other parties, to the arbitrator concerned and to any other arbitrator) apply to the court to remove an arbitrator on any of the following grounds – (a) that circumstances exist that give rise to justifiable doubts as to his impartiality." (Arbitration Act 1996, Section 24. Disponível em: https://www.legislation.gov.uk/ukpga/1996/23/contents. Acesso em: 01 jun. 2021.)

[28] Halliburton Company v Chubb Bermuda Insurance Ltd & Ors (2018). England and Wales Court of Appeal (Civil Division) Decisions, EWCA Civ 817. Disponível em: https://www.bailii.org/ew/cases/EWCA/Civ/2018/817.html. Acesso em: 01 jun. 2021.

Quanto ao segundo ponto, a Corte ressaltou a importância de o árbitro fazer a revelação tão logo tome conhecimento do fato *(early disclosure) e ponderou* se tratar de um teste *objetivo, já que o* árbitro deve revelar todos os fatos que um terceiro razoável e informado poderia considerar como aptos a gerar dúvidas acerca da imparcialidade ou independência do árbitro. A Corte pontuou que o caso se enquadra na *lista laranja* das Diretrizes da IBA (item 3.1.5) e que o árbitro *deveria* ter revelado as outras indicações, tratando-se de um lapso *não escusável.*

E ao tratar do terceiro ponto, a Corte reconheceu que a ausência de revelação pode até mesmo se tornar um *indício* de parcialidade, podendo levar a uma conclusão de aparente *bias* do árbitro, mas pontuou que a simples não revelação não é suficiente para concluir pela parcialidade do árbitro. A Corte destacou que o *fato não revelado* não justifica, por si só, a aparência de parcialidade, e que um observador razoável e informado não consideraria a omissão do árbitro como apta a gerar dúvidas justificadas sobre sua imparcialidade, sendo a relação entre os procedimentos arbitrais limitada a ponto de não gerar maiores preocupações, nada indicando que o árbitro tenha agido de forma parcial.

A decisão foi objeto de recurso para a Suprema Corte do Reino Unido. O recurso foi julgado em 27 de novembro de 2020[29]. Em sua decisão, a Suprema Corte pontuou que, no Direito inglês, tanto o árbitro apontado pela parte, quanto aquele apontado por terceiros (no caso o Poder Judiciário inglês), devem observar o mesmo padrão de imparcialidade e que o Dever de Revelação não é apenas uma boa prática arbitral, mas uma obrigação contratual implícita no contrato de árbitro que decorre do dever legal de agir com imparcialidade.

A Suprema Corte também pontuou que quando o árbitro aceita a nomeação para uma segunda arbitragem que possui relação com a primeira e partes em comum, ele deve revelar essa nomeação, e que para preservar a confidencialidade da arbitragem, essa revelação deve se limitar a existência da segunda arbitragem e ao nome da parte comum.

A Suprema Corte ressaltou que a não revelação pode gerar dúvida justificada sobre a imparcialidade do árbitro, e que havendo essa dúvida justificada, "o teste é se um observador imparcial e informado concluiria que existe uma possibilidade real de parcialidade"[30].

[29] Halliburton Company *v* Chubb Bermuda Insurance Ltd (2020). United Kingdom Supreme Court, UKSC 48. Disponível em: https://www.bailii.org/uk/cases/UKSC/2020/48.html. Acesso em 01 jun. 2021.

[30] No original: "*the test is whether the fair-minded and informed observer would conclude there is a real possibility of bias*".

Aplicando tal teste, a Suprema Corte houve por bem rejeitar o recurso por entender que um observador imparcial e informado, olhando para os fatos e circunstâncias conhecidos, não concluiria que havia uma possibilidade real de parcialidade ou, nas palavras da seção 24 (1) (a) da Lei de 1996, que existiriam circunstâncias a dar origem a dúvidas justificáveis sobre a imparcialidade do árbitro[31].

6. O Descumprimento do dever de revelação e a anulação da sentença arbitral

As jurisprudências recentes resumidas acima nos levam à reflexão acerca das consequências do eventual descumprimento do Dever de Revelação, especialmente se qualquer fato não revelado pelo árbitro deve levar, consequentemente, à anulação da Sentença Arbitral por ele proferida.

Nosso entendimento é que não, ou seja, não é qualquer fato eventualmente não revelado que pode ensejar a nulidade da Sentença Arbitral. Precisa ser verificado o reflexo da ausência de revelação para a independência e imparcialidade do árbitro na condução do procedimento arbitral, não se devendo aferir a falta de revelação simplesmente, mas o fato não revelado e sua influência a ensejar e macular a Sentença Arbitral proferida.

Não existe um nexo de causal direto e necessário entre a não revelação de um fato e a parcialidade ou suspeição do árbitro[32], sendo imperiosa a análise das circunstâncias e a relevância do que deixou de ser revelado.

Não é a falta de revelação que implica na nulidade de uma Sentença Arbitral, mas se o fato não revelado é importante, real e capaz de influenciar o julgamento do árbitro. Nesse sentido, relevantes os ensinamentos de Selma Lemes:

[31] *"I am satisfied that Popplewell J and the Court of Appeal were correct to hold that the fair-minded and informed observer, looking at the facts and circumstances which would be known to him or her at the date of the hearing in January 2017, would not conclude that there was a real possibility of bias or, in the words of section 24(1)(a) of the 1996 Act, that circumstances existed that gave rise to justifiable doubts about Mr Rokison's impartiality. The appeal therefore fails"*.

[32] Ao comentar o acórdão do caso Alper citado acima, Guilherme Rizzo do Amaral bem pontuou que a decisão "parece estabelecer um nexo de causal direto e necessário entre falha no dever de revelação e parcialidade (ou suspeição) do árbitro". (AMARAL, Guilherme Rizzo. Dever de revelação do árbitro: um paralelo entre os casos "Fazon" (Brasil) e Halliburton v. Chubb (UK). Linkedin, publicado em 14 de agosto de 2020. Disponível em: https://www.linkedin.com/pulse/dever-de--revela%C3%A7%C3%A3o-do-%C3%A1rbitro-um-paralelo-entre-os-e-v-rizzo-amaral/?trk=read_related_article-card_title. Acesso em: 08 jun. 2021.)

> a independência e a imparcialidade estão na base da confiança depositada pela parte no árbitro. [...] Neste ponto, se observa que qualquer alegação alheia e indiferente a uma causa justificada que não tenha nenhuma interferência nos binômios "confiança – independência" ou "confiança – imparcialidade" será alegação insubsistente e desarrazoada. Portanto no que concerne ao dever de revelação, somente a ausência de revelação de fato notório e importante que impediria o árbitro de atuar com independência e imparcialidade poderia constituir violação ao princípio da confiança (art. 13 da lei 9.307). Ao se efetuar a análise de um caso concreto para se verificar se o dever de revelação teria sido violado, o que interessa é saber se esses fatos teriam a conotação de abalar a confiança da parte e influenciado no ato de julgar com independência e imparcialidade. [...] Portanto, pode-se dizer que o dever de revelação vinculado à dúvida justificada, deve, antes de tudo, guardar razoabilidade quanto à matéria fática para que encontre respaldo e reflexo jurídico e que seja passível de influenciar no ato de julgar[33].

O simples descumprimento do Dever de Revelação de determinado fato não é motivo suficiente para que a Sentença Arbitral proferida e os atos praticados pelo árbitro sejam todos invalidados, sendo necessário que se demonstre que o fato omitido, ou parcialmente revelado, tem o condão de impactar a imparcialidade e independência do profissional.

Em excelente artigo em que comenta o Caso Alper acima citado, onde, como se viu, a Sentença Arbitral foi anulada pelo simples fato de o árbitro presidente ter deixado de revelar um fato, independentemente das circunstâncias e do resultado dessa falha no cumprimento do dever, Natália Mizrahi Lamas foi precisa ao pontuar que o entendimento esposado naquela decisão:

> acaba por transformar o dever de revelação em um objetivo em si mesmo, e não em um instrumento para se assegurar a imparcialidade e independência do árbitro. Ao dispensar o maior exame do fato não revelado e das consequências oriundas dessa não revelação, o e. TJSP acabou por atribuir uma consequência automática à falha no dever de revelação que não parece encontrar guarida nas legislações, regulamentos ou opiniões doutrinárias[34].

[33] Lemes, Selma. O Dever de Revelação do Árbitro e a Ação de Anulação da Sentença Arbitral. *In:* **Arbitragem – Temas Contemporâneos**. São Paulo: Quartier Latin, 2012, p. 449-462.

[34] Lamas, Natália Mizrahi. Dever de Revelação. Alegado Descumprimento. Diretrizes da IBA sobre Conflitos de Interesse em Arbitragem Internacional. Dúvida Justificada. Violação ao Princípio da Imparcialidade. *In:* **Revista Brasileira de Arbitragem**, v. 68, out, nov, dez/2020, p. 126-152.

Nessa linha, Gary Born é categórico ao afirmar que a anulação de uma Sentença Arbitral não pode ser baseada em 'dúvidas' sobre ou 'risco de' parcialidade do árbitro, requerendo uma demonstração que um árbitro foi de fato tendencioso ou não tinha a independência necessária. O famoso professor pondera que:

> a anulação de uma sentença exige uma demonstração de materialidade e efeitos prejudiciais da parcialidade do árbitro no processo arbitral – o que pode fornecer um obstáculo substancial à anulação de uma sentença, com base na falta de imparcialidade, feita após um processo arbitral longo e satisfatório[35].

Ao questionarem se "[a] violação do árbitro de seu dever de revelação é suficiente para justificar a anulação da sentença arbitral", Jean-François Poudret e Sébastien Besson, invocando julgados franceses e ingleses, manifestam que "o juiz não poderá anular a sentença sem que a independência ou a imparcialidade do tribunal arbitral tenha sido comprometida, a omissão por um árbitro de divulgar certos fatos não seria mais que um elemento de apreciação entre outros"[36].

Na mesma linha, Marc Henry pontua que "a ausência da obrigação de revelação não substitui a obrigação de independência e não é a falta de revelação que justifica a ação de anulação, mas atentar às exigências de independência que o silêncio do árbitro poderia revelar"[37].

Note-se que as Diretrizes da IBA sobre Conflito de Interesses também estabelecem que a não revelação de circunstâncias que, segundo as Listas de Aplicação acima citadas, deveriam ter sido reveladas, não implica, automaticamente, na não nomeação do árbitro e nem a sua desqualificação, salvo na hipótese de os fatos ou circunstâncias que deixaram de ser divulgados terem o condão de configurar a falta de parcialidade ou a falta de dependência do árbitro[38].

[35] Born, Gary. **International Commercial Arbitration.** 2. ed. Kluwer Law International, 2001, p. 3279.

[36] Poudret, Jean-François ; Besson, Sébastien. **Droit Compare de L'Arbitrage International**, Bruxelles: Bruylant, 2002, p. 382. – tradução livre

[37] Henry, Marc. Les Obligations d' Independence et d'information de l'arbitre à la lumiére de la jurisprudence recente, **Revue de l'Arbitrage**, 1999, p. 223. – tradução livre

[38] "Uma oposição posterior com fundamento no fato de que um árbitro não divulgou tais fatos ou circunstâncias não deve resultar automaticamente na sua não nomeação, na sua posterior desqualificação ou em impugnação procedente da sentença arbitral. A não revelação, por si só, não basta para considerar um árbitro parcial ou com falta de independência: apenas os fatos ou circunstâncias que não foram por ele divulgados podem permiti-lo".

Como bem pontuado por Carlos Eduardo Stefen Elias, a mera não revelação de certo fato não configura "causa direta e suficiente de parcialidade do árbitro"[39]. E como ressalta Natália Mizrahi Lamas, "[é] preciso que se estabeleça uma relação entre o descumprimento do dever de revelação e a falta de imparcialidade e independência, o que não se dá automaticamente"[40].

Vale ainda destacar que os fatos ensejadores do questionamento a respeito da independência do árbitro devem ser analisados sob uma ótica razoável e ponderada, seja aos olhos da parte, seja aos olhos de um terceiro[41]. O descumprimento do Dever de Revelação não pode ser associado diretamente à ausência de imparcialidade. E qualquer objeção em relação à imparcialidade ou independência deve ser fundamentada em provas aferíveis objetivamente, sendo certo que a fórmula de dúvida razoável ou justificável requer uma abordagem objetiva[42].

Como bem pontuado por Alan Redfern, a exigência de que a dúvida sob questão seja razoável/justificável não é trivial, e significa, na realidade, que não basta mera desconfiança subjetiva ou especulatória, devendo haver fatos sólidos a justificar a dúvida de forma objetiva.[43]

É importante, de todo modo, que fique claro que não se está defendendo aqui que as Sentenças Arbitrais não devem ser anuladas. O controle judicial das Sentenças Arbitrais é saudável e benéfico para o instituto da arbitragem[44]. Uma jurisdição favorável à arbitragem não é aquela onde as Sentenças Arbitrais são

[39] ELIAS, Carlos Eduardo Stefen. **Imparcialidade dos Árbitros**. Tese de Doutorado da Faculdade de Direito da Universidade de São Paulo. Orientador: Professor Carlos Alberto Carmona. 2014, p. 203.

[40] LAMAS, Natália Mizrahi. Dever de Revelação. **Alegado Descumprimento. Diretrizes da IBA sobre Conflitos de Interesse em Arbitragem Internacional. Dúvida Justificada. Violação ao Princípio da Imparcialidade**. Revista Brasileira de Arbitragem, v. 68, out, nov, dez/2020, p. 147.

[41] FERRO, Marcelo. Apontamentos sobre a independência dos árbitros. *In*: **Temas de Direito Societário e Empresarial Contemporâneo**. ADAMEK, Marcelo Vieira Von (coord.). São Paulo: Malheiros, 2011, p. 852.

[42] BORN, Gary. **International Commercial Arbitration**. Kluwer Law International, 2009, v. 1, p. 1477.

[43] "*4.95 The relevant case law supports this position. The appointing authority in a well-known UNCITRAL challenge decision of January 1995 noted that: If the doubt had merely to arise in the mind of a party contesting the impartiality of an arbitrator, 'justifiable' would have been almost redundant. The word must import some other standard—a doubt that is justifiable in an objective sense. In other words, the claimant here has to furnish adequate and solid grounds for doubts. Those grounds must respond to reasonable criteria. In sum, would a reasonably well informed person believe that the perceived apprehension—the doubt—is justifiable??*". Blackaby, Nigel; Partasides, Constantine; et al. **Redfern and Hunter on International Arbitration**. 2015, Kluwer Law International/Oxford University Press. § 4.95.

[44] Como bem pontua Jan Paulsson, "arbitragem sem controle inevitavelmente significa arbitragem abusada. Liberdade absoluta não é o objetivo final". (PAULSSON, Jan. **The idea of arbitration**. Oxford: Oxford University Press, 2013. p. 264. Tradução livre)

intocáveis, mas sim aquela onde o controle é feito de forma ponderada e consentânea com as melhores práticas da arbitragem. O que não se pode permitir é que a parcialidade do árbitro seja automaticamente presumida diante do eventual descumprimento do Dever de Revelação pelo árbitro.

Conclusões

Não há na Lei Brasileira de Arbitragem sanção para o descumprimento do Dever de Revelação, entretanto, a Sentença Arbitral pode ser anulada caso seja proferida por quem não poderia ser árbitro ou caso se verifique a *parcialidade* ou falta de independência do árbitro.

Algumas decisões judiciais recentes trouxeram à tona debate sobre o descumprimento do Dever de Revelação e suas consequências, especialmente se qualquer fato não revelado pelo árbitro deve levar, consequentemente, à anulação da Sentença Arbitral por ele proferida.

Como manifestado acima, nosso entendimento é que não é qualquer fato eventualmente não revelado que pode ensejar a nulidade da Sentença Arbitral, devendo ser verificado o reflexo da ausência de revelação para a independência e imparcialidade do árbitro na condução do procedimento arbitral.

Não é a falta de revelação que implica na nulidade de uma Sentença Arbitral, mas se o fato não revelado é capaz de influenciar o julgamento do árbitro. A anulação de uma Sentença Arbitral requer a demonstração que um árbitro foi de fato tendencioso ou não tinha a independência necessária. A não revelação de certo fato não configura causa suficiente de parcialidade do árbitro, sendo necessário que se estabeleça uma relação entre o descumprimento do dever de revelação e a falta de imparcialidade e independência.

O controle judicial das Sentenças Arbitrais é benéfico para o instituto da arbitragem, mas o controle deve ser feito de forma ponderada e consentânea com as melhores práticas da arbitragem, não se podendo permitir que a parcialidade do árbitro seja automaticamente presumida diante do eventual descumprimento do Dever de Revelação pelo árbitro.

Referências

BORN, Gary. **International Commercial Arbitration**. Kluwer Law International, 2009.

CLAY, Thomas. **L'Indépendance et l' impartialité de l'arbitre et lesrèglesduprocèsèquitable**, In : **La impartialitédujuge et de l'arbitre.**Bruxelles : Bruylant, 2006.

ELIAS, Carlos Eduardo Stefen. **Imparcialidade dos Árbitros**. Tese de Doutorado da Faculdade de Direito da Universidade de São Paulo. Orientador: Professor Carlos Alberto Carmona. 2014.

FERRO, Marcelo. Apontamentos sobre a independência dos árbitros. *In*: **Temas de Direito Societário e Empresarial Contemporâneo.** ADAMEK, Marcelo Vieira Von (coord.). São Paulo: Malheiros, 2011.

HEINTZ, Tom Phillippe e CERQUEIRA, Gustavo Vieira da Costa. **Racionalização do Dever de Revelação no direito francês da arbitragem.** Revista de Arbitragem e Mediação, v. 36, 2013.

HENRY, Marc. **Les Obligations d' Independence et d'information de l'arbitre à la lumiére de la jurisprudence recente.** Revue de l'Arbitrage, 1999.

LAMAS, Natália Mizrahi. **Dever de Revelação. Alegado Descumprimento. Diretrizes da IBA sobre Conflitos de Interesse em Arbitragem Internacional. Dúvida Justificada. Violação ao Princípio da Imparcialidade.** Revista Brasileira de Arbitragem, v. 68, 2020.

LEE, João Bosco e PROCOPIAK, Maria Claudia de Assis. **A obrigação de revelação do árbitro: está influenciada por aspectos culturais ou existe um verdadeiro standard universal?** Revista Brasileira de Arbitragem, v. 14, 2007.

LEMES, Selma Ferreira. Árbitro, conflito de interesses e o contrato de investidura. *In*: **20 anos da lei de arbitragem: homenagem a Petrônio R. Muniz.** CARMONA, Carlos Alberto, LEMES, Selma Ferreira, MARTINS, Pedro Batista (Coords.). São Paulo: Atlas, 2017.

LEMES, Selma Maria Ferreira. **O Procedimento de Impugnação e Recusa de Árbitro, como sistema de controle quanto à independência e a imparcialidade do julgador.** Disponível em: http://genjuridico.com.br/2017/12/25/procedimento-de--impugnacao-recusa-arbitro-sistema-de-controle-independencia-imparcialidade--do-julgador/#_ftn4.

LEMES, Selma. O Dever de Revelação do Árbitro e a Ação de Anulação da Sentença Arbitral. In **Arbitragem – Temas Contemporâneos**, São Paulo, Quartier Latin, 2012.

MARQUES, Ricardo Dalmaso. **Breves apontamentos sobre a extensão do dever de revelação do árbitro.** Revista Brasileira de Arbitragem, v. 31, 2011.

MARTINS, Pedro A. Batista. **Dever de Revelar do Árbitro.** Revista de Arbitragem e Mediação, v. 36, 2013.

MARTINS-COSTA, Judith. **A boa-fé no direito privado: critérios para a sua aplicação.** São Paulo: Marcial Pons, 2015.

NIGEL, Blackaby; REDFERN and HUNTER on International Arbitration 2015, Kluwer Law International/Oxford University Press.

PAULSSON, Jan. **The idea of arbitration.** Oxford: Oxford University Press, 2013.

POUDRET, Jean-François e BESSON, Sébastien. **Droit Compare de L'Arbitrage International**, Bruxelles: Bruylant, 2002.

PUCCI, Adriana Noemi. Impugnação de Árbitros. In: **20 anos da lei de arbitragem: homenagem a Petrônio R. Muniz**. CARMONA, Carlos Alberto, LEMES, Selma Ferreira, MARTINS, Pedro Batista (Coords.). São Paulo: Atlas, 2017.

16.
O DILEMA DAS REDES: AS REDES SOCIAIS, A ARBITRAGEM E O DEVER DE REVELAÇÃO

LUCAS DE MEDEIROS DINIZ

Notas introdutórias: os 20 anos do Comitê Brasileiro de Arbitragem

Em março de 2001, era fundado o Comitê Brasileiro de Arbitragem, o CBAr, com a finalidade de se estudar e difundir a arbitragem como método de solução de disputas no Brasil e garantir a segurança jurídica do instituto no território nacional. Vinte anos mais tarde, o resultado: o Brasil não apenas se consolidou como o país mais escolhido como sede de arbitragem na América Latina, como o CBAr se tornou a principal instituição acadêmica de arbitragem do Brasil, com mais de 1.500 (mil e quinhentos) associado(a)s, e com grande relevância internacional.

O Comitê representa hoje um dos mais importantes *think tanks* de arbitragem do mundo, contando com uma qualificada Diretoria e diversos auxiliares que trabalham arduamente para fortalecer os métodos alternativos (ou adequados) de solução de disputas, em especial a arbitragem, no cenário jurídico brasileiro.

Para comemorar os 20 anos dessa exitosa trajetória em prol da arbitragem, foi idealizada a presente obra comemorativa, para a qual não apenas tenho a honra de – ainda que modestamente – contribuir, mas representa a concretização de um projeto idealizado e pensado com tanto carinho por mim, pelo nosso ex-presidente, Giovanni Ettore Nanni, e pela minha companheira e cofundadora do Grupo Jovem do CBAr, Karina Riccio.

Assim, muito mais com o propósito de fomentar o debate sobre novos desafios para comunidade arbitral brasileira, tão bem representada pelo Comitê Brasileiro de Arbitragem, do que efetivamente externar conclusões sobre o assunto, apresento, no presente artigo, algumas notas a respeito dos impactos das *redes sociais* na arbitragem, em especial sobre a ótica da independência e imparcialidade dos árbitros.

Introdução

Desde a sua criação, há cerca de vinte e cinco anos[1], as redes sociais revolucionaram as formas de interação entre os seres humanos, acelerando a comunicação e facilitando o compartilhamento de informações. Essas redes de interação, que, rapidamente, se espalharam por todo o mundo, tiveram um grande impacto não apenas nas relações sociais pessoais, mas também profissionais, afinal, tornaram-se instrumentos efetivos de se manter conectado com colegas e contatos de trabalho.

Embora seja inquestionável que as redes sociais tenham trazido enormes benefícios e exponencial avanço no setor da comunicação, as relações sociais estabelecidas por meio dessas ferramentas suscitam grandes desafios, especialmente jurídicos, aos seus usuários.

Para arbitragem, especificamente, a evolução das mídias sociais traz desafios relacionados, primordialmente, à independência, à imparcialidade e ao dever de revelação, posto que um dos pressupostos desse – e de qualquer outro – mecanismo de resolução de disputas é o de que o adjudicador não possua *relação* ou *vínculo* próximo com uma das partes ou alguma *inclinação* ou *tendenciosidade (bias)* em relação a uma das partes ou à matéria em disputa.[2] Nesse sentido, o fato de um árbitro indicado estar conectado com uma das partes em uma rede social ou já ter externado uma determinada opinião pode causar desconforto à outra parte quanto à sua imparcialidade para julgar um determinado litígio. Com efeito, cabe-se questionar como garantir – e demonstrar – *a independência* e *imparcialidade* em um ambiente que conexões e opiniões pessoais são constantemente compartilhadas e publicizadas em escala global?

É certo que, hoje, o debate já se encontra em estágios avançados, de forma que *amizades, conexões,* ou *seguidores* em redes sociais raramente são interpretados como conexões sociais efetivas a ponto de fundamentar impugnações de árbitros ou gerar dúvidas razoáveis sobre sua independência ou imparcialidade, diferentemente do que se constatava no passado. Contudo, a utilização cada vez mais frequente das redes sociais vem gerando situações novas e complexas que parecem clamar pelo estabelecimento de diretrizes e parâmetros objetivos

[1] Ngak, Chenda. **Then and now:** a history of social networking sites, 2011. Disponível em: https://tinyurl.com/3r6a468x. Acesso em: 23 jul. 2021.

[2] Park, William W. **Arbitrator integrity:** the transient and the permanent. *In*: San Diego Law Review, v. 46, 2009. p. 635.

que ofereçam aos árbitros, de um lado, informações sobre como ter prudência nesses recém-criados espaços de interações sociais e, de outro, maior clareza e previsibilidade sobre seus deveres de revelação em um cenário que relações interpessoais acabam publicadas e expressões de opiniões pessoais se difundem em maior escala.

Justamente neste sentido, o presente artigo visa a analisar especificamente os impactos dessas novas formas de interação sociais na arbitragem e investigar as vantagens e desvantagens de se estabelecer regras objetivas relacionadas ao dever de revelação e à utilização de redes sociais. Assim, o presente ensaio se divide em cinco capítulos, tratando o **primeiro** deles sobre o pressuposto e a necessidade de independência dos julgadores; o **segundo**, sobre as redes sociais e seus impactos no direito; o **terceiro**, sobre os deveres de revelação do árbitro; o **quarto**, sobre a específica intercessão entre os três primeiros sob a ótica da arbitragem, especialmente à luz dos parâmetros estabelecidos pelo *International Bar Association* ("IBA"); e o **quinto**, com base na análise de precedentes, sobre os cuidados que árbitros devem ter com a utilização das redes sociais.

1. A independência e a imparcialidade do julgador: um pressuposto do direito

O Estado de Direito é fundado em uma série de princípios interrelacionados que visam a garantir a justiça no âmbito social. A origem etimológica da expressão "justiça" deriva diretamente do latim "*justitia*", que representava, entre os romanos, a divindade que veio a simbolizar o Direito[3]. Basicamente, o que se buscava representar era justamente que a instância jurídica funcionasse como um ramo independente dos poderes governamentais, cujo propósito seria o de fundamentalmente fazer cumprir o Estado de Direito e garantir indiscriminadamente amparo jurídico a qualquer pessoa que dele necessitasse.

Para se garantir o correto funcionamento do Estado de Direito faz-se necessário resguardar o pressuposto de que eventuais deslindes, em qualquer esfera jurídicas, sejam solucionados por adjudicadores que não possuam qualquer predisposição com relação às partes ou ao conflito. Com efeito, os princípios da *independência* e *imparcialidade* do julgador gozam de um grau de universalidade tanto em níveis nacionais como internacionais, sendo um pressuposto de todo qualquer ordenamento jurídico interno e estando previsto nos instrumentos regionais e universais de direitos humanos. Justamente neste sentido, o Relator

[3] Pereira Filho, Gerson; Bernardo, Isadora Prévide. Justiça e ética como fundamentos do direito na filosofia antiga. **Sapere aude**. Belo Horizonte, v. 9 – n. 18, p. 329-350, jul./Dez. 2018.

Especial da Comissão de Direitos Humanos da Organização das Nações Unidas ("ONU") externou, em meados de 1995, que a independência judicial e a imparcialidade seriam "u[ns] dos princípios gerais de direito reconhecidos pelas nações unidas *civilizadas* na acepção do art. 38 do Estatuto da Corte Internacional de Justiça".[4]

No que diz respeito à imparcialidade, o Comitê de Direitos Humanos da ONU afirmou que isso "implica que os juízes não nutram quaisquer preconceitos sobre o assunto que lhes é apresentado e que não devem agir de forma a promover os interesses de uma das partes em detrimento da outra"[5]. Por outro lado, a independência protege o judiciário contra qualquer interferência de órgãos do Estado ou pessoas privadas no desempenho das funções judiciais, isto é, a independência é tida como ausência de qualquer *condicionante do julgamento*, decorrente de um vínculo pessoal ou de subordinação. Assim, enquanto, a *independência* descreve salvaguardas funcionais e estruturais com relação às partes, a *imparcialidade* reflete uma proibição de um prejulgamento do litígio, isto é, uma inclinação ou tendenciosidade do adjudicador em relação às partes ou ao litígio[6].

Os juízes togados, seja no âmbito nacional ou no internacional, que tiverem alguma predisposição com relação ao litígio ou às partes deverão, então, estar impedidos de proferir quaisquer decisões sobre aquela eventual controvérsia, competindo à parte que entende pela suspeição daquele juiz argui-la e requerer a sua retirada do processo. Como leciona Norberto Bobbio, "a imparcialidade é para o juiz como a indiferença inicial para o cientista: é a soma das virtudes. Um juiz parcial é como um cientista tendencioso"[7]. Assim, visando a coibir julgamentos enviesados e garantir a segurança jurídica de eventuais processos, os diversos sistemas processuais preveem de forma expressa a relevância da *imparcialidade e independência* do julgador.

2. As redes sociais

Embora as redes sociais suscitem hoje uma série de questões jurídicas, a conceituação dessas diversificadas teias de conexões sociais decorre muito mais de pre-

[4] ORGANIZAÇÃO DAS NAÇÕES UNIDAS. UN Doc. E/CN.4/1995/39. **Report of the Special Rapporteur Param Cumaraswamy**. Independence and Impartiality of the Judiciary, Jurors and Assessors and the Independence of Lawyers, para. 34.

[5] ORGANIZAÇÃO DAS NAÇÕES UNIDAS. **Karttunen v. Finlândia**. UN Doc. CCPR/C/46/D/387/1989. Human Rights Committee, Communication No. 387/1989, para. 7.2.

[6] ELIAS, Carlos Eduardo Stefen. **Imparcialidade dos árbitros**. 2014. Tese (Doutorado em Direito Processual) – Faculdade de Direito, Universidade de São Paulo, São Paulo, 2014. p. 20-21.

[7] BOBBIO, Norberto. Quale giustizia. *In*: L'ordinamento giudiziario, p. 168, *apud* Liebman, **Manual de direito processual civil**, n. 3, nota 5, 2005, p. 26 trad.

ceitos das ciências sociais e antropológicos do que do direito propriamente dito. O conceito de mídias sociais[8] foi introduzido em meados de 1994 e geralmente usado como um termo genérico que descreve, hoje, uma variedade de plataformas *online*, incluindo *blogs*, redes de *network*, projetos colaborativos, redes sociais empresariais, fóruns, *microblogs*, ferramentas de compartilhamento de fotos, revisão de produtos, *bookmarking* social, jogos sociais, compartilhamento de vídeo e outros. Desde então, as mídias sociais avançaram rapidamente e não apenas se diversificaram, como se tornaram mais acessíveis aos seus usuários, que, com a introdução dos *smartphones*, passaram a poder checá-las constantemente e em tempo real[9].

As redes sociais permitem que seus usuários se conectem no ambiente virtual de forma a intercambiar informações e conteúdos, além de oferecer um espaço para o compartilhamento de opiniões e possibilitar a interação entre pessoas de todo o mundo. Embora essas redes de conexão tenham surgido, a rigor, com o propósito de transpor para o ambiente virtual relações entre *amigos* e pessoas com certo *vínculo de proximidade*, a verdadeira utilização dessas plataformas *online* foi paulatinamente sendo expandida, superando seu propósito inicial e se tornando uma parte crítica da maneira como as pessoas se comunicam em diversas esferas de suas vidas, inclusive profissional.

Assim, além dos inúmeros desafios jurídicos que foram trazidos com a profusão dessas redes sociais, advogados e juristas começaram a recorrer a estes espaços de interação para se conectar com outros profissionais e intercambiar experiências e opiniões, o que acabou por trazer questionamentos sobre a proximidade de patronos de partes em eventuais litígios e os julgadores daquelas lides.

Quando advogados ou partes e adjudicadores envolvidos em um determinado litígio são *amigos* no Facebook, *conectados* no LinkedIn, se seguem no Twitter e trocam *likes* ou compartilham postagens uns dos outros, as partes litigantes podem sentir certo desconforto por terem suas lides julgadas por pessoas – em tese – próximas. Igualmente, a apreciação de um determinado conflito por um adjudicador que já tenha externado seu posicionamento sobre um determinado

[8] "*In our view – and as used herein – Social Media is a group of Internet-based applications that build on the ideological and technological foundations of Web 2.0, and that allow the creation and exchange of User Generated Content*". (Kaplan, A. M.; Haenlein, M. (2010). Users of the world, unite! The challenges and opportunities of Social Media. **Business Horizons**, 53(1), 2010. p. 61).

[9] Embora existam diversas redes sociais e cada plataforma difira no grau de presença **social**, **auto-apresentação** e **auto-exposição**, o presente artigo terá como base as redes comumente utilizadas pelos profissionais do direito, quais sejam, Twitter, Facebook, Instagram e TikTok.

assunto que se relacione ao litígio em questão em uma rede social pode gerar incômodo a uma ou ambas as partes da lide.

Endereçando justamente tal questão, o Conselho Consultivo de Ética Judicial da Suprema Corte da Flórida, em meados de 2009, respondeu negativamente à possibilidade de se designar juízes para casos em que uma das partes fosse representada por advogados que constassem na lista amigos do Facebook daquele adjudicador, sob a justificativa de que poderia passar a impressão de que tal vínculo de amizade teria o condão de influenciar o posicionamento do juiz em benefício de uma das partes (*bias*).[10] Precisamente nesse sentido, no caso Domville *v.* State[11], o 4º Tribunal Distrital de Apelação da Flórida considerou que a recusa do juiz deveria ser exigida quando este fosse amigo no Facebook do promotor. Igualmente, o Conselho Superior de Justiça na Bélgica, declarou, em meados de 2015, procedente a impugnação de uma decisão, pois o juiz do caso era *amigo* no Facebook do advogado da contraparte[12].

Tais desafios, impostos por estas novas formas de interação social, e as nuances das relações estabelecidas nessas plataformas *online* por profissionais do direito, culminou, em meados de 2014, após provocação de um *report* publicado pelo time de projetos IBA, na adoção dos IBA International Principles on Social Media Conduct for the Legal Profession por meio dos quais buscou-se, de forma objetiva, "auxiliar associações de advogados e órgãos reguladores de advogados em todo o mundo a promover uma conduta em conformidade com as regras relevantes de responsabilidade profissional do Direito nas mídias sociais"[13]. O documento, além de elencar determinados princípios orientadores que deveriam servir como base para advogados e escritórios de advocacia na utilização de redes sociais, advertia, por exemplo, que "a mídia social cria[va] um contexto no qual os advogados podem criar relações visíveis para clientes, juízes e outros advogados [e, portanto,] [a]ntes de entrar em um 'relacionamento' online, os advogados deve[riam] refletir sobre as implicações profissionais de estar publicamente vinculado". Além disso, "[o]s comentários e o conteúdo postado online

[10] FLORIDA SUPREME COURT. Judicial Ethics Advisory Committee. Disponível em https://www.jud6.org/LegalCommunity/LegalPractice/opinions/jeacopinions/2009/2009-20.html. Acesso em: 20 jul. 2021.

[11] Domville *v.* State, 103 So. 3d 184, 4º Tribunal Distrital de Apelação da Flórida, 2012.

[12] Conseil supérieur de la Justice, Rapport sur le traitement des plaintes 2014, 18 Juin 2015, Belgique.

[13] IBA. **International Principles on Social Media Conduct for the Legal Profession**. Disponível em: https://www.ibanet.org/MediaHandler?id=27ebac25-0d13-4318-a1c4-6b751aca935f> Acesso em: 13 jul. 2021.

devem projetar a mesma independência profissional e a aparência de independência exigida na prática"[14].

Gradativamente, essa perspectiva de que a mera conexão ou interação entre juízes e advogados geraria suspeição foi sendo alterada. Hoje, é cediço que o significado de amizade no Facebook não representa qualquer "sentimento de afeição, de estima, de dedicação recíproca entre pessoas"[15], podendo representar uma mera relação profissional. Igualmente, conexões do LinkedIn podem ocorrer entre profissionais que sequer se conhecem, mas que têm interesses em comum, históricos profissionais parecidos ou até mesmo expectativas profissionais convergentes. No mesmo sentido, as interações que se estabelecem nessas redes sociais passaram hoje a ter outra conotação. Curtir ou retwittar uma postagem não significa, necessariamente, o endosso daquela manifestação, a ponto de ser necessário, aliás, que o Twitter criasse uma ferramenta que questionasse seus usuários sobre a efetiva leitura de um *link* antes de repostá-lo.

Exemplo dessa alteração de perspectiva e dimensão das relações estabelecidas por meio de redes sociais pôde ser constatado no estado da Flórida, que, embora tenha sedimentado o precedente Domville *v.* State, teve o entendimento diverso proferido pela corte Suprema Corte daquele estado que, em meados de 2018, determinou, no caso Law Offices of Herssein et al. *v.* United Services Automobile Association, que:

> [a]*cceptance as a Facebook "friend" may well once have given the impression of close friendship and affiliation.* ***Currently, however, the degree of intimacy among Facebook "friends" varies greatly.*** *The designation of a person as a "friend" on Facebook does not differentiate between a close friend and a distant acquaintance.* ***Because a "friend" on a social networking website is not necessarily a friend in the traditional sense of the word, we hold that the mere fact that a judge is a Facebook "friend" with a lawyer for a potential party or witness, without more, does not provide a basis for a well--grounded fear that the judge*** *cannot be impartial or that the judge is under the influence of the Facebook "friend"* [...].[16]

[14] IBA. **International Principles on Social Media Conduct for the Legal Profession**. Disponível em: https://www.ibanet.org/MediaHandler?id=27ebac25-0d13-4318-a1c4-6b751aca935f. Acesso em: 13 jul. 2021.

[15] Dicionário Aurélio App Digital. Significado de amizade.

[16] SUPREME COURT OF FLORIDA. Law Offices of Herssein and Herssein, P.A. *v.* United Services Automobile Ass'n. Disponível em: https://law.justia.com/cases/florida/supreme-court/2018/sc17-1848.html. Acesso em: 12 jul. 2021.

Igualmente, na França, a Corte de Cassação julgou uma demanda na qual determinou que:

> *le terme d' « ami » employé pour désigner les personnes qui acceptent d'entrer en contact par les réseaux sociaux* ***ne renvoie pas à des relations d'amitié au sens traditionnel du terme et que l'existence de contacts entre ces différentes personnes par l'intermédiaire de ces réseaux ne suffit pas à caractériser une partialité particulière****, le réseau social étant simplement un moyen de communication spécifique entre des personnes qui partagent les mêmes centres d'intérêt, et en l'espèce la même profession.*[17]

Em linha dessa nova perspectiva sobre as amizades das redes sociais, o Comitê Consultivo Judicial de Ética Judicial de Nova Iorque manifestou-se no sentido que juízes não são proibidos de participar de redes sociais, mas precisam usar o bom senso para administrar o que fazem nessas redes. Além disso, externou aquele comitê, que estes adjudicadores não estão autorizados a usar mídia social ou blogs para conduzir comunicações *ex parte* com partes ou advogados sobre casos durante a sua pendência[18]. Posteriormente, diversos outros estados dos Estados Unidos, além de Nova Iorque[19], notadamente Arizona[20], Flórida[21] e Califórnia[22], adotaram diretrizes sobre o uso permitido de mídia social por juízes. O trabalho do Judicial Ethics Committee da California Judges Association da Califórnia, estado em que a mais popular de todas as redes de mídia social, o Facebook, foi desenvolvida, elaborou, aliás, um trabalho extremamente relevante destacando que a interação

[17] COUR DE CASSATION. Deuxième chambre civile. *Arrêt nº 1 du 5 janvier 2017 (16-12.394)*. Disponível em: https://www.courdecassation.fr/jurisprudence_2/deuxieme_chambre_civile_570/1_5_35798.html. Acesso em: 20 jul. 2021.

[18] Glick, Ruth; Stipanowich, Laura. Arbitrator Disclosure In The Internet Age. *In: Dispute Resolution Journal*, v. 67, n 1. Disponível em: https://arbitrationlaw.com/library/arbitrator-disclosure-internet-age-dispute-resolution-journal-vol-67-no-1. Acesso em: 23 jul. 2021.

[19] NEW YORK STATE UNIFIED COURT SYSTEM. *Advisory Opinion 08-176*. New York Advisory Committee on Judicial Ethics (29 January 2009). Disponível em: www.nycourts.gov/ip/judicialethics/opinions/08–176.htm. Acesso em: 30 jul. 2021.

[20] ARIZONA SUPREME COURT. Judicial Ethics Advisory Committee. *Use of Social and Electronic Media by Judges and Judicial Employees, Advisory Opinion 14-01*. 5 Maio 2014. Disponível em: www.azcourts.gov/LinkClick.aspx? fileticket=zNRP1_l8sck%3D&portalid=137. Acesso em: 13 jul. 2021.

[21] FLORIDA SUPREME COURT. Ethics Advisory Committee. *Opinion Number: 2009–20*. Novembro de 2009. Disponível em: www.jud6.org/LegalCommunity/LegalPractice/opinions/jeacopinions/2009/2009–20.html. Acesso em: 23 jul. 2021.

[22] CALIFORNIA JUDGES ASSOCIATION. Judicial Ethics Committee, *Opinion 66*, Online Social Networking. Disponível em: www.caljudges.org/docs/Ethics%20Opinions/Op%2066%20Final.pdf. Acesso em: 21 jul. 2021.

em redes sociais deve ser avaliada sobre a base da natureza da interação. Como tal, a opinião considera acertadamente que a forma de interação – nas redes sociais – não deve prevalecer sobre o seu conteúdo.

Tamanha a importância da questão, que foi levada, inclusive, à Corte Europeia de Direitos Humanos em um caso que, contestando a decisão tomada pelo judiciário suíço, a mãe de uma criança apelou à Corte para que anulasse a concessão da guarda de seu filho ao pai da criança por entender que o julgador que havia sentenciado teria sido parcial, pois seria *amigo* do pai da criança no *Facebook*[23].

No Brasil, o tema foi objeto de debate em diversos dos Tribunais Superiores e a jurisprudência nacional vem se consolidando no sentido de que a existência de conexões em redes sociais não gera suspeição dos juízes.

O Tribunal de Justiça de Minas Gerais, por exemplo, já se manifestou no sentido de que:

> constitui fato notório que os usuários do "facebook" muitas vezes compartilham seus perfis com outros usuários da rede que, embora não pertencentes ao seu círculo social mais íntimo, comungam dos mesmos interesses políticos, sociais, econômicos, culturais, civis, profissionais, dentre outros, tratando-se de mecanismo eficaz de transmissão e troca de ideias. Tal fato, contudo, repito, **não gera por si só relação íntima de amizade entre os usuários, sendo necessário que o excipiente demonstre, a par desta troca de ideias gerais, o compartilhamento de ideias de cunho afetivo mais estreito**, tais como conversas ou fotografias frequentes dos envolvidos nas respectivas residências ou em eventos sociais[24].

Igualmente, o Tribunal de Justiça de São Paulo já expressou que:

> a mera "amizade" no Facebook, ainda que haja interações superficiais (curtidas recíprocas), não torna a juíza arguida suspeita para julgar processos envolvendo

[23] *"In challenging a decision by the local child-protection authority in a dispute over the awarding of parental responsibility, the applicant (the child's mother) lodged an appeal before the cantonal court. While the case was pending, she sent the authority a request that the decision in question be reviewed: in her view, its president ought to have withdrawn from the case, given that he was a "friend" of the child's father on Facebook (social network). She also informed the court of this complaint. However, neither the authority in question nor the courts considered it necessary to set aside the decision on that ground."* (CORTE EUROPEIA DE DIREITOS HUMANOS. Chaves Fernandes Figueiredo *v.* Switzerland (communicated case) – 55603/18. Disponível em: https://hudoc.echr.coe.int/eng#{%22itemid%22:[%22001-196112%22]}. Acesso em: 23 jun. 2021.)

[24] TJ-MG. Proc. Nº 1.0000.14.076278-0/000. Des. Rel. Teresa Cristina da Cunha Peixoto. DJe 14.11.2014.

o "amigo virtual", pois é possível que essa 'amizade virtual' decorra do relacionamento profissional e social inevitável devido às funções que cada um ocupa (juíza e advogado). É comum a formação de "amizades virtuais" entre profissionais que atuam em profissões da mesma área (no caso, jurídica), por questão de cordialidade, sem que isso comprometa os valores ou compromissos assumidos por cada um deles no exercício de suas funções[25].

O Tribunal de Justiça do Rio Grande do Sul também já se manifestou que:

> [e]ventual relacionamento em rede social não significa que há amizade íntima capaz de interferir na imparcialidade do julgador, esse entendimento serve para não causar problemas à administração da Justiça, ocasionando inúmeras suspeições e um desequilíbrio na distribuição dos processos[26].

O debate no Brasil culminou na publicação, pela CNJ, da Resolução nº 305, que, embora reconheça a liberdade de expressão dos magistrados, especificamente em relação às redes sociais, "[e]stabelece [...] os parâmetros para o uso das redes sociais pelos membros do Poder Judiciário, de modo a compatibilizar o exercício da liberdade de expressão com os deveres inerentes ao cargo"[27] determinando, dentre outros, que os juízes ajam "com prudência, cuidado e diligência na aceitação ou manutenção de amizades virtuais e conexões"[28] e

> [evitem] expressar opiniões ou aconselhamento em temas jurídicos concretos ou abstratos que, mesmo eventualmente, possam ser de sua atribuição ou competência jurisdicional, ressalvadas manifestações em obras técnicas ou no exercício do magistério[29].

Com efeito, o que se percebe hoje é que magistrados estarem em redes sociais e serem amigos ou estarem conectados com eventuais patronos ou partes não são fatos suficientes para justificar a sua suspeição. As conexões em redes

[25] TJ-SP. Incidente de Suspeição Cível nº 0009090-42.2018.8.26.0506. Des. Rel.: Renato Genzani Filho. DJe: 21.01.2019.

[26] TJ-RS. Processo nº 0261276-19.2015.8.21.7000, Des. Rel. Jorge Luiz Lopes do Canto. Dje 30.03.2016.

[27] CONSELHO NACIONAL DE JUSTIÇA. Resolução nº. 305. Disponível em: https://atos.cnj.jus.br/atos/detalhar/2608. Acesso em: 23 jul. 2021.

[28] *Idem, ibidem.*

[29] *Idem, ibidem.*

sociais refletem, quando muito, que aquelas pessoas conectadas se conhecem ou têm áreas de interesse comum. Por isso, não se pode retirar um juiz naturalmente designado para uma determinada causa, cuja imparcialidade e independência se é presumida, pelo simples fato de conhecer os patronos ou as partes.

Contudo, quando se trata de arbitragens, inexiste tal presunção de independência do julgador, a qual deve ser garantida às partes por meio da revelação de eventuais questões que podem objetivamente suscitar dúvida quanto à equidistância daquele árbitro com relação as partes e o litígio. Por isso, torna-se importante analisar a questão das redes sociais sob a ótica da arbitragem. Antes de fazê-lo, todavia, passa-se a algumas breves notas sobre o dever de revelação do árbitro.

3. O dever de revelação

Como se viu, a independência e imparcialidade do julgador é um dos pressupostos do Estado de Direito. A rigor, o *juiz* togado será considerado imparcial até que se prove o contrário, em decorrência da própria investidura do cargo, afinal

> é um terceiro institucionalizado mediante procedimentos legitimadores que lhe conferem uma credibilidade presumida, como a formação e a experiência jurídica documentadas, o concurso público, a nomeação, o exercício de uma função que, a princípio, não é *ad hoc* [...][30]

Justamente neste sentido, o Código de Processo Civil brasileiro ("CPC") estabelece, por exemplo, que, a contar do conhecimento da incidência de algumas das hipóteses objetivas de suspeição, previstas nos artigos 144[31] e

[30] Ferraz Junior, Tércio Sampaio. Suspeição e Impedimento em Arbitragem sobre o Dever de Revelar na Lei 9.307/1996. *In*: **Revista de Arbitragem e Mediação**. São Paulo: RT Online, v. 28/2011, p. 4.

[31] "Art. 144. Há impedimento do juiz, sendo-lhe vedado exercer suas funções no processo: I – em que interveio como mandatário da parte, oficiou como perito, funcionou como membro do Ministério Público ou prestou depoimento como testemunha; II – de que conheceu em outro grau de jurisdição, tendo proferido decisão; III – quando nele estiver postulando, como defensor público, advogado ou membro do Ministério Público, seu cônjuge ou companheiro, ou qualquer parente, consanguíneo ou afim, em linha reta ou colateral, até o terceiro grau, inclusive; IV – quando for parte no processo ele próprio, seu cônjuge ou companheiro, ou parente, consanguíneo ou afim, em linha reta ou colateral, até o terceiro grau, inclusive; V – quando for sócio ou membro de direção ou de administração de pessoa jurídica parte no processo; VI – quando for herdeiro presuntivo, donatário ou empregador de qualquer das partes; VII – em que figure como parte instituição de ensino com a qual tenha relação de emprego ou decorrente de contrato de prestação de serviços; VIII – em que figure como parte cliente do escritório de advocacia de seu cônjuge, companheiro ou parente, consanguíneo ou afim, em linha reta ou colateral, até o terceiro grau, inclusive, mesmo que patrocinado

145[32] daquele diploma, a parte alegará o impedimento ou a suspeição, em petição específica dirigida ao juiz do processo, na qual indicará o fundamento da recusa, sendo necessário instruí-la com os documentos em que se fundar a alegação e eventual rol de testemunhas. Igualmente, o Código Penal Brasileiro ("CPP"), em linha do que dispõe o art. 10 da Declaração Universal dos Direitos Humanos (arts. 252 e 253), elenca as hipóteses que o juiz poderá ser retirado do processo, dada sua falta de equidistância entre as partes e o litígio.

Reconhecido, então, o instituto da arbitragem como um sistema processual[33], faz-se necessário assegurar que os árbitros sejam imparciais e independentes. No processo arbitral, aliás, a garantia desses pressupostos se torna especialmente relevante, afinal, os julgadores não são designados para apreciação de uma determinada causa, mas sim escolhidos pelas próprias partes envolvidas nos eventuais litígios. Com efeito, enquanto, no processo judicial, há uma presunção da imparcialidade do julgador, na arbitragem o julgador precisa assegurar às partes de que não estará tendencioso a nenhuma delas (*biased*).

A relação que se estabelece entre os árbitros tem natureza contratual, especificamente de um contrato de investidura, do qual decorre uma obrigação de

por advogado de outro escritório; IX – quando promover ação contra a parte ou seu advogado. § 1º Na hipótese do inciso III, o impedimento só se verifica quando o defensor público, o advogado ou o membro do Ministério Público já integrava o processo antes do início da atividade judicante do juiz. § 2º É vedada a criação de fato superveniente a fim de caracterizar impedimento do juiz. § 3º O impedimento previsto no inciso III também se verifica no caso de mandato conferido a membro de escritório de advocacia que tenha em seus quadros advogado que individualmente ostente a condição nele prevista, mesmo que não intervenha diretamente no processo." (BRASIL. Lei nº 13.105, de 16 de março de 2015. Código de Processo Civil. Disponível em: http://www.planalto.gov.br/ccivil_03/_ato2015-2018/2015/lei/l13105.htm. Acesso em: 23 jul. 2021.)

[32] "Art. 145. Há suspeição do juiz: I – amigo íntimo ou inimigo de qualquer das partes ou de seus advogados; II – que receber presentes de pessoas que tiverem interesse na causa antes ou depois de iniciado o processo, que aconselhar alguma das partes acerca do objeto da causa ou que subministrar meios para atender às despesas do litígio; III – quando qualquer das partes for sua credora ou devedora, de seu cônjuge ou companheiro ou de parentes destes, em linha reta até o terceiro grau, inclusive; IV – interessado no julgamento do processo em favor de qualquer das partes. § 1º Poderá o juiz declarar-se suspeito por motivo de foro íntimo, sem necessidade de declarar suas razões. § 2º Será ilegítima a alegação de suspeição quando: I – houver sido provocada por quem a alega; II – a parte que a alega houver praticado ato que signifique manifesta aceitação do arguido." (BRASIL. Lei nº 13.105, de 16 de março de 2015. Código de Processo Civil. Disponível em: http://www.planalto.gov.br/ccivil_03/_ato2015-2018/2015/lei/l13105.htm. Acesso em: 23 jul. 2021.)

[33] Elias, Carlos Eduardo Stefen. **Imparcialidade dos árbitros**. 2014. Tese (Doutorado em Direito Processual) – Faculdade de Direito, Universidade de São Paulo, São Paulo, 2014, p. 17.

resultado, qual seja, proferir a sentença[34]. Com efeito, e como qualquer relação contratual, faz-se necessário que exista confiança entre as partes e, mais especificamente, confiança das partes de que o árbitro indicado julgará aquele litígio de forma isenta e tratando as partes com a devida isonomia, isto é, sem qualquer predisposição. Ou seja, como pressuposto desse contrato, exige-se que o árbitro seja *imparcial e independente*, permitindo o regular processamento e cumprimento da missão que lhe foi atribuída[35]. Por óbvio, não se trata de neutralidade[36], mas de efetivamente *independência e imparcialidade*[37].

Estes pressupostos da arbitragem se conectam, por sua vez, com a confiança que as partes depositam naquele adjudicador indicado. Afinal, como menciona Tércio Sampaio Junior, a arbitragem está estruturada sob a "confiança *fiducial* e nos pontos em que essa tangencia com a confiança cognitiva"[38]. O próprio Superior Tribunal de Justiça, em consonância com aportes doutrinários e com a experiência internacional, já se manifestou no sentido de que o *dever de imparcialidade* do árbitro não se limita às hipóteses taxativamente elencadas no CPC relativas à suspeição do juiz natural, pois, exige total transparência do árbitro

[34] Selma, Lemes. Árbitro, Conflito de Interesses e o Contrato de Investidura. *In*: Carmona, Carlos; Lemes, Selma; Batista, Pedro (coords.). **Vinte anos da Lei de Arbitragem:** Homenagem a Petrônio Muniz. São Paulo: Atlas, 2017, p. 273.

[35] Baptista, Luiz Olavo. **Arbitragem comercial internacional**, São Paulo: Lex Magister, 2011. P. 177.

[36] "A imparcialidade – que todo árbitro deve ostentar – não se confunde com a neutralidade, que nem sempre pode ser conseguida (quer a decisão seja estatal, quer seja arbitral). 22 Enquanto o primeiro conceito diz respeito à necessidade de não estar o julgador envolvido diretamente com os litigantes, o segundo está relacionado com a influência que o julgador pode receber do meio em que atua. Um juiz ou um árbitro brasileiro pode ser imparcial, mas estará sempre ligado a circunstâncias políticas, sociais e econômicas, sujeito às pressões da mídia em geral, entre tantas outras variantes. É natural, portanto, que nas arbitragens internacionais seja desejável um árbitro que não seja conacional dos litigantes, garantindo-lhes, mais do que imparcialidade, neutralidade, eis que o julgador estará desligado das partes e das circunstâncias que as envolvem. A expressão árbitro neutro, porém, é ambígua, podendo também designar o árbitro nomeado de comum acordo pelas partes, em oposição ao árbitro de parte". (Carmona, Carlos Alberto. **Arbitragem e processo:** um comentário à Lei nº 9.307/96. São Paulo: Ed. Atlas. 3. ed., 2009. p. 240)

[37] Em boa técnica, diferencia-se a imparcialidade da independência: aquela é uma predisposição do espírito, esta urna situação de fato; a independência pode ser apreciada objetivamente, enquanto a imparcialidade só pode ser avaliada pela prática. (Carmona, Carlos Alberto. **Arbitragem e processo:** um comentário à Lei nº 9.307/96. São Paulo: Ed. Atlas. 3. ed., 2009. p. 240)

[38] Ferraz Junior, Tércio Sampaio. Suspeição e Impedimento em Arbitragem sobre o Dever de Revelar na Lei 9.307/1996. In: Revista de Arbitragem e Mediação. São Paulo: RT Online, v. 28/2011. p. 4.

quanto a informações relevantes para fins de preservação da confiança na relação contratual estabelecida entre as partes e o árbitro[39].

Para assegurar, então, os pressupostos de *independência e de imparcialidade*, o potencial árbitro deverá revelar eventuais fatos que possam suscitar dúvidas quanto a sua capacidade de julgar aquele litígio sem qualquer inclinação com as partes ou sobre a matéria da disputa[40]. Trata-se do dever de revelação do árbitro.

Diz-se, por isso, que o dever de revelação é a pedra angular da arbitragem[41] e se presta a demonstrar a inexistência de liames de natureza social, financeira, comercial e de parentesco entre os árbitros e as partes[42]. Uma vez exercido o dever de revelação pelo árbitro, as partes poderão recusar ou impugnar aquele árbitro, de forma justificada, apresentando as razões pelas quais entendem que há aparente desrespeito ao pressuposto da equidistância mínima entre o adjudicador e as partes[43].

Como mencionado na doutrina, fazendo alusão à mulher de César, que não somente deveria ser honesta, o árbitro não apenas deve ser *imparcial e independente*, mas, sobretudo, parecer sê-lo e, para isso, deve revelar os fatos e circunstâncias que podem suscitar dúvidas sobre a sua capacidade de julgar aquele litígio sem predisposições, garantindo às partes que fará jus à confiança que lhe foi depositada.

A Lei Brasileira de Arbitragem prevê, neste sentido, que "[a]s pessoas indicadas para funcionar como árbitro têm o dever de revelar, antes da aceitação da função, qualquer fato que denote dúvida justificada quanto à sua imparcialidade

[39] STJ. Corte Especial, SEC 9412-Estados Unidos da América, rel. orig. Min Felix Fischer [vencido], rel. p/ac. Min. João Otávio de Noronha, j. 19.4.2017, m.v., DJUe 30.5.2017.

[40] LEMES, Selma. **O Procedimento de Impugnação e Recusa de Árbitro, como Sistema de Controle quanto à Independência e a Imparcialidade do Julgador**. São Paulo: Gen Jurídico, 2017. s/n.

[41] CLAY, Thomas. L'Indépendance et l'impartialité de l'arbitre et les règles du procès équitable. La impartialité du juge et de l'arbitre. Bruxelas: Bruylant, 2006, p. 235.

[42] "As causas do dever de revelação, com efeito, dizem respeito à necessidade de se revelar fatos que podem ser entendidos pelas partes como comprometedores da capacidade do julgador de obter uma decisão objetiva quanto ao mérito da lide, o que abarca a necessidade de equidistância (e também de competência e disponibilidade). A dificuldade de que todos os envolvidos tenham conhecimento de informações relevantes sobre a pessoa do árbitro torna necessário o exercício do dever de revelação de forma a conferir às partes elementos para que construam e mantenham a confiança de que todo e qualquer meio de resolução de conflitos deve estar investido, em maior grau a arbitragem [...]." (DALMASO, Ricardo. **O dever de Revelação do Árbitro**. São Paulo: Almedina, 2018, p. 140.)

[43] DALMASO, Ricardo. **O dever de Revelação do Árbitro**. São Paulo: Almedina, 2018, p.143.

e independência"[44]. Igualmente, a Lei Modelo da UNCITRAL sobre arbitragem comercial determina que:

> *[w]hen a person is approached in connection with his possible appointment as an arbitrator, he shall disclose any circumstances likely to give rise to justifiable doubts as to his impartiality or independence. An arbitrator, from the time of his appointment and throughout the arbitral proceedings, shall without delay disclose any such circumstances to the parties unless they have already been informed of them by him.* [45]

Ocorre que, embora não haja qualquer dúvida sobre a necessidade de o árbitro prestar informações às partes para deixá-las confortáveis, a extensão desse dever de revelação é de difícil determinação e vem gerando grande celeuma na comunidade arbitral.

A rigor, diz-se, que o conteúdo do exercício do dever de revelação deve estar circunscrito e em consonância com o que as partes esperam que seja revelado, devendo, a rigor, o árbitro revelar tudo aquilo que gostaria de ver revelado se fosse parte naquele litígio[46]. Como bem pontua Carlos Alberto Carmona, contudo,

> a subjetividade deste enunciado [de se revelar informações sob a perspectiva dos olhos das partes] é imensa: como pode o árbitro saber o que, aos olhos das partes, pode comprometer sua imparcialidade? A suscetibilidade e a sensibilidade de cada um são difíceis de ser mensuradas[47].

As dificuldades decorrentes da subjetividade do dever de revelação são ainda agravadas pelo fato de inexistirem determinações vinculantes, rigorosas e objetivas do que deve, efetivamente, ser revelado. Justamente por este motivo, como pontua Carlos Alberto Carmona,

[44] BRASIL. Lei nº 9.307, de 23 de setembro de 1996. Dispõe sobre a arbitragem. Art. 14, § 1º. Disponível em: http://www.planalto.gov.br/ccivil_03/leis/l9307.htm. Acesso em: 23 jul. 2021.

[45] UNCITRAL. **Model Law on International Commercial Arbitration** – 1985 (com alterações de 2006). Disponível em: https://tinyurl.com/x5zfvskh. Acesso em: 23 jul. 2021.

[46] Crivellaro, Antonio. The arbitrator's failure to disclose conflicts of interest: is it *per se* a ground for annulling the award? *In*: Fernández-Ballesteros, M. Á.; Arias, David (Ed.). **Liber Amicorum Bernardo Cremades** (La Ley 2010), p. 311.

[47] Carmona, Carlos Alberto. Em torno do árbitro. **Revista de Arbitragem e Mediação**, São Paulo, v. 8, n. 28, p. 47-63, jan./mar. 2011.

> [s]urgirão, por certo, situações que deixarão dúvidas quanto ao comportamento a ser adotado, especialmente pelo arbitro, que deve manter, durante todo o procedimento arbitral, irrepreensível imparcialidade. Por conta disso, várias associações de classe, entidades e centros arbitrais tentam sistematizar regras que possam servir de orientação para quem deve testar os diversos graus de ligação entre árbitros, partes e advogados das partes antes de aceitar o encargo de árbitro e durante todo o arco do procedimento arbitral[48].

Certamente, a mais bem difundida dessas regras que visam a orientar o dever de revelação dos árbitros corresponde às regras aprovadas em 2004 pela IBA conhecidas como IBA Guidelines on Conflict of Interest in International Arbitration ("IBA Guidelines"). Tais diretrizes trazem parâmetros objetivos (*reasonable third person*) e subjetivos (*in the eyes of the parties*) sobre padrões de imparcialidade, independência e dever de revelação de situações que podem gerar desconforto aos litigantes em decorrência do relacionamento entre árbitro e parte/advogado da parte. Basicamente, aquele diploma classifica em três listas situações que devem ser relevadas pelos árbitros às partes, sendo estas (**i**) a Red List, dividida em (**i.a**) *non-waivable,* isto é, circunstâncias que devem necessariamente provocar o afastamento do árbitro; e (**i.b**) *waivable,* isto é, situações que, embora sejam relevantes sob a ótica da independência e imparcialidade, não têm – ou não deveriam ter – o condão de necessariamente impedir o árbitro de assumir a função, desde que as partes estejam de acordo; (**ii**) Orange List, na qual estão expostos exemplos de situações que, aos olhos das partes (subjetivamente), podem gerar dúvidas justificáveis sobre a imparcialidade ou independência do árbitro, impondo-se, portanto, o dever de revelação; e (**iii**) a Green List, em que estão elencados exemplos de situações que inexistem objetivamente conflito de interesses, sendo, portanto, irrelevantes a sua revelação. Aquele diploma define, ainda, dúvidas justificáveis como aquelas que uma:

> *reasonable third person, having knowledge of the relevant facts and circumstances, would reach the conclusion that there is a likelihood that the arbitrator may be influenced by factors other than the merits of the case as presented by the parties in reaching his or her decision*[49].

[48] Carmona, Carlos Alberto. **Arbitragem e processo:** um comentário à Lei nº 9.307/96. São Paulo: Ed. Atlas. 3. ed., 2009. p. 241.

[49] IBA Guidelines, General Principles, 2 (c).

Ou seja, "*if the doubt only arises in the mind of a party contesting the impartiality of an arbitrator, it is not 'justifiable'. Thus, the doubt must be justifiable from an objective point of view*"[50].

A precisão e eficácia das IBA Guidelines fizeram com que estas fossem amplamente difundidas na comunidade arbitral, servindo como diretrizes tanto para arbitragens nacionais como internacionais. Em pesquisa realizada pela Queen Mary, em parceria com o White & Case, constatou-se que as IBA Guidelines eram vistas por 60% dos entrevistados como eficazes.[51] Conquanto forneçam um importante referencial a ser observado, não se pode ignorar que, além de tais diretrizes serem meras normas de *soft law*, não são capazes de esgotar o tema da imparcialidade, independência e do dever de revelação. Aliás, sequer poderia ser diferente.

As IBA Guidelines foram elaboradas para serem aplicadas internacionalmente e em um ambiente no qual estão presentes culturas e hábitos de convivência diferentes[52]. Com efeito, buscaram traçar diretrizes que não adentrassem em peculiaridades dos diversos ordenamentos jurídicos que compõem a ordem transnacional[53]. Igualmente, aquelas regras visaram a trazer elementos genéricos e exemplos de circunstâncias com as quais os árbitros e partes poderiam se deparar, mas sem o objetivo de esgotar as infinitas situações que poderiam vir a ser enfrentadas, de forma que a *ratio* de cada uma daquelas diretrizes poderia ser

[50] IBA Guidelines, General Principles. Explanation to General Standard 2.

[51] White & Case and QMUL. 2015 **International Arbitration Survey:** Improvements and Innovations in International Arbitration. Disponível em: www.tinyurl.com/7ss97wej. Acesso em: 23 jul. 2021.

[52] CARMONA, Carlos Alberto. Em torno do árbitro. **Revista de Arbitragem e Mediação**. n. 28. São Paulo: Ed. RT, jan-mar/2011, p. 58.

[53] "*From the outset, the Working Group aimed to consider the usefulness of the existing standards by which the impartiality and independence of arbitrators were assessed, and also to formulate new standards for situations that had not previously been addressed. The Working Group tried to set forth standards that could be accepted* ***by different legal cultures.*** *The Working Group first established General Standards setting forth the best* ***international practice with regard to impartiality and independence****. These are the core of the Guidelines. In addition, the Working Group proposed concrete examples of how to apply the General Standards, because such practical guidance was considered essential if the Guidelines were to be useful to practitioners. In developing the practical application of the General Standards, members of the Working Group drew up a list of recurring situations based on the case law of different jurisdictions, as well as their own experiences. The Working Group then divided the practical situations into three lists: Red, Orange and Green*". (WIJNEN, Otto; VOSER, Nathalie; RAO, Neomi Rao. Background Information on the IBA Guidelines on Conflicts of Interest in International Arbitration. In **Business Law International**. v. 5, n. 3, 2004. p. 434.)

aplicada em situações análogas, situações estas que não poderiam ser antevistas à época da edição daquelas regras[54].

4. O dever de revelação e as redes sociais: a IBA e a falta de parâmetros objetivos

À época que as IBA Guidelines foram elaboradas, em meados de 2003, sequer se cogitava pela necessidade de se incluir qualquer disposição sobre a conduta dos árbitros e as redes sociais, já que, como se viu, a efetiva difusão das redes sociais veio a acontecer anos mais tarde. Contudo, a rápida profusão desses ambientes virtuais de interação social captou a atenção da IBA, posto que o propósito das IBA Guidelines era precisamente o de definir critérios sobre eventuais relações entre árbitros, partes e advogados e interações passaram a acontecer por via daquelas plataformas.

Justamente por este motivo, em meados de 2012, quando o Comitê de Arbitragem da IBA iniciou suas atividades para propor uma revisão das IBA Guidelines, tal projeto levou ao debate a questão da imparcialidade e independência à luz das redes sociais. Embora o debate sobre as redes sociais no âmbito do *working group* da IBA não tenha se aprofundado sobre a questão – até porque à época não se sabia a magnitude que as redes sociais assumiriam em nossas vidas –, referido estudo teve o condão de alertar a comunidade arbitral para o fato de que interações sociais aconteceriam por via daquelas plataformas e árbitros deveriam estar atentos.

O referido debate sobre redes sociais travado no âmbito do Comitê de Arbitragem da IBA resultou, então, na inclusão de um dispositivo relacionado à conduta de árbitros em redes virtuais. Após a análise da questão, o *working group* entendeu que as relações de amizade entre árbitros e partes/advogados não ensejava necessariamente qualquer necessidade de *disclosure* pelo árbitro, con-

[54] "*The lists are an important aspect of the Guidelines because they put into practice the theory of the General Standards and provide examples of how the General Standards should be applied. In drawing up these lists, the Working Group considered that:* ***The lists represent a simplification of often complex situations****; they are drafted to balance the need for specificity with general applicability; Some situations were controversial and members of the Working Group sometimes perceived similar situations different. The final result is the best considered judgment of the Group;* ***The lists cannot be exhaustive and they were not meant to be****; In all circumstances,* ***the General Standards should prevail****; Some open norms (eg a 'significant financial 'interest') are unavoidable; It is intended that the lists be monitored as they are used, which will result in periodic revisions to account for practical experience. The Working Group has made a proposal for the ongoing monitoring and updating of the lists to the Arbitration and ADR Committee of the IBA.*" (WIJNEN, Otto; VOSER, Nathalie; RAO, Neomi Rao. Background Information on the IBA Guidelines on Conflicts of Interest in International Arbitration. In *Business Law International*. v. 5 n. 3, 2004. p. 435.)

cluindo que "a troca de contatos através das redes sociais tornou-se uma prática comercial tão aceitável quanto o troca de cartões de visita, especialmente para a geração mais jovem de advogados". Com efeito, foram, então, incluídos, na Green List, os seguintes dispositivos:

> *4.3 Contacts with another arbitrator, or with counsel for one of the parties 4.3.1 The arbitrator has a relationship with another arbitrator, or with the counsel for one of the parties, through membership in the same professional association, or social or charitable organisation, or through a social media network.*
>
> *4.4 Contacts between the arbitrator and one of the parties 4.4.4 The arbitrator has a relationship with one of the parties or its affiliates through a social media network.*

Como se vê, a decisão do Comitê da IBA foi no sentido de que, a rigor, o mero fato de se estar conectado com alguém em uma rede social não seria suficiente para descaracterizar a imparcialidade. Ainda que, atualmente, essa instrução indiscriminada de que relações entre árbitros e partes ou patronos possa parecer excessivamente simplista[55], posto que as redes sociais tomaram uma grande proporção na vida cotidiana, fato é que, a *mera* existência de conexões ou amizades em plataformas sociais não deve, de fato, disparar o *dever de revelação*.

Sabiamente, os redatores das IBA Guidelines optaram por não adentrar nas minucias das redes sociais. Não seria possível criar regras objetivas ou categorizar as diversas redes sociais indicando os tipos ou formas de conexões virtuais que deveriam ser reveladas. Tampouco auxiliaria, tal como vinha sendo debatido recorrentemente na doutrina, a categorização das redes sociais[56] entre redes *pessoais* e redes *profissionais*, afinal, a linha entre utilização dessas redes para um fim ou para outro pode ser muito tênue, a exemplo do que acontece com redes como Twitter e Instagram, que, embora tenham sido criadas para comunicação entre pessoas próximas, tornaram-se, atualmente, ferramentas de expressiva troca de experiências profissionais e conteúdo jurídico. O mundo virtual é efêmero e dinâmico, de forma que não é possível se antever as especificidades e potenciais desafios que serão impostos no que tange ao *dever de revelação* e as redes sociais. As redes se alteram e constantemente ganham novas funcionalidades; a todo o tempo novas redes são criadas, impondo-se, dessa forma, que a análise do *dever*

[55] Sanubari, Suar. Arbitrator's Conduct on Social Media *In* Schultz, Thomas (ed), **Journal of International Dispute Settlement**, Oxford University Press 2017, Volume 8 Issue 3, 2017.
[56] *Ibid.*

de revelação no que tange às redes sociais seja feito de forma casuística e à luz das interações instrumentalizadas por meio daquela plataforma.

Outro ponto evidentemente relevante quanto à presença de árbitros nas redes sociais diz respeito ao compartilhamento de posicionamentos ideológicos, jurídicos ou políticos. Por óbvio, não se trata aqui de um eventual *dever de revelação*, mas da possibilidade de se impugnar um árbitro com base em declarações e manifestações feitas por meio dessas plataformas. Não há como se estabelecer critérios objetivos para se mensurar se eventuais declarações podem levantar dúvidas justificáveis sobre a imparcialidade do árbitro. É necessário que os árbitros saibam que aquelas informações podem ser – ou se tornarem – públicas e causar desconforto às partes, e, portanto, devem tomar os devidos cuidados com suas publicações. Seria igualmente impossível elencar todas as hipóteses que eventual manifestação do árbitro em redes sociais possa gerar desconforto às partes, até porque a expressão do árbitro que causa suspeição pode até mesmo não estar relacionada diretamente com o litígio em si (v. item 5-b *infra*).

Percebe-se, portanto, que a presença de árbitros nas diversas redes sociais traz desafios e questões que precisam ser por eles sopesadas antes de ingressar nestas plataformas. Contudo, não se pode ignorar que, hoje, as redes sociais são parte da realidade e correspondem a formas eficazes de promoção da interação social, seja com amigos, seja com colegas de profissão, seja com professores, ou até mesmo potenciais clientes. Ficar alheio a este mundo novo significa se segregar de uma significativa parcela da convivência em sociedade[57]. Ou seja, exilar-se dessa rede de interações pode ter efeitos nefastos na carreira de um árbitro[58], de forma que, atualmente, não parece ser uma opção estar alheio a este mundo virtual[59].

[57] *"In light of the relevance of social media networks in our modern society, one would be ill-advised to ignore (i) social media networks, both in terms of their existence and their features; and (ii) the impact of the use of social media networks on arbitrators and their integrity – whether online or real"*. (Bassiri, Niuscha. Arbitrators and Their Online Identity. *In*: Piers, Maud; Aschauer, Christian. **Arbitration in the digital age:** The Brave New World of Arbitration. Londres: Cambridge University Press, 2018. p. 462)

[58] *"Therefore, social media has a very important role in this communication because it functions as a tool where arbitrators can promote themselves, tell the community what their interests are, and facilitate relationships between professionals – either directly or in arbitration – related groups on Facebook and LinkedIn, for example. Both platforms reveal the evolving practice that "exchanging contacts via social media [which] has become just as much an acceptable business practice as the exchange of business cards, particularly for the younger generation of lawyers."* (Guandalini, Bruno. **Economic Analysis of the Arbitrator's Function, International Arbitration Law Library**, v. 55. Holanda: Kluwer Law International, 2020. p. 99.)

[59] Exemplo disso foi demonstrado na pesquisa realizada por Maud Piers and Christian Aschauer entre os membros da Belgian Centre for Arbitration and Mediation ("CEPANI"), em que se verificou que 77,88% dos participantes da pesquisa estão no LinkedIn, 54,81% no Facebook, 50,96% usam o

Conquanto não pareça ser possível que árbitros se excluam desse novo mecanismo de interação social, é certo que devem tomar os mesmos cuidados que tomam em suas vidas *offline*. Afinal, a utilização das redes sociais corresponde à mera transposição de relações existentes, sejam elas frívolas ou não, para o ambiente virtual[60], de forma que os árbitros podem se vincular às declarações que nelas expressam e suscitar dúvida sobre sua equidistância para com as partes de um determinado litígio dependendo da sua forma de interação com partes ou advogados envolvidos no litígio por meio daquelas redes.

Por isso, embora as IBA Guidelines contenham apenas dois dispositivos sobre redes sociais, não se pode ignorar que todas as demais regras daquele diploma, incluindo o Regramento de Ética da IBA, continuam tendo sua relevância para fins de verificação de conflito e do cumprimento do dever de revelação. Além disso, embora seja impossível elaborar diretrizes específicas e objetivas sobre a atuação de árbitros em redes sociais, muito tem se debatido e pesquisado sobre cuidados que estes devem tomar em tais plataformas.

Em 2014, o Comitê do BAR de Nova Iorque, juntamente com Comitê de Prática e Padrões do Chartered Institute of Arbitrators, expediram uma nota congregando um conjunto de princípios de melhores práticas sobre a conduta de árbitros em redes sociais. O guia é dividido em seis seções, sendo estas (**i**) definições; (**ii**) os impactos das mídias sociais no dever de se manter imparcial; (**iii**) os princípios gerais durante o curso do procedimento; (**iv**) os impactos das mídias sociais ao dever de revelação; (**v**) princípios aplicáveis à conduta dos árbitros durante o procedimento; e (**vi**) princípios relativos a questões que surgem após o árbitro ter concluído seu trabalho em um assunto específico[61].

Posteriormente, em 2015, o College of Commercial Arbitrators, em parceria com outras instituições, publicou também um guia com alguns cuidados e preocupações das instituições de arbitragem e dos profissionais com relação ao uso de mídia social por árbitros. O guia destaca o impacto que o uso de mídia

WhatsApp e 22,12% têm uma conta no Twitter. Além disso, cerca de 47,61% dos participantes indicaram que contribuem para *blogs* de arbitragem ou boletins eletrônicos (PIERS, Maud; Aschauer, Christian. **Arbitration in the digital age:** The Brave New World of Arbitration. Londres: Cambridge University Press, 2018, p. 49).

60 "Since assessing challenges based on social media relationships is analogous to assessing offline relationships, the same method of objective test of bias could be applied when examining social media evidence related to the nature of the online relationship". (Sanubari, Suar. Arbitrator's Conduct on Social Media *In*: Schultz, Thomas (ed), **Journal of International Dispute Settlement**, Oxford University Press 2017, v. 8, Issue 3, p. 494.)

61 NYSBA. **Guidance Note:** Arbitration and Social Media, 2014. Disponível em: https://tinyurl.com/yzssyjv8. Acesso em: 20 jun. 2021.

social pelos árbitros pode ter em seu dever (**i**) de manter a imparcialidade e a independência; (**ii**) abster-se de comunicações *ex parte*; (**iii**) de manter a confidencialidade do procedimento; (**iv**) de agir de acordo com a legislação aplicável e os cânones éticos específicos da arbitragem; e (**v**) de evitar atividades que prejudiquem a confiança na integridade da arbitragem[62].

Mais recentemente, no âmbito das reuniões de elaboração do Code of Conduct do ICSID e UNCITRAL, os países que compõem os Balcãs Ocidentais (Albânia, Bósnia e Herzegovina, Montenegro, Macedônia do Norte e Sérvia) se manifestaram no sentido de que respostas aos dilemas éticos deveriam também ser elaborados para endereçar a conduta de árbitros em redes sociais. *In verbis:*

> *The use of social media is giving a new perspective to the arbitrators' independence and impartiality. In that sense, numerous issues are relevant regarding the use of social media, including active social media accounts, social media connections, posts, comments and interactions on social media, etc. Although, the Draft Code of Conduct addresses disclosure obligations and conflicts of interest issues in its Article 5, the above-mentioned ethical dilemmas regarding the use of social media should be elaborated more in the Code. That could be done in the commentary part explaining the rationale behind relevant article*[63].

Visando, então, a compreender melhor a compreender como a questão da independência, imparcialidade e de dever de revelação dos árbitros é efetivamente impactada por essas plataformas, na próxima seção, passa-se à análise de alguns casos práticos sobre como essa inter-relação vem se desenvolvendo e se as IBA Guidelines ou outras diretrizes poderiam ter auxiliado os eventuais percalços enfrentados.

5. As redes sociais, independência e imparcialidade: um cuidado necessário

Nos últimos anos, as redes socias alteraram substancialmente a forma de socialização entre os seres humanos, assumindo um papel central nas relações interpessoais e possibilitando uma rápida e dinâmica troca de informações entre seus usuários. Embora, a rigor, as redes sociais tenham sido criadas com o propósito

[62] Warshauer, Irene C; Wilkinson, John H.; Halket, Thomas; Et. Al. **Guidance Note:** Arbitration and Social Media – CCA Guide to Best Practices in Commercial Arbitration – Fourth Edition. Disponível em: https://tinyurl.com/r3f5ahz8. Acesso em: 13 jul. 2021.

[63] ICSID et UNCITRAL **Draft Code of Conduct:** Comments by State/Commenter as of January 14, 2021. Disponível em: https://tinyurl.com/2knm4zh8. Acesso em: 15 de jul. de 2021.

de conectar pessoas próximas, com o passar dos anos, tornaram-se não apenas um importante espaço para conexões e interações entre amigos e colegas, mas também se estabeleceram como um instrumento de *networking* que permite que profissionais de uma determinada área se conheçam e se conectem.

Os profissionais do Direito, como não poderia ser diferente, logo aderiram às redes sociais e passaram a se conectar, cada vez em maior escala, por meio daquelas redes virtuais de relacionamento. Igualmente, passaram os advogados e operadores do Direito a divulgar informações, compartilhar opiniões jurídicas, expressar ideologias políticas e outros temas por via daquelas plataformas. Dentre estes operadores do Direto que aderiram maciçamente às redes sociais, encontram-se os arbitralistas.

Em princípio, a sinergia entre arbitragem e redes sociais tem sido bastante positiva e permitido que árbitros e advogados de todo o mundo se conheçam, conectem e intercambiem experiências. Como se sabe, a arbitragem é uma área que o *networking* é essencialmente relevante, afinal, o contrato de investidura estabelecido entre árbitro e partes, por via de seus patronos, está alicerçado na confiança da capacidade, da independência e da imparcialidade do árbitro, sendo, portanto, especialmente importante que se possa obter informações sobre árbitro com colegas de profissão antes de efetivamente indicá-lo. Justamente por este motivo, a presença de advogados e árbitros em redes sociais pode – tal como vem ocorrendo – se mostrar bastante útil e positiva, afinal, permite que sejam supridas eventuais assimetrias de informação antes de uma potencial indicação. Neste sentido, destaca Nissa Basiri que a interação em redes sociais aumenta muito a visibilidade dos árbitros.

O surgimento desses relacionamentos virtuais entre árbitros e advogados implica, contudo, uma alteração estrutural na comunidade arbitral, posto que tais conexões pode dar azo a uma série de dúvidas – razoáveis ou não – sobre a imparcialidade e independência de um determinado árbitro. Embora sem dúvidas, certas condutas virtuais possam gerar aparente suspeição daquele árbitro, seja pela sua proximidade com a parte (v. item 5-a, *infra*), seja com por uma manifestação sobre a matéria do litígio ou a ele relacionada (v. item 5-b, *infra*), muitas vezes, as redes sociais serão utilizadas como instrumentos de combates em táticas de guerrilha que podem atrapalhar o curso do procedimento e prejudicar o bom andamento da arbitragem.

Justamente para se coibir esse tipo de comportamento e impedir que a impugnação frívola de árbitros com base em redes sociais se torne uma constante é imprescindível que se investigue, casuisticamente, eventuais impugnações de árbitros que tenham como base manifestações e interações virtuais por meio de redes sociais. Com efeito, é igualmente importante que se analise esses casos para que árbitros tenham parâmetros, ainda que não objetivos, sobre quais condutas virtuais devem ser reveladas e sobre como otimizar a utilização de redes sociais sem correr riscos de levantar dúvidas sobre sua independência e imparcialidade.

5.1 Redes Sociais: independência e imparcialidade com relação às relações com as partes

Uma *primeira* questão que as redes sociais podem impor à comunidade arbitral corresponde justamente àquela enfrentada pelas IBA Guidelines: *a existência de amizade de um árbitro com a parte ou com seu patrono em alguma rede social deve ser visto como um indicativo de falta de independência e imparcialidade?* A resposta fornecida pelas IBA Guidelines foi, como se viu, bastante sensata: a rigor, não há nenhuma aparência ou conflito de interesse decorrente de mera amizade em redes sociais sob um ponto de vista objetivo. Assim, o árbitro não tem o dever de divulgar tais situações.[64]

Como se viu, a alegação de suspeição do julgador com base em conexões em mídias sociais surgiu, inicialmente, no âmbito do poder judiciário e dos juízes togados. Contudo, com o passar dos anos e a expansão da arbitragem, a imparcialidade do árbitro por ser amigo do patrono de uma das partes foi também questionada.

Em meados de 2014, ocorreu, na França, um caso sobre uma impugnação de sentença arbitral com base em relação existente via rede social. O caso EURL Tecso *v*. Grupo Neoelectra SAS[65] foi levado à Corte de Apelação de Paris suscitando aquela corte a se pronunciar sobre a nulidade de sentença arbitral em que o Presidente do Tribunal era amigo no Facebook do advogado da Requerida. Alegava a Tesco que, não bastasse o fato de o árbitro ter deixado de revelar tal informação, o advogado da Neoelectra havia curtido uma postagem do presidente do tribunal arbitral sobre a sua candidatura à presidência da Ordem dos Advogados de Paris. O caso foi, inicialmente, julgado pela Corte de Apelação de Paris[66] em 10 de março de 2011, posteriormente revertido pela Corte de Cassa-

[64] "*The Green List is a non-exhaustive list of specific situations where no appearance and no actual conflict of interest exists from an objective point of view. Thus, the arbitrator has no duty to disclose situations falling within the Green List. As stated in the Explanation to General Standard 3(a), there should be a limit to disclosure, based on reasonableness; in some situations, an objective test should prevail over the purely subjective test of 'the eyes' of the parties.*" (IBA Guidelines, Introduction)

[65] Neoelectra Group SAS *v*. société Tecso EURL.

[66] Neoelectra Group SAS *v*. société Tecso EURL.

ção Francesa[67] em 10 de outubro de 2012 e, finalmente, apreciado pela Corte de Apelação de Lyon[68] em 11 de março de 2014.

A primeira instância decidiu por anular a sentença arbitral, fundamentando, contudo, sua decisão no fato de o árbitro ter sido conselheiro informal e consultor no escritório de advocacia da requerida durante anos, sem endereçar especificamente a questão das redes sociais. A Neoelectra apelou para a Corte de Cassação que reverteu a decisão e a encaminhou para a Corte de Apelação de Lyon, a qual manteve a sentença arbitral e, embora tenha se omitido sobre o fato de o árbitro e o patrono serem amigos no Facebook, esclareceu que a curtida do *post* do presidente do tribunal arbitral pelo advogado da Neoelectra teria ocorrido após o fim do procedimento.

Muito se especulou se o Tribunal de Apelação de Lyon teria levado as IBA Guidelines em consideração, posto não ter a decisão se pronunciado sobre a amizade virtual daquele árbitro com o patrono. No entanto, parece óbvio presumir que, mesmo se o Tribunal as tivesse considerado, o resultado seria o mesmo.

Posteriormente, como já mencionado, com a profusão das redes sociais, como o Facebook e Linkedin, a Cour de Cassation definiu, em processo disciplinar perante a Ordem dos Advogados, que o termo "amizade" utilizado pelo artigo L. 111-6 do Código de Organização Judiciária da França não pode ser interpretado como "amizade" nas redes sociais, posto que seriam meros canais de comunicação entre pessoas que partilhavam os mesmos interesses e, neste caso, a mesma profissão.[69]

Nos Estados Unidos, recentemente, a questão foi igualmente apreciada pela Corte de Apelação do Texas. No caso Sebastian *v.* Wilkerson[70], após a prolação da sentença arbitral, Wilkerson moveu uma anulatória com base no Texas Arbitration Act, alegando que a árbitra não teria divulgado informações relevantes sobre sua parcialidade, incluindo sua amizade no Facebook com um dos advogados da Requerente. O tribunal distrital anulou a sentença ao concluir que uma amizade não divulgada no Facebook entre um árbitro e o advogado de uma das partes constitui parcialidade evidente. Embora o Tribunal Distrital tenha anu-

[67] Cass. 1ère civ., 10 octobre 2012, société Neoelectra Group SAS *v.* société Tecso EURL, Rev. arb., 2013, p. 59: "*S'il existe un lien entre l'arbitre et l'avocat d'une des parties, celui qui poursuit l'annulation de la sentence doit expliquer en quoi cet élément est de nature à provoquer dans l'esprit des parties un doute raisonnable quant à l'impartialité de l'arbitre mis en cause et à son indépendance.*". Sobre o assunto, ver também: Jarrosson, Charles. *A propos de l'obligation de révélation: une leçon de méthode de la Cour de cassation, note sous Cass. civ. 1re, 10 octobre 2012.* Rev. arb., 2013.

[68] Neoelectra Group SAS *v.* société Tecso EURL. CA Lyon, 11 March 2014, n. 13/00447.

[69] Cour de cassation, civ. 1, 5 January 2017, No. 16-12394.

[70] Sebastian *v.* Wilkerson, Nº 09-18-00223-CV, 2019 Tex. App. LEXIS 880 (Feb. 7, 2019).

lado o laudo ao concluir pela aparente parcialidade da árbitra do procedimento, o Tribunal de Apelações do Texas reverteu a decisão, concluindo que a amizade no Facebook não geraria, *perante um terceiro razoável*, a impressão da parcialidade. O Tribunal do Texas acrescentou que "*a Facebook friendship does not show the degree or intensity of a judge's relationship with a person, and thus, standing alone, provides no insight into the nature of a relationship*"[71] e, portanto, uma amizade no Facebook não seria "*substantial enough to require disclosure*".[72]

No Peru, a questão da relação virtual entre árbitros e partes ou advogados também foi objeto de impugnações de árbitros. No caso Consorcio Nuevo Mundo *v.* Municipalidad Provincial de Mariscal Nieto, o requerente impugnou dois dos árbitros indicados, alegando, entre outras coisas, que estes teriam relações de amizade com o advogado da requerida, conforme se depreenderia dos seus perfis no Facebook, o que não teria sido objeto de revelação. A Presidência do Organismo Supervisor de las Contrataciones del Estado, ao analisar o caso, concluiu que não haveria evidências objetivas e suficientes para estabelecer um vínculo verdadeiro de amizade.[73] O mesmo ocorreu, posteriormente, no caso Consorcio JOCA Cedosac *v.* Instituto Nacional Penitenciario.[74]

Ora, não se pode exigir do árbitro que revele suas conexões ou amizades em redes sociais todas as vezes que forem indicados. Como sensatamente indicaram as IBA Guidelines após sua atualização, não é a mera conexão com a parte ou com o advogado que deve ser revelada. O que se deve avaliar dentro das redes sociais é análogo àquilo que se deve avaliar fora delas, isto é, deve-se fazer um teste *objetivo* para averiguar se existe um relacionamento pessoal próximo efetivo entre o árbitro indicado e a parte, e qual a *natureza* daquele relacionamento (e não a sua fonte)[75]. Há autores, como o professor Julian D Lew QC, que comentam que relevante é a *substância* do relacionamento em detrimento de sua forma.[76] Afinal, os relacionamentos *online* apenas refletem as estruturas de relacionamentos fora do mundo virtual, sendo necessário avaliar se o relacionamento entre o árbitro

[71] *Ibid*, § 6º.

[72] *Ibid*, § 11.

[73] PERU. Organismo Supervisor de las Contrataciones del Estado. Resolución nº 186-2012-OSCE/PRE.

[74] *Id.* Resolución nº 262-2012-OSCE/PRE.

[75] HEILBRON QC, Hilary *In*: KARADELIS, Kyriaki. Boston: IBA Round-Up (2013) 8 GAR. Disponível em: www.globalarbitrationreview.com/article/1032835/boston-iba-round-up. Acesso em: 23 jul. 2021.

[76] *Alumni and Friends of the School of International Arbitration (AFSIA). The Procedure of International Arbitration: How Effective are the Tools? Current Issues of Procedure in International Arbitration* (Conference, London, 22 April 2015).

e a parte ou o árbitro e o advogado da parte dão origem a dúvidas justificáveis sobre a *independência* e *imparcialidade* daquele árbitro.

5.2 Redes Sociais: independência e imparcialidade com relação às manifestações de opiniões

As redes sociais conduziram a liberdade de expressão a um novo patamar. Aquelas plataformas passaram a permitir o compartilhamento de informações em tempo real e com propagação viral. Por óbvio, essa liberdade de manifestação irrestrita pode causar problemas no domínio da arbitragem, uma vez que postagens feitas por um árbitro podem ter o potencial de gerar dúvidas sobre a sua independência e imparcialidade em relação àquele conflito que está julgando. Publicações em redes sociais podem dar ensejo a uma comunicação não desejável entre o advogado ou uma parte e um árbitro, ou inadvertidamente divulgar o pensamento de um árbitro sobre questões relevante para o deslinde de uma arbitragem.

Essa questão foi recentemente enfrentada pelo Supremo Tribunal da Suíça, quando, em 22 de dezembro de 2020, decidiu por anular a sentença Sun Yang v. Agence Mondiale Antidopage (AMA) e Fédération Internationale de Natation (FINA), proferida por pelo Tribunal Arbitral do Esporte ("TAE")[77], devido a uma aparente parcialidade de um dos árbitros com base nos seus comentários em uma rede social.

O caso decorreu da alegada violação das regras do teste de *doping* pela Fédération Internationale de Natation. Em apertada síntese, Sun Yang, um nadador olímpico chinês, recusou-se fazer um teste de surpresa *doping* pela Fédération Internationale de Natation por entender que os funcionários daquela instituição não estariam investidos com a autoridade para proceder ao seu exame. Embora a Fédération Internationale de Natation não tenha constatado qualquer violação das regras *antidoping*, a Agência Mundial Antidopagem apresentou uma manifestação perante o TAE, dando início a uma arbitragem perante aquela instituição. O tribunal de três tribunais constituído perante o TAE condenou Sun Yang por violar as regras do teste de *doping* e o suspendeu de participar de competições por oito anos. Na sequência, Sun Yang pleiteou a anulação daquela sentença pela alegada parcialidade do árbitro presidente, que teria postado uma série de acusações racistas e xenofóbicas contra cidadãos chineses, em 2018, em sua conta no Twitter.

[77] SWISS SUPREME COURT. **Decision 4A_318/2020**. Data: 20.12.2020. Disponível em: https://tinyurl.com/55atmew2. Acesso em: 23 jul. 2021.

O TAE alegou que os *tweets* que motivavam a anulatória estariam no perfil do árbitro desde 2018, ou seja, antes, inclusive da sua indicação, e que, se um jornalista teria sido capaz de encontrá-los, a parte também o deveria ter sido. Por outro lado, o atleta Sun Yang afirmou que os *tweets* do árbitro presidente, mesmo que tenham sido postados em um contexto diferente, revelavam um claro preconceito contra os cidadãos chineses e objetivamente levantam dúvidas quanto à imparcialidade do árbitro.

O Supremo Tribunal da Suíça, baseando-se nas IBA Guidelines, explanou que a independência e imparcialidade devem ser analisadas sob a ótica de um terceiro razoável e, naquele caso, embora expressar opiniões pessoas não crie, *per se*, aparente parcialidade, os termos violentos, racistas e xenofóbicos contra cidadãos chineses depois de iniciado o procedimento arbitral, levantavam suspeição de parcialidade *in the eyes of a third person*. Explanou aquela corte que o dever de curiosidade de uma parte não é ilimitado.[78]

Igualmente, no caso no caso Tanesco *v*. IPTL, um dos árbitros foi impugnado com base em artigos que teria publicado em um *blog online* expressando sua opinião sobre o mérito do caso ao comentar um caso fictício[79]. O árbitro, no caso, acabou resignando após sua impugnação.

Embora este seja um dos poucos precedentes em que se utilizou manifestações de um dos árbitros em redes sociais para questionar sua imparcialidade, diversos são os casos em que se questionou a imparcialidade do árbitro com base em suas manifestações e expressões de opiniões, especialmente em arbitragens de investimento. No caso Canfor *v*. Estados Unidos[80], por exemplo, um árbitro foi impugnado com base em um discurso proferido um ano e meio antes da indicação, no qual o árbitro indicado teria se pronunciado sobre as medidas da Comissão de Comércio Interna dos Estados Unidos discutidas na disputa e indicado que as reivindicações dos Estados Unidos não seriam procedentes. A conclusão foi que os comentários do árbitro refletiam um pré-julgamento das

[78] "[S]*'il est vrai qu'il est possible d'accéder facilement aux données figurant sur des sites internet en libre accès, grâce à un simple clic, cela ne signifie pas pour autant que l'information en question soit toujours aisément identifiable. En effet, comme le relève un auteur, si toutes les informations peuvent être présumées librement accessibles d'un point de vue matériel, celles-ci ne sont pas nécessairement aisément accessibles d'un point de vue intellectuel*". (SWISS SUPREME COURT. **Decision 4A_318/2020**. Data: 20.12.2020. Disponível em: https://tinyurl.com/55atmew2. Acesso em: 23 jul. 2021).

[79] Caso ICSID nº ARB/98/8. Tanzania Electric Supply Company Limited *v*. Independent Power Tanzania Limited, 2001.

[80] *Ad hoc NAFTA* (UNCITRAL). Canfor Corporation *v*. United States of America; Terminal Forest Products Ltd. *v*. United States of America, UNCITRAL (formerly Canfor Corporation *v*. United States of America; Tembec *et al*. *v*. United States of America; Terminal Forest Products Ltd.

medidas reclamadas como contrárias ao acordo NAFTA. Após a notificação da autoridade investida do poder de nomeação, o árbitro resignou a sua nomeação.

Igualmente, no caso CC/Devas *v.* India[81], um árbitro foi desqualificado devido à sua expressão sobre um determinado assunto em dois procedimentos arbitrais anteriores e em um artigo acadêmico subsequente. Na impugnação, considerou-se que o artigo revelava o compromisso do árbitro com sua posição, que permaneceu inalterada apesar de ter revisado as análises de três comitês de anulação diferentes.

Com efeito, se publicações dos árbitros, seja sobre matéria jurídica, seja sobre outras matérias, podem gerar desconforto a uma das partes quanto à imparcialidade do árbitro, é certo que servirão como base para eventuais impugnações. Obviamente, pouco importa se tais manifestações são feitas em revistas científicas, em artigos de opinião, ou em um simples *tweet*. Fato é que o árbitro estará vinculado à sua manifestação, que, por sua vez, poderá gerar *dúvida razoável aos olhos de um terceiro* e poderá, então, ser retirado de um procedimento. Assim, os profissionais que atuam como árbitros precisam de ter extrema cautela ao fazer suas publicações, por certo, também, nas redes sociais.

Por fim, deve-se ter em mente que as informações e manifestações expressadas em redes sociais ficam armazenadas (*data storage*). Ainda que se exclua uma postagem logo após sua publicação, não se sabe ao certo quantas pessoas podem ter sido atingidas, posto que as pessoas estão constantemente conectadas em suas redes socias pelos seus computadores, *tablets* e celulares.

Assim, é certo que toda e qualquer postagem, antes de ser feita, deve ser sopesada sob a ótica de um terceiro razoável, sempre se questionando se aquele texto pode gerar uma dúvida sobre a sua independência e imparcialidade.

Conclusões

Nos últimos anos, o uso das mídias sociais cresceu exponencialmente, tornando-se uma forma cotidiana e ordinária de interação social, definidas como uma troca dinâmica entre pessoas, grupos e instituições de alta complexidade. Embora, inicialmente, tenham sido criadas com o propósito de conectar pessoas com relações pessoais, as redes sociais expandiram e passaram conectar pessoas também no âmbito profissional.

Paulatinamente, advogados e juristas foram aderindo a estas plataformas virtuais, utilizando-as, também, com o propósito de fazer *networking* e se conectar

[81] PCA. Case Nº 2013-09. CC/Devas *v.* India, 2013. Decision on the Respondent's Challenge to the Hon. Marc Lalonde and Prof. Francisco Orrego Vicuña.

com pessoas com interesses acadêmicos e profissionais em comum. Ao passo que as redes sociais tenham trazido grandes avanços e possibilitado um significativo progresso também em termos profissionais, para os juristas, trouxeram também muitos desafios, especialmente no que tange à questão da independência e imparcialidade dos julgadores com relação às partes. Em diversas jurisdições, juízes passaram a ser impugnados por serem amigos de uma ou outra parte em suas redes sociais.

Paulatinamente, a questão passou a ser objeto de especial preocupação também na arbitragem, afinal, tal sistema de solução de controvérsias não apenas seria um sistema processual, mas um sistema processual que a escolha do julgador é inteiramente baseada na escolha das partes e na sua confiança (fidúcia) no adjudicador. Por este motivo, aos árbitros não apenas compete ser independente e imparcial, como é necessário parecer sê-lo. Justamente por isso, os árbitros devem revelar às partes toda e quaisquer circunstâncias que podem gerar dúvidas sobre sua equidistância para com as partes.

Inexistem, hoje, critérios objetivos sobre o que deve ser revelado pelo árbitro, especialmente no que tange à sua conduta nas redes sociais. Para decidir o que deve ser revelado ou não, os árbitros devem olhar para instrumentos como as IBA Guidelines, que determinam parâmetros sobre o que pode ser considerado, sob a perspectiva de um terceiro, como aparência de parcialidade ou não.

Quando as IBA Guidelines foram aprovadas, em maio de 2004, não se imaginava o impacto que as redes sociais passariam a ter na sociedade. Redes como o LinkedIn e Facebook eram extremamente recentes, e sequer foram consideradas naquele momento. Contudo, posteriormente, as IBA Guidelines foram aditadas e passaram a prever, de forma genérica, que conexões em redes sociais não configurariam independência ou imparcialidade e, portanto, não deviam ser objetos de revelação pelos árbitros indicados.

A decisão do *working group* da IBA de não adentrar em minucias e especificidades das redes sociais foi premeditada e sensata, afinal, além de se tratar de um domínio em constante alteração, corresponde a uma mera transposição das relações pessoais *fora das redes* para o ambiente virtual, de forma que sempre deve-se ter em mente que é necessário revelar tudo aquilo que *sob o olhar de um terceiro* pode gerar aparente dependência ou parcialidade, seja física, seja virtualmente.

A jurisprudência em sede de impugnações de árbitros em razão de suas atuações em redes sociais é, ainda, bastante esparsa, mas convergente no sentido de que a mera *amizade* ou até mesmo uma pequena interação em uma rede social não gera dependência ou parcialidade, como se decidiu em casos como EURL Tecso *v.* Grupo Neoelectra SAS. A despeito disso, árbitros sempre devem ter cautela com relação à sua interação e contato *com patronos e partes* em redes sociais.

Outro ponto que árbitros devem ter em mente é que, tal como acontece em publicações científicas e acadêmicas, a rigor, estarão vinculados a expressões e manifestações externadas em redes sociais de forma que, caso um *post* possa gerar dúvidas sobre a sua imparcialidade, aquele árbitro poderá ser impugnado e retirado do procedimento arbitral. Aqueles que atuam no ramo da arbitragem devem tomar especial cuidado com como e o que expressam em suas redes sociais.

Em última análise, conclui-se que as conexões e interações de mídias sociais não são o problema em si, mas podem se tornar problemáticas se constituírem evidência de relacionamentos substanciais e íntimos subjacentes entre árbitros e parte/patrono da parte. Com efeito, a conclusão a que se chega, como defende Kabir Duggal, é que a maioria dos problemas com redes sociais podem ser evitados simplesmente usando o bom senso, seja do árbitro, seja das partes envolvidas no litígio. Em caso de dúvida, revelar relações íntimas e eventuais manifestações pretéritas é sempre a melhor maneira de evitar desafios subsequentes.

Referências

BAPTISTA, Luiz Olavo. **Arbitragem comercial internacional**. São Paulo: Lex Magister, 2011.

BASSIRI, Niuscha. Arbitrators and Their Online Identity. *In*: PIERS, Maud; Aschauer, Christian. **Arbitration in the digital age: The Brave New World of Arbitration.** Londres: Cambridge University Press, 2018.

BOBBIO, Norberto. Quale giustizia. *In*: L'ordinamento giudiziario, p. 168, *apud* Liebman, **Manual de direito processual civil, V. 3. São Paulo: Malheiros, 3ª ed. 2005.**

CARMONA, Carlos Alberto. **Arbitragem e processo: um comentário à Lei nº 9.307/96**. São Paulo: Ed. Atlas. 3. ed., 2009.

—. Em torno do árbitro. **Revista de Arbitragem e Mediação**, São Paulo, v. 8, n. 28, p. 47-63, jan./mar. 2011.

CLAY, Thomas. **L'Indépendance et l'impartialité de l'arbitre et les règles du procès équitable. La impartialité du juge et de l'arbitre**. Bruxelas: Bruylant, 2006.

CRIVELLARO, Antonio. The arbitrator's failure to disclose conflicts of interest: is it *per se* a ground for annulling the award? *In*: FERNÁNDEZ-BALLESTEROS, M. Á.; ARIAS, David (Ed.). **Liber Amicorum Bernardo Cremades**. Madrid: Kluwer Arbitration, 2010.

DALMASO, Ricardo. **O dever de Revelação do Árbitro**. São Paulo: Almedina, 2018.

ELIAS, Carlos Eduardo Stefen. **Imparcialidade dos árbitros**. 2014. Tese (Doutorado em Direito Processual) – Faculdade de Direito, Universidade de São Paulo, São Paulo, 2014.

FERRAZ JUNIOR, Tércio Sampaio. Suspeição e Impedimento em Arbitragem sobre o Dever de Revelar na Lei 9.307/1996. *In*: **Revista de Arbitragem e Mediação.** São Paulo: RT Online, v. 28/2011.

GLICK, Ruth; STIPANOWICH, Laura. Arbitrator Disclosure In The Internet Age. *In*: **Dispute Resolution Journal**, v. 67, n. 1. Disponível em: https://arbitrationlaw.com/library/arbitrator-disclosure-internet-age-dispute-resolution-journal-vol-67-no-1. Acesso em: 23 jul. 2021.

GUANDALINI, Bruno. **Economic Analysis of the Arbitrator's Function, International Arbitration Law Library**, v. 55. Holanda: Kluwer Law International, 2020.

HEILBRON QC, Hilary in Kyriaki Karadelis, 'Boston: IBA Round-Up' (2013) 8 GAR. Disponível em: www.globalarbitrationreview.com/article/1032835/boston-iba-round-up. Acesso em: 23 jul. 2021.

JARROSSON, Charles. **A propos de l'obligation de révélation: une leçon de méthode de la Cour de cassation, note sous Cass. civ. 1re, 10 octobre 2012.** Rev. arb., 2013.

KAPLAN, A. M.; HAENLEIN, M. Users of the world, unite! The challenges and opportunities of Social Media. **Business Horizons**, *53(1)*, 2010.

LEMES, Selma. **O Procedimento de Impugnação e Recusa de Árbitro, como Sistema de Controle quanto à Independência e a Imparcialidade do Julgador**. São Paulo: Gen Jurídico, 2017.

—. Árbitro, Conflito de Interesses e o Contrato de Investidura. *In*: CARMONA, Carlos; LEMES, Selma; BATISTA, Pedro (coords.). **Vinte anos da Lei de Arbitragem:** Homenagem a Petrônio Muniz. São Paulo: Atlas, 2017.

NGAK, Chenda. **Then and now:** a history of social networking sites, 2011. Disponível em: https://tinyurl.com/3r6a468x. Acesso em: 23 jul. 2021.

PARK, William W. **Arbitrator integrity:** the transient and the permanent. *In*: San Diego Law Review, v. 46, 2009.

PEREIRA FILHO, Gerson; BERNARDO, Isadora Prévide. Justiça e ética como fundamentos do direito na filosofia antiga. **Sapere aude**. Belo Horizonte, v. 9, n. 18, p. 329-350, jul./Dez. 2018.

PIERS, Maud; Aschauer, Christian. **Arbitration in the digital age:** The Brave New World of Arbitration. Londres: Cambridge University Press, 2018.

SANUBARI, Suar. Arbitrator's Conduct on Social Media *In*: SCHULTZ, Thomas (ed), **Journal of International Dispute Settlement**. Oxford University Press 2017, v. 8 Issue 3, 2017.

WIJNEN, Otto; VOSER, Nathalie; RAO, Neomi Rao. Background Information on the IBA Guidelines on Conflicts of Interest in International Arbitration. *In*: **Business Law International**, v. 5, n. 3, 2004.

NYSBA. **Guidance Note:** Arbitration and Social Media, 2014. Disponível em: https://tinyurl.com/yzssyjv8. Acesso em: 20 jun. 2021.

WARSHAUER, Irene C; WILKINSON, John H.; HALKET, Thomas; Et. Al. **Guidance Note:** Arbitration and Social Media – CCA Guide to Best Practices in Commercial Arbitration – Fourth Edition. Disponível em: https://tinyurl.com/r3f5ahz8. Acesso em: 13 jul. 2021.

Decisões e Códigos de Ética

Ad hoc NAFTA (UNCITRAL). Canfor Corporation v. United States of America; Terminal Forest Products Ltd. v. United States of America, UNCITRAL (formerly Canfor Corporation v. United States of America; Tembec et al. v. United States of America; Terminal Forest Products Ltd.

Arizona Supreme Court Judicial Ethics Advisory Committee. Use of Social and Electronic Media by Judges and Judicial Employees, Advisory Opinion 14–01. 5 Maio 2014. Disponível em: www.azcourts.gov/LinkClick.aspx? fileticket=zNRP1_18sck%3D&portalid=137. Acesso em: 13 jul. 2021.

California Judges Association, Judicial Ethics Committee, **Opinion 66**, Online Social Networking. Disponível em: www.caljudges.org/docs/Ethics%20Opinions/Op%2066%20Final.pdf. Acesso em: 21 jul. 2021.

Caso ICSID nº ARB/98/8. Tanzania Electric Supply Company Limited v. Independent Power Tanzania Limited, 2001.

Corte Europeia de Direitos Humanos, Chaves Fernandes Figueiredo v. Switzerland (communicated case) – 55603/18. Disponível em <https://hudoc.echr.coe.int/eng#{%22itemid%22:[%22001-196112%22]}>. Acesso em 23 jun. 2021.

Cour de cassation, civ. 1, 5 January 2017, No. 16-12394.

Florida Supreme Court, Ethics Advisory Committee. Opinion Number: 2009–20. Novembro de 2009. Disponível em: www.jud6.org/LegalCommunity/LegalPractice/opinions/jeacopinions/2009/2009–20.html. Acesso em: 23 jul. 2021.

Neoelectra Group SAS *v.* société Tecso EURL.

PCA Case Nº 2013-09. CC/Devas *v.* India, 2013. **Decision on the Respondent's Challenge to the Hon**. Marc Lalonde and Prof. Francisco Orrego Vicuña.

STJ. Corte Especial, SEC 9412-Estados Unidos da América, rel. orig. Min Felix Fischer [vencido], rel. p/ac. Min. João Otávio de Noronha, j. 19.4.2017, m.v., DJUe 30.5.2017.

SWISS SUPREME COURT. Decision 4A_318/2020. Data: 20.12.2020. Disponível em https://tinyurl.com/55atmew2. Acesso em: 23 jul. 2021.

TJ-MG. Proc. Nº 1.0000.14.076278-0/000, Des. Rel. Teresa Cristina da Cunha Peixoto, DJe 14.11.2014.

TJ-RS. Processo nº 0261276-19.2015.8.21.7000, Des. Rel. Jorge Luiz Lopes do Canto. Dje 30.3.2016.

TJ-SP. Incidente de Suspeição Cível nº 0009090-42.2018.8.26.0506; Des. Rel.: Renato Genzani Filho. DJe 21.1.2019.

17.
A IMPUGNAÇÃO DO ÁRBITRO SEGUNDO O ESTÁGIO DA ARBITRAGEM

KARINA RICCIO

Introdução

O presente artigo tem o propósito de analisar, em procedimentos arbitrais institucionais, os impactos das impugnações aos árbitros (seja por supostas violações de independência, imparcialidade ou de dever de revelação) nos diferentes estágios do procedimento. Tais estágios são divididos em três principais blocos: (i) quando da indicação do Árbitro, ou seja, antes da assinatura do Termo de Arbitragem; (ii) durante o curso do procedimento, isto é, entre a assinatura do Termo de Arbitragem e a prolação da Sentença Arbitral Final; e (iii) no período compreendido entre a prolação da Sentença Arbitral Final e o fim do prazo para a Decisão sobre Pedidos de Esclarecimentos.

Para tanto, divide-se o estudo em três tópicos. O primeiro destina-se a revisitar os conceitos básicos de independência e imparcialidade, destacando suas diferenças e relevâncias para o pedido de Impugnação do Árbitro. O tópico revela, ainda, dois mecanismos que buscam diminuir a quantidade de pedidos de Impugnação, sendo eles, por parte do Árbitro, o dever de revelação e, no tocante às Partes, o dever de Investigação.

Delimitados tais conceitos, passa-se a analisar as questões específicas relacionadas ao momento da Impugnação. Nessa etapa, além de temas e características representativas da impugnação no início do procedimento arbitral, no curso do procedimento arbitral e depois da prolação da Sentença Final, serão analisados, também, os Regulamentos de Câmaras nacionais e internacionais, estabelecendo semelhanças e diferenças entre eles.

Por fim, ocupa-se da análise de casos de impugnação, nos diferentes estágios da arbitragem, sob o regimento de Regulamentos de Câmaras distintas (CCBC, CCI e LCIA). São apresentadas, em relação a cada um dos casos estudados, a causa da Impugnação suscitada pela Parte, a defesa realizada pelo Árbitro impugnado e, por fim, a decisão de deferimento, ou não, do Pedido de Impugnação.

1. A Impugnação pelas partes e seus critérios gerais

1.1 Independência e imparcialidade

A independência e a imparcialidade são deveres basilares dos Árbitros e estão previstas nos arts. 13, §6º[1], e 21, §2º[2], da Lei de Arbitragem. A fim de melhor analisar o tema, importa estabelecer, de forma clara, o significado de cada um desses deveres. Desse modo, pode-se definir o dever de independência como aquele que permite ao Árbitro criar, exclusivamente a partir daquilo que lhe é posto pelas Partes ao longo do procedimento, seu livre convencimento[3]. Sua aferição é feita conforme a perspectiva das Partes, motivo pelo qual o Árbitro deve revelar aqueles fatos que, no entendimento das Partes, representam um risco iminente à sua independência.

A imparcialidade, por sua vez, residiria na abstenção, por parte do Árbitro, de uma inclinação pré-consolidada, em decidir de acordo com a tese apresentada por uma das Partes[4]. Há, aqui, uma tentativa de impedir que se revele um verdadeiro interesse do Árbitro na solução do conflito[5].

[1] "Art. 13. Pode ser árbitro qualquer pessoa capaz e que tenha a confiança das partes. [...] § 6º No desempenho de sua função, o árbitro deverá proceder com imparcialidade, independência, competência, diligência e discrição." (BRASIL. Lei nº 9.307, de 23 de setembro de 1996. Dispõe sobre a arbitragem. Disponível em: http://www.planalto.gov.br/ccivil_03/leis/l9307.htm. Acesso em: 23 jul. 2021.)

[2] "Art. 21. A arbitragem obedecerá ao procedimento estabelecido pelas partes na convenção de arbitragem, que poderá reportar-se às regras de um órgão arbitral institucional ou entidade especializada, facultando-se, ainda, às partes delegar ao próprio árbitro, ou ao tribunal arbitral, regular o procedimento. [...] § 2º Serão, sempre, respeitados no procedimento arbitral os princípios do contraditório, da igualdade das partes, da imparcialidade do árbitro e de seu livre convencimento." (*Ibid.*)

[3] Pucci, Adriana Noemi. Impugnação de Árbitros. *In*: Carmona, Carlos Alberto; Lemes, Selma Ferreira; Martins, Pedro Batista. **20 anos da lei de arbitragem:** Homenagem a Petrônio R. Muniz. São Paulo: Atlas, 2017, p.176. E Pucci, Adriana Noemi. O árbitro na arbitragem internacional. Princípios éticos. **Arbitragem comercial internacional** (Coord.). São Paulo: LTr, 1998, p. 121.

[4] Lucon, Paulo Henrique dos Santos. Imparcialidade na arbitragem e impugnação aos árbitros. **Revista de Arbitragem e Mediação**. Out-Dez 2013, v. 39/2013, p. 39.

[5] Lemes, Selma Maria Ferreira. O Procedimento de Impugnação e Recusa de Árbitro, como sistema de controle quanto à independência e a imparcialidade do julgador. **Revista de Arbitragem e Mediação**, Jul-Set 2016, v. 50/2016, versão digital.

Todavia, é importante lembrar que, na maioria das vezes, as Partes indicam os Árbitros levando em consideração sua proximidade e relação com o tema, além de seu posicionamento consolidado acerca da questão que está sendo discutida[6]. É de se esperar, portanto, que o Árbitro já tenha um determinado entendimento sobre o tema[7]. Quando dentro de um nível razoável, não pode ser assumido como uma violação ao dever de imparcialidade[8].

O que não pode acontecer é o Árbitro impossibilitar a parte de lhe mostrar entendimento diverso daquele que, de maneira pré-concebida e abstrata, tinha o referido Árbitro acerca do tema [9]. Ou seja, pode-se ter um posicionamento sobre o assunto que permeia o litígio, mas não sobre sua aplicação prática naquele caso concreto, ao qual foi indicado para solucionar[10].

Acresce-se, a essas definições, a ideia de que podemos tratar a independência como um conceito mais objetivo, por estar relacionado a questões fáticas,

[6] "*Challenges for lack of impartiality may also be based on prior academic writings (e.g. in article or books) in which the arbitrator has taken a position that is contrary to an aspect of the challenging party's case. Such challenges have virtually never succeeded. Challenges based on an arbitrator's relationship with a subject matter (issue conflicts) are less likely to succeed in commercial arbitration, where the issues in dispute are more likely to turn on facts and circumstances unique to the case and the contract, than in investment treaty arbitration, where similar and related issues often arise.*" (FRY, Jason; GREENBERG, Simon; MAZZA, Francesca. **The Secretariat's Guide to ICC Arbitration:** A Practical Commentary on the 2012 ICC Rules of Arbitration from the Secretariat of the ICC International Court of Arbitration. Paris: International Chamber of Commerce (ICC), 2012, p. 172).

[7] "Tais noções, meramente escolares, não auxiliam na solução de problemas concretos, pois: (...) (ii) o conceito de equidistância, utilizado sem grandes problemas para caracterizar o juiz (funcionário estatal investido de poderes antes da ocorrência da disputa e sorteado para resolvê-la), não pode ser utilizado para o árbitro, que é escolhido justamente por suas características pessoais e/ou seus contatos profissionais ou acadêmicos com os advogados da causa, hábeis a ensejar a confiança de ao menos uma das partes; (iii) a imparcialidade, por ser um fenômeno psíquico, jamais poderia ser aferida in natura, necessitando de uma manifestação fática para ser detectada; e (iv) todo e qualquer julgador é sempre influenciado por circunstâncias outras que não somente o mérito da causa, uma vez que sua própria interpretação do objeto litigioso depende, entre outros, de sua instrução ou formação acadêmica, orientação política e ideológica, posição econômica, nacionalidade e de todas as preferências (e repúdios) inalienáveis de cada ser humano." (ELIAS, Carlos. O Árbitro. *In*: LEVY, Daniel; PEREIRA, Guilherme Setoguti J. (Coords.). **Curso de Arbitragem**. São Paulo: Thomson Reuters Brasil, 2018, p. 150).

[8] CASEY, J. Brian. Selection of the Tribunal. *In*: HANESSIAN, Grant e; NEWMAN, Lawrence W. (Ed.). **International Arbitration Checklists**, 2. Ed. New York: JurisNet, LLC, 2009, p. 44.

[9] ELIAS, Carlos. O Árbitro. *In*: LEVY, Daniel; PEREIRA, Guilherme Setoguti J. (Coords.). **Curso de Arbitragem**. São Paulo: Thomson Reuters Brasil, 2018, p. 151.

[10] PUCCI, Adriana Noemi. Impugnação de Árbitros. *In*: CARMONA, Carlos Alberto; LEMES, Selma Ferreira; MARTINS, Pedro Batista. **20 anos da lei de arbitragem:** Homenagem a Petrônio R. Muniz. São Paulo: Atlas, 2017, p. 175.

como a relação entre todos os envolvidos no procedimento[11]. A imparcialidade, por outro lado, é subjetiva, já que se refere a crenças e entendimentos intelectuais do Árbitro[12].

Exatamente por seu caráter subjetivo, parte da doutrina entende que a imparcialidade é mais difícil de ser comprovada pela Parte impugnante[13]. Isso porque se não houver um laço forte entre a Parte e o Árbitro, ou ainda entre o Árbitro e o objeto do litígio, será mais custoso apresentar provas que coloquem em dúvida sua parcialidade[14].

A fim de facilitar a identificação das situações caracterizadoras da parcialidade do Árbitro, Carlos Elias propõe a análise de dois grupos de critérios[15].

O primeiro grupo, que aqui será usado para a identificação de casos de violação ao dever de independência[16], engloba (i) a proximidade entre o Árbitro e a Parte, ou pessoas e entidades a eles relacionadas; (ii) a intensidade dessa relação; (iii) a frequência e a duração dos contatos entre Árbitro e Partes; e, por fim, (iv) a contemporaneidade da relação[17].

Já o segundo grupo, que versa sobre imparcialidade, apresenta os seguintes critérios de atenção:

[11] Lee, João Bosco; Procopiak, Maria Cláudia de Assis. A Obrigação de Revelação do Árbitro – Está influenciada por Aspectos Culturais ou Existe um Verdadeiro Standard Universal? **Revista Brasileira de Arbitragem**, 2007, v. IV, Issue 14, versão digital.

[12] Nas palavras de Thomas Clay: "*On peut cependant observer que dans cette abondante doctrine se dégage un critère qui est accepté par une majorité – relative – d'auteurs pour distinguer l'indépendence de l'imparcialité : la première serait avant tout une donné objective, alors que la seconde serait essentiellement subjective. La première s'apprécierait par rapport à des liens factuels, et la seconde en fonction de prédispositions intellectuelles.*" (CLAY, Thomas. **L'Arbitre**. Paris: Dalloz, 2001, p. 246).

[13] "*A challenge based purely on an alleged lack of impartiality is generally more difficult to make. Such challenges are most commonly grounded on what a party perceives as unfair treatment in the proceedings or on an arbitrator's conduct or comments during a hearing or meeting. Challenges based purely on an arbitrator's procedural decisions have very rarely succeeded." (FRY. Op. cit. p. 172).*

[14] *Nesse sentido, Luiz Olavo Baptista: "A imparcialidade é um sentimento subjetivo da pessoa, a independência decorre de fatores externos, sendo mais facilmente detectável."* (Baptista, Luiz Olavo. **Arbitragem comercial e internacional**. São Paulo: Lex Editora, 2011, p. 165). Ver também: Casey, J. Brian. Selection of the Tribunal. *In*: Hanessian, Grant e Newman, Lawrence W. (Ed.). **International Arbitration Checklists**, 2. Ed. New York: JurisNet, LLC, 2009, p. 44.

[15] Elias, Carlos. O Árbitro. *In*: Levy, Daniel; Pereira, Guilherme Setoguti J. (Coords.). **Curso de Arbitragem**. São Paulo: Thomson Reuters Brasil, 2018, p. 153.

[16] Pede-se vênia ao ilustre autor para separar o primeiro grupo de critérios e alocá-lo com as hipóteses de independência. Tal modificação é necessária a este trabalho para harmonizar as situações com o conceito de independência acima definido.

[17] Elias. *Op. Cit.* p. 153.

(i) o contato ou atuação anteriores do árbitro com a matéria objeto do litígio; (ii) o fato de o árbitro ter que decidir matéria idêntica ou muito parecida com aquela que ele tem que defender em outra causa; (iii) a existência de manifestação do árbitro (incluindo produção acadêmica) sobre a causa ou circunstâncias fático-jurídicas idênticas àquelas que deve analisar; ou (iv) o árbitro ser alvo de constantes indicações pela parte ou pelo escritório que a patrocina[18].

Do exposto, pode-se concluir que a identificação e a caracterização de um fato, que envolva algum ato, relação ou pronunciamento do Árbitro, como fator que ponha em risco sua independência ou imparcialidade, é algo extremamente sensível[19]. Isso porque não cabe apenas a análise do fato em si, ela deve ainda ser agregada ao entendimento que as Partes têm sobre o ocorrido, visto que, em última análise, é delas que se espera a confiança no Árbitro. E essa confiança, vale ressaltar, é esperada em todas as fases do procedimento arbitral[20].

1.2 Dever de revelação

O dever de revelação está previsto no art. 14[21] da Lei de Arbitragem. No entendimento da melhor doutrina, sua função é a de possibilitar às Partes, a partir das informações reveladas pelo Árbitro, a análise de tudo aquilo que, a seu ver, pode

[18] *Ibidem*, p. 154.

[19] Nas lições de Fouchard, Gaillard e Goldman: "*It is not easy to provide a comprehensive definition of the qualities of independence and impartiality required of arbitrators. Independence is a situation of fact or law, capable of objective verification. Impartiality, on the other hand, is more a mental state, which will necessarily be subjective. Impartiality is of course the essential quality required of a judge. However, as it is rarely possible to provide direct proof of impartiality, the arbitrators should at least be required to be independent, which is easier to prove and which, in principle, guarantees the arbitrator's freedom of judgment.*" (GAILLARD, Emmanuel; SAVAGE, Jonhn (Ed.). **Fouchard, Gaillard, Goldman on International Commercial Arbitration**, v. I. Londres: Wolters Kluwer, 1999, p. 564).

[20] "(1) Princípio Geral: Todo árbitro deve ser imparcial e independente em relação às partes ao aceitar sua nomeação, e assim permanecer durante todo o processo arbitral até que prolatada a sentença final ou de outra forma extinto o processo em caráter definitivo." Tratando-se de instrumento de *soft law*, tais dispositivos são não-vinculante mas poderão orientar, como diretrizes, os Tribunais e Câmaras Arbitrais.

[21] "Art. 14. Estão impedidos de funcionar como árbitros as pessoas que tenham, com as partes ou com o litígio que lhes for submetido, algumas das relações que caracterizam os casos de impedimento ou suspeição de juízes, aplicando-se-lhes, no que couber, os mesmos deveres e responsabilidades, conforme previsto no Código de Processo Civil. [...] § 1º As pessoas indicadas para funcionar como árbitro têm o dever de revelar, antes da aceitação da função, qualquer fato que denote dúvida justificada quanto à sua imparcialidade e independência." (BRASIL. Lei nº 9.307, de 23 de setembro de 1996. Dispõe sobre a arbitragem. Disponível em: http://www.planalto.gov.br/ccivil_03/leis/l9307.htm. Acesso em: 23 jul. 2021.)

prejudicar a imparcialidade e independência do julgador e, em seguida, reiterar ou revogar sua confiança no Árbitro indicado[22].

É, também, um dever atemporal; ou seja, ele não está adstrito apenas ao primeiro estágio do procedimento arbitral, da indicação do Árbitro. Deve perdurar até o "apagar das luzes" do procedimento, com a prolação da Decisão sobre Pedidos de Esclarecimentos[23].

Fato é que, após a apreciação das Partes de determinado fato revelado (durante qualquer momento do procedimento), caso aceitem a continuidade do Árbitro na condução do procedimento arbitral, elas perdem o direito de impugná-lo em face de tal questão[24]. A exceção a esse entendimento ocorre apenas quando restar comprovado que o Árbitro, ao realizar sua revelação, não a fez da maneira mais adequada e transparente possível, omitindo, ou mesmo, alterando, determinadas situações relacionadas ao que fora revelado.

A fim de evitar tal "falha", o Árbitro deve, em sua revelação, ir além daqueles fatos mais marcantes, dos quais rapidamente se recorda. Isto é, cabe a ele realizar uma pesquisa apurada da relação de seu escritório com as Partes, seus Patronos e, ainda, empresas a elas coligadas, como, por exemplo, subsidiárias[25].

Dessa forma, toda vez que incorrer em dúvidas, sobre se deve ou não revelar determinado fato, é recomendável fazê-lo[26]. Tal entendimento decorre da

[22] Na doutrina italiana: "*Per duty of disclosure si intende l'obbligo previsto in capo agli arbitri da molti ordinamenti stranieri e dal regolamento di diverse istituzioni arbitrali organizzate nazionali ed internazionali, di rendere edotte le parti di tutti i fatti, esistenti al momento della nomina o sopravvenuti nel corso del giudizio, astrattamente idonei a ridurne l'imparzialità o giustificarne la ricusazione.*" (Benedettelli, Massimo V.; Consolo, Claudio; Radicati Di Brozolo, Luca. **Commentario breve al diritto dell'arbitrato nazionale ed internazionale**. Milão: Casa Editrice Dott. Antonio Milani, 2010, p. 163 e 164). Na doutrina nacional: Marques, Ricardo Dalmaso. Breves Apontamentos sobre a Extensão do Dever de Revelação do Árbitro. **Revista Brasileira de Arbitragem**, 2011, v. VIII, Issue 31, p. 65.

[23] Nas palavras de Carlos Alberto Carmona: "O dever de revelação é considerado contínuo durante todo o procedimento arbitral: se houver fatos novos surgidos e que o árbitro julgue dignos de nota, deve comunicar às partes, até porque pode dar-se o caso de descobrir o árbitro, depois de iniciados os procedimentos, que estaria ligado indiretamente a uma das partes (suponha-se que descubra ter havido relacionamento comercial importante de empresa que tenha dirigido com uma das partes, ou que tenha prestado serviços a uma empresa que descubra estar ligada por laços societários a uma das partes contendentes)." (Carmona, Carlos Alberto. **Arbitragem e processo:** um comentário à Lei nº 9.307/96. 3 ed. rev., atual. e ampl. São Paulo: Atlas, 2009, p. 254).

[24] Marques. *Op. Cit.* p. 66.

[25] ICC. Notas às Partes e aos Tribunais Arbitrais sobre a Condução da Arbitragem conforme o Regulamento de Arbitragem da CCI, 1º de janeiro de 2021, § 27.

[26] Pucci, Adriana Noemi. Impugnação de Árbitros. *In*: Carmona, Carlos Alberto; Lemes, Selma Ferreira; Martins, Pedro Batista. **20 anos da lei de arbitragem:** Homenagem a Petrônio R. Muniz. São Paulo: Atlas, 2017, p. 177. A mesma recomendação é dada pelo Princípio Gera nº 3, (c) das IBA

ponderação entre os benefícios decorrentes da revelação de um fato, que pode em nada significar para as Partes, e os prejuízos de se omitir um fato, que pode vir a ser relevante[27].

Como resultado da análise do instituto do dever de revelar, depreende-se que, além de dar às Partes a oportunidade de tomarem conhecimento e, com isso, decidir acerca da impugnação ou não do Árbitro indicado, ele protege, sobretudo, o Árbitro. Isso porque, ao revelar às Partes tudo aquilo que poderia ser prejudicial à sua independência ou imparcialidade para o julgamento do litígio, ele não só fortalece a confiança que as Partes têm sobre seu trabalho, como também transfere a elas o ônus de ponderar e decidir a gravidade daquilo que lhes fora revelado[28].

1.3 Dever de investigação das partes

Complementar ao dever de revelar do Árbitro é o dever de investigação das Partes, ou ainda, dever de curiosidade[29], que se traduz na obrigação das Partes de, com base naquilo que fora revelado pelos Árbitros, investigar não só novos possíveis conflitos que podem estar relacionados àquele revelado, mas também avaliar a intensidade do fato denunciado pelo Árbitro[30].

O descumprimento das Partes, em relação ao seu dever de investigar, pode resultar, inclusive, na perda de seu direito de impugnar os Árbitros, pelos sinais

Guidelines, como se segue: "(c) Eventual dúvida quanto à necessidade de divulgação de determinados fatos ou circunstâncias por um árbitro deve ser dirimida em favor da divulgação." (IBA. Diretrizes da IBA relativas a Conflitos de Interesses em Arbitragem Internacional. Londres: International Bar Association, 2004).

[27] Lemes, Selma Maria Ferreira. A Independência e a Imparcialidade do Árbitro e o Dever de Revelação. **Revista Brasileira de Arbitragem**, 2010, v. VII, Issue 26, p. 27.

[28] Os benefícios do dever de revelar são assim expostos por Thomas Clay: "*L'obligation pour l'arbitre de révéler les liens qui unissent aux parties est à la fois la plus élémentire précaution qu'on peut attendre de lui et en même temps la plus essentielle, car c'est celle par laquelle un arbitre alertera les parties sur les risques d'atteinte à son indépendance, et ce faisant immunisera l'instance arbitrale contre toute action postérieure qui viserait ces risques acceptés. C'est aussi un signe de son irréprochable probité. La revélation est, en quelque sorte, l' «assurance-vie» de l'instance arbitrale*". (Clay, Thomas. **L'Arbitre**. Paris: Dalloz, 2001, p. 318).

[29] Kull, Nadja Jaisli; Roth, Andrea. Chapter II: The Arbitrator and the Arbitration Procedure, Challenging Arbitrators for Lack of Independence or Impartiality: Procedural Pitfalls from a Swiss Perspective. *In*: Klausegger, Christian; Klein, Peter et al. (Eds.). **Austrian Yearbook on International Arbitration**, 2019, p. 232.

[30] Born, Gary. B. **International Commercial Arbitration** (Second Edition), 2. Ed. Kluwer Law International, 2014, p. 1942.

de independência e imparcialidade, que poderiam ter sido descobertos no caso da realização uma adequada pesquisa [31].

A questão do dever de investigação das Partes é suscitada, principalmente, quando, como uma espécie de estratégia procedimental, em um estágio mais avançado do procedimento arbitral, a Parte descobre algum fato ou informação relevante que põe em dúvida a independência ou a imparcialidade do Árbitro, mas que, com a devida atenção ao dever de investigar, poderia ter descoberto antes[32].

Todavia, insta salientar que não há previsão legal do dever de investigar no ordenamento jurídico brasileiro e tampouco em nenhum dos Regulamentos das principais Câmaras do país: CAM-CCBC, CAMARB, CBMA e FGV. Também não se observa essa previsão em Regulamentos de Câmaras Internacionais[33].

Acredita-se que a pouca quantidade de material encontrado acerca do tema é reflexo dessa falta de positivação e regulamentação do instituto, gerada pelas dificuldades de se delimitar a extensão do dever de investigar, ou seja, o quanto pode ser esperado de esforço, meios e recursos das Partes ao pesquisarem novos fatos, ou se aprofundarem em informações já reveladas pelos Árbitros.

[31] Nas palavras de António Pinto Leite: "Em todo o caso, sempre que se possa deduzir do comportamento da (contra)parte que agiu de modo a poder permanecer na ignorância e assim poder usar o incidente de suspeição na fase processual que lhe fosse mais conveniente, tal comportamento pode ser qualificado como processualmente abusivo e, por via disso, ser inaceitável" (LEITE, António Pinto. Independência, Imparcialidade e Suspeição de Árbitro. **Revista Brasileira de Arbitragem**, 2010, v. VII, Issue 25, p. 118). Ver também: KULL, Nadja Jaisli; ROTH, Andrea. Chapter II: The Arbitrator and the Arbitration Procedure, Challenging Arbitrators for Lack of Independence or Impartiality: Procedural Pitfalls from a Swiss Perspective. *In*: KLAUSEGGER, Christian; KLEIN, Peter et al. (Eds.). **Austrian Yearbook on International Arbitration**, 2019, p. 233. E BORN, Gary. B. **International Commercial Arbitration** (Second Edition), 2. Ed. Kluwer Law International, 2014, p. 1943.

[32] "*If a challenge is based on facts that the challenging party has 'discovered' at some point during the arbitration, the question arises whether that party could not or should not have discovered those facts earlier in time. If the answer to this question is affirmative, the next question is what impact this should have on that party's right to make a challenge later. This issue is a particularly interesting one in respect of the increasing trend of so-called issue conflicts. Can it be expected from the parties and their counsel that, at the outset of the arbitration, they undertake a due diligence and review the academic writings of the arbitrators, their speeches at conferences and the awards rendered by the Tribunals in which they were sitting, failing which a party may be found to have not timely challenged a particular arbitrator on the ground of an issue conflict?*" (DAELE, Karel. **Challenge and disqualification of arbitrators in international arbitration**. The Netherlands: Kluwer Law International, 2012, p. 149).

[33] Foram analisados os Regulamentos da CCI, LCIA e Corte Permanente de Arbitragem da Haia.

2. Questões relacionadas ao momento da impugnação

Conforme amplamente defendido neste trabalho, os deveres de independência, imparcialidade e de revelar, do Árbitro, perduram desde o momento de sua indicação até o fim de sua jurisdição. Da mesma forma, persiste também o direito das Partes de impugnar o Árbitro. Todavia, importa salientar que o referido direito das Partes vai se modificando à medida que o procedimento se desdobra[34]. É o que passaremos a analisar.

2.1 Impugnação no início do procedimento arbitral

Assim que é indicado para atuar em um procedimento arbitral, deve o árbitro revelar tudo aquilo que possa comprometer, ou ao menos gerar uma dúvida justificada, quanto à sua independência e/ou imparcialidade[35]. Cumpre adiantar, o maior número de impugnações que realmente culminam no afastamento dos Árbitros surge nesse estágio[36].

Essa realidade ocorre porque, nessa fase, o Árbitro, dando início ao seu dever de revelar, apresenta às Partes todos aqueles fatos que entende que podem gerar dúvidas a seu respeito. É, portanto, a primeira vez que as Partes tomam conhecimento de tais fatos e podem, após analisá-los, submeter seu crivo. Surgem, aqui, duas alternativas: (i) reiterar sua indicação ou (ii) impugná-lo[37].

Soma-se a isso o fato de que, nesse primeiro momento, de formação do Tribunal Arbitral, o ônus de se impugnar o Árbitro é menor. Isso porque, não há, ainda, nenhum trabalho, esforço ou tempo a serem perdidos. Todavia, não pode-

[34] *"Another recurrent issue is whether the same standards of independence and impartiality apply at all stages of an arbitral proceeding. In particular, are the same standards of impartiality/independence applicable when a court (or arbitral institution) considers whether to: (a) appoint or confirm an arbitrator; (b) remove an arbitrator at the commencement of an arbitration; (c) remove an arbitrator during the course of the arbitral proceedings; and (d) annul or refuse to recognize an arbitral award because of an arbitrator's alleged lack of independence or impartiality?"* Born, Gary. B. **International Commercial Arbitration** (Second Edition), 2. Ed. Kluwer Law International, 2014, p. 1820.

[35] Dolinger, Jacob. O Árbitro da Parte – Considerações Éticas e Práticas. **Revista Brasileira de Arbitragem**, 2005, v. II, Issue 6, p. 41.

[36] *"In practice, challenges to arbitrators are much more likely to succeed if made prior to confirmation of an arbitrator's nomination, or very soon thereafter, rather than during the course of the arbitral proceedings. Various surveys of ICC practice suggest that approximately 70% of pre-appointment objections are accepted, while less than 10% of post-appointment challenges succeed.(1525) The success rate of published ICSID challenges is lower, at approximately 3%,(1526) while the success rate of challenges in the LCIA is significantly higher, at above 20%."* (Born, *Op. Cit.* p. 1919.)

[37] Benedettelli, Massimo V.; Consolo, Claudio; Radicati Di Brozolo, Luca. **Commentario breve al diritto dell'arbitrato nazionale ed internazionale**. Milão: Casa Editrice Dott. Antonio Milani, 2010, p. 163 e 164.

mos afirmar que a impugnação do Árbitro nessa fase não incorre em nenhum tipo de prejuízo. Ao contrário, cada Árbitro que é impugnado representa um atraso ao início do procedimento, que só começa a fluir depois de composto o Tribunal Arbitral[38].

Sobre esse momento do procedimento, o Regulamento da CCI estabelece, em seu art. 13.2 que:

> O Secretário Geral poderá confirmar, como coárbitros, árbitros únicos e presidentes de tribunais arbitrais, as pessoas designadas pelas partes, ou de acordo com os procedimentos por elas convencionados, desde que a declaração apresentada não contenha nenhuma reserva relativa à imparcialidade ou independência, ou que a declaração de imparcialidade ou independência com reservas não tenha gerado objeções das partes. Tal confirmação deverá ser informada à Corte em uma das sessões seguintes. Se o Secretário Geral considerar que um coárbitro, árbitro único ou presidente do tribunal arbitral não deve ser confirmado, a questão será submetida à decisão da Corte.

Percebe-se que, caso as Partes desaprovem as revelações, realizadas pelos Árbitros em sua Declaração de Aceitação, Disponibilidade, Imparcialidade e Independência, o procedimento sequer se inicia com aquela composição de Tribunal Arbitral[39].

Disposição semelhante é a que consta dos arts. 4.6, 4.7 e 4.8 do Regulamento do CAM-CCBC, a seguir:

> 4.6. A Secretaria do CAM-CCBC informará às Partes e aos árbitros sobre as indicações realizadas. Nesta oportunidade, os árbitros indicados serão solicitados a preencher Questionário de Conflitos de Interesse e Disponibilidade do CAM-CCBC, abreviadamente denominado Questionário, no prazo de 10 (dez) dias.
> 4.6.1. O Questionário será elaborado pela Diretoria do CAM-CCBC em conjunto com o Conselho Consultivo, objetivando colher informações sobre a imparcia-

[38] Born, *Op. Cit.* p. 1820.

[39] *"The extensive disclosure requirements under Article 11(2) are one of the primary reasons for the relatively low number of chalenges against ICC arbitrators, and their even lower success rate. These requirements allow the parties to express their concerns about arbitrators from the outset of the arbitration by objecting to confirmations, thereby avoiding the potentially high costs and significant delays associated with challenges. The more detailed nature of the disclosure requirements in the 2012 Rules should flush out even more challenges early."* (Fry, *Op. Cit.* p. 174).

lidade e independência dos árbitros, bem como sua disponibilidade de tempo e demais informações relativas ao seu dever de revelação.
4.7. As respostas aos Questionários e eventuais fatos relevantes serão encaminhados às Partes, oportunidade em que lhes será conferido prazo de 10 (dez) dias para manifestação.
4.8. Em caso de manifestação pelas partes de objeção relacionada à independência, imparcialidade ou qualquer matéria relevante referente ao árbitro, será concedido prazo de 10 (dez) dias para manifestação do árbitro envolvido, após o que as partes terão 10 (dez) dias para apresentação de eventual impugnação que será processada nos termos do artigo 5.4.

Conforme se percebe, no CAM-CCBC, as Partes também têm a oportunidade de analisar e de se manifestar previamente acerca de suas impressões sobre tudo aquilo que fora revelado pelo Árbitro, por meio de seu Questionário de Conflitos de Interesse e Disponibilidade. Podem, ainda, pedir esclarecimentos e complementações daquilo que foi revelado[40].

Para o preenchimento do Questionário de Conflitos de Interesse e Disponibilidade, o CAM-CCBC recomenda a leitura de seu Código de Ética, que indica o que deve ser revelado, seus motivos, e qual a conduta esperada do Árbitro durante o procedimento[41].

Por fim, o mesmo dispositivo se repete, ainda, no Regulamento da CAMARB:

4.4 Salvo convenção em contrário, caso as partes optem pela constituição de Tribunal Arbitral com 3 (três) membros, caberá a cada uma delas a nomeação de um árbitro no prazo fixado no item 4.2. Após a manifestação de disponibilidade, não impedimento, independência e imparcialidade dos árbitros indicados, não havendo impugnação, estes serão intimados para, no prazo de 10 (dez) dias, indicarem conjuntamente o terceiro árbitro, que funcionará como presidente do

[40] Wald, Arnoldo; Borja, Ana Gerdau; Longo, Bryan; Terashima, Eduardo Ono; Vieira, Maíra de Melo; Casado Filho, Napoleão; Gagliardi, Rafael Villar. Article 4 – Commencement of the Arbitration. *In*: Straube, Frederico José; Finkelstein, Cláudio; Casado Filho, Napoleão (Eds.). **The CAM-CCBC Arbitration Rules 2012:** A Commentary. The Hague: Eleven International Publishing, 2016, p. 88.

[41] Wald, Arnoldo; Borja, Ana Gerdau; Longo, Bryan; Terashima, Eduardo Ono; Vieira, Maíra de Melo; Casado Filho, Napoleão; Gagliardi, Rafael Villar. Article 4 – Commencement of the Arbitration. *In*: Straube, Frederico José, Finkelstein, Cláudio e Casado Filho, Napoleão (Eds.). **The CAM-CCBC Arbitration Rules 2012:** A Commentary. The Hague: Eleven International Publishing, 2016, p. 86.

Tribunal Arbitral. Não sendo alcançado o consenso entre os árbitros indicados pelas partes, a indicação do árbitro presidente caberá à Diretoria da CAMARB.

2.2 Impugnação no curso do procedimento arbitral

Nos casos de Impugnação, ocorridos após a constituição do Tribunal Arbitral e antes da prolação da Sentença Arbitral Final, os prejuízos, tanto de tempo quanto de esforço, já são significativamente maiores. Isso porque, na maioria dos casos, requer a repetição – o reinício – de todo o procedimento arbitral, e não apenas o afastamento do Árbitro impugnado[42].

Há de se atentar, ainda, para a necessidade de impedir a ocorrência de casos em que, na realidade, o objetivo das Partes para a impugnação é, de fato, gerar esse atraso no procedimento[43].

Nesse estágio, não cabem mais impugnações ao Árbitro baseadas em motivos que já foram revelados por ele quando do início do procedimento[44]. Só poderão, portanto, ser suscitadas como causas de impugnação, durante essa fase do procedimento arbitral, fatos novos ou informações ainda não revelados pelos Árbitros, que só foram descobertas no curso da Arbitragem.

Uma vez que o procedimento arbitral já foi iniciado, as Câmaras costumam apresentar regras diferentes daquelas dispostas para o momento de indicação do Árbitro.

No Regulamento da CCI, por exemplo, o art. 14 determina que:

> 1 A impugnação de um árbitro por alegada falta de imparcialidade ou independência ou por quaisquer outros motivos deverá ser feita por meio da apresentação de uma declaração por escrito à Secretaria, especificando os fatos e circunstâncias que lhe servem de fundamento.
> 2 A impugnação deve, sob pena de rejeição, ser apresentada por uma das partes dentro do prazo de trinta dias seguintes ao recebimento, pelo impugnante, da notificação de nomeação ou confirmação do árbitro, ou dentro de trinta dias a

[42] Born, *Op. Cit.* p. 1820.

[43] "*The procedure for challenging arbitrators can undoubtedly be misused by parties in an attempt to create delays or antagonize the challenged arbitrator.*" (Fry, *Op. Cit.* p. 175).

[44] "*In order to avoid any risk of being declared in violation of the obligation of impartiality and independence, a prospective arbitrator should disclose all facts that could reasonably be considered to be grounds for disqualification. If he or she does so (and no objection is made), any subsequent challenge during or after the proceedings should be unsuccessful. The right to an independent and impartial arbitrator is deemed to have been waived in respect of objections founded upon facts contained in the disclosure statement.*" (Redfern, Alan; Hunter, Martin; Blackaby, Nigel; Partasides, Constantine. **Law and Practice of lnternational Comrnercial Arbitration**. Oxford: Oxford University Press, 2009, p. 268).

partir da data em que o impugnante tomou conhecimento dos fatos e circunstâncias em que se fundamenta a impugnação, no caso de esta data ser subsequente ao recebimento da referida notificação.
3 Compete à Corte pronunciar-se sobre a admissibilidade e, se necessário, sobre os fundamentos da impugnação, após a Secretaria ter dado a oportunidade, ao árbitro impugnado, à outra ou às outras partes e a quaisquer outros membros do tribunal arbitral de se manifestarem, por escrito, em prazo adequado. Estas manifestações devem ser comunicadas às Partes e aos Árbitros.

Ao estabelecer o escopo do artigo ora analisado, a CCI é clara ao dizer que o procedimento de impugnação, nele previsto, só é válido para casos em que o Árbitro já foi indicado ou confirmado pela Corte da CCI[45].

Além disso, a Câmara defende que a obrigatoriedade de a impugnação ser feita através de documento escrito é uma barreira importante para se evitar impugnações fundamentadas em motivos frívolos[46].

Tal impugnação deve, ainda, ser apresentada em um prazo máximo de 30 (trinta) dias, contados do conhecimento, pela Parte, do fato que a levou a impugnar o Árbitro[47]. Esse prazo limite é importante para evitar que a Parte escolha um "momento ideal" para impugnar o Árbitro[48].

Os arts. 5.3 e 5.4 do Regulamento do CAM-CCBC, por sua vez:

5.3. Compete ao árbitro declarar, a qualquer momento, seu eventual impedimento e recusar sua nomeação, ou apresentar renúncia.
5.4. As partes poderão impugnar os árbitros por falta de independência, imparcialidade, ou por motivo justificado no prazo de 15 (quinze) dias do conhecimento do fato, sendo a impugnação julgada por Comitê Especial constituído por 3 (três) membros do Corpo de Árbitros nomeados pelo Presidente do CAM-CCBC.

Os referidos artigos, como podemos perceber, corroboram o entendimento de que o Árbitro deve continuar independente, imparcial e desimpedido durante todo o curso do procedimento[49].

[45] Fry, *Op. Cit.*, pp. 170 e 171.
[46] *Ibidem*, p. 171.
[47] *Ibidem*, p. 177.
[48] *Ibidem*, p. 176.
[49] Forbes, Carlos Suplicy; Kobayashi, Patrícia S. Article 5 – Arbitral Tribunal. *In*: Straube, Frederico José, Finkelstein, Cláudio; Casado Filho, Napoleão (Eds.). **The CAM-CCBC Arbitration Rules**

A CAMARB, novamente seguindo a linha do CCBC, dispõe que:

> 4.11 Deverá o árbitro informar imediatamente qualquer fato superveniente que, no curso do procedimento, possa ocasionar dúvida justificável quanto à sua imparcialidade, independência, competência técnica ou disponibilidade ou que possa, de alguma forma, causar impedimento ou suspeição para o julgamento da controvérsia.
> 5.1 No prazo de 10 (dez) dias do recebimento da declaração de disponibilidade, independência e imparcialidade ou da informação de que trata o item 4.11, qualquer das partes poderá impugnar o árbitro que não atenda aos requisitos da convenção de arbitragem ou de legislação eventualmente aplicável, incorra em qualquer das hipóteses de impedimento ou suspeição previstas na lei de arbitragem, ou não possua a disponibilidade para atuar no procedimento arbitral.
> 5.2 Em caso de impugnação, será o árbitro intimado pela Secretaria da CAMARB para que se manifeste no prazo de 5 (cinco) dias, do que será concedida vista às partes por igual prazo.
> 5.3 A impugnação será decidida por Comitê especialmente composto para esse fim por 3 (três) integrantes da Lista de Árbitros da CAMARB, nomeados pelo Presidente da CAMARB em conjunto com outro Diretor.
> [...]
> 5.5 O Comitê deverá proferir decisão no prazo de 30 (trinta) dias contados da última aceitação dos membros indicados, podendo tal prazo ser prorrogado por ato do Presidente da CAMARB.

A CAMARB, bem como o CCBC, prevê a composição de um Comitê de Árbitros criado especificamente para analisar e decidir acerca do pedido de impugnação.

Por fim, o art. 12 da UNCITRAL é expresso, ao dizer que a parte só pode impugnar o Árbitro que indicou nos casos em que o motivo da impugnação for conhecido posteriormente a sua nomeação:

> *1. Any arbitrator may be challenged if circumstances exist that give rise to justifiable doubts as to the arbitrator's impartiality or independence.*
> *2. A party may challenge the arbitrator appointed by it only for reasons of which it becomes aware after the appointment has been made.*

2012: A Commentary. The Hague: Eleven International Publishing, 2016, p. 120.

2.3 Impugnação depois da sentença arbitral final

Nessa fase mais avançada do procedimento arbitral, há de se ter um maior cuidado em relação à Impugnação do Árbitro. Isso porque, após a prolação da Sentença Arbitral Final, é incontestável que, caso a impugnação seja aceita, haverá prejuízos em termos de tempo e dinheiro[50].

É, portanto, por esse motivo que a doutrina afirma que, após a prolação da Sentença, não basta apenas a alegação do dever de violação ou mesmo a apresentação de indícios que, em abstrato, prejudicariam a independência ou a imparcialidade do Árbitro. Há a necessidade de se comprovar que, no caso concreto, o Árbitro agiu de forma parcial no curso do procedimento[51].

Essa maior rigidez na análise da impugnação após a Sentença decorre do fato de que, muitas vezes, essa impugnação é apenas um reflexo de insatisfação da Parte com o resultado da Sentença proferida, e não um real argumento de falta de independência ou imparcialidade do Árbitro[52].

Em que pese essa maior gravidade das impugnações realizadas após a prolação da Sentença Arbitral, os regulamentos não fazem nenhum tipo de distinção, de requisitos ou procedimento, entre esses casos e aqueles ocorridos após a constituição do Tribunal Arbitral e antes da prolação da Sentença Arbitral Final.

3. Análise de casos

3.1 Caso nº 1 de impugnação no início do procedimento

a) Fundamentos da impugnação

No caso LCIA nº 142862, cujo resumo foi recentemente publicado na base de dados online da própria LCIA[53], houve a nomeação de Tribunal Arbitral, com três Árbitros, para a solução de uma controvérsia que envolvia um Estado.

[50] *"Accordingly, cases where a party's later challenge to an arbitrator are admissible must be limited to entirely exceptional situations supported by evidence that there is objectively no way suck circumstances could have been determined by a party exercising its rights with sufficient caution. It should be noted that international practice is highly sensitive to late challenges to an arbitrator and limits the admissibility of such challenges to isolated genuinely eligible cases."* (Belohlávek, Alexander J. **Arbitration Law of Czech Republic:** Practice and Procedure. New York: JurisNet, LLC, 2013, p. 599).

[51] Wald, Arnoldo. A Ética e a Imparcialidade na Arbitragem. **Revista de Arbitragem e Mediação**, Out-Dez 2013, v. 39/2013, versão digital.

[52] Menezes, Caio Campello de. Como Barrar as Táticas de Guerrilha em Arbitragens Internacionais? **Revista Brasileira de Arbitragem**, 2015, v. XII, Issue 45, p. 85.

[53] Os resumos dos casos de impugnação da LCIA podem ser encontrados através do seguinte *link*: https://www.lcia.org/challenge-decision-database.aspx. Acesso em: 15 jun. 2019.

Dois dias após a indicação, que já foi realizada com o envio do *Curriculum Vitae* e do *Statement of Independence and Availability and Consent to Appointment*, o Requerente, em vista do art. 10.3 do Regulamento da LCIA[54], impugnou a nomeação de um dos Árbitros. Como fundamento da impugnação, a Parte indicou que o Árbitro era nacional do Estado Parte e, ainda, professor de uma universidade do Estado Parte, o que atentaria contra sua independência e imparcialidade.

Para além desses fatos, foi identificado que o Presidente da empresa Requerida (cujo Estado era sócio controlador), fazia parte do Conselho de Administradores da Universidade.

b) Defesa

O Estado, em sua posição de Parte, afirmou que a Universidade e o Estado eram entes públicos autônomos, com personalidades jurídicas diferentes, e que a Universidade não fazia parte do governo, de forma que o Árbitro impugnado não poderia ser entendido como um oficial do Estado. Alegou, ainda, que era usual a atuação de professores universitários na qualidade de Árbitros em Arbitragens comerciais e de investimentos que envolvem o Estado.

O Árbitro impugnado, por sua vez, listou três casos em que a Corte da CCI decidiu que o emprego indireto de um Árbitro por um Estado, Parte da arbitragem, não o desqualifica para atuar como tal. De todo modo, reiterou o entendimento de que ser empregado da Universidade não o torna um agente estatal.

Sobre a questão do Conselho de Administradores da Universidade, afirmou que ele não tem funções de administração ou supervisão, mas que apenas atua como um corpo responsável por atrair financiamentos não governamentais, para projetos científicos desenvolvidos na Universidade.

Uma vez que o Conselho é composto por diversos Presidentes, de outras companhias e até mesmo bancos, seria compreensível a presença do Presidente da empresa Requerida como membro do Conselho e, assim, nenhuma pessoa razoável suscitaria dúvidas a respeito do Árbitro, professor da Universidade.

[54] Íntegra do art. 10.3 do Regulamento da LCIA: "*10.3 A party challenging an arbitrator under Article 10.1 shall, within 14 days of the formation of the Arbitral Tribunal or (if later) within 14 days of becoming aware of any grounds described in Article 10.1 or 10.2, deliver a written statement of the reasons for its challenge to the LCIA Court, the Arbitral Tribunal and all other parties. A party may challenge an arbitrator whom it has nominated, or in whose appointment it has participated, only for reasons of which it becomes aware after the appointment has been made by the LCIA Court*". (LCIA. **Arbitration Rules** (2020). Disponível em: https://www.lcia.org/Dispute_Resolution_Services/lcia-arbitration-rules-2020. Acesso em: 15 jun. 2021.)

c) Decisão sobre a Impugnação

A decisão da LCIA sobre a impugnação ora estudada foi realizada com fundamento nos arts. 10.1[55], 5.3[56], 5.4[57] e 5.5[58] do Regulamento da LCIA.

Inicialmente, o Vice-Presidente da LCIA[59] afirmou que o conceito "dúvidas justificáveis" presente no art. 5.4 do Regulamento trata de uma análise objetiva

[55] Íntegra do art. 10.1 do Regulamento da LCIA: "*10.1 The LCIA Court may revoke any arbitrator's appointment upon its own initiative, at the written request of all other members of the Arbitral Tribunal or upon a written challenge by any party if: (i) that arbitrator gives written notice to the LCIA Court of his or her intent to resign as arbitrator, to be copied to all parties and all other members of the Arbitral Tribunal (if any); (ii) that arbitrator falls seriously ill, refuses or becomes unable or unfit to act; or (iii) circumstances exist that give rise to justifiable doubts as to that arbitrator's impartiality or independence.*". (LCIA. Arbitration Rules (2020). Disponível em: https://www.lcia.org/Dispute_Resolution_Services/lcia-arbitration-rules-2020. Acesso em: 15 jun. 2021.)

[56] Íntegra do art. 5.3 do Regulamento da LCIA: "*5.3 All arbitrators shall be and remain at all times impartial and independent of the parties; and none shall act in the arbitration as advocate for or representative of any party. No arbitrator shall advise any party on the parties' dispute or the outcome of the arbitration.*". (*Ibid.*)

[57] Íntegra do art. 5.4 do Regulamento da LCIA: "*5.4 Before appointment by the LCIA Court, each arbitral candidate shall furnish to the Registrar (upon the latter's request) a brief written summary of his or her qualifications and professional positions (past and present); the candidate shall also agree in writing fee-rates conforming to the Schedule of Costs; the candidate shall sign a written declaration stating: (i) whether there are any circumstances currently known to the candidate which are likely to give rise in the mind of any party to any justifiable doubts as to his or her impartiality or independence and, if so, specifying in full such circumstances in the declaration; and (ii) whether the candidate is ready, willing and able to devote sufficient time, diligence and industry to ensure the expeditious and efficient conduct of the arbitration. The candidate shall furnish promptly such agreement and declaration to the Registrar.*". (*Ibid.*)

[58] Íntegra do art. 5.5 do Regulamento da LCIA: "*5.5 If appointed, each arbitral candidate shall thereby assume a continuing duty as an arbitrator, until the arbitration is finally concluded, forthwith to disclose in writing any circumstances becoming known to that arbitrator after the date of his or her written declaration (under Article 5.4) which are likely to give rise in the mind of any party to any justifiable doubts as to his or her impartiality or independence, to be delivered to the LCIA Court, any other members of the Arbitral Tribunal and all parties in the arbitration.*". (*Ibid.*)

[59] A aplicação conjunta dos arts. 10.6 do Regulamento da LCIA com o parágrafo D.3(b) da Constituição da LCIA fazem com que a competência para analisar e julgar casos de impugnação de Árbitros seja do Vice-Presidente da LCIA. Confira-se a íntegra do art. 10.6 do Regulamento: "*10.6 Unless the parties so agree or the challenged arbitrator resigns in writing within 14 days of receipt of the written statement, the LCIA Court shall decide the challenge and, if upheld, shall revoke that arbitrator's appointment. The LCIA Court's decision shall be made in writing, with reasons; and a copy shall be transmitted by the Registrar to the parties, the challenged arbitrator and other members of the Arbitral Tribunal (if any). A challenged arbitrator who resigns in writing prior to the LCIA Court's decision shall not be considered as having admitted any part of the written statement.*" (*Ibid.*) e a íntegra parágrafo D.3(b) da Constituição: "*D. Functions of the Court [...] 3. All other functions of the Court under Articles D.1(a) and D.1(b) shall be performed in the name of the Court: [...](b) by an Honorary Vice President, or a former Vice President of the Court, appointed by the President or a Vice President.*" (LCIA. Constitution of the LCIA (1990). Disponível em: courthttps://www.lcia.org/LCIA/constitution-of-the-lcia-court.aspx. Acesso em: 15 jun. 2021.)

da percepção subjetiva a respeito do Árbitro impugnado. Nesse sentido, afirmou que:

> *The objective evaluation of the justifiable doubt criterion focuses on the justifiable aspect of these doubts. These subjective doubts go beyond a third party's personal feelings, they must be objectively justifiable. It is not only someone's perception; it is whether the facts bear out that person's subjective appraisal of the situation. Said otherwise, in order for the challenge to succeed, a reasonable third party reviewing the case at hand should not have doubts supported by the circumstances of the case as to the independence of the arbitrator or as to his or her impartiality.*[60]

Atestou, ainda, que o padrão de independência e imparcialidade, para fins de impugnação de Árbitros, adotado pela LCIA, está em consonância com aquele previsto no art. 12 da Lei Modelo da UNCITRAL[61], na Lei de arbitragem Inglesa[62] e nas *IBA Guidelines*.

A questão, que o Vice-Presidente da LCIA se propôs a responder, foi se, no caso concreto, os fatos fundamentadores da impugnação (i) poderiam criar dúvidas justificadas sobre a independência e a imparcialidade e se (ii) seriam capazes de prejudicar a condução do procedimento.

Adentrando no mérito da impugnação, entendeu que o simples fato de ser nacional do Estado Parte, bem como professor de uma Universidade estatal, não era suficiente para a impugnação do Árbitro.

Todavia, a questão da presença, do Presidente da empresa Requerida no Conselho de Administração da Universidade, ainda que apenas para tratativas externas, de investimentos em pesquisas acadêmicas e científicas, foi entendida

[60] LCIA. Reference 142862, de 2 de junho de 2015, § 45. Disponível em: https://www.lcia.org/challenge-decision-database.aspx. Acessado em: 15 jun. 2019.

[61] Íntegra do art. 12 da Lei Modelo da UNCITRAL: "Artigo 12.º Fundamentos de objeção. (1) Quando uma pessoa for indicada com vistas à sua eventual nomeação como árbitro, fará notar todas as circunstâncias que possam suscitar dúvidas fundamentadas sobre sua imparcialidade ou independência. A partir da data da sua nomeação e durante todo o procedimento arbitral, o árbitro fará notar sem demora às partes as referidas circunstâncias, a menos que já o tenha feito. (2) Um árbitro só pode ser objetado se existirem circunstâncias que possam suscitar dúvidas fundamentadas sobre sua imparcialidade ou independência ou se não possuir as qualificações que as partes acordaram. Uma parte só pode objetar um árbitro nomeado por si, ou em cuja nomeação tiver participado, por um motivo de que tenha tido conhecimento apenas após essa nomeação". (UNCITRAL. UNCITRAL Model Law on International Commercial Arbitration 1985, with amendments as adopted in 2006. Disponível em: https://uncitral.un.org/sites/uncitral.un.org/files/media-documents/uncitral/en/19-09955_e_ebook.pdf. Acesso em: 15 jun. 2021.)

[62] As partes haviam indicado que a lei aplicável ao procedimento era a inglesa.

como atentatória ao dever de independência e imparcialidade do Árbitro, que era professor da Universidade Estatal.

Diante de todos esses argumentos, o Vice-Presidente da LCIA admitiu e concordou com a impugnação, substituindo o Árbitro.

3.2 Caso nº 2 de impugnação no início do procedimento

a) Fundamentos da Impugnação

O segundo caso de impugnação no Início do Procedimento também é da base de dados da LCIA[63]. No procedimento nº 173566, a LCIA indicou três Árbitros para a composição de um Tribunal Arbitral.

Ocorre que, logo após sua indicação, um dos Coárbitros revelou, enquanto estava no *BAR*, ter atuado em nome e, também, contra a Requerente. Além disso, durante o *BAR*, teria sido instruído pelo Advogado da Requerente. Sobre essas três situações, informou que não se lembrava quantas vezes ou sob quais circunstâncias elas teriam ocorrido.

Por fim, informou que conhecia uma pessoa, funcionária da Requerente, há quarenta anos, mas que eram apenas conhecidos da faculdade, e não amigos próximos.

A Requerida, entendendo a revelação do Coárbitro como muito vaga, pediu-lhe que detalhasse os fatos e circunstâncias de sua relação com a Requerente e seus Patronos.

Em atenção a esse pedido, o Coárbitro deu a seguinte resposta:

I practised at the Bar between 1975 and 2000. My practice ceased [...] on my appointment to [Court A]. Whilst not wishing to engage in semantics, this I would respectfully suggest is a little more than "several" years ago. During that time I was instructed by most, if not perhaps all, of the firms solicitors then practising in London in the [relevant] field. During my [...] years sitting in [Court A] and [...] years sitting in [Court B] I also of course dealt judicially with many cases involving those same solicitors and their clients. I am advised by my clerk [...] that such records as survive in chambers of my practice are of fee notes rendered. [My clerk] has searched the system. A search for [the Claimant's name] reveals no cases. Of course a fee note rendered to a solicitor citing [a different means of referring to the matter than the Claimant's name] may have related to [the Claimant]. The name of [an individual] at [the Claimant company] is on the chambers' system, but there is no record of

[63] Os resumos dos casos de impugnação da LCIA podem ser encontrados através do seguinte *link*: https://www.lcia.org/challenge-decision-database.aspx. Acesso em: 15 jun. 2019.

> *my having been instructed by him or having worked with him. That accords with my own, imperfect, recollection. I still think it likely that I must have acted for (and against) [the Claimant] but I have no further recollection. The records show one case for [the Claimant's counsel]. Apparently I gave advice in June 1994 [...]. I do not know whether this was the only time I acted for [the Claimant's counsel]. I mean them no disrespect when I record, as is I have no doubt the case, that I may have difficulty now in distinguishing them in my recollection from one or two other small niche [...] firms [in the relevant area] which were started up at much the same time by solicitors whom I knew from longer established firms. I am sorry that I cannot be more helpful.* [64]

Novamente em dúvidas sobre o revelado pelo Coárbitro, a Requerida pediu novos esclarecimentos sobre a relação existente entre o Coárbitro, a Requerente e seus advogados.

Após o recebimento das respostas, a Parte impugnou o Árbitro.

b) Defesa

A Requerente informou que eve um único contato com o Coárbitro, em 2014, quando ele proferiu uma decisão contra a Requerente. A respeito da ligação com os Advogados, afirmou que nunca houve nenhum contato entre eles.

O Coárbitro, por sua vez, informou que já havia devidamente cumprido com seu dever de revelação ao assinar o Termo de Independência e ao prestar informações adicionais às Partes, de forma que não haveria mais o que acrescentar.

c) Decisão sobre a Impugnação

A LCIA entendeu que a impugnação fora feita dentro do prazo previsto no art. 10.1 de seu Regulamento e, por isso, passou à análise do mérito.

O Vice-Presidente disse não concordar com o entendimento da Requerida, de que as respostas dadas pelo Coárbitro teriam sido vagas e inconsistentes. Uma vez que os principais fatos ocorreram no ano 2000, já não seria mais necessária sua revelação uma vez que, a princípio, não colocariam em risco sua independência ou imparcialidade.

Ao fim de sua análise, o Vice-Presidente rejeitou a impugnação ao Coárbitro.

[64] LCIA. Reference 173566, de 21 de julho de 2017, § 1.5. Disponível em: https://www.lcia.org/challenge-decision-database.aspx. Acesso em: 15 jun. 2019.

3.3 Caso nº 1 de Impugnação no Curso do Procedimento

a) Fundamentos da Impugnação

O Coárbitro impugnado, quando do envio da sua *Declaração de Aceitação, Disponibilidade, Imparcialidade e Independência,* informou às Partes que já havia sido indicado pelo Requerido em um Procedimento Arbitral, encerrado em 2016, isto é, um ano antes do início do Procedimento ora estudado. Informou, também, que ainda estava atuando em outros dois Procedimentos que envolviam o escritório do Requerido.

Diante de tais revelações, o Requerente impugnou o Coárbitro, o que foi inadmitido pela Corte da CCI[65].

O Procedimento Arbitral teve continuidade por um ano até que foi publicada, pela revista Global Arbitration Review (GAR), uma notícia informando que o Coárbitro havia, no outro procedimento em que fora indicado pelo Requerido, falhado em seu dever de revelação. O referido fato gerou no Requerente dúvidas acerca da independência e imparcialidade do Coárbitro. A fim de saná-las, foram requisitadas informações adicionais, sobre a relação existente entre o Coárbitro e o Requerido.

Em resposta, o Coárbitro revelou três casos adicionais em que atuava, diferentes dos anteriormente revelados, e que o escritório Patrono do Requerido, ainda que não diretamente, estava envolvido. Após tais revelações, o Requerente novamente impugnou o Coárbitro.

A Parte, ao proceder sua impugnação, além de destrinchar os fatos até aqui narrados, alegou que o simples fato de o Coárbitro apenas ter revelado três dos seis casos, em que tinha algum tipo de ligação com o Requerido ou seu Patrono, já era suficiente para criar uma falta de confiança na Independência e Imparcialidade do Coárbitro.

b) Defesa

Em sua defesa, o Coárbitro impugnado informou que não vislumbrava nada que pudesse, no caso concreto, afetar sua independência ou imparcialidade.

Inicialmente, informou que é sempre classificado como um dos principais e mais procurados Árbitros de seu país, de forma que sempre está envolvido em grandes litígios dos maiores e mais renomados escritórios locais. Alegou, ainda, que o mercado sobre o qual o Procedimento Arbitral versava é muito res-

[65] Tendo em vista a confidencialidade do procedimento a ser estudado, os nomes das Partes e dos Árbitros, bem como características que permitam identificá-los, serão preservados.

trito, tanto em termos de clientes, quanto em termos de escritórios de advocacia especializados.

Defendeu, ainda, que o mero contato ou conhecimento com a Parte que o indicou, ou seus Patronos, não era suficiente para estabelecer entre eles uma relação suficientemente forte que afetasse sua independência e imparcialidade.

Sobre o processo interno de escolha daquilo que revelaria ou não, entendeu que apenas três dos seis casos, que foram apontados como determinantes para sua Impugnação, de fato, teriam um potencial de gerar dúvidas justificáveis nas Partes dentro do padrão internacional. Todos as outras três situações estariam, a seu ver, englobadas na Lista Verde das IBA Guidelines.

c) Decisão sobre a Impugnação

A Corte da CCI, em sua decisão, analisou, no primeiro momento, a admissibilidade da Impugnação. Nesse sentido, a Corte considerou que três dos seis casos, que levaram à impugnação, já haviam sido revelados pelo Coábitro quando em sua Declaração de Aceitação, Disponibilidade, Imparcialidade e Independência.

Todavia, em relação às informações adicionais recebidas acerca dos outros três casos, a Impugnação ainda era tempestiva de acordo com o art. 14(2) do Regulamento da CCI[66].

Passando para a análise do Mérito, a Corte atentou aos arts. 11(1)[67] e 14(1)[68] do Regulamento. Relembrou que a atuação do Coárbitro, nos três primeiros casos revelados, já havia sido discutida pela Corte anteriormente, que declarou que o contato entre ele e a Parte não configuraria qualquer tipo de dano à sua independência e imparcialidade.

A respeito dos três outros casos, informou que tanto a lista das *ICC Notes* quanto a das *IBA Guidelines* não são exaustivas, em relação a tudo aquilo que deve ser revelado, e que, portanto, não caberia ao Coárbitro deixar de revelar algo relevante acerca de sua independência e imparcialidade.

[66] Íntegra do art. 14(2) do Regulamento da CCI: "A impugnação deve, sob pena de rejeição, ser apresentada por uma das partes dentro do prazo de trinta dias seguintes ao recebimento, pelo impugnante, da notificação de nomeação ou confirmação do árbitro, ou dentro de trinta dias a partir da data em que o impugnante tomou conhecimento dos fatos e circunstâncias em que se fundamenta a impugnação, no caso de esta data ser subsequente ao recebimento da referida notificação".

[67] Íntegra do art. 11(1) do Regulamento da CCI: "Todo árbitro deverá ser e permanecer imparcial e independente das partes envolvidas na arbitragem".

[68] Íntegra do art. 14(1) do Regulamento da CCI: "A impugnação de um árbitro por alegada falta de imparcialidade ou independência ou por quaisquer outros motivos deverá ser feita por meio da apresentação de uma declaração por escrito à Secretaria, especificando os fatos e circunstâncias que lhe servem de fundamento".

Por outro lado, a Corte afirma que o fato de o Coárbitro não revelar situações por entender que não haveria dúvida, quanto à sua independência e imparcialidade, aos olhos das Partes, não é, automaticamente, um indício de violação de qualquer desses deveres.

A situação do Coárbitro foi agravada pelo fato de que, quando solicitadas as informações adicionais, ele respondeu de forma grosseira, com tom de irritação. Esse motivo, somado aos outros argumentos suscitados pelo Requerente, levaram a Corte a aceitar a impugnação do Coárbitro.

3.4 Caso nº 2 de impugnação no curso do procedimento

a) Fundamentos da impugnação

Em recente caso da CCI, a Requerida impugnou um Árbitro devido à ausência de revelação sobre o fato de que, na mesma data do recebimento das Alegações Finais no procedimento ora analisado, ele havia apresentado um Requerimento de uma nova Arbitragem, no qual constava como Advogado da Requerente contra a própria Requerida[69].

Tal fato estaria, a seu ver, ferindo gravemente os deveres de independência e imparcialidade esperados do Árbitro durante todo o procedimento arbitral. Teria ocorrido, assim, a perda de confiança da Parte no Árbitro, o que o impediria de continuar atuando no procedimento.

b) Defesa

O Árbitro impugnado negou qualquer violação ao dever de independência e imparcialidade, uma vez que não atua como advogado da Requerente na nova arbitragem, suscitada pela Requerida.

Informou, ainda, que, no passado, seu escritório auxiliou a Requerente em alguns projetos, mas ele pessoalmente nunca teve nenhuma relação com tais atividades. Nesse sentido, alegou que ele e seu escritório são duas entidades distintas, e que o segundo conta com mais de 20 outros sócios.

A Requerente também nega a participação do Árbitro como seu advogado no novo procedimento arbitral e diz, ainda, que a impugnação é uma estratégia da Requerida para atrasar o andamento do procedimento.

Afirma, por fim, que, de acordo com o Princípio Geral nº 6 das Diretrizes da IBA, a diferenciação entre a pessoa do Árbitro e a figura de seu escritório

[69] Tendo em vista a confidencialidade do procedimento a ser estudado, os nomes das Partes e dos Árbitros, bem como características que permitam identificá-los, serão preservados.

pode ser realizada. Dessa forma, nem sempre haveria o imediato sinal de quebra da independência ou imparcialidade do Árbitro por fatos que envolvam seu escritório.

c) Decisão sobre a impugnação

Uma vez que a impugnação foi feita dentro do prazo previsto pela CCI, a Corte passou à análise de seu mérito.

Inicialmente, sobre a atuação do Árbitro como Advogado da Parte, informou que três dos vinte sócios do escritório do Árbitro, de fato, estavam defendendo a Requerente no outro procedimento existente contra a Requerida, mas seu nome não constava entre eles.

Entendeu, assim, que poderia sim haver, em algum grau, dependência econômica entre o Advogado e a Parte e que ele também poderia, devido à sua atuação como Árbitro, receber informações que pudessem auxiliar os demais membros de seu escritório no outro procedimento envolvendo as mesmas Partes.

Concordou, também, com o argumento de que o Árbitro descumpriu seu dever de revelação, ao não informar sobre a atuação de seu escritório no segundo caso.

Por tais motivos, a Corte da CCI aceitou a impugnação do Árbitro e determinou a sua substituição.

3.5 Caso nº 1 de impugnação após a sentença

a) Fundamentos da impugnação

Recente caso brasileiro pode ser estudado como exemplo de impugnação de Árbitro depois da Sentença Arbitral Final, ou seja, ao fim do procedimento[70].

No momento da Instauração do Procedimento Arbitral, quando do envio do Questionário de Conflito de Interesse e Disponibilidade, a Coárbitra, indicada pela Parte Requerente do Procedimento, fez a revelação (i) de que havia atuado em favor da Parte que a indicou em ação judicial, durante 4 (quatro) anos; (ii) de que juntamente com seu marido, deu parecer jurídico para empresa do Grupo Econômico da Requerida; e (iii) do fato de que seu sogro e seu marido emitiram parecer jurídico em favor da Requerente.

[70] TJSP. Apelação Cível nº 1076161-35.2017.8.26.0100, 31ª Câmara de Direito Privado do Tribunal de Justiça de São Paulo, Rel. Des. Francisco Casconi, j. em 08.09.2020.

Importante ressaltar, para fins de futuras análises e considerações, que todos os fatos acima relatados ocorreram aproximadamente 9 (nove) anos antes da apresentação do Requerimento da Arbitragem ora estudado.

Apesar de tal revelação, dias após o protocolo da Sentença Final Arbitral pelo Tribunal Arbitral, a Parte Impugnante (Requerida no Procedimento Arbitral) apresentou Impugnação à Coárbitra, alegando que ela teria deixado de revelar, ao início do procedimento, questões relevantes para a aferição da sua confiança.

As informações alegadamente omitidas seriam que (i) a Coárbitra não havia apresentado renúncia do mandato judicial de representação, da Parte Indicadora, no processo judicial em que, juntamente com seu cônjuge constava como seu advogado e (ii) no mesmo processo, quando já iniciada a disputa arbitral, foi interposto recurso de agravo de instrumento, em que ambos permaneciam como advogados da causa.

Apesar de tais fatos serem anteriores, ou ao menos concomitantes, em relação ao procedimento arbitral, o que os impede de serem analisados como fatos novos, a Parte Impugnante, por meio de Ata Notarial, alegou que só teve acesso às informações cerca de uma semana após o recebimento da Sentença Arbitral Final.

Foi, portanto, a partir de tais alegações que a Parte Impugnante suscitou a infração aos artigos 5.2(d) e (l)[71] e 5.3[72] do Regulamento do CAM/CCBC, assim como a aplicação dos itens 2.3.1 e 2.3.9 da Lista Vermelha[73] e 3.1.1, 3.1.4 e 3.2.1 da Lista Laranja[74] da IBA Guidelines.

[71] Íntegra do art. 5.2 do Regulamento do CAM-CCBC: "Não pode ser nomeado árbitro aquele que: [...] "(d) for cônjuge, parente, consangüíneo ou afim, em linha reta ou colateral, até segundo grau, do advogado ou procurador de uma das partes [...] (l) tenha interesse econômico relacionado com qualquer das partes ou seus advogados, salvo por expressa concordância das mesmas".

[72] Íntegra do art. 5.3 do Regulamento do CAM-CCBC: "Compete ao Árbitro declarar, a qualquer momento, seu eventual impedimento e recusar sua nomeação, ou apresentar renúncia."

[73] Íntegra do item 2.3.1 do IBA Guidelines: "O árbitro atualmente representa ou presta consultoria a uma das partes ou a uma afiliada de uma das partes".
Íntegra do item 2.3.9 do IBA Guidelines: "Um familiar próximo do árbitro possui interesse financeiro ou pessoal significativo numa das partes ou numa afiliada de uma das partes."

[74] Íntegra do item 3.1.1 do IBA Guidelines: "O árbitro atuou, nos três anos anteriores, como mandatário de uma das partes ou de uma afiliada de uma das partes, ou prestou assessoria jurídica ou foi consultado pela parte ou por uma afiliada da parte que o indicou em assunto não relacionado, mas o árbitro e a parte, ou afiliada desta, não têm uma relação permanente".
Íntegra do item 3.1.4 do IBA Guidelines: "A sociedade de advogados do árbitro atuou, nos três últimos anos, para ou contra uma das partes, ou uma afiliada de uma das partes, em assunto não relacionado, sem o envolvimento do árbitro.

b) Defesa

A Coárbitra impugnada, em sua Resposta à Impugnação, afirmou que já havia revelado sua atuação profissional, a favor da Requerente, no Questionário de Conflito de Interesse e de Disponibilidade e, assim, de acordo com o art. 5.4 do Regulamento do CAM/CCBC[75], o pleito da Impugnante estaria precluso.

Levantou, ainda, o argumento de que as informações fornecidas no Questionário apenas corroboram sua boa-fé e adequada postura profissional. Além disso, afirmou que o revelado em seu Questionário fora suficiente para realizar o *standard* subjetivo de revelação. Dessa forma, caso a Parte Impugnante desejasse, poderia, naquele momento, suscitar dúvidas, pedir esclarecimentos e minudência, ou até mesmo objetar a sua indicação.

Sobre a ausência de Renúncia do Mandato Judicial, afirmou que a total ausência de atos processuais, por mais de uma década, figurando o seu nome apenas no cabeçalho de algumas peças, traduziria renúncia por comportamento concludente.

No que tange à sua independência, afirmou ter demonstrado não haver recebido honorários profissionais da Parte Indicadora desde 2004, e seu cônjuge desde 2011, sendo igualmente certo não lhes serem devidos honorários sucumbenciais relacionados ao processo judicial mencionado na Impugnação.

Diante disso, solicitou (i) o desprovimento das alegações de violação à imparcialidade e independência e da consequente nulidade suscitada; e (ii) a declaração de preclusão do pedido formulado pela Parte Impugnante.

A Parte Indicadora, no mesmo sentido que o fez a Coárbitra, sustentou que estaria precluso o direito da Parte Impugnante. A seu ver, as afirmações apresentadas pela Impugnante, sobre o momento de conhecimento dos fatos que sustentam a Impugnação, seriam uma tentativa de burlar o art. 5.4 do Regulamento do CAM-CCBC[76], já que a Coárbitra havia revelado sua relação passada com a Parte Indicadora no momento de sua nomeação.

Íntegra do item 3.2.1 do IBA Guidelines: "A sociedade de advogados do árbitro presta atualmente serviços a uma das partes, ou a uma afiliada de uma das partes, sem que tal constitua uma relação comercial significativa para tal sociedade e sem o envolvimento do árbitro".

[75] Íntegra do art. 5.4. do Regulamento do CAM-CCBC: "As partes poderão impugnar os árbitros por falta de independência, imparcialidade, ou por motivo justificado no prazo de 15 (quinze) dias do conhecimento do fato, sendo a impugnação julgada por Comitê Especial constituído por 3 (três) membros do Corpo de Árbitros nomeados pelo Presidente do CAM-CCBC".

[76] Íntegra do art. 5.4 do Regulamento do CAM-CCBC: "As partes poderão impugnar os árbitros por falta de independência, imparcialidade, ou por motivo justificado no prazo de 15 (quinze) dias do conhecimento do fato, sendo a impugnação julgada por Comitê Especial constituído por 3 (três) membros do Corpo de Árbitros nomeados pelo Presidente do CAM-CCBC".

Além disso, alegou não ser razoável crer que a Parte Impugnante tenha buscado informações sobre o processo judicial após a Sentença Arbitral. Isso porque, se a Parte Impugnante estivesse realmente se sentindo desconfortável com o fato revelado, poderia, na época, ter solicitado maiores detalhes sobre o processo. Alega, ainda, que a Parte só se mostrou incomodada com o fato após o recebimento da Sentença, que lhe foi desfavorável.

A respeito da imparcialidade e independência da Coárbitra, a Parte Indicadora sustentou que (i) a decretação da nulidade da Sentença Arbitral dependeria da comprovação de que o fato não revelado teria o condão de impedir a atuação da Coárbitra com independência e imparcialidade; e (ii) a Parte Impugnante, no caso em análise, não comprovou de que modo o fato não revelado teria influenciado a atuação da Coárbitra no procedimento arbitral, mais especificamente a Sentença Arbitral, proferida de forma unânime pelo Tribunal Arbitral.

c) **Decisão sobre a impugnação**

O Tribunal Arbitral proferiu a sua Decisão sobre a Impugnação com base na Lei de Arbitragem, no Regulamento do CAM-CCBC e nas IBA Guidelines.

Inicialmente, o Comitê Especial discorreu acerca da permanência do Tribunal Arbitral após a prolação da Sentença Arbitral Final. Nesse aspecto, afirmou que, uma vez que as Partes apresentaram Pedidos de Esclarecimentos da Sentença, ainda não havia ocorrido o *functus officio*[77] dos membros do Tribunal Arbitral e, assim, eles ainda podiam ser impugnados.

Feita essa digressão, o Comitê Especial adentrou na temática da tempestividade, analisando os elementos que comprovariam ter a Parte Impugnante conhecido os fatos que baseavam a Impugnação da Coárbitra em um momento posterior à prolação da Sentença Arbitral Final.

Apontou, ainda, que tal exame deveria ainda considerar o estágio do procedimento arbitral, que estava na iminência de encerramento. Tal consideração revelou-se importante, uma vez que a nulidade dos atos praticados, bem como os custos financeiros e temporais incorridos por ambas as Partes são apenas algumas das consequências que o acolhimento de uma impugnação, submetida ao final do procedimento arbitral, pode acarretar.

[77] *"The functus officio doctrine dictates that, once arbitrators have fully exercised their authority to adjudicate the issues submitted to them, their authority over those questions is ended, and the arbitrators have no further authority, absent agreement by the parties, to redetermine those issues."* (T. Co Metals, LLC *v.* Dempsey Pipe & Supply, 592 F.3d 329, 342 (2d Cir. 2010). Disponível em: https://www.courtlistener.com/opinion/1356933/t-co-metals-llc-v-dempsey-pipe-supply-inc/. Acesso em: 07 jun. 2019).

O Comitê Especial entendeu, da análise dos fatos, que as declarações unilaterais da Parte Impugnante eram insuficientes para determinar, com a certeza necessária, o momento em que a Parte Impugnante teve conhecimento da demanda judicial que servia de base para a Impugnação.

Suscitou, ainda, o dever de investigar da Parte Impugnante, uma vez que a revelação feita, pela Coárbitra, no início do procedimento arbitral, já seria suficiente para gerar, na Parte Impugnante, uma curiosidade de investigação e, por consequência, o dever de aprofundar questionamentos, requerer esclarecimentos adicionais, ou até mesmo objetar a nomeação. Estaria qualificada, portanto, a preclusão do direito da Parte Impugnante de impugnar a Coárbitra.

3.6 Caso nº 2 de impugnação após a sentença

a) Fundamentos da impugnação

Uma situação curiosa foi motivo de pedido de impugnação em um procedimento da CCI[78]. Um Coárbitro, inadvertidamente e, por engano, enviou à Requerente a minuta da Sentença Arbitral Final que estava sendo discutida pelo Tribunal Arbitral. Depois que o erro foi identificado e avisado ao Presidente do Tribunal Arbitral pela própria Parte, foi pedido que as Partes desconsiderassem o e-mail recebido por engano.

A Requerida, em resposta, disse que esse era um erro extremamente grave e que, portanto, o e-mail não poderia ser simplesmente ignorado. Analisou o documento que lhe foi enviado e, ao discordar com a minuta, criticou o raciocínio e a decisão adotados, afirmando que não houve respeito ao princípio do contraditório.

A Requerida fundamenta a impugnação na violação do art. 22.4 do Regulamento da CCI[79].

b) Defesa

O Árbitro impugnado, que enviou a minuta da Sentença à Parte, alegou, em sua defesa, que não teve culpa no envio da minuta à Parte, e que seu computador havia sido *hackeado*. Informou, ainda, que nunca falou diretamente com nenhuma das Partes envolvidas no procedimento.

[78] Tendo em vista a confidencialidade do procedimento a ser estudado, os nomes das Partes e dos Árbitros, bem como características que permitam identificá-los, serão preservados.

[79] Íntegra do art. 22.4 do Regulamento da CCI: "Em todos os casos, o tribunal arbitral deverá atuar de forma equânime e imparcial, devendo sempre assegurar que cada parte tenha tido a oportunidade de apresentar as suas razões.".

c) Decisão sobre a impugnação

Ao indicar a tempestividade da apresentação da impugnação, a Corte da CCI passou à análise da alegada violação ao segredo de deliberação e do dever de imparcialidade.

Sobre o primeiro aspecto, informou que não há qualquer tipo de proibição formal que impeça o envio de minutas de Sentenças às Partes. Disse, ainda, que a análise dos fatos e das provas estudados demonstraram que claramente não houve intenção, por parte do Árbitro, de enviar a minuta à Parte, mas sim ao Presidente do Tribunal Arbitral.

Passando ao segundo argumento, de violação ao dever de imparcialidade, a Corte reiterou que todo Tribunal Arbitral lhe envia, antes de encaminhar às Partes, a minuta da Sentença[80]. Dessa forma, não caberia às Partes comentar sobre o raciocínio feito pelo Tribunal em sua decisão.

Para sanar eventuais insatisfações da Parte, para com o resultado final concretizado na Sentença Arbitral, deve-se recorrer às soluções previstas no art. 36 do Regulamento da CCI[81], e não usar inadequadamente, e de forma atécnica, o instituto da impugnação.

[80] Íntegra do art. 34 do Regulamento da CCI: "Exame prévio da sentença arbitral pela Corte. Antes de assinar qualquer sentença arbitral, o tribunal arbitral deverá apresentá-la sob a forma de minuta à Corte. A Corte poderá prescrever modificações quanto aos aspectos formais da sentença e, sem afetar a liberdade de decisão do tribunal arbitral, também poderá chamar a atenção para pontos relacionados com o mérito do litígio. Nenhuma sentença arbitral poderá ser proferida pelo tribunal arbitral antes de ter sido aprovada quanto à sua forma pela Corte".

[81] Íntegra do art. 36 do Regulamento da CCI: "Correção e interpretação da sentença arbitral; devolução de sentenças arbitrais 1 Por iniciativa própria, o tribunal arbitral poderá corrigir qualquer erro material, de cálculo ou tipográfico, ou quaisquer erros similares encontrados na sentença arbitral, desde que tal correção seja submetida à aprovação da Corte dentro do prazo de 30 dias a partir da data da prolação da sentença. 2 Qualquer pedido de correção de um erro do tipo referido no artigo 36(1), ou quanto à interpretação de uma sentença arbitral, deverá ser feito à Secretaria dentro de 30 dias contados da notificação da sentença às partes, no número de cópias estipulado no artigo 3°(1). Depois da apresentação do pedido ao tribunal arbitral, este deverá conceder à outra parte um prazo curto, não superior a 30 dias, a partir do recebimento do pedido feito pela parte adversa, para que sejam apresentadas as suas observações. O tribunal arbitral deverá apresentar a minuta de sua decisão quanto ao pedido à Corte em até 30 dias após o término do prazo para o recebimento das observações da outra parte ou dentro de qualquer outro prazo fixado pela Corte. 3 A decisão de corrigir ou de interpretar a sentença arbitral deverá ser proferida sob a forma de um addendum, que constituirá parte integrante da sentença arbitral. As disposições dos artigos 32, 34 e 35 serão aplicadas mutatis mutandis. 4 Quando um órgão judicial devolver uma sentença arbitral ao tribunal arbitral, as disposições dos artigos 32, 34 e 35 e o presente artigo 36 serão aplicadas mutatis mutandis a qualquer addendum ou sentença arbitral proferida de acordo com os termos determinados pelo poder judiciário. A Corte poderá adotar qualquer medida que entenda necessária para permitir

Conclusões

Conforme exposto ao longo desse trabalho, a condução, análise e julgamento do Procedimento Arbitral devem ser, a todo momento, acompanhadas da independência e da imparcialidade do Árbitro. Ou seja, cabe a ele atuar, sem estar previamente decidido, em prol de quaisquer Partes, por quaisquer motivos que não sua interpretação dos fatos e argumentos que lhe foram apresentados.

A fim de propiciar o cumprimento eficiente e rigoroso do dever de independência e imparcialidade dos Árbitros, surgem, através da doutrina, de leis que versam sobre arbitragem e de Regulamentos das Câmaras; dois novos deveres, aqui chamados de Dever de Revelar e Dever de Investigar.

Compreendida as delimitações de cada um desses conceitos e deveres, passamos à análise de suas aplicações em cada um dos diferentes momentos de um Procedimento Arbitral, que foram: (i) quando da indicação do Árbitro, ou seja, antes da assinatura do Termo de Arbitragem; (ii) durante o curso do procedimento, isto é, entre a assinatura do Termo de Arbitragem e a prolação da Sentença Arbitral Final; e (iii) no período compreendido entre a prolação da Sentença Arbitral Final e o fim do prazo para a Decisão sobre Pedidos de Esclarecimentos.

Conforme pudemos perceber, à medida que o procedimento está mais avançado, os requisitos para a impugnação, e consequente afastamento de um Árbitro da condução do procedimento, são analisados cada vez com maior rigor.

Tal fato decorre da necessidade de se preservar o procedimento, em vista de todos os investimentos de tempo e dinheiro nele depositados. Há, portanto, uma imperiosa necessidade de ponderação entre o direito das Partes de impugnação do Árbitro e o dever, não só do Árbitro, mas de todos os envolvidos no procedimento arbitral (Tribunal Arbitral, Partes e Câmara), de envidar seus melhores esforços para preservar a integridade do procedimento arbitral.

Por estes motivos, pôde-se perceber que, enquanto no início do procedimento, a análise da independência e da imparcialidade é feita de forma mais abstrata, ou seja, avaliando-se o quanto determinado fato ou revelação poderia influenciar no julgamento da controvérsia, e prejudicar alguma das Partes em benefício da outra. Já nos casos em que a impugnação é suscitada ao fim do procedimento, analisa-se a independência e a imparcialidade como dados concretos, isto é, em que medida determinados atos do Árbitro de fato representaram uma violação ao dever de independência e imparcialidade e, não apenas se, mas também o quanto, isso prejudicou a devida condução e julgamento da lide.

que o tribunal arbitral cumpra os termos da decisão judicial e poderá fixar uma provisão para cobrir quaisquer despesas e honorários adicionais do tribunal arbitral e qualquer despesa administrativa adicional da CCI".

Importa concluir que, esse progressivo rigor, com que tais fatores são analisados, é essencial para que nenhuma das Partes se aproveite de um instituto tão grave e delicado, quanto o da impugnação do Árbitro por violação da independência ou da imparcialidade, com o único objetivo de tumultuar e atrasar o fim do procedimento ou, ainda, de se insurgir contra uma decisão que lhe foi desfavorável e, com isso, ter que reiniciar todo o procedimento.

Referências

BAPTISTA, Luiz Olavo. **Arbitragem comercial e internacional**. São Paulo: Lex Editora, 2011.

—. Dever de revelação do árbitro: extensão e conteúdo. Inexistência de infração. Impossibilidade de anulação da Sentença Arbitral. **Revista de Arbitragem e Mediação**, Jan-Mar 2013, v. 36/2013.

BELOHLÁVEK, Alexander J. **Arbitration Law of Czech Republic:** Practice and Procedure. New York: JurisNet, LLC, 2013.

BENEDETTELLI, Massimo V., CONSOLO, Claudio e RADICATI DI BROZOLO, Luca. **Commentario breve al diritto dell'arbitrato nazionale ed internazionale**. Milão: Casa Editrice Dott. Antonio Milani, 2010.

BORN, Gary. B. **International Commercial Arbitration** (Second Edition), 2. Ed. Kluwer Law International, 2014.

CASEY, J. Brian. **Selection of the Tribunal**. *In*: HANESSIAN, Grant e NEWMAN, Lawrence W. (Ed.). **International Arbitration Checklists**, Second Edition. New York: JurisNet, LLC, 2009.

CARMONA, Carlos Alberto. **Arbitragem e processo:** um comentário à Lei nº 9.307/96. 3. ed. rev., atual. e ampl. São Paulo: Atlas, 2009.

CLAY, Thomas. **L'Arbitre.** Paris: Dalloz, 2001.

DAELE, Karel. **Challenge and disqualification of arbitrators in international arbitration**. The Netherlands: Kluwer Law International, 2012.

DOLINGER, Jacob. O Árbitro da Parte – Considerações Éticas e Práticas. **Revista Brasileira de Arbitragem**, 2005, v. II, Issue 6.

ELIAS, Carlos. **O Árbitro**. *In*: LEVY, Daniel e PEREIRA, Guilherme Setoguti J. (Coords.). **Curso de Arbitragem**. São Paulo: Thomson Reuters Brasil, 2018.

FORBES, Carlos Suplicy e KOBAYASHI, Patrícia S. **Article 5 – Arbitral Tribunal**. *In*: STRAUBE, Frederico José; FINKELSTEIN, Cláudio; CASADO FILHO, Napoleão (Eds.). **The CAM-CCBC Arbitration Rules 2012:** A Commentary. The Hague: Eleven International Publishing, 2016.

FRY, Jason; GREENBERG, Simon; MAZZA, Francesca. **The Secretariat's Guide to ICC Arbitration: A Practical Commentary on the 2012 ICC Rules of Arbitration**

from the Secretariat of the ICC International Court of Arbitration. Paris: International Chamber of Commerce (ICC), 2012.

GAILLARD, Emmanuel; SAVAGE, Jonhn (Ed.). **Fouchard, Gaillard, Goldman on International Commercial Arbitration**, v. I. Londres: Wolters Kluwer, 1999.

KULL, Nadja Jaisli; ROTH, Andrea. **Chapter II:** The Arbitrator and the Arbitration Procedure, Challenging Arbitrators for Lack of Independence or Impartiality: Procedural Pitfalls from a Swiss Perspective. *In*: KLAUSEGGER, Christian, KLEIN, Peter et al. (Eds.). **Austrian Yearbook on International Arbitration 2019**.

LEE, João Bosco; PROCOPIAK, Maria Cláudia de Assis. A Obrigação de Revelação do Árbitro – Está influenciada por Aspectos Culturais ou Existe um Verdadeiro Standard Universal? **Revista Brasileira de Arbitragem**, 2007, v. IV, Issue 14.

LEITE, António Pinto. Independência, Imparcialidade e Suspeição de Árbitro. **Revista Brasileira de Arbitragem**, 2010, v. VII, Issue 25.

LEMES, Selma Maria Ferreira. O Procedimento de Impugnação e Recusa de Árbitro, como sistema de controle quanto à independência e a imparcialidade do julgador. **Revista de Arbitragem e Mediação**, Jul-Set 2016, v. 50/2016.

LUCON, Paulo Henrique dos Santos. Imparcialidade na arbitragem e impugnação aos árbitros. Revista de Arbitragem e Mediação. Out-Dez 2013, v. 39/2013.

MARQUES, Ricardo Dalmaso. Breves Apontamentos sobre a Extensão do Dever de Revelação do Árbitro. **Revista Brasileira de Arbitragem**, 2011, v. VIII, Issue 31.

MENEZES, Caio Campello de. Como Barrar as Táticas de Guerrilha em Arbitragens Internacionais? **Revista Brasileira de Arbitragem**, 2015, v. XII, Issue 45.

PUCCI, Adriana Noemi. O árbitro na arbitragem internacional. Princípios éticos. **Arbitragem Comercial Internacional** (Coord.). São Paulo: LTr, 1998.

PUCCI, Adriana Noemi. **Impugnação de Árbitros**. *In*: CARMONA, Carlos Alberto;

LEMES, Selma Ferreira; MARTINS, Pedro BATISTA. **20 anos da lei de arbitragem:** Homenagem a Petrônio R. Muniz. São Paulo: Atlas, 2017.

REDFERN, Alan; HUNTER, Martin; BLACKABY, Nigel; PARTASIDES, Constantine. **Law and Practice of lnternational Comrnercial Arbitration**. Oxford: Oxford University Press, 2009.

WALD, Arnoldo. A Ética e a Imparcialidade na Arbitragem. **Revista de Arbitragem e Mediação,** Out-Dez 2013, v. 39/2013.

WALD, Arnoldo; BORJA, Ana Gerdau; LONGO, Bryan; TERASHIMA, Eduardo Ono; VIEIRA, Maíra de Melo; CASADO FILHO, Napoleão; GAGLIARDI, Rafael Villar. Article 4 – Commencement of the Arbitration. *In*: STRAUBE, Frederico José, FINKELSTEIN, Cláudio e CASADO FILHO, Napoleão (Eds.). **The CAM-CCBC Arbitration Rules 2012:** A Commentary. The Hague: Eleven International Publishing, 2016.

PARTE 5

ARBITRAGEM E O PODER JUDICIÁRIO

18.
PRODUÇÃO ANTECIPADA DE PROVAS NO JUDICIÁRIO E ARBITRAGEM

CARLOS SUPLICY DE FIGUEIREDO FORBES
MARCO VANIN GASPARETTI
MARINA COUTO FALCONE DE MELO

Introdução

O Código de Processo Civil de 2015 ("CPC/15" ou apenas "CPC") foi elaborado com propósito de valorizar os métodos de resolução de conflitos, com estreita interlocução com os princípios constitucionais[1] (artigo 1º, CPC), prestigiando o "modelo constitucional de processo civil"[2].

Nessa perspectiva, o CPC/15 introduziu no sistema processual normas que valorizam a condução de um processo judicial pautado na eficiência, simplicidade e na duração razoável do processo, sem perder de vista o objetivo fundamental de resolução justa e equânime das controvérsias.

Dentro desse contexto de incentivar e estimular a autocomposição das partes, proporcionando meios para a solução extrajudicial de controvérsias, o CPC/15 promoveu mudanças significativas na antiga "Cautelar de Produção Antecipada de Provas". Além de retirar do procedimento probatório o caráter "cautelar" (figura essa, aliás, eliminada no processo civil como procedimento), as

[1] Exposição de Motivos do Código de Processo Civil de 2015.

[2] Este modelo, conforme ensina Cassio Scarpinella Bueno, é composto, em um primeiro plano, pelos princípios emanados da Constituição Federal que "*ocupam-se especificamente com a conformação do próprio processo, assim entendido o método de atuação do Estado-juiz e, portanto, método de exercício da função jurisdiciona. São eles que fornecem as diretrizes mínimas, mas fundamentais, do próprio comportamento do Estado-juiz*" (Bueno, Cassio Scarpinella. **Curso Sistematizado de Direito Processual Civil**, 10 ed. São Paulo: Saraiva Jur, 2020. p. 92).

novas normas processuais, no que diz respeito à produção antecipada da prova, passaram a admitir a propositura de tal demanda não só como um procedimento preparatório a uma ação principal, pautado em situação de urgência (risco de perecimento da prova), mas como uma demanda de natureza autônoma cujo objeto principal é a produção da prova em si, tendo como uma de suas finalidades a busca da autocomposição.

Nesse sentido, são relevantes as observações de Américo Andrade Pinho, que trata justamente das mudanças trazidas pelo CPC, em comparação às regras delineadas no Código de Processo Civil de 1973 ("CPC/73")[3]:

> Na vigência do CPC/1973, a produção antecipada de prova não se baseava na ideia de direito autônomo à prova, tanto que alocada no âmbito do processo cautelar, de tal sorte que "embora o objeto do processo seja exclusivamente a produção de uma dada providência de instrução, isso se dá apenas em função do requisito do periculum in mora e mediante estreita vinculação com o processo dito 'principal". Já de acordo com o CPC/2015, a vinculação da ação probatória a uma situação de urgência pode até se fazer presente, mas é apenas uma das hipóteses dentre outras.

Frise-se que o "direito material à prova", antes mesmo do CPC/15, já era afirmado pela doutrina e, em larga medida, reconhecido pela jurisprudência. Nesse sentido, o Superior Tribunal de Justiça, em caso paradigmático, tratou do "direito autônomo à prova", destacando seu aspecto material e o cabimento do pedido (na ocasião sob o enfoque do pedido de exibição de documentos) mesmo sem o requisito da urgência:

Recurso especial. ação autônoma de exibição de documentos pelo procedimento comum. possibilidade. pretensão que se exaure na apresentação dos documentos apontados. interesse e adequação processuais. verificação. ação autônoma de exibição de documentos pelo procedimento comum e produção de prova antecipada. coexistência. recurso especial provido.

> 1. A controvérsia posta no presente recurso especial centra-se em saber se, a partir da vigência do Código de Processo Civil de 2015, é possível o ajuizamento de ação autônoma de exibição de documentos, sob o rito do procedimento comum (arts. 318 e seguintes), ou, como compreenderam as instâncias ordinárias, a refe-

[3] Pinho, Américo Andrade. Ações probatórias autônomas. **Revista de Processo**, v. 307, p. 247-277, setembro, 2020.

rida ação deve se sujeitar, necessariamente, para efeito de adequação e interesse processual, ao disposto em relação ao "procedimento" da "produção antecipada de provas" (arts. 381 e seguintes).
2. A partir da vigência do Código de Processo Civil de 2015, que não reproduziu, em seu teor, o Livro III, afeto ao Processo Cautelar, então previsto no diploma processual de 1973, adveio intenso debate no âmbito acadêmico e doutrinário, seguido da prolação de decisões díspares nas instâncias ordinárias, quanto à subsistência da ação autônoma de exibição de documentos, de natureza satisfativa (e eventualmente preparatória), sobretudo diante dos novos institutos processuais que instrumentalizam o direito material à prova, entre eles, no que importa à discussão em análise, a "produção antecipada de provas" (arts. 381 e seguintes) e a "exibição incidental de documentos e coisa" (arts 496 e seguintes).
3. O Código de Processo Civil de 2015 buscou reproduzir, em seus termos, compreensão há muito difundida entre os processualistas de que a prova, na verdade, tem como destinatário imediato não apenas o juiz, mas também, diretamente, as partes envolvidas no litígio. Nesse contexto, reconhecida a existência de um direito material à prova, autônomo em si – que não se confunde com os fatos que ela se destina a demonstrar, tampouco com as consequências jurídicas daí advindas a subsidiar (ou não) outra pretensão –, a lei adjetiva civil estabelece instrumentos processuais para o seu exercício, o qual pode se dar incidentalmente, no bojo de um processo já instaurado entre as partes, ou por meio de uma ação autônoma (ação probatória lato sensu).
4. Para além das situações que revelem urgência e risco à prova, a pretensão posta na ação probatória autônoma pode, eventualmente, se exaurir na produção antecipada de determinada prova (meio de produção de prova) ou na apresentação/exibição de determinado documento ou coisa (meio de prova ou meio de obtenção de prova – caráter híbrido), a permitir que a parte demandante, diante da prova produzida ou do documento ou coisa apresentada, avalie sobre a existência de um direito passível de tutela e, segundo um juízo de conveniência, promova ou não a correlata ação.
4.1 Com vistas ao exercício do direito material à prova, consistente na produção antecipada de determinada prova, o Código de Processo Civil de 2015 estabeleceu a possibilidade de se promover ação probatória autônoma, com as finalidades devidamente especificadas no art. 381.
4.2 Revela-se possível, ainda, que o direito material à prova consista não propriamente na produção antecipada de provas, mas no direito de exigir, em razão de lei ou de contrato, a exibição de documento ou coisa – já existente/já produzida – que se encontre na posse de outrem.

> 4.2.1 Para essa situação, afigura-se absolutamente viável – e tecnicamente mais adequado – o manejo de ação probatória autônoma de exibição de documento ou coisa, que, na falta de regramento específico, há de observar o procedimento comum, nos termos do art. 318 do novo Código de Processo Civil, aplicando-se, no que couber, pela especificidade, o disposto nos arts. 396 e seguintes, que se reportam à exibição de documentos ou coisa incidentalmente.
> 4.2.2 Também aqui não se exige o requisito da urgência, tampouco o caráter preparatório a uma ação dita principal, possuindo caráter exclusivamente satisfativo, tal como a jurisprudência e a doutrina nacional há muito reconheciam na postulação de tal ação sob a égide do CPC/1973. A pretensão, como assinalado, exaure-se na apresentação do documento ou coisa, sem nenhuma vinculação, ao menos imediata, com um dito pedido principal, não havendo se falar, por isso, em presunção de veracidade na hipótese de não exibição, preservada, contudo, a possibilidade de adoção de medidas coercitivas pelo juiz.
> 5. Reconhece-se, assim, que a ação de exibição de documentos subjacente, promovida pelo rito comum, denota, por parte do demandante, a existência de interesse de agir, inclusive sob a vertente adequação e utilidade da via eleita.
> 6. Registre-se que o cabimento da ação de exibição de documentos não impede o ajuizamento de ação de produção de antecipação de provas. 7. Recurso especial provido.[4]

Assim, positivando a corrente doutrinária majoritária e o posicionamento já dominante na jurisprudência, o CPC/15 passou a textualmente reconhecer o direito autônomo à produção da prova. Se pelo CPC/73 a antecipação da prova se justificava apenas diante do risco de seu perecimento, no CPC/15 a prova passou à condição de direito autônomo assegurado aos jurisdicionados e sua produção antecipada deixa de ser apenas uma cautelar (acessória), para se transformar em uma demanda com vida própria.

Nesse contexto, passou a ser possível produzir determinada prova não só de maneira incidental no curso de um processo ou cautelar em razão do *periculum in mora*, mas, também, tratando-a como instrumento justamente para avaliar quais chances de sucesso da parte interessada em eventual litígio, as pretensões a serem deduzidas contra a parte contrária em uma futura demanda e, principalmente, estimular a autocomposição mediante o prévio conhecimento dos direitos e fragilidades no exercício de determinada pretensão.

[4] REsp n. 1.803.251/SC, Relator Ministro Marco Aurélio Bellizze, 3ª Turma, julgado em 22/10/2019, DJe 8/11/2019.

A antecipação da prova, então, passou a ser admitida como ferramenta para reduzir o grau de incerteza e convicção da parte quanto a seu direito antes mesmo da propositura da ação, proporcionando prévio conhecimento (e comprovação) dos fatos, de forma a evitar o ajuizamento de ações manifestamente improcedentes e estimular a autocomposição.

Sobre o tema, Humberto Theodoro Junior também esclarece as principais mudanças ocorridas na produção antecipada da prova com o CPC/15[5]:

> O direito positivo anterior cuidava da prova antecipada sempre tendo em vista sua utilização em processo futuro e, por isso, regulava o instituto a partir do fundamento de que a antecipação se justificaria pelo risco ou dificuldade da respectiva produção na fase adequada do procedimento normal. Havia, no entanto, construção doutrinária que defendia a existência de um direito autônomo à prova, exercitável, em determinadas circunstâncias, sem cogitar de qualquer futuro processo. O novo Código adere a esse posicionamento, regulando, sob a denominação de 'produção antecipada de prova', casos em que se combate o risco de prejuízo para a instrução de processo atual ou iminente e, também, casos em que a parte age em busca de conhecimento de fatos que possam esclarecer sobre a conveniência de não demandar ou de obter composição extrajudicial para controvérsias (NCPC, art. 381, II e III). A produção antecipada de prova, permitida pelo NCPC, tem caimento qualquer que seja a natureza da demanda visada – que pode ser contenciosa, ou mesmo de jurisdição voluntária – e tanto pode ser manejada por quem pretenda agir como por quem queira defender-se, como ainda por quem apenas queira certificar a ocorrência de determinado fato, documentando-a judicialmente.

A partir de tais premissas, o CPC/15 trouxe, no artigo 381 e seus incisos, as novas hipóteses de cabimento da produção antecipada da prova. A diferença com relação ao CPC/73, no que diz respeito a tal modalidade de ação, foi não apenas consagrar o direito autônomo à prova, mas, também, prever novas hipóteses de cabimento.

A produção antecipada da prova continuou sendo admissível para as hipóteses nas quais há risco de perecimento da prova, como uma medida cautelar. Porém, a inovação foi justamente a inclusão dos incisos II e III do artigo 381 do Código de Processo Civil, os quais admitem a produção antecipada da prova

[5] Jr. THEODORO, Humberto. **Novo Código de Processo Civil Anotado**. 21. ed. rev. e atual. Rio de Janeiro: Forense, 2018, p. 244.

quando (i) a prova a ser produzida for suscetível de viabilizar a celebração de um acordo ou outro meio adequado de solução do conflito ou (ii) o prévio conhecimento dos fatos possa auxiliar a parte interessada em averiguar a existência ou não de interesse processual, evitando, em algumas situações, o ajuizamento de uma ação. Nesse particular, são oportunas as observações de Marcelo Mazzola[6]:

> Em relação ao inciso II, o dispositivo permite que a prova a ser produzida. Em termos práticos, a previsão normativa facilita que as partes cheguem ao consenso em razão da prova produzida. De fato, muitas vezes, o depoimento de uma testemunha ou o resultado de uma prova pericial pode influenciar o comportamento das partes e maximizar a possibilidade de autocomposição. Por sua vez, o inciso III permite que o prévio conhecimento dos fatos possa justificar ou evitar o ajuizamento da ação. (...) É inegável que as alterações promovidas pelo CPC/15 (incisos II e III) favorecem a racionalização da prestação jurisdicional, fomentando a consensualidade.

Tais alterações trouxeram, obviamente, reflexos à arbitragem, em especial quanto aos limites da competência do juízo estatal para processar a produção antecipada da prova, quando não há risco de perecimento da prova e a cláusula arbitral é silente especificadamente quanto à produção antecipada de provas.

Quando existe o risco de perecimento da prova e está presente a urgência (hipótese de cabimento da produção antecipada da prova prevista no inciso I do artigo 381 do CPC), é indiscutível que as partes podem socorrer-se ao Poder Judiciário, enquanto não há a constituição do tribunal arbitral.

Trata-se de medida com evidente natureza cautelar, que se amolda ao previsto no artigo 22-A da Lei nº 9.307/96, sem necessidade de maiores discussões. Nas hipóteses dos incisos II e III do artigo 381 do Código de Processo Civil, porém, surgem dúvidas a respeito dos limites da jurisdição estatal para processar a produção antecipada de prova (até onde deve ir a atuação do Juiz togado?).

Nesse ensaio, buscamos justamente trazer reflexões em torno da interação entre a produção antecipada da prova e a existência da cláusula arbitral firmada entre as partes, com os desdobramentos em torno da produção antecipada da prova em cada uma das hipóteses de cabimento do artigo 381 do Código de Processo Civil.

[6] Mazzola, Marcelo. Temas contemporâneos na arbitragem: do clássico ao circuito alternativo e alguns "curtas-metragens". **Revista de Processo**, v. 291, p. 427-466, maio, 2019.

1. Natureza jurídica da produção antecipada da prova

Diante das novas hipóteses de cabimento da produção antecipada da prova, como mencionado, tal demanda deixou de ser considerada apenas como instrumento para acautelar a produção de uma determinada prova, passando a se tornar uma ação probatória autônoma.

A relevância da definição da natureza jurídica da produção antecipada da prova reside no fato de que, se considerada como demanda de jurisdição voluntária, a atuação do Juiz estatal não implicaria em exercício de atividade jurisdicional. Não havendo tal atividade, ainda que exista a cláusula arbitral, a parte poderia promover a produção antecipada da prova perante o Poder Judiciário. Para os que entendem que a demanda probatória tem por finalidade apenas a documentação dos fatos, sem caráter contencioso (já que não admite defesa ou recurso) e com finalidade preparatória para eventual demanda[7], a produção antecipada de provas tem natureza de procedimento de jurisdição voluntária. Esse é o entendimento defendido por Fredie Didier Jr., por exemplo, ao afirmar que "o fato de o conflito surgir supervenientemente não desnatura a natureza de jurisdição voluntária"[8].

No entanto, pela interpretação sistemática do Código de Processo Civil, entendemos que a cognição exercida na produção antecipada da prova, embora inegavelmente limitada, extrapola, em muito, os limites de um procedimento de jurisdição voluntária.

Conforme regras delineadas no Capítulo XV do CPC (artigos 719 e seguintes) em um procedimento de jurisdição voluntária, determinada questão é submetida ao Poder Judiciário sem a existência do conflito entre as partes. Destaca-se a abaixo o conceito de jurisdição voluntária segundo Robson Renault Godinho[9]:

> atividade jurisdicional estatal, em que, em regra, inexistem partes com interesses antagônicos, mas há potencialidade de litígio, que deve ser exercida em procedimento em contraditório e julgada por terceiro imparcial, com aptidão, em determinadas circunstâncias, para a formação de coisa julgada material, de acordo com os balizamentos postos pelo direito positivo.

[7] Tribunal de Justiça do Estado de São Paulo, 1ª Câmara Reservada de Direito Empresarial. Recurso de Apelação Cível nº 1004160-81.2019.8.26.0100. J. 11/12/2019.

[8] DIDIER Jr., Fredie. **Curso de Direito Processual Civil**. V. 2. 11. ed. Salvador: JusPodivm, 2016, p. 142.

[9] GODINHO, Robson Renault. **Comentários ao Código de Processo Civil**. São Paulo: Saraiva, 2018, p. 43-45.

Sob a ótica da produção antecipada da prova, é perfeitamente identificável a existência de partes com interesses antagônicos. Em que pese o caráter dúplice da produção antecipada da prova, na qual a prova poderá ser aproveitada por quaisquer uma das partes (a depender do seu resultado), a parte requerida poderá não ter o interesse de produzir a prova pretendida pelo requerente. Ou, ainda, poderá haver discussão sobre o direito de a parte requerente produzir a prova pretendida.

Além do mais, especialmente por considerar um eventual e futuro litígio, sob pena de violação às disposições constitucionais, a produção antecipada da prova deverá admitir o contraditório, não sobre a valoração da prova, mas sobre a sua apuração em si. Portanto, dentro dos limites da produção antecipada da prova, é possível concluir que há o exercício de uma atividade jurisdicional, não sendo possível considerar que se trata de uma demanda de jurisdição voluntária.

Além do mais, nas palavras de Eduardo Talamini, "o ordenamento reconhece que um conflito pode estabelecer-se em torno da própria prova – e reputa importante resolvê-lo em caráter principal, e não como simples providência incidental no bojo do processo para o qual essa prova possa ser útil"[10].

Assim, o fato de a produção antecipada da prova ter como propósito colher as provas pretendidas pela parte interessada, não elimina a natureza contenciosa, o potencial conflito e, principalmente, a participação ativa das partes interessadas.

A produção probatória, de acordo com Eduardo Talamini (citado por Américo Andrade Pinho), "é uma importante etapa no exercício da função jurisdicional, mas é um meio, e não fim. Isso está bastante ligado à ideia de que a atividade jurisdicional não se destina à mera eliminação de dúvidas hipotéticas, de questões acadêmicas ou de simples fatos"[11].

Portanto, a atividade exercida pelo juiz na produção antecipada da prova não se trata de pera atividade administrativa, mas jurisdicional. Sobre esse assunto, Américo Andrade Pinho defende que a produção antecipada da prova não seria uma demanda de jurisdição voluntária exclusivamente porque não há a valoração da prova, discordando do entendimento de Fredie Didier Jr. [12]:

> Não me parece, ainda assim, que se trate de procedimento de jurisdição voluntária, como refere Fredie Didier Jr., pois, ainda que não haja a resolução da lide nesse mesmo processo, a existência do conflito, em via de regra, será elemento

[10] Talamini, Eduardo. Produção Antecipada de Prova no Código de Processo Civil de 2015. **Revista de Processo**, v. 260, p. 75-101, outubro, 2016.

[11] *Ibid.*

[12] *Ibid.*

subjacente à demanda probatória com importância suficiente a determinar seu alcance.

Nesse contexto, ainda que o §4º do artigo 382 do Código de Processo Civil estabeleça que "não se admitirá defesa ou recurso", o processo deverá respeitar o contraditório, a ampla defesa e o devido processo legal, assegurando que a prova seja colhida sob o prisma de tais princípios e direitos norteadores da atividade jurisdicional[13].

Ainda que se reconheça a natureza contenciosa da produção antecipada da prova, o Juiz, em sentença, não deverá se pronunciar "sobre a ocorrência ou a inocorrência do fato, nem sobre as respectivas consequências jurídicas", conforme estabelecido no §2º do artigo 382 do Código de Processo Civil.

Dessa forma, a sentença apenas declara o direito da parte requerente em produzir a prova e, ainda, a regularidade da prova produzida, para uma eventual e futura utilização pelas partes. O Juiz (em qualquer tipo de procedimento, seja o judicial "puro", seja a produção antecipada de provas pré-arbitral) não detém competência para valorar a prova produzida.

De todo modo, em que pese a função restrita de apenas coletar os dados e documentar os fatos relativos à prova, a atividade jurisdicional também envolve o reconhecimento do direito da parte interessada em requerer a produção antecipada da prova e, ainda, a garantia de que a prova foi produzida à luz do devido processo legal, ampla defesa e respeitando o contraditório. Nesse sentido, destaca-se posicionamento da doutrina de Carolina Costa Meireles[14]:

> Em verdade, não há uma prestação jurisdicional no sentido de pronunciar-se sobre o fato controverso e suas consequências jurídicas. No entanto, como se disse, há pronunciamento sobre a existência ou não do direito à produção da prova, que constitui o próprio mérito da ação probatória, assim como há coisa julgada relativa à validade da prova. Há, pois, provimento jurisdicional.

Transpondo-se as considerações acima para a discussão acerca dos limites da competência do juiz estatal em demandas probatórias de natureza "pré-arbitral", é certo que, ainda que não ocorra a valoração da prova, não haveria como afastar a jurisdição arbitral.

[13] Alvim, Arruda; Guedes, Clarissa Diniz. Produção antecipada de prova e juízo arbitral. **Revista dos Tribunais**, v. 1008, p. 23-40, outubro, 2019.

[14] Id. Produção Antecipada de Prova e Arbitragem: uma análise sobre competência. Revista de Processo, v. 303, p. 451-478, maio, 2020.

Ora, se o árbitro é competente para decidir sobre sua competência, apreciando questão de direito processual pelo princípio da competência-competência, considerando que a produção antecipada da prova não se trate de conflito de direito material, o árbitro também será competente para processar a produção antecipada da prova, desde que tenha relação aos limites da cláusula arbitral.

2. Risco de perecimento, a produção antecipada da prova e reflexos no procedimento arbitral

Na existência de fundado receio do perecimento da prova, ainda que as partes envolvidas tenham escolhido se submeter à jurisdição arbitral, admite-se que a produção antecipada da prova seja proposta perante o juízo estatal. Tal excepcionalidade decorre naturalmente do fato de o Tribunal Arbitral ainda não ter sido constituído e do artigo 22-A da Lei nº 9.307/96, por meio do qual se admite que as partes recorram ao Poder Judiciário para a obtenção de tutelas cautelares ou de urgência.

Nesse contexto, a urgência na produção da prova se justificará para assegurar que se obtenha, por exemplo, a fiel coleta de dados do estado das coisas naquele momento, sem que se tenha que aguardar pela constituição do tribunal arbitral.

Há alguns exemplos que se pode considerar para a produção antecipada da prova nesses termos, que poderá tanto ser a oitiva de uma testemunha que se encontra com estado de saúde comprometido ou que sua oitiva poderá ser comprometida com o decurso do tempo até a constituição do tribunal arbitral.

Da mesma forma, a produção antecipada da prova se mostra pertinente na hipótese da necessidade de realização de obras de infraestrutura. Diante do iminente risco de colapso da estrutura, deve-se admitir a coleta de dados para que fique documentado o estado da obra até a realização de uma manutenção corretiva, preservando-se a documentação da situação pré-existente até que se tenha, de fato, a constituição do tribunal arbitral.

De todo modo, ainda que se admita a produção antecipada da prova perante o juízo estatal, não se pode deixar de levar em consideração que tal jurisdição é precária e excepcional, devendo se manter dentro de alguns limites. Isso significa dizer que a prova a ser colhida perante o Poder Judiciário deverá estar restrita aquilo que perecerá até a constituição do tribunal arbitral, observados ainda os limites da própria cláusula arbitral.

Colhida a prova, para que ela seja admitida perante o tribunal arbitral, Arruda Alvim defende que "é necessário que sejam observados os pressupostos mínimos de licitude estabelecidos para o processo judicial e aqueles pertinentes à arbitragem em sim mesmo considerada". Além disso, Arruda Alvim e Clarissa Diniz Guedes elencam alguns pressupostos necessários antes de levar à arbitragem a prova antecipadamente produzida, a fim de resguardar o resultado útil da prova produzida[15], conforme merece destaque abaixo:

> A fim de se considerar observado o princípio do contraditório, é preciso que se verifiquem: a) a identidade de fatos versados na produção antecipada de provas e na arbitragem; b) a identidade de partes ou, ao menos, a identidade da parte contra quem será utilizada a prova produzida antecipadamente (quando for possível aferir a quem a prova beneficia). Ainda, é preciso que a prova produzida antecipadamente observe, no Judiciário, os pressupostos mínimos de licitude aplicáveis ao processo judicial e à arbitragem em si mesmo considerada. (...) Devem ser levadas em consideração, todavia, eventuais limitações ou exigências probatórias estabelecidas na convenção arbitral.

A prova produzida, portanto, deve se inserir nos limites objetivos da cláusula arbitral e, ainda, ser colhida com respeito ao contraditório e ampla defesa. Além disso, face ao juízo de cognição sumária do Poder Judiciário, a produção antecipada da prova deverá ficar restrito apenas e tão somente àquela situação fática que corre o risco de perecimento até que o tribunal arbitral seja constituído.

Nesse cenário, da mesma forma que o Juiz estatal não deve realizar interpretação das provas produzidas (artigo 382, §2º, CPC), o encargo a ser desempenhado por um eventual perito na produção antecipada da prova estará restrito à coleta dos dados. Tais dados, desde que colhidos com a presença das partes e respeitado o contraditório, poderão servir de material no procedimento arbitral, seja para apreciação pelo tribunal arbitral, seja para análise pelo perito de confiança do tribunal arbitral. As provas a serem colhidas deverão servir apenas para documentar, viabilizando a conclusão da prova sob a jurisdição do tribunal arbitral.

Nesse particular, considerando a liberdade das partes em definir os rumos do procedimento arbitral, a prova colhida sob a jurisdição estatal terá o tratamento que as partes e o tribunal arbitral entenderem cabíveis. O tribunal arbitral não está vinculado às provas produzidas, podendo determinar a sua reexecução.

Por fim, como a produção antecipada da prova encontra amparo no requisito de risco de perecimento da prova, entende-se que se trata de uma tutela de urgência cautelar. Em que pesem os procedimentos previstos para as tutelas de urgência em caráter antecedente serem diferentes daqueles da produção antecipada da prova, a parte interessada tem a obrigação de requerer a instituição da

[15] Ibid.

arbitragem e provocar a constituição do tribunal arbitral, nos termos do artigo 22-A, parágrafo único, da Lei nº 9.307/96.

3. A arbitrabilidade da produção antecipada da prova com fundamento nos incisos II e III do artigo 381 do Código de Processo Civil

Diante das hipóteses de cabimento da produção antecipada da prova para além da urgência (artigo 381, II e III, CPC), a questão relevante que se coloca é se a demanda deveria obrigatoriamente ser proposta perante o tribunal arbitral ou, ainda, se o processamento perante o Poder Judiciário seria possível.

Evidentemente, se a cláusula arbitral contiver previsão expressa de que as partes submeterão a produção antecipada da prova perante o tribunal arbitral, não há discussão a respeito da incompetência do Poder Judiciário.

A questão é mais complexa para a hipótese de a cláusula arbitral ser silente a respeito da produção antecipada da prova nos termos dos incisos II e III do artigo 381, do Código de Processo Civil.

Há quem defenda que a solução para tal impasse seria apenas se atentar à redação da cláusula arbitral[16]. Se a cláusula arbitral estabelecer que o tribunal arbitral deverá dirimir "conflitos" entre as partes, a produção antecipada da prova poderia ser proposta perante o juízo estatal. Isso porque, a produção antecipada da prova não corresponde a um conflito existente entre as partes, já que a controvérsia é eventual e futura.

Por outro lado, se a cláusula arbitral tiver em sua redação que o tribunal arbitral é competente para tratar de todas as questões decorrentes da execução do contrato, a produção antecipada da prova deveria ser submetida à jurisdição estatal. A esse respeito, destaca-se doutrina de Arruda Alvim e Clarissa Diniz Guedes[17]:

> Já no caso de a cláusula arbitral ser mais restrita, como no exemplo, muito usual, da cláusula que estabelece a via arbitral como sede para "dirimir eventuais conflitos entre as partes", afigura-se-nos que a produção antecipada de provas não está, em princípio, incluída na renúncia à jurisdição estatal, que não pode ser interpretada de forma excessivamente ampliativa. Diante disso, a conclusão que alcançamos é a de que, embora a produção antecipada de provas constitua uma ação de conteúdo processual (exercício do direito à prova), diversa das ações de direito material que eventualmente possam ser propostas para solucionar even-

[16] Mazzola, Marcelo. Temas contemporâneos na arbitragem: do clássico ao circuito alternativo e alguns "curtas-metragens". **Revista de Processo**, v. 291, p. 427-466, maio, 2019.
[17] *Ibid.*

tuais conflitos existentes entre as partes, havendo cláusula arbitral, não é possível predizer, em todas as situações, quem será competente para tal procedimento – se o árbitro ou o juiz estatal. A resposta a esse questionamento dependerá do conteúdo e da redação da convenção arbitral, bem como do contexto em que tenha sido celebrada.

Defender que a produção antecipada da prova somente deverá se sujeitar à jurisdição arbitral se a cláusula tiver previsão de que "toda e qualquer questão" envolvendo as partes e o contrato será dirimida por arbitragem não leva em consideração outros fatores, como, por exemplo, a segurança jurídica e a vontade manifestada pelas partes ao firmar a cláusula arbitral.

Na ausência de previsão expressa na cláusula arbitral e de urgência, a regra geral deverá ser respeitada, ou seja, a demanda deverá ser submetida à jurisdição arbitral[18]. Eduardo Talamini defende tal entendimento, ao mencionar que "em princípio, as ações probatórias autônomas relativas a determinado litígio são abrangidas pela convenção arbitral para ele estipulada"[19].

A renúncia à jurisdição estatal e a escolha em se submeter à jurisdição arbitral é uma livre manifestação de vontade das partes. Admitir a produção antecipada de provas estatal sem o requisito da urgência contraria a regra de exceção do artigo 22-A da Lei nº 9.307/96, que por sua natureza comporta interpretação restritiva (artigo 113 do Código Civil). Ou seja, "é possível concluir que, se desejassem que a produção antecipada de prova sem caráter de urgência também pudesse ser processada perante a justiça estatual, as partes teriam adicionado ao rol de exceções essa possibilidade"[20].

Em linha com este entendimento, o Tribunal de Justiça do Estado de São Paulo considera que, havendo cláusula arbitral, a competência do juízo estatal estará restrita exclusivamente às demandas urgentes. Diante do recebimento de produções antecipadas de prova, cujo requisito de urgência não é o fundamento para a propositura da ação, mas os requisitos dos incisos II e III do artigo 381 do Código de Processo Civil, o Tribunal de Justiça do Estado de São Paulo vem extinguindo as demandas, sem julgamento do mérito, nos termos do artigo 485, VII, do Código de Processo Civil[21].

[18] Rossoni, Igor Bimkowski. Produção antecipada de prova sem requisito de urgência e juízo arbitral no direito societário: breves considerações sobre a competência para a sua produção.

[19] *Ibid.*

[20] *Ibid.*

[21] Tribunal de Justiça do Estado de São Paulo, 2ª Câmara Reservada de Direito Empresarial, Recurso de Apelação Cível nº 1016776-28.2018.8.26.0002. J. 06/10/2020.

Em uma outra demanda proposta com o objetivo de coletar informações para auxiliar os requerentes a avaliar se adotariam providências legais contra os administradores de uma sociedade (hipótese do inciso III do artigo 381 do CPC), a 1ª Câmara Reservada de Direito Empresarial do Tribunal de Justiça do Estado de São Paulo reafirmou que a existência da convenção de arbitragem "impõe uma atuação precária e contingencial do Poder Judiciário", de forma que somente de admitirá a produção antecipada da prova fundada em risco de perecimento da prova[22].

O entendimento majoritário, portanto, é no sentido de que é vedado ao Poder Judiciário atuar em demandas que estão dentro dos limites objetivos da cláusula arbitral. Ou seja, a competência do juízo estatal estará restrita às situações excepcionais, visto que só o juiz tem poder coercitivo para adotar algumas medidas.

O Superior Tribunal de Justiça já manifestou o entendimento de que a parte somente poderá socorrer-se ao Poder Judiciário, por meio de uma medida cautelar, desde que (i) presente o risco de perecimento do direito e (ii) o tribunal arbitral ainda não tenha sido constituído. A justificativa é o poder geral de cautela conferido aos juízes, que autoriza a apreciação de pedidos cautelares e de urgência, ainda que as partes tenham renunciado à jurisdição estatal[23].

Não havendo urgência, sem o iminente risco de perecimento da prova, certamente as partes poderão aguardar a constituição do tribunal arbitral, para que a produção antecipada da prova seja conduzida sob a jurisdição arbitral. Desse modo, não se sustenta o argumento de que se privilegiaria a economia processual se a produção antecipada da prova fosse proposta perante o Poder Judiciário. Isso porque, o que deve se privilegiar é justamente a autonomia da vontade das partes, que renunciaram a jurisdição estatal, escolhendo a jurisdição arbitral.

Assim, havendo cláusula arbitral, existirá a legítima expectativa das partes de que as questões decorrentes de tal relação contratual serão dirimidas pela arbitragem. Nesse sentido, a doutrina admite a instauração de um procedimento arbitral apenas para que seja produzida a prova. Confira-se, a respeito, o entendimento de Arruda Alvim e Clarissa Diniz Guedes[24]:

> Logo, parte-se da premissa de admissibilidade de um procedimento arbitral instaurado exclusivamente com vistas à produção de prova, sem o requisito de

[22] Tribunal de Justiça do Estado de São Paulo, 1ª Câmara Reservada de Direito Empresarial, Recurso de Apelação Cível nº 1004160-81.2019.8.26.0100. J. 11/12/2019.

[23] Superior Tribunal de Justiça, Quarta Turma, Recurso Especial nº 1.586.383/MG. J. 14/12/2017.

[24] *Ibid.*

urgência e independentemente da existência de um conflito atual a ser dirimido. Isso porque, inexistindo ilicitude no objeto da avença, e sendo livre a vontade das partes, não se afigura razoável limitar a instauração do juízo arbitral às hipóteses em que seja necessária, de imediato, uma solução adjudicatória.

É importante fazer a ressalva que não se encontra em nenhum dos regulamentos atualmente vigentes disposições sobre a produção antecipada da prova, quando se trata de questões sem a configuração da urgência e risco de comprometimento da prova. De todo modo, sob o prisma da liberdade de contratar e da manifestação da vontade das partes em se submeter à jurisdição arbitral, admite-se que as partes definam o procedimento adequado para a condução do procedimento arbitral com o propósito de produzir antecipadamente uma prova, nas hipóteses dos incisos II e III do artigo 381 do Código de Processo Civil.

Independentemente da simplicidade da prova a ser produzida, a autonomia das partes deve ser respeitada, levando em consideração que foi uma escolha a renúncia à jurisdição estatal. Assim, argumentos quanto à simplicidade da prova, economia processual ou até redução de custos não podem ser considerados no momento da definição da jurisdição perante a qual será conduzida a produção antecipada da prova.

Assim, a solução dessa questão deve levar em consideração os princípios que regem a interpretação dos contratos e as regras que delimitam a competência precária do Poder Judiciário e o início da jurisdição arbitral. São esses os pressupostos que devem nortear a definição da jurisdição adequada para o processamento da produção antecipada da prova.

Além disso, não se pode deixar de levar em consideração que, se a prova for produzida perante o Poder Judiciário, na hipótese de ser instaurada a arbitragem, o tribunal arbitral poderá determinar que a prova seja produzida novamente ou dar à prova tratamento de prova emprestada, nos termos do artigo 372 do Código de Processo Civil[25]. Esse cenário vai contra o princípio da eficiência, de forma que parece muito mais razoável que a prova seja produzida já perante o tribunal arbitral.

Pelo exposto, o que se verifica é que, ainda que não haja consenso sobre qual seria a jurisdição competente para processar a produção antecipada da prova fundamentada nos incisos II e III do artigo 381 do Código de Processo Civil, a

[25] "Art. 372. O juiz poderá admitir a utilização de prova produzida em outro processo, atribuindo-lhe o valor que considerar adequado, observado o contraditório." (BRASIL. Lei nº 13.105, de 16 de março de 2015. Código de Processo Civil. Disponível em: http://www.planalto.gov.br/ccivil_03/_ato2015-2018/2015/lei/l13105.htm. Acesso em: 23 jul. 2021.)

interpretação sistemática das regras do CPC/15 e o regime de excepcionalidade consagrado pelo artigo 22-A da Lei nº 9.307/96 impõe que a antecipação de provas "estatal" só seja admitida quando presente o requisito da urgência.

De um lado, defende-se que a mera estipulação da cláusula arbitral não seria suficiente para conferir ao tribunal arbitral competência para processar a produção antecipada da prova, uma vez que a renúncia à jurisdição estatal deve ser inequívoca. De outro lado, defende-se justamente o respeito à livre manifestação das partes que, desde que capazes e sem vícios de vontade, renunciaram à jurisdição estatal, de forma que a produção antecipada da prova deverá ser conduzida por um tribunal arbitral.

Nosso entendimento está alinhado com essa segunda forma de enxergar os limites da jurisdição estatal, congruente com a escolha das partes ao prever a arbitragem como forma de solução dos litígios.

A autonomia da vontade, que leva à escolha da arbitragem para solução de uma controvérsia, deve sempre ser privilegiada, encaminhando forma e contorno para todas as hipóteses afeitas à jurisdição exercida pelos árbitros.

Assim, quando se busca avaliar chances de sucesso em eventual litígio, encontrar as pretensões a serem efetivamente deduzidas em uma futura demanda ou, simplesmente, estimular a autocomposição mediante o prévio conhecimento dos direitos e fragilidades no exercício de determinada pretensão, é na arbitragem que a produção antecipada de prova, não suscetível de perecimento de direito à prova, deve ser realizada.

Referências

ALVIM, Arruda; GUEDES, Clarissa Diniz. Produção antecipada de prova e juízo arbitral. **Revista dos Tribunais**, v. 1008, outubro, 2019.

BRASIL. Lei nº 13.105, de 16 de março de 2015. Código de Processo Civil. Disponível em: http://www.planalto.gov.br/ccivil_03/_ato2015-2018/2015/lei/l13105.htm. Acesso em: 23 jul. 2021.

DIDIER Jr., Fredie. **Curso de Direito Processual Civil**. V. 2. 11. ed. Salvador: JusPodivm, 2016.

GODINHO, Robson Renault. **Comentários ao Código de Processo Civil**. São Paulo: Saraiva, 2018.

JORGE, Alexandre Outeda; SANTOS, Ariane Gomes dos; ROCUMBACK, Dérick Mensinger. **A produção antecipada de provas como meio de resolução de conflitos**. Disponível em: https://www.conjur.com.br/2020-set-29/opiniao-producao-antecipada-provas-resolucao-conflitos?imprimir=1. Acesso em: 31 maio 2021.

Jr. THEODORO, Humberto. **Novo Código de Processo Civil Anotado**. 21. ed. rev. e atual. Rio de Janeiro: Forense, 2018.

MAZZOLA, Marcelo. Temas contemporâneos na arbitragem: do clássico ao circuito alternativo e alguns "curtas-metragens". **Revista de Processo**, vol. 291, p. 427-466, maio, 2019.

MAZZOLA, Marcelo. TORRES, Rodrigo de Assis. A produção antecipada viola o juízo arbitral? Disponível em: https://www.jota.info/opiniao-e-analise/artigos/a-producao-antecipada-de-prova-viola-o-juizo-arbitral-16112017. Acessado em 28/03/2021.

MEIRELES, Carolina Costa. Reflexões sobre produção antecipada de prova. **Revista dos Tribunais**, v. 1015, maio, 2020.

MEIRELES, Carolina Costa. Produção Antecipada de Prova e Arbitragem: uma análise sobre competência. **Revista de Processo**, v. 303, maio, 2020.

NÓBREGA, Guilherme Pupe da. **Ação de produção antecipada de prova na pendência de procedimento arbitral**. Disponível em: www.direitoprocessual.org.br/aid=37.html?shop_cat=1_23&shop_detail=587. Acesso em: 31 maio 2021.

PINHO, Américo Andrade. Ações probatórias autônomas. Revista de Processo, v. 307, p. 247-277, setembro, 2020.

ROSSONI, Igor Bimkowski. **Produção antecipada de prova sem requisito de urgência e juízo arbitral no direito societário:** breves considerações sobre a competência para a sua produção. São Paulo: Quartier Latin, 2018.

TALAMINI, Eduardo. Produção Antecipada de Prova no Código de Processo Civil de 2015. **Revista de Processo**, v. 260, outubro, 2016.

YARSHELL, Flávio Luiz. Brevíssimas notas a respeito da produção antecipada da prova na arbitragem. **Revista de Arbitragem e Mediação**, v. 14, julho-setembro, 2007.

ZAKIA, José Victor Palazzi. VISCONTI, Gabriel Caetano. Produção antecipada de provas em arbitragem e jurisdição. **Revista de Arbitragem e Mediação**, v. 59, outubro-dezembro, 2018.

19.
AMPLITUDE DA RENÚNCIA À JURISDIÇÃO ARBITRAL

MARCELO ROBERTO FERRO
CARLOS THOMPSON-FLORES

Introdução

Mesmo antes da reforma de 2015 na Lei de Arbitragem, que introduziu o art. 22-A[1], já era clássica a menção, na cláusula arbitral, que o recurso ao Judiciário para utilização de medidas cautelares antecedentes não implicava renúncia à arbitragem. Todavia, não há registro, em cláusulas arbitrais, da ressalva semelhante quando a parte decide submeter um litígio específico ao Judiciário e, em outra ocasião, fundada no mesmo contrato, com base em outra causa de pedir, opta por recorrer à arbitragem. Não se confunda essa hipótese com a que é recorrente em contratos mais elaborados, normalmente de longa duração, os quais contem cláusula arbitral complexa, às vezes envolvendo potenciais litígios em temas distintos (*v.g.*, responsabilidade pela fabricação do produto, ou por sua instalação e funcionamento, consequências da mora, regimes de inadimplemento, cobertura securitária), submetendo suas respectivas soluções a diversas leis, e meios distintos de solução de disputas entre as próprias partes e eventuais terceiros subcontratados.

O tema suscita a análise da eventual renúncia à arbitragem quando a parte recorre ao Poder Judiciário e a outra não apresenta exceção de compromisso arbitral. A solução parece singela, por decorrer de letra expressa da lei – art.

[1] "Art. 22-A. Antes de instituída a arbitragem, as partes poderão recorrer ao Poder Judiciário para a concessão de medida cautelar ou de urgência." (BRASIL. Lei nº 9.307, de 23 de setembro de 1996. Dispõe sobre a arbitragem. Disponível em: http://www.planalto.gov.br/ccivil_03/leis/l9307.htm. Acesso em: 23 jul. 2021.)

337, §6º, do CPC[2]: "a ausência de alegação da existência de convenção de arbitragem, na forma prevista neste Capítulo, implica aceitação da jurisdição estatal e renúncia ao juízo arbitral" –, que, no particular, apenas reafirmou o entendimento de remansosa jurisprudência, mesmo sob a égide do CPC/73, no sentido de, em casos tais, concluir pela renúncia tácita por ambas as partes.[3]

Reconhecida a ocorrência de renúncia tácita, resta saber se ela se limita àquela disputa em questão, ou se dela desborda para representar uma efetiva modificação da cláusula de solução de controvérsias, afastando, assim, a arbitragem de outras eventuais disputas decorrentes daquele mesmo contrato. A resposta envolve a análise da *amplitude* da renúncia e sua eficácia no plano meramente processual, ou operando também no plano do direito material, para modificar o sistema de solução de controvérsias do contrato. O tema será tratado pela ótica do direito comparado **(I)** e do direito brasileiro **(II)**.

1. Direito comparado

Principie-se a análise do tema sob as óticas da Convenção de Nova Iorque e da Lei Modelo da Uncitral. Com efeito, a Convenção de Nova Iorque não tem previsão expressa acerca da possibilidade de ocorrência de uma renúncia tácita à jurisdição arbitral quando as partes submetem uma disputa arbitrável ao juízo estatal. Trata-se, na realidade, de uma interpretação do artigo II (3), segundo o qual o juízo estatal deverá encaminhar à arbitragem a disputa submetida ao Judiciário quando as partes tiverem pactuado um compromisso arbitral, mas desde que este requerimento tenha sido formulado por uma das partes no âmbito do procedimento estatal[4].

A doutrina internacional, ao interpretar essa disposição, reconhece que a Convenção de Nova Iorque favorece o cumprimento de compromissos arbitrais

[2] BRASIL. Lei nº 13.105, de 16 de março de 2015. Código de Processo Civil. Disponível em: http://www.planalto.gov.br/ccivil_03/_ato2015-2018/2015/lei/l13105.htm. Acesso em: 23 jul. 2021.

[3] TJRJ. 11ª Câmara Cível. Apelação Cível nº 0116111-81.2008.8.19.0002. J. 16/09/2013; TJRJ. 13ª Câmara Cível. Apelação Cível nº 0007683-10.2005.8.19.0002. J. 12/09/2007; TJSP. 31ª Câmara de Direito Privado. Apelação Cível nº 0042779-27.2011.8.26.0602. J. 19/05/2015; TJSP. 2ª Câmara Reservada de Direito Empresarial. Apelação Cível nº 1026846-43.2014.8.26.0100. J. 22/09/2014; TJSP. 1ª Câmara Reservada de Direito Empresarial. Apelação Cível nº 0010630-10.2011.8.26.0268. J.26/06/2012.

[4] "O tribunal de um Estado signatário, quando de posse de ação sobre matéria com relação à qual as partes tenham estabelecido acordo nos termos do presente artigo, **a pedido de uma delas**, encaminhará as partes à arbitragem, a menos que constate que tal acordo é nulo e sem efeitos, inoperante ou inexequível." (grifo nosso).

e exige um rigoroso ônus probatório para que possa ser reconhecida a renúncia ao juízo arbitral[5].

De modo semelhante, a Lei Modelo da Uncitral não dispõe sobre a renúncia ao compromisso arbitral, mas esse conceito se extrai da previsão contida no artigo 8 (1), segundo o qual o juízo estatal remeterá as partes à arbitragem "[...] se uma das partes assim o solicitar, até ao momento de apresentar as suas primeiras alegações relativas ao mérito da disputa [...]".[6] Ao interpretar essa norma, a doutrina entende que a renúncia tácita à jurisdição arbitral não é uma consequência automática quando a parte deixa de suscitar a existência de compromisso arbitral na primeira oportunidade e esclarece que decisões baseadas na Lei Modelo da Uncitral interpretam restritivamente a renúncia à jurisdição arbitral e exigem uma conduta clara e inequívoca das partes nesse sentido[7].

Seguindo esses princípios da arbitragem internacional, jurisdições e sistemas jurídicos diversos adotam interpretações restritivas ao lidar com a renúncia ao compromisso arbitral. De fato, a jurisprudência e a doutrina em países proe-

[5] "[...] ***the Convention contemplates the effective enforcement of international arbitration agreements, in order to facilitate international trade and commerce by providing objective and neutral means of dispute resolution; application of formalistic or rigid rules of waiver or technical defaults are inconsistent with these objectives.*** *Moreover, particularly in international settings involving parties from different jurisdictions, with different procedural expectations and levels of sophistication, strict application of rules of waiver has the potential to impose substantial hardship as a consequence of innocent and inevitable misunderstandings. [...]* ***Article II of the Convention is also best interpreted as precluding Contracting States denying recognition of an international arbitration agreement based upon discriminatory or idiosyncratic national law rules. That principle applies equally to concepts of waiver and would preclude findings of waiver based on discriminatory or idiosyncratic national law rules.*** [...] ***The Convention's policies, as well as its implied limits on national law, play a material role in determining when rights under an international arbitration agreement have been waived.***" (grifo nosso) (Born, Gary. **International Commercial Arbitration.** 2 ed. Kluwer Law International, 2014. p. 872-873.)

[6] "O juízo perante o qual é proposta ação relativa a uma questão abrangida por uma convenção de arbitragem remeterá as partes para arbitragem **se uma das partes assim o solicitar, até ao momento de apresentar as suas primeiras alegações relativas ao mérito da disputa**, a menos que constate que referida convenção de arbitragem é nula, inoperante ou ineficaz." (grifo nosso)

[7] "*Article 8(1) does not provide expressly for the consequences of failing to invoke an arbitration agreement prior to the "first statement on the substance of the dispute," and instead only defines the circumstances in which a mandatory reference to arbitration is required. Although a binding waiver of the right to arbitrate is obviously one possibility of failing to comply with Article 8(1)'s condition, it is not clear that this should be the automatic result (e.g., in cases of excusable ignorance of the right to arbitrate, lack of prejudice).* ***Consistent with this, a few Model Law decisions are best interpreted as refusing to hold that filing a substantive statement of defense (without invoking arbitration rights) necessarily constitutes an irrevocable waiver of those rights; these decisions have also held that waivers are to be narrowly construed and must be clear and unambiguous.***" (grifo nosso) (Born, Gary. *Op. cit.*, p. 873-874.)

minentes no cenário da arbitragem internacional sinalizam a adoção de uma interpretação restritiva da renúncia tácita ao compromisso arbitral, limitada àquela demanda apresentada aos tribunais estatais, exigindo-se, por isso, uma prova efetiva e robusta da intenção das partes para que tal renúncia modifique em definitivo a cláusula arbitral.

A Inglaterra é um exemplo de jurisdição de *common law* que adota uma interpretação restritiva da renúncia à arbitragem. De modo semelhante à Convenção de Nova Iorque e à Lei Modelo da Uncitral, o §9º do English Arbitration Act prevê que as partes em um litígio no Judiciário podem solicitar ao juízo estatal a suspensão do procedimento em relação à matéria que compete à jurisdição arbitral, o que deverá ser concedido pelo juízo estatal, salvo se o compromisso arbitral for nulo, inoperante ou ineficaz[8].

A doutrina inglesa interpreta a renúncia ao compromisso arbitral como se fosse um novo contrato, no qual as partes revogam o compromisso arbitral[9]. No que tange à extensão da renúncia ao juízo arbitral, a jurisprudência considera que a renúncia se restringe àquela disputa específica submetida ao juízo estatal[10].

[8] *"1) A party to an arbitration agreement against whom legal proceedings are brought (whether by way of claim or counterclaim) in respect of a matter which under the agreement is to be referred to arbitration may (upon notice to the other parties to the proceedings) apply to the court in which the proceedings have been brought to stay the proceedings so far as they concern that matter. [...] (4) On an application under this section the court shall grant a stay unless satisfied that the arbitration agreement is null and void, inoperative, or incapable of being performed."*

[9] "[...] *it can be seen that English law focuses less on the concept of waiver as such (and whether it could ever be revocable). Rather,* ***English law uses ordinary contract law principles to identify repudiation (repudiatory breach) of the agreement to arbitrate****. Only if the repudiation is accepted will the parties both be discharged from further performance of the agreement to arbitrate."* (grifo nosso) (Capper, Philippe. **English Law**. *In:* Johnsson, Bengt-Åke; Nilsson, Ola. **Waiving the right to arbitrate by initiating court proceedings**. Stockholm International Arbitration Review (SIAR), Stockholm, July 2011, p. 16.)

[10] *"The existence of an agreement to arbitrate will not prevent either party from commencing judicial proceedings in court [...]. However, the issue of proceedings in court by one party will usually amount to a waiver of that party's right to have* ***the same dispute*** *determined by arbitration (Herschel Engineering Ltd v Breen Property Ltd [2000] All ER (D)559) if the defendant is content to have proceedings in court.*

[...]. When a party waives its right to have a dispute determined by arbitration by initiating proceedings it waives this right in respect of all matters that can be properly brought before the court ***in relation to that particular dispute****. In Ahad v Uddin ([2005] EWCA Civ 883) the claimant commenced proceedings in court in breach of an arbitration agreement, and the defendant subsequently filed a defence thereby waiving his right under section 9(1) of the Arbitration Act 1996. Subsequently, the claimant received permission to amend the particulars of claim* ***so as to include issues which were closely related to the action****. The defendant contended that these additional issues should be referred to arbitration and applied for a stay of court proceedings in respect of these issues under section 9 of the Arbitration Act 1996.* ***The issue was whether the amendments to the particulars of claim formed part of dispute of which the court was already seized, or whether they were discrete matters***

Nos Estados Unidos, tal qual na Inglaterra, a possibilidade de uma das partes renunciar tacitamente à jurisdição arbitral ao submeter uma disputa ao Judiciário não tem previsão expressa no Federal Arbitration Act (FAA), mas decorre de uma interpretação da Section 3 do Federal Arbitration Act, a qual prevê que os tribunais estatais deverão, "*on application of one of the parties*", suspender o julgamento da demanda relativa a "*[...] any issue referable to arbitration under an agreement in writing for such arbitration [...]*" até que o litígio seja resolvido em arbitragem.[11]

Conforme esclarece a doutrina, os tribunais americanos são contrários ao reconhecimento de uma renúncia ao compromisso arbitral e estabelecem rigoroso ônus probatório para admiti-la. Em muitos casos, a jurisprudência entende que o ajuizamento de uma ação perante o juízo estatal não é em si suficiente para configurar renúncia à jurisdição arbitral, devendo ser demonstrado que tal conduta causou um efetivo prejuízo à contraparte[12]. Quanto à extensão da renúncia, a matéria é pouco debatida naquele país.

***in respect of which section 9 of the Arbitration Act 1996 entitled the defendant to apply for a stay of the proceedings, in respect of those issues, and insist that they be arbitrated**. The Court of Appeal held that the additional issues were in respect of the matter raised by the original proceedings in relation to which the defendant had already waived his right to apply for a stay of proceedings under section 9(1) by taking a number of steps in the proceedings.*" (grifo original e nosso) (*Ibid.* p. 14-15)

[11] "*If any suit or proceeding be brought in any of the courts of the United States upon any issue referable to arbitration under an agreement in writing for such arbitration, the court in which such suit is pending, upon being satisfied that the issue involved in such suit or proceeding is referable to arbitration under such an agreement, shall **on application of one of the parties** stay the trial of the action until such arbitration has been had in accordance with the terms of the agreement, providing the applicant for the stay is not in default in proceeding with such arbitration.*" (grifo nosso)

[12] "*[T]he FAA and the pro-arbitration policies underlying the Act have been interpreted by U.S. courts as establishing a federal common law rule that **strongly disfavors finding a waiver of a party's right to arbitrate**. Under this approach, **doubt as to the existence of a waiver is resolved against finding a waiver, and the party seeking to establish waiver bears a heavy burden**, particularly in cases under the New York Convention. As one leading U.S. Supreme Court decision put it, in a domestic context, '[a]s a matter of federal law, any doubts concerning the scope of arbitrable issues should be resolved in favor of arbitration, whether the problem at hand is the construction of the contract language itself or an allegation of waiver, delay, or a like defense to arbitrability.' Moreover, a finding of waiver under the FAA typically requires knowledge of a right to arbitrate, actions inconsistent with that right (usually involving commencement of litigation or protracted delay) and, in most instances, **prejudice to the adverse party**.*

[...]

In general, it is unlikely that the failure to raise the existence of an arbitration agreement in a party's first pleading in a U.S. court would constitute a waiver (as would generally be the case under the Model Law). Rather, U.S. courts would look more specifically to the party's reasons for failing to invoke the arbitration clause, the extent of any delays/litigation and the existence of prejudice to the counter-party. As one lower court concisely summarized the FAA's approach to waiver, "prejudice and the purposes of arbitration should guide the waiver inquiry." (grifo nosso) (Born, Gary. *Op. cit.*, p. 876-879)

Por outro lado, o ordenamento alemão é exemplo de um sistema jurídico de *civil law* que aborda a renúncia ao compromisso arbitral com uma interpretação restritiva. De acordo com o § 1032(1) do Código de Processo Civil Alemão (ZPO), quando submetida ao Judiciário uma disputa que é objeto de compromisso arbitral, o juízo estatal deverá inadmitir o pleito, desde que o réu formule objeção à jurisdição estatal antes da audiência[13]. A partir dessa norma, a doutrina admite a possibilidade de uma renúncia tácita ao compromisso arbitral se o réu deixar de formular oposição à jurisdição estatal antes da audiência, mas apenas em casos excepcionais, nos quais a intenção de renunciar ao compromisso arbitral se torna evidente diante da conduta adotada pela parte[14]. Quanto à extensão da renúncia, a doutrina considera que ela implica a extinção do compromisso arbitral apenas na extensão da matéria submetida ao juízo estatal[15].

Na França, para que seja reconhecida a renúncia ao compromisso arbitral, a jurisprudência exige que a matéria submetida ao Judiciário esteja dentro do escopo da cláusula compromissória e diga respeito ao mérito do litígio, devendo haver intenção inequívoca da parte de renunciar ao juízo arbitral[16]. A doutrina vai no mesmo sentido e reconhece que a renúncia ao compromisso arbitral não abrange necessariamente todo e qualquer disputa futura sob o escopo do com-

[13] *"A court before which an action is brought in a matter which is the subject of an arbitration agreement shall, if the respondent raises an objection prior to the beginning of the oral hearing on the substance of the dispute, reject the action as inadmissible unless the court finds that the arbitration agreement is null and void, inoperative or incapable of being performed."*

[14] *"There is a discussion about whether (or when) the respondent's failure to object to state court proceedings, taken together with the claimant's suit before the state court, can amount to an implicit termination of the arbitration agreement. The matter can be relevant if the state court (for other reasons) does not end up deciding on the substance of the dispute: will the arbitration agreement still be in force for a future dispute on the matter?* ***In the authors' opinion, such an implicit termination should – if at all – only be assumed in highly exceptional cases where such an intention of the parties becomes obvious from their conduct.****"* (grifo nosso) (Huber, Peter; Bach, Ivo. *In:* Böckstiegel, Karl-Heinz; Kröll, Stefan Michael; Nacimiento, Patricia (Ed.). **Arbitration in Germany:** The Model Law in Practice. 2 ed. Kluwer Law International, 2015, p. 119.)

[15] *"The failure to raise an objection in due time results in the termination of the arbitration agreement* ***for this legal dispute****."* (grifo nosso) (Schlosser, Peter. *In:* STEIN, Friedrich; Jonas, Martin. **Kommentar zur Zivilprozessordnung**. 23 ed. Mohr Siebeck, 2014. par. 9)

[16] *"[...] leur comportement correspondait au critère jurisprudentiel qui veut que la renonciation au bénéfice de la clause d'arbitrage ne puisse résulter que d'actes manifestant sans équivoque la volonté de renoncer (v. Cass. civ. 2e, 18 février 1999, Rev. arb., 1999.299, note Ph. Pinsolle)."* (Teynier, Eric; PIC, Pierre. Observations – Cour de Cassation (1re Ch. civ.). **Revue de l'Arbitrage**, v. 2007, n. 2, 23 January 2007, p. 294).

promisso arbitral[17], impondo-se uma análise da intenção das partes, caso a caso e exigindo atos inequívocos das partes para a renúncia a litígios futuros[18].

Na Suíça, entende-se que a renúncia ao compromisso arbitral, ainda que consumada de forma tácita, depende de demonstração inequívoca da intenção das partes de renunciarem[19] e, em geral, produz efeitos apenas sobre aquela disputa específica submetida ao Judiciário, e não implica na extinção do compromisso arbitral[20].

Como se vê, jurisdições de liderança no campo da arbitragem internacional exigem rigoroso ônus probatório para o reconhecimento de uma renúncia à jurisdição arbitral, além de serem tendentes a reconhecer a validade do compromisso arbitral, salvo conduta clara e inequívoca das partes em sentido contrário,

[17] *"On peut en revanche hésiter d'advantage à considerer qu'il y a alors renonciation à saisir un tribunal arbitral pour tout autre litige qui pourrait survenir à l'avenir relativement au contrat visé par la convention d'arbitrage. On pourrait déjà distinguer selon la nature de la convention d'arbitrage en cause. En effet, la renonciation à un compromis, convention qui vise un litige particulier, a, à l'évidence, un effet général puisque le compromis est alors caduc. En revanche, la clause compromissoire vise un ensemble de litiges pouvant survenir entre les parties; aussi, la renonciation à cette clause pour l'un d'eux ne paraît pas devoir nécessaairement s'étendre à d'autres litiges qui pourraient apparaître dans le futur. Tout devrait être ici question d'interprétation de la volonté des parties: ont-elles entendu renoncer à la clause compromissoire ponctuellement pour un litige déterminé ou définitivement, même pour des litiges utérieurs?"* (Seraglini, Christophe; Ortscheidt, Jérôme. **Droit de l'arbitrage interne et international**. 2. ed. LGDJ, 2013, p. 617)

[18] *"En saisissant le juge (demandeur), ou en ne contestant pas la compétence de celu-ci (défendeur), pour un litige, une partie ne manifeste pas nécessairement une volonté non équivoque de renoncer au bénéfice de la clause d'arbitrage pour tous les litiges susceptibles d'être visés par celle-ci. La décision prise par les parties, à un moment donné, de ne pas utiliser la voie arbitrale pour résoudre un litige, a pu être motivée par des diverses considérations d'opportunité, sans qu'elles aient par là même songé à renoncer de façon générale et définitive au bénéfice de la clause d'arbitrage pour tout autre litige qui pourrait ensuite les opposer dans le cadre de la relation contractuelle couverte par cette clause. Il serait donc préférable d'analyser au cas par cas la volonté des parties au moment de la renonciation : qu'ont-elles alors voulu, et quelle croyance légitime quant au sort futur de la clause d'arbitrage a pu naître dans leur esprit lorsq'elles ont décidé, pour un litige donné, de ne pas la mettre en ceuvre? Au demeurant, certains droits étrangers adoptent une position relativement mesurée et nuancée à ce sujet."* (*Ibid*., p. 618)

[19] Nesse sentido, o entendimento da Suprema Corte da Suíça: *"The entering of an appearance results from the unequivocal expression of intent by the defendant to proceed on the merits before the court seized [of the dispute]"* (SUIÇA. Suprema Corte. I. Zivilabteilung. Z. AG v. B. AG. 123 III 35. J. 20/08/1996, par. 3b.)

[20] *"Under Swiss law, the parties may agree at any time to jointly put an end to their arbitration agreement. They thereby waive their right to rely on the arbitration agreement and thus will no longer be entitled to invoke the exceptio arbitri if a dispute covered by the terminated arbitration agreement is brought before the courts. Such a waiver is subject to no form requirements. It can be express* ***or implied****. If a party enters an appearance as to the merits within the meaning of Article 7(a) PILA, it waives its right to arbitrate* ***the dispute then before the court but does not terminate the arbitration agreement in respect of other disputes****."* (grifo nosso) (Kaufmann-Kohler, Gabrielle; Rigozzi, Antonio. **International Arbitration** – Law and Practice in Switzerland. Oxford University Press, 2015, p. 150.)

e, ainda, reconhecem que os efeitos da renúncia à arbitragem devem ser restritos à disputa específica submetida ao juízo estatal, salvo se demonstrado que a intenção das partes era de revogar o compromisso arbitral.

2. Direito brasileiro

No direito brasileiro, o tema é tratado pela doutrina de forma superficial, apenas fazendo alusão ao fato da ocorrência da renúncia implícita, sem, contudo, aprofundar se tal renúncia seria restrita ao processo em si, ou se representaria modificação da cláusula arbitral[21]. A doutrina processual, por seu turno, não expande além do efeito específico da prorrogação da competência do Judiciário, diante da ausência de exceção de jurisdição.

No particular, Carlos Alberto Carmona parece sustentar que a renúncia ao compromisso arbitral implicaria na revogação total da cláusula:

> O mesmo não sucederá, porém, com relação ao compromisso arbitral, pois este continua a reger-se pelo regime da dispositividade, o que significa que o réu tem o ônus de alegar em preliminar de contestação a existência de compromisso arbitral sob pena de, não o fazendo, concordar tacitamente com sua revogação.

Todavia, na sequência de sua opinião, ele restringe seu entendimento ao litígio submetido ao Judiciário:

> Continua a prevalecer, mesmo sob o regime da Lei 9.307/96, a observação de Antônio Carlos Marcato acerca de hipótese (não contemplada expressamente na Lei) de extinção de compromisso, a saber, falta de arguição de sua existência, pelo réu, caso seja proposta em juízo demanda versando o mesmo litígio que haveria de ser composto pela via arbitral.[22]

[21] "Desse modo, convencionado que os problemas do contrato serão dirimidos por arbitragem, pode-se afirmar que um dos efeitos da convenção de arbitragem é justamente o de tornar obrigatória a jurisdição arbitral, salvo se as partes renunciarem, expressa ou tacitamente, tendo o STJ já manifestado que o fato de as partes terem se valido de processo estatal não importa, necessariamente, em renúncia tácita." (Beraldo, Leonardo. **Curso de arbitragem nos termos da Lei nº 9.307/1996**. São Paulo: Atlas, 2014, p. 158-159.); "A ausência de alegação da existência de convenção de arbitragem implica aceitação da jurisdição estatal e renúncia ao juízo arbitral." (Sester, Peter. **Comentários à Lei de Arbitragem e à Legislação Extravagante**. São Paulo: Quartier Latin, 2020. p. 185.).

[22] Carmona, Carlos Alberto. **Arbitragem e processo:** um comentário à Lei nº 9.307/96. 3. ed. São Paulo: Atlas, 2009, p. 485-486.

A circunstância de toda renúncia a direitos ser interpretada restritivamente (CC, art. 114)[23] torna, por conseguinte, bastante elevado o *standard* probatório para se avaliar se o comportamento das partes representa afastamento definitivo da cláusula arbitral para os futuros litígios decorrentes do contrato. Neste particular, segundo a oportuna lembrança de Caio Mário da Silva Pereira, "De qualquer maneira, a manifestação do renunciante há de ser inequívoca, e tanto pode ter por objeto direitos atuais como situações jurídicas futuras." [24]

Com efeito, na jurisprudência brasileira, nem sempre foi necessário aos tribunais perquirir se a intenção das partes levava à conclusão de que a renúncia envolvia também futuras demandas oriundas do contrato. Nesse sentido, a orientação parece apontar para a intepretação restritiva quanto à ocorrência da renúncia tácita, valendo citar alguns julgados neste sentido.

Cite-se, primeiramente, o caso Cimento Tupi[25], no qual uma acionista da empresa ajuizou ação para impedir o prosseguimento de uma arbitragem instaurada por outra acionista, com base em temas relacionados ao acordo de acionistas, sob o argumento de renúncia ao juízo arbitral, em razão das partes já terem outrora litigado perante cortes estatais. O argumento foi rejeitado pelo TJRJ, para quem as ações judiciais anteriores não configuravam renúncia à arbitragem para litígios futuros, pois foram ajuizadas contra rés não integrantes do acordo de acionistas no qual constava a cláusula arbitral. O tribunal pontuou, ainda, que a submissão de uma disputa arbitrável à jurisdição estatal somente equivalerá a uma renúncia se a conduta de ambas as partes indicar, de forma inequívoca, seu desejo de renunciar ao seu direito de arbitrar, e se a ação movida na Justiça estadual estiver relacionada a uma disputa mencionada na cláusula compromissória[26].

[23] Cite-se, por todos, Carlos Maximiliano: "Quanta dúvida resolve, num relâmpago, aquela síntese expressiva – interpretam-se restritivamente as disposições derrogatórias do Direito Comum! [...] Restrições ao uso ou posse de qualquer direito, faculdade ou prerrogativa não se presumem: é isto que o preceito estabelece. Devem ressaltar dos têrmos da lei, ato jurídico, ou frase de expositor.". (MAXIMILIANO, Carlos. **Hermenêutica e Aplicação do Direito**. 6. ed. Rio de Janeiro: Livraria Freitas Bastos, 1957, p. 292-294.)

[24] PEREIRA, Caio Mario da Silva. **Instituições de Direito Civil:** Introdução ao direito civil, Teoria Geral do Direito Civil, v. 1. 31. ed. rev. e atual. Rio de Janeiro: Forense, 2018, p. 395.

[25] TJRJ. 16ª Câmara Cível. Apelação Cível nº 0014821-94.2006.8.19.0001 (24.798/2007). J. 18/09/2007.

[26] "Para a renúncia tácita ao compromisso arbitral, bem sustenta a doutrina, é preciso que todas as partes se comportem e se conduzam de forma inequívoca, no sentido de abrir mão do direito de se valer da arbitragem. E que a ação judicial proposta ao arrepio da cláusula contratual de arbitragem, diga respeito, concretamente, a um litígio abrangido no escopo da cláusula compromissória.
[...]

Outro interessante precedente é o caso Vik-Sandvik, julgado pela 4ª Turma do STJ[27], que não reconheceu renúncia à arbitragem pela circunstância de uma disputa entre as partes envolvendo matéria não incluída na cláusula arbitral ter sido submetida anteriormente ao Judiciário. Neste precedente, as partes estavam vinculadas a arbitragem por força de disposição estatutária no Contrato Social para dirimir todas as questões de natureza societária, mas o litígio submetido ao Judiciário não se enquadrava dentre essas matérias, pois envolvia questões relacionadas ao comodato de imóveis a um dos sócios.

Além disso, e em consonância com a interpretação restritiva de renúncia, o acórdão destacou que, sendo o contrato um acordo sobre uma matéria específica, todas as partes devem acordar na exclusão da cláusula compromissória, à luz do artigo 472 do Código Civil, não havendo como dispensar tal consenso pela mera hipótese de que a cláusula não seja mais válida[28]. Assim, ao recorrer ao Judiciário para requerer uma tutela que não poderia ser concedida pelos árbitros (por faltar-lhes jurisdição sobre o tema), a parte não poderia ter renunciado à convenção de arbitragem.

A renúncia à cláusula compromissória somente se opera quando o réu deixa de arguir exceção de jurisdição, com base no art. 267, VII, do CPC e abrange, exclusivamente, o litígio submetido à jurisdição estatal, permanecendo válida e eficaz para todos os demais fins. Nos casos em que a matéria não é abrangida pela cláusula compromissória ou quando seja necessária medida urgente, antes da instauração da arbitragem, a propositura da ação judicial não importará renúncia ou violação da cláusula compromissória" TJRJ. 16ª Câmara Cível. Apelação Cível nº 0014821-94.2006.8.19.0001 (24.798/2007). J. 18/09/2007.

27 STJ. 4ª Turma. Recurso Especial nº 1.678.667/RJ. J. 06/11/2018.

28 "Ora, se o contrato é o acordo de duas ou mais vontades em torno de um objeto, todos devem estar de acordo com a retirada da cláusula compromissória do pacto, lembrando que, nos termos do art. 472 do Código Civil: 'o distrato faz-se pela mesma forma exigida para o contrato'. Desse modo, uma vez expressa a vontade de estatuir a cláusula compromissória ampla, sua destituição deve vir por meio de igual declaração das partes, ou seja, deve haver distrato ou outra manifestação inequívoca de vontade.

[...]

Uma vez constatada a vontade expressa das partes em submeter os litígios oriundos da relação societária à convenção de arbitragem, não se pode afastá-la por mera suposição de que a cláusula compromissória não é mais válida. Por essa razão, e por não se verificar no presente caso um comportamento contraditório, é que se pode concluir pelo não afastamento da convenção arbitral livremente instituída para resolver todas as controvérsias das partes, incluindo aí a extensão dos temas debatidos na presente ação de indenização.

A Corte Especial já se manifestou no sentido de que, uma vez expressada a vontade de estatuir, em contrato, cláusula compromissória ampla, a sua destituição deve vir através de igual declaração expressa das partes, não servindo, para tanto, mera alusão a atos ou a acordos que não tinham o condão de afastar a convenção das partes."

No mesmo sentido, outro precedente mais antigo do STJ, no famoso caso Kia Motors Corporation[29], o tribunal rejeitou a inferência de que as partes teriam renunciado ao direito de ingressar na arbitragem ao submeter determinada disputa a um tribunal estadual, restando asseverado pela relatora que a submissão de pleito à Justiça estadual[30] não configurou renúncia à cláusula compromissória e que, em qualquer caso, a jurisdição arbitral deve prevalecer nas matérias que não colidam com o objeto do processo judicial estadual[31]. Em adição, a Ministra Nancy Andrighi, concordando com o entendimento da inocorrência de renúncia naquele caso específico, invocou o artigo 114 do Código Civil para afirmar que a renúncia deve ser interpretada de forma restritiva[32].

No caso São José Participações, o TJSP reconheceu a interpretação restritiva da renúncia ao decidir que a submissão de uma disputa arbitrável a um tribunal estadual, sem qualquer objeção pela outra parte, equivale a uma renúncia à jurisdição arbitral "para solucionar o litígio deflagrado entre as partes"[33]. O

[29] STJ. Corte Especial. SEC nº 1/KR. J. 19/10/2011.

[30] Naquele caso, a autora de pedido de homologação de sentença arbitral estrangeira ajuizou medida cautelar perante o Juízo da 23ª Vara Cível da Comarca de Salvador/BA, a qual foi deferida, relacionada a relações de direito societário mantidas com as outras partes, para sobrestar os efeitos de deliberações havidas em assembleia geral extraordinária, e, nos trinta dias seguintes, ajuizou a ação principal para manter vigente a cautelar e, ainda, ter reconhecida a nulidade de assembleia. Consta do acórdão: "Saliente-se, por oportuno, que em ambas as ações a requerente ressalvou expressamente que ao submeter-se à Justiça brasileira não estava renunciando à cláusula arbitral, esclarecendo que a via judicial somente estava sendo adotada em virtude da urgência das medidas e como única alternativa para efetivo resguardo dos seus direitos, visto que naquele momento ainda não havia sido constituído o Tribunal Arbitral competente para apreciar a controvérsia."

[31] "Retomando a questão dos autos, o simples ajuizamento de ação cautelar, da qual se seguiu a ação principal, acerca de controvérsia a ser verificada no âmbito do procedimento arbitral força da convenção que o previa, não impõe considerar, de per si, ter havido renúncia, fato que também não torna o Juízo Arbitral incompetente para tratar dos temas perante ele veiculados, sobretudo com relação aos que não colidiam com o objeto da ação judicial."

[32] "Dessarte, impossível afirmar que o ajuizamento das ações judiciais, pela requerente, caracterizaria um ato manifesto de renúncia à cláusula compromissória, até porque, nos termos do art. 114 do CC/02, a renúncia se interpreta restritivamente."

[33] "Assim, consistindo a arbitragem, como amplamente reconhecido pela doutrina (cf., por todos, Carlos Alberto Carmona, in Arbitragem e processo: um comentário à Lei nº 9.307/96, p. 89, São Paulo: Atlas, 2ª edição, 2006), fator inibitório da submissão de determinado litígio ao Poder Judiciário, decorrente da vontade dos interessados, tem-se que a simples propositura da demanda sugere a renúncia, por parte do autor do feito, a essa opção, o que acaba por atribuir à parte contrária, o ônus de invocá-la em sua peça defensiva, sob pena de caracterização de renúncia bilateral ao meio alternativo de solução de controvérsias outrora avençado, com a intuitiva restituição ao Estado da competência para solucionar **o litígio** deflagrado entre as partes." (grifo nosso) (TJSP. 2ª Câmara Reservada de Direito Empresarial. Apelação Cível nº 0023128-26.2012.8.26.0003. J. 27/02/2019)

tribunal indica claramente, ao usar o artigo definido "o", que a renúncia se refere à disputa específica, e não à totalidade da cláusula compromissória.

Em Topsports *v.* TV Ômega Ltda., o TJSP também seguiu a linha restritiva ao decidir que a renúncia só deve ser reconhecida quando a questão submetida ao Judiciário abranger a totalidade do objeto dos litígios indicados na cláusula compromissória[34].

Até mesmo em situações limítrofes, nas quais a matéria objeto da cláusula arbitral se sobrepõe, de certa forma, ao tema discutido no Judiciário, a opção do tribunal recaiu na interpretação restritiva da renúncia. É o que se verifica neste julgado da 19ª Câmara de Direito Privado do TJSP para quem o contencioso perante a justiça estadual sobre a exigibilidade de faturas – e a autorização para sua emissão, nos termos do contrato em que constava cláusula compromissória – não equivale a renúncia à jurisdição arbitral, uma vez que o próprio contrato não era objeto da disputa[35]. Nesse caso, a cláusula compromissória era ampla, abrangendo "qualquer pendência ou discórdia oriunda da presente relação negocial"[36].

Atenção especial merece o julgado da 3ª Turma do STJ no REsp nº 1.894.715[37], pois sua análise, em princípio, poderia levar à crença de que o tribunal teria reconhecido a tese da interpretação ampliativa da renúncia tácita. Bem vistas as coisas, não parece ter sido essa a posição daquele julgado.

[34] "Há que se interpretar essas intervenções com cautela. Realmente é possível admitir que as partes estejam querendo eliminar a arbitragem contratada quando não reclamam, na primeira chance, da intervenção judiciária substitutiva. Esse ato de disposição, que se afirma tácito porque não se arguiu a incompetência da Justiça Comum, deve ser admitido quando a ação judicial envolve todo o objeto do litígio que se reservou para decisão dos árbitros, exatamente porque, em sendo parcial, o paralelismo não conspira contra a vontade e o consentimento dos interessados de recorrerem aos árbitros." (TJSP. 4ª Câmara de Direito Privado. Agravo de Instrumento nº 9034146-41.2005.8.26.0000 – 406.570-4/5-00; 408.089-4/4-00 –. J. 18/08/2005)

[35] "Quanto às primeiras [ações judiciais], as causas de pedir dizem respeito à declaração de inexigibilidade de títulos de crédito levados a protesto por serviços prestados pela autora. Não se discute os instrumentos propriamente ditos. Reconheceu-se apenas a validade das autorizações de pagamento (AP's) que ensejaram a emissão de duplicatas, rejeitados os pedidos de inexigibilidade das dívidas." (TJSP. 19ª Câmara de Direito Privado. Apelação Cível nº 1022512-24.2018.8.26.0100. J. 01/04/2019)

[36] "As partes empreenderão seus melhores esforços para liquidar quaisquer controvérsias, divergências ou reivindicações resultantes ou relativas ao presente contrato, sempre com ética, boa-fé e buscando a preservação do espírito motivador da contratação. Na hipótese de qualquer pendência ou discórdia oriunda da presente relação negocial, as partes acordam que esta pendência, discórdia ou controvérsia deverá ser definitivamente resolvida por arbitragem".

[37] STJ. 3ª Turma. Recurso Especial nº 1.894.715/MS. J. 17/11/2020.

Aos fatos: a Serviços de Navegação da Bacia do Prata SA ("SNBP") ajuizou ação cautelar e, em seguida, ação principal declaratória perante o Judiciário do Mato Grosso do Sul contra a Transbarge Navegacion SA ("Transbarge") decorrente de contrato com cláusula compromissória. Em sede de tutela cautelar, a SNBP pleiteou a sustação de protesto referente a notas promissórias e, na ação principal, pediu a declaração de inexigibilidade da dívida e nulidade do débito. A Transbarge não formulou exceção de jurisdição, e, em seguida, ajuizou contra a SNBP ação monitória para cobrança do crédito representado nas notas promissórias. Nessa ação, a SNBP apresentou exceção de jurisdição invocando a existência de cláusula compromissória, o que foi acolhido pela sentença, que julgou extinto o processo sem julgamento de mérito, em decisão confirmada pelo TJMS.

A 3ª Turma do STJ proveu o recurso especial da Transbarge sob o fundamento que, por meio do ajuizamento de ações anteriores sobre a mesma dívida perante a justiça estadual, a SNBP havia levado a Transbarge "à crença de sua aquiescência de que o litígio entre elas estabelecido seria resolvido pelo Poder Judiciário, e não mais pelo juízo arbitral, como previsto na cláusula compromissória".

Com efeito, focando no comportamento anterior das partes para identificar a legítima expectativa quanto ao foro aplicável, o acórdão não se pronunciou sobre a aplicação do artigo 337, §6º, do CPC – aliás, sequer prequestionado –, não se podendo, por isso, extrair dele uma interpretação ampla ou restrita da referida norma. De fato, o acórdão baseia-se apenas na conduta da SNBP e reconhece seu comportamento contraditório, violador do princípio da boa fé. Em relação à renúncia, o aresto asseverou que:

> a circunstância de não ter havido renúncia expressa é de todo irrelevante, pois o que se veda é a conduta contraditório da recorrida [SNBP] (*nemo potest venire contra factum proprium*), em clara violação ao princípio da boa fé objetiva.

De fato, em alguns casos, os tribunais trataram, de forma genérica, da renúncia à cláusula arbitral nos termos do artigo 337, §6º, do CPC, o que poderia levar ao entendimento de que a renúncia abrangeria futuros litígios no âmbito da cláusula compromissória. No entanto, essas decisões apenas afirmam o incontroverso, no sentido de que ocorre renúncia sempre que o réu não apresentar exceção de jurisdição. Tais casos não abordam a extensão dessa renúncia.

É o que se vê, por exemplo, neste acórdão do TJSP, no qual uma franqueadora foi condenada à revelia a indenizar seus franqueados, além de ter declarado rescindido o contrato de franquia sem que pudesse cobrar a multa penal estipulada para essa hipótese[38]. Ao julgar a apelação interposta pela franqueadora, o TJSP asseverou que, pela ausência de alegação de existência da cláusula compromissória em preliminar de contestação, "operou-se a renúncia da convenção de resolução dos conflitos oriundos do contrato de franquia por meio de juízo arbitral".

No mesmo sentido, ao julgar improcedente pedido formulado em ação rescisória de sentença e respectivo acórdão, cujo fundamento era a suposta incompetência absoluta do juízo que julgou a ação original em razão da existência de cláusula compromissória, o TJDFT reconheceu que "a ausência de manifestação em relação à mencionada cláusula no tempo oportuno permite inferir que as partes por ela se desinteressaram, preferindo ver resolvido o impasse diretamente pelo Judiciário" [39].

Ao nosso ver, esses casos não fundamentam um entendimento amplo da renúncia para englobar futuras disputas entre as partes, com efeitos semelhantes à resolução da convenção arbitral. De fato, nenhum deles aborda expressamente a extensão da renúncia que resultasse na inexigibilidade da cláusula arbitral para os futuros litígios. Sob essa perspectiva, essa jurisprudência, na verdade, reforça a tese de que a renúncia à jurisdição arbitral em razão do ajuizamento de uma ação deve limitar-se à ação específica e ao objeto submetido ao tribunal estadual, salvo, é claro, demonstrações de atos inequívocos[40] das partes de abdicar da cláusula arbitral *ad futurum*.

Portanto, a interpretação restritiva da renúncia representa a manutenção da eficácia da renúncia no plano meramente processual do caso em julgamento, e não a revogação total do compromisso arbitral com efeitos futuros para outras demandas oriundas do contrato. Para que a renúncia tácita ao juízo arbitral pudesse produzir efeitos no plano material, atingindo demandas futuras, deve haver pedido expresso da parte que buscou o Judiciário no sentido de que, não sendo apresentada exceção de compromisso arbitral pela parte requerida, o compromisso seja declarado extinto, à luz dos princípios da congruência e da inércia da jurisdição estatal (CPC, art. 492).

[38] TJSP. 1ª Câmara Reservada de Direito Empresarial. Apelação Cível nº 1012533-69.2017.8.26.0004. J. 07/02/2019.

[39] TJDFT. 2ª Câmara Cível. Ação Rescisória nº 0000404-60.2015.8.07.0000. J. 22/02/2016.

[40] "As hipóteses de renúncia, previstas pontualmente no CC, constituem manifestações do princípio geral de que a renúncia tácita, se e quando permitida por disposição legal, deriva, obrigatoriamente, da prática de atos inequívocos." (Tepedino, Gustavo; Barboza, Heloisa Helena; MORAES, Maria Celina Bodin de. **Código Civil Interpretado conforme a Constituição da República**. v. 1. 3. ed. Rio de Janeiro: Renovar, 2014. p. 232-233)

Conclusões

Diante do exposto, somos da opinião de que o ajuizamento de uma disputa perante o Judiciário só pode ser interpretada como uma renúncia *àquela ação específica*, com base *naquela causa de pedir e naqueles pedidos*, sem envolver renúncia da cláusula compromissória para todas as disputas futuras. Este entendimento mostra-se consentâneo não apenas com a interpretação restrita que deve ser adotada quando se trata de renúncias – especialmente envolvendo cláusulas compromissórias –, mas também com a jurisprudência e doutrina internacionais, as quais, como visto, exigem uma intenção clara e inequívoca de renunciar a direitos à luz das circunstâncias de cada caso particular, limitando tal renúncia à disputa específica submetida a um tribunal estadual.

Referências

BERALDO, Leonardo. **Curso de arbitragem nos termos da Lei nº 9.307/1996**. São Paulo: Atlas, 2014.

BORN, Gary. **International Commercial Arbitration**. 2. ed. Kluwer Law International. 2014.

BRASIL. Lei nº 9.307, de 23 de setembro de 1996. Dispõe sobre a arbitragem. Disponível em: http://www.planalto.gov.br/ccivil_03/leis/l9307.htm. Acesso em: 23 jul. 2021.

—. Lei nº 13.105, de 16 de março de 2015. Código de Processo Civil. Disponível em: http://www.planalto.gov.br/ccivil_03/_ato2015-2018/2015/lei/l13105.htm. Acesso em: 23 jul. 2021.

CAPPER, Philippe. English Law. *In:* JOHNSSON, Bengt-Åke; NILSSON, Ola. **Waiving the right to arbitrate by initiating court proceedings**. Stockholm International Arbitration Review (SIAR), Stockholm, July 2011.

CARMONA, Carlos Alberto. **Arbitragem e processo:** um comentário à Lei nº 9.307/96. 3. ed. São Paulo: Atlas, 2009.

HUBER, Peter; BACH, Ivo. *In*: **Arbitration in Germany:** The Model Law in Practice. 2. ed. Kluwer Law International, 2015.

KAUFMANN-KOHLER, Gabrielle; RIGOZZI, Antonio. **International Arbitration – Law and Practice in Switzerland**. Oxford University Press, 2015.

MAXIMILIANO, Carlos. **Hermenêutica e Aplicação do Direito**. 6. ed. Rio de Janeiro: Livraria Freitas Bastos, 1957.

PEREIRA, Caio Mario da Silva. **Instituições de Direito Civil:** Introdução ao direito civil, Teoria Geral do Direito Civil. v. 1. 31 ed. rev. e atual. Rio de Janeiro: Forense, 2018.

TEPEDINO, Gustavo; BARBOZA, Heloisa Helena; MORAES, Maria Celina Bodin de. **Código Civil Interpretado conforme a Constituição da República**, v. 1. 3. ed. Rio de Janeiro: Renovar, 2014.

TEYNIER, Eric; PIC, Pierre. Observations – Cour de Cassation (1re Ch. civ.). **Revue de l'Arbitrage**, v. 2007, n. 2, 23 January 2007.

SCHLOSSER, Peter. *In:* STEIN, Friedrich; JONAS, Martin. **Kommentar zur Zivilprozessordnung**. 23. ed. Mohr Siebeck, 2014.

SERAGLINI, Christophe; ORTSCHEIDT, Jérôme. **Droit de l'arbitrage interne et international**. 2. ed. LGDJ, 2013.

SESTER, Peter. **Comentários à Lei de Arbitragem e à Legislação Extravagante**. São Paulo: Quartier Latin, 2020.

STJ. Corte Especial. Sentença Estrangeira Contestada (SEC) nº 1/KR. J. 19/10/2011.

STJ. 3ª Turma. Recurso Especial nº 1.894.715/MS. J. 17/11/2020.

STJ. 4ª Turma. Recurso Especial nº 1.678.667/RJ. J. 06/11/2018.

SUIÇA. Suprema Corte. I. Zivilabteilung. Z. AG v. B. AG. 123 III 35. J. 20/08/1996.

TJDFT. 2ª Câmara Cível. Ação Rescisória nº 0000404-60.2015.8.07.0000. J. 22/02/2016.

TJRJ. 11ª Câmara Cível. Apelação Cível nº 0116111-81.2008.8.19.0002. J. 16/09/2013.

TJRJ. 13ª Câmara Cível. Apelação Cível nº 0007683-10.2005.8.19.0002. J. 12/09/2007.

TJRJ. 16ª Câmara Cível. Apelação Cível nº 0014821-94.2006.8.19.0001 (24.798/2007). J. 18/09/2007.

TJSP. 1ª Câmara Reservada de Direito Empresarial. Apelação Cível nº 0010630-10.2011.8.26.0268. J. 26/06/2012.

TJSP. 1ª Câmara Reservada de Direito Empresarial. Apelação Cível nº 1012533-69.2017.8.26.0004. J. 07/02/2019.

TJSP. 2ª Câmara Reservada de Direito Empresarial. Apelação Cível nº 0023128-26.2012.8.26.0003. J. 27/02/2019.

TJSP. 2ª Câmara Reservada de Direito Empresarial. Apelação Cível nº 1026846-43.2014.8.26.0100. J. 22/09/2014.

TJSP. 4ª Câmara de Direito Privado. Agravo de instrumento nº 9034146-41.2005.8.26.0000 (406.570-4/5-00; 408.089-4/4-00). J. 18/08/2005.

TJSP. 19ª Câmara de Direito Privado. Apelação Cível nº 1022512-24.2018.8.26.0100. J. 01/04/2019.

TJSP. 31ª Câmara de Direito Privado. Apelação Cível nº 0042779-27.2011.8.26.0602. J. 19/05/2015.

20.

ARBITRAGEM VS. SISTEMA JUDICIÁRIO: UMA ANÁLISE ECONÔMICA E ECONÔMICA-COMPORTAMENTAL

LUCIANO BENETTI TIMM

ANA PAULA RIBEIRO NANI

Introdução

O objetivo deste artigo é demonstrar, através dos ferramentais da Análise Econômica do Direito[1] e da Economia Comportamental (Behavioral Law and Economics)[2], que a Arbitragem – quando comparada ao Sistema Judiciário – pode se revelar como uma alternativa mais atrativa para as empresas brasileiras que visam obter decisões *mais rápidas, qualificadas, imparciais e eficientes* para os seus conflitos.

[1] Para melhor compreensão, sugere-se a leitura: **(I)** POSNER, Richard A. **Economic Analysis of Law**. 7. ed. New York: Aspen, 2007; **(II)** CALABRESI, Guido; MELAMED, A. Douglas. **Property rules, liability rules and inalienability:** one view of the cathedral. Harvard Law Review, v. 85, n. 6, p. 1089-1128, abr/1972; **(III)** COASE, Ronald. **The nature of the firm**: Oliver E. Williamson, 1937; **(IV)** COOTER, Robert; ULEN, Thomas. **Law & Economics**. 6. ed., Addison-Wesley, Porto Alegre: Bookman, 2016; **(V)** MERCURO, Nicholas; MEDEMA, Steven G. **Economics and the Law – From Posner to Post-Modernism and Beyond**. Princeton: Princeton University Press, 2006; **(VI)** MACKAAY, Ejan; ROUSSEAU, Stéphane. **Análise econômica do direito** – tradução Rachel Sztajn. 2. ed. São Paulo: Ed. Atlas, 2015; **(VII)** TIMM, Luciano Benetti (Org.). **Direito e economia no Brasil:** estudos sob a análise econômica do direito. 3. ed. Indaiatuba, SP. Ed. Foco, 2019; e **(VIII)** SALAMA, Bruno Meyerhof. **Estudos em Direito & Economia:** Micro, Macro e Desenvolvimento. 1. ed. Curitiba: Editora Virtual Gratuita, 2017.

[2] Para melhor compreensão, sugere-se a leitura: **(I)** KAHNEMANN, Daniel. **Rápido e devagar:** duas formas de pensar. São Paulo: Editora Objetiva, 2016; **(II)** SUNSTEIN, Cass; THALER, R. **Nudge**. São Paulo: Editora Objetiva, 2019; **(III)** SUNSTEIN, Cass; THALER, R. **A behavioral approach to law and economics**. Stanford Law Review, v. 50, 1998; **(IV)** THALER, R. **Misbehaving:** A Construção Da Economia Comportamental. São Paulo: Editora Intrinseca, 2019.

Nesse sentido, buscar-se-á esclarecer que as empresas, enquanto agentes econômicos racionais, não devem, quando da sua tomada de decisão quanto ao método de resolução de potenciais controvérsias (Sistema Judiciário *vs.* Arbitragem) a se adotar, restringir-se em considerar apenas os prováveis elevados custos financeiros diretos da Arbitragem, mas, do contrário, devem empenhar-se em uma avaliação mais ampla capaz de mensurar todos os custos atrelados à sua escolha – tais como *os custos de transação e os custos de oportunidade.*

1. A escolha quanto ao método de resolução de controvérsias

As empresas são frequentemente obrigadas a fazer escolhas das mais variadas naturezas. Todas essas escolhas impõem-se, precipuamente, em razão de os recursos disponíveis serem limitados. Assim, escolher uma opção significa, automaticamente, renunciar a muitas outras[3].

Em relação ao método de resolução das eventuais controvérsias que surgem no decorrer das relações interempresariais, o mecanismo não é diferente. Quando do surgimento do conflito, ou até quando da celebração dos contratos, as empresas deparam-se com a necessidade de decidir se levarão suas vindouras disputas ao Judiciário ou à Arbitragem (quando tratarem-se de *direitos patrimoniais disponíveis*[4]).

Em sua obra "The Nature of the Firm", Ronald Coase explica que a "firma", enquanto agente econômico maximizador, *tende a aumentar sua utilidade (satisfação econômica), grosso modo, pela diferença entre receitas e custos*[5]. Elucida o autor que, nesse caso, as consideradas "melhores escolhas" seriam aquelas em que as receitas são maiores e os custos menores. Ensina Coase, ainda, que para se fazer a aludida ponderação e efetivamente avaliar a *utilidade econômica*, importa ter em mente que os custos da empresa não incluem tão somente *os custos de produção*, mas, também, aqueles *de transação e oportunidade*[6].

Nessa perspectiva, há de se considerar que cada empresa individualmente deverá ponderar quanto ao método mais adequado para lidar com os seus potenciais conflitos. Essa ponderação, contudo, necessita de um olhar atento

[3] Mackaay, Ejan; Rousseau, Stéphane. **Análise econômica do direito** – tradução Rachel Sztajn. 2. ed. São Paulo: Ed. Atlas, 2015. p. 25-26.

[4] "As pessoas capazes de contratar poderão valer-se da arbitragem **para dirimir litígios relativos a direitos patrimoniais disponíveis.**" (BRASIL. Lei nº 9.307, de 23 de setembro de 1996. Dispõe sobre a arbitragem, art. 1º. Disponível em: http://www.planalto.gov.br/ccivil_03/leis/l9307.htm. Acesso em: 23 jul. 2021.)

[5] Coase, Ronald. **The nature of the firm**: Oliver E. Williamson, 1937.

[6] *Ibidem.*

no sentido de preservar a estabilidade da organização, de eliminar custos desnecessários e, por vezes, de investir na manutenção do relacionamento com a contraparte. Nesse viés, sublinha Marco Antônio Lorencini que "por vezes, mas importante que controlar a solução final é controlar o próprio procedimento"[7].

Dessa forma, o que faria, então, as empresas optarem pela Arbitragem ou pelo Judiciário? Por que em certos casos as empresas voluntariamente decidem submeter-se ao procedimento arbitral em detrimento do estatal?

Como adiante se verá, referida decisão está relacionada à estrutura de incentivos gerada pela Arbitragem – principalmente pela possibilidade de redução de custos (mormente aqueles "de transação" e "de oportunidade") e pela possibilidade de melhoria no ambiente jurídico em que se dará a futura relação contratual interpartes[8].

2. Estrutura de incentivos: arbitragem *vs.* judiciário

Como dito, a sujeição – ou não – ao procedimento arbitral é uma escolha. São as partes que compõem a relação jurídica que optam por resolver seus conflitos por meio da Arbitragem por verem nela certas vantagens quando comparada aos seus sucedâneos – mormente o processo judicial[9].

Assim, tentar-se-á aqui superar a dificuldade de acesso aos dados da Arbitragem (que, como se sabe, não raramente tem caráter sigiloso) a fim de melhor ilustrar a comparação entre o aludido instituto e o Sistema Judicial.

Pois bem. Tendo-se em vista o panorama do Judiciário brasileiro, no qual a morosidade e a ineficiência são frequentemente tidas como suas características mais evidentes[10], duas são as principais "razões maiores" apontadas pela literatura sobre o tema como justificantes da escolha pela Arbitragem.

A primeira "razão maior" é que o processo arbitral tem o condão de reduzir (i) os *custos de transação* e (ii) os *custos de oportunidade* relacionados à resolução de disputas – quando comparado ao Sistema Judiciário; a segunda, é que a Arbitragem pode favorecer a formação de um *sistema de incentivos mais adequado para*

[7] Lorencini, Marco Antonio Garcia Lopes. **A contribuição dos meios alternativos para a solução das controvérsias**. Carlos Alberto de Salles (Coord.). As grandes transformações do processo civil brasileiro. Homenagem ao Professor Kazuo Watanabe. São Paulo: Quartier Latin, 2009, p. 619-621.

[8] Salama, Bruno Meyerhof. **A Economia da Arbitragem**, 2011, p. 1-2.

[9] *Ibidem*, p. 9.

[10] Castelar, Armando (org). **Judiciário e economia no Brasil**. São Paulo. Editora Sumaré. 2000, p.12.

o cumprimento das obrigações entre as partes, de forma a maximizar os ganhos na relação entre elas[11].

Assim, passa-se, então, a explicitar, de maneira mais esmiuçada, cada um desses pontos.

2.1 Redução dos custos de transação

Coase, em sua obra "The Problem of Social Cost", identificou os custos de transação como sendo aqueles que dificultam que uma transação aconteça (vez que seu teorema supõe que os indivíduos fariam trocas necessariamente até se atingir o equilíbrio, caso os custos de transação fossem zero)[12].

Dessa forma, os denominados custos de transação abrangem, em linhas gerais, os três passos de uma transação comercial, isto é: (i) o custo da procura para a realização do negócio; (ii) o custo da negociação em si; e (iii) o custo do cumprimento do que foi negociado[13]. Seria neste último que estaria contido, por exemplo, os custos de resolução do litígio – nos quais estão englobados os custos administrativos do procedimento, os custos oriundos da demora na alocação da propriedade, os custos de eventuais erros no julgamento, os custos de ineficácia do procedimento e os custos de publicidade da transação[14].

Sabe-se que o agente econômico racional busca reduzir seus custos, tendendo a preferir um método de resolução de conflitos que atinja tal objetivo de forma eficiente. É justamente almejando tal propósito que as partes, muitas vezes, optam por submeterem-se à Arbitragem.

Em pesquisa de campo realizada pelo Comitê Brasileiro de Arbitragem (CBAr), com apoio metodológico do Instituto de Pesquisa Ipsos, foram coletadas respostas sobre quais seriam as principais vantagens da Arbitragem. Depreende-se da aludida pesquisa que a maioria dos entrevistados indicou, respectivamente: a celeridade, a qualidade das decisões, a possibilidade de indicar ou participar da escolha do árbitro, a independência e imparcialidade dos árbitros, entre outros[15].

[11] Salama, Bruno Meyerhof. **A Economia da Arbitragem**, 2011, p. 1-2.

[12] Coase, Ronald H. (1960). **The problem of social cost.** 3º Journal of Law and Economics, p. 1-44.

[13] *Ibidem*, p. 1-44.

[14] Timm, Luciano Benetti; Guandalini, Bruno; Richter, Marcelo de Souza. **Reflexões sobre uma Análise Econômica da Ideia de Arbitragem no Brasil**, p. 5.

[15] Arbitragem no Brasil – Pesquisa CBAr – Ipsos, 2012; Relatório elaborado por André de Albuquerque Cavalcanti Abbud. Disponível em: http://www.cbar.org.br/PDF/Pesquisa_CBAr-Ipsos-final.pdf. Acesso em: 20 jan. 2021.

Assim, tendo como base as vantagens apontadas na pesquisa empírica realizada pelo CBAr, bem como na literatura sobre o tema, analisar-se-á especificamente os seguintes aspectos da Arbitragem – comparando-os com o processo judicial: (A) celeridade do procedimento; (B) qualificação das decisões; (C) imparcialidade dos árbitros; (D) confidencialidade no julgamento; e (E) custo monetário-financeiro do processo.

A) Celeridade do procedimento

Segundo a Suprema Corte do Texas (EUA), a atenção com a morosidade dos sistemas resolutivos de controvérsias deve ser intensa, vez que as "possibilidades de erro multiplicam-se rapidamente com o aumento do tempo decorrido entre o fato original e a decisão judicial"[16].

Na mesma direção, o professor José Rogério Cruz e Tucci afirma que "quanto mais distante da ocasião tecnicamente propícia for proferida a sentença, a respectiva eficácia será proporcionalmente mais fraca e ilusória"[17].

Os empresários brasileiros, do mesmo modo, parecem concordar com a seriedade do problema. Segundo apontam os dados coletados por Armando Castelar nos anos 2000[18], na opinião desses empresários, a morosidade é o maior problema do Judiciário nacional.

As estatísticas mostram que a celeridade das cortes judiciais *brasileiras está abaixo da média mundial.* Muitos atribuem este fato ao volume de processos encontrados nos tribunais: um juiz brasileiro é, em média, responsável por *dez mil casos* em qualquer dado momento de tempo[19].

Segundo pesquisa feita pelo Instituto Nacional de Qualidade Judiciária (INQJ), a despeito de um processo típico levar aproximadamente três anos para ser concluído em primeira instância, durante esse período, o tempo em que ele é efetivamente apreciado pelo magistrado é tão-somente de seis horas[20].

16 *In*: OSTROM, HANSON & NATIONAL CENTER FOR STATE COURTS, 1999, p.1 *apud* YEUNG, Luciana. **Além dos "Achismos", do Senso Comum e das Evidências Anedóticas: Uma Análise Econômica do Judiciário Brasileiro.** Tese de Doutorado apresentada à Escola de Economia de São Paulo da Fundação Getúlio Vargas, 2010, p. 48.

17 TUCCI, José Rogério Cruz e. **Tempo e processo:** uma análise empírica das repercussões do tempo na fenomenologia processual (civil e penal). São Paulo: Revista dos Tribunais, 1997, p. 65.

18 CASTELAR PINHEIRO, Armando. (org). **Judiciário e Economia no Brasil.** Editora Sumaré, 2000, p. 76-77.

19 YEUNG, Luciana. **Além dos "Achismos", do Senso Comum e das Evidências Anedóticas: Uma Análise Econômica do Judiciário Brasileiro.** Tese de Doutorado apresentada à Escola de Economia de São Paulo da Fundação Getúlio Vargas, 2010, p. 83.

20 Sherwood, R. M. The Unseen elephant: What Blocks Judicial System Improvement? Berkeley Program in Law & Economics, Latin American and Caribbean Law and Economics Association

No mesmo sentido, uma pesquisa realizada pelo Ministério da Justiça (2007) mostra que o processo judicial fica parado um longo tempo no cartório mesmo depois de o magistrado ter proferido sua decisão – sendo que este tempo de espera pode chegar a 50% do tempo total do processo[21].

Por outro lado, a celeridade é identificada como relevante característica com que, via de regra, os processos arbitrais são conduzidos. Vale ressaltar que o procedimento arbitral não está sujeito à rigidez do processo judicial: a Arbitragem não se submete ao regime de infindáveis recursos para instâncias superiores e os árbitros julgadores contam, comumente, com a infraestrutura necessária para que suas decisões sejam proferidas com rapidez[22].

Importa mencionar que o próprio legislador, ao positivar a Lei Brasileira de Arbitragem (Lei 9.307/1996) fez constar a intenção de criar um procedimento célere. Veja-se que o art. 23 da mencionada lei estipula que "a sentença arbitral será proferida no prazo estipulado pelas partes. Nada tendo sido convencionado, o prazo para a apresentação da sentença é de seis meses, contado da instituição da arbitragem ou da substituição do árbitro".

Para que se possa melhor ilustrar o panorama delineado, convém aqui trazer uma comparação numérica: segundo apontado pelo CNJ, o tempo médio de um processo no acervo do Poder Judiciário na data-base de 2018 foi de quatro anos e dez meses[23]. Por outro lado, nesse mesmo período, segundo apontam os dados colhidos pela Câmara de Comércio Brasil-Canadá, o tempo médio dos procedimentos arbitrais foi de tão-somente um ano e um mês[24].

Dessa forma, o longo tempo despendido na esfera judicial por uma decisão definitiva gera alto custo para as partes, que ficam privadas dos bens ou direitos em litígio durante todos os anos que precedem o efetivo cumprimento da decisão transitada em julgado.

(ALACDE) Annual Papers, 2007 *apud* YEUNG, Luciana. **Além dos "Achismos", do Senso Comum e das Evidências Anedóticas: Uma Análise Econômica do Judiciário Brasileiro**. Tese de Doutorado apresentada à Escola de Economia de São Paulo da Fundação Getúlio Vargas, 2010, p. 91.

21 Yeung, Luciana. *Op. cit.*, p. 94.

22 Salama, Bruno Meyerhof. **A Economia da Arbitragem**, 2011, p. 5.

23 Relatório anual denominado "Justiça em Números" publicado pelo Conselho Nacional de Justiça, no ano de 2019 (cuja data-base é 2018). Disponível em: https://www.cnj.jus.br/wp-content/uploads/conteudo/arquivo/2019/08/justica_em_numeros20190919.pdf. Acesso em: 20 jan. 2021.

24 Estatística disponibilizada pela Câmara de Comércio Brasil-Canadá. Disponível em: https://rdstation-static.s3.amazonaws.com/cms/files/49659/1594157004Relatrio_anual_de_Arbitragem_CAM-CCBC_2019_Portugus.pdf. Acesso em: 20 jan. 2021.

B) Qualificação das decisões

Além da celeridade, a Arbitragem pode proporcionar, em relação à jurisdição estatal, uma melhora na qualidade das decisões. Mencionado potencial é fruto da possibilidade de escolha, pelas partes, do(s) árbitro(s) que julgarão o conflito, vez que há margem para a escolha de julgadores especializados – o que também pode representar economia para as partes.

Ao contrário do magistrado estatal, o árbitro escolhido pode ter formação específica em área técnica diretamente relacionada ao objeto da Arbitragem. Segundo leciona o professor Bruno Salama, "é razoável que o árbitro com anos de experiência na indústria petrolífera, por exemplo, possa aferir com maior precisão os termos técnicos de contratação para exploração ou transporte de petróleo, além dos usos e costumes nos negócios da indústria petrolífera"[25].

A lógica econômica por detrás dessa ideia é a de que o árbitro, por comumente conhecer as práticas de mercado (seja por ser um advogado habitual no setor econômico em jogo ou por ser um próprio *player* deste mercado), detém maior conhecimento sobre as regras relevantes para as empresas em disputa naquele setor, obtendo, portanto, uma menor assimetria informacional[26] e um menor custo de aprendizagem, quando comparado a um juiz estatal[27].

Conforme afirmam os professores Anne van Aaken e Tomer Broude, um conhecedor especialista (árbitro) pode tomar uma decisão mais rapidamente e com menos transferência de informações, e, portanto, com menos custos incorridos pelos litigantes[28].

O mercado consumidor da Arbitragem parece corroborar com essa ideia. O "2013 Corporate Choices in International Arbitration: Industry Perspective"[29] aponta como uma importante vantagem desse método de resolução de controvérsias a especialidade do árbitro. Ainda que seja necessário pagar pelos honorários dos árbitros, o mercado entende que a especialidade do julgador é um dos principais fatores determinantes para a escolha pela Arbitragem.

[25] Salama, Bruno Meyerhof. **A Economia da Arbitragem**, 2011, p. 3.

[26] Cristofani, Cláudia Cristina. **Aspectos econômicos da precisão da decisão judicial**. Tese de Mestrado apresentada à Faculdade de Direito de Lisboa. 2015.

[27] Timm, Luciano Benetti. **Análise Econômica da Arbitragem**. 2017, p. 17-18.

[28] Aaken, Anne van; BROUDE, Tomer. **Arbitration from a Law & Economics Perspective**. Draft for The Oxford Handbook of International Arbitration, Thomas Schultz & Federico Ortino (eds.). Oxford University Press, p. 7.

[29] Gerbay, Rémy. **2013 Corporate Choices in International Arbitration:** Industry Perspectives. Queen Mary University of London, 2013. Disponível em: http://www.arbitration.qmul.ac.uk/research/2013/index.html. Acesso em: 20 jan. 2021.

Vale mencionar que a Arbitragem, ainda, apresenta a importante vantagem de que o julgador (árbitro) tem incentivos econômicos diretos para proferir uma melhor decisão. Isso porque, por tratar-se de um mercado profissional competitivo, o árbitro necessita de reputação a fim de continuar sendo escolhido (nomeado por eventuais partes futuras) e sabe-se que a frequência da nomeação e até o valor da remuneração será maior quanto melhor for sua reputação[30].

Ao traçar o paralelo com um magistrado de carreira, vê-se que este não tem o mesmo sobredito incentivo, pois não é escolhido pelas partes; sua atuação, pelo contrário, é fruto da distribuição forense (que visa apenas resguardar a imparcialidade)[31].

C) Imparcialidade dos árbitros

Além da celeridade e da possibilidade de escolha de árbitros especializados, a diminuição dos custos de transação também pode refletir a expectativa de um maior grau de imparcialidade do(s) árbitro(s). Esse tema é particularmente sensível nas relações mercantis internacionais, vez que nestas há, frequentemente, um temor de que os juízos estatais favoreçam a parte nacional em detrimento daquela estrangeira[32]. Assim, a possibilidade de determinar-se que o procedimento arbitral tramite em jurisdição estranha às partes, permite que cada parte deduza sua parcela de custo correspondente ao risco de litigar em um ambiente não neutro[33].

Ainda sobre as disputas comerciais internacionais, há de se ressaltar que a Arbitragem detém o potencial de reduzir os chamados "custos de ineficácia", eis que a sentença arbitral – em comparação com aquela estatal – é mais facilmente reconhecida pelos tribunais nacionais e possui importantes instrumentos que garantem o seu reconhecimento e a sua exequibilidade em diversas jurisdi-

[30] Timm, Luciano Benetti; Guandalini, Bruno; Richter, Marcelo de Souza. Reflexões sobre uma Análise Econômica da Ideia de Arbitragem no Brasil, 2017. p. 13-15. Disponível em: https://www.researchgate.net/publication/321165153_REFLEXOES_SOBRE_UMA_ANALISE_ECONOMICA_DA_IDEIA_DE_ARBITRAGEM_NO_BRASIL. Acesso em: 20 jan. 2021.

[31] Wolkart, Erik Navarro. **Análise econômica e comportamental do processo civil:** como promover a cooperação para enfrentar a tragédia da Justiça no processo civil brasileiro. 2018. Tese (Doutorado em Direito Processual) – Centro de Estudos e Pesquisas no Ensino do Direito, Universidade do Estado do Rio de Janeiro, Rio de Janeiro, 2018; GICO JR., Ivo Teixeira. **A tragédia do Judiciário**. Revista de Direito Administrativo, v. 267. Rio de Janeiro, 2014.

[32] Salama, Bruno Meyerhof. **A Economia da Arbitragem**, 2011, p. 4.

[33] *Ibidem*, p. 4.

ções estrangeiras – a exemplo da Convenção de Nova Iorque de 1958[34]. Nesse cenário, uma sentença arbitral proferida aqui no Brasil, por exemplo, tem uma probabilidade muito maior de ser executada em outro país do que uma decisão proveniente do nosso Judiciário[35].

Segundo apontam as pesquisas realizadas pelos professores Christopher Drahozal e Stephen J. Ware, "em contratos transnacionais, a Arbitragem traz dois benefícios adicionais (quando comparada à jurisdição estatal): ela fornece um fórum neutro para a disputa e, ainda, potencializa a chance de exequibilidade da sentença em outra jurisdição"[36].

Essa noção, inclusive, é comprovada, empiricamente, pelas pesquisas feitas com empresas que utilizam a Arbitragem. José Cretella Neto narra que na pesquisa de campo realizada por Christian Bühring-Uhle, entre novembro de 1991 e junho de 1992, com dezenas de participantes de arbitragens internacionais, o resultado mostrou que a neutralidade do foro é um dos atributos mais caracterizado como "altamente relevante" ou de importância "significativa" pelos entrevistados[37].

Com efeito, pode-se pensar, ainda, que a possibilidade de um julgamento colegiado (como o é quando instituído um tribunal arbitral), em detrimento daquele monocrático (que ocorre nas primeiras instâncias dos tribunais estatais), tem o condão de diminuir a parcialidade e os vieses dos julgadores, que poderiam proferir suas decisões baseados em ideologias ou valores pessoais subjetivos.

Conforme apontam os estudos de Economia Comportamental realizados pelos professores Anne van Aaken e Tomer Broude[38], os indivíduos tendem

[34] Convenção de Nova Iorque de 1958. Disponível em: http://www.uncitral.org/uncitral/en/uncitral_texts/arbitration/NYConvention_status.html. Acesso em: 20 jan. 2021.

[35] Timm, Luciano Benetti; Guandalini, Bruno; Richter, Marcelo de Souza. **Reflexões sobre uma Análise Econômica da Ideia de Arbitragem no Brasil**, 2017. p. 16. Disponível em: https://www.researchgate.net/publication/321165153_REFLEXOES_SOBRE_UMA_ANALISE_ECONOMICA_DA_IDEIA_DE_ARBITRAGEM_NO_BRASIL. Acesso em: 20 jan. 2021.

[36] "*In that context, however, commentators emphasize two additional benefits: arbitration may provide a neutral forum and may be more likely to result in an award enforceable in another jurisdiction*" (*In*: DRAHOZAL, Christopher R.; WARE, Stephen J. **Why do Business Use (or Not Use) Arbitration Clauses.** University of Kansas, 2010, p. 15.)

[37] Cretella Neto, José Rogério. **Quão sigilosa é a arbitragem?** Revista de Arbitragem e Mediação, São Paulo, a. 7, n. 25, abr/ jun, 2010, p. 55 *apud* Fichtner, José Antonio; Mannheimer, Sergio Nelson; Monteiro, André Luís. **Novos temas de arbitragem**. Rio de Janeiro: Editora FGV, 2014, p. 94.

[38] Aaken, Anne van; Broude, Tomer. **Arbitration from a Law & Economics Perspective**. Draft for The Oxford Handbook of International Arbitration, Thomas Schultz & Federico Ortino (eds.), Oxford University Press, p. 21.

a melhor reconhecer o impacto dos vieses no julgamento dos outros. Assim, a possibilidade de na Arbitragem decidir-se em painéis facilita que os julgamentos sejam conduzidos com maior imparcialidade.

D) Confidencialidade no julgamento

Além do que até aqui fora analisado, há de se considerar, ainda, que a diminuição dos custos de transação pode ser reflexo da possibilidade de haver confidencialidade nos procedimentos arbitrais.

O sigilo se revela como uma circunstância importante em diversas disputas – especialmente naquelas envolvendo temas que criam algum tipo de suscetibilidade para a reputação das partes e segredos comerciais[39].

Os processos judiciais, via de regra, são públicos (por força do princípio constitucional da publicidade[40]). Todavia, isso pode ser extremamente prejudicial para as empresas, pois, eventualmente, são discutidas informações confidenciais, as quais, se divulgadas, podem atrapalhar significativamente o seu bom funcionamento, diminuir seu valor no mercado e até mesmo ameaçar sua existência[41].

Por outro lado, na Arbitragem é comum que se adote um procedimento confidencial – senão expressamente na cláusula compromissória, indiretamente pela adoção de um regulamento arbitral que assim o preveja[42].

Sobre o tema em comento, a Comissão das Nações Unidas para o Direito do Comércio Internacional, em suas "*notes on organizing arbitral proceedings*", de 1996, reconhece, em seu item 31, que "*its is widely viewed that confidentiality is one of the advantageous and helpful features of arbitration*"[43].

Ainda, a International Law Association, em relatório elaborado sobre o tema, também deixa claro que "*confidentiality is an important feature of international commercial arbitration*"[44].

[39] Salama, Bruno Meyerhof. **A Economia da Arbitragem**, 2011, p. 4.

[40] Princípio postulado no art. 37 da Constituição Federal de 1988.

[41] Timm, Luciano Benetti; Guandalini, Bruno; Richter, Marcelo de Souza. **Reflexões sobre uma Análise Econômica da Ideia de Arbitragem no Brasil**, p. 15.

[42] A maioria dos regulamentos de Arbitragem das principais Câmaras no mundo prevê confidencialidade.

[43] UNCITRAL. Notes on Organizing Arbitral Proceedings. Disponível em: https://www.uncitral.org/pdf/english/texts/arbitration/arb-notes/arb-notes-e.pdf. Acesso em: 20 jan. 2021.

[44] Resolution 1/2010 – The 74th Conference of International Law Association held in The Hague, The Netherlands, 15-20, August 2010. Disponível em: https://webcache.googleusercontent.com/search?q=cache:0HjTZTg87PoJ:https://ila.vettoreweb.com/Storage/Download.aspx%3FDbStorag

Na doutrina brasileira, Arnoldo Wald consigna que "a confidencialidade é outro argumento importante a favor da arbitragem, para evitar o conhecimento público dos litígios existentes, num mundo em que a imprensa econômica se desenvolveu e acompanha todas as operações das empresas"[45].

Assim, pode-se dizer que a possibilidade de preservar as informações das empresas detém o potencial de reduzir os custos de transação, vez que se reduz a possibilidade de vazamento de informações empresariais sensíveis (como *know how*, segredos industriais, pesquisas realizadas etc.) ou do simples fato de se ver o nome da empresa publicamente envolvido em um litígio.

E) Custo monetário-financeiro do processo

Por fim, vale debruçarmo-nos sobre o sabido e consabido argumento de ser a Arbitragem um procedimento "caro" do ponto de vista financeiro. Em geral, os indivíduos têm a crença de que o custo (financeiro-contábil) do processo arbitral é alto, principalmente quando se trata de processos a serem realizados em instituições renomadas[46]. Isso se deve ao fato de que além do eventual custo a ser despendido com a instituição que administra o procedimento, há também de se despender os honorários arbitrais (e dos advogados ou representantes das partes, os custos com deslocamento etc.)[47].

A Arbitragem, contudo, tem o condão de reduzir os custos administrativos relacionados a resolução dos conflitos. Primeiro, porque as partes podem realizar o procedimento sem necessariamente depender de alguma instituição (neste caso, seria uma Arbitragem *ad hoc* e não institucional), ou podem, ainda,

eId%3D1126%26StorageFileGuid%3D00c7e857-9d3a-4c63-bc5e-0c47a1d8079e+&cd=1&hl=pt-BR&ct=clnk&gl=br. Acesso em: 20 jan. 2021.

[45] WALD, Arnoldo. A crise e a arbitragem no direito societário e bancário. **Revista de Arbitragem e Mediação**, São Paulo, a.6, n. 20, jan/mar. 2009, p. 12-13 *apud* FICHTNER, José Antonio; MANNHEIMER, Sergio Nelson; MONTEIRO, André Luís. **Novos temas de arbitragem**. Rio de Janeiro: Editora FGV, 2014, p. 94.

[46] Há um estudo realizado periodicamente pelo escritório White & Case e pela Queen Mary University of London, denominado International Arbitration Survey, que constatou em sua edição de 2015 que "*costs*" (custos) são uma das piores características da arbitragem para 68% dos entrevistados. Por outro lado, quando os entrevistados foram questionados acerca de suas preferências de instituições de arbitragem, o critério *overall cost of servisse* (custo total do procedimento) aparece em 9º lugar como critério de escolha das instituições arbitrais. Disponível em: http://www.arbitration.qmul.ac.uk/docs/164761.pdf. (*In*: TIMM, Luciano Benetti; GUANDALINI, Bruno; RICHTER, Marcelo de Souza. **Reflexões sobre uma Análise Econômica da Ideia de Arbitragem no Brasil,** p. 9).

[47] TIMM, Luciano Benetti; GUANDALINI, Bruno; RICHTER, Marcelo de Souza. **Reflexões sobre uma Análise Econômica da Ideia de Arbitragem no Brasil**, p. 9.

optar por realizar uma Arbitragem *expedita*[48]. Segundo, porque as instituições arbitrais tendem a gerar concorrência neste mercado, propiciando a queda no preço desse serviço.

Já especificamente acerca do temor pelos honorários dos árbitros e pelas taxas administrativas cobradas pelas instituições, o que se constata é que esses custos não ultrapassam 17% dos custos totais do litígio[49].

Em realidade, o que se vê é que a possibilidade de escolha do julgador especialista faz com que haja uma compensação dos seus honorários com os custos de contratação de peritos e tradutores, além de, como já dito, ter o potencial de implicar maior agilidade e diminuição na probabilidade de erro da decisão – refletindo, no cômputo final, em menores custos para as partes.

Em termos de custos monetários, os gastos com taxas administrativas das Câmaras de Arbitragem e honorários de árbitros, é verdade, são, geralmente, bastante elevados (quando não se consideram as compensações acima mencionadas) e as vezes até se mostram como barreiras para o acesso a este tipo de método resolutivo de controvérsias. As custas processuais da jurisdição estatal, por outro lado, são frequentemente mais modestas. No Brasil, esse quadro é particularmente saliente, haja vista que o acesso às cortes estatais é intensamente subsidiado pelo Estado[50].

A propósito da subvenção estatal, o atual Código de Processo Civil ("CPC"), em seu artigo 98, estipula que: "a pessoa natural ou jurídica, brasileira ou estrangeira, com insuficiência de recursos para pagar as custas, as despesas processuais e os honorários advocatícios têm direito à gratuidade da justiça, na forma da lei".

Já os litigantes que não tiverem direito à assistência judiciária gratuita, terão que arcar com as despesas processuais, em consonância com o que dispõe o

[48] Arend, Andreia Propp; Timm, Luciano Benetti. **A Análise econômico-jurídica da arbitragem expedita**. Revista Brasileira de Arbitragem, CBAr, v. 65, 2020.

[49] De acordo com o ICC Commission Report: decisions on costs in international arbitration (ICC Dispute Resolution Bulletin 2015), os denominados *party costs* (que envolvem honorários dos advogados, despesas com produção de provas, dentre outras), correspondem a 83% do total de custas envolvidas em um procedimento arbitral. As despesas administrativas e honorários dos árbitros correspondem, respectivamente, a 2% e 15%. Disponível em: http://www.iccwbo.org/Advocacy-Codes-and-Rules/Document-centre/2015/Decisions-on-Costs-in-International-Arbitration---ICC-Arbitration-and-ADR-Commission-Report/. Acesso em: 20 jan. 2021.

[50] Vide "**Judiciário e Economia**", estudo elaborado pela Secretaria de Reforma do Judiciário do Ministério da Justiça (2004), p. 10 (notado que o Brasil gasta 3,66% de seu orçamento com a manutenção do sistema judicial, custo mais alto em comparação a outros 35 países analisados pelo Banco Mundial) *in* Salama, Bruno Meyerhof. **A Economia da Arbitragem**, 2011, p. 5.

artigo 82 do CPC[51]. Algumas destas despesas, entretanto, tem o seu valor limitado a uma quantia máxima.

Como exemplo, podemos citar o caso das custas iniciais no Estado de São Paulo. Veja-se: para aqueles que pretendem ajuizar uma demanda no judiciário paulista, as custas iniciais a serem despendidas alcançam a monta de 1% sobre o valor da causa. Ocorre que este valor percentual a ser pago pela parte é limitado com o teto de 3.000 Unidades Fiscais do Estado de São Paulo (UFESP) [52] – que, em 2021, equivale ao total de R$ 87.270,00[53].

Acerca desse ponto, vale mencionar que o próprio Poder Judiciário e o Conselho Nacional de Justiça têm reconhecido o alto subsídio estatal no acesso às Cortes brasileiras, adotando, inclusive, iniciativas para inibir um possível uso predatório do nosso Sistema de Justiça[54].

Fato é que, como explicam Christopher Drahozal e Stephen J. Ware, esse subsídio financeiro direto, por si só, confere ao litígio judicial uma vantagem

[51] Art. 82. Salvo as disposições concernentes à gratuidade da justiça, incumbe às partes prover as despesas dos atos que realizarem ou requererem no processo, antecipando-lhes o pagamento, desde o início até a sentença final ou, na execução, até a plena satisfação do direito reconhecido no título. (BRASIL. Lei nº 13.105, de 16 de março de 2015. Código de Processo Civil. Disponível em: http://www.planalto.gov.br/ccivil_03/_ato2015-2018/2015/lei/l13105.htm. Acesso em: 23 jul. 2021.)

[52] "Artigo 4.º – O recolhimento da taxa judiciária será feito da seguinte forma: I – 1% (um por cento) sobre o valor da causa no momento da distribuição ou, na falta desta, antes do despacho inicial; essa mesma regra se aplica às hipóteses de reconvenção e de oposição;

[...]

§ 1.º – Os valores mínimo e máximo a recolher-se, em cada uma das hipóteses previstas nos incisos anteriores, equivalerão a 5 (cinco) e a 3.000 (três mil) UFESPs – Unidades Fiscais do Estado de São Paulo, respectivamente, segundo o valor de cada UFESP vigente no primeiro dia do mês em que deva ser feito o recolhimento."

(SÃO PAULO. Lei Estadual nº 11.608, de 29 de dezembro de 2003).

[53] Conforme o TJSP, cada UFESP, em 2021, vale R$ 29,09. Disponível em: https://www.tjsp.jus.br/IndicesTaxasJudiciarias/DespesasProcessuais/TaxaJudiciaria. Acesso em: 20 jan. 2021.

[54] O Superior Tribunal de Justiça realizou, recentemente, um Seminário, em parceria com a FGV Projetos (reunindo professores, pesquisadores, magistrados, advogados, promotores e defensores públicos), para debater acerca do "Uso Predatório do Sistema de Justiça" (*vide*: https://migalhas.uol.com.br/amp/quentes/280554/seminario-no-stj-tratou-do-uso-predatorio-do-sistema-de-justica. Acesso em: 06 fev. 2021). O Conselho Nacional de Justiça, por sua vez, criou um grupo de trabalho (também reunindo magistrados, advogados, defensores públicos e acadêmicos) que elaborou um recente projeto de lei para **disciplinar as custas judiciais brasileiras** (*vide*: https://www.cnj.jus.br/cnj-entrega-ao-congresso-proposta-de-lei-para-disciplinar-custas-judiciais/. Acesso em: 06 fev. 2021).

competitiva sobre a Arbitragem que nada tem a ver com a eficiência do processo de resolução de disputas[55].

Os professores acima mencionados ilustram, ainda, que "ninguém diz que a educação pública é mais eficiente do que a educação privada apenas porque a maioria dos estudantes frequenta escolas públicas [...] o mesmo valeria para o litígio [...] em outras palavras, enquanto houver este subsídio integral, a arbitragem aparecerá 'surpreendentemente' ineficiente se comparado ao sistema estatal"[56].

Assim, segundo ensinam os professores Christopher Drahozal e Stephen J. Ware, a despeito de todos os benefícios da Arbitragem – quando comparada ao Judiciário –, devido aos subsídios estatais significativos, as partes só irão concordar em arbitrar quando essas vantagens se apresentarem grandes o suficiente para superar o financiamento governamental[57].

2.2 Redução dos custos de oportunidade

O *custo de oportunidade* é, em linhas gerais, o "preço" que designa o custo econômico de uma alternativa que fora deixada de lado/que fora preterida, ou seja, o custo da alocação alternativa daquele recurso que é escasso[58].

Assim, para se compreender o custo de oportunidade pela não escolha da Arbitragem (neste caso, pela escolha pelo Judiciário) deve-se calcular a diferença entre os custos de transação nas duas situações.

Para a análise aqui pretendida, tratar-se-á, especificamente, de dois principais pontos: A) a demora, no processo judicial, para a alocação da propriedade; e B) o problema da estrutura de incentivos do Sistema Judiciário brasileiro.

[55] Drahozal, Christopher R.; Ware, Stephen J. **Why do Business Use (or Not Use) Arbitration Clauses.** University of Kansas, 2010, p. 14.

[56] *Ibidem*, p. 14.

[57] *Ibidem*, p. 3, e Sica, Heitor Vitor Mendonça; Pimentel, Wilson. **Custo do Processo Arbitral *versus* Custo do Processo Judicial:** uma Análise Econômica da Realidade Brasileira. Revista Brasileira de Arbitragem, v. 17, 2020.

[58] *"Robert Cooter e Ullen demonstram o custo de oportunidade com o seguinte exemplo: 'quando você decidiu frequentar a universidade, um curso de pós-graduação ou a faculdade de direito, você abriu mão de outras alternativas valiosas, como, por exemplo, obter um empregou, ou treinar para os jogos olímpicos.' (*Cooter*, Robert; *Ullen*. **Direito & Economia**. 5. ed. Porto Alegre: Bookman, 2010, p. 53). Trazendo o exemplo para o âmbito do Direito, a indisponibilidade dos bens econômicos por um longo tempo durante um processo judicial, aumenta o custo da renúncia a estes bens, bem como diminui os benefícios que poderiam ser obtidos a partir destes bens renunciados."* (*in* Timm, Luciano Benetti; Guandalini, Bruno; Richter, Marcelo de Souza. *Reflexões sobre uma Análise Econômica da Ideia de Arbitragem no Brasil*, p. 6)

A) A demora, no processo judicial, para a alocação da propriedade

Quando se fala da "demora na alocação da propriedade" há de se ter em mente que está a se tratar do lapso temporal que o julgador leva para atribuir os direitos de propriedade entre as partes sobre os bens específicos que são objetos do litígio[59].

A ideia é que tão logo seja alocado o direito de propriedade sobre o bem objeto de litígio, aquele que foi nomeado como seu titular poderá dele usar, gozar e dispor.

A demora na alocação da propriedade, por estar diretamente correlacionada ao tempo de solução do conflito, é uma das características que apresenta maior custo de transação, vez que o Judiciário brasileiro é considerado lento na entrega da prestação jurisdicional[60].

Assim, tem-se que optar pelo Judiciário – em detrimento da Arbitragem – apresenta um alto custo de oportunidade[61], eis que ficam as partes privadas, durante um maior lapso temporal, de usufruir de seus direitos. Noutras palavras, há um alto custo que se traduz na utilidade que o definitivo reconhecimento do direito (que estava em disputa) poderia ter proporcionado ao seu titular no período que compreende a prolação da sentença arbitral (frequentemente anterior, como se viu) e o trânsito em julgado da decisão judicial (comumente posterior, como se viu)[62].

B) O problema da estrutura de incentivos do Sistema Judiciário brasileiro

Para melhor compreender *o custo de oportunidade* decorrente da não escolha da Arbitragem, faz-se necessário ter em mente, ainda, a estrutura de incentivos gerada pelo Sistema Judiciário brasileiro.

[59] Timm, Luciano Benetti; Guandalini, Bruno; Richter, Marcelo de Souza. **Reflexões sobre uma Análise Econômica da Ideia de Arbitragem no Brasil**, 2017. p. 18-21. Disponível em: https://www.researchgate.net/publication/321165153_REFLEXOES_SOBRE_UMA_ANALISE_ECONOMICA_DA_IDEIA_DE_ARBITRAGEM_NO_BRASIL. Acesso em: 20 jan. 2021.

[60] Vide Nota de Rodapé nº 11.

[61] Timm, Luciano Benetti; Guandalini, Bruno; Richter, Marcelo de Souza. *Reflexões sobre uma Análise Econômica da Ideia de Arbitragem no Brasil*, p. 18-21. Disponível em: https://www.researchgate.net/publication/321165153_REFLEXOES_SOBRE_UMA_ANALISE_ECONOMICA_DA_IDEIA_DE_ARBITRAGEM_NO_BRASIL. Acesso em: 20 jan. 2021.

[62] *Ibidem*, p. 21.

O Sistema Judiciário, enquanto instituição destinada ao exercício da prestação jurisdicional, é um *bem comum* e, por isso, fica sujeito ao risco de ser *sobreutilizado* – gerando um cenário de "tragédia"[63].

Segundo explica Erik Navarro, quando em uso excessivo,

> o custo social de utilização da justiça sobe demasiadamente, significando basicamente que: (i) o sistema constitucionalmente garantido torna-se lento e ineficiente, como uma avenida congestionada por veículos que não saem do lugar; (ii) como esse sistema é subsidiado por tributos, é a sociedade quem suporta esses custos[64].

Em síntese, segundo Navarro, a ineficiência do Sistema Judiciário recairia simultaneamente sobre as partes e sobre toda a sociedade. Sobre as partes porque o sistema estatal deixaria de resolver o conflito por elas apresentado de forma eficiente e, sobre a sociedade porque é ela quem arca com os custos sociais da ineficiência[65].

Mas por que poderíamos considerar que o Sistema Judiciário estaria sendo *sobreutilizado*?

Partindo da premissa de que os agentes econômicos são racionais, a parte ajuizará uma demanda no Judiciário sempre que julgar que o resultado do processo superará, positivamente, os seus custos esperados[66].

As variáveis expostas, portanto, são: **(i)** expectativa de resultado e **(ii)** os custos esperados do processo.

Com relação à primeira variável apontada – expectativa de resultado –, ao considerarmos os ensinamentos da escola de Economia Comportamental

[63] Aqui faz-se uma alusão à chamada "tragédia dos comuns" – "uma parábola famosa em microeconomia que ilustra como os recursos comuns (bens comuns) tendem a ser explorados em níveis acima do desejável do ponto de vista social, gerando uma tendência de esgotamento (o que seria uma tragédia).". (Hardin, Garret. **The tragedy of the commons.** *In*: Science, 13, Dec 1968, v. 162, Issue 3859, p. 1243-1248 *apud* Wolkart, Erik Navarro. **Análise econômica e comportamental do processo civil:** como promover a cooperação para enfrentar a tragédia da Justiça no processo civil brasileiro. 2018. Tese (Doutorado em Direito Processual) – Centro de Estudos e Pesquisas no Ensino do Direito, Universidade do Estado do Rio de Janeiro, Rio de Janeiro, 2018, p. 89.)

[64] Wolkart, Erik Navarro. **Análise econômica e comportamental do processo civil:** como promover a cooperação para enfrentar a tragédia da Justiça no processo civil brasileiro. 2018. Tese (Doutorado em Direito Processual) – Centro de Estudos e Pesquisas no Ensino do Direito, Universidade do Estado do Rio de Janeiro, Rio de Janeiro, 2018, p. 293.

[65] *Ibidem*, p. 294.

[66] *Ibidem*, p. 307.

(Behavioral Law and Economics), temos que os agentes tendem a superestimar a probabilidade de eventos positivos e subestimar a probabilidade de eventos negativos que ocorrerão com eles no futuro[67].

Assim o sendo, comumente, os indivíduos tenderão a superestimar suas chances de vitória e/ou de bons resultados com as demandas judiciais – o que, consequentemente, gera um incentivo direto à proposição de ações.

Quanto à segunda variável, vemos mais um incentivo para "superlotar" o Judiciário. Isso porque, como já se viu, as custas e despesas processuais são intensamente subsidiadas pelo nosso Estado.

Além das mencionadas variáveis, importa analisar, também, a estrutura de incentivos proporcionados ao magistrado estatal – significativo ator na condução dos processos.

Há de se ter em mente que o juiz estatal, assim como qualquer outro agente econômico minimamente racional, "terá seu comportamento médio regido por uma ponderação intuitiva dos custos e benefícios dos seus atos"[68].

Para Erik Navarro, as peculiaridades da função de magistrado em nosso país advêm da *forma de recrutamento deste profissional* (via de regra, através de concursos públicos, ressalvado o *quinto constitucional*[69]) e das *garantias que a carreira da magistratura oferece* (como a vitaliciedade e a irredutibilidade de benefícios)[70].

[67] "*People tend to overestimate the probability of positive events and underestimate the probability of negative events happening to them in the future. For example, we may underestimate our risk of getting cancer and overestimate our future success on the job market. A number of factors can explain unrealistic optimism, including perceived control and being in a good mood.*" (Helweg-Larsen, M., & Shepperd, J. A. (2001). **Do moderators of the optimistic bias affect personal or target risk estimates? A review of the literature**. *Personality and Social Psychology Review*, 5(1), 74-95.)

[68] WOLKART, Erik Navarro. **Análise econômica e comportamental do processo civil:** como promover a cooperação para enfrentar a tragédia da Justiça no processo civil brasileiro. 2018. Tese (Doutorado em Direito Processual) – Centro de Estudos e Pesquisas no Ensino do Direito, Universidade do Estado do Rio de Janeiro, Rio de Janeiro, 2018, p. 467.

[69] "Art. 94. Um quinto dos lugares dos Tribunais Regionais Federais, dos Tribunais dos Estados, e do Distrito Federal e Territórios será composto de membros, do Ministério Público, com mais de dez anos de carreira, e de advogados de notório saber jurídico e de reputação ilibada, com mais de dez anos de efetiva atividade profissional, indicados em lista sêxtupla pelos órgãos de representação das respectivas classes." (BRASIL. Constituição da República Federativa do Brasil de 1988. Disponível em: http://www.planalto.gov.br/ccivil_03/Constituicao/ Constituiçao.htm. Acesso em: 1 jun. 2021.)

[70] WOLKART, Erik Navarro. **Análise econômica e comportamental do processo civil:** como promover a cooperação para enfrentar a tragédia da Justiça no processo civil brasileiro. 2018. Tese (Doutorado em Direito Processual) – Centro de Estudos e Pesquisas no Ensino do Direito, Universidade do Estado do Rio de Janeiro, Rio de Janeiro, 2018, p. 467.

Ora, os juízes são remunerados com salários fixos – que sofrem reajustes de tempos em tempos em virtude de leis, sem qualquer possibilidade de aumento em decorrência do seu desempenho/mérito.

Assim, em ausentes penalidades ou prêmios financeiros, os juízes, enquanto agentes racionais, "tenderão a minimizar os custos do seu trabalho, literalmente trabalhando menos e aumentando o tempo livre para lazer ou para outras atividades"[71]. Naturalmente, existem outros aspectos éticos e mesmo reputacionais que farão com que alguns juízes abnegados se dediquem sem qualquer limitação de tempo à sua carreira, mas esses pontos não serão abordados aqui, dado o recorte metodológico adotado e o limite de escopo do artigo.

Além de não terem incentivos para dedicar mais tempo à prestação jurisdicional, os magistrados de carreira, pelo próprio desenho institucional do Judiciário brasileiro, não têm os mesmos incentivos mercadológicos propiciados pela Arbitragem para buscarem maiores qualificações[72]. Isso porque, ainda que o Estado consiga remunerar os juízes com os salários mais altos dos cargos públicos nacionais, a forma de remuneração realizada não fornece, em linhas gerais, incentivos para produção ou especialização – como o faz o mercado da Arbitragem[73].

É extremamente difícil que os juízes públicos se especializem em determinado assunto, pois, em primeiro lugar, há um problema de falta de estrutura para atender os milhões de processos judiciais que abarrotam o Sistema Judiciário (o que muitas vezes, na prática, faz com que os juízes não possam se dedicar com afinco aos seus casos e percam incentivos de proferir uma "melhor decisão"); em segundo lugar, em muitas comarcas do Brasil o juiz encontra-se na condição de "generalista" – sendo obrigado a julgar causas das mais variadas matérias.

Assim, parece razoável o raciocínio de que a falta de tempo/condições para especialização nos temas de sua competência jurisdicional gera, em alguns casos, a perda na qualidade das decisões – resultando em maior chance de erro e perda de eficiência.

Portanto, diante do cenário aqui delineado – ainda que de forma sintética –, percebe-se que ao declinar da escolha da Arbitragem, aumenta-se o custo de oportunidade, visto que se declina, consequentemente, da possibilidade de

[71] *Ibidem*, p. 468.

[72] Posner, Richard. **How Judges Think**: Harvard University Press, 2010, p. 37.

[73] Timm, Luciano Benetti; Guandalini, Bruno; Richter, Marcelo de Souza. **Reflexões sobre uma Análise Econômica da Ideia de Arbitragem no** Brasil, 2017. p. 22. Disponível em: https://www.researchgate.net/publication/321165153_REFLEXOES_SOBRE_UMA_ANALISE_ECONOMICA_DA_IDEIA_DE_ARBITRAGEM_NO_BRASIL. Acesso em: 20 jan. 2021.

escolher um sistema de resolução de conflitos mais eficiente (e menos "superlotado" e "sobreutilizado") e de se poder escolher um julgador, em tese, mais especializado e com mais tempo para se dedicar ao estudo do caso – sem as restrições apresentadas pela grande maioria dos juízos estatais[74].

2.3 Um sistema de incentivos mais adequado para o cumprimento das obrigações entre as partes

A escolha pela Arbitragem pode se dar, precipuamente, em dois momentos distintos: antes do surgimento da controvérsia ("*ex ante facto*") ou após o seu surgimento ("*ex post facto*"). No primeiro caso, a escolha pela Arbitragem detém o potencial de moldar todo o curso da relação entre as partes.

Ora, quando se pactua desde o início sobre a realização da Arbitragem (*ex ante facto*), cada uma das partes toma ciência, desde logo, que o inadimplemento das obrigações contraídas poderá ensejar uma disputa a ser resolvida via processo arbitral. Cria-se, por via de consequência, uma esfera de incentivos que incidirá sobre as partes relacionadas às expectativas sobre o tempo da disputa, a qualificação da decisão, os custos do litígio, a possibilidade de sigilo etc[75]. Dessa forma, a parte que sabe que terá de arcar com os ônus da sua má-fé contratual, terá o incentivo de se comportar com boa-fé[76].

Dinâmica congruente, todavia, não ocorre com a adoção da Arbitragem *ex post facto*, eis que, ao ser adotada após o surgimento da disputa (quando as partes já se encontram em desacordo), não é mais capaz de transformar o ambiente em que ocorrerá a relação comercial – tão somente influenciando no deslinde da disputa já existente[77].

Assim, vê-se que um outro forte incentivo para a adoção da Arbitragem enquanto mecanismo de solução de controvérsias é que se eleita antes do surgimento do conflito (*ex ante facto*), este método possui o condão de reduzir ainda mais os custos da disputa e coibir comportamentos oportunistas durante o curso do contrato – modulando de um modo positivo, assim, a relação entre as partes.

Conclusões

Como se viu, ao associar a ideia de custos tão somente ao aspecto monetário-financeiro, pode-se pensar, *prima facie*, que a Arbitragem é uma alternativa "cara" quando comparada ao Sistema Judiciário brasileiro. Todavia, conforme se

[74] *Ibidem*, p. 22.

[75] SALAMA, Bruno Meyerhof. **A Economia da Arbitragem**, 2011, p. 6.

[76] *Ibidem*, p. 6.

[77] *Ibidem*, p. 6.

demonstrou, ao aplicar alguns conceitos econômicos e econômicos-comportamentais, pode-se chegar à conclusão oposta.

Nesse sentido, o presente artigo buscou refletir, por meio dos ferramentais da Análise Econômica do Direito e da Economia Comportamental (Behavioral Law and Economics), acerca dos incentivos gerados aos agentes econômicos (empresas) pela Arbitragem e sua comparação com aqueles gerados pelo Sistema Judiciário brasileiro.

Como resultado, viu-se, em síntese, que a Arbitragem vem se revelando como uma alternativa atrativa para as empresas brasileiras no que concerne ao desafio de um sistema resolutivo de controvérsias mais rápido, qualificado, imparcial e eficiente.

Referências

AAKEN, Anne van; BROUDE, Tomer. **Arbitration from a Law & Economics Perspective**. Draft for The Oxford Handbook of International Arbitration, Thomas Schultz & Federico Ortino (eds.), Oxford University Press.

AREND, Andreia Propp; TIMM, Luciano Benetti. **A Análise econômico-jurídica da arbitragem expedita**. Revista Brasileira de Arbitragem, CBAr, v. 65, 2020.

BRASIL. Constituição da República Federativa do Brasil de 1988. Disponível em: http://www.planalto.gov.br/ccivil_03/Constituicao/ Constituiçao.htm. Acesso em: 1 jun. 2021.

—. Lei nº 9.307, de 23 de setembro de 1996. Dispõe sobre a arbitragem, art. 1º. Disponível em: http://www.planalto.gov.br/ccivil_03/leis/l9307.htm. Acesso em: 23 jul. 2021.

—. Lei nº 13.105, de 16 de março de 2015. Código de Processo Civil. Disponível em: http://www.planalto.gov.br/ccivil_03/_ato2015-2018/2015/lei/l13105.htm. Acesso em: 23 jul. 2021.

CALABRESI, Guido; MELAMED, A. Douglas. **Property rules, liability rules and inalienability: one view of the cathedral.** Harvard Law Review, v. 85, n. 6, abr/1972.

CASTELAR, Armando (org). **Judiciário e economia no Brasil.** São Paulo. Editora Sumaré. 2000.

CENTRO DE ARBITRAGEM E MEDIAÇÃO DA CÂMARA DE COMÉRCIO BRASIL-CANADÁ. **Estatísticas Gerais**. Disponível em: https://rdstation-static.s3.amazonaws.com/cms/files/49659/1594157004Relatrio_anual_de_Arbitragem_CAM-CCBC_2019_Portugus.pdf. Acesso em:

COASE, Ronald H. **The problem of social cost.** 3º Journal of Law and Economics, 1960.

—. **The nature of the firm**: Oliver E. Williamson, 1937.

COMITÊ BRASILEIRO DE ARBITRAGEM. **Arbitragem no Brasil – Pesquisa CBAr – Ipsos, 2012**; Relatório elaborado por André de Albuquerque Cavalcanti Abbud. Disponível em: http://www.cbar.org.br/PDF/Pesquisa_CBAr-Ipsos-final.pdf. Acesso em:

CONSELHO NACIONAL DE JUSTIÇA. **Justiça em Números**. CNJ, Brasília, 2019. Disponível em: https://www.cnj.jus.br/wp-content/uploads/conteudo/arquivo/2019/08/justica_em_numeros20190919.pdf. Acesso em:

COOTER, Robert; ULEN, Thomas. **Law & Economics**. 6. ed., Addison-Wesley, Porto Alegre: Bookman, 2016.

CRISTOFANI, Cláudia Cristina. **Aspectos econômicos da precisão da decisão judicial**. Tese de Mestrado apresentada à Faculdade de Direito de Lisboa. 2015.

DRAHOZAL, Christopher R.; WARE, Stephen J. **Why do Business Use (or Not Use) Arbitration Clauses.** University of Kansas, 2010.

FICHTNER, José Antonio; MANNHEIMER, Sergio Nelson; MONTEIRO, André Luís. **Novos temas de arbitragem**. Rio de Janeiro: Editora FGV, 2014.

GICO JR., Ivo Teixeira. **A tragédia do Judiciário**. Revista de Direito Administrativo, v. 267, Rio de Janeiro, 2014.

KAHNEMANN, Daniel. **Rápido e devagar: duas formas de pensa**r. São Paulo, Editora Objetiva, 2016.

LORENCINI, Marco Antonio Garcia Lopes. **A contribuição dos meios alternativos para a solução das controvérsias**. Carlos Alberto de Salles (Coord.). As grandes transformações do processo civil brasileiro. Homenagem ao Professor Kazuo Watanabe. São Paulo: Quartier Latin, 2009.

MACKAAY, Ejan; ROUSSEAU, Stéphane. **Análise econômica do direito** – tradução Rachel Sztajn. 2. ed. São Paulo, Ed. Atlas, 2015.

MERCURO, Nicholas; MEDEMA, Steven G. **Economics and the Law – From Posner to Post-Modernism and Beyond**, Princeton: Princeton University Press, 2006.

NANI, Ana Paula Ribeiro. **A tomada de decisão das empresas brasileiras quanto ao método de resolução de controvérsias:** Arbitragem *vs.* Sistema Judiciário. Iniciação Científica orientada pelo professor Dr. Luciano Benetti Timm, com patrocínio da Associação Brasileira de Direito e Economia (ABDE), 2019.

POSNER, Richard. **How Judges Think**: Harvard University Press, 2010.

—. **Economic Analysis of Law**. 7. ed. New York: Aspen, 2007.

SALAMA, Bruno Meyerhof. **A Economia da Arbitragem**, 2011.

—. **Estudos em Direito & Economia:** Micro, Macro e Desenvolvimento. 1. ed. Curitiba: Editora Virtual Gratuita, 2017.

SICA, Heitor Vitor Mendonça; PIMENTEL, Wilson. **Custo do Processo Arbitral *versus* Custo do Processo Judicial:** uma Análise Econômica da Realidade Brasileira. Revista Brasileira de Arbitragem, v. 17, 2020.

SUSTEIN, CASS & THALER, R. **A behavioral approach to law and economics**. Stanford Law Review, v. 50, maio/1998.

—. **Nudge**. São Paulo: Editora Objetiva, 2019.

THALER, R. **Misbehaving:** A Construção Da Economia Comportamental. São Paulo: Editora Intrinseca, 2019.

TIMM, Luciano Benetti (Org.). **Direito e economia no Brasil: estudos sob a análise econômica do direito.** 3. ed. Indaiatuba, SP: Ed. Foco, 2019.

—. **Análise Econômica da Arbitragem**. 2017.

—; GUANDALINI, Bruno; RICHTER, Marcelo de Souza. **Reflexões sobre uma Análise Econômica da Ideia de Arbitragem no Brasil.** Disponível em: https://www.researchgate.net/publication/321165153_REFLEXOES_SOBRE_UMA_ANALISE_ECONOMICA_DA_IDEIA_DE_ARBITRAGEM_NO_BRASIL. Acesso em: 20 jan. 2021.

TUCCI, José Rogério Cruz e. **Tempo e processo:** uma análise empírica das repercussões do tempo na fenomenologia processual (civil e penal). São Paulo: Revista dos Tribunais, 1997.

WOLKART, Erik Navarro. **Análise econômica e comportamental do processo civil:** como promover a cooperação para enfrentar a tragédia da Justiça no processo civil brasileiro. 2018. Tese de Doutorado em Direito Processual – Centro de Estudos e Pesquisas no Ensino do Direito, Universidade do Estado do Rio de Janeiro, Rio de Janeiro, 2018.

YEUNG, Luciana. **Além dos "Achismos", do Senso Comum e das Evidências Anedóticas: Uma Análise Econômica do Judiciário Brasileiro**. Tese de Doutorado apresentada à Escola de Economia de São Paulo da Fundação Getúlio Vargas, 2010.

21.
O JUIZ DO FORO, O ÁRBITRO E O JUIZ ESTRANGEIRO: A COEXISTÊNCIA IMPOSSÍVEL

CLÁVIO DE MELO VALENÇA FILHO

Este estudo expõe o essencial de uma relação a três: o juiz do foro, o árbitro e o juiz estrangeiro. Parte-se do postulado de serem os efeitos negativos da convenção de arbitragem e da competência-competência regras de jurisdição internacional. Nessa relação, a expressão *juiz do foro* designa a autoridade judicial incumbida de apoiar e de controlar a jurisdição do árbitro – ponto de vista que adotamos como perspectiva do narrador. O termo *juiz estrangeiro*, refere-se à autoridade judicial vinculada a Estado estrangeiro, cuja decisão a respeito da jurisdição do árbitro se apresenta à apreciação do juiz do foro. Por fim, a palavra árbitro nomeia a autoridade transnacional cuja jurisdição – ou seus efeitos – é objeto de lide perante o juiz do foro. A opção por um dos três atores exclui a função jurisdicional aos demais, ou seja, não há duas autoridades para o mesmo caso.

O poder jurisdicional emana do Estado e não há juridicidade que não a tenha criado. Na dogmática da modernidade – desde que o direito desceu do céu à Terra –, *a jurisdição como poder se confunde com a soberania*[1]. Inspirada no esquema de repartição de poderes idealizado por Montesquieu, a ciência política divide o exercício da soberania – poder jurisdicional – em três funções: a legislativa, a executiva e a jurisdicional. Referir-se ao soberano com visão limitada à dimensão de sua função jurisdicional significa falar em Estado-juiz, que exerce as suas

[1] A respeito da evolução do direito natural de origem dividida em direção ao positivismo jurídico da modernidade, ver ADEODATO, João Maurício. **Ética e retórica:** para uma teoria da dogmática jurídica. 2. ed. rev. e ampl. São Paulo: Saraiva, 2006, p.126 e ss.

atribuições por intermédio do Poder Judiciário, mas não com exclusividade[2]. Nas hipóteses em que o Estado-juiz delega o exercício ao Poder Judiciário, este a reparte entre diversos órgãos descentralizados dos quais dispõe (os juízes a exercem a título de *atividade jurisdicional*[3]). Nessa perspectiva, pode-se falar em três acepções da palavra jurisdição: *poder (soberania), função e atividade.*

A soberania, na modalidade função jurisdicional, é potencialmente ilimitada em relação ao território e ao ordenamento do Estado-Juiz[4]. Pode, todavia, o soberano declarar desinteresse em determinada categoria de lides. Isso ocorre por intermédio da edição de normas limitadoras da função jurisdicional do Estado-juiz. Nesse sentido, a redação atribuída ao atual Título II, Capítulo I, do Livro II, da Parte Geral do Código de Processo Civil – "Dos limites da Jurisdição Nacional" –, enumera hipóteses em que a vontade do soberano declara desinteresse por determinadas categorias de lides; em decorrência limita a função jurisdicional do Estado brasileiro. Assim, o Estado brasileiro declarou desinteresse na resolução de lides em que o domicílio do réu, o local do cumprimento da obrigação ou a causa de pedir estejam fundamentados em fato ou ato jurídico ocorrido em seu território[5]. Por intermédio dessa regra de jurisdição internacional, limitou-se a função jurisdicional do Estado-juiz brasileiro.

Por veicularem renúncia do soberano e consequente imposição de limites à função jurisdicional do Estado-juiz do foro, os referidos dispositivos abrigam regras de jurisdição internacional, também chamadas "regras de competência internacional". Entendemos ser mais adequado designá-las "regras de jurisdição internacional", uma vez que se destinam a regulamentar conflito de jurisdição, o que, na verdade, já é consenso. Segundo José Ignácio Botelho de Mesquita o problema da competência internacional "[...] é antes e mais precisamente um

[2] Conforme artigos 51, I e II, 52, I e II, e 86 da Constituição Federal Brasileira. Atribui-se função jurisdicional à Câmara dos Deputados e ao Senado Federal para julgar crimes de responsabilidade imputados ao Presidente da República, Ministros de Estado, Ministros do Supremo Tribunal Federal, Procurador Geral da República e Advogado Geral da União.

[3] Para uma descrição da jurisdição em três planos: (i) poder; (ii) função e (iii) atividade, ver DINAMARCO, Cândido Rangel. **Instituições de direito processual civil**. São Paulo: Malheiros, 2005, v. 1, p. 318.

[4] Nesse sentido, ver CHIOVENDA, Giuseppe. **Instituições de Direito Processual Civil**, v. II, 3. ed., Campinas: Bookseller, 2002, p. 44.

[5] Art. 21, do Código de Processo Civil; Art. 104, I (a) da Constituição Federal de 1988; Arts. 216-A a 216-W e Art. 67 do Regimento Interno do Superior Tribunal de Justiça.

problema de limite da extensão da jurisdição nacional em face da jurisdição de outros Estados igualmente soberanos."[6].

As regras de jurisdição internacional podem ser de duas espécies, diretas ou indiretas. Pelas primeiras, o juiz do foro afere a existência da própria função jurisdicional para as causas a elas submetidas, considerando-se os limites postos pelo soberano; pelas segundas, verifica-se a jurisdição de autoridades estrangeiras em relação ao ordenamento do foro. Diante da não aderência por parte da própria jurisdição às regras diretas, o juiz do foro deve declarar-se sem poder jurisdicional para a causa; afinal, fora dos limites da função jurisdicional do Estado-juiz, também não existe órgão judicial. Já, diante de não-conformidade entre a jurisdição de autoridade estrangeira – juiz ou árbitro – e as regras indiretas, o juiz do foro não poderá reconhecer a autoridade, a relação processual de instância ou a sentença estrangeira.

A incidência de regras diretas ou indiretas de jurisdição internacional constitui tema relacionado à determinação dos limites da jurisdição do estado-juiz do foro. Trata-se de questão que precede a formação da relação processual de instância, já que diz respeito à determinação da autoridade jurisdicional; a escolher, com exclusão, a nacional ou a estrangeira. Em suma, a problemática está situada no plano pré-processual e integra a disciplina do direito internacional privado.

Nesse contexto, postulamos serem esses os efeitos negativos da convenção de arbitragem e da competência-competência regras de jurisdição internacional. Como regra direta, atribuem ou negam jurisdição ao juiz do foro. Como regra indireta, definem a jurisdição da autoridade estrangeira em relação ao ordenamento do foro. A não aderência da situação fática às regras diretas do foro implicará inexistência de juiz estatal, conforme explicaremos na primeira parte deste texto (**1**); em seguida, demonstraremos como a desconformidade em relação às indiretas causa a inexistência do juiz estrangeiro (**2**). Por fim, a ausência de efeito negativo da convenção de arbitragem ou da competência-competência causa a ausência de árbitro (**3**).

1. A inexistência de juiz do foro

O soberano, ao declarar desinteresse pelas lides que autoriza arbitrar, também determina os critérios de arbitrabilidade que aceita. Desse modo, outorga aos particulares o direito de limitar a função jurisdicional do próprio Estado-juiz,

[6] Botelho de Mesquita, José Ignácio. **Teses, estudos e pareceres de processo civil**. São Paulo: Revista dos Tribunais, 2007, v. 2, p. 52.

isto é, possibilita subtrair jurisdição aos órgãos judiciais do foro. Eis, em sua natureza e essência, o que se convencionou chamar *efeitos negativos da convenção de arbitragem e da competência-competência*. Aqueles, decorrem da convenção de arbitragem e subtraem ao Estado-juiz a função jurisdicional para conhecer o mérito das lides; este, tem fundamento legal direto[7] e subtrai à função jurisdicional do Estado-juiz o poder para conhecer e julgar questões atinentes à jurisdição do árbitro, antes de que este o faça.

Nesse sentido, a norma do artigo 42, do Código de Processo Civil, subtrai a relação árbitro-juiz à incidência de regras de competência concebidas para distribuir a atividade jurisdicional entre órgãos do Estado-juiz brasileiro; portanto, localiza essa relação no plano lógico anterior do conflito de jurisdição: "As causas cíveis serão processadas e decididas pelo juiz nos limites de sua competência, ressalvado às partes o direito de instituir juízo arbitral, na forma da lei". Referida norma se conjuga com a do artigo 465, VII, do mesmo diploma, cujo texto subtrai ao juiz do foro o conhecimento do mérito das lides,[8] sempre e quando a parte interessada invocar a convenção de arbitragem como matéria de defesa – *efeito negativo à convenção de arbitragem* –, ou quando o juízo arbitral reconhecer a própria competência – *efeito negativo da competência-competência*.

Do mesmo modo, o art. 1º, da Lei nº 9.307/96 (Lei de Arbitragem) autoriza os particulares a optarem pela arbitragem mediante estipulação de convenção de arbitragem, enquanto seu artigo 20, §2º, determina que os questionamentos à jurisdição do árbitro por este devem ser decididos, embora sujeito a controle judicial posterior à prolação da sentença arbitral – *efeito negativo da competência-competência*[9].

[7] Art. 20, § 2º, da Lei nº 9.307/96: "A parte que pretender arguir questões relativas à competência, suspeição ou impedimento do árbitro ou dos árbitros, bem como nulidade, invalidade ou ineficácia da convenção de arbitragem, deverá fazê-lo na primeira oportunidade que tiver de se manifestar, após a instituição da arbitragem. [...] § 2º Não sendo acolhida a arguição, terá normal prosseguimento a arbitragem, sem prejuízo de vir a ser examinada a decisão pelo órgão do Poder Judiciário competente, quando da eventual propositura da demanda de que trata o art. 33 desta Lei.". (BRASIL. Lei nº 9.307, de 23 de setembro de 1996. Dispõe sobre a arbitragem. Disponível em: http://www.planalto.gov.br/ccivil_03/leis/l9307.htm. Acesso em: 23 jul. 2021.)

[8] Cf. Artigo 465, VII, do Código de Processo Civil: "Art. 465 O juiz não resolverá o mérito quando: [...] VII – acolher a alegação de existência de convenção de arbitragem ou quando o juízo arbitral reconhecer sua competência.". (BRASIL. Lei nº 13.105, de 16 de março de 2015. Código de Processo Civil. Disponível em: http://www.planalto.gov.br/ccivil_03/_ato2015-2018/2015/lei/l13105.htm. Acesso em: 23 jul. 2021.)

[9] Cf. Artigo 20, § 1º, da Lei nº 9.307/96: "Art. 20. A parte que pretender arguir questões relativas à competência, suspeição ou impedimento do árbitro ou dos árbitros, bem como nulidade, invalidade ou ineficácia da convenção de arbitragem, deverá fazê-lo na primeira oportunidade que tiver de se

A imposição de limites à função jurisdicional do Estado-juiz do brasileiro em decorrência dos efeitos negativos da convenção de arbitragem e da competência-competência resulta, ainda, do Protocolo Relativo à Cláusula de Arbitragem (Genebra, 1923)[10]; da Convenção sobre o Reconhecimento e a Execução de Sentenças Arbitrais Estrangeiras (Nova Iorque, 1958)[11]; da Convenção Interamericana sobre Arbitragem Comercial Internacional (Panamá, 1979)[12]; e, do Acordo sobre Arbitragem Comercial Internacional do Mercosul (Buenos Aires, 1988),[13] todos vigentes no Brasil.

O reconhecimento de limite à jurisdição do juiz do foro como decorrência dos efeitos negativos da convenção de arbitragem e da competência-competência não é obra de doutrina recente nem originalidade atribuível a este estudo. A propósito, veja-se a autoridade de clássicos fundadores dos modernos processos civis italiano e brasileiro, como Chiovenda e Pontes de Miranda. Para o primeiro:

> [...] se uma das partes compromitentes cita a outra em juízo, pode o réu obstruir o exame do mérito por via de exceção de compromisso, que não é de incompetência, nem de litispendência, mas de **renúncia ao procedimento de cognição judiciária**.[14] (grifo nosso)

Já, para o segundo,

> [...] quanto a sua eficácia, o compromisso é negócio de direito material com **eficácia negativa no direito pré-processual** (exclusão dos juízes estatais) e eficácia positiva no direito processual (submissão das partes aos efeitos do laudo arbitral homologado).[15] (grifo nosso)

manifestar, após a instituição da arbitragem [...] Não sendo acolhida a arguição, terá normal prosseguimento a arbitragem, sem prejuízo de vir a ser examinada a decisão pelo órgão do Poder Judiciário competente, quando da eventual propositura da demanda de que trata o art. 33 desta Lei.". (BRASIL. Lei nº 9.307, de 23 de setembro de 1996. Dispõe sobre a arbitragem. Disponível em: http://www.planalto.gov.br/ccivil_03/leis/l9307.htm. Acesso em: 23 jul. 2021.)

[10] Cf. Art. 4º Dec. 21.187/32.

[11] Art. II.3 Dec. 4.311/2002.

[12] Art. 1º Dec. 1.902/96.

[13] Art. 2º(e) e art. 3º, alíneas "a" a "e", Dec. 4.719/2003.

[14] Chiovenda, Giuseppe. **Instituições de Direito Processual Civil**, v. I, 3. ed. Campinas: Bookseller, 2002, p. 104.

[15] Pontes de Miranda, Franscico Cavalcanti. **Comentários ao Código de Processo Civil**, v. XV, 1977, p. 172.

Entre os autores brasileiros contemporâneos, elegemos Donaldo Armelin, que afirma:

> Não se trata, mister se faz ressaltar, de supressão de competência do órgão da jurisdição estatal então competente para conhecer e decidir o litígio *sub judice*, mas sim de extinção de jurisdição estatal no que concerne à declaração, no sentido lato, a respeito do direito questionado.[16]

E Chrysoula Panou, quando, enfático, afirma que a obrigação de o juiz francês declarar a própria "incompetência" diante de uma convenção de arbitragem é, na verdade, se declarar *sem poderes para julgar a causa*; isto é, limitado, em sua jurisdição, pela regra de jurisdição internacional.[17]

Na jurisprudência brasileira, a 3ª seção de direito privado do Tribunal de Justiça de São Paulo atentou para a nuance em decisão unânime nos autos do Agravo de Instrumento nº 124.217.4/0: "Note-se que, em rigor, não se deve falar em competência, pois que de competência não se trata. O que há é renúncia à via jurisdicional".[18] Na comparada, Guido Santiago Tawil e Ignácio J. Minorini Lima demonstram a posição da Corte Suprema argentina:

[16] ARMELIN, Donaldo. Medida Cautelar Incidental. *Revista de Arbitragem e Mediação*, São Paulo, ano 1, n. 3, set./dez. 2004, p. 217. No mesmo sentido, ver BATISTA MARTINS, Pedro Antônio. **Apontamentos sobre a lei de arbitragem:** comentários à Lei nº 9.307/96. Rio de Janeiro: Forense, 2008, p. 136; COSTA, Nilton César Antunes da. *Efeitos processuais da convenção de arbitragem*. Campinas: Servanda: 2006, p. 134; DELLA VALLE, Martin. Comentário a BRASIL. Tribunal de Justiça de São Paulo. Agravo de Instrumento nº 406.570-4/5, da 4ª Câmara de Direito Privado. TopSports Ventures S.A. c. TV Ômega Ltda. Relator: Desembargador Enio Zuliani. São Paulo, 18 de agosto de 2005. **Revista de Arbitragem e Mediação**, São Paulo, v. 3, n. 8, jan./mar. 2006, p. 246.

[17] PANOU, Chrysoula. *Le consentement à l'arbitrage* – Étude méthodologique du droit international privé de l'arbitrage. Paris: IRJS Editions, 2011, p. 122. Artigo 1448, do Código de Processo Civil dos franceses: "*Lorsqu'un litige relevant d'une convention d'arbitrage est porté devant une juridiction de l'Etat, celle-ci se déclare incompétente sauf si le tribunal arbitral n'est pas encore saisi et si la convention d'arbitrage est manifestement nulle ou manifestement inapplicable*".

[18] BRASIL. **Tribunal de Justiça de São Paulo**. Agravo de Instrumento nº 124.217.4/0 da 5ª Câmara de direito privado. Agravante: Renault do Brasil S/A e outros. Agravado: Carlos Alberto de Oliveira Andrade e outros. Relator: Rodrigues de Carvalho. São Paulo, 16 de setembro de 1999. *Revista de Direito Bancário, do Mercado de Capitais e da Arbitragem*, São Paulo, a. 3, n. 7, p. 336-348, jan./mar. 2000. No mesmo sentido, BRASIL. **Tribunal de Justiça de São Paulo**. Apelação Cível nº 1103701-0/9 da 28ª Câmara de Direito Privado. Apelantes: Syncrofilm Distribuidora Ltda e American Medical Systems Inc. Apelado: Apdo Ams American Medical Systems Brasil Prod Urolog Ginecol Ltda. Relator: Cláudio Lima Bueno de Camargo. São Paulo, 11 de dezembro de 2007: "Interesse de agir – Caracterização. Pressuposto processual negativo – Questão processual prejudicial, cujo reexame independe do resultado de mérito adotado no MM Juízo a quo. Compromisso arbitral – Cláusula

> [...] tem alcance restrito a um deslinde dentro da jurisdição interna, que não alcança casos em que, em decorrência da aplicação de normas e princípios de direito internacional (público ou privado), permite-se prosseguir perante a jurisdição internacional estrangeira.[19]

Em sentido contrário à ausência de jurisdição do juiz do foro como decorrência dos efeitos negativos da convenção de arbitragem e da competência-competência, poder-se-ia objetar o princípio de unidade da função jurisdicional do Estado-juiz e entender que o órgão judiciário do foro seria sempre detentor de jurisdição a despeito de sua eventual incompetência para determinadas lides. Nesse cenário, seria quase impossível encontrar situações práticas em que fosse possível constatar a inexistência de decisão do juiz do foro.

Com efeito, em processo civil judicial, são remotas as possibilidades de o juiz do foro atuar sem jurisdição, isto é, de não ser apenas um juiz incompetente, mas, antes, de não ser juiz. A propósito, a doutrina processual civil judicial demonstra pouco interesse pela hipótese de sentença inexistente decorrente da ausência de jurisdição do juiz do foro, relegada à condição de anedota, verdadeiro *cas d'école*, merecedora de poucas páginas ou parágrafos. Enquanto Bedaque ilustra tal possibilidade com menção a atos processuais ordenados por juiz aposentado[20], Talamini menciona a ausência de autoridade como se fora uma característica própria ao juízo de exceção[21] e Fábio Gomes ilustra a referida possibilidade com acórdão em que o STF declarou a inexistência de sentença proferida por ex-juiz estadual após ser investido no cargo de juiz federal (embora se discuta se tal desvio estaria saneado pelo princípio da unidade jurisdicional do Estado, sobreposto a ambos os órgãos descentralizados – o estadual e o federal).[22] Contudo, essa rara casuística e desinteresse não se justificam diante da arbitragem. Primeiro, porque a relação árbitro-juiz está situada no plano do

compromissória – Espécies do gênero convenção arbitral, hábeis à exclusão da jurisdição." *Revista Brasileira de Arbitragem*, Porto Alegre, n. 17, p. 126-133, 2008.

[19] No original: *"[...] tiene únicamente el alcance de un deslinde dentro de la jurisdicción* interna, *que no alcanza a los casos en que, por aplicación de normas y principios de derecho internacional (público o privado), puede proceder la jurisdicción internacional extranjera".* (Tawil, Guido Santiago; Lima, Ignácio Javier Minorini. El Estado y El Arbitraje: primera aproximación. **Revista de Arbitragem e Mediação**, São Paulo, v. 4, n. 14, jul./set. 2007, p. 130.)

[20] Bedaque, José Roberto dos Santos. *Efetividade do processo e técnica processual*. São Paulo: Malheiros, 2010, p. 217.

[21] Talamini, Eduardo. **Coisa julgada e sua revisão**. São Paulo: Revista dos Tribunais, 2005, p. 326.

[22] Gomes, Fábio. **Comentários ao Código de Processo Civil**. São Paulo: Revista dos Tribunais, 2000. v. 3, p. 25.

direito internacional privado – do conflito de jurisdição internacional –, portanto não é alcançada pela unidade jurisdicional do Estado-juiz do foro. Em seguida, porque são múltiplas as possibilidades de inexistência de efeito negativo da convenção de arbitragem ou da competência-competência.

Em suma, sempre que as regras de jurisdição internacional do foro indicarem ser o árbitro ou o juiz estrangeiro o detentor da jurisdição, o juiz do foro não será autoridade jurisdicional para a causa e vice-versa. A propósito, é clássica a lição de Cândido Dinamarco[23]: "como falta jurisdição ao juiz internacionalmente incompetente – e não mera competência – qualquer ato que ele realize é juridicamente inexistente como ato jurisdicional (a não ser, é óbvio, a sentença que extingue o processo por esse motivo)", secundado por José Ignacio Botelho de Mesquita:

> [...] sobre as causas não incluídas na competência internacional do Brasil, o que faltará ao juiz ou tribunal brasileiros não será meramente competência no sentido usual da palavra, mas, sim, jurisdição, no sentido de poder jurisdicional. A decisão que o juiz em tais casos proferir será decisão proferida por órgão não investido de jurisdição, como se daria no caso de ter sido proferida por um tabelião ou oficial de cartório; incluir-se-ia na categoria das sentenças inexistentes.[24]

Em conclusão: (**i**) os efeitos negativos da convenção de arbitragem e da competência-competência se impõem ao juiz do foro como regra de jurisdição internacional direta; (**ii**) fora dos limites da jurisdição do Estado-juiz não existe órgão judicial; portanto (**iii**) serão inexistentes os processos que conduzir e as decisões de mérito que proferir em detrimento dos referidos efeitos negativos.

2. A inexistência de juiz estrangeiro

Pouco importa o que ditem as regras diretas de jurisdição do estado estrangeiro; o juiz do foro observa o colega estrangeiro posicionado no centro do próprio sistema jurídico e apenas pelas lentes das regras de jurisdição do foro – estas a sua localização e perspectiva.[25] Faz isso com duplo cuidado e responsabilidade:

[23] Dinamarco, Cândido Rangel. **Instituições de direito processual civil**. São Paulo: Malheiros, 2005. v. 1, p. 369-370.

[24] Botelho de Mesquita, José Ignácio. **Teses, estudos e pareceres de processo civil**. São Paulo: Revista dos Tribunais, 2007, v. 2., p. 52-53.

[25] A autoridade jurisdicional ocupa o centro do sistema jurídico. Tendo a obrigação de decidir, assegura completude ao sistema. Ver: Lacreta, Isabela Pessoa. **A Determinação do Direito Aplicável à Arbitragem**, 2021. Tese (Doutorado) – Faculdade de Direito, Universidade de São Paulo, 2021.

de um lado, está limitado pela impossibilidade de ditar regras de jurisdição ao juiz estrangeiro, pois este se sujeita apenas às existentes em seu próprio sistema; de outro lado, tem o dever de negar reconhecimento às decisões que não passem pelo crivo das regras indiretas do foro e, entre as tais, não pode ignorar os efeitos negativos da convenção de arbitragem e da competência-competência. Assim, como regra, inexiste juiz estrangeiro que desconsidera os efeitos negativos e decide o mérito de lide objeto de convenção de arbitragem ou atropela a competência-competência do árbitro (**2.1**). Contudo, em direito comparado é comum a existência de ordenamentos atribuidores de jurisdição indireta ao juiz estrangeiro do local da sede da arbitragem, a quem reconhecem a possibilidade de anular ou decretar a nulidade ou a inexistência da sentença arbitral (**2.2**).

2.1 A inexistência do juiz estrangeiro que atropela competência-competência do árbitro ou invade o mérito das lides objeto de convenção de arbitragem

Diante de decisão judicial estrangeira que decida o mérito de lide objeto de convenção de arbitragem ou atropele a competência-competência do árbitro, o juiz deve, primeiro, avaliar, a jurisdição indireta do juiz estrangeiro à luz de ambos os efeitos negativos, com a intensidade reconhecida pelo ordenamento do foro.

Na hipótese de o juiz do foro constatar que a decisão ou o processo civil estrangeiro estejam em desacordo com os efeitos negativos da convenção de arbitragem ou da competência-competência, deverá considerar ambos como inexistentes em relação ao foro, por faltar jurisdição indireta ao juiz estrangeiro. Nesse sentido, os artigos 5º, da Resolução nº 9/2005, do STJ, e 963, I, do Código de processo civil, impõem, como condição de homologação da sentença judicial estrangeira, que esta tenha sido proferida por autoridade detentora de jurisdição internacional indireta. Do mesmo modo, o artigo II, 3, da Convenção de Nova Iorque de 1958,[26] determina ao juiz do foro remeter as partes à arbitragem

[26] Cf. Dec. nº 4.311, de 23 de julho de 2002, Convenção sobre o Reconhecimento e a Execução de Sentenças Arbitrais Estrangeiras (Nova Iorque, 1958). "Art. II. 1. Cada Estado signatário deverá reconhecer o acordo escrito pelo qual as partes se comprometem a submeter à arbitragem todas as divergências que tenham surgido ou que possam vir a surgir entre si no que diz respeito a um relacionamento jurídico definido, seja ele contratual ou não, com relação a uma matéria passível de solução mediante arbitragem. 2. Entender-se-á por 'acordo escrito' uma cláusula arbitral inserida em contrato ou acordo de arbitragem, firmado pelas partes ou contido em troca de cartas ou telegramas. 3. O tribunal de um Estado signatário, quando de posse de ação sobre matéria com relação à qual as partes tenham estabelecido acordo nos termos do presente artigo, a pedido de uma delas, encaminhará as partes à arbitragem, a menos que constate que tal acordo é nulo e sem efeitos, inoperante ou inexequível." (UNCITRAL. Convention on the Recognition and Enforcement of

tão logo se constate a existência de convenção de arbitragem. Identifica-se no efeito negativo da convenção de arbitragem uma regra indireta de jurisdição. Assim, onde os efeitos negativos negarem jurisdição indireta ao juiz estrangeiro, ele não existirá aos olhos do ordenamento do foro.[27]

Nessa linha, Dominique Hascher realça a semelhança entre, de um lado, os efeitos do mecanismo de controle da jurisdição indireta modificada por cláusula de eleição de foro[28] e, de outro lado, a negação da competência da autoridade estatal estrangeira em função da existência de convenção de arbitragem. E mais: a sorte da decisão judicial estrangeira violadora de convenção de arbitragem não deve ser diferente da proferida por juiz estrangeiro distinto do eleito pelas partes em cláusula de eleição internacional de foro:

> Desse modo, convém aplicar o art. II da Convenção de Nova Iorque como regra de conflito de jurisdição, no momento em que se verifica a jurisdição do juiz estrangeiro. [...] Na hipótese de transposição do artigo II da Convenção de Nova Iorque, ou de regra material transnacional de mesmo objeto, à categoria das regras de competência indireta dos juízes, a amplitude do controle, pelo juiz requerido, seria análoga à que exerce em relação ao juiz de origem quando este desconhece ou viola cláusula de eleição de foro.[29]

Foreign Arbitral Awards. New York, 1958. *In*: BRASIL. Decreto nº 4.311, de 23 de julho de 2002. Promulga a Convenção sobre o Reconhecimento e a Execução de Sentenças Arbitrais Estrangeiras.) Ainda, Art. 2(e), 3 e 8 do Acordo de Buenos Aires (Dec. nº 4.719, de 4 de junho de 2003) e, Art. 1, da Convenção do Panamá (Dec. nº 1.902, de 9 de maio de 1996).

[27] No mesmo sentido prevê o art. 216-D, (a) do Regimento Interno do STJ. A esse respeito, ver BRASIL. Superior Tribunal de Justiça. AgRg na SE 2714/GB, Corte Especial, Rel. Ministro Cesar Asfor Rocha, DJe de 30/08/2010; BRASIL. Superior Tribunal de Justiça. Sentença Estrangeira Contestada 15989, Rel. Min. OG Fernandes, DJe de 14/06/2017; BRASIL. Superior Tribunal de Justiça. Sentença Estrangeira Contestada 3532, Rel. Min. Castro Meira, DJe de 01/08/2011.

[28] Similar ao regime jurídico posto pelo art. 25, do Código de Processo Civil brasileiro: "Art. 25. Não compete à autoridade judiciária brasileira o processamento e o julgamento da ação quando houver cláusula de eleição de foro exclusivo estrangeiro em contrato internacional, arguida pelo réu na contestação.". (BRASIL. Lei nº 13.105, de 16 de março de 2015. Código de Processo Civil. Disponível em: http://www.planalto.gov.br/ccivil_03/_ato2015-2018/2015/lei/l13105.htm. Acesso em: 23 jul. 2021.)

[29] No original: *"De fait, par une convention d'arbitrage, les parties dessaisissent le juge et écartent son intervention. Dès lors, il conviendrait de faire jouer l'article II de la Convention de New York en tant que règle de conflit d'ordre juridictionnel à l'occasion du contrôle de la compétence du juge étranger.* [...] *Ainsi, en cas de transposition de l'article II de la Convention de New York, ou d'une règle matérielle transnationale ayant le même objet, parmi les règles de compétence indirecte des juges, l'étendue du contrôle du juge requis serait alors analogue à celle exercée sur la compétence du juge d'origine lorsque celui-ci a méconnu ou a agi en violation d'une clause d'élection de for."* (HASCHER, Dominique. Note – Cour de cassation (1re Ch. civile) 18 février 1992 – Mamadou Ba v. société SIDECI; Cour de cassation (1re Ch. Civile) 10 mars 1993 – Société Polish Ocean Line v.

Já, Peter Schlosser afirma caber ao juiz do foro a obrigação de reconhecer a convenção de arbitragem e, por conseguinte, de não reconhecer jurisdição indireta ao juiz estrangeiro,[30] posição aprovada por Magali Boucaron-Nardetto em alusão à decisão da Cour d'appel de Paris que reconheceu no efeito negativo da competência-competência uma regra indireta cuja incidência impediu a homologação de uma decisão proferida por juiz estrangeiro italiano.[31] No mesmo sentido, o experiente Tribunal Fédéral Suisse negou jurisdição indireta ao juiz peruano que decidira lide objeto de convenção de arbitragem. Com base no Artigo II, 1., da Convenção de Nova Iorque declarou que a decisão era incompatível com a condição de ser a sentença judicial estrangeira proferida por autoridade "competente"; isto é, detentora de jurisdição internacional indireta.[32] Por fim, o texto da seção 32 do Civil Jurisdiction and Judgement Act, dos ingleses, também impõe ao juiz do foro o dever de negar o pedido de reconhecimento ou de execução de sentença judicial estrangeira proferida em lides objeto de convenção de arbitragem.[33]

Em casos tais, de contrariedade à jurisdição indireta, inexistem o juiz, o processo e a sentença estrangeira. Espera-se que esta solução, coerente, inspire o juiz brasileiro.

société Jolasry; Cour d'appel de Paris (1re Ch. suppl.) 12 février 1993 – Société Unichips Finanziaria v. Gesnouin. **Revue de l'arbitrage**, Paris, n. 2, 1993, p. 276. No mesmo sentido, Debourg, Claire. **Les contrariétés de décisions dans l'arbitrage international**. Paris: L.G.D.J, 2012, p. 307-308.

[30] Schlosser, Peter. Conflits entre jugements judiciaires et arbitrage. **Revue de l'arbitrage**, Paris, n. 3, 1981, p. 379-381.

[31] FRANÇA. Cour d'appel de Paris, 1a Ch. Civ., 15 de junho de 2006, Legal Department du Ministère de la Justice de la République d'Irak c. Sociétés Fincantieri Cantieri Navali Italiani, Finmeccanica et Armamenti e Aerospazio. **Revue de l'arbitrage**, Paris, 2007, p. 87, com comentário de S. Bollee.

[32] Cf. Art. 25, a, da **Loi de droit international privé** (LDIP): "Une décision étrangère est reconnue en Suisse: a. si la compétence des autorités judiciaires ou administratives de l'État dans lequel la décision a été rendue était donnée; [...]."

[33] Cf. Art. 32 do **Civil Jurisdiction and Judgements Act** 1982: "*Subject to the following provisions of this section, a judgment given by a court of an overseas country in any y proceedings shall not be recognised or enforced in the United Kingdom if (a) the bringing of those proceedings in that court was contrary to an agreement under which the dispute in question was to be settled otherwise than by proceedings in the courts of that country; [...] (2) Subsection (1) does not apply where the agreement referred to in paragraph (a) of that subsection was illegal, void or unenforceable or was incapable of being performed for reasons not attributable to the fault of the party bringing the proceedings in which the judgment was given. (3) In determining whether a judgment given by a court of an overseas country should be recognised or enforced in the United Kingdom, a court in the United Kingdom shall not be bound by any decision of the overseas court relating to any of the matters mentioned in subsection (1) or (2). [...].*" (UNITED KINGDOM. Civil Jurisdiction and Judgments Act 1982. Disponível em: https://www.legislation.gov.uk/ukpga/1982/27/contents. Acesso em: 23 jul. 2021.)

Em conclusão: em relação ao ordenamento do foro não existe juiz estrangeiro cuja jurisdição indireta não se adeque aos efeitos negativos da convenção de arbitragem e da competência-competência.

2.2 A inexistência do juiz estrangeiro da anulação ou da suspensão dos efeitos da sentença arbitral

Predomina em processo civil comparado a possibilidade de o ordenamento do foro reconhecer ao juiz estrangeiro do estado cujo território serviu de sede à arbitragem a jurisdição indireta para anular a sentença arbitral.[34] Trata-se de reconhecimento típico dos anos da década de 1950, época em que a homologação de sentença arbitral estrangeira exigia demonstração do trânsito em julgado e da validade da sentença arbitral no país sede da arbitragem. Os negociadores da Convenção de Nova Iorque de 1958 evoluíram para afastar a incidência desse mecanismo, conhecido como duplo *exequatur*.

Todavia, homens de seu tempo, não foram capazes de avançar a ponto de desvincular a arbitragem de toda amarra territorial.[35] Nesse contexto, permanece, como uma reminiscência, a regra indireta de jurisdição internacional do Artigo V, e), da Convenção de Nova Iorque de 1958, cujo texto favorece o juiz estrangeiro e prejudica o do foro. Assim, tem-se como regra o juiz do foro de Estados partes na referida convenção reconhecer a jurisdição indireta do juiz estrangeiro da anulação, desde que vinculado ao Estado cujo território serviu de sede ou cujo direito tenha governado o processo arbitral.[36] Nesse sentido, o art. 38, VI da Lei de Arbitragem permite ao juiz do foro reconhecer a competência internacional indireta do juiz estrangeiro da sede da arbitragem, cuja decisão

[34] A propósito, v. Braghetta, Adriana. **A importância da sede da arbitragem – Visão a partir do Brasil**. Rio de Janeiro: Renovar, 2010.

[35] Fouchard, Philippe. **Sugestões para aumentar a eficácia internacional das sentenças arbitrais.** Doutrinas Essenciais Arbitragem e Mediação. São Paulo: Revista dos Tribunais, v. 3, p. 793, Set/2014. p. 10.

[36] Dec. 4.3011/2002. Art. V, 1, e), da Convenção de Nova Iorque de 1958: "O reconhecimento e a execução de uma sentença poderão ser indeferidos, a pedido da parte contra a qual ela é invocada, unicamente se esta parte fornecer, à autoridade competente onde se tenciona o reconhecimento e a execução, prova de que: a sentença ainda não se tornou obrigatória para as partes ou foi anulada ou suspensa por" autoridade competente do país em que, ou conforme a lei do qual, a sentença tenha sido proferida". (UNCITRAL. Convention on the Recognition and Enforcement of Foreign Arbitral Awards. New York, 1958. *In*: BRASIL. Decreto nº 4.311, de 23 de julho de 2002. Promulga a Convenção sobre o Reconhecimento e a Execução de Sentenças Arbitrais Estrangeiras. Disponível em: http://www.planalto.gov.br/ccivil_03/decreto/2002/d4311.htm. Acesso em: 1 jun. 2021.)

tenha anulado ou suspendido a eficácia da sentença arbitral estrangeira.[37] Com tal base, o STJ reconheceu a jurisdição internacional indireta do juiz estrangeiro argentino para anular sentença arbitral proferida naquele país e, em decorrência, rejeitou o ingresso da referida sentença no ordenamento do foro.[38]

Por conseguinte, em direito brasileiro, o conflito de jurisdição para a ação anulatória se resolve, hoje, em favor da jurisdição indireta do juiz estrangeiro vinculado ao Estado da sede. A sede da arbitragem permanece, entre nós, como apego ou reminiscência psicológica: uma fixação localizada em estágios mais primitivos do processo evolutivo em direção ao reconhecimento de ser a jurisdição do árbitro autônoma em relação a um específico território.[39]

Contudo, os efeitos da regra indireta do artigo V, e) da Convenção de Nova Iorque de 1958 se mitigam à luz da cláusula que atribui preferência ao regime jurídico mais favorável à homologação da sentença arbitral, posta pelo Artigo VII, da mesma convenção. Na hipótese de conflito entre, de um lado, o direito de fonte interna ou outra convenção internacional vigente no foro e, de outro lado, a norma do referido artigo V, e), a resolução se dará sempre em favor do texto mais favorável à homologação.[40] Desse modo, o texto da convenção em tela possibilitou uma evolução liberalizante das regras indiretas de jurisdição inter-

[37] Ver Art. 38, da Lei nº 9.307/96: "Art. 38. Somente poderá ser negada a homologação para o reconhecimento ou execução de sentença arbitral estrangeira, quando o réu demonstrar que: [...] VI – a sentença arbitral não se tenha, ainda, tornado obrigatória para as partes, tenha sido anulada, ou, ainda, tenha sido suspensa por órgão judicial do país onde a sentença arbitral for prolatada." (BRASIL. Lei nº 9.307, de 23 de setembro de 1996. Dispõe sobre a arbitragem. Disponível em: http://www.planalto.gov.br/ccivil_03/leis/l9307.htm. Acesso em: 23 jul. 2021.)

[38] BRASIL. Superior Tribunal de Justiça. Sentença Estrangeira Contestada 5782, Rel. Min. Jorge Mussi, DJe de 16/12/2015. Requerente: EDF International S/A. Requeridos: Endesa LatinoAmérica S/A e YPF S/A.

[39] Para um conceito de fixação, ver **Freud, Sigmund**. Obras Completas, V. 6 (1901-1905), Três ensaios sobre a Teoria da Sexualidade. São Paulo: Companhia das Letras, 2016, p. 175.

[40] Dec. 4.311/2002. Art. VII, da Convenção de Nova Iorque de 1958: "1. As disposições da presente Convenção não afetarão a validade de acordos multilaterais ou bilaterais relativos ao reconhecimento e à execução de sentenças arbitrais celebrados pelos Estados signatários nem privarão qualquer parte interessada de qualquer direito que ela possa ter de valer-se de uma sentença arbitral da maneira e na medida permitidas pela lei ou pelos tratados do país em que a sentença é invocada. 2. O Protocolo de Genebra sobre Cláusulas de Arbitragem de 1923 e a Convenção de Genebra sobre a Execução de Sentenças Arbitrais Estrangeiras de 1927 deixarão de ter efeito entre os Estados signatários quando, e na medida em que, eles se tornem obrigados pela presente Convenção.". (UNCITRAL. Convention on the Recognition and Enforcement of Foreign Arbitral Awards. New York, 1958. *In*: BRASIL. Decreto nº 4.311, de 23 de julho de 2002. Promulga a Convenção sobre o Reconhecimento e a Execução de Sentenças Arbitrais Estrangeiras. Disponível em: http://www.planalto.gov.br/ccivil_03/decreto/2002/d4311.htm. Acesso em: 1 jun. 2021.)

nacional, seja pela via unilateral das leis de arbitragem que a sucederam, seja pela possibilidade de novas convenções internacionais serem negociadas pelos Estados-parte. A propósito, Philippe Fouchard realça interessante paradoxo: tal convenção terá exaurido suas funções quando for esquecida por todos, ultrapassada em seus propósitos por legislações nacionais mais favoráveis à eficácia da sentença arbitral estrangeira.[41]

Com o passar dos anos, quase todos os ordenamentos nacionais evoluíram e deixaram de reconhecer a jurisdição indireta do juiz estrangeiro do estado cujo direito tenha se aplicado ao processo arbitral. Nesse sentido, a Lei de Arbitragem brasileira – quase quarenta anos mais jovem do que a Convenção de Nova Iorque de 1958 –, não reconhece, como tal, o juiz estrangeiro do Estado cujo direito tenha sido aplicado ao processo arbitral.[42] Desconhecemos, na atualidade, a existência de ordenamento que ainda contemple a possibilidade dessa jurisdição indireta.

Observa-se, ainda, a evolução de alguns estados no sentido de o juiz do foro não reconhecer a jurisdição indireta também ao juiz estrangeiro do Estado da sede da arbitragem. Nesse sentido, o Novo Código de Processo Civil dos franceses, mais liberal do que a Convenção de Nova Iorque de 1958, não permite ao juiz do foro recusar homologação à sentença estrangeira anulada pelo juiz do estado da sede.[43] A partir do referido dispositivo mais favorável à eficácia da sentença estrangeira formou-se sedimentada jurisprudência consubstanciada pelos casos *Norsolor*,[44] *Hilmarton*[45] e *Putrabali*[46], no sentido de homologar a

[41] Fouchard, Philippe. **Sugestões para aumentar a eficácia internacional das sentenças arbitrais.** Doutrinas Essenciais Arbitragem e Mediação. São Paulo: Revista dos Tribunais, v. 3, p. 793, Set/2014. p. 7.

[42] Lei nº 9.307/96, art. 38, VI.

[43] Cf. art. 1502, do Nouveau code de procédure civile francês. Da mesma forma, o art. 1723, do Code judiciaire belga.

[44] FRANÇA, Cour de cassation, la C.C., 09.10.1984, Société Norsolor c. Société Pabalk. **Revista Brasileira de Arbitragem.** n. 22, 2009, p. 234-237.

[45] FRANÇA, Cour de cassation, la CC, 23.05.1994, société Omnium de traitement et de valorisation (OTV) c. société Hilmarton Ltd: "Attendu, ensuite, que c'est à juste titre que l'arrêt attaqué décide qu'en application de l'article 7 de la convention de New-York du 10 janvier 1958, la société OTV était fondée à se prévaloir des règles françaises relatives à la reconnaissance et à l'exécution des sentences rendues à l'étranger en matière d'arbitrage international et notamment de l'article 1502 du nouveau Code de procédure civile qui ne retient pas, au nombre des cas de refus de reconnaissance et d'exécution, celui prévu par l'article 5 de la Convention de 1958"

[46] FRANÇA. Cour de cassation, la C.C., 29.06.2007, Socité PT Putrabali Adymutia c. Société Rena Holding. **Revista Brasileira de Arbitragem**, n. 15, 2007, p. 200, com comentário de Katherine Spyrides.

sentença arbitral anulada no país da sede, essencialmente, por negar jurisdição indireta ao juiz estrangeiro. No caso *Radeska c. Kajo*, a Suprema Corte da Áustria reconheceu a sentença arbitral anulada no país sede, com base em norma mais favorável contida na Convenção Europeia sobre Arbitragem Comercial Internacional.[47]

De forma semelhante, porém não idêntica, o Tribunal de Apelação de Amsterdam se negou a homologar a decisão anulatória de juiz estrangeiro russo por considerá-lo parcial.[48] No caso, merece destaque, o juiz do foro não negou a jurisdição indireta do estrangeiro com base na localização da sede, e sim a permissão do ingresso da decisão no ordenamento do foro, por não conformidade à ordem pública. Em decorrência, seria impróprio, nesse caso, concluir pela inexistência de juiz estrangeiro. Inexiste, contudo, a sentença judicial de anulação por impossibilidade de ingressar no ordenamento do foro, repelida pelo efeito de evicção da ordem pública o que, aliás, também permitiria o artigo 39, II, de nossa Lei de Arbitragem. Essa abordagem, de acordo com a qual as decisões anulatórias pronunciadas pelo juiz estrangeiro não devem ser consideradas pelo juiz brasileiro sempre que os efeitos concretos se revelarem não conformes à ordem pública do foro, também fundamentou as decisões proferidas pelo juiz norte-americano nos casos TermoRio[49] e Chevron.[50]

Ambas as abordagens – a que homologa a sentença arbitral anulada com base na inexistência de juiz estrangeiro e a que rejeita a decisão judicial de anulação por não conformidade à ordem pública – também se apoiam no *caput* do artigo V, da Convenção de Nova Iorque de 1958, cujo texto afirma que o juiz do foro

[47] ÁUSTRIA. Suprema Corte. **Revue de l'arbitrage**, Paris, 1999, p. 386, com comentário de Pierre Lastenoue e Petra Senkovic na p. 426. Nesse caso, declarou-se que a incompatibilidade entre o conteúdo da sentença e a ordem pública do estado da sede não interessa ao juiz do foro, para efeitos de homologação.

[48] PAÍSES BAIXOS. Tribunal de Apelação de Amsterdam, 23ª Secção Cível, 29.04.2009, Yukos Capital S.A.R.L. c. OAO Rosnetft. **Revista Brasileira de Arbitragem**, n. 23, 2009, p. 223, com comentário de Clávio Valença Filho e Jan Kleinheisterkamp.

[49] ESTADOS UNIDOS. US Court for the District of Columbia, 17/02/2006, **Revue de l'arbitrage**, 2006, n. 3, p. 782, confirmado pela US Court of Appeals for the District of Columbia, em 25.05.2007, 487 F.3d 928. Disponível em: https://arbitrationlaw.com/sites/default/files/free_pdfs/termorio_s.a._e.s.p._colombia_v._electranta_s.p._colombia_487_f.3d_928.pdf. Acesso em: 17 maio 2021.

[50] ESTADOS UNIDOS. US Cour of Appeals for the 2nd Circuit, 12.10.1999, **Revue de l'arbitrage**, 2000, n.1, p. 135, com comentário de Emmanuel Gaillard.

"pode" se negar a homologar a sentença anulada no Estado de origem, ou seja, não há obrigação, e sim faculdade.[51]

Em conclusão: (**i**) na hipótese de se constatar a ausência de jurisdição indireta do juiz estrangeiro do local da sede da arbitragem, caberá ao juiz do foro negar o processo e a decisão judicial estrangeira de suspensão da tramitação da instância arbitral ou a de anulação dos efeitos da sentença; e (ii) a decisão judicial estrangeira anulatória será inexistente em relação ao ordenamento do foro, quando não conforme à ordem pública.

3. A inexistência de árbitro

Uma vez demonstrada a probabilidade de inexistência do juiz do foro e do juiz estrangeiro – consequência dos efeitos negativos da convenção de arbitragem e da competência-competência –, passamos a demonstrar serem múltiplas as possibilidades de inexistência de árbitro.

A cadeia de atos necessários à habilitação jurisdicional do árbitro – à transformação do particular em autoridade – requer a existência de negócio jurídico do tipo convenção de arbitragem. Essa etapa contratual – desnecessária no processo de habilitação dos juízes, mas possível, na hipótese de eleição internacional do foro estrangeiro – aumenta a chance de ocorrerem vícios causadores de ausência de jurisdição.[52] Na perspectiva do juiz do foro, aferir a jurisdição indireta do árbitro significa analisar os pressupostos dos efeitos negativos da convenção de arbitragem e da competência-competência. Para o primeiro efeito negativo, a existência, a validade e os efeitos da convenção de arbitragem; para o segundo, a aparência da referida convenção.

Convenção de arbitragem é fato jurídico da modalidade ato jurídico, da espécie negócio jurídico. Para ela existir, não basta a manifestação de vontade. Aliás, sejamos enfáticos: negócio jurídico algum provém da "autonomia da vontade". Incorre em equívoco quem afirma tal possibilidade com o fito situar o árbitro fora do ordenamento jurídico estatal. A habilitação do árbitro não resulta da pura vontade das partes, mas da incidência de norma jurídica estatal capaz de transformar essa vontade em negócio jurídico: convenção de arbitragem. Assim nascem o direito e a obrigação de arbitrar.

Nesse sentido, Torquato de Castro Júnior enfatiza: "suporte fático é uma expressão que busca representar o evento que *será* convertido em fato jurídico,

[51] A propósito, v. Wolff, Reinmar (ed.). **New York Convention on the Recognition and Enforcement of Foreign Arbitral Awards – Commentary**. Beck, Hart and Nomos, Munique: 2012, p. 263-265.

[52] Ver artigos 24, *caput*, e 25, *caput*, do Código de Processo Civil.

antes que essa conversão se tenha operado".[53] Portanto, o fato jurídico designa algo que já não é o fato da vida em si, mas o suporte fático "colorido" pela incidência da norma; dessa incidência, nasce o fato jurídico. Só a incidência de norma jurídica transforma manifestação de vontade – fato da vida – em vontade juridicamente relevante – fato jurídico –. Aqui, é inegável a influência de Pontes de Miranda:

> A manifestação de vontade é elemento essencial do suporte fático, que é negócio; com a entrada desse no mundo jurídico, tem-se o negócio jurídico. Daí o erro de se identificarem manifestação de vontade, que é acontecimento do mundo fático, e negócio jurídico, que é juridicização do suporte fático (manifestação de vontade + x + incidência da lei). [54]

Ao manifestarem vontade de arbitrar, as partes concretizam a hipótese fática contida: (**i**) no art. 1º da Lei de Arbitragem: "As pessoas capazes de contratar poderão valer-se da arbitragem para dirimir litígios relativos a direitos patrimoniais disponíveis[...]."[55]; ou (**ii**) no art. II, 1, da Convenção de Nova de Iorque de 1958: "Cada Estado Contratante reconhece a convenção escrita pela qual as Partes se comprometem a submeter a uma arbitragem todos os litígios ou alguns deles que surjam ou possam surgir entre elas[...]."[56]; ou, ainda, (**iii**) na legislação setorial, como é o caso do setor portuário[57], das concessões[58], do petróleo[59], das telecomunicações[60], da comercialização de energia elétrica[61], do transporte de gás natural[62], dos transportes aquático e terrestre[63] e de contratações públicas[64].

[53] Castro Júnior, Torquato. **A pragmática das nulidades e a teoria do ato jurídico inexistente**. São Paulo: Noeses, 2009, p. 103.

[54] Pontes de Miranda, Francisco Cavalcanti. **Tratado de Direito Privado**: Parte Geral. São Paulo: Revista dos Tribunais, 2012. t.3, p. 56.

[55] BRASIL. Lei nº 9.307, de 23 de setembro de 1996. Dispõe sobre a arbitragem. Disponível em: http://www.planalto.gov.br/ccivil_03/leis/l9307.htm. Acesso em: 23 jul. 2021.

[56] UNCITRAL. Convention on the Recognition and Enforcement of Foreign Arbitral Awards. New York, 1958. *In*: BRASIL. Decreto nº 4.311, de 23 de julho de 2002. Promulga a Convenção sobre o Reconhecimento e a Execução de Sentenças Arbitrais Estrangeiras. Disponível em: http://www.planalto.gov.br/ccivil_03/decreto/2002/d4311.htm. Acesso em: 1 jun. 2021.

[57] Ver Decreto nº 8.465/2015.

[58] Ver Lei nº 8.987/1995, art. 23.

[59] Ver Lei nº 9.478/1997, art. 43.

[60] Ver Lei nº 9.472/1997, art. 93.

[61] Ver Lei nº 10.848/2004, art. 4.

[62] Ver Lei nº 11.909/2009, art. 21.

[63] Ver Lei nº 10.233/2001, arts. 35 e 39.

[64] Ver Lei nº 14.133/2021, art. 151.

Ausente ou viciado o consentimento – o que ocorre em qualquer das hipóteses conhecidas pelo direito civil clássico –[65], não haverá a concretização do suporte fático (autonomia da vontade), a incidência de norma estatal objetiva, nem o negócio jurídico que dela deveria resultar; portanto, não haverá convenção de arbitragem ou árbitro. Percebe-se, de imediato, não serem raras ou exóticas as hipóteses de inexistência de árbitro em função da inexistência de convenção. Já o juiz estatal tem existência assegurada pela unidade de jurisdição do Estado que o investiu; mesmo incompetente, permanece juiz. Por sua vez, a existência do árbitro é contestada onde há dúvidas sobre a de consentimento para arbitrar.

À guisa de exemplo, são hipóteses de ausência de manifestação de vontade: (**i**) a invasão da esfera jurídica de quem não é parte – caso em que o árbitro extrapola os limites subjetivos da convenção –, (**ii**) a decisão de matéria estranha ao âmbito material da convenção de arbitragem – hipótese em que se extrapolam os limites objetivos da referida convenção –, (**iii**) a decisão de matéria que extrapola os limites da lide, embora caiba no objeto da convenção de arbitragem, como ocorre nas situações em que o árbitro conhece pretensão que exorbite o termo de arbitragem. Nessa linha, são situações sensíveis a requerer especial atenção os casos de sub-rogação legal do segurador e a da massa falida, as estipulações em favor de terceiros, as "extensões" da convenção de arbitragem a sociedades do mesmo grupo, a circulação e os grupos de contrato.

Além do mais, aferir a existência de consentimento – portanto, a concretização do suporte fático manifestação da vontade – implica investigar a presença de certos elementos "extrínsecos" condicionantes à suficiência do ato de manifestação de vontade, como, por exemplo, a capacidade de direito ou a representação da pessoa jurídica que consente. Se um dos atores não tem capacidade de direito – personalidade jurídica – ou, *v.g.* não está representado pelo órgão estatutário designado ou por mandatário regularmente investido, pode ocorrer a declaração de inexistência do negócio jurídico por inexistência de consentimento. Nesse sentido, o Superior Tribunal de Justiça declarou a inexistência de negócio jurídico cujo instrumento havia sido firmado por apenas um sócio – o contrato social prescrevia a intervenção de pelo menos dois.[66]

[65] Ver Código Civil de 2002, art. 138.

[66] BRASIL. **Superior Tribunal de Justiça**, 4ª T. Resp. 115966/SP, Espólio de Oswaldo Magalhães c. Antônio de Toro. Rel. Sálvio de Figueiredo Teixeira. j. 17.02.2000. Disponível em: http://www.stj.jus.br/SCON/jurisprudencia/doc.jsp?processo=115966&b=ACOR&p=true&t=JURIDICO&l=10&i=1. Acesso em: 27 jul. 2017.

Outra questão controversa atinente à representação da pessoa jurídica é a de saber se a opção pela arbitragem extrapola o âmbito do ato normal de gestão, o que, se verdadeiro, exige poderes especiais de quem representa a pessoa jurídica no momento da assinatura de convenção de arbitragem. O tema mereceu tratamento pela doutrina italiana, na qual prevalece o entendimento favorável à qualificação como ato normal de gestão, ou seja, requer apenas a capacidade para os negócios jurídicos em geral.[67] Há, contudo, interessante entendimento (minoritário naquele país), de que a estipulação de convenção de arbitragem não é, em si, ato normal ou extraordinário de gestão. Tal qualificação depende de o negócio no qual se insere cada convenção de arbitragem exigir ou não poderes específicos em função de constituir ato *ultra vires.*[68]

Entre nós, Gustavo Tepedino considera inválida, por ausência de consentimento, a estipulação de convenção de arbitragem por intermédio de procurador sem poderes especiais. Para ele, a opção pela arbitragem implica renúncia ao direito fundamental de acesso ao Judiciário, o que extrapola o âmbito dos atos normais de gestão; logo exige do representante empoderamento específico.[69]

Tais soluções não são imunes à crítica: de um lado, a variante minoritária entre os italianos menospreza a autonomia da convenção de arbitragem em relação ao contrato de referência; de outro, a exigência de poderes específicos proposta por Tepedino está baseada em falsa premissa – renúncia ao direito fundamental de acesso ao Judiciário –, resultante da opção pela arbitragem, protegida pelo artigo V, XXXV, da Constituição.

A Constituição, conforme interpretação do STF[70], proíbe a renúncia à prestação jurisdicional, não ao Judiciário. O afastamento do juiz estatal em função dos efeitos negativos da convenção de arbitragem deixa indene o direito fundamental de acesso à justiça, distribuída pelo árbitro, o novo detentor da jurisdição. O postulado de Tepedino não nos parece verdadeiro. Afinal, a outorga de poderes especiais não legitima renúncia ao acesso à prestação jurisdicional e a renúncia ao Judiciário não afronta valores constitucionais.

[67] Fonseca, Elena Zucconi Galli. **La convenzione arbitrale rituale rispetto ai terzi.** Giuffré: Milão, 2004, p. 5.

[68] Fonseca, Elena Zucconi Galli. *Ibidem.*

[69] Tepedino, Gustavo. Invalidade da cláusula compromissória e seu controle (também) pelo Judiciário. *In*: Jobim, E.; Bicca Machado, R. (Coord.). **Arbitragem no Brasil**: aspectos jurídicos relevantes. São Paulo: Quartier Latin, 2008, p. 167.

[70] BRASIL. Supremo Tribunal Federal. Agravo Regimental na Sentença Estrangeira 5.206-7 Reino da Espanha, MBV Commercial and Export Management Establisment c. Resil Indústria e Comércio Ltda. Rel.: Sepúlveda Pertence. Plenário, julgado em 12.12.2001, DJ de 30.04.2002.

Entendemos que, ao estipular convenção de arbitragem, o administrador da sociedade empresária opta por justiça diferenciada do sistema nacional do foro em razão de sua maior sensibilidade aos reclamos dos sistemas do comércio e da economia: a jurisdição transnacional do árbitro. Em tal cenário, a arbitragem é o modo normal de resolução de controvérsias, sobretudo nas lides entre sociedades empresárias ou entre estas e seus sócios.

A ausência de capacidade de fato também vicia os negócios jurídicos, por ausência de consentimento válido. Assim, quando pactuada por incapaz, de acordo com o previsto nos arts. 3º e 4º do Código civil, inválida é a cláusula compromissória. Na hipótese de a nulidade ser absoluta, a convenção de arbitragem não produzirá efeitos, portanto não servirá como fundamento para a habilitação de árbitro.

Por fim, convém alertar, com base na autoridade de Junqueira de Azevedo[71] e de Giovanni Nanni[72], para a ampliação do rol de causas de pedir a declaração de inexistência ou de nulidade absoluta da convenção de arbitragem (portanto, também de árbitro) em função da ausência de dois outros elementos essenciais à existência do negócio jurídico: o tempo e o objeto.

Apoiando-se na visão abrangente das causas de inexistência defendida por Nanni e Lotufo, podemos concluir que inexiste árbitro (portanto, relação de instância e sentença arbitral), após o decurso do prazo legal de expiração da convenção de arbitragem, conforme artigo 23 da Lei de Arbitragem[73], ou, ainda, na hipótese de exaurimento do seu objeto, *v.g.*, a fim de impedir a instauração de arbitragem paralela ou subsequente, para lide idêntica. Em outras palavras: exaurido o objeto da convenção de arbitragem pela instauração de uma primeira arbitragem, não é possível instaurar uma segunda para idêntico objeto e partes com fundamento na mesma cláusula. Não existirá, aos olhos do juiz do foro, o segundo Tribunal Arbitral ou a segunda arbitragem instaurada.

Nessa linha, deve-se, ainda, ter em conta a possibilidade de ao menos dois vícios enumerados pelo art. 32 da Lei de Arbitragem constituírem causa de pedir a declaração de inexistência de árbitro e de sentença arbitral, a despeito de o texto legal mencionar a nulidade: falta de elemento temporal à convenção de arbitragem caduca, inciso VII; a sentença proferida fora dos seus limites, o

[71] Junqueira de Azevedo, Antônio. **Negócio jurídico**: existência, validade e eficácia. São Paulo: Saraiva, 2007, p. 33.

[72] Nanni, Giovanni Ettore. Cláusula compromissória como negócio jurídico: análise de sua existência, validade e eficácia. *In*: Lotufo, R.; Nanni, G. E. **Temas relevantes do direito civil contemporâneo**: reflexões sobre os 10 anos do Código Civil. São Paulo: Atlas, 2012, p. 35.

[73] Cf. art. 23 da Lei nº 9.307, de 23 de setembro de 1996.

inciso IV. Nesses casos, pode a parte interessada ou o juiz, de ofício, contestar a existência de árbitro. Razão: os limites do poder jurisdicional do árbitro e de sua investidura se confundem com os limites da sua jurisdição, e esta, com os da convenção de arbitragem.

Atente-se, ademais, para a possibilidade de a presença de elementos estrangeiros subtrair a apreciação da validade do consentimento às regras existentes no ordenamento do juiz do foro. No Brasil, afere-se a capacidade compromissória da pessoa física de acordo com o direito do Estado em que tem domicílio e a pessoa jurídica de acordo com o ordenamento do Estado em que esta foi incorporada.[74] Tais elementos de conexão também indicam o direito aplicável à pessoa jurídica, portanto, à amplitude dos poderes de seu representante legal ou mandatário.

Quanto à validade da convenção de arbitragem – exceto a decorrente de ilicitude do objeto/arbitrabilidade material –, o juiz nacional deve, primeiro, ver se há possibilidade de a arbitragem estar sujeita a algum regime jurídico de fonte convencional. No caso de aplicar a Convenção de Nova Iorque de 1958 ou do Panamá de 1975, deve pautar-se pelo direito indicado pelas partes; na falta de indicação, pelo do local em que for proferida a sentença arbitral. Atente-se, todavia, para a existência de regra de conflito específica, posta pelo artigo 7.2 do Acordo sobre Arbitragem Comercial Internacional do MERCOSUL, cujo texto sujeita o procedimento ao direito do Estado-parte sede do tribunal arbitral, sem deixar espaço à autonomia da vontade.[75] Excluem-se do âmbito de aplicabilidade dessa regra as questões relativas à forma da convenção de arbitragem.

Por fim, há ordenamentos que impõem restrições à capacidade do devedor falido e submetem a questão às soluções aplicáveis a tal categoria; outros deixam indene a capacidade do devedor falido, mas lhe restringem o poder de disposição dos próprios bens e direitos; um terceiro grupo entende se tratar de uma questão relativa ao concurso de credores e, em decorrência, atrela-a às soluções do ordenamento do foro da falência. A propósito, numa arbitragem com sede na Inglaterra, o juiz daquele país não hesitou em equiparar o árbitro ao juiz nacional, para indicar que o consentimento do devedor falido e o da massa se aferem

[74] Cf. Arts. 7º e 11 do Dec.-Lei nº 4.657, de 04 de setembro de 1942. Nesse sentido, o art. 5º, 1, (a), da Convenção do Panamá de 1975 (Dec. 1.902/96); o art. V, 1, (a), da Convenção de Nova Iorque de 1958 (Dec. nº 4.311/2002); o art. 7º, 1, do Acordo Sobre Arbitragem Comercial Internacional do MERCOSUL (Dec. nº 4.719/2003).

[75] Dec. nº 4.719/2003.

de acordo com o direito material do foro, isto é, com base no ordenamento do juiz convidado a controlar a convenção de arbitragem. [76]

Em conclusão: não existe árbitro fora dos limites subjetivos (**i**) ou objetivos (**ii**) da convenção de arbitragem nem após a caducidade desta (**iii**), nas situações de exaurimento do seu objeto (**iv**) ou, ainda, quando estipulada por quem não detém capacidade de direito (**v**) ou, por fim, por quem não detém poderes para representar a pessoa jurídica na forma dos estatutos (**vi**).

Referências

ADEODATO, João Maurício. **Ética e retórica:** para uma teoria da dogmática jurídica. 2. ed. rev. e ampl. São Paulo: Saraiva, 2006.

BEDAQUE, José Roberto dos Santos. **Efetividade do processo e técnica processual**. São Paulo: Malheiros, 2010.

BOTELHO DE MESQUITA, José Ignácio. **Teses, estudos e pareceres de processo civil**. São Paulo: Revista dos Tribunais, 2007.

BOTELHO DE MESQUITA, José Ignácio. **Teses, estudos e pareceres de processo civil**, v. 2. São Paulo: Revista dos Tribunais, 2007.

BRAGHETTA, Adriana. **A importância da sede da arbitragem – Visão a partir do Brasil.** Rio de Janeiro: Renovar, 2010.

CASTRO JÚNIOR, Torquato. **A pragmática das nulidades e a teoria do ato jurídico inexistente**. São Paulo: Noeses, 2009.

CHIOVENDA, Giuseppe. **Instituições de Direito Processual Civil**, v. I, 3. ed. Campinas: Bookseller, 2002.

CHIOVENDA, Giuseppe. **Instituições de Direito Processual Civil**, v. II, 3. ed., Campinas: Bookseller, 2002.

DEBOURG, Claire. **Les contrariétés de décisions dans l'arbitrage international**. Paris: L.G.D.J, 2012.

DINAMARCO, Cândido Rangel. **Instituições de direito processual civil**. São Paulo: Malheiros, 2005.

FONSECA, Elena Zucconi Galli. **La convenzione arbitrale rituale rispetto ai terzi**. Giuffré: Milão, 2004.

FOUCHARD, Philippe. **Sugestões para aumentar a eficácia internacional das sentenças arbitrais.** Doutrinas Essenciais Arbitragem e Mediação. São Paulo: Revista dos Tribunais, v. 3, set/2014.

[76] REINO UNIDO. High Court of Justice, Queen's Bench Division (Commercial Court). Josef Syska e Elektrim S.A c. Vivendi Universal S.A. et al. **Realtos:** Lord Justice Longmore. 9 de julho de 2009.

FOUCHARD, Philippe. **Sugestões para aumentar a eficácia internacional das sentenças arbitrais.** Doutrinas Essenciais Arbitragem e Mediação. São Paulo: Revista dos Tribunais, v. 3, p. 793, Set/2014.

FREUD, Sigmund. **Obras Completas,** V. 6 (1901-1905), **Três ensaios sobre a Teoria da Sexualidade.** São Paulo: Companhia das Letras, 2016, p. 175.

GOMES, Fábio. **Comentários ao Código de Processo Civil,** v. 3. São Paulo: Revista dos Tribunais, 2000.

JUNQUEIRA DE AZEVEDO, Antônio. Negócio jurídico: existência, validade e eficácia. São Paulo: Saraiva, 2007.

NANNI, Giovanni Ettore. **Cláusula compromissória como negócio jurídico: análise de sua existência, validade e eficácia.** In: LOTUFO, R.; NANNI, G. E. **Temas relevantes do direito civil contemporâneo: reflexões sobre os 10 anos do Código Civil.** São Paulo: Atlas, 2012.

PONTES DE MIRANDA, Francisco Cavalcanti. **Tratado de Direito Privado**: Parte Geral, t.3. São Paulo: Revista dos Tribunais, 2012.

PONTES DE MIRANDA, Franscico Cavalcanti. **Comentários ao Código de Processo Civil**, v. XV, 1977.

SCHLOSSER, Peter. **Conflits entre jugements judiciaires et arbitrage. Revue de l'arbitrage**, Paris, n. 3, 1981.

TALAMINI, Eduardo. **Coisa julgada e sua revisão**. São Paulo: Revista dos Tribunais, 2005.

TAWIL, Guido Santiago; LIMA, Ignácio Javier Minorini. **El Estado y El Arbitraje: primera aproximación**. Revista de Arbitragem e Mediação, São Paulo, v. 4, n. 14, jul./set. 2007.

TEPEDINO, Gustavo. **Invalidade da cláusula compromissória e seu controle (também) pelo Judiciário**. In: JOBIM, E.; BICCA MACHADO, R. (Coord.). **Arbitragem no Brasil: aspectos jurídicos relevantes**. São Paulo: Quartier Latin, 2008.

PARTE 6

SENTENÇA ARBITRAL

22.
NOTAS SOBRE A SENTENÇA PARCIAL NO PROCEDIMENTO ARBITRAL

SIDNEI BENETI

1. Fundamento legal da sentença parcial

A Lei de Arbitragem autoriza expressamente a prolação de sentença arbitral parcial, ao dispor que "os árbitros poderão proferir sentenças parciais"[1]. Diante da prescrição legal, importa ponderar quando recomendável a utilização do instrumento processual.

2. Unicidade da sentença

Desejável no procedimento arbitral, que é único, a prolação de uma só sentença. As partes submetem o litígio ao processo, estatal ou arbitral, para que seja julgada a controvérsia no tempo mais curto possível e com segurança, certeza e clareza do deslinde jurisdicional. Mais de uma sentença, com os possíveis pedidos de esclarecimentos intercorrentes, pode levar à maior duração do processo e aumentar custos do processo.

Além disso, quanto mais provimentos jurisdicionais tônicos houver no processo, mais se aprofunda a possibilidade de cizânia interpretativa ao entrechoque entre elas – o que agrava a opacidade das informações processuais a serem consideradas no julgamento final. Aumenta o risco de desvio do foco dos argu-

[1] Lei nº 9.307, de 23.9.1996, com a redação da Lei nº 13.129, de 26.5.2015. "Art. 23. A sentença arbitral será proferida no prazo estipulado pelas partes. Nada tendo sido convencionado, o prazo para a apresentação da sentença é de seis meses, contado da instituição da arbitragem ou da substituição do árbitro. [...] § 1º. Os árbitros poderão proferir sentenças parciais." (BRASIL. Lei nº 9.307, de 23 de setembro de 1996. Dispõe sobre a arbitragem. Disponível em: http://www.planalto.gov.br/ccivil_03/leis/l9307.htm. Acesso em: 23 jul. 2021.)

mentos e informações processuais influentes no deslinde da controvérsia, donde o crescimento do perigo de equívocos no julgamento.

3. Perigo da pluralidade

Vem do Digesto a conhecida advertência de *Javolenus* de que *"Omnis definitio in iure civili periculosa est; parum est enim, ut non subverti posset."*[2] A prematura determinação de vetores para o julgamento que uma sentença parcial pode trazer para o processo implica definição de situações, nas quais reside o mesmo perigo do alerta de Javolenus. Pode-se transpor para o processo, estatal ou arbitral, a advertência, assim reformulada: *"omnis sententia periculosa est"*. Sentenças múltiplas multiplicam perigos de redação e interpretação.

Ante a facultatividade para os árbitros, expressamente constante do dispositivo legal permissivo da sentença parcial[3], a questão de proferir-se, ou não, uma sentença arbitral parcial, situa-se mais em termos de técnica processual, na direção de cada processo do que da mais estrita análise legal.

4. Opção do tribunal arbitral

O procedimento arbitral constitui espécie do gênero processo – ao lado do processo judicial, administrativo, parlamentar, esportivo (e, mesmo, interno, em entidades privadas que, diante de dissenso concreto, tenham de servir de base ao conhecimento de alegações e fatos e, finalmente, prolação de julgamento).

Elio Fazzallari, desprendendo-se da estrita teoria do processo como relação jurídica fundada por Oskar Von Büllow, lembrou que um processo se qualifica por ser exatamente o que a palavra indica, ou seja, uma série de movimentos concatenados para a frente, dispostos em ordem lógica, o que implica o contraditório, consistente em recebimento das alegações iniciais e de contrariedade, em seguida colheita de provas, que não tenham vindo com as peças iniciais, e ulterior julgamento. Com referência ao processo arbitral, escreveu Elio Fazzalari: *"Gli 'arbitrati' sono sequenze di attività che realizzano una sorta di giustizia civile privata, cioè la risoluzione di controversie ad opera di um privado anziché di un giudice. Perciò la loro disamina segue quella dei processi giurisdizionali"*.[4]

José Roberto dos Santos Bedaque, em obra clássica sobre a técnica processual, aduz: "Processo – insiste-se – é método de trabalho. Por isso, é necessário

[2] "Toda definição em direito civil é perigosa, pois são raras as que não podem ser subvertidas." (*Javolenus*, Digesto 50.17.202).

[3] Lei nº 9.307, de 23.9.1996, art. 23, § 1º.

[4] Fazzalari, Elio. **Istituzioni di Diritto Processuale**, 8. ed. Padova, 1996, p. 483.

organizar com antecedência a atividade daqueles que irão dele participar, a fim de que se possa alcançar, de forma ordenada os resultados desejados".[5]

A organização da série de atos processuais implica a busca de concentração das decisões em um ato final, que é a sentença – no caso, a sentença arbitral – que, em regra, deve ser uma, e somente uma, não cindida em duas ou mais. A cisão, ou fatiamento, deve constituir exceção reservada a poucas situações processuais, quando inviável o julgamento por uma única sentença.

Se a arbitragem visa a sentença meramente declaratória, constitutiva ou mandamental, resta reduzidíssimo o campo para a sentença parcial intercorrente, pois basta que o tribunal arbitral declare, constitua ou desconstitua, ou mande, no próprio *decisum* da *fase*[6] de conhecimento; se a conclusão da arbitragem é condenatória e se os dados dos autos permitem o cálculo dos valores e acréscimos envolvidos, deve a sentença também ser única; mas, se condenatória, sem elementos para definição do *quantum* na fase de conhecimento, será imprescindível uma outra *fase*, a da liquidação, surgindo o ensejo para a sentença arbitral parcial que julgue a controvérsia, defina responsabilidades e remeta a liquidação para a sentença final.

Recorde-se que qualquer que seja a natureza da pretensão posta pelas partes, se o procedimento arbitral conclui pela improcedência, trata-se de sentença meramente declaratória, de modo que não há ensejo a sentença arbitral parcial (o que exige a difícil e angustiosa operação mental para julgadores e partes, consistente na previsão de possíveis rumos a virem a ser tomados pelo caso, vale dizer, qual *aparenta vir a ser* o julgamento para o qual se encaminha o processo, se procedência, improcedência ou outro desfecho – terrível enigma, cuja solução só ocorrerá com o trânsito em julgado do último julgamento possível, por vezes somente após a superação dos ensejos anulatório ou rescisório!).

De Qualquer forma, não se deve transportar para o procedimento arbitral, que deve ser direto, claro, célere, concentrado e o menos dispendioso possível, o fenômeno da *incidentalização desenfreada*, que se registra no processo civil e no processo penal brasileiro – incidentalização essa que vem acarretando a eternização dos litígios, tornados heranças molestas para sucessores de litigantes, cuja vida terrena não é dotada do compromisso da eternidade!

[5] BEDAQUE, José Roberto dos Santos. **Efetividade do Processo e Técnica Processual**, 2. ed., São Paulo: Malheiros, 2007, p. 77.

[6] O termo fase é, ora empregado e a seguir repetido com evidente atecnia, pois mais que sabido que se distinguem, como processos e não como meras fases, os processos de conhecimento e de execução! Mas o termo *fase* sem dúvida melhor indica a divisão que ora interessa.

5. Riscos do *fatiamento* e da incidentalização

O *fatiamento* do julgamento, como que *em parcelas ou prestações*, em todo e qualquer processo, estatal ou arbitral, gera sempre alguma aporia e incerteza momentâneas. Alimenta esperanças e frustrações provisórias, derruíveis ao final. Trunca o procedimento, provocando pedidos de esclarecimento e decisões incidentais. Provoca adicionamento ou repetição de exposição de argumentos, por vezes repetidos, ainda que com outras palavras, em prol da inicial e da contrariedade, a serem relatados e considerados na motivação fina. Aumenta o volume dos autos, com mais papeis a gerar opacidade à leitura e análise quando da futura decisão final.

Recomeçam alegações e novas decisões, pedidos de aclaramento e decisões em resposta, depois de proferida uma sentença parcial, que afronta, no processo, destinado à solução célere e clara da controvérsia, a delonga e a perplexidade. O procedimento desvia-se dos princípios da concentração da causa e da economia processual, que devem nortear o encerramento da instrução e o julgamento final pela sentença – essa, sim, única e definitiva. O circunlóquio imposto pela sentença parcial não raro afronta o princípio de que a menor distância entre dois pontos é a linha reta!

Em outro escrito, relativo ao processo estatal, mas aplicável ao procedimento arbitral, observei:

> litigantes não ingressam em juízo para deliciar-se com o desfilar de questões processuais ou de doutrinas, históricas ou atuais, conquanto expostas com brilho de imenso saber, ou par admirar dotes jurídicos e retóricos. São realistas, entram com processos para restabelecimento concreto do direito violado. Só isso, simples assim. [...] A fragmentação procedimental atraiçoa, corroendo por dentro, os grandes postulados incrustados no princípio da concentração final, de que decorre ser na sentença de primeiro grau, ou no acórdão do tribunal, o momento processual insubstituível em que tudo inevitavelmente se concentra, para, aí sim, ser analisado e julgado, restando provisório o que veio antes, salvo se consolidado pela preclusão.[7]

[7] Beneti, Sidnei. **Dos Males da Incidentalização Procedimental, em Direito Processual Civil Contemporâneo – Estudos em Homenagem ao Professor Walter Piva Rodrigues**, Organizadores: Rodolfo da Costa Manso Real Amadeo, Daniel Guimarães Zveibil, Luiz Dellore, Júlio César Bueno e Marco Antonio Perez de Oliveira. São Paulo: Ed. Foco, 2020, p. 694-695.

6. Fundamento em técnica processual

Por vezes, contudo, a sentença arbitral parcial será necessária e, ainda, poderá produzir o efeito benfazejo de alertar as partes para riscos do julgamento final e vantagens de realização de transações conducentes ao acordo que ponha fim ao litígio.

Resta à técnica processual imprimida pelos árbitros a opção pela prolação de sentença parcial ou não. Em regra, melhor será que não, isto é, que não se opte pela duplicação de sentenças, uma apenas parcial e outra final, cujo mútuo guerreamento, pinçado pela habilidade no argumentar das partes, pode vir a mais dificultar do que facilitar o deslinde final – abrindo ensejo a mais pedidos de esclarecimentos e até mesmo ensanchas à recalcitrância de cumprimento e à pretensão anulatória sob alegação de nulidade por incongruência ou contradição entre as sentenças e, consequentemente, ofensa ao devido processo legal.

7. Opções

Não são numerosas as hipóteses em que recomendável a prolação de sentença parcial no procedimento arbitral. Em vários casos a cogitação de sentença arbitral parcial pode ser superada por adequada decisão interlocutória arbitral, inclusive quando configuradora de decisão de mérito.

Como ressaltam Nélson Nery Júnior e Rosa Maria de Andrade Nery: "É possível a prolação pelo juiz de decisões que contenham matéria de mérito (CPC 487), mas que não encerrem o processo ou fase de conhecimento no primeiro grau de jurisdição. Esses pronunciamentos caracterizam-se como decisões interlocutórias de mérito (CPC 203 §2º e CPC 486), sendo impróprio e incorreto referir-se a elas como *sentenças parciais*."[8]

Assim, em algumas situações, como a de alegação de prescrição, que constitui matéria de mérito segundo o sistema processual nacional, em vez de sentença arbitral parcial é possível a prolação de decisão interlocutória.

Com emissão de decisão interlocutória, e não de sentença arbitral parcial, evita-se o risco da precipitação no prematuro enfoque de questões como a natureza das relações jurídicas em que se fundamenta a controvérsia, reservando-se, portanto, tal matéria, de capital importância, para o deslinde da controvérsia após o esgotamento de todo o manancial de elementos fáticos e jurídicos necessários ao conhecimento integra da controvérsia. Arreda-se, assim, a possibilidade de futuro desencontro de enfoque, sem possibilidade de reconsideração,

[8] Nery Jr, Nélson; Nery, Rosa Maria de Andrade. **Comentários ao Código de Processo Civil.** Art. 1009, nota 2300. São Paulo: Revista dos Tribunais, 2015, p. 2.300.

sem anulação do processo, na sentença final, mesmo se patenteada a distorção de enfoque na sentença parcial.

Preserva-se todo o manancial de conhecimento trazido ao processo para o momento de concentração da causa, que se dá quando da prolação da sentença ao final do procedimento arbitral.

8. Algumas hipóteses

Para ficar em alguns casos que por vezes são lembrados[9], em que, em tese, surge a opção proferir sentença arbitral parcial ou decisão interlocutória, destaquem-se os seguintes:

a)Prescrição ou decadência

Controvérsia a respeito de prescrição ou decadência. – Pode-se, como ocorre segundo técnica processual corriqueira na jurisdição estatal, por decisão arbitral de mérito, decidir a questão, pondo-se fim ao processo arbitral se acolhida a alegação de prescrição ou decadência, ou, caso afastada, determinar o prosseguimento do processo, com essa relevante questão já julgada – sendo desnecessária a prolação de sentença arbitral parcial.

b) Controvérsia fática

Em alguns processos a controvérsia implica exclusivamente no deslinde dos fatos, sendo pacífico o enquadramento dos fundamentos jurídicos. Por exemplo, controvérsia sobre a lesão e culpa em ação indenizatória, para posterior fixação do valor indenizável. Nesse caso, sem dúvida será recomendável a prolação de sentença arbitral parcial, em que se defina o *an debeatur*, com seus consectários legais, para posteriormente se estabelecer o *quantum debeatur* em liquidação, por sentença definitiva, com observância dos parâmetros estabelecidos pela sentença parcial.

c) Responsabilidades

Na trilha da consideração anterior, que ora se aprofunda, há casos em que é possível determinar a responsabilidade de uma das partes e, consequentemente, sua condenação por sentença arbitral parcial, para, ulteriormente, realizar-se a liquidação para que a sentença final constitua título executivo judicial líquido e

[9] Ressalte-se sobre a matéria, entre muitos escritos, precioso estudo de Carlos Alberto Carmona, anterior à reforma da Lei de Arbitragem de 2015, com lembrança de doutrina estrangeira (CARMONA, Carlos Alberto. Ensaio sobre a Sentença Arbitral Parcial. Em: **Revista de Processo**, São Paulo, Revista dos Tribunais, v. 165, p. 9, nov. 2008).

certo (ou ao menos apto a meros cálculos de atualização) aparelhados à execução judicial no caso de inadimplemento. Precisa a exposição de Francisco José Cahali a respeito:

> Sabe-se que é melhor apreciar a responsabilidade (culpa) por um descumprimento do contrato previamente à apuração dos prejuízos dele decorrentes. Igualmente mais lógico será previamente reconhecer a culpa por um evento danoso para, na sequência, verificar a extensão do prejuízo; ou ainda, melhor identificar, entre diversas parcelas variáveis (e ilíquidas em razão de vários elementos, como base de cálculo etc) as que serão devidas, na análise do mérito da questão, para só então se mensurar o valor daquelas que são objeto da condenação. Enfim estes casos, parece razoável a produção de provas par a decisão do *quantum debeatur* apenas após pronunciamento e identificação do *an debeatur*, pois aquele decorre do contorno que a este for dado pela decisão.[10]

d) Enquadramento jurídico do litígio

A qualificação jurídica do litígio envolve a visão de fatos e fundamentos jurídicos. De modo geral, o exame de documentos trazidos pelas partes no pedido e na contrariedade já permite a compreensão, para o julgamento do mérito – inclusive, em muitos casos, do *an debeatur*. Pode-se simplesmente, sem precipitar explicitação de julgamento a respeito da ubiquação da controvérsia no direito material, orientar, por decisão interlocutória, eventual produção de mais provas, por exemplo, determinando o oferecimento de quesitos pelas partes, alertadas de que o tribunal irá também formular outros se necessário, e, após, determinar que as partes elas próprias respondam aos quesitos ou tragam trabalhos de técnicos por elas providenciados, seguindo-se o exame pelo Tribunal Arbitral para eventualmente nomear perito do tribunal, geralmente apenas um profissional contador, para confronto de dados de contas, com manifestação das partes e de seus técnicos seguindo-se o encerramento por decisão interlocutória fixando prazo para alegações finais – e seguindo-se a sentença. Nesse caso, se impossível definir valores ou providências concretas que devam constar do decisum será recomendável a prolação de sentença arbitral parcial encerrando a fase de conhecimento (*an debeatur*) e relegando-se o deslinde do *quantum debeatur* para a sentença arbitral final, como conclui Francisco José Cahali para o caso: "A solução encontrada, então, conduz, realmente, a se admitir o julgamento do litígio

[10] Cahali, Francisco José. **Curso de Arbitragem**. São Paulo: Revista dos Tribunais, 2018, p. 351.

por etapas"[11],em cujo dispositivo recomendável transcrever em uma primeira parte o dispositivo da sentença parcial, seguindo-se o dispositivo da sentença final.

e) Jurisdição do Tribunal

Não há necessidade de sentença parcial para definir o que seja pertinente à jurisdição do tribunal arbitral. A exemplo do salientado quanto à prescrição ou decadência, pode-se decidir a questão processual por simples decisão arbitral interlocutória, prosseguindo, depois, o procedimento. Embora por vezes se veja na prática a sentença parcial arbitral deslindando a questão, não há como fugir a claro dilema: ou o Tribunal recusa a jurisdição e arquiva o processo, portanto por sentença final, ou o Tribunal afasta a alegação de ausência de jurisdição arbitral, portanto por decisão interlocutória arbitral – inadequado, em ambos os casos, a qualificação de sentença arbitral parcial, sem geração, diga-se para evitar dúvida, de nulidade pela atribuição de tal denominação, pois o nome impróprio dado não altera a substância de institutos jurídico-processuais.

f) Pedidos cumulados

Pode ser realizada a opção pela sentença arbitral parcial em casos em que haja prestações sucessivas, como, por exemplo, alegação de descumprimento de prestações em contratos longa duração – caso em que, mais uma vez, será apropriado definir previamente a responsabilidade, para depois se seguir a liquidação (*quantum debeatur*). O exemplo prático é, mais uma vez, de Francisco José Cahali em caso de sua presidência arbitral:

> Arbitragem na qual se discutiu a responsabilidade e indenização por rompimento de longo contrato de representação comercial, cujo objeto era a invalidação de vários aditamentos contratuais, com impacto na redução das comissões recebidas, além do pedido de 1/12 de indenização acrescido dos reflexos das indevidas reduções. Uma perícia quanto a esta questão é extremamente morosa e cara. Então, por indicação uniforme do colegiado, acolhida pelos pares, definiu-se que primeiro ser decidido sobre a legalidade ou não das alterações do contrato, ainda sobre eventual prescrição, para só então, delineado o objeto da condenação (*an debeatur*), seguir-se à perícia na moldura estabelecida pelo tribunal (*quantum debeatur*).[12]

[11] Cahali, Francisco José. **Curso de Arbitragem**. São Paulo: Revista dos Tribunais, 2018, p. 352.

[12] Cahali, Francisco José. **Curso de Arbitragem**. São Paulo: Revista dos Tribunais, 2018, p. 352

O autor citado reproduz ainda oportuno exemplo de Carlos Alberto Carmona:

> outra situação em que a sentença parcial poderá ser cogitada pelos julgadores diz respeito a demandas envolvendo franqueador e franqueado em que é muito comum o pleito de rescisão do contrato de franquia, cumulado com o pedido de pagamento e devolução de produtos. O cálculo de tais valores (percentuais sobre produtos vendidos) e a identificação das mercadorias não vendidas que deverão ser restituídas ao franqueador (quando houver consignação) ou que deverão ser recompradas (se isso tiver sido convencional) depende, porém, do término do contrato de franquia. Como se vê, se não houver a possibilidade de proferir sentença parcial que resolva a questão de rescisão (ou não) do contrato de franquia, não poderão os árbitros proferir sentença líquida. Não é incomum, portanto, na espécie que descrevo, que os árbitros julguem a causa decidindo apenas sore a rescisão contratual, limitando-se a fixar as bases para a futura liquidação da sentença (se as partes não acordarem sobre valores) tudo a preceder eventual execução judicial (*rectius*, cumprimento) da sentença arbitral.[13]

g) Tutela provisória

Para medidas provisórias de urgência e evidência, inoportuna a prolação de sentença arbitral parcial, bastando decisão interlocutória arbitral – a exemplo do que ocorre no processo judicial. Seguirá o procedimento arbitral, normalmente, após a decisão da medida de urgência, a ser cumprida voluntariamente pelas partes, sob o compromisso da cláusula arbitral, ou em juízo estatal no caso de recalcitrância.

Conclusões

Como afirmado ao início, para a celeridade, segurança, certeza e efetividade do procedimento arbitral, sentenças arbitrais parciais devem ser antes evitadas do que prodigalizadas, devendo, antes da opção por elas, ponderar a respeito da possibilidade de prolação de decisão interlocutória arbitral, por vezes até mesmo de mérito.

O processo de resultados, tanto na jurisdição estatal como na arbitral, realiza-se com o menor número possível de provimentos jurisdicionais tônicos

[13] CARMONA, Carlos Alberto. **Arbitragem e Processo**, p. 395-396, *apud* CAHALI, Francisco José, *op. cit.*, p. 352.

intercorrentes e a sentença, ainda que parcial, constitui o mais relevante dos provimentos jurisdicionais.

Evite-se o mal terrível que vem do processo estatal, da ansiedade antecipatória, geradora de verdadeiras pragas que tanto infelicitam a vida jurisdicional brasileira, como a fieira de decisões monocráticas de fundo, seguidas de agravos internos, embargos de divergência labirínticos, tudo e cada qual entremeado de decisões de embargos de declaração – fenômeno diante do qual, atente-se, a própria grafia identificadora dos julgados citados nas petições e decisões exibe o périplo exaustivo de siglas de múltiplos recursos até a consolidação final, fator decisivo para os números astronômicos de julgados dos tribunais e a carga de processos que certamente se reduziriam aos números reais não houvesse o *moto perpetuo* de *rejulgamentos plúrimos* das mesmas questões no mesmo caso!

Retorne-se ao início: o caminho mais curto entre dois pontos é sempre o da linha reta – no procedimento arbitral, a melhor diretriz é mirar desde o início à concentração da causa para a prolação da sentença arbitral final, definitiva, sem o desvio e a paralisação provisórios representados pela sentença parcial. Que se prefira a linha reta no procedimento arbitral – e que sirva este de exemplo ao próprio processo estatal!

Referências

BEDAQUE, José Roberto dos Santos. **Efetividade do Processo e Técnica Processual**, 2. ed., São Paulo: Malheiros, 2007.

BENETI, Sidnei. **Dos Males da Incidentalização Procedimental, em Direito Processual Civil Contemporâneo – Estudos em Homenagem ao Professor Walter Piva Rodrigues**, São Paulo: Ed. Foco, 2020.

CAHALI, Francisco José. **Curso de Arbitragem,** São Paulo: Revista dos Tribunais, 2018.

CARMONA, Carlos Alberto. **Ensaio sobre a Sentença Arbitral Parcial.** Revista de Processo, v. 165. São Paulo: Revista dos Tribunais, 2008.

FAZZALARI, Elio. **Istituzioni di Diritto Processuale**, 8. ed. Padova, 1996.

NERY JR, Nélson; NERY, Rosa Maria de Andrade. **Comentários ao Código de Processo Civil**. São Paulo: Revista dos Tribunais, 2015.

23.
DO ESGOTAMENTO DA VIA ARBITRAL COMO REQUISITO DE ADMISSIBILIDADE DA AÇÃO ANULATÓRIA DE SENTENÇA ARBITRAL

FLÁVIO PEREIRA LIMA

Introdução

Na vida forense, é bastante comum que advogados optem pela não oposição de embargos de declaração para evitar que o Magistrado ou o Órgão Julgador corrija argumentos, acrescente fundamentos ou mesmo que supra omissões, acreditando que, assim agindo, aumentar-se-iam as chances de reforma da decisão.

Ultimamente, essa estratégia processual passou a ser adotada também nas arbitragens: ao invés de levar uma determinada questão ao Tribunal Arbitral no curso da arbitragem, antes da sentença ou mesmo em sede de pedido de esclarecimentos, a parte opta por guardar essa "carta na manga" para apresentar o assunto diretamente na ação anulatória.

O objetivo deste artigo é analisar se essa estratégia processual é adequada à realidade das arbitragens regidas pelo direito brasileiro e, em especial, se essa estratégia é compatível com as regras que disciplinam o diálogo entre arbitragem e Poder Judiciário.

1. Os efeitos negativos da convenção de arbitragem

A escolha da arbitragem confere ao Tribunal Arbitral a prioridade para a analisar "as questões acerca da existência, validade e eficácia da convenção de arbitragem e do contrato que contenha a cláusula compromissória"[1], nos termos do parágrafo único do artigo 8º da Lei nº 9.307/96.

[1] BRASIL. Lei nº 9.307, de 23 de setembro de 1996. Dispõe sobre a arbitragem. Disponível em: http://www.planalto.gov.br/ccivil_03/leis/l9307.htm. Acesso em: 23 jul. 2021.

Trata-se de uma prioridade temporal. O árbitro é quem primeiro decide, mas a matéria poderá ser revista posteriormente pelo Poder Judiciário, em sede de ação anulatória. É nesse sentido que pontua Francisco José Cahali:

> Falou-se repetidas vezes da análise primeira pelo árbitro, pois em momento oportuno, após a sentença arbitral, a matéria poderá ser submetida ao exame do Judiciário, se o vício da convenção resultar em alguma das hipóteses previstas no art. 32, I, da Lei de Arbitragem (causas de invalidação da sentença arbitral)[2].

Convencionou-se denominar essa prioridade temporal de Princípio da Kompetenz-Kompetenz, ou Competência-Competência, que é amplamente reconhecido pela doutrina e jurisprudência brasileiras. Nesse sentido, ensina Mathieu de Boisseson, com a clareza que lhe é peculiar:

> o princípio da "competência-competência", em seu efeito negativo, constitui, em primeiro lugar, uma regra de "prioridade cronológica". As jurisdições estaduais só podem intervir após o pronunciamento dos árbitros sobre essas questões. A partir do momento em que o tribunal arbitral está constituído, é perante os árbitros que convém decidir esse contencioso. Mas à essa prioridade, soma-se uma "prioridade hierárquica", que concede ao árbitro, no momento em que é designado, uma preeminência de direito para tratar de qualquer dificuldade relativa à sua investidura[3].

Acrescenta, de forma bastante didática, Fredie Didier Jr, para quem:

> a regra da "Kompetenz-Kompetenz" estabelece uma prioridade: na pendência de processo arbitral, quem primeiro tem de analisar questões relativas à competência ou à existência, validade e eficácia da convenção de arbitragem é o próprio árbitro ou tribunal arbitral. Ela não elimina a possibilidade de exame pelo Poder Judiciário dessas questões ou torna esses temas imunes à apreciação do juiz estatal: apenas posterga a eventual análise deles para uma ação anulatória pela parte que se sentiu prejudicada. Essa regra estabelece, pois, uma ordem cronológica eventual: na pendência de processo arbitral, a primeira análise tem de ser arbi-

[2] CAHALI, Francisco José. **Curso de arbitragem:** mediação, conciliação, tribunal multiportas. 7ª ed. São Paulo: Thomson Reuters Brasil, 2020. *E-book*.

[3] BOISSESON, Mathieu de. As anti-suit injunction e o princípio da competência-competência. *In*: WALD, Arnoldo. **Doutrinas Essenciais Arbitragem e Mediação:** a arbitragem, introdução e histórico. São Paulo: Editora Revista dos Tribunais, v. 1, 2014. *E-book*.

tral; em caso de reafirmação pelo árbitro ou tribunal arbitral da própria competência ou de julgamento improcedente da questão sobre inexistência, defeito ou ineficácia da convenção de arbitragem, a parte poderá, posteriormente à sentença arbitral, levar essa matéria para conhecimento do Poder Judiciário com eventual ajuizamento da ação anulatória do art. 33 da Lei de Arbitragem[4].

A primazia da arbitragem para analisar as questões relativas à existência, validade e eficácia não se limita à análise da convenção de arbitragem e do contrato que contenha a cláusula de compromissória, mas também a qualquer questionamento sobre a nulidade do procedimento arbitral e sobre a violação, no curso do procedimento arbitral, dos princípios do contraditório, da igualdade das partes, da imparcialidade do árbitro e de seu livre convencimento, tal como estabelece o parágrafo segundo do artigo 21 da Lei nº 9.307/96. Quanto ao tema, leciona Cândido Rangel Dinamarco:

> o primeiro juiz das eventuais nulidades de atos realizados no curso do processo arbitral será sempre o árbitro, no desempenho de sua Kompetenz-Kompetenz. Ele é o destinatário natural de todas as possíveis alegações nesse sentido e a ele compete, pois, decidir em primeiro lugar a respeito[5].

Ainda nesse sentido, decidiu o Tribunal de Justiça de São Paulo que:

> ainda, por ser de rigor, que o artigo 20, "*caput*", da Lei de Arbitragem também concretiza a regra de que as irregularidades ocorridas nas fases da arbitragem somente podem ser dirimidas pelo árbitro. Ademais, o referido artigo 8°, "*caput*" e parágrafo único, também concretizam o princípio da autonomia da cláusula arbitral, isto é, a "mens legis" é no sentido de que todas as questões relativas a eventuais irregularidades havidas em qualquer das fases da arbitragem devem ser dirimidas pelo árbitro ou câmara arbitral e não pelo Poder Judiciário. (...) Registre-se, ainda, por oportuno, ao contrário do que tenta fazer crer a agravante, que não lhe foi tolhido qualquer direito acerca da nomeação do árbitro para a contenda extrajudicial, na medida em que a notificação de fls. 103/104 lhe possibilita tal faculdade, de modo que não existindo qualquer argumentação legal ou fática a corroborar a tese de eventual irregularidade na nomeação do árbitro, não vigam as alegações deduzidas neste recurso, ainda mais, quando a

[4] Didier Jr., Fredie. **Curso de direito processual civil**. 18. ed. Salvador: JusPodivm, v.1, 2016. p. 656.

[5] Dinamarco, Cândido Rangel. **A arbitragem na teoria geral do processo**. 1. ed. São Paulo: Malheiros, 2013, p. 118.

parte dispõe de mecanismos próprios e eficazes para demonstrar, de forma fundamentada, sua discordância perante o juízo arbitral, consoante artigos 14, 15, 19 e 20 da Lei da Arbitragem, inclusive, se o caso, ulteriormente, eventual afronta ao artigo 21, § 2º, tudo na forma do artigo 32 do mesmo Diploma Legal[6].

A adoção da arbitragem pelas partes para a resolução de conflitos oriundos ou relacionados a uma relação contratual implica, também, a exclusividade da via arbitral para a análise e a resolução do mérito da controvérsia.

Assim, exceto pelas matérias relativas à existência, validade e eficácia, o Poder Judiciário não poderá, em momento algum, imiscuir-se nas decisões de mérito do Tribunal Arbitral. Na arbitragem não há recursos, apelações ou rescisórias. O mérito da controvérsia pertence à arbitragem, exclusivamente. Nesse sentido, a Ministra Nancy Andrighi destacou no julgamento do Recurso Especial 693.219 que "não é possível a análise do mérito da sentença arbitral pelo Poder Judiciário, sendo, contudo, viável a apreciação de eventual nulidade no procedimento arbitral"[7].

Tal entendimento é corroborado por José Antonio Fichtner, Sergio Nelson Mannheimer e André Luís Monteiro, ao destacarem que:

> a sentença arbitral faz coisa julgada material, representa título hábil à execução, não está sujeita a homologação judicial, não está sujeita a recurso perante o Poder Judiciário nem mesmo a controle de mérito pelo Estado, já que o âmbito de abrangência da ação de anulação de sentença arbitral perante o Poder Judiciário se restringe, em regra, a aspectos procedimentais[8].

Com efeito, ao Judiciário somente é permitido declarar a nulidade da sentença arbitral, em razão dos motivos expressos no artigo 32 da Lei nº 9.307/96, quais sejam, se:

> I – for nula a convenção de arbitragem; II – emanou de quem não podia ser árbitro; III – não contiver os requisitos do artigo 26 desta Lei; IV – for proferida fora dos limites da convenção de arbitragem; VI – comprovado que foi proferida por prevaricação, concussão ou corrupção passiva; VII – proferida fora do prazo,

[6] Tribunal de Justiça de São Paulo. 2ª Câmara Reservada de Direito Empresarial. Agravo de Instrumento 0037936-45.2012.8.26.0000. J. 19/06/2012.

[7] Superior Tribunal de Justiça. Terceira Turma. Recurso Especial 693.219. J. 19/04/2005.

[8] FICHTNER, José Antonio; MANNHEIMER, Sergio Nelson; MONTEIRO, André Luis. **Teoria Geral da Arbitragem**. Rio de Janeiro: Forense, 2019, p. 44.

respeitado o disposto no artigo 12, inciso III, desta Lei; e VIII – forem desrespeitados os princípios de que trata o artigo 21, § 2º, desta Lei[9].

É por essa razão que na hipótese de sentença arbitral *citra petita*, ou seja, aquela em que o Tribunal Arbitral não apreciou integralmente a controvérsia, a parte pode requerer ao Poder Judiciário a prolação de sentença arbitral complementar, nos termos do parágrafo quarto do artigo 33 da Lei nº 9.307/96, incluído pela Lei nº 13.129/2015. Ou seja, quando se trata de mérito, a matéria deve retornar ao Tribunal Arbitral por força da exclusividade que detém para dirimir a controvérsia relacionada ao mérito da arbitragem. A esse respeito é a lição de Flavio Luiz Yarshell:

> No caso da sentença arbitral que deixa de se pronunciar sobre a integralidade do objeto do processo e das questões que em torno dele gravitam, o poder de dirimir a controvérsia não deixa, em momento algum, de ser do órgão arbitral. Não há juízo rescisório – entendido como novo julgamento da controvérsia de direito material – que possa, nesse caso, ser submetido ao Judiciário que, quando muito, poderá reconhecer a suposta omissão e, nessa medida, determinar o retorno do tema aos árbitros, para que supram sua omissão, proferindo nova decisão.[10]

Feitas essas colocações iniciais, é possível concluir que a escolha da arbitragem impede que o Poder Judiciário analise as questões relativas à existência, à validade e à eficácia do contrato e da cláusula compromissória, ou mesmo do procedimento arbitral, antes que a matéria seja submetida ao Tribunal Arbitral. Do mesmo modo, a escolha da arbitragem impede que o Poder Judiciário aprecie o mérito de uma controvérsia submetida à arbitragem. No primeiro caso, há uma prioridade temporal da arbitragem e, no segundo, há uma verdadeira exclusividade.

2. O pedido de esclarecimentos

A sentença arbitral põe fim à arbitragem, encerrando a jurisdição dos árbitros, conforme estabelece o artigo 29 da Lei nº 9.307/96. No entanto, sabe-se que o artigo 30 da mesma lei permite que as partes oponham pedido de esclareci-

[9] BRASIL. Lei nº 9.307, de 23 de setembro de 1996. Dispõe sobre a arbitragem. Disponível em: http://www.planalto.gov.br/ccivil_03/leis/l9307.htm. Acesso em: 23 jul. 2021.

[10] Yarshell, Flávio Luiz. Ainda sobre o caráter subsidiário do controle jurisdicional estatal da sentença arbitral. **Revista de Arbitragem e Mediação**, São Paulo, v. 50, **Revista dos Tribunais**, p. 155-163, 2016, p. 156.

mentos, prorrogando assim a jurisdição arbitral até o julgamento dos pedidos de esclarecimentos. Essa prerrogativa das partes também está amparada nos regulamentos das Câmaras de Arbitragem, que estabelecem a possibilidade de as partes solicitarem esclarecimentos aos árbitros[11].

O pedido de esclarecimentos é possível para que as partes solicitem ao Tribunal Arbitral que corrija qualquer erro material da sentença, para que esclareça alguma obscuridade, dúvida ou contradição da sentença arbitral, ou se pronuncie sobre ponto omitido a respeito do qual deveria manifestar-se a decisão, tal como dispõem os incisos I e II do artigo 30 da Lei nº 9.307/96.

Como destaca Luiz Olavo Baptista, citado no presente que é o tempo verbal dos imortais, várias regras arbitrais, assim como a legislação da maioria dos países, permitem às partes que provoquem o órgão arbitral a preencher lacunas, corrigir erros materiais ou ortográficos e esclarecer ambiguidades na decisão. Nesse sentido, o poder do órgão arbitral de interpretar suas decisões é reconhecido em muitos países de *civil law* e em alguns de *common law*[12].

Os "embargos arbitrais" não visam à simples revisão da decisão arbitral, mas sim à precisão do quanto decidido[13].

É evidente que o pedido de esclarecimentos não tem a natureza de recurso contra a decisão arbitral, mas pode ter efeitos infringentes, caso a providência que se solicita ao Tribunal Arbitral seja apta a modificar o entendimento de mérito[14].

Um bom exemplo desse efeito infringente seria o caso de uma sentença arbitral omissa sobre uma preliminar de prescrição de determinado pleito. Se instado em pedido de esclarecimentos, o Tribunal Arbitral pode acolher a preliminar, o que implicará a alteração do mérito da decisão. Outro ponto que chama a atenção é a expressa referência, no inciso II do artigo 30 da Lei nº 9.307/96, à omissão sobre "ponto a respeito do qual devia manifestar-se a decisão", uma vez que deixa claro o dever de que qualquer ponto, seja ele procedimental ou mesmo de mérito, seja levado ao Tribunal Arbitral, ainda que em fase de pedido de esclarecimentos.

A extensão da jurisdição arbitral até a conclusão do julgamento do pedido de esclarecimento traz como consequência o dever da parte de trazer para conheci-

[11] Por exemplo, o artigo 10.6 do Regulamento de Arbitragem da Câmara de Comércio Brasil-Canadá.

[12] Baptista, Luiz Olavo. Correção e Esclarecimento de sentenças arbitrais. **Revista Brasileira de Arbitragem**, [*s.l.*], v.7, Issue 26, p. 07-20, 2010, p. 8.

[13] BARROS, Octávio Fragata M. de. Reflexões Acerca dos efeitos infringentes dos embargos arbitrais. **Revista Brasileira de Arbitragem**, [*s.l.*], v.3, Issue 9, p. 62–70, 2006, p. 63.

[14] Dinamarco, Cândido Rangel. Op. Cit. p. 181-182.

mento e apreciação do Tribunal Arbitral todas as matérias oriundas ou relacionadas à controvérsia sujeita à arbitragem, ainda que essa provocação ocorra no interregno entre a sentença arbitral e a decisão do pedido de esclarecimento.

Levar uma questão conhecida à apreciação do Tribunal Arbitral, ainda que o conhecimento sobre essa matéria surja somente após a sentença arbitral, não é uma opção da parte. Enquanto persistir a jurisdição do Tribunal Arbitral e houver a possibilidade de o Tribunal Arbitral apreciar matéria sujeita à arbitragem, a parte tem o dever de submetê-la à deliberação dos árbitros.

3. A preclusão lógica e temporal

Como vimos, enquanto houver a jurisdição do Tribunal Arbitral a parte é obrigada a apresentar na arbitragem todas as questões relacionadas à controvérsia, sejam elas questões relativas à existência, validade e eficácia da cláusula compromissória, seja questão de mérito, ou ainda, qualquer questão que possa macular a validade do procedimento arbitral.

No que se refere às matérias relativas à competência, suspeição e impedimento, bem como à nulidade, invalidade ou ineficácia da convenção de arbitragem, o artigo 20 da Lei nº 9.307/96 estabelece que a parte deverá alegar tais questões na primeira oportunidade que tiver que se manifestar, após a instituição da arbitragem. Há um momento próprio, determinado por Lei.

Assim, o artigo 20 da Lei nº 9.307/96 estabelece regra de natureza preclusiva. Como se sabe, a preclusão é a "perda do direito de praticar um ato processual"[15] e é geralmente classificada pelos processualistas em temporal, lógica e consumativa,[16].

A preclusão temporal ocorre quando "o ato processual é praticado fora do prazo estipulado"[17]. Por sua vez, quando "a parte pratica ato que logicamente se revela incompatível com outro ato que, por isso, já não mais pode ser praticado",[18] está-se diante da preclusão lógica. A preclusão consumativa ocorre quando o ato processual que se quer praticar já foi praticado em momento processual anterior e não pode ser emendado, alterado ou realizado novamente.

[15] Beraldo, Leonardo de Faria. **Curso de arbitragem:** nos termos da Lei nº 9.307/96. São Paulo: Atlas, 2004, p. 301.

[16] Theodoro Júnior, Humberto. **Curso de direitos processual civil**. v. 1: Teoria geral do direito processual civil: processo de conhecimento e procedimento comum. 60. ed. Rio de Janeiro: Forense, 2019, p. 563.

[17] Beraldo, Leonardo de Faria. *Op. Cit.*, p. 301.

[18] Alvim, Eduardo Arruda; Granado, Daniel Willian; Ferreira, Eduardo Aranha. **Direito processual civil**. 6. ed. São Paulo: Saraiva Educação, 2019, p. 423.

Diante disso, se a parte opta por não alegar qualquer fato relacionado às matérias previstas no citado artigo 20, essa matéria restará preclusa e não poderá ser discutida posteriormente, durante a arbitragem, ou mesmo em sede de ação anulatória.

Nesse sentido, é a lição de Leonardo Faria Beraldo, a saber:

> Com relação aos vícios no plano de validade da convenção de arbitragem, temos que, tão logo a parte descubra qualquer um dos vícios nessa seara, deve se manifestar nos autos, sob pena de preclusão. O mesmo vale para defeitos no plano da existência e da eficácia da convenção de arbitragem, dependendo do caso concreto. Destarte, a não manifestação a tempo e modo próprios pode fechar as portas para uma eventual ação anulatória de sentença arbitral do art. 33 da LA, pois importaria em *venire contra factum proprium*, *supressio* e abuso de direito.[19]

O Professor Carlos Alberto Carmona traz interessante análise sobre as várias hipóteses previstas no artigo 20:

> De duas, uma: ou a regra é de mera ordenação do procedimento (e, então, é praticamente inócua), ou o legislador quis fixar prazo preclusivo. Neste último caso, se a parte pretender, ao término da arbitragem, promover a demanda de que trata o art. 33, deverá desde logo mostrar que pretende anular a futura decisão (ou aniquilar a própria arbitragem), sob pena de não poder queixar-se mais adiante em sede judicial[20].

O mesmo raciocínio aplica-se às demais matérias que podem ensejar a nulidade do procedimento e que, por estratégia da parte, não são levadas a conhecimento do Tribunal Arbitral.

Com efeito, além das matérias previstas no artigo 20, a violação aos princípios do processo, previstos no parágrafo 2º do artigo 21 da Lei nº 9.307/96, também deve ser levada ao Tribunal Arbitral, sob pena de preclusão.

Vamos pensar no princípio do contraditório. Será que a violação ao princípio do contraditório não poderia ser corrigida pelo Tribunal Arbitral? Eventual violação ao contraditório não poderia ser aceita pela parte prejudicada no curso da arbitragem?

[19] Beraldo, Leonardo de Faria. *Op. Cit.*, p. 288.

[20] Carmona, Carlos Alberto. **Arbitragem e processo:** um comentário à Lei nº 9.307/96. 3. ed. São Paulo: Atlas, 2009, p. 283.

Vejamos, o caso do indeferimento de uma prova pelo Tribunal Arbitral. A parte pode se conformar e prosseguir na arbitragem, sem questionar a decisão do Tribunal Arbitral. Nesse caso, eventual alegação de violação ao princípio do contraditório estaria coberta pela preclusão lógica decorrente do próprio comportamento da parte no curso do procedimento.

Outra questão muito comum: imagine-se a hipótese de limitação do tempo para a realização de prova oral pela adoção do chamado Chess Clock por meio de ordem processual proferida pelo Tribunal Arbitral.

O comportamento que se espera nesses casos é que a parte que se sentir prejudicada por esse sistema de Chess Clock apresente seu inconformismo ao Tribunal Arbitral tão logo surja a eventual violação ao princípio do contraditório, a fim de que os árbitros possam avaliar a questão posta pela parte e, se for o caso, corrigir sua decisão, flexibilizar o procedimento, de forma a encontrar alternativas para que o procedimento prossiga sem que paire o alegado vício, ou mesmo para que o Tribunal Arbitral justifique a não violação ao princípio do contraditório.

Aliás, é cada vez mais comum que os árbitros, ao final da instrução, perguntem às partes se os princípios processuais foram respeitados pelo Tribunal Arbitral, o que costuma ser respondido sem muita reflexão pelas partes que, por vezes, acreditam que o questionamento do Tribunal Arbitral é apenas uma oportunidade para que a conduta dos árbitros ao longo do procedimento seja elogiada e festejada.

Ora, não se trata de uma pergunta retórica, nem os árbitros fazem um questionamento tão importante para serem bajulados. A resposta tem consequências jurídicas e consequências sérias. As partes devem refletir profundamente antes de responder a essa pergunta, pois se houver, no entender da parte, alguma violação aos princípios processuais, essa posição deve ser externada, bem pontuada, para que o Tribunal Arbitral possa deliberar sobre a questão.

Nesse caso, poderia a parte optar por não levar seu inconformismo ao Tribunal Arbitral para, se perder a causa, partir diretamente para a ação anulatória?

Parece-me que sempre que for possível, ainda que em tese, que o Tribunal Arbitral corrija a falha apontada pela parte, a pretensão deve, primordialmente, ser apresentada ao Tribunal Arbitral, sob pena de configurar preclusão lógica e violação ao princípio Kompetenz-Kompetenz. Não pode a parte aceitar a decisão do Tribunal Arbitral, praticar os atos seguintes sem apresentar seu inconformismo, para depois, a depender do resultado, levar a questão ao Judiciário.

Outro não é o posicionamento do Superior Tribunal de Justiça, que tem entendimento consolidado no sentido de que não é dado à parte apontar nulidade processual em oportunidade que não a primeira, após o conhecimento do vício, insurgindo-se apenas quando lhe convier, notadamente no caso de insucesso de seus pleitos principais (a chamada "nulidade de algibeira")[21].

Assim, exceto para matérias de ordem pública que poderão ser apresentadas diretamente na ação anulatória ou para fatos novos descobertos após o encerramento da arbitragem, todas as demais controvérsias que vierem a surgir no decorrer da arbitragem devem ser apresentadas primeiramente ao Tribunal Arbitral. Ainda que o fato surja após a sentença arbitral, mas durante a jurisdição arbitral, a parte deve procurar sanar a suposta nulidade por meio dos embargos arbitrais.

4. O esgotamento da via arbitral como requisito de admissibilidade da ação anulatória de sentença arbitral

E aqui chegamos ao ponto central deste artigo. Caso o juiz da ação anulatória da sentença arbitral verifique que alguma das causas de pedir poderia ter sido levada a conhecimento do Tribunal Arbitral, mas a parte optou por trazer o assunto diretamente ao Judiciário, deve o juiz extinguir o processo?

Verificamos acima que o Tribunal Arbitral tem a primazia para apreciar questões relativas à existência, validade e eficácia da convenção de arbitragem e do contrato que contenha a cláusula de compromissória, assim como de qualquer questionamento sobre a nulidade do procedimento arbitral e sobre a violação, no curso do procedimento arbitral, dos princípios do contraditório, da igualdade das partes, da imparcialidade do árbitro e de seu livre convencimento.

O sistema jurídico criou uma hierarquia temporal, ou uma "prioridade hierárquica"[22], nas palavras de Mathieu de Boisseson. Primeiro os árbitros, depois os juízes. Sem a prévia apreciação dos árbitros, não podem os juízes decidir. Essa é consequência prática da aplicação do princípio da Kompetenz-Kompetenz.

Nesse sentido, ensina Joel Dias Figueira Júnior que:

> é dever processual da parte interessada, primeiramente, impugnar a sentença arbitral (parcial ou final) dirigindo a sua irresignação aos prolatores da sentença, seja em forma de pedido de esclarecimentos ("embargos de declaração") (LA,

[21] Superior Tribunal de Justiça. Quinta Turma. Embargos de Declaração nos Embargos de Declaração no Agravo Regimental no Agravo em Recurso Especial 1.382.353. J. 07/05/2019. Em sentido semelhante, o STF prestigiou o entendimento do Superior Tribunal de Justiça no sentido da vedação à "nulidade de algibeira", destacando que a boa-fé processual constitui corolário do princípio constitucional do devido processo legal: Supremo Tribunal Federal. Tribunal Pleno. Agravo Regimental na Ação Cível Originária 847. J. 23/08/2019.

[22] Boisseson, Mathieu de. Op. Cit. *E-book*.

art. 30), pedido de reconsideração ou qualquer outro meio que seja hábil para atingir o seu intento, e, com isso, complementar, elucidar ou corrigir de alguma forma o ato decisório que, ao fim e ao cabo, poderá até resultar na modificação (total ou parcial) do próprio mérito. E mais: essa prática representa condição de recebimento e processamento da ação (desconstitutiva) a ser ajuizada perante o Estado-juiz, donde exsurge o direito de agir, matizado na tentativa infrutífera pretérita, manifestada em tempo oportuno e meio adequado perante o árbitro ou colegiado. Em outros termos, se o interessado não impugna em tempo e modo oportunos a decisão arbitral, não mais poderá fazê-lo com base nos mesmos fatos e fundamentos jurídicos perante o Poder Judiciário, incidindo, portanto, em preclusão[23].

E na mesma linha foi a opinião do Professor Flávio Luiz Yarshell em parecer apresentado no caso ABENGOA (Asa Bioenergy Holding A.G. x Adriano Giannetti Dedini Ometto), a saber:

> E, de fato, não é despropositado visualizar no fenômeno uma espécie de preclusão lógica, porque a falta do pedido de esclarecimento do quanto depois se alegou ser lacunoso é *incompatível com a vontade de impugnação do ato por esse mesmo fundamento*. Não se trata, nesse particular, de sugerir renúncia tácita ao direito de ação (que nem se fosse expressa caberia), mas sim de conformismo tácito – mas inequívoco – com a decisão arbitral que, podendo ser atacada naquela sede, permaneceu hígida.[24]

E conclui o renomado Professor das Arcadas:

> Nesse contexto, o prévio esgotamento dos meios cabíveis para a integração da sentença arbitral é decorrência da submissão da controvérsia à arbitragem. A ida ao Judiciário pressupõe o integral esgotamento da arbitragem. Antes disso, o ingresso em juízo também é forma de frustrar a convenção de arbitragem. Ademais, se a parte não acusou alegada omissão naquele momento, é lícito extrair de sua conduta a aceitação de que não havia qualquer vício, inclusive pelo recurso à figura da preclusão lógica.[25]

[23] FIGUEIRA JR., Joel Dias. **Arbitragem**. 3. ed. Rio de Janeiro: Forense, 2019, p. 420.
[24] YARSHELL, Flávio Luiz. Parecer apresentado nos autos da ação anulatória 0147448-85.2011.8.26.0100 (583.00.2011.147448-1), que tramitou perante o Tribunal de Justiça do Estado de São Paulo. Parecer jurídico, 24/10/2011, p. 12.
[25] *Ibid.* p. 21.

Não poderia ser outro o entendimento dos tribunais brasileiros que vêm decidindo pela rejeição de alegações não apresentadas ao respectivo tribunal arbitral. De fato, por ocasião do julgamento da Sentença Estrangeira Contestada 9.714, o Superior Tribunal de Justiça consignou que "esse tema [parcialidade dos árbitros] não foi arguido pela requerida no decorrer do procedimento arbitral, não se prestando, pois, como óbice à homologação"[26].

Não se trata de posicionamento isolado ou restrito apenas à alegação de imparcialidade, impedimento ou suspeição do árbitro. Como bem consignou o Tribunal de Justiça de São Paulo, "todas as questões relativas a eventuais irregularidades havidas em qualquer das fases da arbitragem devem ser dirimidas pelo árbitro ou câmara arbitral e não pelo Poder Judiciário"[27].

Como se vê, não deve ser admitida a ação anulatória fundamentada em nulidades que poderiam ter sido alegadas anteriormente perante o Tribunal Arbitral – e eventualmente sanadas no curso da arbitragem –, mas que a parte optou por guardar esse argumento para a ação anulatória como uma estratégia processual para o caso de derrota na arbitragem.

Conclusões

A estratégia de aguardar para levar determinada questão diretamente ao Poder Judiciário, em sede de ação anulatória de sentença arbitral, ao invés de apresentá-la ao Tribunal Arbitral, ainda que em fase de pedido de esclarecimentos, é incompatível com o Direito brasileiro.

Exceto por matérias de ordem pública e por fatos conhecidos após o encerramento da arbitragem, se a causa de pedir da ação anulatória era de conhecimento das partes no curso do procedimento arbitral, mas a parte optou por não levar a matéria para apreciação do Tribunal Arbitral, o Judiciário está impedido de analisar a questão, ainda que em sede de ação anulatória de sentença arbitral, seja pela preclusão lógica, pela violação ao princípio da Kompetenz-Kompetenz, ou mesmo pela violação ao dever de boa-fé processual que deve nortear a postura de todos os litigantes em procedimentos judiciais ou arbitrais.

O esgotamento da via arbitral é, portanto, requisito de admissibilidade da ação anulatória de sentença arbitral. A ausência de apreciação pelo Tribunal Arbitral de matéria sujeita à arbitragem, em função de estratégia processual da parte, implica a extinção do processo, sem julgamento do mérito, por falta de

[26] Superior Tribunal de Justiça. Corte Especial. Sentença Estrangeira Contestada 9.714. J. 21/05/2014.

[27] Tribunal de Justiça do Estado de São Paulo. 2ª Câmara Reservada de Direito Empresarial. Agravo de Instrumento 0037936-45.2012.8.26.0000. J. 19/06/2012.

interesse de agir, conforme estabelece o inciso VI do artigo 485 do Código de Processo Civil.

Referências

ALVIM, Eduardo Arruda; GRANADO, Daniel Willian; FERREIRA, Eduardo Aranha. **Direito processual civil**. 6. ed. São Paulo: Saraiva Educação, 2019.

BAPTISTA, Luiz Olavo. Correção e esclarecimento de sentenças arbitrais. **Revista Brasileira de Arbitragem**, [*s.l.*], v.7, Issue 26, p. 07-20, 2010.

BERALDO, Leonardo de Faria. **Curso de arbitragem:** nos termos da Lei nº 9.307/96. São Paulo: Atlas, 2004.

BARROS, Octávio Fragata M. de. Reflexões Acerca dos Efeitos Infringentes dos Embargos Arbitrais. **Revista Brasileira de Arbitragem**, [*s.l.*], v.3, Issue 9, 2006.

BOISSESON, Mathieu de. As anti-suit injunction e o princípio da competência-competência. *In*: WALD, Arnoldo. **Doutrinas essenciais:** arbitragem e mediação: a arbitragem, introdução e histórico. São Paulo: Editora Revista dos Tribunais, v.1, 2014. *E-book.*

CAHALI, Francisco José. **Curso de arbitragem:** mediação, conciliação, Tribunal multiportas. 7. ed. São Paulo: Thomson Reuters Brasil, 2020. *E-book.*

CARMONA, Carlos Alberto. **Arbitragem e processo:** um comentário à Lei nº 9.307/96. 3. ed. São Paulo: Atlas, 2009.

DIDIER JR., Fredie. **Curso de direito processual civil**. 18. ed. Salvador: JusPodivm, v.1, 2016.

DINAMARCO, Cândido Rangel. **A arbitragem na teoria geral do processo**. 1. ed. São Paulo: Malheiros, 2013.

FICHTNER, José Antonio; MANNHEIMER, Sergio Nelson; MONTEIRO, André Luis. **Teoria Geral da Arbitragem**. Rio de Janeiro: Forense, 2019.

FIGUEIRA JR., Joel Dias. **Arbitragem**. 3. ed. Rio de Janeiro: Forense, 2019.

THEODORO JÚNIOR, Humberto. **Curso de direitos processual civil**. Teoria geral do direito processual civil: processo de conhecimento e procedimento comum. 60. ed. Rio de Janeiro: Forense, v.1, 2019.

YARSHELL, Flávio Luiz. Ainda sobre o caráter subsidiário do controle jurisdicional estatal da sentença arbitral. **Revista de Arbitragem e Mediação**, São Paulo, v. 50, **Revista dos Tribunais**, p. 155-163, 2016.

—. Parecer apresentado nos autos da ação anulatória 0147448-85.2011.8.26.0100 (583.00.2011.147448-1), que tramitou perante o Tribunal de Justiça do Estado de São Paulo. Parecer jurídico, 24/10/2011.

24. BREVES DIGRESSÕES SOBRE ANULAÇÃO DE SENTENÇA ARBITRAL POR CERCEAMENTO DE DEFESA: A ANÁLISE DE UM CASO EXEMPLAR DO STJ

NATÁLIA MIZRAHI LAMAS

Introdução

A noção de que a credibilidade da arbitragem se deve – e muito – ao prestígio que o Judiciário empresta ao instituto não é nova. Trata-se, na realidade, de um raciocínio lógico, pois, de pouco adiantaria conceber um processo alternativo, especializado e definitivo, como o arbitral, cujo produto final – a sentença – pudesse ser facilmente desconstituído perante o Judiciário, ou dependesse dele para ter validade, como ocorria outrora. Também seria muito pouco efetivo se cláusulas arbitrais redundassem em meros acordos de cavalheiro[1], ou se a simples arguição de uma causa de inexistência, invalidade ou ineficácia da cláusula compromissória fosse capaz de deslocar a apreciação do mérito da disputa ao Judiciário[2].

[1] Exatamente como ocorria antes da Lei de Arbitragem (Lei nº 9.307/96, "LArb").

[2] Como explicam Fouchard, Gaillard e Goldman, em lição nunca antiquada: "*From a practical standpoint, the rule is intended to ensure that a party cannot succeed in delaying the arbitral proceedings by alleging that the arbitration agreement is invalid or nonexistent. Such delay is avoided by allowing the arbitrators to rule on this issue themselves, subject to subsequent review by the courts, and by inviting the courts to refrain from intervening until the award has been made. Nevertheless, the interests of parties with legitimate claims concerning the invalidity of the arbitration agreement are not unduly prejudiced, because they will be able to bring those claims before the arbitrators themselves and, should the arbitrators choose to reject them, before the courts thereafter.*" (SAVAGE, John; GAILLARD, Emmanuel (eds.). **Fouchard Gaillard Goldman on International Arbitration.** The Hague: Kluwer Law International, 1999, p. 401).

Exatamente por essa razão, criaram-se princípios[3] e regras de proteção à arbitragem, como o da autonomia – ou da separabilidade – da cláusula compromissória[4].

Diante dessa inequívoca necessidade de o instituto da arbitragem ser endossado pelo Judiciário, o estudo da jurisprudência a respeito de ações anulatórias torna-se fundamental. Foi por isso que o Comitê Brasileiro de Arbitragem ("CBAr") já promoveu duas grandes pesquisas sobre o tema, que merecem todo o destaque pela seriedade na sua condução.

A primeira delas redundou em um relatório que analisava 33 decisões sobre a invalidade de sentenças arbitrais, tendo se registrado que "o Judiciário brasileiro, de forma geral, aplicou a lei de arbitragem tecnicamente, o que só fortalece o instituto da arbitragem"[5]. Como já se teve a oportunidade de afirmar anteriormente, "apesar da singeleza da proposta, o caráter quase exaustivo da pesquisa deu a tranquilidade aos advogados atuantes em arbitragem de que o Judiciário brasileiro [...], não vinha apresentando reticência ou recalcitrância à arbitragem"[6].

A segunda, divulgada em 2017, analisou 11 julgados, tendo se circunscrito aos tribunais superiores e aos casos julgados entre 01.01.2008 e 31.12.2015[7].

Nesse sentido, encontra-se a previsão do art. 8º, parágrafo único, da LArb: "Art. 8º [...] Parágrafo único. Caberá ao árbitro decidir de ofício, ou por provocação das partes, as questões acerca da existência, validade e eficácia da convenção de arbitragem e do contrato que contenha a cláusula compromissória." (BRASIL. Lei nº 9.307, de 23 de setembro de 1996. Dispõe sobre a arbitragem. Disponível em: http://www.planalto.gov.br/ccivil_03/leis/l9307.htm. Acesso em: 23 jul. 2021.)

[3] Sobre o assunto: Lamas, Natália Mizrahi. **Introdução e Princípios aplicáveis à arbitragem internacional**. *In*: Levy, Daniel; Setoguti, Guilherme (eds.). **Curso de Arbitragem**. São Paulo: Thomson Reuteurs do Brasil, 2018.

[4] A autonomia da cláusula compromissória é expressamente prevista no direito brasileiro. Veja-se o *caput* do art. 8º da LArb: "A cláusula compromissória é autônoma em relação ao contrato em que estiver inserta, de tal sorte que a nulidade deste não implica, necessariamente, a nulidade da cláusula compromissória." (BRASIL. Lei nº 9.307, de 23 de setembro de 1996. Dispõe sobre a arbitragem. Disponível em: http://www.planalto.gov.br/ccivil_03/leis/l9307.htm. Acesso em: 23 jul. 2021.)

[5] Braghetta, Adriana, *et al.*. **Parceria institucional acadêmico-científica** – Escola de Direito de São Paulo da Fundação Getúlio Vargas (DIREITOGV) e Comitê Brasileiro de Arbitragem (Cbar), 2º Fase da Pesquisa "Arbitragem e Poder Judiciário. Relatório do 1º Tema: Invalidade da Sentença Arbitral, 24.06.2009. Disponível em: http://cbar.org.br/PDF/Pesquisa_GV-CBAr_relatorio_final_1_etapa_2fase_24.06.09.pdf. Acesso em: 10 jul. 2021.

[6] Lamas, Natália Mizrahi. **Ações Anulatórias de Sentença Arbitral**. *In*: Campos Melo, Leonardo; Beneduzi, Renato Resende. **A Reforma da Arbitragem**. Rio de Janeiro: Forense, 2016, p. 170.

[7] Teixeira, Bruno, *et al.*. **Relatório Analítico:** Invalidade de Sentença Arbitral, 03.08.2017. Disponível em: https://cbar.org.br/site/wp-content/uploads/2017/08/4-Relatorio-Invalidade-de-Sentenca-Arbitral-03.08.pdf. Acesso em: 10.07.2021.

Por ocasião da segunda pesquisa, historiou-se que "os tribunais superiores brasileiros interferiram de forma parcimoniosa e correta quando do controle de validade da sentença arbitral, proferindo decisões técnicas sobre o tema".

A despeito dessas conclusões animadoras, recentemente, algumas decisões em ações anulatórias foram recebidas com preocupação pela comunidade arbitral, assim como a notícia de que haveria um aumento do número de ações ajuizadas e do número de decisões julgando procedentes tais pedidos[8]. No ano em que se comemoram os 25 anos da promulgação da LArb e os 20 anos do CBAr, a notícia é particularmente desafiadora. Teria o Judiciário mudado a sua forma de ver a arbitragem?

Neste breve estudo, sem a menor intenção de se esgotar o tema ou introduzir conclusões peremptórias sobre ele, pretende-se refletir sobre esse questionamento, abordando um julgado recente muito interessante do Superior Tribunal de Justiça ("STJ"), que ressalta a particular relevância que se atribuiu a várias premissas e princípios cardeais da arbitragem como: **(i)** o respeito à flexibilidade do procedimento arbitral; **(ii)** o árbitro[9] como destinatário da prova e o consequente respeito ao seu livre convencimento motivado; **(iii)** a relevância do comportamento da parte, a proibição do comportamento contraditório e a preclusão em arbitragem, e, por fim, **(iv)** o princípio da não revisão de mérito de sentenças arbitrais, que perpassa todos esses temas.

[8] Revista Consultor Jurídico. Cresce o número de sentenças arbitrais anuladas pela justiça, 26.03.2021. Disponível em: https://www.conjur.com.br/2021-mar-26/cresce-numero-sentencas-arbitrais-anuladas-justica. Acesso em: 10 jul. 2021.
Com um tom mais ameno, a despeito da manchete alarmante, e após consulta a diferentes atores do mercado, o jornal valor econômico também apontou um número de 19% de procedência em ações anulatórias, resultante de pesquisa realizada pela consultoria arbipedia. Imagina-se que tal pesquisa leve em consideração também ações anulatórias em casos corriqueiros de procedências de anulatórias, como os de arbitragem envolvendo consumidores. Veja-se, por exemplo, que a mesma reportagem indica um número bem menor (de 5% de procedência) se considerado apenas um levantamento feito pelas varas empresariais e de conflitos de arbitragem de são paulo. Infere-se que este levantamento deva estar circunscrito a esse foro. (pombo, bárbara. Valor econômico. Tribunais anularam 19% das sentenças arbitrais questionadas, são paulo, 15.07.2021. Disponível em: https://valor.globo.com/legislacao/noticia/2021/07/15/tribunais-anularam-19-das-sentencas-arbitrais-questionadas.ghtml. Acesso em: 15 jul. 2021).

[9] Serão utilizadas a expressão Tribunal Arbitral ou a palavra Árbitro de maneira indistinta, sabendo-se que, no caso concreto, tratava-se de um Tribunal de três árbitros. A Autora ainda chama a atenção que, ao se referir a árbitro, o fará apenas no masculino, o que demandará também o uso do respectivo pronome no masculino. Tal escolha pelo gênero masculino é apenas linguística e visa a atender à norma culta que, ainda não se modificou. Dessa forma, o uso do gênero masculino não se encontra, de forma alguma, dissociado ou distante dos clamores sociais para a inclusão de árbitros de outros gêneros – aí incluídos, feminino e neutro/não-binário.

O acórdão é animador, pois consagra justamente o respeito às peculiaridades do procedimento arbitral, sem descurar da necessária observação dos princípios inscritos no art. 21, §2º, da LArb, notadamente do contraditório e ampla defesa. Trata-se do Recurso Especial 1.903.359/RJ, julgado à unanimidade Terceira Turma do STJ, em lapidar voto do Ministro Marco Aurélio Bellizze ("Min. Bellizze").

Esse exercício de análise de jurisprudência sobre ações anulatórias já foi feito anteriormente por esta autora, igualmente sem o rigor científico e estatístico das pesquisas do CBAr[10]. Naquela ocasião, registrou-se a decisão da apelação no caso Coafi vs. Volvo do Brasil[11], na qual se "[...] deixou claro que não era possível o reexame de mérito e que as causas de anulação da sentença arbitral 'não podem ser vistas como as que são singelamente passíveis da devolução que são próprias da apelação'"[12]. Desse acórdão ainda constou advertência de que "não se poderia pretender, no juízo anulatório, imiscuir-se na valoração das provas, ressaltando-se especificamente o princípio do livre convencimento do árbitro"[13]. Como se verá adiante, o Judiciário continua endossando essas assertivas[14].

1. STJ, Terceira Turma, Petro Rio O&G Exploração e Produção de Petróleo Ltda. Vs. Tuscany Rig Leasing S.A. e Great Oil Perfurações Ltda., Resp. 1.903.359/RJ, Rel. Min. Marco Aurélio Bellizze, j. 11.05.2021, v.u.

Eis a ementa do acórdão:

> recursos especiais. ação anulatória de sentença arbitral, sob a tese de ocorrência de cerceamento de defesa e julgamento por equidade. **1.** instrução probatória no procedimento arbitral. particularidades. contraditório participativo. detida observância. **2.** produção de prova técnica (*expert witness*). verificação. **3.** avaliação quanto à necessidade da produção de prova pericial postergada para o final da audiência, momento em que a parte interessada declarou, expressamente, a suficiência das

[10] Lamas, Natália Mizrahi. **Ações Anulatórias de Sentença Arbitral**. Op. Cit..

[11] TJSP, Coafi S.A. *v.* Volvo do Brasil Veículos Ltda., Ap. nº 990.09.306516-9. Rel. Sebastião Flávio, v.u., j. 26.10.2010, **Revista Brasileira de Arbitragem**, São Paulo, n. 29, 2011, p. 154.

[12] Lamas, Natália Mizrahi. *Op. Cit.*, p. 191.

[13] *Ibid.*. p. 191.

[14] Além do acórdão que se escolheu como paradigma para estas notas, o STJ tem, ao menos, outros dois acórdãos, frequentemente citados, que transitam pelo mesmo tema. STJ, Terceira Turma, GSC Administração e Participações S.A. vs. CAP, Resp 1.660.963/SP, Rel. Min. Marco Aurélio Bellizze, j. 26.05.2019, v.u. e STJ, Terceira Turma, Chaval Navegação Ltda. vs. Liebherr Brasil – Guindastes e Máquinas Operatrizes Ltda., Resp 1.500.667/RJ, Rel. João Otávio de Noronha, j. 16.08.2016, v.u..

provas então produzidas. **3.1** inúmeras possibilidades, com dilatado espaço temporal, para retratação e renovação do pedido. inércia. preponderância da vontade das partes em relação às provas a serem produzidas no procedimento arbitral. encerramento da fase instrutória. necessidade. julgamento com aplicação de regra de ônus probatório. possibilidade. cerceamento de defesa. não ocorrência. **4.** julgamento por equidade. não ocorrência. **5.** recurso especial provido e recurso especial, que cuidava da majoração dos honorários, prejudicado.

1. O procedimento arbitral é regido, nessa ordem, pelas convenções estabelecidas entre as partes litigantes – o que se dá tanto por ocasião do compromisso arbitral ou da assinatura do termo de arbitragem, como no curso do processo arbitral –, pelo regulamento do Tribunal arbitral eleito e pelas determinações exaradas pelo árbitro.

1.1.O rito da arbitragem guarda, em si, como característica inerente, a flexibilidade, o que tem o condão, a um só tempo, de adequar o procedimento à causa posta em julgamento, segundo as suas particularidades, bem como às conveniências e às necessidades das partes (inclusive quanto aos custos que estão dispostos a arcar para o deslinde da controvérsia), reduzindo, por consequência, eventuais diferenças de cultura processual própria dos sistemas judiciais adotados em seus países de origem. Especificamente em relação à fase instrutória e às provas a serem produzidas no procedimento arbitral, registre-se não haver nenhuma determinação legal para que seja observado o estatuto de processo civil, ainda que, porventura, se esteja diante de uma lacuna, uma situação não preestabelecida pelas partes ou pelo regulamento disciplinador da arbitragem.

1.2. Na fase instrutória desenvolvida no procedimento arbitral, de toda descolada do formalismo próprio do processo judicial, cabe ao árbitro, exclusivamente, definir, em um contraditório participativo, não apenas a pertinência de determinada prova para o deslinde da controvérsia, mas, em especial, o momento em que dará a sua produção.

1.3. Por contraditório participativo compreende-se a postura cooperativa das partes para com o árbitro e deste para com aquelas, de modo que a coordenação dos atos processuais e as decisões, ainda que se refiram a matérias cognoscíveis de ofício, sejam exaradas após a oitiva das partes, garantindo-lhes não apenas a informação/ciência a seu respeito, mas, principalmente, a possibilidade de se manifestar, de agir, bem como de influir no vindouro provimento arbitral. Essa salutar e conveniente interação entre as partes e o árbitro impede não apenas a prolação de uma "decisão-surpresa", mas também obsta, por outro lado, que as partes apresentem comportamento e pretensões incoerentes com a postura efetivamente externada durante todo o diálogo processual travado no procedimento arbitral.

2. A despeito da nomenclatura utilizada para designar a testemunha técnica, a doutrina arbitralista, majoritariamente, com razão, classifica essa espécie probatória, não como uma prova testemunhal propriamente, mas sim como uma prova técnica. Nesse peculiar tipo de prova, de larga utilização nas arbitragens, sobretudo nas internacionais, os profissionais, dotados de especialização na área do conhecimento exigido para solver as questões de ordem técnica do litígio, são contratados, cada qual, pelas partes, deles se exigindo independência e imparcialidade na elaboração de seus laudos e em seus depoimentos, não se confundindo, assim, com a figura dos assistentes técnicos. A oitiva dos especialistas da matéria em litígio constitui, assim, em princípio, prova técnica idônea a conferir ao árbitro os subsídios necessários ao deslinde das questões que, porventura, desbordem de sua área de formação.

2.1. Não se olvida, tampouco se exclui a possibilidade de as partes bem como o árbitro, mesmo após a realização da prova técnica em comento (expert witness), em audiência, reputarem conveniente e necessária, ainda assim, a produção de prova pericial, o que, naturalmente, há de ficar claro do diálogo processual estabelecido entre as partes e o árbitro.

3. No procedimento arbitral em exame, o que ficou absolutamente claro da interação processual estabelecida entre o árbitro e, no caso, a recorrida, é que a prova pericial inicialmente requerida, cuja necessidade haveria de ser avaliada após a oitiva das testemunhas técnicas, tornou-se despicienda, segundo os interesses da própria requerente, que, de modo expresso, manifestou seu contentamento com as provas produzidas em audiência, reputadas, por ela, suficientes, em detido atendimento ao contraditório e à ampla defesa. Não foram poucas as oportunidades, com dilatado espaço temporal, que a recorrida teve, após esta peremptória manifestação, de se retratar e renovar seu pedido de produção de prova pericial, caso realmente compreendesse que a prova técnica então produzida não seria suficiente ao esclarecimento das questões por ela submetidas ao Tribunal arbitral. Nada nesse sentido foi alegado, inclusive, por ocasião das alegações finais, que formalmente encerram a fase instrutória, tampouco após a prolação da sentença, no pedido de esclarecimento manejado. Ao contrário, a parte sempre se referiu às robustas e exaurientes provas produzidas na fase instrutória.

3.1. A não produção de outras provas, sobretudo a pericial, refletiu o desejo e a compreensão das partes acerca de sua absoluta desnecessidade, o que, repisa-se, foi externado e ratificado pelo comportamento inerte da interessada. A detida observância da vontade expressada pelas partes, a qual rege, de modo preponderante, o procedimento arbitral, não pode caracterizar, ao mesmo tempo, cerceamento de defesa. Aliás, caso o árbitro deliberasse pela realização de determinada prova, mesmo após a parte a que aproveita ter se manifestado por sua desneces-

sidade, poderia expressar um agir oficioso tendente a frustrar a imparcialidade que legitimamente se espera do árbitro.
3.2. A hipótese retratada no procedimento arbitral em exame, portanto, não comporta a aplicação do entendimento jurisprudencial desta Corte de Justiça segundo o qual caracteriza cerceamento de defesa o julgamento que aplica ao sucumbente regra de ônus probatório, no caso de haver anterior indeferimento de pedido de produção de prova destinada a comprovar o fato alegado, no caso do autor, ou o fato impeditivo, modificativo ou extintivo do direito do autor, no caso do réu.
4. Os termos da sentença arbitral, baseada justamente nas provas produzidas nos autos do procedimento arbitral, mormente a prova técnica, são suficientes para afastar a tese expendida na origem quanto à existência de um suposto julgamento por equidade, do que, a toda evidência, não se cogita.
5. Recurso especial de Tuscany provido. Recurso Especial de Petro Rio O&G prejudicado.

2. Breve relato dos fatos

Petro Rio O&G Exploração e Produção de Petróleo Ltda. ("Petro Rio", atual denominação de HRT O&G Exploração e Produção de Petróleo Ltda.), autora da ação anulatória e requerida na arbitragem instaurada por Tuscany Rig Leasing S.A. e Great Oil Perfurações Brasil Ltda. ("Tuscany"), fundamentou seu pedido anulatório alegando que o tribunal arbitral teria incorrido em cerceamento de defesa e indevido julgamento por equidade, em razão de não estar autorizado para tanto.

Segundo o relatório do acórdão, o procedimento arbitral havia sido instaurado "para definir a culpa e os consectários legais advindos da rescisão dos contratos estabelecidos entre as partes"[15], tendo ocorrido o julgamento de procedência parcial dos pedidos formulados para o fim de condenar a requerida (Petro Rio) ao pagamento da quantia correspondente a US$ 12,000,000.00 (doze milhões de dólares), a título de multa contratual e US$ 1,377,343.44 (um milhão, trezentos e setenta e sete mil, trezentos e quarenta e três dólares e quarenta e quatro centavos), a título de lucros cessantes pela não concessão de aviso prévio para o encerramento dos Contratos de Locação que as partes haviam celebrado.

[15] STJ, Terceira Turma, Petro Rio O&G Exploração e Produção de Petróleo Ltda. Vs. Tuscany Rig Leasing S.A. e Great Oil Perfurações Ltda., Resp. 1.903.359/RJ, Rel. Min. Marco Aurélio Bellizze, j. 11.05.2021, v.u., p. 4.

Com um relatório rico em detalhes do caso, o Min. Bellizze reportou que, em sua inicial da anulatória, a Petro Rio teria alegado que o Tribunal Arbitral teria "se esquecido"[16] de deferir a prova pericial e, ao mesmo tempo, teria afirmado que a requerida na arbitragem não teria se desincumbido do ônus de provar os fatos alegados, daí resultando um claro cerceamento de defesa. Ainda segundo a Petro Rio, teria havido um descabido julgamento por equidade. A autora anotou também que o Tribunal Arbitral havia registrado que apreciaria o seu pedido de produção de prova pericial, conforme constou da Ordem Processual n. 3, após a realização da audiência de instrução. Tal apreciação nunca teria ocorrido, no entanto. Em conclusão, aduziu que em um procedimento com "posições antagônicas e praticamente irreconciliáveis"[17], tornar-se-ia imprescindível a prova pericial.

Em contestação, alguns fatos relevantes do caso vieram a lume. A Tuscany registrou que, ao final da audiência, a Petro Rio havia sido indagada se o seu "direito de expor livremente, de fazer livremente a prova de seus clientes"[18] havia sido respeitado, assim como o contraditório e a ampla defesa, a que a autora teria respondido afirmativamente. Ademais, após a audiência, teria tido a oportunidade de pedir provas adicionais e não teria feito qualquer pedido, nem ressalva quanto à condução do procedimento.

A sentença de primeira instância julgou improcedente o pedido autoral. Registrou-se, por exemplo, que (i) as partes não discordavam de que havia sido requerida a prova pericial e (ii) o Tribunal Arbitral havia deferido a realização de uma prova técnica, consignando em ordem processual que só aceitaria a opinião e o depoimento de testemunhas técnicas que fossem independentes e imparciais em relação às partes. O juízo de primeira instância também entendeu que "a sentença refutou todos os pontos apresentados pelas partes e a conclusão dos árbitros, sem dúvida, foi baseada nas provas apresentadas, as quais entenderam suficientes"[19] e ainda deduziu considerações sobre a flexibilidade que o próprio Código de Processo Civil atribuiu à prova técnica. Por fim, a sentença refletiu sobre o comportamento da parte autora, assinalando inexistir qualquer indício de que esta tivesse se manifestado, após a realização da audiência, sobre a necessidade de outras provas ou de que teria alertado o Tribunal Arbitral para a imprescindibilidade da prova requerida.

[16] *Ibid.*, p. 4.
[17] *Ibid.*, p. 5.
[18] *Ibid.*, p. 6.
[19] *Ibid.*, p. 7.

Interposto recurso de apelação, o TJRJ, por maioria, deu provimento ao apelo da Petro Rio, determinando que nova sentença fosse proferida após a realização da prova pericial requerida. Apesar de ter feito constar expressamente em sua ementa que é vedado aos juízes adentrarem o mérito da sentença arbitral, o TJRJ afirmou ter ocorrido a aplicação prematura da regra do ônus da prova – invocada no corpo da sentença arbitral, ao indicar que a Petro Rio não havia se desincumbido de seu ônus de provar os fatos desconstitutivos do direito da Tuscany –, pois ainda não se tinham esgotado os meios de prova cabíveis, o que viciaria a sentença por ofensa ao art. 21, §2º, da LArb. Para tentar justificar a ausência de manifestação da Petro Rio a respeito da prova pericial anteriormente requerida, afirmou inexistir preclusão em arbitragem.

Diante dessa decisão e após a oposição de embargos de declaração, foi interposto o recurso especial que deu azo ao acórdão ora comentado. No recurso, a Tuscany ressaltou que não restou nenhum destaque, no acórdão do TJRJ, a respeito do momento, após a realização da audiência, em que a Petro Rio não teria insistido na prova pericial, tendo ressaltado que a requerida havia entendido estar satisfeita e ter confirmado o atendimento ao contraditório no curso do procedimento. Relembrou, ainda, que fora produzida uma prova técnica, muito comum em arbitragens domésticas e internacionais, que não poderia ser ignorada. Ademais, salientou que a Petro Rio havia informado que não tinha interesse na realização de provas adicionais, por ocasião do término da audiência de instrução do feito.

As razões do recurso especial ainda ressaltaram que (i) ao determinar qual prova seria necessária ao convencimento do Tribunal arbitral, a corte estadual acabava invadindo o mérito da arbitragem e o livre convencimento dos árbitros, e (ii) haveria comportamento contraditório da parte, pois ela havia se comportado como se estivesse satisfeita com a condução do procedimento.

3. Flexibilidade do procedimento arbitral

Finalizado o relatório, o Min. Bellizze iniciou a fundamentação registrando que o cerne da discussão a respeito do acórdão estadual residia em saber se, ao reconhecer a necessidade de produção da prova pericial para subsidiar o convencimento do Tribunal arbitral, teria invadido o mérito da arbitragem e o livre convencimento dos árbitros.

Superada a preliminar relativa à negativa de prestação jurisdicional, passou-se ao exame do mérito do especial. O Min. Bellizze inaugurou seu voto fazendo um registro de todo relevante, que certamente, perpassou toda a reflexão que ensejou o provimento do recurso especial interposto pela Tuscany, asseverando a validade da sentença arbitral. Constou do voto a referência expressa ao fato de que o intérprete deve compreender que a arbitragem não será regida, "necessária e detidamente" [20], pelos mesmos regramentos disciplinadores do processo judicial, sob pena de desnaturá-la.

Eis aí o reconhecimento de que os parâmetros e a rigidez próprios do processo civil não devem ser transferidos, sem qualquer reflexão, à arbitragem. Também merece nota que o juízo de primeira instância já havia percebido a necessidade de se compreender a flexibilidade do procedimento arbitral, razão pela qual registrara que o próprio Código de Processo Civil também continha determinadas flexibilizações na produção da prova técnica. Ao final dessa reflexão, o Min. Bellizze consignou em seu voto:

> É de suma relevância notar, a esse propósito, que o árbitro não se encontra, de modo algum, adstrito ao procedimento estabelecido no Código de Processo Civil, inexistindo regramento legal algum que determine, genericamente, sua aplicação, nem sequer subsidiária, à arbitragem. Aliás, a Lei de Arbitragem, nos específicos casos em que preceitua a aplicação do diploma processual, assim o faz de maneira expressa.[21]

Para aqueles que trabalham com arbitragem há mais tempo, reconhecer a impropriedade ou a não aderência dos regramentos do processo público à arbitragem é algo banal[22]. Há, no entanto, aqueles juristas que ainda insistem em querer transpor ao procedimento arbitral o mesmo racional do processo perante o Judiciário, tanto é assim que a parte ajuizou uma ação anulatória pleiteando,

[20] *Ibid.*, p. 14.

[21] *Ibid.*, p. 14-15.

[22] Carlos Alberto Carmona, em lição clássica, já explicava: "O segundo critério – adoção das regras emanadas de um órgão arbitral institucional – parece ser o método mais seguro e mais utilizado pelos operadores da arbitragem, em especial no que diz respeito à arbitragem comercial (nacional e internacional). Em substância, as partes, ao invés de preocuparem-se em elaborar regras procedimentais para controvérsias futuras ou atuais, reportam-se ao regulamento de um determinado órgão arbitral, incorporando tais regras à convenção arbitral. [...] As eventuais lacunas do procedimento adotado pelas partes não precisarão ser necessariamente preenchidas com a utilização de dispositivos do Código de Processo civil. Creio que a advertência é importante, pois é comum a invocação no procedimento arbitral de preceitos típicos do procedimento comum, reportando-se por vezes alguma das partes a determinadas regras da lei processual. A Lei de Arbitragem não contém norma que determine o emprego subsidiário da lei processual para suprir omissões no procedimento utilizado pelas partes. Assim, não há razão para impor ao árbitro, no eventual preenchimento de lacunas procedimentais, regras do Código. Aplicam-se sempre, isso sim, os princípios gerais do processo, com os temperamentos naturais que o processo deve sofrer quando passa para o âmbito extrajudicial." (Carmona, Carlos Alberto. **Arbitragem e Processo**, 3. ed. São Paulo: Atlas, 2009, p. 290-293).

justamente, que lhe fosse assegurada a produção de uma prova pericial no estilo clássico, relegando a um segundo plano a ampla prova técnica que fora produzida na arbitragem.

Nesse contexto, torna-se particularmente relevante que a mais alta corte do Judiciário brasileiro para o exame da legislação federal se encarregue de registrar o trecho destacado acima.

4. Cabe ao árbitro determinar a pertinência e o momento da produção da prova

Após essas reflexões preliminares sobre as particularidades do procedimento arbitral, o voto do relator aduziu que cabe ao árbitro, exclusivamente, determinar a pertinência da prova e o momento de sua produção. Trata-se, mais uma vez, de uma frase simples, uma decorrência automática do fato de a legislação ter atribuído aos árbitros a condição de juiz da causa[23] e o *status* de sentença judicial às arbitrais[24]. A rigor, a se admitir essa equivalência entre árbitros e juízes e sentença arbitral com a judicial, nem era preciso chegar a dispor que o árbitro tem poderes para "tomar o depoimento das partes, ouvir testemunhas e determinar a realização de perícias ou outras provas que julgar necessárias, mediante requerimento das partes ou de ofício", como faz o *caput* do art. 22 da LArb.

Isso porque, como juiz da causa, o árbitro é o destinatário da prova e, nessa qualidade, é ele quem julga se a prova é pertinente ou não ao seu convencimento[25]. Por segurança, o legislador fez constar esse poder dos árbitros de modo expresso, não havendo, portanto, qualquer espaço para dúvidas de que, uma vez respeitado o princípio do contraditório e dada a oportunidade de a parte apresentar seu caso, quem julga se uma determinada prova ajudará ou não ao deslinde da controvérsia é o próprio árbitro.

[23] "Art. 18. O árbitro é juiz de fato e de direito, e a sentença que proferir não fica sujeita a recurso ou a homologação pelo Poder Judiciário." (BRASIL. Lei nº 9.307, de 23 de setembro de 1996. Dispõe sobre a arbitragem. Disponível em: http://www.planalto.gov.br/ccivil_03/leis/l9307.htm. Acesso em: 23 jul. 2021.)

[24] "Art. 31. A sentença arbitral produz, entre as partes e seus sucessores, os mesmos efeitos da sentença proferida pelos órgãos do Poder Judiciário e, sendo condenatória, constitui título executivo." (*Ibid.*)

[25] "Também é forçoso o indeferimento de uma prova se a parte, ao justificar ao árbitro o que pretende com ela provar, este entender que não acrescentará nada na sua visão sobre os fatos. Em outras palavras, mesmo que a parte alcance o resultado esperado com aquela prova, pode ser que esse resultado não interfira na convicção já formada do árbitro." (BERALDO, Leonardo de Faria. **Curso de Arbitragem**. São Paulo: Atlas, 2014. p. 317).

Nesse sentido, o caso em exame é particularmente interessante, pois não se trata da negativa pura e simples de produção da prova pericial, como quer fazer crer a parte autora da anulatória. Produziu-se uma prova técnica, na qual cada uma das partes apresentou a avaliação de um profissional especializado na matéria controvertida, que foi ouvido em audiência e sobre o qual as partes puderam lançar as suas dúvidas, comentar, apresentar as eventuais incoerências, enfim, tudo o que se espera poder fazer a respeito de uma prova.

E, com a prova técnica em mãos, o árbitro convenceu-se do caso a favor de uma das partes, independentemente de estar diante de posições antagônicas, como havia ressaltado a Petro Rio em sua inicial. Na dicotomia entre as duas posições, uma delas pareceu mais convincente ao árbitro e se deve respeitar tal fato. Exatamente por isso, este não julgou necessário chamar um perito de sua confiança para produzir uma prova pericial no estilo clássico. O exemplo, dessa forma, é quase didático de um dos aspectos do princípio do livre convencimento motivado, também inscrito no art. 21, §2º da LArb[26].

5. O conceito de prova técnica

O voto condutor do recurso especial ainda foi mais adiante. Além de ter reafirmado que ao árbitro cabe decidir as provas e o momento de produzi-las, também fez questão de consignar que, apesar de chamar os especialistas de "testemunha técnica" (*expert witness* na expressão em inglês), não se trata de prova testemunhal. Distinguiu também a figura dessas testemunhas técnicas daquela dos assistentes técnicos, pois, no caso concreto, a ordem processual nº 3 exigiu que "a opinião e o depoimento de testemunhas técnicas" fossem "independentes e imparciais em relação às partes"[27].

[26] Veja-se o que diz a respeito do livre convencimento Peter Christian Sester em sua obra comentando a lei de arbitragem: "Deve ele conduzir o procedimento e analisar o caso até que não tenha mais dúvidas racionais em relação à existência ou inexistência dos fatos relevantes, e até que esteja convencido da qualificação jurídica desses fatos." (Sester, Peter Christian. **Comentários à Lei de Arbitragem e à Legislação Extravagante**. São Paulo: Quartier Latin, 2020, p. 265). Essas assertivas de Peter Sester se coadunam perfeitamente com o caso concreto.

O STJ já havia, anteriormente, consignado esse entendimento, em caso também relatado pelo Min. Bellizze: "2. O exame quanto à suficiência das provas ou à necessidade de realização de determinada prova é providência que compete exclusivamente ao juiz da causa, no caso, o Tribunal arbitral, afigurando-se corolário do princípio do livre convencimento motivado. O indeferimento de determinada prova, desde que idoneamente fundamentado pelo juízo arbitral, não importa em ofensa ao contraditório." (STJ, Terceira Turma, GSC Administração e Participações S.A. *v.* CAP, Resp 1.660.963/SP, Rel. Min. Marco Aurélio Bellizze, j. 26.05.2019, v.u.).

[27] STJ, Terceira Turma, Petro Rio O&G Exploração e Produção de Petróleo Ltda. Vs. Tuscany Rig

6. A análise do comportamento da parte, a proibição do comportamento contraditório e a preclusão em arbitragem

A análise do caso continuou, passando o voto condutor a examinar o comportamento da parte. Nesse sentido, registrou:

> Veja-se que, ao final da audiência de instrução, após a produção da prova técnica, com a oitiva dos *experts,* contratados por ambas as partes, cujos laudos e depoimentos guardam, necessariamente, independência para com aquelas, em audiência de instrução que perdurou por 3 (três) dias consecutivos (de 4 a 6/2/2014), *o árbitro indagou às partes, expressamente, não apenas a respeito do atendimento ao contraditório e à ampla defesa, mas também acerca da suficiência das provas então produzidas. As partes, representadas por seus advogados, foram peremptórias em responder positivamente a tais indagações, conforme se verifica da transcrição da parte final da audiência [...]*[28].

A atenção que o Min. Relator atribuiu ao comportamento da parte é outro aspecto muito relevante dessa decisão. Além de ter ressaltado esse momento que costuma ocorrer ao final de audiências de instrução e julgamento, quando a parte é instada a formalmente se manifestar sobre alguma eventual questão a respeito da condução do procedimento, o Min. Relator (i) examinou as ordens processuais que se seguiram e registraram que inexistiam provas adicionais a serem produzidas, e (ii) comentou o fato de ter se facultado às partes apresentar alegações finais e, durante todo esse curso do procedimento, a Petro Rio não ter ressalvado, nem pedido absolutamente nada. Asseverou, após ter percorrido esse caminho: "não foram poucas as oportunidades, com dilatado espaço temporal, que a HRT teve, após esta peremptória manifestação, de se retratar e renovar seu pedido"[29].

Feitas essas observações sobre o procedimento e o comportamento da Petro Rio, o Min. Bellizze consignou a necessidade de se vedar o comportamento contraditório da parte (*nemo potest venire contra factum propium*), sem necessariamente dar esse corpo às suas palavras. Leia-se o trecho:

> a indispensável cooperação que deve existir entre o árbitro e as partes, detidamente observada nos atos processuais acima delineados, obsta que os conten-

Leasing S.A. e Great Oil Perfurações Ltda., Resp. 1.903.359/RJ, Rel. Min. Marco Aurélio Bellizze, j. 11.05.2021, v.u., p. 19.

[28] *Ibid.*, p. 21 (grifos do original).

[29] *Ibid.*, p. 24 (grifos do original).

dores apresentem **comportamentos e pretensões incoerentes com a postura efetivamente externada** durante todo o diálogo processual travado no procedimento arbitral[30].

Em que pese não ter sido utilizada a expressão em latim, nem existir referência ao princípio da boa-fé objetiva, trata-se da aplicação pura e simples da acepção daquele princípio que veda o comportamento contraditório da parte, a fim de proteger a legítima expectativa da contraparte[31]. O Min. Bellizze refere-se a "comportamentos e pretensões incoerentes", demonstrando que a parte tem o dever de se comportar de maneira consistente e cooperativa no curso do procedimento, não voltando atrás de modo injustificado em seu posicionamento.

Bem vistas as coisas, sendo o árbitro o destinatário da prova e estando convencido da suficiência da prova técnica que lhe fora apresentada, nem era necessário adentrar no comportamento contraditório da parte que chegou a verbalizar a sua concordância com a desnecessidade de produção de provas adicionais. Os julgadores poderiam ter parado o exame ali, pois não se poderia entender ter havido cerceamento de defesa se uma prova técnica, em todo semelhante e com a mesma finalidade da prova pericial, fora produzida. Lembre-se: o árbitro é o destinatário da prova e a parte havia tido uma razoável oportunidade de apresentar seu caso.

Ou seja, se a parte tivesse insistido em prova pericial clássica – o que não ocorreu – e o Tribunal Arbitral, após a prova técnica, tivesse indeferido a perícia, ainda assim, não se estaria diante de um caso de cerceamento de defesa, uma vez que a parte tivera a oportunidade de expor seu caso e produzir prova com finalidade semelhante à prova pericial. O voto condutor do acórdão foi além, pois ainda se imiscuiu na análise do comportamento da parte. Ao fazerem tal importante incursão, os ministros da Terceira Turma do STJ acabaram por permitir algumas ilações sobre o tema da preclusão em arbitragem.

[30] *Ibid.*, p. 25 (grifo nosso).

[31] "É a deslealdade, além da contrariedade com a própria conduta, que está no núcleo da figura conhecida como *venire contra factum proprium non valet* (ou, simplesmente, *nemo potest venire contra factum proprium*). Para a caracterização da ilicitude apanhada pela vedação ao venire contra *factum proprium*, o fato da contradição é necessário, mas não suficiente. É preciso que a 'segunda conduta' frustre legítimo investimento de confiança, feito pela parte que alega a contradição, em razão da 'primeira conduta' (*o factum proprium*), pois a coibição implicada na parêmia venire contra *factum proprium non potest* tem como bem jurídico proteger o alter, 'evitando quebra da confiança legítima'. É necessário, bem assim, que o 'voltar atrás' seja injustificado." (Martins-Costa, Judith. **A Boa-fé no direito privado – critérios para a sua aplicação**, 2. ed. São Paulo: Saraiva Educação, 2018, p. 674-675).

De fato, a análise do comportamento da parte no curso do processo, notadamente após a audiência de instrução, se presta a demonstrar como a nulidade aventada representa mais um argumento de ocasião, fruto do inconformismo com a sentença arbitral, um exemplo acadêmico do que se cunhou como "nulidade de algibeira" ou "nulidade de bolso"[32]. Após a audiência na qual a prova técnica havia sido produzida, se a parte realmente entendesse que, ainda assim, era necessário realizar prova pericial no estilo clássico, ela deveria ter ratificado seu pedido para tanto, aproveitando para deduzir as razões pelas quais entendia que a pericial persistia sendo necessária, a despeito da prova que acabara de ser produzida. A parte não o fez, como também permaneceu silente e não pediu a produção de provas adicionais, criando no árbitro e na parte contrária a certeza de que a parte considerava que o contraditório e a ampla defesa lhe haviam sido assegurados.

Saliente-se, ainda, que ao silenciar e, apenas posteriormente, reclamar seu suposto direito à prova, a parte ainda impediu que o próprio árbitro sanasse a eventual falha ou irregularidade que tivesse cometido, em mais uma perspectiva da boa-fé objetiva no plano processual. Diga-se, aliás, que é exatamente por isso que os tribunais arbitrais têm esse hábito de formular a indagação se alguma parte tem alguma impugnação a fazer quanto à condução do procedimento ao final de uma audiência. Não se trata de uma formalidade inútil, mas de um passo importante para se assegurar um processo hígido[33].

[32] Por exemplo: "A tardia arguição da suposta nulidade pelo recorrente, apenas em 22/02/2021, apesar da aludida revogação do mandato dos signatários do agravo em recurso especial ter se dado em 05/06/2020, guardada para o momento em que seu recurso não foi conhecido, configura a chamada nulidade de algibeira, manobra processual que, na esteira da iterativa jurisprudência desta Corte, não se coaduna com o princípio da boa-fé que deve nortear todas as relações jurídicas. Precedentes." (STJ, Terceira Turma, Maurício Dal Agnol *v.* Jorda Luis Eltz, AgInt nos EDcl no AResp 1.790001, j. 22.06.2021, v.u.)

[33] A reforçar a utilidade dessa medida, veja-se que, na França, foi alçada, pela jurisprudência, à condição de admissibilidade de qualquer anulatória, a exigência de que a parte tenha reclamado da causa perante o Tribunal Arbitral, a fim de lhe dar oportunidade de sanar a irregularidade. Ou seja, não se consegue prosseguir em uma ação anulatória sem que a parte tenha arguido sua impugnação ao procedimento perante o próprio tribunal arbitral em primeiro lugar: "Seja com uma fundamentação ou outra, o preceito de que é necessário se alegar qualquer irregularidade que possa dar causa à nulidade da sentença arbitral (art. 1.502 do Código de Processo Civil Francês), a todo momento possível, perante o Tribunal Arbitral, para que ela seja admissível, já foi invocado por diversas vezes na jurisprudência francesa, o que permite afirmar que se trata de uma verdadeira condição de admissibilidade da causa anulatória. Consagra-se, portanto, o respeito à lealdade processual que as partes devem ter uma com a outra, não permitindo que uma parte 'guarde' uma irregularidade que lhe permitiria contestar a validade da sentença sem ter possibilitado que o próprio tribunal sanasse

A "carta na manga" guardada pela Petro Rio – baseada nesse pedido de prova pericial que não fora formalmente decidido, pelo que aparece dos relatos – sofisticou-se com a referência à regra de que, em arbitragem, não ocorrem preclusões, o que autorizaria a parte a arguir qualquer vício, a qualquer tempo. Ao que consta do relato do acórdão do tribunal estadual, parece que o TJRJ encampou essa tese, pois entendeu que "quanto ao reconhecimento por parte dos patronos de que o contraditório foi respeitado no procedimento arbitral, prevalece a inexistência de preclusão no processo arbitral, o que autoriza as partes a se insurgirem contra vício formal a qualquer tempo" [34].

A noção de preclusão em arbitragem é algo que suscita muito debate. Há os que são peremptórios ao dizer que inexiste preclusão em arbitragem, em virtude de sua inerente flexibilidade, e outros que a admitem, mas com ponderações, notadamente relacionadas às graves consequências que podem decorrer do reconhecimento de uma preclusão em um procedimento arbitral, diante da inexistência de lei que comine uma pena à preclusão no curso da arbitragem[35]. Não se pretende discutir se é possível ou não haver preclusão no curso de procedimentos arbitrais. O assunto é denso demais para estas breves notas. Contudo, algumas ideias merecem reflexão.

A primeira delas é a de que a flexibilidade deve ser encarada pelas partes e pelo Tribunal Arbitral como uma vantagem a fim de conduzir a atividade jurisdicional a um processo eficiente. Ou seja, a flexibilidade serve para que não se veja um descumprimento de prazo em um e-mail enviado cinco minutos após o seu término, ou para que se permita protocolar petições por e-mail, ou para que não se enxergue uma nulidade em uma troca pontual na ordem da oitiva de testemunhas, ouvindo-se uma testemunha do Requerido, em primeiro lugar, caso todos estejam de acordo, entre outros exemplos.

Os exemplos são inúmeros e, em todos eles, há essa marca de que é preferível permitir o ato, ainda que com algum defeito formal, notadamente porque não há prejuízo algum (*pas de nullité sans grief*). Também pesa nesse raciocínio

tal irregularidade, quando ainda havia tempo hábil de fazê-lo." (LAMAS, Natália Mizrahi. Alguns preceitos aplicáveis à arbitragem internacional na França. **Revista Brasileira de Arbitragem**. São Paulo, 2009, n. 24, p. 154-155).

[34] STJ, Terceira Turma, Petro Rio O&G Exploração e Produção de Petróleo Ltda. *v*. Tuscany Rig Leasing S.A. e Great Oil Perfurações Ltda., Resp. 1.903.359/RJ, Rel. Min. Marco Aurélio Bellizze, j. 11.05.2021, v.u,, p. 12.

[35] Apenas para que se tenha um exemplo superficial do que aqui se afirma, leia-se a resenha do painel promovido no Congresso do Cbar de Porto de Galinhas sobre o assunto: DIAS, Aline. XIII Congresso Internacional de Arbitragem do CBAr: a Arbitragem e o Tempo. **Revista Brasileira de Arbitragem**. São Paulo, 2014, n. 44, p. 189-190.

a noção de que determinar o refazimento do ato pode ser ainda demorado e custoso.

Logo, invocar a flexibilidade tem uma finalidade, sempre guiada pela noção de que a substância deve sobressair sobre a forma e de que não há nulidade sem prejuízo.

Assim, a flexibilidade deve ser sempre ponderada e não pode ser levada às raias do absurdo[36]. Não se deve, por exemplo, invocar flexibilidade do procedimento arbitral para ignorar a regra da estabilização da lide, notadamente se não houver acordo entre as partes a esse respeito. A regra de estabilização tem um propósito, assegurando o contraditório e a isonomia entre as partes, além de se prestar à eficiência do procedimento arbitral, visto que agregar novos temas dentro de seu escopo poderá aumentar o tempo de duração do processo.

Nesse sentido, permitir que se ignore a estabilização, admitindo a uma parte modificar seus pedidos às vésperas de uma audiência – após terem sido ouvidas as críticas da outra parte sobre aspectos formais dos pedidos em duas rodadas de manifestação, por exemplo –, causa um efetivo prejuízo, pois torna toda a fase postulatória que antecedeu a audiência inútil – ou, ao menos, de utilidade mitigada.

Também não constitui boa técnica permitir que se produzam documentos de maneira indefinida e desordenada, sob o manto de que o procedimento arbitral é flexível. Noticiar um fato novo mediante um documento que tenha sido recentemente produzido ou conhecido, ou passar a discutir algum novo tema que tenha surgido dos depoimentos são exemplos clássicos de justificativas para se consentir com uma nova produção de documentos. Contudo, esconder um documento antigo e já conhecido da parte – ou que poderia, razoavelmente, ter conhecido – e só trazê-lo ao conhecimento do Tribunal Arbitral no curso de uma audiência – ou às vésperas dela – é permitir que a outra parte seja indevidamente surpreendida, privando-lhe de procurar documentos que contraponham aquele, além da oportunidade de refletir adequadamente sobre a questão e redigir suas alegações a respeito.

Nesses exemplos, não se deve cogitar da invocação da flexibilidade do procedimento arbitral com o objetivo de permitir as mencionadas condutas, pois isso representaria macular a eficiência do procedimento e, dependendo da oportu-

[36] Fernando Serec, em estudo dedicado às provas na arbitragem, usa a expressão "flexibilidade organizada", que parece bem adequada ao que se expõe: "A flexibilidade é a tônica na arbitragem, mas o processo arbitral não é descontrolado ou arbitrário [...]. No que concerne à prova, há uma flexibilidade organizada [...]." (Serec, Fernando Eduardo. **Provas na Arbitragem**. *In*: Carmona, Carlos Alberto; Lemes, Selma Ferreira; Martins, Pedro Batista. **20 Anos da Lei de Arbitragem** – Homenagem a Petrônio Muniz. São Paulo: Atlas, 2017. p. 296).

nidade que a outra parte teria para falar sobre o novo documento ou sobre as mudanças e acréscimos de pedidos, também o devido contraditório. Assim, a persistir o entendimento de que, em arbitragens, não há preclusão, ter-se-ia um processo sem segurança jurídica, já que nada se consolidaria com o passar do tempo[37].

À vista dessas considerações, parece que se deva ter limites na invocação da flexibilidade e, notadamente, na sua aplicação como a razão para a inexistência de preclusão em arbitragem. Portanto, a premissa de que inexiste preclusão em arbitragem é, certamente, muito perigosa[38].

Outras questões são relevantes nessa reflexão sobre a preclusão em arbitragem. Veja-se que o próprio legislador determinou um momento processual adequado para se arguir "questões relativas à competência, suspeição ou impedimento do árbitro ou dos árbitros, bem como nulidade, invalidade ou ineficácia da convenção de arbitragem"[39]. O legislador estabeleceu que a parte deve fazê-lo na "primeira oportunidade que tiver de se manifestar, após a instituição da arbitragem". É certo que não se imputou, de maneira expressa[40], a pena de preclusão à parte que não o fizer, mas seria pouco razoável imaginar que o legislador tenha atribuído à parte o "dever" de fazer tal alegação em um determinado momento, sem que o descumprimento de tal dever importe em nenhuma consequência.

Diante disso, como explicar o *caput* do art. 20 em um cenário onde inexistiria preclusão em arbitragem? Por que o legislador teria incumbido um dever à parte se o seu descumprimento em nada redundaria? Poderia uma parte participar de uma arbitragem sabendo, inequivocamente, de uma suposta causa de nulidade

[37] Em lição lapidar: "A nosso ver, a preclusão é de suma importância para que se tenha processo, arbitral ou judicial, justo, igualitário, célere e previsível, sendo que tal categoria jurídica decorre do princípio da segurança jurídica." (Beraldo, Leonardo de Faria. *Op. Cit.*, p. 301).

[38] "O procedimento arbitral é, porém, muito menos preclusivo que o judicial, o que constitui uma das características básicas dos procedimentos flexíveis. [...] Não há no sistema arbitral uma norma de caráter bem amplo como a do art. 245 do Código de Processo Civil [art. 278 no diploma de 2015], segundo o qual 'a nulidade dos atos deve ser alegada na primeira oportunidade em que couber à parte falar nos autos, sob pena de preclusão. [...] Sem preclusão alguma, nenhum processo é viável." (Dinamarco, Cândido Rangel. **A Arbitragem na Teoria Geral do Processo**. São Paulo: Malheiros, 2013. p. 58-60).

[39] BRASIL. Lei nº 9.307, de 23 de setembro de 1996. Dispõe sobre a arbitragem. Art. 20, *caput*. Disponível em: http://www.planalto.gov.br/ccivil_03/leis/l9307.htm. Acesso em: 23 jul. 2021.

[40] Veja-se, por exemplo, que o Código de Processo Civil, em algumas disposições, prevê expressamente que a pena será a preclusão: "Art. 278. A nulidade dos atos deve ser alegada na primeira oportunidade em que couber à parte falar nos autos, sob pena de preclusão.". (BRASIL. Lei nº 13.105, de 16 de março de 2015. Código de Processo Civil. Disponível em: http://www.planalto.gov.br/ccivil_03/_ato2015-2018/2015/lei/l13105.htm. Acesso em: 23 jul. 2021.)

da cláusula compromissória e, posteriormente, invocá-la para pleitear a nulidade da sentença arbitral, já que inexistiria preclusão?

Sem querer propor uma solução definitiva para a questão e nos limites deste pequeno estudo, acredita-se que a perspectiva sobre o tema não deva ser a da preclusão, instituto de direito processual. Talvez possa se olhar o tema sob a perspectiva do respeito à boa-fé objetiva em todas as suas nuances, notadamente a que proíbe o comportamento contraditório, mencionada anteriormente. De fato, no caso concreto, apesar de o TJRJ ter feito diversas menções à preclusão, o acórdão da Terceira Turma não tratou do tema sob esse viés. Preferiu-se analisar o tema sob o enfoque da boa-fé, identificando-se que a parte incorreu em comportamento incoerente.

Veja-se que o tratamento desse tipo de situação sob o enfoque da boa-fé não é novidade no STJ. Na realidade, mesmo antes de a lei de arbitragem atribuir plena eficácia à cláusula compromissória, a mesma Terceira Turma do STJ, em acórdão por maioria relatado pelo Ministro Gueiros Leite, afastou a invalidade de cláusula compromissória e a sua inaptidão para instaurar procedimento arbitral, invocando-se a natureza internacional do contrato que a continha e, para o que interessa a estas notas, o comportamento da parte que participou do procedimento. Eis a ementa e o trecho elucidativo do voto:

> CLAUSULA DE ARBITRAGEM EM CONTRATO INTERNACIONAL. REGRAS DO PROTOCOLO DE GENEBRA DE 1923.
> 1. Nos contratos internacionais submetidos ao protocolo, a cláusula arbitral prescinde do ato subsequente do compromisso e, por si só, é apta a instituir o juízo arbitral. 2. Esses contratos têm por fim eliminar as incertezas jurídicas, de modo que os figurantes se submetem, a respeito do direito, pretensão, ação ou exceção, a decisão dos árbitros, aplicando-se aos mesmos a regra do art. 244, do CPC, se a finalidade for atingida. 3. Recurso conhecido e provido. Decisão por maioria.
> [...]
> Acrescente-se a tudo um fato de real importância, que os recorrentes abordaram ao exame do art. 243, do CPC. A recorrida, empresa de navegação da Noruega, submeteu-se voluntariamente à arbitragem internacional, acompanhando-a em todos os seus trâmites. E somente anos depois veio arguir a invalidade do compromisso, porque a decisão lhe fora contrária. Submeteu-se arbitragem e dela participou ativamente, quando poderia impugnado ao ser instaurada.[41]

[41] STJ, Terceira Turma, Companhia de Navegação Loyd Brasileiro e outras *v.* AS Ivarans Rederi, Resp 616, Rel. p/ acórdão Gueiros Leite, j. 24.04.1990, v.m.

No caso concreto, a alegada inexistência de preclusão em arbitragem, referida pelo acórdão estadual, acabaria por servir à chancela do comportamento contraditório. Logo, com as devidas vênias, não se pode concordar com a chamada inexistência de preclusão em arbitragem e, especialmente, com o uso malévolo que se fez disso neste caso concreto.

Esse tema ainda merece mais uma última digressão. Alguns regulamentos de arbitragem contêm – e, em outras tantas arbitragens, insere-se no termo de arbitragem – uma cláusula que preveja que, caso a parte prossiga no procedimento sem fazer objeção a algum descumprimento de lei ou do próprio regulamento, ou, ainda, da própria convenção de arbitragem, será considerado como tendo ocorrido a renúncia às impugnações que derivariam daquele descumprimento. Leia-se a disposição do Regulamento de Arbitragem da CCI sobre o assunto:

> Art. 40: A parte que prosseguir com a arbitragem sem fazer objeção ao não cumprimento das disposições contidas no Regulamento, de quaisquer outras regras aplicáveis ao procedimento, das determinações do tribunal arbitral, ou de qualquer outra estipulação contida na convenção de arbitragem quanto à constituição do tribunal arbitral ou à condução do procedimento, será considerada como tendo renunciado a essas objeções.[42]

Logo se percebe que, sem precisar, necessariamente, qualificar a ocorrência de preclusão ou não, o próprio regramento escolhido pelas partes pode indicar soluções ao fato que premiam a boa-fé objetiva e acabam redundando em hipóteses de efeito prático semelhante ao da preclusão.

7. A aplicação da regra de ônus da prova e o cerceamento de defesa

O acórdão do STJ ainda trata de um outro tema muito relevante. Na sentença arbitral, constou a indicação de que a Petro Rio não teria se desincumbido de provar um fato impeditivo, modificativo ou extintivo do direito da Tuscany. Ou seja, aplicou-se a noção de que a Petro Rio não teria cumprido o seu ônus da prova. Diante dessa afirmativa, a autora alegou que a prova pericial que não lhe fora deferida lhe permitiria, justamente, se desincumbir desse ônus probatório. Com essas assertivas, convenceu a Corte estadual[43].

[42] CCI. Regulamento de Arbitragem, dezembro de 2015. Disponível em: https://cbar.org.br/site/wp-content/uploads/2012/05/ICC-865-1-POR-Arbitragem-Mediacao.pdf. Acesso em: 1 jun. 2021.

[43] "Nota-se que a improcedência dos pedidos da autora, então requerida no Tribunal Arbitral, se deveu à insuficiência de provas que pudessem demonstrar as alegadas falhas na prestação do serviço por parte da requerente, ora primeira apelada.

No voto condutor do acórdão do STJ, não se vislumbrou o cerceamento de defesa, mesmo à vista da aplicação da regra do ônus probatório. Entendeu-se que a própria parte "manifestou seu contentamento com as provas produzidas em audiência, reputadas, por ela, suficientes, em detido atendimento ao contraditório e à ampla defesa" [44].

Como já se afirmou anteriormente, o STJ também entendeu que cabe ao árbitro examinar a admissibilidade da prova. Logo, o juízo sobre se determinada prova deverá ou não ser produzido também se encontra incluído no mérito e, como tal, não merece revisão por parte do Judiciário. Nesse sentido, concorda-se com a alegação deduzida no recurso especial da Tuscany, no sentido de que, quando o acórdão estadual se imiscui nesse tema, considerando que uma determinada prova deveria ter sido produzida, acaba por interferir no mérito da arbitragem, o que é vedado ao Judiciário fazer[45].

Esse tema merece algumas considerações. Cabe frisar que, por vezes, a parte pede uma prova pericial, mas não consegue justificar a sua utilidade e pertinência, isto é, não consegue convencer o árbitro de que aquela prova poderá ser relevante para o convencimento do caso. Não são raras as situações em que a parte age de forma meio leniente, no melhor estilo: "não custa pedir". Reproduz-se, assim, aquela máxima de que se protesta por todos os meios de prova

Nesse caminhar, nota-se que a produção da prova pericial, que poderia elucidar o Juízo arbitral quanto às nuances da quaestio, apesar de oportunamente requerida, sequer foi analisada, sendo decidido que, tão logo realizada a audiência com a oitiva de testemunhas técnicas, o Tribunal deliberaria sobre provas adicionais.

[...]

Na espécie, nota-se que a prova pericial, de fato, mostrava-se necessária ao deslinde da controvérsia, já que, em vários pontos da sentença arbitral o Tribunal revelou não ter condições de decidir por ausência de provas que comprovassem a inexecução do contrato, ou a execução em padrões insuficientes.

[...]

Dessa forma, tal regra de julgamento deve ser utilizada apenas diante da impossibilidade de comprovação do fato constitutivo do direito do autor ou de fato extintivo, modificativo ou impeditivo desse direito, cabível, neste caso, ao réu. É o chamado 'ônus objetivo' da prova." (p. 13).

[44] STJ, Terceira Turma, Petro Rio O&G Exploração e Produção de Petróleo Ltda. *v.* Tuscany Rig Leasing S.A. e Great Oil Perfurações Ltda., Resp. 1.903.359/RJ, Rel. Min. Marco Aurélio Bellizze, j. 11.05.2021, v.u, p. 24.

[45] Como já referido anteriormente, o tema não é novo no STJ. Veja-se este trecho da ementa desse acórdão em Resp: "O indeferimento de realização de prova pericial pelo juízo arbitral não configura ofensa ao princípio do contraditório, mas consagração do princípio do livre convencimento motivado, sendo incabível, portanto, a pretensão de ver declarada a nulidade da sentença arbitral com base em tal argumento, sob pena de configurar invasão do Judiciário no mérito da decisão arbitral." (STJ, Terceira Turma, Chaval Navegação Ltda. *v.* Liebherr Brasil – Guindastes e Máquinas Operatrizes Ltda., Resp 1.500.667/RJ, Rel. João Otávio de Noronha, j. 16.08.2016, v.u.).

admitidos em direito, inclusive o pericial, sem indicar, ao menos que de forma indiciária, como a perícia poderá ser útil.

Ocorre que, para haver perícia, é preciso, por exemplo, haver documentos a serem examinados, ou um local a ser visitado. Também é necessário que haja escopo bem delimitado e claro, antes mesmo de se elaborarem os quesitos, até para que se possa identificar o tipo de profissional que melhor realizaria a perícia.

Não custa lembrar que, quando o árbitro, em geral, chega ao momento de apreciar o pedido de prova pericial, ele já se defrontou com todos os documentos da fase postulatória e, ao menos, duas petições de cada lado. Nesse cenário, se uma perícia for necessária, antes mesmo de a parte defender a sua relevância em petição de especificação de provas, o próprio árbitro já terá em mente que alguns temas deverão ser objeto de perícia. Assim, se em uma determinada causa, chega-se à fase de especificação de provas, sem a identificação precisa dos atos/fatos que se quer periciar, dos documentos que podem servir de suporte para a perícia, ou do tipo de profissional que melhor exercerá a perícia, estar-se-á diante de uma provável situação em que a perícia não solucionará a questão.

E esse juízo do árbitro a respeito da prova deve ser respeitado, se ele motivar sua decisão e tiver dado razoável oportunidade de a parte apresentar seu caso.

Já se viu, por exemplo, em causas societárias em que se discute a má administração ou o cometimento de irregularidades, um pedido de perícia para "constatar as irregularidades, prejuízos, perda de objeto e atos contrários ao estatuto social". Ora, naquele caso concreto, não havia uma única indicação, com prova documental e de maneira pormenorizada, das irregularidades ou prejuízos que se pretendiam provar. Não havia um fato em específico que suscitava a necessidade de prova, nem um documento que permitia antever algum indício de irregularidade na companhia. Todas as acusações à administração da companhia feitas na fase postulatória padeciam de um nível de generalidade muito grande e não encontravam respaldo documental. Ou seja, a parte que pleiteava essa prova pericial, apesar de sócio da companhia, não conseguia dar nenhuma concretude ao seu pleito de prova, deixando transparecer querer muito mais uma devassa na administração.

Nesse caso, o árbitro fica entre a difícil situação de indeferir o pedido de prova ou deferi-la e permitir que o processo se torne palco para uma prova desordenada, cara, e, muito provavelmente, inútil. A escolha racional parece ficar ao lado do indeferimento motivado da prova nas circunstâncias descritas acima[46].

[46] "O árbitro pode e deve, de acordo com seu juízo de conveniência, determinar a produção daquelas provas úteis e necessárias para a 'busca da verdade', rejeitando aquelas que considerar desnecessárias ou inúteis. Caso assim não fosse, o procedimento arbitral, concebido para ser célere e eficaz, estaria

Por essa razão, não é de todo estranho que um árbitro indefira uma prova pericial de forma fundamentada e, quando da prolação da sentença arbitral, indique que a parte não se desincumbiu do seu ônus da prova. Na realidade, o que pode ocorrer nesse tipo de situação, é que a parte não conseguiu nem mesmo se desincumbir do ônus de demonstrar que a prova seria útil e necessária e, diante das provas que já estavam nos autos, o árbitro convenceu-se da posição de mérito da parte contrária. Se o árbitro se convenceu de uma das posições, é porque a outra não conseguiu demonstrar a verossimilhança de seu caso. Em outras palavras, a parte não terá se desincumbido do ônus de mostrar a correção de suas alegações, capaz de convencer o árbitro.

Não se está afirmando que, no caso do acórdão ora examinado, o árbitro estava diante de um pedido de prova pericial mal formulado. Apenas se utilizou o exemplo concreto para se fazer algumas digressões sobre essa corriqueira acusação de cerceamento de defesa em caso de indeferimento de prova.

De fato, no caso da Petro Rio, a questão parece ter sido diversa. Ali, a prova pericial tornou-se desnecessária porque houve a produção de uma prova técnica muito semelhante àquela que ocorreria no caso da pericial clássica. Foi por isso que nem mesmo a parte que havia formulado esse pedido insistiu na produção daquela prova.

A invocação da regra do ônus probatório na sentença arbitral deve ter ocorrido muito mais como uma forma de dizer que a parte foi incapaz de convencer o árbitro de suas alegações. Com certeza, foi nesse sentido que o árbitro afirmou que a Petro Rio não teria se desincumbido de seu ônus, ou seja, no sentido de que a prova não era qualitativamente convincente, corroborando as alegações da parte. O único cuidado que o árbitro deve ter, nessas situações, é o de fundamentar sua decisão de indeferimento de prova e, na sentença arbitral, demonstrar como a prova trazida aos autos não foi capaz de convencê-lo da posição advogada pela parte.

Trata-se, portanto, de um dos aspectos do livre convencimento motivado do árbitro: a parte requerida na arbitragem não conseguiu convencê-lo de suas alegações que levariam à improcedência do pedido autoral e, justamente por isso, o árbitro afirmou que ela não havia se desincumbido do seu ônus[47].

sujeito ao risco da lentidão, desperdiçando-se tempo e dinheiro das partes, o se traduz, por óbvio, em ineficiência." (Muriel, Marcelo A. **Produção de Provas na Arbitragem.** *In*: Carmona, Carlos Alberto; Lemes, Selma Ferreira; Martins, Pedro Batista. **20 Anos da Lei de Arbitragem** – Homenagem a Petrônio Muniz. São Paulo: Atlas, 2017, p. 318).

[47] Sobre o conteúdo do livre convencimento motivado: "Deve ele conduzir o procedimento e analisar o caso até que não mais tenha dúvidas racionais em relação à existência ou inexistência dos

Diante disso, a conclusão do voto do Min. Relator consignou:

> Concluída, assim, a fase instrutória, com a produção de todas as provas as quais as partes reputaram necessárias à comprovação de seus argumentos, o árbitro está autorizado a proferir sentença, valendo-se, inclusive, das regras de ônus probatório, sem, com isso, incorrer em nenhuma ofensa ao contraditório.[48]

À vista de todas as provas produzidas, o Min. Bellizze, ao final de seu voto, ainda afastou a arguição de que teria havido julgamento por equidade, pois os termos da sentença haviam se baseado nas referidas provas.

Conclusões

A intenção destas breves notas era tentar responder, com o auxílio de um recente caso do STJ, à pergunta formulada ao final da introdução: Teria o Judiciário mudado a sua forma de ver a arbitragem? Para tanto, examinou-se o referido acórdão que perpassou por premissas e princípios dos mais básicos para uma arbitragem saudável, tendo aplicado todos eles de forma técnica e parcimoniosa. Sem o objetivo de ser peremptório ou exaustivo acerca do tema, pode-se dizer que este acórdão reforça uma noção já muito difundida de que o STJ constitui um bom guardião da lei de arbitragem e do instituto como um todo[49].

Acredita-se que, de forma geral, o Judiciário não modificou sua forma de enxergar a arbitragem e o acórdão ora comentado é exemplar de como o STJ captou corretamente diversas premissas e princípios aplicáveis à arbitragem, aplicando-os, por vezes, de maneira lapidar.

Não há que se perder de vista, no entanto, que é muito natural que haja decisões judiciais criticáveis ou que apliquem equivocadamente a lei de arbitragem.

fatos relevantes, e até que esteja convencido da qualificação jurídica desses fatos." (SESTER, Peter Christian. *Op. Cit.*, p. 265.)

[48] STJ, Terceira Turma, Petro Rio O&G Exploração e Produção de Petróleo Ltda. *v.* Tuscany Rig Leasing S.A. e Great Oil Perfurações Ltda., Resp. 1.903.359/RJ, Rel. Min. Marco Aurélio Bellizze, j. 11.05.2021, v.u, p. 28.

[49] Veja-se, por exemplo: "*Despite some occasional criticism, the decisions of the Superior Court of Justice ('SCJ') have been largely favourable to arbitration on a great number of issues, ensuring a friendly environment for the development of arbitration from both a domestic and an international perspective.*" (FERRO, Marcelo Roberto. The Brazilian (friendly) experience. b-Arbitra – **Belgian Review of Arbitration**, Brussels, v. 2019, issue 2, p. 541) e "Devido à altíssima autoridade dos ministros na comunidade jurídica e na sociedade brasileira, o suporte que eles deram à arbitragem foi e continua a ser crucial para o sucesso da arbitragem no Brasil." (SESTER, Peter Christian. *Op. Cit.*, p. 79).

Isto se deve a diversos fatores. O primeiro deles – talvez o mais óbvio – é o de que a cada cabeça corresponde uma sentença, de forma que há julgadores que podem ter ideias pré-concebidas sobre o uso da arbitragem e de seus atores e suas decisões podem vir impregnadas dessas preconcepções. O segundo deles corresponde à difícil tarefa de se uniformizar e harmonizar um Judiciário formado por 27 tribunais estaduais e mais 5 tribunais regionais federais. Trata-se de um país de dimensão continental. Por certo, haverá disparidades na forma de aplicar a lei, razão pela qual, inclusive, existe o STJ. O terceiro deles é o reconhecimento de que, a despeito dos 25 anos da LArb e dos 20 anos do CBAr, o Brasil ainda amadurece no assunto se comparado a outros países que já se utilizam da arbitragem de maneira muito difundida há muito tempo. Não é demais lembrar que, quem se formou na graduação de direito há mais de 20 anos não conheceu – muito provavelmente – a LArb.

Assim, aos praticantes da arbitragem e admiradores dessa forma de resolução de disputas, resta a certeza de que se deve confiar no Judiciário e seguir difundindo as premissas e princípios sobre o instituto que se consideram corretas, a fim de que este se consolide cada vez mais.

Referências

BERALDO, Leonardo de Faria. **Curso de Arbitragem**. São Paulo: Atlas, 2014.

BRAGHETTA, Adriana, et al.. Parceria institucional acadêmico-científica – Escola de Direito de São Paulo da Fundação Getúlio Vargas (DIREITOGV) e Comitê Brasileiro de Arbitragem (Cbar), 2ª Fase da Pesquisa "Arbitragem e Poder Judiciário", Relatório do 1º Tema: Invalidade da Sentença Arbitral, 24.06.2009. Disponível em: http://cbar.org.br/PDF/Pesquisa_GV-CBAr_relatorio_final_1_etapa_2fase_24.06.09.pdf. Acesso em: 10.07.2021.

CARMONA, Carlos Alberto. **Arbitragem e Processo**, 3. ed. São Paulo: Atlas, 2009.

DIAS, Aline. **XIII Congresso Internacional de Arbitragem do CBAr:** a Arbitragem e o Tempo. Revista Brasileira de Arbitragem. São Paulo, 2014, n. 44.

DINAMARCO, Cândido Rangel. **A Arbitragem na Teoria Geral do Processo**. São Paulo: Malheiros, 2013.

FERRO, Marcelo Roberto. The Brazilian (friendly) experience. b-Arbitra – **Belgian Review of Arbitration**, Brussels, v. 2019, issue 2.

LAMAS, Natália Mizrahi. **Ações Anulatórias de Sentença Arbitral**. *In*: CAMPOS MELO, Leonardo; BENEDUZI, Renato Resende. **A Reforma da Arbitragem**. Rio de Janeiro: Forense, 2016.

—. Alguns preceitos aplicáveis à arbitragem internacional na França. **Revista Brasileira de Arbitragem**. São Paulo, 2009, n. 24.

—. **Introdução e Princípios aplicáveis à arbitragem internacional.** *In*: LEVY, Daniel; SETOGUTI, Guilherme (eds.). **Curso de Arbitragem.** São Paulo: Thomson Reuteurs do Brasil, 2018.

MARTINS-COSTA, Judith. **A Boa-fé no direito privado** – critérios para a sua aplicação, 2. ed. São Paulo: Saraiva Educação, 2018.

MURIEL, Marcelo A. **Produção de Provas na Arbitragem.** *In*: CARMONA, Carlos Alberto; LEMES, Selma Ferreira; MARTINS, Pedro Batista. **20 Anos da Lei de Arbitragem** – Homenagem a Petrônio Muniz. São Paulo: Atlas, 2017.

Revista Consultor Jurídico. **Cresce o número de sentenças arbitrais anuladas pela Justiça**, 26.03.2021. Disponível em: https://www.conjur.com.br/2021-mar-26/cresce-numero-sentencas-arbitrais-anuladas-justica. Acesso em: 10 jul. 2021.

SAVAGE, John; GAILLARD, Emmanuel (eds.). **Fouchard Gaillard Goldman on International Arbitration.** The Hague: Kluwer Law International, 1999.

SEREC, Fernando Eduardo. **Provas na Arbitragem.** *In*: CARMONA, Carlos Alberto, LEMES, Selma Ferreira, MARTINS, Pedro Batista. **20 Anos da Lei de Arbitragem** – Homenagem a Petrônio Muniz. São Paulo: Atlas, 2017.

SESTER, Peter Christian. Comentários à Lei de Arbitragem e à Legislação Extravagante. São Paulo: Quartier Latin, 2020.

STJ, Terceira Turma, Chaval Navegação Ltda. vs. Liebherr Brasil – Guindastes e Máquinas Operatrizes Ltda., Resp 1.500.667/RJ, Rel. João Otávio de Noronha, j. 16.08.2016, v.u.

STJ, Terceira Turma, Companhia de Navegação Loyd Brasileiro e outras vs. AS Ivarans Rederi, Resp 616, Rel. p/ acórdão Gueiros Leite, j. 24.04.1990, v.m.

STJ, Terceira Turma, GSC Administração e Participações S.A. vs. CAP, Resp 1.660.963/SP, Rel. Min. Marco Aurélio Bellizze, j. 26.05.2019, v.u.

STJ, Terceira Turma, Maurício Dal Agnol vs. Jorda Luis Eltz, AgInt nos EDcl no AResp 1.790001, j. 22.06.2021, v.u.

STJ, Terceira Turma, Petro Rio O&G Exploração e Produção de Petróleo Ltda. Vs. Tuscany Rig Leasing S.A. e Great Oil Perfurações Ltda., Resp. 1.903.359/RJ, Rel. Min. Marco Aurélio Bellizze, j. 11.05.2021, v.u.

TEIXEIRA, Bruno, et al., Relatório Analítico: Invalidade de Sentença Arbitral, 03.08.2017. Disponível em: https://cbar.org.br/site/wp-content/uploads/2017/08/4--Relatorio-Invalidade-de-Sentenca-Arbitral-03.08.pdf. Acesso em: 10 jul. 2021.

TJSP, Coafi S.A. vs. Volvo do Brasil Veículos Ltda., Ap. nº 990.09.306516-9, Rel. Sebastião Flávio, v.u., j. 26.10.2010, **Revista Brasileira de Arbitragem**, São Paulo, n. 29, 2011.

Valor Econômico, Tribunais anularam 19% das sentenças arbitrais questionadas, 15.07.2021. Disponível em: https://valor.globo.com/legislacao/noticia/2021/07/15/tribunais-anularam-19-das-sentencas-arbitrais-questionadas.ghtml. Acesso em: 15 jul. 2021.

25. HOMOLOGAÇÃO DE SENTENÇAS ARBITRAIS ESTRANGEIRAS: ORDEM PÚBLICA INTERNA VS. ORDEM PÚBLICA INTERNACIONAL

ADRIANA NOEMI PUCCI[1]

Introdução

É com muita alegria que participo desta coletânea comemorativa dos 20 anos do Comitê Brasileiro de Arbitragem, o CBAr. Agradeço aos organizadores pelo honroso convite, por propiciarem esta oportunidade de comemorar a trajetória do CBAr, que transparece o sucesso do instituto da arbitragem no Brasil.

Pensando no primoroso trabalho desenvolvido pelo CBAr na consolidação da arbitragem no país, e considerando a raiz internacional do instituto, decidi escrever sobre o dilema da aplicação da ordem pública interna ou ordem pública internacional na homologação de sentenças arbitrais estrangeiras.

É notável o desenvolvimento da arbitragem no Brasil nas últimas duas décadas, consequência de uma prática conforme os padrões internacionais, que contou, ao longo deste percorrido, com uma atitude favorável do Poder Judiciário. Especificamente, em relação ao reconhecimento e execução de sentenças arbitrais estrangeiras, o Brasil construiu a reputação de país "Arbitration-Friendly"[2].

Todavia, cabe indagar, se o Superior Tribunal de Justiça (STJ), único com competência para o reconhecimento e a execução de sentenças arbitrais estrangeiras, deveria fundamentar suas decisões com um critério mais internaciona-

[1] www.pucci.adv.br.

[2] Lemgruber, María Eduarda. **Recognition of Foreign Arbitral Awards in Brazil:** The Abengoa Decision One Year On. *In*: Kluwer Arbitration Blog. 3 de maio de 2018.

lista, acorde com as modernas tendências existentes em relação à aplicação da Convenção de Nova Iorque.

1. A homologação de sentenças arbitrais estrangeiras

A partir de sua recepção pelo ordenamento jurídico brasileiro, por meio do Decreto nº 4.311 de 23 de julho de 2002, a Convenção de Nova Iorque[3] deveria ter ditado o regime geral para o reconhecimento e a execução de sentenças arbitrais estrangeiras no Brasil, mas, infelizmente, apesar dos 19 anos que se passaram desde sua ratificação, ainda não tem sido adotada na sua plenitude pelo Superior Tribunal de Justiça.

A Convenção de Nova Iorque, tratado internacional multilateral, instrumento de cooperação jurídica internacional, visa proporcionar, nos territórios dos países signatários, efetividade, segurança jurídica e, acima de tudo, harmonização no reconhecimento e execução das sentenças arbitrais estrangeiras[4].

Pode-se dizer que a Convenção de Nova Iorque instituiu uma presunção de validade das sentenças arbitrais proferidas no âmbito dos Estados signatários. De diversas maneiras, o instrumento reforça seu objetivo de facilitar a homologação das sentenças arbitrais estrangeiras no âmbito de seus países signatários, corroborando seu caráter pró-homologação e pró-arbitragem. Um exemplo disso reside no fato de que as circunstâncias nas quais se admite o indeferimento da homologação de uma sentença arbitral estrangeira se encontram delimitadas, de modo exaustivo, no artigo V da Convenção.

A redação do artigo V, ademais, não obriga que, nas hipóteses elencadas, a homologação da sentença arbitral seja indeferida pelas autoridades nacionais responsáveis, mas se restringe a indicar que referida homologação *poderá* ser indeferida[5] nas hipóteses previstas. Abre-se espaço, com isso, que as cortes nacionais optem por reconhecer e executar uma sentença arbitral estrangeira mesmo quando presente uma das circunstâncias elencadas no artigo V da Convenção de Nova Iorque.

[3] Convenção sobre o Reconhecimento e a Execução de Sentenças Arbitrais Estrangeira*s*. Nova Iorque, 1958.

[4] Aprigliano, Ricardo de Carvalho; Barros, Vera Cecília Monteiro de, et al., Note*:* Asa Bioenergia Holding Ltda. and outros *v*. Adriano Giannetti Ometto and Adriano Ometto Agrícola Ltda., Superior Court of Justice of Brazil, Case nº 9.412/ US (2013/0278872-5), 19 April 2017. *In*: **Revista Brasileira de Arbitragem**, CBAr & IOB, 2017, v. XIV, n. 56, p. 109-142.

[5] A Convenção de Nova Iorque, no idioma inglês, prevê: "*Article V. 1. Recognition and enforcement of the award may be refused [...]*".

Há de se ressaltar que a Lei de Arbitragem brasileira ["LAB"] reproduz, nos artigos 38 e 39, com alterações mínimas, as previsões da Convenção de Nova Iorque, ao estabelecer que o indeferimento da homologação das sentenças arbitrais estrangeiras somente poderá ocorrer em hipóteses limitadas, previstas na lei.

Observa-se, contudo, que apesar da incorporação da Convenção de Nova Iorque ao ordenamento jurídico brasileiro, o STJ não faz alusão a este instrumento de cooperação jurídica internacional com frequência, sendo em regra mencionados os artigos 38 e 39 da Lei de Arbitragem.

De 61 decisões analisadas de 2008 a 2015, que tratavam da homologação de sentenças arbitrais estrangeiras, apenas 3 (três) mencionavam a Convenção de Nova Iorque[6]. Por seu turno, de 22 julgamentos de Sentenças Estrangeiras Contestadas ("SECs") analisados, julgados pelo STJ entre janeiro de 2016 e maio de 2021, não houve qualquer decisão, favorável ou contrária à homologação e execução de sentenças arbitrais estrangeiras, justificada com base na Convenção de Nova Iorque.

Mesmo assim, pode-se dizer que grande parte das decisões do STJ tem se alinhado ao conteúdo da Convenção de Nova Iorque, dada sua semelhança com as disposições da Lei de Arbitragem brasileira, o que mitiga possíveis danos à segurança jurídica, valor perseguido internacionalmente com este tratado multilateral.

Um dos argumentos esgrimidos para indeferir o reconhecimento e a execução de sentenças arbitrais estrangeiras é a existência de violações contra a ordem pública. Todavia, não é habitual ao STJ acolher alegações genéricas como justificativa para não homologar sentenças arbitrais estrangeiras[7]. Em regra, o STJ tem tomado decisões sobremaneira técnicas[8] ao decidir pelo reconhecimento e execução de sentenças arbitrais estrangerias.

De acordo com estatísticas do Comitê Brasileiro de Arbitragem[9], de 2008 a 2015, de 61 sentenças arbitrais estrangeiras cuja homologação foi requerida no Brasil, foi indeferida a homologação por "violação à ordem pública" de 8 sen-

[6] Silva, Rafael Bittencourt; LUÍS, Daniel Tavela, et al., 6. Relatório Analítico – Homologação de Sentença Arbitral Estrangeira, *In*: **Arbitragem e Poder Judiciário:** Pesquisa CBAr-ABEArb 2016, 2008-2015.

[7] Aprigliano, Ricardo de Carvalho; Barros, Vera Cecília Monteiro de, et al. Note*:* Asa Bioenergia Holding Ltda. and outros *v*. Adriano Giannetti Ometto and Adriano Ometto Agrícola Ltda., Superior Court of Justice of Brazil, Case nº 9.412/ US (2013/0278872-5), 19 de abril de 2017. *Ob. cit.*, p. 109-142.

[8] Silva, Rafael Bittencourt; Luís, Daniel Tavela, et al., 6. Relatório Analítico – Homologação de Sentença Arbitral Estrangeira, *In*: **Arbitragem e Poder Judiciário:** Pesquisa CBAr-ABEArb 2016, 2008-2015.

[9] Idem.

tenças arbitrais (3 destas parcialmente), sendo o restante das sentenças arbitrais estrangeiras reconhecidas e executadas no território brasileiro. De 2016 a 2021[10], apenas a homologação de uma sentença arbitral estrangeira foi indeferida com base no argumento de violação à ordem pública, em 2017, a qual será tratada em maior profundidade a seguir.

2. A SEC nº 9.412/US (o caso *Abengoa*)

A decisão no caso Abengoa, em 2017, foi recebida pela comunidade arbitral brasileira e internacional com alguma surpresa. A homologação de duas sentenças arbitrais estrangeiras foi indeferida, dentre outras razões, pela necessidade de preservação da ordem pública, frente a alegada parcialidade do árbitro presidente do tribunal arbitral.

2.1 Antecedentes

A disputa teve início em 2009, com dois procedimentos arbitrais com sede na cidade de Nova Iorque, sendo as autoras as empresas Asa Bioenergia Holding AG, Abengoa Bioenergia Agrícola Ltda., Abengoa Bioenergia São João Ltda., Abengoa Bioenergia São Luiz e Abengoa Bioenergia Santa Fé, pertencentes a grupo empresarial de origem espanhola, e os réus, de nacionalidade brasileira, Adriano Giannetti Dedini Ometto e Adriano Ometto Agrícola Ltda.

As duas arbitragens[11] foram administradas segundo o regulamento da ICC (International Chamber of Commerce), os membros dos Tribunais Arbitrais eram os mesmos, com dois árbitros estrangeiros e um brasileiro, ao passo que a lei aplicável ao mérito era o direito brasileiro.

A controvérsia se deu em razão de um contrato de venda de quotas sociais entre as partes, por meio do qual se concretizaria a transferência do controle das usinas produtoras de açúcar e etanol do réu Adriano Ommeto para a autora Asa Bioenergy Holding A.G. A alegação das autoras, após a celebração do contrato, foi de que durante as negociações e o processo de auditoria realizado, os réus omitiram informações sobre a empresa cujas quotas sociais foram alienadas, bem como teriam sido violadas garantias outorgadas pelo réu quando da firma do contrato.

Em novembro de 2011, foram proferidas duas sentenças arbitrais condenando os réus ao pagamento de indenização por perdas e danos, uma vez reco-

[10] Conforme a análise de 22 processos de SECs julgados pelo STJ entre janeiro de 2016 e maio de 2021.
[11] CCI nº 16.176/JFR/CA e CCI nº 16.513/JFR/CA.

nhecida pelo tribunal arbitral a conduta fraudulenta na venda das quotas sociais da empresa às autoras.

Em dezembro do mesmo ano, porém, os réus alegaram a falta de revelação e o descumprimento do dever de imparcialidade por parte do árbitro presidente dos tribunais arbitrais, uma vez que empresas do grupo econômico Abengoa, a que pertenciam as autoras, teriam pago honorários por serviços profissionais prestados pelo escritório de advocacia em que o árbitro presidente era sócio. Diante disso, os réus solicitaram a anulação das sentenças arbitrais em Nova Iorque, sede da arbitragem, perante a Justiça Federal dos Estados Unidos.

O escritório a que pertencia referido árbitro, contudo, não havia recebido honorários das autoras diretamente, mas sim de uma subsidiária do grupo de empresas Abengoa, do qual faziam parte as autoras. Além disso, devido à dimensão do escritório, o próprio árbitro alegou desconhecimento da situação.

Assim, quando o caso foi submetido à Justiça Federal norte-americana, o entendimento do Poder Judiciário, em primeira e segunda instância (pelo Tribunal Regional Federal dos Estados Unidos do Distrito Sul de Nova Iorque, e pelo Tribunal de Apelação dos Estados Unidos, Segundo Circuito) foi de que as sentenças arbitrais só poderiam ser anuladas se fosse constatada uma "evidente parcialidade" do árbitro, apenas se uma pessoa razoável, em vista das circunstâncias, concluísse que o árbitro agiu de modo parcial, o que não havia sido comprovado no caso em comento.

A justiça norte-americana considerou que não havia nenhuma prova material de que o árbitro, ao prolatar as sentenças arbitrais, conhecia o conflito e interesses suscitado, a respeito do pagamento de honorários ao seu escritório, pelo grupo Abengoa. O pedido de anulação das sentenças arbitrais foi indeferido em primeira e segunda instância pela Justiça Federal dos Estados Unidos.

2.2 A decisão do Superior Tribunal de Justiça[12]

Após as decisões da Justiça Federal norte-americana que confirmaram, em 1ª e 2ª instâncias, as duas sentenças arbitrais, as autoras iniciaram o processo de homologação das sentenças arbitrais no Brasil, perante o Superior Tribunal de Justiça.

Os réus, novamente, alegaram a parcialidade do árbitro presidente, e pleitearam que fosse indeferida a homologação das sentenças arbitrais no Brasil, visto que violavam a ordem pública brasileira, por ofensa aos princípios cons-

[12] BRASIL. STJ, SEC 9.412/US, EX 2013/0278872-5, Rel. Min. Felix Fischer e Rel. p/o Ac. Min. João Otávio de Noronha, j. 19/04/2017. DJe 30/05/2017.

titucionais da legalidade, do devido processo legal, do contraditório, da ampla defesa e da igualdade das partes, o que se daria, entre outros motivos, em razão da parcialidade do árbitro.

Em uma decisão controvertida, o Superior Tribunal de Justiça negou a homologação e execução das duas sentenças arbitrais, entre outras razões[13], por considerar a existência de elementos objetivos que comprometeriam a imparcialidade e independência do árbitro presidente.

Na sua fundamentação, a Corte Especial do Superior Tribunal de Justiça recorreu à Lei de Arbitragem. Expôs que, no caso, incidiria o art. 14 do referido diploma legal[14], tendo-se que (i) o *caput* do dispositivo prevê o impedimento do árbitro que tenha com as partes ou com o litígio que lhes for submetido alguma das relações que caracterizam os casos de impedimento ou suspeição de juízes conforme o Código de Processo Civil; e (ii) o parágrafo único do mesmo artigo exprime o dever de revelação dos árbitros sobre os fatos que denotem dúvida justificada acerca de sua imparcialidade e independência.

Em decorrência da violação ao dispositivo acima, as sentenças arbitrais seriam nulas, a teor do art. 32, II e IV, da Lei de Arbitragem[15], uma vez emanadas "de quem não podia ser árbitro" e proferidas "fora dos limites da convenção arbitral". Ademais, também restaria violado o art. 13[16] do mesmo diploma, pois o árbitro, em sua não observância ao dever de revelação, prejudicou a confiança das partes.

[13] Para fins deste estudo, limitamo-nos ao exame da parcialidade do árbitro feito pelo STJ, porém cumpre notar que, no mesmo acórdão, foram também examinadas as alegações de que (i) teriam sido desconsideradas e tidas como inexistentes provas essenciais à defesa dos requeridos, referentes a correspondências eletrônicas; e (ii) uma das sentenças arbitrais analisadas teria imposto aos ora requeridos condenação que afrontaria o princípio da reparação integral e da legalidade, e que não teria aplicado a lei brasileira no momento da fixação da indenização.

[14] Lei nº 9.307/96, Art. 14: "Estão impedidos de funcionar como árbitros as pessoas que tenham, com as partes ou com o litígio que lhes for submetido, algumas das relações que caracterizam os casos de impedimento ou suspeição de juízes, aplicando-se-lhes, no que couber, os mesmos deveres e responsabilidades, conforme previsto no Código de Processo Civil. § 1º As pessoas indicadas para funcionar como árbitro têm o dever de revelar, antes da aceitação da função, qualquer fato que denote dúvida justificada quanto à sua imparcialidade e independência". (BRASIL. Lei nº 9.307, de 23 de setembro de 1996. Dispõe sobre a arbitragem. Disponível em: http://www.planalto.gov.br/ccivil_03/leis/l9307.htm. Acesso em: 23 jul. 2021.)

[15] Lei nº 9.307/96, Art. 32, II e IV: "Art. 32. É nula a sentença arbitral se: [...] II. emanou de quem não podia ser árbitro; [...] IV. for proferida fora dos limites da convenção de arbitragem;". (*Ibid.*)

[16] Lei nº 9.307/96, Art. 13: "Pode ser árbitro qualquer pessoa capaz e que tenha a confiança das partes.". (*Ibid.*)

Por fim, o Superior Tribunal de Justiça afirmou que as sentenças arbitrais incorreriam em hipóteses em que a Lei de Arbitragem prevê o indeferimento da homologação para reconhecimento e execução de sentença arbitral estrangeira, visto que as sentenças teriam sido proferidas fora dos limites da convenção de arbitragem[17], e ofenderiam a ordem pública nacional (art. 38, IV e art. 39, II[18]).

Três situações foram determinantes para o Superior Tribunal de Justiça julgar o árbitro como parcial: (i) o pagamento de honorários, em montantes significativos, ao escritório do árbitro, por empresa do mesmo grupo das autoras, independentemente de o escritório do árbitro ter assessorado o Departamento de Energia dos Estados Unidos para a aprovação de uma operação, e não diretamente à empresa do grupo Abengoa, e embora esta empresa tenha efetuado o pagamento dos honorários em decorrência de determinação legal; (ii) a operação de aquisição de ações da empresa controladora do grupo empresarial das autoras, por empresa que era cliente regular do escritório do árbitro, na qual o escritório assessorou o Departamento de Energia dos Estados Unidos para a aprovação da compra acionária, o que resultou no pagamento de honorários pelas partes da operação; (iii) em outra operação, o escritório do árbitro presidente também teria assessorado um cliente na compra e venda de ações pertencentes a empresa do grupo das autoras.

Diante das circunstâncias descritas, o Superior Tribunal de Justiça julgou que, embora não existissem relações diretas entre o árbitro e as autoras, na condição advogado e cliente, o escritório do qual era sócio teve contato significativo com empresas do grupo das autoras, e com questões relevantes para as autoras nas arbitragens em discussão, o que indicaria que sua imparcialidade e a confiança das partes no árbitro foram comprometidas.

Insta observar que o recebimento pelo escritório do árbitro, de valores expressivos pagos por uma empresa do grupo Abengoa, foi enquadrado como uma das hipóteses de impedimento e suspeição do julgador previstas no Código de Processo Civil, mais precisamente em seu artigo 135, inciso V. Ademais, muito foi enfatizado nesta decisão o dever de revelação e a importância da confiança das partes no árbitro, dada a natureza contratual da arbitragem. De acordo com

[17] Lei nº 9.307/96, Art. 38, IV: "Art. 38. Somente poderá ser negada a homologação para o reconhecimento ou execução de sentença arbitral estrangeira, quando o réu demonstrar que: [...] IV. a sentença arbitral foi proferida fora dos limites da convenção de arbitragem, e não foi possível separar a parte excedente daquela submetida à arbitragem". (*Ibid.*)

[18] Lei nº 9.307/96, Art. 39, II: "Art. 39. A homologação para o reconhecimento ou a execução da sentença arbitral estrangeira também será denegada se o Superior Tribunal de Justiça constatar que: [...] II. a decisão ofende a ordem pública nacional". (*Ibid.*)

a Lei de Arbitragem (Art. 13), o árbitro deve ser "capaz e em quem as partes confiem", o que significaria, no entendimento do STJ, tanto a indicação de pessoa de confiança por uma das partes quanto a aceitação dessa indicação pela oponente, sem motivos para sua desconfiança.

O Superior Tribunal de Justiça entendeu que o árbitro tinha o dever de revelar às partes que seu escritório vinha realizando operações com empresas que tinham algum vínculo com as autoras, e em todas as situações descritas, para garantir às partes a oportunidade de manifestarem se mantinham sua confiança no árbitro ou não, o que é imprescindível conforme a Lei de Arbitragem brasileira. Afirmou que esses fatos consistem em elementos concretos e objetivos que interferem na análise da confiança do árbitro, de maneira que a ausência de revelação comprometeu a validade da arbitragem.

De forma distinta do posicionamento proferido pelo Judiciário da sede das arbitragens, em Nova Iorque, na análise do STJ dispensou-se a demonstração efetiva da conduta parcial do árbitro para concluir que, em havendo dúvida quanto à imparcialidade do julgador, e violação ao dever de revelação, justificava-se o indeferimento à homologação das sentenças arbitrais no Brasil.

A Corte Especial do Superior Tribunal de Justiça, por maioria, decidiu que a ausência de imparcialidade do julgador constitui uma ofensa à ordem pública nacional, uma vez que a garantia de julgamento por juiz imparcial deriva da exigência do devido processo legal. A imparcialidade do juiz seria pressuposto processual necessário para que o mérito de um processo seja validamente julgado, em qualquer ordenamento em que vigorem os princípios da isonomia, do juiz natural, e do devido processo.

A violação do princípio da imparcialidade significaria a não observância das garantias constitucionais fundamentais, além de consistir em uma questão de interesse público, e de ordem pública no Brasil, não sujeita à preclusão.

A Corte Especial defendeu que a decisão no país de origem da sentença arbitral, que julgou pela validade das mesmas, não vincula o Superior Tribunal de Justiça, ou haveria interferência na soberania brasileira, fundada no princípio da independência dos poderes da república no território em relação a órgãos estrangeiros, conforme o art. 4º, I da Constituição Federal.

Além disso, foi exposto pela Corte que, caso o Superior Tribunal de Justiça não pudesse analisar a alegação de parcialidade em comento, seria reduzido a um "cartório homologatório de sentenças estrangeiras", obrigado a dar eficácia a sentenças com vícios de parcialidade. A imparcialidade do árbitro não significaria uma análise do mérito da controvérsia, mas tratar-se-ia de um pressuposto processual, uma exigência formal para que as decisões e processos sejam válidos e, consequentemente, para que as duas sentenças arbitrais analisadas pudessem ser homologadas.

3. Violação à ordem pública

É possível subdividir a ordem pública em dois planos, o interno e o internacional e, a depender do domínio de aplicação ao qual o julgador recorre para fundamentar sua decisão, resultados diversos podem ser obtidos.

3.1 A ordem pública interna

A ordem pública interna se aplica nas relações desenvolvidas dentro do Estado, restritas a seu território, e se sujeitando, portanto, a sua jurisdição, exclusivamente[19]. Identifica-se com os valores políticos, econômicos, sociais e filosóficos essenciais a uma sociedade[20], expressando valores fundamentais recepcionados pelo ordenamento jurídico nacional, e manifestando-se em princípios constitucionais[21]. No plano interno, a ordem pública opera no sentido de limitar a autonomia da vontade das partes em domínios em que deve prevalecer o comando estatal[22].

3.2 A ordem pública internacional

A ordem pública internacional, apesar da denominação que pode induzir a enganos, também pertence à ordem pública nacional de um determinado Estado[23]. Trata-se apenas de outro ângulo da ordem pública de um país[24], mais restrito e tolerante que a ordem pública interna. Isto porque diz respeito ao conjunto dos valores essenciais recepcionados por um determinado país especificamente nas

[19] Aprigliano, Ricardo de Carvalho. **Ordem pública e processo:** o tratamento das questões de ordem pública no direito processual civil. São Paulo: Atlas, 2011, p. 53-62.

[20] Schultz, Alexandre Buono. A Ordem Pública na Convenção de Nova Iorque sobre Reconhecimento e a Execução de Sentenças Arbitrais Estrangeiras. *In*: **Revista Brasileira de Arbitragem**, CBAr & IOB, v. X, n. 38, 2013, p. 65-95.

[21] Aguiar Júnior, Ruy Rosado de. **Arbitragem, os precedentes e a ordem pública.** *In*: BRASIL. Superior Tribunal de Justiça. **Doutrina:** edição comemorativa 30 anos do STJ. Brasília, 2019. p. 193-224.

[22] Barroso, Luís Roberto. **Interpretação e aplicação da constituição**. 3. ed. rev. e atual. São Paulo: Editora Saraiva, 1999, p. 46.

[23] Barrocas, Manuel Pereira. A ordem pública na arbitragem. *In*: **Spain Arbitration Review / Revista del Club Español del Arbitraje, Club Español del Arbitraje; Wolters Kluwer España**, v. 2015, n. 22, 2015, p. 5-68.

[24] *Ibid*, p. 5-68.

suas relações internacionais[25], que se colocam como obstáculo à aplicação da lei estrangeira na ordem interna[26].

A ordem pública internacional incide sobre os atos praticados no exterior, mas que detêm repercussão interna, e funciona como um filtro de leis, sentenças e atos que deverão ter eficácia dentro do território nacional[27], conforme os preceitos fundamentais adotados pelo país nas suas relações jurídicas internacionais, e não apenas no âmbito de suas relações internas.

No que concerne à homologação das sentenças arbitrais estrangeiras, a ordem pública internacional brasileira impedirá o reconhecimento das decisões que representam risco a determinados valores fundamentais, expressos pela soberania nacional, mas também poderá permitir a homologação de sentença na qual incide um modelo jurídico distinto daquele que se impõe no Brasil[28], por exemplo, tolerando elementos estranhos ao modelo ordinariamente prescrito nas relações domésticas. Esta acepção permite a proteção de valores fundamentais, de moralidade e de justiça[29], ao mesmo tempo em que busca a preservação dos negócios jurídicos internacionais.

3.3 A ordem pública conforme a Convenção de Nova Iorque

A Convenção de Nova Iorque delimita, taxativamente, em seu artigo V, as circunstâncias nas quais é admitido indeferir a homologação de sentença arbitral estrangeira, tendo-se, mais precisamente, no artigo V(2)(b), a hipótese em que o indeferimento do reconhecimento e execução da sentença arbitral estrangeira poderá ocorrer caso a autoridade competente constate que fazê-lo seria contrário à ordem pública daquele país.

Muito embora a redação da Convenção não especifique a qual âmbito da ordem pública se refere, é comumente reconhecido pela doutrina que o artigo V(2)(b) da Convenção de Nova Iorque deve ser interpretado e compreendido como se tratasse, de modo implícito, da ordem pública internacional[30], sendo

[25] Aprigliano, Ricardo de Carvalho. *Ob. Cit.*, p. 54.

[26] Aguiar Júnior, Ruy Rosado de. **Arbitragem, os precedentes e a ordem pública**. *In*: BRASIL. Superior Tribunal de Justiça. **Doutrina:** edição comemorativa 30 anos do STJ. Brasília, 2019, p. 193-224.

[27] Carmona, Carlos Alberto. **Arbitragem e processo**. Um comentário à Lei nº 9.307/1996, 3. ed., São Paulo: Atlas, 2009, p. 69-70.

[28] Aguiar Júnior, Ruy Rosado de. *Ob. Cit.*, p. 193-224.

[29] Carmona, Carlos Alberto. *Ob. Cit.*, p. 69-70.

[30] Chen, Helena Hsi-Chia. Chapter 2: The Meaning of Public Policy. In Predictability of "Public Policy" in Article V of the New York Convention under Mainland China's Judicial Practice, Kluwer Law International, 2017, p. 11-26; LEMES, Selma Ferreira. Parecer: 1. Árbitro. Dever de revelação.

esta noção desenvolvida pela jurisprudência internacional, particularmente no contexto de aplicação do artigo (2) da Convenção[31].

A presidência da Corte Internacional de Arbitragem da Câmara de Comércio Internacional, por exemplo, pronunciando-se sobre os objetivos da Convenção de Nova Iorque, já expressou o entendimento de que não haveria motivos para as cortes domésticas utilizarem critério diverso da ordem pública internacional ao examinar um pedido de execução de sentença arbitral estrangeira[32]. A exceção de ordem pública, tal como prevista na Convenção, exerce a finalidade de proteger o ordenamento jurídico de interseções externas, que possam ser prejudiciais à integridade e a coerência do ordenamento nacional[33].

A Convenção de Nova Iorque trata da "ordem pública internacional", tal como percebida pelo direito do país em que se tenciona a homologação de uma sentença arbitral estrangeira[34]; refere-se à ordem pública aplicável aos casos com características ou elementos internacionais submetidos ao reconhecimento e execução por um determinado Estado.

A redação do Art. V(2)(b) da Convenção apregoa que o reconhecimento e a execução de uma sentença arbitral podem ser recusados caso as cortes domésticas constatem que "o reconhecimento ou a execução da sentença seria contrário à ordem pública *daquele país*", destacando, com isso, a importância do país em que se pleiteia o reconhecimento de uma sentença arbitral e de sua concepção própria de ordem pública internacional. O dispositivo não remete a uma análise direta das fontes do Direito Internacional, portanto, mas faz alusão ao que cada Estado concebe como sua ordem pública internacional.

Inexistência de conflito de interesses. Princípios da independência e da imparcialidade do árbitro. 2.Homologação de sentença arbitral estrangeira no STJ. Inexistência de violação à ordem pública (processual). Art. 39, II, da Lei de Arbitragem e art. V(II)(b) da Convenção de Nova Iorque. *In*: **Revista brasileira de arbitragem**, n. 41, 2014.

31 Van Den Berg, Albert Jan. The New York Convention and its Application by Brazilian Courts. *In*: **Revista de Arbitragem e Mediação**, v. 36, jan/2013, p. 15.

32 Briner, R. **Philosophy and objectives of the Convention, in Enforcing Arbitration Awards under the New York Convention Experience and Prospects (Colloquium, 1998)**. Disponível em: http://www.uncitral.org/pdf/english/texts/arbitration/NY- conv/NYCDay-e.pdf, p. 10. *Apud*: Schultz, Alexandre Buono. A Ordem Pública na Convenção de Nova Iorque sobre Reconhecimento e a Execução de Sentenças Arbitrais Estrangeiras. *In*: **Revista Brasileira de Arbitragem**, CBAr & IOB, v. X, n. 38, 2013, p. 65-95.

33 Gonçalves, Eduardo Damião. **Comentários ao Artigo V(2)(A)(B) da Convenção de Nova Iorque**. *In*: Wald, Arnoldo; Lemes, Selma Ferreira. **Arbitragem Comercial Internacional:** A Convenção de Nova Iorque e o Direito Brasileiro. São Paulo: Saraiva, 2011, p. 288.

34 Van Den Berg, Albert Jan. **The New York Convention and its Application by Brazilian Courts**. *In*: **Revista de Arbitragem e Mediação**, v. 36, jan/2013, p. 15.

3.4 Aplicação da ordem pública internacional no Brasil

Como já mencionado, a Lei de Arbitragem brasileira espelha as previsões e a racionalidade por trás da Convenção de Nova Iorque, tendo-se estabelecido no art. 39, II, que a homologação para o reconhecimento ou a execução da sentença arbitral estrangeira será indeferida se o Superior Tribunal de Justiça constatar que a decisão ofende a ordem pública nacional.

Pode-se afirmar que a Lei de Arbitragem se preocupa com a proteção da integridade da ordem jurídica nacional e seus valores essenciais, sendo mais compatível com o sentido de ordem pública que remete ao direito internacional privado, próprio de situações em que se fazem presentes relações jurídicas que transcendem o território nacional, do que com a perspectiva de uma ordem pública que se volta às relações internas do país[35].

Neste sentido, no artigo 38 a Lei de Arbitragem dispõe que "a sentença arbitral estrangeira será reconhecida ou executada no Brasil de conformidade com os tratados internacionais com eficácia no ordenamento interno e, na sua ausência, estritamente de acordo com os termos desta Lei." O dispositivo, ao determinar que a observância aos tratados internacionais precede à lei doméstica brasileira, sugere que a própria Lei de Arbitragem favorece a concepção de que o exame para o reconhecimento de tais sentenças deve ser feito considerando a ordem pública internacional, em detrimento da ordem pública interna.

Há respaldo doutrinário e jurisprudencial para que se interprete o dispositivo da Lei de Arbitragem no sentido de estar-se referindo à ordem pública internacional. A vigência interna da Convenção de Nova Iorque no Brasil implica, ademais, recepcionar tanto a jurisprudência internacional sobre a Convenção como a doutrina comparada[36].

Depreendendo-se que a Convenção de Nova Iorque faz alusão à ordem pública internacional do país, a solução mais racional e compatível a tal instrumento é de que se interprete o artigo 39, II, da Lei de Arbitragem sob a mesma perspectiva da Convenção, apreciando as sentenças arbitrais estrangeiras a serem internalizadas sob a ordem pública internacional brasileira.

[35] ALMEIDA, Ricardo Ramalho. **Arbitragem comercial internacional e ordem pública**. Rio de Janeiro: Renovar, 2005, p. 278-279.

[36] LEMES, Selma Ferreira. Parecer: 1. Árbitro. Dever de revelação. Inexistência de conflito de interesses. Princípios da independência e da imparcialidade do árbitro. 2.Homologação de sentença arbitral estrangeira no STJ. Inexistência de violação à ordem pública (processual). Art. 39, II, da lei de arbitragem e art. V(II)(b) da convenção de Nova Iorque. *In*: **Revista brasileira de arbitragem**, n. 41, 2014.

O Superior Tribunal de Justiça não faz uso explícito das distinções entre ordem pública interna e internacional, muito embora demonstre em sua jurisprudência que se guia pela ordem pública internacional, ao tratar do reconhecimento de sentenças arbitrais estrangeiras. Nesta linha, é pertinente a colocação da Ministra Nancy Andrighi, em julgamento proferido em 7 de agosto de 2013 pela Corte Especial do STJ, que se mostra perfeitamente compatível com a ideia de que, em detrimento da ordem pública interna, a homologação das decisões estrangeiras deve ter como limite a ordem pública internacional:

> Não é qualquer contrariedade ao sistema jurídico local que pode implicar ofensa à ordem pública, de tal sorte que descabe ao STJ fazer análise profunda acerca do conteúdo e (ou) da justiça da decisão estrangeira quando não constatada malversação a valores fundamentais da cultura jurídica pátria. [...] a análise que se faz de eventual ofensa à ordem pública não se destina propriamente a verificar a justiça da decisão à luz do nosso ordenamento, e sim se ela está de acordo com aquele conjunto de princípios e regras reputadas essenciais à coesão nacional[37].

Em geral, a falta de distinção expressa entre ordem pública interna e internacional nas decisões do STJ não trouxe problemas práticos à posição do Brasil como um país favorável ao reconhecimento de sentenças arbitrais estrangeiras. Seria, contudo, benéfico a uma interpretação mais uniforme da Convenção de Nova Iorque[38], bem como à maior segurança das decisões da Corte, se o STJ passasse a se reportar, explicitamente, à Convenção de Nova Iorque, bem como se houvesse um posicionamento mais sólido quanto à distinção entre ordem pública interna e internacional.

Conclusões

É possível observar que transcorridos 19 anos de sua ratificação, ainda o Superior Tribunal de Justiça reluta em fundamentar as decisões sobre homologação de sentenças arbitrais estrangeiras na Convenção de Nova Iorque, mantendo um prisma doméstico, excluindo a visão internacional que necessariamente envolve o reconhecimento e a execução de sentenças arbitrais estrangeiras no país.

Uma maior fundamentação na Convenção de Nova Iorque, e uma distinção mais clara, pelo STJ, entre o âmbito de incidência da ordem pública interna e

[37] BRASIL. STJ, SEC 4024 EX 2010/0073632-7. Rel. Min. Nancy Andrighi, J. em 07/08/2013. DJe 13/09/2013.

[38] Van Den Berg, Albert Jan. The New York Convention and its Application by Brazilian Courts. *In*: **Revista de Arbitragem e Mediação**, v. 36, jan/2013, p. 15.

internacional, poderiam propiciar maior harmonia das decisões locais com as dos países que, como o Brasil, são considerados "*arbitration friendly*".

No caso Abengoa, a Corte não fundamentou sua decisão na Convenção de Nova Iorque, e tampouco enfatizou o caráter pró-arbitragem que tanto a Convenção como a Lei Brasileira de Arbitragem apregoam. Pouca atenção foi depositada ao caráter internacional que permeia a disputa e as relações jurídicas envolvidas[39], de sorte que a Corte brasileira se norteou mais pela noção de ordem pública interna do que pela ordem pública internacional.

O Superior Tribunal de Justiça não se propôs a considerar as soluções adotadas em outras jurisdições[40], e pautou sua decisão, muito mais, em critérios associados à doutrina, jurisprudência e legislação locais, e ao contexto doméstico, ao defender a preservação da ordem pública e a soberania nacional.

A Corte fundamentou sua decisão, ao examinar a imparcialidade do árbitro, na Lei de Arbitragem, tendo considerado violação aos artigos 13, 14, *caput* e §1º, 32, II e IV, 38, V, e 39, II, do diploma legal. Utilizou-se, ainda, de critérios de impedimento e suspeição previstos no Código de Processo Civil para justificar que a imparcialidade do árbitro presidente estaria comprometida. Contudo, a lei aplicável à arbitragem era a lei da sede dos procedimentos arbitrais, em Nova Iorque.

Ao utilizar-se de um critério local para examinar a imparcialidade do julgador, o Superior Tribunal de Justiça não mostrou nenhuma permissividade ao critério adotado pelo Poder Judiciário da sede das arbitragens, que exige evidências substanciais de que o árbitro foi parcial para justificar a anulação das sentenças arbitrais.

Com isso, é possível argumentar que uma aplicação do princípio da ordem pública de forma mais tolerante e permissiva a regras de outros ordenamentos, condizente com o plano internacional da ordem pública, não foi priorizada, ao passo que predomina uma argumentação voltada ao plano interno da ordem pública.

Importa rememorar que a própria Lei de Arbitragem reconhece que a homologação das sentenças arbitrais estrangeiras deve, em primeiro lugar, observar os

[39] APRIGLIANO, Ricardo de Carvalho; BARROS, Vera Cecília Monteiro de, *et al.* Note: Asa Bioenergia Holding Ltda. and outros *v.* Adriano Giannetti Ometto and Adriano Ometto Agrícola Ltda., Superior Court of Justice of Brazil, Case nº 9.412/ US (2013/0278872-5), 19 April 2017. *Ob. Cit.*, p. 109-142.

[40] *Ibid.*

tratados internacionais vigentes, sendo apenas na ausência destes tratados, preconizada a utilização estrita dos termos da Lei de Arbitragem[41].

A própria Lei de Arbitragem insinua a necessidade de um exame conforme a ordem pública internacional no que concerne a homologação de sentenças arbitrais estrangeiras. Quando se tenciona o reconhecimento de uma sentença arbitral estrangeira, deve-se avaliar quais tratados internacionais, dos quais o Brasil é signatário, seriam aplicáveis ao caso, considerando se a sentença arbitral estrangeira é também oriunda de um Estado signatário do mesmo instrumento. A Lei de Arbitragem brasileira se aplica, como regramento único no reconhecimento e execução da sentença arbitral estrangeira, apenas nas hipóteses em que não se verificar incidência de nenhum dos tratados em vigor no Brasil que regulam a homologação de sentenças arbitrais estrangeiras[42].

Considerando que Brasil e Estados Unidos, este último como país em que foram proferidas as sentenças arbitrais no caso Abengoa, são signatários da Convenção de Nova Iorque, resta evidenciada a necessária observância ao instrumento no caso em discussão, bem como aos demais tratados internacionais celebrados por ambos os Estados, que disciplinem a homologação de sentenças arbitrais estrangeiras, como seria o caso da Convenção do Panamá, por exemplo, com precedência em relação à Lei de Arbitragem brasileira.

A decisão do Superior Tribunal de Justiça em Abengoa é polêmica pois, apesar de destacar a importância de árbitros serem cautelosos quanto ao seu dever de revelação, poderia ter se norteado na Convenção de Nova Iorque, recorrendo a um julgamento mais alinhado à ordem pública internacional para julgar a imparcialidade do árbitro.

O modo como o STJ fundamentou sua decisão centrou-se demasiadamente na Lei de Arbitragem, e em dispositivos de incidência essencialmente doméstica. A precedência exercida pelos tratados internacionais no regime de homo-

[41] Lei nº 9.307/96, Art. 34: "A sentença arbitral estrangeira será reconhecida ou executada no Brasil de conformidade com os tratados internacionais com eficácia no ordenamento interno e, na sua ausência, estritamente de acordo com os termos desta Lei." (BRASIL. Lei nº 9.307, de 23 de setembro de 1996. Dispõe sobre a arbitragem. Disponível em: http://www.planalto.gov.br/ccivil_03/leis/l9307.htm. Acesso em: 23 jul. 2021.)

[42] Vigoram no Brasil outros tratados internacionais que poderão disciplinar a homologação de sentenças arbitrais estrangeiras, para além da Convenção de Nova Iorque. Cita-se, por exemplo, a Convenção Interamericana sobre Arbitragem Comercial Internacional ("Convenção do Panamá") de 1975, que entrou em vigor no Brasil em 27 de dezembro de 1995; ou ainda o Protocolo de Cooperação e Assistência Jurisdicional em Matéria Civil, Comercial, Trabalhista e Administrativa – Mercosul de 1992 ("Protocolo de las Leñas"), em vigor no país desde 17 de março de 1996.

logação de sentenças arbitrais estrangeiras, a qual é reconhecida pela própria Lei de Arbitragem, parece ter sido desconsiderada.

No contexto do reconhecimento e execução das sentenças arbitrais estrangeiras, a falta de observância ao plano internacional da ordem pública não se mostra benéfica à segurança dos investimentos e comércio internacional[43], e pode afastar a concretização dos objetivos da Convenção de Nova Iorque -reconhecidos pelo Brasil, país signatário do tratado internacional- relacionados à busca pela efetividade e segurança dos negócios jurídicos internacionais.

A restrita aplicação da Convenção de Nova Iorque pelo STJ prejudica a sinalização de que o Brasil é um parceiro comercial de confiança, e podem afetar a segurança jurídica nos negócios internacionais, elevando os custos de transação nas relações comerciais[44].

Isso porque a falta de determinação do conceito de ordem pública pode ser utilizada pela parte que busca se furtar ao cumprimento de suas obrigações, levar a que a eficácia da sentença arbitral varie a depender do foro, e, em última análise, elevar os custos de transação das relações comerciais, visto que impacta na organização dos agentes privados, os quais passarão a contabilizar em seus custos os riscos de litigar em um ambiente de incertezas[45].

Precedentes do STJ favoráveis à arbitragem representam um incentivo ao cumprimento dos contratos, bem como a celebração de novos negócios e desincentivam demandas judiciais abusivas[46]. Ao contrário, incertezas relacionadas à aplicação do conceito de ordem pública com base em seu plano interno no contexto da homologação de sentenças arbitrais estrangeiras, podem gerar custos associados aos riscos de que contratos internacionais não serão cumpridos, e desencorajar ou elevar o custo das transações internacionais e dos investimentos estrangeiros no país.

[43] Lemes, Selma Ferreira. Parecer: 1. Árbitro. Dever de revelação. Inexistência de conflito de interesses. Princípios da independência e da imparcialidade do árbitro. 2.Homologação de sentença arbitral estrangeira no STJ. Inexistência de violação à ordem pública (processual). Art. 39, II, da lei de arbitragem e art. V(II)(b) da Convenção de Nova Iorque. *In*: **Revista brasileira de arbitragem**, n. 41, Jan./Mar, 2014, p. 17.

[44] Monteiro De Barros, Vera. **Homologação para o reconhecimento ou execução da sentença arbitral estrangeira no Brasil:** exceção de ofensa à ordem pública. Dissertação de Mestrado apresentada no Curso de Pós-Graduação da Faculdade de Direito da Universidade de São Paulo, 2013, p. 197.

[45] *Ibid.*, p. 193-197.

[46] *Ibid.*, p. 193-197.

Referências

AGUIAR JÚNIOR, Ruy Rosado de. **Arbitragem, os precedentes e a ordem pública.** *In*: BRASIL. Superior Tribunal de Justiça. **Doutrina:** edição comemorativa 30 anos do STJ. Brasília, 2019.

ALMEIDA, Ricardo Ramalho. **Arbitragem comercial internacional e ordem pública.** Rio de Janeiro: Renovar, 2005.

APRIGLIANO, Ricardo de Carvalho. **Ordem pública e processo:** o tratamento das questões de ordem pública no direito processual civil. São Paulo, Atlas, 2011.

APRIGLIANO, Ricardo de Carvalho; MARROS, Vera Cecília Monteiro de, *et al.*, Note: Asa Bioenergia Holding Ltda. and outros v. Adriano Giannetti Ometto and Adriano Ometto Agrícola Ltda., Superior Court of Justice of Brazil, Case nº 9.412/ US (2013/0278872-5), 19 April 2017'. *In*: **Revista Brasileira de Arbitragem**, CBAr & IOB, 2017, Vol. XIV, n. 56.

UNCITRAL. Convention on the Recognition and Enforcement of Foreign Arbitral Awards. New York, 1958. In: BRASIL. Decreto nº 4.311, de 23 de julho de 2002. Promulga a Convenção sobre o Reconhecimento e a Execução de Sentenças Arbitrais Estrangeiras.Disponível em: http://www.planalto.gov.br/ccivil_03/decreto/2002/d4311.htm. Acesso em: 1 jun. 2021.

BARROCAS, Manuel Pereira. A ordem pública na arbitragem. *In*: Spain Arbitration Review | **Revista del Club Español del Arbitraje, Club Español del Arbitraje**; Wolters Kluwer España, vol 2015, n. 22, 2015.

BARROSO, Luís Roberto. **Interpretação e aplicação da constituição**. 3. ed. rev. e atual. São Paulo: Editora Saraiva, 1999.

BRASIL. STJ, SEC 4024 EX 2010/0073632-7. Rel. Min. Nancy Andrighi, J. 07/08/2013. DJe 13/09/2013.

BRASIL. STJ, SEC 9.412/US. Rel. Min. Felix Fischer e Rel. p/o Ac. Min. João Otávio de Noronha, J. 19/04/2017. DJe 30/05/2017.

CARMONA, Carlos Alberto. **Arbitragem e processo**. Um comentário à Lei nº 9.307/1996, 3. ed., São Paulo: Atlas, 2009.

CHEN, Helena Hsi-Chia, Chapter 2: The Meaning of Public Policy. *In:* **Predictability of 'Public Policy' in Article V of the New York Convention under Mainland China's Judicial Practice**, Kluwer Law International, 2017.

GONÇALVES, Eduardo Damião. **Comentários ao Artigo V(2)(A)(B) da Convenção de Nova Iorque.** *In*: WALD, Arnoldo; LEMES, Selma Ferreira. **Arbitragem Comercial Internacional:** A Convenção de Nova Iorque e o Direito Brasileiro. São Paulo: Saraiva, 2011.

LEMES, Selma Ferreira. Parecer: 1. Árbitro. Dever de revelação. Inexistência de conflito de interesses. Princípios da independência e da imparcialidade do árbitro. 2. Homologação de sentença arbitral estrangeira no STJ. Inexistência de violação à ordem pública (processual). Art. 39, II, da lei de arbitragem e art. V(II)(b) da convenção de Nova Iorque. *In*: **Revista brasileira de arbitragem**, n. 41, Jan./Mar, 2014.

LEMGRUBER, María Eduarda. **Recognition of Foreign Arbitral Awards in Brazil:** The Abengoa Decision One Year On. In Kluwer Arbitration Blog. 3 de maio de 2018.

MONTEIRO DE BARROS, Vera. **Homologação para o reconhecimento ou execução da sentença arbitral estrangeira no Brasil: exceção de ofensa à ordem pública.** Dissertação de Mestrado apresentada no Curso de Pós-Graduação da Faculdade de Direito da Universidade de São Paulo, 2013.

SCHULTZ, Alexandre Buono. A Ordem Pública na Convenção de Nova Iorque sobre Reconhecimento e a Execução de Sentenças Arbitrais Estrangeiras. *In*: **Revista Brasileira de Arbitragem**, CBAr & IOB, Vol. X, n. 38, 2013.

SILVA, Rafael Bittencourt; LUÍS, Daniel Tavela, *et al.*, 6. Relatório Analítico – Homologação de Sentença Arbitral Estrangeira. *In*: **Arbitragem e Poder Judiciário:** Pesquisa CBAr-ABEArb 2016, 2008-2015.

VAN DEN BERG, Albert Jan. The New York Convention and its Application by Brazilian Courts. *In*: **Revista de Arbitragem e Mediação**, v. 36, jan/2013.

PARTE 7

ARBITRAGEM E SUA INTERCESSÃO COM OUTROS TEMAS DO DIREITO BRASILEIRO

26.
QUESTÕES ATUAIS DA ARBITRAGEM SOCIETÁRIA

FABIANO ROBALINHO CAVALCANTI

Introdução

Historicamente, o mercado de valores mobiliários brasileiros não tem sido um terreno fértil para o ativismo de acionistas. A Lei nº 6.404/1976 (a Lei das Sociedades Anônimas), a qual é, em geral, considerada uma lei bem estruturada, confere aos acionistas minoritários o direito de ajuizar ações diretas, ou em substituição processual, para pleitear indenização, em nome da companhia ou em seu próprio nome, por danos/prejuízos que lhe possam ter sido causados, seja pela companhia, pelos administradores, ou pelo acionista controlador. Apesar de previsão expressa para essas medidas na lei, no entanto, na prática o número de processos ajuizados por acionistas minoritários no Brasil sempre se mostrou modesto[1].

Mais recentemente, houve um aumento de ações judiciais ajuizadas por acionistas que envolvem companhias de capital aberto. Seguindo o exemplo de acionistas de outras jurisdições, especialmente dos Estados Unidos, os acionistas minoritários de companhias com ações admitidas à negociação na Bolsa de Valores de São Paulo têm feito maior uso dos meios que lhes são garantidos pela Lei das Sociedades Anônimas para pleitear indenização por danos provocados por (i) falta de transparência; (ii) prestação imprecisa de informações; e (iii) conduta fraudulenta e/ou abusiva de acionistas controladores, diretores e conselheiros.

[1] GRINOVER, Ada Pellegrini. **A Tutela Coletiva dos Investidores no Mercado de Valores Mobiliários:** Questões Processuais. *In*: YARSHELL, Flávio Luiz; PEREIRA, Guilherme Setoguti J. (coords.). **Processo Societário**. 1. ed. São Paulo: Quartier Latin, 2012, p. 58.

Esse crescimento de ações judiciais societárias, à sua vez, provocou um aumento significativo de procedimentos arbitrais movidos também por acionistas minoritários. Isso se deve ao fato de que desde o início dos anos 2000 e após desenvolvimento nas leis brasileiras e nas normas de governança corporativa, os estatutos sociais de companhias de capital aberto passaram a incluir cláusulas compromissórias a fim de resolver seus conflitos societários.

As alterações legislativas tiveram início em 2001, quando a Lei das Sociedades Anônimas foi alterada com a inclusão do art. 109, §3º. Essa disposição previu expressamente a inclusão de cláusulas compromissórias nos estatutos sociais das companhias. Após esse desdobramento legislativo, a Bolsa de Valores de São Paulo introduziu um sistema de classificação e listagem que identificou e distinguiu companhias de capital aberto que adotaram determinadas práticas consideradas elementos importantes da governança corporativa. Para obter os mais altos níveis de certificação, as companhias com ações admitidas à negociação em bolsa devem incluir uma cláusula compromissória em seu estatuto social, aplicável a todos os conflitos entre a companhia, seus acionistas e administradores. Essa medida produziu um efeito prático significativo: das mais de quatrocentas companhias com ações admitidas à negociação na Bolsa de Valores de São Paulo, 184 (cento e oitenta e quatro) estão listadas nos níveis mais altos de mercado, com as melhores práticas de governança corporativa, o que significa que elas inseriram uma cláusula compromissória em seu estatuto social[2]. Além disso, hoje em dia a ampla maioria das companhias que lançam uma oferta pública inicial na Bolsa de Valores de São Paulo tem cláusulas compromissórias em seu estatuto social.

À época que essas mudanças começaram a surgir, o aumento no número de companhias de capital aberto que tinham cláusulas compromissórias em seus estatutos sociais levou a um amplo debate entre juristas e advogados quanto à vinculação à arbitragem societária de acionistas que (i) votaram contra a inclusão de uma cláusula compromissória no estatuto social, (ii) abstiveram-se ou não votaram por alguma outra razão na deliberação ou (iii) adquiriram ações após a cláusula compromissória ter sido incluída no estatuto social. O cerne do debate era se os acionistas poderiam ser obrigados a aceitar uma arbitragem com a qual eles não consentiram expressamente e, em que medida a vontade da maioria dos acionistas – favoráveis à inclusão da cláusula compromissória – poderia prevalecer sobre a vontade dos demais acionistas.

[2] Números obtidos no *site* da Bolsa de Valores de São Paulo. Disponível em: http://bvmf.bmfbovespa.com.br/cias-listadas/empresas-listadas/BuscaEmpresaListada.aspx?idioma=pt-br. Acesso em: 05 mar. 2021.

Esse debate levou a uma alteração, em 2015, das disposições da Lei de Arbitragem brasileira (Lei nº 9.307/96) e à consequente inclusão do artigo 136-A na Lei das Sociedades Anônimas, o qual estabeleceu que uma convenção de arbitragem pode ser incluída no estatuto social de uma companhia mediante aprovação da maioria dos acionistas, após o que ela vinculará todos eles, incluindo os dissidentes e os que houverem se abstido[3]. Os dissidentes teriam então a opção de se retirar da companhia, mediante o recebimento do reembolso por suas ações.

Essas alterações legislativas bem como o incentivo para que se obtenha uma alta classificação de governança corporativa, encorajaram diversas companhias de capital aberto a incorporarem cláusulas compromissórias em seu estatuto social, vinculando acionistas, administradores e a própria companhia.

Tendo em vista que a arbitragem é considerada, no Brasil, um meio eficiente de resolução de conflitos, uma vez que, dentre outras razões, os processos arbitrais são muito mais céleres que os processos judiciais, a inclusão de uma cláusula compromissória no estatuto social das companhias serviu claramente como um incentivo importante para os acionistas que pretendiam fazer valer seus direitos.

Como resultado do acima exposto, surgiu uma prática de resolução de conflitos societários em arbitragens e, no âmbito dessa prática, surgiram algumas questões específicas desse tipo de conflito que devem ser abordadas para garantir que a arbitragem permaneça um meio eficaz de resolução de conflitos societários. Este artigo pretende abordar algumas dessas questões principais.

1. A prática brasileira de processos societários – visão geral

A Lei das Sociedades Anônimas dispõe sobre um amplo leque de medidas jurídicas que podem ser adotadas para proteger os direitos da companhia e seus acionistas. Com relação a perdas/danos provocados por administradores, o art. 159, *caput*, da Lei permite que a própria companhia, por maioria de votos de uma assembleia geral, ajuíze uma ação de indenização contra as pessoas envolvidas. Esse tipo de ação direta é classificado pelos juristas como uma ação social *ut universi*. As ações ajuizadas pelos próprios acionistas são conhecidas como ações *ut singuli*[4].

[3] Eizirik, Nelson. **A Lei das S/A Comentada** – V. II, 2. ed. São Paulo: Quartier Latin, 2015, p. 500.

[4] "No primeiro caso, verifica-se hipótese de legitimação ordinária, uma vez que há coincidência entre o direito material e a figura do autor da ação, a companhia. Após a deliberação, cabe aos diretores, como representantes legais da companhia, tomar as providências à propositura da ação, inclusive contratando advogados. A ação social – chamada *ut universi* – compete à companhia, que pode cumular

Se a companhia não ajuizar uma ação *ut universi* em até três meses a contar da deliberação, os acionistas individuais (art. 159, §3º) podem, agindo em nome da companhia, ajuizar uma ação de indenização *ut singuli* contra os conselheiros e/ou diretores. Se a assembleia geral rejeitar a proposta de ajuizamento de ação judicial, acionistas representando no mínimo 5% do capital social total da companhia (art. 159, §4º) também podem ajuizar a ação. Em ambos os casos, qualquer indenização por perdas e danos reverterá para a companhia, a qual deverá, à sua vez, indenizar os autores pelos custos incorridos com o ajuizamento da ação.

Os acionistas também têm o direito de ajuizar uma ação de indenização pelos danos por eles sofridos direta e individualmente, nos termos do art. 159, §7º, da Lei das Sociedades Anônimas.

Acionistas (i) que representem no mínimo 5% do capital total ou (ii) que prestem caução pelas custas e honorários de advogado têm o direito, nos termos do art. 246, §1º, de ajuizar uma ação de indenização, em nome da companhia, contra o acionista controlador. Caso a ação seja julgada procedente, qualquer indenização reverterá à própria companhia, mas os requerentes têm o direito a um "prêmio" equivalente a 5% do valor da condenação, bem como ao pagamento de honorários advocatícios de 20% sobre o valor da condenação.

Os acionistas individuais também têm o direito de pleitear indenização por danos/prejuízos individualmente provocados a eles pelos acionistas controladores ou pela própria companhia, conforme o caso.

A Lei das Sociedades Anônimas prevê ainda diversas outras medidas judiciais que podem ser ajuizadas pelos acionistas para a proteção de seus direitos e dos direitos da companhia, tais como pedidos de anulação das deliberações de uma assembleia geral.

A Lei das Sociedades Anônimas pretendeu garantir que os acionistas minoritários sejam capazes de agir para proteger os direitos da companhia (e dos próprios acionistas), mesmo em vistas da oposição direta ou inércia dos acionistas controladores.

Apesar disso, a relativa reticência dos acionistas brasileiros em fazerem uso dos mecanismos legais deve-se a diversos fatores. Dentre eles, vale observar os seguintes: (i) frequentemente, os investidores individuais não têm recursos para custear ações societárias complexas e morosas; (ii) os riscos e custos potenciais de uma ação que não obtenha êxito frequentemente superam os benefícios

o pedido de indenização com o de nulidade do ato do administrador." (Eizirik, Nelson. **A Lei das S/A Comentada**, v. II, 1. ed. São Paulo: Quartier Latin, 2011, p. 412.)

potenciais aos acionistas individuais; e (iii) a Lei das Sociedades Anônimas não estabelece um mecanismo de ação coletiva através da qual um grupo de acionistas poderia ajuizar uma ação pleiteando benefício a todos os acionistas de um determinado grupo ou classe.

Talvez o exemplo mais claro da falta de incentivos seja a ação *ut singuli* prevista no art. 159, §4º, da Lei das Sociedades Anônimas, pela qual, conforme descrito acima, acionistas que detenham 5% ou mais do capital social podem ajuizar uma ação contra os administradores para reaver uma perda causada à companhia. Em termos práticos, a Lei não prevê nenhum benefício direto para o acionista requerente. O benefício da ação reverte à companhia e, mesmo que a companhia tenha o dever de reembolsar o acionista pelos custos de uma ação exitosa, o acionista deve arcar sozinho com os riscos de uma ação não exitosa. Nesse tipo de ação, não há nenhum "prêmio" devido ao acionista no caso de um resultado exitoso, o que significa que o acionista assume todo o risco e se beneficia apenas indiretamente (e parcialmente) do êxito.

Com relação à ação contra o acionista controlador, prevista no Art. 246 da Lei das Sociedades Anônimas, a Lei foi mais cuidadosa ao criar um incentivo tangível (o prêmio de 5% sobre o valor da condenação, devido ao acionista requerente pelo réu, conforme descrito acima). No entanto, na prática esse prêmio raramente supera os riscos e custos envolvidos em um potencial litígio e pouco fez para encorajar os acionistas a agirem[5].

[5] Com relação à ineficácia de ações por substituição derivada no mercado de valores mobiliários brasileiro, Guilherme Setoguti Pereira afirma, no Relatório da OCDE *Private Enforcement of Shareholder Rights: A comparison of selected jurisdictions and policy alternatives for Brazil*, que: "Apesar da importância que a LSA confere a ações por substituição derivada, estudos mostraram que elas são normalmente consideradas um mecanismo ineficaz para obter indenização no Brasil. Os estudos concluíram que há escassas ações de responsabilidade civil contra administradores e acionistas controladores. Alguns desses estudos coletaram dados empíricos para fundamentar sua avaliação. Um deles foi realizado por Ana Carolina Rodrigues e descobriu que ações de responsabilidade civil são raramente usadas como um instrumento para pleitear indenização de administradores de companhias com ações negociadas em bolsa. O estudo analisou dados públicos disponíveis e encontrou 32 processos administrativos da CVM contra administradores de companhias com ações negociadas em bolsa e apenas 11 ações de responsabilidade contra administradores de companhias com ações negociadas em bolsa dentro de um determinado período. De acordo com Rodrigues, essa comparação sugeriu que investidores e companhias preferem instituir um processo administrativo a ajuizar uma ação de responsabilidade, possivelmente porque a segunda é mais custosa, ineficaz e morosa. O problema dessa descoberta é o fato de que os investidores não são indenizados nos processos administrativos da CVM, apenas em ações de responsabilidade." (*In*: OECD. **Private Enforcement of Shareholder Rights:** A comparison of selected jurisdictions and policy alternatives for Brazil. Disponível em: http://www.ocde.org/corporate/ca/Acionista-Rights-Brasil.pdf. Acesso em: 18 fev. 2021, p. 111).

Isso é verdade para muitos investidores institucionais, bem como para acionistas menores ou individuais. Os fundos de pensão e de investimentos têm deveres fiduciários claros perante seus quotistas/investidores e são obrigados a observar parâmetros de risco específicos, o que significa que é improvável que eles corram o risco financeiro de ajuizar ações com resultado incerto. Em circunstâncias nas quais eles percebam que um dano está sendo causado à companhia, os gestores de fundos optarão, mais frequentemente, por vender suas ações ao invés de lutar por indenização para a companhia e os demais acionistas. Poucos agentes racionais decidem se envolver no que é efetivamente um ato de altruísmo – assumindo altos custos e uma ação de alto risco principalmente em benefício de outros. Por isso a baixa taxa de adesão à opção legal de ajuizar uma ação de responsabilidade civil societária. Essa é uma realidade que prevalece mesmo sob circunstâncias nas quais uma perda significativa esteja sendo causada à companhia e aos acionistas minoritários.

A verdade da questão é que, embora a intenção pareça boa no papel, a Lei das Sociedades Anônimas não previu mecanismos efetivos para uma defesa abrangente dos direitos dos acionistas. Esse é certamente o caso para acionistas minoritários que sofrem uma perda individual, especialmente quando os custos e dificuldades envolvidos significam que eles têm pouco ou nenhum incentivo para arriscar uma ação judicial/arbitral. O resultado é que muitos pequenos investidores podem enxergar o mercado de capitais brasileiros como injusto, na medida em que ele não prevê um meio acessível de proteção contra condutas ilegais de agentes econômicos mais poderosos. Na ausência de recursos jurídicos efetivos, atos abusivos e ilegais podem não ser verificados.

Como alternativa às ações de responsabilidade civil propostas por acionistas, o sistema brasileiro (na Lei nº 7.913/89) permite que o Ministério Público[6] ajuíze ações civis públicas para proteger e defender os direitos de investidores no mercado de valores mobiliários.

A introdução da ação civil pública de tutela do mercado de capitais prevista na Lei nº 7.913/89 permite que diversos investidores, independentemente do número de ações detidas, beneficiem-se de uma decisão proferida em um único processo, sem que incorram em custos (uma vez que a ação é financiada com recursos públicos). Isso reduz bastante os riscos envolvidos na execução de direitos de acionistas. Seria de se esperar que isso encorajasse os acionistas minoritários a ajuizarem ações, por meio do Ministério Público, com uma redução simul-

[6] O Ministério Público tem poderes, nos termos da constituição federal, para ajuizar processos cíveis contra pessoas físicas e jurídicas, incluindo o governo e empresas públicas, na defesa de minorias, do meio ambiente, dos consumidores e da sociedade civil em geral.

tânea no risco de comportamento ilegal no mercado de valores mobiliários, com o benefício geral de encorajar um maior fluxo de investimentos, especialmente por investidores individuais e outros de menor porte. No entanto, na prática o mecanismo da ação civil pública para tutela do mercado de capitais, introduzido pela Lei nº 7.913/89 não tem sido usado com frequência. O Ministério Público está mais ativamente envolvido na proteção de grupos sociais desfavorecidos e, até o momento, não demonstrou muito entusiasmo em uma intervenção ativa em litígios societários e em pleitear a execução de direitos de investidores no mercado financeiro.

Nesse contexto, não surpreende que a arbitragem pareça aos investidores como um meio muito mais eficiente de fazer valer seus direitos. Uma vez que os incentivos concedidos pela Lei para o ajuizamento de uma ação pelos acionistas foram historicamente percebidos como baixos, a longa duração dos processos judiciais no Brasil acrescenta um efeito dissuasório adicional. Assim, o recurso à arbitragem, como uma alternativa aos juízos estatais, certamente parece ser um mecanismo mais efetivo para a solução de conflitos societários.

No entanto, é necessário ter em mente determinadas questões que podem surgir quando conflitos societários que envolvam companhias de capital aberto são submetidos a arbitragem, em linha com a disposição do estatuto social da companhia.

2. Confidencialidade na arbitragem de conflitos societários

A Lei de Arbitragem (Lei nº 9.307/1996) não impõe confidencialidade em procedimentos de arbitragem. Ela apenas exige que os árbitros desempenhem suas funções com discrição (art. 13, §6º). Arbitragens que envolvam a Administração Pública devem ser sempre públicas (art. 2º, §3º). Em geral, as partes podem acordar que os procedimentos de arbitragem regidos pela Lei brasileira devam ser conduzidos de maneira confidencial e, de fato, a maioria das instituições arbitrais no Brasil têm normas vinculativas nesse sentido, as quais se aplicam desde que nenhuma das partes seja um membro da Administração Pública.

Há três aspectos-chave para a confidencialidade em procedimentos de arbitragem que são frequentemente objeto de discussão na prática brasileira. Em primeiro lugar, a questão dos precedentes. Em processos judiciais, os precedentes são uma diretriz muito útil para o juízo e também servem como guia para os advogados e demais envolvidos no processo sobre como circunstâncias fáticas similares podem ser tratadas no futuro e, portanto, podem produzir o efeito de reduzir ações judiciais no sentido de que um conjunto consolidado de precedentes sobre determinadas questões de fato e de direito serve para esclarecer a interpretação e aplicação corretas da lei ao caso em questão. Dessa forma, o uso de precedentes pode ser útil nas arbitragens societárias, mas é, atualmente, inibido pela aplicação estrita da confidencialidade.

No entanto, deve-se observar que essa questão da confidencialidade de precedentes não é uma questão específica de conflitos societários derivados de cláusulas compromissórias incluídas no estatuto social de companhias. É uma preocupação geral relativa à arbitragem e muitas instituições arbitrais estão tentando lidar com essa questão ao tornar públicas as sentenças.

Um segundo aspecto, específico de procedimentos de arbitragem relativos a conflitos societários em companhias de capital aberto, é o de que manter a confidencialidade da existência e do resultado de processos pode levar à assimetria de informações no mercado, beneficiando de forma indevida os participantes da arbitragem, os quais terão ciência do efeito potencial do processo sobre o preço das ações de uma determinada companhia, enquanto outros acionistas negociarão suas ações sem esse conhecimento.

Quando o processo envolve companhias de capital aberto, há um dever de divulgação nos termos do art. 157, §4º, da Lei das Sociedades Anônimas, bem como da Instrução nº 358/02 da Comissão de Valores Mobiliários – CVM. Em conformidade com essas disposições, os diretores da companhia devem comunicar ao mercado qualquer informação que possa ser capaz de influenciar a decisão de um investidor quanto a comprar ou vender um determinado valor mobiliário.

A questão da confidencialidade da arbitragem societária em companhias de capital aberto já foi submetida à CVM no Processo Administrativo nº RJ 2008/0713. A CVM concluiu que o dever de divulgação nos termos da Instrução nº 358/02 e do art. 157, §4º, da Lei das Sociedades Anônimas prevalecerá sobre a confidencialidade, dado que este último deriva do acordo entre as partes e, dessa forma, não pode limitar e se sobrepor aos deveres da companhia nos termos da lei de comunicar ao mercado a existência de processos que possam afetar os preços das ações.

O terceiro aspecto que merece uma análise específica com relação à confidencialidade de procedimentos de arbitragem que envolvam companhias de capital aberto é que o(s) mesmo(s) evento(s) fático(s) pode(m) originar mais de um conjunto de processos. Tendo em vista que no sistema da Lei das Sociedades Anônimas alguns direitos podem ser reivindicados por qualquer membro de uma determinada classe (p.ex. acionistas, acionistas minoritários etc.), caso um único deles institua uma arbitragem que seja mantida confidencial, é possível que outros membros daquela mesma classe, sem que tenham ciência da existência e âmbito da arbitragem já iniciada, venham a instaurar um novo procedimento, perante um tribunal diferente, com o risco consequente de decisões contraditórias por tribunais arbitrais distintos.

Por exemplo, caso um acionista institua uma arbitragem pleiteando a anulação de uma deliberação de uma assembleia geral, a decisão a ser proferida nesse processo tem impacto potencial sobre os direitos e interesses de outros investidores que não sejam parte do processo, mas que têm interesse jurídico legítimo no resultado do conflito, uma vez que ele também afetará seus direitos.

Há, portanto, uma necessidade aparente de um sistema de normas que permita que os acionistas e outras pessoas físicas que tenham um interesse legítimo no resultado de um procedimento arbitral que envolva companhias de capital aberto sejam informados sobre a existência do processo, observem as audiências e até mesmo se tornem parte de referido procedimento, se assim desejarem. Há mecanismos que já lidam com isso na lei brasileira, bem como no regulamento de arbitragem das principais instituições que conduzem procedimentos de arbitragem, mas eles claramente precisam ser melhorados dado que confidencialidade desses procedimentos complica as questões, conforme explicado abaixo.

3. Questões processuais relativas a arbitragens societárias

Além da questão da confidencialidade, há diversas questões processuais que surgem especificamente em relação a conflitos que envolvem companhias de capital aberto, especialmente quando os conflitos são submetidos à arbitragem em razão de uma cláusula compromissória incluída no estatuto social de companhias de capital aberto. A próxima seção analisa algumas dessas questões que surgem em (i) demandas propostas por acionistas que pleiteiam indenização por suas próprias perdas; (ii) demandas para as quais determinada classe de acionistas ou todos os acionistas têm legitimidade de agir e (iii) ações por substituição processual ajuizadas por acionistas em nome próprio, mas em benefício da companhia.

a) Demandas por perdas sofridas por acionistas individuais

Determinados atos praticados pela companhia, seus diretores, conselheiros ou pelo acionista controlador podem provocar perdas diretamente a um acionista ou a um grupo específico de acionistas individuais de uma companhia que compartilhem interesses comuns. Um exemplo pode ser a divulgação de informações falsas ao mercado pelos administradores, frustrando as expectativas de acionistas minoritários quanto ao valor de suas ações.

O meio mais eficiente de impugnar esses atos seria o ajuizamento de uma ação civil pública para tutela do mercado de capitais nos termos da Lei nº 7.913/89, mas, conforme explicado acima, o Ministério Público tem, historicamente, respondido de forma pouco entusiástica a perdas provocadas a investidores no mercado de capitais. É possível que outras partes, tais como associações privadas que promovam direitos dos acionistas, possam ter legitimidade de agir em tal ação coletiva, conforme explicado em maior detalhe abaixo, mas essa prática também é incomum no Brasil.

Na prática, nas raras ocasiões em que ajuízam ações em seu próprio nome, os acionistas o fazem individualmente ou em conjunto com um grupo seleto de outros acionistas. Isso pode levar ao ajuizamento de diversas ações decorrentes do mesmo fato ou evento. Quando essas ações são propostas na forma de processos judiciais, cada caso será distribuído a um juiz diferente, com base no fato de que os autores são diferentes em cada processo. Isso resulta, a sua vez, na possibilidade da tomada de decisões divergentes sobre um mesmo conjunto de fatos, gerando insegurança jurídica.

Ao reconhecer que a insegurança jurídica deve ser evitada pelo sistema como um princípio geral, as normas processuais aplicáveis a processos judiciais contêm disposições e recursos para que se evite decisões finais conflitantes.

Na arbitragem, por outro lado, não há nenhum mecanismo para reduzir o risco de sentenças conflitantes. Isso significa que há um risco potencial de que tribunais diferentes cheguem a conclusões divergentes sobre as mesmas questões de fato. Isso pode aumentar o risco de insegurança jurídica, especialmente sob circunstâncias nas quais o processo seja confidencial. Voltando ao exemplo dos administradores que divulgaram informações falsas ao mercado, inflando artificialmente o preço das ações da companhia: isso poderia levar a uma situação na qual diversos acionistas instituam arbitragens perante diferentes tribunais arbitrais, os quais podem, então, aplicar a lei de uma maneira divergente, levando a um cenário no qual um acionista possa receber indenização pela queda no valor de suas ações, ao passo que esse mesmo direito é negado a outros. Essa insegurança jurídica é potencialmente exacerbada pela confidencialidade dos procedimentos arbitrais, de forma que alguns acionistas podem não estar cientes ou estar apenas parcialmente cientes da resolução pleiteada ou obtida por outros acionistas. A exigência de confidencialidade impede que uma parte de um processo chame a atenção dos árbitros para um precedente de outro tribunal arbitral sobre o mesmo conjunto de fatos.

Embora essa preocupação seja certamente relevante, há outras questões que devem ser levadas em consideração. Quando as partes se obrigam a submeter seus conflitos à arbitragem, elas renunciam ao direito de recorrer ao judiciário e, portanto, a todos os mecanismos e recursos disponíveis para decisões divergentes em troca da resolução por arbitragem, a qual é, em geral, mais rápida e na qual as sentenças são proferidas por árbitros escolhidos pelas partes, os quais normalmente têm conhecimento específico sobre o objeto do conflito. Esse último argumento, no mínimo em teoria, deveria aumentar a segurança jurídica, contrabalançando o risco de decisões divergentes.

Além disso, os mecanismos aplicados a processos judiciais com vistas a reduzir a insegurança jurídica não são perfeitos e, assim, a diferença entre processos judiciais e arbitrais a esse respeito pode de fato não ser tão grande. O uso de precedentes vinculativos em processos judiciais é limitado e as normas processuais existentes não garantem de nenhuma forma que o sistema estará livre de decisões divergentes.

É razoável presumir, no entanto, que a probabilidade de sentenças que apliquem a lei de forma diferente para as mesmas circunstâncias fáticas transitarem em julgado pode ser maior em arbitragens, uma vez que não há nenhum mecanismo formal destinado a lidar com decisões conflitantes e nenhum meio de citar decisões anteriores (confidenciais) como precedentes. É possível que a retirada da confidencialidade do processo possa abordar essa dificuldade em alguma medida, mas é improvável eliminá-la completamente.

b) Reivindicações por múltiplos acionistas

No contexto de reivindicações nas quais múltiplos acionistas tenham direito de agir (independentemente da quantidade de ações detidas e quer haja necessidade ou não de prestar caução pelas custas judiciais), há algumas questões específicas que surgem com relação à arbitragem derivada de cláusulas compromissórias incluídas no estatuto social de uma companhia de capital aberto. Novamente, a questão da confidencialidade do procedimento pode aumentar as dificuldades. Como exemplo, pode-se considerar uma situação hipotética na qual vários acionistas têm, legalmente, o direito de requerer anulação de uma deliberação aprovada em uma assembleia geral. Tendo em vista que, nessas circunstâncias, cada acionista teria o direito de agir para iniciar uma demanda de forma independente, poderia haver diversos processos ajuizados pleiteando a mesma tutela jurídica e a norma que proíbe a litispendência não seria aplicável, pois os autores seriam diferentes, embora a causa de pedir e a tutela possam ser as mesmas.

Há no mínimo duas questões que surgem e que de alguma forma precisam ser abordadas: (i) as sentenças proferidas nesse tipo de demanda podem afetar os direitos e interesses de acionistas que não sejam parte do processo ou da arbitragem; e (ii) não é obrigatório e nem mesmo viável que todos os acionistas sejam parte do processo, apesar do fato de que a sentença pode afetar seus interesses jurídicos e direitos.

A primeira dessas duas questões não é nova e não é uma questão específica da arbitragem, ocorrendo também em processos judiciais. Houve intenso debate, em processos em curso no poder judiciário, sobre os efeitos de uma decisão sobre terceiros acionistas (isto é, acionistas que não eram parte do processo). Grandes teóricos como José Carlos Barbosa Moreira[7] e Enrico Tullio Liebman[8] chegaram a diferentes conclusões sobre o alcance e o efeito de decisões definitivas em tais processos e sobre os demais acionistas que dele não foram parte decaírem do direito de pleitear a mesma tutela para si em um processo distinto.

O debate entre processualistas sobre esse ponto é complexo e requer um artigo específico para que a questão seja devidamente abordada. Apesar dos detalhes sobre a discussão, o que resta claro é que decisões sobre a anulação de uma deliberação da companhia produzem, de uma forma ou de outra, efeitos que se estendem ao escopo do processo judicial ou arbitral e afetam os direitos e interesses de acionistas que não sejam parte daquele processo específico.

A segunda questão que surge está intimamente relacionada à primeira. Quando, em determinados conflitos, a decisão final afeta os direitos e interesses de todos os acionistas de uma companhia, é necessário admitir/convidar todos eles a participarem do processo? Após ponderar sobre os aspectos teóricos da questão, os juristas e os tribunais reconheceram, ao final, que a admissão de centenas ou mesmo milhares de partes em qualquer processo judicial seria inviável e complexa e, assim, o consenso geral foi o de que a participação de todos os acionistas em tais processos não é obrigatória[9].

Tendo essas duas questões em mente, há determinadas questões específicas que surgem com relação a um conflito societário submetido à arbitragem.

Em processos judiciais, embora não seja obrigatório (ou mesmo possível em alguns casos) reunir todos os acionistas, cada acionista que possa ser afetado pela decisão definitiva terá o direito de solicitar sua admissão no processo. Esse não é geralmente o caso nos termos dos regulamentos das principais instituições de arbitragem. As normas normalmente contêm disposições para que uma parte

[7] Moreira, José Carlos Barbosa. **Coisa julgada:** extensão subjetiva. Direito Processual Civil, Rio de Janeiro, Borsoi, 1971, p. 116.

[8] "[...] Tais deliberações não podem conservar ou perder o vigor senão perante todos os sócios, de sorte que, em caso de acolhimento da impugnação de um deles, se anula a deliberação para todos, ao passo que, em caso de rejeição, ficaria preclusa a impugnação de todos os outros sócios." (*In*: Liebman, Enrico Tullio. **Eficácia e Autoridade da Sentença e Outros Escritos sobre a Coisa Julgada**, transl. Alfredo Buzaid and Benvindo Aires. 3. ed, Rio de Janeiro: Forense, 1984, p. 98)

[9] Munhoz, Eduardo Secchi. **A importância do sistema de solução de conflitos para o direito societário:** limites do instituto da arbitragem. *In*: Yarshell, Flávio Luiz; Pereira, Guilherme Setoguti J. (coords.). **Processo Societário**. 1. ed. São Paulo: Quartier Latin, 2012, p. 93.

do processo solicite a admissão de um terceiro, mas não para um pedido, *sponte sua*, pelo próprio terceiro[10].

As consequências da ausência desse tipo de disposição são de duas ordens: em primeiro lugar, não resta claro como os acionistas podem exercer seu direito de participar de procedimentos que afetem seus direitos e interesses; em segundo lugar, os acionistas podem, sob essas circunstâncias, ficar sem outra opção que não ajuizar um processo em separado, levando à existência de processos paralelos e resultados potencialmente conflitantes, o que é ineficiente e deve ser evitado.

Além disso, a maioria das instituições arbitrais apenas permite o ingresso de um terceiro no procedimento até o momento no qual o tribunal arbitral é constituído[11] ou até o momento em que assinado o termo de arbitragem[12].

Esses obstáculos para o ingresso de acionistas em arbitragens são significativamente maiores se comparados a processos judiciais e podem aumentar a possibilidade de impugnações a sentenças arbitrais.

A confidencialidade dos procedimentos de arbitragem, juntamente com o prazo limitado para o pedido de ingresso do terceiro, torna a questão ainda mais complexa, uma vez que torna mais difícil, se não impossível, que outros acionistas fiquem sabendo da existência da arbitragem e, portanto, efetivamente impede que eles participem do procedimento.

Outra questão de extrema importância relativa a reivindicações nas quais múltiplos acionistas têm legitimidade para agir é a circunstância na qual procedimentos de arbitragem simultâneos podem ser reunidos. Esse mecanismo, se devidamente executado, fornece uma solução ideal para garantir a participação do acionista, ao mesmo tempo que impede o risco de decisões múltiplas e contraditórias.

A reunião de processos (judiciais ou arbitrais), contudo, nem sempre é possível. Com relação a processos judiciais, o art. 55, §1º, do Código de Processo Civil Brasileiro (Lei nº 13.105/2015) estabelece que processos fundados na mesma causa de pedir ou nos quais a mesma tutela esteja sendo pleiteada devem ser reunidos perante o mesmo juiz. O art. 55, §3º, também determina a reunião de processos quando houver um risco de decisões conflitantes. No entanto, a lei

[10] Art. 10 do Regulamento do Centro Brasileiro de Mediação e Arbitragem (CBMA). Art. 10 do Regulamento de Arbitragem da CCI do Tribunal Internacional de Arbitragem. Art. 4.20 do Centro de Arbitragem e Mediação da Câmara de Comércio Brasil-Canadá (CCBC).

[11] Art. 10.3 do Regulamento do CBMA.

[12] Art. 4.20 do Regulamento da CCBC.

determina, por exemplo, que processos não devem ser reunidos caso o juízo de primeira instância já tenha proferido sentença em algum deles.

As principais instituições de arbitragem têm normas específicas que preveem a reunião de procedimentos. Entretanto, elas normalmente impõem condições ou limitações temporais para a reunião, as quais podem ser de difícil aplicação a conflitos societários que envolvam companhias de capital aberto. O regulamento do Centro de Arbitragem e Mediação da Câmara de Comércio Brasil-Canadá (CCBC), por exemplo, estabelece que a reunião apenas pode ocorrer até a assinatura do termo de arbitragem[13]. Em outras palavras, mesmo quando a arbitragem estiver em seus estágios iniciais, mesmo antes do protocolo das alegações iniciais, não seria mais possível reunir os processos.

O regulamento de arbitragem do Tribunal Internacional de Arbitragem da CCI, bem como o regulamento da CCBC, estabelece que a reunião de procedimentos apenas será considerada mediante solicitação de uma das partes[14]. Essas regras são certamente redigidas levando em consideração o tipo usual de litígio, no qual os procedimentos a serem reunidos derivam de um mesmo contrato ou grupo de contratos, nos quais todas as partes se conhecem. A dificuldade com conflitos societários é a de que as partes de um caso podem não ter ciência da existência do outro procedimento que envolva a mesma questão, especialmente em razão das normas quanto à confidencialidade. Diferentemente da maioria dos conflitos contratuais, em conflitos societários envolvendo companhias de capital aberto os acionistas normalmente não se conhecem e é perfeitamente possível que eles ignorem completamente processos entre outros acionistas e a companhia nos quais eles não estejam diretamente envolvidos.

A Câmara de Arbitragem do Mercado – CAM B3, a instituição arbitral constituída pela Bolsa de Valores de São Paulo, tem normas de reunião de procedimento melhor adequadas a esse tipo de conflito, desenhadas para evitar decisões contraditórias. De acordo com o artigo 6.2 desse regulamento, sempre que for protocolado um pedido de arbitragem que tenha o mesmo objeto e/ou pedido[15] de outro procedimento arbitral já em curso, o presidente da CAM poderá determinar a reunião dos procedimentos. A CAM não exige que processos relacionados sejam reunidos. Ao contrário, o art. 6.2 estabelece que o presidente **pode** determinar a reunião, mediante requerimento ou *ex officio*, indepen-

[13] Art. 4.20 do Regulamento da CCBC.

[14] Art. 4.20 do Regulamento da CCBC. Art. 10 do Regulamento da CCI.

[15] Note a similaridade entre os termos do Regulamento de Arbitragem da CAM e os do Código de Processo Civil Brasileiro.

dentemente de qualquer pedido das partes, tendo em mente as circunstâncias de cada caso e a fase da arbitragem.

Diferentemente do regulamento de outras instituições, a CAM determina que a reunião pode ocorrer independentemente da solicitação de uma das partes e também é muito mais flexível com relação à fase do processo durante a qual a consolidação pode acontecer. Essas normas parecem ser mais adequadas às particularidades dos conflitos societários discutidos nesta seção.

Em relação à confidencialidade, as instituições de arbitragem estão em uma posição um pouco difícil, pois elas têm acesso a informações que não estão prontamente disponíveis a todos os acionistas e, especificamente, às partes dos conflitos. A confidencialidade impõe um ônus adicional sobre as instituições, uma vez que são elas que devem identificar os processos nos quais podem haver decisões conflitantes e que, portanto, devem ser reunidos.

Por fim, note-se que mecanismos processuais como a admissão de terceiros interessados e a reunião de processos são frequentemente vistos como uma resposta aos efeitos da globalização e à onda de estruturas societárias complexas e redes contratuais na arbitragem, o que requer formas de adaptar esse sistema de solução de conflitos para os denominados cenários com múltiplas partes[16]. Em linha com esse conceito, a admissão de terceiros e a reunião de processos em arbitragens derivadas de cláusulas compromissórias inseridas no estatuto social de companhias de capital aberto devem ser analisadas com o devido cuidado, considerando as particularidades desse tipo de processo. Alguns ajustes podem ter que ser efetuados nos regulamentos de arbitragem para ajustá-los a conflitos societários. No entanto, essas mudanças não seriam diferentes de outras que foram efetuadas como uma resposta a demandas e necessidades que os advogados que atuam na arbitragem identificaram no uso da arbitragem.

A CVM, atenta a essa necessidade e ao inegável déficit informacional existente no mercado no que diz respeito às demandas societárias das companhias

[16] Conforme declarado por Jeffrey-Maurice Waincymer: "[...] Em razão da globalização do comércio, de processos de produção em múltiplos locais e por múltiplas partes, do aumento do investimento estrangeiro e de grupos corporativos complexos, há agora um número significativo de empreendimentos comerciais que inevitavelmente envolvem atividades de mais de duas partes. Essa é uma questão prática significativa. Em 2002, o LCIA relatou que mais de 50% de seus casos envolviam mais de duas partes. (14) Desde então, sugere-se que aproximadamente 40% dos casos de arbitragem de fato envolvem mais de duas partes. (15) Um percentual bem maior tem implicações para terceiros, mesmo que eles não estejam diretamente envolvidos como partes." (Part II: The Process of an Arbitration, Chapter 7: Complex Arbitration*, in Jeffrey Maurice Waincymer, Procedure and Evidence in International Arbitration, (© Kluwer Law International; Kluwer Law International 2012) p. 495-608.)

abertas, abriu recentemente, edital de audiência pública, a fim de aditar a Instrução CVM nº 480, que passará a regular, também, como deverá ser feita a comunicação ao mercado, pelas companhias, da existência de litígios societários que a envolvam, ou que envolvam seus acionistas e administradores.

c. Ações por substituição processual

Mesmo que múltiplos acionistas tenham legitimidade para ajuizar ações derivadas contra administradores (art. 159 da Lei das Sociedades Anônimas) e o acionista controlador (art. 246), as particularidades dessas ações indenizatórias requerem uma análise distinta do tipo de ação abordado nas seções anteriores, porque enquanto em uma ação para anulação de uma deliberação da assembleia geral os investidores agem na defesa de seus próprios direitos e interesses, em ações derivadas os acionistas agem em nome próprio, reivindicando um direito que a companhia tem legitimidade para pleitear em juízo.

Um dos exemplos mais frequentes de ação por substituição derivada consiste em uma ação ajuizada contra um acionista controlador que exerça o controle societário de maneira abusiva (art. 116 da Lei das Sociedades Anônimas), prejudicando assim diretamente a companhia e, de maneira derivada ou indireta, seus acionistas minoritários. Nesse contexto, como ocorre com a ação de indenização *ut singuli* contra conselheiros e diretores, cada acionista que cumpra as exigências legais (p.ex. percentual mínimo ou apresentação de caução para as custas) tem legitimidade para fazer valer, em nome da companhia, seu direito à indenização.

Além das questões delineadas nas seções anteriores, em ações por substituição processual discutiu-se, ainda, se o ajuizamento por um acionista em nome da companhia impediria ou não os demais acionistas de ajuizarem a mesma ação em razão da *lis pendens*. Exatamente essa questão tem sido objeto de litígio entre as partes de alguns procedimentos de arbitragem em curso no Brasil.

Na lei processual civil brasileira, *lis pendens* é uma condição entre dois processos judiciais caracterizada pela identidade de três elementos: partes, causa de pedir e pedido. Nessa situação, a existência (*pendens*) da primeira demanda (*litis*) leva à extinção do segundo processo.

No que diz respeito a ações derivadas, apesar do fato de que o requerente, sob o ponto de vista formal, seria um acionista diferente, sob o ponto de vista material trata-se da mesma parte, uma vez que o processo é ajuizado em benefício da companhia. A causa de pedir também poderia ser a mesma em uma hipótese na qual a mesma conduta danosa estivesse em discussão. E o pedido formulado por mais de um acionista em prol da companhia também pode coincidir. Portanto, parece que o ajuizamento de ações por acionistas diferentes em benefício da companhia pode levar à *lis pendens*. Essa conclusão é compartilhada por juristas notáveis da área, tais como Nelson Eizirik[17] e Cândido Rangel Dinamarco[18].

No caso de ações derivadas, embora o acionista seja o requerente, e não a companhia, o acionista está agindo em benefício desta última, pleiteando direito que lhe pertence. A questão então surge quando há *lis pendens* caso haja dois ou mais processos ajuizados por acionistas diferentes (requerentes ostensivamente diferentes), quando a causa de pedir e o benefício pleiteado são os mesmos em ambos. De acordo com juristas abalizados, incluindo Nelson Eizirik[19], a resposta a essa questão é sim: haveria *lis pendens* nessas circunstâncias, porque formalmente o requerente pode ser diferente, mas materialmente a parte é a mesma (isto é, a companhia).

Em razão disso, a primeira preocupação a ser é levantada é uma questão de eficiência e de custos, pois pode haver mais de um processo pleiteando a mesma tutela. Em segundo lugar, não é razoável admitir, do ponto de vista do processo civil, que uma parte (isto é, a companhia), por meio de partes diferentes que pleiteiem em seu nome, poderia ter diversas oportunidades, perante diferentes juízos, de pleitear a mesma tutela. Em terceiro lugar, caso a *lis pendens* não seja evitada, pode haver mais de uma sentença definitiva e vinculativa que conceda a mesma tutela ou, ainda pior, decisões conflitantes.

Não há dúvida que as normas processuais civis que impeçam a *lis pendens* se aplicam tanto a processos judiciais quanto à arbitragem. No entanto, o regulamento de arbitragem das principais instituições arbitrais no Brasil não contém uma disposição específica que enderece a ocorrência de *lis pendens* ou suas consequências.

Caso não haja mecanismos para evitar *lis pendens*, a primeira sentença proferida muito provavelmente produzirá efeitos sobre os outros processos, ajuizados posteriormente. Por exemplo, presuma-se que o acionista A institua uma arbitragem por substituição processual em nome da companhia C contra o acionista controlador D e, posteriormente, o acionista B institua a mesma arbitragem, com a mesma causa de pedir e pleiteando a mesma tutela em nome da companhia C, contra o mesmo acionista controlador D.

Deixando a questão da ineficiência de lado por um instante, proferida a sentença definitiva no segundo processo, instituído pelo acionista B, e encerrado

[17] Eizirik, Nelson. **A Lei das S/A Comentada**. V. II – Arts. 121 a 188. São Paulo: Quartier Latin, 2011, p. 414.

[18] Dinamarco, Cândido Rangel. **Processo Civil Empresarial**. São Paulo: Malheiros Editores, 2010, p. 644.

[19] Eizirik, Nelson. *Op. cit.*, p. 414.

esse processo antes do primeiro instituído pelo acionista A, este último poderá ser extinto em razão do efeito da coisa julgada. Essa situação seria ainda pior se considerarmos ser provável que o acionista A, o primeiro a quebrar a inércia de todos os acionistas e assumir os riscos, custos e responsabilidades de ajuizar uma demanda em nome da companhia, não estaria sequer ciente da existência do segundo procedimento instituído pelo acionista B até o momento no qual alguém pleiteie a sua extinção em razão da existência da coisa julgada.

Juntamente com as questões do litisconsórcio e reunião de processos referidas na seção acima, o risco de litispendência aumenta o dever das instituições arbitrais de analisarem com muito cuidado as tutelas pretendidas em diferentes arbitragens e sempre identificarem se essas tutelas são as mesmas ou se há um risco de decisões conflitantes entre diferentes procedimentos. O dever imposto sobre as instituições nessas circunstâncias é ainda mais duro, porque são elas que têm informações sobre a existência dos diferentes procedimentos em razão da confidencialidade imposta por seu próprio regulamento de arbitragem. A confidencialidade da arbitragem impede, no exemplo acima, que o acionista A tenha ciência da existência do segundo procedimento e exerça qualquer direito que ele possa ter, inclusive argumentar a existência de litispendência que levaria à extinção da segunda demanda.

4. As "arbitragens de classe" no Brasil

Conforme mencionado acima, um mecanismo alternativo para proteger de forma eficiente os direitos de investidores no mercado de capitais no Brasil é a ação civil pública prevista na Lei nº 7.913/89, a qual pode ser ajuizada pelo Ministério Público para impedir e sanar atos danosos praticados contra o mercado de capitais[20].

A Lei, no entanto, apresenta alguns obstáculos à plena eficácia dessa ferramenta, o que pode explicar porque tão poucos processos foram instituídos desde a promulgação da Lei nº 7.913/89. O principal obstáculo é provavelmente o fato de que a única parte que tem legitimidade expressa para ajuizar essa ação coletiva em conformidade com a lei é o Ministério Público, o que limita o uso dessa ferramenta processual, uma vez que os interesses e prioridades dos promotores frequentemente se afastam da proteção de investidores no mercado de capitais.

[20] Grinover, Ada Pellegrini. A Tutela Coletiva dos Investidores no Mercado de Valores Mobiliários: Questões Processuais. In: Yarshell, Flávio Luiz; Pereira, Guilherme Setoguti J. (coords.). **Processo Societário**. 1. ed. São Paulo: Quartier Latin, 2012, p. 58.

Para aprimorar o meio de proteger os direitos de acionistas de maneira eficiente, alguns juristas renomados na área defendem uma aplicação subsidiária das leis gerais brasileiras sobre ações civis públicas (Lei nº 7.347/85), o que conferiria legitimidade para ajuizar a ação civil pública de tutela ao mercado a outras partes, tais como associações privadas dedicadas à proteção de direitos de acionistas minoritários[21].

Com base nessa interpretação mais ampla da Lei, uma associação privada instituiu uma ação civil pública para tutela do mercado de capitais, em nome dos acionistas minoritários da Petrobras perante um juiz da do Tribunal de Justiça de São Paulo, pleiteando indenização pelas perdas provocadas pelos fatos revelados pelos escândalos de corrupção envolvendo a companhia[22]. O juiz extinguiu o processo sem julgamento de mérito, não porque a associação requerente que agia em nome dos investidores não tinha legitimidade para propor a ação, mas porque esses investidores, na qualidade de acionistas da Petrobras, eram signatários da cláusula compromissória inserida no estatuto social da companhia. Portanto, não apenas aqueles investidores, mas a associação em si, estavam obrigados a pleitear indenização perante um tribunal arbitral[23]. Nenhum recurso foi protocolado contra essa decisão, a qual se tornou definitiva e as partes instituíram uma arbitragem a esse respeito.

No entanto, apesar do precedente referido acima, bem como de diversos pareceres elaborados por juristas da área, os quais defendem uma interpretação mais ampla da lei, conferindo a outros agentes, tais como associações privadas, legitimidade para ajuizar ações coletivas na defesa de investidores[24], uma interpretação mais estrita da Lei nº 7.913/89 ainda afeta de maneira negativa o

[21] Pereira, Guilherme Setoguti J. **Enforcement e Tutela Indenizatória no Direito Societário e no Mercado de Capitais**. 1. ed. São Paulo: Quartier Latin, 2018, p. 98-99; Eizirik, Nelson. A Fraud-on-the-market Theory pode ser aplicada no direito societário brasileiro? *In*: Venâncio Filho, Alberto; Lobo, Carlos Augusto da Silveira; Rosman, Luiz Alberto Colonna (coords.). **A Lei das S.A. em seus 40 anos**. 1. ed. Rio de Janeiro: Editora Forense, 2017, p 97; Grinover, Ada Pellegrini. A Tutela Coletiva dos Investidores no Mercado de Valores Mobiliários: Questões Processuais. *In*: Yarshell, Flávio Luiz; Pereira, Guilherme Setoguti J. (coords.). **Processo Societário**. 1. ed. São Paulo: Quartier Latin, 2012, p. 46.

[22] Justiça Estadual de São Paulo. Processo nº. 1106499-89.2017.8.26.0100. 6ª Vara Cível.

[23] Justiça Estadual de São Paulo. Processo nº. 1106499-89.2017.8.26.0100. 6ª Vara Cível.

[24] Pereira, Guilherme Setoguti J. **Enforcement e Tutela Indenizatória no Direito Societário e no Mercado de Capitais**. 1. ed. São Paulo: Quartier Latin, 2018, p. 98-99; Eizirik, Nelson. A Fraud-on-the-market Theory pode ser aplicada no direito societário brasileiro? *In*: Venâncio Filho, Alberto; Lobo, Carlos Augusto da Silveira; Rosman, Luiz Alberto Colonna (coords.). **A Lei das S.A. em seus 40 anos**. 1ª ed. Rio de Janeiro: Editora Forense, 2017, p 97; Grinover, Ada Pellegrini. **A Tutela Coletiva dos Investidores no Mercado de Valores Mobiliários:** Questões Processuais. *In*:

benefício potencial de tal mecanismo para acionistas minoritários e o mercado de capitais como um todo.

Além disso, há duas outras questões que não foram abordadas pelo precedente acima com relação à arbitragem e que devem ser analisadas cuidadosamente: (i) se uma ação coletiva pode ser submetida à arbitragem e (ii) a extensão dos efeitos da sentença proferida em uma arbitragem ajuizada por uma associação privada.

Com relação à primeira questão, a Lei nº 7.913/89 determina expressamente que o Ministério Público tem legitimidade de agir para proteger direitos de investidores no mercado de capitais, bem como para pleitear indenização pelos danos por eles sofridos. A lei não faz qualquer referência à arbitragem e, assim, não estabelece se o Ministério Público estaria vinculado à cláusula compromissória estabelecida no estatuto social de uma companhia de capital aberto ao exercer o poder a ele conferido pela lei de agir em nome dos acionistas. Por não ser um acionista, e assim não ser, *prima facie*, vinculado à cláusula compromissória, é controverso se o Ministério Público poderia ou se estaria obrigado a propor esse tipo de demanda por meio de arbitragem.

Além disso, a ação coletiva estabelecida na Lei da Ação Civil Pública (Lei nº 7.347/85) estabelece um procedimento específico com diversas características que diferem daquelas aplicáveis aos processos judiciais comuns, o que apresenta desafios adicionais para a sua adaptabilidade à arbitragem. Por exemplo, a lei determina que as ações coletivas devem ter uma alocação específica de custas processuais, as quais beneficiam o autor (art. 18), bem como a previsão de recurso de apelação obrigatório e automático em caso de sentença desfavorável, o que é aplicado pelos tribunais a ações civil públicas por analogia à Lei de Ação Popular (art. 19 da Lei nº 4.717/65). Ambos esses elementos, entre outros, podem dificultar uma adaptação exitosa de ações civis públicas à arbitragem.

Caso o argumento de que associações privados também têm legitimidade para ajuizar uma ação civil pública em defesa do mercado de capitais prevaleça, com a aplicação subsidiária da Lei nº 7.347/85 às regras estabelecidas na Lei nº 7.913/89, ainda não é clara, nos termos das leis brasileiras, a extensão dos efeitos das sentenças proferidas em processos ajuizados perante o judiciário ou perante tribunais arbitrais. Há recursos pendentes de julgamento pelo Superior Tribunal de Justiça nos quais se discute se os efeitos de uma sentença proferida em um

YARSHELL, Flávio Luiz; PEREIRA, Guilherme Setoguti J. (coords.). **Processo Societário**. 1ª ed. São Paulo: Quartier Latin, 2012, p. 46.

processo ajuizado por uma associação privada atingirá apenas os membros desta associação ou se beneficiará toda a classe por ela defendida[25].

Por essa razão, o precedente referido acima apenas reconhece que associações privadas estão vinculadas a cláusulas compromissórias da mesma forma que os acionistas que forem membros dessa associação, mas ainda há muitas questões em aberto que devem ser abordadas para garantir que ações civis públicas para tutela do mercado de capitais possam ser submetidas à arbitragem quando a companhia de capital aberto tiver uma cláusula compromissória inserida em seu estatuto social.

Conclusões

Desde 2001, houve um aumento significativo na inclusão de cláusulas compromissórias no estatuto social de diversas companhias de capital aberto, principalmente como parte do compromisso dessas companhias com altos padrões de governança corporativa. Houve um aumento simultâneo no número de conflitos societários submetidos à arbitragem e, de fato, há uma clara tendência de acionistas usarem a arbitragem, ao invés de processos judiciais, para a resolução de seus conflitos.

Há vantagens significativas no uso da arbitragem para resolver conflitos societários no Brasil. O sistema judicial está sobrecarregado e, apesar das tentativas em curso pelas autoridades judiciais de lidar com os atrasos, os processos judiciais têm uma duração média de cinco anos[26]. Isso é claramente incompatível com as necessidades de companhias de capital aberto. Além disso, os conflitos entre acionistas e outras questões de direito societário representam um percentual muito pequeno dos casos em curso no judiciário e a maioria dos juízes normalmente não têm conhecimento e experiência no assunto. Na arbitragem, por outro lado, as partes são capazes de nomear árbitros que tenham conhecimento específico sobre a questão controversa e o processo é muito mais rápido.

A submissão de conflitos societários à arbitragem com base nas cláusulas compromissórias incluídas no estatuto social de companhias de capital aberto levanta determinadas questões específicas que devem ser abordadas pelas partes, advogados e instituições arbitrais. Mudanças nas normas existentes podem ser necessárias. Entretanto, as mudanças necessárias não diferem muito de

[25] REsp 1438263/SP, Min. Raul Araújo; REsp 1361872/SP, Min. Raul Araújo; REsp 1362022/SP, Min. Raul Araújo.

[26] Conselho Nacional de Justiça – CNJ. Disponível em: https://www.cnj.jus.br/julgamento-dos-processos-mais-antigos-reduz-tempo-medio-do-acervo/#:~:text=Leva%2Dse%2C%20em%20m%C3%A9dia%2C,4%20meses%20nas%20varas%20estaduais. Acesso em: 01 jul. 2021.

outros ajustes feitos nos regulamentos de arbitragem em razão de questões já observadas na prática arbitral. As questões indicadas acima são meros aperfeiçoamentos que podem precisar ser feitos e que apenas foram percebidos na prática em razão do sucesso no uso da arbitragem para a resolução de conflitos societários decorrentes das cláusulas compromissórias incluídas no estatuto social de companhias de capital aberto.

Referências

DINAMARCO, Cândido Rangel. **Processo Civil Empresarial**. São Paulo: Malheiros Editores, 2010, p. 644.

EIZIRIK, Nelson. **A Lei das S/A Comentada** – V. II, 2. ed. São Paulo: Quartier Latin, 2015.

GRINOVER, Ada Pellegrini. **A Tutela Coletiva dos Investidores no Mercado de Valores Mobiliários:** Questões Processuais. *In*: YARSHELL, Flávio Luiz; PEREIRA, Guilherme Setoguti J. (coords.). **Processo Societário**. 1. ed. São Paulo: Quartier Latin, 2012, p. 58.

MOREIRA, José Carlos Barbosa. **Coisa julgada:** extensão subjetiva. Direito Processual Civil, Rio de Janeiro, Borsoi, 1971, p. 116.

MUNHOZ, Eduardo Secchi. **A importância do sistema de solução de conflitos para o direito societário:** limites do instituto da arbitragem. *In*: YARSHELL, Flávio Luiz; PEREIRA, Guilherme Setoguti J. (coords.). **Processo Societário**. 1. ed. São Paulo: Quartier Latin, 2012, p. 93.

PEREIRA, Guilherme Setoguti J. **Enforcement e Tutela Indenizatória no Direito Societário e no Mercado de Capitais**. 1. ed. São Paulo: Quartier Latin, 2018, p. 98-99; EIZIRIK, Nelson. A Fraud-on-the-market Theory pode ser aplicada no direito societário brasileiro? *In*: VENÂNCIO FILHO, Alberto; LOBO, Carlos Augusto da Silveira; ROSMAN, Luiz Alberto Colonna (coords.). **A Lei das S.A. em seus 40 anos**. 1. ed. Rio de Janeiro: Editora Forense, 2017, p 97; GRINOVER, Ada Pellegrini. A Tutela Coletiva dos Investidores no Mercado de Valores Mobiliários: Questões Processuais. *In*: YARSHELL, Flávio Luiz; PEREIRA, Guilherme Setoguti J. (coords.). **Processo Societário**. 1. ed. São Paulo: Quartier Latin, 2012, p. 46.

27.

A AUDIÊNCIA PÚBLICA SDM 01/2021 E A EVOLUÇÃO DO REGIME INFORMACIONAL DO MERCADO DE CAPITAIS BRASILEIRO[1]

ISABEL CANTIDIANO

Introdução

Em 11 de fevereiro de 2021, foi divulgado, pela Comissão de Valores Mobiliários ("CVM" ou "Autarquia"), o Edital de Audiência Pública SDM nº 01/21[2]. O objeto da norma proposta ("Proposta" ou "Minuta") é o de alterar a Instrução CVM nº 480, de 7 de dezembro de 2009, para criação de um novo comunicado sobre demandas societárias[3].

O mercado de capitais tem expressiva função econômica ao fazer com que a poupança, nacional e estrangeira, financie a atividade produtiva[4]. Em sendo o mercado de capitais, por definição, um sistema de trocas que ocorrem com base na oferta e na demanda existentes, as decisões dos investidores no sentido de vender, comprar ou manter os valores mobiliários estão umbilicalmente ligadas às informações de que dispõem. Por consequência, tomarão tais decisões de maneira tão melhor quanto mais informados eles estiverem.

[1] Este artigo foi escrito antes da edição da Resolução CVM nº 80, de 29 de março de 2022, que entrou em vigor em 2 de maio de 2022, e que resultou da Audiência Pública SDM 01/2021.

[2] Disponível em: http://conteudo.cvm.gov.br/audiencias_publicas/ap_sdm/2021/sdm0121.html. Acesso em: 31.07.2021.

[3] O prazo para manifestação sobre a Audiência Pública SDM 01/21 se encerrou em 12 de abril de 2021 e contou com diversas manifestações de participantes do mercado. Até a conclusão deste artigo, não foi divulgada, pela CVM, a norma sobre a comunicação de demandas societárias.

[4] Cantidiano, Luiz Leonardo. **Aspectos regulatórios do mercado de capitais.** *In*: Bacha, Edmar Lisboa; Oliveira Filho, Luiz Chrystossomo de (Org.). **Mercado de capitais e crescimento econômico:** lições internacionais, desafios brasileiros. São Paulo: 2007, p. 217.

Indo além, a depender das informações disponíveis, no ambiente do mercado de capitais, é possível notar que as decisões afetadas por essas informações não se restringem às de compra, venda ou manutenção de determinado título, englobando também todas aquelas que aptas a afetar os direitos por ele conferidos.

O presente artigo tem como objetivo analisar o regime informacional hoje existente no mercado de capitais brasileiro *vis a vis* a proposta da Audiência Pública SDM 01/21, analisando a necessidade e conveniência da criação de um regime de comunicação sobre demandas societárias, que vigorará em paralelo, e concomitantemente, aos sistemas já existentes de comunicação sobre fatos e atos relevantes, bem como os de informações que não tenham o condão de se revestir de relevância.

1. A audiência pública SDM 01/21

A Proposta tem por objetivo criar uma nova informação eventual – o comunicado sobre demandas societárias – exigível dos emissores registrados na Categoria A[5].

A Minuta é resultado das ações conduzidas pelo grupo de trabalho formado, em 2018, pela CVM[6] e pelo Ministério da Economia, com o apoio financeiro do Prosperity Fund da Grã-Bretanha e apoio técnico do Comitê de Governança Corporativa da Organização para a Cooperação e Desenvolvimento Econômico (OCDE), com o propósito de estudar e propor medidas de aperfeiçoamento dos mecanismos de proteção a investidores e acionistas minoritários[7]. A proposta de criação de comunicado baseia-se, dentre outros subsídios, nas recomendações emitidas pela OCDE em seu relatório Private Enforcement of Shareholder Rights: A Comparison of Selected Jurisdictions and Policy Alternatives for Brazil, publicado em novembro de 2020[8].

[5] ICVM 480. "Art. 2º O emissor pode requerer o registro na CVM em uma das seguintes categorias:
I – categoria A;
ou II – categoria B.
§ 1º O registro na categoria A autoriza a negociação de quaisquer valores mobiliários do emissor em mercados regulamentados de valores mobiliários."

[6] O grupo de trabalho contou os ex-diretores da CVM Pablo Renteria e Gustavo Gonzalez, além de outros membros brasileiros: Caio Figueiredo C. de Oliveira, Andre Luis Monteiro, Renato Beneduzi e Guilherme Setoguti J. Pereira.

[7] Outros resultados do grupo de trabalho incluem a edição da Instrução CVM nº 627/20, que reduziu as porcentagens mínimas necessárias para o exercício de diversos direitos de acionistas minoritários.

[8] OECD. Private enforcement of shareholder rights: A comparison of selected jurisdictions and policy alternatives for Brazil, publicado em 18 de novembro de 2020. Disponível em: https://www.oecd.org/corporate/shareholder-rights-brazil.htm. Acesso em: 01 ago. 2021.

A Minuta propôs a inclusão de um novo inciso (XLIV) ao artigo 30 da Instrução CVM nº 480, de 2009, que dispõe sobre as informações periódicas e eventuais exigidas dos emissores registrados na Categoria A, criando, assim, a obrigação de divulgação de comunicação sobre certas demandas societárias. O inciso é complementado pelo novo Anexo 30-XLIV, que traz regramento mais detalhado acerca das hipóteses em que o novo comunicado é exigido, bem como os termos e prazos para sua a apresentação.

A Instrução CVM 480 ("ICVM 480") dispõe sobre o registro de emissores de valores mobiliários admitidos à negociação em mercados regulamentados de valores mobiliários.

A CVM acredita que os deveres de comunicação hoje existentes não são suficientes para dar aos investidores das companhias abertas visibilidade adequada acerca de demandas envolvendo a companhia investida e que, muitas vezes, envolvem discussões acerca de questões que podem, direta ou indiretamente, envolver direitos caros aos acionistas.

A Autarquia deixou claro, no texto de introdução da Proposta, que há casos onde não se justificaria essa divulgação, razão pela qual o novo dever de divulgação se limitaria às demandas societárias em que o emissor, seus acionistas controladores ou seus administradores figurassem como partes e: (i) que envolvessem direitos ou interesses difusos, coletivos ou individuais homogêneos; ou (ii) nas quais a decisão a ser proferida pudesse atingir a esfera jurídica do emissor ou de outros titulares de valores mobiliários de emissão do emissor que não fossem partes do processo.

O texto deixa claro, ainda, que o dever de comunicação previsto na minuta coexistirá com o dever de divulgar informação relevante, previsto na Lei e regulamentado pela Instrução CVM nº 358, de 2002 ("ICVM 358").

O dever de divulgar informação relevante busca, precipuamente, assegurar o acesso imediato, disseminado e equitativo à informação relevante, essa apta a influir, de modo ponderável, no julgamento dos investidores (e consequentemente, do mercado) acerca do preço do valor mobiliário e de mantê-los, vendê-los ou comprá-los.

O fundamento do novo comunicado, diferentemente, seria o art. 22, §1º, da Lei nº 6.385 ("Lei 6.385"), de 1976, e busca assegurar que os investidores tenham acesso a informações necessárias para avaliar demandas em que são discutidos direitos que potencialmente interessam à coletividade dos investidores.

O texto menciona também que é possível que determinadas informações acerca de demandas societárias sejam exigíveis pelas duas regras, que deverão ser igualmente observadas. Nesse sentido, o art. 1º, §2º, do Anexo 30-XLIV, expressamente estabelece que "nas hipóteses de uma informação acerca da existência do litígio ou de algum de seus desdobramentos configurar ato ou fato relevante, nos termos estabelecidos em norma específica, o emissor deverá também observar os termos e prazos estabelecidos naquele normativo".

É importante ressaltar que a Minuta deixa claro que podem existir situações não cobertas no rol dos marcos previstos no art. 2º do Anexo 30-XLIV e que preenchem os critérios de relevância da ICVM 358, hipótese em que somente esta última regra deverá ser observada. Do mesmo modo, o novo dever de comunicação proposto na Minuta não afastaria nem interferiria na obrigação dos emissores de divulgar informações a respeito de processos judiciais, administrativos ou arbitrais em que o emissor ou suas controladas sejam parte nos itens 4.4 a 4.6 do formulário de referência.

A CVM esclarece que foge do escopo da audiência pública discutir cláusulas dos regulamentos das câmaras arbitrais, inclusive em razão dos limites do mandato legal conferido à CVM. Na visão da Autarquia, a previsão de sigilo contida nos regulamentos de muitas câmaras arbitrais seria inadequada, quando não incompatível com a resolução de certos conflitos de mercado, mas a CVM não possui competência para, por meio de sua regulamentação, avançar nesse debate.

Por outro lado, menciona também que não é permitido, às câmaras de arbitragem, que contrariem dispositivos legais e regulamentares e, nesse sentido, esclarece que as obrigações de divulgação refletem preocupações centrais do regramento do mercado de capitais e não podem ser afastadas por convenções de arbitragem, regulamentos de câmaras arbitrais ou por qualquer outra convenção, respeitadas as hipóteses e observados os limites aplicáveis de sigilo decorrentes de lei[9].

2. O regime informacional vigente

O objetivo primário do mercado de capitais – a partir da tomada de recursos junto ao público investidor – é alocar de maneira eficiente o capital disponível na economia.

Para promover e preservar essa eficiência, o Brasil, inspirado no sistema americano, adotou o regime de *disclosure* – ou *full disclosure* – que tem como principais funções[10]: (i) possibilitar o adequado atendimento às necessidades informacionais dos investidores para fins de tomada de decisão; (ii) buscar a garantia de que os preços dos valores mobiliários sejam formados de maneira precisa e eficiente; (iii) viabilizar o monitoramento adequado à redução dos custos de agência; e

[9] Art. 1º, § 2º, do Anexo 30-XLIV.

[10] Coffee Jr., John; Sale, Hillary. **Securities regulation:** cases and materials. 12. ed. Nova Iorque: Foundation Press, 2012, p. 2-6.

(iv) afastar a ocorrência de seleção adversa. Destaca-se, também, como reflexo à necessidade de manutenção da higidez do mercado, (v) o combate à negociação com informações privilegiadas (*insider trading*).

A Lei 6.385, comumente conhecida como Lei do Mercado de Valores Mobiliários, compõe, ao lado de sua "irmã", a Lei nº 6.404 ("Lei 6.404" ou "Lei das S.A."), ambas de 1976, a base do regime jurídico do mercado de capitais brasileiro. Juntam-se a elas, ainda, quanto a tópicos mais singulares, algumas disposições ainda vigentes da Lei nº 4.728/65 e algumas leis especiais.[11]

Com efeito, ambos os diplomas foram criados para assumir, de forma conjunta, o propósito de assegurar o desempenho eficiente e regular deste mercado. É possível afirmar que a garantia do funcionamento eficiente do mercado viabiliza o seu funcionamento como canalizador dos recursos disponibilizados pela poupança popular à atividade produtiva, promovendo, em último nível, o crescimento da economia.[12]

A Lei nº 6.385, em particular, representou o aperfeiçoamento do regime jurídico até então vigente, com destaque à criação da CVM, como o órgão federal especializado na regulação do setor, de evidente inspiração na Securities and Exchange Commission – SEC. Com vistas ao cumprimento do seu papel, a Lei 6.385 atribui à CVM, entidade autárquica em regime especial e conduzida por um corpo colegiado, vinculada ao Ministério da Economia, amplas competências disciplinadoras e fiscalizadoras. Simultaneamente, a autarquia exerce atividade regulamentadora – e, portanto, desenvolvedora de regras, por meio da edição de normas[13].

[11] TRINDADE, Marcelo. **Processo sancionador na CVM:** limites e possibilidades. *In*: VENANCIO FILHO, Alberto et al. (Org.). **Lei das S.A. em seus 40 anos**. Rio de Janeiro: Forense, 2017, p. 481.

[12] *Vide*, nesse sentido, documento editado pela Comissão de Valores Mobiliários, em 1979, para abordar os elementos sobre o seu papel enquanto reguladora do mercado de capitais: "[A] atuação da CVM no mercado de valores mobiliários estará fundamentada na observância permanente do atendimento ao interesse público. Através desse mercado as poupanças individuais fluem diretamente para as empresas, transformando-as em capital produtivo, contribuindo positivamente para o crescimento e prosperidade da economia e da nação. [...] Considera-se como objetivo permanente a ser perseguido pelas autoridades na regulação e desenvolvimento do mercado de valores mobiliários, a constante busca por maior eficiência. É do interesse público a existência de um mercado eficiente, seja tanto no plano alocacional quanto no plano operacional.". (COMISSÃO DE VALORES MOBILIÁRIOS. **Regulação do mercado de valores mobiliários:** fundamentos e princípios. 1979, p. 3-4. Disponível em: https://www.investidor.gov.br/portaldoinvestidor/export/sites/portaldoinvestidor/galerias/arquivos-historias-interativas/RegulacaoDoMercadoDeValoresMobiliarios.pdf. Acesso em: 31 jul. 2021.)

[13] A Resolução CVM nº 1/2020 estabeleceu que os atos normativos expedidos pela CVM passam a ser identificados pelas seguintes nomenclaturas:

Merece ênfase a atividade sancionadora da CVM, consubstanciada na sua competência de investigar e, se for o caso, penalizar particulares mediante a instauração de inquéritos administrativos e processos administrativos sancionadores, fora do escopo judicial-penal. A razão de ser de tais procedimentos, no entanto, vai além da esfera meramente punitiva: as decisões acerca deles transmitem aos agentes de mercado a visão da Autarquia sobre a ilicitude de condutas, revestindo-se, assim, de caráter pedagógico e exemplar[14].

A principal atribuição conferida à CVM, contudo, é a manutenção do regime de *disclosure* instituído originalmente pela Lei nº 4.728/65, consubstanciada no asseguramento do acesso pelo público investidor às informações necessárias sobre os títulos negociados no mercado e sobre as companhias que os tenham emitido. Assim, a Autarquia detém uma amplitude normativa que abarca a elaboração de regras atinentes desde a emissão e a distribuição de valores mobiliários até a sua negociação no mercado secundário. Atualmente, o cerne da regulamentação dos registros de emissores e da prestação de informações periódicas e eventuais está contemplado na ICVM 480; o procedimento de registro de ofertas públicas de distribuição, por sua vez, ocorre de acordo com a Instrução CVM nº 400/03; e a divulgação de fatos relevantes está regulamentada na ICVM 358.

3. O dever de divulgar fato relevante

A primeira iniciativa regulamentar da Autarquia[15] sobre o dever de divulgar se deu com a edição da Instrução CVM nº 31/84. Além desse tema, a instrução normativa também previa o dever específico de guardar sigilo acerca de informação

I – Resolução: para consubstanciar os atos editados pelo Colegiado para regulamentação das matérias previstas na Lei n.º 6.385/1976 e na Lei n.º 6.404/1976, assim como no exercício de outras competências normativas;

II – Portaria: para consubstanciar os atos editados por uma ou mais autoridades singulares, no exercício de sua competência normativa; e

III – Instrução Normativa: para consubstanciar os atos que, sem inovar, orientem a execução das normas vigentes e cujo não atendimento implique aos destinatários consequências jurídicas, efetivas ou potenciais.

Adicionalmente, os demais atos expedidos pela CVM que não tenham caráter normativo passam a ser identificados pelas nomenclaturas: "Deliberação"; "Parecer de Orientação"; "Nota Explicativa"; "Ofício-Circular"; "Ato Declaratório" e "Portaria de Pessoal", cujas especificações podem ser consultadas na íntegra da Resolução CVM n.º 1/2020.

[14] Trindade, Marcelo. *Op. cit.*, p. 483-484.

[15] Embora ainda sob regime do Decreto-lei nº 2.627/40, a Resolução CMN nº 88/68, em seu item VI, "d", foi a primeira norma regulamentar a estabelecer esse tipo de obrigação.

privilegiada – qual seja, aquela relativa a fato relevante e obtida em razão de cargo ou posição –, bem como a vedação ao seu uso.

Tratava, também, da comunicação obrigatória que devia ser feita à companhia pelos administradores e controladores sobre a titularidade de e negociações com valores mobiliários de sua emissão.

Atualmente, essas matérias encontram-se disciplinadas na ICVM 358[16], cuja edição refletiu a intenção da CVM de aprimorar as previsões da ICVM nº 31/84 sobre a estrutura de divulgação aplicável às companhias abertas, tendo em vista as mudanças na Lei das S.A., trazidas pela Lei nº 10.303/01 ("Lei 10.303").

O dever de comunicação e divulgação, sendo mais comumente conhecido como o dever de divulgar fato relevante, está previsto no art. 157, §4º, da Lei das S.A., e prevê a necessidade de, imediatamente, comunicar à Bolsa de Valores e divulgar ao público, por meio da imprensa, fatos relevantes ocorridos nos negócios societários, inclusive deliberações assembleares ou da administração, que possam influir, de modo ponderável, na decisão dos investidores do mercado de negociar com os valores mobiliários emitidos pela companhia, podendo haver retenção do fato somente quando interesse desta seja posto em risco pela divulgação[17].

Diferentemente do que ocorre com os deveres de declarar (art. 157, *caput*, da LSA) e de revelar (art. 157, §1º, da LSA) também impostos aos administradores, o dever de divulgar fato relevante – e de comunicá-lo à bolsa ou à entidade de mercado de balcão – não se situa, primariamente, no campo da relação entre a companhia e o corpo acionário, mas no campo da relação entre a companhia e os investidores do mercado.

A norma pressupõe que, uma vez possuidores de informações capazes de alterar as suas motivações de negociação com os valores mobiliários de emissão da companhia, os investidores farão as melhores escolhas possíveis, dentro de sua racionalidade. Da mesma maneira, a rapidez de que deve se revestir a divulgação remonta ao objetivo de que a cotação dos papéis se baseie em informações

[16] Na ICVM nº 358, o dever de guardar sigilo quanto à informação privilegiada está previsto no art. 8º, a vedação a negociações em posse desse tipo de informação está prevista nos arts. 13 e 14, e a comunicação obrigatória à companhia sobre dados negociais está prevista no art. 11.

[17] "Art. 157. [...] § 4º Os administradores da companhia aberta são obrigados a comunicar imediatamente à bolsa de valores e a divulgar pela imprensa qualquer deliberação da assembléia-geral ou dos órgãos de administração da companhia, ou fato relevante ocorrido nos seus negócios, que possa influir, de modo ponderável, na decisão dos investidores do mercado de vender ou comprar valores mobiliários emitidos pela companhia." (BRASIL. Lei nº 6.404, de 15 de dezembro de 1976. Dispõe sobre as Sociedades por Ações. Disponível em: http://www.planalto.gov.br/ccivil_03/leis/l6404consol.htm. Acesso em: 01 jul. 2021)

disponibilizadas de maneira geral e simultânea, tornando os investidores aptos a avaliar adequadamente os riscos e os méritos de cada investimento, contribuindo, enfim, ao processo eficiente de formação dos preços.

Luiz Antonio de Sampaio Campos bem resume a situação:

> O fato relevante tem, então, por finalidade deixar o mercado informado no mesmo momento e de forma igual, uniforme, de sorte a se manter a igualdade de oportunidade entre os investidores, se evitar a chamada "assimetria informacional" e permitir a eficiente formação dos preços. Pretende-se, ainda, com o fato relevante garantir a confiabilidade do mercado. Todo o mercado deve ter a mesma informação e ao mesmo tempo e essa informação deve representar a informação necessária e disponível no momento para que se tome uma decisão de investimento. Portanto, a questão está ligada à transparência, que deve presidir o relacionamento da companhia aberta com o mercado, que, na célebre expressão francesa, deveria ser a *maison de verre* ou, a casa com "portas e janelas abertas", da alusão holandesa[18].

Por fim, note-se que o dever de divulgar fato relevante possui natureza principiológica geral. Isso pois, apesar de as companhias abertas estarem sujeitas a uma série de normas sobre obrigações informacionais instituídas pela CVM, é impossível que a regulamentação preveja exaustiva e taxativamente todas aquelas que possam ser de interesse do mercado. Assim, a obrigação prevista no art. 157, §4º, serve ao preenchimento de eventuais lacunas normativas ao garantir que informações reputadas relevantes sejam prontamente transmitidas a público[19].

O regime da divulgação de fatos relevantes, portanto, pressupõe uma análise subjetiva da informação. À necessidade de divulgar fatos relevantes correspondem três questões básicas: (i) a caracterização de um fato como relevante, (ii) o dever em si de divulgá-lo, e (iii) as circunstâncias sob as quais ele pode, legitimamente e conforme a previsão do art. 157, §5º, da LSA, deixar de ser divulgado imediatamente[20]

[18] Sampaio Campos, Luiz Antonio de. *Conselho de administração e diretoria*. *In*: Lamy Filho, Alfredo; Bulhões Pedreira, José Luiz (Org.). **Direito das companhias**. 1. ed. Rio de Janeiro: Forense, 2009, p. 1184-1185.

[19] Pitta, André Grünspun. *O regime de informação das companhias abertas*. São Paulo: Quartier Latin, 2013, p. 203.

[20] Eizirik, Nelson. **O papel do estado na regulação do mercado de capitais**. Rio de Janeiro: IBMEC, 1977, p. 165.

A subjetividade inerente ao conceito de fato relevante, exigindo um juízo individual acerca da relevância e materialidade de certos fatos ocorridos no âmbito das companhias, entretanto, pode ser problemática para elas e até mesmo para o próprio mercado. Isso porque, a ausência de parâmetros objetivos que guiem a companhia incentiva, muitas vezes, o Diretor de Relações com Investidores (DRI) – responsável por enviar os atos ou fatos relevantes à CVM, na forma do artigo 3º, §1º, da ICVM 358 – a divulgar uma quantidade excessiva de informações, em decorrência do potencial risco de responsabilização pela sua não divulgação, adotando-se uma postura mais conservadora.

Além disso, o fato de a CVM não aplicar punição para a divulgação de fatos não relevantes permite que os administradores usem a divulgação para propósitos diversos. Como consequência, a divulgação excessiva de informações, além de poder ser extremamente custosa para a companhia, pode também fazer com que as informações que sejam realmente relevantes para os investidores passem despercebidas em meio às demais.

Como forma de coibir que tal comportamento ocorra de maneira intencional, a ICVM 358 estipulou uma forma específica para a divulgação de informação, que deve ser feita de forma clara, precisa e em linguagem acessível, fazendo com que, caso ela seja divulgada de maneira diversa visando dificultar o seu acesso e compreensão, a companhia possa sofrer sanções.

4. As razões da reforma da Lei das S.A. em 2001

A Lei 10.303, promulgada em 31 de outubro de 2001, assim como a Medida Provisória nº 8 e o Decreto nº 3.995, ambos da mesma data (a MP n.º 8/2001 foi convertida na Lei n.º 10.411, de 26.2.2002), introduziram alterações bastante significativas tanto na Lei das S.A., quanto na Lei 6.385.

Ocorreram modificações de relevo em alguns aspectos fundamentais do direito societário, notadamente com relação às companhias abertas, como por exemplo: os dividendos das ações preferenciais; o acordo de acionistas; o direito de recesso; os deveres e atribuições dos membros do conselho fiscal e do conselho de administração; a *golden share*; a incorporação de ações, etc.

Foi, no âmbito dessa reforma, que foi acrescentado o §3º ao artigo 109 da Lei 6.404, prevendo que o estatuto da sociedade pode estabelecer que as divergências entre os acionistas e a companhia, ou entre os acionistas controladores e os acionistas minoritários, poderão ser solucionadas mediante arbitragem[21].

[21] "Art. 109. Nem o estatuto social nem a assembléia geral poderão privar o acionista de:
I – participar dos lucros sociais;
II – participar do acervo da companhia, em caso de liquidação;

Não foram poucas as discussões que surgiram a respeito deste assunto, já que as opiniões sobre a efetividade e a validade desta norma[22] foram inúmeras[23].

Para compreender a importância dessa alteração legislativa, é importante entender o contexto em que ela se inseriu.

Naquele momento, a reduzida contribuição do nosso mercado de valores mobiliários no processo de capitalização da empresa privada, combinada com a pequena oferta pública de novas ações aos investidores, fez com que órgãos do governo, em conjunto com prestigiados membros do Congresso Nacional, procurassem analisar os motivos determinantes daquela situação.

Foi bastante fácil diagnosticar o problema. Além das questões macroeconômicas, que dificultavam o desenvolvimento de nosso mercado primário, ao longo das últimas décadas do século passado, o nosso sistema legal estava estruturado para atender à empresa familiar, cujo controle era exercido pela detenção de um bloco de ações com direito a voto que assegurava, nas mãos de poucos, o comando das companhias. Sendo assim, à maioria dos investidores restavam as ações preferenciais, desprovidas do direito de voto, que atribuem aos seus titulares, como retribuição pela subtração do direito político, uma prioridade no recebimento de dividendos ou uma falsa vantagem patrimonial: a prioridade no reembolso de capital, vantagem essa que só se materializa quando a sociedade é liquidada.

III – fiscalizar, na forma prevista nesta Lei, a gestão dos negócios sociais;
IV – preferência para subscrição de ações, partes beneficiárias conversíveis em ações, debêntures conversíveis em ações e bônus de subscrição, observado o disposto nos arts. 171 e 172;
V – retirar-se da sociedade nos casos previstos nesta Lei.
§ 1º – As ações de cada classe conferirão iguais direitos aos seus titulares.
§ 2º – Os meios, processos ou ações que a lei confere ao acionista para assegurar os seus direitos não podem ser elididos pelo estatuto ou pela assembléia geral.
§ 3º – O estatuto da sociedade pode estabelecer que as divergências entre os acionistas e a companhia, ou entre os acionistas controladores e os acionistas minoritários, poderão ser solucionados mediante *arbitragem, nos termos em que especificar*." (BRASIL. Lei nº 6.404, de 15 de dezembro de 1976. Dispõe sobre as Sociedades por Ações. Disponível em: http://www.planalto.gov.br/ccivil_03/leis/l6404consol.htm. Acesso em: 01 jul. 2021. Grifo nosso.)

[22] Ver WEBER, Ana Carolina. **Arbitragem e Direito Societário.** *In*: **A Reforma da Arbitragem.** Editora Forense, 2016. CARMONA, Carlos Alberto e VIEIRA, Vitor Silveira. **Breves Considerações sobre a** *Abrangência da Cláusula Compromissória Estatutária. In: Sociedades Anônimas, Mercado de Capitais e Outros Estudos* – Homenagem a Luiz Leonardo Cantidiano. Editora Quartier Latin, 2019. BARBOSA, Marcelo e FRANCO, Guilherme Melchior da Silva. **Dever de Informar e Arbitragens envolvendo Companhias Abertas.** *In*: BRAGHETTA, Adriana, *et al.* **Arbitragem e Outros Temas de Direito Privado** – Estudos Jurídicos em Homenagem a José Emilio Nunes Pinto. Editora Quartier Latin, 2021.

[23] Muitas dessas questões polêmicas foram resolvidas pela alteração da Lei de Arbitragem, em 2015, por meio da Lei nº 13.129/15, que também alterou a Lei das S.A.

É verdade que o nosso mercado teve um crescimento expressivo após a promulgação da Lei das S.A., em 1976, quando diversas emissões de ações foram distribuídas ao público, possibilitando a expansão de muitas companhias. No entanto, sabe-se que tal crescimento foi alcançado pela concessão de incentivos fiscais, aliados à determinação de que os investidores institucionais adquirissem ações para suas carteiras de investimentos.

No entanto, com a extinção dos benefícios fiscais, que foram concedidos pelo governo, e eliminada a obrigação que tinham os investidores institucionais de destinar parcela dos seus recursos à aquisição de ações, o nosso mercado acionário vinha sofrendo um permanente e crescente esvaziamento, mesmo após a sua abertura para o investimento externo.

O diagnóstico foi conclusivo no sentido de que nosso mercado acionário não vinha prosperando em virtude da conjugação de alguns fatores essenciais.

Inicialmente, percebeu-se que não havia, no público investidor, uma cultura que o levasse a, voluntariamente, aplicar sua poupança na compra de ações de emissão de companhias abertas. Como o produto ofertado ao mercado era de qualidade insatisfatória, cessados os incentivos fiscais, que antes eram concedidos, e extinta a obrigação de aplicação, por alguns investidores, no mercado acionário, minguaram os investimentos.

Por outro lado, o empresário não estava preparado para ter sócios efetivos, cujos direitos e interesses deveriam ser respeitados e preservados. Não foram poucas as situações de expropriação indevida dos interesses dos investidores, apesar de todos os esforços que, ao longo dos anos, a CVM tem feito para tornar eficaz a regulamentação editada para protegê-los.

Diante do desinteresse dos investidores naquele momento, e da pouca expressão de nosso mercado, aumentava o custo de captação de recursos pelas companhias, através de colocação pública de ações, o que desestimulava os empresários a fazer novas emissões. Paralelamente, tínhamos os recursos baratos de programas governamentais, destinados à expansão das empresas, o que também contribuía para fazer com que as companhias não procurassem financiar-se no mercado.

Quando o projeto de reforma da Lei das S.A. foi apresentado, o Estado havia alcançado, ainda que de forma não definitiva, um certo equilíbrio fiscal, passando a demandar menos recursos para se financiar. Ocorria uma estabilidade na economia com controle da inflação, as taxas de juros eram declinantes e se iniciava o que parecia ser um processo sustentado de crescimento econômico. A conjugação desses diversos fatores favorecia o desenvolvimento do mercado acionário.

Era, naquele momento, fundamental assegurar um ambiente regulatório que garantisse maior proteção aos investidores, sem o que não conseguiríamos desenvolver um mercado de capitais que pudesse cumprir, satisfatoriamente, sua função primordial de canalizar a poupança para o setor produtivo.

Foi dentro desse contexto que o legislador aprovou a Lei 10.303, que alterou a Lei das S.A., procurando assegurar direitos mais efetivos aos investidores, com o propósito de estimular maior volume de aplicação da poupança popular na aquisição de ações.

Como disse o Deputado Emerson Kapaz, no parecer que foi apresentado à Comissão de Economia, Indústria e Comércio,

> um mercado acionário forte e verdadeiramente democratizado – alcançando toda sua potencialidade de alavancagem econômica – depende, é óbvio, de que os investidores, principalmente pequenos e médios, sintam-se protegidos e vejam defendidos seus interesses, não se permitindo a manipulação e o desrespeito a seus direitos por manobras e políticas estabelecidas unilateralmente pelos controladores, muitas vezes, inclusive, privilegiando interesses externos à própria sociedade. É curial, nesse sentido, que cada vez menos investidores estejam dispostos a comprar riscos acionários se perpetuarem-se os episódios em que, por exemplo, sem poderem esboçar qualquer defesa, vêem a sociedade declinar, mudar de objeto, acatar placidamente fusões que implicam prejuízo patrimonial e operacional. Isto sem contar as fórmulas diversas de "fechamento branco" de capital, sempre com o controlador – ou ex-controlador – saindo-se em situação confortável, para não dizer com enormes lucros, ficando o prejuízo para as partes minoritárias.[24]

Na mesma linha, o Deputado Antonio Kandir, em parecer oferecido à Comissão de Finanças e Tributação, afirmou que:

> Isto posto, apresenta-se o ensejo para aprimorar as instituições do mercado de capitais, cuja democratização conduzirá a um maior dinamismo do capitalismo no país, vez que trata-se de um mercado através do qual o empresário no Brasil poderá obter capitais a um custo mais acessível, facilitando o processo de mobilização da poupança pública em atividade produtiva. Com o incremento desse mercado, poderemos nutrir sólidas expectativas no desenvolvimento das empresas que atuam no país, consolidando sua competitividade no cenário interno e

[24] CANTIDIANO, Luiz Leonardo. **Reforma da Lei das S.A. comentada**. Rio de Janeiro: Editora Renovar, 2002, p. 11.

externo, que se traduzirá em uma maior oferta de empregos e melhor distribuição de rendas e riquezas.

Como condição necessária para se atingir um mercado de capitais pleno, a experiência, no âmbito internacional, tem demonstrado ser imprescindível que o Poder Legislativo cumpra a função de instituir mecanismos legais adequados para a proteção dos interesses daquele que investe sua poupança em atividade produtiva, tornando-se acionista de uma sociedade anônima. Aquele que atende a um apelo público para capitalização de um empreendimento, confiando seus recursos a terceiros, de quem dependerá o sucesso do empreendimento, faz jus a que seus interesses tenham uma proteção minimamente adequada.[25]

A "criação" da arbitragem societária foi uma opção legislativa e regulatória consciente, como um mecanismo de incremento da governança corporativa, cada vez mais necessária para a evolução do mercado de capitais e a segurança jurídica de seus participantes.

5. O novo mercado e a evolução da arbitragem societária

Vale destacar que a Bolsa de Valores de São Paulo – Bovespa (atual B3), antes mesmo do advento da Lei 10.303, já havia criado um precedente, estabelecendo que os conflitos surgidos no âmbito das sociedades listadas nos segmentos especiais (Novo Mercado e Nível 2 de Governança Corporativa) fossem dirimidos por arbitragem.

Foi nesse contexto que, as chamadas "arbitragens societárias" – aquelas que derivam de cláusulas compromissórias estatutárias – passaram a ocorrer em maior número.

A CAM B3, que administra tanto as arbitragens das companhias listadas nos segmentos especiais (obrigatórias), quanto aquelas cujas partes escolhem a CAM B3 (facultativas), viu um crescimento significativo em termos de números e valores em disputa, nas últimas duas décadas[26], especialmente após a reforma de seu regulamento, em 2011[27]. Além dela, outras câmaras brasileiras viveram esse mesmo crescimento[28].

[25] *Ibid.*, p. 11-12.

[26] Ver estatísticas até o ano de 2019, disponibilizadas no *site* da CAM B3. Disponível em: https://www.camaradomercado.com.br/pt-BR/sobre--estatisticas.html. Acesso em: 01 ago. 2021.

[27] Disponível em: https://www.camaradomercado.com.br/pt-BR/arbitragem.html. Acesso em: 01 ago. 2021.

[28] Exemplos são as estatísticas divulgadas pelo CAM-CCBC (Disponível em: https://ccbc.org.br/cam-ccbc-centro-arbitragem-mediacao/arbitragem-estatisticas/) e pela Câmara de Conciliação,

Apesar de não haver previsão na Lei de Arbitragem sobre a confidencialidade dos procedimentos arbitrais, o sigilo sempre foi considerado um atributo relevante e a maioria das arbitragens corre sob sigilo. Não era diferente no que diz respeito às arbitragens societárias, sobre as quais eventualmente se tinha notícias pela imprensa ou por decisões judiciais em casos em que se discutisse essas arbitragens. No âmbito das companhias sujeitas à adesão obrigatória à CAM, a despeito do sigilo obrigatório previsto no Regulamento da CAM, há importante corrente que entende que o sigilo dos procedimentos não seria prejudicial a acionistas e demais interessados, visto que as companhias estão sob o dever de informação. Nesse sentido, destaca-se posicionamento de Nelson Eizirik e Ana Carolina Weber:

> os acionistas não têm um direito genérico ao conhecimento de todo e qualquer procedimento arbitral que a companhia esteja envolvida. Entretanto, se, no caso concreto, verificar-se que tal procedimento possa produzir efeitos significativos sobre a avaliação do mercado em relação à companhia, esta deverá informar, a todos os acionistas e interessados, sobre a existência do procedimento arbitral e dos possíveis efeitos que ele poderá produzir[29]

Foi só mais recentemente, em 2019, conforme indicado no relatório da CAM B3[30], que surgiram as chamadas arbitragens societárias coletivas[31]. Nesses procedimentos, promovidos inicialmente por investidores contra companhias abertas, por falhas no dever de informar, em especial com relação ao caso Petrobras[32], desponta a discussão sobre a possibilidade ou não de responsabilizar a companhia pelos danos suportados por acionistas.

Pelo modelo atual, portanto, a despeito do sigilo imposto aos procedimentos, a sua existência e a de eventuais decisões, poderiam ser divulgadas como objeto de fato relevante, no exercício de dever de informação. O dever de infor-

Mediação e Arbitragem CIESP-FIESP (Disponível em: http://www.camaradearbitragemsp.com.br/pt/estatisticas-camara.html. Acesso em: 01 ago. 2021.

[29] Eizirik, Nelson; Weber, Ana Carolina. **Notas sobre a arbitragem no mercado de capitais.** *In*: Carmona, Carlos Alberto (Coord.); Lemes, Selma Ferreira (Coord.); Martins, Pedro Batista (Coord.). **20 anos da lei de arbitragem:** homenagem a Petrônio Luiz. São Paulo: Atlas, 2017, p. 903.

[30] Disponível em: https://www.camaradomercado.com.br/pt-BR/sobre--estatisticas.html. Acesso em: 01 ago. 2021.

[31] Sobre as Arbitragens Coletivas, ver Mariani, Rômulo Greff. **Arbitragens coletivas no Brasil.** São Paulo: Atlas, 2015. *In*: Nery, Ana Luiza. **Arbitragem coletiva.** São Paulo: Revista dos Tribunais, 2016.

[32] Disponível em: https://economia.estadao.com.br/noticias/geral,investidores-cobram-ate-r-60--bilhoes-da-petrobras-em-processos-de-arbitragem,70003690577. Acesso em: 01 ago. 2021.

mar, contudo, seria restrito àquelas informações que a companhia entendesse terem o potencial de produzir efeitos significativos. Isso traria, inevitavelmente, falta de segurança e previsibilidade acerca do que seria divulgado pelas companhias abertas, no cumprimento de dever de informação, no que diz respeito a arbitragens correndo em sigilo.

Sobre o tema, o atual presidente da CVM, Marcelo Barbosa, afirmou que:

> É com a disseminação da informação completa, correta e tempestiva que se mitiga o risco de assimetrias informacionais entre, por exemplo, aqueles que são parte do procedimento e aqueles alheios, ainda que seu desfecho possa impactá-los economicamente ou juridicamente. Afinal, embora o sigilo dos procedimentos arbitrais seja universalmente adotado (via de regra, no melhor interesse das partes), sua aplicação irrestrita em arbitragens no mercado de capitais cria diversas dificuldades, especialmente quando as disputas esbarram em matérias de direitos coletivos dos acionistas minoritários, que tenham algum interesse público (como em processos que possam afetar a própria credibilidade do mercado de capitais), ou que produzam efeitos *erga omnes*[33].

Conclusões

O último quarto do século XX foi marcado, no campo legislativo, com a edição, em 7 de dezembro de 1976, da Lei nº 6.404, disciplinadora das sociedades por ações, e no dia 15 do mesmo mês e ano, da Lei nº 6.385, reguladora do mercado de valores mobiliários e de criação da CVM.

Certamente, as Leis nºs 6.404 e 6.385 tiveram o condão de inaugurar uma nova era para as companhias, redimensionando a disciplina legal das companhias abertas. Além disso, a Lei 6.385 viabilizou um mercado de capitais apto a proporcionar a capitalização das empresas nacionais, inspirado nos altos padrões regulatórios internacionais.

Coube à Lei 10.303/2001 trazer inovações relevantes, no sentido da maior transparência das empresas, fortalecendo a posição dos minoritários e aumentando a competência da CVM, como entidade reguladora do mercado.

[33] Barbosa, Marcelo; Franco, Guilherme Melchior da Silva. **Dever de Informar e Arbitragens envolvendo Companhias Abertas**. *In*: Braghetta, Adriana, *et al*. **Arbitragem e Outros Temas de Direito Privado** – Estudos Jurídicos em Homenagem a José Emilio Nunes Pinto. Editora Quartier Latin, 2021, p. 333.

Os últimos anos testemunharam uma invasão do mercado de capitais do Brasil pelos investidores pessoas físicas. Segundo dados disponíveis no site da B3, 2 milhões de investidores que entraram na bolsa entre 2019 e 2020[34].

Segundo dados de junho deste ano, divulgados pela B3, os investidores pessoas físicas de até 39 anos respondiam por cerca de 49% das contas de custódia[35]. Os investidores mais jovens foram, em boa parte, os responsáveis pelo salto das cerca de 800 mil contas existentes em dezembro de 2018 para os mais de 3,7 milhões de contas atuais.

Segundo a mesma fonte, a maior parte do patrimônio continuaria concentrada nas contas dos mais velhos – 90% nas faixas a partir dos 36 anos, e mais de 50% se considerados apenas os maiores de 56 anos.

A B3 fez uma pesquisa (A Descoberta da Bolsa pelo Investidor Brasileiro, dezembro de 2020[36]) para investigar, entre outras coisas, como esses novos investidores, cuja idade média era de 32 anos, se informam. A resposta não surpreende. Mais de 73% incluíram canais do *YouTube* e influenciadores digitais entre sua fonte de aprendizado sobre investimentos, enquanto apenas 7% mencionaram o gerente e o assessor financeiro. Plataformas online foram lembradas por 45%, enquanto livros, jornais e revistas por apenas 20%.

Essa realidade desafia os reguladores do mercado de capitais, inclusive a CVM. Como aponta o Professor Marcelo Trindade, ex-presidente da autarquia, em artigo recente, "o principal mecanismo utilizado, em todo o mundo, para reduzir o risco de fraudes baseadas em promessas irrealistas de retorno e falsas declarações sobre os negócios é a divulgação pública de informações, segundo padrões previamente estabelecidos pelos reguladores – o famoso '*full and fair disclosure*'"[37].

A utilização da arbitragem como mecanismo de *enforcement* no mercado de valores mobiliários brasileiro apresenta uma série de questões de índole procedimental, considerando que o instituto não foi, inicialmente, concebido para tratar litígios multipartes. São discussões que vão desde a abrangência da cláusula compromissória, intervenção de terceiros, extensão dos efeitos da sentença

[34] Disponível em: http://www.b3.com.br/pt_br/noticias/investidores.htm. Acesso em: 01 ago. 2021.

[35] Disponível em: http://www.b3.com.br/pt_br/market-data-e-indices/servicos-de-dados/market-data/consultas/mercado-a-vista/perfil-pessoas-fisicas/perfil-pessoa-fisica/#. Acesso em: 01 ago. 2021.

[36] Disponível em: http://www.b3.com.br/data/files/DE/47/57/09/B3866710D32004679C094EA8/Pesquisa%20PF_Apresentacao_final_11_12_20_.pdf. Acessado em: 01 ago. 2021.

[37] Trindade, Marcelo. As Novas Gerações e o Mercado de Capitais. *In*: Valor Investe. Disponível em: https://valorinveste.globo.com/blogs/marcelo-trindade/coluna/as-novas-geracoes-e-o-mercado-de-capitais.ghtml. Acesso em: 31 jul. 2021.

arbitral (efeito *erga omnes*) e questões de legitimidade ativa para instauração do procedimento. O desafio é reforçado pela escassez de modelos de regulamentação da arbitragem coletiva para companhias abertas no direito comparado.

Sobre a Audiência Pública SDM 01/21, sem entrar no mérito da Proposta em si, que, como já mencionado, recebeu diversas contribuições, parece salutar que seja criado novo regime de comunicação acerca de demandas societárias – arbitrais e judiciais. Isso porque, no campo regulatório, é preciso acompanhar a evolução econômica e social do país, como, aliás, ocorreu em 2001, com a reforma da Lei das S.A. e a criação do segmento de listagem denominado Novo Mercado.

A despeito de o modelo brasileiro de arbitragens societárias não se assemelhar a qualquer outro no mundo, parece que a escolha legislativa e regulatória de 2001 acertou, ao possibilitar que investidores tenham ferramentas que possibilitem a garantia de seus direitos.

Por outro lado, há que se adaptar ao crescimento do mercado e a realidade de vinte anos depois, pois, nas palavras do Professor Alfredo Lamy:

> não há lei mercantil eterna ou perfeita, porque a economia é um processo em permanente transformação. Há por isso que estar atento ao funcionamento do mercado, às suas exigências, às suas novas criações, para atender aos seus justos reclamos ou, pelo menos, para remover os empecilhos ao seu bom funcionamento. Parodiando o Juiz Cardozo, da Suprema Corte Americana, nenhuma lei mercantil é o ponto de repouso nessa jornada sem fim: como o viajante, o abrigo da noite é apenas a preparação para a retomada da lida do amanhã: (*The inn that shelters for the night is not the journey's end. The law, like the traveller, must be ready for the morrow*).[38]

É de se louvar a postura da CVM, que se mantém atenta à importância da divulgação de informações fidedignas, completas e precisas para a plena avaliação dos riscos e oportunidades no mercado de capitais, inclusive àqueles associados a impactos socioambientais ou de governança (sustentabilidade em sentido amplo)[39].

[38] LAMY FILHO, Alfredo. Considerações sobre a elaboração da Lei de S.A. e de sua necessária atualização. **Revista de Direito Renovar**, n. 6, p. 46-47.

[39] Ver WELLISCH, Julya Sotto Mayor e DOS SANTOS, Alexandre Pinheiro. **Investimento Responsável no Século XXI:** Gestão de Recursos de Terceiros, Questões ESG (Environmental, Social & Governance) e Aspectos Regulatórios. *In*: CANTIDIANO, Maria Lucia. **Sociedades Anônimas, Mercado de Capitais e Outros Estudos** – Homenagem a Luiz Leonardo Cantidiano. Editora Quartier Latin, 2019.

Nesse sentido, aguarda-se a norma que resultará da Audiência Pública SDM 01/21, esperando que ela atinja o objetivo desejado, qual seja o de possibilitar que os milhões de investidores do mercado de capitais brasileiro possam exercer seus direitos, a partir de um conjunto de informações objetivas, segundo regras pré-definidas, em oposição ao regime subjetivo dos fatos relevantes, "evitando-se as consequências de um obscurantismo que, involuntária ou premeditadamente, os atingindo, ricochetearia em todo mercado"[40].

Termino este artigo, a ser publicado no livro em homenagem aos 20 anos do Comitê Brasileiro de Arbitragem – CBAr, fazendo uma homenagem ao meu saudoso pai, que era um entusiasta da arbitragem como instrumento de governança corporativa no mercado de capitais, citando um trecho de seu livro publicado em 2002, sobre a mencionada reforma da Lei das S.A.

> Como condição necessária para se atingir um mercado de capitais pleno, a experiência, no âmbito internacional, tem demonstrado ser imprescindível que o Poder Legislativo cumpra a função de instituir mecanismos legais adequados para a proteção dos interesses daquele que investe sua poupança em atividade produtiva, tornando-se acionista de uma sociedade anônima. Aquele que atende a um apelo público para capitalização de um empreendimento, confiando seus recursos a terceiros, de quem dependerá o sucesso do empreendimento, faz jus a que seus interesses tenham uma proteção minimamente adequada[41]

Referências

ABRANTES, Guilherme Cardoso. **O dever de divulgar fato relevante e o papel do Diretor de Relações com Investidores**. Monografia de Conclusão de curso, PUC-Rio. 2020.

BARBOSA, Marcelo. FRANCO, Guilherme Melchior da Silva. **Dever de Informar e Arbitragens envolvendo Companhias Abertas**. *In*: BRAGHETTA, Adriana, *et al.* **Arbitragem e Outros Temas de Direito Privado** – Estudos Jurídicos em Homenagem a José Emilio Nunes Pinto. Editora Quartier Latin, 2021.

CANTIDIANO, Luiz Leonardo. **Aspectos regulatórios do mercado de capitais**. *In*: BACHA, Edmar Lisboa; OLIVEIRA FILHO, Luiz Chrystossomo de (Org.). **Mer-**

[40] Saboya Filho, Helio. **Informações, Fake News e Mercado**. *In*: Cantidiano, Maria Lucia. **Sociedades Anônimas, Mercado de Capitais e Outros Estudos** – Homenagem a Luiz Leonardo Cantidiano. Editora Quartier Latin, 2019.

[41] Cantidiano, Luiz Leonardo. **Reforma da Lei das S/A comentada**. Rio de Janeiro: Renovar, 2002, p. 12.

cado de capitais e crescimento econômico: lições internacionais, desafios brasileiros. São Paulo, 2007.

CANTIDIANO, Luiz Leonardo. **Reforma da Lei das S/A comentada**. Rio de Janeiro: Renovar, 2002.

CARMONA, Carlos Alberto e VIEIRA, Vitor Silveira. **Breves Considerações sobre a Abrangência da Cláusula Compromissória Estatutária.** *In*: CANTIDIANO, Maria Lucia. **Sociedades Anônimas, Mercado de Capitais e Outros Estudos** – Homenagem a Luiz Leonardo Cantidiano. Editora Quartier Latin, 2019.

COELHO, Eleonora. **A necessidade de criação de regulamentos adaptados para arbitragens coletivas no mercado de capitais.** *In*: YARSHELL, Flávio; PEREIRA, Guilherme Setoguti J. (Coord.) **Processo Societário III**. São Paulo: Quartier Latin, 2018.

COFFEE JR., John; SALE, Hillary. **Securities regulation:** cases and materials. 12. ed. Nova Iorque: Foundation Press, 2012.

EIZIRIK, Nelson. **O papel do estado na regulação do mercado de capitais**. Rio de Janeiro: IBMEC, 1977.

EIZIRIK, Nelson; WEBER, Ana Carolina. **Notas sobre a arbitragem no mercado de capitais.** *In*: CARMONA, Carlos Alberto (Coord.); LEMES, Selma Ferreira (Coord.); MARTINS, Pedro Batista (Coord.). **20 anos da lei de arbitragem:** homenagem a Petrônio Luiz. São Paulo: Atlas, 2017.

FRANZONI, Diego. **Arbitragem Societária: fundamentos para uma possível regulação.** 2015. Dissertação (Mestrado em Direito) – Universidade de São Paulo, São Paulo, 2015.

LAMY FILHO, Alfredo. **Considerações sobre a elaboração da Lei de S.A. e de sua necessária atualização.**_Revista de Direito Renovar, n. 6, 1996.

MARIANI, Rômulo Greff. **Arbitragens coletivas no Brasil**. São Paulo: Atlas, 2015.

MARTINS, Pedro A. Batista. **Arbitragem no direito societário**. São Paulo: Quartier Latin, 2012.

NERY, Ana Luiza. **Arbitragem coletiva**. São Paulo: Revista dos Tribunais, 2016.

MOUTA, Flavia; CULLER, Lucas Matuyama e PEREIRA, Anderson Felipe Aedo. **O Novo Mercado e o Mercado de Capitais Brasileiro** – Uma História Indissociável. *In*: Sociedades Anônimas, Mercado de Capitais e Outros Estudos – Homenagem a Luiz Leonardo Cantidiano. Editora Quartier Latin, 2019.

MORAES, Luiza Rangel de. **As Companhias Abertas e o Mercado de Valores Mobiliários no Século XXI**. Evolução e Novos Desafios. *In*: CANTIDIANO, Maria Lucia. **Sociedades Anônimas, Mercado de Capitais e Outros Estudos** – Homenagem a Luiz Leonardo Cantidiano. Editora Quartier Latin, 2019.

PINTO MONTEIRO, António Pedro e MACEDO, Joana. **Some First Steps on the Difficult Road to a Coherent or Collective Arbitration Regime in Europe?**

Portugal's upcoming shareholder dispute regime. Anais do X Congresso do Centro de Arbitragem Comercial, Almedina, 2021.

PITTA, André Grünspun. **O regime de informação das companhias abertas**. São Paulo: Quartier Latin, 2013.

SABOYA FILHO, Helio. **Informações, Fake News e Mercado**. *In*: CANTIDIANO, Maria Lucia. **Sociedades Anônimas, Mercado de Capitais e Outros Estudos –** Homenagem a Luiz Leonardo Cantidiano. Editora Quartier Latin, 2019.

SAMPAIO CAMPOS, Luiz Antonio de. **Conselho de administração e diretoria**. *In*: LAMY FILHO, Alfredo; BULHÕES PEDREIRA, José Luiz (Org.). **Direito das companhias**. 1. ed. Rio de Janeiro: Forense, 2009.

TRINDADE, Marcelo. **Processo sancionador na CVM:** limites e possibilidades. *In*: VENANCIO FILHO, Alberto *et al.* (Org.). **Lei das S.A. em seus 40 anos**. Rio de Janeiro: Forense, 2017.

WEBER, Ana Carolina. **Arbitragem e Direito Societário**. *In*: **A Reforma da Arbitragem**. Editora Forense, 2016.

WELLISCH, Julya Sotto Mayor; DOS SANTOS, Alexandre Pinheiro. **Investimento Responsável no Século XXI: Gestão de Recursos de Terceiros, Questões ESG (Environmental, Social & Governance) e Aspectos Regulatórios**. *In*: CANTIDIANO, Maria Lucia. **Sociedades Anônimas, Mercado de Capitais e Outros Estudos –** Homenagem a Luiz Leonardo Cantidiano. Editora Quartier Latin, 2019.

WALD, Arnoldo. A arbitrabilidade dos conflitos societários: considerações preliminares. **Revista de Arbitragem e Mediação**, v. 12, jan/mar 2007.

28.
BREVES NOTAS SOBRE ARBITRAGEM COLETIVA E ESCOLHA DE ÁRBITROS

GILBERTO GIUSTI

Nesses 25 anos de vigência no Brasil da Lei nº 9.307/96 ("Lei de Arbitragem") e quase vinte desde o reconhecimento de sua constitucionalidade pelo Supremo Tribunal Federal, o processo de consolidação da arbitragem como método eficaz e confiável de solução de controvérsias foi acompanhado da discussão e amadurecimento de diversas questões que o enxuto estatuto – como devem ser os marcos legais que introduzem modernos e ainda não testados institutos jurídicos – sabiamente não especificou.

Coube assim à doutrina e à jurisprudência pátrias cumprir seu fundamental papel de interpretar a lei e aplicá-la aos casos concretos, com isso preenchendo lacunas, aplacando incertezas e uniformizando entendimentos. A reforma da Lei de Arbitragem através da Lei nº 13.129, de 2015, embora aquém do esperado por muitos, é fruto desse exitoso processo de assentamento e aprimoramento do texto legal face à realidade.

A reforma de 2015, evidentemente, não resolveu todas as dúvidas, nem esgotou todas as possibilidades de uso crescente e cada vez mais técnico da arbitragem. E nem poderia, eis que o direito é dinâmico e sua interpretação e aplicação constituem um processo inesgotável e permanente.

Um dos temas mais palpitantes que se tem debatido na comunidade jurídica brasileira, nos últimos anos, é o da arbitrabilidade em demandas coletivas. Por certo não era (mas quiçá já agora o é) de se esperar que a Lei de Arbitragem tratasse especificamente desse tema, muito menos que o esgotasse. Afinal, o processo coletivo, mesmo judicial, ainda é objeto de um restrito arcabouço legal especial no Brasil, que contrasta com o viés predominantemente individualista do processo civil clássico.

Os avanços no tema, porém, são nítidos. Inspirados principalmente na *class arbitration* reconhecida desde o início dos anos 2000 nos Estados Unidos, diversos autores brasileiros têm se debruçado sobre a viabilidade e aplicabilidade de semelhante solução extrajudicial de conflitos que tocam, de forma coletiva, os interesses de determinada classe ou grupo de indivíduos ou empresas.

Ainda que no Brasil não haja a exigência de requisitos legais específicos para a condução de uma *class arbitration*, como ocorre nos Estados Unidos, é razoável afirmar que a realidade de efetiva aplicação de *class arbitrations* em nosso ordenamento parece mais distante no campo da tutela de direitos coletivos e mais próxima no da tutela coletiva de direitos individuais, adotando-se aqui a marcante distinção feita por Teori Zavascki[1].

Nas searas ambiental, consumerista e trabalhista, por exemplo, palco propício à tutela de direitos difusos cujos titulares no mais das vezes compõem uma massa indeterminada, à dificuldade inicial de necessidade de um acordo de vontade de todos os interessados para afastar a jurisdição estatal soma-se, ainda, a questão da (in)disponibilidade dos direitos envolvidos.

Já na seara, digamos, empresarial privada, onde a questão se aproxima da tutela coletiva de direitos individuais homogêneos, como aqueles tratados na pioneira Lei nº 7.913, de 1989, que introduziu a ação civil pública para a tutela de responsabilidade por danos causados aos investidores no mercado de valores mobiliários, a arbitrabilidade em demandas coletivas tem se mostrado uma realidade cada vez mais palpável.

Importante passo nesse caminho foi dado em 2001, com a reforma da Lei nº 6.404/76 ("Lei das S/A") através da Lei nº 10.303, que introduziu a expressa previsão de que "o estatuto da sociedade pode estabelecer que as divergências entre os acionistas e a companhia, ou entre os acionistas controladores e os acionistas minoritários, poderão ser solucionadas mediante arbitragem, nos termos em que especifica"[2].

Anterior a essa reforma da lei societária, a Lei de Arbitragem nada dispunha sobre a questão. Ao legislador de 2015, porém, não passou despercebida a grande discussão que se colocava na ocasião acerca do alcance subjetivo da convenção de arbitragem inserida no estatuto. Assim, a Lei nº 13.129/15 não apenas

[1] Zavascki, Teori Albino. Processo Coletivo. Tutela de direitos coletivos e tutela coletiva de direitos, Ed. **Revista dos Tribunais**, 5. ed, 2011, p. 13.

[2] BRASIL. Lei nº 6.404, de 15 de dezembro de 1976. Dispõe sobre as Sociedades por Ações. Disponível em: http://www.planalto.gov.br/ccivil_03/leis/l6404consol.htm. Art. 109, § 3º. Acesso em: 01 jul. 2021.

reformou a Lei de Arbitragem como introduziu importante dispositivo na Lei das S/A que estabelece que a convenção obriga a todos os acionistas[3].

Feitas essas brevíssimas considerações sobre o tema da arbitrabilidade em demandas coletivas, passemos a tratar de ponto dos mais relevantes, que é o da independência e imparcialidade dos árbitros, cuja aferição depende do dever de revelação do árbitro, seu cumprimento e consequências daí decorrentes no âmbito de um procedimento arbitral coletivo.

Para tanto, impende ressaltar que o ordenamento jurídico brasileiro, tal como atualmente posto, impõe o respeito ao princípio da autonomia da vontade das partes para a constituição válida e eficaz da jurisdição arbitral, seja para a tutela de direitos puramente individuais, seja para a ainda distante tutela de direitos coletivos ou para a mais próxima tutela coletiva de direitos individuais homogêneos.

Esse princípio, aliás, foi recentemente exaltado pela Suprema Corte dos Estados Unidos em *Lamps Plus Inc. v. Varela*, de maio de 2019, concluindo, em uma disputa laboral coletiva, que *classwide arbitration is barred unless the arbitration agreement expressly authorizes it.* Interpretado por muitos como um retrocesso na disseminada utilização das *class arbitrations* nas últimas duas décadas naquele país, esse julgamento, na verdade, reforça o princípio da autonomia e da manifesta vontade das partes contratantes da convenção de arbitragem.

Antes de *Lamps Plus Inc. v. Varela*, outras cortes norte-americanas acolhiam a validade e amplo efeito vinculativo de *class arbitrations* originadas de convenções de arbitragem que não previam expressamente esse instituto, bastando, apenas, referência à adoção de regulamentos de arbitragem que o previam de forma genérica[4]. Por esse novo julgado, a convenção de arbitragem deve expressamente prever a possibilidade de *class arbitration.*

Voltando ao Brasil, dada a inafastabilidade do princípio da autonomia da vontade, é indispensável a celebração de convenção arbitral tal como prevista no Artigo 3º da Lei de Arbitragem, ou seja, que retrate a inequívoca concordância das partes – ainda que pela espécie de contrato em que esteja inserida, como

[3] Lei das S/A, Art. 136-A: "A aprovação da inserção de convenção de arbitragem no estatuto social, observado o quórum do art. 136, obriga a todos os acionistas, assegurado ao acionista dissidente o direito de retirar-se da companhia mediante o reembolso do valor de suas ações, nos termos do art. 45.". (BRASIL. Lei nº 6.404, de 15 de dezembro de 1976. Dispõe sobre as Sociedades por Ações. Disponível em: http://www.planalto.gov.br/ccivil_03/leis/l6404consol.htm. Art. 109, § 3º. Acesso em: 01 jul. 2021.)

[4] Ainda são poucas as instituições, como a American Arbitration Association e a JAMS, que possuem "*supplementary classwide rules and procedures*".

aquela prevista na Lei das S/A – de que eventuais (no caso de cláusula compromissória) ou presentes (no caso de compromisso arbitral) conflitos sejam resolvidos de forma coletiva.

A autonomia da vontade das partes na escolha da solução arbitral e consequente submissão ao seu efeito negativo (de afastamento da jurisdição estatal) deve ser exercida individualmente; caso contrário, não seria autonomia, mas adesão. Não por outra razão, a Lei das S/A, como visto acima, passou a garantir ao sócio que não concorda com a inserção de convenção de arbitragem no estatuto social o direito de retirar-se da sociedade.

Questão de suma importância, porém, é como garantir, aos que concordam com a solução arbitral, que a individualidade intrínseca ao princípio da autonomia da vontade não seja comprometida no cenário das demandas coletivas arbitrais de que aqui se trata.

Especificamente no que pertine aos direitos individuais homogêneos, foco principal deste breve texto, Rômulo Reff Mariani bem pontua que o tratamento coletivo não lhes altera a essência: "eles permanecem sendo individuais"[5].

É, portanto, a partir dessa visão de que o coletivo não afasta o direito individual, mas apenas o une a outros direitos individuais "por conta da sua origem comum, somada à constatação de que as circunstâncias que os caracterizam são homogêneas"[6], que toda a engenharia jurídica de formação e condução do procedimento arbitral coletivo deve ser construída.

E aqui se fala de todos os passos dessa construção jurídica, ou seja, a negociação e celebração da convenção de arbitragem, a instauração do procedimento, a escolha dos árbitros e a condução do procedimento até seu final, para obtenção de uma sentença válida e exequível.

De todas essas etapas, destacamos a escolha e investidura do árbitro ou árbitros. Mais especificamente ainda, o dever de revelação dos árbitros para que sua independência, imparcialidade e disponibilidade possam ser aferidas e eventualmente objeto de pedido de esclarecimentos de todos aqueles que, direta ou indiretamente, são partes do litígio.

Desde os primórdios da vigência da Lei de Arbitragem, o dever de revelação do árbitro é tema constante do debate doutrinário no Brasil e, mais recentemente, alvo crescente de decisões do Poder Judiciário. É compreensível que

[5] Mariani, Rômulo Greff. **Arbitragens Coletivas no Brasil**. São Paulo: Atlas 2015, pág. 41.
[6] Idem.

assim seja, haja vista que o sistema legal pensado e aprovado no Brasil é baseado na confiança das partes no julgador privado escolhido[7].

Do árbitro, não se discute, espera-se que atue com independência e imparcialidade, sempre de acordo com os princípios éticos que regulam as relações humanas em geral e as de prestação jurisdicional, seja administrativa, judicial ou arbitral, em particular. A esses atributos do árbitro, a lei ainda acrescenta os da competência, diligência e discrição[8], tão importantes quanto os dois primeiros, embora menos lembrados nos textos doutrinários, em sua maioria produzidos por quem atua ou busca atuar como árbitro, e não por seus usuários.

O atributo da competência, para além do conhecimento da matéria litigiosa, inclui condição fundamental de que o profissional deve usufruir no momento de assumir a função de árbitro: disponibilidade, não apenas de tempo, mas de dedicação pessoal (i.e., não delegada a assistentes além do limite razoável) ao caso.

O da discrição, por sua vez, para além do respeito à confidencialidade (seja esta acordada ou não no caso concreto), implica o respeito mínimo a uma certa liturgia da função de julgador, para que se evitem situações muitas vezes constrangedoras como, por exemplo, manifestações explícitas dos árbitros de compadrio e amizade com os patronos das partes (ou ainda pior, de uma das partes) em audiência, principalmente na presença destas, confundindo-se informalidade com falta de sensibilidade.

Por fim, mas não menos importante, o atributo da diligência é o que toca o dever de revelação do árbitro aqui especialmente tratado. Entre outros pontos, engloba o cuidado daquele que se dispõe a ser árbitro de se colocar no lugar da parte e, em seguida, como se fosse um observador neutro e atento às boas práticas e aos melhores costumes[9], antecipar e avaliar a necessidade ou ao menos a conveniência de trazer a lume quaisquer fatos que possam gerar dúvidas à parte sobre aqueles dois primeiros atributos, o da imparcialidade e o da independên-

[7] Lei de Arbitragem, art. 13: "Pode ser árbitro qualquer pessoa capaz e que tenha a confiança das partes.". (BRASIL. Lei nº 9.307, de 23 de setembro de 1996. Dispõe sobre a arbitragem. Disponível em: http://www.planalto.gov.br/ccivil_03/leis/l9307.htm. Acesso em: 23 jul. 2021.)

[8] Lei de Arbitragem, art. 13, § 6º: "No desempenho de sua função, o árbitro deverá proceder com imparcialidade, independência, competência, diligência e discrição." (*Ibid.*)

[9] *"Fair-minded and informed observer"*, como conceitua o direito inglês: *"The duty of impartiality is a core principle of arbitration law. In English law, the duty applies equally to party-appointed arbitrators and independently appointed arbitrators. In considering an allegation of apparent bias against an arbitrator, the test is whether the fair-minded and informed observer would conclude there is a real possibility of bias."* (Halliburton Company (Appellant) v Chubb Bermuda Insurance Ltd., The Supreme Court of England, j. 27 November 2020 (com destaque).)

cia. A Lei de Arbitragem é clara nesse sentido: "Art. 14. [...] §1º As pessoas indicadas para funcionar como árbitro têm o dever de revelar, antes da aceitação da função, qualquer fato que denote dúvida justificada quanto à sua imparcialidade e independência."[10].

Não se trata de uma questão simples, porém.

Em acórdão de 11.8.2020, portanto bastante recente, a 1ª Câmara Reservada de Direito Empresarial do Tribunal de Justiça de São Paulo, por votação unânime[11], anulou sentença arbitral por entender que um dos árbitros teria descumprido o dever previsto no acima transcrito artigo 14, §1º, ocorrendo, portanto, a hipótese do artigo 32, VIII, da mesma lei[12].

De acordo com o julgado, "o árbitro é um particular e o vínculo derivado do contrato de investidura ostenta um caráter '*intuitu personae*', de maneira que a suspeição pode e deve ser avaliada subjetivamente, como resultado da perda de confiança ensejada pela violação de um dos deveres de conduta peculiares à função".

O tema é bastante complexo porque, malgrado a subjetividade envolvida, há todo um caminho que deve ser percorrido para se constatar o que deve, o que não deve e o que não precisa ser revelado pelo árbitro. Se é certo que a ampla revelação permite o consentimento informado das partes quanto aos profissionais que atuarão na solução do litígio, não se deve desconsiderar os riscos que o excesso de informações de somenos importância pode representar ao eficiente e célere processamento da arbitragem.

Do mesmo modo, também é fundamental levar em conta a diligência da própria parte na obtenção de informações e, principalmente, no uso oportuno e de boa-fé que delas a parte interessada faz, já que, muitas vezes, ao dever de informar corresponde igual dever de buscar informações.

Pois se o tema já não é fácil em arbitragens simples para tutela de direitos individuais, sejam bipartites ou com múltiplas partes, deve merecer ainda mais atenção nos procedimentos ditos coletivos.

[10] BRASIL. Lei nº 9.307, de 23 de setembro de 1996. Dispõe sobre a arbitragem. Disponível em: http://www.planalto.gov.br/ccivil_03/leis/l9307.htm. Acesso em: 23 jul. 2021.

[11] TJ-SP. Apelação Cível nº 1056400-47.2019.8.26.0100, SP, Relator: Des. Fortes Barbosa, j.: 25/08/2020, 1ª Câmara Reservada de Direito Empresarial, Data de Publicação: 25/08/2020.

[12] "Art. 32. É nula a sentença arbitral se: [...] VIII – forem desrespeitados os princípios de que trata o art. 21, § 2º, desta Lei". O Artigo 21, por seu turno, estabelece em seu parágrafo segundo que "serão, sempre, respeitados no procedimento arbitral os princípios do contraditório, da igualdade das partes, da imparcialidade do árbitro e de seu livre convencimento". (*Ibid.*)

Isso porque, em uma disputa arbitral limitada a um universo determinado de partes, o fluxo de informações ou "revelações" entre árbitros e partes para fins de aferição, por estas, da imparcialidade e independência daqueles, é relativamente fácil e não apresenta maiores problemas operacionais.

Nos procedimentos arbitrais para tutela de direitos de forma coletiva, porém, o questionamento que se coloca é como conciliar, de um lado, (i) a necessidade de se preservar o direito de cada uma e todas as partes da arbitragem de receber as informações necessárias do candidato a árbitro (ou do árbitro já investido que revele um fato novo no curso do procedimento) para que possa expressar ou não eventual "dúvida justificada" quanto à sua imparcialidade e independência; e, de outro (ii) a dificuldade e por vezes a impossibilidade de se determinar todas as dezenas ou centenas de titulares de direitos tutelados em uma arbitragem coletiva, de modo a que o indicado a árbitro possa avaliar a necessidade e a extensão do cumprimento de seu dever de revelação.

E mesmo logrando-se êxito em se fazer chegar a todos os titulares dos direitos coletivamente tutelados as informações sobre os árbitros, dando-se-lhes a oportunidade de expressar eventual dúvida justificada ou mesmo lançar mão de impugnação à indicação, será necessário acordar mecanismos que flexibilizem ou ao menos deem contornos mais claros à subjetividade que, como visto acima, permeia a relação árbitro-parte.

Um mesmo fato que em uma arbitragem individual entre duas ou pouco mais partes pode ser relevante a ponto de denotar dúvida justificada da parte quanto à imparcialidade e independência do árbitro, pode, no universo de uma arbitragem coletiva, não ter essa relevância ou tê-la tão extremamente dissipada no conjunto de partes que não represente "dúvida justificada" para efeito do artigo 14, §1º da Lei de Arbitragem.

À luz da lei brasileira, repita-se, trata-se de uma tarefa dificílima, mas não impossível, que tem dado azo a importantes e ricas reflexões de especialistas na matéria, que discorrem sobre formas de compatibilizar os inafastáveis atributos da imparcialidade e independência do árbitro com a multitude de partes envolvidas em uma demanda coletiva, a exigir uma maior flexibilização da matéria, como se tem posto na doutrina.

A questão encontra-se bem posta por Joaquim Tavares de Paiva Muniz e Bruna Alcino Marcondes da Silveira em recente e abrangente texto sobre a matéria:

> Isso suscita uma questão: como se aferir a independência e imparcialidade do árbitro, em demanda coletiva com quantidade imensa de partes, muitas das quais com interesse econômico reduzido? Será que as mesmas regras das arbitragens

usuais se aplicariam, sob o risco de não se encontrar profissional adequado, ou se deveria adotar interpretação mais flexível desses conceitos?[13]

Evidentemente, por flexibilização não se deve entender um relaxamento da exigência de que o árbitro atue com imparcialidade e independência, atributos intrínsecos do julgador togado ou privado que não comportam qualquer exceção. Do contrário, o julgamento da causa restará eivado de nulidade[14]

Em um contrato ou estatuto do qual possam surgir demandas com multitude de partes, o que se pode admitir – e provavelmente esse será o caminho – é que, consultadas e com a concordância de todas as partes, ao menos daquelas já conhecidas no momento da celebração da convenção de arbitragem, nesta sejam previstos critérios menos restritivos para a aferição da independência dos árbitros e até mesmo da imparcialidade, quando esta não decorrer de situações personalíssimas de inafastável isenção. Essa via nos parece possível porque comungamos da posição de que, à exceção das causas de impedimento com base no Código de Processo Civil, a aparência de imparcialidade e a avaliação da independência do árbitro estão no campo da autonomia privada, como pontua Ricardo Dalmaso Marques:

> Analisando essa premissa sob o ponto de vista dos elementos ditadores da imparcialidade *lato sensu* pelos regulamentos arbitrais e pela doutrina, parece-nos claro que seria, sim, dado às partes renunciar ao direito de determinados elementos inseridos no campo da independência, que é instrumental e serve precípua e unicamente a evitar situações de parcialidade difíceis de se apurar no caso concreto. Por isso, *as partes podem concordar com a atuação de algum julgador que possui ou parece possuir algum tipo de dependência profissional, pessoal, acadêmica ou financeira (fora aquelas que são causas de impedimento), sob a premissa de que, informadas essas relações às partes envolvidas, entendesse-se que poderia ele ser imparcial a despeito de todas elas.* A dependência, por ser mais simples de se aferir, estaria no campo da disponibilidade das partes na arbitragem.[15] (grifo nosso)

[13] Muniz, Joaquim Tavares de Paiva; Silveira, Bruna Alcino Marcondes. **Arbitragens Coletivas e Interpretação estrita das Regras de Independência e Imparcialidade para a Nomeação dos Árbitros.** *In*: Monteiro, André Luís; Pereira, Guilherme Setoguti; Beneduzi, Renato (Coord.) **Arbitragem Coletiva Societária**. São Paulo: Thomson Reuters Revista dos Tribunais, 2021.

[14] Lei nº 9.307/96, art. 32, VIII.

[15] Dalmaso Marques, Ricardo. **O Dever de Revelação do Árbitro**. São Paulo: Almedina, 2018, p. 116.

O fundamental é que seja respeitada a vontade de todas as partes, tenham elas negociado a convenção de arbitragem individualmente ou através de entidade associativa que as represente, quanto aos critérios menos restritivos para a aferição da imparcialidade e independência dos árbitros. Do mesmo modo, partes que ingressem posteriormente na relação contratual devem igualmente concordar com tais critérios, sendo prudente que o façam expressamente de modo a se evitar futuras impugnações.

Esses critérios menos restritivos devem, por certo, ser discutidos caso a caso, dependendo da natureza da disputa, da expertise técnica que se espera dos árbitros e do universo de partes envolvidas. Em sua obra acima referida, os autores Joaquim Muniz e Bruna Silveira fornecem alguns caminhos para que as partes, no caso concreto, estabeleçam critérios menos restritivos como, por exemplo, o da relevância econômica da disputa para esta ou aquela parte. Confira-se:

> Se a causa de possível independência e imparcialidade for relativa ao relacionamento do árbitro com uma parte menos relevante sob o ponto de vista econômico na disputa, que não tenha posicionamento de direção no procedimento arbitral, pode-se defender eventual aceitação de árbitro em situação limítrofe, desde que, claro, se trata de situação que não possa ser enquadrada como causa de impedimento.[16]

Trata-se de pertinente reflexão, pois faz sentido que, em uma arbitragem de inúmeras partes que buscam a solução da disputa de forma coletiva, não se dê efeito impeditivo da nomeação do árbitro a um fato ou a uma circunstância específica que possa, isoladamente, representar comprometimento de sua imparcialidade e independência somente em relação a uma ou algumas dessas partes, mormente quando o interesse econômico destas não seja quantitativamente relevante, nem detenham elas o controle da condução do procedimento.

Ainda assim, essa previsão deve necessariamente constar da cláusula compromissória ou do compromisso arbitral, em respeito à autonomia da vontade de todas as partes que, sem exceção, possam vir a se sujeitar à jurisdição arbitral. Essa é a exigência, repita-se, do regime legal brasileiro atualmente em vigor sobre a matéria.

Pois diante da perspectiva de surgimento de demandas arbitrais coletivas no Brasil, do que, aliás, tem-se cada vez mais notícia no âmbito dos pleitos decorrentes de investimentos no mercado de capitais, deve-se considerar a conve-

[16] *Ob. cit.*

niência de, em uma futura revisão da Lei de Arbitragem, nela serem inseridos dispositivos sobre a questão.

Até lá, e sem prejuízo, bom senso e razoabilidade, aliados sempre à observância do princípio da autonomia da vontade, deverão pautar a negociação da melhor e mais apropriada convenção de arbitragem nos casos que envolvam o conhecimento e solução arbitral de demandas coletivas. Para esse fim, podem e devem colaborar as Câmaras e Centros de Arbitragem através da revisão de seus regulamentos para o estabelecimento de regras suplementares a serem aplicadas a esse tipo de procedimento, como fazem, por exemplo, o Instituto Alemão de Arbitragem (DIS) e a American Arbitration Association/ICDR.

Referências

DALMASO MARQUES, Ricardo. **O Dever de Revelação do Árbitro**. São Paulo: Almedina, 2018, p. 116.

MARIANI, Rômulo Greff. **Arbitragens Coletivas no Brasil**. São Paulo: Atlas 2015.

MUNIZ, Joaquim Tavares de Paiva; SILVEIRA, Bruna Alcino Marcondes. **Arbitragens Coletivas e Interpretação estrita das Regras de Independência e Imparcialidade para a Nomeação dos Árbitros.** *In*: MONTEIRO, André Luís; PEREIRA, Guilherme Setoguti; BENEDUZI, Renato (Coord.) **Arbitragem Coletiva Societária**. São Paulo: Thomson Reuters Revista dos Tribunais, 2021.

ZAVASCKI, Teori Albino. Processo Coletivo. Tutela de direitos coletivos e tutela coletiva de direitos, Ed. **Revista dos Tribunais**, 5. ed, 2011.

29. COMPETÊNCIA DO TRIBUNAL ARBITRAL E DO JUÍZO DA INSOLVÊNCIA EM RELAÇÃO ÀS ALTERAÇÕES SOCIETÁRIAS PREVISTAS NO PLANO DE RECUPERAÇÃO JUDICIAL

FELIPE MORAES

Introdução[1]

O presente artigo tem por objetivo analisar os efeitos do deferimento da recuperação judicial de empresas para o processo concursal e para a competência do juízo arbitral em relação às matérias societárias previstas no plano de recuperação.

Partindo do mencionado objetivo, considerar-se-á a interseção entre juízos concursal e arbitral, nas hipóteses onde houver sido celebrada convenção arbitral válida, notadamente no estatuto da companhia.

O presente artigo não tem como objetivo esgotar o tema, mas somente apresentar reflexões e proposta de abordagem de modo a harmonizar as jurisdições arbitral e recuperacional.

1. Considerações sobre jurisdição e competência no direito brasileiro

A análise histórica sobre a atuação do Estado na pacificação das disputas decorrentes do convívio em sociedade levará à conclusão de que essa atividade (pacificação de disputas) teve início fora da estrutura estatal. Mais do que isso, os

[1] Sinto-me honrado em poder contribuir para esta obra, bem como por atualmente integrar a Diretoria do CBAr, sucedendo profissionais que tanto admiro e que foram fundamentais para o desenvolvimento do Comitê e da arbitragem no Brasil.

primórdios da pacificação social remontam a período anterior ao do desenvolvimento da própria noção de Estado, atualmente concebida[2].

Uma vez desenvolvida a estrutura de Estado, transcorrido algum tempo, passou-se a incluir no escopo de suas atribuições a solução de conflitos como uma de suas principais atividades.

A pacificação social passou a ser entendida como um dos aspectos relevantes para a atual compreensão de jurisdição. A jurisdição, que anteriormente houvera sido compreendida como atuação da vontade da lei ou como justa composição da lide, passou a ser compreendida especialmente em decorrência de sua função de pacificar conflitos e promover justiça[3].

Ainda em relação à evolução da compreensão de jurisdição, Cândido Rangel Dinamarco e Bruno Lopes indicam que:

> A jurisdição costuma ser conceituada com a tríplice qualificação como poder, como função e como atividade, mas essa assertiva merece uma retificação. Ela não é propriamente um poder, mas uma expressão do poder estatal, o qual é uno e não comporta qualquer ramificação em uma pluralidade de poderes diversificados – o Estado não tem mais de uma capacidade de decidir imperativamente e impor decisões. Essa capacidade é uma só, e o que diferencia seu exercício em variados setores da atuação do Estado é a função exercida em cada um deles[4].

Em relação à arbitragem, especialmente com a promulgação da Lei Brasileira de Arbitragem, em 1996, passou-se a reconhecer este meio de resolução de disputas como efetivo exercício de jurisdição, uma vez que o sistema brasileiro equiparou a atuação do árbitro à dos juízes. Ademais, conferiu-se à sentença arbitral os mesmos efeitos das decisões proferidas pelas cortes estatais.

Nesse sentido, Carlos Alberto Carmona[5]:

> O art. 31 determina que a decisão final dos árbitros produzirá os mesmos efeitos da sentença estatal, constituindo a sentença condenatória título executivo

[2] A esse respeito, Buján, Antonio Fernández de. **Jurisdicción y arbitraje en derecho romano**. Madrid: Iustel, 2006.

[3] Dinamarco, Cândido Rangel. **A arbitragem na teoria geral do processo**. São Paulo: Malheiros Editores, 2013, p. 38-39.

[4] Dinamarco, Cândido Rangel; Lopes, Bruno Vasconcelos Carrilho. **Teoria geral do novo processo civil**. 4. ed. São Paulo: Malheiros, 2019. p. 77.

[5] Carmona, Carlos Alberto. **Arbitragem e processo:** um comentário à Lei nº 9.307/96. 3. ed. São Paulo: Atlas, 2009, p. 26.

que, embora não oriundo do Poder Judiciário, assume a categoria de judicial. O legislador optou, assim, por adotar a tese da jurisdicionalidade da arbitragem, pondo termo à atividade homologatória do juiz estatal, fator de emperramento da arbitragem.

Dessa forma, passou a ser ponto inquestionável que a função jurisdicional igualmente poderá ser exercida por meio de arbitragem. Ainda que se admita classificar a jurisdição para fins de organização, é certo que ela é una e indivisível. Não há como sustentar diversidades de "jurisdições" que emanariam de um mesmo poder soberano[6]. Portanto, a forma de disciplinar a organização do exercício da jurisdição ocorre por meio da definição de competências.

Por melhor que seja a distribuição de competências estabelecidas em determinado sistema jurídico, impasses poderão surgir a depender da aplicação de determinadas regras. O mecanismo previsto para resolver esses impasses entre juízos vinculados à estrutura estatal, é o incidente de conflito de competência.

Ilustra-se com o entendimento de Humberto Theodoro Júnior[7]:

> Tecnicamente, a cada causa corresponde a competência de um juiz ou tribunal. Vários órgãos judiciários, no entanto, podem ser convocados a atuar sucessivamente, em graus hierárquicos diversos num mesmo processo [...]. Entretanto, é inadmissível que, simultaneamente, mais de um órgão judiciário seja igualmente competente para processar e julgar a mesma causa.

O conflito de competência pode ser positivo, quando mais de um juízo se declara, ou pratica atos, confirmando (direta ou indiretamente) a sua competência. Poderá ser negativo, quando decorrer de decisões ou atos que impliquem em reconhecimento da ausência de competência pelos diversos juízos.

O referido incidente atualmente é disciplinado no Código de Processo Civil brasileiro, nos artigos 951 e seguintes[8].

[6] Nesse sentido, CINTRA, Antonio Carlos de Araujo; GRINOVER, Ada Pellegrini; DINAMARCO, Cândido Rangel. **Teoria geral do processo**. 17. ed. São Paulo: Malheiros Editores, 2001, p. 142; e LADEIRA, Ana Clara Viola. Conflito de competência em matéria de arbitragem. *In*: **Revista Brasileira de Arbitragem**, ano XI, n. 41, CBAr, jan./mar, 2014.

[7] THEODORO JÚNIOR, Humberto. **Curso de Direito Processual Civil**. V. I. 50 ed. rev. atual. ampl. Rio de Janeiro: Forense, 2017, p. 263.

[8] "Art. 951. O conflito de competência pode ser suscitado por qualquer das partes, pelo Ministério Público ou pelo juiz.
[...]
Art. 953. O conflito será suscitado ao tribunal:
I – pelo juiz, por ofício;

O critério hierárquico é utilizado para definir qual o tribunal deverá conhecer e decidir o conflito[9]. A Constituição da República prevê, em seu artigo 105, competência do Superior Tribunal de Justiça para processar e julgar "os conflitos de competência entre quaisquer tribunais, ressalvado o disposto no art. 102, I, 'o', bem como entre tribunal e juízes a ele não vinculados e entre juízes vinculados a tribunais diversos;"[10].

2. Arbitragem e o princípio da competência-competência

O termo *kompetenz-kompetenz* tem origem no Direito Alemão. Em sua origem, disciplinava que os árbitros seriam os únicos competentes para decidirem sobre sua competência, excluída qualquer possibilidade de análise da matéria *a posteriori* pelas cortes estatais. Diante disso, o referido princípio recebeu críticas no Direito Alemão[11].

Ao ser amplamente reconhecido na prática arbitral internacional, o princípio foi recepcionado de maneira diversa. Entende-se, de maneira ligeiramente mais ampla, que os árbitros deverão decidir sobre a própria competência, reservando-se às cortes estatais, de acordo com o respectivo sistema jurídico, o controle *a posteriori* da sentença arbitral, por meio de mecanismos processuais específicos.

II – pela parte e pelo Ministério Público, por petição.
Parágrafo único. O ofício e a petição serão instruídos com os documentos necessários à prova do conflito.
[...]
Art. 957. Ao decidir o conflito, o tribunal declarará qual o juízo competente, pronunciando-se também sobre a validade dos atos do juízo incompetente.
Parágrafo único. Os autos do processo em que se manifestou o conflito serão remetidos ao juiz declarado competente." (BRASIL. Lei nº 13.105, de 16 de março de 2015. Código de Processo Civil. Disponível em: http://www.planalto.gov.br/ccivil_03/_ato2015-2018/2015/lei/l13105.htm. Acesso em: 23 jul. 2021.)

[9] A competência para julgar o conflito é do Tribunal hierarquicamente superior aos juízes conflitantes. Se, porém, a divergência for entre tribunais, bem como entre tribunal e juízes a ele não vinculados e entre juízes vinculados a tribunais diversos, competirá ao Superior Tribunal de Justiça a respectiva solução. THEODORO JÚNIOR, Humberto. **Curso de Direito Processual Civil**. V. I. 50. ed. rev. atual. ampl. Rio de Janeiro: Forense, 2017. p. 264.

[10] Art. 105. Compete ao Superior Tribunal de Justiça:
[...]
d) os conflitos de competência entre quaisquer tribunais, ressalvado o disposto no art. 102, I, "o", bem como entre tribunal e juízes a ele não vinculados e entre juízes vinculados a tribunais diversos;
[...]

[11] GAILLARD, Emmanuel; SAVAGE, John. **Fouchard Gaillard Goldman on International Commercial Arbitration**. The Hague: Kluwer Law International, 1999.

A Lei Brasileira de Arbitragem estabelece, no artigo 8º, *caput*, que a cláusula compromissória é autônoma em relação ao contrato e, no parágrafo único, que caberá aos árbitros decidir sobre questões acerca da existência, da validade e da eficácia da convenção de arbitragem e do contrato que contenha a cláusula compromissória[12].

Por meio do referido dispositivo legal, verifica-se evidente materialização do princípio da competência-competência. De acordo com esse princípio, os árbitros são competentes para decidir sobre a própria competência.

Contudo, de acordo com o direito brasileiro, fica assegurada a possibilidade de controle, *a posteriori*, pelo Poder Judiciário. A Lei Brasileira de Arbitragem prevê, nos artigos 32 e 33, mecanismo para pleitear anulação de sentença arbitral, seja ela final ou parcial.

O sistema arbitral brasileiro acertou ao definir o controle *a posteriori* pelo Poder Judiciário, especialmente para afastar eventuais intervenções que representem ameaça ao prosseguimento do processo arbitral, sobretudo quando relacionadas a condutas de cunho protelatório[13-14].

[12] Nesse sentido, Carlos Alberto Carmona: "[...] Agora, o parágrafo único do art. 8º não deixa margem alguma a dúvidas, atribuindo ao árbitro poder de decidir sobre a existência, validade e eficácia da cláusula e do compromisso, bem como do próprio contrato que contenha a cláusula compromissória.". (Carmona, Carlos Alberto. **Arbitragem e processo:** um comentário à Lei nº 9.307/96. 3. ed. São Paulo: Atlas, 2009, p. 18.)

[13] Nesse sentido, Eleonora Coelho: "[...] a negação do princípio *Kompetenz-Kompetenz*, ou seja, a possibilidade de o juízo togado vir a apreciar – antes e em detrimento dos árbitros – alegação de uma das partes quanto a pretensas nulidades da convenção de arbitragem seria atentar não somente contra a autonomia da vontade das partes (presumivelmente livre e licitamente manifestada), mas também contra a presunção de idoneidade da própria arbitragem, retirando daqueles que a elegeram toda segurança jurídica". (Coelho, Eleonora. **Os efeitos da convenção de arbitragem** – adoção do princípio *Kompetenz-Kompetenz* no Brasil. *In*: LEMES, Selma Ferreira (coord.); Carmona, Carlos Alberto (coord.); Martins, Pedro Batista (coord.). **Arbitragem:** estudos em homenagem ao Prof. Guido Fernando Silva Soares. São Paulo: Atlas, 2007, p. 327)
Para Matthieu de Boisséson: "O princípio da 'competência-competência', em seu efeito negativo, constitui, em primeiro lugar, uma regra de 'prioridade cronológica'. As jurisdições estaduais só podem intervir após o pronunciamento dos árbitros sobre essas questões. A partir do momento em que o tribunal arbitral está constituído, é perante os árbitros que convém decidir esse contencioso." (Boisseson, Matthieu de. **As *anti-suit injunction* e o princípio da competência-competência**. Ano: 2005. *In*: Wald, Arnoldo, (org.). Doutrinas essenciais. **Arbitragem e mediação:** a arbitragem, introdução e histórico. v. 1. São Paulo: Editora Revista dos Tribunais, 2014, p. 153-161.)

[14] Alguns autores admitem análise prévia da jurisdição estatal somente em cognição sumária e sobre inexistência ou nulidade absoluta da convenção, em hipóteses específicas e que não dependam de instrução. Nesse sentido, Cândido Rangel Dinamarco: "[...] A exclusão da jurisdição estatal é o efeito negativo dessa convenção, e a atribuição da causa aos árbitros seu efeito positivo. Suscitada opor-

Diante da existência de convenção arbitral, deverá ser instaurado o procedimento de arbitragem para que os árbitros possam decidir sobre a própria competência. Em caso de demandas judiciais paralelas à arbitragem, a respeito da mesma matéria, entende-se que aquelas deverão ser extintas ou suspensas para que, antecipadamente, o Tribunal Arbitral possa decidir sobre a própria competência.

3. Conflito de competência entre jurisdição arbitral e estatal

Na análise do tema central do presente estudo, será considerada somente a hipótese de conflito de competência entre jurisdição arbitral e a estatal, especialmente no tocante ao juízo da recuperação judicial.

A primeira dificuldade que decorre da análise do tema é a ausência de subordinação da jurisdição arbitral à organização própria e hierárquica da estrutura do Poder Judiciário. O incidente de conflito de competência reconhecidamente não foi moldado para resolver possíveis impasses entre tribunais estatais e arbitrais.

Entende-se, portanto, que o mecanismo de conflito de competência, previsto no sistema judicial, não deve ser, em regra, utilizado para resolução de hipotéticos conflitos de jurisdição entre tribunal arbitral e juízos estatais. Esses impasses sequer deveriam ocorrer, uma vez que o princípio da competência--competência que já era amplamente reconhecido no Brasil, seja na legislação pátria bem como em decisões judiciais, passou a ser referendado também pela legislação processual brasileira.

Em artigo específico sobre o tema, o Ministro aposentado do STJ, Francisco Cláudio Almeida Santos, reconhece a relevância das decisões do Superior Tribunal de Justiça para a evolução da arbitragem no país, contudo, suscitando

tunamente em juízo a preliminar de arbitragem (CPC, art. 301, inc. IX), competirá ao juiz togado decidir a esse respeito mediante uma cognição sumária ao cabo da qual somente se pronunciará sobre a existência ou inexistência da convenção, sobre seus limites subjetivos e objetivos e sobre sua eventual nulidade absoluta, manifesta e cognoscível independentemente de uma instrução aprofundada. Esse julgamento não passa pois de mero juízo delibativo, no qual o juiz avaliará a viabilidade da competência do órgão arbitral e a consequente exclusão da jurisdição estatal. Nessa sede e nesse momento ele não tem o poder de emitir juízos definitivos, nem de realizar cognições profundas a esse respeito, o que competirá aos próprios árbitros, no exercício de sua reconhecida Kompetenz--Kompetenz – sem prejuízo de uma revisão ulterior pelo próprio Poder Judiciário, agora com toda profundidade, se e quando provocado a realizá-la pelas vias adequadas (ação anulatória, impugnação ao cumprimento de sentença arbitral – LA, art. 33, 3º – infra, n. 28)." (Dinamarco, Cândido Rangel. **A arbitragem na teoria geral do processo**. São Paulo: Malheiros Editores, 2013, p. 73-74.)

importantes reflexões a respeito do conhecimento de conflitos de competência entre jurisdição arbitral e estatal:

> Em conclusão, embora a jurisprudência do Superior Tribunal de Justiça prestigie a ordem jurídica arbitral, tendo contribuído substancialmente para sua prática no Brasil bem assim para o crescimento e segurança dos negócios internacionais em nosso País, o entendimento pertinente ao conhecimento dos ditos conflitos de competência precisa ser repensado, refletido e ajustado à Constituição, aos princípios contidos na Lei de Arbitragem e a nova disciplina processual[15].

O atual Código de Processo Civil, por meio da reforma de 2015, passou a prever, no artigo 485, VII, o seguinte dispositivo: "Art. 485. O juiz não resolverá o mérito quando: [...] VII – acolher a alegação de existência de convenção de arbitragem ou quando o juízo arbitral reconhecer sua competência;"[16].

Entende-se, portanto, que os árbitros deverão decidir inicialmente sobre a sua própria competência. Será assegurada ao Poder Judiciário sempre a decisão final sobre o tema, em sede de eventual ação de anulação de sentença arbitral, se proposta por uma das partes, nos termos da legislação específica.

Nesse sentido, entende-se, ainda, que sequer deveria existir a hipótese de conflito entre tribunais arbitrais ou estatais, já que os árbitros devem decidir inicialmente sobre a própria competência, cabendo ao Poder Judiciário o controle final, em sede de eventual demanda que vise a anulação de sentença arbitral. Nesse sentido é o entendimento de parte da doutrina[17].

[15] Santos, Francisco Claudio de Almeida. **A jurisdição arbitral e conflitos de competência com a jurisdição estatal**. *In*: BRASIL. Superior Tribunal de Justiça. Doutrina: edição comemorativa, 30 anos Superior Tribunal de Justiça. Brasília: Superior Tribunal de Justiça, 2019, p. 164.

[16] BRASIL. Lei nº 13.105, de 16 de março de 2015. Código de Processo Civil. Disponível em: http://www.planalto.gov.br/ccivil_03/_ato2015-2018/2015/lei/l13105.htm. Acesso em: 23 jul. 2021.

[17] A esse respeito, Ana Clara Viola Ladeira sustenta que: "Na realidade, caso a harmonia entre a jurisdição arbitral e estatal, conforme concedida na teoria, fosse cem por cento empregada na prática, o conflito de competência sob análise não ocorreria. Isto porque, no Brasil, cabe ao árbitro manifestar-se acerca da sua própria competência e deve o Poder Judiciário abster-se de fazê-lo durante o procedimento arbitral. Então, o juiz estatal nunca poderia se declarar competente para julgar determinada demanda quando um árbitro admitisse sua própria competência, o que poderia ser contestado pelo juiz estatal somente em sede de anulação de sentença arbitral.". (Ladeira, Ana Clara Viola. Conflito de competência em matéria de arbitragem. *In*: **Revista Brasileira de Arbitragem**, ano XI, n. 41, CBAr, jan./mar, 2014. p. 62.)
Em sentido análogo, é o entendimento de Rodrigo Garcia da Fonseca. (Fonseca, Rodrigo Garcia da. O princípio da competência-competência na arbitragem: uma perspectiva brasileira. **Revista de Arbitragem e Mediação**. n. 9. 2006. São Paulo: Revista dos Tribunais, 2006.)

Todavia, reconhece-se que nem sempre é fácil identificar de forma clara a solução ora proposta, diante de temas como os que serão objeto de análise no presente artigo. Na eventualidade de inobservância do sistema mencionado acima e diante de eventual entendimento do juízo estatal reconhecendo sua competência e analisando a matéria em momento inapropriado, impedir que a parte interessada possa se valer de incidente de resolução de conflito de competência, perante o STJ, parece não ser igualmente solução adequada. Seria praticamente uma espécie de dupla "penalização".

Dessa forma, em situações excepcionais nas quais a resolução por meio da aplicação do princípio da competência-competência, inclusive em conjunto com o artigo 485 do CPC, não for observada, restará à parte interessada a alternativa, excepcional, de suscitar que o STJ conheça e julgue conflito de competência, para determinar que a demanda arbitral prossiga, permitindo que o os árbitros possam se manifestar, respeitado o controle judicial *a posteriori*. Dessa forma, em se admitindo o conflito de competência, a referida Corte Superior poderá confirmar a necessária aplicação do disposto na Lei Brasileira de Arbitragem, observando o princípio da competência-competência, conforme demonstrado.

4. Arbitragem e recuperação de empresas: os efeitos do deferimento da recuperação e análise de competência

Nos termos da Lei nº 11.101/05, um dos efeitos decorrentes do deferimento do processamento da recuperação judicial, assim como da decretação da falência, é o início do denominado *stay period*, ou período de suspensão de todas as ações e execuções contra o devedor. O artigo 6º, §1º, prevê que:

> Art. 6º A decretação da falência ou o deferimento do processamento da recuperação judicial suspende o curso da prescrição e de todas as ações e execuções em face do devedor, inclusive aquelas dos credores particulares do sócio solidário.
> § 1º Terá prosseguimento no juízo no qual estiver se processando a ação que demandar quantia ilíquida.

O *stay period* não é uma regra exclusiva do Direito brasileiro. O Direito norte americano prevê a regra da *automatic stay*, conforme indicam, William D. Warren e Daniel J. Brussel:

> Sob a seção 362 (a), a apresentação de um pedido de falência funciona como uma suspensão em face contra uma variedade de atos que afetam o devedor, a propriedade do devedor, o patrimônio da massa falida, ou a propriedade controlada pela massa falida. Esta suspensão é conhecida como a suspensão automática.

A suspensão automática é uma das proteções fundamentais do devedor, prevista pelo direito falimentar. Ela confere uma trégua ao devedor em face de seus credores. Ela suspende todas as execuções, todos os assédios e todas as ações de liquidação. Ela permite que o devedor tente uma renegociação ou um plano de recuperação, ou simplesmente para ser aliviado em relação às pressões financeiras que o levaram a uma falência.[18]

O Direito francês, por sua vez, prevê regra de suspensão automática, a ser adotada, por exemplo, no procedimento de *sauvegarde*, que seria semelhante a um processo simplificado de recuperação[19].

Conforme entendimento apresentado em outras oportunidades[20], considerando que o próprio artigo 6º, em seu parágrafo primeiro, excepciona as ações que demandarem quantias ilíquidas, entende-se que o *automatic stay* não seria fundamento válido para sustentar a impossibilidade de prosseguimento de processos arbitrais, ou mesmo novas solicitações, quando a arbitragem for a via jurisdicional escolhida pelas partes.

O referido entendimento, que já era objeto de posição majoritária na doutrina, passou a ser expressamente recepcionado pela legislação recuperacional e falimentar, por meio da reforma promovida pela Lei nº 14.112, de 24 dezembro de 2020. É o que dispõe o artigo 6º, §9º: "O processamento da recuperação judicial ou a decretação da falência não autoriza o administrador judicial a recusar a eficácia da convenção de arbitragem, não impedindo ou suspendendo a instauração de procedimento arbitral.".

Ainda que se entenda, por hipótese, que a universalidade do juízo falimentar também alcançaria a recuperação judicial, conforme entendimento externado em algumas decisões judiciais, entende-se que o art. 76, *caput*, ao disciplinar as exceções ao juízo unitário e universal da falência, deve ser analisado em

[18] Warren, William D.; Bussel, Daniel J. **Bankruptcy**. 7 ed. New York: Foundation Press, 2006, p. 213.

[19] Fouchard, Philippe. **Arbitrage et faillite**. Revue de l'Arbitrage, nº 3. Paris: Comité Français de l'Arbitrage, 1998, p. 471-494.

[20] Moraes, Felipe Ferreira Machado. Arbitragem e falência. In: Carmona, Carlos Alberto; Lemes, Selma Ferreira; Martins, Pedro Batista (org.). **20 anos da lei de arbitragem:** homenagem a Petrônio R. Muniz. São Paulo: Atlas, 2017. p. 763-792.
Moraes, Felipe Ferreira Machado. **Arbitragem, falência e recuperação judicial**. *In*: Levy, Daniel; Pereira, Guilherme Setoguti J. (Coordenadores). **Curso de Arbitragem**. São Paulo: Thomson Reuters Brasil, 2018, p. 541-576.

conjunto com o mencionado art. 6º, sob pena de desvirtuar a lógica do sistema falimentar[21].

Outro relevante efeito decorrente do deferimento do processamento da recuperação judicial é a capacidade processual e de gestão dos negócios pelo devedor. Diferentemente do que ocorre com a decretação da falência, o deferimento da recuperação judicial não afasta o devedor de suas atividades.

A personalidade jurídica do devedor permanecerá inalterada. A gestão da empresa (atividade) seguirá sendo realizada pelo devedor e pelos administradores nomeados, observado o disposto na legislação recuperacional, como por exemplo em relação à supervisão pelo administrador judicial[22].

A legitimidade processual, seja ativa ou passiva, será do próprio devedor (sociedade empresária). Nesse caso, existindo arbitragens envolvendo o devedor, a representação processual ficará a cargo da própria sociedade.

Portanto, o deferimento do processamento da recuperação judicial não poderá servir como forma de fundamentar a incompetência dos árbitros para atuação em processo arbitral que tenha uma das partes sujeitas a esse regime jurídico.

5. Meios de recuperação da atividade empresarial e interpretação do artigo 50 da lei nº 11.101/2005

A legislação que disciplina a recuperação judicial prevê expressamente alguns meios concebidos para recuperar a atividade empresarial. O rol, meramente

[21] Cita-se o voto do Desembargador Manoel de Queiroz Pereira Calças, referente ao caso Jackson *v*. Diagrama, no qual houve decretação de falência. Entende-se que entendimento análogo pode ser utilizado, em relação ao *stay period*, para a recuperação judicial:
"Outrossim, iniciado o procedimento de arbitragem, nos termos convencionados pelas partes, e, comunicada a falência da agravada, interveio nos autos o Administrador Judicial, sustentando a competência do Juízo Universal da Falência para dirimir o conflito, o que não foi aceito pelo Juízo Arbitral, que, corretamente, deu prosseguimento à arbitragem, na dicção do artigo 76, parágrafo único, da Lei n° 11 101/2005. Não era mesmo de se suspender a tramitação do procedimento de arbitragem, eis que, aplica-se à hipótese o artigo 6º, §1º da Lei n° 11 101/2005, visto que versando a demanda sobre quantia ilíquida." (TJSP. Ag. 5310204300, Rel. Des. Manoel de Queiroz Pereira Calças, 2008).

[22] "Art. 64. Durante o procedimento de recuperação judicial, o devedor ou seus administradores serão mantidos na condução da atividade empresarial, sob fiscalização do Comitê, se houver, e do administrador judicial, salvo se qualquer deles: [...]." (BRASIL. Lei nº 11.101, de 9 de fevereiro de 2005. Regula a recuperação judicial, a extrajudicial e a falência do empresário e da sociedade. empresária. Disponível em: http://www.planalto.gov.br/ccivil_03/_ato2004-2006/2005/lei/l11101.htm. Acesso em: 20 nov. 2019.)

exemplificativo[23], está indicado no artigo 50. Dentre os possíveis meios listados, é possível identificar alguns que possuem reflexo na esfera societária e que demandariam, a princípio, deliberações e aprovações próprias do direito societário.

> Art. 50. Constituem meios de recuperação judicial, observada a legislação pertinente a cada caso, dentre outros:
> [...]
> II – cisão, incorporação, fusão ou transformação de sociedade, constituição de subsidiária integral, ou cessão de cotas ou ações, respeitados os direitos dos sócios, nos termos da legislação vigente;
> III – alteração do controle societário;
> IV – substituição total ou parcial dos administradores do devedor ou modificação de seus órgãos administrativos;
> [...]
> VI – aumento de capital social;
> VII – trespasse ou arrendamento de estabelecimento, inclusive à sociedade constituída pelos próprios empregados;
> [...]
> XIV – administração compartilhada;
> XV – emissão de valores mobiliários;
> [...]
> XVII – conversão de dívida em capital social;
> [...][24]

A adequada interpretação do referido dispositivo legal é fundamental para compreensão do tema central analisado neste estudo. Verifica-se que na legislação recuperacional e falimentar foram previstos, exemplificativamente, alguns meios de recuperação, tutelados pelas normas do direito societário. Diante disso, o legislador inseriu, no *caput* do referido artigo, a seguinte menção "observada a legislação pertinente a cada caso", de maneira a afastar a equivocada com-

[23] Conforme explica Marcelo Barbosa Sacramone: "Ao contrário da previsão do Decreto-Lei n. 7.661/45, [...], a LREF previu apenas exemplificativamente os meios que poderão ser utilizados pelo empresário para que possa se reestruturar.". (SACRAMONE, Marcelo Barbosa. Comentários à Lei de Recuperação de Empresas e Falência. São Paulo: Saraiva Educação, 2018, p. 218.)

[24] BRASIL. Lei nº 11.101, de 9 de fevereiro de 2005. Regula a recuperação judicial, a extrajudicial e a falência do empresário e da sociedade. empresária. Disponível em: http://www.planalto.gov.br/ccivil_03/_ato2004-2006/2005/lei/l11101.htm. Acesso em: 20 nov. 2019.

preensão de que os meios previstos no plano de recuperação judicial relacionados às reestruturações ou modificações societárias, não estariam sujeitos às regulamentações próprias desse respectivo sistema.

Ademais, o inciso II é claro nesse sentido, ao prever que necessariamente devem ser "respeitados os direitos dos sócios, nos termos da legislação vigente" nas hipóteses de cisão, incorporação, fusão ou transformação de sociedade, constituição de subsidiária integral ou de cessão de cotas ou ações.

Frequentemente o plano de recuperação prevê medidas, nos termos do art. 50 da LRF, que necessariamente serão reguladas por regras societárias ou até mesmo próprias do mercado de capitais. Diante dessas hipóteses, deve-se observar os limites de cada sistema, avaliando como harmonizá-los.

A título de exemplo, aspectos relacionados à aprovação do plano ou ao seu cumprimento, ficarão sob a jurisdição recuperacional. Por outro lado, em momento subsequente, no tocante à aprovação, na esfera societária, e a resolução de eventuais disputas dessa natureza, deverão ser decididas com base nas normas societárias e pelo tribunal arbitral, se houver sido manifestada a inequívoca escolha das partes pela via arbitral no estatuto, contrato social, ou em pacto parassocial[25].

A título de exemplo, seria absolutamente temerário imaginar que operações previstas na legislação recuperacional, como emissão de valores mobiliários, não seriam tuteladas por regulação específica, seja ela societária ou do mercado de capitais. Outro exemplo seriam operações que estariam sujeitas, uma vez aprovadas no plano de recuperação, a aprovações posteriores na esfera do direito concorrencial. Da mesma forma, estariam condicionadas a aprovações específicas, na esfera de outro sistema jurídico[26].

[25] Em sentido semelhante, aparentemente é a conclusão de Ricardo Tepedino: "Por fim, conclui-se também que será o juízo da recuperação o competente para conhecer de conflitos societários que repercutam no procedimento da recuperação ou no cumprimento do seu Plano, salvo se houver cláusula compromissória, caso em que a renúncia à jurisdição estatal deverá ser respeitada.". (Tepedino, Ricardo. O direito societário e a recuperação judicial. *In*: Venancio Filho, Alberto; Lobo, Carlos Augusto da Silveira; Rosman, Luiz Alberto Colonna (orgs.). **Lei das S./A. em seus 40 anos**. Rio de Janeiro: Forense, 2017, p. 599.)

[26] Entendimento análogo é apresentado por Marcelo Sacramone: "Essas operações societárias, assim como a transferência de participações societárias e a aquisição de controle, com exceção da transformação da sociedade e da constituição de subsidiária integral, poderão gerar atos de concentração de mercado, e deverão ser submetidas ao controle de proteção concorrencial exercido pelo Conselho Administrativo de Defesa Econômica (CADE) quando os pressupostos legais estiverem presentes. As operações de concentração societária deverão ser submetidas à apreciação dos órgãos de controle de concorrência para se verificar se não atentam contra as regras de proteção do livre

É fundamental que se compreenda que os acionistas da companhia não possuem, de acordo com o sistema jurídico brasileiro, representatividade nas deliberações próprias do sistema recuperacional. Portanto, é fundamental que se mantenha o sistema de tutela previsto na legislação específica (direito societário), nos termos da remissão decorrente da interpretação do *caput* do art. 50 da Lei 11.101/2005[27].

6. Análise do caso OI

No ano de 2018, o Superior Tribunal de Justiça decidiu o Conflito de Competência de número 157.099/RJ. O referido conflito (positivo) foi suscitado em decorrência de decisões do juízo da recuperação judicial da empresa OI (7ª Vara Empresarial do Rio de Janeiro) e de Tribunal Arbitral constituído em procedimento administrado de acordo com o Regulamento da Câmara de Arbitragem do Mercado (CAM B3).

O plano de recuperação judicial da OI previa realização de aumento de capital – excedendo o valor do capital autorizado – que deveria ocorrer por meio de emissão de ações e de bônus de subscrição, o que por sua vez diluiria os acionistas minoritários. Ademais, previa reestruturação nos órgãos da Companhia, como por exemplo na estrutura do Conselho de Administração.

O estatuto social da companhia previa arbitragem como forma de resolução de disputas, por meio da seguinte cláusula estatutária:

> Art. 68 – A Companhia, seus acionistas, administradores e os membros do Conselho Fiscal, obrigam-se a resolver, por meio de arbitragem, perante a Câmara de Arbitragem do Mercado, toda e qualquer disputa ou controvérsia que possa

mercado e geram dominação do mercado relevante de bens ou serviços." (Sacramone, Marcelo Barbosa. *Ob. Cit.*, p. 224.)

27 A respeito do tema, Sheila Neder Cerezetti: "Trata-se de debate acerca da observância de regras societárias, como, por exemplo, a da necessária aprovação da assembleia de acionistas em casos de cisão, incorporação, fusão ou transformação da companhia, durante o procedimento de insolvência. Há, assim, uma preocupação com o respeito aos direitos e garantias daqueles que participam do capital social do devedor."
Quanto ao tema, é de se sublinhar que a Lei de Recuperação e Falência determina o respeito aos direitos dos participantes do capital social sempre que o plano de recuperação contiver previsão de operações como cisão, incorporação, fusão ou transformação de sociedade, constituição de subsidiária integral ou cessão de cotas ou ações (art. 50, II).
Cabe lembrar, ademais, que durante o procedimento de recuperação os acionistas mantêm o direito de participação em assembleias de acionistas e o direito de voto. (Cerezetti, Sheila Christina Neder. A recuperação judicial de sociedades por ações – o princípio da preservação da empresa na Lei de Recuperação e Falência. São Paulo: Malheiros, 2014, p. 228-230.)

surgir entre eles, relacionada com ou oriunda, em especial, da aplicação, validade, eficácia, interpretação, violação e seus efeitos, das disposições contidas na Lei das Sociedades por Ações, no estatuto social da Companhia, nas normas editadas pelo Conselho Monetário Nacional, pelo Banco Central do Brasil e pela CVM, bem como nas demais normas aplicáveis ao funcionamento do mercado de capitais em geral, além daquelas constantes do Regulamento do Nível 1, do Regulamento de Arbitragem, do Regulamento de Sanções e do Contrato de Participação no Nível 1 de Governança Corporativa.

Parágrafo Único – Sem prejuízo da validade desta cláusula arbitral, o requerimento de medidas de urgência pelas Partes, antes de constituído o Tribunal Arbitral, deverá ser remetido ao Árbitro de Apoio, na forma do item 5.1 do Regulamento de Arbitragem da Câmara de Arbitragem do Mercado[28].

Diante disso, verificou-se divergência entre acionistas a respeito da convocação de assembleia geral extraordinária. Houve, então, certos questionamentos acerca da referida convocação, especialmente: i) se seria possível e válida a convocação da referida assembleia por determinado acionista e; ii) se a competência para decidir sobre a referida matéria seria do tribunal arbitral, instaurado nos termos da cláusula compromissória estatutária, ou do juízo da recuperação judicial.

O juízo da recuperação judicial determinou a suspensão dos efeitos da assembleia geral extraordinária. O acionista minoritário iniciou procedimento arbitral, tendo o Tribunal Arbitral proferido decisão para suspender a eficácia do plano de recuperação no tocante às disposições sobre o aumento de capital, determinando que a OI se abstivesse de implementar a operação.

Portanto, instaurou-se conflito positivo de competência, uma vez que tanto o juízo concursal da 7ª Vara Empresarial do Rio de Janeiro quanto o tribunal arbitral decidiram no sentido de terem competência para decidir sobre a matéria.

No referido caso, o Superior Tribunal de Justiça conheceu do conflito para declarar, de forma acertada, a competência do juízo arbitral[29].

Ementa conflito positivo de competência. juízo arbitral e juízo da recuperação judicial. discussão acerca da legalidade de disposições integrantes do plano de soerguimento. aumento de capital. assembleia de acionistas. não realização.

[28] Estatuto social da companhia *in*: STJ, CC: 157099 RJ 2018/0051390-6, Rel. Min. Marco Buzzi, j: 10/10/2018, S2 – Segunda Seção, DJe: 30/10/2018.
[29] STJ, *Ibid.*

cláusula compromissória prevista no estatuto social. questões societárias. competência do juízo arbitral.
1. A existência de provimentos jurisdicionais conflitantes entre si autoriza o conhecimento do conflito positivo de competência.
2. O juiz está autorizado a realizar controle de legalidade de disposições que integram o plano de soerguimento, muito embora não possa adentrar em questões concernentes à viabilidade econômica da recuperanda.
3. As jurisdições estatal e arbitral não se excluem mutuamente, sendo absolutamente possível sua convivência harmônica, exigindo-se, para tanto, que sejam respeitadas suas esferas de competência, que ostentam natureza absoluta.
4. Em procedimento arbitral, são os próprios árbitros que decidem, com prioridade ao juiz togado, a respeito de sua competência para examinar as questões acerca da existência, validade e eficácia da convenção de arbitragem e do contrato que contenha cláusula compromissória – princípio da *kompetenz-kompetenz.*
5. A instauração da arbitragem, no particular, foi decorrência direta de previsão estatutária que obriga a adoção dessa via para a solução de litígios societários.
6. Ainda que a jurisprudência do STJ venha entendendo, consistentemente, que a competência para decidir acerca do destino do acervo patrimonial de sociedades em recuperação judicial é do juízo do soerguimento, a presente hipótese versa sobre situação diversa.
7. A questão submetida ao juízo arbitral diz respeito à análise da higidez da formação da vontade da devedora quanto a disposições expressas no plano de soerguimento. As deliberações da assembleia de credores – apesar de sua soberania – estão sujeitas aos requisitos de validade dos atos jurídicos em geral.
8. O art. 50, caput, da Lei 11.101/05, ao elencar os meios de recuperação judicial passíveis de integrar o plano de soerguimento, dispõe expressamente que tais meios devem observar a legislação pertinente a cada caso. Seu inciso II é ainda mais enfático ao prever que, em operações societárias, devem ser "respeitados os direitos dos sócios, nos termos da legislação vigente". E, no particular, o objetivo da instauração do procedimento arbitral é justamente garantir o direito dos acionistas de deliberar em assembleia geral sobre questões que, supostamente, competem privativamente a eles, mas que passaram a integrar o plano de recuperação judicial sem sua anuência.
conflito conhecido. declarada a competência do juízo arbitral

Embora se reconheça, conforme exposto em trecho precedente, que impasses como esses devessem ser resolvidos por meio da aplicação do princípio da competência-competência, é certo que em determinados casos – ainda que de forma equivocada – o juízo estatal poderá ignorar o referido princípio, declarando-se igualmente competente. Diante dessa hipótese, deve ser admita a instauração de incidente de conflito de competência, especificamente para resolver o impasse na esfera da jurisdição estatal.

Ainda a respeito do referido precedente, entende-se que foi acertada a decisão do STJ, sobretudo por preservar os direitos dos acionistas e a dinâmica do direito societário, conforme disciplina expressamente a Lei nº 11.101/2005.

Ademais, é importante recordar que recentemente – portanto, após o acordão do Caso OI – a referida legislação passou por significativas alterações, por meio da Lei nº 14.112/2020, sendo que o artigo 50, *caput*, não teve a sua redação alterada, mantendo o entendimento que preconiza a necessária harmonia entre as esferas da insolvência e do direito societário.

7. Competência do tribunal arbitral e do juízo da insolvência em relação às alterações societárias previstas no plano de recuperação judicial

A análise da competência do tribunal arbitral – considerando-se ser esta a via jurisdicional escolhida na esfera societária – e do juízo da recuperação constitui um dos temas centrais do presente estudo.

Conforme demostrado anteriormente, determinadas obrigações que podem ser aprovadas no âmbito do plano de recuperação judicial possuem reflexos em outras esferas jurídicas, como por exemplo no direito societário, do mercado de capitais ou de defesa da concorrência.

Diante do referido impasse, seria possível extrair alguns critérios propostos por parte da doutrina como possíveis fundamentos para decisões judiciais sobre a matéria. Esses critérios serão analisados, como forma de apresentar reflexão sobre o tema.

Alguns autores utilizam o princípio da preservação da empresa ou o almejado soerguimento da atividade empresarial como fundamentos para sustentar a necessidade de interpretação que preconiza a prevalência das normas do direito falimentar e recuperacional em detrimento das que disciplinam o direito societário.

Parte da doutrina sustenta que a assembleia de credores teria, em hipóteses de desarmonia entre os sistemas (societário e recuperacional), suposta prevalência em relação à assembleia de acionistas[30].

[30] Nesse sentido, Nelson Marcondes Machado: "É, pois, imperativo concluir que as normas da lei societária – ainda que sejam, em situações normais, impositivas – não podem se sobrepor aos ditames da Lei de Falências, tal a excepcionalidade encerrada no processo de recuperação judicial.
Podem os credores, portanto, tomar medidas à revelia da comunidade de acionistas, desde que destinadas a sublimar as condições de soerguimento da companhia devedora.

Com a máxima vênia, entende-se que essa não seria a interpretação e aplicação adequada do Direito. É incontestável a relevância do princípio da preservação da atividade empresarial como pilar do atual sistema falimentar e recuperacional. Contudo, o sistema societário igualmente é permeado por interesses que transcendem os dos acionistas.

A tutela dos direitos dos acionistas, prevista no direito societário, transcende a individualidade dos respectivos direitos, buscando atingir bem maior. A Lei nº 6.404/76 é reconhecidamente institucionalista. Sobretudo no caso das companhias ou sociedades de capital aberto, constitui incentivo à capitalização de recursos de forma mais eficiente para a atividade empresarial, contribuindo para o desenvolvimento da economia nacional.

Nesse sentido, ilustra-se com a narrativa de Alfredo Lamy Filho e de José Luiz Bulhões Pedreira, coautores do anteprojeto Lei das Sociedades por Ação (Lei nº 6.404/76):

> A atualização da Lei de Sociedades Anônimas requer, todavia, cuidados especiais porque constitui sistema que visa a compatibilizar e hierarquizar os diversos interesses que disciplina, tais como os dos controladores das companhias, os das minorias acionárias, os do mercado de capitais, como fonte de capital de risco, os da empresa – tudo tendo presente o interesse maior da economia nacional. A Lei das S.A. é um mecanismo institucional extremamente delicado devido à interação das normas que protegem todos esses interesses – alguns conflitantes entre si – e na redação de cada norma é preciso avaliar seus efeitos sobre o conjunto e modo pelo qual pode afetar o equilíbrio do sistema.[31]

Evidentemente que haverá conflitos decorrentes da interação das normas em referência, o que é absolutamente compreensível. Contudo, deve-se interpretá-las visando a adequada aplicação dos referidos sistemas, cada qual com a sua

Essa é a conclusão que nos é oferecida não apenas pela situação retratada nos exemplos acima coligidos, mas por outras tantas circunstâncias previstas no processo de recuperação judicial (afastamento ou nomeação dos administradores, modificação dos estatutos sociais, emissão de debêntures, etc.)." (Machado, Nelson Marcondes. **A assembleia geral de credores e seus conflitos com a assembleia geral de acionistas**. *In*: Castro, Rodrigo Monteiro de; Aragão, Leandro Santos de (coord.). **Direito Societário e a Nova Lei de Falências e Recuperação de Empresas**. São Paulo: Quartier Latin, 2006, p. 162.)

[31] Lamy Filho, Alfredo; Bulhões Pedreira, José Luiz (coordenação). **Direito das companhias**. 2. ed., atual. e ref. Rio de Janeiro: Forense, 2017, p. 16-17.

relevância, não reconhecendo qualquer critério de prevalência em decorrência dos direitos tutelados[32].

Entende-se, portanto, que o critério de soerguimento da atividade empresarial ou mesmo o princípio da preservação da empresa não devem ser utilizados como fundamento para a definição da competência em caso de potenciais conflitos entre regras próprias do direito recuperacional e do sistema societário.

Outro possível critério defendido por parte da doutrina seria o da derrogação de um sistema pelo outro. Contudo, tanto o societário quanto o recuperacional são sistemas autônomos com princípios e normas próprias. Não há que se falar em prevalência do subsistema da recuperação judicial em detrimento do societário bem como em alegada derrogação de norma supostamente geral (societária) por norma especial (recuperação judicial).

A respeito do tema, a única interpretação possível é a que preconiza a necessária harmonização entre os dois sistemas, como acertadamente disciplinou a própria LRF, desde a sua versão de 2005, nos termos do *caput* do artigo 50, ao mencionar "*observada a legislação pertinente a cada caso*".

É fundamental que se compreenda que a escolha e a aprovação do meio de recuperação adotado, ainda que aprovado no âmbito da assembleia de credores, ficará sujeita à legislação aplicável, ou seja, em relação a qualquer alteração societária, necessariamente deverá observar o disposto na Lei nº 6.404/76, sempre que se tratar de sociedade sujeita ao referido regime legal.

Nesse sentido, foi o entendimento sustentado por Carlos Alberto Carmona, em Parecer oferecido no Caso Oi:

> 41. A determinação contida na LRF (artigo 50) vai ao encontro das imposições contidas na legislação societária para adoção de certas medidas e restrições de direito de acionista e dos negócios da Companhia. Em outros termos, não se percebe incompatibilidade entre os dois diplomas (LRF e LSA) quanto aos preceitos do direito recuperacional e os do direito societário, mas sim perfeita sincronia no jogo de sacrifícios (e barganha) de direitos do ajuste obrigacional pelo qual se consubstancia o plano de recuperação. Certas disposições não podem ser impostas, pois dependentes da formação da vontade da pessoa jurídica de modo regular, válido e eficaz, na forma disciplinada pela LSA. Vale dizer, enquanto não for realizada a Assembleia Geral de Acionistas a matéria existente no plano de recuperação não se torna vinculante, não se constitui regular ou válida.

[32] Em sentido análogo, TEPEDINO, Ricardo. **O direito societário e a recuperação judicial**. *In*: VENANCIO FILHO, Alberto; LOBO, Carlos Augusto da Silveira; ROSMAN, Luiz Alberto Colonna (orgs.). **Lei das S./A. em seus 40 anos**. Rio de Janeiro: Forense, 2017, p. 599.

Em sentido análogo, entendeu Francisco Satiro, em Parecer oferecido no mesmo Caso, sustentando que o aumento de capital somente teria efeitos se aprovado em conformidade com o disposto no direito societário, seja por aprovação em assembleia ou, se dentro do limite do capital autorizado, pelo Conselho de Administração:

> a. O aumento de capital é de competência específica da Assembleia Geral, nos termos do art. 166. Há, no entanto, a possiblidade da Assembleia Geral dispor no estatuto autorização para aumento de capital social independentemente de alteração estatutária (capital autorizado, arts. 166, II e 168 da Lei das S/As). Nesse caso, o estatuto preverá autorização para que o Conselho de Administração providencie o aumento de capital nos limites estabelecidos. Mas mesmo nesse caso, a competência para definir o limite de capital que poderá ser aumentado é dos acionistas reunidos em Assembleia Geral, ao Conselho de Administração cabendo tão somente a consecução da permissão na medida da necessidade da companhia. Logo, o conselho de administração da companhia não poderia aprovar a conversão de cerca de R$ 26,1 bilhões em créditos, em capital da Companhia, se o art. 5º do estatuto social da Companhia prevê que o capital social é de R$ 21.438.374.154,00 e o art. 6º, que o limite de capital autorizado é de R$ 34.038.701.741,49.
>
> b. a aprovação de aumento de capital por órgão que não tem competência para tal é nula de pleno direito. Os conselheiros que a aprovarem em violação à Lei e ao estatuto responderão civilmente (arts. 158 e 159) pelos prejuízos causados e administrativamente (arts. 152 e 154 da Lei das S/As e art. 11 da Lei 6.385/76) pela violação do dever de diligência ou de evitar conflito de interesses, perante a Comissão de Valores Mobiliários, por tratar-se de companhia aberta.
> [...]

Ademais, no tocante a competência para decidir sobre eventuais controvérsias decorrentes de matérias societárias, ainda que em decorrência do disposto no Plano de Recuperação, serão de competência exclusiva do juízo arbitral, sempre que o estatuto social prever a arbitragem como forma de resolução de disputas.

Entende-se que controvérsias sobre validade de convocações de assembleias de acionistas, que envolvam aumento de capital, subscrição de ações, alterações estatutárias, modificações estatutárias sobre a disposição dos órgãos da Companhia, são alguns exemplos de matérias necessariamente sujeitas à tutela da jurisdição arbitral.

Não há que se questionar, portanto, a competência da jurisdição arbitral, especialmente por serem matérias arbitráveis, sob a ótica objetiva e, analisando os efeitos do deferimento da recuperação judicial, por estar presente, ainda, o requisito da capacidade processual do devedor.

É certo, por outro lado, que a análise das matérias próprias do sistema recuperacional, especialmente a análise do cumprimento das obrigações previstas no plano de recuperação, análise e classificação de créditos, bem como atos que importem em alienação de bens e constrição patrimonial definitiva do devedor, estarão sujeitas, exclusivamente, ao juízo da recuperação. É exatamente esta a harmonia legalmente prevista e que deve ser observada por magistrados e árbitros.

8. Os efeitos da ausência de aprovação na esfera societária de obrigações previstas no plano de recuperação judicial

Diante da existência de cláusula compromissória estatutária e de inclusão no plano de recuperação judicial de matérias que dependam de posterior aprovação por outros sistemas, como por exemplo na esfera societária, há que se reconhecer a possibilidade de cumprimento de obrigações previstas no plano por essa razão.

O tema possui relevância, uma vez que a legislação recuperacional brasileira prevê que o descumprimento do plano poderá levar à convolação da recuperação judicial em falência. É o que dispõe os artigos 61 e 73 da Lei 11.101/2005[33].

Diante da referida hipótese, e em caso de ausência de aprovação de parte das obrigações do plano, entende-se que a convolação imediata da recuperação em falência não seria medida apropriada. Na referida hipótese, não se trata propriamente de descumprimento de obrigações previstas no plano, mas de impossibi-

[33] "Art. 61. Proferida a decisão prevista no art. 58 desta Lei, o juiz poderá determinar a manutenção do devedor em recuperação judicial até que sejam cumpridas todas as obrigações previstas no plano que vencerem até, no máximo, 2 (dois) anos depois da concessão da recuperação judicial, independentemente do eventual período de carência.

§ 1º Durante o período estabelecido no caput deste artigo, o descumprimento de qualquer obrigação prevista no plano acarretará a convolação da recuperação em falência, nos termos do art. 73 desta Lei.

[...]

Art. 73. O juiz decretará a falência durante o processo de recuperação judicial:

[...]

IV – por descumprimento de qualquer obrigação assumida no plano de recuperação, na forma do § 1º do art. 61 desta Lei." (BRASIL. Lei nº 11.101, de 9 de fevereiro de 2005. Regula a recuperação judicial, a extrajudicial e a falência do empresário e da sociedade. empresária. Disponível em: http://www.planalto.gov.br/ccivil_03/_ato2004-2006/2005/lei/l11101.htm. Acesso em: 20 nov. 2019.)

lidade jurídica de realização, seja por previsões estatutárias e na esfera societária ou, exemplificativamente, em decorrência de decisões sobre materiais de direito da concorrência.

A vinculação do devedor somente existirá após a observação do disposto na legislação pertinente (artigo 50), em especial, a aprovação das alterações na esfera societária.

Nesse sentido, entende-se adequada a convocação de nova assembleia geral de credores para que possam, alternativamente, i) aprovar novamente plano de recuperação – seja apresentado pelo devedor ou pelos credores, na hipótese de plano alternativo – excluindo de seu escopo a referida obrigação; ii) deliberar por aprovar o plano, substituindo a referida obrigação por outra solução empresarial e juridicamente viável; ou iii) rejeitá-lo[34].

Conclusões

Ainda que determinadas alterações de ordem societária representem parte das obrigações assumidas no plano de recuperação judicial, é certo que a competência para avaliar a validade jurídica e os respectivos efeitos na esfera societária é exclusiva da jurisdição específica, qual seja, a arbitral.

Por outro lado, quaisquer análises sobre o descumprimento de obrigações assumidas no plano de recuperação judicial, ainda que em decorrência de decisões jurisdicionais diversas, como as proferidas por tribunais arbitrais, são de competência exclusiva do juízo da recuperação judicial. Somente o juízo da recuperação poderá avaliar o cumprimento do plano e decidir a respeito de eventuais sanções relacionadas ao seu descumprimento.

[34] Em sentido análogo, Ricardo Tepedino sustenta que sequer a obrigação teria sido constituída, sugerindo a mesma solução ora apresentada: "Se essa hipótese se verificar – i.e., se a AGC chancela a previsão de um negócio jurídico que a lei societária ponha na dependência de aprovações não previamente concedidas e esse *placet* não vem a ser emitido, não seria o caso de descumprimento do plano a justificar a convolação da recuperação em falência, na forma do art. 73, IV, da LRF. Afinal, na hipótese cogitada, quando da aprovação do plano não havia ainda manifestação de vontade válida pela cisão por parte da recuperanda, razão pela qual ela não estava ainda validamente obrigada a celebrar o negócio anunciado. Desse modo, ao invés de se decretar a quebra, a medida adequada seria a convocação de nova AGC para que os credores voltassem a examinar o plano assim desfalcado de uma de suas estipulações, seja para novamente aprová-lo com ou sem modificações, seja para rejeita-lo, valendo frisar que a renovação da assembleia é prática muito frequente nas recuperações.". (Tepedino, Ricardo. **O direito societário e a recuperação judicial**. *In*: Venancio Filho, Alberto; Lobo, Carlos Augusto da Silveira; Rosman, Luiz Alberto Colonna (orgs.). **Lei das S./A. em seus 40 anos**. Rio de Janeiro: Forense, 2017, p. 590.)

Nesse sentido, deve-se observar quais matérias são propriamente concursais e integram o núcleo do processo recuperacional e quais são próprias do direito societário, devendo ser respeitada competência da jurisdição específica, por meio de arbitragem, quando houver sido aprovada a inclusão de cláusula arbitral estatutária.

Na hipótese de cláusula compromissória estatutária, válida, caberá ao tribunal arbitral, uma vez constituído, analisar previamente a matéria de natureza societária, ainda que prevista no plano de recuperação judicial. Ao juízo recuperacional, será assegurada a competência para aplicar o direito recuperacional ao caso concreto, especialmente no tocante ao cumprimento do plano ou eventuais decisões próprias do sistema concursal, como por exemplo, sobre eventual convolação da recuperação judicial em falência.

Referências

ABRÃO, Carlos Henrique. **Da falência**. *In*: TOLEDO, Paulo F. C. Salles de (coord.); ABRÃO, Carlos Henrique (coord.). **Comentários à Lei de Recuperação de Empresas e Falência**. São Paulo: Saraiva, 2010.

ANDRIGHI, Fátima Nancy. **Comentários – Arts. 75 a 80**. *In*: CORRÊA-LIMA, Osmar Brina; LIMA, Sérgio Mourão Corrêa. **Comentários à nova lei de falências e recuperação de empresas:** Lei nº 11.101/2005, de 09 de fevereiro de 2005. Rio de Janeiro: Forense, 2009.

ARMELIN, Donaldo. **A arbitragem, a falência e a liquidação extrajudicial**. *In*: WALD, Arnoldo (coord.). **Revista de Arbitragem e Mediação**. Ano 4, n. 13, abr./jun. 2007. São Paulo: Editora Revista dos Tribunais, 2007.

BAIRD, Douglas G. **Elements of bankruptcy**. Fourth edition. New York: Foundation Press, 2006.

BEZERRA FILHO, Manoel Justino. **Lei recuperação de empresas e falência: Lei 11.101/2005 – comenta artigo por artigo**. 7. ed, rev., atual. e ampl. São Paulo: Editora Revista dos Tribunais, 2011.

BOISSESON, Matthieu de. **As anti-suit injunction e o princípio da competência--competência**. Ano: 2005. *In*: WALD, Arnoldo, (org.). **Doutrinas essenciais. Arbitragem e mediação: a arbitragem, introdução e histórico**. v. 1. São Paulo: Editora Revista dos Tribunais, 2014.

BRASIL. Lei nº 11.101, de 9 de fevereiro de 2005. Regula a recuperação judicial, a extrajudicial e a falência do empresário e da sociedade empresária. **Portal da Legislação**, Brasília, 11 fev. 2005. Disponível em: http://www.planalto.gov.br/ccivil_03/_ato2004-2006/2005/lei/l11101.htm. Acesso em: 20 nov. 2019.

CARMONA, Carlos Alberto. **Arbitragem e processo: um comentário à Lei nº 9.307/96**. 3. ed. São Paulo: Atlas, 2009.

CASTRO, Eduardo Spínola e. **A arbitragem e a nova lei de falências.** *In*: CASTRO, Rodrigo R. Monteiro de; ARAGÃO, Leandro Santos de (org.). **Direito societário e a nova lei de falências e de recuperação de empresas**. São Paulo: Quartier Latin, 2006.

CEREZETTI, Sheila Christina Neder. **A recuperação judicial de sociedades por ações – o princípio da preservação da empresa na Lei de Recuperação e Falência**. São Paulo: Malheiros, 2014.

CINTRA, Antonio Carlos de Araujo; GRINOVER, Ada Pellegrini; DINAMARCO, Cândido Rangel. **Teoria geral do processo.** 17. ed. São Paulo: Malheiros Editores, 2001.

COELHO, Eleonora. **Os efeitos da convenção de arbitragem – adoção do princípio kompetenz-lompetenz no Brasil**. *In*: LEMES, Selma Ferreira (coord.); CARMONA, Carlos Alberto (coord.); MARTINS, Pedro Batista (coord.). **Arbitragem:** estudos em homenagem ao Prof. Guido Fernando Silva Soares. São Paulo: Atlas, 2007.

CRIPPA, Carla de Vasconcellos. **Recuperação judicial, falência e arbitragem**. *In*: WALD, Arnoldo (coord.). **Revista de Arbitragem e Mediação**. Ano 8, n. 29 (abr./jun. 2011). São Paulo: Editora Revista dos Tribunais, 2011.

DINAMARCO, Cândido Rangel. **A arbitragem na teoria geral do processo**. São Paulo: Malheiros Editores, 2013.

—; LOPES, Bruno Vasconcelos Carrilho. **Teoria geral do novo processo civil**. 4. ed. São Paulo: Malheiros, 2019.

FICHTNER, José Antonio; DICKSTEIN, Marcelo. **Arbitragem e recuperação judicial: interseções e controvérsias**. *In*: YARSHELL, Flávio Luiz; PEREIRA, Guilherme Setoguti J. (Coords). **Processo societário** – volume III. São Paulo: Quartier Latin, 2018.

FONSECA, Rodrigo Garcia da. O princípio da competência-competência na arbitragem: uma perspectiva brasileira. **Revista de Arbitragem e Mediação.** n. 9. 2006. São Paulo: Revista dos Tribunais, 2006.

FOUCHARD, Philippe. Arbitrage et faillite. **Revue de l'Arbitrage**, n. 3. Paris: Comité Français de l'Arbitrage, 1998.

GAILLARD, Emmanuel; SAVAGE, John. **Fouchard Gaillard Goldman on International Commercial Arbitration**. The Hague: Kluwer Law International, 1999.

LADEIRA, Ana Clara Viola. **Conflito de competência em matéria de arbitragem.** *In*: **Revista Brasileira de Arbitragem**, ano XI, n. 41, CBAr, jan./mar, 2014.

LAMY FILHO, Alfredo; BULHÕES PEDREIRA, José Luiz (coordenação). **Direito das companhias.** 2. ed., atual. e ref. Rio de Janeiro: Forense, 2017.

LAZIC, Vesna. **Insolvency proceedings and commercial arbitration**. The Hague: Kluwer Law International, 1998.

MACHADO, Nelson Marcondes. **A assembleia geral de credores e seus conflitos com a assembleia geral de acionistas.** *In*: CASTRO, Rodrigo Monteiro de; ARAGÃO, Leandro Santos de (coord.). **Direito Societário e a Nova Lei de Falências e Recuperação de Empresas**. São Paulo: Quartier Latin, 2006.

MANTILLA-SERRANO, Fernando. **International arbitration and insolvency proceedings**. Kluwer Law International, 1995, v. 11, n. 1.

MARTINS, Pedro A. Batista. **Arbitragem no direito societário**. São Paulo: Quartier Latin, 2012.

MONTEIRO, André Luís. **Algumas questões sobre a recente decisão do STJ na arbitragem Petrobrás v. ANP: princípio da competência-competência, arbitrabilidade e Convenção de Nova Iorque.** *In*: **Revista de Arbitragem e Mediação**, v. 57 abr.-jun. São Paulo, RT, 2018.

MORAES, Felipe Ferreira Machado. **A utilização da arbitragem por empresas em falência**. 2014. Dissertação (Mestrado) – PUC Minas.

—. **Arbitragem e falência.** *In*: CARMONA, Carlos Alberto; LEMES, Selma Ferreira; MARTINS, Pedro Batista (org.). **20 anos da lei de arbitragem:** homenagem a Petrônio R. Muniz. São Paulo: Atlas, 2017.

—. **Arbitragem, falência e recuperação judicial.** *In*: LEVY, Daniel; PEREIRA, Guilherme Setoguti J. (Coordenadores). **Curso de Arbitragem**. São Paulo: Thomson Reuters Brasil, 2018.

PENTEADO, Mauro Rodrigues. Disposições comuns à recuperação judicial e à falência. In: SOUZA JUNIOR, Francisco Satiro de (coord.); PITOMBO, Antônio Sérgio A. De Moraes (coord.). **Comentários à Lei de recuperação de empresas e falência:** Lei 11.101/2005 – artigo por artigo. São Paulo: Editora Revista dos Tribunais, 2007.

PINTO, José Emílio Nunes. **Arbitragem na recuperação de empresas confidencialidade na arbitragem**. *In*: WALD, Arnoldo, (org.). **Revista de arbitragem e mediação.** Ano 2, n. 7 (out/dez. 2005). São Paulo: Editora Revista dos Tribunais, 2005.

SACRAMONE, Marcelo Barbosa. **Comentários à Lei de Recuperação de Empresas e Falência**. São Paulo: Saraiva Educação, 2018.

SANTOS, Francisco Claudio de Almeida. **A jurisdição arbitral e conflitos de competência com a jurisdição estatal**. *In*: BRASIL. Superior Tribunal de Justiça. **Doutrina:** edição comemorativa, 30 anos Superior Tribunal de Justiça. Brasília: Superior Tribunal de Justiça, 2019.

SCALZILLI, João Pedro; SPINELLI, Luis Felipe; TELLECHEA, Rodrigo. **Recuperação de empresas e falência:** teoria e prática na Lei 11.101/2005. 3. ed. Ver., atual. e ampl. São Paulo: Almedina, 2018.

SOUZA JUNIOR, Francisco Satiro de (coord.); PITOMBO, Antônio Sérgio A. De Moraes (coord.). **Comentários à Lei de recuperação de empresas e falência:** Lei 11.101/2005 – artigo por artigo. São Paulo: Editora Revista dos Tribunais, 2007.

TEPEDINO, Ricardo. Dos efeitos da decretação da falência sobre as obrigações do devedor. *In*: TOLEDO, Paulo F. C. Salles de (coord.); ABRÃO, Carlos Henrique (coord.). **Comentários à Lei de Recuperação de Empresas e Falência**. São Paulo: Saraiva, 2010.

TEPEDINO, Ricardo. O direito societário e a recuperação judicial. In: VENANCIO FILHO, Alberto; LOBO, Carlos Augusto da Silveira; ROSMAN, Luiz Alberto Colonna (orgs.). **Lei das S./A. em seus 40 anos**. Rio de Janeiro: Forense, 2017.

THEODORO JÚNIOR, Humberto. Alguns aspectos processuais da nova lei de falências. *In*: **Revista Magister de direito empresarial, concorrencial e do consumidor**. v.8 (abr/mai. 2006). Porto Alegre: Magister, 2006.

—. **Curso de Direito Processual Civil**. V. I. 50. edição. rev. atual. ampl. Rio de Janeiro: Forense, 2017.

TOLEDO, Paulo F. C. Salles de (coord.); ABRÃO, Carlos Henrique (coord.). **Comentários à Lei de Recuperação de Empresas e Falência**. São Paulo: Saraiva, 2010.

—. **Arbitragem e insolvência**. Ano: 2009. *In*: WALD, Arnoldo, (org.). **Doutrinas essenciais. Direito empresarial: falimentar e recuperação empresarial**. v. 6. São Paulo: Editora Revista dos Tribunais, 2011.

—. **Do administrador judicial e do comitê de credores**. *In*: TOLEDO, Paulo F. C. Salles de (coord.); ABRÃO, Carlos Henrique (coord.). **Comentários à Lei de Recuperação de Empresas e Falência**. São Paulo: Saraiva, 2010.

VASCONCELOS, Ronaldo. **Direito processual falimentar (de acordo com a lei nº 11.101, de 09 de fevereiro de 2005)**. São Paulo: Quartier Latin, 2008.

VORBURGER, Simon. **International arbitration and cross-border insolvency**. Kluwer Law International, 2014.

WARREN, William D.; BUSSEL, Daniel J. **Bankruptcy**. Seventh edition. New York: Foundation Press, 2006.

30. NOTAS SOBRE ARBITRAGEM E INSOLVÊNCIA: OPORTUNIDADE PARA DIGRESSÕES

PEDRO A. BATISTA MARTINS

Introdução

Passados 15 anos da edição de um conjunto de normas – Lei nº 11.101/2005 – que visou, notadamente, viabilizar a superação de crises econômico-financeiras das sociedades empresárias, é promulgada a Lei nº 14.112, de 24.12.2020, com vistas ao aperfeiçoamento das regras vigentes em prol da preservação da empresa, dado o importante papel que cumpre na sociedade e ao seu inegável reconhecimento como centro produtor de riqueza.

Ambas as legislações receberam boa acolhida pela comunidade jurídica e pelos operadores do direito, e vieram para mitigar ou tornar menos gravosas as conjunturas adversas aos empresários que a história é farta em ilustrar e o Brasil, muito especificamente, em gerar.

Vieram, ao fim e ao cabo, para possibilitar à sociedade empresária sobreviver aos infortúnios da economia e do mercado, de efeitos acentuados, designadamente pelo relevo que aquela encerra no contexto socioeconômico.

Afinal, estruturada jurídica e economicamente, a empresa é fonte de geração de tributos e emprego, e canal de disseminação de capital pela rede contratual inerente às suas atividades. Nesse sentido, preservar a empresa, para além de pressuposto mais do que necessário, toca a essência da função social que lhe é corolário.

Com efeito, após o transcurso de anos de experiência prática e teórica fundada nas normas dispostas na Lei nº 11.101/2005, novas regras no trato da insolvência empresarial despontam com a reforma introduzida pela Lei nº 14.112 e, dentre elas, sublinham-se algumas conectadas aos meios extrajudiciais de solução de conflito, incluso a arbitragem.

São essas disposições legais que pontualmente abordarei, sem embargo de algumas digressões sobre temas que guardem certa conexão.

1. Estímulo aos métodos extrajudiciais de resolução de conflitos. excursão ao passado e giro sobre a arbitragem obrigatória

Muito se tem dito, especulado e proposto sobre os mecanismos extrajudiciais de solução de conflitos; mas, de fato, se algumas medidas têm sido efetivamente adotadas, muito ainda há por se implementar e difundir, de modo a cristalizá-los no ambiente de negócios e de crise.

Nesse campo, somente a arbitragem se expandiu e se incorporou no inconsciente coletivo empresarial e jurídico, sendo certo, contudo, que ainda pende de afirmação em alguns setores do mercado e regiões do país.

A despeito dessa parcela geoeconômica ainda não permeável ao instituto da arbitragem, inclusive por falta de conhecimento, não se pode negar o surpreendente avanço da prática arbitral no Brasil, que, na primeira década de XXI, ganhou alcance exponencial.

Entretanto, enquanto a arbitragem vai se solidificando no contexto jurisdicional, a mediação, por exemplo, vivência, há muito, óbices e dificuldades para sua efetivação.

Realço, há muito, pois logo na largada, após a edição da Lei nº 9.307/96 (Lei de Arbitragem), não eram desprezíveis os entusiastas da mediação que buscavam espaço nos seminários e congressos sobre o instituto da arbitragem.

Esse grupo de interessados aos poucos ganhou corpo, se descolou daquele ligado à arbitragem e passou a promover uma série de iniciativas em prol da difusão desse método de resolução de conflitos.

O sucesso tardou, mas chegou em 2015 na esteira da Lei nº 13.140, acertadamente promulgada para dispor sobre a mediação entre particulares e a autocomposição de conflitos no âmbito da administração pública.

Em suma, desse sucinto e apertado relato emerge minha incompreensão pelo desprezo na utilização de meio tão eficaz quanto conveniente de solução para os mais variados conflitos, desde os que ocorrem no cotidiano das pessoas àqueles que afetam as relações profissionais e empresariais.

Essa incompreensão se acentua ao perceber que é o Estado quem, de forma flagrante, conclama todos a se valerem dos meios extrajudiciais de resolução de disputas.

Com efeito, vê-se o Poder Judiciário ao longo dos anos apoiar a arbitragem e, há algum bom tempo, promover a conciliação e criar grupos de mediadores ou conciliadores de forma a propiciar a pacificação da controvérsia por transação.

Ao lançarmos o olhar para o caminho pavimentado pela arbitragem, verificaremos o *dedo* do Estado, primeiro, por *juízo de conveniência*, segundo, em *suporte*, terceiro, em *prestígio*, e, por fim, como *indutor* desse e de outros mecanismos de resolução de conflitos.

A *conveniência*, ou, no popular, o mero interesse, extrai-se das leis da segunda metade dos anos 1990, em que a cláusula compromissória passou a ser considerada como uma das disposições essenciais aos contratos de concessão que resultariam do programa de privatização.

Cientes da relevância da cláusula compromissória para o tráfego do comércio internacional e para os investidores estrangeiros, por força do papel que cumpre na equação econômico-financeira dos contratos, à arbitragem é concedido uma espécie de salvo conduto para fins específicos e predeterminados. Um mal necessário, com boas doses de reservas.

Com o advento da Lei de Arbitragem, essa antipatia ao instituto desponta no incidente de inconstitucionalidade que emerge no período de *vacatio legis*, por ato de um dos Ministros do Supremo Tribunal Federal ("STF"), no bojo de ação homologatória de sentença arbitral estrangeira.

Resolvido o incidente e chancelada a constitucionalidade da Lei de Arbitragem, questões arbitrais passam a ser levadas ao Poder Judiciário que, nesse momento, a despeito de poucas e naturais ilhas de resistência, as enfrenta adequada e tecnicamente, em implícita demonstração de apoio à arbitragem, e, assim, confere o necessário grau de segurança ao desenvolvimento do instituto no país.

Frente ao *amparo* técnico do Judiciário, expresso, inclusive, em julgados do Superior Tribunal de Justiça (STJ), e ao *apoio* ao instituto revelado também em palestras e entrevistas por seus membros, a arbitragem passa a ser *prestigiada* e incluída em diversas legislações, como é exemplo a introdução na lei societária, em 2001, de dispositivo admitindo cláusula arbitral estatutária para estabelecer a solução por esta via de divergências entre os acionistas e a companhia, ou entre os acionistas controladores e os acionistas minoritários[1].

[1] Lei nº 10.303, de 31.10.2001, inclui o § 3º no art. 109 da Lei nº 6.404/76. Marcante notar que o art. 109 se insere na seção dedicada aos direitos essenciais do acionista. A título ilustrativo, cite-se, também, (i) Lei nº 10.233/2001 (afirma ser a arbitragem cláusula essencial para a resolução de disputas oriundas dos contratos de concessão no âmbito da reestruturação dos transportes aquaviário e terrestre); (ii) Lei nº 10.848/2004 (submete à arbitragem as controvérsias entre associados da Comercialização de Energia Elétrica - CCEE); (iii) Lei nº 11.079/2004 (admite o uso de mecanismos privados de resolução de disputas, inclusive a arbitragem, nas Parcerias Público-Privadas); (iv) Lei nº 11.668/2008 (Lei de Franquia Postal, que inclui a arbitragem dentre as cláusulas essenciais à solução

Absorvido o prestígio da arbitragem, descortina-se, por tabela, a relevância dos métodos opcionais de solução de conflitos como instrumentos eficazes, hábeis e capazes de colaborar na difícil tarefa de administração da justiça. A partir dessa percepção, passa o Estado a promover o emprego desses métodos e a induzir os cidadãos a se valerem dessas vias, o quanto possível, para a pacificação das suas desavenças.

Em dezembro de 2004, a Emenda Constitucional nº 45 inclui o inciso LXXVIII no art. 5º da Constituição (direitos e garantias fundamentais), pelo qual a todos são assegurados a razoável duração do processo e os meios que garantam a celeridade de sua tramitação.

Ainda que singela a redação do texto legal, há nele expressa indicação de poderem, todos, buscar caminhos ou mecanismos que proporcionem maior celeridade na tramitação do processo.

Em suma, a todos são assegurados os meios para, mais celeremente, se alcançar o fim do litígio. Leia-se: seja no âmbito próprio do procedimento, como meio para mais rapidamente se chegar ao fim do processo (*i.e.* prolação da sentença), seja como **meio** para as partes alcançarem a convergência (*i.e.* transação).

Nesse último espectro inserem-se todos os meios extrajudiciais de solução de conflitos e aqueles outros que venham a ser legitimamente instituídos para o propósito, como dão conta a variedade de recursos ou mecanismos criados e difundidos em outros países para tal finalidade.

Conquanto essa possibilidade sempre tenha estado ao alcance dos demandantes, a introdução desse dispositivo constitucional evidencia a *ratio* que dele se projeta. Em outras palavras, ao deixar explícito o que já era realidade, o que o legislador tencionou foi justamente torná-la manifesta. Evidenciá-la com o fito de acentuar e incentivar o uso dos meios que viabilizem o fim célere dos conflitos.

Guardadas as devidas proporções, o mesmo ocorreu com a introdução do §1º ao art. 1º da Lei de Arbitragem[2], que nada mais fez do que dispor expressamente sobre a possibilidade de a administração pública utilizar a arbitragem para resol-

de disputas relacionadas aos contratos de concessão postal); e, (v) Lei nº 11.909/2009 (aponta a arbitragem como cláusula essencial dos contratos de concessão de serviços de gás).

[2] "Art. 1º [...] § 1º A administração pública direta e indireta poderá utilizar-se da arbitragem para dirimir conflitos relativos a direitos patrimoniais disponíveis." (BRASIL. Lei nº 9.307, de 23 de setembro de 1996. Dispõe sobre a arbitragem. Disponível em: http://www.planalto.gov.br/ccivil_03/leis/l9307.htm. Acesso em: 23 jul. 2021.)

ver os conflitos de natureza patrimonial disponível, nada obstante o mesmo se extrair do contido no seu art. 1º, *caput*[3].

Contudo, ao categoricamente legitimar a arbitragem no setor público, o legislador não só restou por dar o conforto necessário ao servidor público para contratar convenção de arbitragem como, de fato, estimulou a utilização desse **meio** mais célere no contexto da administração pública, direta e indireta.

Transcorridos 10 anos da Emenda nº 45, o novo Código de Processo Civil[4], de 2015, deixa de lado a timidez observada na redação do referido dispositivo constitucional, para, com texto claro e marcante, inscrito no capítulo relativo às normas fundamentais do processo civil, registrar logo no seu art. 3º, para além de ser permitida a arbitragem, que o Estado promoverá a solução consensual dos conflitos, devendo os juízes, advogados, defensores públicos e membros do Ministério Público estimular a conciliação, a mediação e outros métodos de solução consensual de conflitos[5].

Extrai-se dessa norma a reiteração da validade e eficácia da arbitragem, reforço legal esse que eleva o nível de segurança jurídica que se quer assegurar ao instituto e, sob outro prisma, revela o interesse do Estado no seu efetivo emprego, e dos demais meios, para resolver as mais variadas divergências.

Outrossim, dessa regra também se extrai comando objetivo aos operadores do direito para que promovam a resolução dos conflitos por qualquer meio factível que reduza ou mesmo evite a intervenção do juízo estatal. Ressalte-se que aos operadores do direito cumpre ("deverão") estimular, e não apenas envidar esforços para o atingimento de tal finalidade.

O mesmo ocorre no campo da insolvência, em que a nova lei dá um passo adiante para incluir dentre os deveres do administrador judicial, "estimular,

[3] "Art. 1º As pessoas capazes de contratar poderão valer-se da arbitragem para dirimir litígios relativos a direitos patrimoniais disponíveis." (*Ibid.*)

[4] Lei nº 13.105, de 16.03.2015.

[5] "Art. 3º Não se excluirá da apreciação jurisdicional ameaça ou lesão a direito.

§ 1º É permitida a arbitragem, na forma da lei.

§ 2º O Estado promoverá, sempre que possível, a solução consensual dos conflitos.

§ 3º A conciliação, a mediação e outros métodos de solução consensual de conflitos deverão ser estimulados por juízes, advogados, defensores públicos e membros do Ministério Público, inclusive no curso do processo judicial." (BRASIL. Lei nº 13.105, de 16 de março de 2015. Código de Processo Civil. Disponível em: http://www.planalto.gov.br/ccivil_03/_ato2015-2018/2015/lei/l13105.htm. Acesso em: 23 jul. 2021.)

sempre que possível, a conciliação, a mediação e outros métodos alternativos de solução de conflitos relacionados à recuperação judicial e à falência."[6].

Sob outra perspectiva, após alguns anos de acanhamento na divulgação e adoção de iniciativas propositivas para a difusão dos métodos extrajudiciais de resolução de conflitos, a difícil e desanimadora realidade judiciária se revela mais flagrante a ponto de demandar do Estado mais objetividade e incisividade na equação dos óbices à efetiva realização da justiça.

Com efeito, o acanhamento é substituído pela imposição, por força de rigorosa necessidade, sendo sua pontual expressão o mencionado dever recentemente atribuído ao administrador judicial.

Ao Estado não mais se permite agigantar, como provam os números, os dados, os estudos e as estatísticas econômicas. Das mais simples às mais profundas e complexas[7].

Abarrotado de processos, o Poder Judiciário tem à frente pesada e árdua tarefa para desobstruir os entraves que agravam o dito acesso à justiça. Urge a implementação de uma série de medidas, em vários níveis e direções.

A jurisdição estatal deve ser assegurada a todos, mas não da forma extravagante e insana como vem sendo, crescentemente, acessada ao longo dos anos[8].

[6] Art. 22. Ao administrador judicial compete, sob a fiscalização do juiz e do Comitê, além de outros deveres que esta Lei lhe impõe:
I – na recuperação judicial e na falência: [...]
j) estimular, sempre que possível, a conciliação, a mediação e outros métodos alternativos de solução de conflitos relacionados à recuperação judicial e à falência, respeitados os direitos de terceiros, na forma do § 3º do art. 3º da Lei nº 13.105, de 16 de março de 2015 (Código de Processo Civil);

[7] Dados de 1996 indicam que o orçamento da Justiça do Trabalho era de R$2.130.000.000,00, equivalente a 48% do orçamento da Justiça Federal, 2 vezes o orçamento do Ministério da Agricultura e 4 vezes o correspondente orçamento do Ministério das Minas e Energia. À época, segundo reportagem sobre o I Fórum de Debates sobre Mediação Individual e Coletiva, a Secretária Adjunta de Relações do Trabalho do Ministério do Trabalho afirmava que cada ação trabalhista custava aos cofres públicos R$720,00. Publicação da revista SuperInteressante aponta que o valor atual de cada ação trabalhista é de R$1.700,00 (A insustentável lerdeza do nosso Judiciário, de 15/02/2019). De outra banda, pesquisa do IDESP de dezembro de 1997 apontava que o custo do Judiciário no âmbito do orçamento da União passou de 4% em 1988 para 15% em 1997. Pautada em estudo do economista Armando Castelar Pinheiro, a coluna Panorama Econômico de Miriam Leitão, publicada no O Globo de 20.02.1999, informava que, de 1989 a 1997, as despesas do Judiciário brasileiro com pessoal quintuplicaram, e que em 1998 a folha salarial havia crescido 51%. Apontou, ainda, que, entre 1990 e 1996, a participação do Judiciário na rubrica dos gastos de custeio e investimento passou de 2,9% para 7,8% do total, o que corresponde a um aumento médio de 27% ao ano.

[8] "Qual a valia de preceitos constitucionais assecuratórios de direitos e garantias se o caminho-meio inviabiliza o fim almejado pela sociedade? Nesse sentido, o acesso à justiça é o requisito mais básico dos direitos humanos, em um sistema jurídico moderno e igualitário que busca assegurar, e não

Na esfera do STF, a quantidade de ações surpreende[9]: 1950 – 2.419 processos; 1960 – 3.091 processos; 1970 – 6.367 processos; 1980 – 9.555 processos; 1990 – 16.388 processos; 1994 – 26.662 processos; 1995 – 30.706 processos[10]; 2010 – 85.408 processos; 2015 – 95.983 processos; e 2020 – 78.433 processos[11].

O STJ, por sua vez, terminou 1990 com 5.811 processos pendentes de julgamento, e presenciou explosivo incremento até 2014, conforme segue: 1990 – 5.811 processos; 1995 – 29.766 processos; 2000 – 64.713 processos; 2005 – 113.695 processos; 2010 – 192.802 processos[12]; 2015 – 368.506 processos; e 2020 – 258.053 processos[13].

Enfim, é evidente que o Poder Judiciário não pode ser o solucionador de toda e qualquer divergência. O acesso à justiça não pode ser banalizado e servir de palco para emulações e discussões que podem, e devem, ser canalizadas para outras vias de solução. Acionar a jurisdição é algo sério, e assim há de ser considerado e encarado pelo jurisdicionado.

apenas proclamar, os direitos de todos. A realização da justiça é direito natural do cidadão que ao Estado cabe assegurar. Não se trata de um direito concedido pelo Estado, pois configura-se dever deste prover os meios à solução de litígios e a pacificação social. O dever de assegurar o acesso à justiça não se limita a simples possibilidade de distribuição do feito, ou a manutenção de tribunais estatais à disposição da população, mas engloba um complexo sistema de informação legal aos hipossuficientes jurídicos, o patrocínio de defesa dos interesses daqueles econômica e financeiramente desprotegidos que possibilitem a igualdade de todos e, acima de tudo, uma justiça célere em prol do jurisdicionado. Se esses fatores não imperam, o Estado está privando o cidadão do direito à jurisdição, colocando-se em potencial descumprimento de uma das suas funções primordiais." (BATISTA MARTINS, Pedro A.. **Acesso à justiça**. *In*: BATISTA MARTINS, Pedro A.; LEMES, Selma M. Ferreira; CARMONA, Carlos Alberto. **Aspectos fundamentais da Lei de Arbitragem**. Rio de Janeiro: Forense, 1999, p. 3-4).

9 Em fevereiro de 1998, o então Vice-Presidente do STF, Ministro Carlos Mário da Silva Velloso, ao divulgar os números de processos entrantes, mencionou que, em 1995, o Tribunal Constitucional alemão havia recebido cerca de 7 mil processos, tendo admitido apenas 2% deles, enquanto a Suprema Corte norte-americana admitiu apenas 300 dos cerca de 5 mil processos distribuídos (Tribuna do Advogado, OAB/RJ, fevereiro de 1998, p. 24).

10 Dados colhidos da mesma aula magna proferida em fevereiro de 1998, na Escola da Magistratura do Estado do Rio de Janeiro (Tribuna do Advogado, OAB/RJ, fevereiro de 1998, p. 24). Nessa oportunidade o Min. Velloso mencionou que "A Justiça brasileira, em caricatura, é uma velha trôpega, cega e surda aos apelos da sociedade. Mas uma velha decente. [...] [tem por] virtudes: seriedade e honestidade."

11 Dados de 2006 em diante disponíveis em https://portal.stf.jus.br/estatistica/, clicando na opção "Acervo". Acesso em: 01 jul. 2021.

12 Dados de 1989 a 2010 disponíveis em: https://www.stj.jus.br/webstj/Processo/Boletim/verpagina.asp?vPag=0&vSeq=168, p. 21. Acesso em: 01 jul. 2021.

13 Dados de 2014 a 2020 disponíveis em: https://www.stj.jus.br/webstj/Processo/Boletim/verpagina.asp?vPag=0&vSeq=357, p. 30. Acesso em: 01 jul. 2021.

Embora o que se vê seja justamente o reverso. O Judiciário refém do incremento da litigiosidade, lidando com disputas de nenhuma ou parca expressão econômica, outras tantas meramente emulativas, e outras muitas passíveis de solução fora da jurisdição judicial, em desproveito generalizado da entrega da tutela jurisdicional.

Esse contexto, no qual quantidade atenta contra a qualidade, permite ao observador apreender e compreender por que o uso de meios extrajudiciais deixou de ser simplesmente ventilado para se tornar um dever, como ocorre no caso do administrador judicial.

Impossível exigir administração adequada e célere da justiça se não houver a conscientização e a difusão dos métodos extrajudiciais de solução de conflitos, aliadas a uma política de estímulo a outros instrumentos consensuais de pacificação das desavenças[14].

Em suma, o Estado já compreendeu que a via jurisdicional não é o único caminho para a paz social[15]. E, não tarda, perceberá que a realização da justiça

[14] "Por fim, o movimento da 'terceira onda', preconizado por Garth e Cappelletti, representa a busca de instrumentos alternativos para a solução dos conflitos levados a efeito fora das arenas judiciais, através de sistema informal, não contencioso, onde se busca o consenso ou qualquer forma amistosa que vincule as partes, arrefecendo os espíritos mais belicosos e reduzindo, assim, os argumentos plantados por emulação; o resultado, conseqüentemente, é bem mais palatável para o não vencedor. A mediação, a conciliação e a arbitragem são alguns desses instrumentos legais utilizados, mundo afora, na composição de conflitos. [...] São os carneluttianos equivalentes da jurisdição; sistema informal, não contencioso, onde se busca o consenso, ou qualquer forma amistosa que vincule as partes e pacifique os conflitos, conduzindo, nas palavras de Ada Pellegrini Grinover, 'à composição da inteira lide sociológica, e não apenas à solução da parcela da lide levada à justiça convencional'. Na realidade, a cultura brasileira do paternalismo estatal, do Estado distribuidor de benesses, tem caráter atávico, o que inclui o entendimento de que é o Estado, através de seus órgãos jurisdicionais, que deve resolver toda e qualquer espécie de conflito. Daí o esforço redobrado a fazer para reverter esse quadro e viabilizar a implementação dos meios não judiciais de solução de disputas, menos complexos, orais e informais, alheios a dramatização e onde os ritos não devem ser sacralizados, cujas diversas formas já se encontram em plena utilização em países como Canadá, Alemanha e Estados Unidos." (Batista Martins, *op. cit.*, p. 7-8.)

[15] "Como salienta William Ury, não é a maior ou a menor litigiosidade que determina o grau de civilização de uma sociedade e, sim, os meios pelos quais os conflitos são resolvidos. Dos três grandes métodos de solução de litígios – baseados no interesse, no direito e no poder – o primeiro é o menos custoso e o mais satisfatório. Em uma sociedade enferma, a maioria das controvérsias resolvem-se com base no poder, muitas em razão do direito e poucas conforme os interesses. Nas sociedades saudáveis, a proporção se inverte. A maior parte das disputas se solucionam conciliando interesses – através de negociação ou mediação, dentre outras –, algumas através da aplicação do direito pelos tribunais estatais e raríssimas pelo poder. Com certeza, os meios alternativos de solução de conflitos coadunam-se com o interesse do Estado em ter pacificado o ânimo social." (Batista Martins, Pedro A.. **Acesso à justiça**. *Op. cit.*, p. 7.)

também pode ser alcançada, com qualidade e segurança, ampliando o seu perímetro, fundada na concepção publicista de sua função.

Não se trata, por certo, da privatização da justiça. Ao reverso, a ótica que se põe é a da colaboração dos particulares com o Estado na tarefa de realizar justiça.

Por sinal, essa cooperação já ocorre, como revelam as iniciativas de particulares na propositura de ação popular e de ação civil pública, bem como suas participações que implicam em ditar o direito, no caso do tribunal do júri[16] e como acontecia na época em que funcionavam na Justiça do Trabalho os juízes classistas.

Nessa senda, o que se afigura no futuro, embora ainda dormente, é a exclusão do exame judicial (com as ressalvas de estilo) de certos temas e questões específicos e que, a rigor, são talhados para serem analisados, debatidos e decididos em fóruns próprios.

Desde divergências de vizinhança, em que a mediação pode resultar na pacificação da própria causa da desavença, e não apenas na resolução de seus efeitos, até disputas complexas, cujas especificidades e níveis de detalhes demandam dedicação intensa e recorrente do julgador, o que é obviamente impossível de se exigir dos juízes togados, posto o volume de causas a que têm de atender[17].

Aproxima-se no horizonte, ao que se indica, a imposição legislativa de solução por arbitragem de disputas que versem sobre matérias pontuais e próprias para esse método heterocompositivo.

Sim, digo que vem se formando onda que o Brasil já surfou no século XIX e que restou, inclusive, codificada no Código Comercial de 1850, e no Código de Processo Comercial do mesmo ano[18].

[16] Código Penal, Art. 327, *caput*. Considera-se funcionário público, para os efeitos penais, quem, embora transitoriamente ou sem remuneração, exerce cargo, emprego ou função pública.
Código de Processo Penal, Art. 436, *caput*. O serviço do júri é obrigatório. O alistamento compreenderá os cidadãos maiores de 18 (dezoito) anos de notória idoneidade.

[17] A título ilustrativo, não há razão para se apurar, em processo judicial sujeito a vários recursos e instâncias, o valor devido ao sócio em caso de dissolução parcial da sociedade. Do mesmo modo, as complexas controvérsias relacionadas a construção/infraestrutura, que usualmente encerram múltiplos pleitos e centenas de documentos, sendo boa parte das discussões de conteúdo técnico.

[18] "1. A disposição sobre juízo arbitral em sede societária é quase tão antiga quanto o registro do instituto em nosso direito positivo. 2. Conquanto permitida a arbitragem por previsão expressa na Constituição Política do Império, de 1824, essa via de solução alternativa foi introduzida no seio das sociedades através das edições, em 1850, dos Códigos Comercial (Lei n. 556, de 25 de junho) e de Processo Comercial (Decreto n. 737, de 25 de novembro). 3. Tínhamos, então, dois tipos de arbitragem: a obrigatória ou necessária e a voluntária. 4. Por força do contido no artigo 294 do Código Comercial, o item 5 do seu artigo 302 impunha aos sócios o dever de constar da escritura

É de se presumir que o legislador e a comunidade jurídico-empresarial se encontram bem mais maduros para assimilar e conviver com a chamada arbitragem obrigatória, e o Estado, particularmente, consciente da imperatividade na adoção de medidas e procedimentos que viabilizem a efetiva e adequada prestação jurisdicional.

O Poder Judiciário, por seu turno, desejoso em aprimorar a prestação dos serviços, reduzindo no que for viável o número de processos para, assim, conferir maior qualidade ao exercício jurisdicional, saberá compreender a desinteligência de abraçar conflitos que, ao fim e ao cabo, provam-se inapropriados para a solução pela via judicial.

Com efeito, provar-se-á impróprio e descabido opor-se aos avanços na participação de cidadãos, juntamente com o Estado, no labor da pacificação social com argumentos que, ao fim e ao cabo, cristalizam nas mãos do Judiciário inconveniente monopólio da justiça.

Essa posição, antiga e conservadora, arraigou-se no seio da comunidade jurídica, e foi aventada e enfrentada quando da edição da Lei de Arbitragem.

A constitucionalidade da arbitragem provou o equívoco desse entendimento, e a arbitragem obrigatória, despontando, poderá reintroduzir o tema, por força do seu caráter imperativo.

No entanto, tenho que a compulsoriedade na submissão à arbitragem de determinadas e pontuais disputas não viola o texto constitucional, precisamente no ponto que dispõe, em seu art. 5º, XXXV, que "a lei não excluirá da apreciação do Poder Judiciário lesão ou ameaça a direito"[19].

Permito-me, nesse particular, transcrever trechos de texto escrito sobre a temática no final dos anos 1990:

de constituição da sociedade a forma da nomeação dos árbitros para juízes das dúvidas sociais. 5. Era, assim, necessária a solução por arbitragem nas questões sociais existentes entre os sócios e nas relativas à liquidação da sociedade e à partilha de seu acervo. 6. Para disputas envolvendo essas matérias, impunha-se forçosamente decisão por juízo arbitral. Era o que também determinava o Decreto n. 737, em seu Título VIII (art. 411, § 2º e segs.) ao dispor sobre as regras processuais do juízo arbitral. 7. Todos os demais conflitos sociais, inclusive os resultantes da relação sócio/empresa, poderiam ser resolvidos por arbitragem, se assim dispusesse o contrato. Tratava-se de condição contratual facultativa a depender da manifestação da vontade legítima das partes. 8. Enquanto algumas questões sociais revertiam, compulsoriamente, para a solução arbitral, outras tantas poderiam ser resolvidas nessa instância se assim acordassem livremente as partes." (Batista Martins, Pedro A.. **A Arbitragem nas Sociedades de Responsabilidade Limitada**. Disponível em: http://batistamartins.com/arbitragem-nas-sociedades-de-responsabilidade-limitada-2/. Acesso em: 28 jun. 2021.)

[19] BRASIL. **Constituição** da República Federativa do Brasil, de 05.10.1988. Artigo 5º, XXXV. Brasília, 1988. Disponível em: http://www.planalto.gov.br/ccivil_03/constituicao/constituicao.htm. Acesso em 22.12.2021.

Com a promulgação da Carta Magna de 1946, o princípio jurídico que todo país comprometido com o estado de direito alberga, implicitamente, em seu sistema legal, foi erigido a preceito expresso no ordenamento constitucional brasileiro. As Cartas de 1967 e de 1988 mantiveram esse dispositivo, cuja redação atual é a que consta do art. 5º, XXXV: "a lei não excluirá da apreciação do Poder Judiciário lesão ou ameaça a direito". Em vista dessa norma, os opositores do instituto, suportados por alguns entendimentos formulados perfunctoriamente, armaram-se de mais um argumento para garantir à parte rebelde, sem traumas (as perdas e danos são de dificílima apuração!), a não sujeição da disputa ao rito arbitral. O fantasma da inconstitucionalidade, juntamente com os obstáculos que o nosso sistema processual tradicionalmente impôs ao juízo arbitral, conjugado com certo descaso dos operadores de direito para com esse instituto no país, contribuíram, sobremaneira, para obstruir o desenvolvimento desse meio alternativo de pacificação social. Contudo, estamos plenamente convictos de que a arbitragem não atenta, e nunca atentou, contra o ordenamento constitucional brasileiro. A Carta de 1946, que pela primeira vez inseriu, de forma expressa, o preceito em questão, objetivou pôr fim à experiência ditatorial e expungir seus efeitos perniciosos, onde autoridades e tribunais administrativos faziam tábula rasa dos direitos e garantias assegurados nos sistemas democráticos de governo. Não raro, o Judiciário via-se impedido de reexaminar questões decididas em inquéritos levados a efeito por comissões paralegais, onde o direito à ampla defesa era sistematicamente desprezado. Ocorria, pois, efetiva vedação ao direito do indivíduo de buscar as vias da justiça estatal para dirimir o litígio. As conclusões desses procedimentos eram finais e impositivas, sem que o interessado pudesse submeter, ao Poder Judiciário, a questão apreciada a nível administrativo, em razão de interpretação que se dava a determinadas regras inseridas em nosso sistema legal. Daí a menção que o inciso XXXV, do art. 5º da Constituição Federal atual faz a lei, pois, como bem esclarece Brandão Cavalcanti, essa referência expressa tem seu fundamento basilar na tendência de certa legislação do regime constitucional de 1937, que excluía da apreciação judicial as providências nela consagradas; o interesse público servia de fundamento àquelas medidas. Corroborando esse entendimento, salienta Pontes de Miranda que o objetivo da norma constitucional em apreço foi o de educar as próprias autoridades governamentais, já que é para elas que se direciona o princípio – "dirige-se ela aos legisladores: os legisladores ordinários nenhuma regra jurídica podem editar que permita preclusão em processo administrativo, ou em inquérito parlamentar, de modo que se exclua a cognição pelo Poder Judiciário". Fato é que o contido no atual inciso XXXV, art. 5º, não necessitava de constar expressamente no ordenamento nacional, visto que é regra protetora de direitos individuais e, assim, está implícito no consciente coletivo de qualquer nação que propugna pelo estado de direito. Razão pela qual nenhuma das Constituições brasileiras trouxe à luz esse princípio, por desnecessário, já que subentendido que o exercício abusivo do poder ou o desequilíbrio entre os três Poderes não se coadunam com o estado de direito. Visa essa norma constitucional coibir abuso de direito, ato arbitrário ou ilegal por parte de qualquer autoridade, e somente nesses casos deve ser acionada. Objetiva socorrer ou proteger o cidadão de eventual abuso cometido pelo Executivo ou pelo Legislativo como, aliás, ocorre em qualquer democracia; democracias essas que admitem, e até incentivam, a plena utilização da arbitragem como mais um meio de acesso à tão almejada justiça. Na realidade, o que estava em questão no período que antecedeu a CF de 1946 não era a opção dada ao particular de utilizar-se do Judiciário ou do Juízo Arbitral para solucionar seus conflitos, mas, sim, a vedação de o cidadão acessar a Justiça Comum para fazer valer seus direitos, em caráter subsidiário à decisão do órgão administrativo parajudicial. [...] Nesse sentido é que ousamos concluir, inclusive, pela legalidade da arbitragem que venha a ser imposta à sociedade como meio de solução de determinadas questões. A arbitragem necessária ou compulsória não infringirá o ordenamento constitucional, desde que ressalvada a possibilidade do controle da decisão arbitral pelo Poder Judiciário, nos casos clássicos de nulidade, necessariamente quando viole princípios como o *due process of law*. [...] De ressaltar que a arbitragem necessária não é estranha ao sistema legal brasileiro, como comprovam o nosso Código Comercial que impôs a adoção do Juízo Arbitral a todas as questões resultantes de locação mercantil, quebra etc., e as leis específicas de 1831 e 1837, que determinaram a solução arbitral às disputas relativas a seguros e locação de serviços. [...] Desde que não violado o sistema de revisão judicial, em casos determinados, não cremos possa ser essa prática tida como inconstitucional, se introduzida no sistema jurídico brasileiro.[20]

A realidade fática impõe o exame de todas as possibilidades, clama pela criatividade construtiva e por soluções fora da caixa. A eficiência e a justiça justa não permitem o rigor de certas posições conservadoras. Ao reverso, demandam a quebra de tabus, e impõem a revisitação de tradicionais e arraigados conceitos, predisposições amortecidas e entendimentos acomodados, de modo a se inteirar, dialogar e harmonizar com o presente e, assim, se integrar ao que de melhor o futuro reserva à efetividade na realização da justiça.

[20] Batista Martins, Pedro A.. **Acesso à justiça**. *Op. cit.*, p. 21-24.

2. Convenção de arbitragem. Recuperação judicial. Validade e eficácia

Andou bem o legislador ao deixar expresso no art. 6º, §9º, da Lei nº 14.112/2020, que o processamento de recuperação judicial ou a decretação de falência "não autoriza o administrador a recusar a eficácia da convenção de arbitragem, não impedindo ou suspendendo a instauração de procedimento arbitral"[21].

O texto é devidamente claro e visa afastar dúvidas oriundas dos efeitos da convenção de arbitragem nas hipóteses em que a frágil situação econômico-financeira impõe o ajuntamento de credores e a atuação de administrador judicial.

Nada obstante essa excepcional circunstância, inexiste razão para se negar eficácia à convenção, haja vista a natureza jurisdicional da arbitragem e o fato de as demandas arbitrais albergarem pretensões de cunho declaratório, constitutivo e condenatório, tal qual ocorre nos processos judiciais de conhecimento.

Portanto, a recuperação judicial e a decretação de falência não impactam a convenção de arbitragem, devendo as pretensões deduzidas em decorrência da violação às cláusulas e condições dispostas no contrato em que inserta ser decididas por arbitragem. Afinal, o contrato assinado pelo insolvente deve ser cumprido, nos seus exatos termos.

Nas palavras de Márcio Guimarães,

> Os conflitos de interesse tendem a aumentar significativamente no caso de uma crise econômico-financeira destes agentes econômicos. Nesta hipótese, a necessidade de uma solução célere e justa, proporcionada pela arbitragem, se torna ainda mais premente, considerando a função social desempenhada pela empresa e o consequente interesse público em sua preservação. [...] Na hipótese de recuperação judicial, a capacidade legal do devedor não sofre alterações, bem como os contratos por ele previamente assinados também não são afetados pelo procedimento de reestruturação e se mantêm efetivos, devendo ser devidamente cumpridos. Assim, havendo cláusula de arbitragem em determinado contrato, deve ser honrada sem qualquer restrição. A validade da cláusula previamente

[21] BRASIL. Lei nº 14.112, de 24 de dezembro de 2020. Altera as Leis n os 11.101, de 9 de fevereiro de 2005, 10.522, de 19 de julho de 2002, e 8.929, de 22 de agosto de 1994, para atualizar a legislação referente à recuperação judicial, à recuperação extrajudicial e à falência do empresário e da sociedade empresária. Disponível em: http://www.planalto.gov.br/ccivil_03/_ato2019-2022/2020/lei/L14112.htm. Acesso em: 01 jul. 2021.

negociada é indiscutível, sendo indiferente se o procedimento arbitral teve início antes ou depois da recuperação judicial.[22]

Destaque-se que a dicção do art. 6º, §9º, positiva o que já contemplava o Enunciado 75, da II Jornada de Direito do Conselho da Justiça Federal:

> Havendo convenção de arbitragem, caso uma das partes tenha a falência decretada: (i) eventual procedimento arbitral já em curso não se suspende e novo procedimento arbitral pode ser iniciado, aplicando-se, em ambos os casos, a regra do art. 6º, § 1º, da Lei n. 11.101/2005; e (ii) o administrador judicial não pode recusar a eficácia da cláusula compromissória, dada a autonomia desta em relação ao contrato.[23]

Esse Enunciado teve por fundamento legal o fato de que a cláusula compromissória "é autônoma em relação ao contrato no qual está prevista, sendo um ato jurídico perfeito e acabado"[24].

A autonomia da cláusula compromissória e a regra da competência-competência encerram blindagem jurídica que preserva de ataques e especulações a validade e a eficácia da convenção.

Não fosse autônoma a cláusula, de nada adiantaria a regra da competência-competência. Em outros termos, de nenhuma valia deter o árbitro competência para primeiro decidir sobre sua jurisdição, caso a cláusula compromissória não fosse tida e aceita como autônoma ou separada do conjunto de cláusulas cujo negócio jurídico que delas se projeta fosse alegadamente inexistente, inválido ou ineficaz.

[22] Guimarães, Márcio. **A Arbitragem na Reforma da Lei de Falências e Recuperação Judicial** – Lei 14.112/2020. Disponível em: https://www.fgvblogdearbitragem.com.br/post/a-arbitragem-na-reforma-da-lei-de-fal%C3%AAncias-e-recupera%C3%A7%C3%A3o-judicial-lei-14-112-2020. Acessado em: 02 jul. 2021.

[23] Conselho da Justiça Federal. Enunciado nº 75. II Jornada de Direito Comercial. Coordenadores Ministro Ruy Rosado de Aguiar e Paulo Penalva Santos Brasília, 2015. Disponível em: https://www.cjf.jus.br/enunciados/enunciado/789. Acesso em: 22.12.2021.

O Enunciado 75 está em linha com o anterior Enunciado 6 da I Jornada do CJF: "O processamento da recuperação judicial ou a decretação da falência não autoriza o administrador judicial a recusar a eficácia da convenção de arbitragem, não impede a instauração do procedimento arbitral, nem o suspende.".

[24] Conselho da Justiça Federal. Justificativa do Enunciado nº 75. II Jornada de Direito Comercial. Coordenadores Ministro Ruy Rosado de Aguiar e Paulo Penalva Santos. Brasília, 2015. Disponível em: https://www.cjf.jus.br/enunciados/enunciado/789. Acesso em: 22.12.2021.

O princípio da autonomia ou *separability* foi primeiro afirmado judicialmente em decisão de 1915 do Tribunal Federal suíço, e posteriormente confirmado por julgados de cortes de vários países e incorporado ao regulamento de arbitragem da Corte Internacional de Arbitragem da Câmara de Comércio Internacional (CCI) em 1955[25].

Segundo esse pressuposto, a convenção de arbitragem é pacto cujos termos e condições não *tocam* os demais estampados no contrato em que inserta.

Conquanto as estipulações atinentes à convenção de arbitragem encontrem-se agrupadas no mesmo instrumento contratual em que previstas outras cláusulas e condições, seus termos são considerados autônomos de todos os demais, consubstanciando-se em negócio jurídico distinto e separado daquele objeto da relação negocial, "de tal sorte que a nulidade deste não implica, necessariamente, a nulidade da cláusula compromissória", conforme a dicção do art. 8º, *caput*, da Lei de Arbitragem[26].

Extrai-se dessa regra que a cláusula compromissória nada tem de acessória. Muito ao contrário, ela surge justamente para afastar esse entendimento e, assim, viabilizar a instituição da arbitragem. Ela se vale instrumentalmente do contrato, mas com ele não se conecta, necessariamente, nos casos em que questionada a sua – contrato – existência, validade e eficácia.

À luz desse regramento, isto é, autonomia e competência-competência, ao árbitro é assegurada a primeira oportunidade para decidir se a convenção de arbitragem padece dos mesmos vícios que possam incidir nas demais cláusulas e condições estampadas no contrato[27].

[25] Cf., Diamvutu, Lino. O *Favor Arbitrandum:* ensaio de uma teorização. Coimbra: Almedina, 2020, pp. 76 e segs.
Assim dispunha o art. 13(4) do Regulamento da CCI de 1955: "*4. Unless otherwise stipulated, the arbitrator shall not cease to have jurisdiction by reason of an allegation that the contract is null and void or non-existent. If he upholds the validity of the arbitration clause, he shall continue to have jurisdiction to determine the respective rights of the parties and to make declarations relative to their claims and pleas even though the contract should be null and void or non-existent.*" (ICC. Rules of Arbitration of the International Chamber of Commerce. . In force as from 1 January 2021. Disponível em: https://library.iccwbo.org/content/dr/RULES/RULE_1955_Concil-Arb_13.htm?l1=Rules&l2=Arbitration+Rules. Acesso em 23 jul. 2021.)

[26] BRASIL. Lei nº 9.307, de 23 de setembro de 1996. Dispõe sobre a arbitragem. Disponível em: http://www.planalto.gov.br/ccivil_03/leis/l9307.htm. Acesso em: 23 jul. 2021.

[27] "Art. 8º [...] Parágrafo único. Caberá ao árbitro decidir de ofício, ou por provocação das partes, as questões acerca da existência, validade e eficácia da convenção de arbitragem e do contrato que contenha a cláusula compromissória." (BRASIL. Lei nº 9.307, de 23 de setembro de 1996. Dispõe sobre a arbitragem. Disponível em: http://www.planalto.gov.br/ccivil_03/leis/l9307.htm. Acesso em: 23 jul. 2021.)

Com efeito, a convenção é negócio jurídico independente e separado daquele outro estabelecido pelas partes, e resta assim incólume aos vícios do contrato, pois com este não se comunica para fins de produção dos efeitos decorrentes do preceito competência-competência.

Dito de outra forma, pouco importa a coexistência da cláusula compromissória com o negócio jurídico objeto do contrato, dado ser tal conjugação meramente de cunho instrumental, por força de à cláusula compromissória ser legalmente garantida sua incomunicabilidade com os demais termos e condições que regem a relação contratual.

Com efeito, a autonomia da cláusula compromissória visa tornar efetivo o deslocamento da jurisdição judicial em prol da arbitral, conforme manifestação expressa de vontade das partes quando da celebração do contrato.

3. Confidencialidade e a disponibilização de lista dos processos arbitrais

De acordo com os arts. 22, III, (c) e 51, IX, da Lei nº 14.112, é necessário, na falência, listar todos os processos arbitrais em curso, de modo a que o administrador assuma a representação da massa falida, enquanto no pedido de recuperação judicial a petição inicial deverá ser instruída com a relação dos procedimentos arbitrais em que a empresa figure como parte, inclusive com a estimativa dos respectivos valores demandados.

Trata-se de determinação legal pertinente, pois nessas hipóteses é fundamental que se tenha noção da potencialidade de incremento do débito ou do crédito da massa falida e da empresa em recuperação.

É também razoável, pois as informações são limitadas e não afetam de todo a confidencialidade do procedimento, muito embora haja a divulgação do litígio em processo judicial público.

Em outras palavras, a despeito da indesejada liberação de informação sobre a existência de disputa, a confidencialidade do procedimento resta substancialmente preservada. No dito popular, vão-se os anéis e ficam os dedos.

Entretanto, pautados os procedimentos arbitrais em cláusula de confidencialidade, seria oportuno limitar o acesso a tais dados, evitando-se, inclusive, disponibilizar os nomes das contrapartes nos processos arbitrais de que participem a massa falida e a pessoa jurídica em recuperação.

Cabe realçar: conquanto terceiros credores, na posse dos dados disponibilizados nos autos da falência ou da recuperação judicial, possam se aventurar a pedir informações sobre o andamento dos procedimentos diretamente às Câmaras de Arbitragem, essa função cumpre ao administrador judicial, e assim deve se proceder.

Para além de subversão dos papéis, a busca por informações sobre o estágio do procedimento, isolada e desordenadamente, por terceiros interessados e não pela pessoa da confiança do juízo e a quem cabe o exercício de uma série de atribuições e competências legais, como é o caso do administrador judicial, poderá gerar – quiçá, gerará – contratempos às secretarias das Câmaras que inadequadamente repercutirão no curso dos trabalhos desenvolvidos na arbitragem.

Outrossim, os árbitros devem se atentar ao fato de que, em curso processo de falência e de recuperação judicial, a determinação para a prática de atos que impactem o patrimônio da massa falida ou da sociedade recuperanda deve ser cuidadosamente analisada dada a possibilidade de impactar o seu patrimônio e, assim, influenciar negativamente seu soerguimento ou afetar direitos dos respectivos credores.

A título ilustrativo, a apresentação de garantia por empresa em processo de recuperação judicial[28] e a compensação de valores de empresa sob regime de liquidação extrajudicial[29], decidida por sentença arbitral, restaram censuradas

[28] "Na hipótese dos autos os Juízos suscitados proferiram decisões incompatíveis entre si, pois, enquanto a CÂMARA FGV determinou a apresentação de garantia bancária pela empresa recuperanda, o JUÍZO DA RECUPERAÇÃO se manifestou no sentido de que qualquer ato constritivo ao patrimônio da recuperanda deveria ser a ele submetido. [...] O Superior Tribunal de Justiça firmou o entendimento de que é do juízo em que se processa a recuperação judicial a competência para promover os atos de execução do patrimônio da empresa. [...] Apesar da determinação do juízo arbitral não se referir a ato constritivo em sentido estrito, inegável que a exigência de apresentação de carta de fiança para garantia de dívida refletirá no patrimônio da sociedade recuperanda, tendo repercussão direta no seu processo de soerguimento. [...] Em suma, os atos de constrição realizados antes ou após o deferimento da recuperação judicial, bem como os demais créditos que não estão submetidos ao plano, sujeitam-se à análise do juízo recuperacional, ainda que, conforme o caso, apenas para avaliar a essencialidade do bem sujeito à constrição para que a recuperação perseguida logre o sucesso almejado." (STJ. AgInt no CC: 153498 RJ 2017/0181737-7, Rel. Min. Moura Ribeiro, j. 23.05.2018, S2 – Segunda Seção, DJe 14/06/2018)

[29] "Na espécie, porém, tem-se os árbitros jamais poderiam dispor sobre a proposta compensação de valores, considerando que a autora está sob regime de liquidação extrajudicial e seu reconhecimento impõe efeitos reflexos sobre toda a comunidade de credores envolvidos no procedimento em andamento. [...] Conferida liquidez aos créditos após a instauração do concurso derivado da liquidação extrajudicial decretada, admitir a extinção de obrigações colocaria a parte recorrida, artificialmente, numa posição mais benéfica do que a dos demais credores, dada sua satisfação imediata e integral, o que implica numa quebra da isonomia e contraria a regra fundamental da 'par condictio creditorum'. [...] Cabe, por conseguinte, seja pago o valor devido à cooperativa em liquidação, efetivando-se, por outro lado, a habilitação do crédito pendente e contrário à cooperativa em liquidação no âmbito do procedimento em curso." (TJSP, 1ª Câmara Reservada de Direito Empresarial, Apelação Cível nº 1019874-81.2019.8.26.0100, Rel. Min. Fortes Barbosa, j. 02.12.2020.)

por decisões do STJ e do Tribunal de Justiça do Estado de São Paulo (TJSP), respectivamente.

Nessas circunstâncias, o diálogo arbitragem-juízo estatal não pode ser olvidado, como bem registra acórdão do STJ no Agravo Interno no Conflito de Competência nº CC 153.498, *verbis*:

> Os árbitros, assim, devem dialogar com o juiz recuperacional toda vez que um ato procedimental puder importar em medida conservativa de direito ou cautelar, que possam atingir o patrimônio da empresa sob condução de processo de soerguimento. Mesmo que o crédito objeto de medida garantidora ou conservativa de direito não esteja sob os efeitos do plano de soerguimento é necessário o diálogo do árbitro com o juiz da recuperação, sob pena de, de várias formas, inviabilizar as metas recuperacionais traçadas no juízo da recuperação judicial.[30].

Enfim, se, de um lado, a lista dos processos arbitrais e as informações daí derivadas devem ser divulgadas com as precauções próprias e inerentes à escolha das partes por submeter a controvérsia à cláusula de confidencialidade, de outro, as decisões dos tribunais arbitrais nos procedimentos em que sejam partes pessoas sujeitas à recuperação judicial ou a processo de falência não devem olvidar potenciais impactos nos patrimônios dessas sociedades ou nos direitos de seus credores.

Referências

BATISTA MARTINS, Pedro A.. **A Arbitragem nas Sociedades de Responsabilidade Limitada**. Disponível em: http://batistamartins.com/arbitragem-nas-sociedades-de-responsabilidade-limitada-2/. Acesso em: 28 jun. 2021.

BATISTA MARTINS, Pedro A.. **Acesso à justiça**. *In*: BATISTA MARTINS, Pedro A.; LEMES, Selma M. Ferreira; CARMONA, Carlos Alberto. **Aspectos fundamentais da Lei de Arbitragem**. Rio de Janeiro: Forense, 1999.

DIAMVUTU, Lino. **O Favor Arbitrandum:** ensaio de uma teorização. Coimbra: Almedina, 2020.

GUIMARÃES, Márcio. **A Arbitragem na Reforma da Lei de Falências e Recuperação Judicial** – Lei 14.112/2020. Disponível em: https://www.fgvblogdearbitragem.com.br/post/a-arbitragem-na-reforma-da-lei-de-fal%C3%AAncias-e-recupera%C3%A7%C3%A3o-judicial-lei-14-112-2020. Acesso em: 02 jul. 2021.

STJ. AgInt no CC: 153498 RJ 2017/0181737-7, Rel. Min. Moura Ribeiro, j. 23.05.2018, S2 – Segunda Seção, DJe 14/06/2018.

[30] STJ. AgInt no CC: 153498 RJ 2017/0181737-7, Rel. Min. Moura Ribeiro, j. 23.05.2018, S2 – Segunda Seção, DJe 14/06/2018.

31. A VALIDADE DA CLÁUSULA COMPROMISSÓRIA ESTATUTÁRIA NA REFORMA DA LEI DE RECUPERAÇÃO JUDICIAL

ANDRÉ CHATEAUBRIAND MARTINS

Introdução[1]

Em vigor no Brasil há aproximadamente 15 anos, a Lei de Recuperação Judicial e Falências, inspirada no sistema norte americano, reestruturou o sistema brasileiro de recuperação judicial, extrajudicial e falência. A Lei das Sociedades Anônimas, por sua vez, em vigor há décadas, é um diploma consolidado no ordenamento jurídico brasileiro, que traz segurança e previsibilidade para as matérias societárias sob a sua égide.

O direito societário e o direito falimentar convergem em diversos pontos. De fato, existem, na Lei de Recuperação Judicial e Falências, diversas maneiras de se recuperar uma empresa em crise, disciplinadas pela Lei das S.A., como, por exemplo: a venda direta de ativos relevantes, a cisão, a incorporação ou a fusão do devedor; a alteração do controle da sociedade; o aumento do capital social; a constituição de subsidiárias; a modificação de regras de governança, dentre outros. Faz-se, portanto, necessária uma leitura harmônica entre ambos os sistemas, muito embora a prática tenha demostrado que a harmonia entre essas duas áreas do direito empresarial é frequentemente difícil de ser encontrada no curso de processos de recuperação judicial, notadamente quando os conflitos são levados a Tribunais Arbitrais, situação muito frequente quando se trata de companhias que possuem cláusulas compromissórias estatutárias.

[1] O autor agradece Marina Pical Rocha pela valiosa contribuição na elaboração deste artigo.

A reforma da Lei de Recuperação Judicial e Falências trouxe mudanças significativas ao sistema, notadamente no que diz respeito aos efeitos da decretação da falência e do processamento da recuperação judicial sobre os procedimentos arbitrais em curso, mas também sobre o entendimento do Superior Tribunal de Justiça sobre a compatibilidade entre ambos os institutos. De fato, o artigo 7-B da Lei nº 14.112/20, dispõe em seu §9º que: "o processamento da recuperação judicial ou a decretação da falência não autoriza o administrador judicial a recusar a eficácia da convenção de arbitragem, não impedindo ou suspendendo a instauração de procedimento arbitral".

Neste artigo, será feita uma análise da validade da cláusula compromissória estatutária inserida em empresas que se encontram em recuperação judicial. Para tanto, o estudo será dividido na análise dos institutos do direito societário e da recuperação judicial, de modo a identificar convergências e incompatibilidades entre ambos no curso de processos de recuperação judicial, além do comentário de alguns casos representativos.

1. Direito societário e direito falimentar

1.1 Os princípios relevantes

Os princípios jurídicos são importantes balizadores do ordenamento jurídico, servindo como base e fundamento do direito. São normas jurídicas que podem aparecer de forma explícita ou implícita. Como ensina Luis Roberto Barroso, os princípios incidem sobre o mundo jurídico e sobre a realidade fática de maneiras diversas, às vezes sendo fundamento direto para uma decisão, e outras de maneira indireta, condicionando a interpretação de outra regra[2].

Há, de um lado, no direito societário, e de outro, na recuperação judicial e na falência, princípios relevantes que servem de ponto de partida para qualquer discussão que envolva a aplicação simultânea de sistemas e institutos do direito diversos.

Um dos princípios mais elementares do direito societário é o da autonomia das decisões assembleares. Segundo o sistema brasileiro, os administradores das sociedades são os destinatários das decisões tomadas em assembleia geral de acionistas, que detêm autonomia. Vê-se, portanto, que, a vontade dos acionistas é soberana, determinando a condução da companhia, diferentemente do

[2] Barroso, Luis Roberto. **Curso de direito constitucional contemporâneo: os conceitos fundamentais e a construção do novo modelo**. São Paulo: Editora Saraiva, 2019, p. 306-307.

modelo norte-americano, pelo qual os administradores detêm grande poder de controle nos negócios da sociedade.

Já o princípio majoritário das decisões assembleares[3] garante que a vontade geral da sociedade, manifestada em assembleia geral de acionistas, deve seguir a vontade da maioria, na forma dos quóruns de deliberação legalmente estabelecidos para determinadas matérias. Nesse sentido, os acionistas que detêm mais ações e que assumem mais riscos, possuem maior poder decisório. Importante notar que as decisões tomadas em assembleia vinculam todos os acionistas, ainda que ausentes ou dissidentes.

O princípio da proteção do acionista minoritário visa resguardar o minoritário frente ao acionista majoritário que, como visto acima, tem maior poder para determinar os rumos da companhia, oferecendo proteção ao acionista minoritário com instrumentos para limitar o poder do controlador, como, por exemplo, direitos de fiscalização e de recesso.

Por outro lado, no sistema falimentar e de recuperação judicial há princípios relevantes a serem considerados, a começar pelo princípio da soberania da decisão tomada em assembleia geral de credores, que pode ser considerado como um dos pilares da recuperação judicial, já que avulta o protagonismo das partes – negociação entre devedor e credores – para se estabelecer o resultado da recuperação judicial através da votação do plano de recuperação apresentado.

Segundo o referido princípio, o Juízo da Recuperação Judicial tem função puramente homologatória da decisão tomada pelos credores, não podendo revisar o conteúdo da decisão assemblear, mas apenas exercer juízo de legalidade sobre questões pontuais eventualmente suscitadas pelas partes, como, por exemplo, conflito de interesses no exercício do voto. Pode, ainda, o Juízo da recuperação judicial aprovar o plano por meio do chamado *cram down*, isto é,

[3] "Princípio majoritário é a regra do regime de funcionamento dos órgãos de deliberação colegiada da companhia segundo a qual as deliberações são tomadas por maioria de votos e, quando conformes com a lei e vincula todos os membros dos órgãos, embora ausentes da reunião de deliberação ou delas dissidentes porque é ato coletivo organizado segundo normas que regulam a reunião e a deliberação do órgão o que fundamenta a imputação da deliberação ao órgão como conjunto organizado de pessoas. Esse efeito, próprio da natureza do ato, é confirmado pelo § 5º do artigo 1.072 do Código Civil, ao regular as deliberações das assembleias de quotistas da sociedade limitada. A extensão do princípio majoritário às deliberações da Assembléia Geral que modificam o estatuto social implicou a derrogação, em relação às companhias, do princípio fundamental do direito contratual de que as estipulações do contrato ajustadas pelas partes contratantes somente podem ser alteradas por novo consenso dos contratantes, o que foi, inclusive, referido a princípio como uma das características da companhia (v.§ 16-2)." (Lamy Filho, Alfredo; Pedreira, José Luiz Bulhões. **Direito das companhias**. Rio de Janeiro: Forense, 2009, p. 808-809.)

quando há rejeição do plano por uma das classes, o que outorga ao juiz o poder de suprir essa rejeição caso preenchidos cumulativamente os requisitos legais previstos no art. 58, §1º, da Lei nº 11.101 de 2005.

De qualquer modo, há, na recuperação judicial, enorme vocação para o entendimento entre as partes, que devem, na medida do possível e dos diversos interesses em jogo, construir um plano de recuperação economicamente viável e satisfatório. Quanto menos judicialização e intervencionismo judicial no processo de recuperação, maior legitimidade para o resultado final, que tende a ser mais célere e com menor depreciação dos ativos. No entanto, na prática, percebe-se que o princípio da soberania das decisões da assembleia de credores acaba sendo flexibilizado, eis que há, no Brasil, grande envolvimento dos juízes nos processos de recuperação judicial, muito em função da alta litigiosidade entre as partes, que deixam de assumir o seu papel de protagonismo na construção de um plano viável.

Outro princípio fundamental é o da *par conditio creditorum*, que assegura tratamento paritário entre os credores de uma mesma classe – ou seja, credores que possuem créditos da mesma natureza. Nesses casos, o pagamento deve ser feito de maneira igualitária para os credores que integram a mesma classe, sem a possibilidade de se criar benefícios adicionais para credores que estão em uma mesma situação, salvo se, no curso da recuperação, o credor conceda algum tipo de benefício diferenciado, de modo a auxiliar a recuperação da empresa, o que poderá lhe ser recompensado através de condições diferenciadas de pagamento, usualmente tratado como classe de credores aderentes.

De igual relevância para o tema deste artigo é o princípio da função social da empresa, comumente suscitado para afastar a aplicação de determinado direito de um único credor ou grupo de credores para prevalência do interesse de outras partes relacionadas à manutenção da empresa e da sua atividade produtiva (empregados, prestadores de serviços, circulação de riquezas, pagamento de tributos, dentre outros). Porém, tal princípio deve ser aplicado com parcimônia, quando os interesses em discussão sejam efetiva e comprovadamente relevantes a ponto de justificar a sobreposição dos interesses do devedor sobre os direitos do credor, assegurados por lei e por contrato. Não se deve, sob pena de se gerar grande insegurança jurídica, admitir a mitigação de direitos contratualmente assegurados em nome da preservação da empresa, quando observado que a situação de crise foi gerada por motivos alheios ao credor, que não pode e não deve pagar pelo insucesso empresarial do devedor ou compartilhar o risco de um negócio por ele nunca assumido.

Elencados os princípios que permeiam ambas as áreas do direito, passa-se ao estudo da validade da cláusula compromissória estatutária no âmbito da recuperação judicial.

1.2 Confronto entre as duas realidades

a) Intervenção dos credores na gestão da companhia

Uma sociedade que busca a recuperação judicial pode manter os seus administradores, como preconiza o artigo 64, *caput*, da Lei nº 11.101/2005: "Durante o procedimento de recuperação judicial, o devedor ou seus administradores serão mantidos na condução da atividade empresarial, sob fiscalização do Comitê, se houver, e do administrador judicial, [...]."

Então, via de regra, quando uma sociedade está em recuperação judicial, seus credores não têm poderes para intervir na sua gestão. No entanto, existem algumas hipóteses em que essa intervenção pode ser justificada, notadamente quando devem ser tomadas decisões que possam impactar de forma severa o prosseguimento da empresa.

O modelo americano pode servir de exemplo nesses casos. O *business judgment rule* é um padrão norteador da imputação de responsabilidade do administrador frequentemente adotado no direito norte-americano. Segundo o princípio, respeitados alguns requisitos relacionados aos deveres de conduta, o administrador não será responsabilizado mesmo se as decisões tenham consequências negativas para a sociedade e/ou seus acionistas. Para isso, (i) a decisão deve ter sido desinteressada e de forma independente; (ii) deve ser respeitado o dever de diligência; (iii) a decisão deve respeitar a boa-fé; e (iv) não deve haver abuso de discricionariedade por parte do administrador. Ou seja, não se analisa o mérito da decisão, mas as circunstâncias da tomada da decisão pelo administrador.

A mesma lógica pode ser aplicada no Brasil quando uma sociedade está em recuperação judicial. A rigor, os terceiros credores são estranhos à administração da empresa, mas caso percebam que os administradores estão tomando decisões que podem lesar a sociedade e seus ativos, sem respeitarem os requisitos relacionados aos deveres de conduta, essa intervenção será legítima.

b) Princípio majoritário nas decisões assembleares vs. interesse dos credores

O caso Daslu é representativo na medida em que o Judiciário foi instado a se manifestar sobre interesses divergentes: de um lado o direito de veto dos acionistas para alienação da marca emergentes de acordo de acionistas;

de outro, os interesses dos credores de alienação da marca através de Unidade Produtiva Isolada por previsão do plano de recuperação. Como dito, o acordo de acionistas exigia a aprovação de determinados acionistas minoritários para alienação da marca. Os credores, cientes dessa previsão, ignoraram o direito dos acionistas e aprovaram o plano de recuperação judicial por maioria expressiva dos votos.

Após a homologação do plano de recuperação judicial, um dos acionistas minoritários, insatisfeito, interpôs recurso contra a decisão homologatória, tendo a Câmara Reservada de Falências e Recuperação Judicial do Tribunal de Justiça do Estado de São Paulo, no julgamento do Agravo de Instrumento nº 0154311-66.2011.8.26.0000, entendido que não poderia se admitir que direitos de sócios, majoritários ou minoritários, pudessem obstaculizar a recuperação judicial da empresa. Nesse precedente, o Tribunal de Justiça do Estado de São Paulo entendeu que o veto à alienação da marca poderia resultar na não-aprovação do plano e, consequentemente, na quebra da empresa, afastando, assim, o direito dos acionistas de impedir a alienação da marca.

Trata-se de caso em que o Judiciário privilegiou os interesses dos credores e da empresa em recuperação judicial, em detrimento dos acionistas. No referido acórdão, foi consignado, ainda, que os acionistas que se sentissem lesados deveriam então buscar outros meios de reparação que não impedissem o cumprimento do Plano de Recuperação Judicial, tendo esse entendimento sido confirmado pelo Superior Tribunal de Justiça, no julgamento do Recurso Especial nº 1.539.445/SP:

> não têm os acionistas minoritários o direito de vetar o plano aprovado pelo conclave de credores, sobrepondo seus interesses de sócios aos da sociedade-empresária e de todos os demais credores interessados na preservação da empresa. O direito dos minoritários, mesmo que resguardado por pacto parassocial, não pode prevalecer sobre direitos da própria companhia e de seus credores.[4]

Apesar de não existir qualquer ilegalidade na previsão de direitos e vantagens para alguns acionistas, na análise de preponderância dos princípios em jogo, prestigiou-se o princípio da preservação da empresa sobre os direitos dos acionistas.

[4] STJ. REsp: 1539445 SP 2015/0045669-6, Rel. Ministro Ricardo Villas Bôas Cueva, j: 13/03/2018, T3 – Terceira Turma, DJe: 23/03/2018.

2. Validade da cláusula compromissória estatutária

2.1 Confronto entre o instituto da arbitragem e a recuperação judicial

Como se viu no caso Daslu, para que haja conflito de interesses entre acionistas e credores é necessário que haja divergências internas na companhia entre controlador e minoritários, colocando-se os interesses dos minoritários contra os interesses de credores. Tal disputa de interesses, pela análise da jurisprudência, acaba na expressiva maioria dos casos favorecendo os interesses dos credores, deixando os minoritários com opções reduzidas para interferir no plano e desenvolvimento da recuperação judicial. Normalmente, a solução indicada pelo Judiciário é a conversão em perdas e danos do minoritário contra a companhia. Porém, quando há cláusula compromissória estatutária ou, ainda, cláusula compromissória nos acordos de acionistas, a solução de mérito será dada por sentença arbitral, caso reconhecida a validade da cláusula e a sua competência.

Como se sabe, é o árbitro que detém a prerrogativa de decidir sobre a sua própria competência (Lei nº 9.307/96, art. 8º), ou seja, são os próprios árbitros que devem solucionar eventuais dúvidas relacionadas à sua competência, que podem surgir de questionamentos sobre a validade da cláusula compromissória, ou ainda sobre a sua extensão, seja ela subjetiva ou objetiva, especialmente quando se trata de matéria com consequências sobre o processo de recuperação judicial. Quando se trata de discussão sobre bem essencial para a recuperação judicial, mais especificamente sobre atos de constrição sobre tais bens, o Superior Tribunal de Justiça já firmou entendimento de que a competência é do juízo da recuperação judicial (REsp. nº 1.660.893/RJ)

Ou seja, o encontro dessas duas competências aparentemente poderia ser considerado como antagônico, dado que enquanto na recuperação judicial se tutelam direitos da coletividade de credores e da preservação da empresa, na arbitragem resolve-se conflitos patrimoniais e disponíveis. Contudo, o que se verifica na prática é que a delimitação da competência entre Tribunal Arbitral e Juízo da Recuperação Judicial possui caráter menos patente e estanque.

Esse é o caso, por exemplo, de discussões envolvendo a validade de contratos celebrados com credores, questões envolvendo o soerguimento da sociedade recuperanda, ou até sobre as formas de recuperação da empresa. A análise deve ser feita caso a caso, considerando-se os múltiplos interesses das partes envolvidas e peculiaridades do caso, o que nos leva à conclusão de que a competência do Tribunal Arbitral e do Juízo da Recuperação Judicial podem se confundir, levando a um conflito positivo de competência.

Diante disso, apesar de os árbitros possuírem, como visto acima, a prerrogativa de decidirem sobre a sua própria competência, considerando os princípios basilares da preservação da empresa e manutenção dos interesses dos credores, não seria producente para garantir o soerguimento da empresa que fosse necessário aguardar decisão sobre competência do Tribunal Arbitral, quando há questão, por exemplo, relativa a bem considerado essencial que impacte a aprovação do plano. Assim, entende-se ser mais proveitoso – tanto para resguardar a adequada competência do Tribunal Arbitral, quanto para garantir o soerguimento da empresa recuperanda – que o embate seja resolvido por meio de conflito de competência suscitado pelas partes perante o Superior Tribunal de Justiça.

Isso ocorreu, inclusive, na recuperação judicial do Grupo OI, que ilustra perfeitamente a tensão existente entre acionistas minoritários, companhia e credores por meio de discussão de competência entre o Juízo da Recuperação Judicial e do Tribunal Arbitral. Em 20 de junho de 2016, a OI entrou com pedido de recuperação judicial, tendo o processamento sido deferido logo em seguida pelo Juízo da 7ª Vara Empresarial do Tribunal de Justiça do Rio de Janeiro. A recuperação do grupo OI proporcionou questionamentos e embates relevantes entre o direito societário e a recuperação judicial. Como se verá a seguir, dois conflitos de competência levados ao Superior Tribunal de Justiça foram importantes para o avanço da discussão sobre os limites da competência do juízo da recuperação judicial e da competência do Tribunal Arbitral.

2.2 Conflito de competência nº 148.728/RJ

Após a apresentação do Plano de Recuperação Judicial pela OI, um acionista minoritário relevante, descontente com o rumo das negociações entre o Grupo e seus credores, solicitou a convocação de Assembleia Geral Extraordinária para eleição de novos representantes para o Conselho de Administração. Seu objetivo era alterar o equilíbrio de forças presente no conselho e tornar mais relevante a sua posição no processo de negociação. O Grupo OI, preocupado com as consequências da possível alterações, pediu então ao Juízo da Recuperação Judicial a suspensão da convocação da referida AGE, o que foi deferido pelo juízo. Inconformados, os minoritários deram então início a um procedimento arbitral com pedido liminar para verem assegurado seu direito de indicarem novos representantes para o Conselho de Administração da Companhia, na forma da lei societária (Lei das S.A., art. 141). O árbitro de emergência nomeado pela Câmara de Arbitragem do Mercado de São Paulo – SP deferiu a liminar pleiteada pelos minoritários, garantindo a realização da AGE convocada e contrariando a decisão proferida pelo Juízo da Recuperação Judicial.

Deve-se levar em conta que não existe dispositivo na Lei nº 11.101/2005 que imponha restrições aos direitos políticos dos acionistas na empresa em recuperação judicial, mas, em por análise casuística, o juízo da recuperação judicial avocou para si competência para suspender a AGE, causando interferência em questão *interna corporis* e afastando a eficácia da cláusula compromissória estatutária. Foi então instaurado conflito de competência perante o Superior Tribunal de Justiça, tendo o Ministro Relator votado pela competência do Juízo da Recuperação Judicial, sob o seguinte entendimento:

> inobstante a existência de cláusula compromissória estatutária válida, cumpre destacar que o processo de soerguimento de empresas prestadoras de serviços públicos como o de telefonia, por envolver manifesto interesse coletivo e social (credores, empregados e consumidores) transcende a vontade individual de acionistas ou grupos acionários" razão pela qual deveria prevalecer o entendimento jurisprudencial do STJ no sentido de que o "juízo onde se processa a recuperação judicial é o competente para julgar as causas em que estejam evolvidos os interesses e bens de empresas recuperandas[5]

Segundo o Prof. Fabio Ulhôa Coelho, que elaborou parecer no caso em tela, um dos efeitos do deferimento e processamento da recuperação judicial de uma sociedade anônima é a ocasional e temporária limitação dos direitos dos acionistas, tendo em vista a necessidade de se encontrar uma solução para a superação da crise. Deve-se atentar para os direitos não somente dos credores, mas também dos que são beneficiados com a preservação da empresa, como os consumidores, os funcionários, dentre outros. Para Fábio Ulhôa Coelho, os princípios da função social da empresa e da preservação da empresa devem prevalecer sobre os direitos dos acionistas quando se trata de empresa em recuperação judicial.

2.3 Conflito de competência nº 157.099/RJ

Posteriormente, após mudança na composição do Conselho de Administração da Oi, houve novo embate, dessa vez entre alguns conselheiros e os diretores da Companhia. Os diretores queriam apresentar um plano de recuperação judicial economicamente viável, enquanto os conselheiros estavam preocupados com a conversão de dívidas em ações, que diluiria a participação dos acionistas. Diante disso, um grupo de credores internacionais levou a questão ao Judiciário, pedindo para que o Juízo da Recuperação Judicial afastasse ou suspendesse os direitos políticos dos conselheiros "conflitados".

[5] STJ. DESIS no CC: 148728 RJ 2016/0240985-3, Rel. Ministro Marco Buzzi, DJ: 21/09/2016.

O Juízo da Recuperação Judicial concedeu aos diretores total autonomia para elaboração e apresentação do plano de recuperação judicial, independentemente de prévia aprovação pelo Conselho de Administração da Companhia. A decisão foi mantida em segunda instância, de modo que o plano de recuperação judicial foi elaborado pelos diretores, aprovado pelos credores em AGC e homologado pelo Juízo da Recuperação Judicial. No Plano de Recuperação Judicial constava previsão autorizando o aumento do capital da Companhia mediante a capitalização de parte dos créditos quirografários, com a consequente emissão de ações ordinárias e bônus de subscrição. Todos seriam conferidos como vantagem adicional aos credores da Companhia que subscrevessem as ações objeto do aumento. Diante disso, foi realizada uma reunião do Conselho de Administração para tratar sobre as medidas necessárias para o aumento do capital social.

Um acionista minoritário, detentor de cerca de 23% das ações de emissão da Companhia, deu início a procedimento arbitral para buscar a suspensão dos efeitos das deliberações tomadas na reunião do Conselho de Administração. O Tribunal Arbitral deferiu o pedido e determinou a suspensão de toda e qualquer deliberação que versasse sobre as matérias constantes da pauta da reunião do Conselho de Administração. Foi, então, suscitado novo conflito de competência entre o Tribunal Arbitral e o Juízo da Recuperação Judicial, tendo a Ministra Nancy Andrighi destacado que a cláusula compromissória inserida no Estatuto Social da Companhia é válida, *in verbis*:

> A cláusula compromissória inserida em seu art. 68 obriga a companhia, seus acionistas, administradores e membros do Conselho Fiscal a resolver, por meio de arbitragem, toda e qualquer disputa ou controvérsia que possa surgir entre eles relacionada a disposições da Lei das S.A. ou de seu Estatuto e, como é cediço, as questões relacionadas a aumento de capital social – objeto da controvérsia que deu ensejo à apresentação do conflito de competência – encontram regramento específico na Lei das S.A. (arts. 166 e seguintes), além de, no particular, do estatuto social da recuperanda.[6]

Seu voto foi seguido pelos Ministros Antonio Carlos Ferreira, Ricardo Villas Bôas Cueva, Moura Ribeiro e Maria Isabel Gallotti, que formou a maioria vencedora. Assim, a Ministra Andrighi entendeu que a questão analisada pelo Tribunal Arbitral dizia respeito exclusivamente à invalidade da formação da vontade

[6] STJ. CC: 157099 RJ 2018/0051390-6, Rel. Ministro Marco Buzzi, J: 10/10/2018, S2 – Segunda Seção, DJe: 30/10/2018.

da Companhia quanto às disposições expressas no Plano de Recuperação Judicial. Apontou que (i) as deliberações do Plano de Recuperação Judicial estão sujeitas aos requisitos de validade dos atos jurídicos em geral e (ii) a sociedade tem sua vontade formada a partir de deliberações tomadas por seus órgãos, que atuam conforme a lei ou estatuto. Para a Turma, não existirá manifestação de vontade da sociedade, e portanto, não se constituirá o vínculo negocial enquanto os órgãos não vincularem a Companhia ao Plano de Recuperação Judicial. Dessa forma, considerando a matéria submetida à apreciação do Tribunal Arbitral e que o deferimento da Recuperação Judicial não afasta as disposições da Lei das S.A. e a cláusula compromissória estatutária, foi reconhecida a competência do Tribunal Arbitral no caso em tela.

2.4 Análise e crítica das decisões

Pela análise das decisões trazidas neste artigo, percebe-se que quando se trata de conflito de competência entre jurisdição arbitral e estatal, o Poder Judiciário tende a priorizar o juízo recuperacional como competente para dirimir os conflitos societários. No entanto, essa orientação acaba por diminuir – e até excluir – a vontade dos acionistas. Desconsiderar a cláusula compromissória estatutária quando uma sociedade está em recuperação judicial deve ser medida excepcional, eis que, a rigor, ao ingressar no regime especial da recuperação judicial, a sociedade em crise não sofre alteração em sua capacidade jurídica[7]. Ou seja, via de regra, o processamento da recuperação judicial não deve representar entrave para a instauração de procedimento arbitral, tampouco prejudicar o natural prosseguimento de arbitragens já instauradas, como bem trazido pela reforma da Lei nº 11.101/2005.

No entanto, não se pode negar que discussões societárias de empresa em recuperação judicial podem causar impactos relevantes para o regular prosseguimento da recuperação judicial, o que deve ser observado pelos árbitros. Nesse contexto, como evitar que tais situações aconteçam, se credores são terceiros no procedimento arbitral? Entende-se que a resposta pode ser aprovei-

[7] Nesse sentido: *"As aforementioned, the judicial restructuring proceeding has no effect on the debtor's legal capacity, which remains unaltered as the company will continue to be managed and represented by its administrators (debtor-in-possession proceedings). Their previously agreed contracts, likewise, are still considered legally effective and must be complied, which is why the validity of an arbitration agreement materialized before a reorganizational proceeding is undoubted. Therefore, an insolvent company with an ongoing judicial restructuring proceeding may take part on arbitration, being irrelevant if the latter was initiated before or after the insolvency proceeding.* (Guimarães, Márcio. **Insolvency and Arbitration.** *In*: Sester, Peter (coord.). **International Arbitration** – Law and Practice in Brazil. Oxford: Oxford University Press, 2020, p. 499.)

tada fazendo uma analogia ao instituto da arbitragem internacional: o árbitro internacional, apesar de não estar vinculado aos ordenamentos jurídicos onde a sentença venha a ser homologada e executada, deve observar, ao proferir a sentença, a ordem pública dos possíveis locais de homologação e execução da sentença, de modo a garantia maior eficácia da decisão a ser proferida. Ou seja, no caso em apreço, o árbitro não necessariamente está sujeito aos diversos interesses dos credores, que não podem direcionar o resultado da sentença, mas também não deve ignorar o contexto no qual a empresa está inserida. Isso porque é também função do árbitro observar a eficácia da sentença arbitral.

É neste sentido que o Conflito de Competência nº 157.099/RJ, como visto acima, marcou uma reviravolta no entendimento anterior do Superior Tribunal de Justiça. De fato, segundo o entendimento da Corte, existindo cláusula compromissória estatutária no Estatuto da Companhia em Recuperação Judicial, todos os conflitos que possam surgir entre os acionistas, seus administradores e a sociedade devem ser resolvidos por meio da arbitragem. Essa solução parece correta com o entendimento de que a cláusula compromissória resulta na renúncia de qualquer jurisdição estatal e deve, portanto, ser respeitada. No entanto, nos casos em que a cláusula compromissória for inexistente, entende-se que o Juízo da Recuperação é competente para processar e julgar todos os conflitos necessárias que possam repercutir no procedimento da recuperação da sociedade ou na aprovação do plano.

Cabe, por fim, registrar que em 2019 o Conselho Nacional de Justiça emitiu a Recomendação nº 0007685-24.2019.2.00.0000, por meio da qual recomendou o uso por juízes e Administradores Judiciais da mediação quando da solução de conflitos instaurados durante o processo de recuperação judicial, incluindo-se divergências entre acionistas. Nesse contexto, a mediação pode ser um caminho alternativo para solução de disputas societárias, trazendo maior agilidade no desfecho da disputa em observância às urgências do processo de recuperação judicial.

Conclusões

Como se viu neste estudo, há uma tendência de se prestigiar os interesses dos credores e da empresa recuperanda em detrimento de acionistas minoritários, sempre que a discussão possa impactar de maneira relevante o plano de recuperação e o regular desenvolvimento da recuperação judicial. No entanto, quando as partes – entenda-se aqui, acionistas – estão legitimamente interessadas na resolução de matéria relevante para a empresa, a arbitragem deve ser mantida como o método de resolução eleito pelas partes.

Sempre que houver cláusula compromissória estatutária, deve-se, via de regra, respeitá-la, cabendo ao Tribunal Arbitral observar o impacto das suas decisões sobre o procedimento arbitral e eficácia da sentença, considerando a sensibilidade de disputas societárias no curso de processos de recuperação judicial e insolvência, evitando-se paralisar a tomada de decisões da empresa em relação ao plano de recuperação. Em caso de dúvida, em se tratando de potencial conflito entre Juízo da Recuperação Judicial e do Tribunal Arbitral para julgar a matéria, para que se resguarde a prerrogativa do árbitro de decidir sobre a sua própria competência e também para se garantir a preservação da empresa, deve ser suscitado conflito de competência perante o Superior Tribunal de Justiça. Somente assim, a partir da delimitação do que eventualmente seria considerado como "bem essencial" no caso concreto, é que seria possível fixar a competência para deslinde do feito.

Por fim, importante frisar que, se consideranda a relevância do procedimento arbitral e dos interesses dos credores que não são parte do processo, faz-se necessária a divulgação parcial dos atos praticados para fins de serem considerados pelas partes do processo de recuperação para negociação do plano de recuperação, considerando-se todos os riscos envolvidos.

Referências

BARROSO, Luis Roberto. **Curso de direito constitucional contemporâneo:** os conceitos fundamentais e a construção do novo modelo. São Paulo: Editora Saraiva, 2019.

CELIDONIO, Luciana Santos. **Direito Empresarial** – Estudos Jurídicos em Homenagem à Maria Salgado. 1. ed. Rio de Janeiro: Lumens Juris, 2019.

GUIMARÃES, Márcio. **Insolvency and Arbitration**. *In*: SESTER, Peter (coord.). **International Arbitration** – Law and Practice in Brazil. Oxford: Oxford University Press, 2020.

LAMY FILHO, Alfredo; PEDREIRA, José Luiz Bulhões. **Direito das companhias**. Rio de Janeiro: Forense, 2009.

MARTINS, Andre Chateaubriand, YAGUI, Marcia (coord.). **Recuperação judicial:** análise comparada Brasil-Estados Unidos. 1. ed. São Paulo: Almedina, 2020.

TEPEDINO, Ricardo. **O direito societário e a recuperação judicial**. *In*: VENANCIO FILHO, Alberto; LOBO, Carlos Augusto da Silveira; ROSMAN, Luiz Alberto Colonna (org.). **Lei das S.A. em seus 40 anos**. 1. ed. Rio de Janeiro: Forense, 2017.

32.
ARBITRAGENS SOCIETÁRIAS E A ADMINISTRAÇÃO PÚBLICA

FABIANA LEITE

Introdução

O uso da arbitragem no Brasil e no mundo é explicado por teóricos e antropólogos como uma reação social ao excessivo formalismo e rigidez das justiças estatais[1]. Assim, a arbitragem revelou-se uma escolha alternativa ao judiciário para a solução de determinados litígios[2] com maior celeridade; economia de custos de transação; aumento de eficiência nas relações econômicas; escolha de árbitros especializados; e aumento da confiança e segurança jurídica dos participantes ao permitir a escolha de regras e normas específicas e favorecimento de ambiente neutro para a solução do litígio. [3]

[1] Kaufmann-Kohler, Gabrielle. *When Arbitrators Facilitate Settlement:* Towards a Transnational Standard: Clayton Utz/University of Sydney International Arbitration Lecture. Arbitration International, LCIA, V. 25, n. 2, p. 187-205, 2009, p. 203; Sampaio, Lia Regina Castaldi, Braga Neto, Adolfo. **O que é mediação de conflitos**. São Paulo: Brasilience, 2007, p. 11.

[2] "Hodiernamente, a expressão *métodos alternativos* vem cedendo espaço para *métodos adequados* [...] a partir da constatação de que os conflitos são diferentes entre si, tanto em complexidade, quanto em peculiaridade – e, assim, requerem ferramentas distintas para serem solucionados. Ademais, os ADRs não são simples alternativas ao Judiciário e tampouco este deveria ser a única e ou a principal via de solução de conflitos, como acontece em nosso país e na maior parte dos países de tradição civilista. Os ADRs são mecanismos baseados na especialização e adequação de casa método a certo tipo de disputa." (Coelho, Eleonora. **Desenvolvimento da cultura dos métodos adequados de solução de conflitos:** uma urgência para o Brasil. *In*: Rocha, Caio Cesar Vieira; Salomão, Luís Felipe (coords.). *Arbitragem e Mediação*: A Reforma da Lei Brasileira. São Paulo: Ed. Atlas, 2015, p. 102.)

[3] Lemes, Selma. Incentivos à arbitragem na administração pública. **Valor Econômico**, 05.09.2016. Disponível em: https://valor.globo.com/noticia/2016/09/05/incentivos-a-arbitragem-na-administracao-publica.ghtml. Acesso em: 14 jul. 2021.

De fato, a arbitragem é reconhecida como um método que "*busca proporcionar um acesso à justiça adequado e eficiente, promovendo a coexistência e a pacificação social. Até porque direito universalmente consagrado é o direito a um julgador, que não deve ser necessariamente público.*"[4] (destacou-se).

No Brasil, especificamente, a arbitragem passou a ser cada vez mais utilizada a partir da promulgação da Lei nº 9.307/1996 ("Lei de Arbitragem") e da declaração de sua constitucionalidade em 2002. Ainda, apresentou crescimento expressivo a partir de 2015[5], quando o número anual de casos novos dobrou em relação aos anos anteriores, solucionando, em especial, litígios relativos a matérias societárias, de construção civil e energia e contratos empresariais[6].

Um exemplo da difusão de seu uso foi no âmbito dos litígios relacionados ao mercado de capitais[7]. No final do ano 2000, tornou-se obrigatória a inserção de cláusulas compromissórias estatutárias para as companhias listadas no Novo Mercado e no Nível 2, a fim de dirimir os conflitos entre acionistas, administradores e/ou a companhia[8].

Outro exemplo diz respeito à Administração Pública, que passou a utilizar a arbitragem para resolver vários de seus litígios relativos a direitos patrimoniais disponíveis, em especial quando envolvem relações com investidores e prestadores de serviços. Isso, porque a arbitragem, como dito, propicia um ambiente

[4] Coelho, Eleonora. *Desenvolvimento da cultura dos métodos adequados de solução de conflitos:* uma urgência para o Brasil. *In*: Rocha, Caio Cesar Vieira; Salomão, Luís Felipe (coords.). **Arbitragem e Mediação:** A Reforma da Lei Brasileira. São Paulo: Ed. Atlas, 2015, p.102.

[5] O número de casos novos passou de uma média aproximada de 130 por ano (dados de 2010 a 2014) para 270 casos novos por ano (dados de 2015 a 2019), cf. Lemes, Selma F. **Pesquisa de Arbitragem em Número e Valores** – 2018-2019. Disponível em: http://www.selmalemes.adv.br/artigos/Analise-Pesquisa-ArbitragensNseValores-2020.pdf. Acesso em: 04.11.2020. *Id.* Pesquisa de Arbitragem em Números e Valores – 2017-2018. Disponível em: http://www.selmalemes.adv.br/artigos/PesquisaArbitragens2019.pdf. Acesso em: 04.11.2020. *Id.* Pesquisa de Arbitragem em Números e Valores – 2010-2017. Disponível em: http://selmalemes.adv.br/artigos/An%C3%A1lise-%20Pesquisa-%20Arbitragens%20Ns.%20e%20Valores-%202010%20a%202017%20-final.pdf. Acesso em: 04.11.2020.

[6] *Id.* Pesquisa de Arbitragem em Número e Valores – 2018-2019. Disponível em: http://www.selmalemes.adv.br/artigos/Analise-Pesquisa-ArbitragensNseValores-2020.pdf. Acesso em: 04.11.2020.

[7] "Aqui, a ideia é que através da especialidade das cortes arbitrais pode ser possível entrar no mérito de decisões assembleares (o que não tem sido feito até agora pelo Judiciário) e assim fazendo dar nova e efetiva interpretação, por exemplo, aos dispositivos sobre conflito de interesses. Evidentemente, eliminando o conflito, resulta muito mais fácil a persecução do princípio cooperativo entre os acionistas." (Salomão Filho, Calixto. **O novo direito societário**. 4 ed, rev. e ampl. São Paulo: Malheiros Editores, 2011, p. 70).

[8] Coelho, Eleonora. A necessidade de criação de regulamentos adaptados para arbitragens coletivas no mercado de capitais. *In*: Yarshell, Flávio Luiz, Pereira, Guilherme Setogutti J. (Eds). **Processo Societário** – vol. III. São Paulo: Quartier Latin, 2018, p. 115.

neutro e seguro para a solução de tais litígios, incentivando os investimentos nacionais e internacionais em obras e serviços públicos e, consequentemente, o desenvolvimento social e econômico do país[9].

Embora os dados acima sejam animadores para os entusiastas da arbitragem, a sua adoção e o seu crescimento não são possíveis sem o amplo respeito aos princípios e fundamentos deste instituto, em especial, os princípios da autonomia da vontade das partes e da competência-competência, bem como os efeitos positivos e negativos da cláusula compromissória, os quais serão melhor vistos nos próximos tópicos.

A consagração de tais princípios na comunidade jurídica brasileira se deu mediante trabalho árduo desde os anos 90. Para citar alguns: o marco legal da arbitragem em 1996; a criação do CBAr em 2001; a declaração de constitucionalidade da Lei de Arbitragem em 2002; o diálogo constante com o Poder Judiciário até a compreensão e postura pró arbitragem do Superior Tribunal de Justiça ("STJ")[10]; e a difusão do conhecimento e dos métodos adequados de resolução de conflitos por meio de, entre outros, a participação de jovens estudantes em competições de arbitragem internacionais e nacionais.

Ocorre que, ainda hoje, verificam-se algumas decisões judiciais que violam tais princípios, constituindo precedentes perigosos e que colocam em risco a segurança jurídica e o desenvolvimento da arbitragem.

Uma dessas decisões foi a proferida no Conflito de Competência nº 151.130/SP pela Segunda Seção do STJ. No âmbito deste Conflito de Competência, o STJ entendeu, por maioria, que o juízo estatal possui competência exclusiva para o processamento e o julgamento de ações indenizatórias movidas por investidores acionistas da Petrobras em face da União Federal e da Companhia.

[9] Inclusive, a o uso da arbitragem é incentivado por órgãos internacionais, como a Organização para a Cooperação e Desenvolvimento Econômico – OCDE, em especial na declaração sobre investimento internacional e empresas multinacionais, do qual o Brasil é aderente desde 1997 (Disponível em: https://legalinstruments.oecd.org/en/instruments/OECD-LEGAL-0144. Acesso em: 15 jul. 2021), e nas diretrizes sobre governança corporativa em empresas estatais, do qual o Brasil ainda não é aderente, infelizmente (Disponível em: https://legalinstruments.oecd.org/en/instruments/OECD-LEGAL-0414. Acesso em: 15 jul. 2021). Quanto a estas diretrizes, a OCDE recomenda o acesso a processo eficiente e imparcial ou à arbitragem para a solução de conflitos entre tais empresas e partes interessadas.

[10] Gabbay, Daniela Monteiro, Nanni, Giovanni Ettore (Coord.). "2ª Fase da Pesquisa 'Arbitragem e Poder Judiciário'". Disponível em: http://cbar.org.br/site/pesquisa-cbar-fgv-2007/. Acesso em: 30 out. 2020. Tavela Luís, Daniel, Kulesza, Gustavo Santos, Pereira, Laura França (Coord.). "2ª Edição da Pesquisa 'Arbitragem e Poder Judiciário'". Disponível em: http://cbar.org.br/site/pesquisa-cbar-abearb-2016/. Acesso em: 30 out. 2020.

Ocorre que, como será visto a seguir, independentemente do mérito da demanda, tal decisão foi contrária a entendimentos já consolidados pela referida Corte quanto aos efeitos e limites do princípio da competência-competência, bem como quanto à arbitrabilidade subjetiva da Administração Pública e objetiva do litígio. Dessa forma, indica preocupante posicionamento contrário à arbitragem envolvendo a administração pública, em especial em litígios societários, e coloca em risco volumoso trabalho a fim de se difundir a boa prática e técnica do instituto arbitral[11].

1. O Conflito de competência nº 151.130/SP

A partir de 2016, começou-se a observar no Brasil a instauração de arbitragens por investidores em face de companhias de capital aberto envolvidas em casos de corrupção. Isso porque, segundo tais investidores, à época das notícias acerca dos escândalos de corrupção, teria ocorrido uma súbita queda no valor de suas ações no mercado de capitais, ocasionando alegados prejuízos aos investidores.

Somente contra a Petróleo Brasileiro S.A. – Petrobras ("Petrobras" ou "Companhia"), em razão da Operação "Lava-Jato", foram noticiadas a instauração de ao menos 3 arbitragens[12].

Uma dessas arbitragens foi a CAM B3 nº 75/2016, instaurada por 40 acionistas minoritários da Petrobras ("Acionistas Minoritários" ou "Requerentes") em face da Petrobras e da União Federal, com fundamento no art. 58 do Esta-

[11] A título de exemplo, há decisão recente proferida em ação anulatória de sentença arbitral parcial, em que figuram como partes a União Federal e acionistas minoritários (JF-SP, 7ª Vara Cível Federal de São Paulo, processo nº 5024529-11.2020.4.03.6100, J. 28.04.2021), a qual declarou nula uma sentença arbitral parcial com base no voto vencedor do Conflito de Competência nº 151.130/SP no tocante à inarbitrabilidade subjetiva e objetiva do litígio.

[12] RELACIONAMENTO COM INVESTIDORES. Esclarecimentos sobre arbitragem instaurada por acionistas minoritários. Comunicado publicado em 04 Out 2017 no *site* institucional da Petrobras. Disponível em http://www.investidorpetrobras.com.br/pt/comunicados-e-fatos-relevantes/esclarecimento-sobre-arbitragem-instaurada-por-acionistas-minoritarios. Acesso em: 27 abr. 2018. FUNDAÇÃO DOS ECONOMIÁRIOS FEDERAIS. Quem somos. Disponível em https://www.funcef.com.br/sobre-a-funcef/quem-somos/. Acesso em: 27 abr. 2018). RELACIONAMENTO COM INVESTIDORES. Arbitragens instauradas por fundos de pensão. Comunicado publicado em 14 Nov 2017 no *site* institucional da Petrobras. Disponível em http://www.investidorpetrobras.com.br/pt/comunicados-e-fatos-relevantes/arbitragens-instauradas-por-fundos-de-pensao. Acesso em: 27 abr. 2018. MAIA, Camila. Petros, Funcef e Previ aderem à arbitragem contra Petrobras. Valor Econômico, 14 Nov 2017, 05h00. Disponível em http://www.valor.com.br/empresas/5192893/petros-funcef-e-previ-aderem-arbitragem-contra-petrobras. Acesso em: 27 abr. 2018.

tuto Social da Petrobras[13], na qual pediram o ressarcimento por supostos danos decorrentes dos escândalos da Operação Lava Jato.

Antes da constituição do Tribunal Arbitral, a União Federal pediu à Presidência da CAM B3 a sua exclusão da arbitragem, sob a alegação de que quando o Estatuto foi aprovado, em 2002, não haveria permissão legal para sua participação em procedimento dessa natureza; e de que o litígio não versaria sobre direito patrimonial disponível, pois suas deliberações seriam de interesse público, além de haver risco fiscal de R$ 58 bilhões (valor da causa).

O Presidente da CAM B3, em análise *prima facie*, indeferiu o pedido de exclusão da União do polo passivo do procedimento, remetendo a análise e decisão do pedido ao Tribunal Arbitral.

Em seguida e em paralelo à arbitragem, a União ajuizou Ação Declaratória de Inexistência de Vínculo com pedido de antecipação de tutela perante a 13ª Vara Cível Federal da Seção Judiciária do Estado de São Paulo,[14] buscando a declaração de inexistência de vinculação ao procedimento arbitral. Quanto à tutela antecipada, o Juízo Federal deferiu o pedido, desobrigando a União de participar do procedimento arbitral, decisão que foi mantida pelo TRF-3 em sede de agravo[15].

Em vista de tal decisão, em março de 2017, os Requerentes ajuizaram o Conflito de Competência nº 151.130/SP, perante a Segunda Seção do STJ, alegando que a competência para julgar o litígio seria do Tribunal Arbitral constituído

[13] Estatuto Social da Petrobras, Art. 58: "Deverão ser resolvidas por meio de arbitragem, obedecidas as regras previstas pela Câmara de Arbitragem do Mercado, as disputas ou controvérsias que envolvam a Companhia, seus acionistas, os administradores e conselheiros fiscais, tendo por objeto a aplicação das disposições contidas na Lei nº 6.404, de 1976, neste Estatuto Social, nas normas editadas pelo Conselho Monetário Nacional, pelo Banco Central do Brasil e pela Comissão de de Valores Mobiliários, bem como as demais normas aplicáveis ao funcionamento do mercado de capitais em geral, além daquelas constantes dos contratos eventualmente celebrados pela Petrobras com bolsa de valores ou entidade mantenedora de mercado de balcão organizado, credenciada na Comissão de Valores Mobiliários, tendo por objetivo a adoção de padrões de governança societária fixados por estas entidades, e dos respectivos regulamentos de práticas diferenciadas de governança corporativa, se for o caso. Parágrafo único. As deliberações da União, através de voto em Assembleia Geral, que visem a orientações de seus negócios, nos termos do artigo 238 da Lei nº 6.404, de 1976, são considerados formas de exercício de direitos indisponíveis e não estarão sujeitas ao procedimento arbitral previsto no caput deste artigo."

[14] Processo ajuizado em 07.12.2016, JF-SP, 13ª Vara Cível Federal, processo nº 0025090-62.2016.4.03.6100.

[15] TRF-3. Agravo de Instrumento nº 0023155-51.2016.4.03.0000, Rel. Des. Antonio Cedenho, j. 12.01.2017.

no procedimento nº 75/2016, bem como pugnando pela proibição do controle dessa atividade pelo Poder Judiciário.

De volta ao procedimento arbitral nº 75/2016, em abril de 2017 (pouco tempo depois da instauração do Conflito de Competência), o Tribunal Arbitral proferiu sentença parcial decidindo que a cláusula compromissória vinculava, sim, a União, eis que: **(i)** seria ampla o suficiente para tanto; **(ii)** o objeto da arbitragem seria disponível[16] e, portanto, arbitrável com relação ao poder público; e, **(iii)** tendo em vista que a Súmula 485 do STJ determina que a Lei de Arbitragem se aplica a todos os contratos que contém cláusula compromissória, ainda que celebrados antes da sua edição, a alteração da Lei de Arbitragem em 2015 também se aplica às convenções arbitrais celebradas antes de sua promulgação, em especial – neste caso – quanto à possibilidade expressa de utilização da arbitragem pela administração pública direta e indireta.[17]

A despeito da decisão do Tribunal Arbitral e em afronta direta à Lei de Arbitragem e a entendimentos pacíficos da própria Corte, o STJ proferiu Acórdão no Conflito de Competência em novembro de 2019, no qual decidiu, por maioria, pela competência do juízo estatal para o julgamento de ações indenizatórias movidas pelos Requerentes em face da Companhia e da União.[18]

Em breve síntese, o voto vencedor entendeu que, embora haja a possibilidade da adoção da arbitragem pela Administração Pública, a União não pode-

[16] De acordo com o parágrafo único da cláusula compromissória estatutária da Petrobras, são considerados indisponíveis (e portanto, afastados do objeto de eventual arbitragem) as deliberações da União, por meio de voto em Assembleia Geral, que visem orientações de seus negócios, nos termos do art. 238 da Lei das S.A..

[17] É o que se depreende de trecho do voto da Ministra Nancy Andrighi no Acórdão proferido no Conflito de Competência: "Em resumo, o Tribunal Arbitral compreendeu que essa cláusula é ampla o suficiente para vincular também a União Federal. Ademais, o pleito das suscitantes não ensejaria a exclusão do poder público da arbitragem, porque isso ocorreria somente nas atuações da União expressas por votos proferidos nas assembleias e que almejam a orientação dos negócios da sociedade, nos termos do art. 238 da Lei das S.A., isso porque essa atuação, exercício de voto em assembleia, constitui um direito indisponível por parte da União, que não seria arbitrável.
Ademais, quanto à alegação suscitada pela AGU segundo a qual, quando o Estatuto foi aprovado, em 2002, não haveria permissão legal para sua participação em procedimento dessa natureza, o Tribunal Arbitral invocou o teor da Súmula 485 do STJ, que afirma o seguinte: 'a lei de arbitragem aplica-se aos contratos que contenham cláusula arbitral, ainda que celebrados antes da sua edição'. Dessa forma, essa alegação não prosperaria e vincularia a União Federal após a publicação da alteração da Lei de Arbitragem ocorrida em 2015, que passou a prever expressamente a possibilidade de participação do Poder Público, no art. 1º, § 1º, da mencionada lei.". (STJ, 2ª T., CC nº 151.130/SP, Rel. Min. Luis Felipe Salomão, J. 27.11.2019, p. 14-15).

[18] STJ, 2ª T., CC nº 151.130/SP, Rel. Min. Luis Felipe Salomão, J. 27.11.2019.

ria integrar o procedimento, pois **(i)** quanto à arbitrabilidade subjetiva, seria necessário previsão legal ou estatutária (princípio da legalidade), ausentes no caso[19]; e **(ii)** quanto à arbitrabilidade objetiva, o pleito dos acionistas transcenderia o objeto da cláusula compromissória, ou seja, da discussão sobre atos societários, pois pretenderia a responsabilização solidária da União em virtude da escolha equivocada dos dirigentes da Petrobras e da ausência de fiscalização da atuação de agentes, ou seja, tratar-se-ia de pleito de responsabilidade civil extracontratual[20].

De forma contrária, o voto vencido proferido pela Ministra Nancy Andrighi, o qual, em nosso entendimento, foi muito acertado e pleno de acuracidade técnica, entendeu que a única possibilidade de intervenção do judiciário na decisão do Tribunal Arbitral acerca de sua própria jurisdição seria no caso de existência de cláusula patológica e manifesta ilegalidade. Assim, analisou os aspectos subjetivos e objetivos da cláusula sob tal olhar.

No seu aspecto subjetivo, sustentou que, conforme entendimento da própria Corte, o Poder Público não precisaria de autorização legal para se vincular à cláusula compromissória e, portanto, não se aplica o princípio da legalidade[21]. Outrossim, houve clara aceitação da cláusula compromissória pela União, que

[19] "Nesse sentido, muito embora se alegue, no caso, a possibilidade da submissão do ente público à arbitragem, mesmo antes da edição da Lei nº 13.129/2015 – e até mesmo antes da edição da Lei nº 9.306/97 –, penso que **tal não autoriza a utilização e extensão do procedimento arbitral à União na condição de sua acionista controladora**, seja em razão da ausência de lei autorizativa, seja em razão do próprio conteúdo da norma estatutária, a partir da qual não se pode inferir a referida autorização.
Com efeito, a autorização legal extraída da Lei nº 13.129/2015 refere-se à consagração, no âmbito legislativo, da jurisprudência já sedimentada do STJ e do STF quanto à adoção da arbitragem à administração pública, **mas isto desde que diante de previsão legal ou regulamentar próprios**.
[...]
Assim é que o estatuto social da Petrobras, nos termos e contexto apresentados, **expressa tão somente a vontade da companhia** em submeter-se à arbitragem nas hipóteses expressamente indicadas – e não da União –, em razão da já pontuada ausência de regramento específico próprio." (STJ, 2ª T., CC nº 151.130/SP, Rel. Min. Luis Felipe Salomão, J. 27.11.2019, pp. 55-56 do Acórdão).

[20] "Assim, a matéria em análise ultrapassa, no tocante à União, os atos societários, porquanto as suscitantes pretendem a responsabilização solidária da União em virtude da escolha equivocada dos dirigentes da Petrobras e da ausência de fiscalização da atuação de tais agentes. Há, portanto, pleito de responsabilidade civil extracontratual em face da União.
Daí que não há cogitar aqui, com a devida vênia, do princípio da competência-competência." (STJ, 2ª T., CC nº 151.130/SP, Rel. Min. Luis Felipe Salomão, J. 27.11.2019, p. 58).

[21] Conforme precedentes citados nas pp. 23-28 do Acórdão: MS 199800200366-9, Conselho Especial, TJDF, J. 18.05.1999, DJ; REsp 612.439/RS, SEGUNDA TURMA, DJ 14/09/2006, p. 299; REsp 606.345/RS, SEGUNDA TURMA, DJ 08/06/2007, p. 240; MS 11.308/DF, Rel. Ministro LUIZ FUX,

contou com assessoramento jurídico técnico e especializado pela AGU. No aspecto objetivo da cláusula, não seria novidade que interesse público é diferente de interesse da administração e este último é disponível; conforme o Tribunal Arbitral entendeu, a arbitragem não versaria sobre votos da União acerca de direitos indisponíveis, mas sim sobre questões patrimoniais, de valor econômico, preenchendo os requisitos do art. 1º da Lei de Arbitragem.

Ela concluiu, assim, por inexistência de patologia na cláusula arbitral que permitisse intervenção do Judiciário naquele momento. Dessa forma, só poderia haver controle judicial e eventual reavaliação pelo Poder Judiciário de decisão do Tribunal Arbitral sobre a existência, validade e eficácia da cláusula compromissória em sede de ação anulatória da sentença arbitral, conforme Arts. 32, I, e 33 da Lei de Arbitragem.

De fato, é consolidada na jurisprudência a competência do STJ para julgar conflitos de competência entre as jurisdições arbitral e estatal, como é o caso do Conflito de Competência 151.130/SP[22], mas, mesmo nestas situações, o STJ tem entendido que "a competência é do árbitro em primeiro lugar (prioridade do árbitro e eventual controle judicial posterior), à luz dos arts. 8º e 20, da Lei nº 9.307/1996"[23], salvo quando existentes patologias ou nulidades evidentes na cláusula compromissória.

Dessa forma, considerando que o Tribunal Arbitral já havia se declarado competente para decidir a demanda e que a cláusula compromissória não contém nenhuma patologia ou nulidade evidente, houve grave violação ao princípio da competência-competência e do seu controle judicial posterior, conforme o próprio entendimento que vinha sendo sustentado pelo STJ desde 2012. Ainda que assim não fosse, a arbitrabilidade subjetiva e objetiva da Administração Pública em matérias societárias como a em tela são reconhecidas pela lei, jurisprudência e doutrina especializada. É o que se passa a analisar.

PRIMEIRA SEÇÃO, julgado em 09/04/2008, DJe 19/05/2008; AI. 52.191, Pleno, Rel. Min. Bilac Pinto. in RTJ 68/382 – de 1973 (caso Lage).

[22] LEVY, Daniel de Andrade, ALVES, Rafael F., ABBUD, André de A. C.. **Lei de arbitragem anotada:** a jurisprudência do STF e do STJ. São Paulo: Thomson Reuters Brasil – Revista dos Tribunais, 2019, p. 86-88.

[23] *Ibid.*, p. 90-91.

2. Do princípio da competência-competência

2.1 Análise histórica e importância do princípio da competência-competência

O princípio da competência-competência[24], ou seja, o reconhecimento de que o tribunal arbitral possui jurisdição para decidir sobre sua própria jurisdição (efeito positivo) e, ainda, que o juiz togado não tem competência para decidir sobre a jurisdição do tribunal arbitral (efeito negativo), é um dos mais importantes para a ancoragem e desenvolvimento da arbitragem em determinado Estado. Isso, porque é responsável por "prestigia[r] a autonomia da vontade das partes, evitando alegações infundadas de nulidade da convenção arbitral com manobras procrastinatórias e até mesmo inviabilizando a arbitragem."[25].

Antes da promulgação da Lei de Arbitragem, o princípio da competência-competência não era reconhecido no Brasil. Aliás, a própria jurisdição do tribunal para resolver disputas era pouco reconhecida. Com efeito, as cláusulas compromissórias não eram consideradas vinculativas e não afastavam a jurisdição estatal automaticamente (efeitos positivo e negativo da convenção arbitral, respectivamente). Para ser considerada válida e eficaz, a cláusula precisava ser ratificada por compromisso arbitral após o surgimento do litígio[26]. E mais: o Código de Processo Civil de 1973 previa que a sentença arbitral deveria ser ratificada pelo Poder Judiciário antes de ser executada[27], de modo que o árbitro sequer era considerado juiz de fato e de direito.

Diante desse cenário, a Lei de Arbitragem, com base na Lei Modelo da UNCITRAL sobre Arbitragem Comercial Internacional[28], teve como pre-

[24] Conhecido internacionalmente como Kompetenz-Kompetenz (em alemão) ou competence-competence (em francês).

[25] Coelho, Eleonora Coelho. **Os efeitos da Convenção de Arbitragem – Adoção do Princípio Kompetenz-Kompetenz no Brasil.** *In.* Lemes, Selma Ferreira, Carmona, Carlos Alberto, Martins, Pedro A. Batista. (Coord.) **Arbitragem**. São Paulo: Editora Atlas, 2007, p. 327.

[26] Levy, Daniel de Andrade, Alves, Rafael F., Abbud, André de A. C.. **Lei de arbitragem anotada:** a jurisprudência do STF e do STJ, p. 53.

[27] "Art. 1.097. O laudo arbitral, depois de homologado, produz entre as partes e seus sucessores os mesmos efeitos da sentença judiciária; contento condenação da parte, a homologação lhe confere eficácia de título executivo (artigo 584, número III)" (Revogado pela Lei nº 9.307, de 23.9.1996).

[28] Lei Modelo da UNCITRAL sobre Arbitragem Comercial Internacional. "Article 16. Competence of arbitral tribunal to rule on its jurisdiction (1) The arbitral tribunal may rule on its own jurisdiction, including any objections with respect to the existence or validity of the arbitration agreement. For that purpose, an arbitration clause which forms part of a contract shall be treated as an agreement independent of the other terms of the contract. A decision by the arbitral tribunal that the contract is null and void shall not entail ipso jure the invalidity of the arbitration clause."

missas retirar expressamente do juiz togado a sua competência para decidir a demanda[29] e conferir poder aos árbitros para julgar a própria jurisdição (efeito positivo do princípio da competência-competência). De tal sorte, com relação a este último, foi previsto no Art. 8º, parágrafo único, da Lei de Arbitragem, que "Caberá ao árbitro decidir de ofício, ou por provocação das partes, as questões acerca da existência, validade e eficácia da convenção de arbitragem e do contrato que contenha a cláusula compromissória.".

Tratou-se, portanto, de grande conquista para a arbitragem no Brasil e uma mudança brusca com relação à forma como a arbitragem era tratada no território nacional.

Ainda na esfera da Lei de Arbitragem e para que não houvesse espaço para tergiversações, o Art. 20º da Lei de Arbitragem previu que as questões relativas à nulidade, invalidade ou ineficácia da convenção arbitral deveriam ser manifestadas na primeira oportunidade "**após a instituição da arbitragem**", ou seja, após a aceitação da nomeação de todos os árbitros para exercer o encargo, reforçando a ideia de que o poder para decidir sobre as questões atinentes à convenção arbitral é do próprio tribunal arbitral.

Outrossim, a análise e o controle do Poder Judiciário acerca da decisão do tribunal arbitral sobre a sua própria jurisdição foi limitada a momento posterior ao proferimento de sentença arbitral (parcial ou final), em sede de anulação da sentença arbitral, nos termos dos Arts. 32, I, e 33 da Lei de Arbitragem[30].

Assim, de acordo com a legislação pátria, quando existente cláusula ou compromisso arbitral entre as partes de determinado contrato, caberá exclusivamente ao tribunal arbitral constituído decidir sobre a sua própria jurisdição (ou seja, sobre a existência, validade e eficácia da convenção de arbitragem). O controle sobre tal decisão somente será realizado pelo Poder Judiciário *a posteriori*, em sede de anulação de sentença arbitral parcial ou final. Essa é a exegese do princípio da competência-competência.

Contudo, para toda regra há uma exceção e cada jurisdição nacional estabelece limites próprios acerca do princípio da competência-competência.

[29] NEVES, Flávia Bittar. Entrevista com Carlos Alberto Carmona. *In*: NEVES, Flávia Bittar, NETO, Francisco Maias, MUNIZ, Joaquim de Paiva, RANZOLIN, Ricardo (Org.). **Memórias do desenvolvimento da arbitragem no Brasil**. Brasília: OAB, Conselho Federal, 2018. p. 31-32.

[30] "Art. 32. É nula a sentença arbitral se:

I – for nula a convenção de arbitragem;"

"Art. 33. A parte interessada poderá pleitear ao órgão do Poder Judiciário competente a declaração de nulidade da sentença arbitral, nos casos previstos nesta Lei."

2.2 Dos limites da aplicação do princípio da competência-competência

É cediço que os limites da aplicação do princípio da competência-competência são controvertidos no Mundo, em especial em países como o Brasil, cuja legislação nacional não possui norma expressa regulando o seu efeito negativo (*i.e.* não há uma regra expressa de que o juiz togado não tem competência para decidir sobre a jurisdição do tribunal arbitral)[31].

Nesse contexto, há três modelos majoritariamente adotados pelas jurisdições nacionais acerca do efeito negativo do princípio da competência-competência, quais sejam: **(i)** a competência concorrente de árbitros e juízes; **(ii)** a competência prioritária incondicionada dos árbitros; e **(iii)** a competência prioritária condicionada dos árbitros[32]. O primeiro permite que o Poder Judiciário decida sobre a jurisdição dos árbitros em qualquer momento; o segundo defende que cabe somente aos árbitros analisar a sua própria jurisdição, sendo permitido o controle pelo Estado exclusivamente após a prolação da sentença arbitral; e, o terceiro modelo e normalmente o mais encontrado no mundo, é um meio-termo, no qual se permite o controle judicial anterior à prolação da sentença, desde que a convenção possua algum vício.[33]

A maior parte dos doutrinadores brasileiros[34], defende a adoção do terceiro modelo de regulação do princípio, ou seja, que eventual análise da existência, validade e eficácia da cláusula compromissória pelo Poder Judiciário, antes da manifestação do tribunal arbitral acerca da sua própria jurisdição, deve se dar

[31] O legislador brasileiro optou por não adotar as regras expressas do artigo 8(1) da Lei Modelo UNCITRAL e II.3 da Convenção de Nova Iorque, as quais estabelecem que o juiz estatal deve remeter as partes à arbitragem quando elas tiverem acordado convenção arbitral, salvo se esta for nula, ineficaz, inoperante e inexequível.

[32] Alves, Rafael Francisco. A inadmissibilidade das medidas antiarbitragem no direito brasileiro. São Paulo: Atlas, 2009, p. 61.

[33] *Ibid.*, p. 62.

[34] Cahali, Francisco José. **Curso de Arbitragem: mediação, conciliação, tribunal multiportas**. 7. ed. ver., atual. e ampl. São Paulo: Thomson Reuters Brasil, 2018, pp. 152-153; Martins, Pedro A. Batista. Apontamentos sobre a Lei de arbitragem: comentários à lei 9.307/96. Rio de Janeiro: Forense, 2008, p. 140; Figueira Jr., Joel Dias. Arbitragem. 3. ed. ver., atual. e ampl. Rio de Janeiro: Forense, 2019, p. 256; Lamas, Natália Mizrahi. Introdução e Princípios aplicáveis à arbitragem. *In:* Levy, Daniel; Pereira, Guilherme Setoguti J. (Coords.). *Curso de Arbitragem*. São Paulo: Thomson Reuters Brasil, 2018, pp. 51-52; ALVES, Rafael Francisco. A inadmissibilidade das medidas antiarbitragem no direito brasileiro, p. 93-94. De forma diferente: Carmona, Carlos Alberto. **Arbitragem e processo:** um comentário à Lei nº 9.307/96. 3. ed. rev., atual. e ampl. São Paulo: Atlas, 2009, p. 177; Dinamarco, Cândido Rangel. **A Arbitragem na Teoria Geral do Processo**. São Paulo: Malheiros Editores, 2013, p. 93-97.

apenas diante de defeitos, patologias ou nulidades extremamente evidentes da convenção arbitral, identificadas em análise *prima facie*.

Isso, porque, por um lado, é necessário prestigiar a autonomia da vontade das partes e evitar medidas antiarbitragem (*anti-suit injunctions*). Por outro lado, como bem explicita Rafael Alves,

> o controle judicial sumário acaba por fortalecer o movimento de universalização da arbitragem. [...] O controle prima facie da regularidade da convenção de arbitragem permite a compatibilização com os padrões internacionais e favorece assim a autonomia da arbitragem em relação às peculiaridade das ordens jurídicas nacionais.[35]

Esta também é a teoria majoritária e atualmente aplicada pelo STJ no Brasil, ainda que tenha sido resultado de uma evolução observada ao longo dos anos.

Com efeito, de acordo com pesquisa empírico-jurisprudencial realizada pelo Comitê Brasileiro de Arbitragem ("CBAr") e a Escola de Direito da FGV entre 2007 e 2008, a qual mapeou e relatou decisões judiciais sobre arbitragem de 1996 a 2008, verificou-se que, nesta época, alguns tribunais brasileiros tendiam a desconsiderar o princípio da competência-competência, avocando para si a análise da existência, validade e eficácia da cláusula compromissória.[36] De todo modo, observou-se "com o passar do tempo, clara evolução na interpretação e aplicação da Lei de Arbitragem pelos Tribunais"[37] e destacou-se

> uma preponderância otimista, principalmente levando em consideração o posicionamento do STJ em relação à arbitragem, com a extinção do processo sem julgamento do mérito, afastando a análise do mérito da disputa do Poder Judiciário e reconhecendo a eficácia vinculante da convenção arbitral[38].

Todavia, até 2008, as discussões acerca da interpretação e aplicação do princípio da competência-competência pelo judiciário eram raras e o STJ ainda não havia se manifestado sobre ele expressamente[39].

[35] Alves, Rafael Francisco. *A inadmissibilidade das medidas antiarbitragem no direito brasileiro*, p. 94.

[36] Gabbay, Daniela Monteiro, Nanni, Giovanni Ettore (Coord.). **2ª Fase da Pesquisa "Arbitragem e Poder Judiciário"** – *Relatório do Tema: Existência, Validade e Eficácia da Convenção de Arbitragem*, p.34. Disponível em: http://cbar.org.br/site/pesquisa-cbar-fgv-2007/. Acesso em: 30 out. 2020.

[37] *Ibid.*, p. 45.

[38] *Ibid.*, p. 44.

[39] COELHO, Eleonora. **Os efeitos da Convenção de Arbitragem** – Adoção do Princípio Kompetenz-Kompetenz no Brasil, p. 328.

Quando retomada a pesquisa empírica-jurisprudencial, realizada em parceria entre o CBAr e a Associação Brasileira de Estudantes de Arbitragem ("ABEArb"), foram analisadas decisões proferidas entre 2008 e 2016 e concluiu-se que "[e]mbora possa ter havido divergências quanto à análise das questões pelos tribunais de segunda instância, observa-se uma tendência do STJ em reconhecer e garantir a possibilidade de os tribunais arbitrais julgarem sobre sua própria competência."[40].

A fim de marcar a defesa do princípio da competência-competência pelo STJ, o relatório da pesquisa descreveu trecho idêntico de acórdãos proferidos em 2012, no âmbito dos Recursos Especiais nº 1.288.251[41] e nº 1.302.900[42], o qual se transcreve pela sua importância:

> O STJ rechaça a 'judicialização prematura' das alegações de nulidade, pois poderiam 'vir a ser já de início acolhidas pelo árbitro, hipótese em que não se justificaria a ação judicial' não se justificando 'saltá-la', pois tal salto representaria nulificar a arbitragem como via oblíqua e abalar 'o próprio prestígio do instituto da Arbitragem, que se formaria verdadeiro expletivo no sistema processual que a quis forma judicial consensual de solução de controvérsias ao lado da jurisdição estatal'.[43]

A decisão acima, portanto, significa grande marco e conquista para a arbitragem no Brasil.

Além disso, também desde 2012[44], ficou assente na jurisprudência do STJ a adoção do modelo da competência prioritária condicionada dos árbitros, dispondo que o princípio da competência-competência pode ser relativizado somente nos casos de cláusulas patológicas ou nulidades observadas *prima facie*.

Ainda, ao menos desde 2017, o STJ teve a oportunidade de definir os limites da análise *prima facie* da convenção arbitral. Nesse sentido, destaca-se trecho do voto vencedor do Ministro Ricardo Villas Bôas Cueva, no Recurso Especial nº

[40] Tavela Luís, Daniel, Kulesza, Gustavo Santos, Pereira, Laura França (Coord.). *2ª Edição da Pesquisa "Arbitragem e Poder Judiciário" – 3 – Relatório Validade Cláusula – 03/08/2017*, p.35. Disponível em: http://cbar.org.br/site/pesquisa-cbar-abearb-2016/. Acesso em: 30 out. 2020.

[41] STJ, REsp nº 1.288.251, 3ª Turma, Min. Relator Sidnei Beneti, J. 10.09.2012.

[42] STJ, REsp nº 1.302.900, 3ª Turma, Min. Relator Sidnei Beneti, J. 10.09.2012.

[43] Tavela Luís, Daniel, Kulesza, Gustavo Santos, Pereira, Laura França (Coord.). **2ª Edição da Pesquisa "Arbitragem e Poder Judiciário" – 3 – Relatório Validade Cláusula – 03/08/2017**, p.32.

[44] Levy, Daniel de Andrade, Alves, Rafael F., Abbud, André de A. C.. **Lei de arbitragem anotada:** a jurisprudência do STF e do STJ, p. 79.

1.550.260[45], acerca da relativização do princípio da competência-competência, no qual se definiu que a análise de invalidade da convenção arbitral pelo juiz togado *se encerra quando há necessidade de maior exame ou dilação probatória*:

> Não se desconhece, por outro lado, a orientação doutrinária que *admite ao juiz togado declarar a invalidade da convenção arbitral quando o vício for flagrante, reconhecível prima facie, sem necessidade de maior exame ou dilação probatória.*
> No caso dos autos, contudo, por meio da ação declaratória de falsidade que deu origem ao presente recurso especial, a autora busca o reconhecimento da invalidade de contratos de garantia que se encontram revestidos de aparente validade. Assim, apenas por meio de exames periciais grafotécnicos mostra-se possível verificar a veracidade dos documentos e das assinaturas neles apostas.
> *Inescapável, dessa forma, diante da cláusula expressa de arbitragem, a submissão do tema ao juízo arbitral na exata dicção do artigo 8º, parágrafo único, da Lei nº 9.307/1996*

Em 2020, o STJ se posicionou exatamente dessa forma, confirmando o entendimento já exarado:

> Agravo interno nos embargos de declaração no agravo interno no **conflito de competência**. incidente manejado sob a égide do ncpc. juízo arbitral e juízo estatal. arbitragem. natureza jurisdicional. meios alternativos de solução de conflito. dever do estado. princípio da competência-competência. **precedência do juízo arbitral em relação à jurisdição estatal**. agravo interno não provido.
> 1. Segundo a regra da Kompetenz-Kompetenz, o próprio árbitro é quem decide, com prioridade ao juiz togado, a respeito de sua competência para avaliar a existência, validade ou eficácia do contrato que contém a cláusula compromissória, nos termos dos arts. 8º, parágrafo único, e 20 da Lei nº 9.307/1996.
> 2. O caráter jurisdicional da arbitragem, decorrente da regra Kompetenz-Kompetenz, prevista no artigo 8º da lei de regência, impede a busca da jurisdição estatal quando já iniciado o procedimento arbitral, operando-se o efeito negativo da arbitragem previsto no art. 485, VII, do NCPC.
> 3. **Na hipótese dos autos as informações prestadas pelo Juízo Arbitral dão conta de que, além de se pronunciar sobre a sua própria competência com a efetiva verificação da cláusula compromissória existente no contrato**

[45] STJ, 3ª Turma, REsp nº 1.550.260 – RS, Min. Relator Paulo de Tarso Sanseverino, Voto Vencedor do Min. Ricardo Villas Bôas Cueva, J. 12.12.2017.

celebrado entre as partes, foi comprovada a alteração de sua denominação social com a juntada do documento respectivo.
4. Agravo interno não provido.[46]

Diante disso, é assente – e acertada – a jurisprudência do STJ que privilegia o princípio da competência-competência, relativizando-o em casos excepcionais. Assim, quando a cláusula compromissória não possui qualquer patologia ou nulidade *prima facie*, ou seja, sem maiores exames e provas, cabe ao Tribunal Arbitral definir a sua competência. O controle sobre tal decisão deve se dar apenas posteriormente, no âmbito de ação anulatória da sentença arbitral (parcial ou final).

Dessa forma, é evidente que a decisão proferida no Conflito de Competência em debate foi contrária à Lei de Arbitragem e a entendimentos já consolidados no próprio STJ, prejudicando o desenvolvimento da arbitragem no Brasil. Isso, pois o STJ analisou a existência, validade e eficácia da cláusula compromissória em comento após decisão do Tribunal Arbitral a esse respeito e fora do âmbito de ação anulatória, desprestigiando o instituto.

De todo modo, a arbitrabilidade subjetiva e objetiva no caso em tela é, ao nosso ver, evidente. Portanto, ainda que se considerasse a possibilidade do STJ decidir sobre a existência, validade e eficácia da cláusula compromissória no Conflito de Competência, a decisão foi igualmente contrária a entendimentos anteriores da Corte sobre a arbitrabilidade subjetiva e objetiva de litígios envolvendo a Administração Pública.

3. Da possibilidade de a administração pública utilizar a arbitragem para resolver conflitos societários

Cabe esclarecer, de início, que o presente trabalho não pretende adentrar no mérito da disputa em pauta (se cabe ou não condenação a favor dos minoritários), mas apenas analisar as questões processuais pertinentes acerca da arbitrabilidade subjetiva e objetiva do litígio.

Nessa esteira, o voto vencedor do Conflito de Competência 151.130/SP causa estranheza, pois contrariou entendimentos consolidados do STJ acerca da arbitrabilidade subjetiva e objetiva de litígios envolvendo a Administração Pública.

Com relação à arbitrabilidade subjetiva, o voto vencedor alegou inexistir autorização estatutária ou legal para a União Federal participar da arbitragem.

[46] STJ, 2ª Seção, AgInt nos EDcl no AgInt no Conflito de Competência nº 170233 – SP, Relator Min. Moura Riberiro, v.u., J. 14 out. 2020.

Todavia, com a devida vênia, a conclusão de que a cláusula compromissória estatutária não autorizaria a União a participar da arbitragem em razão da inexistência expressa de que litígios entre "acionistas controladores e acionistas minoritários" seriam resolvidos por tal método, à guisa do art. 109, §3º, da Lei das S.A.[47], não aparenta condizer com a redação da cláusula. Isso, pois o art. 58 do Estatuto Social da Petrobras claramente abrange quaisquer disputas que envolvam os seus acionistas, sendo a União Federal acionista da companhia:

Estatuto Social da Petrobras[48]

> Art. 58. Deverão ser resolvidas por meio de arbitragem, obedecidas as regras previstas pela Câmara de Arbitragem do Mercado, *as disputas ou controvérsias que envolvam a Companhia, seus acionistas, os administradores e conselheiros fiscais, tendo por objeto a aplicação das disposições contidas na Lei n° 6.404, de 1976*, neste Estatuto Social, nas normas editadas pelo Conselho Monetário Nacional, pelo Banco Central do Brasil e pela Comissão de Valores Mobiliários, bem como as demais normas aplicáveis ao funcionamento do mercado de capitais em geral, além daquelas constantes dos contratos eventualmente celebrados pela Petrobras com bolsa de valores ou entidade mantenedora de mercado de balcão organizado, credenciada na Comissão de Valores Mobiliários, tendo por objetivo a adoção de padrões de governança societária fixados por estas entidades, e dos respectivos regulamentos de práticas diferenciadas de governança corporativa, se for o caso.
> Parágrafo único. As deliberações da União, através de voto em Assembleia Geral, que visem a orientações de seus negócios, nos termos do artigo 238 da Lei nº 6.404, de 1976, são considerados formas de exercício de direitos indisponíveis e não estarão sujeitas ao procedimento arbitral previsto no caput deste artigo. (grifo nosso)

Com efeito, a referida disposição estatutária não faz qualquer distinção dos acionistas entre controladores e minoritários e contém redação bastante ampla, abordando qualquer disputa que envolva **"a Companhia, seus acionistas, os administradores e conselheiros fiscais"**, de modo que **(i)** não há que se falar

[47] Lei das S.A.: "Art. 109. Nem o estatuto social nem a assembléia-geral poderão privar o acionista dos direitos de: [...] § 3º O estatuto da sociedade pode estabelecer que as divergências entre os acionistas e a companhia, ou entre os acionistas controladores e os acionistas minoritários, poderão ser solucionadas mediante arbitragem, nos termos em que especificar."

[48] Estatuto Social da Petrobras. Disponível em: https://transparencia.petrobras.com.br/sites/default/files/Estatuto-Social-AGOE-27-Abril-2017-Portugues.pdf. Acesso em: 23.12.2021.

que o Art. 58 do Estatuto Social da Petrobras deveria ter sido explícito quanto à abrangência de disputas entre acionistas controladores e minoritários, inclusive porque o art. 109, §3º, da Lei das S.A.[49] menciona que os conflitos poderão ser submetidos à arbitragem *nos termos em que especificar* e a cláusula compromissória no caso é bastante abrangente; e **(ii)** a interpretação dada pelo acórdão é deveras restritiva e contraria inclusive o art. 1º da Lei das S.A.[50], da qual se reconhece que o acionista é aquele que possui ações na companhia – incluindo, portanto, o acionista controlador e os minoritários –, como é o caso da União Federal na Petrobras.

Ademais, é de longo tempo o consenso do STJ acerca da possibilidade de a Administração Pública contratar arbitragem sem necessidade de autorização legal específica para tanto. É o que se observa nos acórdãos proferidos nos seguintes casos: STJ, 2ª T., REsp nº 612.439, Rel. Min. João Otávio de Noronha, DJ 14.09.2006, v.u., STJ, 2ª T., REsp nº 606.345, Rel. Min. João Otávio de Noronha, DJ 08.06.2007, v.u.;,STJ, 1ª T., MS nº 11.308, Rel. Min. Luiz Fux, DJ 19.05.2008, v.u.., e STJ, 3ª T., REsp nº 904.813, Rel. Min. Nancy Andrighi, DJ 28.02.2010, v.u..[51]. Em verdade, o entendimento do Superior Tribunal de Justiça frequentemente é no sentido de que "*não existe óbice legal na estipulação da arbitragem pelo poder público*"[52], seja por meio de cláusula compromissória ou compromisso arbitral.

Como se vê, os acórdãos mencionados acima são todos anteriores à alteração da Lei de Arbitragem em 2015, que tornou expressa a autorização para o poder público contratar a arbitragem, conforme §§1º e 2º do Art. 1º da Lei 13.129/2015:

> Art. 1º As pessoas capazes de contratar poderão valer-se da arbitragem para dirimir litígios relativos a direitos patrimoniais disponíveis.

[49] Lei das S.A.: "Art. 109. Nem o estatuto social nem a assembléia-geral poderão privar o acionista dos direitos de: [...] § 3º O estatuto da sociedade pode estabelecer que as divergências entre os acionistas e a companhia, ou entre os acionistas controladores e os acionistas minoritários, poderão ser solucionadas mediante arbitragem, nos termos em que especificar."

[50] Lei das S.A.: "Art. 1º A companhia ou sociedade anônima terá o capital dividido em ações, e a responsabilidade dos sócios ou acionistas será limitada ao preço de emissão das ações subscritas ou adquiridas."

[51] Alves, Rafael Francisco. A inadmissibilidade das medidas antiarbitragem no direito brasileiro, pp. 30-31.

[52] STJ, 3ªT., REsp nº 904.813, Rel. Min. Nancy Andrighi, DJ 28.2.20212, v.u.. O referido acórdão é destaque em LEVY, Daniel de Andrade, ALVES, Rafael F., Abbud, André de A. C. *Lei de arbitragem anotada: a jurisprudência do STF e do STJ.*, p. 30.

> § 1º A administração pública direta e indireta poderá utilizar-se da arbitragem para dirimir conflitos relativos a direitos patrimoniais disponíveis.
> § 2º A autoridade ou o órgão competente da administração pública direta para a celebração de convenção de arbitragem é a mesma para a realização de acordos ou transações.

Com efeito, o uso da arbitragem pela Administração Pública já era reconhecido anteriormente à reforma da Lei de Arbitragem. A autorização expressa teve como intuito apenas a proteção e o incentivo de tal uso pelos entes e órgãos públicos[53].

Se não bastasse, destaca-se ementa de acórdão proferido em 2017 em conflito de competência que envolvia a própria Petrobras, no qual o STJ reconheceu a arbitrabilidade subjetiva da Administração Pública:

> Conflito positivo de competência. juízo arbitral e órgão jurisdicional estatal. conhecimento. arbitragem. natureza jurisdicional. meios alternativos de solução de conflito. dever do estado. princípio da competência-competência. precedência do juízo arbitral em relação à jurisdição estatal. controle judicial a posteriori. convivência harmônica entre o direito patrimonial disponível da administração pública e o interesse público. conflito de competência julgado procedente.
> I – Conflito de competência entre o Tribunal Arbitral da Corte Internacional de Arbitragem da Câmara de Comércio Internacional e o Tribunal Regional Federal da 2ª Região, suscitado pela Petróleo Brasileiro S/A – PETROBRAS. Reconhecida a natureza jurisdicional da arbitragem, compete a esta Corte Superior dirimir o conflito.
> II – Definição da competência para decidir acerca da existência, validade e eficácia da Cláusula Compromissória de Contrato de Concessão firmado para exploração, desenvolvimento e produção de petróleo e gás natural, cujas condições para execução foram alteradas unilateralmente pela agência reguladora por meio da Resolução da Diretoria (RD) n. 69/2014.
> III – O conflito de competência não se confunde com os pedidos e causa de pedir da ação originária, na qual se objetiva a declaração de indisponibilidade do

[53] "Para obstaculizar interpretações restritivas houve a autorização explícita da arbitragem nos contratos com a AP [*leia-se*: Administração Pública] no art. 1º da Lei de Arbitragem, Lei nº 9.307/96 (modificada pela Lei nº 13.129/2015)." (Lemes, Selma. *Incentivos à arbitragem na administração pública*. Valor Econômico, 05.09.2016. Disponível em: https://valor.globo.com/noticia/2016/09/05/incentivos-a-arbitragem-na-administracao-publica.ghtml. Acesso em: 14 jul. 2021).

direito objeto da arbitragem e consequente inaplicabilidade da cláusula arbitral e a declaração de nulidade do procedimento arbitral em decorrência da Resolução da Diretoria n. 69/14, alterando a área de concessão controvertida, cumulado com pedido de anulação do processo arbitral, qual seja, de anti-suit injuction, destinada a evitar seu processamento junto ao Juízo Arbitral.

V – *O CPC/2015 trouxe nova disciplina para o processo judicial, exortando a utilização dos meios alternativos de solução de controvérsia, razão pela qual a solução consensual configura dever do Estado, que deverá promovê-la e incentivá-la (art. 3º, §§ 1º e 2º). A parte tem direito de optar pela arbitragem, na forma da lei (art. 42).*

VI – A Lei n. 13.129/15 introduziu no regime jurídico da arbitragem importantes inovações, com destaque para os princípios da competência-competência, da autonomia da vontade e da cláusula compromissória (arts. 1º, 3º e 8º, parágrafo único).

VII – No âmbito da Administração Pública, desde a Lei n. 8.987/95, denominada Lei Geral das Concessões e Permissões de Serviços Públicos, com a redação dada pela Lei n. 11.196/05, há previsão expressa de que o contrato poderá dispor sobre o emprego de mecanismos privados para resolução de conflitos, inclusive a arbitragem. No mesmo sentido a Lei n. 9.478/97, que regula a política energética nacional, as atividades relativas à extração de petróleo e a instituição da ANP (art. 43, X) e a Lei n. 13.129/15, que acresceu os §§ 1º e 2º, ao art. 1º da Lei n. 9.307/96, quanto à utilização da arbitragem pela Administração Pública.

VIII – A jurisdição estatal decorre do monopólio do Estado de impor regras aos particulares, por meio de sua autoridade, consoante princípio da inafastabilidade do controle judicial (art. 5º, XXXV, da Constituição da República), enquanto a jurisdição arbitral emana da vontade dos contratantes.

IX – A jurisdição arbitral precede a jurisdição estatal, incumbindo àquela deliberar sobre os limites de suas atribuições, previamente a qualquer outro órgão julgador (princípio da competência-competência), bem como sobre as questões relativas à existência, à validade e à eficácia da convenção de arbitragem e do contrato que contenha a cláusula compromissória (arts. 8º e 20, da Lei n. 9.307/96, com a redação dada pela Lei n. 13.129/15).

X – Convivência harmônica do direito patrimonial disponível da Administração Pública com o princípio da indisponibilidade do interesse público. A Administração Pública, ao recorrer à arbitragem para solucionar litígios que tenham por objeto direitos patrimoniais disponíveis, atende ao interesse público, preservando a boa-fé dos atos praticados pela Administração Pública, em homenagem ao princípio da segurança jurídica.

XI – A arbitragem não impossibilita o acesso à jurisdição arbitral por Estado-Membro, possibilitando sua intervenção como terceiro interessado. Previsões legal e contratual.

> XIII – Prematura abertura da instância judicial em descompasso com o disposto no art. 3º, § 2º, do CPC/2015 e os termos da Convenção Arbitral.
> XIV – Conflito de competência conhecido e julgado procedente, para declarar competente o Tribunal Arbitral da Corte Internacional de Arbitragem da Câmara de Comércio Internacional. Agravos regimentais da Agência Nacional do Petróleo, Gás Natural e Biocombustíveis e do Estado do Espirito Santo prejudicados.[54] (grifo nosso)

Dessa forma, a decisão do Conflito de Competência nº 151.130/SP com relação à suposta ausência de autorização estatutária ou legal para a participação da União na arbitragem é incoerente com decisões similares anteriores.

O elemento que, *a priori*, diferencia o acórdão supramencionado daquele proferido no Conflito de Competência em debate seria a matéria da demanda: enquanto aquele versa sobre responsabilidades de atos que refletem em contrato de concessão, esta trata de responsabilidades de atos da acionista controladora no valor das ações de acionistas minoritários. Contudo, não haveria que se falar em inarbitrabilidade objetiva da demanda societária.

Nesse sentido, o acórdão enquadrou as questões debatidas como pleito de responsabilidade civil extracontratual, de modo que extrapolariam a convenção arbitral, pelo simples fato de que "as suscitantes pretendem a responsabilização solidária da União em virtude da escolha equivocada dos dirigentes da Petrobras e da ausência de fiscalização da atuação de tais agentes"[55]. Contudo, o acórdão deixou de analisar que, em verdade, a disputa versa sobre as hipóteses de responsabilidade do acionista controlador previstas no art. 117 da Lei das S.A., correspondentes, portanto, às responsabilidades oriundas das relações sociais contratuais entre às partes, cujas disputas estão expressamente previstas no objeto da cláusula compromissória estatutária.

Nesse sentido, como muito bem apontado em artigo de Isabel Cantidiano e Henrique Barbosa[56], o voto vencedor **(i)** ignorou o regime societário expressamente aplicado à Petrobras e à União na posição de acionista controladora, não apenas prevista no Estatuto Social mas também no art. 173 da Constituição

[54] STJ, 1ª Seção, CC nº 139.519/RJ, Rel. Min. Napoleão Nunes Maia Filho, Rel. p/ Acórdão Min. Regina Helena Costa, J. 11/10/2017.

[55] STJ, 2ª T., CC nº 151.130/SP, Rel. Min. Luis Felipe Salomão, DJ 27.11.2019, p. 58.

[56] Barbosa, Henrique, Cantidiano, Isabel. Note: Federal Governement v. Brazilian Petroleum S/A (Petrobras), Court of Justice of the State of São Paulo, Case Np. 151.130, 27 November 2019. In. LEE, João Bosco, Mange, Flavia (eds.). **Revista Brasileira de Arbitragem** (Comitê Brasileiro de Arbitragem CBAr & IOB), Kluwer Law International, 2020, Volume XVII, Issue 66, p. 133-147.

Federal, e do art. 235 da Lei das S.A.; **(ii)** desconsiderou as hipóteses de responsabilização do acionista controlador, estabelecidas no art. 117 da Lei das S.A. e no art. 4º, §1º, da Lei 13.303/2016 (Lei das Estatais); e **(iii)** não enfrentou entendimentos especializados, como por exemplo da CVM (PAS/CVM 2013/6635 e PAS/CVM 2012/1131), de que

> decisões que tenham por conteúdo eleição ou destituição de administradores, aprovação de suas contas e propositura de ações de responsabilidade em face destes, bem como de informações ao mercado, tratam-se claramente de matérias de conteúdo operacional-empresarial genéricos, de todo divorciadas da regra do art. 238 e, daí, plenamente arbitráveis, nos termos do caput do art. 58 do Estatuto da Petrobras.[57]

Outrossim, existem precedentes no STJ a favor da arbitrabilidade objetiva em contratos com a Administração Pública, em especial considerando a disponibilidade do interesse público secundário no âmbito de atividade econômica no sentido estrito[58].

Desse modo, à luz das disposições legais e entendimentos mencionados, não é possível sustentar, sob hipótese alguma, a inarbitrabilidade objetiva da disputa.

Conclusões

A arbitragem é um meio de solução de conflitos que promove pacificação social e, no âmbito dos negócios com a Administração Pública, visa conferir segurança jurídica aos participantes e incentivar investimentos e desenvolvimento econômico e social.

Todavia, para que a arbitragem se consolide e se desenvolva, é necessário o respeito a determinados princípios, em especial ao da competência-competência.

Nesse cenário, o STJ, ao reconhecer as vantagens da arbitragem, tem preponderantemente **(i)** conferido aos árbitros e árbitras a análise precedente da convenção arbitral, aplicando com maestria o princípio competência-competência e limitando-o apenas a casos de patologia ou nulidade evidente da convenção arbitral, e **(ii)** confirmado que o controle judicial sobre as decisões dos tribunais arbitrais acerca da sua própria jurisdição se dá *a posteriori*, no âmbito de ações

[57] *Ibid.*

[58] Nesse sentido: STJ, 2ª T., REsp nº 612.439, Rel. Min. João Otávio de Noronha, J. 14.09.2006, v.u.; STJ, 2ª T., REsp nº 606.345, Rel. Min. João Otávio de Noronha, J. 08.06.2007, v.u.; STJ, 1ª T., MS nº 11.308, Rel. Min. Luiz Fux, J. 19.05.2008, v.u.. Cf. ALVES, Rafael Francisco. A inadmissibilidade das medidas antiarbitragem no direito brasileiro, p. 26-27.

anulatórias, nos termos dos arts. 32, I, e 33 da Lei de Arbitragem. Desse modo, a jurisprudência do STJ tem contribuído de forma essencial ao desenvolvimento da arbitragem no Brasil.

Não obstante, no caso do Conflito de Competência 151.130/SP ora debatido, o voto vencedor proferido pelo STJ decidiu pela competência do juízo estatal para o processamento e o julgamento de ações indenizatórias movidas por investidores acionistas da Petrobras em face de sua acionista controladora, a União Federal, e da Companhia, mesmo diante de cláusula compromissória estatutária sem nenhuma patologia ou nulidade aparente e também de decisão existente do tribunal arbitral sobre a sua própria jurisdição, em violação ao princípio da competência-competência.

Ainda, a decisão contrariou entendimentos da própria Corte quanto à arbitrabilidade subjetiva e objetiva de litígios envolvendo a Administração Pública.

Diante disso, no nosso entendimento, as incoerências entre julgados anteriores do STJ e a decisão do Conflito de Competência nº 151.130/SP podem gerar insegurança jurídica e desincentivar as relações de direito disponível entre particulares e a Administração Pública.

Defende-se, portanto, que o acórdão em debate seja analisado isoladamente, e não seja utilizado como precedente a outros casos, a fim de se preservar o desenvolvimento da arbitragem, prestigiar e consolidar a segurança jurídica e a pacificação social que ela promove, e manter o incentivo a investimentos e desenvolvimento social e econômico que a arbitragem tanto busca e tem como missão.

Referências

ALVES, Rafael Francisco. **A inadmissibilidade das medidas antiarbitragem no direito brasileiro**. São Paulo: Atlas, 2009.

CAHALI, Francisco José. **Curso de Arbitragem:** mediação, conciliação, tribunal Multiportas. 7. ed. ver., atual. e ampl. São Paulo: Thomson Reuters Brasil, 2018.

CARMONA, Carlos Alberto. **Arbitragem e processo:** um comentário à Lei nº 9.307/96. 3. ed. rev., atual. e ampl. São Paulo: Atlas, 2009.

COELHO, Eleonora. **Os efeitos da Convenção de Arbitragem** – Adoção do Princípio Kompetenz-Kompetenz no Brasil. *In:* LEMES, Selma Ferreira, CARMONA, Carlos Alberto, MARTINS, Pedro A. Batista. **Arbitragem**. São Paulo: Editora Atlas, 2007.

—. **Desenvolvimento da cultura dos métodos adequados de solução de conflitos:** uma urgência para o Brasil. *In:* ROCHA, Caio Cesar Vieira e SALOMÃO, Luís Felipe (Coord.). **Arbitragem e Mediação:** A Reforma da Lei Brasileira. São Paulo: Ed. Atlas, 2015.

—. **A necessidade de criação de regulamentos adaptados para arbitragens coletivas no mercado de capitais.** *In*: YARSHELL, Flávio Luiz, PEREIRA, Guilherme Setogutti J. (Eds). **Processo Societário – vol. III**. São Paulo: Quartier Latin, 2018.

DINAMARCO, Cândido Rangel. **A Arbitragem na Teoria Geral do Processo**. São Paulo: Malheiros Editores, 2013.

FIGUEIRA JR., Joel Dias. **Arbitragem**. 3. ed. ver., atual. e ampl. Rio de Janeiro: Forense, 2019.

Fundação dos Economiários Federais. **Quem somos**. Disponível em: https://www.funcef.com.br/sobre-a-funcef/quem-somos/. Acesso em: 27 abr. 2018).

GABBAY, Daniela Monteiro, NANNI, Giovanni Ettore (Coord.). **2ª Fase da Pesquisa 'Arbitragem e Poder Judiciário**. Disponível em: http://cbar.org.br/site/pesquisa-cbar-fgv-2007/. Acesso em: 30 out. 2020.

KAUFMANN-KOHLER, Gabrielle. **When Arbitrators Facilitate Settlement:** Towards a Transnational Standard: Clayton Utz/University of Sydney International Arbitration Lecture. Arbitration International, LCIA, V. 25, No. 2, pp. 187-205, 2009.

LAMAS, Natália Mizrahi. **Introdução e Princípios aplicáveis à arbitragem**. *In*: LEVY, Daniel; PEREIRA, Guilherme Setoguti J. (Coords.). **Curso de Arbitragem**. São Paulo: Thomson Reuters Brasil, 2018.

LEMES, Selma F. **Incentivos à arbitragem na administração pública**. Valor Econômico, 05.09.2016. Disponível em: https://valor.globo.com/noticia/2016/09/05/incentivos-a-arbitragem-na-administracao-publica.ghtml. Acesso em: 14 jul. 2021.

—. **Pesquisa de Arbitragem em Número e Valores** – 2018-2019. Disponível em: http://www.selmalemes.adv.br/artigos/Analise-Pesquisa-ArbitragensNseValores-2020.pdf. Acesso em: 04 nov. 2020.

—. **Pesquisa de Arbitragem em Números e Valores** – 2017-2018. Disponível em: http://www.selmalemes.adv.br/artigos/PesquisaArbitragens2019.pdf. Acesso em: 04 nov. 2020.

—. **Pesquisa de Arbitragem em Números e Valores** – 2010-2017. Disponível em: http://selmalemes.adv.br/artigos/An%C3%A1lise-%20Pesquisa-%20Arbitragens%20Ns.%20e%20Valores-%202010%20a%202017%20-final.pdf. Acesso em: 04 nov. 2020.

—. **Cláusulas Arbitrais Ambíguas ou Contraditórias e a Interpretação da Vontade das Partes**. *In*: MARTINS, Pedro Batista Martins, GARCEZ, José M. Rossani (Orgs.). **Reflexões sobre Arbitragem**, In Memoriam do Desembargador Cláudio Vianna de Lima. São Paulo: LTr, 2002.

LEVY, Daniel de Andrade, ALVES, Rafael F., ABBUD, André de A. C.. **Lei de arbitragem anotada:** a jurisprudência do STF e do STJ. São Paulo: Thomson Reuters Brasil – Revista dos Tribunais, 2019.

TAVELA LUÍS, Daniel, KULESZA, Gustavo Santos, PEREIRA, Laura França (Coord.). **2ª Edição da Pesquisa 'Arbitragem e Poder Judiciário**. Disponível em: http://cbar.org.br/site/pesquisa-cbar-abearb-2016/. Acesso em: 30 out. 2020.

MAIA, Camila. Petros, **Funcef e Previ aderem à arbitragem contra Petrobras**. Valor Econômico, 14 Nov 2017, 05h00. Disponível em http://www.valor.com.br/empresas/5192893/petros-funcef-e-previ-aderem-arbitragem-contra-petrobras. Acesso em: 27 abr. 2018.

MARTINS, Pedro A. Batista. **Apontamentos sobre a Lei de arbitragem:** comentários à lei 9.307/96. Rio de Janeiro: Forense, 2008.

NEVES, Flávia Bittar. **Entrevista com Carlos Alberto Carmona**. *In:* NEVES, Flávia Bittar, NETO, Francisco Maias, MUNIZ, Joaquim de Paiva, RANZOLIN, Ricardo (Org.). **Memórias do desenvolvimento da arbitragem no Brasil**. Brasília: OAB, Conselho Federal, 2018.

relacionamento com investidores. Esclarecimentos sobre arbitragem instaurada por acionistas minoritários. Comunicado publicado em 04 Out 2017 no site institucional da Petrobras. Disponível em: http://www.investidorpetrobras.com.br/pt/comunicados-e-fatos-relevantes/esclarecimento-sobre-arbitragem-instaurada-por-acionistas-minoritarios. Acesso em: 27 abr. 2018.

relacionamento com investidores. **Arbitragens instauradas por fundos de pensão**. Comunicado publicado em 14 Nov 2017 no site institucional da Petrobras. Disponível em: http://www.investidorpetrobras.com.br/pt/comunicados-e-fatos-relevantes/arbitragens-instauradas-por-fundos-de-pensao. Acesso em: 27 abr. 2018.

SALOMÃO FILHO, Calixto. **O novo direito societário**. 4 ed, rev. e ampl. São Paulo: Malheiros Editores, 2011.

SAMPAIO, Lia Regina Castaldi, BRAGA NETO, Adolfo. **O que é mediação de conflitos**. São Paulo: Brasiliense, 2007.

33.
ARBITRAGEM COM A ADMINISTRAÇÃO PÚBLICA EM MATÉRIA TRIBUTÁRIA NO BRASIL – PROJETOS DE LEI EM ANDAMENTO – PRINCIPAIS CARACTERÍSTICAS, SEMELHANÇAS E DIFERENÇAS

ROBERTO PASQUALIN
JULIA DE MENEZES NOGUEIRA

Introdução

Em comemoração aos 20 anos de fundação do CBAr – Comitê Brasileiro de Arbitragem, tivemos a honra e a satisfação de escrever este artigo a convite do atual presidente da entidade, Giovanni Ettore Nanni, em nome de quem saudamos todos os dirigentes e associados do CBAr. Pelo trabalho incansável, sério e permanente de todos, o CBAr se tornou a entidade maior do estudo científico e da boa prática da arbitragem no Brasil. O desenvolvimento da arbitragem, ao longo destes 20 anos, em grande parte se deve ao esforço e ao cuidado que os integrantes do CBAr sempre tiveram com a qualidade técnica e com as boas práticas do instituto. Pelo tema do artigo, indicado mais adiante, ele está sendo elaborado em coautoria por quem atua em arbitragem e atua em tributário. Esperamos que nossa experiência nas duas áreas do Direito possa produzir conhecimento útil a quem nos ler neste livro dos 20 anos do CBAr.

Nestas duas décadas, a prática da arbitragem clássica se estendeu para além da discussão e do julgamento de controvérsias sobre negócios entre partes privadas e passou a ser praticada também, e cada vez mais extensamente, para a solução extrajudicial de conflitos entre partes privadas e a administração pública brasileira, direta e indireta. Solução feita com toda a segurança jurídica e imparcialidade por árbitros privados, em câmaras e centros de arbitragem privados.

A arbitragem privada em controvérsias envolvendo a administração pública começou sendo praticada mais efetivamente com base na Lei nº 9.307, de 1996 (a Lei Brasileira de Arbitragem), como editada originalmente, após sua constitucionalidade ser reconhecida em 2001 pelo Supremo Tribunal Federal. Sua prática pela administração pública foi promovida e incluída inicialmente em contratos internacionais por exigência das instituições financiadoras de obras e negócios com os governos e suas estatais. Passou a ser consistentemente admitida pela jurisprudência de nossos tribunais, em especial pelo Superior Tribunal de Justiça, apesar da contrariedade de alguns. Para afastar de vez eventual essa resistência, na modernização da Lei Brasileira de Arbitragem, a Lei nº 13.129, de 2015, foi incluído o parágrafo 1º ao artigo 1º da Lei nº 9.307 em que se deixou expresso o que a prática e a jurisprudência já haviam consagrado, ao dispor: "Art. 1º [...] §1º – A administração pública direta e indireta poderá utilizar-se da arbitragem para dirimir conflitos relativos a direitos patrimoniais disponíveis."[1].

Após a edição da Lei nº 13.129, não há mais discussão de que a arbitragem clássica pode, sim, ser adotada em controvérsias envolvendo a administração pública quando relativas a direitos patrimoniais disponíveis das partes -- a parte pública e a parte privada. Contratos de fornecimento de produtos e serviços utilizados pelos órgãos da administração direta e indireta, contratos de obras de infraestrutura, contratos de concessão de serviços públicos, entre outros, passaram a ter na arbitragem o foro adequado para a solução de controvérsias que pudessem surgir em sua execução. Havendo cláusula compromissória de arbitragem ou celebrando-se compromisso arbitral, as controvérsias deixaram de ser levadas ao judiciário estatal e passaram a ser discutidas e julgadas por arbitragem privada, em instituições arbitrais privadas e por árbitros privados escolhidos pelas partes.

Ocorre que nem todas as relações jurídicas entre a administração pública e partes privadas, quando resultam em litígio, têm sido encaminhadas à solução por arbitragem. Entre estas, estão excluídas da arbitragem as matérias tributárias envolvendo litígios entre fiscos e contribuintes.

Para estas, quando surge controvérsia, as duas únicas vias de discussão e julgamento no sistema jurídico processual atual são a do contencioso administrativo tributário e/ou a do contencioso judicial tributário. Em todo o desenvolvimento da arbitragem com a administração pública no Brasil, desde a edição da Lei 9.307 e de sua modernização pela Lei nº 13.129, as relações jurídicas entre

[1] BRASIL. Lei nº 9.307, de 23 de setembro de 1996. Dispõe sobre a arbitragem. Disponível em: http://www.planalto.gov.br/ccivil_03/leis/l9307.htm. Acesso em: 23 jul. 2021.

a administração pública tributária e os contribuintes são resolvidas exclusivamente pela jurisdição estatal, administrativa ou judicial, e não por arbitragem privada, apesar de expressamente autorizada por lei.

1. A implantação da arbitragem privada com a administração pública tributária

Ante a exclusividade do juízo estatal, escolhemos para este artigo o tema da arbitragem em matéria tributária como parte do desenvolvimento da arbitragem com a administração pública em nosso País.

Há um bom tempo, já, se discute a possibilidade de implantação da arbitragem tributária como subespécie do gênero mais amplo da arbitragem com a administração pública.

O tema passou a receber maior atenção aqui no Brasil desde sua autorização por via legislativa em Portugal, em 2010, e de sua regulamentação naquele país por legislação especial, em 2011. Sua prática tem aumentado desde então e a arbitragem tributária tem sido bem-sucedida naquele país e está sendo replicada em outros países lusófonos.[2]

2. A relação jurídica que resulta da imposição de tributo pelo Estado e de sua cobrança pelos agentes da administração pública tributária; o dever jurídico e cívico de pagamento obrigatório dos tributos pelos contribuintes; e o direito à discussão de sua adequação em contencioso administrativo ou judicial, esses são conceitos universais do Direito Tributário Material e do Direito Tributário Processual, adotados em países em que impera o Estado Democrático de Direito, ainda que com sistemas jurídicos e estruturas de cobrança administrativa e judicial diferentes, como é o caso do Brasil e de Portugal.

Apesar de serem diferentes os tamanhos dos seus territórios, de sua divisão política interna e de suas populações; distintos o desenvolvimento das suas economias e da estrutura e organização da administração pública lá e cá; diversos os sistemas tributários e o volume do respectivo contencioso tributário; apesar disso tudo, não são diferentes os conceitos jurídicos gerais consagrados pelo Direito Tributário Material e pelo Direito Tributário Processual adotados na regulamentação legal e administrativa da arbitragem tributária portuguesa.

3. Os conceitos jurídicos aplicados na implantação e na prática da arbitragem tributária em Portugal podem, assim, muito bem ser aplicáveis aqui no Brasil, climatizados obviamente para se ajustar às diferentes especificidades de cada país. Fato é que cada vez mais a implantação da arbitragem tributária no Brasil

[2] Cabo Verde e Angola já editaram legislação semelhante.

vem sendo discutida na academia, em entidades dedicadas ao tema, na doutrina e em eventos científicos no País, inclusive com a desejável e indispensável participação e a adesão de integrantes da administração pública tributária dos diferentes entes federativos.

Há, no entanto, resistências várias para a adoção da arbitragem privada para processar o julgamento de litígios envolvendo a cobrança de tributos pela administração pública em nosso País.

A resistência existe em relação à privatização da justiça arbitral tributária, porque concorrente com a exclusividade do contencioso tributário administrativo e judicial; existe quanto ao conceito de indisponibilidade do tributo, já que a Lei Brasileira de Arbitragem só se aplica a direitos patrimoniais disponíveis; existe quanto às limitações constitucionais em matéria tributária, a impor regras rígidas para o exercício pelo Estado do poder tributante e para o exercício pelo contribuinte do direito ao regime legal de tributação, o que dificulta inovações na matéria; e existe, principalmente, pode-se dizer com segurança, quanto à complexidade da legislação infraconstitucional, complementar, ordinária e infralegal a regular a imposição e a cobrança dos tributos em todo o País.

Existe também resistência, é necessário registrar, em uma parte dos órgãos da administração pública tributária; em uma parte dos procuradores públicos e dos advogados privados, tributaristas e arbitralistas; e em grande parte, ainda, da sociedade brasileira, que desconhece a utilidade da arbitragem tributária para resolver com celeridade, imparcialidade e técnica jurídica as discussões sobre o pagamento da variedade de impostos, taxas, contribuições e outras exações fiscais que lhe é imposta.

4. Uma das resistências quanto à opção pela arbitragem para solucionar controvérsias em relações jurídicas privadas tem como pressuposto a ausência de manifestação de vontade das partes que a contratam para solução de litígios que podem surgir nessas relações. A livre manifestação da vontade das partes é um dos principais pilares da prática da arbitragem nos sistemas jurídicos que a admitem, internacionalmente e também no Brasil[3].

Na relação jurídica entre Estado e contribuinte, o que se alega em oposição à implantação da arbitragem tributária, é que a vontade das partes não compõe a natureza especial da obrigação tributária, desde sua imposição pelo Estado até

[3] Lei Brasileira de Arbitragem, artigo 1º – "As pessoas capazes de contratar **poderão** valer-se da arbitragem para dirimir litígios relativos a direitos patrimoniais disponíveis.". (BRASIL. Lei nº 9.307, de 23 de setembro de 1996. Dispõe sobre a arbitragem. Disponível em: http://www.planalto.gov.br/ccivil_03/leis/l9307.htm. Acesso em: 23 jul. 2021.)

seu cumprimento pela sociedade. A interpretação – equivocada, a nosso ver – é de que o tributo seria excluído da jurisdição arbitral pela alegada ausência do elemento vontade das partes nessa relação.

A ausência de vontade estaria justificada pela exigência de que impor tributo só se faz por força de lei, é imposição *ex lege* e só por lei pode ser exercida, independentemente da vontade da administração tributária. A obrigação do contribuinte de pagar o tributo também é *ex lege* e também independe de sua vontade individual de fazê-lo. A obrigação de arrecadar o tributo é *ex lege* e imposta à administração tributária – e também independe de sua vontade exercê-la.

A especificidade de a relação jurídica tributária independer da vontade do contribuinte de pagar o que lhe é imposto, e da vontade da administração pública de arrecadar o que lhe é devido, resultou em uma interpretação equivocada, a nosso ver e ao ver da boa doutrina, quanto a não haver manifestação de vontade das partes para adotarem a arbitragem para solucionar litígios em matéria tributária. Autorizada embora a arbitragem privada para utilização pela administração pública na modernização da Lei Brasileira de Arbitragem, ela não se aplicaria a controvérsias ente fiscos e contribuintes pela ausência do elemento vontade na relação jurídico-tributária.

A possibilidade da implantação da arbitragem em matéria tributária no Brasil não é afastada pelo equivocado argumento da ausência da manifestação da vontade das partes pelo uso da arbitragem. Essa manifestação ocorre sim, na prática e no exercício da arbitragem tributária, ainda que não por cláusula contratual como se faz nas relações jurídicas entre particulares e a administração pública.

A manifestação de vontade do Estado é feita quando se decide editar lei e atos administrativos autorizando a administração pública tributária a se vincular à arbitragem para solução de controvérsia com os contribuintes. nos casos em que o uso dessa ferramenta é expressamente admitido nos limites fixados pela própria administração pública.

A opção do contribuinte pelo uso da arbitragem para solucionar controvérsia com a administração pública tributária é, também, evidência inequívoca de sua manifestação de vontade pelo uso do instituto.

Assim, faz-se o encontro de vontades, pilar do instituto da arbitragem privada para solução de litígios em matéria tributária, como já se mencionou acima.

5. O outro equívoco de quem manifesta resistência à implantação da arbitragem tributária está na interpretação da indisponibilidade do tributo que, a nosso ver, já está superada pelo reconhecimento indiscutível de que sua disponibilidade é autorizada por normas próprias do Código Tributário Nacional – lei

complementar à Constituição Federal – e por legislação ordinária[4] que permite à administração pública tributária dispor do tributo, como se faz na transação tributária[5] e em remissão para extinção do crédito tributário[6].

A alegação da indisponibilidade do tributo não é mais aceita pela maior parte da doutrina especializada e, pois, a discussão por arbitragem de litígios pela administração pública tributária está claramente legitimada pelo artigo 1º e seu parágrafo 1º da Lei Brasileira de Arbitragem.

6. A resistência permanece, entretanto, porque não existe legislação especial que regulamente a arbitragem em matéria tributária e lhe dê efetiva segurança jurídica diante da inegável especificidade da natureza das relações entre fiscos e contribuintes em nosso País. Não fazendo parte do sistema jurídico positivado, a administração pública tributária não estaria autorizada praticá-la. Ainda que esteja permitida para a administração pública pela Lei Brasileira de Arbitragem, *in genere*, de fato até hoje a arbitragem em matéria tributária não é praticada em qualquer dos entes federativos brasileiros à espera, talvez, da edição de legislação especial para tanto. O que temos são algumas poucas propostas de sua implantação em projetos de lei federal[7] e estadual[8], que ainda precisam ser transformadas em lei após discussão ampla nos poderes legislativos para aperfeiçoamento de suas disposições às especificidades da matéria tributária.

2. A construção de legislação adequada para a arbitragem tributária

7. Entendida não apenas como possível sob o ponto de vista jurídico e também como possível e desejável sob o ponto de vista da necessidade indisputável de que o contencioso tributário possa ser valer de uma terceira via de contencioso

[4] Lei nº 13.988, de 2020, federal, e leis municipais e estaduais de transação tributária.

[5] BRASIL. Lei nº 5.172, de 25 de outubro de 1966. Dispõe sobre o Sistema Tributário Nacional e institui normas gerais de direito tributário aplicáveis à União, Estados e Municípios. Disponível em: http://www.planalto.gov.br/ccivil_03/leis/l5172compilado.htm, art. 171. Acesso em: 01 jul. 2021.

[6] *Ibid.*, art. 172.

[7] BRASIL. Senado Federal. Projeto de Lei nº 4.257, de 2019. Modifica a Lei nº 6.830, de 22 de setembro de 1980, para instituir a execução fiscal administrativa e a arbitragem tributária, nas hipóteses que especifica. Disponível em: https://www25.senado.leg.br/web/atividade/materias/-/materia/137914. Acesso em: 01 jul. 2021. E BRASIL. Senado Federal. Projeto de Lei nº 4.468, de 2020. Institui a arbitragem especial tributária e dá outras providências. Disponível em: https://www25.senado.leg.br/web/atividade/materias/-/materia/144536. Acesso em: 01 jul. 2021.

[8] BRASIL. Câmara dos Deputados. Projeto de Lei nº 531, de 2020. Altera a Lei nº 9.985, de 18 de julho de 2000, que "Regulamenta o art. 225, § 1º, incisos I, II, III e VII da Constituição Federal, institui o Sistema Nacional de Unidades de Conservação da Natureza e dá outras providências", para incluir a análise de impacto turístico no rol de exigência do plano de manejo. Disponível em: https://www.camara.leg.br/propostas-legislativas/2238444. Acesso em: 01 jul. 2021.

tributário – alternativa e adequada – para a solução das controvérsias nessa matéria ante a dificuldade de o contencioso administrativo e judicial tributários poderem fazê-lo com celeridade e especialização técnica, o que se verifica é que há necessidade de edição de legislação especial que possa dar plena segurança jurídica para a administração pública e para os contribuintes que optem por utilizar a arbitragem em matéria tributária.

A ausência de legislação adequada leva tanto os governos quanto os cidadãos a praticarem suas atividades de forma possivelmente indisciplinada e por vezes lesivas aos direitos e deveres de cada um. O viver honestamente, o dar a cada um o que é seu e o não prejudicar o outro são regras universais do convívio em sociedade que entretanto nem sempre se realizam espontaneamente, na falta de normas que disciplinem as condutas dos agentes públicos e dos particulares nas diferentes atividades por eles desempenhadas.

A normatização dá a todos, agentes públicos e particulares, o conhecimento e a consciência dos direitos e deveres de cada um no exercício de suas condutas e, mais, dá a todos a segurança de que, seguindo a disciplina normativa positivada, terão seus direitos e deveres respeitados quando manifestados e, quando não, terão assegurado o acesso a uma jurisdição adequada para afastar desvios de conduta de quem os violar.

É exatamente para suprir a ausência de normas jurídicas que disciplinam as condutas da vida em sociedade que se constrói o Direito, com a função de regular as diferentes atividades humanas e, entre elas, as que se prestam a dirimir os conflitos que inevitavelmente surgem no exercício dos direitos e dos deveres dos integrantes da sociedade e de seus governos.

8. Em matéria tributária, o Direito Material e o Direito Processual assumem especial importância para a disciplina das diferentes atividades das diversas partes da relação jurídico-tributária, com a especial função de regular a transferência ao Estado, como tributo, de parte da riqueza construída pelo particular em suas atividades; de possibilitar ao Estado a adequada arrecadação do tributo a ele atribuído; de definir ao particular as normas especiais de pagamento do tributo a ele imposto; e de corrigir os excessos, os desvios e os litígios que a imposição e a prática dessa transferência de riquezas de uns para outros podem provocar para os direitos e deveres de cada parte no cumprimento dessas atividades, a legislativa, a da administração pública e a dos cidadãos.

9. Neste artigo a proposta é avaliar a construção do Direito que venha disciplinar a arbitragem em matéria tributária, a sua implantação no Brasil e a sua prática pelos órgãos da administração tributária e pelos cidadãos contribuintes. Nessa parte do Direito Processual Tributário, nos propomos a avaliar as propostas de se construir disciplina legislativa da arbitragem tributária, espécie, como

já se disse, do Direito Tributário Processual, como ferramenta de oferecer solução privada heterocompositiva das controvérsias entre fiscos e contribuintes quando ao correto cumprimento do Direito Tributário Material.

10. A construção da Arbitragem Tributária, como subespécie do Direito Tributário Processual, por sua vez subespécie do Direito Tributário Material, exige não apenas adequação de sua disciplina estes ramos do Direito cujos conflitos pretende resolver, mas que o faça com adequação técnica à disciplina do Direito Arbitral e do Direito Processual, cujas normas gerais já estão construídas no sistema jurídico brasileiro atual, com as especificidades técnicas da matéria tributária que pretende atender.

11. Existem já, como se apontou, dois projetos de lei ordinária em tramitação no Congresso Nacional propondo a disciplina jurídica da arbitragem tributária para o Brasil. Eles são a proposta atual de construção do Direito Arbitral Tributário, que passaremos a analisar a seguir, indicando ao mesmo tempo os temas que foram tratados, os que a nosso ver ainda não foram neles incluídos, e o aperfeiçoamento que entendemos possíveis para disciplinar o instituto de forma a bem servir ao Estado brasileiro a seus cidadãos na relação jurídico-tributária.

3. Os projetos de lei em andamento[9]

12. Fazendo um breve retrospecto dos últimos desenvolvimentos do tema, vemos que em agosto de 2019 foi publicado o Projeto de Lei nº 4.257/19, de autoria e iniciativa do Senador Antonio Anastasia (PSDB/MG) instituindo a arbitragem no julamento dos embargos à execução fiscal e nas ações anulatórias e de consignação, mediante alterações na Lei nº 6.830, de 22 de setembro de 1980 (Lei de Execuções Fiscais).

Mais recentemente, em setembro de 2020, foi apresentado o PL nº 4.468/20, de iniciativa da Senadora Daniella Ribeiro (PP/PB), idealizado pelas Dras. Selma Lemes, Priscila Faricelli e pelo Professor Heleno Torres, instituindo a chamada "arbitragem especial tributária" destinada a solucionar consultas dos contribuintes, controvérsias sobre matérias de fato no curso de fiscalização e quantificar créditos decorrente de decisões judiciais transitadas em julgado.

Os dois Projetos de Lei encontram-se em fase inicial de tramitação no Senado Federal, mas já suscitam intensos debates, estudos e propostas de aperfeiçoamento, dos quais o IBATT tem participado ativamente.

Nesse contexto, entendemos relevante analisar os projetos em andamento, suas semelhanças e dessemelhanças, a fim de compreender seu alcance e suas

[9] À época da composição deste artigo.

limitações e avaliar se são conflitantes ou se poderiam coexistir, ou até mesmo serem fundidos. É o que faremos a seguir.

4. Pontos em comum e divergentes entre os PLs 4.257/19 e 4.468/20

13. Os referidos Projetos de Lei pretendem autorizar e regular a utilização da arbitragem para a decisão de controvérsias em matéria tributária. Porém, escolhem caminhos distintos para alcançar esse resultado.

Comentaremos, a seguir, as diferenças mais patentes e as semelhanças mais relevantes entre as duas propostas, expondo nossa visão a respeito dessas questões ao final de cada tópico.

5. Momento em que a arbitragem pode ser eleita pelas partes

14. Uma das principais diferenças entre os projetos é que o primeiro – PL nº 4.257/2019 – prevê a possibilidade de opção pela arbitragem tributária somente no curso de discussão judicial do crédito, mais precisamente após a oposição dos embargos e apresentação de garantia pelo contribuinte, na execução fiscal.

Pressupõe, portanto, que o crédito tributário esteja constituído, em fase de execução e devidamente garantido, com exigibilidade suspensa. Nesse momento, torna-se possível a adoção do juízo arbitral para julgar os embargos.

A escolha desse estágio processual limitado e circunscrito a um momento específico de sua discussão judicial revela o intuito de afastar dificuldades quanto à suspensão da exigibilidade do crédito tributário, questão a ser enfrentada quando se trata da implementação da arbitragem tributária e que, para alguns, teria de ser tratada por lei complementar.

Adicionalmente, esse primeiro PL autoriza a opção pelo procedimento arbitral em ações de consignação de pagamento ou anulatórias garantidas por depósito em dinheiro, fiança bancária ou seguro em garantia. Nessas hipóteses, assim como nos embargos à execução, o crédito tributário encontra-se suspenso, afastando-se questionamentos sobre o tema.

15. Já o PL nº 4.468/20 viabiliza a arbitragem em situações distintas.

Em primeiro lugar, faculta sua escolha antes da constituição do crédito tributário, ainda durante a fiscalização. A opção pela instauração da arbitragem antes de sua constituição tem a comodidade de afastar o questionamento mais comum quanto à viabilidade da arbitragem tributária: o da suposta barreira da indisponibilidade do crédito tributário. Não havendo crédito constituído, não é necessário enfrentar esse suposto problema.

O PL 4.468/20 também autoriza arbitragem para solucionar consultas dos contribuintes, mediante alteração da Lei nº 9.430, de 27 de dezembro de 1996.

Também nessa hipótese ter-se-ia arbitragem antes da constituição de crédito tributário, num momento em que não há ainda, propriamente, conflito instaurado entre fisco e contribuinte, mas somente dúvida em relação à interpretação da legislação tributária. A arbitragem nesse caso seria, então, meramente preventiva, pois não há crédito, e o conflito é apenas potencial, restando afastados eventuais questionamentos relativos à respectiva indisponibilidade.

Por fim, o PL 4.468/20 propõe a possibilidade de opção pela arbitragem para a liquidação de crédito tributário do contribuinte fundado em sentença transitada em julgado. Nessa hipótese, embora estejamos tratando de créditos constituídos, o objetivo da arbitragem tributária é determinar o respectivo quantum, não havendo que se falar, propriamente, na possibilidade de sua redução ou extinção por meio da arbitragem. Sendo assim, também não há questionamento quanto à suspensão do crédito ou à respectiva indisponibilidade.

16. Analisando-se as etapas anteriores e posteriores à constituição do crédito tributário, os Projetos de Lei abrangem a instituição da arbitragem tributária em diferentes situações.

O PL 4.468/20, como já apontado, autoriza a arbitragem antes da constituição do crédito tributário ao permitir que a consulta apresentada pelo contribuinte seja solucionada por arbitragem especial tributária e, também, após iniciada a fiscalização. Passados esses momentos, de acordo com o projeto, somente poderia ser utilizada a arbitragem após o trânsito em julgado da discussão judicial do crédito, e somente com o objetivo de quantificá-lo.

Já o PL 4.257/19 permite a utilização da arbitragem apenas para decidir matéria tributária discutida judicialmente em sede de embargos à execução, ação anulatória ou ação consignatória, após a garantia do Juízo.

Considerado o alcance dos dois Projetos de Lei, se ambos fossem aprovados restaria em aberto a possibilidade de opção pela arbitragem durante toda a discussão administrativa do crédito tributário. Ao optarem por não se aventurar a permitir a arbitragem tributária nesse momento, os Projetos evitam discussões sobre a indisponibilidade do crédito tributário (PL 4.468/2020) e sobre a suspensão da respectiva exigibilidade (PL 4.257/2019).

17. O debate sobre essas supostas dificuldades é válido e salutar, mas não deve ser empecilho à implantação da arbitragem tributária no País de forma mais abrangente. Não nos alongaremos na análise aqui, porém pontuamos que o princípio da supremacia do interesse público e seu corolário da indisponibilidade do crédito tributário não inviabilizam a adoção ampla do instituto. Esses princípios devem ser interpretados levando-se em conta o interesse público primário que é privilegiado sempre que são adotadas soluções adequadas de conflitos entre os cidadãos e o Estado. E não há que se falar em indisponibilidade

absoluta do crédito tributário, como já se apontou anteriormente, que deve ser considerado arbitrável na mesma medida em que é transacionável e remissível, nos termos do artigo 156, III e IV do Código Tributário Nacional.

18. Como ensina Tathiane Piscitelli, "o simples fato de a administração pública ser parte em um litígio não afasta, a priori, a possibilidade de disposição do direito"[10].

E continua:

> O mesmo raciocínio deve ser aplicado ao direito tributário. O interesse público primário se relaciona com o uso da tributação para a persecução dos fins do Estado – trata-se de assegurar que a estrutura tributária irá garantir formas justas de tributação, destinação correta dos recursos e formas institucionais de acesso à justiça que viabilizem o debate sobre a observância material dos valores constitucionalmente previstos. De outro lado, o interesse público secundário estaria vinculado com o interesse arrecadatório, que se identifica com o interesse da administração tributária em específico.
>
> [...]
>
> Assim, mostra-se absolutamente descabido, como já exposto, prender-nos ao mito da indisponibilidade da receita tributária. A adoção de métodos alternativos e extrajudiciais de resolução de disputas representa maior (e mais efetivo) acesso à justiça, além de agregar eficiência à arrecadação tributária e, assim, à disponibilidade das receitas para o cumprimento dos objetivos e valores distributivos imbricados no texto constitucional.

19. Importante ter em mente, também, ainda no tema da indisponibilidade do crédito tributário, que quando se submete um litígio à arbitragem, não se está necessariamente renunciando a direitos. É o que explica José Eduardo Tellini Toledo[11]:

[10] Piscitelli, Tathiane. **Arbitragem no Direito Tributário:** Uma Demanda do Estado Democrático de Direito. *In*: Piscitelli, Tathiane; Mascitto, Andréa; Mendonça, Priscila Faricelli de (coord.). **Arbitragem Tributária.** Desafios Institucionais Brasileiros e a Experiência Portuguesa. 2. ed. rev., atual. e ampl. – São Paulo: Thomson Reuters Brasil, 2019, p. 192-193.

[11] Toledo, José Eduardo Tellini. **Arbitragem Tributária:** realidade ou fantasia? *In*: Jesus, Isabela Bonfa De; Marques, Renata Elaine Silva Ricetti (coord.). **Novos rumos do Processo Tributário:** Judicial, Administrativo e Métodos Alternativos de cobrança do crédito tributário. São Paulo: Noeses, 2019, p. 243.

Veja-se que, de fato, na arbitragem com a Administração Pública não há renúncia de direitos ou poderes, mas sim uma escolha de um procedimento para a solução de conflitos, em opção ao Poder Judiciário, que também vai ao encontro do próprio interesse público, uma vez que tal metodologia está em consonância com o artigo 3º, §§ 1º a 3º, do Código de Processo Civil de 2015, que permite a arbitragem na forma da lei, bem como determina que o Estado deverá promover, sempre que possível, a solução consensual de conflitos.

20. Quanto à suspensão de exigibilidade do crédito tributário, também não é questão insuperável, que impeça a atribuição de maior abrangência à arbitragem tributária.

Embora haja controvérsia, recentemente o Supremo Tribunal Federal decidiu na Ação Direta de Inconstitucionalidade nº 2.405/RS que há a possibilidade de os Estados-Membros estabelecerem, por lei ordinária, novas modalidades de extinção e suspensão de créditos tributários.

Nesse processo, o relator, Ministro Alexandre de Moraes, seguido por unanimidade, entendeu que "[...] a Constituição[12] não reservou à lei complementar a enumeração dos meios de extinção e de suspensão dos créditos tributários"[13]. O voto do Ministro Alexandre de Moraes partiu do entendimento de que "se o Estado pode anistiar crédito tributário, abrindo mão do recebimento daquele, por que não poderia implementar nova forma de extinção do crédito? Quem pode o mais, pode o menos"[14]. Concluiu o acórdão que "a Constituição Federal não reservou à lei complementar o tratamento das modalidades de extinção e suspensão dos créditos tributários, a exceção da prescrição e decadência, previstos no art. 146, III, b, da CF[15]".[16]

Com base nesse recente acórdão, portanto, a extinção e a suspensão do crédito tributário não são matérias reservadas à lei complementar, podendo ser tra-

[12] BRASIL. **Constituição** (1988). **Constituição** da República Federativa do Brasil. Brasília, DF: Senado **Federal**: Centro Gráfico.

[13] STF. ADI: 2405 RS 0000387-92.2001.1.00.0000, Rel. Min. Alexandre de Moraes, j: 20/09/2019, Tribunal Pleno, DJe-215: 03/10/2019.

[14] Idem.

[15] "Art. 146. Cabe à lei complementar:

[...]

III – estabelecer normas gerais em matéria de legislação tributária, especialmente sobre:

[...]

b) obrigação, lançamento, crédito, prescrição e decadência tributários;"

[16] STF. ADI: 2405 RS 0000387-92.2001.1.00.0000, Rel. Min. Alexandre de Moraes, j: 20/09/2019, Tribunal Pleno, DJe-215: 03/10/2019.

tadas por lei ordinária. O que a lei ordinária não pode é restringir o alcance das hipóteses de suspensão previstas no CTN. Esse também foi o entendimento do STF no RE nº 917.285/SC, julgado em 18/08/20.

A nosso ver, portanto, a jurisprudência atual do Supremo Tribunal Federal permite que lei ordinária instituidora de arbitragem tributária estabeleça que, entre a instauração do procedimento e a emissão da sentença arbitral, o crédito ficará suspenso.

6. Matérias passíveis de serem julgadas por arbitragem tributária

21. Outra diferença importante encontrada no cotejo entre os dois Projetos de Lei que estamos aqui a analisar diz respeito às matérias passíveis de serem decididas no âmbito da arbitragem tributária.

No Projeto de Lei nº 4.257/19 não há restrições às matérias tributárias passíveis de serem julgadas por arbitragem. Assim, parece-nos que qualquer matéria útil à defesa e, portanto, passível de ser arguida em sede de embargos à execução, em ação anulatória ou consignatória poderia ser decidida por arbitragem, seja ela de fato, de direito ou até mesmo envolvendo discussão de fundo constitucional.

Já o PL 4.468/20 só permite a solução de controvérsias de matérias de fato e veda expressamente a discussão sobre constitucionalidade de normas e sobre lei em tese.

Ambos os projetos vedam decisões contrárias a precedentes reiterados do Poder Judiciário. O PL 4.257/19 determina ser nula a sentença arbitral que

> contrarie enunciado de súmula vinculante, decisão do Supremo Tribunal Federal em controle concentrado de constitucionalidade ou acórdão proferido em julgamento de incidente de resolução de demandas repetitivas, incidente de assunção de competência, recurso extraordinário com repercussão geral reconhecida e recursos extraordinário ou especial repetidos, desde que anteriores ao recebimento da notificação arbitral ou da decisão do pedido de esclarecimentos, sendo aplicável, no que couber, o previsto nos arts. 32 e 33 da Lei nº 9.037, de 23 de setembro de 1996[17].

[17] BRASIL. Senado Federal. Projeto de Lei nº 4257, de 2019. Modifica a Lei nº 6.830, de 22 de setembro de 1980, para instituir a execução fiscal administrativa e a arbitragem tributária, nas hipóteses que especifica. Disponível em: https://www25.senado.leg.br/web/atividade/materias/-/materia/137914. Acesso em: 23 dez. 2021.

Nessa hipótese, as partes podem pleitear ao órgão do Poder Judiciário competente a declaração de nulidade e, sendo declarada, proceder-se-á diretamente ao julgamento de mérito dos embargos.

O PL 4.468/20 adota redação mais suscinta e veda:

> decisão contrária a entendimento consolidado pelo Poder Judiciário nas hipóteses de que trata o art. 927 da Lei nº 13.105, de 16 de março de 2015 (Código de Processo Civil), bem como julgamentos em sede de repercussão geral pelo Supremo Tribunal Federal[18].

Também prevê como hipótese de nulidade do laudo arbitral o desrespeito a tal determinação.

No que diz respeito à arbitrabilidade, portanto, observa-se que o PL 4.257/19 é bem mais abrangente, pois permite que se decida por arbitragem qualquer matéria, seja ela de fato, de direito e até mesmo discussão sobre constitucionalidade. Nenhum dos dois Projetos de Lei permite, contudo, decisões que contrariem jurisprudência consolidada dos tribunais superiores.

Consignamos aqui nossa posição de que qualquer matéria, de fato, de direito e até mesmo envolvendo constitucionalidade poderiam, teoricamente, ser objeto de julgamento por arbitragem tributária, não havendo, no sistema constitucional vigente, impedimentos ou limitações a tal abrangência.

Naturalmente que a "declaração de inconstitucionalidade", no controle concentrado de constitucionalidade, só pode ser realizada pelo Supremo Tribunal Federal. O que na arbitragem se poderia fazer seria afastar a aplicação ao caso concreto da norma considerada inconstitucional, realizando controle difuso de forma análoga à realizada pelo Poder Judiciário.

A opção feita pelo PL 4.468/20, de limitar a arbitragem tributária à decisão de matérias de fato tem como fundamento a cautela, como têm asseverado seus idealizadores, e não eventuais vedações do ordenamento jurídico.

7. Árbitros, tribunal arbitral e árbitro desempatador

22. O PL 4.257/19 não traz disposições expressas sobre a composição do tribunal arbitral. Apenas estabelece que, feita a opção pela adoção de juízo arbitral para julgamento dos embargos (ou da petição inicial da ação anulatória ou consigna-

[18] BRASIL. Senado Federal. Projeto de Lei nº 4468, de 2020. Institui a arbitragem especial tributária e dá outras providências. Disponível em: https://www25.senado.leg.br/web/atividade/materias/-/materia/144536. Acesso em: 01 jul. 2021.

tória), terão que ser respeitados os requisitos da Lei nº 9.307/19 (Lei Brasileira de Arbitragem) e do regulamento de cada entidade da Federação.

Como inovação em relação às disposições da Lei Brasileira de Arbitragem, esse PL traz apenas a disposição do artigo 16-B a ser inserido na Lei de Execuções Fiscais, a qual estabelece que "[n]enhum árbitro pode decidir mais de um processo do mesmo particular ou do grupo econômico do qual este faça parte o particular por dois anos"[19].

Já o PL 4.468/20 optou por regular detalhadamente a matéria, primeiro trazendo disposições semelhantes às da Lei Brasileira de Arbitragem, segundo as quais o tribunal arbitral é composto por um árbitro indicado por cada uma das partes e o terceiro árbitro, que presidirá o procedimento, pelos dois primeiros. Também reitera princípios da arbitragem previstos na Lei Brasileira de Arbitragem quanto à obrigação dos árbitros de revelar previamente qualquer fato que possa gerar dúvidas quanto à sua independência e imparcialidade, e a obrigação destes de permanecerem independentes e imparciais durante o procedimento. Prevê ainda que se aplicam aos árbitros os motivos de impedimento e suspeição previstos no Código de Processo Civil.

No que tange aos tópicos acima, observamos que os dois Projetos de Lei adotam fórmulas bem distintas. Enquanto o PL 4.257/19 opta por determinar, como regra geral, a observância da Lei Brasileira de Arbitragem, o PL 4.468/20 prefere reproduzir a essência de seus principais dispositivos.

Uma inovação trazida pelo PL 4.468/20, que não consta da Lei Brasileira de Arbitragem, diz respeito à qualificação dos árbitros. Enquanto esta última requer apenas que o árbitro seja capaz e que tenha a confiança das partes, o PL 4.468/20 traz requisitos adicionais. Exige que os árbitros detenham

> conhecimento técnico compatível com a natureza do litígio a ser dirimido, jurídico ou não, sendo essencial, no mínimo, dez anos de comprovada experiência profissional na área de atuação, bem como duas graduações em nível técnico ou superior ou uma graduação e uma pós-graduação em instituições de ensino nacionais ou estrangeiras cuja titulação tenha sido reconhecida no Brasil.[20]

[19] BRASIL. Senado Federal. Art. 16-B do Projeto de Lei nº 4257, de 2019. Modifica a Lei nº 6.830, de 22 de setembro de 1980, para instituir a execução fiscal administrativa e a arbitragem tributária, nas hipóteses que especifica. Disponível em: https://www25.senado.leg.br/web/atividade/materias/-/materia/137914. Acesso em: 23 dez. 2021.

[20] BRASIL. Senado Federal. Projeto de Lei nº 4.468, de 2020. Institui a arbitragem especial tributária e dá outras providências. Disponível em: https://www25.senado.leg.br/web/atividade/materias/-/materia/144536, art. 4º, § 9º, II. Acesso em: 01 jul. 2021.

A exigência de conhecimento técnico especializado por parte dos árbitros, na esfera tributária, vem sendo defendida por muitos, como é o caso da Prof. Betina Treiger Grupenamcher[21], que assevera:

> Assim como ocorreu em Portugal, também no Brasil a arbitragem há de ser veiculada por lei em que se estabeleçam os ritos e os critérios para escolha do árbitro ou do tribunal que resolverá a questão, além das matérias que poderão ser submetidas a ela.

Naturalmente, entendemos também que os árbitros devem ter moral comprovadamente ilibada e profundo conhecimento técnico de Direito Tributário, ainda que não necessariamente resultantes de formação acadêmica, mas de sua atividade profissional com esse ramo do Direito.

23. Mais uma diferença essencial entre os dois Projetos de Lei, no que diz respeito aos árbitros, é a criação pelo PL 4.468/20 da figura do "árbitro desempatador", que não existe na Lei Brasileira de Arbitragem, tampouco no PL 4.257/19.

O recurso a um árbitro desempatador, de acordo com o PL 4.468/20, poderia ser previsto no compromisso arbitral e, na hipótese de decisão não unânime entre os três árbitros, este seria designado para analisar as provas e emitir decisão.

A inovação do PL 4.468/20, consistente na criação da figura do árbitro desempatador, vem gerando discussões acirradas, havendo quem alegue que essa figura seria equiparável a uma segunda instância na arbitragem, o que não seria desejável, considerando a celeridade almejada com o instituto. Também se aponta que essa segunda instância seria monocrática, enquanto a instância julgadora inicial seria colegiada.

O que se argumenta em sentido contrário é que não se trata de segunda instância, mas sim de um árbitro adicional que só atuaria na hipótese de decisões não unânimes, para dar mais consistência ao julgamento e evitar questionamentos. Além disso, seria opcional sua previsão, mantendo-se o modelo mais célere se for do interesse das partes.

Entendemos ser desnecessária a introdução da figura do árbitro desempatador na legislação que instituir o instituto, pois o que se deseja na arbitragem tributária é justamente um julgamento técnico, célere e em instância única. A

[21] GRUPENAMCHER, Betina Treiger. **Arbitragem e Transação em Matéria Tributária**. *In*: PISCITELLI, Tathiane; MASCITTO, Andréa; MENDONÇA, Priscila Faricelli de (coord.). **Arbitragem Tributária**. Desafios Institucionais Brasileiros e a Experiência Portuguesa. 2. ed. rev., atual. e ampl. São Paulo: Thomson Reuters Brasil, 2019, p. 207.

experiência já obtida mostra que é possível obter tais benefícios sem a necessidade de julgador ou instância adicional.

8. Arbitragem tributária é institucional, de direito e observa o princípio da publicidade

24. Algumas regras da arbitragem comercial tiveram que ser ajustadas a fim de que o instituto pudesse ser aplicado na esfera tributária.

De acordo com ambos os Projetos de Lei, na arbitragem tributária, assim como na arbitragem envolvendo a administração pública em geral, deve ser aplicado o princípio da publicidade e serão observadas necessariamente as regras do direito brasileiro.

Essas determinações diferem do regramento aplicável à arbitragem comercial, que permite a arbitragem de direito ou com base em equidade, e permite que as partes possam escolher livremente as regras de direito que serão aplicadas, desde que não haja violação aos bons costumes e à ordem pública. Ainda é permitido na arbitragem comercial que, conforme a vontade das partes, a arbitragem se realize com base nos princípios gerais de direito, nos usos e costumes e nas regras internacionais de comércio.

A fim de estabelecer regras adequadas à arbitragem tributária, o artigo 3º proposto pelo PL 4.468/20 estabelece que a arbitragem especial tributária será exclusivamente de direito, sendo vedada a arbitragem por equidade; obedecerá as regras de direito brasileiro; e será realizada no Brasil e em língua portuguesa.

Com efeito, a própria Lei Brasileira de Arbitragem foi alterada em 2015 passando a prever no §3º, inserido em seu artigo 2º, que "a arbitragem que envolva a administração pública será sempre de direito e respeitará o princípio da publicidade"[22].

Sobre essas características distintivas da arbitragem com a administração pública, discorre Francisco José Cahali[23]:

> Realmente, diante da supremacia do interesse público, pelos princípios e características da participação da Administração Pública em litígios, há de se rejeitar o julgamento por equidade e a confidencialidade.
>
> [...]

[22] BRASIL. Lei nº 9.307, de 23 de setembro de 1996. Dispõe sobre a arbitragem. Disponível em: http://www.planalto.gov.br/ccivil_03/leis/l9307.htm. Acesso em: 23 jul. 2021.

[23] CAHALI, Francisco José. **Curso de Arbitragem**. Mediação. Conciliação. Tribunal Multiportas. 7. ed., São Paulo: Thomson Reuters – Revista dos Tribunais, 2018, p. 453.

Temos para nós, como referido, que a publicidade deve ser ampla, tal qual se tem no Judiciário, com total transparência, e acesso de qualquer pessoa ao conteúdo do procedimento. E assim, caberá também à Instituição, disponibilizar estas informações aos interessados. É evidente que, como em qualquer processo público, pode haver controle do acesso, e informações (ou documentos) sigilosos pela sua natureza, mas a reserva seria exceção, justificada, não a regra.

O PL 4.257/19 tratou da matéria de forma semelhante. No artigo 16-C proposto, estabelece que:

> o processo arbitral será de direito, respeitará o princípio da publicidade, conduzido por órgão arbitral institucional ou entidade especializada previamente credenciado por cada unidade da Federação, facultada a realização de atos procedimentais de forma presencial ou eletrônica[24].

Observa-se nessa passagem mais uma diferença entre a arbitragem tributária proposta pelos Projetos de Lei e a arbitragem comercial: a tributária terá que ser necessariamente institucional, administrada e processada perante instituições ou câmaras arbitrais credenciadas, não podendo ser *ad hoc*, nesta forma conduzida livremente pelas partes segundo as regras por elas estabelecidas, o que é autorizado para a arbitragem comercial.

Nesse mesmo sentido, o PL 4.468 estabelece em seu artigo 3º, XII, que:

> a arbitragem especial será necessariamente institucional, podendo o ato de regulamentação credenciar as instituições ou câmaras arbitrais competentes para processar as controvérsias tributárias reguladas nesta Lei.

9. Adoção subsidiária – Lei Brasileira de Arbitragem – Lei de Transação

25. Característica importante do PL 4.257/19 é prever a aplicação da Lei Brasileira de Arbitragem juntamente os dispositivos que insere na Lei de Execuções Fiscais (Lei nº 6.830/80).

O *caput* do artigo 16-A proposto pelo Projeto de Lei estabelece o seguinte:

[24] BRASIL. Senado Federal. Projeto de Lei nº 4.257, de 2019. Modifica a Lei nº 6.830, de 22 de setembro de 1980, para instituir a execução fiscal administrativa e a arbitragem tributária, nas hipóteses que especifica. Disponível em: https://www25.senado.leg.br/web/atividade/materias/-/materia/137914. Acesso em: 01 jul. 2021.

> Art. 16-A. Se o executado garantir a execução integralmente por depósito em dinheiro, fiança bancária ou seguro garantia, pode optar pela adoção de juízo arbitral para julgar os embargos ofertados, respeitados os requisitos da Lei nº 9.307, de 23 de setembro de 1996 e os a seguir definidos, na forma de regulamento de cada entidade da Federação.[25]

Com efeito, analisando-se o Projeto, observa-se que é bastante sucinto. Insere apenas os artigos 16-A a 16-G na Lei de Execuções Fiscais, autorizando a opção do executado pela adoção do juízo arbitral para julgamento dos embargos, nos termos da Lei Brasileira de Arbitragem, e alguns poucos dispositivos adicionais exigidos pela especificidade da matéria tributária, como o que prevê que o processo arbitral será sempre de direito, que será assegurada a confidencialidade dos documentos considerados sigilosos e a obrigação do credenciamento da instituição arbitral a cada unidade da federação, entre poucos outros.

Portanto, afora as poucas determinações especiais para aplicação na arbitragem tributária, trazidas pelo PL 4.257, a opção feita pelo Projeto foi a de serem adotadas, subsidiariamente, no que couber, as regras da Lei Brasileira de Arbitragem.

Já o PL 4.468/20 trilhou caminho diverso, distanciando-se de tal legislação e optando por regular integralmente o instituto da arbitragem tributária. Tratou de todas as matérias necessárias à sua aplicação, desde as regras para o requerimento da arbitragem e sua instalação, passando pela constituição do tribunal arbitral, até os efeitos do laudo, e evitou indicar a Lei Brasileira de Arbitragem para fins de aplicação subsidiária. Elegeu, em seu lugar, estabelecer pelo artigo 13 que se aplica subsidiariamente, no que couber, o disposto na Lei nº 13.988, de 14 de abril de 2020, também conhecida como "Lei Geral de Transação em Matéria Tributária".

A legislação subsidiária eleita estabelece os requisitos e as condições para que a União, as suas autarquias e fundações, e os devedores ou as partes adversas realizem transação resolutiva de litígio relativo à cobrança de créditos da Fazenda Pública, de natureza tributária ou não tributária.

Como é sabido, a transação é método autocompositivo de resolução de conflitos com o auxílio de um terceiro – o mediador – que ajuda a comunicação

[25] BRASIL. Senado Federal. Projeto de Lei nº 4257, de 2019. Modifica a Lei nº 6.830, de 22 de setembro de 1980, para instituir a execução fiscal administrativa e a arbitragem tributária, nas hipóteses que especifica. Disponível em: https://www25.senado.leg.br/web/atividade/materias/-/materia/137914. Acesso em: 01 jul. 2021.

das partes para que as próprias partes, mediante concessões mútuas, decidam resolver o modo pelo qual este será solucionado e extinto.

Embora se assemelhem por serem métodos alternativos ao Poder Judiciário para a solução de conflitos, os dois institutos são bem distintos uma vez que a arbitragem, diferentemente da transação, é método heterocompositivo e que contempla a figura de um terceiro que irá julgar o litígio – o árbitro ou o tribunal arbitral – que decide a lide da forma que julgar correta juridicamente, independentemente da realização de concessões entre as partes, e de forma cogente.

Sendo assim, não nos parece adequado utilizar a Lei de Transação como legislação supletiva à normatização da arbitragem tributária. Entendemos que a Lei Brasileira de Arbitragem, após os testes de constitucionalidade a que foi submetida nas últimas décadas, e com o amadurecimento da respectiva jurisprudência, presta-se mais adequadamente à função.

Conclusões

26. O advento dos Projetos de Lei 4.257/19 e 4.468/20 são excelente notícia para a discussão da implantação da arbitragem tributária no País. Desde que foram apresentados, têm sido realizados intensos debates, que têm proporcionado visibilidade e amadurecimento à discussão, antes restrita a um círculo limitado de estudiosos que se debruçavam sobre a experiência portuguesa.

Os dois Projetos de Lei, como visto, buscam a implantação da arbitragem tributária por caminhos distintos, mas ambos válidos e viáveis, e com técnica precisa.

O PL 4.257/19 leva a arbitragem ao importante âmbito da discussão da dívida ativa, permitindo que a matéria em discussão seja submetida a tribunal arbitral e decidida de forma célere e técnica, em instância única.

Já o PL 4.468/20 permite a adoção do instituto de forma preventiva à instauração de conflito e à constituição do crédito, o que também se mostra desejável, viabilizando a redução de litigiosidade tão almejada por todos os que atuam na esfera tributária.

Acreditamos que a discussão desses dois Projetos de Lei – e de outros que venham a ser propostos por toda a sociedade e por todos os interessados – levará à construção do Direito Arbitral Tributário para que seja implementado como um instituto consistente, amadurecido e juridicamente seguro de solução privada de conflitos em matéria tributária. Também entendemos ser possível a sua reunião e consolidação num único projeto, que venha a abranger a discussão do crédito tributário antes, durante e após sua constituição, enquanto não transitado em julgado.

Viu-se, recentemente, como a regulamentação da transação em matéria tributária levou à imediata aplicação e proliferação do instituto em todas as esferas federativas. Estamos certos de que isso também se dará com a arbitragem tributária tão logo seja regulamentada, proporcionando às administrações tributárias e aos contribuintes mais uma porta para que a jurisdição lhes seja oferecida de forma ampla e irrestrita, conforme desejado no Estado Democrático de Direito.

27. Esperamos que, tal como água mole em pedra dura, de tanto bater neste tema vamos um dia ver furada a resistência à implantação da arbitragem para resolver conflitos entre a administração pública tributária e os contribuintes no Brasil-- necessidade premente e urgente para colocar no País ferramenta útil e juridicamente adequada que certamente irá destravar a insustentável ineficiência do estado atual do contencioso tributário administrativo e judicial, para acelerar a arrecadação de tributos devidos ao Estado brasileiro e para afastar o pagamento de tributos indevidos pelos seus contribuintes.

Nesta comemoração dos 20 anos de fundação do CBAr, agradecemos novamente pela oportunidade de voltar a este tema, que é objeto de nossos estudos como integrantes do CBAr (e também do IBATT). Como advogados arbitralistas e tributaristas e como cidadãos, queremos contribuir para um País melhor neste importante aspecto da civilidade – a pacificação da relação jurídica do Estado com seus cidadãos-contribuintes.

Referências

CAHALI, Francisco José. **Curso de Arbitragem**. Mediação. Conciliação. Tribunal Multiportas. 7. ed., São Paulo: Thomson Reuters – Revista dos Tribunais, 2018, p. 453.

GRUPENAMCHER, Betina Treiger. **Arbitragem e Transação em Matéria Tributária**. *In*: PISCITELLI, Tathiane; MASCITTO, Andréa; MENDONÇA, Priscila Faricelli de (coord.). **Arbitragem Tributária**. Desafios Institucionais Brasileiros e a Experiência Portuguesa. 2. ed. rev., atual. e ampl. São Paulo: Thomson Reuters Brasil, 2019, p. 207

PISCITELLI, Tathiane. **Arbitragem no Direito Tributário:** Uma Demanda do Estado Democrático de Direito. *In*: PISCITELLI, Tathiane; MASCITTO, Andréa; MENDONÇA, Priscila Faricelli de (coord.). **Arbitragem Tributária.** Desafios Institucionais Brasileiros e a Experiência Portuguesa. 2. ed. rev., atual. e ampl. – São Paulo: Thomson Reuters Brasil, 2019, p. 192-193.

TOLEDO, José Eduardo Tellini. **Arbitragem Tributária:** realidade ou fantasia? *In*: JESUS, Isabela Bonfa De; MARQUES, Renata Elaine Silva Ricetti (coord.). **Novos rumos do Processo Tributário:** Judicial, Administrativo e Métodos Alternativos de cobrança do crédito tributário. São Paulo: Noeses, 2019, p. 243.

PARTE 8

NOVOS DESAFIOS DA ARBITRAGEM

34.
A DIVERSIDADE DE GÊNERO NA ARBITRAGEM NO BRASIL: EVOLUÇÃO, DESAFIOS E PERSPECTIVAS

FLÁVIA BITTAR NEVES[1]

Introdução

Quando recebi o convite para homenagear os 20 anos do Comitê Brasileiro de Arbitragem (CBAr) com a redação de um artigo que retratasse uma parte da história da arbitragem no cenário brasileiro, logo pensei que essa história não poderia ser contada sem tratar da evolução da questão relacionada à diversidade de gênero no nosso mercado, desde a Operação Arbiter[2] até os dias de hoje. A análise de diferentes informações em torno desse assunto revelou que, apesar de ainda haver muito trabalho pela frente, houve uma considerável melhora na representatividade feminina no cenário arbitral brasileiro nos últimos anos.

Este breve artigo não tem o propósito de esgotar o tema, que é riquíssimo e tem inúmeros vieses a serem explorados. Buscará, apenas, traçar um panorama geral sobre a evolução, os desafios e as perspectivas no tocante ao respeito à diversidade de gênero na arbitragem; mas não sem antes apresentar alguns dados que revelam que participação feminina no mercado de trabalho brasileiro como um todo ainda está longe do ideal.

[1] Especial agradecimento da autora à estudante de Direito Isabela Campos, pelo inestimável auxílio na pesquisa do material que suportou a redação deste artigo.

[2] A Operação Arbiter foi uma iniciativa do Instituto Liberal de Pernambuco, sob a eficiente liderança do Dr. Petronio R. G. Muniz para reunir esforços com vistas à elaboração e promulgação da Lei de Arbitragem brasileira.

Segundo dados mais recentes do Instituto Brasileiro de Geografia e Estatística – IBGE[3], os indicadores tradicionais de monitoramento do mercado de trabalho desagregados por sexo revelam desigualdades expressivas entre homens e mulheres. Em 2019, a taxa de participação das mulheres com 15 anos ou mais de idade no mercado foi de 54,5%, enquanto entre os homens este percentual chegou a 73,7%: uma diferença de quase 20%. No mesmo ano, o censo constatou que em relação ao rendimento habitual médio, as mulheres receberam 77,7% ou pouco mais de ¾ do rendimento dos homens.

O curioso é que as menores remunerações e maiores dificuldades enfrentadas pelas mulheres no mercado de trabalho não podem ser atribuídas à educação, pois as estatísticas apontaram que as mulheres brasileiras são, em média, mais instruídas que os homens[4].

Ironicamente, apesar do maior índice de escolaridade, quando o assunto é a inserção da mulher no mercado de trabalho, na vida pública e na tomada de decisões o número é consideravelmente menor se comparado aos homens. Por essa razão, a agenda de 2030 da Organização das Nações Unidas – ONU estabeleceu como o 5º objetivo de desenvolvimento sustentável a igualdade de gênero, tendo como meta o empoderamento de todas as mulheres e meninas[5]. Um indicador para o monitoramento dessa meta é o percentual de parlamentares femininas em exercício nas chamadas "câmaras baixas" (câmara de deputados) ou "parlamento unicameral". No Brasil, esse indicador passou de 10,5%, em dezembro de 2017, para 14,8%, em setembro de 2020. Apesar do aumento, o

[3] IBGE. **Estatísticas de gênero:** indicadores sociais das mulheres no Brasil/IBGE, Coordenação de População e Indicadores Sociais. 2. ed. Rio de Janeiro: IBGE, 2021. Disponível em: https://biblioteca.ibge.gov.br/visualizacao/livros/liv101784_informativo.pdf. Acesso em 09 mar. 2021.

[4] A Pesquisa Nacional por Amostra de Domicílio Contínua realizada em 2019 apontou que entre a população com 25 anos ou mais, 40,4% dos homens não tinham instrução ou possuíam apenas o ensino fundamental incompleto. Para as mulheres, esse percentual foi de 37,1%. Em se tratando de pessoas com nível superior completo, o percentual foi de 15,1% para os homens e 19,4% para as mulheres.

A pesquisa revelou, ainda, que analisando a taxa ajustada de frequência escolar líquida em cada nível de ensino, percebe-se que, nos anos iniciais do ensino fundamental, os dois sexos registraram a mesma taxa (95,8%), mas nas etapas seguintes as mulheres passaram a registrar taxas superiores às dos homens, com uma diferença que vai aumentando até atingir seu ponto máximo no ensino superior – em que as mulheres registraram uma taxa de 29,7%, contra 21,5% dos homens.

Foi possível constatar, também, que em 2019, uma mulher entre 18 a 24 anos tinha cerca de 38% mais chances de estar frequentando ou já ter terminado o ensino superior se comparado a um homem na mesma faixa etária. *Ibid.* p. 5.

[5] Disponível em: https://brasil.un.org/pt-br/sdgs/5. Acesso em: 09 mar. 2021.

Brasil foi o país da América do Sul com a menor representatividade feminina, ocupando a 142ª posição de um ranking que listou 190 países[6].

No mercado jurídico, especificamente, é possível constatar certa evolução. De acordo com dados fornecidos pela Ordem dos Advogados do Brasil – Seção de São Paulo (OAB/SP), o número de mulheres ingressantes em seu quadro de inscritos passou de 25,33% para 39,52% em uma década[7].

O mapeamento da participação feminina no mercado jurídico também foi objeto de 2ª edição da pesquisa sobre diversidade de gênero em escritórios de advocacia no Brasil, realizada em 2018 pelo Women in Law Mentoring Brasil – associação sem fins lucrativos, cujo objetivo é contribuir para o desenvolvimento de jovens advogadas, estimulando a criação de futuras lideranças femininas tanto em escritórios de advocacia como em departamentos jurídicos de empresas –, que apontou que dos 55 escritórios entrevistados que reúnem 3.751 advogadas e advogados, 57% dos integrantes são mulheres[8]. Apesar desse expressivo percentual, quando o assunto é a posição de sócio, as mulheres representaram apenas 34,9% deste universo de profissionais que chegam ao topo da carreira jurídica.

Esses dados revelam que as profissionais brasileiras ainda sofrem as mazelas históricas de uma sociedade em que o preconceito de gênero está enraizado, justificando a necessidade da adoção de medidas voltadas ao alcance efetivo da representatividade feminina, com a promoção de ações positivas aptas a minimizar a diferença de gênero no mercado profissional como um todo.

1. A participação feminina na arbitragem brasileira: da Operação Arbiter aos 25 anos de Vigência da Lei nº 9.307/96

Para traçar um panorama da evolução da questão da igualdade de gênero no âmbito da comunidade arbitral, é preciso partir do começo da história da arbitragem do Brasil, analisando-se o cenário desde a Operação Arbiter, que teve importante participação feminina, até os dias atuais.

[6] IBGE. **Estatísticas de gênero:** indicadores sociais das mulheres no Brasil/IBGE, Coordenação de População e Indicadores Sociais. 2. ed. Rio de Janeiro: IBGE, 2021, p. 8. Disponível em: https://biblioteca.ibge.gov.br/visualizacao/livros/liv101784_informativo.pdf Acesso em 09 mar. 2021.

[7] CESA – Centro de Estudos das Sociedades de Advogados. Cartilha Diversidade do CESA – Comitê de diversidade e Responsabilidade Social. Mori, Alberto, Oliveira, Flávia Regina de Souza (coord.), 2017.Disponível em: http://cesa.org.br/cartilha_diversidade.html. Acesso em 21 de dezembro de 2021.

[8] Disponível em: https://wlm.org.br/como-esta-a-diversidade-de-genero-nos-escritorios-de-advocacia-no-brasil/. Acesso em: 09 mar. 2021.

A Operação Arbiter surgiu em 1991, por iniciativa do Instituto Liberal de Pernambuco, liderado pelo advogado Petrônio Raimundo Gonçalves Muniz, com o intuito de discutir o instituto da arbitragem para elaborar um anteprojeto de lei, que resultaria no marco legal da Arbitragem no Brasil (após anos de dificuldades para a implementação do uso da arbitragem no Brasil e três projetos de lei frustrados)[9]. Para tanto, Petrônio Muniz montou uma equipe técnica que veio a compor a Comissão Redatora do anteprojeto e obteve o apoio do então Senador Marco Maciel, que prontamente aceitou patrocinar esse projeto no Congresso Nacional.

Nesse momento crucial para o nascimento da arbitragem no Brasil, entraram em cena importantes figuras femininas de destaque, que contribuíram sobremaneira para o sucesso dos trabalhos da equipe técnica montada por Petrônio. Dentre elas, a Professora Selma Maria Ferreira Lemes, que integrou a Comissão Redatora do Anteprojeto da Lei de Arbitragem e o apresentou no Seminário Nacional de Arbitragem Comercial realizado na cidade de Curitiba em 1992, carinhosamente chamada por Petrônio "a dama da arbitragem"; bem como a Professora Ada Pellegrini Grinover, que envidou muitos esforços para concretizar uma base de adesões em torno da elaboração do projeto da Lei de Arbitragem, principalmente no âmbito acadêmico. Cita-se, ainda, a participação da Dra. Vera de Paula Noel Ribeiro, homenageada por Petrônio Muniz por sua relevante participação na celebração do acordo entre a Comissão Interamericana de Arbitragem Comercial – CIAC e a Confederação das Associações Comerciais do Brasil – CACB, que resultou no importante programa de multiplicadores da mediação e da arbitragem no Brasil nos anos de 2000[10]. Apesar de tímida em termos de quantidade, é inquestionável a qualidade e a importância da participação dessas notáveis mulheres no estágio embrionário da arbitragem no Brasil. Ainda nos dias de hoje, se comenta a respeito da impecável organização das ideias dos coautores do anteprojeto por Selma Lemes, de suas incansáveis pesquisas e das tabelas comparativas que ela elaborava para buscar, no direito comparado, as melhores inspirações que tornaram a nossa lei de arbitragem uma das mais elogiadas do mundo, pela qualidade técnica de seus dispositivos.

Como se sabe, a Operação Arbiter foi um sucesso e graças aos esforços de todos aqueles que dela participaram, em 23 de setembro de 1996, o então Presidente da República, Fernando Henrique Cardoso, sancionou a Lei Brasileira de Arbitragem (Lei nº 9.307/96), também conhecida por Lei Marco Maciel em

[9] MUNIZ, Petrônio Raimundo Gonçalves. **Operação Arbiter:** a história da Lei n. 9.307/96 sobre a arbitragem comercial no Brasil. 2. ed. Salvador: Assembleia Legislativa, 2016.
[10] Idem, p. 66-67.

homenagem ao brilhante e visionário político que abraçou as ideias de Petrônio Muniz.

Após a promulgação da Lei de Arbitragem em 1996, verificou-se um constante crescimento da utilização do instituto no Brasil, cuja prática encontra-se inegavelmente consolidada em nosso país. Consequência natural desta evolução foi a necessidade de efetuar alguns ajustes na legislação para contemplar práticas consolidadas pela jurisprudência e modernizar a regulamentação de certas questões. Assim é que, em 2012 o Senado Federal aprovou a formação de uma Comissão de Juristas para apreciar o tema, da qual fizeram parte apenas 6 foram mulheres: Ministra Ellen Grace, Tatiana Lacerda Prazeres, Adriana Braghetta, Eleonora Coelho, Sílvia Rodrigues Pachikoski e Roberta Maria Rangel[11]. Em números absolutos, houve um aumento em relação à participação feminina na Operação Arbiter de 1992, mas em termos proporcionais, manteve-se a desigualdade de gênero[12].

Por fim, não poderia deixar de mencionar a participação das mulheres no âmbito do nosso homenageado, o CBAr, ao longo de seus 20 anos de história. Desde a sua criação, em 2001, o CBAr sempre contou com mulheres na liderança da instituição, tendo sido presidido por uma mulher, Adriana Braguetta (2009-2013) e por esta autora (2015-2018). Diante da importância da discussão sobre a diversidade de gênero na arbitragem, o CBAr criou em 2019 o Grupo de Estudos "Arbitragem e Diversidade"[13] que tem conduzido importantes atividades voltadas não apenas ao debate da questão, mas também ao mapeamento da presença feminina em nosso mercado de trabalho com vistas à sugestão de ações afirmativas para promover uma maior igualdade de gênero na arbitragem.

Feita essa breve introdução para dar o devido reconhecimento a algumas das mulheres que se destacaram na história da arbitragem no Brasil, passa-se a avaliar o cenário em torno da evolução da diversidade de gênero no âmbito da arbitragem nacional, com foco no desempenho da mulher na função de árbitra.

[11] Pachikoski, Silvia Rodrigues. **As alterações na Lei de Arbitragem.** *In*: Neto, Francisco Maia; Muniz, Joaquim de Paiva. **Reforma da Lei de Arbitragem:** Comentários ao texto completo: Belo Horizonte: Francisco Maia & Associados, 2015, p. 11-12.

[12] Assim como a Operação Arbiter, a Lei nº 13.129/2015, que reformou a Lei da Arbitragem (Lei nº 9.307/1996), foi aprovada com êxito atendendo aos anseios da comunidade jurídica sobre temas até então controversos, permitindo um aprimoramento do instituto e ampliando o campo de incidência da arbitragem. Wald, Arnold. A Reforma da Lei de Arbitragem. **Revista dos Tribunais**, v. 962, 2015, p. 195-216.

[13] Para maiores informações acesse: https://cbar.org.br/site/arbitragem-e-diversidade/.

2. A cultura jurídica brasileira relativa à formação do tribunal arbitral e o viés inconsciente

Não se pode ignorar o fato de que uma das grandes razões para a tímida presença da figura feminina na composição dos tribunais arbitrais é a existência de um "viés inconsciente" (expressão equivalente ao *unconsciouous bias*[14]) dos usuários da arbitragem. Em verdade, não é necessário muito esforço para concluir que, a despeito da evolução verificada nos últimos tempos, "*most international arbitrators are 'pale, male and stale*"[15]. Isto porque no momento da escolha dos árbitros, ainda há uma notória tendência – vista por muitos como "natural" – de considerar os nomes de "elite" que imediatamente vêm à mente, na maior parte das vezes profissionais sêniores, brancos e do sexo masculino. De outro lado, tem-se que a maior parte das indicações são feitas pelos advogados das partes, cujas equipes são igualmente lideradas pelos sócios mais sêniores das sociedades de advogados, que ainda são majoritariamente do sexo masculino. Tais advogados, por sua vez, devem buscar a validação do nome escolhido para exercer a função de árbitros junto aos seus clientes que, em se tratando de empresas, possuem departamentos jurídicos que também ainda são chefiados por homens, na grande maioria.

Trata-se, portanto, de um enorme desafio para as mulheres ganhar visibilidade neste cenário, em que a indicação de seu nome deve, muitas vezes, partir de um colega do sexo oposto ao qual, por sua vez, cabe convencer outro profissional também do sexo masculino, a confiar na sua capacidade para atuar como árbitra, com a mesma competência e comprometimento dos homens.

O desafio é, ao fim do dia, romper as barreiras desse "viés inconsciente" tomando ciência, em primeiro lugar, de que ele existe e deve ser objeto de nossa constante atenção. Na verdade, vivemos com inúmeros "vieses inconscientes" ao longo de nossas vidas, que direcionam nossas atitudes de um modo tão auto-

[14] ***Unconscious biases** are social stereotypes about certain groups of people that individuals form outside their own conscious awareness. Everyone holds unconscious beliefs about various social and identity groups, and these biases stem from one's tendency to organize social worlds by categorizing.* Disponível em: https://diversity.ucsf.edu/resources/unconscious-bias. Acesso em 10/07/2021. Acesso em: 26 jun. 2021.

[15] A maioria das pessoas que figuram nas listas de árbitros no País tem nacionalidade brasileira (80%), é homem (78%), tem mais de 40 anos (96%), com graduação (96%) e doutoramento em Direito (53%), além de exercer ou ter exercido a função de professor universitário (57%), ter publicado ao menos um livro (71%) e dominar pelo mens três idiomas (87%). HADDAD, Ana Olivia Antunes; GOMES, Julia Martins; OLIVEIRA, Louise Maia de. **O perfil do árbitro no Brasil:** uma análise das pessoas que figuram nas listas de árbitros das instituições brasileiras. *In*: LEE, João Bosco; MANGE, Flavia (eds.). **Revista Brasileira de Arbitragem,** Comitê Brasileiro de Arbitragem Kluwer Law International: 2019, v. XVI Issue 64, p. 65.

mático, que sequer percebemos. Isto porque nosso cérebro categoriza informações sobre pessoas em grande parte por meio de rotulagem, o que costumava ser conhecido como estereótipos. A noção de preconceito inconsciente baseia-se na ideia de que os indivíduos desenvolvem um sistema de crenças e respostas embutidos no inconsciente, a partir de repetidas experiências e mensagens recebidas pelo cérebro ao longo da vida. Assim, ainda que involuntariamente, temos a tendência de categorizar as pessoas por idade, raça e gênero para facilitar a recordação de informações[16].

É o que também se conhece como "capital ou poder simbólico", conceito utilizado pelo sociólogo francês, Pierre Bourdieu para explicar, de um modo geral, uma forma de poder derivada do prestígio, carisma e reconhecimento que um indivíduo ou instituição conquista em determinado universo[17]. Esse conceito foi utilizado pela primeira vez na arbitragem pelos juristas Yves Dezalay e Bryant G. Garth, que concluíram que uma pessoa é indicada como árbitro quando outros membros do seu grupo passam a reconhecê-la como detentora de determinadas características consideradas necessárias para o desempenho da função, dentre elas o gênero[18].

As consequências desse agrupamento de informações inconscientes e do poder simbólico tornam-se visíveis quando conhecidos os números referentes à participação feminina no universo da arbitragem, como apontam os resultados de algumas pesquisas conduzidas por instituições que se dedicaram a tratar do assunto. A análise desses resultados ao longo dos anos indica que a situação realmente merecia atenção e que, a partir do momento em que isto aconteceu e as "ações afirmativas" passaram a ser adotadas, passou-se a verificar uma melhoria no cenário, como exemplifica-se a seguir.

3. As estatísticas sobre diversidade de gênero e a evolução da participação feminina na arbitragem

A pesquisa realizada pelo Global Arbitration Review em 2007 com membros do ArbitralWomen[19] revelou que, naquela época, 46% dos entrevistados afir-

[16] Greenwood, Lucy; Baker, C. Mark. **Getting a Better Balance on International Arbitration Tribunals**. Arbitration International: The Journal of the London Court of International Arbitration, v. 28, n.4, p. 659-660.

[17] Bourdieu, Pierre. **O Poder Simbólico**. Rio de Janeiro: Bertrand Brasil, 1989, p. 7-15. Disponível em: https://nepegeo.paginas.ufsc.br/files/2018/06/BOURDIEU-Pierre.-O-poder-simb%C3%B3lico.pdf. Acesso em: 06 abr. 2021.

[18] Haddad, Ana Olivia Antunes; GOMES, Julia Martins; Oliveira, Louise Maia de. *Op. Cit.*, p. 51.

[19] A ArbitralWomen é uma organização não governamental internacional que existe informalmente desde 1993, ativamente desde 2000 e oficialmente como uma organização sem fins lucrativos desde

maram ter experimentado as consequências do viés inconsciente durante uma arbitragem[20].

Em 2019, Bruno Guandalini, Naíma Perella Milani e Laura Gouvêa de França Pereira divulgaram os resultados de uma pesquisa empírica desenvolvida no âmbito do Young ICCA Mentoring Programme entre 2015 e 2016 que analisou, dentre outras questões, a prática arbitral brasileira com relação à constituição dos tribunais arbitrais. Os dados levantados apontaram para a quase total ausência de atenção à necessidade de respeitar a igualdade de gênero na nomeação de árbitros, ao revelar que apenas 2,3% dos advogados entrevistados afirmaram adotar como critério a busca de um equilíbrio nas indicações de homens e mulheres[21].

O Comitê de Arbitragem do Centro de Estudos das Sociedades de Advogados – CESA[22] realizou um estudo que apontou que, em 2016 a presença feminina nas listas de árbitros das instituições arbitrais pesquisadas[23] representavam uma média de apenas 20%, não passando destes mesmos 20% o percentual de mulheres que efetivamente atuaram como árbitras nos casos pesquisados[24].

2005. A ArbitralWomen celebrou seu 25º Jubileu em 2018. Disponível em: https://www.arbitralwomen.org/aw-outline/. Acesso em: 12 jul. 2021.

[20] GAR – Global Arbitration Review, Women of Arbitration – Network Effects, (Sep. 1, 2007). Disponível em: http://www.globalarbitrationreview.com/journal/article/16302/women-arbitration-network-effects/. Acesso em: 06 abr. 2021.

[21] Guadalini, Bruno; Milani, Naíma Perella; Pereira, Laura Gouvêa de França. A cultura jurídica brasileira relativa à formação do tribunal arbitral, o exercício do dever de revelação e impugnações à independência e imparcialidade dos árbitros: uma pesquisa empírica (Parte I). **Revista de Arbitragem e Mediação**, v. 61, 2019, p. 73-140.

[22] CESA – Centro de Estudos das Sociedades de Advogados. **Anuário da Arbitragem no Brasil 2016**. Carvalho, Eliane; Grion, Renato Stephan (coord.). Publicação: dezembro de 2017, p.4. Disponível em: www.cesa.org.br. Acesso em: 06 abr. 2021.

[23] São elas: CBMAE; OAB/SP; CAESP; CAM-CCBC; CAMARB; CIESP; CAMFIEP; ARBITAC; CBMA; FGV; CAM BMF&BOVESPA (atual CAM-B3); ACIF; CIERGS; Câmara Portuguesa; AMCHAM e CCI.

[24] A pesquisa apontou, ainda, que os procedimentos arbitrais administrados pela AMCHAM foram aqueles em que mais árbitras foram nomeadas e ainda assim o número causa espanto, apenas 21.22%. Em seguida a CAMFIEP com 20%, CIESP alcançando 18.36%, o CAM-CCB com 17%, a CAMARB com 15%, a CCI com casos em que ambas as partes são brasileiras, 14,8% e, por fim, a ARBITAC com inexpressivos 6%.

Quanto à tão falada lista de árbitros, das instituições analisadas que as possuía, a IMAB foi a que apresentou mais mulheres compondo o corpo de árbitros, 40%, em seguida a CAMFIEP com 35% de participação feminina na lista de árbitros, CAESP com 20%, CIESP 16%, ARBITAC 15%, CAM com 14,52% e, por fim, CAM-CCBC e CAMARB com 13% e 12% respectivamente.

Em 2017, o mesmo Comitê do CESA atualizou a pesquisa, ampliando-a para abranger outros aspectos da prática arbitral no cenário brasileiro, a partir das informações prestadas pelas principais instituições arbitrais aqui atuantes, fornecendo um diagnóstico dos procedimentos sob sua administração[25].

Em relação à participação feminina na arbitragem, a pesquisa revelou um aumento do número de mulheres nas listas de árbitros institucionais, com destaque para o CAM-CCBC e para a CAMARB, que em apenas 1 ano tiveram um acréscimo de 24% de mulheres em seus respectivos quadros[26]. O primeiro lugar neste quesito ficou com o CBMAE, com 30% da lista de árbitros ocupada por mulheres, seguida da CAMCA OAB/SP com 28,95%. Destaca-se também a CIESP com 22% e a ARBITAC com 18%, bem como a Câmara FGV com 17% e a CAMB3 (até então CAM-BMF&BOVESPA) com 15%[27].

No que diz respeito às indicações de mulheres para atuar como árbitras nas arbitragens em andamento no momento da pesquisa de 2017, destaca-se o percentual da CAMCA OAB-SP, com expressivos 50%, seguida pela CIESP com 36,36%[28].

A partir do momento em que as instituições arbitrais se conscientizaram da importância do seu papel para incentivar a diversidade de gênero na arbitragem, algumas delas passaram a implementar medidas concretas por meio de "ações afirmativas" voltadas ao aumento da representatividade feminina nesse mercado.

Neste sentido, em 2018 o CAM-CCBC expediu a Resolução Administrativa nº 30/2018, condicionando o oferecimento de seu apoio ou patrocínio apenas aos eventos que garantirem a participação de pelo menos 30% de mulheres nos painéis da programação científica, o qual deve igualmente ser respeitado nos eventos organizados pela própria instituição. A obrigatoriedade ao respeito deste percentual de 30% se estende às comissões criadas nos termos do artigo 2.7 do Regulamento do Centro e às indicações de árbitros realizadas pela Presidência do CAM-CCBC. Segundo a mesma Resolução, sempre que possível a instituição apoiará iniciativas relacionadas ao apoio, mentoria e encorajamento

[25] CESA – Centro de Estudos das Sociedades de Advogados. **Anuário da Arbitragem no Brasil 2017**. Carvalho, Eliane; Grion, Renato Stephan (coord.). Publicação: dezembro de 2018. Disponível em: http://www.cesa.org.br/media/files/CESAAnuariodaArbitragem2017.pdf. Acesso em: 21 de dezembro de 2021.

[26] *Id.* p. 12.

[27] *Id.* p. 12.

[28] Cita-se, ainda, os percentuais da CCI com 28,44%, a FGV 27%, CAM-CCBC 15,8%, AMCHAM 15,2%, CAMB3 15,15%, CAMARB 15%, ARBITAC 7,04% e CBMA 6,45%.

de mulheres à atuação como árbitra e para avançar na carreira profissional na arbitragem como um todo, se comprometendo também a publicar semestralmente informações a respeito da questão em torno da diversidade de gênero. Deste modo, desde 2018 o CAM-CCBC passou a divulgar em seu site as suas estatísticas neste particular[29].

A primeira estatística divulgada pelo CAM-CCBC em 2018 demonstrou que, dos tribunais arbitrais constituídos naquele ano (98% eram compostos por três árbitros), 55% eram mistos, 42% formados apenas por homens e somente 3% exclusivamente por mulheres. Os tribunais trinos tiveram, no geral, a participação de 73% de árbitros homens e 27% de mulheres. Curiosamente, os 2% de casos de árbitro único foram todos julgados por mulheres. As partes e os coárbitros indicaram homens em 76% dos procedimentos, enquanto as indicações feitas pela Presidência do CAM-CCBC foram de 62% de mulheres e 38% de homens. Naquele ano, os homens presidiram a maioria dos tribunais arbitrais: 62%.

A pesquisa seguinte, realizada com base nos Termos de Arbitragem assinados em 2019, apontou que, de todos os tribunais trinos (96%), 71% foram compostos de árbitros e 29% de árbitras; os casos de árbitro único foram novamente conduzidos 100% por mulheres. Identificou-se o percentual de 56,94% de tribunais mistos, 40,28% de tribunais apenas de homens e 2,78% de tribunais compostos apenas por mulheres.

Quanto às indicações das partes e coárbitros, novamente a esmagadora maioria foram em profissionais do sexo masculino, ficando as mulheres somente com 28% das nomeações. Por outro lado, novamente o CAM-CCBC indicou mais mulheres que homens: 66% e 34% respectivamente. Na presidência dos tribunais arbitrais, houve aumento de 1% na participação das mulheres: 38%.

Considerando os tribunais arbitrais constituídos a partir dos Termos de Arbitragem assinados em 2020, as estatísticas apontaram que nos tribunais trinos (95,38% do total) os homens representavam 69,35% e as mulheres 30,65%; nos casos de árbitro único, os homens representaram 66,66% e as mulheres 33,34%. O índice de tribunais mistos foi de 61,30%, verificando-se um aumento nos tribunais arbitrais exclusivamente femininos, no percentual de 4,83%; os tribunais compostos apenas por homens seguiram como maioria, representando 33,87%.

No tocante às indicações das partes e coárbitros, mais uma vez os dados demonstram que ainda há uma significativa desigualdade de gênero, sendo pre-

[29] Disponível em: https://ccbc.org.br/cam-ccbc-centro-arbitragem-mediacao/resolucao-de-disputas/arbitragem/estatisticas-mulheres-da-arbitragem/diversidade-de-genero/. Acesso 04 mar. 2021.

dominantemente de homens, alcançando o percentual de 69,35%, enquanto as indicações de mulheres se limitaram a 30,65%. Nesse ano, o CAM-CCBC nomeou mais homens (66,66%), mas cumpriu o percentual de 30% determinado na RA nº 30/2018, com 33,34% de nomeação em mulheres. Novamente os árbitros homens estiveram à frente da presidência na maioria tribunais arbitrais, 58%dos casos, mas não se pode deixar de notar que de ano a ano o percentual de mulheres presidindo as arbitragens em trâmite no CAM-CCBC tem aumentado.

Além da iniciativa do CAM-CCBC em divulgar as estatísticas em seu site, desde 2016 a ICC tem divulgado números sobre a diversidade de gênero nos tribunais arbitrais dos casos administrados pela instituição, como parte da estratégia de reforçar a diversidade e a transparência na arbitragem[30].

Recentemente, o Grupo de Estudos de Diversidade do CBAr deu início a uma pesquisa destinada a mapear o cenário brasileiro no tocante ao respeito da diversidade de gênero nos tribunais arbitrais e às políticas adotadas por instituições arbitrais brasileiras (as 11 instituições que aderiram à pesquisa foram: CAESP, CAM-CCBC, CAMARB, CBMA, CAMESC, CCI, CIESP/FIESP, FGV, AMCHAM, ARBITAC e CAM-B3), entre os anos de 2016 a 2020, obtendo informações sobre o número de mulheres que integram as listas de árbitros[31], a composição dos tribunais arbitrais[32] e a adesão das entidades ao *ERA Pledge* – iniciativa que será explicada a seguir. As informações coletadas estão sendo analisadas pelo Grupo de Estudos e serão divulgadas brevemente, mantendo-se ainda confidenciais no momento da conclusão deste artigo. Por ora, é possível apenas revelar que, de modo geral, houve uma evolução positiva nas estatísticas, mas ainda há que se trabalhar para alcançar a desejada igualdade de gênero nas listas de árbitros e no exercício da função de árbitro. Contudo, a grande maioria das instituições se declararam signatárias do *ERA Pledge.*

4. Breve comparativo com a experiência internacional

A realidade vivenciada no Brasil é um reflexo do que tem acontecido em âmbito internacional, de modo que a preocupação com a diversidade de gênero na arbitragem é hoje uma tendência mundial. Neste sentido, instituições arbitrais e demais entidades voltadas ao estudo e ao aprimoramento da arbitragem vêm adotando iniciativas destinadas à diminuição da desigualdade de gênero, que

[30] Disponível em: https://www.iccbrasil.org/noticias/2017/6/14/icc-cresce-em-diversidade-de-genero/. Acesso em 16 abr. 2021.

[31] Com exceção da CCI e da AMCHAM que não possuem lista de árbitros.

[32] Os números anuais se referem à data da assinatura do termo de arbitragem.

tem gerado impactos positivos, principalmente, na composição dos tribunais arbitrais.

A exemplo, em 2020, a London Court of International Arbitration (LCIA) divulgou que a diversidade de gênero atingiu o índice de 33% de participação feminina nos tribunais arbitrais e que as nomeações de árbitros do sexo feminino pela Corte da LCIA alcançaram a taxa de 45%[33]. No mesmo ano, a Singapore International Arbitration Centre (SIAC) também publicou suas estatísticas relacionadas à diversidade de gênero na composição dos tribunais arbitrais administrados pela instituição e os dados não foram animadores, demonstrando um relativo retrocesso se comparado ao ano de 2019. Das 143 nomeações de árbitros feitas pelo SIAC, 46 (ou 32.2%) foram de mulheres, o que representou diminuição em relação ao ano anterior, quando este índice foi de 36,5%.

Estudo realizado pelo International Council for Commercial Arbitration ("ICCA") sobre a diversidade de gênero na arbitragem internacional, publicado em 2020 por meio do "Report Of The Cross-Institutional Task Force On Gender Diversity in Arbitral Appointments and Proceedings", demonstrou que, apesar das dificuldades intrínseca às mais diferentes culturas jurídicas, as estatísticas apontam que as "ações afirmativas" adotadas para incentivar a nomeação de mulheres em tribunais arbitrais tem gerado um resultado muito positivo, não apenas ao abrir espaço para a presença feminina neste mercado, mas sobretudo porque a diversidade de gênero promove o crescimento econômico e faz parte do contexto social e cultural mais amplo em que se inserem o comércio internacional e arbitragem[34].

Ao comparar o número de indicações de profissionais mulheres nas principais instituições internacionais ocorridas em 2015 em relação a 2019, a pesquisa identificou que, em 4 anos, houve um aumento significativo em todas as instituições arbitrais analisadas, apesar de nenhuma ter atingido o patamar de 50% de nomeações femininas[35].

Esta evolução tem sido percebida pelos *players* da arbitragem, conforme apontou a recém-divulgada pesquisa da Queen Mary University of London em

[33] LCIA. Annual Casework Report 2020. Publicado em 17 de maio de 2021. Disponível em: https://www.lcia.org/News/lcia-news-annual-casework-report-2020-and-changes-to-the-lcia-c.aspx. Acesso em: 17 maio 2021.

[34] ICCA. Report of The Cross-Institutional Task Force on Gender Diversity in Arbitral Appointments and Proceedings – n. 08, 2020, p. 17-18.

[35] ICCA. Report of The Cross-Institutional Task Force on Gender Diversity in Arbitral Appointments and Proceedings – n. 08 2020, p. 34.

parceria com o White & Case de 2021[36], ao indicar que mais da metade dos entrevistados (61%) concordaram que houve progresso em termos de diversidade de gênero nos tribunais arbitrais nos últimos 3 (três) anos[37]. Para 37% dos entrevistados[38] a falta de diversidade não impacta na independência e imparcialidade do tribunal arbitral e que, apesar da diversidade ser um objetivo louvável, não impacta a credibilidade ou a qualidade do tribunal arbitral.

5. Iniciativas institucionais

O crescimento da representatividade feminina na arbitragem ao longo dos anos também é fruto de importantes iniciativas globais para que as mulheres estejam cada vez mais presentes e mais que isso, atuantes, na arbitragem.

O primeiro movimento neste sentido foi a criação do Arbitral Woman em 1993, organização internacional não governamental que visa, sobretudo, promover as mulheres por meio de eventos, reuniões sociais, mentoria e patrocínio de estudantes de direito do sexo feminino em competições acadêmicas de arbitragem. Em 2018, quando a organização completou 25 anos de existência, contava com aproximadamente 1.000 membros de 40 países diferentes, tendo contribuído muito para o avanço da participação das mulheres no âmbito dos mecanismos extrajudiciais de resolução de disputas, pelo seu efetivo envolvimento com a causa que possibilitou maior visibilidade e promoção da diversidade de gênero.

O Arbitral Women conta com um projeto extremamente necessário denominado de Young Arbitral Women Practitioners ("YAWP"), primeiro grupo voltado às jovens mulheres atuantes na área, com menos de 40 anos que buscam enfrentar os inúmeros desafios que surgem nos estágios iniciais da carreira.

Outra iniciativa de enorme importância é o ERA Pledge[39], idealizado por membros da comunidade arbitral em 2015, considerado uma das mais relevantes na luta por uma representação justa e equitativa das mulheres na arbitragem[40]. Trata-se de um mecanismo a partir do qual, aqueles que decidem aderir ao ERA Pledge, se comprometem a adotar medidas concretas para aumentar

[36] White & Case. 2021 International Arbitration Survey: Adapting Arbitration to a changing world. Queen Mary University of London. Disponível em: https://www.whitecase.com/publications/insight/2021-international-arbitration-survey. Acesso em: 18 maio 2021.

[37] *Ibid.*, p.17-19.

[38] *Ibid.*, p. 18.

[39] Disponível em: http://www.arbitrationpledge.com/. Acesso em: 06 mar. 2021.

[40] Wahab, Mohamed S. Abdel. **Diversity, Legitimacy, Innovation and the Future of International Arbitration**, Issue 3, ICC Dispute Resolution Bulletin, 2019, p. 29.

a representação feminina na arbitragem e promover a nomeação de mulheres como árbitras, em bases iguais de oportunidades, bem como a reunir e disponibilizar estatísticas de gênero para consulta pública. Os signatários também devem garantir que, nas listas elaboradas para fins de seleção de profissionais para atuar como árbitro (na posição de coárbitro ou árbitro presidente), sempre deverá haver uma justa representação de candidatas mulheres. As informações são de que, até 5 de março de 2021, o ERA Pledge contava com 4.562 adesões, incluindo cerca de 782 organizações de 113 países diferentes.

Em 2021, o ERA Pledge lançou a cartilha denominada "My 10 Pledge Resolution", sugerindo dez ações a serem praticadas pelos signatários para minimizar a desigualdade de gênero no âmbito da comunidade arbitral. São elas: (i) nomear mulheres como árbitras em igual base de oportunidade; (ii) perguntar ao meu escritório/instituição arbitral se possui uma política em vigor para mapear o número de árbitras que nomeamos; (iii) da próxima vez que elaborar uma lista de possíveis árbitros, utilizar a ferramenta de pesquisa por árbitras da ERA Pledge; (iv) sugerir uma mulher para palestrar em uma conferência de arbitragem; (v) convidar uma mulher atuante na arbitragem para publicar em coautoria o próximo artigo; (vi) na próxima apresentação em público, anunciar que aderiu ao ERA Pledge e incentivar a adesão por colegas durante o evento; (vii) usar broche do ERA Pledge em conferências/eventos de arbitragem para mostrar o apoio à igualdade de gênero na arbitragem; (viii) encaminhar mensagem à equipe apresentando o ERA Pledge ou mencioná-lo na próxima reunião de equipe encorajando outros colega a aderir; (ix) atuar como mentora(o) para uma colega mulher; (x) levar um colega homem para o próximo evento sobre mulheres na arbitragem ou sobre o ERA Pledge.

Mais recentemente, em 2018, foi criado o Latam Women Way in Arbitration – WWA, iniciativa focada na América Latina[41], com o intuito de promover uma maior participação das mulheres como advogadas e árbitras na arbitragem internacional, desenvolvendo uma série de atividades destinadas a impulsionar essa representatividade, tais como: intercâmbio e *networking* entre mulheres associadas e de outras organizações que compartilham os mesmos objetivos; cooperação com outras associações e instituições regionais e internacionais, para o desenvolvimento de ações que favoreçam a diversidade, evitem a discriminação

[41] O grupo foi fundado pelas juristas Verónica Sadler, Sandra Gonzalez e María Inés Corrá e as co-fundadoras são unidas por um Comitê Executivo formado por Irma Rivera (Colômbia), María Inés Solá (Argentina), Noiana Marigo (EUA), Macarena Letelier (Chile) e Eleonora Coelho (Brasil), Disponível em: https://mailchi.mp/arbitralwomen/i9sfm9ydix-1092709?e=d662dcc13c. Acesso em: 12 jul. 2021.

e fortaleçam a posição da mulher na arbitragem nacional e internacional e; promoção de pesquisas, estudos, intercâmbios, eventos e conferências, nacionais, regionais e internacionais, bem como programas de orientação que contribuam para a promoção da mulher na prática da arbitragem e ampliem sua exposição neste mercado[42].

Conclusões

Como visto, a participação feminina na arbitragem brasileira iniciou-se timidamente, mas as mulheres sempre estiveram presente e à frente de importantes marcos e projetos que foram essenciais à difusão e à consolidação do instituto em nosso país. A relevância da diversidade de gênero na arbitragem ganhou atenção a partir do momento em que se passou a divulgar as estatísticas que, até muito pouco tempo, revelavam um cenário bastante negativo neste particular.

Importantes instituições arbitrais resolveram se posicionar e passaram a exercer um papel relevante por meio da adoção de "ações afirmativas" voltadas ao incentivo da atuação das mulheres nos procedimentos arbitrais, que começam a gerar resultados práticos. Nos últimos anos, percebeu-se um aumento gradativo da presença de mulheres nas listas de árbitros das instituições e, principalmente, no efetivo exercício da função de árbitra.

A diversidade de gênero na composição dos tribunais arbitrais, para além de ser uma questão da justiça social, eis que há tantas mulheres quanto homens competentes para exercer a função e ambos merecem iguais oportunidades, gera benefícios para o procedimento arbitral, ao proporcionar visões e condutas diferentes que, ao se complementarem, potencialmente oferecem uma solução mais eficiente e adequada ao conflito.

A evolução das estatísticas analisadas demonstra que essa realidade tem sido percebida pelos usuários, advogados e coárbitros, que têm nomeado mais mulheres para compor e presidir tribunais arbitrais. Mas os desafios para minimizar a desigualdade de gênero ainda são muitos, tendo-se notado que, apesar do aumento da participação feminina, rara as vezes o percentual relativo à atuação das mulheres se aproximou de 50%.

No entanto, não se pode ignorar os avanços conquistados, muito graças às iniciativas de organizações fundadas com o intuito de promover a igualdade de gênero[43]. A final, reconhecer a importância e apoiar os movimentos que

[42] Disponível em: https://wwarb.org/quienes.php. Acesso em: 18 maio 2021.

[43] Relevantes avanços já se verificam no próprio meio institucional, em que as mulheres têm ganhado cada vez mais posições de destaques. No Brasil, temos Eleonora Coelho na presidência do CAM-CCBC já em seu segundo mandato e, no exterior, a CCI passou a ser presidida por Claudia Salomon.

atuam em prol da representatividade das mulheres na arbitragem e que visam implementar, sobretudo, a igualdade de oportunidades, é essencial para que se alcance um cenário de equilíbrio, em que essa questão não seja mais motivo de preocupação.

Por enquanto, ainda nos cabe debater o assunto e contribuir, na medida do possível, para que tal cenário se torne realidade o quanto antes e homens e mulheres ocupem posições de destaque por mérito e merecimento próprio, afastando-se influências causadas por preconceitos, ou mesmo por um "viés inconsciente". Diante de tantos movimentos neste sentido, são favoráveis as perspectivas de que a igualdade de gênero será observada e respeitada no âmbito da comunidade arbitral brasileira, já reconhecidamente evoluída em tantos aspectos.

Referências

AMCHAM. Centro de Arbitragem e Mediação Amcham Brasil. Disponível em: https://www.amcham.com.br/o-que-fazemos/arbitragem-e-mediacao. Acesso em: 05 mar. 2021.

ARBITRAL WOMEN. Disponível em: https://www.arbitralwomen.org/aw-outline/. Acesso em 18 maio 2021.

BOURDIEU, Pierre. **O Poder Simbólico**. Rio de Janeiro: Bertrand Brasil, 1989, p.7-15. Disponível em: https://nepegeo.paginas.ufsc.br/files/2018/06/BOURDIEU-Pierre.-O-poder-simb%C3%B3lico.pdf. Acesso em: 06 abr. 2021.

BRASIL. IBGE. **Estatísticas de gênero: indicadores sociais das mulheres no Brasil**. Coordenação de População e Indicadores Sociais. 2. ed. Rio de Janeiro: IBGE, 2021, p. 8. Disponível em: https://biblioteca.ibge.gov.br/visualizacao/livros/liv101784_informativo.pdf. Acesso em 09 mar. 2021.

BRASIL. Lei nº 9.307/1996. **Dispõe sobre a arbitragem**. Brasília, DF: Presidência da República [1996]. Disponível em: http://www.planalto.gov.br/ccivil_03/leis/l9307.htm. Acesso em: 05 mar. 2021.

CÂMARA DE CONCILIAÇÃO, MEDIAÇÃO E ARBITRAGEM – FIESP/CIESP. Disponível em: https://www.fiesp.com.br/sobre-a-fiesp/camara-de-arbitragem/. Acesso em: 05 mar. 2021.

CAMARB – Câmara de Mediação e Arbitragem Empresarial – Brasil. Disponível em: https://camarb.com.br/institucional/nossa-historia/. Acesso em: 05 mar. 2021.

CAM-CCBC – Centro de Arbitragem e Mediação da Câmara de Comércio Brasil-Canadá. **Estatísticas Diversidade de Gênero 2020.** Disponível em: https://ccbc.org.br/cam-ccbc-centro-arbitragem-mediacao/resolucao-de disputas/arbitragem/estatisticas-mulheres-da-arbitragem/diversidade-de-genero/. Acesso em: 03 mar. 2021.

CARMONA, Carlos Alberto. **As Listas de Árbitros.** *In:* ROCHA, Caio Cesar Vieira; SALOMÃO, Luis Felipe. **Arbitragem e mediação:** A Reforma da Legislação Brasileira. 2. ed. rev. e atual. São Paulo: Atlas, 2017.

CBMA – Centro Brasileiro de Mediação e Arbitragem. Disponível em: http://www.cbma.com.br/porquecbma. Acesso em: 03 mar. 2021.

CESA – Centro de Estudos das Sociedades de Advogados. **Anuário da Arbitragem no Brasil 2016**. CARVALHO, Eliane; GRION, Renato Stephan (coord.). Publicação: dezembro de 2017. Disponível em: www.cesa.org.br. Acesso em: 06 abr. 2021.

CESA – Centro de Estudos das Sociedades de Advogados. **Anuário da Arbitragem no Brasil 2016**. CARVALHO, Eliane; GRION, Renato Stephan (coord.). Publicação: dezembro de 2017, p.4. Disponível em: www.cesa.org.br. Acesso em: 06 abr. 2021.

CESA – **Cartilha de Diversidade do CESA** – Comitê de diversidade e Responsabilidade Social. MORI, Alberto, OLIVEIRA, Flávia Regina de Souza (coord.), 2017.

CHACEL, Julian. **Breve nota sobre a Câmara FGV de Conciliação e Arbitragem.** Revista de Arbitragem e Mediação. São Paulo, v. 30, 2011.

COMITÊ BRASILEIRO DE ARBITRAGEM. Arbitragem e Diversidade. Disponível em: https://cbar.org.br/site/arbitragem-e-diversidade/ Acesso em: 16 abr. 2021.

COMITÊ BRASILEIRO DE ARBITRAGEM. **Arbitragem no Brasil – Pesquisa CBAr-Ipsos**. Disponível em: https://cbar.org.br/site/arbitragem-no-brasil-pesquisa-cbar-ipsos/. Acesso em 16 abr. 2021.

ERA PLEDGE – **Equal Representation in Arbitration Pledge.** Disponível em: http://www.arbitrationpledge.com/. Acesso em: 06 mar. 2021.

GREENWOOD, Lucy; BAKER, C. Mark. **Getting a Better Balance on International Arbitration Tribunals**. Arbitration International: The Journal of the London Court of International Arbitration, v. 28, n. 4.

GUADALINI, Bruno; MILANI, Naíma Perella; PEREIRA, Laura Gouvêa de França. **A cultura jurídica brasileira relativa à formação do tribunal arbitral, o exercício do dever de revelação e impugnações à independência e imparcialidade dos árbitros:** uma pesquisa empírica (Parte I). Revista de Arbitragem e Mediação, v. 61, 2019.

HADDAD, Ana Olivia Antunes; GOMES, Julia Martins; OLIVEIRA, Louise Maia de. **O perfil do árbitro no Brasil: uma análise das pessoas que figuram nas listas de árbitros das instituições brasileiras**. *In*: LEE, João Bosco; MANGE, Flavia (eds), **Revista Brasileira de Arbitragem**, Comitê Brasileiro de Arbitragem Kluwer Law International: 2019, v. XVI, Issue 64.

ICC – International Chamber of Commerce. **ICC reveals record number of new Arbitration cases filed in 2016.** 18/01/2017. Disponível em: https://iccwbo.org/media-wall/news-speeches/icc-reveals-record-number-new-arbitration-cases-filed-2016/ Acesso em: 06 mar. 2021.

ICCA Report of The Cross-Institutional Task Force on Gender Diversity in Arbitral Appointments and Proceedings. Disponível em: https://cdn.arbitration-icca.org/s3fs-public/document/media_document/ICCA-Report-8-Gender-Diversity_0.pdf. Acesso em: 18 maio 2021.

INTERNATIONAL ARBITRATION SURVEY: **Adapting Arbitration to a changing world.** 2021. Queen Mary University of London; White & Case. Disponível em: https://www.whitecase.com/publications/insight/2021-international-arbitration-survey. Acesso em: 18 maio 2021.

LATAM WOMEN WAY IN ARBITRATION – WWA. Disponível em: https://wwarb.org/quienes.php. Acesso em: 18 maio 2021.

LCIA. **Annual Casework Report 2020**. Disponível em: https://www.lcia.org/News/lcia-news-annual-casework-report-2020-and-changes-to-the-lcia-c.aspx. Acesso em: 17 maio 2021.

LEMES, Selma M. Ferreira. **O papel do árbitro.** Disponível em: http://selmalemes.adv.br/artigos/artigo_juri11.pdf. Acesso em 06 abr. 2021.

MUNIZ, Petrônio Raimundo Gonçalves. **Operação Arbiter:** a história da Lei n. 9.307/96 sobre a arbitragem comercial no Brasil. 2. ed. Salvador: Assembleia Legislativa, 2016.

ONU. Organização das Nações Unidas. **Objetivos de Desenvolvimento Sustentável**. Disponível em: https://brasil.un.org/pt-br/sdgs/5 Acesso em: 09 mar. 2021.

PACHIKOSKI, Silvia Rodrigues. **As alterações na Lei de Arbitragem.** *In:* NETO, Francisco Maia; MUNIZ, Joaquim de Paiva. Reforma da Lei de Arbitragem: Comentários ao texto completo: Belo Horizonte: Francisco Maia & Associados, 2015.

ROCK, David; GRANT, Heidi Grant. **Why Diverse Teams are Smarter, Harvard Business Review.** 04/11/2016. Disponível em: https://hbr.org/2016/11/why-diverse-teams-are-smarter. Acesso em: 18 maio 2021.

SANTOS, Caroline dos. **Diversity in International Arbitration A No-Women's Land?** *In*: Leo Staub (Ed.), **Beiträge zu aktuellen Themen an der Schnittstelle zwischen Recht und Betriebswirtschaft III**, Schultess, Zurich, 2017.

SIAC. **Annual Annual Report 2020:** Highlights and Takeaways. Disponível em: https://www.cms-lawnow.com/ealerts/2021/04/the-siac-annual-report-2020-highlights-and-takeaways. Acesso em: 17 maio 2021.

WAHAB, Mohamed S. Abdel. **Diversity, Legitimacy, Innovation and the Future of International Arbitration**, Issue 3, ICC Dispute Resolution Bulletin, 2019.

WOMEN IN LAW MENTORING BRAZIL. **Como está a diversidade de gênero nos escritórios de advocacia no Brasil**. Disponível em: https://wlm.org.br/como-esta-a-diversidade-de-genero-nos-escritorios-de-advocacia-no-brasil/. Acesso em: 09 mar. 2021.

WALD, Arnold. **A Reforma da Lei de Arbitragem**. Revista dos Tribunais, v. 962, 2015.

35.
QUESTÕES ENVOLVENDO A PROTEÇÃO DE DADOS PESSOAIS NAS ARBITRAGENS INTERNACIONAIS

PAULO M. R. BRANCHER

Introdução

Se há não muito tempo os temas envolvendo a privacidade e proteção de dados pessoais parecia ser apenas de interesse de praticantes do direito envolvidos em matérias e assuntos afeitos à tecnologia, não é exagero dizer que, atualmente, não há área do direito que não seja impactada por essas questões. De fato, não se trata mais de saber apenas se uma empresa detém um banco de dados que pode sofrer acessos não autorizados e quais as punições envolvidas. Mais do que isso, a seriedade com que governos de diversos países passaram a tratar a proteção a dados pessoais, impôs uma mudança radical nas mais diferentes atividades profissionais. Este artigo versa exatamente sobre questões de proteção de dados nas arbitragens internacionais, objetivando demonstrar que esse tipo de solução de controvérsias passou a ser um importante cenário de aplicação de diferentes normas de ordem pública que seriamente impactam a atuação de todos os profissionais envolvidos na sua realização, passando pelas partes envolvidas e seguindo por advogados, árbitros e demais agentes que atuam direta ou indiretamente no processo.

Estruturamos este artigo iniciando pela análise de conceitos e definições envolvendo a proteção de dados pessoais (em especial o General Data Protection Regulation – GDPR e a Lei Geral de Proteção de Dados Pessoais – LGPD), bem como as situações que autorizam o uso de referidos dados em processos judiciais e nas arbitragens. Na sequência, avaliamos o fluxo de dados tipicamente encontrado nas arbitragens internacionais e as situações de possível aplicação extraterritorial de referidas normas aos agentes que atuam no processo arbitral. Na sequência, abordamos exemplos de situações de risco existentes e quais medidas mitigadoras devem ser consideradas, levando-se em conta o impacto que o descumprimento dessas legislações pode causar ao processo arbitral.

1. A regulação envolvendo a proteção de dados pessoais em processos judiciais e nas arbitragens

Antes de iniciar a análise específica do impacto que as normas de proteção de dados pessoais podem gerar em um processo arbitral, é importante alinhar entendimentos sobre certos conceitos, aplicabilidade e abrangência de referidas normas. Por motivos óbvios, nossa ideia é de centrar esforços em relação à realidade normativa aplicável no Brasil, sem prejuízo das contribuições de outras normas estrangeiras sobre o assunto.

Em grande medida inspirada pelo regulamento europeu de proteção de dados pessoais (GDPR), a Lei nº 13.709/2018 (LGPD) estabeleceu normas sobre o tratamento de dados pessoais, ocorram eles nos meios físicos ou digitais, por pessoa física ou jurídica (de direito público ou privado), "com o objetivo de proteger os direitos fundamentais de liberdade e de privacidade e o livre desenvolvimento da personalidade da pessoa natural" (art. 1º)[1].

Assim, o escopo de proteção da lei não versa sobre informações empresariais ou mesmo aquelas protegidas em algum nível por propriedade intelectual[2], já que estas seguem uma racionalidade própria e são endereçadas em outros subsistemas normativos, como o societário, o concorrencial, os direitos autorais e mesmo da proteção à propriedade industrial. O tema principal reside, pois, no modo como informações de pessoas físicas devem ser reguladas e protegidas, não importando sua natureza pública ou confidencial e se utilizadas ou não em ambiente corporativo. Fazendo um paralelo com relação a informações que se encontram em um processo arbitral, a LGPD não tem relevância na proteção de fatos e argumentos utilizados pelas partes na interpretação de um contrato, salvo se, no contexto de tais narrativas, houver informações de pessoas, além das partes no processo, como por exemplo, listas de clientes, de funcionários, prestadores de serviços autônomos ou indivíduos que se relacionaram com uma das partes e que, por qualquer motivo, foram incluídas na documentação ou nas peças processuais.

[1] BRASIL. Lei nº 13.709, DE 14 DE AGOSTO DE 2018. Lei Geral de Proteção de Dados Pessoais (LGPD). Disponível em: http://www.planalto.gov.br/ccivil_03/_ato2015-2018/2018/lei/l13709.htm. Acesso em: 01 jul. 2021. No mesmo sentido, *vide* art. 1º(1) do GDPR, que restringe sua aplicação apenas a dados de pessoas naturais.

[2] Ainda que o segredo de negócio possa ser um elemento importante para não revelar todas as informações solicitadas por um titular de dados no exercício regular de seu direito.

O próprio conceito de tratamento de dados pessoais também determina a aplicação dessas normas protetivas em praticamente qualquer situação envolvendo o emprego de dados pessoais. Para fins da LGPD, tratamento é considerado toda operação realizada com dados pessoais, incluindo a coleta, produção, recepção, classificação, utilização, acesso, reprodução, transmissão, distribuição, processamento, arquivamento, armazenamento, eliminação, avaliação ou controle da informação, modificação, comunicação, transferência, difusão ou extração. Ou seja, basicamente não comporta exceções que possam justificar a não aplicação da lei em situações envolvendo dados pessoais, superada a delimitação territorial e escopo de aplicação[3].

Nesse contexto inicial de conceitos e definições, é possível concluir que, ainda que não se trate de atividade comercial, relação de emprego ou atividade governamental, o processo judicial ou arbitral, nacional ou internacional, em que se verifique a existência de dados pessoais, também sujeita as partes (e todos os que dele participam) ao cumprimento das normas aplicáveis de proteção de dados.

Mas isso não significa que todos os que atuam em um processo arbitral sujeitam-se de modo uniforme na aplicação de referidas normas. Isso porque há diferentes papéis que são desempenhados por diferentes atores ao realizarem o tratamento de dados pessoais. Aqui nos referimos essencialmente às figuras do controlador de dados e do operador de dados que, conjuntamente, são denominados de agentes de tratamento de dados pessoais.

Para fins da LGPD, controlador é a pessoa natural ou jurídica, de direito público ou privado, a quem compete tomar as decisões referentes ao tratamento de dados pessoais[4]. Em outras palavras, de acordo com o contexto estabelecido que permite que um determinado ente público ou privado realize um tratamento de dados pessoais, este será considerado controlador toda vez que detenha poderes para, observados determinados critérios e delimitadores previstos em lei, tenha autonomia para decidir como realizar referido tratamento.

Já o operador de dados é definido como a pessoa natural ou jurídica, de direito público ou privado, que realiza o tratamento de dados pessoais em nome do controlador. Em assim sendo, basicamente não tem liberdade para tomar qualquer decisão com relação ao tratamento de dados pessoais, a não ser o que esteja dentro do escopo de orientações estabelecidas pelo controlador.

[3] Vide art. 5º, X, da LGPD e art. 4º (2) do GDPR no mesmo sentido.

[4] As definições de controlado e operador estão no art. 5º, VI e VII, da LGPD e no art. 24 e seguintes do GDPR. Na versão em português do GDPR o controlador é definido como o "responsável pelo tratamento", ainda que na versão em inglês o termo que designa essa figura é "*controller*".

O poder de decisão do controlador não trata de liberdade ampla e irrestrita no tratamento – uma vez que os dados não lhe pertencem (são de titularidade do respectivo indivíduo) –, mas sim daquela baseada nas restrições estabelecidas em lei ou conforme propriamente informadas pelo controlador ao indivíduo. Daí é possível dizer que os limites que devem ser observados pelo controlador no tratamento de dados pessoais são encontrados, basicamente, nos princípios da finalidade, adequação, necessidade, transparência, segurança, prevenção e não discriminação[5].

Em breves linhas, o controlador, ao tratar dados pessoais, tem um dever de fidúcia por utilizar um bem de propriedade alheia, competindo a ele atuar de forma clara, transparente, informando-o sobre suas intenções e destinação das informações, sabendo que o abuso do direito de tratar dados pessoais (como por exemplo um tratamento explicado de modo raso ou incompleto, o desvio de finalidade quanto ao uso ou compartilhamento do dado, ou ainda o uso de linguagem inadequada nas políticas de privacidade que leve o indivíduo a uma incerteza do que pode acontecer com seus dados pessoais) pode sujeitar o infrator às penalidades previstas em referidas normas, sem prejuízo do indivíduo (titular de dados) exercer o direito de receber compensação pelos danos sofridos.

No âmbito de processos arbitrais, é comum encontrarmos as figuras de controlador e operador. Ainda que o assunto não seja tratado de modo pacífico, não temos dúvida que a atuação do advogado, enquanto prestador de serviços advocatícios a seu cliente, atua na condição de controlador. Isso porque, amparado pelo Estatuto da OAB (Lei 8.906/94, art. 7º, I) e pelo Código de Ética e Disciplina da OAB[6] (art. 2º, parágrafo único, II), constitui direito do advogado exercer sua profissão com liberdade e seu dever atuar com independência e boa-fé.

De fato, os advogados recebem dados pessoais para construir, na sua visão, o melhor caminho para a defesa dos interesses de seus clientes na demanda e, na condição de controladores, tomam a decisão sobre quais dados usar e com quem devem compartilhar, seja com o Poder Judiciário, com Câmaras de Arbitragem, Tribunal Arbitral ou mesmo prestadores de serviços que o auxiliam na condução do caso. Ademais, importante lembrar que os advogados também têm acesso a dados pessoais advindos de outras fontes do processo, principalmente da parte contrária.

[5] Conforme art. 6º da LGPD e art. 5º do GDPR.

[6] Disponível em: https://www.oab.org.br/visualizador/19/codigo-de-etica-e-disciplina. Acesso em: 27 abr. 2021.

Ainda que o assunto não tenha sido desenvolvido com maior profundidade no Brasil, é possível ver um posicionamento mais claro nesse sentido no âmbito do GDPR, tomando por exemplo a autoridade de proteção de dados britânica (ICO)[7]:

> *The use of a lawyer provides a good illustration of why providers of professional services are not usually just data processors. A client receives legal advice and, regardless of whether or not he chooses to follow the advice, would not ask the lawyer to make amendments to the original advice – the lawyer controls the detailed content of the advice. Lawyers would also have their own professional responsibilities in terms of record keeping, the confidentiality of communications and so forth. Again, this points towards lawyers and similar professional service providers being data controllers in their own right.*

No mesmo sentido[8]:

> *Even in situations in which it appears that a client has provided specific directions and retains a large degree of control, a law firm may still find itself acting as a controller with regard to data if it is required to process data outside of those client instructions in order to comply with regulatory or professional obligations.*

Outras atuações no processo arbitral merecem uma análise mais cuidadosa. Não há dúvida, por exemplo, que o prestador de serviço que realiza as anotações taquigráficas pode ser considerado um operador, porque a ele não compete decidir de que forma realizará o tratamento de dados pessoais. Apenas prestará o serviço, tal qual contratado, entregando por escrito o que foi descrito oralmente nas audiências.

Por outro lado, entendemos que a atuação do árbitro está muito conectada com a posição do advogado no processo, porque compete a ele utilizar as informações dentro de sua esfera de liberdade e conduzir o processo até sua fase

[7] INFORMATION COMMISSIONER'S OFFICE (ICO). **Data controllers and data processors:** what the difference is and what the governance implications are. Disponível em: https://ico.org.uk/media/for-organisations/documents/1546/data-controllers-and-data-processors-dp-guidance.pdf. Acesso em: 27 abr. 2021.

[8] Zetoony, David A.; Kociok, Carsten A. **Are law firms considered "processors" or "controllers" of the personal data that they receive from clients as part of a representation?** December 2, 2020. Disponível em: https://www.gtlaw-dataprivacydish.com/2020/12/are-law-firms-considered-processors-or-controllers-of-the-personal-data-that-they-receive-from-clients-as-part-of-a-representation/#_ftnref5. Acesso em: 27 abr. 2021.

ulterior, emitindo sentença que seguirá seu livre convencimento sobre os fatos e o direito aplicável.

Muitas funções serão avaliadas no capítulo seguinte, mas independente da atuação na condição de controlador ou de operador, todos os agentes de tratamento que participam de um processo arbitral devem ter em mente que, se sua atuação for na condição de controlador, seu grau de liberdade será delimitado no atendimento da finalidade que se espera em um processo arbitral, qual seja, adotar as medidas necessárias na condução da solução da controvérsia em discussão.

Em acréscimo, para que o controlador possa exercer o direito de tratar os dados pessoais de terceiros, é necessário encontrar uma base legal que lhe dê suporte[9]. São várias as hipóteses aplicáveis, partindo do consentimento, passando pela execução de contrato e incluindo situações como o interesse legítimo, o cumprimento de obrigação legal ou regulatória, sem prejuízo de outros de aplicação específica, como a proteção do crédito, a tutela da saúde e a proteção da vida do titular dos dados.

A LGPD foi mais pródiga em listar bases legais que permitem o tratamento dos dados pessoais em comparação ao GDPR. No documento europeu, temos basicamente o consentimento, a execução de um contrato no qual o titular dos dados é parte, ou para diligências pré-contratuais a pedido do titular dos dados, o cumprimento de uma obrigação jurídica a que o controlador esteja sujeito, a defesa de interesses vitais do titular dos dados, o exercício de funções de interesse público e para efeito dos interesses legítimos do controlador ou por terceiros.

Em acréscimo ao cenário acima, a LGPD apresenta uma diferença fundamental, que facilita o cenário para os agentes de tratamento que atuam em um processo arbitral. Dentre as bases legais existentes, permite-se o tratamento de dados pessoais para o exercício regular de direitos em processo judicial, administrativo ou arbitral (art. 7º, VI). Ou seja, no Brasil não há necessidade de interpretar a norma de proteção de dados para ter a certeza de que o uso de dados pessoais em processos judiciais, administrativos ou arbitrais pode ocorrer independentemente do consentimento (ou de outras bases legais) em relação aos indivíduos que tiveram suas informações pessoais incluídas na solução da controvérsia.

Se por um lado essa situação confere segurança jurídica no tratamento do dado pessoal, por outro impõe as mesmas responsabilidades atribuíveis aos

[9] Matéria tutelada nos termos dos arts. 7º e 11 da LGPD e art. 6º do GDPR.

agentes de tratamento. Um exemplo claro a que me refiro é a quantidade e o nível de detalhamento de informações pessoais que são incluídas dentro do processo. Se antes da existência de normas de proteção de dados pessoais, o excesso (ou mesmo inutilidade) de informações apresentadas eram meramente problemas atribuíveis à outra parte, aos árbitros, na sua análise para fins de julgamento da lide, a situação atual deve ser lida à luz do princípio da necessidade (ou minimização), por meio do qual o controlador deve limitar o tratamento ao mínimo necessário para a realização de suas finalidades, com abrangência dos dados pertinentes, proporcionais e não excessivos.

Um resultado claro da aplicação das normas de proteção de dados em processo judicial ou arbitral é que o excesso e inutilidade de informações pessoais agregadas documentalmente podem acarretar o descumprimento de princípios básicos que afetam diretamente o titular dos dados pessoais, ainda que este não tenha como saber que suas informações foram anexadas a um processo do qual ele não faz parte.

2. A relevância do tema nas arbitragens internacionais

Apresentados alguns aspectos básicos da regulação envolvendo a proteção de dados pessoais em processos judiciais e nas arbitragens, damos sequência ao principal ponto de atenção do nosso artigo que se resume à relevância deste tema no âmbito das arbitragens internacionais.

O motivo da escolha é deveras simples: em arbitragens internacionais, de acordo com o contexto de sua instituição e organização, existe a possibilidade de envolvimento de jurisdições e normas de proteção de dados pessoais diferentes da lei escolhida pelas partes para reger a arbitragem.

As normas de proteção de dados pessoais regularmente serão aplicáveis, ainda que referidos dados tenham sido, por exemplo, objeto de tratamento em outros países, mas transferidos ao Brasil (e vice-versa), por conta do processo arbitral[10]. Logo, em uma arbitragem internacional que diga respeito a um litígio

[10] Nos termos da LGPD (art. 3º), a lei é aplicável a qualquer operação de tratamento realizada por pessoa natural ou por pessoa jurídica de direito público ou privado, independentemente do meio, do país de sua sede ou do país onde estejam localizados os dados, desde que (a) a operação de tratamento seja realizada no território nacional; (b) a atividade de tratamento tenha por objetivo a oferta ou o fornecimento de bens ou serviços ou o tratamento de dados de indivíduos localizados no território nacional; ou (c) os dados pessoais objeto do tratamento tenham sido coletados no território nacional. Em acréscimo, a transferência internacional de dados pessoais é permitida em hipóteses restritas, tais como para países que proporcionem grau de proteção de dados pessoais adequado ao previsto na LGPD ou quando o controlador oferecer e comprovar garantias de cumprimento dos

envolvendo partes estrangeiras, porém ocorrendo em território nacional (local onde tais dados serão tratados), a norma brasileira de proteção de dados será aplicada na tutela de indivíduos, independentemente de sua nacionalidade. O inverso igualmente acontece: se um litígio envolvendo parte ou partes brasileiras tiver como sede da arbitragem um país estrangeiro, não somente a LGPD será aplicável, mas muito possivelmente a lei local, como é o caso do GDPR, que estabelece em seu artigo 3º(1) sua aplicação ao tratamento de dados pessoais efetuado no contexto das atividades de um estabelecimento de um responsável pelo tratamento (por exemplo, uma Câmara Arbitral) situado no território (independentemente de o tratamento ocorrer dentro ou fora) da União Europeia.

De fato, o escopo da norma é a proteção do indivíduo quanto ao uso de suas informações pessoais. Assim, não compete às partes, em um processo, delimitar a sua aplicação. Trata-se claramente de situação envolvendo preceito de ordem pública, onde o Estado tem o poder-dever de fazer cumprir a norma que protege indivíduos em situação de vulnerabilidade, independentemente da vontade de terceiros que detenham tais informações. Como já tivemos a oportunidade de afirmar[11]:

> Historicamente, o controle de ordem pública se relaciona com o exercício da soberania pelo Estado e manifesta-se de diferentes formas: seja para limitar a autonomia privada nas relações jurídicas internas (ordem pública interna), seja para impedir a aplicação de atos, sentenças e normas advindas do estrangeiro quando não se adequam à realidade jurídica, econômica, política, social ou cultural em âmbito interno (ordem pública internacional).

Assim, a aplicação extraterritorial das leis de proteção de dados pessoais é algo inerente à sua própria existência, já que seria muito simples fugir de jurisdições específicas, apenas situando servidores fora de países com regras muito rígidas, num clássico exemplo de *forum shopping*.

Atentas a essas questões e a problemas que possam surgir desse contexto, a Internacional Bar Association (IBA) e a International Council for International Arbitration (ICCA) elaboraram um roteiro, ainda em fase de discussões, para orientar todos os que se envolvem com arbitragens internacionais para

princípios, dos direitos do titular e do regime de proteção de dados previstos na LGPD (Art. 33). O mesmo racional se aplica na GDPR (*vide* arts. 3º e- 44 e seguintes).

[11] BRANCHER, Paulo M. R. **Contratos de Licenciamento de Propriedade Industrial**. Autonomia privada e ordem pública. Ed. Forum, Belo Horizonte, 2018, p. 20.

não somente entender os possíveis problemas, como também adotar medidas mitigadoras dos riscos envolvidos. Trata-se do "Roadmap to Data Protection in International Arbitration"[12], elaborado com a assistência da Permanent Court of Arbitration (Hague). Importante mencionar que, por tratar-se de minuta para discussão, ambas as entidades ressaltam que o documento não deve ser utilizado para fins de citação ou referência. Logo, aproveitamos a experiência trazida pela riqueza informações contidas no documento para contextualizar melhor os problemas indicados no presente artigo, ressaltando que o Roadmap não pode ser utilizado como orientação expressa das entidades que o organizaram.

Mas o importante é reproduzir aqui as principais ideias que o *Roadmap* desenvolveu sobre os possíveis fluxos de dados em uma arbitragem internacional. Podemos imaginar inicialmente 6 grandes grupos que podem concentrar informações e dados pessoais, a saber: (a) o Cliente; (b) o Escritório de Advocacia; (c) a Instituição; (d) o Tribunal Arbitral; (e) os Prestadores de Serviços Externos; e (f) as entidades de Financiamento.

No âmbito do Cliente, o universo de dados pessoais pode envolver seus sócios, pessoas relacionadas do ponto de vista societário, bem como clientes, consumidores, colaboradores (aí incluindo diretores, funcionários, agentes autônomos, prestadores de serviço, dentre outros) e ex-colaboradores. O Escritório de Advocacia recebe tais informações de seu Cliente e, dentro de sua organização, autoriza o acesso para seus colaboradores, sócios, consultores, pareceristas e terceiros colaboradores, decidindo o que incluirá ou não nas peças processuais e na documentação do processo. A Instituição que acolhe a arbitragem, por sua vez, dará acesso a tais informações a seus colaboradores, em muitas oportunidades a terceiros prestadores de serviços e, principalmente, ao árbitro ou tribunal arbitral, conforme aplicável. Os árbitros que compõem o Tribunal (ou mesmo agindo isoladamente) contam com o serviço de suporte da Instituição, mas não raramente são membros de escritórios de advocacia, contando com assistentes, colaboradores e demais prestadores de serviços. Uma lista de Prestadores de Serviços Externos utilizados pelos Escritórios de Advocacia, Instituição e Tribunal Arbitral, que de longe pretende ser exaustiva, pode incluir tradutores, peritos, consultores, profissionais de estenotipia, *data centers*, empresas de tecnologia e de segurança da informação, paralegais e hotéis ou locais que servirão de base para a realização de audiências. Por fim, podemos igualmente incluir entidades de Financiamento, no caso de haver transação envolvendo possível

[12] Disponível em: https://cdn.arbitration-icca.org/s3fs-public/document/media_document/roadmap_ 28.02.20.pdf. Acesso em: 29 abr. 2021.

crédito discutido no processo, decorrente de um resultado positivo para uma determinada parte.

A partir das reflexões acima, verifica-se a miríade de possibilidades envolvendo o fluxo de dados pessoais, bem como o fato de não ser viável antecipar, muito menos controlar, quem terá acesso a referidos dados pessoais e em quais circunstâncias. A conclusão inequívoca é que, quem participa de uma arbitragem internacional, nas diversas e possíveis modalidades de atuação, seja na qualidade de controlador, seja na qualidade de operador, estará sujeito à aplicação extraterritorial de leis de proteção de dados pessoais, mesmo não tendo visão clara da extensão do compartilhamento e tratamento desses dados, por todos os participantes diretos ou indiretos da arbitragem.

A aplicação de conceitos, regras, direitos e obrigações podem variar de país para país, como não poderia ser diferente. Neste artigo empregamos muitos dos itens que compõem normas semelhantes, como a LGPD e o GDPR. Mas os Estados Unidos, Canadá e países asiáticos, como por exemplo China, têm uma abordagem bem distinta, ainda que por vezes menos restritiva, que trazem o desafio de se traçar um quadro minimamente previsível de regras e exigências que cada uma das leis aplicáveis pode estabelecer.

Outro aspecto de suma importância é o fato de a maioria das normas de proteção de dados, no que se refere à possibilidade de realização de uma transferência internacional, exigir que o país recebedor dos dados tenha uma legislação com regras minimamente aceitável que permita o mesmo nível de proteção estabelecido no país originário dos dados. Assim dispõe o art. 33 da LGPD, bem como o art. 45º (1) do GDPR ao estabelecer que uma transferência de dados pessoais para um país terceiro pode ser realizada somente se a Comissão Europeia tiver decidido que referido país assegura um nível de proteção adequado[13].

Com o cenário improvável de não aplicação extraterritorial de diferentes normas de proteção de dados pessoais, torna-se importante considerar exemplos de riscos envolvidos nesse cenário e quais as possíveis medidas mitigadoras para evitar que a solução de controvérsias, seja, em última análise, prejudicada com o fato das partes auto estabelecerem limitações excessivas em relação às informações que podem ser trazidas ao processo arbitral.

[13] Existem outras disposições ampliando as possibilidades de transferência que independem de reconhecimento do Estado (ou, no caso, da Comissão Europeia). Mas permanece a necessidade de garantir um mínimo de proteção compatível com as normas de origem.

3. Situações de risco e medidas mitigadoras

Com base no que acima desenvolvemos, vários exemplos podem ser levantados para ajudar a entender a extensão do problema envolvendo a aplicação extraterritorial de diferentes normas de proteção de dados nos processos de arbitragem internacional[14]. Imaginemos uma arbitragem entre uma empresa brasileira e uma francesa, submetidas às regras de uma instituição localizada na Espanha, sendo que as partes nomeiam árbitros da França e do Brasil e estes, por sua vez, nomeiam um presidente localizado nos EUA. Não há dúvida que, neste caso, tanto a instituição europeia, quanto o árbitro francês terão que cumprir as restrições de transferência internacional de dados do GDPR em relação aos árbitros brasileiros e americanos. Em acréscimo, o árbitro brasileiro terá de cumprir com as restrições de transferência de dados baseadas na LGPD tanto para a Europa quanto para os Estados Unidos, sempre que dados pessoais sejam envolvidos nessa transferência. Não de forma diferente, o árbitro americano precisará considerar quais leis de proteção de dados serão aplicáveis à sua atuação e o que pode ser feito para diminuir riscos envolvidos na transferência de dados pessoais durante a arbitragem.

Esse exemplo, que não está longe da realidade das arbitragens internacionais, pode colocar um enorme ônus aos árbitros, à instituição e às Partes, ao se verem possivelmente sujeitas a três normas diferentes todas as vezes em que documentos contendo dados pessoais forem submetidos à arbitragem ou enviados às Partes a cada andamento processual. O tema afeta igualmente a emissão de ordens procedimentais pelo Tribunal Arbitral, como aponta Gerald Leong[15]:

> *Therefore, to comply with the GDPR, a tribunal would likely have to set out in the Procedural Order whether data transfer is allowed and if so, whether any safeguards are to be implemented. This is by no means easy as there are very few resources targeted at helping international dispute resolution ensure compliance with the GDPR.*

Mais um exemplo interessante: o Diretor Jurídico da Empresa X atuou em uma operação de aquisição de controle de um concorrente, que acabou sendo objeto de litígio submetido a uma arbitragem. No entanto, ele deixou a empresa antes que a arbitragem fosse instituída. A Empresa X utilizou provas na arbi-

[14] Exemplos inspirados no *Roadmap*, p. 14, 23, 25, 29.

[15] Leong, Gerald. **How do you deal with a Data Protection and Cybersecurity issues in a Procedural Order?** February 19, 2020. Disponível em: http://arbitrationblog.kluwerarbitration.com/2020/02/19/how-do-you-deal-with-data-protection-and-cybersecurity-issues-in-a-procedural-order/. Acesso em: 19 abr. 2021.

tragem contendo dados pessoais do Diretor Jurídico, incluindo sua assinatura em contrato, atas de reuniões das quais participou e e-mails trocados. O agora ex-Diretor Jurídico apresenta pedidos a seu ex-empregador (localizado no Brasil) e à instituição de arbitragem (localizada na Alemanha), solicitando acesso a todos os seus dados pessoais que foram tratados no contexto do processo de arbitragem.

Não há dúvida que o pedido acima gera incômodo a todos os envolvidos na arbitragem, desde o nível de revelação que deve ser seguido pela instituição e pela Empresa X, bem como se o atendimento pode colocar em risco o andamento da arbitragem em vista do dever de confidencialidade e eventual judicialização, na hipótese de haver infração às normas de proteção de dados pessoais.

Outra ilustração que pode fazer com que os integrantes de um processo arbitral percam o sono diz respeito à atuação de um árbitro que usa uma conta de e-mail pessoal para transferir arquivos da arbitragem e assim facilitar seu acesso e leitura. O serviço de e-mail não conta com criptografia e sua senha de e-mail é fraca. Para agravar a situação, ele viaja com frequência, não usa um protetor de tela e se conecta regularmente a acessos públicos de wi-fi, não hesitando em usar os serviços de impressão do hotel toda vez que assim necessita.

Não é necessário ser especialista em cibersegurança para compreender que as escolhas e atitudes desse árbitro colocam em risco a confidencialidade e a segurança de informação envolvendo todo o processo. Não se verifica a adoção de medidas mínimas para proteger os dados pessoais existentes no âmbito da arbitragem, o que acarreta riscos a todos os participantes do processo.

Por fim, um exemplo mais extremo diz respeito a um possível incidente de vazamento. Imaginemos um árbitro que toma conhecimento que seu sistema foi comprometido e que o acesso a todos os seus arquivos em mais de 10 casos em andamento foi exposto. A pergunta imediata é se ele deverá notificar esse incidente de vazamento às autoridades que têm competência para fiscalizar o cumprimento das normas de proteção de dados, bem como aos titulares de dados que foram vítimas do acesso não autorizado. A decisão do árbitro certamente impactará os processos de arbitragem em que participa, levando ainda em consideração o risco de expor a terceiros a existência do processo arbitral (que possivelmente não era de conhecimento dos indivíduos afetados), com riscos de sanções administrativas e o exercício dos direitos de ação pelos titulares de dados.

Ainda que hipotéticos, esses exemplos demonstram a importância do tema proposto neste artigo. Situações envolvendo dados pessoais de titulares podem impor a aplicação extraterritorial de diferentes normas de ordem pública e inserir a arbitragem em um cenário de risco, que poderá ser explorado pelas próprias partes ou por terceiros. Adicionalmente, advogados, árbitros, a instituição e os terceiros, direta ou indiretamente, envolvidos na arbitragem, poderão se submeter a jurisdições diversas, sendo complexa, se existente, a garantia de que todos os envolvidos deterão meios suficientes de assegurar o cumprimento das normas de proteção de dados.

Ademais, cada norma, em seus respectivo país, estabelece regras específicas para transferência internacional de dados. Conforme abordado no capítulo 3 acima, uma transferência para um país que não assegure direitos de proteção minimamente aceitos pela norma de origem, pode inviabilizar a escolha contratual feita sobre a sede da arbitragem ou dificultar a escolha por um árbitro que, ainda que seja o mais capacitado para atuar no caso, já que seu domicílio pode trazer riscos de descumprimento das leis de proteção de dados.

Riscos ficam igualmente evidentes na hipótese do exercício, pelos titulares de dados, de seus direitos previstos em referidas leis. Alguns exemplos de tais direitos, disciplinados no âmbito da LGPD (art. 18), são os seguintes: (a) acesso aos dados pessoais; (b) anonimização, bloqueio ou eliminação de dados desnecessários, excessivos ou tratados em desconformidade com o disposto na LGPD; e (c) informação das entidades públicas e privadas com as quais o controlador compartilhou dados. Ainda, de acordo com o art. 18, §2º da mesma lei, o titular de dados pode se opor a tratamento realizado pelo controlador, ainda que para o exercício regular de direitos em processo judicial, administrativo ou arbitral (art. 7°, VI), se tiver havido o descumprimento ao disposto nesta Lei (como por exemplo, a recusa em permitir o acesso a dados ou a hipótese de tratamento de dados em excesso).

Não é difícil imaginar o quanto esse assunto pode tumultuar o andamento do processo arbitral e colocar não só sua confidencialidade em risco, como também permitir que se abram pontos de fragilização para futuros questionamentos em situações, por exemplo, de uso de provas documentais consideradas ilegais em decorrência de descumprimento da LGPD ou mesmo de outra norma aplicável.

Dentro das situações acima, as hipóteses envolvendo incidente de vazamento e descumprimento das normas de proteção de dados também podem trazer consequências indesejadas a todos os que participam do processo arbitral. Isso porque, por mais que um árbitro, por exemplo, tenha sido o responsável por uma situação que resultou em acessos indevidos de dados pessoais por terceiros, as normas de proteção de dados comumente estabelecem regras sobre a responsabilização solidária. É o caso dos arts. 42 e 43 da LGPD que determina que os controladores que estiverem diretamente envolvidos no tratamento do qual decorreram danos ao titular dos dados devem responder solidariamente, salvo se provarem que não realizaram o tratamento de dados pessoais que lhes é atribuído; que, embora tenham realizado o tratamento de dados pessoais que lhes é atribuído, não houve violação à legislação de proteção de dados; ou que o dano é decorrente de culpa exclusiva do titular dos dados ou de terceiro[16].

Por outro lado, ainda que não seja possível afastar a aplicabilidade de referidas normas nos contextos acima mencionados, algumas medidas a serem adotadas no âmbito da arbitragem podem ajudar a mitigar alguns desses riscos.

A primeira passa pela escolha da instituição de arbitragem. Além de sua localização (que estabelecerá previamente a aplicabilidade de normas de proteção de dados independentemente da nacionalidade dos indivíduos envolvidos), importante que as partes tenham por referência o nível de atendimento normativo e da própria instituição a requisitos de segurança da informação e de proteção de dados pessoais nos seus sistemas e serviços oferecidos.

Não podemos deixar de mencionar igualmente a escolha dos árbitros. Ainda que seu domicílio também seja um tema importante, é fundamental a avaliação se tais pessoas pertencem a entidades ou escritórios preparados para trabalhar em ambientes seguros e protegidos contra incidentes de vazamento. Não for o caso, deveria lhe ser dada a oportunidade de evidenciar como realiza o cumprimento de normas de proteção de dados pessoais e como seu trabalho está adequadamente protegido em termos de segurança da informação. Não seria surpreendente se, em um futuro próximo, essas informações se tornem um pré-requisito para instituições aceitarem nomes em sua lista de árbitros ou mesmo que sirvam de causa de impugnação a árbitros que não tenham como atender a requisitos mínimos sobre o assunto.

Independentemente dos cuidados acima, passa a ser recomendável a elaboração, pelos envolvidos, de um documento a ser assinado em paralelo ao Termo de Arbitragem, que poderia ser um Termo ou Protocolo sobre Proteção de Dados. Não se trata de uma escolha sobre qual deve ser a lei de proteção de dados aplicável (já que, sabemos, não seria útil ou válido), mas sim um documento que preveja regras mínimas ou ritos procedimentais endereçando, dentre outras, as seguintes questões: (a) como cada ente participante da Arbitragem deve garantir o cumprimento de direitos e obrigações envolvendo proteção de dados; (b) o

[16] No mesmo sentido aponta o art. 82º (4) do GDPR: "Quando mais do que um responsável pelo tratamento ou subcontratante, ou um responsável pelo tratamento e um subcontratante, estejam envolvidos no mesmo tratamento e sejam, nos termos dos nºs 2 e 3, responsáveis por eventuais danos causados pelo tratamento, cada responsável pelo tratamento ou subcontratante é responsável pela totalidade dos danos, a fim de assegurar a efetiva indenização do titular dos dados". (EU. General Data Protection Regulation (GDPR). (EU) 2016/679. Regulation on the protection of natural persons with regard to the processing of personal data and on the free movement of such data, and repealing Directive 95/46/EC (Data Protection Directive). L119, 4 May 2016, p. 1–88.)

que deve acontecer em situações envolvendo reclamação de direitos de titulares de dados; bem como (c) a criação de compromissos prévios, no âmbito do processo arbitral, em situações de incidentes de vazamento de dados pessoais para evitar futuras discussões sobre a nulidade do processo.

Independentemente do acerto ou não das medidas mitigadoras, o fato é que o tema da proteção de dados entrou definitivamente no radar de quem se envolve com arbitragens internacionais. Os problemas e situações de risco apontadas neste artigo não tardarão para começar a aparecer nas discussões entre Partes e junto ao Tribunal, árbitros e instituições de arbitragem.

Conclusões

Como pudemos apontar no decorrer deste artigo, salvo raras exceções, a intersecção entre a regulação da proteção de dados pessoais e as arbitragens internacionais impõe o dever de cautela a todos os participantes, que passarão a conviver com o risco muito mais próximo da aplicação extraterritorial dessas normas inderrogáveis pela vontade das partes.

Tais normas, ao atribuírem direitos aos indivíduos e obrigações aos agentes de tratamento de dados pessoais, podem impactar diretamente o curso da arbitragem e acabar por atrair a responsabilidade de partes, advogados, árbitros, instituição e demais atores, direta ou indiretamente envolvidos no processo.

Como a arbitragem valoriza em muito a autonomia privada, as medidas mitigadoras apresentadas neste artigo refletem apenas uma parcela do que pode ser pensado a respeito do tema. Contudo, tais medidas podem variar conforme a configuração, o contexto e o porte da arbitragem. De fato, é inegável reconhecer que estamos diante de um novo cenário; espera-se, no entanto, que ele não altere ou impacte a percepção de que a arbitragem continua a ser o meio mais seguro e confiável de solução alternativa de controvérsias.

Referências

ARFFA, Allan J. et alli. **GDPR Issues In International Arbitration**. Disponível em: https://www.paulweiss.com/media/3980414/10aug2020-gdpr.pdf. August 10, 2020. Acesso em: 15 abr. 2021.

BRANCHER, Paulo M. R. **Contratos de Licenciamento de Propriedade Industrial. Autonomia privada e ordem pública**. Ed. Forum, Belo Horizonte, 2018.

LEONG, Gerald. **How do you deal with a Data Protection and Cybersecurity issues in a Procedural Order?** February 19, 2020. Disponível em: http://arbitrationblog.kluwerarbitration.com/2020/02/19/how-do-you-deal-with-data-protection-and-cybersecurity-issues-in-a-procedural-order/. Acesso em: 19 abr. 2021.

INFORMATION COMMISSIONER'S OFFICE (ICO). **Data controllers and data processors:** what the difference is and what the governance implications are. Disponível em: https://ico.org.uk/media/for-organisations/documents/1546/data-controllers-and-data-processors-dp-guidance.pdf. Acesso em: 27 abr. 2021.

INTERNACIONAL BAR ASSOCIATION (IBA); INTERNATIONAL COUNCIL FOR INTERNATIONAL ARBITRATION (ICCA). **Roadmap to Data Protection in International Arbitration**. Disponível em: https://cdn.arbitration-icca.org/s3fs-public/document/media_document/roadmap_ 28.02.20.pdf. Acesso em: 29 abr. 2021.

SHUKLA, Smriti; RAJ, Yash. **International Arbitration:** A Miscellany of Data Protection Regimes and its Impact on Secured Arbitration. The American Review of International Arbitration. Columbia Law School. Disponível em: aria.law.columbia.edu/international-arbitration-a-miscellany-of-data-protection-regimes-and-its-impact-on-secured-arbitration/. Acesso em: 24 abr. 2021.

ZETOONY, David A.; KOCIOK, Carsten A. **Are law firms considered "processors" or "controllers" of the personal data that they receive from clients as part of a representation?** December 2, 2020. Disponível em: https://www.gtlaw-dataprivacydish.com/2020/12/are-law-firms-considered-processors-or-controllers-of-the-personal-data-that-they-receive-from-clients-as-part-of-a-representation/#_ftnref5. Acesso em: 27 abr. 2021.

36.
O FUTURO DA ARBITRAGEM

LAURO GAMA JR.

> "[...] O homem, filho do tempo, reparte com o mesmo tempo ou o seu saber ou a sua ignorância; do presente, sabe pouco; do passado, menos; e do futuro nada."
>
> (Padre Antônio Vieira, *História do futuro*)

1. Um título pretensioso (mas é só o título)

Celebrando os 20 anos do Comitê Brasileiro de Arbitragem, resolvi escrever sobre o futuro da arbitragem. Quer pelo tema, quer pelo limite de páginas, a empreitada parece pretensiosa.

Porém – cara leitora, caro leitor – podem ficar despreocupados. Minha intenção não é predizer o futuro nem enunciar verdades sobre a arbitragem. Junto apenas algumas impressões pessoais, fruto de uma vivência no meio arbitral que remonta ao início dos anos 1990. E espero que façam algum sentido.

2. Arbitragem: um fenômeno social, mutável e frágil

Fenômeno social

Por mais díspares que pareçam, a teoria tridimensional do direito de Miguel Reale e a teoria dos sistemas de N. Luhmann e de G. Teubner convergem no que toca à ênfase no aspecto social do fenômeno jurídico[1]. O primeiro traduz

[1] Diversamente de R. Posner, por exemplo, para quem o direito é mais bem explicado como um sistema destinado a maximizar a riqueza da sociedade; um sistema de regras designado para produzir

o direito como um fato ou fenômeno social, que não existe senão na sociedade[2], e corresponde a três perspectivas: a do fato ("realização ordenada do bem comum"), da norma ("ordenação bilateral-atributiva de fatos segundo valores") e do valor ("concretização da ideia de justiça"). Para os segundos, sistemas sociais são sistemas vivos, constituídos por comunicação, sendo o direito uma manifestação comunicativa do sistema social em que se insere. O direito baseia-se em código comunicativo próprio, estabelecido a partir da diferença entre o lícito (conforme ao direito) e ilícito (não conforme ao direito). E sua principal função é reduzir a complexidade e o risco inerentes às relações sociais, conferindo-lhes certa previsibilidade[3].

A arbitragem moderna está umbilicalmente ligada ao direito. Enquanto processo de resolução de conflitos, é regulada por normas jurídicas. A decisão que dela resulta se equipara, na maioria dos países, a uma sentença emitida pelo Estado. Na maior parte dos casos, o mérito da disputa é resolvido segundo normas de direito. Assim ligada ao direito, a arbitragem também se qualifica e se comporta como fenômeno social.

Fenômeno social e mutável

Estudos sobre a história da arbitragem comercial internacional demonstram que não lidamos com uma instituição rígida, tampouco estática no tempo e no espaço[4]. Um recente olhar sobre o tema propõe sua divisão em três grandes períodos: a Idade da Aspiração (por volta de 1780 aos anos 1920), a Idade da Institucionalização (dos anos 1920 aos anos 1950) e a Idade da Autonomia (dos anos 1950 até hoje)[5].

resultados economicamente satisfatórios (POSNER, Richard. **The Economics of Justice**. Cambridge: Harvard University Press, 1983, cap. 4).

2 REALE, Miguel. **Lições Preliminares de Direito**, 27. ed., São Paulo: Saraiva, 2003, p. 2, 64-67. Segundo a teoria tridimensional de Reale, a vida do direito resulta da interação dinâmica e dialética de três elementos que a integram: a norma, o fato e o valor. Ao direito, portanto, corresponde um aspecto normativo (como ordenamento e ciência); um aspecto fático (o direito como fato, ou em sua efetividade social e histórica) e um aspecto axiológico (o direito como valor de justiça).

3 TEUBNER, Gunther. **O Direito como Sistema Autopoiético**. Lisboa: Fund. Calouste Gulbenkian, 1989, p. 1-26.

4 DEZALAY, Yves; GARTH, Bryant G. **Dealing in virtue:** International Commercial Arbitration and the Construction of a Transnational Legal Order. Chicago: Univ. of Chicago Press, 1998.

5 SCHINAZI, Mikael. **The Three Ages of International Commercial Arbitration and the Development of the ICC Arbitration System**. *In*: ICC. **Dispute Resolution Bulletin 2020**, Issue 2, p. 63-75. O artigo baseia-se na tese de doutorado do autor, intitulada "The Three Ages of International Commercial Arbitration", orientada por E. Gaillard e M. Xifaras, defendida e aprovada com honras

A primeira era distingue-se pela intensa utilização da arbitragem no meio mercantil, sobretudo por comerciantes europeus (especialmente na Inglaterra)[6], e também para a resolução de disputas entre Estados (lembre-se, por exemplo, da definição das fronteiras terrestres do Brasil)[7]. Os principais personagens desse período são (i) comerciantes reunidos em associações mercantis e (ii) diplomatas e estadistas, dedicados à solução pacífica de controvérsias entre Estados[8].

No despertar do século XX, o impulso pró-arbitragem possibilitou o surgimento, logo após a Primeira Guerra Mundial, de instituições especializadas. A "Idade da Institucionalização" inicia em 1923, com a criação de uma Corte Internacional de Arbitragem na Câmara de Comércio Internacional (CCI)[9]; em 1926, cria-se a American Arbitration Association (AAA)[10]. Com isso, surgem arbitralistas mais internacionalizados e idealistas do que seus antecessores, cuja missão recebe significativo apoio estatal, na forma do Protocolo (1923) e da Convenção de Genebra (1927)[11]. Nada obstante isso, mantém-se com os

na Escola de Direito da SciencesPo (Paris) em 2019. A tese será publicada em breve pela Cambridge University Press.

6 Nesse contexto, algumas associações de mercadores já promoviam a arbitragem, como a Liverpool Cotton (hoje International Cotton Association), fundada em 1841 (www.ica-ltd.org), a London Corn Trade Association (hoje GAFTA – Grain and Feed Trade Association), fundada em 1878 (www.gafta.com) e a London Court of International Arbitration, fundada em 1892 como City of London Chamber of Arbitration (www.lcia.org).

7 A arbitragem foi utilizada pelo Brasil na solução de três disputas fronteiriças importantes com a Argentina (1895 – "Questão de Palmas" ou "Missiones", resolvida pelo Presidente dos Estados Unidos, como árbitro único), França (1900 – fronteira com a Guiana francesa, resolvida pelo Conselho Federal helvético) e Reino Unido (1904 – "Questão do Rio Pirara" na fronteira com a Guiana britânica, decidida pelo Rei Vitorio Emanuel da Itália), *vide*: www.justificando.com/2019/12/20/a--arbitragem-na-formacao-do-territorio-brasileiro. Acesso em: 28 jun. 2021.

8 Schinazi, Mikael. *Op. Cit.* nota 5, p. 65.

9 A CCI foi fundada em 1919 por comerciantes – os "mercadores da paz" – interessados na promoção do comércio e investimentos através de um sistema de regras padronizadas de caráter universal. Seu primeiro *chairman* foi o francês Etienne Clémentel (iccwbo.org/about-us/who-we-are/history).

10 A AAA foi criada logo após a edição do Federal Arbitration Act norte-americano, de 1925, com o propósito de implementar a arbitragem como solução extrajudicial de litígios (www.adr.org/mission).

11 O Protocolo de Genebra dispõe sobre a força obrigatória das convenções de arbitragem. Cada Estado-Parte se obriga a reconhecer a validade de tais convenções entre partes sujeitas à jurisdição dos diversos Estados-Partes. Por sua vez, a Convenção de Genebra prevê que um laudo arbitral emitido de acordo com uma convenção de arbitragem regulada pelo Protocolo será reconhecido como obrigatório e exequível nos territórios dos Estados-Partes, desde que satisfeitas determinadas condições, dentre elas a reciprocidade. O Protocolo foi ratificado por 35 países, inclusive o Brasil, e a Convenção por 44 países. Esses dois instrumentos, depois substituídos pela Convenção da ONU sobre o Reconhecimento e Execução de Sentenças Arbitrais Estrangeiras (Nova York, 1958), cons-

Estados a última palavra sobre as condições para a circulação internacional de sentenças arbitrais estrangeiras.

A chamada "Idade da Autonomia" da arbitragem começa em 1958, com a Convenção da ONU sobre o Reconhecimento e Execução de Sentenças Arbitrais Estrangeiras (Convenção de Nova York)[12], e prossegue com a formidável expansão do instituto a partir de meados da década de 1980[13].

Nessa fase, que vivemos até hoje, distinguem-se três espécies de autonomia. Primeira, a da mercadocracia, que diz respeito à crescente expertise e especialização dos profissionais envolvidos na arbitragem, bem como sua dedicação quase exclusiva à atividade. Segunda, a autonomia da arbitragem como disciplina, pois ela deixa de ser uma subcategoria do direito processual civil ou do direito internacional para requalificar-se como domínio autônomo e maduro, assim em teoria como na prática. Escritórios de advocacia, advogados, árbitros, instituições arbitrais, programas acadêmicos e mesmo publicações especializadas passam a concorrer por poder, influência e prestígio. O crescimento exponencial da arbitragem atingiu não apenas o mercado para a arbitragem, mas também o mercado na arbitragem[14]. Finalmente, a autonomia da arbitragem se revela no caráter autônomo do direito arbitral, que passa a construir teorias

tituem o fundamento para a aceitação da arbitragem comercial internacional como o meio mais prático de resolução de disputas oriundas de transações do comércio internacional. Sobre o tema, *vide* Progressive Development of the Law of International Trade: Report of the Secretary-General of the United Nations, 1966, United Nations (UN), §§ 54-55. Disponível em: https://www.jus.uio.no/lm/un.sg.report.itl.development.1966/_2.html. Acesso em: 28 jun. 2021.

[12] A Convenção da ONU sobre o Reconhecimento e Execução de Sentenças Arbitrais Estrangeiras (Nova York, 1958), hoje com 165 Estados-Partes, é o instrumento internacional de direito comercial uniforme mais bem-sucedido. Os Estados-Partes se obrigam a conferir eficácia à convenção de arbitragem, bem como a reconhecer e executar sentenças arbitrais proferidas em outros Estados-Membros, com execução de situações limitadas e específicas previstas em seu próprio texto. A Convenção constitui, ao lado da Lei Modelo da UNCITRAL sobre Arbitragem Comercial Internacional (1985), um dos pilares do regime da arbitragem contemporâneo. Para mais informações, *vide*: http://newyorkconvention1958.org/?opac_view=-1. Acesso em: 28 jun. 2021.

[13] O extraordinário crescimento do número de novos casos submetidos a cada ano à arbitragem CCI ao longo das últimas seis décadas demonstra a expansão fenomenal da arbitragem comercial internacional: 29 casos (1960), 56 casos (1970), 152 casos (1980), 251 casos (1990), 541 casos (2000), 793 casos (2010), 801 casos (2015), 966 casos (2016), 810 casos (2017), 842 casos (2018) e 869 casos (2019). Em 2019, a CCI celebrou seu caso nº 25.000 e, em meados de 2020, havia cerca de 1.800 arbitragens CCI em curso. Em 2016, 11% dos casos envolveram estados ou entidades estaduais. Nesse mesmo ano, os casos registrados envolviam disputas em diversos setores da economia, tais como agricultura, indústria e serviços (incluindo construção, finanças e seguro), com valor médio de US$ 112 milhões. Fonte: ICC Dispute Resolution Bulletin (várias edições) e apresentações CCI.

[14] Schinazi, Mikael. *Op. Cit.* nota 6, p. 66.

e visões próprias sobre a arbitragem comercial internacional. Nesse contexto destacam-se as teorias da *lex mercatoria*, como direito transnacional aplicável aos contratos internacionais, e da autonomia da ordem jurídica arbitral[15].

Cada uma dessas fases da arbitragem é marcada pela tensão permanente e dialética entre o Estado (e sua autoridade), de um lado, e, de outro, a comunidade de árbitros e agentes do comércio, imbuídos do propósito de expandir o alcance da arbitragem comercial. Expõe igualmente a profícua interação entre as esferas nacionais e internacionais de regulação da arbitragem, e a busca contínua de um compromisso entre a afirmação da soberania estatal e os esforços da mercadocracia em criar suas próprias normas, regras e instituições[16].

Fenômeno social e mutável, e também frágil.

Além de fenômeno social e mutável, a arbitragem também é frágil. Ela não se acha ancorada no Estado nem é por ele institucionalizada. Não representa, como o judiciário, um de seus poderes. A legitimidade institucional da arbitragem depende essencialmente da sua própria credibilidade e eficiência como método de resolução de disputas.

A arbitragem sofre ataques periódicos, vindos de fora da comunidade que a pratica. Por vezes, são autoridades públicas que investem contra suas decisões[17], os poderes dos árbitros e das partes[18] e a confidencialidade do procedimento[19].

[15] Sobre o tema *lex mercatoria, vide*: Toth, Orsolya. **The Lex Mercatoria in Theory and Practice**. Oxford: OUP, 2017, p. 334. Sobre a ordem jurídica arbitral, *vide*: LEVY, Daniel de Andrade. **Les abus de l'arbitrage commercial international**. Paris: LGDJ, 2015, p. 624.

[16] Schinazi, Mikael. *Op. cit.*, nota 6, p. 75

[17] Confira-se: "Rowley: London arbitration under attack" (2016), contendo críticas sobre a ausência de revisão das sentenças arbitrais por erro de direito. Disponível em: https://www.idrc.co.uk/media/26078/rowley_-_london_arbitration_under_attack.pdf. Acesso em: 28.06.2021. Veja-se, igualmente, o caso Abengoa (Superior Tribunal de Justiça, SEC 9.412, j. em 19.04.2017).

[18] Confira-se: Jourdan-Marques, Jérémy. **Chronique d'arbitrage:** la Cour de cassation coule la Jaguar et le Rado. Disponível em: https://www.dalloz-actualite.fr/flash/chronique-d-arbitrage-cour-de-cassation-coule-jaguar-et-rado#.YNnfrNVKjIU. Acesso em: 28.06.2021. Contém críticas sobre decisão da Corte de Cassação francesa que recusou o efeito negativo da convenção de arbitragem em contrato de consultoria internacional, qualificando a relação como de consumo, merecedora de proteção especial. Veja, igualmente, Andreev, Dmitry. **Russian Laws on the Offensive:** Cross-Border Effect of the New Arbitration Regime for Corporate Disputes. Disponível em: http://arbitrationblog.kluwerarbitration.com/2016/12/12/russian-laws-on-the-offensive-cross-border-effect-of-the-new-arbitration-regime-for-corporate-disputes/. Acesso em: 28 jun. 2021. Trata sobre a nova lei de arbitragem russa, mais restritiva do que a anterior.

[19] Confiram-se as recentes decisões do Tribunal de Justiça do Estado de São Paulo que julgou – incidentalmente – inconstitucional o art. 189, IV, do CPC/2015, que dispõe sobre o segredo de justiça dos feitos relacionados à arbitragem nos quais se haja acordada a confidencialidade.

Também investem contra a arbitragem os seus próprios usuários. No mais das vezes, os ataques internos se traduzem em resistência da parte à instauração do procedimento, medidas judiciais contrárias à arbitragem (e.g., ações anulatórias[20]), notas hostis na imprensa[21] etc. E visam à procrastinação da solução da disputa ou, ainda, à criação de algum poder de barganha para a parte atacante.

O que salva a arbitragem e a faz vicejar são, como disse antes, a qualidade de suas decisões, a credibilidade do processo e sua eficiência na resolução de disputas, inclusive internacionais. Não à toa, continua sendo o método preferido de solução dos conflitos comerciais transnacionais, como aponta a mais nova edição da pesquisa realizada pela Queen Mary University of London/White & Case[22].

Há tempos a arbitragem deixou de ser um método alternativo à solução judicial. Hoje, ela disputa mercado com os sistemas judiciais na resolução de litígios comerciais, inclusive os que envolvem a Administração Pública[23]. Os Estados, por sua vez, vêm reagindo à concorrência com a criação de cortes especializadas em disputas transnacionais (e.g., Inglaterra, França, Cingapura, Catar, Países Baixos)[24].

Estabelecido, em grandes linhas, um panorama atual da arbitragem, o que devemos esperar no futuro?

3. Qual o futuro da arbitragem?

Para revidar aos ataques externos e internos, e encarar os desafios da mutação social e tecnológica, a arbitragem comercial precisa reforçar sua própria legitimidade. É o único meio de garantir o seu viço e também sua sobrevivência.

[20] Confira-se: Cerioni, Clara. **Arbitragem:** "anulatória frívola pode impactar em até 40% o custo". Disponível em: https://www.jota.info/coberturas-especiais/seguranca-juridica-investimento/arbitragem-anulatoria-custo-29012021. Acesso em: 28 jun. 2021.

[21] Confira-se: Sanderson, Cosmo. **Tribunal challenged over alleged cyber-attack in Brazil pulp case.** Disponível em: https://globalarbitrationreview.com/cybersecurity/tribunal-challenged-over-alleged-cyber-attack-in-brazil-pulp-case. Acesso em: 28 jun. 2021.

[22] Confira-se: "2021 International Arbitration Survey: Adapting Arbitration to a Changing World". Disponível em: http://www.arbitration.qmul.ac.uk/research/2021-international-arbitration-survey/. Acesso em: 28 jun. 2021.

[23] Em 2019, por exemplo, 20% dos 869 novos casos submetidos à arbitragem CCI envolviam Estados ou entidades estatais (ICC. Dispute Resolution Bulletin, 2020, Issue 2, p. 21). Em 2018, tais casos representaram apenas 15% do total de 842 novos casos submetidos à CCI (ICC, Dispute Resolution Bulletin, 2019, Issue 1, p. 18).

[24] Para mais informações, veja-se: Kramer, Xandra; Sorabji, John. **International Business Courts in Europe and Beyond:** A Global Competition for Justice?. Erasmus Law Review – editorial – janeiro de 2019. Disponível em: https://www.bjutijdschriften.nl/tijdschrift/ELR/2019/1/ELR-D-19-00023. Acesso em: 28 jun. 2021.

Dentre outras providências, parece hoje indispensável (3.1) promover a *diversidade* dos atores da arbitragem, (3.2) cuidar da sua *eficiência*, (3.3) dar-lhe mais *transparência*, (3.4) incutir-lhe *princípios éticos* e (3.5) estimular a evolução do direito empresarial por meio de uma *jurisprudência arbitral*. A seguir, examinarei cada uma delas.

3.1 Promoção da diversidade na arbitragem

De modo geral, promover a diversidade significa *diferenciar* grupos e pessoas uns dos outros. Trata-se, contudo, de *diferenciar para incluir*, e não o contrário. Deve-se capacitar as pessoas, respeitando e apreciando o que as torna diferentes, em termos de idade, sexo, etnia, religião, deficiência, orientação sexual, educação e origem nacional.

Mais do que apenas *tolerar* as diferenças, a diversidade permite explorá-las em um ambiente seguro, positivo e enriquecedor. Estudos sugerem que, em qualquer contexto, grupos mais diversos tomam melhores decisões do que os monolíticos. Não por acaso, o poder da diversidade já é amplamente reconhecido no ambiente de negócios[25].

No meio arbitral – como, aliás, em qualquer outro – promover a diversidade significa incluir pessoas com variadas perspectivas, incluindo religiosas e culturais, e diferentes experiências de trabalho e de vida. Mesmo que a comunidade arbitral já seja mais diversificada e globalizada, quando comparada a outros grupos profissionais, os árbitros ainda constituem um grupo relativamente fechado, predominantemente masculino e de origem ocidental, com poucas mulheres e jovens[26].

Várias instituições arbitrais já implementaram políticas de diversidade, visando infundir no meio de trabalho as ideias e práticas da inclusão, respeito e valorização do indivíduo, independentemente de idade, sexo, etnia, religião, deficiência, orientação sexual, educação e origem nacional[27]. A CCI, por exem-

[25] Confira-se: DIXON-FYLE, Sundiatu *et al.* **Diversity wins** – How inclusion matters, McKinsey & Company, May 2020. Disponível em: https://www.mckinsey.com/featured-insights/diversity-and-inclusion/diversity-wins-how-inclusion-matters#. Acesso em: 28 jun. 2021.

[26] Em 2019, por exemplo, dos 1.476 árbitros nomeados em casos CCI, apenas 21% eram mulheres; No geral, os árbitros e árbitras confirmados pela Corte vieram de 89 diferentes países (ICC. Dispute Resolution Bulletin, 2020, Issue 2, p. 22). Em 2018, mulheres representaram apenas 18,4% do total de nomeações. No geral, foram confirmados pela Corte árbitros e árbitras de 87 países diferentes (ICC, Dispute Resolution Bulletin, 2019, Issue 1, p. 20).

[27] Veja-se, por exemplo: a London Court of International Arbitration (LCIA): "LCIA wins the ERA Pledge GAR Award 2020" – 10 July 2021. Disponível em: https://www.lcia.org/News/lcia-wins-the-era-pledge-gar-award-2020.aspx. Acesso em: 28 jun. 2021. No Brasil, o Centro de Arbitragem e

plo, lançou em 2016 o Equal Representation in Arbitration Pledge, e, cinco anos depois, apresentou como resultados: (i) a igualdade de gênero entre os membros da Corte Internacional de Arbitragem; (ii) a redução das diferenças de gênero na composição de tribunais arbitrais; (iii) a eleição da primeira mulher como presidente da Corte Internacional de Arbitragem[28].

Para os usuários da arbitragem, passou a ser relevante na escolha da instituição o seu compromisso em trabalhar com um grupo de árbitros(as) diversificado. A promoção da diversidade não apenas deve ser feita pelas instituições, quando investidas do poder de nomear árbitros(as), mas também pelos advogados(as) das partes, ao indicarem-nos(as). Há igualmente outras iniciativas para o incremento da diversidade, como a educação e promoção da arbitragem em países menos desenvolvidos, especialmente na África, programas de mentoria para árbitros(as) menos experientes e oportunidades para intervenções e apresentações em conferências especializadas[29].

3.2 Eficiência na arbitragem

Diz-se – sem muito rigor acadêmico – que ser *eficiente* significa produzir corretamente, utilizando os recursos disponíveis da melhor forma possível e sem gastar muito. A eficiência está, portanto, diretamente ligada à racionalidade e à produtividade, pois permite reduzir custos, inclusive o tempo despendido, e evitar perdas.

Nos últimos anos, erodiu-se a presunção – até então prevalente – de que a arbitragem é um processo rápido e barato. Após constatarem que a arbitragem não é intrinsecamente eficiente, sobretudo em disputas complexas, os diversos atores da cena arbitral passaram a propor medidas visando torná-la, de modo geral, menos custosa e demorada[30].

Mediação da Câmara de Comércio Brasil-Canadá (CAM-CCBC): "A hora da diversidade é agora" – 8 de dezembro 2020. Disponível em: https://ccbc.org.br/cam-ccbc-centro-arbitragem-mediacao/noticias-cam-ccbc/novidades-cam-ccbc/noticias-cam/a-hora-da-diversidade-e-agora/. Acesso em: 28 jun. 2021.

[28] Confira-se: ICC. ICC celebrates 5 years of progress since arbitration gender pledge – 19 May 2021. Disponível em: https://iccwbo.org/media-wall/news-speeches/icc-celebrates-5-years-of-progress-since-arbitration-gender-pledge/. Acesso em: 28 jun. 2021.

[29] Confira-se: SIA. **2021 International Arbitration Survey:** Adapting Arbitration to a Changing World. Disponível em: http://www.arbitration.qmul.ac.uk/research/2021-international-arbitration-survey/. Acesso em: 28.06.2021.

[30] Confira-se, a propósito, o excelente artigo: Mistelis, Loukas A. **Efficiency**. What Else? Efficiency as the Emerging Defining Value of International Arbitration: between Systems theories and party autonomy – 15 de abril de 2019. Queen Mary School of Law Legal Studies Research Paper N.

A *eficiência* tornou-se, assim, um valor fundamental da arbitragem.

A fim de promovê-la, deve distinguir entre as providências que podem ser tomadas *antes e depois* de nascida a disputa. Quanto às primeiras, destacam-se as cláusulas arbitrais *tailor-made,* estruturadas segundo os potenciais litígios que possam surgir entre as partes, tendo em vista a natureza, o vulto e a duração prevista para a relação contratual. Considerando a incerteza quanto ao *valor* da futura demanda entre os contratantes, a cláusula arbitral estruturada, diversamente das cláusulas-padrão usuais, poderá prever a adoção de diferentes procedimentos, cada qual mais adequado, em termos de tempo e custos, à natureza e ao valor da disputa. Por óbvio, a elaboração de tais cláusulas exige uma prévia e adequada interação e cooperação entre os(as) advogados(as) que estruturam os negócios e redigem os contratos e os(as) que se dedicam à resolução de litígios[31].

As medidas a serem adotadas *depois* do surgimento do litígio dizem respeito, em regra, à *eficiência do procedimento.* Isso naturalmente inclui a modernização e adaptação das regras de arbitragem, inclusive para casos complexos e com múltiplas partes, e a adoção de procedimentos expeditos[32].

Também abrange outras providências, dentre as quais (i) a limitação do número e tamanho de manifestações escritas das partes; (ii) a supressão de audiências sobre questões puramente procedimentais; (iii) a possibilidade de os árbitros determinarem se a audiência será virtual ou presencial; (iv) a penalização de atrasos causados pelos árbitros ou pela instituição arbitral; (v) regras que confiram amplos poderes aos árbitros para organizar e conduzir o procedimento, incluindo sanções a serem impostas pela conduta protelatória da parte

313/2019. Disponível em: https://ssrn.com/abstract=3372341. Acesso em: 28 jun. 2021. Veja-se também: Kovacs, Robert. **Efficiency in International Arbitration:** an Economic Approach, American Review of International Arbitration, 2013, v. 23, p. 155-175. E SIA. **2021 International Arbitration Survey:** Adapting Arbitration to a Changing World. Disponível em: http://www.arbitration.qmul.ac.uk/research/2021-international-arbitration-survey/. Acesso em: 28.06.2021.

[31] Confira-se o interessante artigo: Heiskanen, Veijo. **Key to Efficiency in International Arbitration** – 29 de maio de 2015. Disponível em: http://arbitrationblog.kluwerarbitration.com/2015/05/29/key-to-efficiency-in-international-arbitration/. Acesso em: 28 jun. 2021.

[32] Veja-se, por exemplo: a descrição do EPP da CCI, disponível em: https://iccwbo.org/dispute-resolution-services/arbitration/expedited-procedure-provisions/, e o recente Regulamento de Arbitragem Expedita do CAM-CCBC (RA 46/2021), disponível em: https://ccbc.org.br/cam-ccbc-centro-arbitragem-mediacao/ra-46-2021-regulamento-de-arbitragem-expedita/. Ambos com acesso em: 28.06.2021.

ou de seu(sua) advogado(a); (vi) a previsão de protocolos digitais e de plataformas de compartilhamento de documentos[33].

No delicado equilíbrio entre *eficiência processual* e *justiça material*, a questão é: quais são as etapas que as partes e seus advogados estão dispostos a abdicar, em prol da redução de custos e do tempo despendido na arbitragem? Como já se disse: *"good justice, like wine, takes time"*. Portanto, sempre haverá forte tensão entre as exigências de eficiência da arbitragem, de um lado, e, de outro, as de justiça material e do devido processo legal[34].

3.3 Transparência na arbitragem

A notável expansão e o sucesso da arbitragem comercial nas últimas décadas cobraram um preço: mais *accountability*[35] de seus principais atores. Reformas nessa direção vêm sendo empreendidas, instigadas pela própria comunidade arbitral (e não por forças externas[36]), movida pela concorrência entre *players* da arbitragem e pelo trabalho de entidades de caráter associativo[37].

[33] Confira-se: SIA. 2021 International Arbitration Survey: Adapting Arbitration to a Changing World, p. 11-14. Disponível em: http://www.arbitration.qmul.ac.uk/research/2021-international-arbitration--survey/. Acesso em: 28 jun. 2021. Veja-se, por exemplo, as Swiss Rules (2021) que já preveem, como padrão, as submissões digitais – arts. 3(1) e 4(1); a possibilidade de realização de audiências por videoconferência – art. 27(2); e recomenda que as partes, na fase inicial da arbitragem, discutam e ajustem questões relacionadas à cibersegurança – art. 19(2).

[34] Veja-se, a propósito: Astigarraga, José. I.. **A Few Words on The Tension Between Efficiency And Justice** – 15 de junho de 2011. Disponível em: http://arbitrationblog.kluwerarbitration.com/2011/06/15/a-few-words-on-the-tension-between-efficiency-and-justice-2/. Acesso em: 28 jun. 2021.

[35] Às vezes, uma ideia encontra expressão mais precisa somente em outra língua. Tal é o caso, a meu ver, da palavra inglesa *accountability*, que singela e insuficientemente se traduz em português como "prestação de contas". Segundo o Cambridge Dictionary, na verdade, significa: "*the fact of being responsible for what you do and able to give a satisfactory reason for it, or the degree to which this happens*". (CAMBRIDGE DICTIONARY. Disponível em: https://dictionary.cambridge.org/pt/dicionario/ingles/accountability. Acesso em: 28.06.2021.).

[36] Diversamente, o clamor público e a intervenção do Estado levaram a reformas em prol da transparência no contexto das arbitragens de investimento, como, por exemplo, as Regras da UNCITRAL sobre Transparência em Arbitragens de Investimento baseadas em Tratados (2013). Disponível em: https://uncitral.un.org/en/texts/arbitration/contractualtexts/transparency#:~:text=The%20UNCITRAL%20Rules%20on%20Transparency,%2Dbased%20investor%2DState%20arbitration. Acesso em: 28 jun. 2021.

[37] Além das instituições arbitrais – dentre as quais se destaca a CCI como líder de várias reformas –, várias entidades associativas contribuem com esse trabalho, como o International Council for Commercial Arbitration (ICCA) – www.arbitration-icca.org; o comitê de arbitragem da International Bar Association (IBA) – www.ibanet.org; e o Chartered Institute of Arbitrators (CIArb) – www.ciarb.org.

As medidas já adotadas visam dar aos interessados maior transparência sobre o processo decisório das instituições e dos árbitros, bem como acerca da disponibilidade, imparcialidade e independência do(a) julgador(a). Assim, a própria arbitragem se torna mais *transparente* e, aos olhos dos interessados e do público em geral, um processo menos secreto e enigmático.

A *transparência* da arbitragem é hoje um dos pilares de sua *legitimidade*. Ela diz respeito: (i) ao *acesso do público* aos autos e atos da arbitragem; (ii) à *transparência* propriamente dita; e (iii) aos deveres *de revelação* dos árbitros(as)[38].

Quanto ao primeiro tópico, o que se acha em jogo é a *confidencialidade* do procedimento arbitral. Diz-se, com frequência, que o direito comercial opera em clima de segredo, especialmente quando a disputa envolve partes privadas. A confidencialidade pode contribuir para a resolução eficiente e desapaixonada do litígio, reduzir os riscos de vazamento de informações comerciais sensíveis, e evitar danos à imagem e às relações comerciais das partes. A arbitragem, além de justiça privada, seria também uma justiça feita em ambiente privado[39].

Mesmo que a confidencialidade ainda seja vista como inerente à arbitragem pela maior parte de seus usuários, a realidade legislativa e institucional caminha em sentido inverso. Em muitos países[40] e em certas instituições e regulamentos arbitrais[41], a confidencialidade não constitui a regra nem é obrigatória. E,

[38] Veja-se, a propósito: Rogers, Catherine. **Transparency in International Commercial Arbitration**. Univ. of Kansas Law Review, 2006, v. 54, p. 1301-37. Disponível em: https://elibrary.law.psu.edu/cgi/viewcontent.cgi?article=1233&context=fac_works. Acesso em: 28 jun. 2021.

[39] Clay, Thomas. **L'Arbitre**. Paris: Dalloz, 2001, § 771.

[40] Por exemplo, a Lei Modelo da UNCITRAL sobre Arbitragem Comercial Internacional (1985) é silente sobre o tema, assim como a lei brasileira, o Federal Arbitration Act dos Estados Unidos, a lei suíça de direito internacional privado, a lei francesa e o English Arbitration Act (1996). Em 1995, a High Court da Austrália rejeitou a ideia de uma obrigação implícita de confidencialidade do procedimento arbitral (Esso Australia Resources Ltd *v.* Sidney James Plowman. [1995] 183 CLR 10. J. 07/04/1995). Do mesmo modo, rejeitam a confidencialidade as leis de arbitragem da Noruega e da Suécia. Veja-se Born, Gary. **International Arbitration:** Law and Practice. 3. ed. The Netherlands: Kluwer Law International, 2012, ch. 10, p. 195.

[41] O Regulamento de Arbitragem da CCI (2021) não prevê a confidencialidade do procedimento. Apenas regula, no art. 22(3), o poder dos árbitros de decretar medidas de proteção à confidencialidade a requerimento de qualquer parte. Confira-se o teor da norma: "Mediante requerimento de qualquer parte, o tribunal arbitral poderá proferir ordens relativas à confidencialidade do procedimento arbitral ou de qualquer outro assunto relacionado à arbitragem e poderá adotar quaisquer medidas com a finalidade de proteger segredos comerciais e informações confidenciais". (ICC. **Regulamento de Arbitragem**. Em vigor a partir de 1º de janeiro de 2021. Disponível em: https://iccwbo.org/content/uploads/sites/3/2021/03/icc-2021-arbitration-rules-2014-mediation-rules-portuguese-version.pdf. Acesso em: 26 jun. 2021.) Assim também as regras da American Arbitration Association, do Arbitration Institute of the Stockholm Chamber of Commerce, e as Regras de

quando prevista, varia no tocante ao seu tratamento e à sua extensão (pessoas afetadas, duração e sanções)[42].

Em disputas contratuais que envolvam o Estado ou entidades estatais, alguns países – como o Brasil e o Peru – exigem a publicidade do procedimento arbitral[43], mimetizando a regra prevalente em litígios judiciais. Essa *transparência* permite um melhor escrutínio sobre a condução do caso não apenas pela opinião pública, mas também por outros órgãos governamentais (inclusive os de controle).

Em arbitragens puramente privadas, é usual que as partes convencionem a confidencialidade. No Brasil, algumas decisões judiciais vêm entendendo que, uma vez desaguada a disputa no judiciário, a arbitragem deve se tornar pública, a fim de evitar "assimetria de informações e obstar a formação do direito (consolidação dos precedentes e da jurisprudência)". E isso nada obstante o disposto no art. 189, IV, do Código de Processo Civil[44], e a prova de que as partes convencionaram o sigilo do procedimento na cláusula arbitral, termo de arbitragem ou mediante a adoção das regras de determinada instituição.

Há alguns anos a CCI disponibiliza em seu *website* informações limitadas sobre os casos lá registrados, a saber: a) os nomes dos(as) árbitros(as)

Arbitragem da UNCITRAL. Em contraste, as Regras da LCIA (2020) estabelecem a confidencialidade da arbitragem como regra (art. 30); assim também as Swiss Rules (2021) e o Regulamento do CAM-CCBC (2012), em seu art. 14.

[42] Sobre o tema, confira-se o Relatório da Comissão de Arbitragem Internacional da International Law Association, aprovado em 2010, na Haia, e intitulado "Confidentiality in International Arbitration".

[43] A regra comporta limitações, dentre as quais, em geral: a) informações concernentes à segurança nacional; b) informações relacionadas a segredos de comércio ou outras informações comerciais confidenciais; c) informações concernentes ao sigilo profissional; e d) informações que digam respeito à privacidade individual.

[44] CPC: "Art. 189. Os atos processuais são públicos, todavia tramitam em segredo de justiça os processos:

[...]

IV – que versem sobre arbitragem, inclusive sobre cumprimento de carta arbitral, desde que a confidencialidade estipulada na arbitragem seja comprovada perante o juízo." (BRASIL. Lei nº 13.105, de 16 de março de 2015. Código de Processo Civil. Disponível em: http://www.planalto.gov.br/ccivil_03/_ato2015-2018/2015/lei/l13105.htm. Acesso em: 26 jun. 2021.)

Em apertada síntese, o argumento, tal como exposto em julgados do Tribunal de Justiça do Estado de São Paulo (1ª Câmara Reservada de Direito Empresarial. Agravo de Instrumento nº 2263639-76.2020.8.26.0000. J. 29/10/2020; e Agravo de Instrumento nº 2008533-16.2020.8.26.0000. J. 31/03/2020) é de que a regra de todo o sistema é a publicidade – art. 5º, LX, e 93, IX, da Constituição da República; logo, qualquer regra que limite a publicidade deve ser interpretada restritivamente, sob pena de afrontar a Constituição.

confirmados(as), b) seus representantes e c) também o setor de atividades referente à disputa[45]. Tal iniciativa foi seguida, no Brasil, pelo CAM-CCBC, que divulga em seu *website* o nome dos árbitros(as) nomeados(as), mês e ano de assinatura do termo de arbitragem, posição assumida no tribunal arbitral, o(a) responsável pela sua indicação e a situação da arbitragem[46].

O segundo tópico – a *transparência* propriamente dita – diz respeito a informações sobre o processo decisório a serem dadas às partes interessadas no processo arbitral (e não ao público em geral). Nesse sentido, o Regulamento da CCI prevê a comunicação às partes – mediante requerimento – dos *fundamentos das decisões* proferidas pela sua Corte Internacional de Arbitragem acerca (i) dos efeitos *prima facie* da convenção de arbitragem e da jurisdição do tribunal – art. 6(4), (ii) da consolidação de procedimentos – art. 10, (iii) da nomeação de árbitros diretamente pela Corte – art. 12(8), (iv) da impugnação de árbitros – art. 14 e (v) de sua substituição – art. 15(2). A LCIA provê às partes os fundamentos de suas decisões acerca da impugnação de árbitros e publica extratos de tais decisões[47]; assim também a Stockholm Chamber of Commerce *(SCC)* [48]. O Singapore International Arbitration Centre (SIAC) prevê em seu regulamento a comunicação dos fundamentos de decisões concernentes a impugnações de árbitros[49].

Last but not least, os *deveres de revelação* dos(as) árbitros(as)[50]. Como se viu acima, o acesso do público a informações da arbitragem e a transparência buscam ampliar o escrutínio e a avaliação dos processos decisórios no contexto arbitral. Por outro lado, os deveres de revelação dos(as) árbitros(as) visam satisfazer o legítimo interesse das partes de obter informações completas concernentes

[45] Confira-se o *website* da ICC, disponível em: https://iccwbo.org/dispute-resolution-services/arbitration/icc-arbitral-tribunals/. Acesso em: 26 jun. 2021.

[46] Confiram-se a RA 35/2019 e o *website* do CAM-CCBC, disponíveis em: https://ccbc.org.br/cam-ccbc-centro-arbitragem-mediacao/resolucao-de-disputas/arbitragem/tribunais-arbitrais/. Acesso em: 26 jun. 2021.

[47] Disponível em: https://www.lcia.org/challenge-decision-database.aspx. Acesso em: 26 jun. 2021.

[48] Cf. ARBITRATION INSTITUTE OF THE STOCKHOLM CHAMBER OF COMMERCE. **SCC Board to Provide Reasoned Decisions on Arbitrator Challenges**. 8 de abril 2017. Disponível em: https://sccinstitute.com/about-the-scc/news/2017/scc-board-to-provide-reasoned-decisions-on-arbitrator-challenges/. Acesso em: 28 jun. 2021.

[49] Cf. Rule 16 das SIAC Rules (2016).

[50] Sobre o tema, veja o excelente: Ferro, Marcelo Roberto. **Apontamentos sobre a Independência dos Árbitros.** *In*: Adamek, Marcelo Vieira Von (coord.). **Temas de Direito Societário e Empresarial Contemporâneos**. São Paulo: Editora Malheiros, 2011, p. 849-886.

aos(às) árbitros(as) escolhidos(as) para resolver a disputa, tudo com o fim de constatar ou de confirmar a sua independência e imparcialidade[51].

Embora as obrigações de revelação possam, geralmente, causar certo constrangimento para quem deva cumpri-las, seu principal objetivo é possibilitar que os destinatários de tais informações realizem escolhas estratégicas. Em vários setores de atividade, tais deveres têm em vista propósitos regulatórios específicos, como a simetria de informações entre investidores nos mercados de capital[52], a proteção do público contra ameaças à saúde e à segurança e a informação aos consumidores sobre produtos à sua disposição. No contexto arbitral, buscam assegurar o legítimo interesse das partes e instituições arbitrais em que o(a) árbitro(a) escolhido seja e permaneça **imparcial** e **independente**.

Candidatos a árbitros são obrigados, por leis nacionais[53], regras arbitrais institucionais[54] e normas de *soft law*[55], a divulgar uma série de informações sobre sua experiência, disponibilidade e potenciais conflitos de interesses.

[51] Veja-se, a propósito: ROGERS, Catherine. **Transparency in International Commercial Arbitration**. *In*: University of Kansas Law Review, 2006, v. 54, p. 1309-11. Disponível em: https://elibrary.law.psu.edu/cgi/viewcontent.cgi?article=1233&context=fac_works/. Acesso em: 26 jun. 2021.

[52] No Brasil, todas as empresas de capital aberto têm a obrigação de divulgar publicamente os fatos relevantes relacionados aos seus negócios. Segundo o art. 2º da Instrução CVM nº 358, considera-se ato ou fato qualquer decisão de acionista controlador, deliberação da assembleia geral ou dos órgãos de administração da companhia aberta, ou qualquer outro ato ou fato de caráter político-administrativo, técnico, negocial ou econômico-financeiro ocorrido ou relacionado aos seus negócios que possa influir de modo ponderável na cotação dos valores mobiliários de emissão da companhia aberta ou a eles referenciados; na decisão dos investidores de comprar, vender ou manter aqueles valores mobiliários; ou na decisão dos investidores de exercer quaisquer direitos inerentes à condição de titular de valores mobiliários emitidos pela companhia ou a eles.

[53] Confira-se, por exemplo, dentre outros: o art. 12(1) da Lei Modelo da UNCITRAL sobre Arbitragem Comercial Internacional (1985), o art. 14, § 1º, da Lei nº 9.307/96, e o art. 1.456 do CPC francês.

[54] Confira-se, por exemplo, dentre outros: o art. 12 das Swiss Arbitration Rules, o art. 11(2) do Regulamento de Arbitragem da CCI e o art. 5.4 das Regras da LCIA.

[55] Confira-se, por exemplo, dentre outros: o Princípio Geral nº 3 das Diretrizes da IBA sobre Conflitos de Interesses em Arbitragem Internacional (2014), disponível em: https://www.ibanet.org/MediaHandler?id=EB37DA96-F98E-4746-A019-61841CE4054C, acesso em: 26 jun. 2021; itens 24 a 26 da Nota às Partes e aos Tribunais Arbitrais sobre a Condução da Arbitragem conforme o Regulamento de Arbitragem CCI (1º de janeiro de 2021), disponível em: https://iccwbo.org/content/uploads/sites/3/2021/03/icc-note-to-parties-and-arbitral-tribunals-on-the-conduct-of-arbitration-portuguese-2021.pdf, acesso em: 26 jun. 2021; e o art. 1(4) do Guideline 1 Interviews for Prospective Arbitrators – CIArb, 2016, disponível em: https://www.ciarb.org/media/4185/guideline-1-interviews-for-prospective-arbitrators-2015.pdf, acesso em: 26 jun. 2021.

Essas informações ajudam a determinar, conforme critérios subjetivos (*e.g.*, "aos olhos das partes"[56]) ou objetivos (*e.g.*, "diante de dúvidas razoáveis sobre a independência ou imparcialidade do(a) árbitro(a)"[57] ou "segundo um observador justo e informado"[58]), se um(a) árbitro(a) deve renunciar à indicação, não ser confirmado(a) ou, ainda, recusado(a) de acordo com as regras aplicáveis à arbitragem. Naturalmente, também auxiliam as partes a, sem embargo da revelação, decidir pela confirmação do(a) árbitro(a) escolhido.

O dever de revelação – mais uma medida de **transparência** da arbitragem – tornou-se a pedra angular do regime da independência e imparcialidade do árbitro. Em todo lugar, nota-se um crescente rigor das partes, instituições arbitrais e órgãos judiciais com o seu cabal cumprimento, o que inclui a análise minuciosa da extensão e qualidade das informações reveladas.

Tal rigor também se exprime quando há o descumprimento do **dever de revelação**. Mesmo que não implique a existência de um conflito de interesses nem leve *per se* à desqualificação do(a) árbitro(a), a falha do(a) árbitro(a) em revelar todos os fatos ou circunstâncias que sejam relevantes para confirmar sua independência e imparcialidade vem merecendo atenção redobrada das instituições e do judiciário[59]. No Brasil, já ensejou a anulação de sentença arbitral[60] e a recusa de uma sentença estrangeira[61].

[56] Confira-se, por exemplo, o art. 11(2) do Regulamento de Arbitragem da CCI.

[57] Confira-se, por exemplo, o art. 12(1) da Lei Modelo da UNCITRAL sobre Arbitragem Comercial Internacional (1985).

[58] Confira-se, por exemplo, o critério objetivo estabelecido pela Suprema Corte inglesa no caso Halliburton Company v. Chubb Bermuda Insurance Ltd (formerly known as Ace Bermuda Insurance Ltd) ([2020] UKSC 48. J. 27.11.2020).

[59] Confira-se, por exemplo, BOUVARD, Vincent. **The Arbitrator's Duty of Disclosure:** Case Law from the International Chamber of the Paris Court of Appeal. 10 de abril de 2021. Disponível em: http://arbitrationblog.kluwerarbitration.com/2021/04/10/the-arbitrators-duty-of-disclosure-case-law-from-the-international-chamber-of-the-paris-court-of-appeal/?print=pdf. Acesso em: 28 jun. 2021.

[60] TJSP. 1ª Câmara Reservada de Direito Empresarial. Apelação Cível nº 1056400-47.2019.8.26.0100. J. 11/08/2020. Nesse caso, o Tribunal do Estado de São Paulo concluiu que o fato de um árbitro não haver revelado que uma das partes da arbitragem o havia nomeado como coárbitro noutra arbitragem ensejava a anulação da sentença. De acordo com o TJSP, tal situação gerou dúvidas justificadas quanto à independência e imparcialidade do árbitro.

[61] STJ. Corte Especial. Sentença Estrangeira Contestada nº 9.412/US (2013/0278872-5). J. 19/04.2017 ("Caso Abengoa"). Nesse caso, o STJ se recusou a homologar sentença arbitral estrangeira em razão de o árbitro presidente não haver revelado fatos que poderiam suscitar dúvidas justificáveis quanto à sua imparcialidade e independência. O presidente do tribunal arbitral, nomeado pelos coárbitros, era sócio de escritório de advocacia que não apenas esteve envolvido em causas envolvendo uma das partes, mas também recebeu honorários dessa mesma parte. Além disso, o STJ levou em consideração

Depois das Diretrizes da IBA (2014)[62] e com o propósito de incrementar a transparência da arbitragem, auxiliando árbitros(as) e candidatos(as) a árbitro(a) a cumprirem seus deveres de revelação, o novo Regulamento de Arbitragem da CCI (2021) agora obriga a parte a informar a instituição, o tribunal arbitral e as demais partes sobre a existência e identidade de terceiro com o qual tenha contraído financiamento das demandas e defesas, nos termos do qual o terceiro tenha qualquer interesse econômico no resultado da arbitragem[63].

Como se vê, a matéria é complexa e sensível, notadamente em virtude da enormidade de informações hoje acessíveis via *internet* e do leque cada vez mais amplo de situações potencialmente ensejadoras de conflitos de interesses.

Seja como for, tais medidas contribuem para elevar o grau de transparência, a reputação e a credibilidade de arbitragem, não apenas junto aos usuários da arbitragem, mas também ao público em geral.

3.4 Princípios éticos

Até a década de 1980, regras éticas eram em grande parte dispensáveis. Eram pouco numerosos os casos internacionais de arbitragem[64], quase sempre resolvidos na Europa (e por árbitros europeus), em sentenças que refletiam, com frequência, *gentlemen's agreements,* em vez de decisões juridicamente fundamentadas. Com a expansão e universalização da arbitragem, os casos passaram a envolver instituições, árbitros(as) e advogados(as) de todas as partes do mundo, dotados de cultura e de formação jurídica diversas, e sem prévio conhecimento

dois outros elementos para a recusa da homologação: (i) a rejeição de provas pelo tribunal arbitral e a violação do devido processo; e (ii) o valor da indenização, que não observou o art. 944 do CC.

62 Confira-se o Princípio Geral nº 6(b) das Diretrizes da IBA sobre Conflitos de Interesses em Arbitragem Internacional (2014), disponível em: https://www.ibanet.org/MediaHandler?id=EB37DA96-F98E-4746-A019-61841CE4054C, acesso em: 26 jun. 2021; itens 24 a 26 da Nota às Partes e aos Tribunais Arbitrais sobre a Condução da Arbitragem conforme o Regulamento de Arbitragem CCI (1º de janeiro de 2021), disponível em: https://iccwbo.org/content/uploads/sites/3/2021/03/icc-note-to-parties-and-arbitral-tribunals-on-the-conduct-of-arbitration-portuguese-2021.pdf, acesso em: 26 jun. 2021; e o art. 1(4) do Guideline 1 Interviews for Prospective Arbitrators – CIArb, 2016, disponível em: https://www.ciarb.org/media/4185/guideline-1-interviews-for-prospective-arbitrators-2015.pdf, acesso em: 26 jun. 2021.

63 No original: "1. Fundamental Rule. Arbitrators shall proceed diligently and efficiently to provide the parties with a just and effective resolution of their disputes, and shall be and shall remain free from bias." (IBA. **IBA Rules of Ethics for International Arbitrators 1987**. Disponível em: https://www.trans-lex.org/701100/_/iba-rules-of-ethics-for-international-arbitrators-1987/. Acesso em: 26 jun. 2021.)

64 *Vide* nota 14 *supra.*

uns dos outros. Daí a crescente e fundamental relevância de padrões éticos, comuns e específicos, para a prática arbitral.

Numa linha, o essencial é conduzir-se de boa-fé na arbitragem: os(as) árbitros(as), ao apreciarem e julgarem demandas, as instituições, ao administrarem casos, e os(as) advogados(as), ao representarem os interesses da parte na arbitragem.

No tocante aos(às) árbitros(as), em 1987, a IBA lançou as primeiras diretrizes nesse sentido, indicando, como regra fundamental, que "os árbitros devem proceder com diligência e eficiência para proporcionar às partes uma resolução justa e eficaz de suas disputas, e devem estar e permanecer livres de vieses"[65].

Hoje em dia, se lhes reclama muito mais que isso. A **ética dos árbitros**, como se sabe, difere substancialmente da ética dos juízes. O sistema e regime jurídico estatais (*e.g.* provimento do cargo mediante concurso ou nomeação, carreira e estabilidade, independência funcional) conferem à judicatura uma forte presunção de impessoalidade. Já a **impessoalização do árbitro** exige-lhes outros requisitos, como o conhecimento técnico e o prestígio profissional. E a verificação de sua imparcialidade sujeita-se a condições mais exigentes (como os amplos e permanentes deveres de revelação), pois o árbitro é escolhido (pela parte) para um procedimento escolhido (pelas partes), de uma instituição escolhida (pelas partes) [66].

Não apenas se lhes impõem os deveres de revelação, de imparcialidade e de independência, mas também os de agir com diligência e probidade, de estarem e permanecerem disponíveis para a arbitragem, evitarem contatos com a parte sem a presença da outra parte, evitarem atuações paralelas como advogado(a) e árbitro(a), mostrarem elevados níveis de integridade, justiça e competência, renderem decisões de alta qualidade técnica, tratarem os demais partícipes da arbitragem com cortesia e civilidade, e manterem-se discretos(as) em relação à existência e conteúdo das questões submetidas à arbitragem[67].

[65] IBA Rules of Ethics for International Arbitrators. 1987.
Confiram-se, por exemplo, o art. 11(7) do Regulamento de Arbitragem da CCI e os itens 20 e 21 da Nota às Partes e aos Tribunais Arbitrais sobre a Condução da Arbitragem conforme o Regulamento de Arbitragem CCI (1º de janeiro de 2021).

[66] A propósito, veja-se o excelente artigo de Ferraz Jr., Tércio Sampaio. **Regulamentação privada ou pública da ética:** o juiz e o árbitro. *In*: Grinover, Ada Pellegrini *et al.* **Revista de Arbitragem e Mediação**, São Paulo-RT, v. 50, jul-set, 2016.

[67] A propósito, confira-se o Draft Code of Conduct for Adjudicators in International Investment Disputes – version two. 19 April 2021, ICSID-UNCITRAL, disponível em: https://uncitral.un.org/sites/uncitral.un.org/files/media-documents/uncitral/en/draft_code_of_conduct_v2.pdf, acesso em: 26 jun. 2021. Veja-se igualmente o Código de Ética editado pelo CAM-CCBC, disponível em:

No que tange aos advogados(as), já se disse que o mundo da arbitragem internacional era um *"no man's land"* ético. Nem sempre os(as) advogados(as) das partes são habilitados (as) para o exercício da profissão na jurisdição da sede da arbitragem. Frequentemente, as normas éticas relacionadas à advocacia somente têm efeitos territoriais e discrepam das que vigoram em outras jurisdições[68]. Além disso, inexiste uma autoridade supranacional para fiscalizar a conduta dos(as) advogados(as) em arbitragens internacionais. Por isso, há tempos reclama-se um conjunto consensual de preceitos éticos em matéria de arbitragem internacional.[69]

O desafio de um tal código é estabelecer um conjunto equilibrado de normas éticas sem afrontar os códigos de conduta locais a que se sujeitam os(as) advogados(as) atuantes em arbitragem internacional.

Em 2013, a IBA lançou Diretrizes sobre a Representação de Partes em Arbitragem Internacional. Não vinculantes, tais normas baseiam-se no

> "princípio de que os representantes das partes devem agir com integridade e honestidade e não devem se envolver em atividades destinadas a produzir atrasos ou despesas desnecessárias, incluindo táticas destinadas a obstruir os procedimentos de arbitragem" [70].

https://ccbc.org.br/cam-ccbc-centro-arbitragem-mediacao/resolucao-de-disputas/arbitragem/codigo-etica/, acesso em: 26 jun. 2021; e também as LCIA Notes for Arbitrators, disponível em: https://www.lcia.org/adr-services/guidance-notes.aspx, acesso em: 26 jun. 2021.

[68] Exemplo frequentemente citado como desafio ético enfrentado pelo advogado na prática é a preparação de testemunhas. No Reino Unido, o código de conduta dos advogados proíbe que os advogados preparem suas testemunhas para o depoimento. Essa restrição também se impõe aos advogados de outras jurisdições de *common law*. Em contraste, advogados norte-americanos podem preparar suas testemunhas, e de fato deles se espera que o façam. Em uma arbitragem internacional, um advogado norte-americano prudente procederá, portanto, como de costume, e preparará suas testemunhas para o depoimento; já o advogado inglês, por outro lado, poderia ser expulso (*disbarred*) da ordem dos advogados pela mesma conduta. Nesse caso, o cliente do advogado inglês pode se ver prejudicado pelo mero fato de que, sob as regras profissionais de sua jurisdição de origem, a conduta de seu advogado é mais limitada quando se trata das relações com testemunhas.

[69] BISHOP, Doak. **Ethics in International Arbitration** – Keynote Address: Advocacy and Ethics in International Arbitration, 2010, Rio, Arbitration Advocacy in Changing Times (ICCA Congress Series n. 15), p. 383.

[70] Cf. Preâmbulo das Diretrizes da IBA sobre a Representação das Partes em Arbitragem Internacional (2013), disponível em: https://www.acerislaw.com/wp-content/uploads/2021/03/IBA-Guidelines-on-Party-Representation-in-Int-Arbitration-2013.pdf. Acesso em: 26 jun. 2021. No total, são 27 diretrizes que tratam de questões relacionadas a, *inter alia*, comunicação com árbitros (diretrizes 7-8), submissões ao tribunal (diretrizes 9-11), troca e divulgação de informações (dire-

Porém, a maioria das sanções previstas nas Diretrizes, a serem aplicadas pelo tribunal arbitral, se dirigem às partes, e não a seus representantes. Ademais, critica-se o fato de se inspirarem, predominantemente, em situações da advocacia praticada em países de *common law*.

Outra hipótese é a adoção de códigos vinculantes de conduta arbitral, como o editado em 2014 pela LCIA, como um anexo de suas Regras de Arbitragem[71]. Tais normas obrigam todos os(as) advogados(as) que participem de arbitragens LCIA, e dispõem sobre a proibição de contatos individuais entre advogados e árbitros, ocultação de documentos, falseamento de provas etc. Seu caráter obrigatório talvez colida com a natureza flexível da arbitragem, além de potencialmente afrontar preceitos éticos aplicáveis aos(as) advogados(as) nas jurisdições em que se acham habilitados.

Há, igualmente, a proposta da Swiss Arbitration Association (ASA), feita em 2014, de criação de um Conselho Global de Ética Arbitral, que formularia um conjunto próprio de princípios éticos essenciais em matéria de arbitragem. O Conselho seria composto de advogados(as) oriundos das mais importantes associações e instituições arbitrais, respeitadas as diversidades cultural e geográfica, e teria como principal missão apreciar e decidir reclamações acerca de condutas antiéticas em arbitragens internacionais[72]. Trata-se de proposta ambiciosa, que ainda não teve seguimento.

Desde 2017, a CCI incluiu em sua Nota às Partes[73] normas gerais sobre a conduta dos participantes em arbitragens por ela administradas.

As recém-lançadas Diretrizes da ICCA sobre Padrões da Prática em Arbitragem Internacional procuram estabelecer o consenso internacional acerca de padrões mínimos de civilidade e de conduta ética que se esperam e devem exigir na arbitragem internacional[74]. Não vinculantes, tais Diretrizes se dirigem tanto

trizes 12-17), testemunhas e especialistas (diretrizes 18-25), bem como soluções disponíveis para possível má conduta (diretrizes 26-27).

[71] Disponível em: https://www.lcia.org/Dispute_Resolution_Services/lcia-arbitration-rules-2014.aspx#Annex. Acesso em: 26 jun. 2021.

[72] Confira-se: Waldek, Daniel. **The Quest for Uniformity in Ethical Standards for Party Representatives in International Arbitration**. 25 de dezembro de 2017. Disponível em: http://arbitrationblog.kluwerarbitration.com/2017/12/26/quest-uniformity-ethical-standards-party-representatives-international-arbitration/. Acesso em: 28 jun. 2021.

[73] *Vide* itens 65 a 68 da Nota às Partes e aos Tribunais Arbitrais sobre a Condução da Arbitragem conforme o Regulamento de Arbitragem CCI (1º de janeiro de 2021), nota 56 *supra*.

[74] ICCA. **Guidelines on Standards of Practice in International Arbitration**. The ICCA Reports N. 9, 2021. Disponível em: https://www.arbitration-icca.org/icca-reports-no-9-guidelines-standards-practice-international-arbitration. Acesso em: 28 jun. 2021.

a árbitros(as) como a advogados(as) e a outros participantes da arbitragem, e buscam refletir a variada combinação de culturas e situações nela envolvidas.

Como é fácil perceber, a multiplicação de normativas sobre **princípios éticos** em matéria de arbitragem demonstra que a formação de um consenso mínimo, antes duvidoso, está hoje em pleno desenvolvimento.

3.5 Jurisprudência arbitral

A publicação regular e ordenada de sentenças e decisões arbitrais pode ser uma valiosa contribuição, quer à transparência da arbitragem, quer à evolução do direito empresarial. Isso sem falar no aumento da visibilidade do sistema e da previsibilidade na resolução de disputas comerciais.

Todavia, a confidencialidade que ainda prevalece na arbitragem impede a publicação de sentenças e decisões, exceto quando envolvem Estados ou entidades estatais (e isso nos países que assim o exigem) ou quando as disputas deságuam no judiciário, em ações anulatórias, de execução ou de homologação de sentenças arbitrais estrangeiras.

Os ventos da mudança também estão a soprar para esse lado. Desde 2019, como regra, poderão ser publicadas sentenças arbitrais, ordens procedimentais, votos dissidentes e/ou concordantes proferidos em arbitragens CCI, no mínimo dois anos depois de encerrado o procedimento[75]. Trata-se de câmbio da maior importância e que, devido à influência global das práticas instauradas pela CCI, pode vir a se tornar o novo "normal" em matéria de **transparência** da arbitragem.

A criação futura de precedentes arbitrais terá, antes, um efeito persuasivo sobre o processo decisório dos árbitros. Não se trata de equipará-los aos efeitos vinculantes (ou quase vinculantes) de algumas decisões judiciais.

No tocante a matérias procedimentais, é fora de dúvida que os precedentes arbitrais serão relevantes para os(as) árbitros(as), dada a harmonização normativa global do processo arbitral. De igual modo, em arbitragens internacionais, as questões acerca do direito aplicável ao mérito da controvérsia, à convenção de arbitragem e ao procedimento.

Quanto a questões de mérito, em arbitragens internacionais, precedentes serão importantes em setores relativamente internacionalizados e uniformizados, como as finanças, seguros, M&A e a compra e venda internacional de

[75] Confiram-se os itens 56 a 64 da Nota às Partes e aos Tribunais Arbitrais sobre a Condução da Arbitragem conforme o Regulamento de Arbitragem CCI (1º de janeiro de 2021), disponível em: https://iccwbo.org/content/uploads/sites/3/2021/03/icc-note-to-parties-and-arbitral-tribunals-on-the-conduct-of-arbitration-portuguese-2021.pdf, acesso em: 28 jun. 2021.

mercadorias (essa última amplamente regida pela CISG). Em casos domésticos, os precedentes poderão, em paralelo com a jurisprudência judicial, atualizar e aperfeiçoar o direito empresarial em vários de seus aspectos.

Em suma, a formação de precedentes arbitrais evitará a erosão do direito comercial a que aludiu, em 2016, o Lord Chief Justice da Inglaterra e Gales, ao afirmar que o amplo recurso à arbitragem internacional em disputas comerciais, ao promover a criação do direito comercial por tribunais privados (e sigilosos), em vez do judiciário, causava danos à evolução do *common law*[76].

Afinal, a função do direito é prover a moldura dentro da qual as sociedades operam todas as atividades econômicas, dos mercados financeiros às manufaturas. E quanto mais clara, certa e previsível for a regra jurídica, bem como a sua aptidão para evoluir de forma ordenada e principiológica, melhor será para o ambiente de negócios e para a conclusão de ajustes vinculantes[77].

Necessário, portanto, ter em conta a jurisprudência criada pelo direito concreto oriundo de sentenças e decisões arbitrais. Aliás, esse é mais um exemplo eloquente da transformação do tradicional cenário de normatividade oficial, exclusivamente centrada no Estado, em favor de processos cada vez mais descentralizados, dotados de vários níveis de produção normativa.

Como já se disse alhures, a sentença arbitral produz também efeitos sistêmicos, ao constituir-se em fonte do direito transnacional. É a partir da tutela arbitral que se verifica a aceitação prática de princípios internacionalmente reconhecidos, como a ideia de uma ordem pública transnacional[78].

Conclusões

A legitimidade da nova ordem jurídica arbitral, como um edifício, repousa em alguns pilares: *diversidade, transparência, ética, eficiência e qualidade das decisões.*

Uma vez reforçados tais pilares, a arbitragem gozará de mais legitimidade, segurança e previsibilidade, com benefícios imensos para todos, inclusive para o público em geral.

[76] Cwmgiedd, Lord Thomas of. **Developing commercial law through the courts:** rebalancing the relationship between the courts and arbitration. The Bailii Lecture 2016. 9 de março de 2016. Disponível em: https://www.judiciary.uk/wp-content/uploads/2016/03/lcj-speech-bailli-lecture-20160309.pdf. Acesso em: 28 jun. 2021.

[77] Idem, p. 2.

[78] Lacreta, Isabela Pessoa. **A Determinação do Direito Aplicável à Arbitragem**. Tese de Doutorado elaborada em regime de cotutela nas Faculdades de Direito da USP, sob a orientação do Professor Dr. Carlos Alberto Carmona, e da Université Paris Nanterre, sob a orientação da Professora Dra. Claire Debourg, 2021.

Referências

ANDREEV, Dmitry. **Russian Laws on the Offensive:** Cross-Border Effect of the New Arbitration Regime for Corporate Disputes. Disponível em: http://arbitrationblog.kluwerarbitration.com/2016/12/12/russian-laws-on-the-offensive-cross-border-effect-of-the-new-arbitration-regime-for-corporate-disputes/. Acesso em: 28 jun. 2021.

ARBITRATION INSTITUTE OF THE STOCKHOLM CHAMBER OF COMMERCE. **SCC Board to Provide Reasoned Decisions on Arbitrator Challenges**. Disponível em: https://sccinstitute.com/about-the-scc/news/2017/scc-board-to-provide-reasoned-decisions-on-arbitrator-challenges/. Acesso em: 28 jun. 2021.

ASTIGARRAGA, José. I.. **A Few Words on The Tension Between Efficiency And Justice**. Disponível em: http://arbitrationblog.kluwerarbitration.com/2011/06/15/a-few-words-on-the-tension-between-efficiency-and-justice-2/. Acesso em: 28 jun. 2021.

AUSTRALIA. High Court of Australia. Esso Australia Resources Ltd v. Sidney James Plowman. [1995] 183 CLR 10. J. 07/04/1995.

BORN, Gary. **International Arbitration:** Law and Practice. 3. ed. The Netherlands: Kluwer Law International, 2012.

BOUVARD, Vincent. **The Arbitrator's Duty of Disclosure:** Case Law from the International Chamber of the Paris Court of Appeal. 10 de abril de 2021. Disponível em: http://arbitrationblog.kluwerarbitration.com/2021/04/10/the-arbitrators-duty-of-disclosure-case-law-from-the-international-chamber-of-the-paris-court-of-appeal/?print=pdf. Acesso em: 28 jun. 2021.

CERIONI, Clara. **Arbitragem:** anulatória frívola pode impactar em até 40% o custo. Disponível em: https://www.jota.info/coberturas-especiais/seguranca-juridica-investimento/arbitragem-anulatoria-custo-29012021. Acesso em: 28 jun. 2021.

CLAY, Thomas. **L'Arbitre**. Paris: Dalloz, 2001.

CWMGIEDD, Lord Thomas of. **Developing commercial law through the courts:** rebalancing the relationship between the courts and arbitration. The Bailii Lecture 2016. 9 de março de 2016. Disponível em: https://www.judiciary.uk/wp-content/uploads/2016/03/lcj-speech-bailli-lecture-20160309.pdf. Acesso em: 28 jun. 2021.

DEZALAY, Yves e GARTH, Bryant G. **Dealing in virtue:** International Commercial Arbitration and the Construction of a Transnational Legal Order, Chicago: Univ. of Chicago Press, 1998.

DIXON-FYLE, Sundiatu et al. **Diversity wins** – How inclusion matters, McKinsey & Company, May 2020. Disponível em: https://www.mckinsey.com/featured-insights/diversity-and-inclusion/diversity-wins-how-inclusion-matters#. Acesso em: 28 jun. 2021.

FERRAZ JR., Tércio Sampaio. **Regulamentação privada ou pública da ética:** o juiz e o árbitro. *In*: GRINOVER, Ada Pellegrini *et al.* **Revista de Arbitragem e Mediação**, São Paulo-RT, v. 50, jul-set, 2016.

FERRO, Marcelo Roberto. **Apontamentos sobre a Independência dos Árbitros**. *In*: ADAMEK, Marcelo Vieira Von (coord.). **Temas de Direito Societário e Empresarial Contemporâneos**. São Paulo: Editora Malheiros, 2011.

HEISKANEN, Veijo. **Key to Efficiency in International Arbitration**. Disponível em: http://arbitrationblog.kluwerarbitration.com/2015/05/29/key-to-efficiency-in-international-arbitration/. Acesso em: 28 jun. 2021.

JOURDAN-MARQUES, Jérémy. **Chronique d'arbitrage:** la Cour de cassation coule la Jaguar et le Rado. Disponível em: https://www.dalloz-actualite.fr/flash/chronique-d-arbitrage-cour-de-cassation-coule-jaguar-et-rado#.YNnfrNVKjIU. Acesso em: 28 jun. 2021.

KOVACS, Robert. **Efficiency in International Arbitration:** an Economic Approach. American Review of International Arbitration, 2013, v. 23, p. 155-175.

KRAMER, Xandra; SORABJI, John. **International Business Courts in Europe and Beyond:** A Global Competition for Justice? Disponível em: https://www.bjutijdschriften.nl/tijdschrift/ELR/2019/1/ELR-D-19-00023. Acesso em: 28 jun. 2021.

LACRETA, Isabela Pessoa. **A Determinação do Direito Aplicável à Arbitragem**. Tese de Doutorado elaborada em regime de cotutela nas Faculdades de Direito da USP, sob a orientação do Professor Dr. Carlos Alberto Carmona, e da Université Paris Nanterre, sob a orientação da Professora Dra. Claire Debourg, 2021.

LEVY, Daniel de Andrade. **Les abus de l'arbitrage commercial international**. Paris: LGDJ, 2015.

MISTELIS, Loukas A. **Efficiency**. What Else? Efficiency as the Emerging Defining Value of International Arbitration: between Systems theories and party autonomy – 15 de abril de 2019. Queen Mary School of Law Legal Studies Research Paper N. 313/2019. Disponível em: https://ssrn.com/abstract=3372341. Acesso em: 28 jun. 2021.

MUNHOZ, José Lúcio. **Arbitragem na formação do território brasileiro**. Disponível em: https://www.justificando.com/2019/12/20/a-arbitragem-na-formacao-do-territorio-brasileiro. Acesso em: 28 jun. 2021.

POSNER, Richard. **The Economics of Justice**. Cambridge: Harvard University Press, 1983.

REALE, Miguel. **Lições Preliminares de Direito**, 27. ed. São Paulo: Saraiva, 2003.

REINO UNIDO. UK Supreme Court. Halliburton Company *v.* Chubb Bermuda Insurance Ltd (formerly known as Ace Bermuda Insurance Ltd). [2020] UKSC 48. J. 27.11.2020.

ROGERS, Catherine. **Transparency in International Commercial Arbitration**. Univ. of Kansas Law Review, 2006, v. 54, p. 1301-37. Disponível em: https://elibrary.law.

psu.edu/cgi/viewcontent.cgi?article=1233&context=fac_works. Acesso em: 28 jun. 2021.

SANDERSON, Cosmo. **Tribunal challenged over alleged cyber-attack in Brazil pulp case**. Disponível em: https://globalarbitrationreview.com/cybersecurity/tribunal-challenged-over-alleged-cyber-attack-in-brazil-pulp-case. Acesso em: 28 jun. 2021.

SCHINAZI, Mikael. **The Three Ages of International Commercial Arbitration and the Development of the ICC Arbitration System.** *In*: ICC Dispute Resolution Bulletin 2020, Issue 2.

STJ. Corte Especial. Sentença Estrangeira Contestada nº 9.412/US (2013/0278872-5). J. 19/04.2017 ("Caso Abengoa").

TEUBNER, Gunther. **O Direito como Sistema Autopoiético**. Lisboa: Fund. Calouste Gulbenkian, 1989.

TJSP. 1ª Câmara Reservada de Direito Empresarial. Agravo de Instrumento nº 2263639-76.2020.8.26.0000. J. 29/10/2020.

TJSP. 1ª Câmara Reservada de Direito Empresarial. Agravo de Instrumento nº 2008533-16.2020.8.26.0000. J. 31/03/2020.

TJSP. 1ª Câmara Reservada de Direito Empresarial. Apelação Cível nº 1056400-47.2019.8.26.0100. J. 11/08/2020.

TOTH, Orsolya. **The Lex Mercatoria in Theory and Practice**. Oxford: OUP, 2017.

WALDEK, Daniel. **The Quest for Uniformity in Ethical Standards for Party Representatives in International Arbitration**. 25 de dezembro de 2017. Disponível em: http://arbitrationblog.kluwerarbitration.com/2017/12/26/quest-uniformity-ethical-standards-party-representatives-international-arbitration/. Acesso em: 28 jun. 2021.